中国农业机械化年鉴

THE YEARBOOK OF AGRICULTURAL MECHANIZATION IN CHINA

主管　中华人民共和国农业农村部
主办　农业农村部南京农业机械化研究所
主编　陈巧敏

2021

中国农业科学技术出版社

图书在版编目（CIP）数据

中国农业机械化年鉴 . 2021/ 陈巧敏主编 . —北京：中国农业科学技术出版社，2022.6
ISBN 978-7-5116-5755-8

Ⅰ . ①中…　Ⅱ . ①陈…　Ⅲ . ①农业机械化—中国— 2021 —年鉴　Ⅳ . ① F323.3-54

中国版本图书馆 CIP 数据核字（2022）第 073714 号

责任编辑　姚　欢
责任校对　马广洋
责任印制　姜义伟　王思文

出 版 者　中国农业科学技术出版社
　　　　　北京市中关村南大街 12 号　　邮编：100081
电　　话　（010）82106631（编辑室）　（010）82109704（发行部）
　　　　　（010）82109709（读者服务部）
传　　真　（010）82106631
网　　址　http://www.castp.cn
经 销 者　各地新华书店
印 刷 者　南京四彩印刷有限公司
开　　本　210mm × 285mm　1/16
印　　张　21.75　彩插　4 面
字　　数　880 千字
版　　次　2022 年 6 月第 1 版　2022 年 6 月第 1 次印刷
定　　价　320.00 元

《中国农业机械化年鉴》编辑委员会

编辑说明

一、《中国农业机械化年鉴》是我国农业机械化综合性行业年鉴，旨在逐年记载我国农业机械化发展的历史进程，提供农业机械化经济技术资料与统计数据，服务现代农业，促进行业发展，为政府决策提供发展借鉴与依据。

二、《中国农业机械化年鉴》2021年版设领导报告与论述、农业机械化论坛、农业机械化政策法规及规章、农业机械化工作、农业机械化统计资料、农机社团组织、机构与负责人、大事记、附录、索引等栏目。

三、《中国农业机械化年鉴》由中华人民共和国农业农村部主管，农业农村部南京农业机械化研究所主办。中国农业机械化年鉴编辑委员会由农业农村部农业机械化管理司、各省（自治区、直辖市）农业机械化主管部门、有关农业机械化企事业单位和高等院校专家组成。《中国农业机械化年鉴》编辑部设在农业农村部南京农业机械化研究所。

四、《中国农业机械化年鉴》采用分类编辑法编辑，类目下设分目，年鉴以条目为记载资料的基本单元。

五、《中国农业机械化年鉴》的类目、分目、条目标题使用不同字体、字号，类目标明于页眉，以便于检索，条目标题均为黑体字加【 】号。

六、《中国农业机械化年鉴》所采用的稿件来自农业农村部、各省（自治区、直辖市）农业机械化主管部门、有关农业机械化企事业单位和高等院校，条目、数据、事实等经过有关部门反复核对。

七、《中国农业机械化年鉴》的各项全国统计数字均不含香港特别行政区、澳门特别行政区和台湾地区。

八、为便于读者查阅，《中国农业机械化年鉴》卷首有目录，卷末有大事记和索引，全书的信息资料可通过目录、大事记、索引3个检索渠道查阅。

九、由于编排格式的需要，《中国农业机械化年鉴》中的农业机械化发展报告、领导报告与论述、农业机械化论坛等栏目文章略去了“参考文献”内容，在此深表歉意。

十、《中国农业机械化年鉴》的编辑工作得到中国农业科学院、各级农业机械化主管部门、农业机械化企事业单位和有关高等院校的大力支持，在此深表谢意。

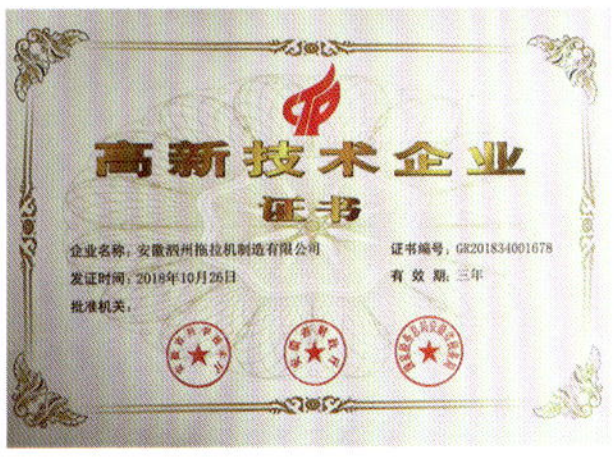

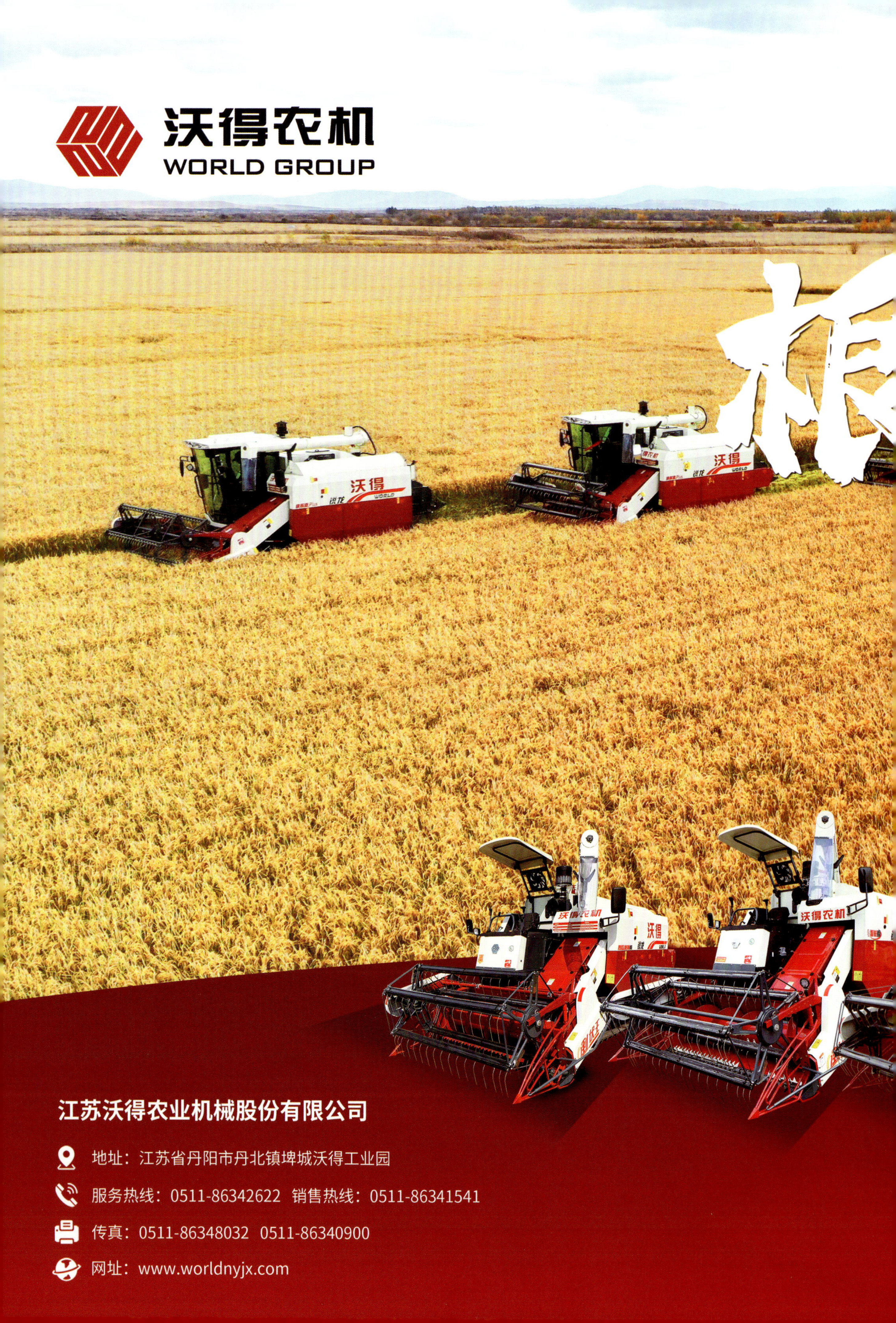
沃得农机
WORLD GROUP
江苏沃得农业机械股份有限公司
地址：江苏省丹阳市丹北镇埤城沃得工业园
服务热线：0511-86342622 销售热线：0511-86341541
传真：0511-86348032 0511-86340900
网址：www.worldnyjx.com

植沃土
必有所得
沃得农机
沃得
锐龙
倒伏王
沃得农机
沃得
倒伏王
沃得农机

战春耕
不误农时

微信公众号

黄河孕育新大众 牧机精品西夏升

YELLOW RIVER BREEDS NEW POPULAR ANIMAL HUSBANDRY MACHINE

宁夏新大众机械有限公司是一家集研发、生产、销售、售后服务为一体的高新技术企业，主要产品有畜牧机械和农业机械。公司拥有完善的管理体系，产品获得专利技术60多项，先后被评为自治区级专精特新技术标杆、成长标杆及对标标杆等奖项。公司是宁夏机械工程学会农机分会理事长单位，建有“宁夏畜牧业饲草料加工机械技术创新中心”和“农机研发工作站”。

新大众公司致力于畜牧机械研制推广十余载，聚集智能精准饲喂装备，为畜牧产业提供精准化养殖、可视化管理、智能化决策服务等整套智慧解决方案，努力打造中国畜牧机械第一品牌。主要产品全日粮制备机在国内技术领先，可替代进口同类产品；9HLSJ型全日粮制备机被授予宁夏名牌产品，西夏升商标被评为宁夏著名商标。“9QS-200型全日粮配料生产线”入选农业农村部先进适用畜牧机械遴选目录，可实现定制化、可视化智能精准饲喂及网络化、数据化信息管理；“无人驾驶TMR车智能饲喂系统”属于国内引领，可实现TMR饲喂的无人化和智能化，具有高效搅拌、精准布料、清除余料等功能。智能精准配料及无人驾驶TMR车饲喂整体解决方案可提高牧场的机械化程度，大幅降低养殖成本，促进产业化升级改造，推进畜牧养殖“互联网＋机械化”，推动生态畜牧健康养殖机械化转型升级。

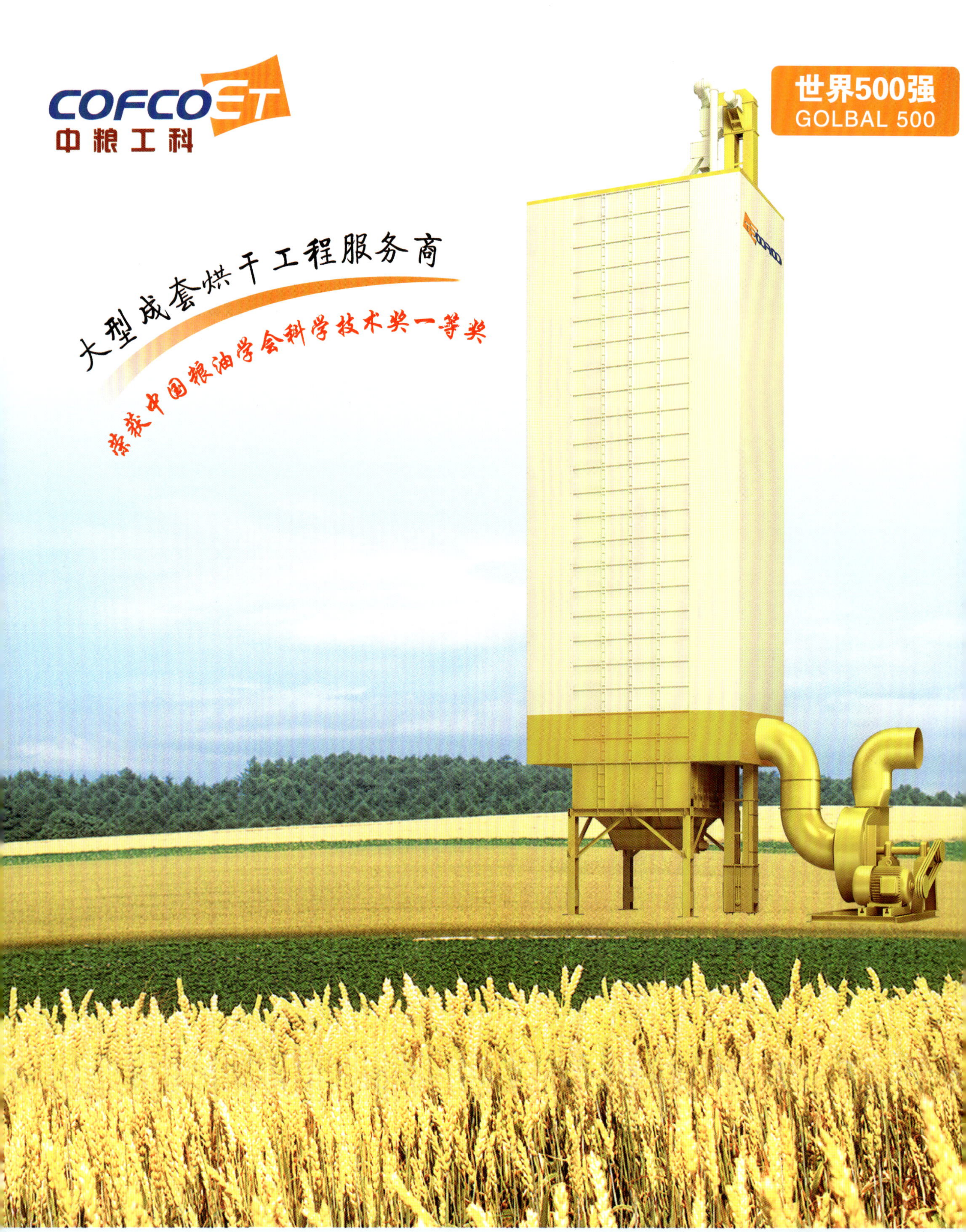

粮食产后服务中心

集粮食烘干、低温仓储

稻米加工于一体

现代农业综合服务中心

1200吨/天粮食烘干线

+3600吨低温储粮

室外大型全程不落地烘干中心

烘干量1000吨/天

乙类防尘防爆烘干车间

种子烘干线

烘干量600吨/天

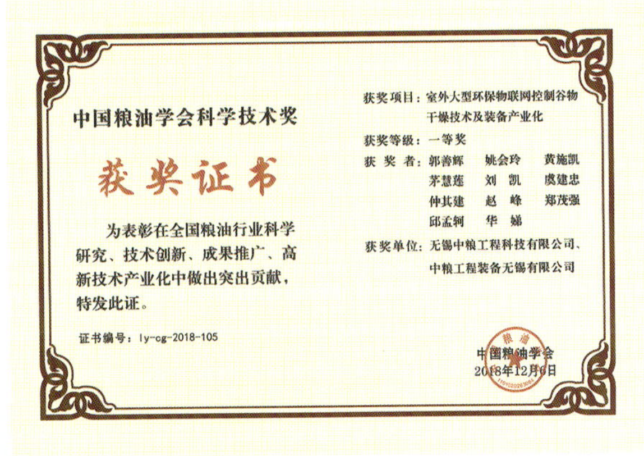

中国粮油学会科学技术奖

获奖证书

为表彰在全国粮油行业科学研究、技术创新、成果推广、高新技术产业化中做出突出贡献，特发此证。

证书编号：ly-cg-2018-105

获奖项目：室外大型环保物联网控制谷物干燥技术及装备产业化

获奖等级：一等奖

获 奖 者：郭善辉　姚会玲　黄施凯　茅慧莲　刘　凯　虞建忠　仲其建　赵　峰　郑茂强　邱孟轲　华　娣

获奖单位：无锡中粮工程科技有限公司、中粮工程装备无锡有限公司

中国粮油学会

2018年12月6日

粮油学会科学技术奖一等奖

LOVOL

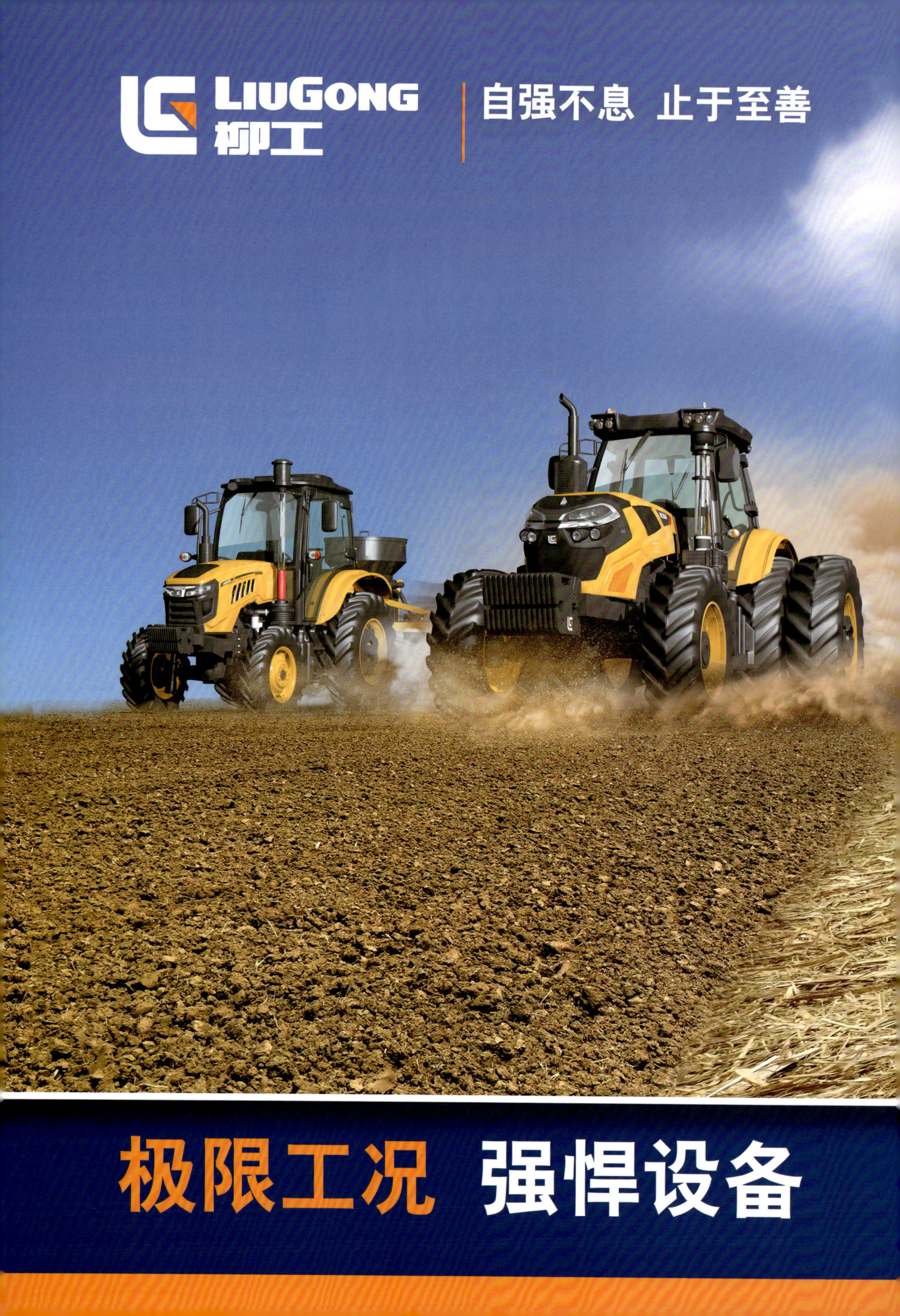
LIUGONG
柳工
自强不息 止于至善
极限工况 强悍设备

广西柳工农业机械股份有限公司

地址：中国广西柳州市百饭路46号

甘蔗设备销售服务热线：0772-2041888

网址：www.liugongam.com

产品创始于2015年
行业技术引领产品

豫德昌系列产品型号：

4HJL--2.5C（大功率型） 4HJL--2.5B（四驱底盘型）
4HZJ--2500A（升级型） 4HZJ--2500（基本型）

产品用途与适应范围：

主要用于花生挖掘收获晾干后，在田间一次性完成捡拾、摘果、清选、花生果入仓、茎蔓切碎、回收装箱等作业功能。适应全国各地花生能够机收的地块，作业性能好，结构紧凑、操作维修方便、适应性广、安全可靠。

产品特点：

1、选用大功率发动机，作业更强有劲，动力储备充足；
2、一杆电动操作，双键盘按钮控制电磁多路阀，操作安全更方便；
3、清选室配装筛尾风机，清选排草性能更好；
4、双柴油箱不停机智能供油，一次性加油满足24小时作业；
5、单叶片弧形刀齿纵向滚筒，喂入量大，适应性强、工作效率高；
6、高强度耐磨性排草风机叶轮；
7、设有降尘装置接口，方便选装降尘设备，提高产品作业环境；
8、发动机功率可调可控装置，适应不同作业条件，降低燃油，增加效益，更方便跨区做业；
9、排草风机分挡变速式，更加方便中、晚期作物收获；
10、产品配套北斗系统；方便远程监视作业轨迹和田间寻找机具；
11、豪华驾驶室，空气清洁，噪音低，操作舒适；
12、升运器选用LED式摄像头，更加方便夜间作业；
13、产品获得国家二十多项专利，侵权仿制必究。

气流压送果提升装置

气流提升排草装置

气流回旋式清选风机装置

地址:河南省延津县城西五公里处路北 邮编：4 5 3 2 0 0
网址：www.henandechang.com 电话：0373-7123770
邮箱：hndcjx@126.com 传真：0373-7731200

玉柴机器
YC DIESEL

公司简介 COMPANY PROFILE

广西玉柴机器股份有限公司始建于1951年，是中国大型的独立内燃机系统制造商。公司总资产256亿元，发动机年生产力达75万台。2020年，在全球新冠肺炎疫情严峻的形势下，公司实现销售收入300亿元，发动机海外市场保有量突破50万台。

玉柴拥有玉林、南宁、欧洲三个研发基地，与40多家国内外科研机构合作建立联合开发中心，打造了国际前沿的科研基地。

玉柴搭建了行业内产品链丰富、完整、适配性强的产品错系，涵盖十四大平台的49个系列、2000多个品种，功率覆盖15～4200kW。产品包括柴油机、燃气机、燃料电池、混合动力系统、纯电动系统，广泛应用于载货汽车、客车、工程机械、农业装备、船舶及发电设备等领域，远销180多个国家和地区。

F36-T4

A05-T4

A07-T4

K16-T3

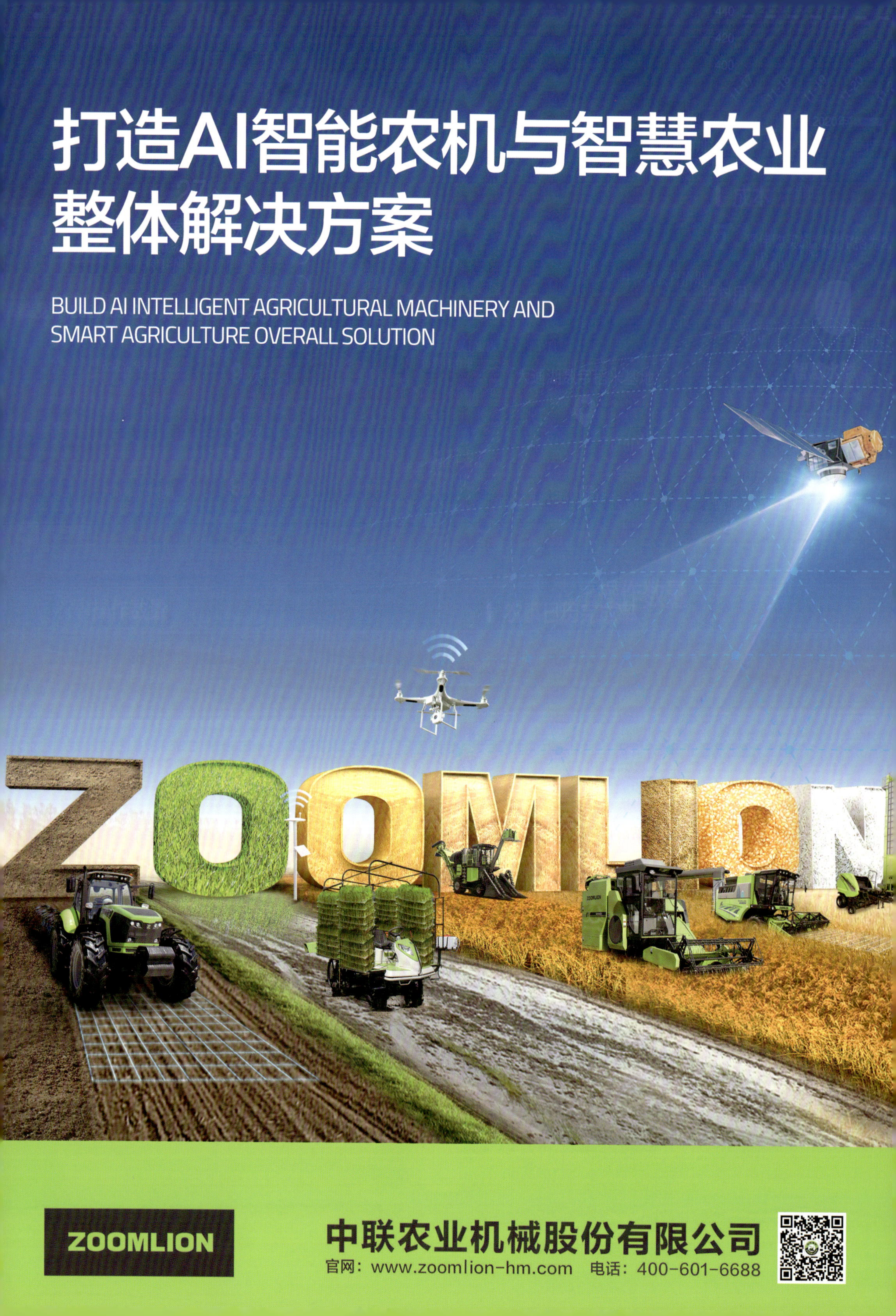
打造AI智能农机与智慧农业
整体解决方案
BUILD AI INTELLIGENT AGRICULTURAL MACHINERY AND
SMART AGRICULTURE OVERALL SOLUTION
ZOOMLION
ZOOMLION
中联农业机械股份有限公司
官网：www.zoomlion-hm.com 电话：400-601-6688

星光农机
THINKER AGRICULTURAL MACHINERY

股票代码
603789

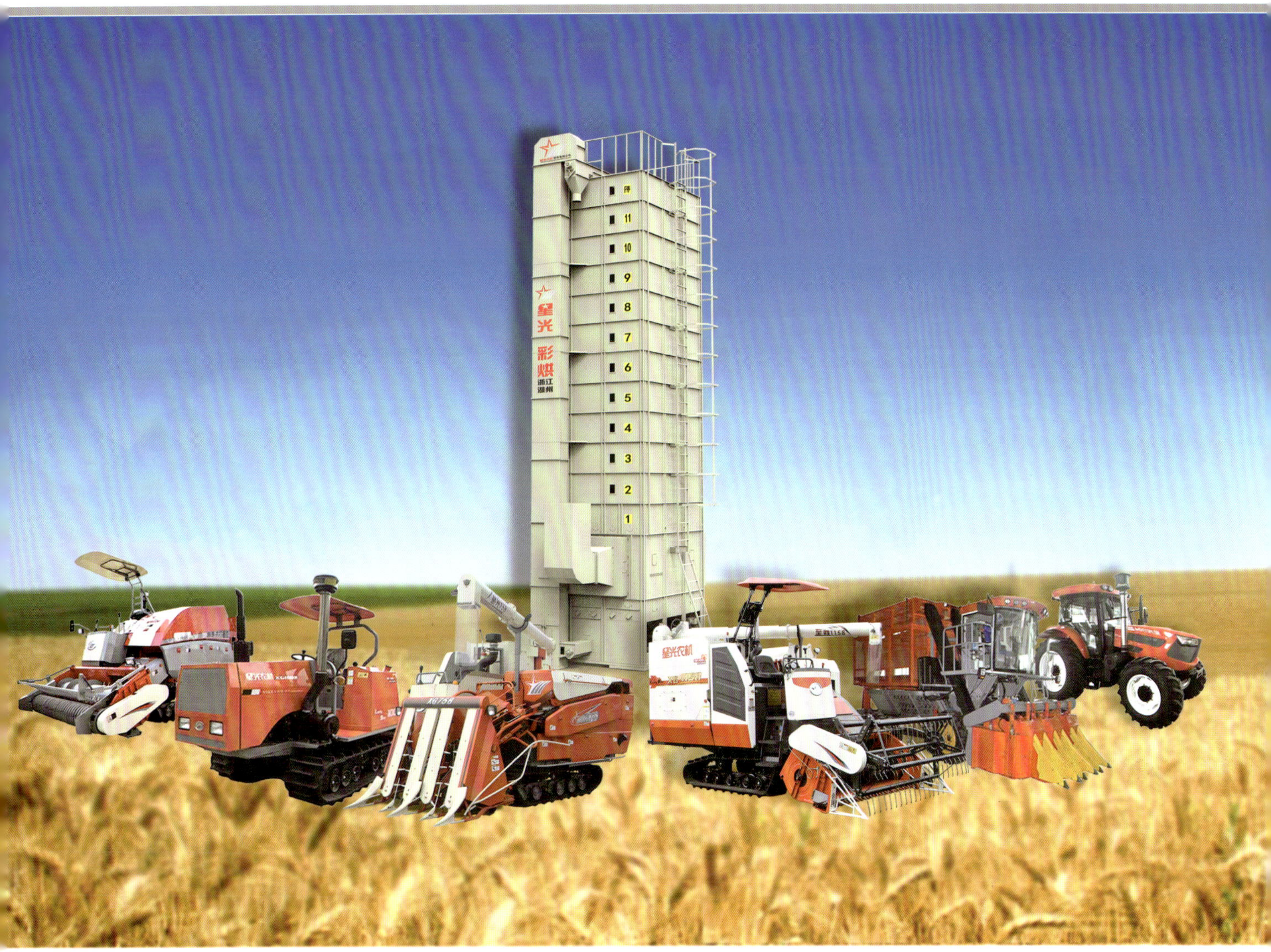

公司简介

星光农机股份有限公司成立于2004年，是一家集研发、 制造、销售、 服务于一体的农业机械上市企业（股票代码: 603789)， 注册资金2亿元占地面积260余亩,现有员工400余人，专业为客户打营作业性能优越和高效率的农业机械并提供技术支持。 公司秉承中国农业文明传统，致力于中国现代农业装备的推广与应用。公司拥有从事农业机械研究和开发三十余年经历的资深高级工程师，多位专业的高级技师打一支技术型员工队伍，因此在农业机械的研发、制造等方面具有雄厚的实力。 公司依托技术优势获得并储子了多项国家专利，是国家重点支持的高新技术企业;二级安全质量标准化企业;湖州市工业行业龙头骨干企业。

公司通过了ISO9001质量管理、ISO14000环境管理、 0HSAS18000企业健康安全等三体系认证;建有企业研究院、产业技术联盟、院士专家工作站、博士后工作站等科研平台，先后参与起草了多项国家与行业技术标准，引领收获机械行业的技术升级。 拥有国际先进制造加工设备， 主要生产收获机械、动力机械、耕整机械和畜牧机械，产品畅销全国，同时出口多个国家，其优越的作业性能，可靠的售后服务保障，得到国内外客户的一致信赖。

星光农机股份有限公司
THINKER AGRICULTURAL MACHINERY CO.,LTD.
地址：浙江省湖州市和孚镇星光大街1699号
传真：0572-2178795 邮箱：xgnjscb2014@163.com
销售热线:0572-3966618服务热线:0572-2178795 网址：www.xg1688.com

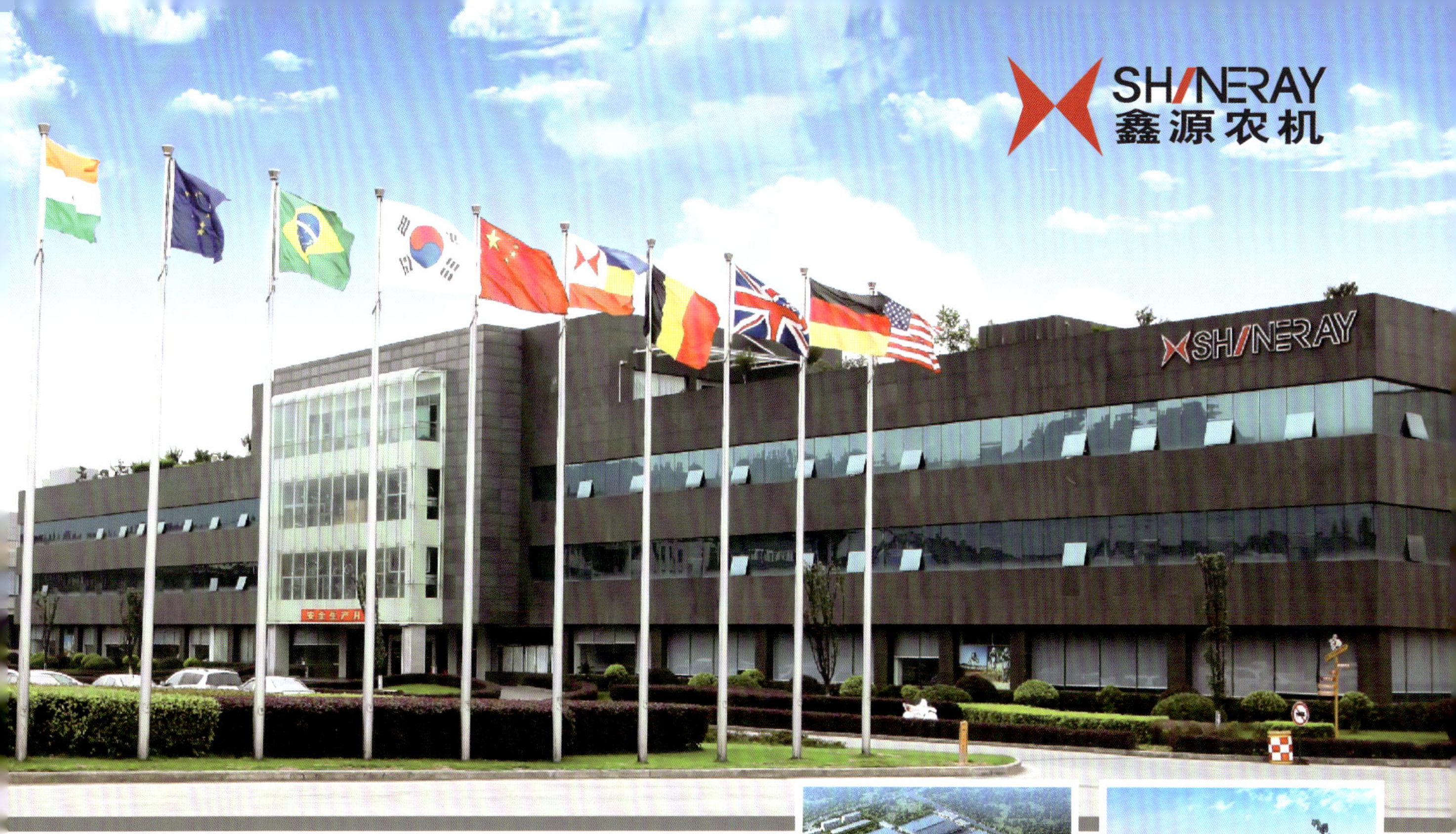

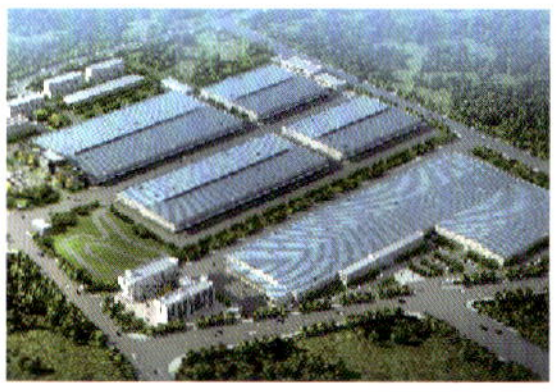

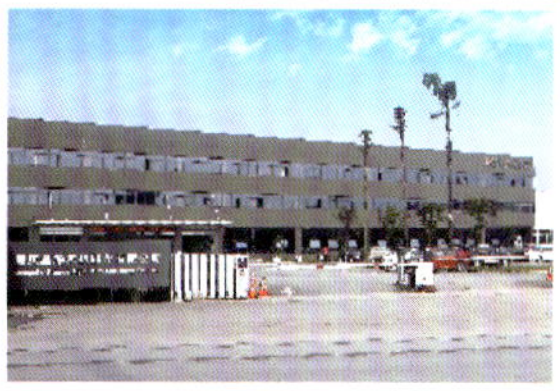

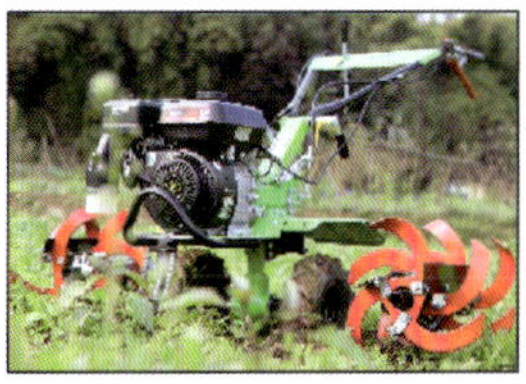

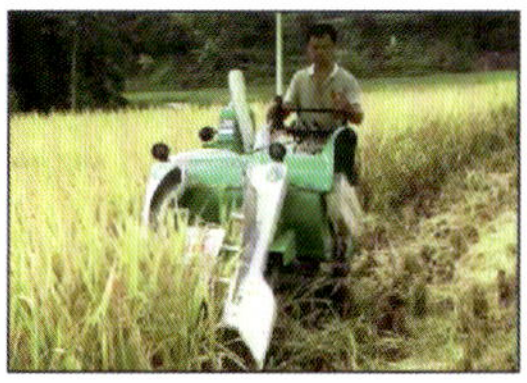

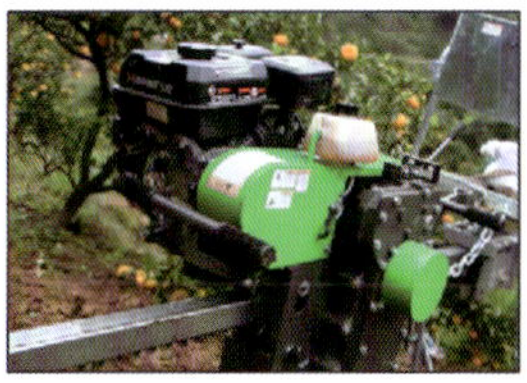

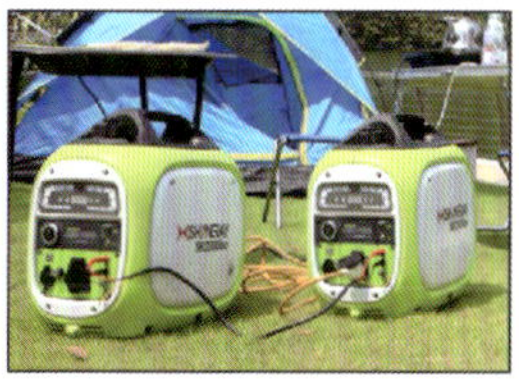

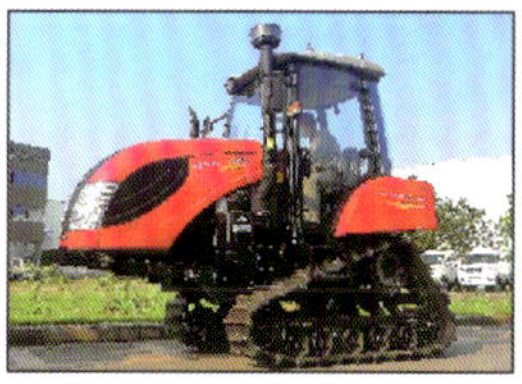

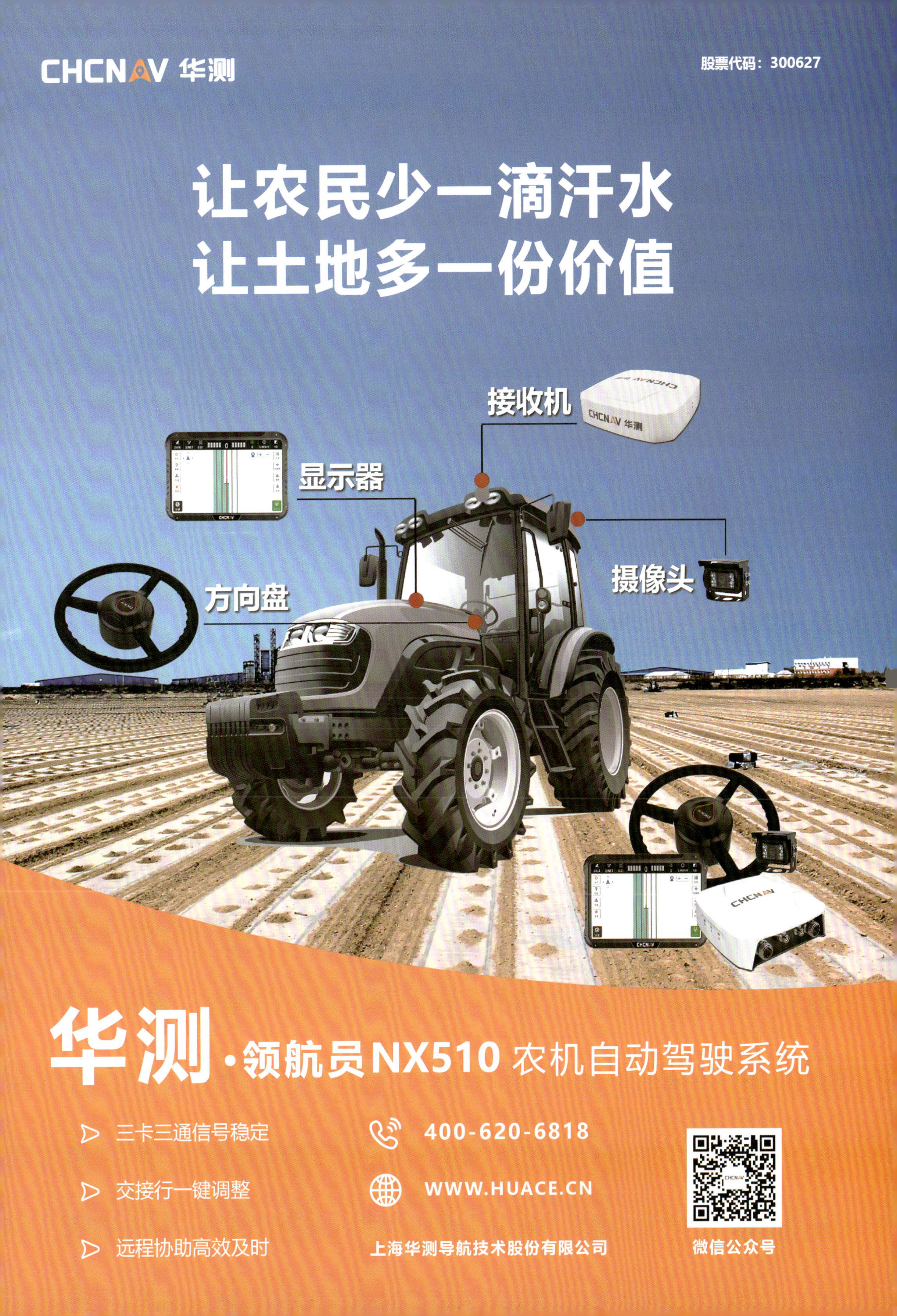

CHCNAV 华测
股票代码：300627
让农民少一滴汗水
让土地多一份价值
接收机
显示器
摄像头
方向盘
华测·领航员NX510 农机自动驾驶系统
三卡三通信号稳定
交接行一键调整
远程协助高效及时
400-620-6818
WWW.HUACE.CN
上海华测导航技术股份有限公司
微信公众号

做良心企业，创诚信品牌，造放心产品

优牧达

饲草收獲機械，全系解决方案

9YM-1.2型固定式打捆包膜一体机

9GBQ-3.0牵引式割草压扁机

9LS-6.2牵引式水平旋转搂草机

优牧达9GX系列圆盘割草机

9CM-1.2型圆捆缠膜机

9YF-2.2除尘秸秆方捆机

优牧达9YG—1.0圆草捆打捆机

圆筒式粉碎揉搓机

优牧达9YG-1.4D圆草捆打捆机

公司简介

内蒙古瑞丰农牧业装备股份有限公司成立于 2011 年，主要从事农牧业机械的开发、生产、销售和服务。2016 年公司被自治区科技厅批准认定为“呼伦贝尔市瑞丰科技研发中心”；2017 年认定为高新技术企业；2019 年成为首家呼伦贝尔四板挂牌企业；2019 年大圆捆单品补贴目录全国前三；2020 年打捆机行业全国销售排行 TOP 前十。2021 年获得第三批国家级“专精特新”小巨人企业。瑞丰公司有着独立自主知产权，承担自治区多项科技计划项目。旗下拥有“优牧达”“华垦”两个自主研发产品品牌。从 2015 年截止到目前已申请 32 项专利，其中发明专利 2 项，外观专利 3 项，实用新型 27 项。全部转化为“优牧达”牧草机械系列产品，主要产品有牧草收获机械（包括：圆盘式割草压扁机、牧草摊晒机、水平旋转搂草机，圆草捆卷捆机，草捆缠膜机）；饲养机械（包括：拆捆机、圆筒式粉碎机、TMR 饲料搅拌车）。在呼伦贝尔、芜湖两市正在全力打造“高端智能秸杆、饲草收储设备生产基地”，以卓越品质、用心服务，不断彰显“优牧达”品牌在农牧业秸杆、饲草收储装备行业的影响力。争做全国农牧机械行业的“领头羊”。

研发中心团队成员均为机械电子相关专业背景专科以上学历高校毕业生，具有多年从事畜牧机械的高级工程师，中级职称以上人员占 58.33%，具备执业职称人数占 91.67%，平均年龄为 31 岁。该研发团队自主研发的 9YG-1.4D 型圆捆打捆机部分技术已经达到国内领先，国际先进的技术水平。是具备专业扎实、团结进取、朝气蓬勃、高素质的创新研发团队，具有丰富的理论和实践经验。研发中心统一采用 Solidworks 三维建模软件和 PDM（Product Data Management）产品数据管理系统，研发中心拥有先进的办公设备和试制样机工装设备。中心还与北华航天工业学院和上海第二工业大学等知名院校建立了合作关系，企业与学院联合培养人才，充分发挥各自资源、技术和人才优势，促使科研成果就地转化，推动公司产业化不断升级，实现了“校企合作、产学双赢”的经营新机制。为人才的输送、培养及技术力量的共享提供保障。

公司对研发中心资金投入逐年递增，截止目前累计研发投入 1000 余万元，仅 2020 年一年研发经费投入近 500 万元，2021 年预算近 600 万元。

400-993-2227

秸秆膨化机及秸秆膨化生物饲料

企业简介>>>

辽宁祥和农牧实业有限公司是一家从事秸秆膨化机和膨化生物饲料的研发及生产、销售服务为一体的综合性国家级高新技术企业，拥有独立知识产权。先后获得30多项国家发明及实用新型专利。2019年-2020年分别荣获国家农业农村部神农中华农业科技二等奖、全国农牧渔业丰收二等奖、省农业科技贡献奖、省工信厅专精特新产品、省科技厅秸秆膨化机及秸秆膨化生物饲料科技创新中心、省级中心等荣誉称号。

产品介绍>>>

（一）9P-150C型秸秆膨化机

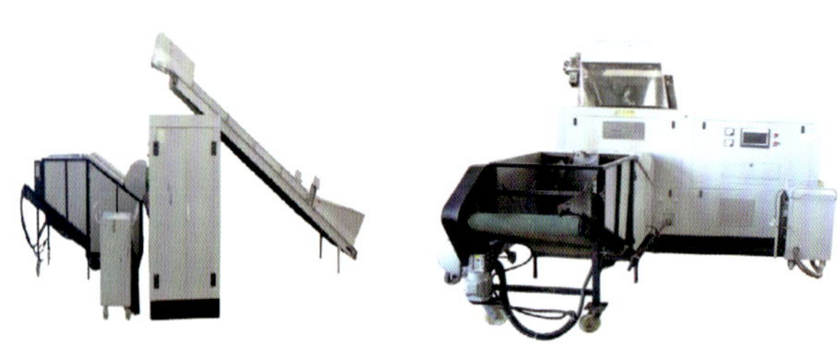

工作原理：是采用螺杆的变径、变距等技术，直接将机械能转化为热能，形成高温、高压并瞬间喷放，对秸秆实现高温消毒、杀菌、熟化、糖化的质变过程。

技术参数：

规格型号		9P-150C型
外形（mm）		7800*2600*2400
整机重量（kg）		3600
主电机功率（KW）		55
主轴转速（r/min）	空载	580
	负载	500
螺杆直径（mm）		150
饲料产量（t/h）		2.5
膨化率		≥95%
噪声		≤87bd(A)

（二）秸秆膨化生物饲料

生物菌：公司的生物菌落以乳酸菌为主要菌株，还含有葡萄糖菌、发酵菌等多种益生菌，是公司的专利产品，经过深层液体发酵，冷冻干燥，多层包被等技术处理，获取的高浓度菌粉。在40摄氏度以下存活，在膨化后的秸秆中添加生物菌进行真空包装发酵，产生有机酸、消化酶及多种抑菌物质。

秸秆膨化生物饲料优势：

1、饲料柔软细嫩适口性好，具有营养丰富、易消化吸收的特点；

2、秸秆营养成分增加，利用率提高，可以替代部分精饲料，降低饲养成本；

3、饲料本身含有的益生菌参加了牲畜“肠道菌系”平衡的调节，增强了牲畜机体免疫力，减少疾病发生率，促进牲畜生长；

4、可以改善牲畜肉质、奶质，增加乳脂率，提高蛋白质含量，降低胆固醇含量，促进绿色生态养殖业的发展。

辽宁祥和农牧实业有限公司

地址：辽宁省阜新高新技术产业开发区盛瑞路103号　邮箱：lnxhnm@163.com　网址：www.lnxhnmsy.cn

电话：0418-3860011　3863333　手机：13394283333

山东省玛丽亚农业机械股份有限公司

山东省玛丽亚农业机械股份有限公司，位于世界大蒜之乡——山东金乡，国家高新技术企业，公司致力设计、开发、生产、销售适应于中国大蒜产业链上所需的全程大蒜机械设备。产品荣获第十三届中国（山东）国际装备制造业金奖，第十四届中国（济南）国际信息技术博览会金奖，山东省科学技术奖二等奖等多个奖项。公司参与大蒜播种机、大蒜收获机、大蒜分选机、蒜种分瓣分选机、蒜米机、蒜片机等大蒜全程机械化产品的地方及行业标准的起草与制定。公司拥有自主知识产权，公司生产的大蒜正芽播种机填补了行业空缺。公司现拥有 200 多项专利，并顺利通过了环境质量安全三体系认证。山东省玛丽亚农业机械股份有限公司是国内能够实现大蒜精 准正芽播种和实现大蒜全程机械化的企业。2021 年 3 月，玛丽亚机械承办济宁市大蒜全程机械化新机具新技术推广会议，完成了不同大蒜产区不同种植模式的全程机械化。为推进乡村振兴助力产业升级，公司开创了玛丽亚村村通大蒜产业平台，平台融合产品创新、渠道创新、模式创新与一体，可提供大蒜全产业链解决方案。

目前与中国农科院、山东省农科院、河南科技大学、青岛农业大学、哈尔滨工业大学（威海）等大学及科研机构建立了长期的产学研合作。

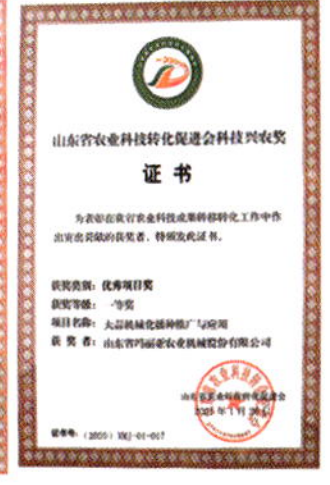

目前公司获得的主要荣誉与成果：
2016 年 玛丽亚机械荣获了“大蒜行业特殊贡献奖”；
2017 年 玛丽亚荣获王丕街道精准扶贫示范企业；
2018 年 3 月 第十三届中国（山东）国际装备制造业博览会上，玛丽亚机械荣获金奖；
2018 年 3 月 玛丽亚机械播种机获“十大创新奖”；
2018 年 3 月 公司获批金乡县巾帼创业示范基地；济宁市巾帼返乡下乡创业基地；
2018 年 12 月 公司被评为 2018 年度高成长性中小企业；
2018 年 8 月 获批国家高新技术企业；
2019 年 10 月 玛丽亚大蒜全程机械化生产技术与装备
2019 年度中国机械工业科学技术奖之技术发明二等奖；
2019 年 11 月 玛丽亚大蒜播种机技术与系列装备研发荣获 2019 年度泰山农业科学技术奖一等奖；
2019 年 11 月 玛丽亚机械大蒜收获机研究与应用荣获 2019 年度山农业机械科学技术奖三等奖；
2019 年 12 月 获得中国商业联合会科学技术奖、全国商业科技进步奖二等奖；
2020 年 9 月 玛丽亚机械被授予山东省巾帼创业示范基地；山东省乡村振兴巾帼示范基地；
2020 年 10 月 获得山东省企业优秀创新成果一等奖；
2020 年 12 月 公司获得山东省科学技术奖二等奖；
2021 年 4 月 公司被评为 2020 年度高成长企业；
2021 年 5 月 玛丽亚机械荣获山东省首届科技兴农优秀项目奖一等奖；
2021 年 9 月 玛丽亚机械荣获第十四届中国（济南）国际信息技术博览会金奖；
2021 年 10 月 2 日，玛丽亚机械隆重举行了“助企攀登——玛丽亚大蒜播种机作业服务队 2021 年开工仪式”。

2017 年度山东农机工业

十大创新产品

名　称：2BUX—11 型大蒜旋耕精准播种机

完成单位：山东省农业机械科学研究院　山东省玛丽亚农业机械有限公司

山东农业机械工业协会

二〇一八年三月

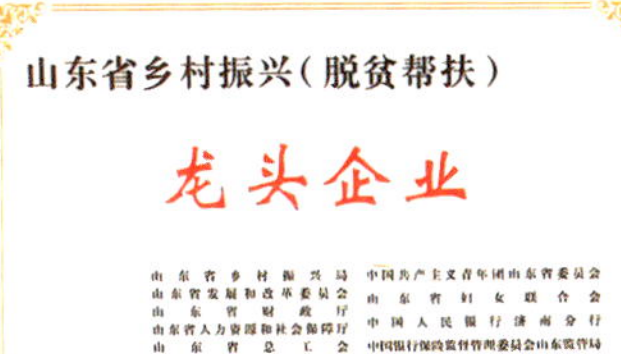
山东省乡村振兴（脱贫帮扶）

龙头企业

山东省玛丽亚村村通农业作业服务队 >>

山东省玛丽亚村村通农业作业服务队专注于大蒜的全程农事服务，提供蒜种处理、种植、收获到后期初、深加工的全程机械化服务，大蒜种植全套农资配套产品及大蒜种植全程技术指导，农业技术人员全程跟踪农作物生长情况及病虫害的防控，指导农户用肥用药。

服务队有专业技术管理人员。统一作业管理、统一作业标准，作业队还提供大蒜种植、收获的跨省服务，由专业人员带领，配有完善的后勤力量，根据种植面积安排车辆，确保能给种植户高质高效的播种和收获。

目前已服务山东、河南、江苏、安徽、新疆等省大蒜种植大户及蒜农，获得高度认可。

助企攀登——玛丽亚大蒜播种机作业服务队 2021 年开工仪式

大蒜分瓣分选机服务现场

大蒜播种机服务现场

大蒜联合收获机服务现场

大蒜分选机服务现场

玛丽亚机械　大蒜全程机械引领者　为中国大蒜产业服务

全国服务电话
400-836-1617

地址：山东省金乡县王丕康桥工业园
网址：www.mariamachine.com
电话：0537-8897366
传真：0537-8897066
销售电话 13792359558
13791884885

公众平台

企业部

全国服务电话：400-836-1617

公司简介及组织机构

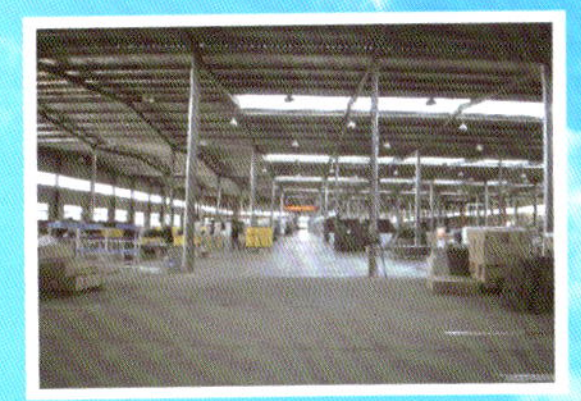

安徽省宁国天亿滚塑有限公司成立于2008年，注册资金2600万元，是一家专业从事滚塑产品及滚塑模具研发、生产、销售的高新技术企业，公司产品广泛应用于军工、农用机械、工程机械、汽车、医疗、环保、箱包等领域。

公司是中国塑协滚塑专委会副主任单位、中国标准协会滚塑专业技术委员会委员单位，是滚塑制品燃油箱、军工产品滚塑行业标准的主起草单位；是《塑料可比多点数据的获得表示第1部分力学性能》及《塑料可比多点数据的获得表示》国家标准的制定单位。公司已通过GB/T19001-2016质量管理体系、GB/T24001-2016环境管理体系、OHSAS18001:2007职业健康安全管理体系认证。

公司拥有专业的研发团队，享有独特的滚塑模具研发加工技术，装备有7台进口CNC加工中心，以及10条滚塑成型生产线，可以满足各类滚塑模具、精密部件和滚塑制品的生产，年产量达3000余吨。滚塑系列产品获得31项国家实用新型专利技术证书。拥有专门的技术中心实验室，配备12台专用性能稳定的测试设备。

公司自主研制生产的军工装备产品为部队装备的箱组化、模块化、集成化、单元化、智能化、快速反应化、可追踪和可视化提供了良好的解决方案，满足了新的军事战争、新的作战形式、新的武器装备的发展要求。可抵抗风沙、酷热、严寒、暴雨、路途颠簸、高空坠落的袭击，具有强抗冲击、缓冲减震、防水防潮、密防盐雾、防腐耐蚀、持久耐用、展收迅速、携行方便、保养简便等特点。在航空、航海、高原、沙漠、丛林等各种场合，可靠保证内部装载物资在各种恶劣环境下的适应性和可靠性。产品广泛应用于装载各种文化品、战勤卫生、仪器设备、通信器材、维修工具、医疗器械、影像器材和救生器材等各种物资。专业的研发团队，精湛的技术研发能力，为公司赢得了中国滚塑大奖最具价值品牌奖。

公司目前已为多家世界500强企业供应滚塑零部件，是所生产产品覆盖领域较广的滚塑行业知名企业。

作为中国滚塑行业的引领者与实践者，公司秉持“以市场为导向、以质量求发展、以服务创信誉”的经营理念，致力于建设成为中国领先的滚塑企业。并立足中国市场、拓展海外市场，勇于革新，不断飞越，塑造中国滚塑企业崭新形象，建设高素质、高科技、高效率的新型企业。

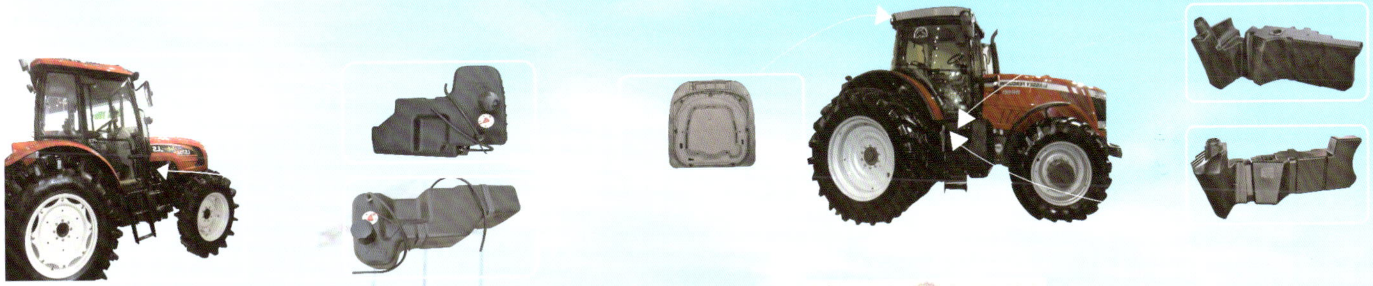

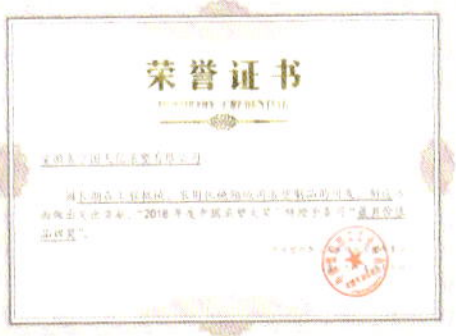
荣誉证书

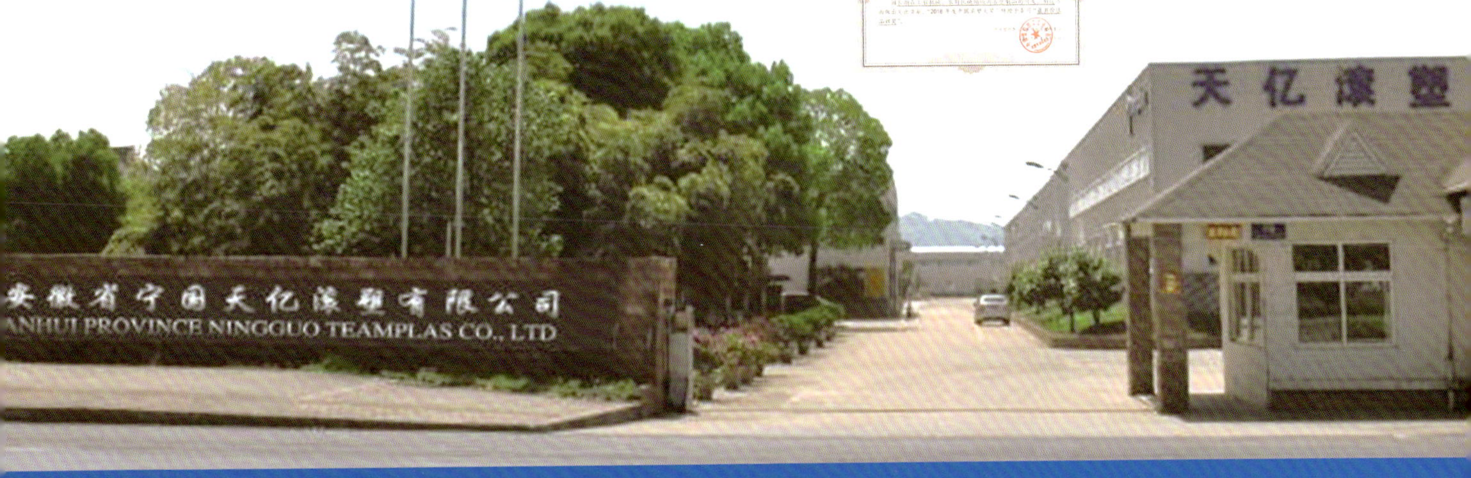
天亿滚塑
安徽省宁国天亿滚塑有限公司
ANHUI PROVINCE NINGGUO TEAMPLAS CO., LTD

teamplas 天亿滚塑

地址：安徽省宁国市经济技术开发区宁阳西路16号天亿滚塑有限公司
电话：15656388811（杨庆）

新生有为 方圆无界

——我变了，我没变

领军人>>>

早在2014年就与科研团队合作共建院士研究站的达华，目前实现了水灌溉材料的研发、制造、销售，以及提供节水灌溉工程设计，施工等为一体的闭环，配置多种世界精良设备，引进全球先进技术，自主研发出近百项科研专利，为中国农业提供高性能、高科技的生产设备，技术和智力支撑。

自1996年诞生至今，达华只做了一件事：科技节水。

不管是稳步向前，埋头致力于技术精进，还是搭乘时代快车，开启水利灌溉的新时代，达华目标始终如一：水资源高效利用。

与其说达华追赶时代，不如说，在创新驱动下，时代是其实现目标的助力。

技术流>>>

作为卓有远见的创新型公司，达华走的是硬核技术路线。

中国农业用水达到了60%，而水资源仅占世界6%。要想持续养活14亿人口、建设农业强国，节水灌溉是重要且必要的举措。

2016年，达华对节水灌溉进行大力科研投入，自此开起了自主科技创新的勋章之路。研发了近百项科技专利。

2017年，中央一号文件下发，明确提出：“大规模实施节水农业，把农业节水当做方向性，战略性的大事来抓，加快完善国家支持农业节水政策体系。”

而后，达华节水正式更名为“达华节水科技股份有限公司”，宣告达华创新驱动、科学灌溉时代的来临。

模范生>>>

“中国灌溉行业最具价值投资企业第2名”

“中国灌溉行业知名企业20强第2名”

……

达华贡献了一批模范生的优秀作业：

摇臂喷头、微喷头、微喷带、滴灌带滴灌管、太阳能自动灌溉系统、温室等高效节水的科学灌溉技术和设备；

智能喷灌机、微纳米气泡发生器、生物全降解地膜、太阳能环保灭虫灯等各类高科技农业产品；

国内管径最大，仅此一家的直径2000㎜的给水管……

潜力股>>>

目前，达华会为国家管廊与海绵城市的建设做管道研发生产，也会联合外达华与以色列，欧美等灌溉技术现金国家共同合作，并联合中科院等国内科研机构，突破农业发展瓶颈……

达华在突破的路上玩儿的很过瘾。

达华称：以科学灌溉为理念，以改善生态环境为己任，以构建美丽中国为愿景，是达华从来不断的信仰。胸怀天下而不给自己设限，或许是达华节水的发展之路越走越宽的原因。

十九大后，水利改革踏上新的征程。5G时代，农业必然向智能化发展。

时代如东风，愿先驱者乘风破浪，用科技成就智慧，借时代创造时代。

米塔荆山（洛阳）液压元件有限公司

企业简介 Company profile

米塔荆山（洛阳）液压元件有限公司（以下简称“米塔荆山”或“公司”）位于洛阳市伊川县彭婆工业园区，占地约45082m²，拥有员工135人，注册资本5800万元，总资产约1亿元，年产值7000万元。米塔荆山为中外合资的有限责任公司，公司的前身荆山液压公司创立于1994年。公司二十多年间专注于农机行业液压元件与系统解决方案，以齿轮泵、多路阀、液压油缸为核心产品，经过多年研发形成了七大系列100多个品种的液压元件，为农业机械中的拖拉机、收获机械等产品提供针对性解决方案。

意大利的MITA OLEODINAMICA S.P.A.公司（以下简称“MITA公司”）于2018年10月10日完成中国工商变更手续，成为我公司控股母公司，该公司意大利MITA公司隶属于意大利CBM集团。MITA公司生产的拖拉机液压提升器等液压产品，在欧洲市场占有率为70%，在印度市场更是处于垄断地位，其产品技术含量高，代表了当今世界的制造水平。

公司现有客户涵盖了国内农业机械行业的主机生产商，主要有：中国一拖集团、山东潍柴雷沃重工、江苏常发拖拉机厂、道依茨法尔机械有限公司等。公司销售及服务网络遍布全国，并且在主要客户所在地均设有办事处，以快速响应客户需求。

生产研发能力 Production R & D capacity

公司占地约45082m²，生产车间面积12091m²。封闭式装配加工车间内，拥有全套的生产加工装备及完善的试验检测设施共计180余台/套，其中日本、韩国、台湾进口加工中心30台，高精数控设备16台，圆柱度仪1台、三坐标测量仪1台以及各类型试验设备10台/套，生产质量控制全面得到国内龙头企业的认可。

公司目前员工135人，其中：技术人员10人，外聘专家5人，管理人员19人，质量检验员6人。编制了完善的设计研发、试制试验、批量生产流程，自主开发液压阀类、电控阀类产品达20多种。

产品展示 Product display

公司现有产品涵盖目前国内农业机械所需的大部分控制阀及油缸。其中可详细划分为：电磁阀块、电控多路阀、多路阀、专用控制阀、分配器、提升器、液压油缸七大系列，100多个品种。

控制阀类产品包含DF50、DF80、ZD1-F15L、DLSE18等系列片式、整体式多路阀。

公司现生产的提升器型号为ROCKSHAFT M1300L。

FT50分配器

DF50系列多路阀

DF80系列多路阀

HLCB系列恒流溢流泵

拖拉机电磁阀块

JA60萨奥分配器

JTSJTA/B快速接头

ZYG系列涨紧油缸

TSQ提升器

液压助力器

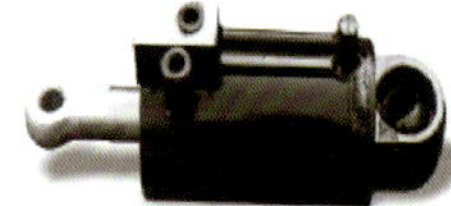

SZ1204悬挂油缸

TSQ提升器

TSQ提升器

DF50液压锁多路阀

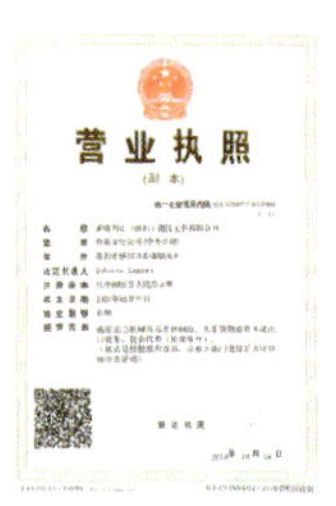

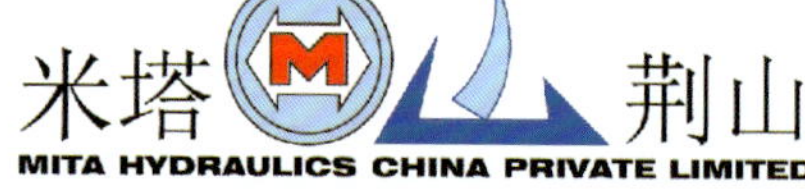

地 址：河南省洛阳市伊川县彭婆镇朱村
邮 编：471300
邮 箱：mitajingshan@mitajingshan-china.com
销售部电话：0379-68333252
技术部电话：0379-62755909

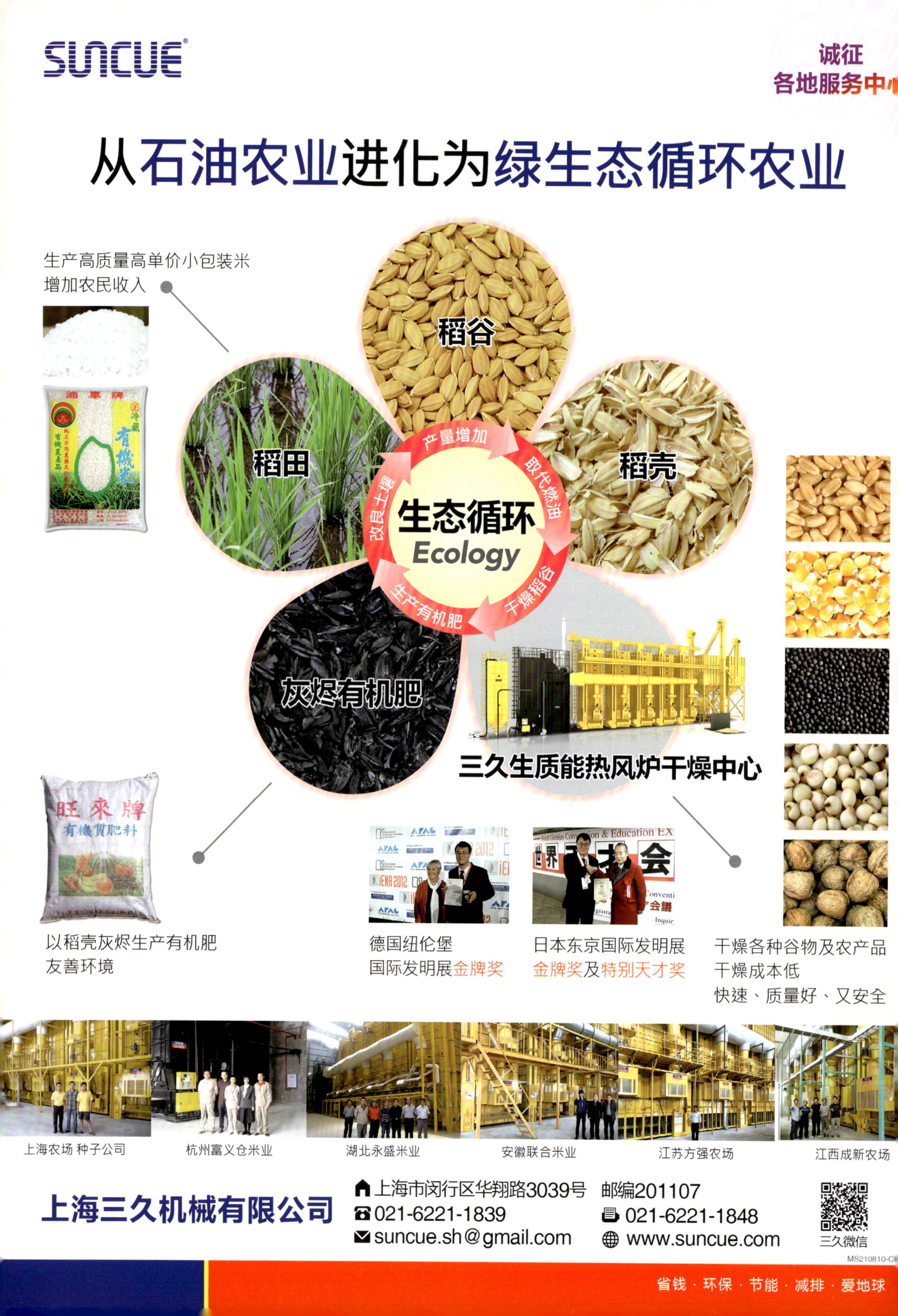
SUNCUE
诚征
各地服务中心
从石油农业进化为绿生态循环农业
生产高质量高单价小包装米
增加农民收入
稻谷
稻田
稻壳
产量增加
取代燃油
干燥稻谷
生产有机肥
改良土壤
生态循环
Ecology
灰烬有机肥
三久生质能热风炉干燥中心
以稻壳灰烬生产有机肥
友善环境
德国纽伦堡
国际发明展金牌奖
日本东京国际发明展
金牌奖及特别天才奖
干燥各种谷物及农产品
干燥成本低
快速、质量好、又安全
上海农场 种子公司
杭州富义仓米业
湖北永盛米业
安徽联合米业
江苏方强农场
江西成新农场
上海三久机械有限公司
上海市闵行区华翔路3039号 邮编201107
021-6221-1839
021-6221-1848
suncue.sh@gmail.com
www.suncue.com
三久微信
MS210810-C
省钱 · 环保 · 节能 · 减排 · 爱地球

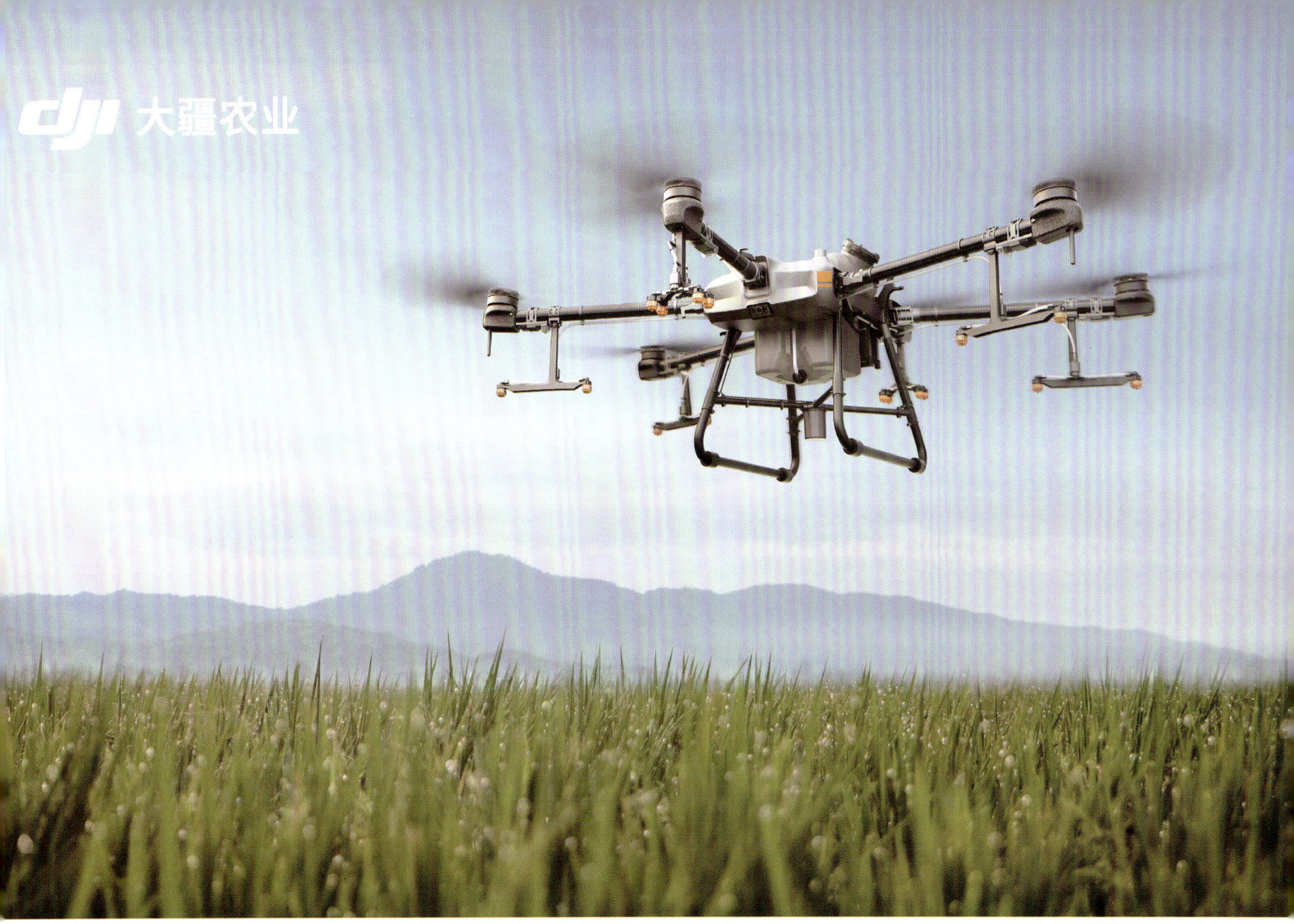

大疆创新自 2012 年开始将无人机技术应用于农业领域，并于 2015 年设立大疆农业品牌。基于领先的无人机产品与多年的技术积累，大疆农业联合合作伙伴，共同构建了以人才培养、产品提升、药剂优化、技术升级为核心的飞防生态。旗下的 T 系列植保无人飞机、MG 系列植保无人机、精灵 4 多光谱航测无人机、精灵 4 RTK 农田测绘无人机、大疆智图、大疆农服APP 等产品，在多个区域实现了应用，并获得用户广泛认可。

目前大疆农业为全球 30 多个国家与地区提供数字农业解决方案，服务了超过 1000 万农业从业者。未来，大疆农业将继续投入技术与资源，并联同合作伙伴构建基于空间智能装备的数字农业解决方案，持续帮助农户提升农田管理水平，助力全球农业发展革新，持续推动人类进步。

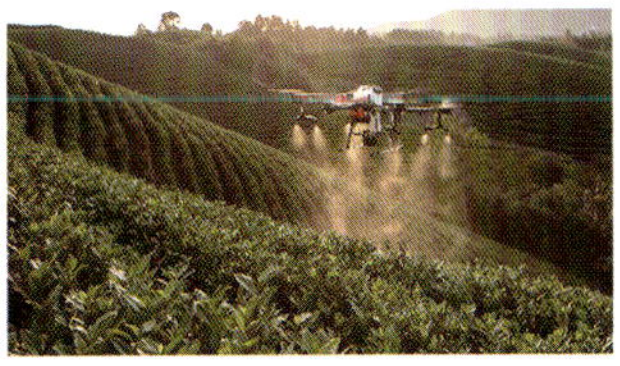

植保作业

传统植保作业需要人工徒步穿越农田进行。无人机作业不受一般地形限制，提供数十倍于人工的作业效率，实现人药分离，同时通过出色的药液雾化效果，提升作业质量。

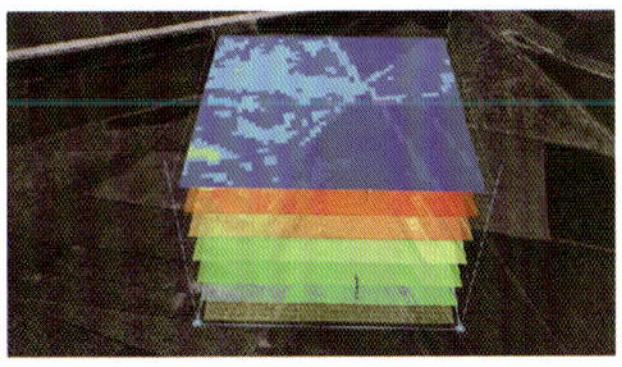

作物监测

农业从业者穿梭在田地中的监测方式耗时费力，容易受到密集植被影响。借助多光谱成像技术，可对农田进行科学准确的生长、病虫害及灌溉监测。

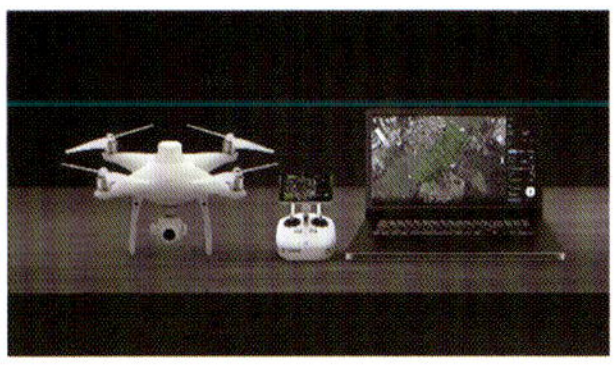

农田测绘

借助 DJI 大疆航测无人机可对农田进行高效测绘，并可根据清晰的测绘图像进行植保作业规划。

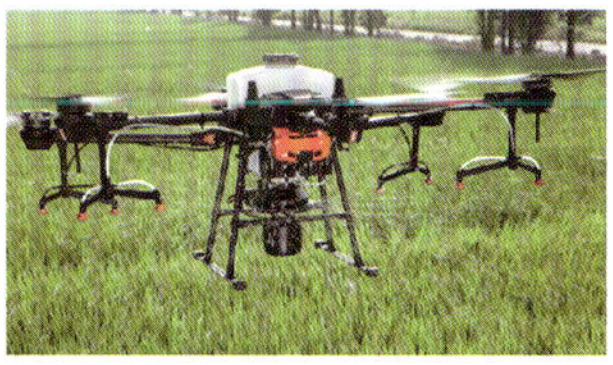

播撒作业

农田地形复杂，不易穿行进行种子、肥料播撒作业。借助大疆农业播撒系统，使播撒作业更为高效。自动化的作业模式亦有助于提高播撒均匀度。

关注大疆农业服务　关注大疆农业

科技启迪生长

Technology Inspires Growth

了解更多：ag.dji.com

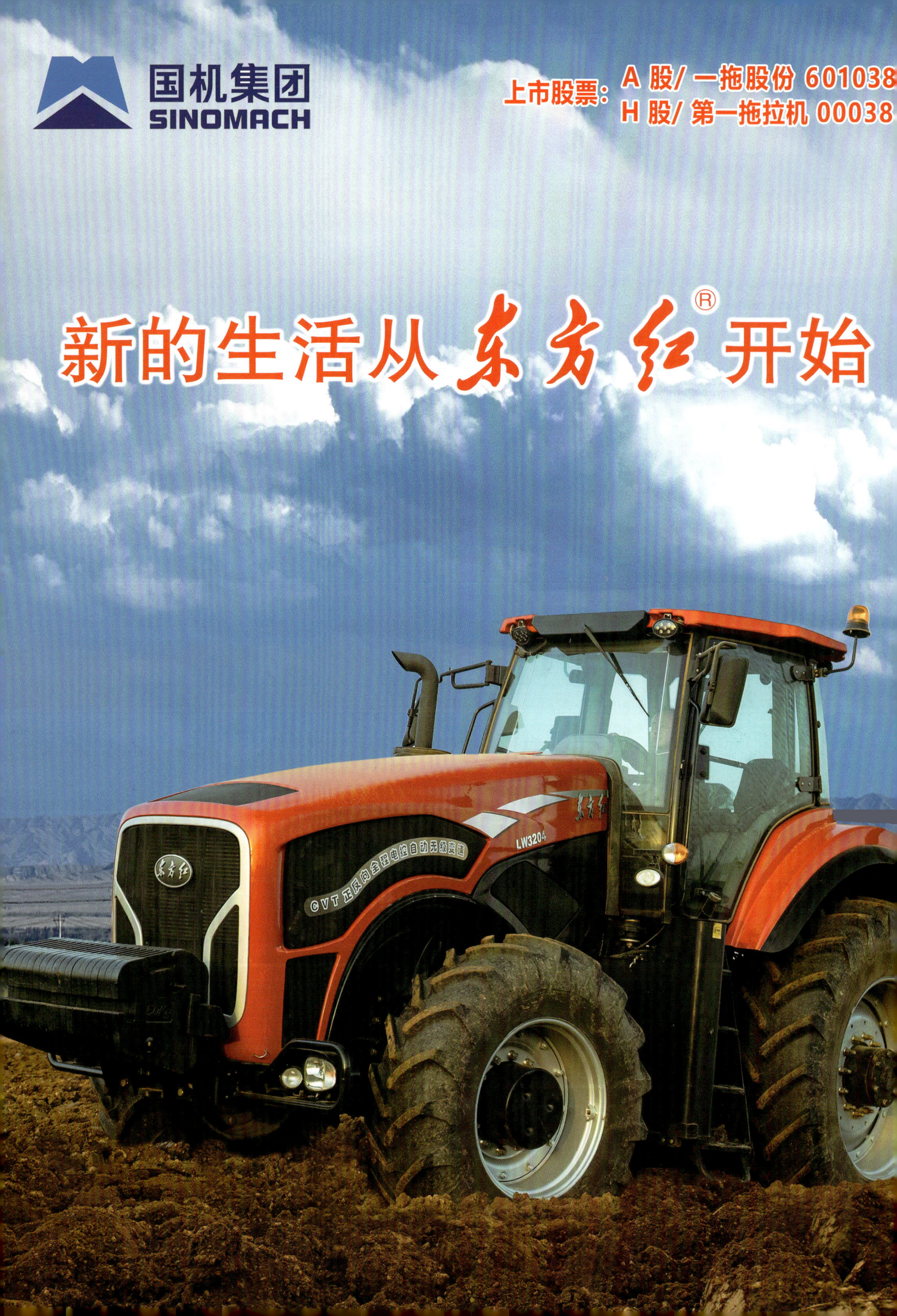
国机集团
SINOMACH
上市股票：A 股/ 一拖股份 601038
H 股/ 第一拖拉机 00038
新的生活从东方红®开始
LW3204

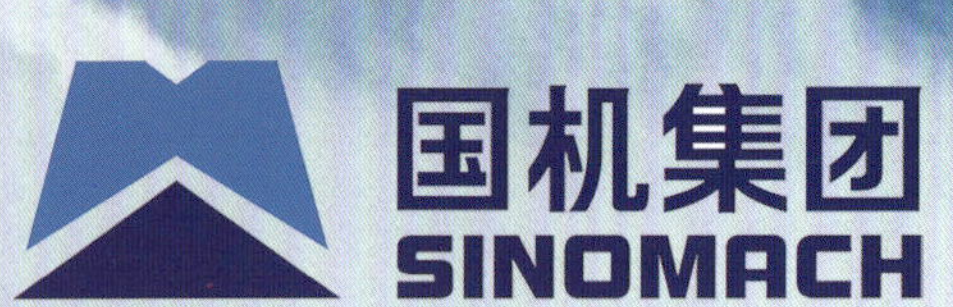

目 录

领导报告与论述

在 2020 年省级农机化管理干部高级研修班开班式上的讲话（摘要）

（2020 年 11 月 16 日 · 北京）

农业农村部副部长　张桃林

党的十九届五中全会于 2020 年 10 月 29 日胜利闭幕。全会审议通过了《中共中央关于制定国民经济和社会发展第十四个五年规划和二〇三五年远景目标的建议》，明确了未来 5 年发展蓝图和 2035 年远景目标。在五中全会上，习近平总书记发表了重要讲话，深刻阐述了我国“十四五”期间到 2035 年要加快建设社会主义现代化国家的时代背景、重大意义，提出了一系列新论断、新理念和新思想，是习近平新时代中国特色社会主义思想的最新发展。农业机械化战线一定要认真学习贯彻十九届五中全会精神，深刻领会、坚决贯彻习近平总书记的重要讲话精神，谋划好农业机械化“十四五”规划，加快推进农业机械化全程全面和高质量发展，为农业现代化和乡村振兴提供强大动力和有力支持。“国以才立，政以才治，业以才兴”，推动“十四五”及今后一段时期农业机械化发展，关键在人才、靠队伍，这次省级农机化管理干部高级研修班，是我们推进新时期农业机械化人才队伍建设的“当头炮”“先手棋”，要从管理干部入手，引领组织各有关方面认真学习贯彻十九届五中全会精神，结合工作实际推进贯彻落实，谋划推动新时期农业机械化工作高质量发展。

第一，“十四五”时期推进农业农村现代化和乡村全面振兴，对农业机械化提出了新的更高要求。农业机械化是农业农村现代化的重要内容、重要支撑和重要标志。党中央国务院始终高度重视农业机械化发展，根据不同时期经济社会发展形势，及时明确农业机械化发展的指导方针、目标任务和政策措施，推动农业机械化取得举世瞩目的历史性成就。2019 年全国农机总动力超过 10 亿千瓦，农机装备总量达到 2 亿台（套），农作物耕种收综合机械化率跨上 70% 台阶，三大主粮生产基本实现机械化，我国农业生产已从主要依靠人力畜力转向主要依靠机械动力，进入了机械化为主导的新阶段。

党的十九届五中全会指出，“十四五”时期是我国开启全面建设社会主义现代化国家新征程、向第二个百年奋斗目标进军的第一个五年，明确了优先发展农业农村、全面推进乡村振兴重大战略任务。农业农村是编制“十四五”规划的重要内容，在推进农业现代化方面、在确保粮食等重要农产品供给安全、在支持乡村建设方面，农业机械化战线将肩负重要责任，面临更高要求。农业机械化和农机装备是转变农业发展方式的重要途径、是实施乡村振兴战略的重要支撑，要按照贯彻新发展理念、构建新发展格局的要求，联系农业机械化实际进行深入研讨，进一步理清思路、明确重点，更好地把重要途径、重要支撑理解好、把握好。没有农业机械化，就没有农业农村现代化，没有农业机械化的全程全面发展，就很难有农业生产全面的全链条的高质量发展，就难以提高农业质量效益和竞争力。例如，在丘陵山区，人力畜力作业的退出是一个必然趋势，如果机械化不能及时跟进，势必影响粮食等重要农产品供给安全。因此，我们要以推进农业现代化的实施、满足亿万农民对机械化生产的需要为目标，加紧对标“十四五”规划和 2035 年远景目标，进一步明确目标任务，创新政策举措，确保“十四五”时期农业机械化全程全面和高质量发展取得重要进展。

第二，推进农业机械化全程全面和高质量发展，迫切需要壮大人才队伍力量。这些年来，特别是 2004 年《农业机械化促进法》公布实施以来，我国农业机械化快速发展，农机装备总量加快增长，农机装备结构持续优化，农机作业水平跨越发展，农业机械化队伍不断壮大。2019 年全国乡村农机从业人员 4 677 万人，农机服务组织近 20 万个；全国农业机械化管理、教育培训、试验鉴定、技术推广和安全监理人员超过 16 万人；省级及以上农业机械化科研机构、重点农机企业研发机构中科研人员约 1.8 万人。这支队伍在装备研发、鉴定推广、使用维修、管理服务等方面，都发挥了重要作用，有力支撑推动了农业机械化的快速发展，成为农业农村人才的重要组成部分，为推动农业农村现代化、实施乡村振兴战略做出了积极贡献。

进入“十四五”新发展阶段之后，我们将站在新的历史起点上，农业机械化需求结构和发展环境都将发生深刻变化，但对照新阶段发展要求，农业机械化本身发展不平衡不充分的问题也更加突出，农业机械化管理工作的领域、内容、方式都将深刻变化，对农业机械化人才队伍建设提出了新要求、新挑战。对这些方面，我们一定要提高认识。从发展领域看，加快推进农业机械化从主要作物耕种收环节向植保、秸秆处理、烘干等全过程延伸，由粮食作物向棉油糖、果菜茶等经济作物扩展，从种植业向养殖业、初加工业、设施农业等全面发展，这就需要我们加强适应、支撑和引领经济作物生产、养殖加工机械化等方面人才的培养，推动农业机械化人才队伍更新知识结构、提升专业技能，向跨领域、多元化、复合型转变。从发展途径看，以科技创新、机制创新、政策创新为动力，以农机农艺融合、机械化信息化融合，农机服务模式与农业适度规模经营相适应、机械化生产与农田建设相适应为路径，加快破解新阶段农业机械化发展面临的机具技术供给、农田农艺配套、管理政策创新等方面“供不足需、供不适需”的矛盾问题，要做到这些并确保行稳致远，需要下更大力气培育壮大新型人才队伍，培植农机创新型企业、创客、创新团队、领军人才，推进农机“智库”“会展”、媒体等专门人才队伍建设，培养农机使用一线的“土专家”、新“麦客”、农机经营服务组织“带头人”等高素质农民。从管理方式看，农业机械化的管理对象由传统农户为主向新型经营主体扩展，越来越需要创新管理方式，增强管理的精准性、科学性、指导性。尤其是随着“放管服”改革的深入推进，越来越多的管理事项下放，省市县的调控空间将进一步增大，地方承担了更多政策落地、项目落实的管理责任。同时，随着工业化、信息化、城镇化、市场化、国际化加快推进，传统的管理服务模式已难以适应发展要求，必须创新方式方法，更多地运用市场化、信息化手段，运用法治方式、典型模式和制度安排推动工作，由过去的争资金、批项目、催进度，更多地转向政策创设、标准制定、信息引导和事中事后监管上来。这些深刻变化，对农业机械化管理人员能力素质作风等提出了新挑战，对加强农业机械化管理队伍建设，实现管理服务的高质量高效率，提升公共服务的满意度提出了新要求。特别是 2018 年党和国家机构改革后，各地农业机械化管理机构设置、工作体制机制和干部队伍结构发生了很大变化，迫切需要加强培训，统一思想认识，转变工作方式，强化专业本领，提升综合素质。

面对“十四五”时期加快农业机械化发展的新形势、新要求，农业机械化人才队伍还存在人员总量不足、结构不优、能力素质有待提升、高端人才缺乏等突出问题亟待解决。从科研队伍看，根据全国人大常委会对《中华人民共和国农业机械化促进法》开展的执法检查结果，2019 年全国 28 所高校院所招收农机装备硕士生总数不足 700 人，农机专业研究生与本科生招生人数比仅为 0.1%，预计到 2025 年中国农业机械化专业人才缺口将达 44 万人。科研人才的不足，直接导致我国农机装备生产制造水平不高，在贯通研发、制造、推广、使用等环节的农业机械化产业链供应链上，出现了明显短板。比如，粮食作物收获机械的割台设计整体上还不够科学，一些大宗经济作物整机还技不如人，大型机具变速箱、无级变速电控换挡、捆扎打结器等关键核心部件的制造技术仍受制于人，等等。从管理服务队伍看，近年来农业机械化管理系统人员总量呈减少趋势，技术服务领域具有中级以上职称的人员比例仅为 53%。不少同志的业务知识结构存在明显短板，对农业机械化的发展历程、地位作用、前进方向等不是很了解，也不是很清楚。从实用人才队伍看，乡村农机从业人员初中以下文化程度占到 72%，农机操作人员中获得农机职业技能鉴定证书的人员不到 1.5%，农机合作社等农机社会化服务组织带头人、农机服务经纪人等人才严重不足。部分农机手的驾驶技能不够熟练、作业不够规范，尤其是熟练操作高性能、大功率、多功能复式等新型机具的人才更加短缺。在这一方面，如果高技能人才跟不上，再好的机具作业效能也不能充分发挥，特别在粮食收获环节还容易造成损失，有关方面对此也十分关注。总的看，农业机械化人才队伍不同程度地存在知识老化、观念老旧、方法老套等问题。对此，我们必须增强紧迫感和责任感，采取有力举措，加快补齐农业机械化人才队伍建设短板。

第三，全方位推进“十四五”农业机械化人才队伍建设。“十四五”规划《建议》强调，“坚持创新在我国现代化建设全局中的核心地位，把科技自立自强作为国家发展的战略支撑”，要求“强化农业科技和装备支撑”“加强创新型、应用型、技能型人才培养”“提升农民科技文化素质，推动乡村人才振兴”。国务院 2018 年 42 号文件明确把“切实加强农机人才培养”列为推进农业机械化转型升级的重要任务，要求“健全新型农业工程人才培养体系”“注重农机实用型人才培养”。面向“十四五”，各级农业农村部门要认真贯彻落实党的十九届五中全会精神，坚持“服务发展、人才优先、以用为本、创新机制、高端引领、整体开发”的基本原则，把“人才强机”作为农业机械化发展的重大战略，以有力支撑农业农村优先发展、乡村振兴全面推进为目标，以培养和使用两个环节为着力点，创新机制，广辟渠道，扎实推进新时期农业机械化人才队伍建设，加快提升服务农业机械化全程全面高质高效转型升级的能力，为开创新时期农业机械化发展新局面提供强大支撑。具体来讲，要围绕提升六种能力，全方位做好农业机械化各类人才队伍建设工作。

一要围绕提升组织管理能力，开展各级农业机械化行政管理人员轮训。立足于“十四五”时期农业现代化和乡村建设要求，重点针对地方机构改革后农业机械化系统管理人员调整较大的实际情况，加快选拔、补充农业机械化专业人员，组织编印培训教材，创新培训方式，逐级开展农业机械化管理干部业务能力培训，争取用 2 年时间完成各级农业机械化行政管理人员轮训，示范带动农业机械化人才队伍建设。

二要围绕提升科技创新能力，推进农机科技人才队伍建设。针对农机装备研发制造短板弱项以及“卡脖子”难题，提升农业机械化产业链供应链现代化水平。引导、推动和支持高等院校加强农业工程学科建设，积极设置相关专业，扩大招生规模特别是硕士生、博士生规模，加快培养创新型、应用型、复合型农业机械化科研人才。支持农机科研院所通过国际项目合作、境外人才培训交流等方式，引进国外高层次农机人才。引导相关高校面向农业机械化、农机装备产业转型升级开展新工科研究与实践，支持优势农机企业与学校共建共享工程创新基地、实践基地、实训基地，推进产教融合、校企合作，协同育人。依托重大农业机械化科研项目、重点学科和科研基地，培养科技领军人才。在这些方面，要结合当地农业生产实际，针对农业机械化发展中出现的技术短板、机具短缺以及立地条件等，集聚科研院所、农机企业等多方力量资源，更有针对性地推动开展农机科研工作。积极发挥协会、学会在信息交流、教育培训中的作用，探索建设农业机械化智库。广开门路，加强与科技、教育部门以及高校院所、企业的交流合作，建设多学科、多领域的专家队伍。

三要围绕提升公益服务能力，加强农机鉴定推广人才队伍建设。从加快先进适用农机具的推广应用出发，大力开展农业机械化技术推广、试验鉴定系统的干部和技术人员培训和再教育，不断更新知识结构。完善选拔、培养方式，充分发挥农科大学生定向培养等渠道作用，面向基层选拔、培养高层次技术推广服务人员。注重在实践中培养锻炼人才，组织开展岗位练兵、技能竞赛，强化政风行风和职业道德建设，培养骨干人才，建设素质过硬、作风扎实、结构合理、充满活力、开拓创新的农机公益服务人才队伍。

四要围绕提升执法监管能力，打造分工合理执行有力的农机管理执法队伍。坚持人民至上、生命至上，全面强化农机安全生产保障水平。要积极参与和支持农业综合执法改革，配合牵头部门按要求加快完成机构重设、体系重塑及人员配备等工作，选配懂农机、懂法规、敢担当、愿服务的复合型人才充实到农机安全生产监管岗位。要针对监管执法人员加强法律法规、农机技术和监理业务教育培训，夯实专业本领基础，加强纪律作风建设，推进政务公开，规范业务行为，弘扬职业道德正能量。要着力稳定乡村兼职安全监理员或协管员队伍，加强业务培训，提升能力素质，筑牢农机安全生产监管“最后一公里”防线。

五要围绕提升作业服务能力，建设规模宏大的农机实用人才队伍。“十四五”要在加快农机社会化服务向专业化和价值链高端延伸，推动健全农业专业化社会化服务体系，发展多种形式适度规模经营，实现小农户与现代农业有机衔接等方面取得新的成效。要大力发展农业机械化中等教育、职业教育，加强农机职业技能开发，扩展职业种类，加快技能培训鉴定，大规模培养农机生产、作业操作、维修保养、“数字化”技术运用等技能服务型人才。坚持不唯身份、不唯学历、唯其土、唯其专的导向，组织遴选和培养农机使用一线“土专家”，建立名录管理机制，从鼓励支持和引导开展农机具研发创新、承接农业机械化技术推广、农业生产托管服务等项目、参与农业机械化发展规划计划和重大项目决策咨询等方面加大培养力度，在培养中使用，在使用中培养。大力发展多元合作培养，开发培训资源，通过购买服务、项目支持等方式，支持农机企业、合作社开展农机技能服务型人才培养。鼓励科企合作，在农机服务组织的试验基地上联合打造实训平台，提升培养效果。特别要站在保障国家粮食安全的高度，紧盯粮食机械收获减损环节，大力开展农机标准化作业、规范化操作技能培训。加大对农机大户、农机合作社带头人和返乡农机从业人员的扶持力度，培育一批既懂生产又善管理的新型农机职业经理人和实用人才，打造农业机械化转型升级发展的生力军。

六要围绕提升宣传引导能力，壮大讲好农业机械化故事的群体。要加强农业机械化领域的宣传队伍建设，强化责任担当，大力培养行业性、专业型新闻宣传人才，不断地提升采编人员专业素养和综合能力。要创新工作方法，支持发展新媒体，搭建合作交流平台，充分利用网络、新媒体、报刊等方式扩大传播范围和影响力，及时发现、总结、宣传和推广各地的好经验好做法，积极营造推动农业机械化高质量发展的良好氛围。

人才是发展农业机械化的原动力和第一资源。只有坚持人才优先，大力开发人才这个第一资源，造就一支高素质的管理人才、科技人才和实用人才队伍，才能为促进农业机械化转型升级提供有力保障。各级农业农村部门要更加紧密地团结在以习近平同志为核心的党中央周围，以习近平新时代中国特色社会主义思想为指导，增强“四个意识”、坚定“四个自信”、做到“两个维护”，胸怀“两个大局”，迎难而上，开拓进取，调动一切积极和有利因素，切实加强对农业机械化人才队伍建设的组织领导，加大投入力度，创新培养机制，广辟培养渠道，丰富培养手段，在发展中培养好、使用好各类人才，加快建设服务乡村振兴的高素质农业机械化队伍，为落实优先发展农业农村、全面推进乡村振兴重大战略部署提供坚实有力的支撑。

在东北倒伏玉米机械化抢收工作布置会暨东北黑土地保护性耕作行动计划现场推进会上的讲话（摘要）

（2020 年 9 月 23 日 · 吉林四平）

农业农村部副部长　张桃林

我们召开这次会议主要任务是深入贯彻落实习近平总书记近期关于东北地区玉米倒伏问题的重要批示要求和 2020 年 7 月在吉林梨树考察东北黑土地保护利用时的重要讲话精神，研究部署倒伏玉米机收减损工作，扎实有序推进黑土地保护性耕作行动计划。

一、关于东北倒伏玉米机械化抢收工作

2020 年全国夏粮已获丰收，秋粮生产总体进展顺利、丰收在望，大规模秋粮收获即将全面展开，但是近一段时间东北地区连续遭遇罕见的台风和强降雨，一些地方玉米、水稻出现不同程度倒伏，对秋粮收获造成很大困难，如果不能及时安排抢收，确保颗粒归仓，丰产就不能转变为丰收，农民利益就要受损，对完成全年粮食生产目标就会产生影响。东北各省区务必充分认识倒伏玉米、水稻抢收工作的重要性、紧迫性，坚持“抢”字当头，以最坚决的态度、最充分的准备、最有力的措施，最快的速度、最小的损失将倒伏粮食收获归仓。

一是加强对抢收工作的组织领导。各省厅以及各受灾市县要立即成立秋粮抢收工作专班，统筹做好行政动员、组织部署以及政策、技术、机具、人员的准备工作。迅速组织力量，摸清各县各乡各村的受灾面积、地块分布、倒伏程度、作业条件、适收时间窗口、收获机械缺口等情况。要精心制定抢收工作方案，抢收方案要覆盖所有倒伏地块，要做到目标任务明确、工作措施明确、责任主体明确、完成时限明确。各省厅要加强督导调度、情况会商，从现在开始到10月底，每周上报两次抢收准备工作进展、收获进度、急需解决的困难问题等情况。要畅通省际、省内各市县之间的沟通联络渠道，及时通报相关情况，统筹抢收资源、协调机具调配，做好跨区域协同配合、相互支援。

二是尽快制定落实抢收减损支持政策。与正常收获相比，倒伏玉米单机收获效率低，作业难度和成本成倍增加，对机具性能提出了特殊要求。各地针对作物倒伏带来的新情况新问题，要做好以下几项工作。一要统筹用好农业生产救灾资金、农机购置补贴资金和农业社会化服务补助等相关资金，立刻研究、及早公布、迅速落实政策措施，有效调动农户开展生产自救和各方面市场主体开展抢收服务的积极性。二要积极推动安排收获机械改装补助资金，重点对现有联合收割机加装扶禾装置和辅助喂入装置进行补助，为倒伏作物收获减损提供装备支撑。三要对抢收作业进行适当补贴，努力减少受灾农户收获成本，确保“可收尽收”。四要加大农机购置补贴政策的支持力度，对于农民购置适于收获倒伏作物的联合收割机和青贮收获机实行敞开补贴、应补尽补，鼓励有条件的地方进行累加补贴。五要加快补贴办理进度，开通“绿色通道”，实行“特事特办、急事急办”，迅速做好新机具交付调试、牌证发放、补贴兑付等工作。

三是加快倒伏作物收获机械改装进度。要指导受灾市县根据倒伏面积、收获窗口期倒推机具改装工作安排，研究确定改多少、谁来改、什么时候改完。这些工作要做细做实，精准地落实到主体和机具，并能够及时跟踪调度，真正做到心中有数、胸有成竹。要参考农业农村部专家组发布的《东北地区收获倒伏玉米机具改装方案》，在论证试验的基础上，因地制宜提出本区域具体改装技术方案。要组织农机产销企业、维修网点、农机能手、基层农机推广机构等力量，与有改装需求的农机服务主体精准对接，落实改装项目和完成时限。在确保机具使用安全的情况下，围绕提高机具收获倒伏玉米的性能，以加装扶禾装置和辅助喂入装置等改装内容为重点，加快改装进度并做好试运转，确保按时高质量完成改装任务。

四是强化机收服务技术指导。要针对倒伏作物收获机械的特殊操作要求，抓紧组织开展农机手特别是操作改装机具的人员培训。动员技术推广机构和农机企业组派技术服务队，开展多层级现场培训和观摩，通过微信短视频等新媒体手段，加快在村镇干部、农机合作社、种粮大户等群体中的推广传播，利用好信息化技术手段，生动地进行宣传培训，普及最新的驾驶操作技术，提高收获倒伏玉米的操作技能。要提前做好机收服务供需对接，确保全部倒伏作物地块都能落实提供机收服务的主体、机具和具体作业时间。收获期间要组织农机技术力量下乡巡回服务，指导机手科学调整机具状态，规范操作，排除故障，提高机收服务效率和质量。要发挥农机合作社在农业生产救灾中的生力军作用，充分挖掘装备优势和服务潜力，力争做到“歇人不歇机”，全力以赴加快收获进度。针对收获机械装备上长期存在的一些短板问题和易导致损失增加的薄弱环节，要支持引导农机研发制造主体加强装备改进和技术供给，重点在提高机具的先进性、适用性、稳定性、精准性、高效性上下工夫，集中优势力量攻克技术装备难关，促进农机农艺融合，力争进一步将粮食收获损失降下来。

二、关于东北黑土地保护性耕作行动计划

习近平总书记高度重视东北黑土地保护，多次强调要对黑土地实行战略性保护。2020年7月22日在吉林梨树考察时，提出一定要采取有效措施，保护好黑土地这一“耕地中的大熊猫”。为落实好总书记要求，2020年年初，经国务院同意，农业农村部、财政部联合印发《东北黑土地保护性耕作行动计划（2020—2025年）》，部署在东北适宜区域全面推广应用保护性耕作，促进东北黑土地保护和农业可持续发展。

2020年是行动计划实施的第一年，从刚才四省区和整体推进县发言交流的情况来看，四省区各级人民政府和广大干部群众，认真学习贯彻习近平总书记关于加强黑土地保护的重要指示精神，按照行动计划要求，迅速行动，积极采取措施，全面推进各项工作落实落地，取得了良好进展，实现了良好开局。从实施面积上看，超额完成了2 666.67千公顷年度任务目标，建设了38个整体推进县，打造了82个县级、282个乡级高标准应用基地，整个东北适宜地区已经启动202个保护性耕作实施县。从实施效果上看，2020年实施保护性耕作的地块成功抵御了春寒、夏旱、台风等不利天气因素影响，整体上苗情、长势及产量都要好于传统耕作地块。面对近期东北地区的台风强降雨，规范实施保护性耕作地块的玉米抗倒伏效果明显。事实证明，保护性耕作不仅有利于黑土地保护、有利于粮食增产，而且还有利于防灾和抗灾。当前，东北地区将陆续进入玉米收获作业高峰，也是实施好2021年保护性耕作的关键准备期。

第一，要狠抓组织推动。一是要提高认识。保护性耕作行动计划，是对东北黑土地实施有效保护的战略行动，是东北地区耕作制度的一场革命，既关系当前，也影响长远。东北四省区农业农村部门和农业机械化系统，一定要有深刻的认识，不能把行动计划当成一般性的、普通的财政项目，更不能把保护性耕作仅仅作为一般的农业技术工作来对待。而是要提高政治站位，把实施行动计划摆上重要工作日程，建立务实管用的工作机制，确保行动计划组织有力、落实到位。二是要用好整县推进机制。组织整县推进是稳步扩大保护性耕作实施面积的重要措施。行动计划要求整体推进县三年内适宜区域保护性耕作实施面积要达到50%以上。所以四省区人民政府要在稳定粮食生产的前提下，从现有工作基础等实际情况出发，在继续巩固好2020年确定的38个整体推进县实施面积和质量的基础上，进一步在2020年启动行动计划的202个县市中遴选新增一批整体推进县，持续扩面提质。在整体推进县内要努力形成技术能到位、运行可持续的长效机制，鼓励整体推进县组织整乡整村推进。三是要加强督导调度。抓住重点农时，特别是抓住秋收秸秆处理、春季免耕播种的重要时点、关键环节，及时调度进展情况，注重实施质量，加强督导检查，确保实施效果。在秋收之前就要有计划有步骤地将年度任务分解落实到项目实施县，明确到具体地块和实施主体。要及时收集实施过程中出现的新情况新问题，对进展缓慢、任务完成困难的县市进行重点指导。我们也希望在县级层面，要加快年度资金兑付进度，确保年内如期足额兑付，避免机手因兑付不及时带来资金周转困难，影响实施保护性耕作的进度和积极性。

第二，要狠抓观念转变。保护性耕作从20世纪30年代提出到成为北美、南美地区的主流耕作技术，经历了几十年的时间，涉及观念、技术、机具等一系列问题，并不是轻轻松松就能实现的。从交流情况来看，大家都认为观念转变是非常关键的问题和前提，只有我们观念认识到位，行动才能够跟上而且行之有效。虽然目前我国东北地区技术模式总体定型，关键机具质量基本过关，但要大面积推广依然面临不少难题，其中最大一个难题是观念落后、观念跟不上的问题，有的农民认为保护性耕作不整地、不灭茬、不打垄，是“懒汉种地”，种不出好庄稼；有的机手认为实施保护性耕作减少了作业次数和作业量，影响了作业收入；有的基层干部对秸秆覆盖还田有抵触情绪，习惯于动员农户抢抓窗口期对秸秆“一烧了事”，或者不能因地制宜、简单选择秸秆深翻还田让其“一埋了事”。只有解决好这些观念问题，同时做好技术、政策和装备等各项措施配套，才能顺利、高效、高质量完成行动计划确定的目标任务。一是要通过实施高质量的保护性耕作，让农民看到防灾减损、稳产丰产、节本增收的一举多得的实际效果，加快转变传统观念。二是要通过加快扩大保护性耕作连片实施面积，加强作业环节的政策扶持引导，让机手从实施保护性耕作作业中获得更高收益，从根本上消除这些机手的抵触情绪。三是要通过加强对基层干部的宣传培训，使其认识到行动计划是国家交给四省区各级人民政府的重大政治任务，认识到保护性耕作是持续解决秸秆焚烧问题又从根本上保护黑土地的有效措施，这样基层干部才能有积极性去推动这件事。

第三，要狠抓实施质量。从国内外实践经验看，实施质量直接决定了保护性耕作的生命力。保护性耕作的核心要求是“多覆盖、少动土”，秸秆覆盖和免（少）耕播种作业必须要互相配套，从2020年的实施情况看，有的地方出现了技术泛化、跑偏的现象。有的实施地块只有免耕播种没有秸秆覆盖，秸秆被焚烧或全部离田，失去了生态保护的作用；有的实施地块虽有秸秆覆盖，但过多地扰动土壤，特别是种床及周边区域，横向动土过宽、纵向动土过深、土壤过于细碎化，同样起不到保护黑土地的效果。行动计划明确提出，到2025年保护性耕作实施面积要达到9.33×10^6公顷。这就意味着，从2021年开始的5年内，每年的实施面积增量都将在1 333.33千公顷左右。四省区农业农村部门要坚持质量优先原则，既要确保实施面积稳步提升，又要确保实施质量不降低、实施标准不缩水。一是要明确标准。坚持能少动土就少动土，能多覆盖就多覆盖。至少要坚持春季播种后秸秆覆盖率30%以上、动土量不高于50%的底线，这是专家组结合实际反复研究提出的技术指标。对于秸秆全量覆盖的地块要减少动土比例，尽量避免旋耕；对于秸秆部分覆盖的地块要尽量做到零动土。二是要因地制宜。实践证明，风沙干旱区实施效果最好，农民接受程度最高，要坚持和推广秸秆全量还田免耕播种的技术模式，使之成为当地群众的行动自觉。玉米高产区由于秸秆量大，为营造好种床环境，播种前可对秸秆进行必要的处理，但不能动土过宽、过深。冷凉区域、黏重土区，要首先立足于点上示范，着力打造样板地块，形成成熟可推广的模式后再逐步扩大面积。三是要坚持示范引领。切实加强技术指导，支持建设县乡两级高标准应用基地，尽快固化定型本区域最优技术模式，打造实施样板，发挥示范引领作用。四是要加强配套技术研究。与传统耕作方式相比，实施保护性耕作可能会带来土壤营养和病虫草害等方面的新情况。比如实施保护性耕作导致土壤微生物变化，碳氮菌数量增加，因此要增加氮肥补充。要组织开展农机农艺方面的专家联合攻关，针对出现的问题困难，拿出切实可行的办法，为行动计划保驾护航。五是要加强实施质量检查。对于实施保护性耕作的地块，要进行效果评估，适时组织质量验收，并进行持续性质量跟踪，确保项目取得应有效果。

第四，要狠抓机具保障。工欲善其事，必先利其器。专用农业机械特别是免耕播种机是实施保护性耕作的关键装备基础。要完成9.33×10^6公顷的行动计划目标，今后5年实施面积都将保持较大幅度增长，无论是从数量上还是质量上，都对保护性耕作机具保障提出了更高要求。目前，国内免耕播种机生产厂家不少，但真正能实现秸秆全覆盖条件下高质量免耕播种的产品不多。有的厂家为了结合农民的传统耕作习惯，开发了多种类型的“条耕机”，但大多是在旋耕机的基础上改进的，不是真正意义上符合“少动土”要求的机具。构建完善的保护性耕作技术装备体系，任务依然艰巨。我们要坚持问题导向、需求导向，采取有力措施，增加先进适用保护性耕作机具的有效供给。一是要加大农机购置补贴政策对保护性耕作专用机具的支持力度，抓紧优化补贴分类分档，做到应补尽补、优机优补，调动农户购置先进适用机具的积极性。二是要支持科研单位和农机企业加强保护性耕作机具研发，特别是要加快研制高性能的免耕播种机、符合保护性耕作技术要求的牵引式少耕机械及秸秆整理、苗期深松施肥等配套机具，加快技术装备更新迭代、提档升级，以先进的机具装备支撑保护性耕作健康发展。三是要加强机具质量管控，修订完善相关机具产品和作业质量标准，严把试验鉴定关口，组织开展在用机具质量调查和获证产品监督检查，促进产品质量提升。要充分利用信息化手段提高监管效率，力争在2022年内基本实现保护性耕作补助作业地块远程监测全覆盖，切实提高监管效率，防范虚报面积、降低标准等不规范行为。

第五，要狠抓政策协同。围绕黑土地保护，目前国家主要有黑土地保护利用、秸秆综合利用和保护性耕作这三项政策。从政策支持内容看，这些政策都涉及秸秆处理，前两项政策相对综合，允许地方在一定范围内自主选择补助环节和技术类型，保护性耕作则突出强调秸秆覆盖地表免（少）耕播种。2020 年实施过程中，在保护性耕作适宜地区甚至是整体推进县，一些地方由于秸秆禁烧的压力，仍习惯于将黑土地保护利用和秸秆综合利用补助资金主要用于支持秸秆翻埋、打捆离田，很多地块地表完全缺乏秸秆覆盖，这与行动计划提出的使保护性耕作成为东北适宜地区主流耕作技术的方向是不协调的，应予重视、改革、完善。保护黑土地是一项重要而紧迫的长期任务，各相关政策要围绕科学处理秸秆、更好发挥秸秆覆盖对土壤保护的效果，相互衔接、同向用力，提高政策集聚效应。在区域实施重点上，风沙干旱严重的地方，应主推秸秆覆盖还田，尽量减少秸秆翻埋、碎混还田和打捆离田，防止加剧土壤风蚀水蚀。在政策衔接配合上，保护性耕作适宜区域实施黑土地综合利用、秸秆综合利用项目时，应对秸秆打捆离田提出留高茬、保留地表部分秸秆的要求，确需开展土壤深翻的地块，也应加大时间间隔，减少土壤扰动的频次和强度，同时引导合理轮作休耕，为保护性耕作技术的全面推广创造条件。支持地方将深松整地作业补助向保护性耕作实施地块倾斜，各地可根据实际情况将苗期深松作业纳入补助范围，巩固提高保护性耕作稳产丰产效果。

以上五个方面，是对下一步实施好东北黑土地保护性耕作的基本要求。东北四省区要着眼于提高实施质量，解决好 2020 年实施过程中反映出来的突出问题，及早研究制定 2021 年度的实施方案，做到既明确任务面积，又明确组织实施方法;既明确实施地块和实施主体，又明确技术模式和支持政策，扎实做好下一阶段的工作。

会议研究部署的两项工作，事关国家粮食安全，事关农业可持续发展。我们要切实增强责任感、使命感，立足当前，着眼长远，以抓铁有痕、踏石留印的工作态度，奋发有为、开拓创新的工作作风，将各项工作措施落实落地，打好秋收保卫战和黑土地保卫战这两场硬仗，为全面实现 2020 年农业农村发展目标任务、加快农业农村现代化步伐做出更大贡献！

在农业机械试验鉴定和技术推广能力建设暨秋粮抢收减损工作部署会议上的讲话（摘要）

（2020 年 9 月 18 日·北京）

农业农村部副部长 **张桃林**

“三秋”在即，秋粮收获即将全面展开，我们召开全国农业机械试验鉴定和技术推广能力建设暨秋粮抢收减损工作部署会议，主要任务是贯彻落实习近平总书记重要指示精神，按照党中央、国务院关于毫不放松抓好秋季农业生产尤其是秋粮收获减损工作的部署要求，深入研究如何更好地发挥农机试验鉴定和技术推广系统的支撑保障作用，扎实做好“三秋”机械化生产各项准备，切实降低和减少秋粮收获环节损失，确保秋粮颗粒归仓、丰收到手！

一、充分肯定农机试验鉴定和技术推广在落实农业机械化转型升级重点任务中发挥的支撑保障作用

2018 年《国务院关于加快推进农业机械化和农机装备产业转型升级的指导意见》（国发〔2018〕42 号）印发实施以来，农机试验鉴定和技术推广系统聚焦农业机械化全程全面高质高效发展，坚持改革创新、强化服务保障，各项工作取得良好成效，为农业机械化转型升级提供了有力支撑。

——在试验鉴定方面。农业农村部农业机械试验鉴定总站、农业农村部农业机械化技术开发推广总站和各地农机鉴定机构，全面实施新修订的《农业机械试验鉴定办法》，通过深入开展农机试验鉴定改革，依法依规加强鉴定项目的实施与管理，持续推进农机试验鉴定能力和品牌建设，农机试验鉴定工作水平明显提高，有力促进了先进适用农机装备的推广应用。第一，鉴定能力稳步提升。无论是完成国家支持的推广鉴定项目，还是各省实施的推广、专项鉴定项目，都比上年明显增长。尤其是生猪养殖和畜禽废弃物资源化利用等设备的鉴定量快速增长，占比达到 10%，标志着长期以来以种植业机具鉴定为主的局面有新的突破。在鉴定工作的重点布局上，体现了“三个紧盯”：紧盯年内实现所有补贴机具种类全覆盖目标，不断加大农机推广鉴定大纲制修订工作力度，为农机购置补贴政策的深入实施提供了强有力支撑；紧盯农机新产品转化应用的需求，全面推进专项鉴定大纲制修订工作，进一步畅通创新产品鉴定渠道；紧盯信息化、智能化技术快速发展的趋势，持续推进智能农机装备鉴定工作，取得了积极进展。第二，鉴定机制不断创新。各地探索创新了共享鉴定人员和设施设备、省与省之间鉴定任务委托和鉴定结果互认等多种方式，在鉴定大纲制修订和鉴定业务开展方面坚持紧密合作，促进了资源有效共享，提高了工作质量效率；着力补齐鉴定能力结构性短板，积极开展农机鉴定采信第三方检验检测结果试点工作，目前全国已有 11 个鉴定机构付诸实践。第三，鉴定服务更加高效。从 2020 年开始，农机鉴定受理工作正式纳入农业农村部政务服务大厅管理，企业申请鉴定更加便捷；全国农机试验鉴定管理信息化平台全面启用，28 个省份已实现鉴定申请受理、审核发证“一网通办”，并与农机产品质量认证结果信息、补贴机具投档数据互联互通。第四，事中事后监管明显加强。针对拖拉机产品中“大马拉小车”等不良倾向，加大了鉴定工作事中事后监管，包括撤销、注销一批推广鉴定证书等，有效改进了监管工作，有力维护了诚信企业的合法权益。

——在技术推广方面。各级农业机械化技术推广机构围绕补短板、强弱项、促协调，立足“五良”融合，创新工作方式方法，农业机械化新技术新机具推广应用加快推进。第一，需求引领持续推进。突出了经济作物生产和畜禽养殖机械化发展要求，提出了我国无人化农业发展的对策建议，探索推进机械化信息化融合路径。第二，技术模式不断优化。紧盯耕整地、种植、植保、收获、烘干、秸秆处理等主要农作物生产六大作业环节，提出了不同区域、不同作物的系列全程机械化整体解决方案；加快关键农业机械化技术模式的优化定型，发布了27套《主要农作物全程机械化生产模式》；结合推进丘陵山区农田宜机化改造，制定机具配套方案。第三，技术服务扎实开展。面对新冠肺炎疫情和洪涝、台风灾害严重影响，主动作为，加强重要农时机械化生产技术指导，助力打赢农机保春耕、保“三夏”、保“双抢”三场硬仗，有很多做法、典型事迹值得宣传。会同有关科研院所和东北四省区农业农机专家，加强保护性耕作技术应用巡回指导，助力东北黑土地保护性耕作行动计划开好局、起好步。第四，推广方式开拓创新。加强产学研推用结合，与农机生产企业、科研单位、农机合作社等齐心协力，广泛开展“农机推广田间日”活动，创新开展“云推广”“云培训”。特别在新冠肺炎疫情期间，及时开通“农机线上服务站”，通过线上线下结合，努力解决农民群众遇到的技术难题。充分发挥农机服务组织引领技术运用的优势，遴选发布了“全程机械化＋综合农事服务中心”的典型案例。第五，保障政策实施有力有效。坚持为农机购置补贴、农机报废更新补贴、农机深松作业补助等重大政策提供技术支撑，特别是围绕农机购置补贴“补什么”“补多少”“怎么补”等关键环节，想办法、出实招，在优化补贴机具供给结构、推动“优机优补”、规范机具核验、实施绩效管理、严惩违规行为等方面发挥了重要作用。

总之，回顾近年来的工作，全国农机试验鉴定和技术推广工作亮点纷呈、成效显著，大家为此付出了艰辛的努力，尤其是基层干部职工扎根一线，奋发有为，为推进农业机械化转型升级做出了突出贡献。总结过去，是为了发扬成绩、推广经验，也是为了查找不足，明确努力的方向、重点。对此，我们要有清醒的认识和深入的思考。

二、着力强化能力建设，为推进农业机械化转型升级做出新贡献

“十四五”时期是我国经济社会发展的重要转型期，加快农业机械化迈向全程全面高质高效发展，助力守好“三农”战略后院，需要农机试验鉴定和技术推广系统提供更加有力的技术支撑。适应新形势新要求，农机试验鉴定和技术推广系统的工作理念、队伍素质、设施条件、方式手段等也都需要补齐短板、与时俱进。各级农机试验鉴定和技术推广机构一定要认清形势、把握要求，对标对表农业机械化转型升级的目标任务，切实增强责任感、紧迫感、使命感，加快提升农机试验鉴定和技术推广能力，不断满足乡村振兴和农业农村现代化对农业机械化发展的迫切要求。为此，对农机试验鉴定和技术推广系统提三点希望。

一是围绕中心，全力支撑农业机械化转型升级上新台阶。农机鉴定推广系统要紧紧围绕国务院42号文件确定的2025年目标任务，加大工作力度。主要是“五个着眼”：第一，着眼提升全程机械化水平，加大粮棉油糖机械试验鉴定、机具供给和技术推广力度，不断突破油菜、花生、棉花、甘蔗机械化薄弱环节。第二，着眼推动农业机械化全面发展，进一步开展先进适用机具鉴定遴选，制定配套技术推广应用方案，强化试验示范和集成推广，加快推进畜牧水产养殖、农产品初加工、林果业种植和丘陵山区农业生产机械化。第三，着眼推动农业机械化技术进步，积极推进复式联合作业机械、成套化农机装备标准制定、试验鉴定和示范推广。第四，着眼推动农业机械化高质高效发展，围绕东北黑土地保护、农田宜机化改造、现代农业发展急需农民急用的关键机具，做好鉴定推广、质量调查和标准制定工作，引领提升装备质量和作业水平。第五，着眼推动农机共享运用，培育多种形式的新型农机服务主体，鼓励与家庭农场、种植大户、普通农户以及龙头企业构建生产联合体，提升服务效率，扩展服务领域，推进农机服务向农业生产全过程、全产业链延伸。

二是超前谋划，面向“十四五”农业机械化发展强能力。农机鉴定推广系统要着眼于乡村振兴战略对机械化的需求，强化能力建设。牢固树立新发展理念，深入研究全局性、基础性问题，为行业发展重大政策项目建议纳入中长期相关规划提供支撑。重点要加强先进适用农机装备中试熟化，促进产业全链条装备技术集成配套；引导和推进农业机械化薄弱环节技术装备研发与集成示范，形成区域化、标准化、配套化的全程机械化技术体系。要强化鉴定推广公共服务问题研究，依法完善评价体系和实施方式，着力构建和完善鉴定推广工作制度体系，推动人员知识更新和技术培训常态化。要加大鉴定推广工作开放力度，利用社会各方力量参与标准和大纲等技术文件制修订，采信第三方检测认证结果，发挥好多元化推广主体的作用，进一步提升鉴定推广工作效能。

三是转变观念，推动试验鉴定和技术推广紧密衔接形成合力。试验鉴定是技术推广的基础和支撑，技术推广是试验鉴定的实践和延伸。农机鉴定推广系统要树立“一盘棋”的观念，通过创新组织方式、服务方式和管理方式，不断强化两项业务工作的契合性和紧密度，统筹力量同向施策，进一步激发工作活力。一方面，要利用好推广机构的体系优势，壮大鉴定工作力量，加快鉴定成果应用，逐步形成鉴定推广协同发展的技术体系和工作机制。另一方面，要通过试验鉴定为技术推广应用、补贴政策实施、安全监理、质量调查等工作提供基础信息服务，将技术推广、安全监理等工作中发现的需求和问题作为鉴定工作重点方向，促进鉴定、推广及其他工作高效协作、互融互促。

三、聚焦机械化收获减损，全力抓好秋季农业机械化生产重点工作

2020年年份特殊，夺取全年粮食丰收具有特殊重要意义。不久前，习近平总书记专门就节约粮食、反对浪费做出重要指示。应当看到的是，除了餐桌上的浪费，机收环节损失值得重视。在过去，传统人工收获损失率有时达到10%以上，目前我国机收损失率为1.5%～5%，做得好的地区可以降到1.5%以下。但是也应看到，我国机收损失控制与农业机械化发达国家相比还有差距。究其原因，既有机具问题，也有品种、种植方式或立地条件等方面制约，归根结底还是良田、良种、良制、良机、良法“五良”融合不够。解决这些问题，我们要有所作为。秋粮占全年粮食产量的70%，做好“三秋”农业机械化生产尤其是机收减损工作，意义十分重大。特别是近期东北地区遭受台风影响，部分地块出现了玉米倒伏问题，防灾抗灾和抢收抢种的任务十分艰巨地摆在了我们面前。不久我们还将在东北召开专门现场会，部署这方面工作。当前，各级农业农村部门要把抓好“三秋”农业机械化生产作为最重要、最紧迫的工作来抓，精心组织、细化安排、充实力量，确保各项管理服务措施落地见效。

可以说，减少粮食机收损失，就是增加粮食产量。近期，部分媒体报道了个别地方机收粮食损失较高的问题，国务院领导对此高度关注，批示要求深入研究收割环节粮食损失问题，一定要把粮食机收损失降下来。为此，部里近期作了有关部署。一是组织发布新修订的小麦、水稻、玉米机收减损技术指导意见，为指导各地提高秋收质量提供参考指南。二是针对近期东北地区玉米倒伏问题，制定发布《东北地区倒伏玉米机收技术指引》《东北地区收获倒伏玉米机具改装方案》，并派出 6 个专家组深入受灾严重市县开展指导服务。三是加紧筹备拟于下周在吉林召开的“东北地区倒伏玉米机械化抢收工作布置会”，着力在组织动员、政策支持、机具改装、技术服务等方面全力打好秋收减损这场硬仗。

应当看到，粮食收获减损不是一朝一夕就能完成的，而是需要我们高度重视、长期关注、持续推进的重要工作。各级农业农村部门包括农机鉴定推广系统要着力从“三个强化”上下功夫，千方百计减少机收环节粮食损失，实现颗粒归仓，丰产又丰收。一是强化组织调度和技术指导。针对倒伏作物，要指导开展收割机具改装，提高收获质量和效率，力争将灾害损失降到最低。引导农户和机手选择合适机具和适宜割期，避免因成熟度过高或过低产生损失。组织农机技术力量下乡进行巡回指导，帮助机手正确调整收获机具状态，及时修复更换相关零部件。提早组织机手和种植户签订作业合同，规范作业标准程序，提高作业服务质量。二是强化技术提升和推广应用。发挥农机试验鉴定源头把关作用，严格鉴定程序和检测环节，推动企业提高收获机械质量技术水平。鼓励科研机构和生产企业联合合作，研究开发高效低损收获机械，加快升级换代。全面实施农机报废更新补贴政策，加快淘汰老旧收割机。充分发挥农机购置补贴的引导作用，优先满足农户购买粮食烘干等机械需求，大幅增加烘干机数量，改善粮食收获后的烘干条件。三是强化标准宣贯和作业管理。要充分利用网络媒体等载体，加强机收作业标准和机收减损技术指导意见的宣传贯彻，提高社会认知度和机手、农户贯彻标准的自觉性。组织引导农机生产企业、经销商做好农机手特别是新机手的培训工作，提高驾驶操作和维修保养技能。加强作业质量监管，开通机收服务热线，受理机收质量投诉，督促改进农机服务，把机械作业操作规程和农艺措施要求贯穿到田间作业始终。

做好农机试验鉴定和技术推广工作，降低粮食收获环节损耗，意义重大、使命光荣。大家要立即行动起来，强化农机鉴定推广能力建设，当前尤其要落实机收减损各项措施，千方百计把成熟的粮食收上来，把机收环节的损失降下去，为夺取全年粮食丰收提供坚实的机械化支撑！

在“三夏”农机跨区作业暨农业机械化工作部署视频会议上的讲话（摘要）

（2020 年 5 月 14 日 · 北京）

农业农村部副部长　**张桃林**

2020 年春节以来，各级农业农村部门面对新冠肺炎疫情防控形势，大力推进农机服务在线化、社会化、智能化、绿色化，农机保春耕打了一场漂亮仗。再过 6 天就是小满节气，“最爱垄头麦，迎风笑落红”，小麦主产区跨区机收即将进入高峰期，黄淮海地区的玉米机播等夏种工作也将随即展开。做好 2020 年“三夏”机械化生产工作，努力实现夏粮由“丰收在望”转化为“丰收到手”、将秋粮播在丰产期，对于稳定全年粮食生产、保障粮食安全，具有特殊重要的意义。在这一关键时期，我们今天专门召开会议，主要任务是，认真学习习近平总书记关于加强农业机械化等现代农业基础设施建设的重要指示，深入贯彻中央 1 号文件精神，全力以赴推动“三夏”农机跨区作业有力有序开展，同时部署全年农业机械化转型升级重点工作，为夺取 2020 年粮食丰收、打赢脱贫攻坚战和补上全面小康“三农”短板提供有力机械化支撑。

第一，要全力以赴抓好“三夏”农机跨区作业

综合各方面情况看，2020 年农机跨区作业总的形势是好的，但也面临疫情及天气等诸多不确定性因素。对此，我们一定要有清醒的认识，决不能掉以轻心，抢前抓早，周密部署，坚决打好农机跨区作业这场硬仗，确保实现“三稳三有”目标，即机具投入总量稳中有增、作业水平稳中有升、作业市场稳定有序。

一要立足于“早”，扎实做好作业机具有效供给等准备工作。早部署、早准备，认真组织基层开展机具供需情况摸底调查，确保心中有数。尽早发放跨区作业证，开展机手和操作人员培训，指导机手调试检修机具，备足易损件、零配件，确保机具良好性能和状态。提早指导供需双方应用“农机直通车·全国农机化信息服务平台”及手机 App，做好供需对接，协调落实好作业任务，签订作业合同，保障农机作业有序展开。这几天，针对湖北 2020 年夏收机具出现的缺口问题，我们已经协调湖北周边的七个省份进行支援，有关省份要继续主动对接、帮扶到位。

二要立足于“预”，妥善做好农业机械化生产应急处置工作。按照常态化疫情防控有关要求，农业农村部今天发布了全国“三夏”农机跨区作业应急处置工作方案。各相关省要结合实际认真贯彻落实，制定发布本地区应急预案并适时启动，妥善应对可能出现的区域性农机跨区转运不畅、下田作业受阻、麦收机具供需失衡、用油供应紧张等突发情况，将可能出现的影响减到最小、损失程度降到最低，千方百计保障农机作业进度。

三要立足于“通”，精准落实农机跨区作业管理服务措施。各小麦主产区要公布24小时值班电话，落实好小麦机收日报制度，在交通干线设立跨区机收接待服务站，及时帮助解决机具供需矛盾和机手遇到的实际困难。用好全国“三夏”农机跨区作业信息服务平台，为机手提供精准的作业供需、气象交通、卫生防疫等信息服务和技术咨询，做好配件供应和维修等售后服务。加强与交通管理、石油石化、卫生防疫等部门单位通力协作，落实跨区作业机车依托ETC免费通行的优惠政策，加大农业用油优先优惠供应，指导和帮助机手在做好防疫措施前提下顺利上路、下田作业。

四要立足于“好”，加快推广农业机械化新技术新模式。组织农机管理干部、技术推广人员进村下田，大力推广低损收获、秸秆还田离田、免耕播种、高效施药和机插秧侧深施肥等先进适用机械化技术，指导机手运用“机收—秸秆处理—机播”一条龙复式作业模式，切实防范焚烧秸秆现象发生。充分发挥农机合作社、全程机械化综合农事服务中心等新型农机服务主体市场信息灵、组织能力强、服务质量好等优势，大力推广托管式、订单式、租赁式及“滴滴农机”等服务，让农户省力省钱，让夏收夏种又快又好。

五要立足于“稳”，坚决打牢农机安全生产底线。2020年4月，国务院安全生产委员会在全国部署开展安全生产专项整治三年行动，“三夏”农机作业高峰是我们三年行动的第一仗。各地要认真落实有关部署，坚持管行业必须管安全，切实履行对农机安全生产的监管职责，扎实做好农机安全生产专项整治，督促指导农机合作社、农机大户和农机手等农机作业服务主体加强安全生产，落实主体责任。大力开展隐患排查治理，加快“变型拖拉机”清零步伐。深入乡村开展“三夏”农机安全宣传教育，保持严管态势，严厉打击无证驾驶、无牌行驶、违规发牌、非法改装等违法行为，确保“三夏”农机作业安全和全国农机安全生产形势持续稳定向好。

第二，要把握好全程全面高质高效的发展方向

2019年3月，国务院在湖北襄阳召开了全国春季农业生产暨农业机械化转型升级工作会议，农业农村部随即召开了全国农业机械化工作会议，就全国及农业农村部门贯彻落实《国务院关于加快推进农业机械化和农机装备产业转型升级的指导意见》（国发〔2018〕42号）精神，推动农业机械化向全程全面高质高效转型升级做出了全面部署，要求我们加快推进农业机械化由耕、种、收环节向植保、烘干、秸秆处理全过程发展，由种植业向畜牧业、渔业、设施农业、农产品初加工业延伸，由平原地区向丘陵山区扩展。

一年多来，我们与各有关方面协同共振，着力推动“两融两适”（农机农艺融合、机械化信息化融合，农机服务模式与农业适度规模经营相适应、机械化生产与农田建设相适应），首次推出了主要农作物品种选育宜机化指引，举办了玉米籽粒机收低破碎率品种展示推介活动；首次筛选发布了9大作物27种技术模式，发布了70个“全程机械化+综合农事服务中心”典型案例，在主要农作物全程机械化推进行动中又创建153个示范县；首次对畜牧业和设施农业机械化发展展开全面部署，加大了生猪等主要畜产品生产农机装备推广应用力度；首次制定发布全国丘陵山区农田宜机化改造工作指引；加快推进智能无人农机在生产一线应用。同时，各省（区、市）人民政府高度重视，各地农业农村部门做了大量卓有成效的工作，在实践中涌现出不少具有方向性的探索。四川积极推进“五良”融合，把农业装备水准作为考核现代农业园区建设的硬核指标；河北全力打造智慧农场，推进机械化信息化融合；吉林长期坚持推广保护性耕作技术，为2020年国家推出东北黑土地保护性耕作行动计划提供了重要参考。这些实实在在的行动和举措，推动农业机械化转型升级出现了新局面新气象。2019年全国农作物耕种收综合机械化率跨上70%台阶，小麦、玉米、稻谷三大主粮基本实现机械化，设施农业、畜牧水产养殖和农产品初加工机械化开始提速，这是我国农业机械化发展里程碑式的标志。

2020年，“三农”工作任务十分繁重，要实现全年粮食产量6.5×10^{11}千克以上和生猪产能基本恢复到接近常年水平两大目标，确保重要农产品有效供给和促进农民持续增收，为实现疫情防控和经济社会发展“两手抓”“两不误”提供支撑。面对这一形势和要求，农业机械化工作必须主动跟进，紧盯全程全面发展方向，努力提高农业各产业机械化发展水平。要在粮棉油糖机械化上下功夫。重点是全面推进三大主粮植保、秸秆处理、烘干机械化与机耕、机播、机收集成配套，加快提高双季晚稻机械化栽植水平。健全大宗经济作物全程机械化生产体系，加快提高油料和糖料机种机收水平。选育推广适宜玉米籽粒机收、油菜机收、棉花机采、甘蔗切断式收割的品种，推进果菜茶等特色作物和设施农业品种的宜机化。高质量创建全程机械化示范县，2020年年底要累计完成500个县的目标任务。加强深松整地项目信息化监管，确保完成9.33×10^{6}公顷作业面积。要在畜牧业机械化上下大力气。重点是统筹设施装备和畜牧业协同发展，着力推进主要畜种养殖、重点生产环节、规模养殖场（户）的机械化。瞄准恢复生猪生产、饲草料生产和畜禽养殖废弃物资源化利用，遴选推广先进适用机具设备，优化规模化养殖设施装备配套方案。要在机械化发展布局上有新作为。针对水产养殖、设施农业、农产品初加工和热作产业机械化水平低、发展呼声高的现状，加强调查研究，找准发展路径，通过试点示范和政策扶持予以积极引导推动。要在农机社会化服务上有新作为。发挥好农机合作社在现代农业生产性服务业中的引擎作用，大力发展“全程机械化+综合农事”服务中心，增强服务功能，提高科技应用和社会化服务能力。依托“互联网+”农机推进业态创新，为发展共享农机、提高机具使用效率提供新动力。推动落实设施农用地政策，制订完善农机库棚、烘干机塔标准规范，为农机社会化服务组织加强能力建设创造条件。

第三，要推动好丘陵山区农业机械化发展

我国丘陵山区主要分布在19个省份1 400多个县市，是粮油糖及特色农产品的重要生产基地，也是贫困人口聚居地。长期以来，由于自然条件的限制，许多地方机耕道路缺乏，田块细碎，高低不平，农机“下田难”“作业难”，加之农艺栽培模式复杂、适用机具不多，严重制约了机械化发展。2019年，丘陵山区农作物耕种收综合机械化率只有48%，比全国平均水平低了22个百分点。高度重视并加快提高丘陵山区机械化水平，对于丘陵山区现代农业发展和农民生产生活方式转变至关重要，对整体提升全国农业机械化水平至关重要，必须将其摆上重要议程，加大推进力度，及早取得突破性进展。

2019 年以来，我们与各方联手推动丘陵山区农田宜机化改造，启动了高标准农田建设规划及相关标准的修订完善工作，成立了丘陵山区农田宜机化改造工作专家组，国家农田建设补助资金管理办法中明确支持土地平整和机耕道建设，加大了丘陵山区适用机具研发推广扶持力度。重庆、山西、安徽、湖南、四川等地积极开展农田宜机化改造试点，特别是重庆修订的《农业机械化促进条例》专门增设了农田宜机化改造章节。通过中央和地方两个层面的努力，丘陵山区机械化发展正在成为各方共识，并在路径探索上迈出了重要一步。

从各地实践看，要加快丘陵山区机械化发展，必须因地制宜、多管齐下、综合施策。要抓紧推进农田宜机化改造。这是中央 1 号文件、国务院 42 号文件及农业农村部 1 号文件提出的明确要求。有关省份要组织开展专题调研，查排底数和需求，借鉴已有成功做法，研究落实工作方案和措施，完善标准规范，加强宣传培训，加大试点示范。要抓紧研推适用机具。结合实际研究发布丘陵山区优势特色农产品生产机械化技术及装备需求，引导科研单位和企业研发推广特色作物生产、特产养殖需要的高效农机。积极争取地方人民政府及有关部门支持，推动产学研推用密切结合，加快研发步伐。将茶叶、果树、食用菌等丘陵贫困地区特色产业发展所需的新型机具纳入农机购置补贴范围，大力开展丘陵山区适用农机专项鉴定工作，引导和促进创新成果转化应用，增加特色农机具供给。通过政府购买服务等方式，引导农机科研院所、大专院校、农机服务组织等参与农业机械化技术和机具的推广服务。要抓紧构建协同机制。丘陵山区机械化发展涉及农业机械化、农田建设、种植业、养殖业、科技教育等各个方面，要深化协同协作，加快构建推进农机农艺融合、农田农机配合的机制，推动农田建设、果菜茶园及设施种养基地建设、品种培育、种养模式优化、产后初加工等各方面的宜机化。推动和指导丘陵山区县市在涉农资金整合中，加大对农机作业、农机服务组织建设、农业机械化新技术推广、农田宜机化改造等方面的支持，合力推进丘陵山区农业机械化。

第四，要实施好农机购置补贴政策

农机购置补贴是中央重要强农惠农政策之一，是《中华人民共和国农业机械化促进法》的明确规定，实施 16 年来，深受农民群众欢迎。2004—2019 年，中央财政累计投入 2 200 多亿元，支持 3 500 多万农户购置机具 4 500 多万台（套），为大幅度提高我国农业机械化水平提供了强有力装备支撑，成为促进农业机械化发展的政策核心。2020 年 1—4 月份，全国农机购置补贴资金使用达到 30 亿元，支持 32 万农户添置了 37 万台（套）新机具，实施进度比 2019 年同期快 15 个百分点，有 10 个省份实施进度超 30%。在农机市场持续疲软和新冠肺炎疫情带来不利影响的情况下能有这种积极进展，充分显示了农业各产业对机械化的强劲需求和这一政策所蕴含的强大活力。

2020 年，我们要坚持政策跟着大形势走，围着农业农村中心工作转，重点在助力稳产保供、支持贫困地区发展、促进农业绿色发展、赋予地方更大自主权等方面迈出新步伐。在完善补贴范围上，要做到“两个全部”。一个是围绕支持生猪等畜产品生产发展，将自动饲喂、环境控制、疫病防控、废弃物处理等机具全部纳入补贴范围。一个是围绕支持丘陵贫困地区特色产业发展，将急需的茶叶色选机、输送机、压扁机及果树修剪机、食用菌料装瓶装袋机、果园轨道运输机、秸秆收集机等全部纳入补贴范围。在创新补贴路径上，要放宽“两条通道”。一条是支持有条件、有意愿的省份开展农机新产品补贴试点，重点针对标准化设施大棚、仓储保鲜库、烘干房、畜牧养殖成套设备、智能复式多功能机具等目前难以鉴定的产品，探索开展补贴新途径。同时，各地要加快将农机专项鉴定的创新产品纳入补贴范围。一条是将农机报废更新补贴试点转为全面实施，要落实 2 月份农业农村部联合财政部、商务部出台的《农业机械报废更新补贴实施指导意见》，把报废机具种类在拖拉机、联合收割机基础上增加水稻插秧机、机动喷雾（粉）机、机动脱粒机、饲料（草）粉碎机、铡草机，实现对法定的涉及人身财产安全的 7 种机具全覆盖，加快老旧农机报废更新步伐。在提升政策实施便利度上，要做到“四个全面实行”。就是要全面实行补贴辅助管理系统常年连续开放，全面实行企业网络投档常年受理，全面实行补贴受益信息和资金使用进度实时公开，全面实行补贴申请受理和资金兑付限时办理。要注重用好信息化手段，支持农民通过手机 App 申领补贴。在加强改善资金管理上，要从“三方面用力”。一要在平衡供需上用力，结合实际开展县市间资金余缺调剂，最大限度减少结转现象。二要在风险管控上用力，推进补贴机具第三方抽查，推行企业承诺践诺，严查严处违规行为。三要在探索创新上用力，继续在北京、上海、江西等省份开展农机购置综合补贴试点，在四川开展农业机械化发展综合奖补试点。在做好 2020 年工作的基础上，还要研究制定 2021—2023 年农机购置补贴实施指导意见，各地要把有关意见建议及时向农业农村部报告。

另外，从各方面反映的情况看，随着农业机械化水平的快速提高，农业机械化的需求结构和政策环境正发生不断变化，也出现了我国农业机械化已经过关、农机购置补贴政策可否“变一变”“歇一歇”的模糊认识。我们必须看到，16 年来，这一政策实施的重点主要是在推进粮棉油糖等作物生产机械化上，目前三大主粮生产基本实现了机械化，但不同品种作物间、不同产业间、不同区域间农业机械化发展还很不平衡、很不充分。棉油糖综合机械化率低于 70%，果菜茶等作物的综合机械化率不到 40%，畜牧业、渔业、农产品初加工、设施农业综合机械化率只有 35%左右，丘陵山区和平原地区差距巨大。这表明，我国农业要真正实现全程全面机械化还有很长的路要走，而且实施乡村振兴战略正在不断提出新的更高要求。当前，与农业发达国家和地区相比差距仍然很大。国务院 42 号文件明确要稳定实施农机购置补贴政策是有深远用意的，对此我们都要深刻理解、准确把握。

第五，要统筹好机构改革后农机化工作力量

一年多来，在各地农业农村部门机构改革过程中，农业机械化工作机构、人员队伍和运行机制发生了不少变化，要适应农业农村中心工作新形势新要求，必须牢固树立“创新、协调、绿色、开放、共享”的新发展理念，统筹好各方面工作力量，打造过硬的乡村振兴“机械化部队”。

要创新工作机制。对外，要密切与发改、财政、工信、科技等部门的沟通协调，发挥多部门联动优势，合力打造从农机装备产业到农业机械化发展的现代农机产业链。对内，农业机械化行政机构要主动加强与种植、养殖、农田建设、综合执法、人居环境、能源环保等相关方面的沟通协作，形成服务产业发展的鲜明导向和工作格局；要建立健全与归口管理事业单位的议事决策机制，共同谋划、分工落实，形成“一盘棋”。对行业，积极发挥有关科研院所、大专院校、技术推广机构、工程设计单位作用，加强专家队伍建设，壮大农业机械化技术和机具创新的团队；加强与相关行业协会及国际组织的互动沟通，充分发挥其在行业自律、信息交流等方面的作用。

要发挥好事业单位作用。近期，农业农村部农业机械试验鉴定、推广两站已经实质性合署办公，职能及内设机构完全着眼服务于农业机械化全程全面中心工作，在全国农业机械化管理与服务中发挥着越来越重要的技术支撑和服务保障作用。各地要支持指导农机事业单位进一步优化职能、整合资源，履行好为行政部门提供技术支撑、当好参谋助手的职责，强化对行业、社会的公共服务。引导推动农机鉴定、技术推广、安全监理等将工作重心转到为全程全面高质高效服务上来，强化协同性，增加畜牧、水产养殖、设施农业、农产品初加工、人居环境、能源环保等产业、领域机械化发展的鉴定供给、推广服务，创新试验鉴定方法、技术推广方式、安全监理手段，进一步提升公益服务水平。在预算安排上、项目任务上、条件提升上、队伍建设上加大支持力度，全方位提升事业单位的支撑保障能力。

要改进工作作风。在新形势下做好农业机械化转型升级工作，必须有开阔的理论视野，有过硬的政治素养和专业本领。要加强学习交流，深入调查研究，从理论和实践中汲取新知识新技能。要加强农业机械化统计等基础工作，开展转型升级情况动态监测，做到心中有数。要深入推进农业机械化管理“放管服”改革，创新工作方法，促进政府和市场良性互动。要严格落实中央八项规定及其实施细则精神，讲求工作实效。同时，对产业对社会对世界都要讲好农业机械化故事。

最后，再强调两个问题。一个是要持之以恒贯彻落实国务院 42 号文件。这份文件是党中央、国务院立足当前、着眼长远，对农业机械化工作的全面部署，是我们推进各项工作的行动指南。各地 2019 年的主要精力在推动出台贯彻落实意见，2020 年要在落实落地上见真章、见实效。配合全国人大开展《中华人民共和国农业机械化促进法》执法检查的契机，推动文件重要工作部署项目化、法制化。要把贯彻落实文件与编制“十四五”规划结合起来，将主要目标任务和工作要求列入地方经济社会发展及农业农村发展规划。一个是要扎实推进东北黑土地保护性耕作行动计划。这是党中央、国务院交给我们的一项重大任务，事关农业耕作制度变革和可持续发展。一个月前，我已经就此进行了专门部署，近日国务院领导同志在调研中又提出了明确要求。东北四省（区）要以高度的政治自觉和行动自觉，做好各方面工作，尤其是要把整体推进县和高标准应用基地建设好，把专项补助资金使用好管理好，确保行动计划高质量推进。

新时代农业机械化全程全面发展已经实现良好起步，2020 年“三夏”农机跨区作业即将全面展开。让我们坚持以习近平新时代中国特色社会主义思想为指导，不忘初心，牢记使命，围绕中心，服务大局，抖擞精神，扎实工作，奋力为保障重要农产品有效供给、决战决胜脱贫攻坚和全面建成小康社会提供有力机械化支撑。

农业机械化论坛

我国农机行业职业技能鉴定发展历程与展望研究

董洁芳　李斯华　马超　王扬光

开展职业技能鉴定，推行职业资格证书制度，是提高劳动者素质，促进就业的重要措施。农机行业职业技能鉴定是指对从事农机行业特有职业（工种）的劳动者所应具备的专业知识、技术水平和工作能力进行考核与评价，并对通过者颁发国家统一印制的职业资格证书的评价活动。1996—2020年，全国累计核发农机职业资格证书170万多个，有力地推动了我国农机实用技能人才队伍建设，对促进农业机械化又好又快发展发挥了重要作用。

为加快政府职能转变，建立更加符合市场经济体制需要的技能人才评价机制，从2020年起，国务院决定逐步取消水平评价类技能人员职业资格，推行社会化职业技能等级认定。在此背景下，农机行业技能人员评价制度也要进行重大调整，将由政府认定改为实行社会化等级认定。因此，全面回顾我国农机行业职业技能鉴定发展历程，认真总结经验启示，对于扎实推进农机行业技能人才评价机制改革具有重要的现实意义。

一、发展历程

农机行业职业技能鉴定是农业农村技能人才开发管理的重要组成部分，伴随着国家职业资格证书制度的建立而不断发展和完善，从1996年至今，大致可分为“起步试点、快速发展、质量建设、转型调整”四个阶段，每个阶段都有其划分标志和显著特征。

1. 起步试点阶段（1996—1999年）

1993年11月，党的十四届三中全会明确提出“要制定各种职业的资格标准和录用标准，实行学历文凭和职业资格两种证书制度”。此后，全国人大相继通过《劳动法》和《职业教育法》，明确了职业技能考核鉴定和职业资格证书的法律地位。根据原劳动部印发《职业技能鉴定规定》有关要求，1996年1月原农业部印发了《农业行业特有工种职业技能鉴定实施办法（试行）》，明确将农机修理工纳入农业行业特有工种，这标志着农机行业职业技能鉴定正式启动实施。

1997年8月，经原农业部人事劳动司批复同意，中国农业大学成立“农业部农机行业职业技能鉴定指导站”（以下简称“农机行业指导站”），挂靠在中国农业大学中日农机维修技术培训中心。该站由原农业部农业机械化管理司归口管理，受原农业部职业技能鉴定指导中心的委托，负责组织、指导、协调全国农机系统职业技能鉴定站工作的开展，并参与制定职业技能鉴定标准、办理职业资格证书等事项。1999年4月，农机行业指导站的挂靠单位调整至原农业部农业机械试验鉴定总站，相关职责不变。

1998年5月，原农业部印发《关于做好农机行业职业技能鉴定工作的通知》，首次明确了农机行业职业技能鉴定的工作任务、工作体系和工作程序，决定对农机维修工人技术考核与职业技能鉴定工作并轨。各地农业、农机化主管部门按照有关规定，陆续成立农机行业职业技能鉴定站，挂靠单位以省级农机维修服务站、农机鉴定站、农业机械化学校为主，也包括部分地市级农机职业中专。截至1999年6月，全国农机化系统先后成立了36个农机行业职业技能鉴定站。

这一阶段，农机行业职业技能鉴定工作总体上处于试点探索阶段，初步建立了工作机构、工作程序和工作规范，启动试题库开发、培训教材编制等工作。山东、河北、山西、湖北等农机维修管理基础较好的省份率先开展职业技能鉴定工作，鉴定对象以农机维修工人和农机中专学校毕业生为主。但由于大多数省份农机主管部门对职业技能鉴定的重要性认识不足，推进力度不大，尤其是在组织机构、人员编制和经费保障等方面的保障不到位，农机行业职业技能鉴定站每年核发证书的总量不足1 000个。

2. 快速发展阶段（2000—2010年）

根据劳动和社会保障部统一部署，2000年3月原农业部决定对农机修理工等技术性较强、关系安全生产的14个职业实行就业准入，要求劳动者必须经过相应培训，取得职业资格证书后方可就业上岗。原农业部人事劳动司和农业机械化管理司联合印发《农机修理工实行就业准入制度实施方案》，从2000年10月1日起实施。当年10月30日，原农业部农业机械化管理司在云南召开农机行业职业技能鉴定工作研讨会，要求各省农机管理部门提高认识，尽快明确主管处室和专职人员，组建成立农机职业技能鉴定机构。以此会议为标志，农机行业职业技能鉴定工作进入了以行政推动为主要特征的快速发展阶段。

原农业部农业机械化管理司强化顶层设计和规范管理，于2001年8月印发了《2001—2005年农机行业职业技能鉴定工作规划》，2007年11月印发了《推进农机职业技能鉴定开发工作方案》《农机行业职业技能鉴定管理实施细则》，分别对“十五”和“十一五”时期的工作目标和主要任务进行部署，进一步明确农机管理部门职责和鉴定执行机构、考评人员的工作要求；农业机械化管理司每两年组织开展一次农机职业技能鉴定工作先进单位和先进个人评选表彰活动，有效地调动各地工作积极性。

农机行业指导站强化技术支撑和指导服务，于2003年6月印发了《关于农机行业职业技能鉴定办证工作有关要求》，规范指导各地做好鉴定材料申报、费用结算、修理工换证等工作；截至2010年末，农机行业指导站编制完成《农机维修电工》等19个农机职业标准，编制出版《拖拉机驾驶员》等9部农机培训教材，组织开发《农机修理工》等7个鉴定试题（卷）库，培训、考核、注册了近4 000名农机行业职业技能鉴定考评员和质量督导员，为农机职业技能鉴定发展奠定了坚实的技术基础。

各省（区、市）农机管理部门高度重视，相继出台实施方案，不断加大推进力度，农机职业技能鉴定工作开始进入“快车道”，每年完成的鉴定人数、核发证书数量迅速攀升。2003年，农机行业的职业技能鉴定范围扩展到35个职业（工种），当年核发技能鉴定证书7.2万个，首次跃居农业领域各行业之首。2004年，各省积极推广山东拖拉机驾驶员培训鉴定“一训双证”经验，全国农机职业技能鉴定量首次突破10万人次。2009年，全国开展农机职业技能鉴定工作的省份达到了30个，全年共开展培训鉴定18万人次，核发证书达到16.5万个，达到历史峰值，如图1和表1所示。

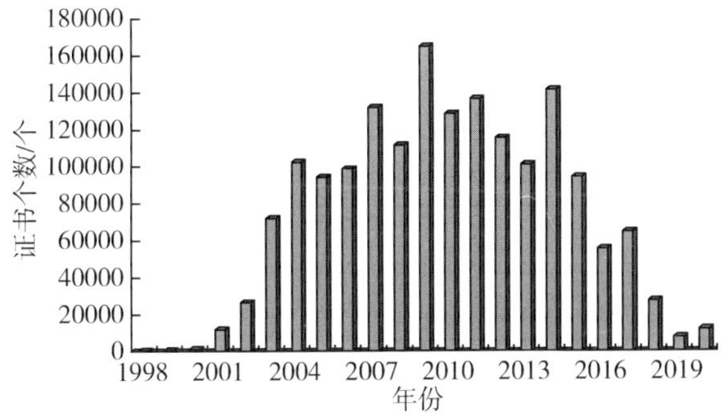

图1　1998—2020年农机行业职业技能鉴定核发证书统计

这一阶段，农机行业职业技能鉴定的管理体系、执行体系和技术体系逐步建立并日益完善，技能鉴定工作已经由星星之火，燃成燎原之势，由局部试点扩展到全国，鉴定范围由农机修理工扩展到农用运输车驾驶员等农机行业主要工种，每年通过鉴定取得职业资格证书的人数由试点阶段不足千人发展到近10万人。截至2010年末，全国农机化系统建立了42个农机行业职业技能鉴定站，有2/3的省份在市、县设立了900多个鉴定工作站和培训鉴定基地，在2001—2010年的10年期内，核发各职业（工种）资格证书共计94.3万个，名列农业领域10个行业的前茅。

表1　1998—2020年农机行业职业技能鉴定核发证书统计

年份	核发证书/个	年份	核发证书/个
1998	500	2010	128 571
1999	700	2011	136 642
2000	1 300	2012	115 525
2001	12 000	2013	101 184
2002	26 581	2014	141 451
2003	72 000	2015	94 287
2004	102 600	2016	55 342
2005	94 151	2017	64 573
2006	98 844	2018	27 307
2007	132 083	2019	7 562
2008	111 677	2020	11 897
2009	164 859		

注：数据来源于原农业部农机行业职业技能鉴定指导站1998—2020年工作总结。

3. 质量建设阶段（2011—2014年）

针对部分职业技能鉴定站存在的超范围鉴定、标准不严格等问题，人社部、原农业部发文要求强化和完善鉴定管理制度，并决定在2011年组织开展全行业职业技能鉴定站质量管理评估活动，这标志着农机行业职业技能鉴定工作进入以强化质量建设为主要特征的新阶段。经过自查自评、合格评估和示范评估等环节，农机行业当年共有39家鉴定站通过合格评估，北京、甘肃2家鉴定站被评为“示范职业技能鉴定站”。

为全面落实鉴定质量督导制度，农机行业指导站一方面加强鉴定质量督导人员队伍建设，每年培训、考核、注册的鉴定考评员、质量督导员超过500人；另一方面强化鉴定现场质量督导，扩大现场督导覆盖率，严格落实现场督查委派制。2013年初，部农机行业职业技能鉴定指导站与各鉴定站签订质量管理责任书，严格执行鉴定试卷提取和鉴定报告审查制度，当年做到了开展鉴定的省级鉴定站试卷提取率100%。

在加强质量督导的同时，农机行业的职业技能鉴定能力建设和规范化建设获得新进展。2012年8月，原农业部农业机械化管理司组织开展全国农机职业技能培训和鉴定示范基地创建活动，通过省级推荐、抽样考察和综合评审方式，当年确定公布了首批103家农机行业示范基地名单，2014年再次确定90家，全国示范基地达193家。2013年农业部开始实施职业技能鉴定体系建设项目，当年农机行业9家单位获近400万元设备补贴，整体培训鉴定能力得到进一步提升。

这一阶段，农机行业职业技能鉴定工作的特点是“两手抓”，一手抓鉴定质量，一手抓能力建设。虽然农机行业不再获批设立新的职业技能鉴定站，但通过示范基地创建活动，有效地提高了培训鉴定机构规范化水平。2011—2014年，农机行业核发各职业（工种）资格证书共计49.5万个，年均12.4万个。截至2014年末，农机行业先后制修订《农机修理工》等国家职业标准21个，编制出版培训教材达到18种，完成14个职业技能鉴定试题（卷）库的编制和修订，农机行业的职业技能鉴定的技术体系得到进一步完善。

4. 转型调整阶段（2015—2020年）

为有效遏制职业资格过多过滥等问题，维护专业技术人员和技能人员的合法权益，根据国务院统一部署，2015年10月，原农业部办公厅下发通知，决定停止割草机修理工等12项职业资格考试鉴定发证活动。以此为标志，农机行业职业技能鉴定工作进入了转型调整阶段。

2014—2017年，按照党中央、国务院部署要求，人力资源社会保障部牵头组织协调减少取消职业资格许可和认定事项，先后分七批取消了434项，其中涉及农机行业的4个，包括割草机操作工、农产品加工机械操作工、水稻直播机操作工、农用运输车驾驶员等工种。原农业行业实现就业准入的14个职业仅保留3个，其中农机行业只保留了农机修理工1个职业。2017年9月向社会公布了国家职业资格目录，实行清单式管理，农机修理工从就业准入类调整为水平评价类职业，亦是农机行业唯一在目录的职业资格。根据国务院的部署，2020年末所有水平评价类职业（包括农机修理工）退出国家职业资格目录，不再由政府或其授权的单位认定发证。

为适应国家职业资格制度改革，农业职业评价工作开始从技能鉴定转向技能开发，人才评价模式也进行了调整和创新，由原来以考核鉴定发证为主，开始向举办专业岗位练兵、技能培训、劳动竞赛等多种方式转变。2015年、2018年和2020年，农业农村部联合有关部委（部门）分别举办了三次全国农业行业职业技能大赛，农机修理工和农机驾驶操作员两个农机职业均是竞赛科目。全国农机系统共有27省（区、市）累计组织近3万余名选手进行各级选拔赛，其中307名农机职业技能选手参加了总决赛，累计1人获得“全国五一劳动奖章”、18人获得“全国技术能手”称号、45人获得“全国农业技术能手”称号、178人晋升高级（三级）以上的职业资格。2017年3月，为顺应“互联网＋农机职业技能开发”趋势，由农机行业指导站组织开发的农机使用维修技能学习平台与手机App上线运行，截至2020年末，平台83个联合收割机故障诊断与排除系列视频课件总点击量达7 715万次。

这一阶段，农机行业指导站继续开展农机职业技能鉴定的师资和考评人员的培训和评审工作，组织开展农机行业职业技能竞赛，有力促进了农机高技能人才发展。2016—2020年，农机行业共核发职业资格证书16.5万个（详见表1），组织培训和评审农机行业考评人员近4 000人，培训师资将近1 000人。受国家减少职业资格许可和认定事项政策影响，从2016年起全国只有30家农机行业职业技能鉴定站开展鉴定业务，鉴定人数开始明显减少，2019年以后，除了纳入职业资格目录的“农机修理工”以外，全部停止了其他16个农机职业（工种）资格证书的鉴定核发。“十三五”期间部分农机职业（工种）技能鉴定人数详见表2。

表2 “十三五”期间部分农机职业（工种）技能鉴定人数

序号	职业（工种）	技能鉴定人数／人					
		2016年	2017年	2018年	2019年	2020年	小计
1	拖拉机驾驶员	19 508	25 696	5 317	0	0	50 521
2	农机修理工	8 096	9 497	17 305	5 467	9 185	49 550
3	联合收割机驾驶员	9 453	15 536	2 847	0	0	27 836
4	农业机械操作工	6 814	9 245	1 110	0	0	17 169
5	插秧机操作工	4 857	2 101	0	0	0	6 958
6	植保机械操作工	2 788	1 600	0	0	0	4 388
7	农机专业合作社经理人	661	467	0	0	0	1 128
8	农机服务经纪人	1 025	16	6	0	0	1 047
9	农业机械试验工	363	373	16	0	0	752
10	玉米联合收获机操作工	391	0	0	0	0	391
11	农机营销员	308	60	16	0	0	384
12	农业技术指导员	194	90	90	0	0	374
13	农机电器设备修理工	88	0	0	0	0	88
14	农机燃油系修理工	5	30	46	0	0	81
15	农机液压系修理工	37	9	0	0	0	46
16	喷油泵调修工	6	16	0	0	0	22
17	农机轮胎修理工	16	0	0	0	0	16
18	总　计	54 610	64 736	26 753	5 467	9 185	160 751

注：数据来源于“农业职业技能鉴定考务管理系统”，技能鉴定人数由各农机行业职业技能鉴定站完成。

二、研究结论

1. 开展农机职业技能鉴定是推动农业机械化高质量发展的有效举措

职业资格证书制度是与学历证书制度并重的“双证书”制度之一，是社会主义市场经济条件下科学评价人才的重要制度，也是国际通行的人才评价制度。美国、日本等经济发达国家通过实施职业技能标准认定与评价制度，有力地促进了本国企业工人队伍技术水平的提高。20多年的实践证明，我国对农机从业人员的专业知识和技能进行评价鉴定，并核发职业资格证书或等级证书，既有利于为农机生产企业、农机服务组织选拔合格的、优秀的技能人才，更有利于激励农机从业人员不断进取，提升农机行业整体人员素质，造就了一大批农业机械化实用技能人才。

2. 开展农机职业技能鉴定是一项多方参与和科学严密的系统工程

我国高度重视建立职业资格证书制度，从中央制定政策、人大颁布法律、部门出台规章，通过设立技能鉴定机构和确定专职人员等措施来推动落实。农机职业技能鉴定的政策性强、涉及面广，不仅需要建立比较系统完整的职业技能标准、考试题库、培训教材，还需要比较一套科学严密的人员考试办法、质量监督机制、证书管理系统等；不仅需要省级建立职业技能鉴定站，还要在地市、县级建立工作站和培训鉴定基地，形成上下联动的管理体系、执行体系和技术体系，这是推动农机职业技能鉴定工作顺利开展和确保工作质量的关键所在。

3. 农机职业技能鉴定制度需要进一步创新和完善

纵观农机行业职业技能鉴定制度发展历程，具有明显的由政府主导、依靠行政力量推动的特点。特别是将农机修理工纳入就业准入制度之后，农机职业技能鉴定工作步伐明显加快。但由于国家大幅度减少行政许可和职业准入事项，农机职业技能鉴定工作面临新的政策环境，不能再沿用过去的方法和制度。与20多年前相比，当前形势已经发生了很大变化。随着我国职业资格制度改革的深入推进，技能人员职业资格数量大幅减少，有利于降低就业创业门槛，激发市场主体创造活力。在这种形势下，农机技能人才的评价主体、评价标准和评价方式也要不断创新和完善，需要改变以政府为主导的模式，建立起以市场为导向的技能人才培养和使用制度，实行“谁用人、谁评价、谁发证、谁负责”。

三、未来展望

当前，我国正处在传统农业向现代农业迈进的关键时期，农业机械化发展正处在转型升级的关键阶段。全国农作物综合机械化水平达到71%，新型农机具不断涌现，农机作业领域不断拓展，农机行业对高技能人才的需求十分迫切。我们应贯彻落实“人才强国”战略和“科教兴国”战略，深入推进农机职业技能鉴定评价和人才开发工作，发展壮大高技能农机人才队伍，为现代农业发展提供强有力的技能人才保障。

国家对专业性强、技能要求高但不涉及公共安全的农机修理工，从行业准入类职业调整为水平评价类职业，符合当前农机行业发展的实际。但是，农机修理工等职业退出国家职业资格目录，并不是取消相应职业和职业标准，更不是取消技能人才评价，而是由资格评价改为技能等级认定。依托有基础、有影响力、管理规范、技术领先的大型农机企业开展技能评价，是今后农机职业技能等级制度建设的重要方向。中国一拖集团公司做了积极探索，2018年建成的中国一拖农机行业职业技能培训鉴定中心拥有拖拉机模拟仿真驾驶平台等先进教学设备，可满足拖拉机、收获机械、农机具、柴油机单次约200人的服务技能培训要求，截至2019年6月已完成1 800余名中国一拖服务站维修技师的培训。

面对农业机械化对高技能人才的迫切需求和国家对职业技能评价制度的改革要求，农机行业亟待建立和完善技能人才职业资格评价、职业技能等级认定、专项职业能力考核等多元化评价方式，建立“导向明确、规范有序”的社会化人才评价机制。

“导向明确”，就是坚持市场化为导向，由相关社会组织或用人单位按标准、依规范开展农机行业职业技能等级评价、颁发证书；“规范有序”，就是明确政府部门的监管职责，并负责组织开发农机职业评价的技术标准，建立第三方专业评价机构的通用工作规范，强化涉及评价质量、收费等事中事后监管和服务，确保农机职业技能评价工作有序开展。与此同时，政府有关部门要稳妥推进现有职业资格实施机构职能调整，做好工作衔接，完成由“运动员”向“裁判员”的身份转变。

（作者单位：农业农村部农业机械试验鉴定总站；论文来源：《中国农机化学报》2021年第5期）

我国主要经济作物机械化主攻方向与主推技术

吴传云　温浩军　吴崇友　胡志超　区颖刚　陈永生　曹光乔
阮建云　连政国　杨瑶　李丹阳

2021年，农业农村部提出以2035年基本实现农业现代化为导向，围绕2035年基本实现农业机械化的目标，分区域、分产业、分品种、分环节研究农业机械化发展目标任务，分析存在的短板不足，提出解决办法和措施。农业农村部农业机械化总站组织农作物生产全程机械化专家指导组和特色经济作物全程机械化专家指导组中的棉花、油菜、花生、甘蔗、蔬菜、林果、茶叶、中药材8个专业组，按照“四分”要求，提出当前和今后一段时期我国主要经济作物生产机械化主攻方向和主推技术。

一、棉花

我国棉花种植区域有西北内陆（主要是新疆）、黄河流域和长江流域，2020 年全国棉花种植面积 3 169 千公顷，产量 5 910 千吨。新疆棉花种植面积占全国的 79%，产量占全国的 87%。全国棉花种植面积一直缩减，种植区域进一步向新疆集中。

我国棉花生产机械化呈较快发展趋势。2020 年棉花耕种收机械化水平分别为 98.76%、88.16%、60.08%，综合机械化率 83.98%。预计 2021 年分别为 99%、90%、67%，综合机械化率超过 86%，比 2020 年提高约 2.7 个百分点（表 1）。

表 1　全国棉花生产机械化情况　　单位：%

项目	综合机械化率	机耕率	机播率	机收率
2020 年	83.98	98.76	88.16	60.08
2021 年	86.70	99	90	67
增长量	2.72	0.24	1.84	6.92

棉花机收是短板，也是最大增长点。我国机采棉主要在新疆棉区，黄河流域、长江流域棉区仍处于空白或起步阶段。2020 年，新疆棉花机收率，地方达到 70%、兵团达到 90%，全区达到 77%。2021 年预计新疆全区机收率将达到 84% 以上，提高 7 个百分点（表 2）。

表 2　2020 年新疆机采棉情况

区域	植棉面积／千公顷	机采棉面积／千公顷	机采棉占比／%	采棉机保有量／台
新疆地方	1 613.09	1 126.42	69.8	2 626
新疆兵团	865.31	778.78	90.0	2 760
新疆全自治区	2 478.40	1 905.20	76.9	5 386

1. 增长点

新疆全区采棉机保有量持续增加，2021 年预计达到 6 000 台。棉花机收方式在转变，由"机采棉＋厢式集运＋打包"向"采棉打包一体"方向发展。国产采棉机数量快速增加，目前国内有 9 家企业在研发、7 家企业在量产，采棉机保有量比例国产：国外为 1 ∶ 3，采棉机销量比例国产：国外为 3 ∶ 1。

2. 关注点

一是南疆 466.67 千公顷、黄河流域及长江流域 630 千公顷传统植棉区，全国共计 1 066.67 多千公顷的棉田还未实现机械采收。二是棉花种植带来的农田残膜问题。新疆覆膜 20 年以上农田含量可达 375 ～ 420 千克／公顷，残膜回收率不到 60%。三是国产采棉机普遍存在稳定性、可靠性差，作业效率只有美国迪尔 CP690 的 50%～ 70%。

3. 分区域主攻方向与主推技术

棉花机械化分区域主攻方向与主推技术如表 3 所示。

表 3　棉花机械化分区域主攻方向与主推技术

区域	主攻方向	主推技术
北疆及兵团	棉田增量和存量残膜回收率低、含杂率高、资源化利用困难	棉秆粉碎还田＋残膜回收＋打包联合作业技术
	国产采棉机性能有待提高，打包技术还未完成掌握，关键零部件的国产化	国产六行打包采棉机质量提升与示范技术
	高密度棉田化控、脱叶效果差，机收含杂率高	专用喷头喷杆喷雾机高效植保机械化技术
南疆及黄河流域	棉花种植标准化程度低	适宜机收的 76 厘米等行距标准化种植技术
	打顶、脱叶等株型管理不到位	全过程化控配套机械化技术
	规模小，采棉机利用率低	国产三行打包采棉机械化技术
长江流域	小规模试验示范	

二、油菜

我国油菜分为南方冬油菜和北方春油菜。2020 年我国油菜籽播种面积为 6 764.4 千公顷，产量 14 049 千吨。冬油菜种植面积和产量均占全国 90% 左右。近年来，我国油菜面积持续缩减，2020 年开始有了恢复性增长。

我国油菜生产机械化呈较快发展趋势，2020 年油菜耕种收机械化水平分别为 86.64%、35.65%、48.55%，综合机械化率 59.91%。预计 2021 年分别为 90%、39%、52%，综合机械化率 63.3%，比 2020 年提高约 3.4 个百分点（表 4）。

表 4　全国油菜生产机械化情况　　单位：%

项目	综合机械化率	机耕率	机种率	机收率
2020 年	59.91	86.64	35.65	48.55
2021 年	63.30	90.00	39.00	52.00
增长量	3.39	3.36	3.35	3.45

我国油菜生产机械化种植和收获是短板，这与冬油菜种植区域 85% 是稻油轮作区、不少区域还是丘陵山区有关，贵州、重庆、云南等地区的油菜机械化种植和收获水平几乎为 0（表 5）。

表 5　全国冬油菜主产省份机械化情况　单位：%

地区	机耕率	机种率	机收率	综合机械化率
湖北省	93.50	45.50	59.70	69.00
江西省	84.00	41.30	65.00	65.50
安徽省	88.30	37.00	59.80	64.40
湖南省	93.70	33.20	53.50	63.50
河南省	95.30	32.10	43.60	60.80
四川省	90.00	31.40	39.60	57.30
江苏省	81.40	26.70	27.80	48.90
陕西省	80.60	11.00	27.60	43.80
浙江省	53.90	5.10	22.60	29.90
云南省	62.30	2.60	17.80	31.00
贵州省	84.80	2.60	3.90	35.90
重庆市	81.80	1.10	1.10	33.40

1. 增长点

在种植方面，人工撒播+机械开沟覆土主要在丘陵山区，高密度浅耕精量直播应用最广，毯状苗高速移栽成为新的增长点。在收获方向，油菜机收以联合收获为主，割晒+捡拾分段收获为辅。在技术和装备方面，油菜生产机械化技术与装备向集成化、智能化方向发展，整地播种联合作业机、旋耕起垄联合移栽机、成熟度监测技术、收获作业质量监测技术等得到推广应用。

2. 关注点

一是南方稻油轮作区有4 266.67千公顷冬闲田需扩大油菜种植面积，但水稻收获期不断延迟，稻油轮作茬口矛盾问题日渐突出，直播油菜生育期不足，生长缓慢，影响产量和效益，人工育苗移栽用工量大、费用高，农民种植意愿较低。二是南方土壤黏重、秸秆全量还田条件下机械种植难度大，现有旱地移栽机难以满足油菜高速高密度移栽要求，丘陵山区小田块机械作业效率低。三是油菜倒伏现象普遍，抗倒伏、抗裂角、株型紧凑宜机化油菜品种缺乏，机械收获适收期短，导致联合收获损失率高、含杂率高，分段收获效率低。

3. 分区域主攻方向与主推技术

油菜机械化分区域主攻方向与主推技术如表6所示。

表6　油菜机械化分区域主攻方向与主推技术

区域	主攻方向	主推技术
茬口矛盾不突出、春季低温冻害不严重的西南地区	南方农田条件机械直播质量差，难以做到一播全苗	高密度浅耕精量直播+开沟作畦+垄作垄收技术
	分段收获两次进地，增加成本，延长收获时间	规模化产地油菜割晒+捡拾收获机械化技术
茬口矛盾突出、春季低温冻害常发的长江中下游地区	通过育苗移栽弥补生育期不足、提高低温活棵能力。油菜专用高速、高密度移栽机缺乏	商品化育苗+集旋耕、开沟、栽插、镇压于一体的油菜毯状苗联合移栽技术
	倒伏油菜机收适收期短。联合收获过早收夹带损失，过晚收割台损失，清洁度低	宜机化品种选育，高效适时低损油菜联合收获技术
丘陵山区	小田块和坡地难以开展机械化作业	油菜生产轻简化与配套机具小型化技术
拓展油菜多功能地区	菜用、饲用	油菜薹收获、饲用油菜收获机械化技术

三、花生

我国花生种植区域广泛，主要分为黄淮海、东北辽吉、长江流域、华南沿海四大产区。2020年全国花生播种面积4 730.82千公顷，产量17 993千吨，花生种植面积和产量持续提高（图1）。

我国花生生产机械化进入较快发展期，2020年花生耕种收机械化水平分别为80.4%、56.4%、49.61%，综合机械化率达到63.96%。预计2021年分别为82%、60%、56%，综合机械化率67.6%，比2020年提升约3.6个百分点（表7）。花生收获机保有量超过20万台。

表7　全国花生生产机械化情况　　单位：%

项目	综合机械化率	机耕率	机播率	机收率
2020年	63.96	80.4	56.4	49.61
2021年	67.60	82.0	60.0	56.00
增长量	3.64	1.6	3.6	6.39

花生机播、机收是短板，区域发展不平衡。北方机械化水平较高，南方机械化水平较低，南方花生机播、机收基本为空白。这与南方花生种植多在丘陵山区且土壤黏重，田间条件不宜机械化。

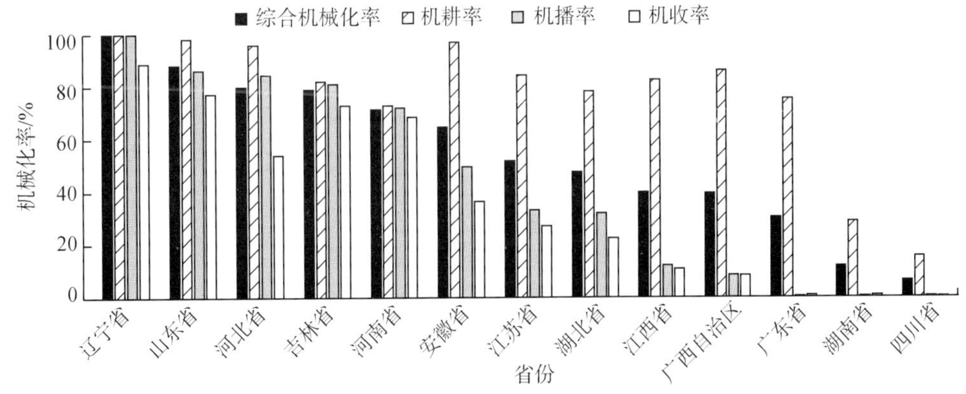

图1　全国花生主产省份机械化情况

1. 增长点

我国春花生机械化铺膜播种技术成熟，夏花生免膜机播绿色生产技术开始推广应用，油用花生机械挖掘+全喂入捡拾收获技术得到大面积应用，鲜食花生半喂入联合收获技术逐步得到接受。

2. 关注点

一是全国还有1 866.67千公顷花生未实现机播和机收。二是南方丘陵山区黏重土质，机播合格率低、出苗率低，机收果土分离难。三是春花生覆膜播种模式占比大，残膜污染严重，且影响秧蔓饲料化利用。四是联合收获受花生荚果烘干专用设备缺乏制约，分段收获需要机械挖掘、人工翻晒、机械捡拾收获，机具多进一次地、多费一道人工，同时带来秧蔓废弃、含杂率高、损失率高、扬尘污染严重的问题。

3. 分区域主攻方向与主推技术

花生机械化分区域主攻方向与主推技术如表 8 所示。

表 8　花生机械化分区域主攻方向与主推技术

区域	主攻方向	主推技术
北方辽吉 黄淮海	春花生残膜污染与秧蔓饲料化利用难 膜蔓分离与残膜回收、果秧兼收机械化技术	适宜地区改春花生为夏花生 小麦、夏花生两熟免膜绿色种植机械化技术
	花生分段收获费工费时，性能有待提高	宜机化品种选育＋规范化种植＋规模化产地花生机械挖掘有序铺放＋高效低损低含杂低扬尘捡拾收获机械化技术
长江流域 华南沿海	南方黏重土质，机播合格率低、出苗率低	适合南方黏重土壤的高效整地起垄＋精量播种机械化技术
	南方黏重土质，果土分离难，花生专用烘干设备缺乏，联合收获难推广	宜机化品种选育＋规范化种植＋高效低损联合收获＋专用花生干燥机械化技术

四、甘蔗

我国甘蔗种植区域主要集中在广西、云南、广东和海南 4 省（区）。2019/2020 榨季，甘蔗主产区种植面积 1 179.07 千公顷，糖产量 9 021 千吨，广西甘蔗种植面积和产量分别占到了全国的 64% 和 66%。我国甘蔗种植面积和糖产量呈下降趋势（表 9）。

2019/2020 年榨季我国甘蔗主产区耕种收机械化水平分别为 95%、41%、3.28%，综合机械化率 51%。预计 2020/2021 年榨季分别为 95%、45%、4.87%，综合机械化率 52.9%，比 2019/2020 年榨季提高 1.9 个百分点。

2020/2021 年榨季，主产区可投入的甘蔗收获机 2 665 台，机收率约 4.87%，单机榨季作业量不到 20 公顷，机具利用率太低。我国甘蔗生产机械化遇到了严重的发展瓶颈（图 2）。

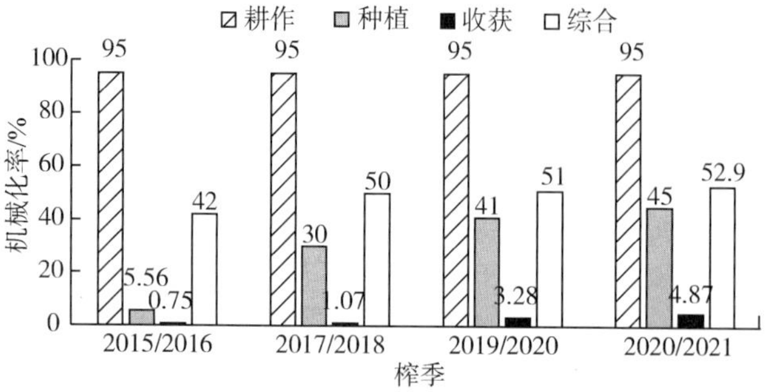

图 2　全国甘蔗机械化情况

表 9　全国甘蔗机收情况

项目	种植面积 / 千公顷	收获机数量 / 台	机收率 /%	单机作业量 /（千公顷·台 $^{-1}$）
2019/2020 年	1 179.07	1 508	3.28	25.65
2020/2021 年	1 066.67	2 665	4.87	19.49
变化量	-112.70	1 157	1.59	-24%

1. 关注点

一是主产区立地条件差，广西甘蔗种植规模化宜机面积不足 20%。二是切段式机收蔗含杂率在 8% 以上，制糖企业接收程度不高。三是切段式机收带来的 28% 扣杂率、高破蔸率、低宿根发株率，相比人工砍蔗，综合节本效益不明显，蔗农接受度不高。四是机具利用率低、机手作业收益不高，现有机具一半闲置，单台作业效率只有国外的 9%。

2. 分区域主攻方向与主推技术

甘蔗机械化分区域主攻方向与主推技术如表 10 所示。

表 10　甘蔗机械化分区域主攻方向与主推技术

区域	主攻方向	主推技术
规模化 种植区域	小蔗农 0.8 ～ 0.9 米行距密植方式不适宜机收	蔗田宜机化改造＋适宜机收的 1.2 米以上宽行距种植机械化技术
	消化现有甘蔗收获机，提高现有切段式联合收获机利用率	“二步法”制糖工艺试点＋切段式联合收获技术，机收减损降杂技术规程
	整秆式联合收获机作业效率有待提高	“一步法”制糖工艺下，整秆式联合收获技术试验示范
丘陵山区 小田块	割铺机作业效率有待提高，剥叶机还不成熟	“一步法”制糖工艺下，割铺机＋剥叶机的“整秆割堆＋地头除杂”分段式机收技术试验示范

五、蔬菜

我国有华南与西南热区冬春蔬菜、长江流域冬春蔬菜、黄土高原夏秋蔬菜、云贵高原夏秋蔬菜、北方高纬度夏秋蔬菜、黄淮海与环渤海设施蔬菜 6 大蔬菜优势区域。2020

年全国蔬菜种植面积21 333.33千公顷，产量750 000千吨。其中，设施蔬菜4 200千公顷，产量240 000千吨，面积占比19%，产量占比30%。我国蔬菜种植面积和产量逐年增加。

我国蔬菜生产机械化呈快速发展趋势。2020年设施农业机械化水平40.53%，露地蔬菜机械化水平36.9%，全国蔬菜生产综合机械化水平37.59%。预计2021年露地蔬菜耕整、种植、田间管理、收获机械化水平分别为80%、30%、65%、12%，设施蔬菜机械化率43%，蔬菜综合机械化率达到41.8%，比2020年提高4个百分点（表11）。

表11 全国蔬菜生产机械化情况

单位：%

项目	设施蔬菜机械化水平	露地蔬菜机械化水平					全国蔬菜综合机械化率
		耕整地	种植	田间管理	收获	综合	
2019年	38.31	70	20	55	5	32.5	33.60
2020年	40.53	75	25	60	8	36.9	37.59
2021年	43.00	80	30	65	12	41.6	41.87
增长量	2.47	5	5	5	4	4.7	4.28

我国蔬菜机械化种植、收获是短板。按品种机械化水平来说，根茎类好于叶菜类，叶菜类好于茄果类（图3）。

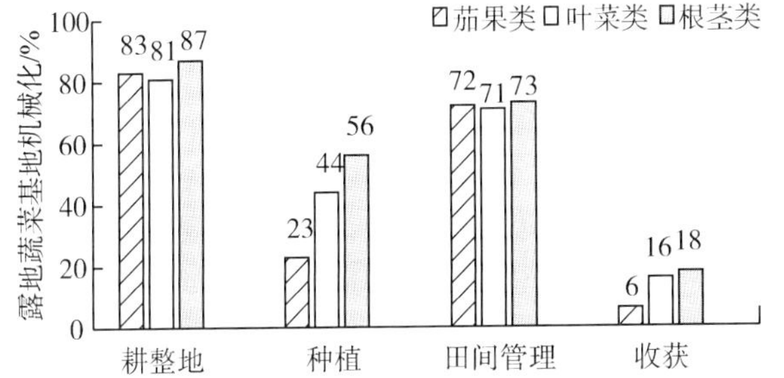

图3 露地种植不同蔬菜品种机械化水平

1. 增长点

蔬菜生产专用机械引进、研发、推广不断加快。蔬菜精密播种机、蔬菜移栽机在规模种植基地推广应用。秧苗移栽机达到1.3万台。小叶类蔬菜收获机、结球甘蓝类蔬菜收获机、根茎类蔬菜收获机在主产省份加快引进、改制和推广应用。蔬菜收获机达到2.5万台。农业农村部农业机械化总站组织蔬菜全程机械化专家指导组发布了露地甘蓝、小叶菜、葱姜蒜辣、萝卜、设施茄果等14个典型品种全程机械化生产模式和典型案例，在各地发挥了指导作用，推进了蔬菜生产宜机化改造。

2. 关注点

一是蔬菜种类多、地区差异大，无机可用。我国常年生产的有14大类150多种，且茬口多，北方地区年生产蔬菜2～3茬，南方地区年生产蔬菜3～4茬，许多蔬菜品种机械化生产没有可借鉴的国外经验。二是蔬菜生产规模小，种植模式不统一，有机不好用。我国蔬菜生产抗自然风险和市场风险能力差，产业规模化程度低，75%的菜农生产规模小于0.033公顷，66.67公顷以上连片种植的基地较少，缺少统一生产模式和技术规范，国外引进机具使用率低、适用性差，价格昂贵。三是蔬菜生产装备技术储备少，国产机具缺乏的问题，国内在蔬菜生产的专用动力平台、高速移栽、高效收获等关键技术还未取得突破。

3. 分区域主攻方向与主推技术

蔬菜机械化分区域主攻方向与主推技术如表12所示。

表12 蔬菜机械化分区域主攻方向与主推技术

区域	主攻方向	主推技术
设施内	传统南北向种植作业行距短，机械作业效率低	宜机化改造，改南北向种植为东西向种植机械化技术
	小叶类蔬菜精密播种，配套耕整地专用机具缺乏	统一模式和耕整地要求下，小叶类蔬菜精密播种机械化技术
	小叶类蔬菜国产收获机缺乏，进口机具价格昂贵，适用性不高，使用率低	与规范化种植配套小叶类蔬菜高效收获机械化技术及国产化
	茄果类蔬菜移栽，散户育苗成本高，全自动蔬菜移栽机价格较高	商品化育苗+高标准整地条件下茄果类蔬菜高效移栽机械化技术
	茄果类蔬菜机械收获难以实现	茄果类蔬菜轻简化田间管理与收获机械化技术
露地	蔬菜直播种植模式不统一、不规范，难以实现机械收获	适宜机收的蔬菜标准化直播机械化技术
	蔬菜半自动移栽人工成本高、劳动强度大，全自动移栽受前期耕整地条件影响较大	商品化育苗+高标准整地+机械取苗、投苗、栽植全自动复式机械化技术
	结球甘蓝收获国产机具为空白，进口机具价格高，适用性不高，使用率低	与规范化种植配套结球甘蓝高效收获机械化技术及国产化
	葱姜蒜、胡萝卜、白萝卜等根茎类特色蔬菜机械化生产技术和装备，受规模化种植程度不高所限，推广应用缓慢	优势区域规模化产地特色蔬菜全程机械化技术

六、林果

苹果、柑橘、梨、葡萄、桃在我国果业中占据优势地位，初步形成优势产区。2020 年，我国果园面积 12 266.67 千公顷，水果产量287 000千吨，各品种种植面积和产量呈逐年增长趋势。

我国果园生产机械化发展缓慢。2020 年，我国果园生产中耕、施肥、植保、修剪、采收、田间转运各环节机械化水平分别为 33.52%、20.38%、49%、9.83%、2.34%、52.67%，综合机械化率 25.59%。预计 2021 年分别为 35%、22%、50%、10%、2.5%、54%，综合机械化率 26.45%，提高不到 1 个百分点（表 13）。

果园生产各环机械化水平都不高，修剪、采收环节几乎为空白，是短板和瓶颈。从各省情况来看，兵团果园生产综合机械化水平超过 50%，中耕、施肥、植保等环节基本实现机械化，但修剪、采收机械化水平非常的低（表 14）。

表 13 全国果园生产机械化情况

单位：%

项目	中耕	施肥	植保	修剪	采收	田间转运	综合
2019 年	32.52	20.41	47.96	9.50	2.22	49.75	24.85
2020 年	33.52	20.38	49.00	9.83	2.34	52.67	25.59
2021 年	35.00	22.00	50.00	10.00	2.50	54.00	26.45
增长量	1.48	1.62	1.00	0.17	0.16	1.33	0.86

表 14 兵团果园生产机械化情况

单位：%

中耕	施肥	植保	修剪	采收	田间转运	综合
95.20	94.60	91.30	6.20	0.80	34.00	51.50

1. 增长点

果园弥雾机、多功能作业平台、轨道运输机、水肥一体化设备得到广泛应用，全国果树修剪机 32 万台，田园管理机 72 万台。全国新建标准果园中，70%以上采用矮砧集约栽培模式，综合机械化率超过 85%，是果园机械化发展的方向。

2. 关注点

一是传统老龄果园生产条件不宜机的问题。老果园占比超过 80%，且多位于丘陵山地。二是传统种植管理模式不宜机的问题。果树多为乔砧大冠，树形高大，果林郁闭，缺乏机械作业空间。三是果园专用机具制造企业少，进口机具价格昂贵，机具使用率不高，机械化生产成本较高。

3. 分区域主攻方向与主推技术

果园机械化分区域主攻方向与主推技术如表 15 所示。

表 15 果园机械化分区域主攻方向与主推技术

区域	主攻方向	主推技术
老果园	老果园缺乏机械作业空间，人工劳动力缺乏导致果园退化、产量下降、效益不高	宜机化改造＋低地隙动力底盘＋无人作业机械＋智能路径规划技术与装备
标准果园	矮砧果树品种选育投入力度不够，国产果园专用机具缺乏	加快宜机化品种选育，矮砧集约栽培模式下果园多功能作业平台、高效植保、避障除草、开沟施肥、水肥一体化、起藤埋藤、果园运输、消杀清园全程机械化技术
	国内果园疏花疏果、套袋嫁接、采摘等环节机械化技术与装备基本为空白	通过智能化、自动化实现突破

七、茶叶

全国共有 18 个茶叶主产省份，江北产茶区、江南产茶区、西南产茶区、华南产茶区 4 大产茶区。2020 年全国茶园总面积 3 165.13 千公顷，可采摘面积 2 768.12 千公顷，干毛茶产量 2 932 千吨。我国茶园面积、茶产量逐年增加。

茶叶生产包括茶园生产和茶叶加工两个部分。我国茶叶加工机械化水平比较高，大宗茶生产基本实现了机械化加工。我国茶园生产机械化呈稳定发展趋势。2020 年全国茶园生产中耕、施肥、植保、修剪、采收、田间转运机械化率分别为 20.95%、9.41%、34.20%、40.25%、32.31%、34.59%，综合机械化率为 29.36%。预计 2021 年分别为 22%、11%、35%、43%、35%、36%，综合机械化率约为 31.15%，提高 1.8 个百分点。茶园生产各环节机械化水平都不高，中耕除草、开沟施肥是短板和弱项（表 16）。

表 16 全国茶园生产机械化情况

单位：%

项目	中耕	施肥	植保	修剪	采收	田间转运	综合
2019 年	20.27	8.69	33.28	37.73	31.21	33.52	28.14
2020 年	20.95	9.41	34.20	40.25	32.31	34.59	29.36
2021 年	22.00	11.00	35.00	43.00	35.00	36.00	31.15
增长量	1.05	1.59	0.80	2.75	2.69	1.41	1.79

1. 增长点

我国茶园生产的各环节均有机可用，基本建成了适合平地、缓坡茶园生产全程机械化作业技术与装备体系，目前正在向全国推广。全国茶树修剪机 59 万台，采茶机 23 万台，茶叶加工机械 167 万台（套）。

2. 关注点

一是我国茶产业大而不强，茶园生产人工成本超过 60%，茶价偏高，茶园土壤板结、肥力流失、农残超标等问题严重，国际市场竞争力不足。二是茶园资源利用率不高，每年约有 40%的产量未能采收，单产 930 千克 / 公顷，不足印度的 60%。三是茶园生产条件不宜机，超过 60%的茶园位于陡坡地带，超过 70%的茶园为老茶园，许多茶园得不到管理而老化、退化、荒废。四是国产茶园机械制造企业少，规模小，产品种类不全，采茶机和专用茶树修剪机还依赖进口。五是受茶叶本身的文化特色、地域属性和市场需求的多样性影响，茶叶加工机械难以形成量产。

3. 分区域主攻方向与主推技术

茶园机械化分区域主攻方向与主推技术如表 17 所示。

表 17　茶园机械化分区域主攻方向与主推技术

区域	主攻方向	主推技术
老茶园	茶园生产条件不宜机	宜机化改造＋小型化、便携式、无人化茶园生产机械化技术
标准茶园	茶园资源利用率不高，国产茶园生产机械缺乏	缓坡、平地标准茶园中耕除草、开沟施肥、高效植保、山区小型机、新能源、智能化、无人化管理平台、名优茶采收技术与机具
茶叶加工	茶叶加工机械难以形成量产	构建现代茶业加工集群，促进茶叶加工清洁化、标准化、规模化，提高行业形象和国际竞争力

八、中药材

我国中药材常用 600 多种，实现规模种植的有 300 个品种左右。全国有关药、北药、怀药、浙药、江南药、广药、云贵药、川药、西药、藏药 10 个道地药材产区。我国中药材种植面积 6 103.33 千公顷，产量 5 000 多千吨，种植面积和产量在逐年增加。

据国家中药材产业技术体系调查测算，截至 2019 年我国中药材耕、种、管、收、加工分别为 48. 3%、18.48%、22.24%、14.52%，13.78%，综合机械化率为 23.46%。预计 2021 年分别为 51%、20%、24%、16%，17%，综合机械化率为 26%，提高 2. 5 个百分点，呈较快发展趋势（表 18）。

表 18　全国中药材生产机械化情况　　单位：%

项目	耕整	种植	田间管理	收获	加工	综合
2019 年	48. 30	18. 48	22. 24	14. 52	13. 78	23. 46
2021 年	51. 00	20. 00	24. 00	16. 00	17. 00	25. 90
增长量	2. 70	1. 52	1. 76	1. 48	3. 22	2. 44

1. 增长点

中药材耕整地环节主要借助传统耕整地机械。播种、移栽、植保作业环节部分品种有了专用机械。埋深小于 30 厘米的根茎类药材基本能实现机械采收。花类、果实类药材机械化收获还以试验样机为主。2021 年，农业农村部农业机械化总站组织中药材全程机械化专家指导组发布了山东丹参、宁夏甘肃陇西黄芪、甘肃渭源党参、甘肃当归、河北柴胡玉米轮作、广西贵港市艾草、贵州安龙白及、山西黄芩、山西远志、东北人参、辽宁龙胆草等 11 个中药材机械化生产模式与典型案例。

2. 关注点

一是已有机具作业稳定性、可靠性较差，生产效率低，难以满足要求。产地加工以小作坊为主，规模小、设备单一、条件简陋、卫生堪忧，造成药材品质下降。二是除少数平原区种植的中药材品种可借助通用机械外，绝大多数主要依靠人工，尤其山地、林下基本处于空白。三是中药材属于小众产业，品种多、规模小，种植模式复杂多样，生长环境、田地条件千差万别，栽植采收要求各不相同，机械装备通用性差、需求量小，以一品一机及小批量为主，利用率不高。

3. 分区域主攻方向与主推技术

中药材机械化分区域主攻方向与主推技术如表 19 所示。

表 19　中药材机械化分区域主攻方向与主推技术

区域	主攻方向	主推技术
田间栽培类	机械装备通用性差、需求量小，以一品一机及小批量为主，利用率不高	重点品种在耕整地、种植、收获等环节实现机械化生产
林间种植类	山地、林下中药材生产基本依靠人工，缺乏机械作业条件	典型品种优势区域规模产地机械化种植与收获环节小型化、智能化、定制化

（第一作者单位：农业农村部农业机械化总站；论文来源：《中国农机化学报》2021 年第 12 期）

我国农业机械化对种植业全要素生产率的影响
——基于农村人口老龄化的面板门槛模型

唐小平　蒋健　李双双

农业作为我国第一产业，是国民经济的基础。然而，随着新冠疫情在全球的蔓延以及经济全球化所遭遇到的抵制，农业进出口贸易受到严重影响。在国内农业生产面临增产后劲不足、农业生产结构短时间内难以迅速调整的背景下，我国农业领域中的粮食安全问题面临着新的挑战。因此，在有限的农业生产资源条件下，提高我国农业生产效率，成为确保我国粮食安全的关键因素。

农业机械化不仅是现代农业的重要组成部分，也是农业科技进步重要的实现途径之一。自1978年以来，我国机械投入农业生产领域的数量越来越多，农业机械总动力从1978年的117 499兆瓦，到2019年的1 006 000兆瓦。41年内提高了7.56倍，农业机械资金投入在农业生产支出的比重也越来越重。截至2017年，我国农业机械化作业水平达到69.8%，农业科技进步贡献率为57.5%，但贡献率相较发达国家仍然低20%，因此农业机械化在提高农业科技进步方面有着较大的上升空间。农业技术进步对经济增长贡献程度的衡量往往是通过测算农业全要素生产率的方法。因此通过种植业全要素生产率来衡量农业机械化对种植业生产的影响是一个比较合适的方法和途径。随着我国人口老龄化程度的不断加深，以及大量青壮年劳动力向城市的转移，老年群体将成为农业生产的主力军。因此研究分析在不同农村人口老龄化程度下，农业机械化对种植业全要素生产率的影响，对于未来农业机械在农业生产领域的推广与使用具有重要的参考价值。

一、文献综述

农业机械化技术是用农业机械代替人畜力，进行土地整理、播种等工作，能够有效减轻劳动强度，提升农业生产能力和专业化水平。农业机械对农业生产的影响主要体现在两方面：一方面，农业机械对农业劳动力存在着较为明显的替代作用。另一方面，农业机械化也能提高种植业的生产技术，这主要表现在机械化的种植方式能够实现传统种植方式所不能实现的一些对粮食生产有促进作用的操作，例如通过“深松翻”和“少免耕”技术，不仅能减轻对土壤的压实，还能减少土壤水分蒸发和水土流失，提高土壤蓄水和保墒能力，改善土壤结构，增加有机质含量，从而起到提高单产水平的作用。

全要素生产率（Total Factor Productivity）是经济增长的动力源泉，而其增长又可以分为两部分，一部分是技术进步的变化，另一部分是技术效率的改善。从现有文献看，关于全要素生产率的研究主要集中在测算方法与指标选取上。其中，测算方法主要包括C-D生产函数回归法、增长核算法、随机前沿分析法（SFA）以及基于数据包络分析（DEA）的Malmquist生产率指数法。相比较于其他三种方法，基于数据包括分析（DEA）的Malmquist生产率指数法，该方法对数据的限制较少，为全要素生产率提供了较好的参考。罗春婵等利用Malmquist全要素生产率指数法，以非导向超效率EBM模型为基础，测算了全局参比下商业银行动态效率的全要素生产率指数。韩海彬等则采用Malmquist-Luenberger生产率指数模型测算了农业全要素生产率。

而关于农业机械对农业方面的全要素生产效率的影响，有相当一部分的国内外学者认为，农业机械化能够提高农业种植的生产效率，这主要表现在以下几点：一是使用农业机械可以有效节约劳动力且不会影响到农业产出；二是农业机械的使用会提高作业效率，避免工时延误给作物生长带来的影响，进而间接增加产出。总而言之，农业机械化水平的提高能显著提高农作物生产的技术水平，即农业机械化发展水平通过提高农业生产的技术水平来促进种植业全要素生产率的增长。王新利等通过对黑龙江农业机械化水平与农业经济增长关系进行的实证研究，分析得到黑龙江农业机械化发展对黑龙江农业经济增长存在长期促进作用。另一部分学者则持相反观点，认为农业机械化并不能明显的保障农业生产效率的提高。Binswanger通过系统总结了日本、美国、法国等发达国家和菲律宾、印度等发展中国家的历史经验，研究发现机械化对粮食的增产效应仅仅发生在特定的环境下，即机械化的同时需要伴随着高性能种子、化肥的投入。Ito发现我国农业机械的发展水平对农业生产并没有产生较多影响。

综上所述，有关农村老龄化对农业机械和农业生产的影响研究，一是绝大多数学者都只是从技术选择的角度来研究分析老龄化对农业机械化发展和推广的影响，郭晓鸣等认为当前在农业劳动力老龄化和农业机械作业社会化服务应运而生并快速发展的背景下，小农出于节约家庭劳动力和弥补自身劳动力不足的选择下，会选取和购买农业机械。另一方面，绝大多数学者都认为农村老龄化程度的加深并不利于农业生产，二是劳动力老龄化使得农业生产单一化、粗放化，长远看会影响到农业产出，危及我国的粮食安全。另一方面，劳动力进入老年之后，其劳动者劳动能力衰退较快，从而影响劳动生产率提高。

综上所述，虽然有关农业机械、农业生产效率、农村老龄化之间的关系研究有很多，例如：彭超等运用随机前沿生产函数模型，研究了农业机械化对农户“加总”粮食生产技术效率的作用效果。但是仍存在一些进一步研究和探索的空间。首先，在研究内容上，有关研究方法大都局限于农业机械化与种植业全要素生产率的线性关系。其次，农业种植是一个十分重视技术和经验的生产活动，不同年龄段的农村劳动力对于农业机械使用有着较为明显的差异，在传统种植技术方面，年长者比年轻者要更有经验，而在以机械化作业为前提的现代农业生产中，年轻者则能够更快地熟悉和熟练地使用农业机械。因此，研究在不同年龄段的农业生产主体下，农业机械对种植业全要素生产率的影响研究，具有一定的现实意义。最后，本文将通过引入工具变量的方式，解决农业机械和种植业全要素生产率之间可能存在的内生性问题。农业机械与种植业全要素生产效率之间存在着相互决定、相互影响的关系，即农业机械化能够通过技术进步的方式影响种植业全要素生产率，而随着种植业全要素生产率的提高以及农户收入的增加，农户作为种植业全要素生产率提高的既得利益者，势必会产生推动农业机械化的内生动力。因此对农业机械化以及种植业全要素生产率直接回归必然存在内生性的问题，而如果不考虑农业机械化的内生性问题，那么估计出来结果不一定能说明农业机械化会促进种植业全要素生产率的提高，因此有必要对农业机械与种植业全要素生产率之间的关系进行再深入的研究。综上所述，本文运用面板门槛模型，以农村人口老龄化率为门槛变量，研究分析农业机械化对种植业全要素生产率的影响，最后通过引入工具变量地形，探讨分析农业机械化与种植业全要素生产率之间的内生性问题。

二、理论分析

目前，学界对于全要素生产率的概念的界定仍未达成共识，因此，本文借鉴孙晓华等对全要素生产率下的定义，对种植业全要素生产率进行如下定义：种植业全要素生产率是一种能够反映种植业生产过程中各种投入要素的平均产出水平，即投入转化为最终产出的总体效率，能够体现种植业生产率本质的评价指标。

农业种植是一个十分重视技术和经验的生产活动，不同年龄段的农村劳动力对于农业机械使用有着较为明显的差异，在传统种植技术方面，年长者比年轻者要更有经验，而在以机械化作业为前提的现代农业生产下，年轻者则能够更快地熟悉和熟练地使用农业机械。与此同时，袁文胜等认为对农业机械的熟悉和操作的熟练程度会对农作物的生长发育产生影响，进而影响到全要素生产率。因此，在不同的老龄化程度下，农业机械化率对种植业的全要素生产率影响也不同。即农业机械化率与种植业全要素生产率是一种非线性关系。在我国由于生育率降低、预期寿命延长所造成的人口老龄化程度不断加深，以及农村劳动力转移所带来的农村老龄化、空心化问题的现实大背景下，农村人口老龄化问题将变得尤为严重。因此，研究分析在不同农村人口老龄化程度下，农业机械化对种植业全要素生产率的影响，具有一定的现实意义。本文选择农村人口老龄化率为门槛变量（图1）。

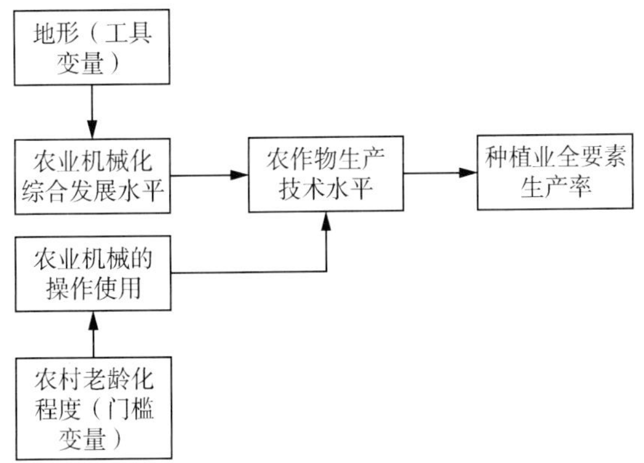

图1 农业机械化对种植业全要素生产率影响的机制分析

地形是制约农业机械化生产的重要因素。虽然农业机械化的发展可以通过促进农业技术进步的方式来提高种植业全要素生产率，但由于不同地区存在的地形异质性，地形较为复杂的地区，农机难以进入，坡度较高地区的耕地也难以使用大型农机，这些地区往往采用人工劳动方式，因此在地形坡度较高的地区，农业机械化水平普遍较低，即地区地形坡度与其农业机械化水平高度相关。

三、模型设定与变量选取

1. 面板门槛模型设定

由上文可知，农业机械化率与种植业全要素生产率是非线性关系。目前，针对变量非线性关系的研究主要有3种方法，即交叉项模型，先验的分组检验，基于Hansen提出的门槛回归模型。而三者中，Hansen提出的门槛模型结果更加客观科学，因此本文采用门槛模型进行相关的研究分析。根据所要研究核心变量，本文构建面板门槛数据模型如式（1）所示。

$$Y = C + \alpha_1 X \times I(q_{it} < r) + \alpha_2 X \times I(q_{it} \geq r) + \alpha_3 Z_{it} + u_{it} + e_{it} \quad (1)$$

式中：I——省份；

t——年度；

Y——种植业全要素生产率（被解释变量）；

X——农业机械化发展水平综合变动指数（核心解释变量）；

q——老龄化率（门槛变量）；

r——特定的门槛值；

Z——指控制变量；

$I(\cdot)$——指标函数；

u_{it}——个体固定效应；

e_{it}——随机扰动项。

2. 变量选取和数据来源

（1）变量选取。被解释变量：种植业全要素生产率测算值，根据种植业全要素生产率的已下定义以及参考过往学者的研究成果，本文构建了如表1所示的种植业全要素生产率测算指标体系。

表1 种植业全要素生产率测算指标体系

一级指标	二级指标	测算方法
产出变量	种植业总产值／亿元	每种作物单位面积产值×播种面积之和
投入变量	劳动力投入数量／万人	农林牧渔业就业人数×(种植业产值／农林牧渔业总产值)
	土地投入面积／千公顷	农作物总播种面积
	机械投入动力／瓦	农业机械总动力
	化肥投入量／吨	农用化肥施用量（按纯折法计算）
	农药投入量／吨	农药使用量
	农用柴油投入量／吨	农用柴油使用量
	农用塑料薄膜投入量／吨	农用塑料薄膜使用量

解释变量：农业机械化发展水平综合指数，过往常常采用农业机械总动力表征的农业机械化水平对种植业的生产影响，可能低估了农业机械化对种植业生产的贡献，因此本文参考已有文献，参照中华人民共和国农业行业标准 NY/T1408.1 — 2007《农业机械化水平评价第 1 部分：种植业》的行业标准评定指标和相应的指标权重，借鉴史雪阳等的做法：构建了机械化水平评价指标体系。最后，由于主成分分析法需要各变量相互独立，而机械化水平的部分测量指标信息有重叠和交叉，难以保证相互独立。因此，本文选取熵值法测算各指标的权重系数，农业机械化综合发展水平评价指标及相应的权重如表 2 所示，其中：S_{ja} 表示机耕面积，公顷；S_{za} 表示应耕面积，公顷；S_{jb} 表示机播面积，公顷；S_{zb} 表示农作物总播种面积；公顷；S_{jc} 表示机械收获面积，公顷；S_{zc} 表示总收获面积，公顷；S_{jd} 表示机械植保面积，公顷；S_{zd} 表示总植保面积，公顷；S_{je} 表示机电灌溉面积，公顷；S_{ze} 表示总灌溉面积，公顷；R 表示农机服务收入，元；Z_{ny} 表示农业总产值，元；P_{nj} 表示农机总动力，千瓦；L_{px} 表示受专业培训的农机人员，人；L_{nj} 表示乡村农机人员总数，人；L_{ny} 表示农业劳动力人数，人；R_{nj} 表示农机经营利润总额，元；Y_{nj} 表示农业机械原值，元；L 表示全社会从业人员数，人。

表 2 机械化水平评价指标及相应的权重

一级指标		二级指标		
指标名称	权重系数	指标名称	权重系数	计算公式
耕种收综合机械水平 A /%	0.4	耕整地机械化程度 A_1/%	0.09	S_{ja}/S_{za}
		播栽机械化程度 A_2/%	0.34	S_{jb}/S_{zb}
		收获机械化程度 A_3/%	0.18	S_{jc}/S_{zc}
		植保机械化程度 A_4/%	0.17	S_{jd}/S_{zd}
		排灌机械化程度 A_5/%	0.22	S_{je}/S_{ze}
农业机械化综合保障能力 B /%	0.3	农机收入占农业总产值比重 B_1/%	0.33	R/Z_{ny}
		单位播种面积农机动力 B_2/（千瓦·公顷 $^{-1}$）	0.28	P_{nj}/S_{zb}
		受专业培训的农机人员比重 B_3/%	0.39	L_{px}/L_{nj}
农业机械化综合效益 C /%	0.3	农业劳动生产率 C_1/(元·人 $^{-1}$)	0.34	Z_{ny}/L_{ny}
		农机原值利润率 C_2/%	0.32	R_{nj}/Y_{nj}
		农业劳动力占全社会从业人员比 C_3/%	0.34	L_{ny}/L

门槛变量：农村人口老龄化率 q，以农村人口老龄化率度量。农村人口老龄化率与从事农业生产的老龄化现象高度一致，因此，本文选取农村人口老龄化率作为门槛变量。由于大量农村户籍人口迁移到城市，其中尤以青壮年劳动力为主，因此通过统计以户籍所在地的农村人口老龄化率作为解释变量，将与实际的农村人口老龄化率不符，使得测算数据比真实数据偏小，难以真实反映从事农业人口的老龄化程度对农业机械的影响。因此，本文的农村人口老龄化率的数据为通过对各地区农村内抽样调查的方法计算得出，农村人口老龄化的测算公式为：农村人口老龄化率＝农村老年人口 / 农村人口总数，农村老年人口与农村人口总数均由抽样调查所得。

控制变量：农村人力资本水平（Capital）、政府财政支农强度（Finance）、产业结构（Industry）。本文参考过往学者的研究成果：从教育、政策和结构三个角度来选取影响种植业全要素生产率的因素，其中教育方面用农村人力资本水平来衡量，具体操作为将学历情况与受教育年限一一对应，即将文盲、小学、初中、高中、中专、大专、本科、研究生及以上实际受教育年限分别设置为 0、6、9、12、12、15、16 和 18.5 年。政策方面则用政府财政支农强度度量，具体表示为农林水事务支出占总支出比重。产业方面则用第一产业就业人口占总人口比重来度量农业外部结构因素。

工具变量：地形（Terrain）＝坡度≤ 6°的耕地面积 / 总耕地面积。好的工具变量应该同时具备与被替换变量高度相关、被解释变量不相关以及外生的特征。首先，分析地形与农业机械化和种植业全要素生产率的相关性。农业机械化与地形坡度相关是因为地势相对平坦的地区农业机械大规模作业相对容易，而地形坡度较高的地区农业机械作业相对困难。因此本文借鉴付华等的研究成果，选取坡度小于 6°耕地面积在总的耕地面积中的比例作为工具变量。其次，虽然有大量文献研究得到耕地对种植业全要素生产率会产生直接影响，但是更多的是从耕地的土壤和土地流转等方面。现阶段尚未看到有文献证实耕地的坡度会直接影响种植业全要素生产率。最后，分析地形的外生性。地形属于自然地理变量。至今还没有看到相关文献证实种植业全要素生产率的提高或减少会造成当地的地形改变。

（2）数据来源。数据来源于 2004—2018 年相关统计年鉴，包括《中国统计年鉴》《中国农村统计年鉴》《全国农产品成本收益汇编》《中国劳动统计年鉴》《中国农业机械工业年鉴》《国内外农业机械化统计资料 1949—2004》《全国农业机械化统计资料汇编2005—2013》《数据禾：基础地理数据》《地理国情检测云平台》《人地系统主题数据库》《中国劳动统计年鉴》《中国人口和就业统计年鉴》（曾用名：《中国人口统计年鉴》）及各省相关统计年鉴与统计资料。

四、实证结果与分析

1. 农业机械化水平测算结果分析

由表3～表6数据可以发现：除北京、天津外，其他各省市的农业机械化综合发展水平总体上呈现上升的趋势。西部地区尤其是西南地区，农业机械化综合发展水平始终处在一个较低区间。截至2018年年底，云贵川三省的农业机械化综合发展水平均处在22以下，东部地区除北京、上海以外，绝大部分地区的农业机械化综合发展水平处在一个较高的水平上（30以上）。东北地区，地势平坦，自然条件优越，十分适合大规模农业机械的使用，因此黑吉辽的农业机械化综合发展水平始终位居全国前列，尤其是黑龙江和吉林两省的农业机械化综合发展水平，从2014年起，就一直处在50以上的水平。相比较于其他地区，中部地区各省市的农业机械化综合发展水平总体来看处于中间地带。截至2018年年底，在传统的12个农业大省（包括：河北、江苏、山东、浙江、安徽、湖南、湖北、江西、四川、黑龙江、吉林、河南）中，除河南、四川以外，剩余的10个传统农业大省的农业机械化综合发展水平均处在30以上。截至2018年年底，农业机械化综合发展水平较低（30以下）的省市有（由低到高）：贵州（4.23）、北京（14.53）、云南（14.70）、甘肃（16.25）、河南（19.25）、上海（19.87）、重庆（20.70）、青海（21.12）、四川（21.71）、陕西（22.11）、山西（22.84）以及广东（25.23）。农业机械化综合发展水平位于中间部分（30～50）的省市有（由低到高）：河北（30.08）、福建（32.42）、宁夏（34.74）、辽宁（36.90）、海南（37.23）、天津（38.03）、新疆（39.99）、湖北（45.84）、广西（46.08）、湖南（47.56）以及江西（49.81）。发展水平较高（50以上）的省市有（由低到高）：山东（56.52）、黑龙江（59.33）、内蒙古（59.40）、浙江（64.39）、吉林（72.82）、安徽（81.72）以及江苏（81.85）。

将东部、中部、西部、东北地区的农业机械化综合发展水平进行对比可以看出：东北地区的机械化发展水平常年处于领先位置，其次为东部地区、中部地区以及西部地区，结合上述分析可知，造成这一现状的原因，除了是因为各个省市的自然地理条件外，还与其社会经济发展水平有关。因此各地区应充分依托自身的资源禀赋优势，适当调整各地区的农业机械化综合发展水平，农业大省以及自然条件相对优越的省市应积极推动农业机械化以及推动农业机械专业合作社的成立，使得农业机械能够得到充分的利用和使用。工业化、城市化率较高地区应将重点放在二、三产业上。

表3 东部地区2004—2018年农业机械化发展水平综合变动指数

年份	北京	福建	海南	广东	河北	江苏	山东	上海	天津	浙江
2004	56.55	21.19	11.45	9.11	14.57	15.08	19.17	5.40	49.82	28.71
2005	51.62	21.02	12.53	9.21	16.63	17.62	22.52	5.79	51.71	29.56
2006	49.31	24.98	13.03	9.12	17.39	20.73	23.81	6.71	51.19	34.45
2007	42.28	25.48	13.98	8.99	16.89	24.10	24.32	6.32	44.55	37.87
2008	42.98	31.00	16.20	11.46	22.22	31.02	32.30	9.06	47.72	42.99
2009	39.79	31.33	16.37	13.78	24.54	33.55	32.41	10.66	45.68	44.28
2010	38.68	32.04	21.45	16.82	23.46	37.81	33.29	14.31	49.74	50.95
2011	14.53	31.69	27.04	18.54	26.58	42.84	40.26	15.83	42.79	62.04
2012	36.53	33.43	27.99	19.82	26.50	48.29	41.54	12.55	42.37	60.09
2013	36.27	35.39	31.54	20.51	27.12	54.67	42.80	12.21	41.93	63.70
2014	40.99	41.25	37.61	24.88	30.89	60.53	49.53	15.41	48.29	70.58
2015	31.08	39.59	37.33	24.81	32.32	65.11	52.11	16.27	49.41	68.94
2016	29.88	44.70	38.93	27.17	31.90	73.47	51.43	18.26	52.43	72.30
2017	25.56	43.42	40.08	28.47	31.48	79.63	54.46	20.79	49.81	64.39
2018	14.53	32.42	37.23	25.23	30.08	81.85	56.52	19.87	38.03	64.39
平均值	38.19	32.60	25.52	17.86	24.84	45.75	38.43	12.63	47.03	53.90

表 4 中部地区 2004—2018 年农业机械化发展水平综合变动指数

年份	安徽	湖南	湖北	河南	江西	山西
2004	16.30	26.01	9.56	8.45	16.45	16.95
2005	18.20	29.29	10.68	9.28	19.20	18.32
2006	23.14	30.91	11.17	9.84	21.39	18.26
2007	26.96	29.63	12.55	10.06	21.90	17.25
2008	33.29	35.85	20.28	12.71	28.40	19.23
2009	38.39	33.59	23.39	14.03	33.01	21.22
2010	40.33	31.52	23.26	14.42	37.14	22.25
2011	45.10	34.49	22.40	16.90	42.53	23.79
2012	51.72	32.34	25.26	18.05	47.11	24.91
2013	60.04	34.72	28.14	19.74	42.11	26.42
2014	73.65	60.59	36.16	19.81	49.26	33.03
2015	83.45	62.04	39.32	21.29	48.42	33.89
2016	91.27	67.80	45.87	19.85	48.36	23.94
2017	93.41	50.43	46.55	20.86	49.53	23.94
2018	81.72	47.56	45.84	19.25	49.81	22.84
平均值	51.80	40.45	26.70	15.64	36.97	23.08

表 5 西部地区 2004—2018 年农业机械化发展水平综合变动指数

年份	甘肃	广西	贵州	内蒙古	宁夏	青海	陕西	四川	新疆	云南	重庆
2004	8.82	20.35	3.75	18.08	23.07	7.82	7.06	12.92	22.77	6.65	9.16
2005	9.26	21.51	4.50	18.72	24.45	8.00	7.78	13.07	22.93	6.96	10.67
2006	9.94	22.35	5.06	19.31	26.31	8.76	8.34	14.92	23.87	7.42	11.77
2007	10.79	23.27	5.61	20.01	26.34	8.70	9.59	15.32	25.41	7.64	11.44
2008	11.62	30.25	6.83	31.34	30.05	11.74	11.13	17.00	31.59	9.66	13.82
2009	11.13	37.11	6.64	33.57	31.79	18.20	12.37	17.21	30.67	10.26	14.16
2010	11.05	32.84	7.30	32.77	31.17	16.05	12.81	18.11	30.00	10.93	18.13
2011	11.80	40.02	8.12	36.69	35.51	18.02	14.70	19.82	31.42	12.39	22.49
2012	12.56	44.06	7.97	40.39	38.77	19.44	16.68	21.10	31.64	13.04	22.86
2013	13.49	50.54	8.49	41.35	39.15	17.67	18.10	23.20	33.63	13.60	25.11
2014	17.37	53.13	10.16	51.97	40.58	21.15	22.87	26.69	38.42	15.46	29.79
2015	18.44	54.49	10.21	56.08	39.00	17.59	24.14	27.06	38.64	16.25	31.27
2016	15.22	57.83	7.90	54.63	41.76	18.08	21.43	27.78	38.45	17.76	29.14
2017	16.94	57.37	8.06	56.43	44.64	22.12	21.52	27.05	41.35	18.19	28.5
2018	16.25	46.08	4.23	59.40	34.74	21.12	22.11	21.71	39.99	14.70	20.07
平均值	12.98	39.41	6.99	38.05	33.82	15.63	15.38	20.20	32.05	12.06	19.89

表 6 东北地区 2004—2018 年农业机械化发展水平综合变动指数

年份	黑龙江	吉林	辽宁	年份	黑龙江	吉林	辽宁
2004	16.24	21.63	19.94	2012	37.98	52.01	37.45
2005	21.97	22.99	22.72	2013	44.26	57.51	39.53
2006	21.50	23.25	23.40	2014	60.92	66.84	47.08
2007	22.66	24.65	23.34	2015	71.82	71.06	41.86
2008	29.31	33.49	30.71	2016	66.67	78.75	39.51
2009	32.22	39.63	34.27	2017	66.82	85.14	40.13
2010	35.46	42.03	33.90	2018	59.33	72.82	36.90
2011	35.50	45.24	36.14	平均值	41.51	49.14	33.79

2. 种植业全要素生产率结果分析

本文将借鉴并参考过往学者的研究成果，采用Malmquist指数法来测算种植业全要素生产率，Malmquist指数法将种植业要素生产率分解为技术进步（*TECHCH*）、纯技术效率（*PECH*）以及规模效率变化（*SECH*）三部分，其中纯技术效率（*PECH*）与规模效率变化（*SECH*）之积为效率指数（*EC*）根据DEA-Malmquist指数法，$t \sim t+1$时期的Malmquist指数分解为

$$\begin{aligned} M_i(X_{t+1},Y_{t+1},X_t,Y_t) &= \left[\frac{D_i^t(X_t,Y_t)}{D_i^{t+1}(X_t,Y_t)} \times \frac{D_i^t(X_{t+1},Y_{t+1})}{D_i^{t+1}(X_{t+1},Y_{t+1})}\right]^{\frac{1}{2}} \times \frac{D_i^{t+1}(X_{t+1},Y_{t+1}/VRS)}{D_i^{t+1}(X_t,Y_t/VRS)} \times \frac{D_i^t(X_t,Y_t)}{D_i^{t+1}(X_{t+1},Y_{t+1})} \\ &= TECHCH \times PECH \times SECH \\ &= TECHCH \times EC \end{aligned} \tag{2}$$

Malmquist指数最初由Malmquist于1953年提出，指数值的不同意味着不同的生产水平，当指数值小于1时，意味着生产水平正在降低，指数值大于1时，意味着生产水平正在提高，当指数值等于1时，意味着生产水平保持不变。DEAP2.1软件的操作结果如表7所示。

表7 2004—2018年种各地区种植业全要素生产率指数及其分解

地区		*EC*	*TECHCH*	*PECH*	*SECH*	*TFPCH*
东部	北京	1.000	1.076	1.000	1.000	1.076
	福建	1.003	1.088	1.000	1.003	1.092
	海南	1.000	1.071	1.000	1.000	1.071
	广东	1.000	1.079	1.000	1.000	1.079
	河北	0.991	1.085	0.980	1.012	1.076
	江苏	1.000	1.090	1.000	1.000	1.090
	山东	0.999	1.074	1.000	0.999	1.074
	上海	1.000	1.050	1.000	1.000	1.050
	天津	1.000	1.083	1.000	1.000	1.083
	浙江	1.000	1.081	1.000	1.000	1.081
中部	安徽	0.983	1.080	0.984	1.000	1.063
	湖南	0.982	1.089	0.982	1.000	1.069
	湖北	1.000	1.068	1.000	1.000	1.068
	河南	0.981	1.089	1.000	0.981	1.068
	江西	0.989	1.086	0.989	1.000	1.074
	山西	0.984	1.093	0.984	1.000	1.075
西部	甘肃	0.977	1.096	0.974	1.003	1.070
	广西	1.000	1.071	1.000	1.000	1.071
	贵州	1.000	1.113	1.000	1.000	1.113
	内蒙古	0.975	1.078	0.976	0.999	1.051
	宁夏	1.001	1.104	1.000	1.000	1.104
	青海	0.993	1.077	1.000	0.993	1.070
	陕西	1.000	1.102	1.000	1.000	1.102
	四川	1.000	1.081	1.000	1.000	1.081
	新疆	1.000	1.070	1.000	1.000	1.070
	云南	1.001	1.082	0.999	1.002	1.083
	重庆	0.995	1.074	0.994	1.001	1.069
东北	黑龙江	1.009	1.100	1.002	1.007	1.110
	吉林	0.950	1.094	0.953	0.997	1.039
	辽宁	0.990	1.068	0.987	1.003	1.057

由表7可知，各个地区的种植业全要素生产率均大于1，表明全国各地的生产水平均处于提高状态，这与全国整体种植业*TFP*的增加是耦合的。除河北、安徽、湖南、江西、山西、甘肃、内蒙古、云南、重庆、吉林以及辽宁11个省份的纯技术效率指数（*PECH*）小于1，其于省份均大于或者等于1，这表明我国多个省份的纯技术效率指数在朝着好转的方向发展。除山东、河南、内蒙古、青海以及吉林5省（区）的规模效率指数（*SECH*）小于1，其与各省市的规模效率指数均大于1或者等于1，说明我国大部分地方种植业规模正呈现上升的趋势。全国30个省份的技术进步指数（*TECHCH*）均大于1，这意味着这些省份的农业技术水平都有所增强。效率指数（*EC*）等于纯技术效率指数（*PECH*）与规模效率（*SECH*）的乘积，由表7可知，30个省份的纯技术进步指数（*TECHCH*）均大于效率指数（*EC*），这与我国种植业全要素生产率的增长高度依赖于技术进步的特点高度吻合。

3. 面板门槛结果分析

（1）多重共线性检验。为防止回归模型中的解释变量之间由于存在精确相关关系或高度相关关系而使模型估计失真或难以估计准确。本文对解释变量以及控制变量之间进行了Pearson相关系数以及*VIF*检验如表8所示。

表8 变量多重共线性检验的Pearson相关系数

变量	*X*	Finance	Capital	Industry
X	1			
Finance	0.145	1		
Capital	0.425	-0.193	1	
Industry	-0.386	0.427	-0.790	1
方差膨胀因子	1.386	1.477	2.897	3.561

首先，除农村人力资本水平(Capital)与产业结构(Industry)之间的Pearson相关系数绝对值大于0.6外，其他各变量间的Pearson相关系数绝对值均小于0.6。其次，各变量的*VIF*值的最大值$3.561<10$，*VIF*的平均值为2.330，根据判断多重共线性的两个标准：① *VIF*平均值大于1；②最大*VIF*值大于10。只有两个同时满足才能得到各变量之间存在严重多重共线性这一结论。很显然，本文中的各变量之间不存在严重的多重共线性。

（2）单位根检验与协整检验。由于判断各变量间是否存在长期的均衡关系，会对回归结果产生重要影响。因此，本文需要进行单位根检验以及协整检验，检验结果如表9、表10所示。

由表9、表10可知，检验结果均显著通过，说明变量间存在长期均衡关系，此时回归结果有效。

表 9 单位根检验

变量	LLC 检验		HT 检验		Hardi 检验		平稳性
	t-statistic	P-value	t-statistic	P-value	t-statistic	P-value	
Y	-12.405 6	0.000 0	-0.472 6	0.000 0	10.710 9	0.000 0	平稳
X	-2.455 9*	0.007 0	0.239 8*	0.000 0	7.871 2	0.000 0	平稳
Finance	-22.156 7	0.000 0	0.626 7	0.000 0	8.846 4	0.000 0	平稳
Capital	-8.312 5	0.000 0	0.647 6	0.000 0	7.138 0	0.000 0	平稳
Industry	-96.644 9	0.000 0	0.371 6*	0.000 9	9.234 7	0.000 0	平稳
q	-14.794 2*	0.000 0	0.067 3	0.000 0	8.623 5	0.000 0	平稳

注：* 表示进行了一阶差分检验。

表 10 协整检验

检验类别	t-statistic	P-value
Modified Phillips-Perront	4.819 5	0.000 0
Phillips-Perront	-19.370 7	0.000 0
Augmented Dickey-Fullert	-42.669 0	0.000 0

（3）门槛效应检验。在进行门槛模型回归之前，首先，对面板数据需要通过 Hausman 检验进行固定效应模型与随机效应模型的选择，Hausman 检验 P 值为 0.000 0，即采用固定效应模型需要对面板数据进行门槛值个数检验判断得到的门槛值是否真实的显著性检验。其次，需要对面板数据进行门槛值个数检验，判断得到的门槛值是否真实的显著性检验。本文通过 stata 软件对模型（1）进行了 xthreg 门限回归检验，结果如表 11 所示。

表 11 门槛个数检验

门槛	F 值	BS 次数 / 次	临界值		
			1%	5%	10%
单一门槛	18.26**	300	24.203 7	17.408 7	12.513 8
双重门槛	15.45	300	190.664 5	70.585 8	40.859 4

注：***、**、* 分别表示 1%、5% 和 10% 的水平上统计显著。

由表 11 可知模型在单一门槛下通过 5% 的显著性检验，在双重门槛下并未通过 10% 的显著性检验，由此可知，农业机械化种植业全要素生产率之间存在单门槛效应。

（4）门槛回归结果分析。由表 11 的门槛个数检验可知，本文采用单门槛回归模型，模型估计结果如表 12 所示。

表 12 农业机械化对种植业全要素生产率的面板门槛效应估计结果

单门槛模型	系数	P 值
Finance	0.390 4	0.353
Captial	0.016 0	0.301
Industry	1.224	0.004
X（$q \leq 13.45\%$）	0.000 4	0.061
X（$q > 13.45\%$）	-0.002 0	0.016

通过对表 12 的模型结果分析可知：当农村人口老龄化率低于 13.45% 时，农业机械化程度的提高会有利于种植业全要素生产率的提高，影响系数显著为 0.000 4，即当农村人口老龄化率低于 13.45% 时，农业机械化综合发展水平每增长 1 个单位，种植业全要素生产率将增加 0.000 4。当跨过这一门槛值之后，农业机械化就会对种植业生产造成不利影响，影响系数显著为 -0.002，即当老龄化率高于 13.45% 时，农业机械化综合发展水平每增长 1 个单位。种植业全要素生产率将减少 0.002。出现这样的原因是：农业种植是一个十分重视技术和经验的生产活动，不同年龄段的农村劳动力群体对于农业机械使用有着较为明显的差异，在传统种植技术方面，年长者比年轻者要更有经验，而在以机械化作业为前提的现代农业生产中，年轻者则能够更快地熟悉和熟练地使用农业机械。进而会对农业生产的结果影响，最终影响种植业全要素生产率。

4. 内生性检验

为核心解释变量选取合适的工具变量，是解决内生性的主要办法。参考过往学者有关内生性问题的研究分析，在运用工具变量（地形）对农业机械化与种植业全要素生产率之间的关系进行分析时，通常使用工具变量两阶段最小二乘法（IV-2SLS）的方法进行实证检验，以控制模型中的内生性问题。在使用工具变量法之前，为了确保工具变量有效性，需要进行过度识别检验与弱工具变量检验，这里采用 Sargen 检验和 Basmann 进行过度识别检验，证明所有工具变量为外生，由于 C-DW 检验的 F 统计量 $216.597 > 10$，说明弱工具变量问题得到有效控制（表 13）。

表 14 展示了模型的 IV—2SLS 估计结果，采用单一门槛效应模型，将表 12 和表 14 的结果进行对比，本文所关注的

关键变量和显著性水平基本保持一致，进一步验证了本文结果的可靠。

表 13 IV-2SLS 模型的相关检验

检验方法	P 值 /F 值
Sargen 检验	0.315
Basmann 检验	0.321
W-Hauaman 检验	0.022
D-W-Hauaman 检验	0.023
C-DW 检验	216.597***

注：***、**、* 分别表示 1%、5% 和 10% 的水平上统计显著，Sargen 和 Basmann 检验分别用于过度识别检验，W-Hauaman 和 D-W-Hauaman 检验用于检验内生性；C-DW 检验用于检验弱工具变量。

表 14 IV—2SLS 估计结果

变量	系数	P 值
Finance	0.358 0	0.069
Capital	0.110	0.103
Industry	0.220 0*	0.081
$X(q \leq 13.45\%)$	0.000 5**	0.015
$X(q > 13.45\%)$	-0.001 5***	0.001

注：***、**、* 分别表示 1%、5% 和 10% 的水平上统计显著。

5. 稳健性检验

为了进一步检验本文结论的可靠性，本文从两方面进行了稳健性检验，首先，本文选取农业全要素生产率作为被解释变量进行回归。其次，将控制变量去掉，直接让农业机械化综合发展水平与种植业全要素生产率之间进行门槛回归（表 15）。

检验结果如表 16 和表 17 所示，检验结果均显示：核心解释变量的系数符号、显著性以及门槛变量的门槛值并没有发生太大变化。进一步验证了本文估计结果的可靠性。

表 15 农业全要素生产率测算指标体系

一级指标	二级指标
产出变量	第一产业总产值
投入变量	第一产业劳动力投入数量
	第一产业土地投入面积
	机械投入动力
	化肥投入量
	农药投入量
	农用柴油投入量
	农用塑料薄膜投入量

表 16 去掉控制变量的稳健性检验

单门槛模型	系数	P 值
$X(q \leq 13.45\%)$	0.000 7*	0.068
$X(q > 13.45\%)$	-0.000 7*	0.077

注：***、**、* 分别表示 1%、5% 和 10% 的水平上统计显著。

表 17 置换被解释变量的稳健性检验

单门槛模型	系数	P 值
Finance	0.45	0.612
Capital	0.23	0.539
Industry	-0.1	0.145
$X(q \leq 13.46\%)$	0.000 8**	0.034
$X(q > 13.46\%)$	-0.000 6**	0.045

注：***、**、* 分别表示 1%、5% 和 10% 的水平上统计显著。

五、结论与建议

本文基于我国 2004—2018 年 30 个省级行政单位种植业有关的面板数据，分别测算了种植业全要素生产率以及农业机械化综合发展水平，运用面板模型，以农村人口老龄化率为门槛变量，研究了农业机械化对种植业全要素生产率的非线性关系。最后，通过引入工具变量地形，探究了农业机械化与种植业全要素生产率之间的内生性问题。①农业机械化程度与种植业全要素生产率之间存在单门槛效应。②农村较高的老龄化水平，不利于农业机械化对种植业全要素生产率的提高。当农村人口老龄化率低于 13.45%时，农业机械化综合发展水平每提高 1 个单位，则种植业全要素生产率提高 0.000 4，当老龄化率高于 13.45%时，农业机械化综合发展水平每提高 1 个单位，则种植业全要素生产率下降 0.002。出现这样的主要原因是由于老年群体难以熟悉和熟练的操作农业机械，使得农业机械难以发挥其通过提高农业生产的技术水平来促进种植业全要素生产率的增长优势。③地形会通过影响农业机械化水平，进而影响到种植业全要素生产率。④通过对各个省市农业机械化综合发展水平的测算，可以发现：东北地区的机械化发展水平常年处于领先位置，其次为东部地区、中部地区以及西部地区。地势平坦地区（新疆、黑龙江、吉林等）的农业机械化综合发展水平大都较高。部分省市（北京、上海、广东）由于其高度的城市化和工业化水平，使得这些地区即使拥有着非常好的发展农业机械化的自然条件禀赋，但其农业机械化综合发展水平始终处于一个较低水平上。⑤通过对各个省市种植业全要素生产率的测算，发现全国各地的生产水平均处于提高状态。这与全国整体种植业 TFP 的增加是耦合的。

基于以上几点结论，本文提出如下建议：①积极推动农业现代化的发展，努力提高农业生产报酬，鼓励更多的懂农业、爱农村、爱农民的年轻人参与到农业生产过程中来。②首先，积极鼓励传统农业大省和自然条件禀赋相对优越的省市推动农业机械化的发展。其次，鼓励农业机械企业发明创造出更多适合地形较为复杂地区的农业机械。③在我国老龄化进程不断加深的大背景下，老年人群体在农业生产群体中的占比不断增加正在变得越来越难以逆转。因此，加大力度对农业生产群体进行有关农业机械化与农业现代化的培训变得越来越紧迫和必要。

（作者单位：贵州大学经济学院；论文来源：《中国农机化学报》2021 年第 12 期）

高质量发展背景下农机装备配置效率测度及空间集聚效应研究

刘涛　崔永正　霍静娟

农业机械装备是开展现代农业生产、转变农业发展方式的重要物质基础。近年来，我国农机制造水平不断增强，农机装备保有总量不断提升，农业生产已经进入了机械化主导的新阶段。但与此同时，农业机械化与农机装备产业发展不平衡、不充分的矛盾日益突出，农机装备供给与农业生产的失衡问题凸显。为此，2018 年《国务院关于加快推进农业机械化和农机装备产业转型升级的指导意见》明确指出，瞄准农业机械化需求，紧密结合农业发展需要，加快推动农机装备产业高质量发展。在国家高质量发展战略背景下，从效率视角切入，测度分析农机装备配置效率，对于优化我国农机装备配置、推动农机装备高质量发展具有重要意义。

关于农业机械装备，我国农机研究学者在农机装备的发展水平、转型升级、区域差异及优化、智能化应用等方面取得了丰硕的研究成果，但从资源优化配置的层面出发，关于农机装备配置效率的测度仅有一些探索性研究，其中数据包络分析方法（DEA）应用最为广泛。吴海华等基于 BCC-DEA 模型分析了农业装备技术创新效率，张宗毅等运用 DEA 中的 Cost-C 成本效率模型研究了我国农业机械化的成本效率以及农机装备优化目标，刘立平利用 CCR-DEA 方法测算分析了河南省 18 地市的农业机械装备效率及其区域差异，颜廷武等利用 BCC-DEA 模型测算分析了 2004—2013 年生产效率导向下中国 31 个省份农机装备制造业发展。

梳理已有文献发现，农机装备配置效率研究需要进一步拓展。从研究视角看，目前学术界并未从高质量发展背景出发，探讨农机装备配置效率变革对农机装备高质量发展的重要价值，也没有探讨农机装备配置效率的空间集聚效应。从研究方法看，已有研究多使用经典 DEA 方法，由于其径向或非径向距离函数的问题导致测算不准确。本文认为，农机装备配置效率变革是助推农机装备高质量发展的重要手段。基于此，从高质量发展的背景出发，利用改进的 EBM 模型测度分析了中国农机装备配置效率，在此基础上，利用探索性空间数据分析（ESDA）进一步探讨了中国农机装备配置效率的空间集聚特征，以期为优化农机装备要素配置，推动农机装备高质量发展提供决策参考。

一、研究方法与指标体系

1. EBM 模型

数据包络分析方法（DEA）是一种依据多投入和多产出指标，评价若干决策单元是否相对有效，进而得出相对效率的非参数统计方法。经典 DEA 模型包括两类：一是传统径向 DEA 模型（如 CCR 模型），其不能识别非径向松弛变量的存在；二是非径向的 SBM 模型，该模型虽然解决了径向模型的不足，但也未能识别投入、产出的目标值与实际值之间的比例信息。为此 Tone 等提出了 EBM 模型，同时兼顾了径向和非径向 DEA 模型的优势，有效弥补了上述两类模型的不足。因此，本文选用 EBM 模型来测度农机装备配置效率，构建非导向、规模报酬不变的 EBM 模型，其目标函数和规划式如式（1）所示。假设有 N 个决策单元（DMU），记为 DMU_j（$j=1,2,\cdots,N$；每个 DMU 中有 m 种投入，记为 $x_i(i=1,2,\cdots,m)$；s 种产出，记为 $y_r(r=1,2,\cdots,s)$；$X=\{x_{ij}\}\in R^{m\times N}$ 和 $Y=\{y_{ij}\}\in R^{m\times N}$ 分别为投入矩阵和产出矩阵，而且 $X>0$，$Y>0$。

$$\gamma^* = \min\theta - \varepsilon_x \sum_{i=1}^{m} \frac{w_i s_i^-}{x_{ik}}$$

$$\text{s.t.} \quad \sum_{j=1}^{N} x_{ij}\lambda_j - \theta x_{ik} + s_i^- = 0, i = 1,\cdots,m$$

$$\sum_{j=1}^{N} y_{rj}\lambda_j \geqslant y_{rk}, r = 1,\cdots,s, \lambda_j \geqslant 0, s_i^- \geqslant 0 \quad (1)$$

式中：γ^*——EBM 模型测算的最佳效率值，满足 $0\leqslant\gamma^*\leqslant 1$；

x_{ik}、y_{rk}——决策单元 k 的第 i 种投入和第 r 种产出；

θ——径向模型测度出的效率值；

s_i^-——各投入变量的非径向松弛向量；

λ——决策单元的线性组合系数；

w_i——第 i 项投入的权重，满足 $\sum_{i=1}^{m} w_i=1$。

ε_x——EBM 模型的核心参数，取值范围为 $[0,1]$。

2. 探索性空间数据分析

探索性空间数据分析（ESDA）是一种借助图表等方法对空间信息展开分析，进而发现数据的空间分布特征，展现研究数据的空间依赖性、异质性等现象的分析方法。其统计指标主要包括两种：全局自相关和局部自相关。全局自相关可以揭示研究区域整体的空间相关性，能够初步判断区域整体是否在某一方面存在空间上的关联性，但是却忽视了局部之间的关系。局部自相关则是弥补了全局自相关只能反映区域整体空间关联的缺陷，可以进一步分析研究区域内部局部单元之间的空间关联性。

全局自相关一般使用全局 Moran 指数来衡量，计算公式如式（2）所示。

$$I = \frac{n\sum_{i=1}^{n}\sum_{j=1}^{n} w_{ij}(x_i-\bar{x})(x_j-\bar{x})}{\sum_{i=1}^{n}\sum_{j=1}^{n} w_{ij} \sum_{i=1}^{n}(x_i-\bar{x})^2} \quad (2)$$

式中：n——研究区域的全部数量；

x_i、x_j——不同区域的某一观测值；

$\bar{x}$——所有观测值的平均值；

w_{ij}——空间权重矩阵。

本文采用的是一阶 queen 邻接空间矩阵，如果两个相邻区域存在共同的边或顶点，w_{ij} 取值为 1，反之为 0；通常情况下，Moran 指数的取值区间是 -1 ～ 1，当指数值大于 0，代表空间正相关，反之则意味着空间负相关。如果指数值接近 0，意味着空间分布呈现随机状态，没有相关关系。

若想考察局部的空间集聚关系，一般利用局部 Moran 指数，公式如式（3）所示。

$$I_i = \frac{n(x_i - \overline{x})\sum_i w_{ij}(x_j - \overline{x})}{\sum_i (x_i - \overline{x})^2} \quad (3)$$

其中，若局部 Moran 指数大于 0，代表局部区域存在空间正相关，反之则存在空间负相关。

3. 指标体系与数据来源

农机装备配置效率是衡量农机装备高质量发展的重要指标，其核心思想是在保持既定农机装备配置数量下，最大化实现机械作业面积产出，或者是在维持既定机械作业面积下，尽可能缩减农业机械装备的配置数量，以求最大限度地提升农业机械装备的利用水平。借鉴已有相关文献，同时考虑指标数据的可得性，本文选用农用拖拉机、农用拖拉机配套农具、耕整机、机引犁、机引耙、旋耕机等 6 个指标作为投入指标，选择机耕面积和机播面积作为产出指标。

本文研究区域为中国大陆 31 个省（区、市），不包括港澳台。上述指标数据都来源于《中国农业机械工业统计年鉴》。由于 2009 年之前部分省份的农机投入数据缺失较多，所以本文的研究区间为 2009—2018 年。

二、中国农机装备配置效率评价

基于 2009—2018 年中国 31 个省份的面板数据，借助 MaxDEA Ultra8 软件，利用 EBM 模型计算中国农机装备配置效率，结果如下。

1. 中国农机装备配置效率的时间演变

如图 1 所示，全国层面上，2009—2018 年中国农机装备配置效率较低，效率变动区间为 0.326 ～ 0.481，距离最佳生产前沿面有着很大的提升空间，表明中国农业机械装备的配置效率低下，可能存在过度投入和产出不足的双重压力。在变化趋势上，研究期内中国农机装备配置效率整体呈现先升后降的变化趋势，2009—2017 年持续上升，年均增长 5%，而 2017—2018 年则出现小幅下降，由 0.481 下降到 0.455。

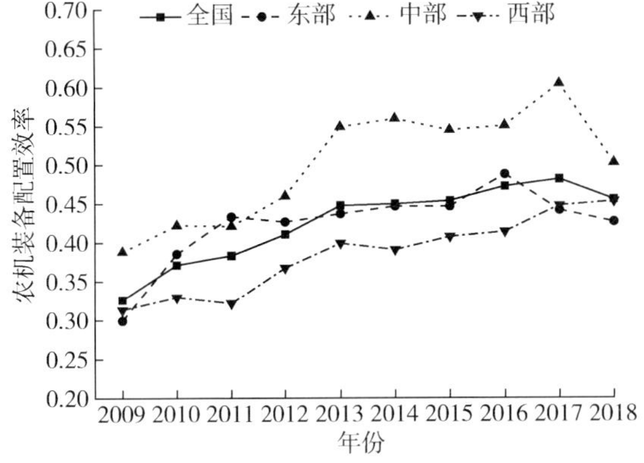

图 1　2009—2018 年中国农机装备配置效率演变趋势

分地区来看，研究期内西部地区始终低于全国平均水平，中部地区与多数年份的东部地区高于全国平均水平；2016 年后东部地区农机装备配置效率开始缓慢下降，低于全国平均水平和西部地区同期水平。西部地区农业机械化水平较低，中部地区多为农业大省，耕种面积广，农机装备投入规模大，农机装备配置效率最高；东部地区的农业机械化水平较高，农机装备配置结构不断优化，由此拉升了农机装备配置效率。在变化趋势上，三大地区农机装备配置效率的时间演变趋势与全国大体上一致，但又有细微差别；东部、中部地区的农机装备配置效率先升后降，东部地区在 2016—2018 年、中部地区在 2017—2018 年出现小幅下降，而西部地区则是持续性波动上升。自 2004 年起，农机购置补贴政策开始在我国实行，由此快速提升了全国农业总动力，农业机械数量持续增加，土地耕种面积扩大与农机装备数量增长同步提升，由此导致配置效率的逐渐提高。2012—2013 年中部地区农机装备配置效率出现较大幅度增长，由 0.460 提升到 0.549，原因可能是 2012 年《农机报废更新补贴试点工作实施指导意见》中指出，在继续增加农机购置补贴资金的同时，在我国农机保有量较大的地区开展农机报废更新补贴试点工作，部分达到报废标准的拖拉机不再使用，由此导致了配置效率的提升。从 2017 年开始我国农业机械购置补贴的对象范围扩大，直接从事农业生产的个体或农业组织都成为农机补贴的对象，我国农机装备保有总量出现显著提升；而东部、中部等经济较为发达地区的城市化进程持续推进，挤占了大量耕地面积，西部地区则影响较小，由此出现了研究后期东部、中部地区的农机装备配置效率小幅下降的现象。

2. 中国农机装备配置效率的空间格局

为进一步分析中国农机装备配置效率的空间分布状况，利用 ArcGIS10.2 软件对 2009 年、2012 年、2015 年、2018 年的农机装备配置效率进行等级划分。由于已有研究尚未对农机装备配置效率形成统一的等级划分标准，所以本文利用自然断点法将其划分为 4 个级别：最优区、次优区、弱优区、非优区。表 1 显示了 4 个年份的省际农机装备配置效率的空间分布状况。

由表 1 可知，2009 年我国农机装备配置效率的最优区数量有 12 个，占总数的 38.7%，其中东北地区、京津冀、内蒙古、陕西、河南等省呈现效率集聚；新疆、上海等地区的农机装备配置效率处于高水平，但周围省效率值偏低，并未表现出效率的辐射效应。次优区数量较少，有西藏、宁夏、山西、江苏 4 省，分布极为分散。弱优区的省主要分布在中西部地区，数量有 9 个，占总数的 29%；虽然这些省区的效率并非高水平，但其内部均衡发展程度更高，出现效率集聚现象。非优区的省数量较少，只有 6 个，如湖北、广东、广西等，在东中西部地区都有分布，呈现出明显的区域集聚现象。

2012 年我国农机装备配置效率处于最优的省区数量保持不变，江苏取代河北成为最优区，表现出较强的空间均衡性。次优区的数量大幅提升到 8 个，主要集中于中西部地区。弱优区的省数量减少到 7 个，主要分布于中部、东部地区。非优区的数量减少到 4 个，分布极为分散。

2015 年我国农机装备配置效率处于最优的省区数量依旧保持不变，空间分布上变化不大，江西取代河南跃升为最优区。次优区的地区数量大幅缩减，广泛分布于中部、东部地区，且出现明显的空间集聚效应；弱优区的地区数量增加到 12 个，集中分布于西部甘青宁地区和东部沿海地区。非优区数量再次缩减，仅有云南、海南 2 省。

表 1　2009—2018 年中国农机装备配置效率的空间分布状况

分区	2009 年	2012 年	2015 年	2018 年
最优区	新疆、内蒙古、黑龙江、吉林、辽宁、北京、天津、河北、河南、陕西、重庆、上海（12）	新疆、内蒙古、黑龙江、吉林、辽宁、北京、天津、陕西、河南、重庆、江苏、上海（12）	新疆、内蒙古、黑龙江、吉林、辽宁、北京、天津、陕西、重庆、江苏、上海、江西（12）	新疆、内蒙古、黑龙江、吉林、辽宁、河北、天津、江苏、上海、陕西、重庆、贵州（12）
次优区	西藏、宁夏、山西、江苏（4）	河北、山西、宁夏、浙江、江西、湖南、四川、西藏（8）	河北、山西、河南、湖南、四川（5）	山西、河南、宁夏、浙江、江西、湖南、四川（7）
弱优区	青海、甘肃、四川、山东、安徽、浙江、江西、湖南、贵州（9）	甘肃、山东、安徽、福建、广东、广西、贵州（7）	山东、安徽、湖北、浙江、福建、广东、广西、贵州、宁夏、甘肃、青海、西藏（12）	甘肃、北京、山东、安徽、福建、广东、广西（7）
非优区	湖北、福建、广东、广西、云南、海南（6）	青海、湖北、云南、海南（4）	云南、海南（2）	湖北、云南、海南、青海、西藏（5）

注：括号中数字表示省份数量。

2018 年我国农机装备配置效率出现小幅下降，最优区数量保持不变，依旧为 12 个，空间分布上贵州、河北取代江西、北京成为最优区。次优区和非优区的数量分别增长到 7 个和 5 个，前者集中分布于中部地区，后者集中分布于西部地区。弱优区数量大幅缩减至 7 个，空间分布较为分散，多数位于东部地区。

总体上，我国农机装备配置效率处于最优区的省区数量保持不变，一直为 12 个；非优区数量先减后增，次优区数量呈现波动式增加，弱优区数量则为波动式下降。从三大地区来看，位于最优区的省区广泛分布于东中西部地区，呈现出显著的效率集聚效应；次优区多分布于中部地区，弱优区多分布于西部、东部地区；非优区分布较为广泛，呈现由东部沿海地区向西部地区转移的趋势。

三、中国农机装备配置效率的空间集聚效应分析

1. 农机装备配置效率全局空间自相关

为检验省际农机装备配置效率的空间相关性，基于邻接 Queen 空间权重矩阵，利用 GeoDa 软件计算 2009—2018 年中国农机装备配置效率的全局 Moran 指数，如表 2 所示。由表 2 可知，2009—2018 年全局 Moran 指数大于 0，变动区间为 0.144 7～0.533 5，并且都通过了显著性检验，表明我国农机装备配置效率存在显著的全局空间正相关性，即配置效率存在空间集聚现象。此外，2009—2014 年、2015—2017 年全局 Moran 指数呈现下降趋势，表明农机装备配置效率的集聚效应在这些时间段出现减弱态势，但缩减幅度较小；2014—2015 年、2017—2018 年则出现指数的小幅增长，意味着空间集聚效应加强。

表 2　2009—2018 年中国农机装备配置效率的全局 Moran 指数

年份	Moran's I	期望值	标准差	Z 值	P 值
2009	0.533 5	-0.031 3	0.122 2	4.592 9	0.001
2010	0.479 7	-0.031 3	0.122 9	4.128 9	0.001
2011	0.455 6	-0.031 3	0.122 5	3.950 5	0.001
2012	0.357 4	-0.031 3	0.123 4	3.128 5	0.001
2013	0.245 9	-0.031 3	0.119 2	2.280 3	0.011
2014	0.234 0	-0.031 3	0.120 9	2.136 1	0.016
2015	0.275 2	-0.031 3	0.122 9	2.504 3	0.007
2016	0.242 2	-0.031 3	0.121 4	2.318 3	0.013
2017	0.144 7	-0.031 3	0.120 2	1.532 6	0.064
2018	0.277 1	-0.031 3	0.117 7	2.654 4	0.007

2. 农机装备配置效率局部空间自相关

全局 Moran 指数不能表现出局部地区的空间集聚特征，为了解中国各省农机装备配置效率的集聚状态，本文利用 GeoDa 软件计算了 2009—2018 年中国农机装备配置效率的局部 Moran 指数，表 3 呈现了 2009 年、2012 年、2015 年、2018 年 4 个重要年份各省区农机装备配置效率的局部空间集聚特征。高—高型表示农机装备配置效率的高值区域被高值邻近地区包围；高—低型表示高值区域被低值邻近区域包围；低—低型表示低值区域被低值邻近区域包围；低—高型表示低值区域被高值邻近区域包围。高—高型和低—低型都表示空间正相关性，表明对应的区域之间相互影响，出现同质性发展趋势；而高—低型和低—高型则表示空间负相关性，表明对应的区域之间影响很小，呈现异质性发展趋势。

2009年各省区农机装备配置效率的局部空间相关性主要表现为空间正相关性，落在空间负相关区域的省份数量为零，这表明我国各省区农机装备配置效率呈现出较强的空间同质性。其中高—高型省区数量有5个，主要集中于河北、内蒙古、东北地带，这一类省区农机装备配置效率提升的同时也带动了周边区域，具有较强的外溢效应。而低—低型省区有3个，主要集中在广西、广东、江西等地，这些省区自身农机装备配置效率不高，也影响到临近省区配置效率的提升。

表3　2009—2018年中国农机装备配置效率的局部空间集聚特征

空间相关类型		2009年	2012年	2015年	2018年
正相关	高—高	内蒙古、吉林、辽宁、山西、河北（5）	吉林、辽宁、河北（3）	吉林（1）	内蒙古、吉林、辽宁、山西（4）
	低—低	江西、广东、广西（3）	江西、广东、广西（3）	广东（1）	广东（1）
负相关	低—高	无	山西（1）	山西（1）	北京（1）
	高—低	无	无	无	新疆（1）

注：$P < 0.05$，表明局部空间关系显著。括号里的数字表示空间关系显著的省区数量。

然而，随着时间推移，农机装备配置效率的局部空间相关性表现为空间同质性程度先减弱后增强、空间异质性有所增强的态势。其中，空间同质性省区数量从2009年的8个减少到2015年的2个，然后又增长到2018年的5个，表明其空间同质性先减弱后增强；具体来看，随着时间推移，高—高型省区数量从2009年的5省减少至2015年的1省，然后又增长到2018年的4省；低—低型省区数量从2009年的3省减少至2018年的广东1省。

与此同时，空间异质性省份数量从0增长至2018年的2个，空间异质性有所增强、但总体较弱。高—低型省区数量在2009年、2012年、2015年都为0，2018年出现新疆一省；这类地区自身农机装备配置效率较高，但还未形成对周边省区的辐射效应。低—高型省区数量在2009年为0，其余3个年份为1，空间分布上由山西转移至北京，这类地区自身农机装备配置效率较低，配置效率较高的周边省区对其并未形成辐射效应。

总体来看，我国农机装备配置效率呈现空间正相关性的省区数量先减后增，扩散效应趋于增强，而空间负相关性的省区数量较少；虽然空间同质性、异质性并存，但主要表现为同质性发展趋势。

四、结论与建议

1. 时间演变上，研究期内中国农机装备配置效率的整体水平较低，呈现先升后降的变化趋势，效率变动区间为0.326～0.481；研究期内西部地区农机装备配置效率始终低于全国平均水平，中部地区始终高于全国平均水平，2016年后东部地区开始低于全国平均水平和西部地区同期水平。东部、中部地区的农机装备配置效率先升后降，东部地区在2016—2018年、中部地区在2017—2018年出现小幅下降，而西部地区则是持续性波动上升。为此，需要积极推进农机装备制造高质量发展，重点提升农机装备配置效率。提升农业机械化水平，优化农机装备的配置结构；在实行农业机械购置补贴政策的同时，也要持续开展农机装备的报废换新工作，减轻农机装备数量的过度投入压力。

2. 空间分布上，我国农机装备配置效率处于最优区的省区数量保持不变，一直为12个；非优区数量先减后增，次优区数量呈现波动式增加，弱优区数量则为波动式下降。位于最优区的省区广泛分布于东中西部地区，呈现出显著的效率集聚效应；次优区多分布于中部地区，弱优区多分布于西部、东部地区；非优区分布较为广泛，呈现由东部沿海地区向西部地区转移的趋势。

3. 空间相关性上，研究期内中国农机装备配置效率的全局Moran指数都为正值，变动区间为0.144 7～0.533 5，存在显著的全局空间正相关性，不同年份指数有所波动。局部空间自相关结果表明，我国农机装备配置效率呈现空间正相关性的省区数量先减后增，由2009年的8省减至2015年的2省，然后又增长到2018年的5省，扩散效应趋于增强；而空间负相关性的省区数量随着时间推移有所增加，由2009年的0省增长至2018年的2省；虽然空间同质性、异质性并存，但主要表现为同质性发展趋势。为此，重视省际农机装备配置效率的区域差异，推动跨区域协调合作，发挥高效率省区的辐射带动作用。充分认识到农机装备配置效率存在的空间相关性，提升农机保有量较大省区的配置效率，以发挥其扩散效应，带动周边地区农机装备制造发展。

（第一作者单位：河南理工大学财经学院；论文来源：《中国农机化学报》2021年第5期）

基于经济效益的农业新型经营主体小麦玉米全程机械化农机配备研究

胥备 刘元义 于圣洁 张悦 宋心宇 唐小涵

小麦玉米是山东省的主要粮食作物，2019 年，我国小麦玉米作物耕种管收综合机械化率分别为95%和88%。2019 年，山东省小麦玉米的种植面积分别为 4 060 千公顷和 3 930 千公顷，年末农机总动力达到 104 320 兆瓦。经调研发现，目前山东省内农机具配套低等一系列问题，导致机械效能并未充分发挥，造成农机动力和资金的浪费。在小麦玉米规模化生产背景下，研究其全程机械化下的高效合理农机配备、农机农艺的有效融合，构建基于山东省区域特色小麦玉米全程机械化的农机配备体系，是亟待解决的问题。

农机配备问题是农业生产机械化的衍生物，国外对农机优化配备的起步较早，Hughes 等用时间来约束作业成本建立了配备模型；Al-Soboh 等对菜豆的机械化作业进行建模；Haffar 等开发了存在较大局限性的软件 MSMC。在国内，从 20 世纪 80 年代起，朱永达、戴有忠、曹锐、高焕文、张清华等开始使用各种方法，对农机配备问题进行研究。李鑫尧对马兰热农业开发区主要农业机械进行建模和求解，得到优化配备方案。张威运用关联矩阵法结合综合系统评价法，对新疆兵团大中型功率拖拉机机型进行选型。潘志国等对目前农机配备方法进行综述。

基于上述分析，农机优化配备方面已取得一定研究成果，但在针对小麦玉米周年生产的农机配备研究较少。因此，优化山东旱作灌溉区小麦玉米全程机械化技术模式，有针对性开展农机配备研究，构建基于区域特色的农机配备体系，是加快推动小麦玉米全程机械化进程和其种植技术模式创新的重要思路和方法。

一、山东省小麦玉米全程机械化生产流程

根据山东省小麦玉米全程机械化特征，设计农机配备调研问卷表，并走访了山东省淄博、青岛、潍坊、泰安、德州、滨州等 8 市 17 县（区），获得旱作灌溉区（泰安岱岳、淄博桓台、淄博富群、淄博朱台、潍坊绿野、东平禾丰、博山西河崖、青岛平度西寨等）32 个合作社小麦玉米全程机械化技术模式、农机配备等信息数据，进而分析山东省旱作灌溉区小麦玉米全程机械化技术模式优选、农业合作社的农机配备方案。表 1 为所调研的部分合作社试验田位置坐标。通过模糊测评法与德尔菲法对调研所得到技术模式流程与农机具组合进行筛选，确定山东省小麦玉米生产全年机械化作业流程如表 2 所示。

表 1 调研合作社或试验田及其位置坐标

合作社 / 试验田	地点坐标	合作社 / 试验田	地点坐标
泰安岱岳	36°00′18″N 117°00′27″E	东平禾丰	35°53′N 116°21′E
淄博富群	118°14′48″N 36°52′00″E	博山西河崖	117°58′04″N 36°23′06″E
淄博茂祥	118°03′09″N 37°00′15″E	淄博朱台	118°13′31″N 36°57′02″E
德州齐河周庄	116°39′06″N 36°40′55″E	青岛平度西寨	119°44′37″N 36°48′18″E
邹平东方红	117°46′49″N 36°51′33″E	邹平亨通	117°42′19″N 37°02′36″E
威海荣成	122°16′39″N 37°02′30″E	威海文登	122°06′05″N 36°57′29″E
淄博桓台	118°01′13″N 37°00′16″E	潍坊绿野	119°01′30″N 36°35′21″E

表 2 山东省部分小麦玉米生产全年机械化作业流程

序号	作业名称	起始时间	作业时长 / 天	动力机型	作业机型	作业班次	天气系数	生产率 /（公顷·班$^{-1}$）
1	玉米耕整地	5 月 1—9 日	10	雷沃 1504	联合整地机 Karat9-350U	1.2	0.8	18
				约翰迪尔 1654	1SZL-270 型深松整地联合作业机	1.2	0.8	9
2	玉米旋耕	5 月 12—19 日	10	东方红 1204	1GKN-300 旋耕机	1.2	0.8	6

续表

序号	作业名称	起始时间	作业时长/天	动力机型	作业机型	作业班次	天气系数	生产率/(hm^2·班$^{-1}$)
3	玉米播种	5月20—29日	10	东方红1204	2BFJM-4A玉米免耕施肥播种机	1.2	0.8	7
				雷沃1504	MT-6玉米播种机	1.2	0.8	16
				东方红1000	2BYF-4玉米精播机	1.2	0.8	4
4	玉米植保	6月20—29日	10		3WP800-16自走式喷杆喷雾机	1	0.8	34
5	玉米收获	10月1—10日	10		新三行(3188)玉米收获机	1.2	0.8	4
					4YZP-3X玉米收获机	1.2	0.8	4
					R230玉米籽粒收割机	1.2	0.8	11
6	玉米烘干	10月10—25日	15		5HRH-15烘干机	1	1	2
					5HXG-12.5A烘干机	1	1	2
					5HPX-15A烘干机	1	1	1
7	小麦耕整地	9月1—9日	10	雷沃1804	联合整地机Karat9-350U	1.2	0.8	18
				约翰迪尔1654	1SZL-270型深松整地联合作业机	1.2	0.8	9
8	小麦旋耕	9月10—18日	10	东方红1204	1GKN-300旋耕机	1.2	0.8	6
9	小麦播种	9月19—26日	8	东方红1204	2BFX-10/10(220)旋耕条播机	1.2	0.8	6
				东方红1000	2BFG-14(6)小麦旋耕施肥条播机	1.2	0.8	6
10	小麦植保	10月20—29日	10		3WP800-16自走式喷杆喷雾机	1	0.8	34
					JP90-300卷盘式喷灌机	2	0.8	3
11	小麦收获	7月15—22日	10		W230小麦谷物收获机	1.2	0.8	10
					GA80小麦收获机	1.2	0.8	10
					4LZ-6B1自走轮式小麦谷物联合收割机	1.2	0.8	5
12	小麦烘干	7月25—8月5日	15		5HRH-15烘干机	1	1	2
					5HXG-12.5A烘干机	1	1	2
					5HPX-15A烘干机	1	1	2

二、构建农机配备模型

线性规划法主要用于解决资源的配置和组合问题，可用来解决农业机械的最优配备以及机组间的最优组合问题。对于含有未知量和约束条件较多的问题，采用该方法将所有的约束条件和目标函数以线性不等式的方式表达出来，便可以从众多的可行方案中选出一种最优的方案。

1. 定义变量

根据表2对其中的拖拉机、农机数量与作业环节的台班数进行定义。

其中X_1～X_4为各个拖拉机数量，X_5～X_{23}为各个农具数量，X_{24}～X_{46}为各环节机组台班数。具体见表3。

表 3 变量与变量含义

序号	变量	变量含义	序号	变量	变量含义
1	X_1	雷沃 1504 拖拉机台数	24	X_{24}	雷沃 1504 拖拉机耕整玉米台班数
2	X_2	约翰迪尔 1654 拖拉机台数	25	X_{25}	雷沃 1504 拖拉机耕整小麦台班数
3	X_3	东方红 1204 拖拉机台数	26	X_{26}	约翰迪尔 1654 拖拉机耕整玉米台班数
4	X_4	东方红 1000 拖拉机台数	27	X_{27}	约翰迪尔 1654 拖拉机耕整小麦台班数
5	X_5	联合整地机 Karat9-350U 台数	28	X_{28}	东方红 1204 拖拉机旋耕玉米台班数
6	X_6	1SZL-270 型深松整地联合作业机台数	29	X_{29}	东方红 1204 拖拉机旋耕小麦台班数
7	X_7	1GKN-300 旋耕机台数	30	X_{30}	东方红 1204 拖拉机玉米播种台班数
8	X_8	2BFJM-4A 玉米免耕施肥播种机台数	31	X_{31}	东方红 1204 拖拉机小麦播种台班数
9	X_9	MT-6 玉米播种机台数	32	X_{32}	东方红 1000 拖拉机玉米播种台班数
10	X_{10}	2BYF-4 玉米精播机台数	33	X_{33}	东方红 1000 拖拉机小麦播种台班数
11	X_{11}	3WP800-16 自走式喷杆喷雾机台数	34	X_{34}	雷沃 1504 拖拉机玉米播种台班数
12	X_{12}	新三行（3188）玉米收获机台数	35	X_{35}	3WP800-16 自走式喷杆喷雾机玉米植保台班数
13	X_{13}	4YZP-3X 玉米收获机台数	36	X_{36}	3WP800-16 自走式喷杆喷雾机小麦植保台班数
14	X_{14}	R230 玉米籽粒收割机台数	37	X_{37}	新三行（3188）玉米收获机台班数
15	X_{15}	5HRH-15 烘干机台数	38	X_{38}	4YZP-3X 玉米收获机台班数
16	X_{16}	5HXG-12.5A 烘干机台数	39	X_{39}	R230 玉米籽粒收割机台班数
17	X_{17}	5HPX-15A 烘干机台数	40	X_{40}	JP90-300 卷盘式喷灌机小麦植保台班数
18	X_{18}	2BFX-10/10（220）旋耕条播机台数	41	X_{41}	W230 小麦谷物收获机台班数
19	X_{19}	2BFG-14（6）小麦旋耕施肥条播机台数	42	X_{42}	GA80 小麦收获机台班数
20	X_{20}	JP90-300 卷盘式喷灌机台数	43	X_{43}	4LZ-6B1 自走轮式小麦谷物联合收割机台班数
21	X_{21}	W230 小麦谷物收获机台数	44	X_{44}	5HRH-15 烘干机台班数
22	X_{22}	GA80 小麦收获机台数	45	X_{45}	5HXG-12.5A 烘干机台班数
23	X_{23}	4LZ-6B1 自走轮式小麦谷物联合收割机台数	46	X_{46}	5HPX-15A 烘干机台班数

2. 目标函数

以农业机械的全年作业成本最小为目标建立函数即：

$$C_{min} = Y_{固} + Y_{变} \quad (1)$$

式中：C_{min}——农机全年作业最小成本；

$Y_{固}$——农机全年固定费用；

$Y_{变}$——农机全年可变费用。

（1）农机固定费用。农机的固定费用包括拖拉机的固定费用与农具固定费用。

$$Y_{固} = \sum_{i=1}^{4} a_i X_i + \sum_{i=5}^{23} b_j X_j \quad (2)$$

$$a_i = C_i \times (\beta + \eta + \theta) \times 60\% \quad (3)$$

$$b_j = (C_j - \gamma)/n \quad (4)$$

式中：X_i——i 号拖拉机的配备数量，台；

X_j——j 号农具的配备数量，台；

a_i——i 号拖拉机的固定费用，元／台；

b_j——j 号农具的固定费用，元／台；

C_i——i 号拖拉机购买价格，元／台；

β——拖拉机年折旧率；

η——平均资金占用利息；

θ——管理费；

C_j——j 号农具购买价格，元／台；

γ——农具残值；

n——农具使用年限。

查阅资料得：$\beta = 11.0\%$，$\eta = 3.9\%$，$\theta = 3.0\%$，通过式（3）计算可得各拖拉机的固定费用，如表 4 所示。

表 4　拖拉机固定费用

拖拉机型号	价格 / 万元	折旧率 /%	资金占有率 /%	管理率 /%	固定费用 / 元
雷沃 1504	15.98	11.0	3.9	3.0	22 554
约翰迪尔 1654	49.00	11.0	3.9	3.0	52 626
东方红 1204	15.95	11.0	3.9	3.0	17 130
东方红 1000	8.98	11.0	3.9	3.0	9 644

查阅资料得：γ =3.0% ×C_j，通过式（4）计算可得各农具的固定费用，如表 5 所示。

表 5　农具固定费用

农具名称	价格 / 元	残值率 /%	使用年限	固定费用 / 元
联合整地机 Karat9-350U	120 000	3	8	14 500
1SZL-270 型深松整地联合作业机	15 600	3	5	1 755
1GKN-300 旋耕机	8 000	3	5	1 552
2BFJM-4A 玉米免耕施肥播种机	58 000	3	5	11 252
MT-6 玉米播种机	300 000	3	8	36 375
3WP800-16 自走式喷杆喷雾机	100 000	3	6	16 167
新三行（3188）玉米收获机	120 000	3	8	14 550
4YZP-4 玉米收获机	11 500	3	8	1 394
R230 玉米籽粒收割机	400 000	3	12	32 333
2BFX-10/10（220）旋耕条播机	13 000	3	5	2 522
2BFG-14（6）旋耕施肥条播机	4 500	3	5	873
JP90-300 卷盘式喷灌机	56 000	3	8	6 790
W230 小麦谷物收获机	400 000	3	12	32 333
GA80 小麦收获机	1 050 008	3	8	12 731
4LZ-6B1 自走轮式小麦谷物联合收割机	130 000	3	8	15 762
5HRH-15 烘干机	350 000	3	8	42 437
5HXG-12.5A 烘干机	320 000	3	8	38 800
5HPX-15A 烘干机	320 000	3	8	38 800
2BYF-4 玉米精播机	5 000	3	5	970

（2）农机可变费用。

$$Y_{变}=\sum_{f=24}^{46} C_f W_f X_f \tag{5}$$

$$C_f = C_{燃}+ C_{修}+ C_{工资} \tag{6}$$

式中：C_f——f 号机组作业费用，元 / 公顷；

W_f——f 号机组作业的生产率，公顷 / 台；

X_f——f 号机组进行作业的台班数。

根据式（6）计算可得各种机组作业的可变费用，如表 6 所示。

3. 约束方程

（1）作业量约束。

$$W_f X_f \geqslant A_f \tag{7}$$

式中：A_f——f 号机组作业面积，公顷。

（2）拖拉机配备量约束。

$$\sum X_f \leqslant C_f W_f X_f \tag{8}$$

式中：T_f——f 号机组中拖拉机的下地概率；

M_f——f 号机组中拖拉机在此作业的最大作业班次。

（3）农具配备量约束公式类同拖拉机配备公式。

（4）变量非负约束。

$$X_i \geqslant 0;\ X_j \geqslant 0;\ X_f \geqslant 0 \tag{9}$$

表 6　机组可变费用

机组作业名称	燃费 /（元 / 公顷）	维修费 /（元 / 公顷）	工资 /（元 / 公顷）	合计 /（元 / 公顷）
雷沃 1504 耕整地机组	180.0	6.75	20.40	207.150
约翰迪尔 1654 耕整地机组	150.0	12.00	36.00	198.150
东方红 1204 旋耕机组	247.5	15.60	52.05	315.150
东方红 1204 玉米播种机组	105.0	6.30	46.95	158.100
雷沃 1504 玉米播种机组	48.0	1.35	19.50	68.850
东方红 1000 玉米播种机组	75.0	12.45	93.75	181.200
东方红 1204 小麦播种机组	97.5	8.70	52.05	158.250
东方红 1000 小麦播种机组	90.0	9.75	58.65	158.400
3WP800-16 自走式喷杆喷雾机植保机组	40.5	2.85	14.10	57.375
新三行（3188）玉米收获机组	180.0	62.55	165.00	407.550
4YZP-4 玉米收获机组	330.0	52.05	109.95	492.150
R230 玉米籽粒收割机组	300.0	5.85	41.25	347.100
JP90-300 卷盘式喷灌机组	165.0	14.10	70.35	249.450
W230 小麦谷物收获机组	150.0	6.30	31.20	187.500
GA80 小麦收获机组	142.5	20.85	31.20	194.700
4LZ-6B1 自走轮式小麦谷物联合收割机组	262.5	48.15	72.15	382.800
5HRH-15 烘干机组	60.0	10.50	322.50	393.000
5HXG-12.5A 烘干机组	60.0	10.50	346.50	417.000
5HPX-15A 烘干机组	60.0	10.50	375.00	445.500

三、农机配备模型的应用

对所调研的农业新型经营主体采取随机抽样，抽取为山东青岛平度某专业合作社，其小麦玉米种植面积 226.67 公顷，将种植面积代入得到：

$$
\begin{aligned}
C_{min} &= Y_{固} + Y_{变} \\
&= 15.98\times(0.11+0.039+0.03)\times0.6X_1+49\times(0.11+0.039+0.03)\times0.6X_2+15.95\times(0.11+0.039+0.03)\times0.6X_3+8.98\times(0.11+0.039+0.03)\times0.6X_4+12/8\times0.97X_5+1.56/5\times0.97X_6+0.8/5\times0.97X_7+5.8/5\times0.97X_8+30/8\times0.97X_9+0.5/8\times0.97X_{10}+10/6\times0.97X_{11}+12/8\times0.97X_{12}+1.15/8\times0.97X_{13}+40/12\times0.97X_{14}+35/8\times0.97X_{15}+32/8\times0.97X_{16}+32/8\times0.97X_{17}+32/8\times0.97X_{18}+0.45/5\times0.97X_{19}+5.6/8\times0.97X_{20}+40/12\times0.97X_{21}+10.5/8\times0.97X_{22}+13/8\times0.98X_{23}+13.81\times270X_{24}+13.81\times270X_{25}+13.21\times X_{26}+13.21\times X_{27}+21.01\times90X_{28}+21.01\times90X_{29}+10.54\times100X_{30}+10.55\times90X_{31}+12.08\times50X_{32}+10.56\times80X_{33}+4.59\times240X_{34}+3.825\times500X_{35}+3.825\times500X_{36}+27.71\times50X_{37}+32.81\times48X_{38}+23.14\times160X_{39}+16.63\times40X_{40}+12.5\times132X_{41}+12.98\times150X_{42}+25.52\times65X_{43}+26.2\times15X_{44}+27.8\times15X_{45}+29.7\times15X_{46}
\end{aligned}
$$

$270X_{24}+130X_{26}\geqslant A$，$270X_{25}+130X_{27}\geqslant A$，$90X_{28}\geqslant A$，$90X_{29}\geqslant A$，$100X_{30}+240X_{32}+50X_{34}\geqslant A$，$90X_{31}+80X_{33}\geqslant A$，$500X_{35}\geqslant A$，$500X_{36}\geqslant A$，$40X_{40}\geqslant A$，$50X_{37}+48X_{38}+160X_{39}\geqslant A$，$150X_{41}+150X_{42}+65X_{43}\geqslant A$，$15X_{44}+15X_{45}+15X_{46}\geqslant A$，$X_{24}\leqslant 0.8\times10\times1.2X_1$，$X_{25}\leqslant 0.8\times10\times1.2X_1$，$X_{34}\leqslant 0.8\times10\times1.2X_1$，$X_{26}\leqslant 0.8\times10\times1.2X_2$，$X_{27}\leqslant 0.8\times10\times1.2X_2$，$X_{28}\leqslant 0.8\times10\times1.2X_3$，$X_{29}\leqslant 0.8\times10\times1.2X_3$，$X_{30}\leqslant 0.8\times10\times1.2X_3$，$X_{31}\leqslant 0.8\times10\times1.2X_3$，$X_{32}\leqslant 0.8\times10\times1.2X_4$，$X_{33}\leqslant 0.8\times10\times1.2X_4$，$X_{24}\leqslant 0.8\times10\times1.2X_5$，$X_{25}\leqslant 0.8\times10\times1.2X_5$，$X_{34}\leqslant 0.8\times10\times1.2X_9$，$X_{26}\leqslant 0.8\times10\times1.2X_6$，$X_{27}\leqslant 0.8\times10\times1.2X_6$，$X_{28}\leqslant 0.8\times10\times1.2X_7$，$X_{29}\leqslant 0.8\times10\times1.2X_7$，$X_{30}\leqslant 0.8\times10\times1.2X_8$，$X_{31}\leqslant 0.8\times10\times1.2X_{18}$，$X_{32}\leqslant 0.8\times10\times1.2X_{10}$，$X_{33}\leqslant 0.8\times8\times1.2X_{19}$，$X_{34}\leqslant 0.8\times10\times1.2X_9$，$X_{35}\leqslant 0.8\times10\times1\times X_{11}$，$X_{36}\leqslant 0.8\times10\times1\times X_{11}$，$X_{37}\leqslant 0.8\times10\times1.2X_{12}$，$X_{38}\leqslant 0.8\times10\times1.2X_{13}$，$X_{39}\leqslant 0.8\times10\times1.2X_{14}$，$X_{40}\leqslant 0.8\times10\times2\times X_{20}$，$X_{41}\leqslant 0.8\times10\times1.2X_{21}$，$X_{42}\leqslant 0.8\times10\times1.2X_{22}$，$X_{43}\leqslant 0.8\times10\times1.2X_{23}$，$X_{44}\leqslant 1\times30\times X_{15}$，$X_{45}\leqslant 1\times30\times X_{16}$，$X_{46}\leqslant 1\times30\times X_{17}$。

本模型是一个纯线性规划数学模型，求解可以使用 LINGO 编程来完成。运行后得出表 7。

将该合作社实际调研情况与模型计算结果进行比较分析得出表 8 与表 9。

由计算结果得知除小麦播种机与喷灌机以外，其余农机均出现配置过度现象。

优化后农机作业成本为 1 386 元，较实际配备下降 10.9%；总动力优化配备结果 2.3712 千瓦，下降 51.36%；农机配套比提高 50%。

表 7 模型计算结果

变量	计算结果／台	圆整结果／台
X_1	1.350 309	2
X_2	0.000 000	0
X_3	4.050 926	5
X_4	1.519 097	2
X_5	1.350 309	2
X_6	0.000 000	0
X_7	4.050 926	5
X_8	0.000 000	0
X_9	0.000 000	0
X_{10}	1.519 097	2
X_{11}	0.875 000 0	1
X_{12}	0.000 000	0
X_{13}	0.000 000	0
X_{14}	2.278 646	3
X_{15}	0.000 000	0
X_{16}	1.400 000	2
X_{17}	0.000 000	0
X_{18}	5.063 657	5
X_{19}	0.000 000	0
X_{20}	0.546 875 0	1
X_{21}	2.430 556	3
X_{22}	0.000 000	0
X_{23}	0.000 000	0

表 8 实际配备与计算结果比较

农机具名称	实际配备／台	计算配备／台	增长率／%
拖拉机	15	9	-66.67
联合整地机	4	2	-50
旋耕机	7	5	-28.57
玉米播种机	6	2	-4
玉米收获机	3	3	0
小麦播种机	4	5	25
小麦收获机	3	3	0
喷雾机	6	1	-83.33
喷灌机	0	1	100

表 9 实际配备与优化结果各项指标比较

指标	实际情况	优化结果	增长率／%
作业成本/(元·公顷$^{-1}$)	1 555.56	1 386	-10.9
总动力／千瓦	48.75	23.712	-51.36
农机配套比	1 ∶ 2	1 ∶ 3	50

四、结论

1. 通过实地调研与理论验证，利用模糊测评法和德尔菲法构建了山东省小麦玉米周年全程机械化生产流程并对生产环节的机具进行选型，建立了农机配备数学模型。

2. 以平度市某小麦玉米种植合作社为例，利用模型进行计算，得到作业成本较实际情况下降 10.9%；总动力为 23.712 千瓦，下降 51.36%；农机配套比提高 50%。结果表明模型的合理性与科学性，研究结果可为山东省小麦玉米全程机械化技术模式，农机配备，农机农艺深度融合等方面提供技术参考。

（作者单位：山东理工大学农业工程与食品科学学院；论文来源：《中国农机化学报》2021 年第 12 期）

我国农机融资租赁发展现状与运行模式研究

王翌秋　李康涛　曹蕾

随着农业规模化经营的比例逐步提高，专业大户、家庭农场和农民合作社等新型农业经营主体逐渐发展壮大，对大型、先进的农机设备需求日益旺盛。科学技术水平的提高促进了农机设备的智能化、科技化，设备的价格亦随之提高，高昂的价格让农业经营主体面临较大的经济负担。由于我国目前针对农机设备的专项贷款较少，农业经营主体一般只能通过个人信用贷款的方式获得一定的资金支持，但银行对贷款者的财务状况和信用水平要求很高，往往令其望而却步。融资租赁集融资与融物为一体，具有双重属性，由“直接购买”变为“先租后买”，可以有效缓解资金压力。相较于银行，融资租赁公司更加关注的是农户未来使用农机设备过程中产生的现金流，其审批流程更为简便，为农业经营主体能够使用上高昂、先进的农机设备提供了一种有效的途径。近年来我国相继出台了一系列政策文件，鼓励农机金融创新，支持融资租赁公司积极拓展农机融资租赁业务，力图破解农户“购机难”问题。但由于起步较晚以及政策不完善等因素，我国农机融资租赁业务还存在经营机构较少、经营范围不够广泛等问题，亟须进一步研究探讨。本文试图从农机融资租赁的政策背景、发展现状与存在问题以及典型运行模式等方面展开深入研究，为我国农机融资租赁在更广范围内的良序发展提供政策建议。

一、我国农机融资租赁的政策背景

根据我国农业农村部财务司的解释，农机融资租赁是指：承租人（农机大户、农民合作社、家庭农场等农业经营主体）只需支付一定的首付款（通常为农机设备总价款的 30%）即可获得农机设备的使用权，定期向融资租赁公司缴纳租金和利息，待租赁期满且付清剩余价款时获得农机设备的所有权。近年来我国颁布实施的关于支持农机融资租赁的政策文件如表 1 所示。

2014 年，国务院、农业部以及银监会等部门首次提出要鼓励各类融资租赁公司积极创新农机设备的融资租赁服务，满足农业经营主体的购机需求。2015 年，中央 1 号文件提出要开展大型农业机械设备融资租赁试点。在政策号召下，新疆棉花主产区开始探索农机具融资租赁试点，有效促进了大型、高效采棉机的推广应用，提高了作业效率。此后，农机融资租赁全面进入大众视野。为了更好地支持农机融资租赁业务发展，在补贴政策上，国务院于 2015 年明确指出：允许通过融资租赁方式购得农机的实际使用人按规定获得农机购置补贴；在税收政策上，国务院于 2018 年规定开展农机融资租赁服务可以享受相应的增值税优惠政策。大力支持发展农机融资租赁，具有以下几方面的重要意义。

表 1　农机融资租赁相关政策文件

时间	文件名称	主要内容
2014 年	国务院办公厅《关于金融服务“三农”发展的若干意见》	加大对农机装备制造的金融支持，鼓励开展农业机械等方面的金融租赁业务
	中国银监会、农业部《关于金融支持农业规模化生产和集约化经营的指导意见》	大力发展涉农租赁业务，鼓励金融租赁公司将支持农业机械设备推广
	农业部《关于推动金融支持和服务现代农业发展的通知》	鼓励各类融资租赁公司开展大型农业机械设备、设施的融资租赁服务，积极探索开展农业机械融资租赁的试点
2015 年	中央一号文件	开展大型农机具融资租赁试点
	国务院办公厅《关于加快融资租赁业发展的指导意见》	鼓励融资租赁公司开展农业大型机械融资租赁业务，通过融资租赁方式获得农机的实际使用者可享受农机购置补贴
	国务院办公厅《关于促进金融租赁行业健康发展的指导意见》	鼓励积极开展大型农机具金融租赁试点，允许租赁农机等设备的实际使用人按规定享受农机购置补贴
	中国银监会《关于做好 2015 年农村金融服务工作通知》	支持金融租赁公司开展大型农机具融资租赁试点
2017 年	国务院办公厅《关于加快构建政策体系培育新型农业经营主体的意见》	鼓励探索开展大型农机具融资租赁试点
2018 年	国务院办公厅《关于加快推进农业机械化和农机装备产业转型升级的指导意见》	农机融资租赁服务按规定适用增值税优惠政策，允许租赁农机等设备的实际使用人按规定享受农机购置补贴

注：资料来源：根据中央人民政府和农业农村部等官网公布的相关政策文件及公开资料整理所得。

首先，发展农机融资租赁有利于促进农业机械化的发展。农机融资租赁降低了贷款准入门槛，可以有效解决农机购置中的资金短缺问题，缓解农业生产经营主体"贷款难""贷款贵"困境，可以让更多的经营主体用得起、用得上更好的农机设备，同时也提高了农机资源的利用率，从而促进农业机械化向更高质量的全程全面化发展，加快农业现代化进程。

其次，发展农机融资租赁有利于促进农业生产经营规模化。我国农业生产已经迈入了一个新的阶段，已经由传统的碎片化、小地块生产向规模化经营、集约化发展方向转变，必然需要大型化、智能化的农机设备与之相匹配。农机融资租赁可以降低农机设备购置成本，帮助解决农机使用不足的问题，促进土地进一步向农民合作社、家庭农场等规模生产经营主体集中，有利于土地连片经营，扩大规模效益。

第三，发展农机融资租赁有利于实现农业增产增收。农机融资租赁可以缓解农业生产经营主体购买价格高昂农机设备的资金压力，使大型、智能、先进的农机设备得到更大范围的普及应用，更有利于提高农业生产效率，进而通过规模化生产进一步提高产能，经营效益便随之增加。高效的机械化进一步替代劳动力，使得生产者可以更多地从事二、三产业，从而优化农户家庭的收入结构。

二、我国农机融资租赁业务的基本模式

农机融资租赁有直接融资租赁、售后回租、厂商租赁、转租赁、联合租赁、杠杆租赁、委托租赁和联合承租等多种运行模式，而目前我国普遍运行的是直接融资租赁、转租赁、售后回租和杠杆租赁这四种基本模式。

1. 模式简介

（1）直接融资租赁。直接融资租赁是最基础的融资租赁模式，一般涉及三方主体、两个合同。三方主体，即：农机融资租赁公司、承租人（农业经营主体）和农机经销商；两个合同，即：融资租赁合同和获取农机设备所有权的买卖合同。农户或合作社作为承租人，选择需要的农机设备类型和农机经销商，融资租赁公司与农机经销商签订买卖合同后，由农机经销商将农机设备交付给承租人，承租人告知融资租赁公司已经收到农机设备后，融资租赁公司才会支付农机价款，此时农机设备的所有权转移给融资租赁公司。租赁期内，承租人需按期支付租金，拥有农机设备的使用权，并有维修和保养农机设备的义务。待租赁期满后，农机设备的所有权由融资租赁公司转移至承租人手中。

（2）转租赁。转租赁是在直接融资租赁基础上衍生出来的一种租赁模式，是指以同一农机设备为标的物的多层次融资租赁交易。在转租赁业务中，上一租赁合同的承租人同时又是下一合同中的出租人，称为转租人。转租人从其他出租人处租入农机设备再转租给第三人，转租人以收取租金差为目的，农机设备的所有权归原始出租人。这种方式不仅可以将农机设备进行转租，实现农机资源合理配置，提高使用效率，还能够收取转租租金，缓解租金压力。由于普通农户作业面积较小，农机使用需求有限，通过转租赁的方式可以获取转租租金，弥补利润不足，破解还租难题。

（3）售后回租。售后回租是在直接融资租赁基础上衍生出来的一种租赁模式，是指承租人将自有农机设备出卖给融资租赁公司，同时与融资租赁公司签订一份融资租赁合同，再将该农机设备从融资租赁公司租回的租赁形式，回租业务是承租人和出卖人为同一人的特殊融资租赁方式。由于承租方已有农机设备，因此承租方主要是农业专业合作社、机耕队和种粮大户，这种方式可以在不改变既有农机使用和藉以受益的前提下，提高承租人所持农机资产的流动性，弥补自身资金不足，保证生产和发展的需要，因而售后回租是最明显地体现融资租赁交易的金融业务性质的一种交易。

（4）杠杆租赁。杠杆租赁是在直接融资租赁基础上衍生出来的一种租赁模式，是指融资租赁公司一般只出资租赁物全部金额的一部分，就获得农机设备的所有权，农机设备的其他金额则以该农机设备作抵押，向金融机构贷款解决的一种租赁形式，这种租赁形式适用于租赁价值高昂的农机。在杠杆租赁中，金融机构提供的贷款是一种无追索权的贷款，需要融资租赁公司以农机设备、融资租赁合同和收取租金的受让权作为担保，以此获得贷款资金，改善自身现金流，来更好地开展农机融资租赁业务。但由于向金融机构贷款，提高了杠杆率，放大了农机租赁业务的风险，若承租人出现逾期情况，会引发现金流风险。

2. 模式对比

上述四种模式在涉及的合同数量以及适用主体上均有所不同如表 2 所示。

表 2　四种农机融资模式对比

模式	合同数量	适用主体	市场应用情况
直接融资租赁	1 个融资租赁合同＋1 个买卖合同	农业经营主体：有较大经营面积、利润足以支撑设备租金，并且有技术力量能够对设备进行维护保养的农机大户、合作社、家庭农场等	实际应用较多
转租赁	2 个融资租赁合同＋1 个买卖合同	农业经营主体：种植面积较小、农机作业需求有限、利润往往无法有效支撑租赁租金的农机大户、合作社、家庭农场等	实际应用较少
售后回租	1 个融资租赁合同＋1 个买卖合同	农业经营主体：希望增加现金流来保障生产和发展需要的农机大户、合作社、家庭农场等	实际应用较少
杠杆租赁	1 个融资租赁合同＋1 个买卖合同＋1 个抵押贷款合同	融资租赁公司：资本金不足，希望抵押设备获得贷款资金来改善自己的现金流，以支撑租赁业务的运行和开展	实际应用较少

三、存在问题

2012年，中央1号文件首次明确鼓励融资租赁业务进入“三农”领域、通过融资租赁的方式帮助新型农业经营主体购置大型农用机械设备。在国家政策的大力支持下，涌现了一批开展农机融资租赁业务的融资租赁公司，如以农机厂商为背景的汇银融资租赁公司、以银行为背景的哈银金融租赁公司以及注重金融科技应用的宜信租赁公司等。目前，我国农机融资租赁业务已基本覆盖东北三省、内蒙古、山东、河北以及河南等粮食主产区。在融资租赁机型上，涉及农业生产耕、种、管、收、烘干、储存、粮食深加工等全过程中的主要机型。融资租赁公司与国内千余家知名农机厂商和经销商建立了长期的伙伴合作关系，与经销商、农业经营主体三者之间建立形成了坚实可靠的合作链，受到了粮食主产区农业生产经营者的一致好评。农机融资租赁已然成为推进我国“三农”建设的重要金融工具，并将伴随着农业机械化向更高质量、更高水平的发展而发挥更大的作用。但目前我国农机融资租赁还存在以下方面的问题。

第一，税收政策不够完善导致租赁公司业务成本较高。我国国家税务总局指出：融资租赁属于“租入”，只有经人民银行、银监会或者商务部批准的融资租赁公司的试点纳税人中的一般纳税人，提供有形动产融资租赁服务和有形动产融资性售后回租服务，对其增值税实际税负超过3%的部分实行增值税即征即退政策，其余融资租赁公司提供有行动产融资租赁按17%的税率缴纳增值税，税负水平畸高；根据《中华人民共和国企业所得税法实施条例》规定，通过融资租赁获得的农业机械设备不适用加速折旧政策，这将意味着融资租赁公司无法快速回笼资金，资金压力较大。我国缺乏与农机融资租赁业务相匹配的税收政策，高税负一定程度上打击了部分融资租赁公司开拓农机租赁业务的积极性，是造成当前我国开展农机融资租赁业务相关机构较少、业务范围不够宽泛的重要原因。

第二，融资租赁还不能广泛被农户所接受。根据调查了解和学者研究，我国农户文化素质水平普遍较低，绝大多数人对农机融资租赁的专业知识缺乏足够的了解和认识，“租东西没有面子”的小农意识还普遍存在，导致一些农村地区农户对融资租赁的认知度和接受度较低。租赁观念还未普遍建立，“重买轻租”的传统思想观念导致“先租后买”的融资租赁模式在农村地区的推广和应用产生一定难度。并且，由于起步较晚、申请的主体较少等原因，农村地区现有成功的农机融资租赁案例十分有限，宣传力度也不充分，成为农机融资租赁发展的重要障碍。

第三，信用体系的缺失导致农机融资租赁面临较大风险。多方研究表明，目前我国农户信用体系的缺失依然成为制约农村金融创新、阻碍乡村振兴的重要因素。随着互联网金融的发展，借助大数据、云计算等金融科技手段可以对数据进行有效分析，帮助建立健全信用体系。但根据调查了解，目前我国大多融资租赁公司尚未建立互联网金融平台，其以自身客户为基础的农户信用体系建设远未完善。一些农户信用观念淡薄一旦发生超出比例的逾期现象，将给农机融资租赁业务带来较大的风险。在农机融资租赁企业风险管理体系尚未建立健全的情况下，不能充分利用数据信息对农户的信用风险进行评价和控制，将限制农机融资租赁的长远健康发展。

第四，企业融资渠道有限将限制农机融资租赁业务拓展。现代化的农机设备具有智能化、科技化等特点，价格比较高昂，且农机融资租赁的周期较长，这就要求融资租赁公司必须具备充足的资本金。而融资租赁公司自身股东追加的资本金一般十分有限，因此需要从外部争取融资来支撑保障农机融资租赁业务的开展。私募债是外部融资渠道的一种典型方式，它具有快捷便利的优势，但利率成本较高；银行贷款也是可以采用的一种方式，但它往往与农机租赁资产存在期限错配等情况。因此，传统的融资渠道难以满足融资租赁公司因业务增长而产生的资金需求，制约了业务向更广地域或更多机械类型方面的拓展。

四、政策建议

进入“十四五”时期，随着土地经营日趋向规模经营主体集中，我国农业机械化发展将进入深度调整期，高质量的大型、高效、智能的农机设备将逐步替代小型、低效的老旧农业机械。面对高昂的价格，为减轻农业生产经营面临的资金压力，农机融资租赁是一种可采用的较好的购机方式。

第一，加强税收政策支持力度。优化农机融资租赁税收政策，降低增值税“差额征税”与“即征即退”优惠门槛，放宽适用范围，给予通过融资租赁方式获得农机的租赁公司相当的税收政策支持；允许加速计提折旧，帮助融资租赁公司更快获得回笼资金。通过税收政策扶持融资租赁公司发展农机融资租赁业务，使其获得更大的利润空间，助其发展壮大。

第二，加大农机融资租赁宣传力度。通过制作短视频、宣传横幅等，借助村公共事务平台、手机App、公众号、宣传栏等多种媒介，或者开展现场活动等，宣传农机融资租赁相关知识和典型案例，向农户普及农机融资租赁的业务特点、相较于银行贷款的优越性和相关政策优惠，扩大农机融资租赁的影响范围，消除农户的疑虑，提高租赁意识，增强农户对农机融资租赁的认识度和接受度。

第三，建立信用体系搭建互联网金融平台。鼓励融资租赁公司建立互联网金融平台，以降低农村地区交通不便造成的成本，将农机融资租赁纳入农村普惠性金融体系中，扩大农村普惠性金融的覆盖面，完善贷前、贷中、贷后业务体系。借鉴宜信租赁公司发展经验，依托云计算和知识图谱，运用农村普惠金融技术，对客户信息进行收集、记录，建立农机信用库，进而运用计算机模型进行信用评估，形成信用报告，并扩大信用报告的应用，达到对信用风险预先识别、计量、监测和控制的目的，建立起全面、系统的风险管理体系，为融资租赁机构的长远健康发展奠定基础。

第四，鼓励资产证券化融资。融资租赁公司应积极尝试金融手段创新，拓展融资渠道，获得稳定充足的资金支持以满足日益增长的购机需求。除维护传统的银行贷款、私募债等渠道，还可以探索尝试资产证券化的做法，即以农机设备租赁款本金和利息为基础资产池发行ABS，提高农机租赁资产的流动性，补充公司的资本金，进而为业务规模扩大提供资本基础。政府和监管部门应完善ABS相关法律法规，给予相关政策支持，如对农机租赁ABS业务免征部分税收、简化审批流程等，提高融资效率。

（第一作者单位：南京农业大学；论文来源：《中国农机化学报》2021年第10期）

全球农业机器人研发趋势预测及对我国的启示

赵静娟 郑怀国 董瑜 杨艳萍

农业机器人是一种新型的智能农业机械装备，是人工智能监测、自动控制、图像识别技术、环境建模算法、感应器、柔性执行等先进技术的集合。农业机器人近年来发展迅速，在提高农业生产力、改变农业生产模式、解决劳动力不足以及实现农业的规模化、多样化和精准化等方面显示出了极大的优越性，已逐渐成为农业工程领域的重要方向之一。

我国发展农业机器人的时机已成熟，政府对农业装备制造业发展也高度重视，先后出台一系列政策举措。农业机器人作为智能化的农业机械，得到越来越广泛的应用，成为现代农业的重要装备。

近年来，针对农业机器人发展现状和趋势的研究有很多，谌凯等针对农业机器人绘制了专利地图，从发展趋势、重点技术领域、地域分布、竞争机构及高被引专利等方面开展了态势研究。邢颖等通过文献计量分析的方法，基于SCI高被引论文，分析了国际农业机械研究的技术前沿。袁建霞等以与农业机器人研究相关的SCI论文为对象，综合运用文献计量法、内容分析法和专家咨询法等，对农业机器人的论文产出趋势、热点研究主题、国家竞争态势及研究前沿进行了分析。本文在专利和论文综合分析的基础上，调研了重点国家在农业机器人发展方面的战略规划，运用定量分析和定性调研相结合的方法，通过回溯国内外农业机器人的发展历程，分析归纳其研究热点、前沿，及未来发展趋势，结合我国未来几年的战略需求和重点发展方向进行分析，为我国未来在农业机器人的基础研究、技术研发和产业布局等方面的前沿规划提供参考和建议。

一、数据来源与分析方法

本研究综合应用定性分析、定量分析和专家咨询方法开展国际农业机器人研发趋势预测研究。

定性分析：针对欧盟、美国、日本、韩国、澳大利亚等国家发布的战略规划和资助项目，针对PrecisionAg、CropLife、Farm Industry News、Agfunder等重要行业媒体和行业咨询公司的信息以及行业报告等进行了全面分析。

定量分析：文献数据以Web of Science和EI Compendex数据库为主要数据源，以主题检索词为主编写检索式，论文检索时间限定为入库年至2017年；专利数据以Derwent Innovation数据库为数据来源，根据标题和摘要主题词编写检索式，检索时间限定为入库年至2017年。开展了基础研究布局、技术研发布局、核心科研产出分析等研究。

专家咨询：在研究过程中，组织领域专家，围绕技术体系梳理、检索式构建、检索结果筛选、分析结果判断、技术前沿解读等进行全程沟通，依托专家的知识积累和专业判断进行领域研究热点、趋势研判，以及对策建议等研究。

二、全球农业机器人研究进展

1. 研究历程

农业机器人发展大体上经历了四个阶段（图1）。

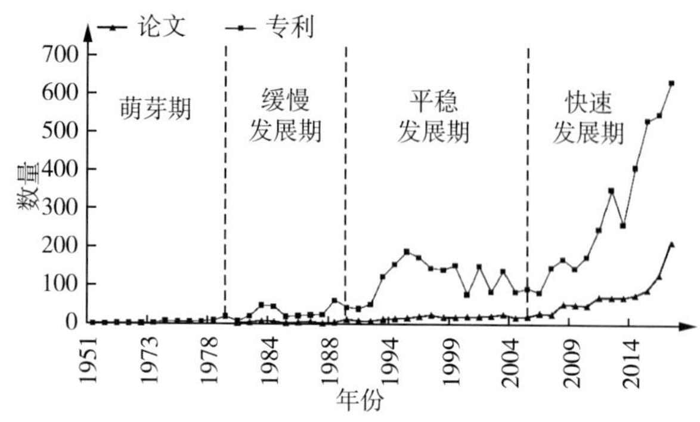

图1 农业机器人全球论文数量和专利数量年度分布

（1）萌芽期（1951—1980年）：1980年以前，农业机器人领域全球每年申请的专利数量较少，均在30件以下，属于技术萌芽期。早期的农业机器人技术主要来自美国，并且主要涉及了机器人机械部分相关的研究。相对于技术专利而言，农业机器人论文出现时间较晚，研究论文发表时间可以回溯到1968年，年度论文发表量少于年度专利申请量。

（2）缓慢发展期（1981—1990年）：农业机器人领域的专利申请数量开始逐步发展，但专利总量仍然较少，处于缓慢发展期，年专利申请量在70件以下。此时期，随着工业技术以及自动定位与导航技术的不断发展及其广泛运用，催生了不同类型的农业机器人，如采摘机器人、收获机器人、挤奶机器人等。该阶段农业机器人领域有少量的研究论文发表，主要涉及利用工业机器人的技术来研究农业的机器人化，对收获、嫁接、移植、摘粒、喷药等作业进行了研究。1984年，京都大学近藤直教授首次成功将机器人引入农业工程领域。该时段的后期，澳大利亚、英国等国家分别发表了剪羊毛机器人和挤奶机器人相关论文。

（3）平稳发展期（1991—2005年）：农业机器人技术得到进一步发展。此阶段的专利和文献内容多涉及农业作业环境、作物栽培式样、作物物理特性等方面，努力使人—作物—机器人三者关系协调，使机器人更适宜于农业作业。

（4）快速发展期（2006年至今）：2006年后，农业机器人领域进入快速发展阶段，专利申请量和论文发表量均快速攀升。此时期，高智能、高速度、低成本的农业机器人成为主攻方向。现代机器人本身集高、精、尖技术为一体，它可装备与人的眼、耳、鼻、手以及脑等相似的多种传感器。机器人的所有这些特性使得农业机器人将在农业生产过程中扮演着无可替代的重要角色。

2. 研究现状

（1）战略规划

欧盟：通过FP7或“地平线2020”等框架计划资助了多项机器人研究项目。2010年，欧盟资助了面向作物和林业可持续管理的机器人（CROPS）项目，旨在开发一种高度可配置、模块化、智能化的载体平台，包括模块化并联机器人和智能工具（传感器、算法、喷雾器、夹持器），开发了集中高价值作物（如温室蔬菜、水果、葡萄）机器人样机，同时还在感知以及智能传感器融合与学习算法方面开展了大量的研究工作。2016 年，欧盟委员会投入 9 870 万欧元启动第二轮“地平线 2020”机器人计划，园艺机器人（TrimBot2020）作为其中的子项目，主要是利用先进机器人和视觉技术，开发首个户外花园修剪机器人原型。同年，欧盟发布《2016 版机器人技术路线图》，涉及系统开发集成、人机交互、机电一体化、知觉、导航与认知等 6 个技术集群。

美国：2014 年，农业部国家食品与农业研究所（NIFA）宣布斥资 300 万美元用于农业机器人的研发，重点资助方向包括目标识别与算法、相关机器人（分选机器人、温室机器人、园艺机器人）等。2015 年，美国“国家机器人计划”投资 3 700 万美元用于推动协作机器人（co-robots）的开发与使用，该计划关注了 14 个重点方向，如自治系统、传感和智能感知、建模与分析、规划和控制、认知和学习等方面。2016 年，美国发布第三版机器人路线图《从互联网到机器人》，重点关注机械与制动装置、移动性与操控性、感知、形式化方法、学习与适应、控制与规划、人机交互、多智能体机器人等领域。

日本：2016 年，日本在其发布的《第五期科技基本计划》中提出，致力于创造领先大变革时代的未来产业和社会变革，加强超智能社会的服务平台基础技术研发，包括：机器人技术、传感器技术等；灵活利用低成本的 ICT 或机器人技术等加快农业智能化，以保障粮食的稳定性。2017 年，日本发布《人工智能产业化路线图》，并预计在 2020 年前后，实现无人农场和机器人的应用。

我国对农业机器人的研究起步相对较晚，但产业发展迅速，同时政策上支持力度不小，2016 年工业和信息化部、国家发展改革委、财政部联合发布《机器人产业发展规划（2016—2020 年）》，为农业机器人的进一步发展提供了新机遇。目前我国正在研究制定面向 2035 年的机器人产业发展规划，总结中国机器人产业发展现状，存在的问题和关键的技术环节，为未来的相关产业发展提供指导。

（2）研发布局

基础研究布局分析。农业机器人基础研究布局主要通过 SCI 论文的主题研究予以体现。通过研究论文的关键词共现，农业机器人研究论文共聚成 5 个簇，分别为机器视觉、定位与导航、采收机器人、渔业机器人和挤奶机器人等相关研究（图 2）。

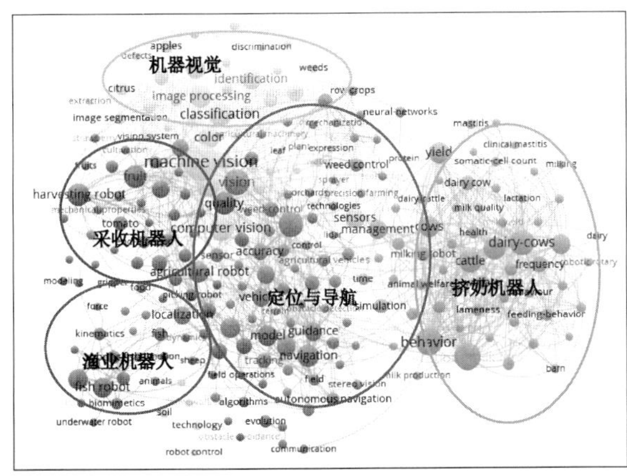

图 2 农业机器人基础研究布局

其中，挤奶机器人相关研究文献数量最多，内容涉及了牛群管理、动物行为监测、牛奶产量与质量检测、奶牛疾病检测、奶牛福利等。其次，定位与导航、机器视觉相关研究文献量也较多，它们是农业机器人的最基本的支撑技术。

技术研发布局。技术研发布局主要通过专利文献的主题研究予以体现。目前，全球农业机器人专利研发大致包含机器人技术和机器人类别两大主题（图 3）。其中，技术主题包括机械手、传感器；机器人类别主题包括割草、播种、采摘、收获、喷雾、灌溉、嫁接、堆垛、挤奶和渔业养殖机器人等。其中，挤奶机器人和割草机器人这两个主题是当前农业机器人专利研发活动中的热点主题。

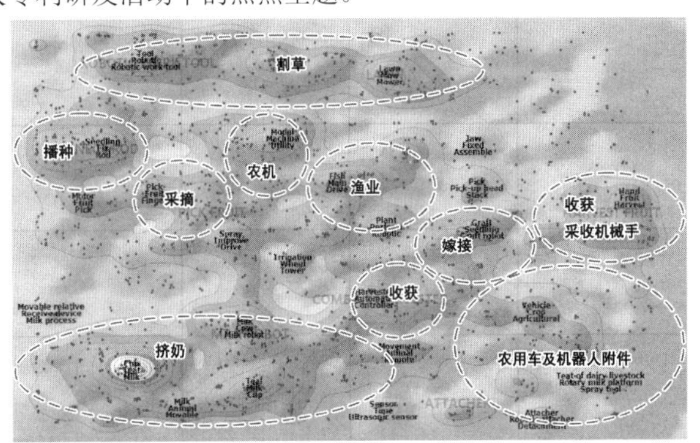

图 3 农业机器人专利技术景观图

（3）研发产出特点分析

亚洲、北美和欧洲等地区是农业机器人研发成果的主要产出区域。从论文和专利数量来看，排名前十的国家主要分布在亚洲、北美和欧洲等地区，这些地区论文数量和专利产出数量占全球总量比例分别达到 77% 和 95%。亚洲进入前十的国家有中国、日本和韩国，中国专利和论文数量均排名全球首位，表现突出。美国也表现优异，美国论文数量和专利数量均排名第二位。此外，欧洲有 5 个国家进入全球发文量和全球专利数量前十行列（表 1）。

表 1 主要国家论文发表和专利申请情况

国家（地区）	论文 / 篇	国家（地区）	专利 / 件
中国	870	中国	1 282
美国	624	美国	693
日本	311	荷兰	544
西班牙	157	日本	348
德国	141	瑞典	228
英国	137	德国	184
荷兰	125	韩国	145
澳大利亚	124	加拿大	73
意大利	92	英国	64
韩国	87	法国	46

欧、美国家的研究产出成果质量和影响力均较高。美国在该领域持有的前 10% 高被引论文数量最多，占总数的 1/4，论文篇均被引排名第四位，同时美国持有的授权专利最多，高达 366 件，其 PCT（Patent Cooperation Treaty）专利数

量排名第一，专利篇均被引排名第三位，说明美国十分重视国际市场布局，且论文质量和专利的影响力均较高。荷兰的论文篇均被引排名第五位，持有的授权专利数量排名第二位，PCT 专利数量排名第三位，主要在欧洲（37%）、美国（20%）、德国（11%）等欧美国家布局了相关专利。瑞典论文的篇均被引排名第一位，表现十分突出，PCT 专利数量和篇均被引频次均排名第二位，说明瑞典的论文和专利质量与影响力均名列前茅。加拿大专利篇均被引排名第一位，相关专利影响力较高。

大学、科研机构和企业在创新链中的角色分工明确。在基础研究环节，科研机构和高校是农业机器人研发的主力军。其中中国的大学表现突出，排名前十位的机构中中国占据了 6 个席位，中国农业大学以 122 篇论文数量排名第一，江苏大学排名第二，发文 112 篇，荷兰瓦赫宁根大学研究中心表现较为突出，以 78 篇论文数量位居第三。

在技术研发环节，企业是农业机器人研发的主体。其中，前 3 位的机构依次为荷兰的 Maasland 公司（258 件）、美国的 Technologies Holdings 公司（190 件）和瑞典的利拉伐公司（166 件）。目前，一些企业已经开发出商业化的产品，如洋马开发的全自动蔬菜嫁接机 AG1000，该机嫁接速度为 1 000 株 / 时；2010 年荷兰利利公司（Lely）研制成最新一代的名叫“宇航员”的挤奶机器人；瑞典利拉伐公司（Delaval）研制出全自动挤奶机器人（VMS）。

园艺机器人文献数量较多，养殖机器人专利数量最多。总体而言，农业机器人的专利数量远远多于研究论文数量，主要体现在大田机器人和养殖机器人两方面。从各类农业机器人论文数量来看，园艺类机器人相关研究论文数量最多，为 1 640 篇，占比为 43.6%；其次是养殖类机器人，为 631 篇，占比为 17.1%；大田机器人发文数量最少，为 527 篇，占比为 14.2%。从专利数量来看，养殖机器人相关专利数量最多，为 2 131 件，占比 38.7%；园艺机器人专利数量次之，占比为 29.7%；大田机器人专利数量最少，占比为 17.8%（图 4）。

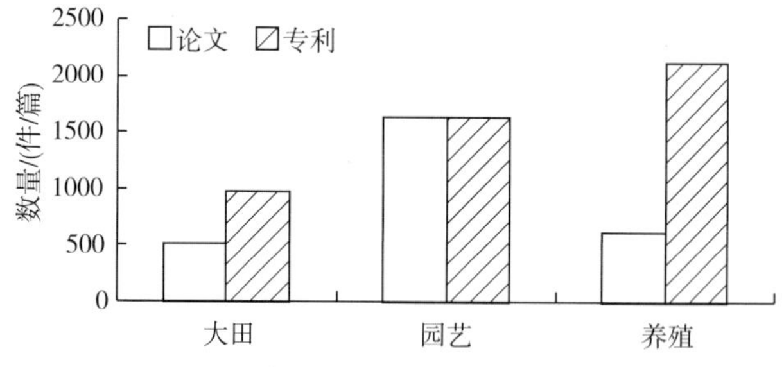

图 4 不同类型机器人发文与专利数量比例

3. 研究前沿

（1）国外战略前沿部署分析。对各国战略规划分析显示，欧美国家研发的机器人主要集中在园艺等高价值作物上，以及感知、控制与规划、人机交互等重要技术领域。例如，欧盟 FP7 作物智能机器人（Clever Robots of Crops, CROPS）项目研发了温室蔬菜、水果、葡萄等相关的机器人，TrimBot2020 开发首个户外花园修剪机器人；美国 NIFA 资助分选机器人、温室、园艺机器人等相关研究。在技术层面，欧盟 CROPS 项目在感知以及智能传感器融合与学习算法方面开展了大量的研究工作，欧盟和美国发布的相关路线图均涉及了感知、控制与规划、人机交互等领域。

（2）高被引研究论文分析。通过对 ESI 数据库中高被引论文（Highly Cited Paper）和热点论文（Hot Paper）进行聚类和分析，得到基础研究前沿。在农业机器人研究领域，共获得 4 篇高被引论文和热点论文。其中，最早的文献发表于 2008 年，研究内容涉及了除草机器人；最新的一篇文献发表于 2017 年，涉及了全自动作物监测机器人平台（表 2）。

表 2 ESI 数据库中农业机器人的高被引和热点文献列表

序号	标题	研究内容	通信作者机构	论文被引数量	发文年度
1	Advances in Machine Vision Applications for Automatic Inspection and Quality Evaluation of Fruits and Vegetables	机器视觉在果蔬自动检测中的应用	西班牙 nst Valenciano Invest Agr	165	2011
2	Autonomous robotic weed control systems: A review	除草机器人	美国 Univ Calif Davis	199	2008
3	Current status of vegetable grafting: Diffusion, grafting techniques, automation	蔬菜自动嫁接技术	韩国 Kyung Hee Univ	162	2010
4	Field Scanalyzer: An automated robotic field phenotyping platform for detailed crop monitoring	作物监测机器人平台	英国 Rothamsted Res	11	2017

相关研究内容包括：①机器视觉在果蔬自动检测中的应用；②除草机器人中有关导航、检测与识别、精确除草和绘图等 4 种核心技术；③蔬菜嫁接技术，其中开发高效砧木和便利的嫁接工具一直是该领域的研究热点；④全自动作物监测机器人平台，建立了一个专用传感器阵列（dedicated sensor array），可对作物全生命周期的冠层发育进行精确监测。

（3）核心专利技术分析。根据 INNOGRAPHY 数据库中的专利强度指标（90%～100%）筛选出 115 件农业机器人领域核心专利。通过聚类分析获得该技术前沿的主题分布（图 5），这些主题涉及机械臂、图像处理等机器人技术，以及养殖、采收、挤奶、割草等机器人类型。这些核心专利主要来自美国、荷兰、瑞典、加拿大、以色列和德国等国家（表 3）。

其中，美国 Technologies Holdings 公司专利申请量最多，达 20 件；其次是美国约翰迪尔公司和荷兰利利公司，专利申请量均为 10 项；美国 Technologies Holdings 公司专利和荷兰利利公司的专利技术侧重挤奶机器人，美国约翰迪尔公司的专利技术侧重田间操作机器人。中国仅江南大学 1 件专利进入该研究前沿，专利内容为“一种多关节柔性机械手”。

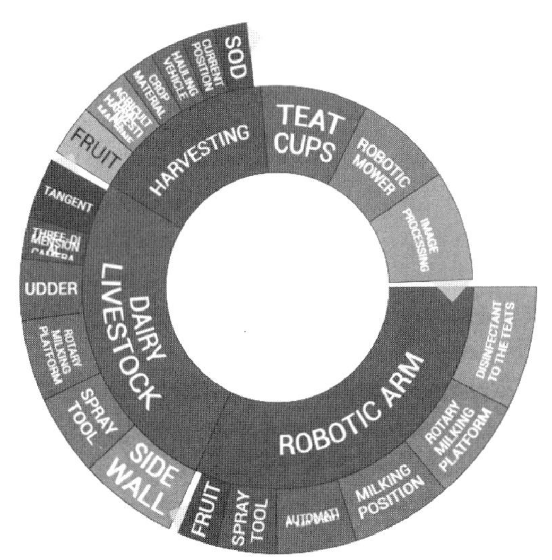

图 5　核心技术主题分布

表 3　国家与机构分布

件

国家	国家专利量	专利权人	机构专利量
美国	43	美国 Technologies Holdings 公司	20
		美国约翰迪尔公司	10
		美国 iRobot 公司	9
荷兰	30	荷兰利利公司	10
		荷兰 CNH 工业公司	4
瑞典	15	瑞典利拉伐股份有限公司	8
		瑞典胡斯华纳公司	7
加拿大	7	加拿大 Great Lakes 知识产权公司	4
以色列	7	以色列 F. Robotics Acquisitions 公司	7
德国	6	德国博世公司	2
		德国克拉斯农机公司	2

4. 趋势预判

（1）机器人技术预计未来十年实现成熟应用。美国农业众筹平台 Agfunder 利用 Gartner 曲线对农业技术成熟度的分析显示，农业机器人技术目前还处于科技诞生的促发期(Technology Trigger)。在此阶段，随着媒体的过度报道，非理性的渲染，产品的知名度无所不在。然而随着这些技术或产品的缺点、问题、局限性的出现，失败的案例多于成功的案例。

此外，多家行业机构认为农业机器人技术离成熟应用尚需时日。加拿大前瞻研究机构 2014 年发表的报告认为，农业机器人到 2018 年在科研中实现，2020 年成为主流技术，2021 年普遍推广。全球管理咨询公司波士顿和英国 IDTechEx 等分别对农业机器人研发现状和市场进行分析预测，并认为未来几年机器人将在农场得到广泛使用。

（2）更多种类的农业机器人将实现商业化。当前，很多国家和地区对于农业机器人的使用大多局限于特定某一些品种，如收割机器人、挤奶机器人等已经被广泛接受与使用，技术也相对成熟。但是，对于蔬菜、水果、畜牧业所需要的农业机器人，当前发展程度仍然不够。未来，随着市场的需要及技术的进步，科学家们必将研究出更多方面适用于更多需求的农业机器人，如收菜机器人、摘果机器人等，并且使其精细度更高、生产效率更高，使农业机器人能被农业生产的各行各业所应用，以全面提高农业生产效率。据英国 IDTechEx 分析报告显示，到 2023 年前后，除草机器人、蔬果采收机器人、草莓采摘机器人、苹果采摘机器人等将逐渐开始上市，未来会有更多种类的农业机器人实现商业化。

（3）农业机器人的发展将更具智能化。智能化已经成为未来农业机器人发展的必然趋势。智能化机器人的决策分析能力更强、适应性更强，且操作更简单，农民可在田间地头用智能手机或其他智能无线终端设备就可以操纵农业机器人进行田间作业。而智能机器人也可以实现精密性操作，如果园智能机器人可以在果园里配合导航系统、红外系统等实现自动寻果、收果、自动分级等。在新的农业生产模式和新技术的应用中，农业机器人作为新一代智能化的农业机械，必然会要求对视觉和非视觉传感器技术、图像采集和处理的算法等进行更深入的研究，从而提高其辨识和避障能力，降低损伤率，真正代替人类实现智能化、高效化、精准化作业。此外，在各国的战略规划中，智能化的机器人也是其关注的重点，如欧盟 CROPS 项目，旨在开发一种高度可配置、模块化、智能化的载体平台；多智能体机器人（Multi-Agent Robotics）则是美国第三版机器人路线图的关注重点之一。

（4）农业机器人未来有较大的市场潜力。多家行业机构均对农业机器人开展了市场预测研究。2015 年，国际知名调研机构 Technavio 发布了一份关于农业机器人市场预期报告显示，2015 年至 2019 年期间，全球农业机器人市场年复合增长率将达 11% 以上。根据 Tractica 机构预测，2024 年农业机器人出货量将从 2016 年的 3.2 万部增长至 59.4 万部，2024 年农业机器人收入将达到 741 亿美元。在中国，随着农业集约化程度的提高和制造业智能化升级，将需要越来越多的农业机器人应用到大规模农业生产中。

三、发展建议

1. 加强前沿布局，提高农业装备制造水平。目前，欧美发达国家在农业机器人领域的前瞻布局主要关注感知、智能传感器融合与学习算法、控制与规划、人机交互等领域。我国机器人研制起步较晚，与发达国家的差距仍然较大。因此，我国要及时追踪相关领域前沿方向，加强前沿技术的布局，缩小与发达国家的差距。同时，我国仍需提高农业装备制造能力，加强关键零部件和仪器的研发，只有这样才能实现农业机器人整体水平的提升。

2. 提高基础研究质量，重视相关专利布局。我国农业机器人领域的论文数量和专利数量已位居全球首位，但是在研究的质量和影响力上还有待进一步提高。我国科学家应当加强与国际同行之间的交流合作，重视专利的海外布局，提高科研成果的质量和影响力。尽管目前我国在农业机器人研究方面已取得了一些进展，但在自动导航、机器视觉、图像处理与自动识别、机器人协同作业等核心技术和关键点上仍需要集中力量加强攻关，在短期内取得显著进展。

3. 引导和加强企业在农业机器人产业创新中的作用。欧美等发达国家公益机构和企业分工明确，分别在农业机器人的基础研究和技术开发等创新链环节发挥着重要作用。目前，我国农业机器人的基础研究和技术开发等环节的创新主体均为高校和科研机构，企业尚未在其中发挥相应的作用，这将严重影响我国农业机器人创新成果的应用和产业化发展。因此，国家应加大政策和资金扶持力度，引导优势企业进入相关领域，参与核心技术研发，促进农业机器人领域的公私合作，加快产业化发展。

（第一作者单位：北京市农林科学院农业信息与经济研究所；论文来源：《中国农机化学报》第 2021 年第 4 期）

区块链技术在农业农村中的应用与对策研究

朱思柱　张萌

区块链是一种新兴信息与网络技术，其本质是基于分布式数据存储、点对点传输、非对称加密、共识机制、智能合约等计算机技术构建的一种去中心化、不可篡改、安全可验证的分布式存储数据库，具有开放性、不可篡改性、匿名性、去中心化和可追溯性等特征。根据其应用类型，可分为公有链（任何人都可加入）、专有链（未经授权不能加入）和联盟链（同一系统不同机构共同参与管理）等三种类型。区块链技术能够有效解决信息不对称问题，建立一种新的信任机制，实现多个主体协作信任与一致行动，大幅拓展人类协作的广度和深度，具有广阔应用空间。当前，区块链已成为全球科技竞争的新高地，其技术应用延伸至实体经济多个领域，尤其适用于协调代表着不同利益的多方群体。中央政治局第十八次集体学习区块链技术发展现状和趋势，习近平总书记提出明确要求，要把区块链作为核心技术自主创新重要突破口，加快推动区块链技术和产业创新发展，提高运用和管理区块链技术能力，使区块链技术在建设网络强国、发展数字经济、助力经济社会发展等方面发挥更大作用。有学者专门对区块链在智慧城市、边缘计算、人工智能、金融领域、农业物联网等领域的应用现状开展了相关研究。对区域链技术与经济社会发展的融合趋势进行了研判。推动区块链技术与产业和实体深度融合发展已成为将科技优势转化为科技发展优势的重点。

一、研究背景

区块链技术已经成为推动技术革新和产业变革的重要力量。区块链技术集成应用通过融合多个领域、重塑生产关系，成为提升政务服务效率、降低社会沟通成本、抢占产业制高点、培育发展新动能、打造经济新业态的关键技术。区块链技术与产业的结合将会引起部分行业的重新洗牌，一些行业的痛点堵点能够得到有效解决，迎来跨越式发展，一些行业可能会衰落或者被替代。2020 年上半年，全国已有六省市（北京、湖南、贵州、海南、江苏、河北）出台了区块链专项政策，重点围绕区块链赋能经济社会发展、建设区块链产业基地、培育区块链企业及区块链应用场景等进行谋划布局。

区块链技术能够为加快农业农村现代化有效赋能。习近平总书记强调，农业现代化，关键是农业科技现代化。要加强农业与科技融合，加强农业科技创新。农业进入数字化时代，“十四五”时期是推进农业数字化的重要战略机遇期，2025 年我国农业数字经济规模有望达到 1.3 万亿元，数字信息技术与现代农业具有广阔的融合发展空间。作为一个新兴技术和底层技术，区块链技术连接大数据和云计算，为推动数字农业发展提供基础条件；同时连接智能系统，让移动通信、人工智能、物联网、智能装备具备产业化应用的条件，从而能够重塑农业生产关系，打造全流程、可信任、高透明度的农业产业链和供应链，在农产品质量安全溯源、农产品供应链管理、农村金融、农业保险、农村集体资产管理等领域可以大有作为。“区块链＋智慧农业”的应用场景将加速农业转型升级，助推农业高质量发展。借助乡村振兴战略实施和率先实现农业农村现代化的历史性发展机遇，区块链在农业农村中的应用有望实现重大突破。

二、区块链技术与农业农村现代化的作用机理及应用案例

区块链通过共识机制建立信任体系，能够有效避免由于分散节点多、管理链条长、涉及主体多而产生的信任程度低、合作意愿低等问题，简化交易环节、降低信任成本、提高协作效率，在金融保险、供应链管理、公共服务、认证公证、公益慈善、数字版权开发、信息共享等领域具有较多应用。在农业领域，国家层面出台多个文件，鼓励在农业资源监测、质量安全溯源、农业投入品管理、农村金融保险、透明供应链等方面推动区块链创新应用。

1. 重构全链条、透明化农产品质量安全追溯体系

农业产业链治理的本质问题是机会主义行为，而农业产业链可以通过治理机制的优化来抑制机会主义行为，最终实现农业产业链的整体效用与参与主体的个体效用的帕累托最优。区块链技术以数字信任替代机构信任的信任机器，能够为不熟悉或者互不信任的人进行真实交易提供全新的数字解决方案。传统农产品质量安全追溯系统存在三个不足：一是无法解决从生产、流通、加工到消费等不同环节存在的信息难以获取、数据不够公开透明的问题；二是以单个机构或企业为中心的质量安全追溯系统存在监管成本过高、安全数据容易被篡改的风险；三是以行业和地区为边界的追溯系统存在不同溯源系统之间不兼容、相关数据不共享的体系壁垒。区块链技术通过分布式存储、防篡改和可追溯的特点，将农产品生产、流通、加工和消费全链条上链存储，各区块的数据通过数字签名和时间戳实现全生命周期透明化监管，通过共识机制和智能合约建立统一的规则体系，实现跨行业、跨地区的信息流共建共享、要素流互联互通，有效弥补上述不足。

应用案例："善粮味道"区块链大农场。

A公司依托北大荒高度组织化的"基地+农户"的经营模式，建立物联网采集标准、种植标准，将关键节点的农业大数据与区块链技术相结合，将北大荒农业大数据价值通过区块链技术得到极大提升，辐射带动3万多农户、40多万种植工人。

构建"区块链+农业大数据"大农场模式。依托北大荒大规模、集约化的黑土地资源和高度的组织化管理优势，基于农业物联网、农业大数据及区块链技术，合资成立"善粮味道"农业科技公司，聚焦农业供应链服务，共同打造区块链大农场模式，从土地承包开始，进行对生产、流通、经营、金融服务、人才培养等农业产业链各环节进行深度改造和区块链认证，将每件产品信息全部记录到区块链中，覆盖从播种到加工的全部核心流程并与线下各个核心环节紧密结合，建立从原产地到餐桌的闭环自治、资源共享、公平竞争、按劳分配的农业产业化组织，重塑农产品产销和流通方式，建立农产品交易的信任机制，打造去中心化的农产品领域电商平台。

形成"区块链+物联网"闭环的生产、控制和可追溯系统。依托区块链大农场，设计了一套涵盖物联网设备、农户移动数字终端、物流运输监控设备、仓储管理设备的封闭式管道管理体系，确保平台上的任何一件商品，都是含有被区块链标记的时间戳、地理戳、品质戳的放心粮。平台通过与米厂、仓储、物流公司合作，共同改造流通加工链条中的每一个风险环节，建立一套可追溯、防作弊、可追踪、可监控的认证管理体系，依靠单独的封闭管道管理模式、物联网设备远程实时监控，消费者可实时跟踪每件商品的动态，保证消费流程、物流流程全透明，保证农产品的优质、真实、唯一。

智能化合约确保农户按规范生产和获取较高收益。基于区块链技术的"平台+基地+农户"模式，是合作双方基于"互利共赢"的分享理念推出的智能合约模式，用利益反哺的形式，改被动为主动，让农户及供应链伙伴自愿且积极地种植生产优质的农产品，同步变相增加农户及供应链合作方的违约成本，实现了从源头上杜绝了农户作弊的动机。"平台+基地+农户"的模式，充分调动了农户种植放心粮的积极性。食品种植标准及生产过程中需要的农资由善粮味道指定厂商提供，农户负责种植管理，北大荒农场专业技术人才指导种植并进行交叉检验，确保种植端的透明，平台将所有数据记录在区块链上，并设计智能合约，一旦农户作弊则拒绝收粮，生产流程达到标准的农户，在获得原粮买卖收益的同时，将按比例获得更高的零售返利，形成生产标准粮—获取高收益—生产更优粮的良性循环。

应用案例："步步鸡"区块链新养殖模式。

B公司于2017年启动步步鸡项目，整合区块链、物联网、人工智能和防伪技术，保证每只鸡从鸡苗到成鸡、从鸡场到餐桌的过程中，所有产生的数据都得到真实记录，将步步鸡的标准化设定写入智能合约，使每一只鸡对应一个步步鸡通证，完成绑定资产，生成权益证明，实现防伪溯源，为消费者提供具有信任感的食品。公司在全国各地签约的生态鸡养殖基地数量超过400个，发展势头强劲。

生产全程信息化、可追溯、不可篡改。就鸡的生存环境而言，"步步鸡"和一般的生态散养鸡没什么区别，差别就在"可信任""能追溯"。步步鸡养殖整合了物联网、区块链、人工智能和防伪技术，为每一只鸡都佩戴了区块链化认证——鸡牌。鸡牌能够自动收集鸡的位置、运动数据，并实时上传区块链，鸡牌不可复制，每只鸡脚环上有二维码，通过扫码可以看到编号、日龄、入栏体重、步数统计、健康状况、运动轨迹等，通过将养殖场内的物联网设备与区块链技术相连接，可以实时观测到养殖场内的空气、污染物、土壤、水质等状况。每只鸡的运动等信息通过脚环，传到基站，再上传到云端，确保所有的数据信息都不可篡改。

解决信任机制创造高溢价。经过屠宰、冷链运输到消费者手上时，脚环还在，可以通过扫码溯源，一鸡一牌，拆卸即销毁。基于区块链不可篡改、物联网设备自动采集等特点，保证每只鸡从鸡苗到成鸡、从鸡场到餐桌的过程中，所有产生的数据都能得到真实记录，有效地解决了消费环节的信任问题，从而较一般产品获得更高水平的溢价。

2. 全面提升农产品产业链供应链现代化水平

全面塑造创新驱动发展新优势的关键是要加快产业基础高级化、产业链现代化。通畅、高效的产业链供应链是打造现代农业产业体系、构建农业双循环的重要基础。传统的农产品产业链条多、供应链条长，不同主体之间基于利益链建立上下游之间松散的买卖关系，信任机制不牢靠，关键信息不共享，产销之间的盲目性和随机性较大，产供销信息不对称，供应链管理成本较高。将区块链技术应用于农产品供应链，将产供销主体按照区块链接，链条上的数据由所有主体共同建设、验证和维护，通过非对称加密技术、时间戳技术和智能合约技术保证交易数据的安全性、唯一性，实现供应链透明化、主体信任化、信息对称化、产销精准化、履约自动化，能够极大地降低农产品供应链管理成本，提升农业产业链和供应链的现代化水平。

应用案例：农业跨国集团利用区块链技术强化供应链。

构建以区块链技术为支撑的农产品贸易链。嘉吉(Cargill)是美国最大的私人控股公司，著名的动物营养品和农产品制造商，现已成为大宗商品贸易、加工、运输和风险管理的跨国专业公司，2019年公司营收达1 135亿美元。这家农业巨头不断探索区块链技术在其业务中的应用，大力布局区块链农产品贸易。2018年10月，嘉吉与Archer Daniels Midland Co.，Bunge Ltd.和Louis Dreyfus Co.合作，利用区块链和人工智能技术将国际粮食贸易数字化。2020年，嘉吉公司宣布将投资数字工程资源开发项目Hyperledger Grid，提供一套可用来解决产品溯源、食品安全和贸易结算等农业供应链问题的工具，旨在通过使用区块链技术来简化供应链，加速以区块链技术为主的数字应用技术在全球食品和农业供应链方面的应用速度。荷兰合作银行（Rabobank）亦宣布与嘉吉和农产品贸易商Argocrop International开展合作，利用区块链技术管理从北美到东南亚的小麦贸易交易。

农业跨国粮商共同组建贸易专有链。2018年10月，由中粮集团、ADM、邦吉、嘉吉、路易达孚集团和嘉能可农业等六大国际粮商共同发起创建Covantis计划，在瑞士日内瓦成立了名为Covantis S.A的一家数字化农业国际贸易公司，致力于大宗农产品的国际贸易标准化、数字化和现代化，取代依赖纸质合同、发票和人工付款的交易流程，使全球农产品贸易变得简单、安全和高效。在Covantis SA框架下，基于区块链及相关的隐私保护技术，六大粮商的数据即共享又保密，将重新改造全球粮食贸易的运营体系，将竞争转变为合作。此次国际粮商的合作，建立在区块链系统信任机制的技术基础上，Covantis SA 解决方案将建立在公有区块链智能合约平台之上，是 JP 摩根基于企业以太坊（Etalum）开发的区块链系统。在该系统基础上，Covantis SA 使用了块链的加密和分布式特性，确保所有事务都是私有的、一致的和安全的。2020 年三季度，从巴西桑托斯港向中国运送大量大豆，是该系统的首次验证，Covantis SA 没有选择传统的欧美线路，而选择了巴西到中国的线路。

应用案例：澳大利亚农业供应链平台。

粮食和农业部门是澳大利亚经济的重要组成部分，通过出口贸易、提供就业和服务机会对区域经济做出了重大贡献。然而，随着世界各地农业供应链不断向寡头垄断体系演进，农民处于更加弱势地位，澳大利亚的食品行业亦被全球化的粮食生产、零售市场和应用供应链显著影响。为解决农产品最终定价权和更多价值被从农民手中夺走的问题，澳大利亚农业供应链追踪企业于 2014 年成立 BlockGrain。BlockGrain 是一个利用区块链技术买卖实物农产品的市场平台，通过区块链技术来加强供应链的跟踪和自动化，改善信息和数据传输，降低合同风险，并提供原产地信息的证明。

为全产业链主体提供全流程信息追踪服务。BlockGrain 允许农民、农产品经纪人和物流公司在整个过程中追踪谷物，从收获到运输到最终的消费者。允许在整个产业过程中追踪农产品信息，可以访问土壤质量、田间应用、天气、耕作方法和种子类型的详细记录。同时，它还为农民提供了创造、管理和跟踪商品合同的能力。旨在使农业行业的所有利益相关者，包括买家、卖家和货主，做出更明智的决定，消除不必要的文件和交易，增加供应链的效率，减少其风险，为参与者提供更大的市场，提高盈利能力。

通过采用全行业软件为来改善食品供应链生态。针对农产品行业数据管理不善、缺乏信任和可见性、低效率和融资障碍等问题，BlockGrain 开发出一种全球性的解决方案，用于多种农产品和大宗商品的使用。公司为澳大利亚水果产业的合作伙伴发布一个 MVP 服务，为产业发展提供全方位解决方案。BlockGrain 还与澳大利亚羊毛业（世界上最大的羊毛产业）和畜牧业的主要市场伙伴建立了关系，旨在通过全行业的软件解决方案来支持和改善整个供应链的生态。

3. 显著改善农村地区贷款难融资贵等信贷供给问题

农村地区金融服务不平衡不充分是制约农业农村经济发展的重要矛盾之一。根据中国人民银行统计，2020 年末，农户生产经营贷款余额 5.99 万亿元，仅占各项贷款余额的 3.47%。农户贷款难融资贵主要是征信成本高、缺少有效可抵押物、贷后可监管难等。区块链技术可通过农业生产的量化模型和农民的历史生产数据给农民授信，降低征信成本。通过将农业设备、林木、林地和农村承包地经营权、农民住房财产权等资源数字化，利用区块链技术解决金融机构、农权主管部门和市场参与主体之间的信息不对称问题，并在各参与主体间进行可信流转，实现资源的资产化。通过区块链与物联网相结合，实现农业生产全程透明化、可监管、可追溯，可大大降低贷后风险。

应用案例：江苏区块链技术＋农村产权交易。

为促进快农村生产要素在区域内的高效流动，加快农业贷款发放速度，2020 年 12 月，江苏省金湖县以农村产权交易市场为平台，运用区块链技术将土地经营流转的信息全部上链，确保信息准确可监管，然后引入金融机构在链上直接发放助农贷款，形成“区块链＋交易鉴证＋抵押登记＋他项权证”抵押融资链条，将物化的农村产权全部实现可监管的数字化，极大地增加了农村生产要素在区域内的流动性，实现不见面审批和贷款发放，很大程度上破解了经营主体的贷款难题。

搭建多方参与、各司其职的平台。将江苏农村产权交易市场、金湖农村商业银行、蚂蚁链等产权交易平台和贷款机构作为链上主要节点，通过引进区块链技术，土地确权、流转等信息上链存证保证真实性和不可篡改，同时可实现信息实时调取和可信验证，金融机构不再需要进村入户对土地经营权的来源合规性、合同真伪性和交易有效性进行核实，农业主管部门和金融监管部门围绕土地经营权对农业经营主体、金融机构进行穿透式监管，基于链上数据为农村金融补贴发放、贷款贴息、风险补偿提供管理。智能合约依据相关约定，自动执行存证、核验、抵押等动作。贷款农户通过身份核验后，就可以在线发起贷款申请。依靠区块链技术的贷款模式较传统信贷，省略了担保环节，简化了审查、登记、审核和审批等流程，显著提升贷款的便捷性和效率。某农户分别用 15.67 公顷和 18.67 公顷两宗土地经营权，在半天的时间内就完成了贷款申请和资金发放的全部流程，获得 36 万元贷款，若用传统贷款模式则需要一个月时间。

4. 提高农业全产业多层次保险投保率和赔付效果

农业保险是分散农业生产经营风险的重要手段，但由于农业保险存在灾情数据掌握不准确、灾损评估方法不合理、理赔时间较长等问题，导致保险品种覆盖率低、农业理赔效果差、农民投保率低。抑制传统农业保险应用的本质是信息不对称所导致的道德风险和逆向选择问题。传统的农业保险，农户投保之后，双方便不再联系，直到发生保险事故，农户申请赔偿，保险机构评估和赔偿。由于保险公司并未对整个种植、养殖过程进行监测，通常难以准确确定事故发生的具体环节和相关事故数据的真实性，管理和运营成本较高。区块链技术的去中心化、去信任化、不可篡改等多重技术特征，可以有效解决上述问题。通过将区块链应用于种养全过程，利用区块链的分布式记录和存储、非对称加密和可追溯等特征，可以对各个生产环节的数据进行追溯，确保数据的透明化和真实性，能够让保险公司迅速掌握真实灾情，合理评估灾损。在理赔方面，利用智能合约技术，能够实现农业保险赔付智能化，一旦灾难发生原因在保险责任范围内，系统将自动触发智能理赔合约，大大缩短理赔时间，提高理赔效率。目前，区块链技术在保险行业已有少量应用，但由于农业保险标的特殊性，还鲜见区块链技术在农业保险中的应用。

三、制约区块链技术在农业农村应用的因素分析

目前，区块链技术在一些地区的农业农村领域开始落地应用，但与实现农业农村现代化的任务和需求相比，还有很大的发展应用空间。总体来看，区块链技术和农业农村的融合发展受到以下 5 个制约因素。

1. 区块链大规模应用的技术成熟度不够制约了在农业农村应用的广度和深度

区块链技术与产业融合发展正处于从产生到规模化应用的探索试点阶段，目前已经注册的区块链企业应用主要集中在信息技术服务、商务政务服务和研究试验等行业，现有应用主要集中于对实时性、交易吞吐量要求不高的现有业务场景的改进，对于挖掘创新业务场景的能力尚显不足。区块链技术在数据存储能力、延迟时间、容量和带宽、信息安全防护能力、通用性等方面还有待进一步提升优化，在一定程度上制约了应用规模。在农业领域的大规模应用中，随着区块链节点数量的增加，以几何倍数增长的产业数据将对计算资源、延迟时间、存储空间等提出更高要求。

2. 与区块链应用相配套的数字农业基础设施不够完善制约了与农业农村融合的速度

数字农业是区块链农业的应用前提，区块链技术只是创造了全新的数据记录和存储方式，获取高质量的数据才能让新方法发挥作用。目前，我国数字农业总体发展较快，但与发展区块链生态的现实要求仍然衔接不够。一是数字农业的基础设施薄弱。小农户家庭经营仍是农业重要经营方式，农业产业链条分布分散、集约化程度低，数据资源分散，数据获取能力较弱。二是农业物联网、人工智能等关键核心技术推广应用程度不高。发挥区块链技术在数字农业领域的应用是要与物联网、大数据、云计算、人工智能等现代信息技术相结合。目前，我国规模设施农业物联网技术推广应用面积还较少，即便在发达省份，规模设施农业物联网技术推广应用面积占比亦不足20%，农业专用传感器普遍缺乏，农业机器人、智能农机装备等适应性还不高。三是农业数据的标准化程度有待提高。农业时空、区域的复杂性决定了农业数据的复杂性，品类、品种、性状、模式等多样化特征对农业数据的标准化采集带来较大挑战。

3. “区块链＋数字农业”复合型人才供给不足制约了区块链农业的应用程度

区块链技术融合了密码学、计算数学、人工智能等多学科、多领域的前沿技术，区块链行业人才既要对技术本身要点有所掌握，又要了解传统业务发展面临的堵点痛点，农业区块链人才还需要具备农业生产和农村发展方面的专业知识。区块链在农业农村领域的发展和延伸，面临专业人才队伍的缺乏。一方面是复合型人才短缺，区块链技术门槛较高，既懂区块链技术又符合“一懂两爱”要求的复合型人才较少。另一方面是产业主体不会用，以小农户为主体的农业经营主体，年龄偏大、受教育程度有限，对新型数字技术了解和接受程度较低。而专业化的规模经营主体和市场主体虽然对新知识、新技术的接受程度相对较高，却对于新技术应用初期的高成本接受意愿较低。

4. 农产品产业链流通环节的复杂性加大了农业领域区块链应用的难度

区块链能够从技术上保证各区块记录数据的真实性、完整性和不可篡改性，但在涉及线下实物交付等场景时，农产品从田间到餐桌，需经历种养、加工、流通、销售和消费等众多环节，涉及生产、批发、加工、仓储、物流、分销和零售等众多主体，农业产业链“两头小中间大”特征明显，流通过程的复杂性导致农产品数据更容易受到人为因素的干预，不同主体对农产品品质和质量的标准容易出现认定纠纷，从而会引起链上数据与链下实物信息的不一致，在很大程度上抑制了部分主体应用区块链技术的积极性。

5. 缺少跨地区、跨行业的区块链技术监管体系和应用标准制约了农业农村区块链的应用范围

区块链技术的价值实现建立在庞大用户群和不断拓展的应用场景。在政策体系方面，作为一项底层技术，区块链技术应用于农业农村领域，首先要建立支持区块链技术应用的监管体系改革，如建立基于区块链技术框架的信评机制、交易规则、惩罚手段和约束机制等，从而使得新老监管体系相互衔接，这将对现有法律法规和监管体系带来挑战。在标准体系方面，区块链在国内外还没有形成通用标准，区块链技术在应用、安全、互通等方面缺少统一标准，产业界对其技术性能指标评价尚未达成一致，制约了区块链技术的跨链互联、场景拓展和产业合作。若市场参与主体各自采用不同的账本和标准，将产生行业和区域的兼容性问题，严重抑制区块链应用范围。只有解决了标准的兼容性问题，基于区块链的基础设施建设与现行行业标准相容，才更加具备实现大规模商用的基础。

四、加快农业农村领域区块链技术应用的对策

在举全党全社会之力推动乡村振兴、推进农业农村现代化的历史关口，农业农村迎来重大发展机遇，数字农业是现代农业的重要体征，区块链技术是数字农业的重要体现。充分发挥区块链技术在推进农业农村现代化的促进作用，推动区块链技术与农业农村融合创新发展，亟须在技术创新、基础设施建设、标准体系构建、应用场景打造、沟通协调机制和专业人才培养等方面进行政策集成、集中发力。

1. 加大农业农村领域区块链技术应用成果的研发力度

充分发挥农业科技的支撑引领作用，抓住农业产业规模化程度不断提升的机遇，围绕产业链部署创新链，加大农业区块链基础研究和应用技术研发投入，推动区域农业科教单位围绕产业发展需求开展跨单位、跨学科协同攻关，推动区块链与数学、经济学、社会学等相关基础学科的交叉融合，为区块链在农业农村应用提供先进适用、集成配套的技术支撑。加快开展农业农村领域区块链专利导航评议，跟踪共性技术研发热点和专利布局重点。

2. 加快完善数字农业基础设施建设

依托数字乡村战略实施，发挥移动通信产业技术优势，加快补齐信息技术在农业农村领域全产业、全链条覆盖应用的短板。推进农业农村基础数据资源体系和天空地一体化观测体系建设，加快农业农村生产经营和管理服务数字化改造，推进种植业信息化、畜牧业智能化、渔业智慧化、种业数字化、新业态多元化、质量安全管控全程化，全面提升农业农村信息化、智能化水平，为区块链技术大范围应用奠定设施基础。

3. 加快建设专业人才队伍

多渠道打造农业区块链专业人才队伍体系。积极培养和引进农业区块链领域领军人才，占领农业区块链创新和产业化高地。通过农业科技项目和平台建设，加快培养一批专业化产业化队伍。在农业高校院所开设区块链相关专业，加强交叉学科课程设计，加强复合型、专业型人才培养。加速农业互联网、物联网、人工智能等领域人才与区块链人才融合发展。加强新型农业经营主体区块链理念和应用教育培训，推动区块链技术和应用场景在部分地区、部分高效产业的新型农业经营主体中落地。

4. 构建区块链应用农业行业标准体系

加强现代农业区块链标准化研究，积极关注和参与国际和区域统一标准制定，提升我国在相关标准制定中的话语权。建立完善的农业农村数据结构和数据规范，明确术语要求，规范信息采集方式方法，制定统一的数据格式标准和口径。鼓励区块链产业化龙头企业、高校院所、相关社会组织等联合组建区块链协同创新平台，共同开展区块链技术研发、科技成果转化和行业标准制定。

5. 推进区块链技术与产业科技载体融合发展

依托各类农业科创平台，加快集聚农业区块链人才、企业、科研院所等创新资源，促进产学研用协同创新，推进各类区块链应用场景率先在农业园区内应用落地。将农业农村区块链应用与产业强镇、农业园区、农产品地理标志、科技基地、产业集群等科技产业项目建设共同实施、协同推进，推动区块链底层技术服务与农业农村新产业新业态新任务融合发展，提升农业生产数字化智能化管理水平。

6. 打造标志性区块链应用场景

加快覆盖主要产业产地产品的大数据平台建设，推进区块链和农业人工智能、大数据、农业物联网等信息技术的深度融合，推动集成创新和融合应用。发挥我国产业结构完整、地区特色鲜明的特点，构建区块链产业生态，引导涉农企业、科研院所、农业园区、新型农业经营主体等采用产学研用相结合的形式组建创新和产业化平台，打造高标准农田建设、农产品质量安全追溯、特色农业产业打造、农村产权交易、农村社区服务等标志性区块链应用场景和新兴业态，扩大农业区块链新技术、新应用普及推广范围。

7. 建立产业主体沟通协调机制

发挥政府部门在规划引领、项目设计、组织协调、安全监管等方面的主体作用，引导农业区块链产业中的企业、金融机构、科研机构、监管部门、行业社会组织等相关主体在区块链应用框架下加强合作交流，形成行业自律规范，建立长效沟通机制。强化区块链应用创新管理，在具备应用条件的农业农村地区的区块链应用中采用“监管沙盒”方式，促进新老监管制度有序衔接，加快构建新型区块链监管框架，降低试错成本。

（第一作者单位：江苏省农业科学院农业经济与发展研究所，中国社会科学院农村发展研究所；论文来源：《中国农机化学报》2021 年第 7 期）

标准化引领农业机械化高质量发展

——以江苏省为例

崔思远　曹光乔　张婕　张琳　滕兆丽

标准化是农业机械化发展的技术支撑，在农业机械化发展中起基础性、引领性、和战略性作用。农机标准化体系建设与农业装备和机械化生产紧密相连，是农业机械化高质量发展的内在要求。根据农机服务环节可将农业机械化标准划分为：农机试验鉴定、质量认证、安装验收、技术推广、使用操作（技术应用）、安全监理（安全运行）、作业服务、质量投诉、质量监督抽查、维修服务、禁用报废、数据统计等。我国农业机械化标准工作起始于 20 世纪 50 年代，主要经历了以下 6 个阶段：探索起步阶段（1952—1965 年）、全面停滞阶段（1966—1976 年）、徘徊发展阶段（1978—1998 年）、加速推进阶段（1999—2004 年）、依法提升阶段（2005—2013 年）、全面发展阶段（2014 年以来）。2004 年《中华人民共和国农业机械化促进法》颁布实施，将农业机械化标准体系建设提升到了法律高度。“十三五”以来，我国农业机械化标准建设快速发展，标准范围向重点机具、主要作物和关键环节拓展，农机鉴定、监理、推广、维修等领域标准逐步加强。目前现行农业机械化国家标准 159 项，行业标准 298 项，地方标准 496 项，呈现由强调数量增长向突出质量提升发展的良好态势，标准形式日趋规范，技术水平逐步提升，农业机械化标准体系初步建立。本文以江苏省为着眼点，全面总结农业机械化标准体系现状，分析了目前存在的主要问题，并提出农业机械化标准体系发展的对策建议，旨在为江苏省农业机械化标准体系的科学发展提供依据，为全国农业机械化标准体系的改革与创新提供参考。

一、标准化在农业机械化中的作用

1. 标准化是机械化生产的重要前提

农业机械化标准是在总结农业机械化生产和管理实践经验的基础上，运用简化、统一、协调、优选原理制定的，是现代机械化技术和现代管理技术的有机结合，具有科学、统一、规范的特点，是保障农机安全作业和运行的技术依据，是促进农机推广应用，提高农机管理水平的重要基础，是农业机械化主管部门依法行政的重要技术支撑。农业机械化标准规范了农机产品和作业各方面的参数，使农机产品在流入市场之前的检验更加的严格，也为农业机械化作业质量提出了要求，为农业机械化生产提供基础保障，同时也提高了农机产品的质量水平，提升了我国农机行业的国际竞争力。

2. 标准化是规范化管理的基础指引

在政府监管中，标准架起了法律与科学间的桥梁，提高了行政决定过程的公开性与结果的准确性，为规范和控制行政裁量权提供了工具。标准的实施为提高政府管理效率提供了便捷技术措施。我国农业机械化国家标准中的强制指标，是政府实施农机产品和作业质量安全管理的便捷、高效的技术措施。

3. 标准化是高质量发展的必然要求

“标准决定质量，有什么样的标准就有什么样的质量，只有高标准才有高质量”。从中国古代的“车同轨、书同文”，到现代工业规模化生产，都是标准化的生动实践。标准化是农业机械化高质量发展的“牛鼻子”。我国农业发展正在向信息化和智能化转型升级，通过互联网、云技术、传感系统、物联网、农业大数据等先进技术的应用，改变粗放低效的农业生产方式，逐步实现智慧农业、精准农业和高效农业，正展现出规模化、品牌化、装备农业等趋势。加快农业机械化领域标准化进程，可以提升农业生产作业质量、产品质量和管理质量，为农业农村发展提供强有力的技术装备支撑。

4. 标准化是多主体协同的动力引擎

标准化是为农机生产及其应用、服务过程中获得最佳秩序，对实际或潜在问题制定共同和重复使用的规则的活动。良好的标准化管理，对稳定生产秩序、提高服务质量、改善经营模式发挥重大作用。要保证农机生产制造与农业机械化技术推广应用，农业机械化部门与农艺管理部门，生产、研发、推广等多主体协同的复杂系统安全、经济、稳定的运行，必须以标准化管理为动力。

二、现状与问题

江苏省农机主管部门高度重视农业机械化标准工作，始终把标准化工作放在引领和促进农业机械化发展的重要位置，着力提升农机标准质量水平，探索构建完善新型标准体系，不断拓展农机标准化工作的深度和广度。2018年江苏省开展了《稻秸秆还田集成小麦（施肥）播种机械化生产技术规程》《茶叶加工机械及使用安全技术规范》两份地方标准的应用示范，通过实践验证了标准的可操作性，为全省农业机械化标准示范工作提供了可借鉴的经验。近年来，江苏省农业机械化相关单位参与修订国家标准5项次，行业标准20余项次，地方标准76项次，团体标准10余项次，为全省农业机械化高质量发展提供了有力的技术支撑。2019年农机鉴定制度改革以来，通过江苏省省级鉴定的136家企业200多项产品都制定了企业标准并公开声明，为全省农业机械化质量提升奠定了基础。然而，现行农业机械化标准及标准制修订过程难以满足农业机械化快速发展的需求，掣肘作用初步显现，具体表现如下。

1. 体制机制不畅

我国标准制修订工作以政府主导为主，农业机械化标准体系涉及农业、农业机械化、工信、市场监管等行业的主管部门，缺乏统一的沟通协调机制，部分行政主管部门各自制修订相关标准，造成标准内容的交叉和抵触。农业机械化标准和农艺标准管理归口不同，导致二者融合度不高，存在标准冲突情况。如大多数水稻插秧机的行距是30厘米，且大多不可调节，仅株距可在15厘米、17厘米和20厘米之间调整，而杂交水稻栽插农艺大多要求行距与株距是20厘米×17厘米。即使插秧机采用最小株距15厘米进行栽插，水稻有效株数也达不到农艺要求。我国现行农业机械化标准标龄在5年以上的占66.2%，标龄超过10年的占37.2%，目前现行标准中仍有1988年制定的标准。现行江苏省地方标准中，标龄在5年以上的占77.3%，标龄超过10年的占30.7%。标准制修订周期长，导致部分标准技术内容陈旧，技术指标低于国际先进水平，标准实施适用性差等，难以适应农业机械化高质量发展的要求。标准制修订成本高制约了标准的更新速度，以江苏省地方标准制修订工作为例，其经费主要来源于政府委托项目，科研机构或大学自筹，企业资助。2019年前，江苏省地方标准经费为5万元/项，2019年开始，部分地方标准立项没有经费资助，地方标准制修订工作动力不足。

2. 标准理念滞后

标准规划不够合理。现行农业机械化各级标准层次定位不清，国家标准和行业标准中均有基础通用型标准，也均有细化到作物或者单项技术的标准，体现不出国家标准和行业标准定位上的差别。标准名称缺乏统一规范，如标准子体系的部分分支下存在指南、导则、通则、准则、工艺、技术、技术要求、技术规范、技术规程等关键词，增加了检索难度。各级各类标准的制定主体、归口单位、发布单位等缺乏全面系统规划，造成标准分布不均衡。农业机械化标准制定从征求意见到发布流程运行顺畅，但发布后信息链断裂，标准制定者和使用者之间缺乏有效沟通，造成标准制定数量多，后期管理少。部分标准重复。现有标准体系中，国家标准、行业标准和地方标准出现类似的同种标准，内容交叉重复。如NY/T 2458—2013《牧草收获机质量评价技术规范》和DB11T296—2005《牧草割草机作业质量》，GB 16151.1—2008《农业机械运行安全技术条件第1部分：拖拉机》和NY2609—2014《拖拉机安全操作规程》、NY641—2002《农业拖拉机安全技术条件》，GB/T 37519—2019《粮油机械斗式提升机》和SB/T 10081—92《粮食斗式提升机》，这种重复反映出标准制定和发布主体间的交叉，造成制修订资源的浪费，使标准使用者无所适从。部分标准缺失。目前江苏省在“互联网＋农业”、农业装备智能制造、绿色农业装备、智慧农业技术与装备、农机关键通用零部件及农机装备应用领域急需的新材料、丘陵山区特色作物机械化装备等领域的标准极为欠缺，部分补贴试点的农机新产品如自走式升降作业机（平台）、料台、码垛机器人等亦缺乏国家标准或行业标准。农机农艺融合领域标准较少。农业机械化作业对品种、栽培工艺、作业条件等都有一定的要求，但是目前品种审定时较少考虑机械化作业规范。现行农业机械化标准多为针对农机产品质量安全和作业效果，而农业机械化监管、农机社会化服务、农机作业基础条件等标准比较欠缺。

3. 标准化水平较低

当前农业机械化标准中，强制性标准仅占1.4%，其余98.6%均为推荐性标准。同时，定性标准多，定量标准不足，标准多而杂，约束力不足。农业机械化标准采用主体为农业机械化生产经营农户，采用实施效果与农业种养殖户重视程度直接相关。受农业生产经验论的影响，广大农业经营主体更相信自己多年的种养殖经验，对于农业机械化标准采纳有抵触心理，导致许多发布多年的标准难于得到有效推广实施。江苏地域南北跨度大，农业耕作制度、栽培技术和病虫害防治等存在较大差异，机械化生产方式也比较复杂，难以直接照搬国家农业机械化行业标准。因此针对农业机械化作业质量制定的部分国家或行业标准，往往地域适用性较差。在标准制修订制度中，对操作性要求不足，部分标准脱离生产实际，导致使用者无从下手，还需二次转换成操作手册或明白卡，难于满足普通农机从业者的实际需求。

4. 监管体系不全

农业机械化标准的贯彻实施，依赖固定的检查监督人员队伍和技术手段，建立有效的技术保障体系。江苏省农业机械化技术和人才建设效果明显，但是农业机械化标准监管存在监测能力较弱、手段单一等问题。部分监督检测机构仅具备检测常规项目的能力，农机作业质量、农机安全性能等缺乏足够检测能力。农机作业质量检测成本偏高，小农户无力承担，导致了农业机械化生产“有标难依”。农业机械化生产主体监督检测体系建设处于起步阶段，难于满足监管要求。农机制造企业建设产品质量监管体系成本高、效益不显著，落实意愿不强。农业机械化强制性标准少，大量农业机械化生产应用缺乏强制标准可依，不具有法律约束力。

三、对策与建议

1. 顶层设计，构建科学适用的农业机械化标准体系

（1）强化调查研究，逐步完善农业机械化标准框架体系。依据《中华人民共和国农业机械化促进法》《国务院关于加快推进农业机械化和农机装备产业转型升级的指导意见》等相关法律法规和文件精神，以农业生产需求为目标，以农业机械化技术创新、机制创新和政策创新为动力，以坚持农业机械化标准规划引领、协同推进、融合发展为工作原则，聚焦农业机械化和农机装备产业转型升级，在科学技术研究成果和社会实践经验的基础上，深入调查论证，广泛征求意见，构建适合江苏省农业机械化发展，具有江苏特色、覆盖全面的农业机械化标准体系，推动农业机械化高质量发展。

（2）加大投入力度，尽快补齐生产急用的重要标准。大力推进新兴领域农业机械化产品和技术模式标准体系建设。顺应产业发展需求，从战略层面制定新兴农业机械化产品和技术模式，尤其是基础通用型标准，促进新兴模式的标准化、产业化。首先，在管理制度上，开辟新型急用标准制定的专用通道，保证从征求意见、发布指南、制定、评审和发布等运行顺畅高效。其次，在技术理念上，借鉴新兴装备产品和技术模式国外先进标准体系构建经验，并作适应性改进，加快我国该类标准基础数据的研究。最后，在支持力度上，针对新兴农机产品和技术模式的标准制定，体现集中力量办大事的原则，在政策和资金上给予适当倾斜。

同时，集合农业农村系统各方资源和力量，加快建立和完善江苏农机农艺融合发展的生产技术体系，促进良种、良法、良地、良机融合发展。制定和完善机艺融合的标准规范，将“宜机化”纳入品种审定标准，将农业机械化标准纳入科研项目研究，将机艺融合纳入技术推广标准。加大省级财政资金向植保、粮食烘干、加工机械化技术标准及技术规程制修订工作倾斜，建立从耕整地、种植、植保、收获到烘干、精深加工等全程机械化技术标准；积极完善配套设施农业、园艺、林业、畜牧、渔业、绿色环保等薄弱领域农机装备与技术标准体系构建，以适应农村产业结构调整的需要。

（3）注重改革创新，构建统筹协作的标准制修订机制。有序推进农业机械化领域强制性标准整合精简试点，在试点基础上全力推进强制性标准改革，研究提出推荐性标准体系优化方案，对现行国家标准、行业标准、地方标准进行全面清理复审工作。集中开展滞后老化标准的复审和修订，提出废止、整合、修订、继续有效等工作建议，解决标准缺失、矛盾交叉等问题，完成现行强制性国家标准、行业标准和地方标准的清理评估。完善江苏省农业机械化地方标准，使农机质量与作业技术指标满足生产实际需求。以质检总局、国家标准委印发《关于培育和发展团体标准的指导意见》加快构建国家新型标准体系为契机，以“放、管、服”为主线，规范农业机械化团体标准相关工作，强化江苏农业机械化学会、农业机械化协会在江苏省地方标准、团体标准制修订过程中的参与度，促进农业机械化标准健康有序发展。

2. 多措并举，推动农业机械化标准的落地实施应用

（1）加强农业机械化标准信息体系建设。加强农业机械化标准信息体系建设，更好地做好农业机械化标准信息公开，提高农业机械化标准服务水平，有效解决公众查标准难、用标准难的现实问题，解决农业机械化标准实施应用“最后一公里”问题。首先，尽快完善农业机械化标准网站的政务服务和社会服务功能，将网站建设成为江苏省农业机械化标准工作的权威门户。其次，立足标准信息源头，着眼公共服务，建立集质量标准信息动态发布、意见征求、文本推送、标准宣贯、意见反馈、统计分析于一体，数据准确、推送快捷、使用方便、服务高效的标准信息系统。最后，逐步将江苏省农业机械化地方标准纳入农业农村部的标准信息系统，形成“一个平台、分布对接，整合资源、集中服务”的标准信息服务新机制。

（2）加强农业机械化标准的宣传贯彻。通过标准宣贯提高农民和各类农业生产经营主体对标准化的认识，根据江苏省种植业结构特点举办标准化培训班、技术指导会，向广大农业种植户发放标准化宣传手册。通过新闻、网络等媒体加大农业机械化标准宣传力度，组织开展标准宣贯培训，大力宣传标准化生产技术；利用“3·15”、科普宣传周和农业机械化展览会，组织江苏省各地农机部门向农民宣传农机产品质量标准，讲授鉴别不符合标准的农机伪劣产品知识；加强对农业机械化龙头企业、农民合作社和家庭农场等规模化生产经营主体的技术指导和服务，充分发挥其开展标准化生产、品牌化发展的示范引领作用。

（3）建立农业机械化标准推广服务体系。加强农业机械化标准化队伍建设。加强农机标准化技术委员会建设，积极探索标委会运行的新机制，充分发挥好专家队伍的作用，积极配合有关主管部门组织好农业机械化标准的规划、研究和建设工作。发挥各级农业机械化技术推广人员主力军的作用，分层次对基层农业机械化技术推广人员、标准化技术和管理人员、龙头企业、规模化经营主体主要人员进行标准化知识培训。建立激励机制，对取得较好社会经济效益的农机标准起草及宣贯单位和个人予以表彰奖励，充分调动科技人员的工作积极性。

开展标准化示范区建设，加强农业机械化标准的示范推广力度。在江苏省内已建立的国家和省、市农业标准化示范区基础上，继续加大工作力度，创建一批农业机械化标准化生产示范区，在全省建立市有示范区、县有示范乡、乡有示范村、村有重点示范户的标准示范推广网络。围绕农业机械化“两全两高”和新兴农业机械化装备和技术标准，开展农业机械化生产模式集成示范与推广，让农民亲眼看到标准化生产的效益。

3. 精准施策，加强农业机械化标准监督检查力度

（1）健全农业机械化标准监督体系。健全检验检测、质量监督、行政执法和立法保护等机构相互配合的农业机械化标准监督体系建设。各级质量监督管理部门及相关部门应加强联动配合，建立固定的检查、监督队伍和科学的检查、监督手段，建立有效的技术保障体系。加强对农机产品和作业质量的检测，抓好标准实施情况的监督，实行严格的责任制和检查督办制，建立覆盖农机产品生产、作业、管理等较为完善的监管网络。

（2）完善标准检测手段和监督方式。通过采用技术引进和技术创新，发展农业机械化产品和作业质量快速检测技术，

引进国外先进的快速检测技术和设备，全面提升农机具机载作业质量智能监控终端普及率，提高农机作业质量监控便捷性。在快速检测技术的关键领域形成自主创新标准，制定出相应的技术规范和准则，促使农业机械化产品和作业质量检测变得更快捷、更准确。

根据不同类型标准的要求和约束性，建立多种检查监督方式。如对于较大规模化农业生产经营主体，通过编制标准化农场建设指南，制定相关的系统的评定标准，同时开展对标准化农场的分级评价，强化对标准化基地的技术指导和量化监督；对于中小规模生产经营主体，可以采用宣传、激励等方式促进标准化的应用；对于农机生产企业，可以通过标准化检查的方式，对企业管理、产品认证、生产过程、产品验收等方面进行规范化检查。同时，通过政府购买服务的方式由第三方进行监督，增强监督检查力量。

（3）构建农业机械化标准信息反馈机制。建立并完善农业标准化信息服务平台，针对不同标准应用主体，开发不同的功能模块，集成包括查询系统、推送系统、有效确认系统、统计与反馈系统的农业机械化质量标准信息化系统。结合网络技术、多媒体技术和计算机技术，建立高效的农业机械化标准信息化体系，建立既涵盖标准全文，又涵盖项目指标和检测方法，数据准确有效、更新实时全面、查询便利精准、推送快捷多样的标准信息系统，为农业机械化标准的深入实施应用提供技术平台，为江苏省内外农产品生产、检测、科研、监管部门标准化工作提供技术支撑。建立农业机械化标准评价系统，参考论文的评价方式，根据标准的下载量、引用量进行评价，也可以根据各级行业主管部门、农机检验检测机构和基层农机推广部门的使用情况对现行标准进行评价。构建农业机械化标准实施信息收集、加工和反馈机制，维持标准化闭环系统良性运营。

四、结语

随着我国农业机械化发展已由过去偏重量的增长推进到如今更重质量和效益提高的新阶段，标准化在农业机械化中的作用及其发展的迫切性日益显现。本文以江苏省农业机械化标准化发展现状为例，从国家标准、行业标准、地方标准等不同层级梳理了现行农业机械化标准体系、制修订机制、宣传推广和检查监督等方面存在的问题，并从标准体系构建、标准实施应用和标准监督检查等 3 个方面提出了加快标准化体系构建，引领江苏农业机械化高质量发展建议，以期充分发挥标准在农业机械化发展中的基础性、引领性作用，推动江苏省乃至全国农业机械化高质量发展。

（第一作者单位：农业农村部南京农业机械化研究所；论文来源：《中国农机化学报》2021 年第 3 期）

区域畜禽养殖环境承载力评价及预警研究

豆志杰　钟明艳　孟飒

畜禽养殖业是农业生态经济系统中的一个重要产业单元，其发展受到诸多环境因素的制约。产业发展现状、自然资源状态、社会需求状况、经济发展水平、技术发展水平、社会治理和响应能力等共同构建畜禽养殖环境系统，当畜禽养殖业发展造成环境污染超过了区域环境系统的整体吸纳和承载能力时，大量废弃物严重影响并威胁区域环境质量的局面就会出现。因此，建设节约型、生态文明型社会，区域畜禽养殖业的发展必须维持在环境系统可承受的能力范围之内。

近年来，国内学者在畜禽养殖环境承载力相关领域做了一些研究，王延吉、董法秀、刘然然、许翼等基于灰色理论分别对延边地区、长沙市、山东省、沈阳市的畜禽养殖环境承载力进行分析和预测；黄显雷、李登赴、褚明辉等利用养分平衡的方法核算畜禽养殖环境承载力；陈晓燕利用系统分析模型评估杭州市各地区的畜禽养殖环境承载力现状；而安晶潭等利用系统动力学法预测大理州的畜禽养殖环境承载力现状。这些研究为我们研究吉林省各地区的畜禽养殖环境承载力提供了参考。

因此，本文拟从经济、社会、自然角度考虑，选取发展类和限制类指标构建畜禽养殖环境系统承载力评价指标体系，基于灰色预测模型和系统分析方法对吉林省各区域畜禽养殖产业的环境承载力进行评价和预测，通过量化的“承载力”关注当前和未来一段时间内畜禽养殖产业系统与区域环境系统的协调度和可持续发展程度，在环境系统的允许和约束下推动区域畜禽养殖产业健康发展。

一、畜禽养殖环境系统承载力评价指标体系构建

借鉴国内外相关研究成果，秉持科学性、完整性、可预测性等原则，从经济、自然、社会三个维度构建区域畜禽养殖环境承载力系统模型，用发展类和限制类指标度量区域畜禽养殖环境承载力。人口增长、经济发展等人类为满足自身发展和社会福利改善而产生的各种消耗性活动会导致环境没有更多的承载能力支撑畜禽养殖活动的发展，把这一类指标定义为限制类指标。限制类指标与畜禽养殖承载能力之间成负相关关系，指标的数值越大，代表人类活动强度越大，越不利于畜禽养殖环境系统承载力的改善和畜禽养殖活动的增加；技术进步、社会治理、新资源的发现等经济社会活动和响应机制会降低环境污染和破坏，或为畜禽养殖业的发展提供更多可利用的资源环境，使环境有更多的承载能力支撑畜禽养殖活动的发展，把这一类指标定义为发展类指标。发展类指标与畜禽养殖承载能力之间成正相关关系，指标数值越大，越有利于畜禽养殖环境系统承载力改善，有利于畜禽养殖活动的增加。本文构建的畜禽养殖环境承载力系统承载力评价指标体系如表 1 所示。

表 1　畜禽养殖环境系统承载力评价指标体系及说明

	准则层	指标层	指标作用
区域畜禽养殖环境系统承载力评价指标体系	畜禽养殖环境系统限制类指标（A1）	牧业总产值（B1）	反映区域产业规模对环境系统的影响
		养殖量（B2）	反映区域养殖数量对环境系统的影响
		养殖结构（B3）	反映区域养殖结构对环境系统的影响
		土地资源消耗水平（B4）	反映畜禽养殖分布对环境系统的影响
		水资源消耗水平（B5）	反映水资源对畜禽养殖系统的影响
		生物资源消耗（B6）	反映农业资源对畜禽养殖的约束
		废水排放相对强度（B7）	反映区域养殖污水排放对畜禽养殖系统的影响
		固废排放相对强度（B8）	反映区域畜禽养殖固废排放对系统的影响
		污染物排放相对强度（B9）	反映畜禽养殖污染物排放对系统的影响
		人口数（B10）	反映人类活动对畜禽养殖系统的影响
		工业产值（B11）	反映工业发展对畜禽养殖系统的影响
		工业废水排放量（B12）	反映区域工业发展对畜禽养殖业的影响
		生活污水排放量（B13）	反映区域人口对畜禽养殖业的影响
		化学肥料施用量（B14）	反映区域土壤环境质量对畜禽养殖环境的影响
区域畜禽养殖环境系统承载力评价指标体系	畜禽养殖环境系统发展类指标（A2）	地表径流（B15）	反映区域水资源对畜禽养殖的支持能力
		粮食作物产量（B16）	反映区域生物资源对畜禽的支持能力
		地面水水质达标率（B17）	反映区域环境资源水质对畜禽养殖的支持能力
		耕地面积（B18）	反映区域可用土地资源对畜禽养殖的支持能力
		饮用水源达标率（B19）	反映区域饮用水资源对畜禽养殖的支持能力
		“三同时”执行率（B20）	反映社会管理对畜禽养殖环境系统的支持能力
		环评执行率（B21）	反映社会管理对畜禽养殖环境系统的支持能力
		工业企业废水排放达标率（B22）	反映污染治理水平对畜禽养殖环境系统的支持能力
		“三废”综合利用产品产值（B23）	反映污染治理水平对畜禽养殖环境系统的支持能力
		科技支出（B24）	反映区域科技投入水平对畜禽养殖环境系统的支持能力
		环保投资占 GDP 比重（B25）	反映区域环境治理投资对畜禽养殖环境系统的支持能力
		GDP（B26）	反映区域经济发展水平对畜禽养殖环境系统的支持能力
		人均 GDP（B27）	反映区域经济发展水平对畜禽养殖环境系统的支持能力

上述指标体系综合反映了区域现有畜禽养殖业发展和污染现状、区域土地资源、水资源和生物资源消耗水平、人类经济社会发展情况等对区域畜禽养殖环境系统的限制性影响。

近似描述了区域土地资源、水资源和生物资源现状、区域经济发展水平、社会管理水平、污染治理水平、科技投入水平等对区域畜禽养殖环境系统的支持能力；综合反映了区域自然系统、经济社会系统、产业系统、环境响应系统的相互影响和相互作用，较全面地勾勒了畜禽养殖环境系统的各个维度和方面，能较好地评价区域畜禽养殖环境系统承载力的综合状态。

二、数据来源与评价方法

1. 原始数据来源

本文选取长春、吉林、四平、通化、白城、白山、松原、延边、辽源作为代表性地区研究吉林省畜禽养殖业的发展。吉林省畜禽养殖基础数据、人口数、工业产值、牧业产值、工业废水排放量、生活污水排放量、化学肥料施用量、耕地面积、粮食作物产量、地表径流、地面水水质达标率、饮用水源达标率、“三废”综合利用产品产值、“三同时”执行率、环评执行率、工业企业废水排放达标率、科技支出、GDP、环保投资占 GDP 比重等指标均来源于历年《吉林省统计年鉴》

《中国统计年鉴》和《中国农业统计年鉴》；养殖量用生猪当量来表示（30只蛋鸡折算1头猪，60只肉鸡折算1头猪，1头奶牛折算10头猪，1头肉牛折算5头猪，3只羊折算1头猪）；养殖结构用大牲畜存栏量与养殖总量的比值来确定；土地资源消耗水平用养殖生猪当量除以年末常用耕地面积；水资源消耗水平用养殖用水量同地表径流量比值来确定；生物资源消耗水平用畜禽养殖产值除以粮食产量来确定；养殖污水排放用畜禽养殖量乘以单位养殖污水排放量来确定；养殖固废排放量用畜禽养殖量乘以单位养殖固废排放量来确定；废水排放相对强度用畜禽养殖污水排放量除以工业废水与生活污水排放量的总和来确定；固废排放相对强度用畜禽养殖固废排放量除以工业固废与生活垃圾排放量的总和来确定；污染物排放相对强度用畜禽养殖污染物排放量（COD）除以总COD排放（工业废水、生活污水污染物之和）来确定。

2. 畜禽养殖环境系统承载力评价方法选择

本文选择系统分析模型作为畜禽养殖环境承载力量化方法，通过计算并比较区域环境系统承载力的综合值、适宜值和警戒值，来确认区域环境承载力的具体状态。

在研究区域畜禽养殖环境承载力评价及预警中，针对n个指标给出了不同年份的畜禽养殖环境承载力分量，假设环境承载力在m个年份的承载力为X_j(j=1，2，3，…，m)，而不同年份m畜禽养殖环境承载力又由若干个指标n所确定的分量构成，既有$x_{ij}=(x_{1j},\ x_{2j},\ x_{3j},\ \cdots,\ x_{nj})$。对其进行归一化处理之后，有$X_{ij}=(X_{1j},\ X_{2j},\ X_{3j},\ \cdots,\ X_{nj})$，其中$X_{ij}$代表第$i$个指标在第$j$年份下的具体指标值。为了消除不同指标数据量纲之间的差异，本文约定，对于限制类指标用式(1)进行归一化处理。

$$X_{ij}=\frac{x_{ij}}{\sum_{j=1}^{m}x_{ij}},i=1,2,3,\cdots,n \tag{1}$$

对于发展类指标用式(2)进行归一化处理。

$$X_{ij}=1/\left(1+\frac{x_{ij}}{x_{i1}}+\frac{x_{ij}}{x_{i2}}+\cdots+\frac{x_{ij}}{x_{im}}\right)(m\neq j) \tag{2}$$

那么，第j年份环境承载力的综合值用归一化后矢量的模来表示，如式(3)。

$$X_j=\sqrt{\sum_{i=1}^{n}{X_{ij}}^2} \tag{3}$$

此外，本文把各指标年度平均值设定为适宜值，用来表征畜禽养殖生态环境承载力最理想的状态；各指标所有年份的最小值设定为警戒值，表征畜禽养殖生态环境承载力的最大承受力度。

3. 畜禽养殖环境系统承载力预测模型选择

灰色预测模型（Grey Model）是对灰色系统建立的预测模型，简称GM模型，经常运用在农业、经济等方面。作为预测用的GM模型分为GM(1, 1)模型和GM(n, 1)模型。当原始时间序列含有指数变化规律时，GM（1, 1）是比较理想的预测模型，畜禽养殖环境承载力测度既有已知因素又含有未知因素，可以看成一个灰色过程，因此本文选用累加生成数列的GM(1, 1)模型预测未来10年吉林省各区域畜禽养殖环境承载力现状。基本步骤如下。

（1）对原始数据做一次累加。设变量$X^{(0)}=\{X^{(0)}(i),\ i=1,\ 2,\ \cdots,\ n\}$为预测吉林省各区域畜禽养殖环境承载力的非负单调原始数据列。为克服原始数列的波动性和随机性，首先对$X^{(0)}$进行一次累加，生成一次累加序列

$$X^{(1)}=\{X^{(1)}(k),k=1,2,\cdots,n\} \tag{4}$$

式中：k——时间序列。

其中：$X^{(1)}(k)=\sum_{i=1}^{k}X^{(0)}(i)=X^{(1)}(k-1)+X^{(0)}(k)$

（2）建立GM(1，1)模型。对$X^{(1)}$建立微分方程，即GM(1，1)模型

$$\frac{dX^{(1)}}{dt}+aX^{(1)}=u \tag{5}$$

式中：a——发展灰度；

u——内生控制灰度。

由于$X^{(1)}(k)-X^{(1)}(k-1)=X^{(0)}(k)$，取$\frac{dX^{(1)}}{dt}=X^{(0)}(k)$为灰导数，$X^{(1)}=X^{(1)}(k)$，则式(5)相应的微分方程

$$X^{(0)}(k)=-aX^{(1)}(k)+u\ (k=1,2,3,\cdots,n) \tag{6}$$

即矩阵形式为

$$Y=B(a,u)^{T}$$

其中：$Y=[X^{(0)}(2),X^{(0)}(3),\cdots,X^{(0)}(n)]^{T}$，

$$B=\begin{bmatrix}-0.5(X^{(1)}(2)+X^{(1)}(1)) & 1\\ -0.5(X^{(1)}(3)+X^{(1)}(2)) & 1\\ \cdots & \cdots\\ -0.5(X^{(1)}(n)+X^{(1)}(n-1)) & 1\end{bmatrix}$$

用最小二乘求得参数的估计值

$$(\hat{a},\hat{u})^{T}=[B^{T}B]^{-1}\cdot B^{T}\cdot Y \tag{7}$$

因此，解式(5)，得到离散化的时间响应模型

$$\hat{X}^{(1)}(k+1)=\left[X^{(0)}(1)-\frac{u}{e}\right]\cdot e^{-ak}+\frac{u}{a} \tag{8}$$

由式(8)计算得到的是在$k+1$时刻生成数列的预测值，欲求原始数列的预测值，尚需进行累减运算。因此得到原数列的预测值为

$$\begin{aligned}\hat{X}^{(0)}(k+1)&=\hat{X}^{(1)}(k+1)-\hat{X}^{(1)}(k)\\&=\left[X^{(0)}(1)-\frac{u}{e}\right]\cdot[e^{-ak}-e^{-a(k-1)}]\end{aligned} \tag{9}$$

（3）模型检验。预测数列与原始数列的拟合精度高可直接用于外推预测，否则，须经残差修正后再用于预测，拟合检验指标有后验差值比C及小误差概率P，具体检验过程如下。

首先，计算原始数列$X^{(0)}$的均值和方差。

$$\overline{X}=\frac{1}{n}\sum_{k=1}^{n}X^{0}(k) \tag{10}$$

$$S_1=\sqrt{\frac{1}{n}\sum_{k=1}^{n}[X^{0}(k)-\overline{X}]^2} \tag{11}$$

其次，求残差数列$E^{(0)}$ $[E^{(0)}=X^{(1)}(k)-\hat{X}^{(1)}(k)]$的均值和方差。

$$\overline{E}=\frac{1}{n-1}\sum_{k=1}^{n}E^{(0)}(k) \tag{12}$$

$$S_2=\sqrt{\frac{1}{n-1}\sum_{k=1}^{n}\left[E^{(0)}(k)-\overline{E}\right]^2} \tag{13}$$

最后，求后验差比值与小误差概率。后验差比值

$$C=\frac{S_2}{S_1} \tag{14}$$

小误差概率

$$P=P\{|E^{(0)}(k)-\bar{E}|<0.6745S_1\} \tag{15}$$

当 $C<0.35, P>0.95$，预测模型精度为一级，当 $0.35<C<0.5$ 并且 $0.70\leqslant P\leqslant 0.95$ 时，预测模型精度为二级，否则可用残差序列建模法修正。

4. 畜禽养殖环境系统承载力评价标准确定

畜禽养殖环境承载力综合值越大，区域畜禽养殖环境承载力越强。年度综合值大于适宜值时，说明该地区该年份畜禽养殖环境承载力强，目前的畜禽养殖产业模式发展好，畜禽养殖业能和生态环境协同发展，畜禽养殖持续竞争能力强，发展空间大，发展前景乐观；综合值介于警戒值和适宜值之间时，表明区域畜禽养殖产业污染对生态环境造成了一定的影响，区域生态环境承载力较弱，应该适度减少畜禽养殖的规模和数量，注重并加强生态环境保护；当综合值小于警戒值时，说明该地区畜禽养殖环境承载力弱，应该考虑进行全部或部分的产业转移，着力进行区域生态修复。详见表 2。

表 2　区域畜禽养殖环境系统承载力评价标准

综合值＞适宜值	警戒值＜综合值＜适宜值	综合值＜警戒值
承载力强	承载力较弱	承载力弱

三、吉林省畜禽养殖环境承载力评价结果分析

1. 畜禽养殖环境承载力现状不容乐观

应用上述畜禽养殖环境承载力测算方法，对 2010—2019 年吉林省各区域畜禽养殖环境承载力的综合值、适宜值和警戒值进行计算，具体结果如表 3 所示。

表 3　2010—2019 年吉林省各地区畜禽养殖环境承载力综合值、适宜值和警戒值

地区	年度畜禽养殖环境承载力综合值										适宜值	警戒值
	2010 年	2011 年	2012 年	2013 年	2014 年	2015 年	2016 年	2017 年	2018 年	2019 年		
长春	0.271	0.221	0.260	0.226	0.298	0.257	0.229	0.231	0.276	0.225	0.242	0.176
吉林	0.322	0.287	0.257	0.225	0.237	0.272	0.220	0.201	0.219	0.159	0.335	0.266
四平	0.284	0.248	0.378	0.256	0.322	0.327	0.246	0.247	0.312	0.225	0.323	0.254
通化	0.247	0.314	0.307	0.250	0.281	0.286	0.261	0.258	0.229	0.178	0.293	0.185
白山	0.326	0.337	0.306	0.349	0.396	0.285	0.249	0.257	0.260	0.222	0.196	0.142
白城	0.248	0.225	0.217	0.239	0.255	0.243	0.263	0.267	0.248	0.191	0.326	0.279
松原	0.237	0.110	0.114	0.122	0.139	0.127	0.119	0.120	0.138	0.123	0.211	0.174
延边	0.242	0.359	0.478	0.320	0.403	0.457	0.336	0.378	0.473	0.466	0.296	0.205
辽源	0.233	0.285	0.339	0.238	0.298	0.341	0.270	0.238	0.295	0.189	0.301	0.149

由表 3 可知，2010—2019 年吉林省吉林、松原、白城的畜禽养殖环境承载力的综合值波动幅度较大，总体呈现下降的趋势，多数年份的综合值均低于警戒值，表明这三个地区的生态环境承载力弱；长春、通化、辽源、四平地区历年的畜禽养殖环境承载力综合值大多介于警戒值和适宜值之间，畜禽养殖生态环境承载力水平较弱；延边、白山的畜禽养殖环境承载力综合值大多大于适宜值，且逐渐偏离适宜值，表明延边和白山两地区畜禽养殖环境承载力较强。当前，吉林省 9 个行政区域中吉林、松原和白城的畜禽养殖环境承载力最弱，长春、通化、四平和辽源居中，延边和白山的整体情况较好，区域畜禽养殖环境承载能力受到了一定程度的挑战。详见表 4。

表 4　吉林省各城市畜禽养殖环境承载力的现状

地区	畜禽养殖环境承载力		
	弱	较弱	强
吉林、松原、白城	√		
延边、白山			√
长春、通化、四平、辽源		√	

2. 畜禽养殖环境承载力前景堪忧

为了考察区域畜禽养殖环境系统承载力的累积效应、滞后效应和长期影响，增强对产业发展方向和整体产业布局的预判，本文利用上述灰色预测模型对吉林省代表性城市的畜禽养殖环境承载力进行预测。以长春为例，计算结果如表 5 所示。

可以发现，2010—2019 年长春市禽养殖环境承载力实际值与预测值拟合度较高，实际数据和预测数据两者相差不大且两者数据的变动都呈递减趋势。表明本文选取的畜禽养殖产业环境承载力实证分析方法和构建的评价指标体系均适用。可以据此对长春地区 2020—2029 年的畜禽养殖环境承载力进行预测，相应的畜禽养殖生态承载力测定的预测模型：

$$X(t+1)=12.33e^{0.0601t}-12.2418 \tag{16}$$

同理，分别构建其他 8 个行政区域的畜禽养殖环境承载力预测模型，并据此进行区域环境承载力预测，限于篇幅，在这里不一一赘述。2020—2029 年吉林省各地区畜禽养殖环境承载力预测结果汇总情况如表 6 所示。

表5　长春畜禽养殖环境承载力实际值与预测值

项　目	2010年	2011年	2012年	2013年	2014年	2015年	2016年	2017年	2018年	2019年
实际值	0.271	0.221	0.260	0.226	0.298	0.257	0.229	0.231	0.276	0.225
预测值	0.271	0.240	0.268	0.248	0.296	0.270	0.241	0.243	0.247	0.248

表6　2020—2029年吉林省各地区畜禽养殖环境承载力预测值

地区	年份									
	2020	2021	2022	2023	2024	2025	2026	2027	2028	2029
长春	0.247 3	0.247 5	0.248 0	0.247 6	0.247 7	0.247 8	0.247 9	0.248 0	0.248 1	0.248 1
吉林	0.179 4	0.170 8	0.162 7	0.155 0	0.147 5	0.140 5	0.133 8	0.127 4	0.121 3	0.115 5
四平	0.255 1	0.249 7	0.244 3	0.239 1	0.234 0	0.229 0	0.224 2	0.219 4	0.214 7	0.210 1
通化	0.205 1	0.195 5	0.186 3	0.177 6	0.169 2	0.161 3	0.153 7	0.146 5	0.139 7	0.133 1
白山	0.228 1	0.217 0	0.206 3	0.196 2	0.186 6	0.177 4	0.168 7	0.160 5	0.152 6	0.145 1
白城	0.240 3	0.240 6	0.241 0	0.241 3	0.241 6	0.242 0	0.242 3	0.242 6	0.243 0	0.243 3
松原	0.131 8	0.133 6	0.135 4	0.137 2	0.140 0	0.140 8	0.143 0	0.145 0	0.146 5	0.148 4
延边	0.450 6	0.457 8	0.467 0	0.476 0	0.485 4	0.500 0	0.504 6	0.514 7	0.525 0	0.535 2
辽源	0.236 4	0.229 2	0.223 0	0.215 4	0.208 8	0.202 4	0.196 2	0.190 2	0.184 4	0.178 8

依据前文提出的评价标准，吉林省各地区畜禽养殖业环境承载力前景预测结果汇总如表7所示。

表7　吉林省各地区畜禽养殖业环境承载力前景

地区	发展前景		
	乐观（无警）	较乐观（轻警）	不乐观（重警）
长春	√		
吉林			√
四平			√
通化			√
白山	√		
白城			√
松原			√
延边	√		
辽源		√	

对比各地区畜禽养殖环境系统承载力现状可以发现：①未来10年吉林省各地区畜禽养殖环境系统承载力基本沿袭和继承了现有基础，9个行政区中6个（延边、白山、辽源、吉林、松原、白城）地区的畜禽养殖环境承载力水平维持不变，说明区域畜禽养殖环境系统的系统惯性和累积效应很难突破；②长春市受自然生态系统，特别是高水平的经济社会系统、环境治理响应系统等对养殖环境系统支撑能力的显著影响，虽然当前畜禽养殖环境承载力较弱，但未来前景较乐观，是9个地区中唯一有机会实现系统修复和逆生长的地区；③吉林和四平地区在自然、经济和社会系统的综合作用下，现有畜禽产业生态环境系统的负面影响将在未来10年进一步显化，区域畜禽养殖环境承载能力将进一步恶化，由当前的中等水平直线滑落至较弱水平，前景堪忧；④总的看来，9个行政区域中将有5个，超过55%的地区变成畜禽养殖环境系统承载力薄弱地区，进入重警状态，省域范围内畜禽养殖业整体发展前景不乐观。上述预测结果说明，区域畜禽养殖环境系统承载力不仅是可继承的，也是可逆行和再生的，其综合状态取决于系统内发展类指标和限制类指标的相互作用和影响，既要尊重现有系统承载力现状和基础，又要积极采取恰当的系统干预策略，充分发挥经济、社会和生态系统对产业系统的促进作用，实现区域畜禽养殖环境系统的良性和可持续发展。

自然状态下未来10年，延边、长春、白山地区畜禽养殖环境承载力预测的综合值逐年递增，且均大于警戒值，偏向适宜值，畜禽产业发展前景乐观，应注重生态环境保护，维持畜禽养殖业的可持续性发展模式；辽源地区畜禽环境承载力的综合值逐年偏大，且介于警戒值和适宜值之间，生态环境的自我修复能力较强，未来发展前景较乐观，可适度开展畜禽产业的可持续发展活动，控制好养殖数量和养殖规模；吉林、四平、通化、白城、松原的畜禽养殖环境承载力的综合值均小于警戒值，且呈逐年下降态势，表明这些地区畜禽养殖产业发展前景不乐观，处于重警区域，各地区的生态环境状况较差，畜禽养殖模式不能和生态环境共存，当前畜禽养殖模式不适合该地区，应当尽快缩减畜禽养殖的规模、数量，转移全部或部分畜禽养殖产业，着力进行生态环境修复。

四、结论与建议

畜禽养殖业的发展是一个包含经济、社会和环境影响的系统工程。畜禽养殖业发展涉及的影响因素有的会对产业发展有促进和支持作用，有的具有阻碍和限制作用，畜禽养殖业的发展应该综合考虑各方影响，用系统、协同和持续的思想综合考虑。本文从自然生态系统、经济社会系统、产业系统和环境响应系统等方面选取发展类和限制类指标构建区域畜禽养殖环境系统承载力评价指标体系，通过对比区域畜禽养殖环境系统承载力预测值、适宜值（各指标年度平均值）和警戒值（各指标所有年份的最小值），对吉林省各地区禽养殖环境承载力进行了评价和预测。

首先，区域畜禽养殖环境承载力受到了一定程度的挑战。2010—2019 年，吉林、松原、白城 3 个地区多数年份畜禽养殖环境承载力的综合值均低于警戒值，畜禽养殖生态环境承载力弱；长春、通化、辽源、四平 4 个地区历年的畜禽养殖环境承载力综合值大多介于警戒值和适宜值之间，畜禽养殖生态环境承载力较弱；延边和白山 2 个地区的畜禽养殖环境承载力综合值大多大于适宜值，地区畜禽养殖环境承载力相对较强。

其次，整体畜禽养殖环境承载力前景堪忧。未来 10 年，吉林和四平地区畜禽产业生态环境系统的负面影响将进一步显化，区域畜禽养殖环境承载能力将进一步恶化，加上之前一直处于较弱状态的吉林、松原和白城，省域内 9 个行政区域中将有 5 个，超过 55% 的地区变成畜禽养殖环境系统承载力薄弱地区，进入重警状态，畜禽养殖业整体发展前景不乐观。

最后，区域畜禽养殖环境系统承载力的系统惯性和累积效应很难突破。前后两个 10 年的对比分析发现，吉林省 9 个行政区中有 6 个（延边、白山、辽源、吉林、松原、白城）的畜禽养殖环境承载力状态维持不变；有 2 个地区（吉林、四平）会出现进一步恶化态势；只有 1 个地区（长春）受自然生态系统，特别是高水平的经济社会系统、环境治理响应系统的支撑能力影响，有机会实现系统修复和逆生长，前景较乐观。

上述研究结果说明，区域畜禽养殖环境系统各个子系统的相互作用机理深刻、复杂，在空间上有交叉，在时间上有继承，有显著的累加和滞后效应。其综合状态取决于系统内发展类指标和限制类指标的相互作用和影响，一旦受到破坏，在自然状态下很难修复，多数情况只能愈演愈烈。既要尊重现有系统承载力现状和基础，又要积极采取恰当的系统干预策略，充分发挥经济、社会和生态系统对产业系统的促进作用，在环境承载力约束范围内合理地进行产业布局和产业发展政策制定，实现区域畜禽养殖环境系统的良性和可持续发展。具体说来，长春、白山、延边等发展前景乐观地区应注重生态环境保护，维持现有畜禽养殖的可持续性发展模式；辽源生态环境的自我修复能力较强，未来发展前景较乐观，可适度开展畜禽产业的可持续发展活动，控制好养殖数量和养殖规模；吉林、四平、通化、白城、松原等畜禽养殖环境承载力重警区域则应迅速缩减畜禽养殖规模，进行全部或部分产业转移，着力进行生态修复，并考虑逐步探索生态产业化道路。

（作者单位：长春大学管理学院；论文来源：《中国农机化学报》2021 年第 12 期）

大型蔬菜温室无线监测网络覆盖优化方法研究

吴传程　赵春江　吴华瑞　缪祎晟

利用农业无线传感器网络精确获取连栋温室内作物生长（例如黄瓜等）的小气候环境信息（例如土壤温湿度，空气温湿度等）是现代农业发展的重要技术手段。精准的数据采集与分析可有效减少人工和水肥资源的过度消耗，实现作物的高效生长。如何利用更少的传感器节点实现对连栋温室内黄瓜等作物的最大化感知覆盖，降低网络成本、提高温室环境感知准确性是农业无线传感器网络研究应用中亟待解决的问题。

不同领域监测应用的覆盖要求各异，对于无线传感器的优化部署主要分为群体智能算法和分布式部署算法两大类。群体智能算法中，Zhou 等采用 SSO 算法解决对监测区域的优化覆盖，通过模拟群居蜘蛛中不同个体的生活习性对传感器节点进行调度，提高对监测区域的网络感知覆盖，但算法的收敛性低；Panag 等提出一种最大覆盖混合搜索算法，该方法基于粒子群算法实现全局搜索并结合 Hooke-Jeeves 方法改进局部搜索，提高算法的收敛速度，优化感知节点的区域覆盖；Holland 等利用遗传算法实现对监测区域的网络覆盖，该算法采用局部搜索策略对传感器进行部署，提高了监测区域的覆盖率，但由于没有考虑传感器位置对覆盖效率的影响，所以存在大量的重叠覆盖面积；Su 等采用基于动态蚁群算法的无线传感器网络节点优化配置策略，对获取蚁群算法中的全局最优解方式进行改进，实现无线传感器网络的优化覆盖部署，具有较好的网络连通性和覆盖率，但蚁群算法的计算量较大，求解的所需时间较长；基于群体智能的相关算法也逐渐应用在农田和茶田中，并通过水肥一体化解决水肥资源的浪费。分布式部署算法中，Zou 等首次将虚拟力算法应用到无线传感网络的优化覆盖中，在圆形感知范围和虚拟势场的基础上，提出了一种经典的虚拟力算法。但传统虚拟力算法在运行后期稳定性较差，出现覆盖率较低的情况。目前基于改进虚拟力提高感知覆盖率的研究仍然存在。Liu 等提出传感器节点部署和覆盖虚拟分子方法（VMFA），假设在传感器节点之间存在类似于空气分子的相互作用力，设置相邻或次相邻“零重力”，通过计算传感器节点之间的合力，实现对监测区域的优化覆盖；关志艳等提出虚拟力结合群聚智能优化思想，改善传感器节点的移动速度，解决网络感知覆盖优化问题；戴欢等采用虚拟力结合泰森多边形的分布式覆盖算法，解决虚拟力后期覆盖率下降的问题；李飙等利用 Delaunay 三角剖分对不同区域土壤的墒情和变异系数，实现农田的全方位的监测。

针对传统虚拟力算法在连栋温室内对黄瓜等作物实现无线传感器网络感知覆盖局部最优状态导致作物生长不均匀等问题，提出基于区域面积强度的虚拟力感知覆盖算法，实现在连栋温室中对黄瓜等作物生长环境监测的全覆盖，提高无线传感器网络对温室的智能化监测水平。

一、基于区域面积强度的虚拟力算法

为了提高连栋温室中无线传感器网络感知覆盖的稳定性

和感知覆盖高效性，改进传统虚拟力算法。结合传感器节点间在连栋温室内的覆盖强度，克服传统虚拟力的限制，增强算法的稳定性，实现无线传感器网络在连栋温室内对黄瓜等作物的高覆盖率。

1. 感知覆盖模型

根据黄瓜等作物在连栋温室内不同生长周期种植特点，实现无线传感器网络对黄瓜等作物生长环境的全向感知覆盖监测，获得更多黄瓜作物生长环境信息，让连栋温室内的黄瓜等作物得到更好的培育，因此在连栋温室中构建无线传感器网络感知模型。

将 N 个传感器节点随机分布在连栋温室内，并将该温室分割成 K 个面积大小为 1 米 ^{2} 的网格，并将黄瓜等作物均匀地种植在 K 个网格内，作物在温室内的坐标分布如式 (1) 所示。

$$C=[c_1(x_1,y_1),c_2(x_2,y_2),c_3(x_3,y_3),\cdots,c_K(x_K,y_K)] \tag{1}$$

式中：C——网格点即种植作物组成的集合；

$c_K(x_K,\ y_K)$——第 K 个作物种植坐标。

对连栋温室内的传感器节点做如下假设：采用同构传感器节点、位置信息可知、可调控自身感知位置信息、r 为传感器节点的感知半径、通信半径 R 为感知半径的 2 倍；已知传感器节点 $s(x_s,y_s)$ 与任意作物 $c(x_c,y_c)$ 的欧式距离 $d(c,s)$，若 $d(c,s)\leqslant R$，则作物 c 被传感器 s 覆盖，若 $d(c,s)>R$，则作物 c 未被传感器节点 s 覆盖。

传统虚拟力算法是利用节点间的欧式距离 d_{ij} 与距离阈值进行判断，并利用传感器节点间的欧氏距离和设定的虚拟力系数计算出传感器节点所受的虚拟力。

2. 基于区域面积强度的虚拟力算法

将传感器节点随机分布在连栋温室内，采用传统虚拟力对连栋温室实现感知覆盖过程中，传感器节点在温室内受虚拟力的移动，由于部分传感器节点受到相邻节点的虚拟合力为零，导致这些节点无法在温室内进行移动，出现一种收拢平衡状态，如图 1 所示。使无线传感器感知覆盖网络陷入局部最优，在连栋温室内产生大量的覆盖重叠，同时对未覆盖区域未进行进一步覆盖，导致传感器节点未能获取连栋温室内不同位置作物的精确信息，同时产生了大量的重复的冗余数据。

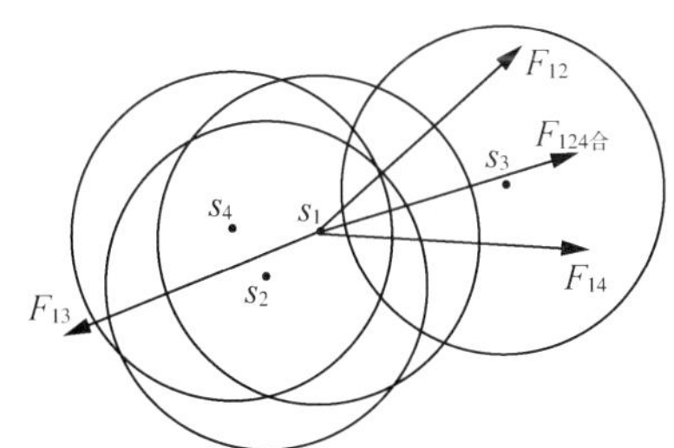

图 1 传统虚拟力算法产生的聚拢情况

通过研究表明，传统虚拟力覆盖算法的覆盖结果对传感器节点的初始状态有较高的依赖性。为使传感器节点对连栋温室内黄瓜等作物实现覆盖最大化，引入一定的虚拟力扰动避免陷入局部最优，调整虚拟力的计算方式，从原理上避免局部平衡的出现。由此本文提出一种基于区域面积强度的虚拟力算法，引入温室内相邻节点间的感知重叠覆盖强度，调节相邻传感器节点间的虚拟力系数，消除连栋温室内相邻传感器节点间出现的收拢平衡状态，从而避免因依赖感知节点的初始分布，导致无线传感器网络在连栋温室内对黄瓜等作物产生覆盖聚拢以及低覆盖率现象。

假设 N 个传感器节点随机部署在连栋温室内部，相邻节点间的最优欧氏距离为 d_{th}，传感器节点最优部署与相邻传感器节点在监测区域的面积强度有关。

$$\eta_i=\frac{P^2}{\sum_{i=1}^{N}\sum_{t=1}^{P}S_{it}} \tag{2}$$

式中：η_i——相邻传感器节点的区域的强度；

t——传感器节点 s_i 的第 t 个邻居节点；

P——传感器节点 s_i 的邻居节点的总数；

S_{it}——相邻传感器节点的重叠覆盖面积。

在连栋温室内传感器节点的相邻节点数目越多，产生的重叠覆盖面积越大，导致该区域作物受到传感器节点的感知覆盖面积强度越高。在连栋温室内不同的两个相邻传感器节点之间产生的距离各不相同，如果不能预先确定温室内的传感器节点的随机部署状态，仅根据经验值设置重力参数，使得传感器节点在受到虚拟力之后在连栋温室内产生过大的移动，无法取得良好的覆盖效果，同时消耗过多的能量。

为降低算法在迭代过程中产生误差同时提高无线传感器网络对连栋温室内黄瓜等作物的感知覆盖率，通过传感器节点之间的区域覆盖强度和虚拟力系数计算出虚拟力，利用区域面积强度调节传感器节点所受虚拟力大小。d_{ij} 与阈值距离 d_{th} 比较，判断传感器节点是否受到虚拟力的影响，改变传感器分布情况，在连栋温室内有目的地扩张，提高连栋温室内对作物的有效覆盖率。

假设每个传感器之间的力为 F_{ij}（$ij=1,2,3,\cdots,n$），当传感器之间的距离小于距离阈值，斥力 F_{ijN}（ij=1, 2, 3, ⋯, n）生成；否则引力 F_{ijP}（ij=1, 2, 3, ⋯, n）生成。

$$F_{ij}=\begin{cases}(w_a\eta_{ij}(d_{ij}-d_{th}),\alpha_{ij}) & d_{ij}<d_{th}\\ 0 & d_{ij}=d_{th}\\ \left(\dfrac{w_r}{d_{ij}},\theta_{ij}\right) & d_{ij}>d_{th}\end{cases} \tag{3}$$

式中：α_{ij}——定向角度；

θ_{ij}——定向角度，$\alpha_{ij}=\theta_{ij}+\pi$；

w_a——斥力系数；

w_r——引力系数；

η_{ij}——区域覆盖强度。

$$F_i=F_{iBD}+\sum_{i=1,j\neq i}^{n}F_{ij} \tag{4}$$

式中：F_{iBD}——来自监测物体的引力和边界对传感器的斥力的总和；

F_{ij}——传感器之间存在的引力或斥力；

F_i——合力。

受力 $\overrightarrow{F_i}$ 作用后节点 s_i 的新位置

$$f_i=\begin{cases}x_{c_i}+\dfrac{\overrightarrow{F_{ix}}}{F_i}\times \max step\times e^{\frac{-1}{|\overrightarrow{F_i}|}}\\ y_{c_i}+\dfrac{\overrightarrow{F_{iy}}}{F_i}\times \max step\times e^{\frac{-1}{|\overrightarrow{F_i}|}}\end{cases} \tag{5}$$

式中：max*step*——传感器节点最大移动距离；

F_{ix}——传感器节点微粒 s_i 在 x 轴上的虚拟力分量；

F_{iy}——传感器节点微粒 s_i 在 y 轴上的虚拟力分量。

通过上述，利用传感器节点之间区域覆盖强度重新获取传感器节点之间所受虚拟力大小，消除由于传统虚拟力方法依赖初始分布使相邻传感器节点产生的收拢平衡，利用 AIVF 算法实现对连栋温室内作物的网络优化覆盖。

二、仿真试验与结果分析

为了验证本文算法在提高覆盖质量方面的有效性，选取传统虚拟力算法（VFA）和粒子群优化算法（PSO）进行对比分析和讨论。仿真参数设置如表 1 所示。

表 1 仿真参数

参数	数值	参数	数值
监测区域面积（长 × 宽）/（米 × 米）	100 × 100	初始化方式	随机分布
感知半径 r/ 米	15	迭代次数	1 000
移动步长 / 米	2.5	虚拟力系数	$t_1=t_2=1\ 000$
传感器个数	30	距离阈值	$\sqrt{3}\,r$

AIVF 算法与 VFA 和 PSO 算法进行比较分析，图 2 显示了三种网络覆盖算法的覆盖情况，起始覆盖率为 78.92%。PSO 算法通过对每个传感器节点进行计算获取最优位置，实现对传感节点的最优部署，且最终覆盖率为 86.59%，覆盖率增加量仅为 8.37%；VFA 算法是通过对传感器与节点间的距离进行计算，获取传感器所受的虚拟力值，以此对无线传感网络进行有效覆盖，随着迭代次数的增加其最终覆盖率为 95.68%，覆盖率增加量为 16.76%；虽然 VFA 算法覆盖率增长量高于 PSO 算法的，但是两种算法都没有达到最优覆盖；AIVF 算法利用区域面积强度结合重力系数改进传感器节点所受虚拟力，在迭代第 16 次时其覆盖率达到 99.9%。AIVF 算法在无线传感网络中得到的覆盖率分别比 VFA、PSO 算法高了 4.32%、13.31%。同时 AIVF 算法在运行时的覆盖率提升速度也优于其他算法，AIVF 算法在经过 16 次迭代时，AIVF 算法的覆盖率达到 99.9%，而 VFA 算法在迭代 50 次时覆盖率达到最大值。在 VFA 算法迭代效果达到最佳后，在第 850 次迭代之后其覆盖率凸显了该算法后期不稳定。

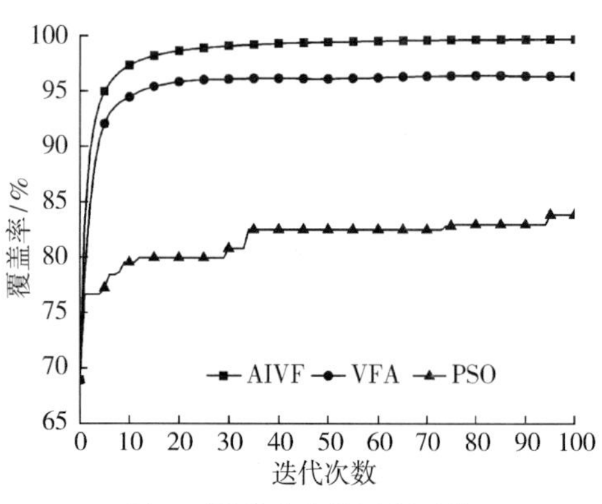

图 2 覆盖率变化过程对比

为检验 AIVF 算法在不同传感器个数情况下对连栋温室的感知覆盖优于其他两种算法，确定感知半径为 15 米，改变传感器节点的部署数量进行试验，试验结果如图 3 所示，随着传感器个数的不断提升，三种算法对无线传感器网络的感知覆盖率也不断提升。在传感器个数低于 20 时，随着传感器个数的不断增加，三种算法的覆盖率增加量在 10%～20%；当传感器个数高于 20 个时，VFA 算法和 PSO 算法在无线传感网络中的覆盖率增加量趋于平缓，而 AIVF 算法随着传感器个数的增加，其覆盖率增加量仍然提升，由此可以看出 AIVF 算法的覆盖率提升性能优于其他两种方法。

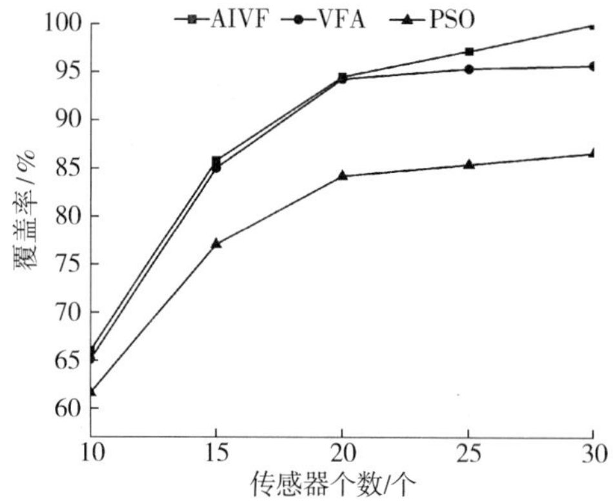

图 3 覆盖率受传感器个数的影响

为了进一步验证 AIVF 算法在无线传感器网络中的感知覆盖性能，对传感器节点的感知半径进行调整。试验结果如图 4 所示，分别是三种算法在不同感知半径的情况下对监测区域产生感知覆盖率变化情况，感知半径 r = 3、6、9、12、15 米。从图中可以看出，三种算法的覆盖率都得到了提高，VFA 和 PSO 两种算法都随着感知半径的增加，覆盖率的增加量很高，但覆盖率依然很低，而 AIVF 算法产生覆盖率高于其他两种算法，表明 AIVF 算法的性能明显优于其他两种算法。当感知半径小于 9 米时，AIVF 算法和 VFA 算法的覆盖率增长速度基本相同且覆盖率增加了 63%，而 PSO 算法仅提高了 38%；在感知半径为 9～12 米时，VFA 算法覆盖率增加量逐渐降低，虽然 PSO 算法产生的覆盖率增加量没有变，但依然低于 AIVF 算法产生的覆盖率增加量，且覆盖率低于 AIVF 算法和 VFA 算法。当感知半径大于 12 米时，VFA 算法和 PSO 算法的覆盖率增加趋于平缓，而 AIVF 算法的覆盖率仍然得到很大的提升。图 5 是节点数目与节点移动距离平均值的关系，可以看出 AIVF 的移动平均距离最小，保证了传感器节点的能量消耗低于其他两种算法所需要；随着节点数量的增加，覆盖率增高的同时移动距离平均值差异较小。

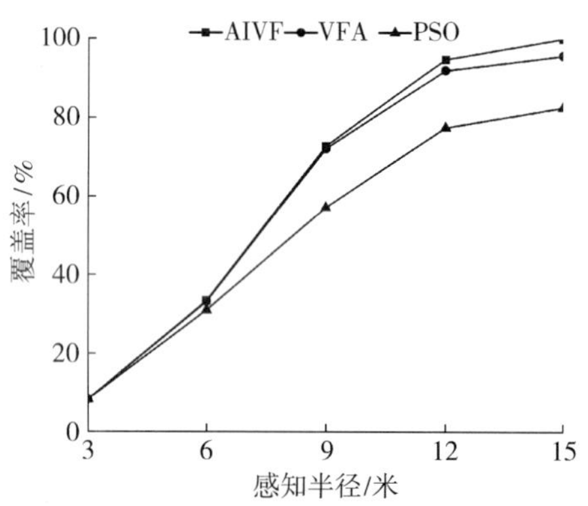

图 4 覆盖率受感知半径的影响

综合以上可以看出，随着感知半径不断增加，AIVF 算法的覆盖效果明显优于其他两种算法，同时随着传感器个数的增加 VFA 和 PSO 算法作用下的感知覆盖率增长速度逐渐下降，而 AIVF 算法作用下的增长量仍然很高。同时，基于区域面积强度算法对连栋温室实现无线传感器网络感知覆盖，避免了相邻传感器节点产生的收拢现象，如图6所示。

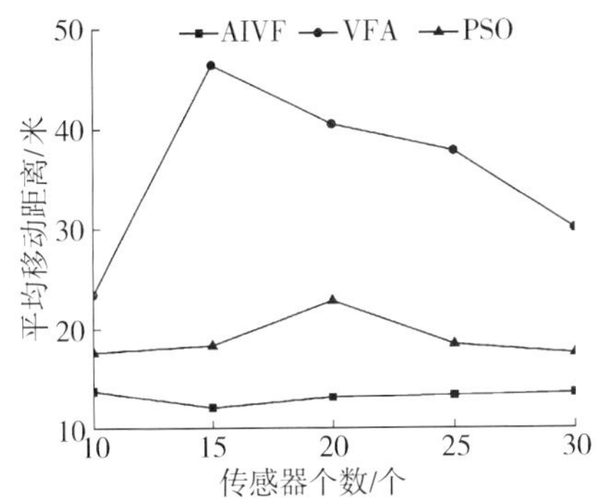

图5 不同节点数目下的节点移动距离的平均值

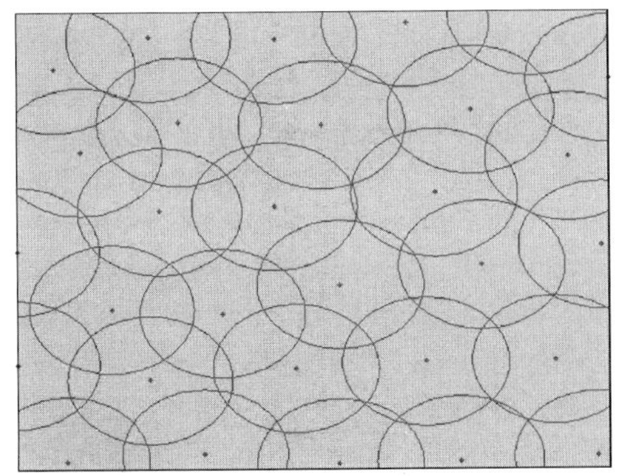

图6 基于区域面积强度的传感器网络感知覆盖

三、结论

针对大型连栋温室的无线传感器网络感知覆盖方法，采用改进传统虚拟力对连栋温室中黄瓜等作物实现无线传感网络有效监测覆盖。通过连栋温室内不同位置的传感器节点产生的重叠覆盖强度不同，调节传感器节点所受虚拟力大小，减少重叠覆盖区域，实现对连栋温室内黄瓜等作物的优化覆盖。

1. 提高对连栋温室内作物感知覆盖率：本文算法与VFA和PSO两种算法在同等条件下对连栋温室内黄瓜等作物实现网络感知覆盖，通过三种算法地对比，AIVF算法对连栋温室内作物的感知覆盖率分别提高了4.32%和13.31%，传感器节点能够更加精准地采集温室内不同位置作物的环境信息。

2. 提高无线传感器网络在连栋温室内感知性能：在连栋温室内调节感知半径时，AIVF算法对温室内作物的感知覆盖率增加了63%，PSO算法仅提升38%；同时，VFA算法的感知覆盖率增加量低于AIVF算法的。随着传感器个数的不断变化，当传感器个数大于20个时，VFA和PSO两种算法的感知覆盖率增加量为0.1%～0.3%，而AIVF算法的感知覆盖率增加量为2.8%～3.3%。

3. 在连栋温室内部署的传感器节点参数发生变化时，传感器节点在AIVF算法中产生的平均移动距离在12～13米，而VFA和PSO两种算法产生的平均移动距离在23～46米、17～22米，降低了传感器节点在温室内移动过程中的能量消耗，且长时间在连栋温室内进行数据采集。

（第一作者单位：吉林农业大学信息技术学院；国家农业信息化工程技术研究中心；论文来源：《中国农机化学报》2021年第4期）

农业机械化政策法规及规章

重要文件

【国务院办公厅关于促进畜牧业高质量发展的意见（国办发〔2020〕31号）】 畜牧业是关系国计民生的重要产业，肉蛋奶是百姓“菜篮子”的重要品种。近年来，我国畜牧业综合生产能力不断增强，在保障国家食物安全、繁荣农村经济、促进农牧民增收等方面发挥重要作用，但也存在产业发展质量效益不高、支持保障体系不健全、抵御各种风险能力偏弱等突出问题。为促进畜牧业高质量发展、全面提升畜禽产品供应安全保障能力，国务院办公厅于2020年9月14日印发该意见，主要包含总体要求，加快构建现代养殖体系，建立健全动物防疫体系，加快构建现代加工流通体系，持续推动畜牧业绿色循环发展，保障措施。

农业农村部部门规章及文件

【农业农村部关于落实党中央、国务院2020年农业农村重点工作部署的实施意见（农发〔2020〕1号）】 2020年是全面建成小康社会目标实现之年，是全面打赢脱贫攻坚战的收官之年。面对国内外错综复杂环境，农业农村部于2020年2月10日印发该意见，部署2020年农业农村工作。各级农业农村部门要认真落实《中共中央、国务院关于抓好“三农”领域重点工作确保如期实现全面小康的意见》，紧扣打赢脱贫攻坚战和补上全面小康“三农”短板重点任务，坚持新发展理念，坚持稳中求进工作总基调，以实施乡村振兴战略为总抓手，深化农业供给侧结构性改革，推进农业高质量发展，突出保供给、保增收、保小康，着力稳定粮食生产，抓好生猪稳产保供，促进农民持续稳定增收，稳步推进农村改革，保持农村社会和谐稳定，毫不松懈、持续加力，发挥好“三农”压舱石作用，为确保经济社会大局稳定提供有力支撑。

【农业农村部关于加快水产养殖机械化发展的意见（农机发〔2020〕4号）】 机械化是水产养殖业现代化的重要内容、重要支撑和重要标志。近年来，水产养殖业加快向绿色高效转型升级，设施装备总量持续增长，机械化水平稳步提升。但水产养殖机械化的总体水平还不高，不同地区、不同养殖方式、不同生产规模、不同生产环节的机械化发展不平衡不充分，部分技术装备有效供给不足、设施装备与生产技术集成配套不够等问题亟待解决。为贯彻落实《国务院关于加快推进农业机械化和农机装备产业转型升级的指导意见》（国发〔2018〕42号）和农业农村部等10部委联合发布的《关于加快推进水产养殖业绿色发展的若干意见》（农渔发〔2019〕1号）有关部署，加快推进水产养殖机械化发展，农业农村部于2020年11月4日印发该意见。内容主要包括指导思想和发展目标，主要任务，保障措施。

【农业农村部关于加快推进设施种植机械化发展的意见（农机发〔2020〕3号）】 设施种植是保障“菜篮子”产品供应、促进农民增收和繁荣农村经济的有效途径。设施装备和机械化生产是设施种植高质量发展的重要支撑。为贯彻落实中央1号文件和《国务院关于加快推进农业机械化和农机装备产业转型升级的指导意见》（国发〔2018〕42号）关于设施农业发展有关部署，为加快推进设施种植机械化发展，农业农村部于2020年6月27日印发意见。内容主要包括总体要求，主要任务，保障措施。

【农业农村部　财政部关于印发《东北黑土地保护性耕作行动计划（2020—2025年）》的通知（农机发〔2020〕2号）】 保护性耕作是一种以农作物秸秆覆盖还田、免（少）耕播种为主要内容的现代耕作技术体系，能够有效减轻土壤风蚀水蚀、增加土壤肥力和保墒抗旱能力、提高农业生态和经济效益。经过多年努力，我国东北地区保护性耕作取得明显进展，技术模式总体定型，关键机具基本过关，已经具备在适宜区域全面推广应用的基础。为深入贯彻习近平总书记关于对东北黑土地实行战略性保护的重要指示精神，认真落实党中央、国务院决策部署，加快保护性耕作推广应用，制定本行动计划。经国务院同意，农业农村部、财政部于2020年2月25日将《东北黑土地保护性耕作行动计划（2020—2025年）》印发，内容主要包含总体要求，行动安排，保障措施。

【农业农村部关于印发《新型农业经营主体和服务主体高质量发展规划（2020—2022年）》的通知（农政改发〔2020〕2号）】 为贯彻落实党中央、国务院决策部署，加快培育新型农业经营主体和服务主体，依据中办、国办印发的《关于加快构建政策体系培育新型农业经营主体的意见》《关于促进小农户和现代农业发展有机衔接的意见》等有关文件，农业农村部编制了《新型农业经营主体和服务主体高质量发展规划（2020—2022年）》，于2020年3月3日印发，主要内容包括引言，规划背景，总体思路，加快培育发展家庭农场，促进农民合作社规范提升，推动农业社会化服务组织多元融合发展等。

【农业农村部办公厅　财政部办公厅　商务部办公厅关于印发《农业机械报废更新补贴实施指导意见》的通知（农办机〔2020〕2号）】 为加快老旧农业机械报废更新进度，进一步优化农机装备结构，促进农机安全生产和节能减排，根据《农业机械安全监督管理条例》《国务院关于加快推进农业机械化和农机装备产业转型升级的指导意见》等有关法规政策要求，农业农村部办公厅、财政部办公厅、商务部办公厅制定《农业机械报废更新补贴实施指导意见》，于2020年2月19日印发，内容主要包括总体要求，实施范围和补贴对象，补贴种类和报废条件，补贴标准，回收企业，操作程序，工作要求。

【农业农村部办公厅　财政部办公厅关于印发《东北黑土地保护性耕作行动计划实施指导意见》的通知（农办机〔2020〕3号）】 根据《农业农村部　财政部关于印发〈东北黑土地保护性耕作行动计划（2020—2025）〉的通知》（农机发〔2020〕2号），农业农村部办公厅、财政部办公厅制定《东北黑土地保护性耕作行动计划实施指导意见》，于2020年3月26日印发，内容主要包括总体要求，实施区域，实施目标，技术要求，政策支持，组织实施。

【农业农村部办公厅关于国家农业科技创新联盟建设的指导意见（农办科〔2020〕12号）】 国家农业科技创新联盟（以下简称“联盟”）是深化农业科技体制改革与机制创新、深度推进产学研一体化的重要举措，是科学配置农业科技创新资源、培育农业农村发展新动能、支撑引领乡村振兴的重要平台和载体。为深入贯彻落实党中央、国务院关于实施创新驱动发展战略和乡村振兴战略的部署要求，进一步加快联盟建设，大力推进产学研深度融合，确保联盟围绕农业节本增效、质量安全、生态环保需求高质量发展和规范化运行，农业农村部办公厅于2020年6月29日印发该意见。内容主要包括重要意义，总体要求，重点任务，联盟的建设与管理，保障和支持。

【农业农村部办公厅关于印发《2020年乡村产业工作要点》的通知（农办产〔2020〕1号）】 为贯彻落实中央1号文件、《国务院关于促进乡村产业振兴的指导意见》精神，紧扣乡村产业振兴目标，聚焦重点产业、聚集资源要素，强化创新引领，突出集群成链，培育发展新动能，推进政策、项目和措施落地，大力发展富民乡村产业，奠定全面小康和乡村振兴基础，农业农村部制定《2020年乡村产业工作要点》，农业农村部办公厅于2020年2月13日印发该通知，内容主要包括加力推进产业融合发展，提升乡村产业层次水平；大力发展农产品加工业，夯实乡村产业发展基础；聚力发展乡村特色产业，拓展乡村产业发展空间；壮大龙头企业队伍，构建乡村产业发展“雁阵”等。

【农业农村部办公厅关于印发《社会资本投资农业农村指引》的通知（农办计财〔2020〕11号）】 社会资本投资农业农村是巩固农业基础地位、推动农业农村优先发展的重要支撑，是应对新冠肺炎疫情影响和打赢脱贫攻坚战、全面建成小康社会的有效举措，也是实施乡村振兴战略的重要力量。为深入贯彻落实乡村振兴战略，激发社会资本的动力和活力，引导社会资本有序投入农业农村，健全多元投入保障机制，加快形成乡村振兴多元投入格局，农业农村部制定《社会资本投资农业农村指引》，于2020年4月13日印发，请结合本地实际，充分发挥财政政策、产业政策的引导带动功能，不断调动强化社会资本投资农业农村的积极性、主动性，切实发挥好社会资本投资农业农村、服务乡村振兴战略实施的作用。

地方性法规、规章及文件

【关于加快推进农机“两融两适”促进农业机械化转型升级发展的指导意见（苏农机〔2020〕12号）】 为贯彻落实国务院《关于加快推进农业机械化和农机装备产业转型升级的指导意见》（国发〔2018〕42号）、江苏省人民政府《关于加快推进农业机械化和农机装备产业转型升级的实施意见》（苏政发〔2019〕46号）等文件精神，加快推进农机“两融两适”（农机农艺融合、机械化信息化融合、农机服务模式与农业适度规模经营相适应、机械化生产与农田建设相适应），促进农业机械化向全程全面高质高效转型升级发展，江苏省农业农村厅于2020年7月10日发文，要求各级农业农村部门进一步明确农机“两融两适”发展的目标任务，加快推广农机“两融两适”的装备与技术，加快推进农机农艺多层次全方面深度融合，加快构建机械化信息化融合体制机制，加快建设农业“宜机化”融合发展基础设施，加快发展与适度规模经营相适应的农机服务，加快形成合力推进农机“两融两适”工作格局。

【河南省人民政府办公厅关于加快推进农业机械化和农机装备产业高质量发展的意见（豫政办〔2020〕28号）】 为加快推进农业机械化和农机装备产业高质量发展，河南省人民政府办公厅于2020年7月10日发文，要求各级部门加快农机装备产业转型升级，推进农业机械化全程全面发展，大力推广绿色先进适用农机装备与机械化技术，加强农机服务能力建设，改善农机作业基础条件，加强组织领导。

【青岛市人民政府关于加快推进农业机械化和农机装备产业转型升级的实施意见（青政发〔2019〕30号）】 为加快推进青岛市农业机械化和农机装备产业转型升级，根据国务院《关于加快推进农业机械化和农机装备产业转型升级的指导意见》（国发〔2018〕42号）、山东省人民政府《关于加快推进农业机械化和农机装备产业转型升级的实施意见》（鲁政发〔2019〕12号）要求，青岛市人民政府于2019年12月17日发文提出实施意见。此意见包含发展目标、重点工作、保障措施。

【关于印发《关于加快推进农业机械化和农机装备产业转型升级的实施意见》的通知（沪农委〔2020〕60号）】 为贯彻落实《国务院关于加快推进农业机械化和农机装备产业转型升级的指导意见》（国发〔2018〕42号），深入实施乡村振兴战略，加快推进都市现代绿色农业发展，上海市农业农村委员会、上海市经济和信息化委员会、上海市发展和改革委员会、上海市财政局、上海市科学技术委员会和上海市规划和自然资源局发文于2020年3月4日发文提出实施意见。此意见包含总体要求、重点工作、保障措施。

【黑龙江省人民政府关于加快推进农业机械化和农机装备产业转型升级的实施意见（黑政规〔2020〕2号）】 为认真贯彻落实《国务院关于加快推进农业机械化和农机装备产业转型升级的指导意见》（国发〔2018〕42号）精神，在农业生产进入机械化为主导的新阶段中，加快推进农业机械化和农机装备产业转型升级，推进黑龙江省农业农村现代化进程，黑龙江省人民政府于2020年3月21日发文，要求各级部门加快推动农机装备产业高质量发展，着力推进主要农作物生产全程机械化，加快先进适用农机装备与机械化技术推广应用，大力发展农机社会化服务，着力改善农机作业基础条件，切实加强农机专业人才培养，强化组织领导。

【辽宁省人民政府关于加快推进农业机械化和农机装备产业转型升级的实施意见（辽政发〔2019〕29号）】 为贯彻落实《国务院关于加快推进农业机械化和农机装备产业转型升级的指导意见》（国发〔2018〕42号）精神，助力推动乡村振兴战略，加快推进辽宁省农业现代化进程，辽宁省人民政府于2019年12月31日发文，要求各级部门推动农机装备产业高质量发展，推进农业机械化全程全面发展，推进农业机械化创新协调发展，强化组织和政策保障。

【中共安徽省委　安徽省人民政府关于抓好“三农”领域重点工作确保如期实现全面小康的实施意见（皖发〔2020〕1号）】 为贯彻落实《中共中央、国务院关于抓好“三农”领域重点工作确保如期实现全面小康的意见》，确保脱贫攻坚战圆满收官，确保农村同步全面建成小康社会，中共安徽省委、安徽省人民政府发文提出实施意见，要求各级部门坚决打赢脱贫攻坚战，加快补上全面小康“三农”领域突出短板，促进农业稳产保供和乡村产业发展，加强和改进乡村治理，扎实推进农村重点改革，强化农村补短板保障措施。

【四川省农业农村厅关于加快畜牧业机械化发展的实施意见（川农函〔2020〕213号）】 为贯彻落实《农业农村部关于加快畜牧业机械化发展的意见》（农机发〔2019〕6号）、《四川省人民政府关于加快推进农业机械化和农机装备产业转型升级的实施意见》（川府发〔2019〕24号）文件精神，加快全省畜牧业机械化发展转型升级，四川省农业农村厅于2020年3月13日发文提出实施意见。此意见包含总体要求、主要任务、保障措施。

【北京市农业农村局　北京市发展和改革委员会　北京市科学技术委员会　北京市经济和信息化局　北京市财政局　北京市园林绿化局关于印发《北京市关于加快推进农业机械化和农机装备产业转型升级的实施意见》的通知（京政农发〔2019〕150号）】 为贯彻落实《国务院关于加快推进农业机械化和农机装备产业转型升级的指导意见》（国发〔2018〕42号）精神，加快推进北京市农业机械化发展，北京市农业农村局、北京市发展和改革委员会、北京市科学技术委员会、北京市经济和信息化局、北京市财政局和北京市园林绿化局制定了《北京市关于加快推进农业机械化和农机装备产业转型升级的实施意见》，于2019年12月27日印发。要求各级部门转变农机发展传统观念，推动综合机械化水平升级；转变农机技术推广方式，推动创新型应用水平升级；转变经营主体组织模式，推动规模化服务水平升级；转变政策扶持引导方向，推动机械化管理水平升级。

【新疆生产建设兵团关于加快推进农业机械化和农机装备产业转型升级的实施意见（新兵发〔2019〕33号）】 根据《国务院关于加快推进农业机械化和农机装备产业转型升级的指导意见》（国发〔2018〕42号）精神，新疆生产建设兵团办公厅于2019年10月18日发文，要求各师市加快推动农机装备产业高质量发展，推进农业生产全程机械化，建立完善新型农业机械化生产服务体系，加快改善农机作业基础条件，切实加强农机人才培养。

【西藏自治区人民政府办公厅关于加快推进农业机械化发展的实施意见（藏政办发〔2019〕50号）】 为贯彻落实《国务院关于加快推进农业机械化和农机装备产业转型升级的指导意见》（国发〔2018〕42号）精神，加快推进西藏自治区农业机械化发展，西藏自治区人民政府办公厅于2019年9月29日发文提出实施意见。此意见包含总体要求、主要任务、加强组织领导。

【青海省人民政府关于加快推进农业机械化和农机装备产业转型升级的实施意见（青政〔2019〕32号）】 为贯彻落实《国务院关于加快推进农业机械化和农机装备产业转型升级的指导意见》（国发〔2018〕42号）精神，大力推进全省农业机械化和农机装备产业转型升级，青海省人民政府于2019年5月20日发文，要求各级部门全力推动农机装备产业创新发展，加快推进主要农作物生产全程机械化，加快推广先进适用农机装备与机械化技术，积极推动农机社会化服务高效发展，着力改善农机作业基础条件，加快推进农机人才队伍建设，切实加强组织领导。

【内蒙古自治区人民政府关于加快推进农牧业机械化和农机装备产业转型升级的实施意见（内政发〔2019〕12号）】 为贯彻落实《国务院关于加快推进农业机械化和农机装备产业转型升级的指导意见》（国发〔2018〕42号）精神，加快推进内蒙古自治区农牧业机械化和农机装备产业转型升级，内蒙古自治区人民政府于2019年10月25日发文，要求各级部门加快推动农机装备产业高质量发展，大力推进农牧业生产全程机械化，着力推广先进适用农机装备与机械化技术，积极发展农机社会化服务，持续改善农机作业基础条件，切实加强农机人才培养，强化组织领导。

农业机械化工作

各地工作要览

北京市

【概况】“十三五”期间，北京市农机装备保有量总体趋稳。全市农机总动力达 123 万千瓦，农业机械保有量达 21 万台（套），受北京市“十三五”前期农业结构调整影响，与 2016 年相比保有量略有下降，但总体保持平稳。主要农作物耕种收综合机械化水平 90.85%，相对 2016 年增幅 1.99%；全市设施农业机械化水平 35.46%，相对 2016 年增幅 8.14%；全市畜牧养殖机械化水平 66.33%，相对 2016 年增幅 12.77%；全市水产养殖机械化水平 43.68%，相对 2016 年增幅 5.92%；全市农产品初加工机械化水平 28.9%，相对 2016 年增幅 32.45%。

【落实农机购置补贴政策】“十三五”期间，北京市共落实农机购置补贴资金 73 763 万元，其中中央资金 40 963 万元，市级资金 32 800 万元，补贴农业机械 6 622 台（套）。2016—2017 年北京市实行“政府采购”方式，按要求，自 2018 年开始北京市改为“自主购机”方式。

【制定文件，规范补贴工作】“十三五”期间，北京市先后制定并印发《2018—2020 年北京市农机购置补贴实施方案》等一系列文件，明确新政策内容、资金使用和调剂等的要求，规范补贴机具投档、核验流程，加大违规经营行为处理力度，对北京市农业农村局内农机购置补贴实行内控管理。

【扩大补贴范围】“十三五”期间，北京市为满足农业生产者和农业产业化需要，经过调研和征求意见，北京市补贴品目 203 个，特别是将生猪生产所需的消毒设备、畜禽粪污资源化利用设备和高效设施农业所需的环境控制、补光灯、育苗等设备纳入补贴品目范围，在满足一般农业生产需要的同时，保障农业重点产业生产需要。同时按照农机购置补贴工作要求，结合本市实际，做好分档、补贴额测算和归档等工作。

【推行信息化管理服务】“十三五”期间，北京市建设并完善“北京市农机购置补贴辅助管理系统”“农机购置补贴产品自主投档平台”以及手机 App、机具二维码、物联网监管“三合一”系统，实现管理人员、农机企业和购机者三方面的信息化管理和操作，让购机者办理农机购置补贴“只跑一次”。

【扩大“新方式”实施知晓度】“十三五”期间，北京市印制并发放宣传材料 10 余万份，开展新政策、新系统的培训工作，共组织培训 20 余次，培训镇、村、农户等相关人员 3 000 余人次，制作补贴宣传片两部（购机者篇和企业投档篇），通过新媒体等方式广泛宣传。

【完成农作物秸秆综合利用工作】“十三五”期间，北京市加强秸秆综合利用能力建设，因地制宜设计实施方案，通过合理布局、辐射带动，完善秸秆综合利用运行机制，形成典型综合利用模式，目前北京市已经创建 6 个秸秆综合利用重点区，在全国率先实现全市秸秆资源全量化利用。

【集成推广应用关键保护性耕作技术】“十三五”期间，北京市农机部门在全市范围内全面加强农机深松整地、秸秆粉碎覆盖还田、少免耕播种三项抑制季节性裸露农田扬尘关键保护性耕作技术集成推广应用，在作业补贴政策的引导下，累计完成三项关键保护性耕作技术作业面积 64.67 千公顷，建立农田扬尘监测点 27 个，监测数据显示，实施保护性耕作技术的农田与传统耕作相比，农田扬尘量可减少 35%～40% 不等，保护性耕作技术推广应用抑制农田扬尘效果显著。

【加大老旧农业机械管理力度】“十三五”期间，北京市开展拖拉机和联合收割机污染物排放控制装置加装工作，累计完成污染物排放控制装置加装 2 178 台，通过 DPF 监测综合评估，加装染物排放控制装置后，可以降低颗粒物排放 80%以上。加快老旧农业机械检验和牌证注销工作，“十三五”期间累计注销老旧拖拉机和联合收割机 16 382 台。同时通过购机补贴政策引导鼓励农户主动报废老旧农机，开展老旧机具报废更新补贴试点。

【农机安全生产形势稳定】“十三五”期间，北京市以贯彻《北京市农业机械安全监督管理规定》为主线，以落实《北京市农业行业安全生产专项整治三年行动实施方案》为抓手，强化对各区落实农机安全情况的督导，推进农机安全监管体系建设，在提升农机行政执法水平、推进行政许可调整、规范农机安全技术检验、创新宣传教育形式、保障全市农机安全生产等方面成效显著。一是推进农机安全监管法制建设，强化农业机械安全技术检验和监督执法，在“三夏”“三秋”等重点时段开展农机安全督导。二是研究制定北京市安全生产委员会对各区人民政府农业领域安全生产考核细则，结合“平安农机”创建，强化对各区农机监理机构指导。三是落实跨区作业管理相关要求，开展安全检查和宣传教育工作。四是强化安全教育，与交通广播电台 FM103.9 频道签订合作，宣传法律法规和农机安全常识。“十三五”期间无重大农机安全生产事故，农机作业实现“零死亡”，农机安全生产形势稳定。

【农机智能化水平提升】“十三五”期间，北京市围绕大田种植、设施农业、畜牧养殖等产业，开展导航定位、自动驾驶、作业质量监测、温室环境调控、畜牧养殖环境调控等智能农机装备技术的试验研究和示范应用。全市设施农业环境调控机械化水平达 38.1%；畜牧养殖环控机械化水平达 80.86%，2020 年对新建和改扩建的 17 家现代化生猪养殖场，全部配备精准饲喂设备；全市已安装卫星定位终端用于开展农机补贴“三合一”试点的轮式拖拉机、自走式谷物联合收割机、自走式玉米收获机和青饲料收获机合计 186 台，安装自动驾驶的机械 20 余台（套）（年均作业 333.33 公顷），安装农机深松整地作业质量智能化监测设备 78 台（套），实现 2020 年全市 10 千公顷农机深松整地作业监测全覆盖。

【农机服务组织化程度提高】 2020 年，北京市各类农机作业服务组织及农机户 1.3 万个，农机服务收入 25 465 万元。“十三五”期间，以农机专业合作社为代表的农机服务组织在北京市年均作业服务面积达 60 千公顷，覆盖率占到全市的 70%以上，已经成为全市农机作业服务的主力军。在具备机械设备先进性优势的作业环节服务范围扩展，跨区青贮作业已扩展到吉林、内蒙古、河北、天津、山东、安徽等省（区、市），作业量年均 46.67 千公顷。

【部分产业机械化水平低】 一是设施农业种植、采运、施肥灌溉、环境调控等环节机械化水平仍旧较低，尤其是种植和采运环节，受现有设施结构宜机化程度低、种植模式多样、市场上成熟适用的机械设备不多等因素影响，目前仍基本靠人工完成。二是畜牧养殖业饲喂、清粪、畜产品采集和农产品加工业脱出、清选、保质等环节机械化水平在 50% 左右，甚至更低。

【农机综合服务能力有待提高】 一是农机科技创新能力水平需提升。全市已安装卫星定位终端和自动驾驶的机械设备覆盖率不足 3%，作业质量智能化监测仅在农机深松整地作业环节实施，其他作业环节还需拓展；设施农业、畜牧水产养殖环境调控、精准饲喂等环节农机智能化水平还有很大提升空间。二是农机社会化服务能力有限。农机合作服务组织管理还比较分散、运作不够规范，应对市场变化能力弱。三是信息化、智能化水平不高。农机信息化建设财政投入严重不足，农机信息化、标准化建设滞后，为农服务渠道不畅，农机信息整体服务水平和能力还较低。

【生态、安全的刚性约束倒逼现有农机向绿色安全转型】 2020 年 1 月 17 日，《北京市机动车和非道路移动机械排放污染防治条例》正式发布，在全国率先对农业机械排放提出明确要求，按照现行的国家标准，大部分在用以柴油为动力的农机面临排放超标的窘境。农机安全作为农业行业安全的重要组成部分，一直以来备受关注，特别是近年来全国农机安全生产专项整治行动和平安农机创建活动对现阶段农机作业安全和道路安全提出更高更严的要求，农机安全不容有失。

【应对新冠肺炎疫情防控工作】 2020 年，北京市农业农村局农机管理处负责对接通州区马驹桥镇 21 个人口倒挂村疫情防控情况督查，先后采取“四不两直”“夜查巡查”等方式，督促指导各村发现问题及时解决。克服疫情不利影响，发挥农业机械在复工复产过程中的主力军作用，为农业农村生产发展提供装备支撑和技术保障。督导通州区恢复农业生产，完成保粮保菜任务。协调中石油北京分公司各郊区加油站开设 105 条农机作业用油绿色通道，在疫情和农忙期间优先为作业农机加油并提供 2%的优惠。

【落实农机购置补贴政策】 2020 年，北京市共补贴农机设备 2 449 台（套），受益农户 1 043 户，共使用补贴资金 14 286.929 6 万元，其中中央资金 6 543.506 5 万元，市级资金 7 743.423 1 万元。

【扩大补贴品目】 2020 年，北京市共增加补贴机具品目 133 个，补贴机具基本覆盖北京市主要种植、养殖、农产品加工、林果等农业产业所需的农机设备。

【建立长效机制，规范政策执行】 2020 年，北京市印发《关于进一步做好 2019—2020 年度农机购置补贴相关工作的通知》（京政农发〔2019〕163 号）等十七个文件，明确补贴品目范围、补贴资金调剂、补贴兑付实现、补贴产品违规经营处理、投档和核验规程、内部控制规程等内容。

【创新工作思路】 2020 年，北京市农机部门按照韩长赋部长和陈吉宁市长的指示精神，在农业农村部农业机械化管理司的指导下，印发《北京市 2020 年度农机新产品购置补贴试点实施方案》（京政农发〔2020〕147 号），开展生猪养殖、消杀防疫、粪污资源利用等环节成套设备补贴试点，并加强经验的总结和效果评估工作，及时向农业农村部农业机械化管理司报告，以便形成可向全国推广、复制的典型模式。截至目前已有 5 家猪场通过验收，补贴资金 7 525 万元，其他养殖场也将在验收完成后获得补贴。

【强化信息建设】 2020 年，北京市农机部门优化“北京市农机购置补贴辅助管理系统”“农机购置补贴产品自主投档平台”和手机 App、机具二维码、物联网监管“三合一”系统，在系统功能、操作便捷程度、程序的合理性等方面提高，企业投档、农民办补、农机部门审核更便捷高效。

【提升秸秆综合利用水平】 2020 年，北京市农机部门加强秸秆综合利用能力建设，组织昌平、房山、平谷和密云区 4 个区创建国家级秸秆综合利用重点区，因地制宜设计实施方案，推广应用农作物秸秆粉碎还田保护性耕作、田间智能纳米膜发酵堆肥、离田工厂化制作土壤改良剂、板栗枝条精细粉碎制作栗蘑菌棒、林果枝条基料化染色生物质覆盖等 5 大类技术。将蔬菜尾菜、林果枝条、养殖粪污等一并综合利用，实现经济效益和生态效益双提升。

【加大对农业非道路移动机械监管力度】 2020 年，北京市农机部门建立健全非道路移动机械台账，做好“加装减排装置”工作，全市累计完成污染物排放控制装置加装 2 179 台。

【加快老旧农业机械检验和牌证注销工作】 2020 年，北京市注销老旧拖拉机和联合收割机共计 1 001 台。通过加装尾气减排装置和注销报废老旧农机，有效降低农机污染排放。

【完善农机监管体系】 2020 年，北京市农机部门根据各区特点设置差异化安全生产责任标准，落实安全监管责任。落实北京市委市人民政府安全生产督察整改意见，对照主要问题和整改目标，落实各项整改措施。

【推进“平安农机”示范创建】 2020 年，北京市农机部门根据“平安农机+标准化”的总体部署，落实从“平安农机”示范单位到农机专业合作社规范化建设再到标准化建设的建设思路。

【开展专项整治行动】 2020 年，北京市农机部门联合北京市公安局公安交通管理局，在全市范围内开展农机交通违法专项整治行动，重点对无牌、无证、假牌、假证和注销的拖拉机，以及在道路上违规行驶的联合收割机进行联合执法检查。市级出动执法人员 965 人次，累计完成执法检查 488 件，做出行政处罚 6 件。

【加强农机安全检查】 2020 年，北京市农机部门在吉林松原“10·4”重大交通事故后，及时印发《关于加强 2020 年冬春季农机安全监管工作的通知》，指导各区加强隐患排查治理和重点领域安全检查。

【加大新政策宣传力度】 2020 年，北京市印发宣传材料 10 余万份，制作两部农机购置补贴政策宣传片，分为购机者篇和生产企业篇，利用通俗易懂的语言、丰富的内容和灵活的形式，将购机、办补、投档和注意事项等补贴政策全面展示在公众面前，并在新华网、农民日报、北京日报、京郊日报等多个主流媒体刊载，扩大政策知晓度。

【政策宣传效果显著】 2020 年，北京市农机部门在北京日报专刊刊登《守住北京市民的蓝天幸福感》，宣传拖拉机和联合收割机污染物排放控制装置加装工作；刊登《培训促意识提升监管守平安底线》专版内容，宣传农机安全管理工作；在北京电视台、人民日报客户端报道《好消息！昌平区农林废弃物综合利用处理站兴寿站试运行》，宣传秸秆综合利用新成效，通过主流媒体宣传，扩大工作影响力和社会认知度。2020 年，北京市获得全国农机补贴绩效考评优秀，4 名农机监理同志被评为全国“平安农机”安全监理示范岗位标兵；12 位农机手成为全国农机“土专家”；延庆区张书安被评为 2020 年度“全国 20 佳农机合作社理事长”等等。

天津市

【概况】“十三五”时期，天津市农业机械化工作围绕农业生产需求，农业机械化向全程全面发展，机械化水平迈上新台阶。

【农机生产向全程全面发展】 截至 2019 年底，天津市小麦、玉米、水稻三大粮食作物耕种收综合机械化率分别为 100%、98.86%、99.35%，基本实现全程机械化。全市农作物耕种收综合机械化率达 90.15%。“十三五”期间，共实施财政补助耕地深松作业任务 188 千公顷，实施财政补助激光平地作业任务 36 千公顷。出台《天津市人民代表大会关于农作物秸秆综合利用和露天禁烧的决定》，加强组织推动和督促指导，推动秸秆粉碎还田、离田外运等措施落实，农作物秸秆综合利用水平快速提高，2020 年全市农作物秸秆综合利用率达 99%。

【农业机械装备总量增加】“十三五”期间，天津市农机购置补贴投入财政资金 4.96 亿元，补贴各类农业机械 41 747 台（套），带动农民投资超过 11 亿元，农业动力机械和配套机具发展迅速，高性能、大功率的田间作业动力机械和配套机具快速增加。

【农业机械结构得到优化】 截至 2019 年底，天津市农机总动力达 359.84 万千瓦，农机拥有量 33.47 余万台(套)。大中型拖拉机(22.06 千瓦以上)达 1.32 万台，小型拖拉机（22.06 千瓦以下）拥有量 0.36 万台，大中型拖拉机占拖拉机总量的比重达 79%；拖拉机配套机具与拖拉机比值达 3.10，比“十二五”末提高 0.47，大中型拖拉机及其配套机具加快增长，小型拖拉机及其配套机具加速淘汰，动力机械结构得到显著优化。

【农业机械服务产业化进程加快】 截至 2019 年底，天津市农机专业服务组织 205 个，具有较强作业能力农机专业合作社 157 个，创建市级示范合作社 13 个，服务能力增强。

【农业机械经营效益增长】 2020 年，天津市农机社会化服务范围从原单一粮食作物收获作业，拓展到秸秆打捆、青饲收获、机械插秧、激光平地、林木种植等其他作业领域，服务范围遍及 10 个农业区 78 个乡镇，服务农户近 46 万户，服务面积 2 133.65 千公顷，跨区作业面积 494.4 千公顷，生产托管面积 11.4 千公顷（2018—2019 年），农机服务收入达 67.25 亿元。

【农业机械化科技引领和支撑作用增强】 2020 年，天津市农业机械化科技创新与技术集成应用能力提升，科技成果与人才培养数量和质量提高。组织实施 60 余项科技试验、示范、推广项目，引进新技术 80 余项，引进示范推广新设备 1 000 余台（套），示范推广总面积44千公顷。组织开展百万技能人才培训福利计划、新型职业农民培训、农业实用技术普及性培训。

【农业机械试验鉴定工作取得成效】 2020年，天津市围绕着国家农机购置补贴政策的实施，服务天津市及周边农机生产企业，针对特色、新型农业机械的快速发展，在原有大田农机鉴定的基础上，拓展保护性耕作机械、畜牧养殖机械和设施农业等机械的推广鉴定。"十三五"期间累计完成218项农业机械推广鉴定，比"十二五"期间提高330%以上。开展重点拖拉机、打（压）捆机等农业机械产品的质量调查工作，实地走访600余名农机用户。持续加强天津市10个涉农区农机投诉分站建设，实现区级机构全覆盖。

【农业机械安全生产形势保持稳定】 "十三五"期间，天津市未发生较大以上农机事故，农机安全生产形势保持稳定。健全农机事故应急处置和保障机制，加强农机安全事故防控，落实"放管服"要求，规范农机行政许可审批业务。截至2019年底，全市1.68万台拖拉机、5 681台联合收割机和8 710名拖拉机和联合收割机驾驶员纳入牌证管理。开展农机执法工作，"十三五"期间，共出动执法检查人员1万余人次，组织安全执法检查3 300余次，发现农机安全隐患950余起，落实整改950余起，整改率达100%。

【完成工作目标和任务】 2020年，天津市在疫情防控常态化前提下，围绕农业机械化转型升级，落实各项惠农政策，推进农机服务创新，提升农机监管水平，圆满完成全年工作目标和任务。

【工作成效】 2020年，天津市农作物耕种收综合机械化率超过90%，从种植业向畜牧、渔业等多领域拓展。小麦、玉米、水稻三大粮食作物耕种收综合机械化率均达98%以上，全国主要农作物全程机械化示范县达50%。全市农作物秸秆综合利用率达99%以上，基本实现全量化利用，农作物秸秆焚烧隐患基本消除。变型拖拉机报废或公告注销工作全部完成，提前实现变型拖拉机"清零"目标。超额完成农机购置补贴中央财政资金使用和农机深松整地作业年度目标。

【落实疫情防控措施】 2020年，天津市发放《致全市农机生产经营服务组织的一封信》，倡导全市各农机合作社、设施农业园区、农机经销商配合做好疫情防范工作。研究出台农业机械化作业专项补贴政策，组织指导宝坻区实施天鹰椒机械化移栽作业。协调各区与当地农机经销企业、农机维修网点等部门沟通联系，指导做好春耕生产工作。春耕期间，全市检修农机具2.66万台（套），培训机手、修理工人920人，投入各类农机具1.14万台（套）。

【组织实施农机购置补贴政策】 2020年，天津市农机部门共使用中央资金（含报废）11 880.595万元，超录资金3 809.855万元；使用市财政资金（含报废）1 411.725 5万元，超录资金56.410 5万元。补贴各类农业机械14 529台（不含超录），受益农户5 704户，带动农民投入2.93亿元。组织召开2次专题业务培训班。疫情期间鼓励购机者使用补贴App办理申请，并采取远程机具核验、常年投档等措施，便利群众申请补贴。与天津市财政局、天津市商务局联合印发《天津市农机报废更新补贴实施方案》。

【抓秸秆综合利用工作】 2020年，天津市加大组织推动力度，落实主体责任，推动秸秆粉碎还田、离田外运等措施落实，基本形成以秸秆还田肥料化利用为主，饲料化、燃料化稳步推进，基料化、原料化为辅的综合利用格局。全市农作物秸秆综合利用率达99%，基本实现全量化利用。落实农业资源及生态保护补助政策，投入中央和市财政资金6 775万元，用于秸秆机械化还田、离田作业补助。

【组织重点农时农业机械化生产工作】 2020年，天津市在春耕春播、"三夏""三秋"等农业生产中，农业机械发挥主力军作用。年度完成深松作业22.67千公顷，超额完成作业目标任务，落实中央补助资金500万元，市财政补助资金430万元。分别组织召开天津市农机化新技术现场演示会、天津市小麦机收开镰仪式暨秸秆综合利用推动现场会等现场观摩会。宝坻区、武清区、津南区被农业农村部评为全国主要农作物全程机械化示范县。组织各涉农区开展农机使用一线"土专家""全程机械化+综合农事服务中心"和畜禽养殖机械化典型案例征集遴选推荐工作，向农业农村部推荐12名"土专家"和7个典型案例。

【落实"一法一条例"执法检查工作】 2020年，天津市汇总完成《天津市贯彻实施〈中华人民共和国农业机械化促进法〉〈天津市农业机械化促进条例〉情况报告》。配合天津市人大农业与农村办公室开展执法检查调研，组织市级农机部门人员参加知识测试活动，组织市、区农业机械化一线工作者和农机专业合作社代表进行专题座谈。开展自查工作，完成自查报告制定"一法一条例"执法检查报告审议意见整改落实方案，落实整改。

【抓农机安全生产工作】 2020年，天津市农机安全生产形势持续稳定。开展农机事故应急处置演练和业务培训。加强对各区农机行政许可审批事项的业务指导、检查和监督。相继开展变型拖拉机和农机安全生产专项整治三年行动、农机安全生产隐患大排查大整治专项治理行动、"三秋"农机安全生产集中整治等活动，实现"十三五"末变型拖拉机清零任务。举办农机"安全生产月"启动仪式，专题开展《天津市农业机械化促进条例》宣传，开展持证农机驾驶员安全教育。

【开展农业机械化技术推广服务】 2020年，天津市聚焦小站稻振兴、蔬菜生产机械化、设施农业、精准农业、智能农机、农业废弃物处理等农业机械化关键技术及机具的开发改进、引进试验和示范推广工作，开展技术宣传、培训和服务，组织基层农机推广技术人员培训班5期，培训农业机械化技术人员287人，召开技术现场演示会8次，技术培训会14次，累计培训技术人员及农民1 000多人次，引进推广实用新技术10余项，进村入户服务97次，电话技术指导172次。

【抓农机质量工作】 2020年，天津市公布《2020年天津市农业机械试验鉴定产品种类指南》，完成推广鉴定任务96项，核发农业机械推广鉴定证书96张。完成京津冀合作鉴定8项。组织开展以“聚力提质量，护农保春耕”为主题的“农机 3·15”消费者权益日活动。举办第三届全国农业行业职业技能农机修理工天津赛区选拔赛，共有 8 个代表队 24 名选手参赛，并选派 3 名选手代表天津市参加全国总决赛。

河北省

【概况】“十三五”期间，河北省农业农村系统贯彻落实党的十九大精神，在河北省委省政府领导下，全省农业机械化适应经济发展新常态、农业农村发展新要求，创新调控引导和扶持方式，全省综合机械化水平提高；粮食生产全程机械化重大环节和关键技术取得进展，农业机械化覆盖种植业、养殖业和农产品初加工业等各领域，初步建立起规模结构和布局合理的农业机械化发展体系；农业机械化法规体系完善，农机服务市场化、社会化、法制化和现代化程度明显提高；农业机械化经营体制、服务体系、运行机制和调控体系基本形成；对农业和国民经济发展的综合保障能力提升，农业机械化基础坚实。

【全程全面机械化推进】 截至 2019 年底，河北省耕种收综合机械化水平由“十三五”初期的 74%增长到 81.8%（到 2020 年底有望达到 83%以上），比全国平均水平高 11 个百分点；年均增长速度稳定在 1.95 个百分点以上。小麦综合机械化水平达 99.5%以上，高出全国 4 个百分点；玉米机收水平由“十三五”初期 75%增长到 81%，综合机械化水平达 91.0%，高出全国 6 个百分点，小麦、玉米基本实现生产全程机械化。棉花、马铃薯、大豆、花生综合机械化水平分别由“十三五”初期的 60 %、76 %、44 % 和 61 %，提升到 65.04 %、82.48 %、62.13 %、71.03%，除棉花、大豆外，其余均高于全国平均水平。

【装备结构优化】“十三五”期间，河北省农机总动力达 7 830.73 万千瓦，占全国总动力 7.6%，位居全国三甲（仅次于山东 10 679 万千瓦左右、河南 10 356 万千瓦左右），总体保持稳定。每公顷动力达 9 千瓦，比全国平均水平高出近 40 个百分点。全省大型拖拉机保有量达 11.66 万台，“十三五”期间年均增长 7.58%，玉米联合收获机总量由“十三五”初期的 6.59 万台增加到 7.04 万台，同比增长 6.83%；大功率、大喂入量高效联合收获机型所占比重提升，粮食主产区大喂入量联合收获机已占全省保有量 80%以上。

【作业进度加快】“十三五”期间，河北省小麦机收一个县 3 ～ 5 天内，一个市 7 天左右即可完成，玉米机收周期平均缩短 5 天左右，农机装备的优化对保障粮食生产安全的作用明显。

【智慧农机高速发展】“十三五”期间，河北省累计投入 9 200 万元，围绕精细整地、精量播种、精准施肥和精确收获等农机精准作业关键技术，在全省 43 个县全力打造 79 个智慧农场，探索建立一整套以智能化为主导、以精准作业为核心的技术体系，智慧农场实现农机管理信息化、田间作业智能化、生产过程自动化、经营服务网络化，现代农业生产模式得以显现。

【建设管理平台】“十三五”期间，河北省谋划建设省级农机智能化信息决策管理平台，实现农业机械化统计、购置补贴、深松作业、秸秆综合利用、安全监理等方面数据的互联共享和采集分析智能化；推动搭建高精度定位差分数据交换网，全省 1.1 万台深松机实现智能监测全覆盖，全省智慧农机装备保有量接近 2 万台，走在全国前列。农业机械化信息化的融合发展，为全省农业机械化转型升级注入新活力。

【社会化服务水平提高】 2020 年，河北省农机大户达 3.83 万户，比“十三五”初期增加 16.4 个百分点，大型农业机械化作业服务组织达 1 952 家，比“十三五”初期增加 60.7 个百分点，农机专业合作社达 2 913 家，比“十三五”初期增加 17.2 个百分点，分别居全国第 4 位、第 9 位、第 7 位。

【发展作业服务新模式】“十三五”期间，河北省发挥农机大户、农机专业合作社机具多、组织能力强、规模作业面积大等优势，托管式、订单式、租赁式等作业服务新模式涌现，农业机械化服务组织、合作社在重要农时季节机械化生产中承担超过 60%的作业面积，农业机械化服务总收入达 198.8 亿元，成为全国农机使用大省。

【扶持力度加大】“十三五”期间，河北省农机购置补贴政策平稳高效实施，累计落实补贴资金 47.02 亿元。补贴政策拉动农民和农机服务组织投入 170 多亿元，补贴机具 29.95 万台（套），受益农户 22.42 万户。累计落实中央农机深松补助资金 13.1 亿元，补助完成深松作业面积 2 855.93 千公顷，农机深松作业第三方质检覆盖率达 100%，是全国率先推广实施第三方质检机制的省份。

【创建“平安农机”示范县】“十三五”期间，河北省“平安农机”创建活动深化，截至 2019 年底，共创建 14 个全国“平安农机”示范县。

【监理惠农政策拓展】“十三五”期间，河北省开展除驾驶员考试以外的免征收费政策，全省 106 个县实施政策性农机保险补贴，参保农业机械达 43 668 台，理赔金额 1 323.92 万元。

【安全监管能力提升】“十三五”期间，河北省推进农机安全生产文化建设，大力组织农机“安全生产月”“安全生产宣传咨询日”活动，创新宣传形式，增强机手安全意识。农机安全生产形势好转。截至 2019 年底，全省农机事故起数、死亡人数和受伤人数三项指标与“十三五”初期相比，分别下降 96.7%、100%和 91.3%，农机安全生产和安全监管水平提升。

【工作成效】 2020 年，河北省在农业农村部农业机械化管理司的领导下，贯彻落实中央“六保”决策部署，抓好重要农时农业机械化生产，围绕服务农业农村工作大局，推动智慧农机发展，落实好强农惠农政策和项目，推进农业机械化全程全面发展，取得阶段性成效。

【推进“全程机械化＋综合农事服务”建设】 2020 年，河北省投入 2 000 万元，新创建 16 个全程机械化示范县，针对粮食作物和区域优势作物关键生产环节机械化开展机具选型、试验示范，在玉米籽粒收获、马铃薯机收、棉花机收等方面取得进展，推出邯郸曲周等一批“全程机械化＋综合农事服务”样板县，其中行唐、曲周等9县入选国家全程机械化示范县。6月6日，张桃林副部长到河北省调研“三夏”农业机械化生产，现场观摩“一条龙”农机作业和“全程机械化+综合农事服务”典型，对河北省作业模式和作业效果给予肯定。

【推行作业服务新模式】 2020年“三夏”“三秋”重要农时季节，河北省发挥农机大户、农机合作社机具多、能力强、规模大、转移快的优势，普遍推行托管式、订单式、租赁式等作业服务新模式，农机服务组织在粮食生产中承担超过60%的作业面积，小麦耕种收综合机械化率达99.5%以上，玉米耕种收综合机械化率达90.6%以上，均保持高位运行。

【加快智慧农机发展】 2020年，河北省打造79个“智慧农场”，示范应用精准变量施药、精准变量施肥、高速精量播种、节水与水肥一体化灌溉、辅助自动驾驶等系列技术。6月11日，成功承办全国智能农机装备田间日活动，得到农业农村部与会领导和中国工程院院士专家的肯定。在12个县开展智能装备改造提升，全省新增智能监测终端4 000余台，全省智能监测机具数量达15 000台，新建基准站35个。5月12日，王国发厅长在全国农业机械化工作会议上就智慧农机发展进行典型发言，河北智慧农机作业受到社会和新闻媒体的关注，中央电视台、新华社等20余家中央和省级新闻媒体先后多次进行专题报道。

【实施农机购置补贴政策】 2020年，河北省完善补贴范围和补贴标准，印发《关于进一步做好农机购置补贴实施工作的通知》，实行农机购置补贴辅助管理系统常年连续开放，推广使用补贴资金申领手机App，实行补贴机具投档工作实行常年受理，将辅助管理系统中补贴受益信息公示时间压缩至20天，确保新增机具及时投入农机生产。共落实补贴资金162 450万元，补贴机具109 813台，受益农户96 909户，年度内资金使用率151%，均超过年度目标，农机购置补贴工作连续两年被农业农村部评为延伸绩效管理优秀单位。

【完成深松深耕作业】 2020年，河北省落实中央、省级补助资金19 055万元，完成农机深松深耕作业733.33千公顷，其中农机深松作业666.67千公顷；结合秸秆综合利用，试点开展农机深耕作业，完成作业面积66.67千公顷；深松深耕作业完成率均达100%。

【提升农机推广能力】 2020年，河北省针对马铃薯、露地菜、山区丘陵果园、中药材等特色农作物机械化生产关键环节，组织开展4次农机推广“田间日”活动，推广培训农机新技术、新成果、新模式、新经验，构建产学研推用合力攻关的推广新机制。

【推进新机具新技术研发】 2020年，河北省以绿色、智能、高效、特色农机新机具新技术为重点，组织研发秸秆还田、秸秆收集、畜禽粪污处理、智能淋灌等15种新型农机具，定期对研发实施情况进行调度和监督检查，按要求对新机具新技术研发企业组织开展中期评估，截至目前各研发企业正积极生产样机，并组织开展专利申请等工作。

【保障农机安全生产】 2020年，河北省逐级签订农机安全生产责任书，层层传导安全生产监管压力。规范开展“双控”机制建设，全省251个农机合作社和农机大户基本完成“双控”机制建设工作，取得阶段性成效。河北省农业农村厅和河北省应急管理厅共同推出1个省级示范市、7个省级示范县和27名示范岗位标兵。推荐上报国家级示范市1个，国家级示范县2个和示范岗位标兵13人。

【举办演练活动】 2020年，河北省成功举办全省农机“安全生产月”活动和“双控”机制建设观摩、事故应急处置演练活动，提升农机监理人员综合业务能力。推进农机政策性保险政策，为农民机手提供安全保障。

山西省

【概况】 “十三五”期间，山西省农业机械化发展呈现出良好态势。

【农机购置补贴政策实施】 “十三五”期间，山西省累计落实农机购置补贴资金18.96亿元，补贴20.44万户购买25.79万台件农机具，取得拉动农村消费、强农富农惠农、带动农机工业发展的良好成效。

【农业机械化新技术得到快速发展】 “十三五”期间，山西省重点围绕杂粮生产、玉米生产机械化技术开展的丘陵山区农业机械化技术、节水灌溉的水肥一体化技术、智能化的全程机械化作业监测技术、果园、饲草、设施农业等的机械化设备和技术都得到推广。

【农业机械化信息服务水平提升】 “十三五”期间，山西省以“互联网+农机”为引领，“山西省智慧农机信息服务管理平台”初步构建，智慧农机应用受到各级政府部门重视。农机信息管理服务体系逐步建立和完善，强化各级农机管理部门和农机服务组织农业机械化信息共享。

【农机安全生产成效显著】 “十三五”期间，山西省农机安全生产形势持续向好，全省共发生农机安全生产事故较“十二五”期间，事故数下降83%，死亡人数下降78%，千台重伤率长期处于较低水平。拖拉机、收割机在册数和驾驶员持证数较“十二五”期间均增加33%。

【落实农机购置补贴政策】 2020年，山西省围绕有机旱作农业、“十大产业集群”、山西药茶以及特色农业发展的装备需求，将农机购置补贴范围扩大到15个大类、35个小类、111个品目，做到敞开补贴、应补尽补。实现农机补贴系统和农机牌证管理系统数据共享，实行农机购置补贴辅助管理系统常年连续开放。推广农机购置补贴手机App终端，实现农民“无缝”“随时”申请补贴。开展补贴机具核验线上预约等服务，因地制宜开展补贴办理“一站式”服务，实现购机者补贴办理“最多跑一次”。突出农机补贴政策实施关键环节，建立内部控制制度，确保政策规范高效实施。实行企业一地违规、全省联查，使违规企业“一处失信、处处受限”。2020年，山西省共使用中央财政农机购置补贴资金6.83亿元，累计扶持6.58万农户购置8.77万台农机具。山西省连续第四年被评为“落实强农惠农富农政策（农机购置补贴）延伸绩效管理优秀单位”。

【升级换代开展农机报废更新】 2020年，山西省在总结往年试点工作经验的基础上，按照农业农村部办公厅、财政部办公厅、商务部办公厅印发的《农业机械报废更新补贴实施指导意见》和农机购置补贴有关政策要求，结合山西省农业机械化工作实际，在广泛征求意见的基础上，组织制定《山西省农业机械报废更新补贴实施方案》，于10月30日正式印发，并从11月9日开始执行。

【编制完成农业机械化发展“十四五”规划】 2020年，山西省重视全省农业机械化发展“十四五”规划的制定工作，充分履职，及早谋划，制定《山西省农业机械化“十四五”专项规划编制方案》，明确规划编制的基本思路、主要内容、时间安排及与省农机发展中心的任务分工。规划编制过程中，梳理农机发展“十三五”规划的执行情况，总结经验、查找问题，多次对接农业农村部农业机械化管理司，将山西省规划与全国农业机械化发展“十四五”规划相衔接，并建议将农田宜机化改造和机械化有机旱作等重点工程内容纳入国家相关“十四五”规划中，获得农业农村部农业机械化管理司的肯定与支持。目前，规划已完成初稿，进入征求相关单位及专家意见的阶段。

【推进主要农作物全程机械化】 2020年，山西省按“以粮为主、全面推进、机技融合、示范引领”的工作要求，围绕小麦、玉米和马铃薯、高粱、胡麻、莜麦、谷子、荞麦、豆类等“2＋7”主要农作物，聚焦耕整地、种植、植保、收获、烘干、秸秆处理等六个主要环节，推进农作物全程机械化作业。全省小麦全程机械化作业面积达489.47千公顷、玉米全程机械化作业面积达1 251.13千公顷、马铃薯全程机械化作业面积达100.47千公顷，高粱、胡麻、莜麦、谷子、荞麦、豆类全程机械化作业面积122.4千公顷。共建设农机新技术推广示范点133个，召开新技术、新机具培训会115次，培训7 895人次。太谷区等5个县区被评为全国第五批率先基本实现主要农作物生产全程机械化示范县。

【打造机械化有机旱作农业品牌】 2020年，山西省实施农田宜机化改造、机械化秸秆还田、农机深松整地、机械化生态保护农业、机械化秸秆综合利用、农机农艺配套融合和智慧农机建设等机械化有机旱作农业工程。截至目前，共投入专项资金9 370万元，实施农机深松整地作业面积367.33千公顷，其中补助作业面积208.2千公顷；完成机械化秸秆还田1 542千公顷；完成机械化秸秆饲料化、原料化、基料化、燃料化转化量361万吨。实施丘陵山区农田宜机化改造3.33千公顷，探索建立黄土高原农田宜机化模式，并在全国丘陵山区农田宜机化改造工作座谈会上做典型发言。

【推进农机社会化服务水平提档升级】 2020年，山西省培育省级农机示范合作社20个、机械化家庭农场15个、农机示范大户15个。投入840万元，扶持建设10个智慧农机合作社试点；22个贫困县农机合作社；6个农机资产收益扶贫试点。在全省遴选15个“全程机械化＋综合农事”服务中心典型案例，择优推荐两个典型案例参加全国评选。成功举办山西省第五届农机操作手大赛暨首届植保无人机大赛。首次将农机维修工技能竞赛列入全省职业技能大赛，山西省农业机械发展中心荣获第二届全省职业技能大赛特殊贡献奖。

【推进设施农业机械化】 2020年，山西省培育设施农业（栽培）机械化示范点11个，创建大田蔬菜机械化示范区3个，推广适用、高效、绿色设施蔬菜机械化装备数量3 150台。在畜牧业机械化发展方面，培育畜牧业养殖、粪污处理机械化示范点11个，培育牧草生产全程机械化示范区2个、示范面积133.33公顷。

【推进机械化农产品初加工】 2020年，山西省发展新型、高效、节能农副产品加工机械9 000台（套），扶持建设农村磨坊油坊升级改造建设示范点20个，新建高标准农产品处理及初加工装备技术示范点31个。在药茶机械化发展方面，将茶树修剪机等7个品目的药茶生产加工机械纳入山西省农机购置补贴范围，并成功举办药茶生产加工全程机械化装备推介活动。

【组织农机安全生产】 2020年，山西省农机部门联合山西省应急管理厅印发《关于做好2020年“平安农机”创建工作的通知》，10月向农业农村部推荐1个全国农机平安示范县和3名岗位示范标兵。印发《关于做好2020年农业机械安全技术检验工作的通知》，全年检验2.5万台。办理农机监理牌证业务7.5万件，其中新注册拖拉机、联合收割机1.58万台，新训新考驾驶员5 500余名。

【开展农机安全生产整治】 2020年，山西省农机部门做好“农机3•15”消费者权益日宣传、全国“两会”“三夏”“三秋”安全生产专项行动、农机“安全宣传月”和“安全生产宣传咨询日”、送农机安全知识下乡、农机检验及事故应急处置培训演练等活动。开展变型拖拉机专项整治，全省共报废注销变型拖拉机3.5万台。下发《关于做好2020年农业机械质量调查的通知》，对存在安全隐患的农机，督促生产企业改进技术工艺，提高农机的安全性能。分三批次对1.4万个农机购置补贴投档产品进行公示。扩充中药材收获机等13个鉴定大纲，基本实现山西省主要农机产品鉴定全覆盖，完成国家级推广鉴定项目52项，省级推广鉴定项目69项。

【加大智能农机研发引进力度】 2020年，山西省围绕全省农业发展实际，加大智能监控玉米精量免耕播种机、遥控果园管理机、温室智能水肥机、智能肥药机、智慧农机差分定位技术远程监控终端等智能农机研发力度，引进试验精准农业作业暨差分纠偏系统关键技术。目前，《农田残膜清除技术及配套装备研究》《盘式固态有机肥撒肥车引进试验的研究》《自走式山地电动多功能作业机装备研究》《山区小型电动拖拉机装备研究》等4个项目已通过科技验收，《畜禽粪污无害化快速处理资源化利用技术及关键装备设备》已完成样机试制。

内蒙古自治区

【概况】“十三五”期间，内蒙古自治区农业机械化系统贯彻落实农业农村部农业机械化管理司、内蒙古自治区农牧厅的决策部署，围绕实施乡村振兴战略，加快实现农牧业农村牧区现代化，紧盯农业机械化发展的重点地区、薄弱领域和短板环节，积极作为，开创新局面。

【工作成效】 到2020年底，内蒙古自治区农机总动力超过4 000万千瓦，比“十二五”末增长5.2%；主要农作物综合机械化水平达86%以上，比“十二五”末增长5.7%。农机购置补贴政策规范实施，农机社会化服务能力显著提高，农机试验鉴定能力不断拓展，农机安全生产稳步推进，发展态势良好。

【农牧机装备增加】 截至2020年底，内蒙古自治区58.82千瓦以上拖拉机拥有量达6.22万台，联合收获机拥有量达4.06万台。畜牧、设施农业及农产品加工机械均有增长，农机装备结构得到调整和优化。

【农机购置补贴政策规范实施】“十三五”期间，内蒙古自治区实施农机购置补贴资金62.8亿元，补贴机具36.9万台（套），受益农户31.6万户。2018年获评农业农村部落实强农惠农政策（农机购置补贴）延伸绩效管理优秀单位。一是细化实化补贴政策。对补贴产品分档及额度测算调整，将畜牧业机械及绿色发展机械列入补贴机具范围。二是启动农机新产品补贴。对内蒙古自治区急需的葵花籽收获机、药材挖掘机及植保无人飞机予以专项补贴。三是创新工作方式，开通手机App申领补贴渠道，实现农牧民足不出户完成补贴申请，完成农机购置补贴与监理系统互联互通。

【农机社会化服务多元发展】“十三五”期间，内蒙古自治区农机合作社总数达3 956家，全自治区共有农机原值20万元以上农机大户约3.23万户。以农机合作社等新型经营主体为主开展的农机社会化服务不断拓展领域，作业服务内容从耕播收作业延伸到全域托管服务发展。社会化服务比重达48%，较“十二五”末增长18个百分点。有30个旗县获评全国基本实现主要农作物生产全程机械化示范县。

【农业机械化新技术应用扩展】“十三五”期间，内蒙古自治区各级农业机械化主管部门以保障粮食安全为主要目标，开展新机具、新技术、新模式的推广应用。每年都以现场会、培训班等农牧民喜闻乐见的方式，促进先进适用的农机和技术的推广应用。内蒙古通辽市汇民盛丰合作社等3个农机专业合作社列入农业农村部办公厅第一批全国“全程机械化＋综合农事”服务中心典型案例，扎赉特旗农旺农机专业合作社联合社理事长被中国农机安全报社、中国农业机械化协会评为“全国20佳农机合作社理事长”。

【质量监督取得新成效】“十三五”期间，内蒙古自治区农机部门配合农机补贴政策落实，按照质量监督每年一个专题的思路，开展农机质量调查行动。“十三五”期间，共跟踪调查76家企业116种型号的2 704台农机具，对存在问题的企业发出整改通知；制定《内蒙古自治区农业机械试验鉴定管理办法》（试行），强化对农机鉴定机构的绩效考核和监督管理，保证鉴定工作质量和效率。

【农机安全生产水平得到提升】“十三五”期间，内蒙古自治区层层签订安全生产责任，做到自治区、盟市、旗县、重点乡镇、重点嘎查村“五级覆盖”，有力压实责任；组织开展全自治区农机安全生产大检查，有效传导压力；开展“平安农机”示范旗县创建活动，树立标兵样板；“十三五”期间未发生重特大农机事故，全自治区农机安全形势总体平稳。

【农机工业取得新突破】“十三五”期间，内蒙古自治区农机工业围绕现代农牧业发展需求创新发展。一是科技创新能力增强，农机具技术水平向中高端发展，葵花收获机、秸秆打捆机、精量播种机等主要农机具品牌效应初显，市场占有率稳步提高，畜牧业机械研发制造成为内蒙古自治区一大亮点；二是创新发展步伐加快，“互联网＋”、共享农机、智能制造、数字化车间以及一些现代化管理方式逐步与全国接轨。

【农机装备结构优化】“十三五”期间，内蒙古自治区农机装备结构优化，大功率及联合作业机械增加明显，对现代农牧业发展提供支撑。2019年底内蒙古自治区农牧业机械总动力3 866.4万千瓦，其中拖拉机拥有118.95万台，配套农机具219.95万台，机引犁62.27万台，精量播种机46.76万台，插秧机1.25万台，植保机械9.27万台。

【农业机械化水平提高】“十三五”期间，内蒙古自治区主要种植的作物小麦、玉米、水稻、马铃薯、大豆、油菜、向日葵等。其中小麦综合机械化水平99.06%；玉米综合机械化水平89.38%；水稻综合机械化水平98.81%；马铃薯综合机械化水平91.3%；大豆综合机械化水平84.89%；油菜综合机械化水平84.33%，农业机械化起到重要的支撑作用。全区向日葵种植面积近2.67千公顷，收获机械保有量不足500台，机收处于薄弱环节。

【牧机装备水平有待提高】 2019年，内蒙古自治区畜牧业机械化水平39%，其中饲草料生产加工机械化率为86.4%，饲草秸秆收获机械化率80.8%，饲草料加工机械化率93.1%，饲料投喂机械化率11.2%，粪污处理机械化率6.1%，环境控制机械化率38.6%，畜产品采集机械化率41.2%，挤奶机械化率44.8%，剪毛（绒）机械化率8.9%，饲喂、粪污处理、剪羊毛、羊药浴仍然处于薄弱环节。

【制定黑土地保护性耕作方案】 2020年，内蒙古自治区研究制定《2020—2025年内蒙古黑土地保护性耕作推进行动方案》和《内蒙古自治区2020年黑土地保护性耕作推进行动实施方案》，经内蒙古自治区人民政府同意，印发东部四个盟市及自治区有关部门；四个盟市相应制定年度工作方案，报自治区备案。

【强化督导与技术服务】 2020年，内蒙古自治区农机部门与自治区保护性耕作专家组成员组成督导组，先后8次赴东四盟市地开展任务落实、技术指导等督导工作。

【核实作业质量和合格地块】 2020年，内蒙古自治区农机部门在所有免耕播种作业机组上安装监测设备，对监测数据判断合格地块上开展人工抽查，确保作业质量。

【召开保护性耕作会议】 2020年，内蒙古自治区农机部门组织召开全自治区保护性耕作会议，总结推广典型经验，安排部署2021年工作。

【推进黑土地保护性耕作行动】 2020年，内蒙古自治区农机部门承担自治区黑土地保护性耕作推进行动领导小组办公室职责，负责领导小组日常运转。完成保护性耕作505.95千公顷，超额完成农业农村部下达的466.67千公顷年度任务；建设8个整体推进县，打造20个县级、67个乡级高标准应用基地，设立8个长期固定监测点。

【农机购置补贴政策落实落细】 2020年，内蒙古自治区农机部门调整完善补贴机具种类范围，拓展内蒙古自治区农牧业各领域所需机具，推进农业机械化向全程全面升级。缩减技术相对落后的农机产品，优先支持大型、高端、绿色机械设备，优化农牧业机械结构。

【下发补贴工作通知】 2020年，内蒙古自治区农机部门制定下发《关于做好内蒙古自治区2020年农机购置补贴工作的通知》(内农牧机发〔2020〕41号)，按照农业农村部的要求适当放宽补贴台数限制、调整补贴比例上限。

【制定补贴试点实施方案】 2020年，内蒙古自治区农机部门研究制定《内蒙古自治区2020年节能日光温室标准化钢结构骨架购置补贴试点实施方案》，启动日光温室钢结构骨架补贴试点工作。

【启动报废更新试点工作】 2020年，内蒙古自治区农机部门研究制定《内蒙古自治区农业机报废更新补贴实施方案》，启动对高耗能、安全性差的老旧拖拉机进行报废更新试点工作。

【开展农机购置补贴自主投档工作】 2020年，内蒙古自治区农机部门开展四批次农机购置补贴自主投档工作，审核通过1万余个农机产品，并纳入国家购机补贴系统。全年共受理农牧民购置补贴申请资金21.1亿元、使用补贴资金12亿元，全自治区补贴各类农机具68 456台（套）。

【抓好春耕备耕工作】 2020年2月13日至5月12日，内蒙古自治区农机部门对全自治区春耕备耕农机具准备、机械维修、技术人员等培训情况进行日调度、日报告，并根据各地上报农机备春耕生产情况，及时协调解决问题。全自治区共检修农机167.04万台，培训农机手及技术人员3.7万人，为春耕春播生产投入农机具153.3万台（套），完成机耕6 504.67千公顷，机播7 800千公顷。

【组织“三夏”“三秋”农业机械化生产】 2020年，内蒙古自治区投入秋粮收获机械88万台，全年完成机收小麦493.33千公顷，机收玉米2 680千公顷，机收水稻110.67千公顷，机收马铃薯393.33千公顷，机收大豆809.33千公顷。

【抓农机抢收工作】 2020年，内蒙古自治区农机部门抓好东四盟市秋粮倒伏369.73千公顷的农机抢收工作，改装713台秋粮倒伏所需收获机械，机械抢收倒伏秋粮240千公顷，其他三个盟市全部完成抢收任务。

【开展农机深松整地工作】 2020年，内蒙古自治区完成深松整地作业面积1 066.67千公顷。全自治区农作物耕种收综合机械化水平达86%，同比增长0.5个百分点，圆满完成“十三五”目标。小麦、玉米、马铃薯三大农作物耕种收综合机械化率分别达99%、90%和82%。小麦、水稻耕种收三个环节机械化水平均保持在98%以上。

【开展示范工作】 2020年，内蒙古自治区农机部门围绕玉米、大豆、马铃薯、小麦、水稻等作物，聚焦高端植保、联合收获、粮食烘干关键环节，开展主要农作物全程机械化示范工作，推荐上报11个全国主要农作物全程机械化示范县，其中10个旗县通过评审。

【推进畜牧养殖机械化发展】 2020年，内蒙古自治区农机部门聚焦牲畜饲喂、棚圈清理、粪污处理及资源化利用等薄弱环节，推进畜牧养殖机械化水平。

【全程全面机械化统筹推进】 2020年，内蒙古自治区推广优质饲草种植、收获打捆一体化、秸秆转化饲料等系列技术，提升草业高端生产全程机械化水平。机械化饲喂、饮水、剪毛及粪污处理等多个环节实现有效突破。畜牧业机械化水平达40%左右，同比增长2个百分点。设施农业、渔业、农产品初加工等机械化水平也均取得新进展

【农机社会化服务提档升级】 2020年，内蒙古自治区农机部门培育多元化农机社会化服务组织，指导农机服务组织开展订单作业、生产托管、跨区作业等农机作业服务。农机补贴政策放开农牧民专业合作社补贴机械台数限制，并下放审批权限。农机深松补助、农业机械化专项资金项目、保护性耕作补助向农机合作社倾斜。组织开展跨区作业服务，发放农机跨区作业证2 600张。指导农机服务组织开展“全程机械化+综合农事服务”工作，推荐上报6家农机合作社进入全国第二批“全程机械化+综合农事”服务中心典型案例。

【开展农机质量调查】 2020年，内蒙古自治区农机部门对8个盟市在2017—2019年期间，享受国家财政补贴资金购置拖拉机和打（压）捆机开展质量调查工作。

【开展农机市场打假专项行动】 2020年，内蒙古自治区农机部门制定《2020年全区农机系统持续深入开展行业乱象整治行动实施方案》，成立专项推进组，召开专题会议进行研究部署。全自治区共发放宣传材料4.008万份，出动执法人员889人次，检查生产企业502个/80次，整顿市场127个/63次。

【开展农机作业标准化建设】 2020年，内蒙古自治区农机部门完成4项地方标准和1项技术规范。

【抓好农机安全生产】 一是制定印发《2020年农机安全生产监管重点工作及要求的通知》《农机安全生产三年整治行动方案》《农机安全宣传“五进”方案》，落实农机安全监管工作。二是开展农机“安全生产月”活动，组织现场农机安全宣传活动841次，发放宣传材料12万份，张贴农机宣传标语、横幅、展板、宣传专栏等500多个、现场农机安全宣传受益人数达15万余人次。三是开展专项检查，对无证驾驶、无牌行驶、未年检、拼装改装、违法载人等违法违规行为进行严查，排除安全隐患。全自治区未发生重特大事故，农机安全生产形势总体平稳、持续向好。

【其他工作】 一是配合内蒙古自治区人大完成《中华人民共和国农业机械化促

进法》执法检查，代内蒙古自治区人民政府起草《内蒙古自治区执行〈中华人民共和国农业机械化促进法〉情况的报告》。二是完成内蒙古自治区人大《关于加大对农业机械专业合作社扶持的建议》的答复，完成内蒙古自治区政协《关于加大大型农机装备补贴力度的提案》的答复。三是完成《内蒙古志·农牧业志》《内蒙古大辞典》中关于农业机械化的撰写编修工作。

辽宁省

【农机装备总量增长】“十三五”期间，辽宁省实施中央财政农机购置补贴资金34.57亿元，补贴购置机具达26.89万台（套）。全省农机总动力达2 466万千瓦，全面完成“十三五”预期目标。主要农作物生产机具增长较快，拖拉机保有量达58万台，联合收割机3.29万台，配套农机具80.48万部。

【主要农作物农机作业水平提升】“十三五”期间，辽宁省主要农作物耕种收综合机械化率达81.3%。其中，玉米、水稻、花生、大豆、马铃薯耕种收机械化率分别达82.7%、92.3%、87.7%、79.8%、72.1%，主要农作物农机作业水平基本实现全程机械化。

【乡村产业机械化应用扩大】“十三五”期间，辽宁省补贴机具种类范围扩大，促进畜牧养殖、水产养殖、设施种植、水果生产、农产品初加工机械化率全面提高，分别达87%、57%、38%、51%、54%。绿色环保农业机械化发展迅速，植物保护类机械、秸秆类、畜牧环保类机具增长加快，“十三五”新增0.78万台（套）。

【耕地保护性耕作成效显著】“十三五”期间，辽宁省实施耕地深松作业2 621.33千公顷，耕地质量和农作物产量有效提升。完成耕地保护性耕作538.67千公顷，建设12个保护性耕作整体推进县、179个县、乡级保护性耕作基地，有效保护黑土地耕地质量。建设1个市和19个县全国主要粮食作物全程机械化示范市、县。

【农机社会化服务稳定发展】“十三五”期间，辽宁省有农机服务组织3 747个。其中，农机合作社3 527个，入社人数4.9万人，作业面积2 244.67千公顷，年总收入111亿元，农机手平均作业收入6万元，维修人员4万元，农机户均收入2万元以上。通过农机订单作业、土地托管等模式代耕、代种、代收作业服务规模逐年扩大，推动小农户与现代农业的有效衔接。

【农业机械化科研水平提升】“十三五”期间，辽宁省承担10项国家级科研项目、30项省级科研项目，完成50台科研样机试制，试验示范推广10个省区，试验示范面积13.33千公顷，技术推广面积33.33千公顷。落实农机科研基础性建设专项2 000万元，引进国际先进水平的水稻超高速秧盘精量播种试验台、秸秆捡拾打捆机等10余种新机具。

【农机质量安全得到保障】“十三五”期间，辽宁省制修订22项省级农机作业地方标准。完成部省级推广鉴定481项。累计培训鉴定农机修理工、水稻插秧机操作工、农机管理人员7 227人次。受理办结农机质量纠纷122件。组织农机质量调查和监督检查13次。创建国家级“平安农机”示范市1个，示范县3个。五年来，全省农机生产没有发生重大伤亡事故。

【农机支持政策加大】“十三五”期间，辽宁省人民政府出台《关于加快推进农业机械和农机装备转型升级的实施意见》（辽政发〔2019〕29号），支持农业机械化全程全面高质高效发展。开展农机报废更新补贴工作，开展设施大棚钢结构骨架购置补贴新产品试点工作。支持生猪养殖等畜牧产业发展，将大部分生猪等畜牧业机械纳入农机购置补贴范围。探索开展大型农机具贷款担保和保险业务。

【落实农机购置补贴政策】2020年，辽宁省中央财政农机购置补贴资金合计78 659.83万元，全年落实103 456.59万元，使用比例为131.52%；补贴机具7.37万台（套），受益农户5.4万户，带动农民和农业组织投入31亿元。

【完成黑土地保护性耕作任务】2020年，辽宁省完成保护性耕作作业面积538.67千公顷，超额完成农业农村部下达的工作目标任务。建设12个保护性耕作整体推进县村、38个高标准保护性耕作县级应用基地、141个乡级应用基地。

【完成农机深松整地作业任务】2020年，辽宁省实施农机深松整地作业面积379.33千公顷，超额完成农业农村部下达的工作目标任务。

【主要农作物综合机械化率稳步提升】2020年，辽宁省主要农作物耕种收综合机械化率达81.3%，同比增加1.8个百分点。其中，玉米、水稻、花生、大豆、马铃薯耕种收机械化率分别达82.7%、92.3%、87.7%、79.8%、72.1%，主要农作物农机作业水平提升。

【农机安全监理工作得到加强】2020年，辽宁省受理省部推广鉴定200余项。核发148个产品省级农业机械推广鉴定证书。开展春耕农机打假活动，检查20家农机生产企业，注销8家企业、8个获证产品。集中排查整治农机安全工作，全省农机未发生重特大农机安全生产事故。

吉林省

【概况】“十三五”期间，吉林省累计使用中央财政农机购置补贴资金65亿元，较“十二五”期间58.9亿元提高10.4%；累计使用省级财政调配资金10.2亿元，用于支持农机装备与示范区建设，比“十二五”期间5.5亿元提高85.5%。2020年底，全省农作物耕种收综合机械化水平达91%，较2015年的82.5%提升8.5个百分点。全省农机总动力达3 900万千瓦，比2015年末3 152.5万千瓦增长23.6%。拖拉机保有量达125.5万台，其中73.53千瓦以上大型拖拉机24 698台，147.06千瓦以上大型拖拉机4 641台；秸秆捡拾打捆机8 782台，免耕播种机35 164台，玉米联合收割机80 081台，水稻插秧机106 743台。全省培育平均单个农机装备投资规模不低于250万元的全程机械化新型农业经营主体662个，其中“十三五”期间培育616个，截至2020年底，全省共有农机专业合作社6 361个，全省共创建28个国家级全程机械化示范县，覆盖全省粮食主产县的90%；创建长春市、四平市、辽源市为全国率先基本实现主要农作物生产全程机械化示范市。

【加大保护性耕作推广力度】 2020年，吉林省总结“梨树模式”，贯彻落实《东北黑土地保护性耕作行动计划（2020—2025年）》，保护黑土地这个耕地中的“大熊猫”。2020年，吉林省加大保护性耕作推广力度，实施保护性耕作面积1 234.67千公顷，超出国家任务368千公顷，实施面积位列东北三省一区第一，建设覆盖42个县市，8个整体推进县，30个高标准应用基地和15个实施效果监测点，圆满完成国家和吉林省人民政府确定的目标任务。

【推进保护性耕作工作落实】 2020年4月，吉林省制定印发《吉林省农业农村厅 吉林省财政厅关于印发吉林省保护性耕作推进行动方案（2020—2025年）的通知》（吉农机发〔2020〕6号）《吉林省农业农村厅 吉林省财政厅关于印发〈吉林省2020年保护性耕作实施方案〉的通知》（吉农机发〔2020〕7号），成立由李悦副省长为组长，吉林省人民政府副秘书长、吉林省农业农村厅、吉林省财政厅主要领导为副组长，省直有关部门和单位分管负责同志组成的保护性耕作推进行动领导小组。

【召开会议】 2020年，吉林省两次参加部里组织召开的东北黑土地保护性耕作行动计划实施调度部署视频会议，并及时将会议精神向吉林省人民政府做专题报告。7月22日，习近平总书记在吉林省四平市考察时对吉林黑土地保护工作给予肯定，并作出重要指示，“要认真总结和推广梨树模式，采取有效措施切实把黑土地这个‘耕地中的大熊猫’保护好、利用好，使之永远造福人民”。9月22—24日，农业农村部在吉林省四平市召开“东北倒伏玉米机械化抢收工作布置会暨东北黑土地保护性耕作现场推进会”，张桃林副部长对吉林保护性耕作给予高度评价。

【抓技术指导和宣传培训】 2020年，吉林省上下协同推进，“全覆盖、少动土，保播种、抓齐苗，增地力、促丰产”的保护性耕作技术形成政府重视、部门配合、协同推进的良好局面，农民实施积极性提升。全省总结推广保护性耕作“梨树模式”，成立保护性耕作专家指导组，将技术指导和宣传培训两手抓。抓住秋收有利时机提早部署下一年度保护性耕作任务，于2020年9月就将全省2021年1 866.67千公顷计划面积分解下达各县（市、区）。

【农业机械化执法工作成效显著】 2020年，吉林省贯彻落实《农业机械化促进法》，农业机械化执法工作成效显著。2020年，全国人大执法查检组对吉林省落实《农业机械化促进法》情况进行执法检查。按照全国人大《农业机械化促进法》执法检查要点和有关要求，协调科技、工信、发改、财政、交通、教育、地方金融监管等部门调度汇总相关情况。同时，对照检查重点内容，全面梳理2004年以来吉林省农业机械化涉及的农业机械科研开发制度规范、农业机械质量保障法律责任落实、先进适用农业机械推广使用法律规定执行、农业机械化社会化服务组织规范管理、农业机械化扶持措施和法律责任落实、配套法规规章制订等6个方面工作情况。

【汇报农业机械化促进法实施情况】 2020年，吉林省李悦副省长在执法检查汇报会上，汇报吉林省农业机械化促进法实施情况。执法检查组组长全国人大常委会副委员长武维华对吉林省贯彻实施《农业机械化促进法》工作给予肯定，希望吉林省加大投入力度，提升农业机械化水平，努力在全国率先实现农业现代化。

【农机装备增加】 2020年，吉林省农作物耕种收综合机械化水平迈上91%新台阶，全程机械化整省推进行动目标任务基本完成。2020年吉林省农机装备和农业机械化作业水平提升，办理中央农机购置补贴资金22.52亿元，受益农户85 698户，补贴机具113 466台（套），拉动农机销售额近70亿元，全省农机总动力新增241万千瓦以上，达3 900万千瓦，同比增长6.6%。拖拉机保有量达125.5万台，同比增长1.9%。其中73.53千瓦以上大型拖拉机新增2 329台，达24 698台，增长10%，147.06千瓦以上大型拖拉机新增1 889台，达4 641台，增长69%；秸秆捡拾打捆机达8 782台，增长25%；免耕播种机新增4 873台，达35 164台，同比增长16%；玉米联合收割机新增9 693台，达80 081台，同比增长14%；水稻插秧机新增8 169台，达106 743台，同比增长8%。

【全程机械化水平提高】 2020年末，吉林省通过农机购置补贴惠民政策拉动，吉林省农作物耕种收综合机械化水平达91%，同比增加1.8个百分点，其中全省玉米综合机械化水平为93%，水稻综合机械化水平为96%，机械化作业水平有效提高，技术支撑能力加大，组织保障能力增强，全程机械化整省推进行动任务目标基本完成。

【发挥农机保障作用】 2020年，吉林省降低台风灾害影响保丰收，突出农业机械化保障粮食安全基础作用。2020年吉林省连续遭遇三次台风袭击，农作物受灾倒伏严重。灾害发生后迅速采取有效措施，发挥农业机械化保障粮食安全基础作用。

【制定扶持政策】 2020年，吉林省研究制定《受灾倒伏农作物收获机械省级补贴实施方案》，投入省级补贴资金1.3亿元，对适宜倒伏作物的收获机械和玉米收获机加装辅助设施进行补贴，补贴和改装收获机械1万多台，为做好灾后农业生产提供机械化保障。

【开展指导服务】 2020年，吉林省组织农机专家制定受灾倒伏农作物机械化收获技术指导方案，会同种植业处组成指导服务组，深入基层开展指导服务。

【强化组织调度】 2020年，吉林省全力配合做好东北倒伏玉米机械化抢收工作布置会暨东北黑土地保护性耕作现场推进会现场准备工作，组织4个系列30多台（套）机具参加现场演示。组织各地召开现场会形式加强收获机械使用培训，实施定期调度，汇总分析机械收获实施进度，指导各地统筹组织机械调度，推动机械化抢收工作。

【推进农机购置补贴工作落实】 2020年，吉林省农机购置补贴机具种类范围为14大类31个小类80个品目，同比增加1大类3小类12品目，扩大畜牧机械、设施农业设备、农业废弃物利用处理设备等机具种类范围，满足农业机械化薄弱环节机具和农业绿色发展购机补贴需求。开展网上常年投档定期组织评审工作，全年分三批次组织专家对859家企业4 237个投档产品进行评审，确定3 820个产品为补贴产品。全省补贴农机产品超11万台（套），受益农户8万余户，落实中央农机购置补贴资金超20亿元，拉动农机装备投资超200亿元，均创历年新高。使用通用版、连续版农机购置补贴辅助管理系统和农机购置补贴手机App，首次实现补贴全年覆盖连续办理，加强补贴信息公开，推进农机购置补贴信息化便民服务工作。

【印发农机安全专项整治行动方案】 2020年，吉林省印发《吉林省农机安全专项整治三年行动实施方案》（吉农机发〔2020〕33号），提出开展变型拖拉机治理、拖拉机和联合收割机“无牌”治理、无证驾驶拖拉机和联合收割机治理、农机安全隐患排查治理、查处违法违规行为、开展农机安全生产宣传教育、加强拖拉机驾驶培训机构的监督检查、加强农机维修经营管理等八项主要任务。

【加大拖拉机和联合收割机“无牌”治理】 2020年，吉林省排查摸清无号牌拖拉机和联合收割机数量、使用情况。对符合登记条件的拖拉机和联合收割机（有出厂合格证明、有来历证明、检验合格）实施登记管理，提高拖拉机和联合收割注册率。

【印发拖拉机号牌检查通知】 2020年，吉林省印发《关于开展拖拉机号牌专项检查的通知》（吉农机监字〔2020〕23号），梳理检查全省拖拉机号牌，掌握拖拉机号牌使用管理情况，针对管理中存在的问题，对有关单位提出整改意见。

【加强农机安全生产宣传教育】 2020年，吉林省对达到报废条件的拖拉机和联合收割机，引导农机所有人实施报废；对不符合登记条件的拖拉机和联合收割机，按照《农业机械安全监督管理条例》依法处置。全省清理变型拖拉机3 038台，10月末实现吉林省变型拖拉机总量清零。

【推进农机报废更新补贴工作】 2020年，吉林省为加快老旧农业机械报废更新进度，推进农业机械化和农机装备转型升级，促进农机安全生产和节能减排，根据国家有关政策，吉林省履行规范性文件合法性审查程序，在征求相关厅局和基层部门意见基础上，经公众参与、专家论证、风险评估等环节，印发《吉林省农机报废更新补贴工作实施方案》的通知（吉农机发〔2020〕31号），推进开展报废更新工作。方案印发后，吉林省组织软件公司开发报废更新信息化辅助管理平台，推进县级试点工作方案制定、回收拆解企业确定等工作同步开展，推进此项惠民政策落实。

【全程机械化示范创建工作取得新突破】 2020年，吉林省按照农业农村部力争到2020年全国建成500个基本实现全程机械化的示范县的总体要求，2020年吉林省继续开展创建工作。全省新创建长春市双阳区、延吉市等国家级全程机械化示范县6个，示范县总数量达28个，粮食主产县创建率达90%；同时创建长春市、辽源市为全国全程机械化示范市（设区市），示范市总量达3个，数量居东北地区第一名，示范市占吉林省全部地市的33%，示范市占比位列全国各省区市第一名。

【农机社会化服务组织数量增长】 2020年，吉林省培育“全程机械化+综合农事”服务中心，农机社会化服务组织数量增长。截至2020年底全省农业机械化服务组织数量达9 291个，农机专业合作社6 361个，其中原值100万元以上的1 761个。按照“一乡一个”的规划布局，采取“30个产粮大县全面推进，30个产粮大县以外县的重点产粮乡镇全面跟进”方式开展项目建设，同时开展“一村一个”村级延伸试点，促进农机社会化服务能力提升，打造示范引领吉林省农业机械化发展骨干力量和排头兵，2020年全省已累计建设全程机械化新型农业经营主体662家，平均每个装备总投资250万元以上，增加农机装备16 638台（套），增加机具库面积70万米^2，累计投入省级补助资金9.35亿元。

【多形式实现规模经营】 2020年，吉林省梨树县卢伟农机农民专业合作社、榆树市增益农业机械种植专业合作社被农业农村部办公厅推介为第二批全国“全程机械化+综合农事”服务中心典型案例，吉林省典型案例累计数量达5个。发挥“一乡一农机化强社”的骨干作用，建设一批“全程机械化+综合农事”服务中心，通过土地托管、土地流转、代耕代种、联耕联种等形式实现规模经营，构成区域性服务网络和保障体系，为周边农户提供全程机械化订单作业、农资统购、技术培训、信息咨询、农产品销售对接等“一站式”综合服务。以全程机械化新型农业经营主体为骨干力量的“全程机械化+综合农事”服务中心正集成资源优势，发展适度规模经营，促进小农户和现代农业发展有机衔接。

【开展植保无人飞机购置补贴试点】 2020年，吉林省农机部门会同吉林省财政厅、中国民用航空吉林安全监督管理局印发《关于2020年开展植保无人飞机购置补贴试点工作的通知》（吉农机发〔2020〕20号），根据申报确定农安县、德惠市等19个县市开展补贴试点，组织开展植保无人飞机企业自主投档和专家评审工作。

【探索开展温室大棚钢结构骨架农机新产品试点】 2020年，吉林省印发《吉林省农业农村厅关于开展2020年温室（大棚）钢结构骨架购置补贴试点的通知》（吉农机发〔2020〕19号），探索开展温室大棚钢结构骨架农机新产品试点工作。

【组织制定条带耕作机地方标准】 2020年，吉林省推进农机行业标准体系建设，按照《农业机械试验鉴定办法》有关要求，吉林省联合辽宁、黑龙江等兄弟省份鉴定站开展条带耕作整地机行业标准制定工作，发布《条（带）耕作整地机》（DG22/Z 001—2020）省级专项鉴定大纲，填补此类保护性耕作重点机具行业标准上的空白。

【开展农机抵押贷款有关工作】 2020年5月份，吉林省农机部门会同吉林省地方金融监督管理局、吉林省市场监督管理厅、中国银行保险监督管理委员会吉林监管局等有关厅局处室，印发《关于加快推进金融助力农业机械化转型升级的通知》（吉金局联字〔2020〕10号），配合金融部门探索开展有关业务，健全农机抵押贷款机制保障，助力农业机械化转型升级。

【组织开展农业机械化管理培训】 2020年，吉林省各级农机管理部门举办多次业务培训，提升业务工作能力。12月在长春市先后举办全省农业机械化管理统计培训班、全省农机合作社经验交流暨服务能力提升培训班、农业机械化政策推进落实暨农机安全应急培训班等专题培训，省级总计培训学员300余人次。

黑龙江省

【农机装备能力提升】 “十三五”期间，黑龙江省在各项农业机械化惠农政策的带动下，步入快速发展期。截至2020年，全省农机总动力达6 500万千瓦，比2016年增长15.4%；全省拖拉机保有量达163万台，增长0.9%，其中73.53千瓦以上拖拉机达7.5万台，增长38.9%。农作物耕种收综合机械化率稳定在97%以上，比2016年增长2.1个百分点。农业机械化的快速发展，为提高黑龙江省粮食基础生产能力、筑牢国家粮食安全“压舱石”，提供技术和装备支撑。

【农机装备有效支撑农业产业发展】 “十三五”期间，黑龙江省高标准大机械整地、播种和先进的农业机械化种植模式得到广泛推广。累计实施精量播种40 000千公顷，同传统播种技术相比保苗率提高10%，全省各积温带主要农作物播种期由改革开放前的30天，缩短到现在3～7天，增产能力储备提高30%。累计完成深耕（深翻、深松）整地13 904.67千公顷，使耕层埴松、保墒抗涝抗旱，从单项技术对比看，玉米增产50～100千克，大豆增产25～40千克。总结推广“一翻（松）两免”轮耕轮作机械化保护性耕种技术模式，三年整地节本约100元，玉米大豆轮作机械化生产每公顷增产约750千克，秸秆还田耕作改善土壤结构、恢复土壤有机质、保护黑土地，经济社会效益双丰收。

【存在问题】 “十三五”期间，黑龙江省存在着一些“缺门断档”问题，主要是生产急需的鲜食玉米收获机、高效马铃薯收获机、果蔬种植采收机等机械装备严重短缺，建议加大研发力度，尽快将黑龙江省急需的农机产品投放市场，满足广大农户的购机需求。

【农业机械化新技术推广应用成效显著】 “十三五”期间，黑龙江省在农业机械化新技术推广上，突出农机农艺融合，并结合农业生产实际制定《黑龙江省秸秆还田耕种技术模式》《黑龙江省“一翻两免”轮耕轮作模式》《黑龙江省主要农作物农机种植标准化重点技术模式》，目前，全省有60个县被国家授予主要农作物生产全程机械化示范县。

【农业机械化安全生产总体平稳】 “十三五”期间，黑龙江省开展“平安农机”创建工作，创建国家级“平安农机”示范县4个，省级“平安农机”示范县5个，截至目前，黑龙江省国家级和省级“平安农机”示范县分别达31个和44个，占全省的42%和60%。开展变型拖拉机专项整治工作，已完成注销变型拖拉机6 692台，占总量的79.4%。发生道路外农机事故64起，死亡55人，未发生较大以上农机事故。

【农机质量监管水平提升】 “十三五”期间，黑龙江省建立农机质量投诉监督机构108个，为农民维权、化解纠纷。2016年至今，共受理农机质量投诉案件21件，农机质量投诉咨询1 000余件，保障农民合法权益。开展质量认定工作，完成部、省两级各类农机具721台（套）、3 952台（套）的质量认定工作。对补贴产品质量、行业发展现状和农机服务组织进行调研，为农业机械化发展提供农机质量保障。

【农机智能化发展步伐加快】 “十三五”期间，黑龙江省探索农机智能化发展的新途径，先后在农机深松作业、玉米和水稻秸秆还田作业、免耕播种作业等方面进行积极探索，取得良好效果。目前全省已安装农机作业智能终端47 293台，实现监测数据与指挥平台实时对接，可满足高标准农机作业远程自动检测。五年来，累计监测深松作业面积4 403.33千公顷、玉米秸秆还田面积2 911.33千公顷、水稻秸秆还田面积540.33千公顷。

【农业机械化生产服务组织壮大】 “十三五”期间，黑龙江省现有各类农业机械化生产服务组织26 122个，在农业机械化新技术应用上起到至关重要的作用。2019年，全省农业机械化生产托管面积达3 226.27千公顷次，从农业生产各环节托管情况看，耕、种、防、收四环节托管面积分别为830.2千公顷次、485.93千公顷次、502.4千公顷次和1 081.33千公顷次，服务对象76.7万（户），其中小农户数为62.6万户，小农户接受托管服务的面积为2 039.73千公顷，提升小农户的农业生产水平。

【扩大农机购置补贴覆盖范围】 2020年，黑龙江省有国家下达农机购置补贴资金共计18.955亿元，已落实补贴资金45.6亿元，补贴购置农机具17.1万台（套）。增加送料机、颗粒饲料压制机等补贴品目11个，优化清粪机撒肥机打（压）捆机和喷杆喷雾机等产品档次和补贴额度，秸秆还田联合整地机、农机作业监测终端专项鉴定产品进入补贴范围，使更多的先进农机产品进入黑龙江省农机市场，满足农户购机需求。

【组织农业机械化生产指导工作】 2020年，黑龙江省针对疫情和风灾的实际，制定下发《2020年全省高标准春整地和播种技术指导意见》和《关于2020年全省秋季农机化生产技术的指导意见》，指导各地根据土壤墒情和作物茬口科学整地，严格整地标准和播种标准，利用秋墒、冬雪、春雨，适时早整地早播种，以早动争主动。春季完成机耕9 818千公顷，机播14 538千公顷，秋季完成机收14 384.4千公顷，秋整地8 227.13千公顷。推进主要农作物全程机械化新技术提升行动，经过4年的努力，全省全程机械化示范县达60个。

【推进保护性耕作行动计划】 2020年，黑龙江省组织落实《东北黑土地保护性耕作行动计划（2020—2025年）》，科学制定黑龙江省行动计划和行动方案，以10个整体推进县为核心，推广适合黑龙江省的保护性耕作技术模式，实施分档补贴。春季全省完成秸秆覆盖免（少）耕播种作业面积886.67千公顷。经监测调查，保护性耕作地块单位面积保苗率在90%以上，土壤含水率高于传统耕种地块3%～4%，未发生大面积草荒草害现象，8月末秸秆腐化程度达到80%以上。经测算，采取保护性耕作技术模式，每公顷节约机耕费750元以上，节本增效显著。保护性耕作技术在遏制黑土地退化、恢复提升耕地地力效果初显。

【开展倒伏作物收获机械改装工作】2020年秋季，受三场台风影响，黑龙江省部分农作物倒伏。为解决农作物倒伏机械收获难题，黑龙江省及时印发《倒伏玉米机械化收获减损技术指导意见》，指导各地农机部门组织农民对玉米收获机进行改装，采取加长扶禾装置、加装强制喂入装置、改装内部功能结构三种，提高收获倒伏玉米能力，全省共改装各类收获机29 708台，投入省级补助资金1.8亿元。

【提升农机合作社规范化建设水平】2020年，黑龙江省组建四个“龙江规范合作社”微信群，用于宣传政策、把握农时、传递市场信息、开展工作调研，全省1 340个农机合作社及各级农机部门工作人员、厅相关处站的1 701位同志入群。打造青冈县沃土丰达、龙江超越、双城铧益等一批“全程机械化+综合农事”、土地托管+保护性耕作、大农机+智能化管理服务典型，并将逊克县丰禾现代农机专业合作社理事长侯保柱作为2020全国20佳合作社理事长黑龙江候选人推荐上报。

【提升农机信息化建设水平】2020年，黑龙江省利用人工智能手段进行作业监测，目前，黑龙江省农机信息化设备能够实现水田、旱田作业面积及作业质量数据的采集，并将监测数据实时上传到指挥平台，为发放作业补贴和科学调度农机具提供依据。2020年底，各类监测终端已达47 293台。

【加强农机质量管理工作】2020年，黑龙江省按照农业农村部要求，对14个企业生产的16种型号玉米免耕播种机进行质量调查，共抽样调查97台，调查区域涉及全省7个地区23个县，及时指出产品存在的问题，并向上级主管部门报告黑龙江省免耕播种机市场总体情况。组织23家生产企业制作62个农机产品维修、调整保养小视频，提高机手专业技术水平。

【强化农机安全管理工作】2020年，黑龙江省提升服务意识，结合疫情防控，创新工作方法，将以往在农机维修点集中检修转变为分散自行检修或上门检修，共检修各类农机具283万台（套），提前5天超额完成任务目标。通过网上审批、材料邮寄等方式，全程不见面办理2 674份跨区作业证。利用网上预约等模式，促进行政许可等各项工作开展，狠抓源头治理。累计订制拖拉机号牌50 246面、联合收割机号牌14 537面、驾驶证卡97 250个、行驶证卡80 190个。

上海市

【概况】“十三五”期间，上海市围绕乡村振兴战略实施，聚焦农业绿色发展和装备结构优化，围绕蔬菜生产“机器换人”和智能农机技术装备，推动农业机械化“全程、全面、高质、高效”发展，加快农业机械化转型升级，为现代农业发展提供技术装备支撑。

【农业机械化扶持政策规范实施】“十三五”期间，上海市加强政策顶层设计，制定印发《上海市农业机械购置补贴管理实施细则（暂行）》《关于加快推进农业机械化和农机装备产业转型升级的实施意见》《上海市农业机械报废更新补贴实施方案》等文件。调整优化补贴机具范围、补贴额，补贴范围内机具实行敞开补贴，加大粮食生产、高效植保、畜禽水产养殖等机械投入力度。2016—2020年上海市共使用中央、市级农机购置补贴资金5.06亿元，新增各类农机3.1万台（套）。探索信息化管理新模式，开展补贴“三合一”试点，提高补贴政策便民利民程度和监管水平。实施政策绩效管理考核，2018年度在全国考评中位居优秀行列。

【粮食生产全程机械化加快推进】“十三五”期间，上海市强化农机农艺融合，优化作业技术路线，配置适用机械，开展作业技能培训，水稻机械化种植水平稳居全国前列。加强区域性粮食烘干中心建设，全市粮食烘干能力达2.4万吨，粮食安全保障能力显著增强。加强示范创建，在全国率先实现主要农作物全程机械化示范县（区）全覆盖。围绕农业绿色生产要求，推广水稻机械化种植同步侧深施肥作业，全市建立30个示范点，试验示范作业机械，跟踪测评作业效果，共完成作业面积6.67千公顷。推广农作物高效植保，全市农用无人机植保飞防作业覆盖面达33.33千公顷。

【蔬果生产“机器换人”步伐加快】“十三五”期间，上海市设立地方补贴政策，将生产急需、本市适用的蔬菜机械纳入补贴范围。采取蔬菜机械化展示演示会、专题推进会等方式，示范推介新型技术装备。创建蔬菜机械化生产示范基地，按照“一基地一方案”方式，推进“宜机化”改造、主栽品种优化、作业机械配置、技术路线完善、作业机手培训等。全市共创建18个示范基地，综合机械水平达到55%，绿叶菜耕整地、起垄作畦、播种移栽、收获采收等关键环节的机械化水平显著提升。探索果树种植机械化，结合桃、梨等主干型省力化栽培模式，试验选型果园耕整地、除草、施药、采摘等作业机械，拓展机械化作业覆盖面。

【农机装备对农业产业的支撑作用增强】截至2019年底，上海市农机装备总动力达97.97万千瓦，其中粮食生产机械占比达80%。2020年上海市主要农作物机械化水平达95%，较2015年提高12%。提高瓜果、花卉等经济作物生产基地的连栋温室、工厂化育苗、水肥一体化、高效植保、果品分等分级等设施设备水平，覆盖面积达1.33千公顷。结合标准化畜禽养殖基地建设，配置自动喷雾防疫消毒设备、自动投料饮水设备、环境控制系统、畜禽粪污处理设备等，提高生态环保水平。结合标准化水产养殖场建设，配置增氧机、投饲机、水体净化处理设备等，推广健康养殖模式。

【农机安全监督管理深化】“十三五”期间，上海市加强农机安全源头管理，推进牌证管理“放管服”改革及“一网通办”。加强农机安全宣教、隐患排查治理和执法检查，稳定农机生产安全形势。举办农机事故应急处置演练活动，提高事故预防和处理能力。成功创建“平安农机”示范镇、村、合作社和互助点等共计66个，推荐全国岗位标兵3人。组队参加全国农机安全监理法规知识竞赛决赛，荣获全国三等奖；加强农机质量监管，组织开展3·15农机质量宣教活动。开展拖拉机、旋耕机、粮食烘干机、蔬菜机械等重点农机产品质量调查督导，实施农机推广鉴定证书有效期内产品监督检查，提高农机产品质量水平。

【农机社会化服务创新发展】“十三五”期间，上海市鼓励扶持“政府购买农机服务”“机农合一”“农机‘一镇一社’”“机农互助”“农机 4S 店”“农机生产经营一体化”“农用无人机植保专业服务”等社会化服务形式，开展订单式、承包式、“互联网＋”等农机生产作业服务。成功创建 2 家“全国农机合作社示范社”，4 家农机合作社入选农业农村部推介的“全程机械化＋综合农事服务”服务中心典型案例，发挥示范引领作用。利用现代农业发展专项资金，建成一批区域性粮食烘干中心、农机库房和区级维修网点等，提高设施水平和服务能力。

【印发实施意见】 2020 年，上海市农机部门会同上海市经济和信息化委员会、上海市发展和改革委员会等 5 部门印发《关于加快推进农业机械化和农机装备产业转型升级的实施意见》，明确农业机械化高质高效发展的总体要求、重点工作和保障措施等。规范实施农机购置补贴政策，加大粮食种植、蔬菜生产、高效植保、秸秆综合利用、粮食烘干、绿色养殖、农产品初加工等机械投入力度。

【实施农业机械化扶持政策】 2020 年，上海市强化机械化信息化融合，优化完善辅助管理系统、自主投档平台、补贴 App 等信息化系统，开展拖拉机、联合收割机等自走式农机装备“三合一”试点。全年共下达中央和市级农机购置补贴资金 6 900 万元，新增各类机械 4 612 台（套）。会同上海市财政局、上海市商务委员会印发《上海市农业机械报废更新补贴实施方案》，加强政策宣贯，开发操作平台，督导报废进度，已有 6 个区录入 19 台农机申请信息。

【发展粮食生产全程机械化】 2020 年，上海市推进水稻机械化种植，加强作业机具调配，优化完善作业技术路线，水稻生产综合机械化水平达 96％。发展绿色农机技术装备，示范推广水稻机械化种植同步侧深施肥，完成作业面积 5.53 千公顷。推广农作物高效植保，农用无人机植保飞防作业覆盖面达 14.87 千公顷。加强秸秆机械化还田和离田利用，农作物秸秆综合利用率达 96％。加强区域性粮食烘干中心建设，新增粮食烘干能力 0.2 万吨，增强粮食安全保障能力。利用物联网、北斗导航、5G 等技术，开展无人驾驶农机作业试验，推进粮食生产无人农场建设。

【推进蔬果生产“机器换人”】 2020 年，上海市组织召开全市蔬菜机械化推进会，明确蔬菜生产机器换人示范基地目标任务和时间节点。移栽、采收等薄弱环节，遴选国内外相关农机，组织开展适应性试验，将适用产品纳入购机补贴范围，并对宜机化改造予以扶持。强化农机农艺融合，采取召开推进会、展示演示现场会、专家上门服务、成立技术交流群、远程视频教学等方式，督促指导蔬菜园艺场购置和使用作业机械。成功创建 9 个蔬菜生产“机器换人”示范基地，各基地的机械化水平达到或超过 55％。依托购置补贴政策和科技兴农项目等，试验选型果园耕整地、植保、采摘、初加工等作业机械。

【强化农机安全监督管理】 2020 年，上海市加强农机作业安全监管，督导农时季节的维修保养、安全宣教、责任制落实等。开展农机执法检查和专项整治，稳定农机生产安全态势。创建“平安农机”示范单位 11 个，评选市级监理示范岗位标兵 5 名，推荐全国标兵 2 名；加强农机质量监管，组织开展“3·15”农机质量线上宣教活动，规范受理和处理农机产品质量投诉。开展拖拉机、旋耕机、蔬菜起垄机等补贴农机具质量调查督导，组织 7 个农业机械推广鉴定证书有效期内产品监督检查和信息反馈，提高农机产品质量水平。

【推动农机社会化服务】 2020 年，上海市鼓励指导农机合作社、“机农合一”等服务组织科学调配机具，开展订单式、承包式、“一条龙”作业等服务，保障农业生产顺利有序进行。总结宣传农机农艺融合典型案例，经过推荐遴选上海宏烨农机专业合作社和上海百农农业科技有限公司列入 2020 年全国“全程机械化＋综合农事服务”服务中心典型案例。利用新型农民培训项目，开展农业机械化专业技术培训。培训农机驾驶员、维修工等 902 人。组织本市农机技能大赛暨全国比赛选拔赛，前 3 名选手组建上海代表队参加第三届全国农业行业职业技能大赛，获农机修理工项目团体第六名、3 名选手均获得优异成绩（二等奖 1 名、三等奖 2 名）。

江苏省

【概况】“十三五”期间，江苏省农业机械化贯彻新发展理念，围绕农业农村部、江苏省委省人民政府确定的农业机械化发展目标，以实施“一项行动、两大工程”为重点，补短板、强弱项、促协调，全省农业机械化事业持续快速健康发展，全面完成“十三五”目标任务，为农业农村现代化和乡村振兴战略实施做出重要贡献。

【农业机械化扶持政策效应放大】“十三五”期间，江苏省促进农业机械化发展的财政投入、政策性保险、金融信贷、报废更新等政策建立完善。省级以上财政共投入农业机械化资金 120.35 亿元，各级财政加大投入力度，激发农民投资发展农业机械化的积极性。2020 年，全省农机总动力达 5 194 万千瓦，大功率、高性能、智能化、复式作业农机装备快速发展。

【农机装备基础稳固】“十三五”期间，江苏省新增大中型拖拉机 5.3 万台、联合收割机 7 万台、水稻插秧机新增 4.2 万台（其中乘坐式插秧机新增 3.2 万台）。粮食生产薄弱环节装备加快发展，新增喷杆式高效植保机 1.5 万台，保有量近 1.7 万台，比 2015 年增长 7 倍，新增粮食烘干机 2.1 万台。设施农业、果菜茶、畜牧业、渔业及农产品初加工业生产机械装备稳步增长，保有量达 180 万台（套），为特色现代高效农业发展提供装备支撑。

【农机科技创新与技术推广拓展】“十三五”期间，江苏省实施国家跨越计划等农机科技项目 300 多项，成功举办两届中国（江苏）国际农机展览会，成立 8 个省级农业机械化科技创新中心，建设江苏现代农机科技示范园和其他 86 个省级农机科技示范基地，促进农业机械化关键技术和装备的开发应用。组织实施的“农机三新工程”项目，开发农机新装备新技术 200 多项。

【创新示范能力增强】“十三五”期间，江苏省引进试验示范水稻机插侧深施肥机、自走式秧盘播种机、无人植保飞机、无人驾驶自动插秧机、收割机等特色智能农机新装备，探索农机装备再制造的技术和路经，组织实施水稻、玉米、油菜、小麦、设施蔬菜、林果茶、农村废弃物等多项农业机械化重大技术集成应用项目，项目覆盖 116 个县（次）。

【农业机械化服务水平提高】“十三五”期间，江苏省围绕农机跨区作业、农机维修点和合作社机库补助项目、作业用油优惠协调、夏秋机械化生产组织等，培育联耕联种、代耕代种、合作联社、家庭农场服务联盟等农机社会化服务新主体新模式新业态，试点推进“全程机械化＋综合农事”服务中心建设，综合服务农业一、二、三产业的能力持续增强。2020 年，全省各类农机服务组织超过 1.26 万个，其中农机专业合作社近 9 000 个，农机合作社作业面积占总作业面积的 65％以上，农机服务经营总收入超过 310 亿元。

【农业机械化水平提高】“十三五”期间，江苏省农机服务组织的作业服务领域由单一环节服务向全程服务拓展，由单纯农机作业服务向农业产业化生产经营融合服务发展。全省农作物耕种收机械化水平达 75％，粮食作物耕种收机械化水平达 93％。全面完成粮食生产全程机械化整体推进示范省建设任务，三大粮食作物六大生产环节全程机械化水平达 82％。设施农业、果菜茶、畜禽养殖、水产养殖和农产品初加工机械化取得进展，机械化水平总体达 55％。

【开展农机安全生产专项整治】“十三五”期间，江苏省共创建省级和全国“平安农机”示范市（县）分别达 13 个、16 个。开展农机安全生产专项整治，农机事故起数和伤亡人数从 2015 年的 140 起、41 人，下降到 2020 年的 15 起、3 人。开展“铁牛卫士”农机安全执法行动，打击农机安全违法行为，有效压降事故风险隐患。实现在册变拖报废“清零”，比全国“清零”目标提前五年实现，变型拖拉机安全隐患得到有效治理。

【农机质量监管持续向好】“十三五”期间，江苏省级农机试验鉴定能力稳步提高，具有 15 大类 130 种农机产品的试验鉴定资质和 19 个创新产品的专项鉴定能力，完成农机产品试验鉴定 3 738 项次，发放省级试验鉴定证书 2 698 张。推进农业机械化标准体系建设，制定农业行业标准和农业机械化地方标准 24 项。完善省、市、县三级农机质量投诉受理网络，维护农民群众合法权益。

【农业机械化人才队伍建设加强】“十三五”期间，江苏省实施新型职业农民培育工程农机培训，累计培训新型职业农民 7 745 人次；开展基层农机人员培训 8 000 余人次。组建 72 支农机科技志愿者服务队、1 000 多名农机科技志愿者参加的志愿服务队，为农户提供免费服务达 10 万人次以上。成功举办三届农机职业技能竞赛活动，在全国农业行业职业技能大赛取得优异成绩。创建农机维修能人库和农机使用一线“土专家”库，开展“百名能人结对百社”活动。推进农机职业技能获证奖补工作，全省经职业技能培训，鉴定合格并取得农机行业特有工种职业资格证书达 59 242 人次。

【信息化建设加强】“十三五”期间，江苏省加速发展物联网、遥感技术、卫星导航、激光定位、智能控制等信息技术在农机装备和农机作业中的应用，“互联网＋农机作业”稳步推进，开展农机深松深耕深翻、秸秆机械化还田等农机作业智能监测技术试验示范。

【落实指导意见】 2020 年，江苏省农业机械化工作以贯彻落实国务院《关于加快推进农业机械化和农机装备产业转型升级的指导意见》和江苏省人民政府《实施意见》精神为主线，以“两全两高”为目标，以“两融两适”为抓手，强化科技创新、机制创新和政策创新，推动农业机械化“四转四升”（向全程机械化转、向全面机械化转、向高质量供给转、向高效能应用转和推动装备升级、技术升级、服务升级、设施升级），为乡村振兴战略实施和农业农村现代化建设提供坚强的农业物质技术装备。目前，全省已有 10 个设区市、15 个县（市、区）政府出台贯彻实施意见。

【做好执法检查和调研工作】 2020 年，江苏省召开全省农业机械化工作会议，常态化督促指导市县落实国务院和省人民政府文件精神。做好全国人大来江苏省开展《农业机械化促进法》执法检查和调研工作，江苏省农业机械化等工作得到全国人大检查组肯定，期间江苏大学呈报的有关发展农机装备科研教育的信件得到习总书记的批示。广泛调研，科学谋划“十四五”农业机械化工作，精心编制“十四五”农业机械化发展规划。

【推动农业机械化转型升级】 2020 年，江苏省成立江苏省农业农村厅农业机械化决策咨询委员会，在全国率先出台《关于加快推进农机“两融两适”促进农业机械化转型升级发展的指导意见》，明确融合发展目标任务。农机农艺条线联合组织开展全省水稻机械化种植现场推进会、蔬菜农机农艺融合新装备新技术展示暨蔬菜生产全程机械化“田间日”活动等。批复成立“江苏智慧牧业装备科技创新中心”和“江苏省智能农机装备产业联盟”，争取江苏省科技厅批准成立“江苏省甘蓝类蔬菜产业技术创新战略联盟”和“江苏省除草机械产业技术创新战略联盟”。制定《江苏省农机装备与技术创新平台管理办法》，对省级农机创新平台进行评估论证，加强和规范平台建设。

【加强农机购置补贴工作】 2020 年，江苏省按照“大稳定、重优化、保敞开、强服务”的工作思路，常年开通农机购置补贴辅助管理系统，推广使用不见面办理补贴 App；加强对企业投档工作的指导，常年受理补贴产品企业投档，组织 4 批次投档产品评审，通过 5 976 个产品信息；对补贴机具品目范围实行优化调整，新增粮食、生猪生产机械等 14 个品目，全省补贴品目达 117 个品目；全年共登记使用农机购置补贴资金超过 17 亿元，受益对象 6.08 万个，新增补贴机具 12.86 万台（套），拉动购机者投入 42.83 亿元，保证江苏省夏粮生产再获丰收和“三秋”农业机械化生产机具的需要。

【联合印发补贴实施意见】 2020 年，江苏省农机部门完成稻麦秸秆机械化还田面积达 2 900 千公顷，收益农户超过

400余万户。与江苏省财政厅、江苏省商务厅联合印发《江苏省农业机械报废更新补贴实施意见》,研发推广使用“江苏省农机报废更新补贴辅助管理系统”,全省64个县(市、区)开展农机报废更新补贴工作,报废更新机具数量同比增长47.3%。

【推进全程全面机械化】 2020年,江苏省农机部门印发《关于全面高质量完成粮食生产全程机械化整体推进示范省建设工作的通知》,部署示范省建设收官工作并对重点县开展现场督导,加快面上整体创建进度;开展对2018、2019年度省级粮食生产全程机械化示范县考评验收,32个示范县全部顺利通过验收,全省66个粮食主产县均实现全程机械化,圆满完成全国粮食生产全程机械化示范省建设各项任务。

【示范县建设工作成效】 2020年,江苏省粮食生产耕、种、收、植保、烘干、还田等六大环节综合机械化水平达82%,高效植保、产地烘干能力较创建前分别提升25个和42个百分点。江苏对示范省创建的实践探索和工作成效得到张桃林副部长的批示肯定。新增无锡市等4个、南京市溧水区等16个全国主要农作物生产全程机械化示范市、县,示范市总量全国最多,示范县占比全国最高(66%)。

【推进特色农业机械化生产】 2020年,江苏省设施农业、畜禽养殖、水产养殖、果茶和农产品初加工机械化稳步推进,承办农业农村部首次举办的全国水产养殖机械化现场会,组建全省特色农业机械化专家技术指导组,为特色农业机械化发展提供智力支撑,发布《设施蔬菜水产园区农机配置通则》等8项技术规范、17种技术路线和机具配置方案,立项实施61个省现代农机装备与技术示范推广项目,举办甘蓝类蔬菜、特经作物、果园生产机械化等一系列现场演示会,加快特色农业机械化新装备新技术的试验示范及推广应用,以文蛤采收为代表的滩涂养殖机械化、水产养殖机械化智能化、甘蓝类蔬菜机械化、畜禽养殖机械化智能化等方面都取得新突破。

【提高农机生产组织管理水平】 2020年,江苏省印发《关于做好农机春耕备耕工作助力打赢新冠肺炎疫情阻击战的通知》《关于进一步做好农机防疫情保供应促生产工作的通知》等,做好农机防疫保供;召开全省“三夏”农业机械化生产工作会议,组织机具需求测算、机具保养检修、操作技术培训、作业协调对接等工作,提高夏秋农业机械化生产的组织管理水平;与中国石化江苏石油分公司协调落实储备农机作业用油30万吨,设立700多座农机用油定点加油站,实施“三优一免”农机作业用油保障措施,为农机手优惠超过5 000万元。

【抓好农机跨区作业组织协调】 2020年,江苏省发放农机《跨区作业证》5.5万张,组织近5 000台联合收割机千里驰援湖北“三夏”机收作业,全年有5万多台农机装备先后奔赴吉林、黑龙江、四川等20余个省份开展跨区作业,年跨区作业收入超40亿元。

【加强示范区建设】 2020年,江苏省农机部门出台《关于加快推进“全程机械化+综合农事”服务中心建设的指导意见》,启动“全程机械化+综合农事”服务中心建设项目,推进“全程机械化+综合农事”服务中心建设。推动“宜机化”融合改造,与相关部门沟通协调,将机耕道建设纳入高标准农田建设内容;推广徐州市铜山区等地设施大棚、粮食生产全程机械化示范区“宜机化”改造典型做法,总结推广扬州市农机农艺融合示范区建设经验。

【加大智能农机发展支持力度】 2020年,江苏省探索农机智能化信息化融合发展,开展无人驾驶(自动导航)拖拉机、插秧机、收割机试验示范,探索无人(少人)农业机械化示范基地建设,全省共建有智能农机示范基地29个、无人农机示范农场65个。

【强化风险管控】 2020年,江苏省召开全省渔业农机安全生产专项整治动员部署视频会议和多次全省农机安全生产专项整治工作座谈会、推进会,印发《2020年全省农机安全生产工作要点》,制定《2020年江苏省农机安全生产工作评价指标》,压茬推进农机安全生产专项整治;将压降农机事故作为农机安全生产专项整治主线,开发“江苏省农机安全生产专项整治信息管理系统”,实时掌握监管的人员、机械、单位、场所等基本情况,以及隐患排查整治进度,组织开展农机用气用油用电场所安全隐患排查整改,举办2020年江苏省农机事故应急演练活动,承办全国农机事故应急处置演练活动,部署全省农机事故应急管理工作。

【组织农机安全生产整改行动】 2020年,江苏省开展“铁牛卫士”农机安全系列执法行动,组织开展农机安全生产集中整治攻坚行动、“三查一禁”农机安全执法行动、农机“安全生产月”活动、农机“安全宣传咨询日”活动、秋季“两打一清”农机安全执法行动以及运输用拖拉机整治等行动,共出动执法检查人员30 817人次,检查农机经营服务单位23 065个次,排查隐患9 947项,整改率达100%。

【加强农机安全生产网格化监管】 2020年,江苏省农机部门将明确村级农机安全协管员及职责、组织村级农机安全协管员培训列入《2020年江苏省农机安全生产工作评价指标》,在全省配齐1.1万名村级农机安全协管员,与江苏省委员会政法委员会联合印发《关于在全省推广农机安全生产网格化监管工作的通知》,明确农机安全生产网格化监管总体要求、工作目标、网格人员及职责等,开创农机安全生产网格化监管新格局,被江苏省人民政府列入安全生产专项整治第一批10条经验做法之一,受到国务院督导组的肯定。

【农机安全形势向好】 2020年,江苏省农机事故大幅下降,全省共发生农机事故15起,死亡1人、受伤2人,分别比上年减少55起、5人、21人,完成江苏省人民政府下达的事故起数、死亡人数压降20%以上目标任务;变型拖拉机在全国率先“清零”,比全国计划进度提前5年。

【开展农机鉴定工作】 2020年,江苏省现代农机科技示范园顺利通过验收,配合农业农村部“双新双创”活动在园区开展系列无人农机装备的展示及作业演示,服务有关科研院所及企业开展农业机械化试验示范。创新农机产品鉴定方式,优化鉴定程序,有效增加鉴定供给,制定11项创新产品专项大纲并发布专项鉴定种类指南，颁发省级推广鉴定证书625张、专项鉴定证书23张。

【加强农机质量投诉监督体系建设】 2020年，江苏省在全国率先开发“质量与投诉”信息化平台，受理并结案农机质量投诉案件34起。

【提高农业机械化公共服务能力】 2020年，江苏省开展标准引领农业机械化高质量发展课题研究，申报制修订行业标准及地方标准，构建农业机械化标准框架体系。开展谷物联合收割机、烘干机质量调查，督促相关企业进行整改。农机科技志愿者服务队伍力量，加强人员队伍的培训，创新服务模式，提高服务影响力。

【加强农机职业技能开发和培训能力建设】 2020年，江苏省农机部门联合有关院校开发联合收割机、拖拉机检修教学视频，开展全省农机职业技能培训课件推荐活动，在全国农机实用技能培训优秀课件评选中囊括前4名，举办农机职业技能培训班100多期，培训合格6 000余人，开展农机使用一线“土专家”遴选活动，举办全省高素质农民培育农机合作组织带头人培训业务培训班，实施基层农机人员培训，共培训近2 000名基层农机人员，成功举办第七届全省农机职业技能竞赛活动，在全国农业职业技能大赛中取得团体第一名，3名选手分获个人第一名、第二名和第五名的优异成绩。

浙江省

【概况】“十三五”期间，浙江省围绕推进现代农业强省建设，以“两全两高”为目标指引，以“稳增长、调结构、提质量”为主线，深化农机供给侧改革，补短板、强弱项、促协调，推进农业“机器换人”示范创建，全省共建成全国主要农作物生产全程机械化示范县19个，省级农业“机器换人”示范县38个（含主导产业18个）、示范乡镇188个、示范基地565个。

【农机装备制造支撑有力】“十三五”期间，浙江省农机装备制造企业5 000余家，年产值785亿元，稳居全国第四，初步形成金华动力机械、湖州收割机械、台州植保机械三大产业集群及绍兴茶机、丽水食用菌机械等具有国内较大影响力的现代农业装备产业集群。在首批“填补空白”29类、“拓展功能、提升性能”27类的产品需求中，“十三五”期间填补“空白”19类，粮油、蔬菜、果品、畜牧业等领域填补空白的农机产品基本实现批量化生产，如轨道运输机、芦笋分级机、畜牧场环境监测系统等14类产品进入批量生产；耕作机械、杂交稻播种流水线等15类产品“拓展功能、提升性能”。

【农机应用水平提升】“十三五”期间，浙江省各级农机政策资金总投入15亿元以上，新增农机装备30万台（套）以上，单轨运输机、植保无人机等高性能、智能化农机及设施装备从无到有，并大规模应用，安装单轨运输机3 875条、植保无人机2 051架，拖拉机、插秧机、联合收割机安装北斗定位终端3 000余台，安装无人驾驶系统343台（套），建成智能内循环流水养殖设备（养鱼跑道）905套，新建连栋钢架大棚、玻璃温室等设施4 532.46万米^2，推广设施栽培面积达300千公顷。水稻耕种收综合机械化率达82%以上，茶叶、食用菌生产基本实现机械化，中等规模以上养殖场主要环节基本实现机械化。全省农业劳动力从2015年的578.8万人降至2019年的540.4万人。

【农机合作社增加】“十三五”期间，浙江省有农机专业合作社1 460个（全国农机合作社示范社16个、省级示范社302个），“2＋N”（“2”即作业、维修功能，“N”即培训、销售、产后加工等功能）农机综合服务中心165个，“全程机械化＋综合农事”服务中心8个，植保飞防组织26家。

【农机社会化服务体系完善】“十三五”期间，浙江省农机社会化服务领域由单一环节向全程延伸，由粮食向果蔬茶、食用菌等多产业转变。形成东阳“ABC”管理、宁波股份制农机作业公司、龙游红专合作共建、桐乡大运河联合社抱团服务、嘉善范东村村级农机综合服务中心等一批富有特色和活力的农机社会化服务模式。农机社会化服务面积逐年增加，作业服务收入达55.1亿元，农机使用效率和效益提高。农机实用人才培育体系日趋完善，人才队伍壮大，建成5个省级农机实用人才教育培训基地，培训实用人才40万人次以上，培育国家级技术能手8名、省级技术能手33名。

【农机安全形势稳定】“十三五”期间，浙江省建成省级“平安农机”示范市、县（市、区）60个、示范镇（乡、街道）597个。创新出台农机报废补偿政策，扩大报废范围，累计报废淘汰拖拉机、联合收割机3 449台，变型拖拉机存量数从2018年的50 558台减至7 612台。同时将拖拉机、联合收割机、插秧机和烘干机四类农机具纳入免费实地检验范畴，促进农机安全形势好转。全省年度拖拉机道路交通事故起数从2015年的283起降至今年的15起，死亡人数从98人降至7人。

【提升农机鉴定服务效能】“十三五”期间，浙江省完成部级（国家支持）推广鉴定27项、省推广鉴定919项，制定发布农机创新产品专项鉴定大纲9项，启动专项鉴定工作。

【强化在用农机质量监管】“十三五”期间，浙江省组织开展“农机3·15”活动，做好农机产品质量投诉开展5类728个在用农机产品“三性一状况”调查，并通报质量调查结果，引导群众科学合理购机。

【农机标准化建设有力】“十三五”期间，浙江省推进农机标准化建设，主导或参与制修订全国和省级行业标准、地方标准、团体标准70余项，以浙江省品牌建设联合会名义发布《浙江省农业机械产业“品字标”团体标准体系框架指南》，制定发布农机类“品字标”浙江制造标准38项，推动“品字标”浙江制造标准建设。

【完善购机补贴政策】 2020年，浙江省出台《关于强化购机补贴政策支持农（牧）业生产发展的通知》《浙江省实施中央农机报废更新补贴方案》，将生猪成套设备等纳入中央农机新产品，补贴范围扩大为14大类36小类99个品目，报废更新补贴扩大到拖拉机、联合收割机、水稻插秧机等7大类。

【开展资质采信改革】 2020年，浙江省开展补贴机具资质采信，通过采信有资质第三方机构出具的检验检测报告方式，将尽可能多的农机装备纳入补贴范围。

【启用全国农机购置补贴产品自主投档平台】 2020年，浙江省开放农机投档平台，前后组织开展专家评审3次，先后审核归档产品3 005个。

【引入第三方开展补贴产品机具核验】 2020年，浙江省通过招投标方式引入相对独立第三方，完成抽查核验购机者814户、补贴机具1 633台。全省共落实补贴资金3.87亿元，其中中央资金3.01亿元、省级资金0.46亿元，支持农户新购置农机装备8.6万台（套），使用中央资金报废联合收割机、水稻插秧机等272台。

【推广先进适用装备】 2020年，浙江省围绕农业机械化两全两高，立足补水稻机械化栽植、畜牧机械化等短板，强化农业机械化技术示范应用，实现水稻耕种收综合机械化率82%以上。

【开展农业“机器换人”示范创建】 2020年，浙江省加大示范创建指导，整建制率先基本实现主要农作物生产全程机械化的设区市1个，新建全国率先基本实现主要农作物生产全程机械化示范县4个，综合示范县1个、主导产业示范县11个，智慧农机装备应用示范基地30个。

【加快先进适用农机技术推广】 2020年，浙江省修订2020年农业机械化主推技术20项并编印成主推技术图册发放，召开油菜（蔬菜）机械化移栽、畜牧业农机装备数字化现场会，制定“农用无人机植保技术研究示范”“规模猪场标准化洗消中心建设与示范”和“揉茶（碾茶）机械化加工技术试验与示范”等技术规程4个。

【强化农机社会化服务】 2020年，浙江省探索“全程机械化+综合农事”服务中心建设，创建武义水稻、临海蔬菜“全程机械化+综合农事”服务中心建设，新增省级农机合作社示范社42家。发放跨区作业证2 800张。

【强化农机实用人才队伍建设】 2020年，浙江省开展农用无人机驾驶、茶产业装备农机物联网技术、拖拉机驾驶等培训，组织农机维修工职业技能大赛，全省培训农机实用人才2.5万人次。

【农机安全形势稳定】 2020年1—11月份，浙江省全省共发生拖拉机道路交通事故18起、死亡7人，与上年度同期相比下降70.9%，死亡人数下降58.8%，发生道路外农机伤人事故1起，未发生死亡事故，年万台农机死亡率为0.62，为全年控制考核指标（4.0）的15.5%。

【推进变型拖拉机报废淘汰工作】 2020年，浙江省下达安全责任书，将变拖报废淘汰列入乡村振兴考核工作，全省已报废淘汰退出26 846台，完成浙江省安全生产委员会办公室下达的报废淘汰16 000台的167.8%，全面清零市8个。

【强化日常监管与教育宣传工作】 2020年，浙江省农机部门组织开展监理人员培训150余人。联合公安部门开展道路执法，田间场院开展农机安全生产隐患排查等活动。开展农机事故应急演练，发放《农业机械安全使用方法》《分析农机事故话安全》等宣传资料，推动农机安全生产知识进农村，提高农民群众的安全生产意识和安全操作技能。

【深化“平安农机”创建】 2020年，浙江省完成省级“平安农机”示范市创建1个、示范县（市、区）6个、岗位示范标兵14名，申报全国“平安农机”示范市1个、示范县（市、区）2个。

【增强农机鉴定能力】 2020年，浙江省农机部门指定浙江省农科院农业装备检测中心为我省第2家农机鉴定机构。发布省农机专项鉴定大纲9项、制定部推广鉴定大纲2项，累计完成推广鉴定283项（其中部委派5项）、专项鉴定1项，实施证后监督检查10项。

【推进农机标准化工作】 2020年，浙江省主导或参与制修订的国标3项、行标1项、浙江制造标准3项、团标3项；行标通过审评9项；省地标报批4项，送审1项、立项2项。发布《浙江省农业机械产业“品字标”团体标准体系框架指南》。

【强化在用农机质量监管】 2020年，浙江省开展线上“农机3·15”活动，全年受理处理投诉案件5件，成功调解4件。开展水稻侧深施肥装置质量调查工作，有效调查99台，向社会公布调查结果并点对点通报相关企业。

安徽省

【概况】 “十三五”时期，安徽省农机系统坚持突出重点，稳中求进，确定的五年目标任务全面完成。特别是2020年，在疫情防控的特殊形势下，聚焦农业生产薄弱环节和关键节点，深化巩固农业机械化向全程全面高质高效转型升级的良好态势。2020年底，全省农机总动力超过6 800万千瓦，同比增长1.5%；农作物耕种收综合机械化率达81%，同比提高1个百分点。农业机械化发展为脱贫攻坚、推动乡村振兴提供重要装备和技术支撑。

【农业机械化发展向高质高效升级】 “十三五”时期，安徽省在国务院《关于加快推进农业机械化和农机装备产业转型升级的指导意见》印发后，2019年4月4日安徽省人民政府迅速出台《实施意见》，为全国第二，并结合农业农村部《关于加快推进农业机械化转型升级的通知》要求，督促各地在具体工作中认真贯彻落实，促进农业机械化发展向高质高效升级。

【装备结构优化】 2020年，安徽省各类拖拉机保有量226.73万台，其中：大中型拖拉机26.95万台（22.1千瓦以上），比2015年底（14.7千瓦及以上）增长22.4%；小型拖拉机199.78万台（22.1千瓦及以下），比2015年底（14.7千瓦以下）减少7%，动力机械结构优化；联合收割机新增5.35万台，保有量达22.77万台；水稻种植机械新增2.16万台，保有量达5.17万台。中药材、林果业（果菜茶）、设施农业、畜牧业、渔业、农产品初加工等作业机械成为农机装备新的增长点，智能化、数字化、绿色环保机械均有发展。农机装备发展对种植业、林果业、畜牧业、渔业等农业产业发展起到重要支撑作用。

【落实农机购置补贴工作】“十三五”期间，安徽省利用农机购置补贴的杠杆作用，对主要农作物生产全程机械化关键环节农机具进行重点补贴，为农业机械化发展向全程全面推进提供装备支撑。全省共落实农机购置补贴资金64.12亿元，是“十二五”期间的1.1倍，补贴各类农机具51.9万台，受益农民39.5万户，拉动社会投入资金175.1亿元。全省试点农机作业补贴项目，如深松作业补贴达到5.3亿元。

【农业机械化发展推进】“十三五”时期，安徽省财政累计投入2 000余万元用于开展主要农作物生产全程机械化推进行动。完成省部级科技攻关项目5项和验证项目4项，示范重大引领性技术3项，开展自列试验项目7项。推动丘陵山区农田宜机化改造试点，与安徽省农业综合开发局共同推动试点项目实施，确定10个市县进行改造试点。

【农业机械化水平提升】 2020年，安徽省农作物耕种收综合机械化率达81％，比2015年提高9.4个百分点，其中小麦、水稻和玉米的耕种收综合机械化率分别达96.8％，87.7％，88.6％，都已基本实现全程机械化；马铃薯、油菜和大豆的耕种收综合机械化率增长明显，分别达59.3％、68.3％和76％。

【农机社会化服务功能完善】“十三五”时期，安徽省加大农机社会化服务支持力度，引导资金、技术、信息和服务向农机社会化服务组织倾斜。支持综合性全程农事服务中心建设，在农机合作社、农机大院的基础上辅以项目、资金支持，引导鼓励各地建设农事服务中心，促进农机使用集约化、市场化、专业化。安排农业机械化产业发展资金5 360万元，累计支持创建综合性全程农事服务中心486家。开展全省农机服务组织情况调研，推出一批优秀典型。

【农业机械化发展向专业化规模化提升】 2020年，安徽省登记注册农机专业合作社5 647个，比2015年增加59.5％；农机服务收入达538亿元。“十三五”期间，农机社会化服务向专业化、规模化提升，为粮食丰产、农民增收、农村劳动力转移提供保障。

【依法依规推进农机安全监管】“十三五”时期，安徽省贯彻落实《中华人民共和国农业机械化促进法》等法律法规，修改和完善《安徽省农业机械安全监督管理办法》。推进农机安全生产专项整治、变型拖拉机专项整治、“平安农机”创建等工作。“十三五”期间，创建“平安农机”示范市3个、示范县23个，其中国家级示范市2个，示范县14个。农机事故起数、死亡人数总体下降，变拖存量迅速减少，未发生道路外重特大农机事故，全省农机安全生产形势持续稳定。

【农机试验鉴定和检测能力增强】“十三五”时期，安徽省覆盖农业机械分类的全部15个大类，累计完成国家支持的（部级）推广鉴定413项，比“十二五”时期增长78.8％；完成省级鉴定3 213项，增长16.4％。农机质量监督投诉工作有效开展，处理农机产品质量投诉33起，结案率100％。开展新型职业农民培训等农业机械化教育培训项目，新增农机职业技能获证人员2.2万余人。

【适应改革，农业机械化向大农业加速融入】“十三五”期间，安徽省农业机械管理局及全省各市、县农机部门通过不同的方式融入当地农业农村部门。各级农机部门以改革为契机，主动适应转变，从“三农”全局出发谋划农业机械化发展，形成推动农业农村现代化发展的合力。参与到各项农业农村工作中去，扶贫工作中，在项目、资金安排上向贫困地区倾斜，通过对口帮扶、联系农业特色产业扶贫县等方式，助力脱贫攻坚战；长江禁捕工作中，集中人力开展对口联系县的禁捕退捕工作，多次入户、入船、下河，了解禁捕退捕政策落实和渔民安置情况；防涝减灾工作中，安排人员深入行蓄洪区了解水情灾情，与灾区农业农村部门共商防涝救灾，尤其是灾后恢复生产等工作，及时开展灾后生产和补助工作；疫情防控工作中，主动与对口联系服务的阜阳市对接，坚持每日一联系，每周详细报告阜阳市疫情防控形势、保供、复工就业等情况。

福建省

【概况】“十三五”期间，福建省农业农村部门以实施乡村振兴战略为总抓手，坚持高质量发展落实赶超，推进农业机械化各项工作落实，全省农业机械化发展呈现稳中有进、稳中向好态势。福建省立足丘陵山区特点，大力推进农业生产全程全面机械化。到2019年全省农机总动力达1 232万千瓦，主要农作物耕种收综合机械化率达66.5％，比2016年增长20个百分点；水稻耕种收综合机械化率达75.3％，比2016年增长16个百分点。到2020年底主要农作物和水稻耕种收综合机械化率分别达70％和77％以上。“十三五”期间，全省共使用中央资金8.27亿元、省级资金3.38亿元，补贴购置农机具54.24万台（套），受益农户28.53万户。

【提升农业机械化水平】 2020年，福建省推进全程全面机械化，提升农业机械化水平，主要农作物、水稻耕种收综合机械化率分别达70.4％、77.3％，同比分别增长3.9个和2.0个百分点。

【统筹做好疫情防控与工作部署】 2020年年初，福建省农业农村厅农业机械化管理处通过“学习强国”视频会议新媒体软件，在线召开各市站长视频会议，动员部署春季农业机械化生产工作。5月份，召开全省农业机械化工作暨夏季机械化生产视频会议，7月份，召开农业机械化重点工作视频调度会，推动工作部署落实。在春耕、“双抢”“三秋”农时季节，组织各地开展农业机械化生产，做到新冠肺炎疫情防控和农业机械化生产“两不误”。

【开展示范县创建】 2020年，福建省召开主要农作物全程机械化示范县评审会，推荐沙县、宁化县、长汀县、荔城区申报全国全程机械化示范县。

【开展现场演示】 2020年，福建省在长乐区举办全省新型农业机械现场演示推广活动，推广展示高效、智能农机装备。

【完成农机购置补贴工作】 2020年，福建省提前完成补贴资金“零结余”任务，其中：中央资金26 293万元，使用比例 181.3%、省级资金 13 558 万元，使用比例 193.7%，补贴购置农机具 15.93 万台（套），受益户数 8.99 万户。福建省在农业农村部全国农业农村系统农机购置补贴政策延伸绩效考评中连续二年荣获优秀单位，2020 年成绩位居全国第 2。

【创新落实农机购置补贴政策】 一是率先全面实行补贴产品资质条件市场化改革。农机生产企业只需提供第三方产品检验报告和产品定型证明文件等信息资料，经登记审核，即可列为补贴产品。二是全国率先开展农机新产品购置补贴试点。解决创新农机装备没有鉴定大纲无法列入补贴范围的问题，推广丘陵山区适用的新型农机装备。三是试点开展创新型农机装备“543”补贴政策。支持创新型农机装备的推广应用，鼓励农机生产企业创新研发适用于丘陵山区作业的机具。四是实现补贴机具全覆盖。补贴机具种类范围基本上覆盖福建省主要农作物生产、农业绿色发展、特色优势农业生产所需机具。

【强化农业机械化技术示范推广】 2020 年，福建省组织实施农作物全程全面机械化推进行动，全省建设 20 个省级新机具推广基地、主要农作物示范基地 63 个，特色农业产业生产全程机械化示范基地 71 个，重点扶持主要农作物、茶叶、水果、蔬菜、食用菌、畜禽、水产、林竹等特色优势农业产业及设施农业、农产品初加工全程机械化技术攻关与示范推广。组织召开 397 场次示范推广现场会，探索形成全产业链全程机械化技术规范、技术模式，示范推广效果显著。

【推进农业机械化社会化服务】 2020 年，福建省通过采取政策扶持、示范创建、引导服务等措施发展农机合作社，全省现有农机合作社 670 家，年作业服务面积突破 333.33 千公顷，呈现出蓬勃发展的良好势头。

【培育壮大合作社】 2020 年，福建省通过项目引导，全省在 65 个县（市、区）新培育 104 个服务规模较大的农机合作社。

【探索建立服务中心】 2020 年，福建省狠抓“全程机械化＋综合农事”服务中心建设，全省探索建立 20 个“全程机械化＋综合农事”服务中心，覆盖 9 设区市 19 县（市、区），打造农机社会化服务品牌，助推多种形式的适度规模经营，提升农机合作社的全程机械化服务能力。

【推进农业机械化与信息化融合】 2020 年，福建省加快“互联网＋农机作业”应用，在南平市建阳区率先启用智慧农机平台，在 9 个项目县开展智慧农机试点工作，引导农机服务组织在大中型农机装备安装北斗卫星定位车载终端 1 200 台，农机作业做到网上可呼叫，数据可留痕，提供耕、种、防、收等环节作业服务面积达 40 千公顷，实现农机服务组织与小农户的有效对接。

江 西 省

【概况】 “十三五”期间，江西省在农业农村部农业机械化管理师的支持和指导下，在江西省农业农村厅党委、行政的领导下，江西农业机械化系统树立新发展理念，围绕实施乡村振兴战略，加快实现农业农村现代化，以提高农业机械化水平为中心，完成“十三五”目标任务。

【主要成效】 “十三五”期间，江西省贯彻落实国发〔2018〕42 号文件，制定下发《江西省人民政府关于加快推进农业机械化升级和农机装备产业振兴的实施意见》，构建“四大体系”，实施“八大行动”，完善“五项保障措施”，为推进农业机械化向全程全面高质高效升级提供支撑。到 2020 年底，全省农机总动力达 2 591.43 万千瓦、主要农作物综合机械化水平达 75% 以上、水稻耕种收综合机械化水平达 81.31% 以上，分别比“十二五”末增长 300 万千瓦以上、9 个百分点、10 个百分点，农业机械化科技创新、农机社会化服务、农业机械化水平均提升。

【水稻全程机械化有突破】 “十三五”期间，江西省水稻机械化生产由耕种收三个环节向耕种管收烘秸秆处理等全环节迈进，特别是水稻机械化种植水平比“十二五”末增长 18 个百分点；粮食烘干设备保有量达 11 340 台，年均增长 2 022 台；无人植保机从无到有，已达 3 600 台以上。

【机械化信息化融合有突破】 “十三五”期间，江西省启用“赣机惠农”系统，接入系统机具 22 800 余台，基本做到农机可调度、作业轨迹可回放、作业面积可计算。在江西省南昌县蒋巷镇大田农社启动全省首个万亩智慧农场，创设水稻生产“全程机械化、装备智能化、过程数字化、管理信息化、决策智慧化”一体化发展的新模式。

【农机试验鉴定有突破】 “十三五”期间，江西省制定出台《江西省农业机械试验鉴定办法》，加强对省农机鉴定机构的绩效考核和监督管理，规范鉴定行为，保证鉴定工作质量和效率。指定江西省农业机械化技术推广监测站和江西省农业科学院农业工程研究所具体实施农机试验鉴定工作，农业机械试验鉴定能力达到 10 大类 52 个品目，基本覆盖种植业产前、产中、产后和畜牧业常用机具，强化对农业机械化推广及农机装备产业的支撑。

【农机装备服务丘陵山区农业发展有突破】 “十三五”期间，江西省一批适合丘陵山区田间作业的稻麦机动脱粒机、莲子剥壳机，远销南非、越南、柬埔寨、泰国等国家，市场占有率很高。科技型农机企业迅猛发展，江西增鑫科技股份有限公司研发、生产的猪场成套设备，拥有多项科技专利，销售额连年成倍增长，2020 年销售额达 15 亿元。江西绿萌科技控股有限公司生产的果蔬采后分拣设备，已挤进世界先进水平。

【农机购置补贴政策实施能力提升】 “十三五”期间，江西省在全国率先采取“App 申请、二维码识别、物联网轨迹关联”的“三合一”方式办理农机购置补贴，实现补贴办理“一次不跑或最多跑一次”；率先探索通过中央财政农机购置补贴资金支持农户购机贷款贴息，撬动银行资金参与农机购置补贴政策实施。“十三五”期间，共实施农机购置补贴资金 30.78 亿元、补贴机具 34.32 万台（套）、受益农户 29.97 万户，实施资金占政策实施以来 40.55%。2016 年和 2019 年分别被农业农村部评为落实强农惠农政策（农机购置补贴）延伸绩效管理优秀单位和进步明显单位。

【农机示范推广能力提升】“十三五”期间，江西省以“百万农机闹春耕”“农机化新技术培训”“农机现场作业演示”等方式，推广应用新机具、新技术和新模式。开展水稻机插、侧深施肥、秸秆粉碎还田等绿色环保机械化技术试验示范和技术培训，共建成94个水稻生产绿色机械化示范基地。建立农机装备应用技术体系，加强产学研推用联合攻关，提出粮油生产全程机械化解决方案，推动良种、良法、良地、良机、良制度配套。开展基本实现主要农作物生产全程机械化示范县创建，全省有11个县（市、区）获全国基本实现主要农作物生产全程机械化示范县称号。

【农机社会化服务能力提升】“十三五”期间，江西省强化农机服务组织建设、拓展服务链条，农机社会化服务已从单一为水稻生产服务拓展到为水稻、茶叶、果业等产前产中产后全产业服务。“十三五”期间，农机服务组织发展达1.17万个，其中农机专业合作社1 208个；农机户101.88万个，其中农机作业服务专业户35.03万个；农机服务收入累计超过800亿元。

【农机安全监管能力提升】“十三五”期间，江西省建立健全农机安全监管体系，压实属地农机安全生产责任。“十三五”期间，全省未发生农机安全生产重大事故。开展“平安农机”创建，把创建“平安农机”工作列入当地安全生产规划，有1个设区市获全国“平安农机”示范市、14个县获全国“平安农机”示范县、19位基层农机工作者获全国农机安全监理岗位标兵等称号。实施农机报废更新政策，“十三五”期间，共实施农机报废补贴资金11 548.91万元，报废农机具14 037台（套）。

【强化新技术示范推广】2020年，江西省发挥水稻工厂化育秧中心的作用，早稻投入使用单季育秧能力达66.67公顷以上的工厂化育秧中心123个，供秧能力达34.33千公顷，为早稻扩产供秧做出贡献。为解决双季稻机插茬口紧问题，开展大钵体毯状苗机械化育插秧试验示范，举办“水稻大钵体毯状苗机械化育插秧技术”观摩活动，带动全省各级农业机械化主管部门举办“田间日”“地头展”等以水稻机械化种植为主的现场演示活动150余场。

【强化农机社会化服务能力建设】2020年，江西省研究制定《江西省全程机械化综合农事服务中心创建办法（试行）》，通过服务中心建设，解决“集中育供秧、小农户买不了机用得到机、农机维修难、跨区作业不规范”等问题。组建农机跨区作业服务队，对外开展跨区作业服务，农机跨区作业工作队自7月份成立以来，已在四川、河南、海南、安徽、江苏等地开展跨区作业，作业服务收入达2亿元。组建农机应急小分队，在早稻抢收抢烘的关键时期，组织收割机7.9万台（套），投入早稻抢收，公布1 254家稻谷烘干机信息，指导农民就近开展烘干作业。

【强化购置补贴政策落实】2020年，江西省考虑广大农户（养殖户）用机需求，对接部司，新增微灌设备、果园轨道运输机、食用菌料装瓶（袋）机等21个 品目纳入补贴范围，将畜禽用车辆消毒（清洁）设备、装配式池塘跑道养鱼设施系统纳入试点补贴范围，将温室大棚试点范围扩大到全省。

【强化农机试验鉴定工作】2020年，江西省增加江西省农业科学院农业工程研究所为省农机试验鉴定机构，开展鉴定能力扩项，鉴定能力由年初的5个大类15个品目，增加到10大类52个品目，具备拖拉机、果园轨道运输机、排灌机械等一批江西省农机装备生产企业新增产品的鉴定能力。

【强化农机装备产业发展】2020年，江西省落实上级领导关于做好农机装备产业的批示精神，布局推动赣南（信丰县）现代农机装备产业园、鹰潭市（余江区）智能农机产业园、吉安市井冈山农业科技园农机产业园等园区建设，实现农机装备产业集群发展的突破。举办江西农机装备产业招商投资座谈会，中联智能农机江西制造基地项目、中国（赣南）农机智能装备产业园建设项目、吉安先进清洁能源增程式智能农用机械项目等10个投资项目落地江西，总投资达93.4亿元。

【强化农机安全监管】2020年，江西省抓住农机安全重点领域，盯紧农机安全薄弱环节，按照“发现得早、化解得了、控制得住、处理得好”的要求，开展农机安全生产集中整治和变型拖拉机道路交通安全专项整治百日行动，全省共开展隐患排查1 333次，现场整改隐患1 035个，检查机械21 082台，开展执法活动1 055次，出动执法活动监管人员4 593人次，纠正违章661起。

【农业机械化投入不能满足发展需要】2020年，江西省农业机械化发展多元投入机制还不完善，虽然实施农机购置补贴政策，激发广大农民购机用机热情，促进农机保有量快速增长，但农业机械化服务体系建设投入不足，农机科研、技术推广、安全监理、农机维修、教育培训和信息服务等方面的能力还不能适应发展的需要，农业机械化公共服务能力薄弱的问题日益突出。

【全程全面机械化短板突出】2020年，江西省耕种收综合机械化率超80%，但机械化种植率不到40%，远低于全国平均水平。设施农业机械化水平24.9%，畜牧水产养殖设施化程度不高，规模养殖场机械化水平为37.62%，两者与农业农村部提出到2025年总体达到50%以上的要求相差甚远。

【农机科技创新能力不强】2020年，江西省产学研推用存在脱节情况，农机农艺融合、机械化信息化融合不紧密。适应现代高效农业发展的复式作业装备技术、智能化信息化技术、特色农业装备技术等与农业生产需求相比还有差距，丘陵山区“无机可用、有机难用”的现象比较突出。

【农机装备产业落后】2020年，江西省农机装备企业较为分散，集中度不高，且普遍规模小、实力弱、品牌杂，没有形成以龙头企业为中心、相关配套完善的产业基地，无法形成规模化生产。与现代农业装备相比，江西省农机产品技术含量不高、工艺不先进，复式、智能化产品少，市场竞争能力低下。

【农机装备有效供给需完善】我国虽然是农机制造大国，但发展还存在不平衡不充分的问题依然存在，制约农业机械化全程全面发展。一方面是动力机械多、配套机具少。国外先进水平的农机配套比例高达1∶6，而我国只有1∶1.75，江西省只有1∶1.03。农机配套比例过低不仅造成农机动力与农具的配置不合理，还使得农机作业能耗大、使用范围窄、使用效率低；另一方面是区域发展不平衡。江西是典型的南方丘陵山区，但适合山区耕作的农机缺乏，一定程度存在“无机可用”“有机难用”的情况，使得丘陵山区主要农作物综合机械化水平比全国平均水平低22个百分点。油茶采摘、烘干设备不足，导致果实因雨天堆放产生霉变，影响茶油质量。

山东省

【农机发展环境优化】“十三五”期间，山东省共落实补贴资金6.98亿元，补贴各类机具装备76.99万台（套），受益农户61.2万户，拉动社会投入1.42亿元；探索开展农机报废更新补贴试点，共报废农机具1.97万台，完成报废更新补贴资金额度1.79亿元，受益农户1.8万户。率先在全国建立首台（套）保险补偿机制，全省22个农机产品购买首台（套）保险，落实省财政保费补贴1 045万元。

【农机科技创新成效显著】“十三五”期间，山东省实施农机装备研发创新计划，重点加强特色经济作物、丘陵山区和饲养加业等急需装备设施研发创新。建立健全农机产学研推用融合机制，建设国家和省级农机企业技术中心等各类创新平台55个，设立研发项目275个，获国家专利620项，获国家科技进步奖2项，成果转化应用率达82%。突破大蒜正芽播种装备等技术难题。多项研发成果处于国际国内领先地位，显著提高农机装备科技和农机服务供给水平。

【创建示范点】“十三五”期间，山东省推进主要农作物生产全程机械化，增强粮食安全保障能力。创建全程机械化示范县86个，示范市5个。

【推进农业生产全面机械化】“十三五”期间，山东省推进农业生产全面机械化，提高农业综合生产能力。加快推进农业机械化向经济作物延伸，向林牧渔加业拓展，向丘陵山区进军。全省林牧渔加及设施农业综合机械化率，分别达33%、44.2%、35.3%、37.3%和36.9%，林牧渔业增加值分别达142亿元、1 043亿元和858亿元。

【加快农业生产方式转变】“十三五”期间，山东省加快转变农业生产方式，促进农业绿色发展。通过机械化推动农业投入品减量化、生产清洁化、废弃物资源化、产业模式生态化。全省化肥减量增效技术推广覆盖率稳定在90%以上，农药减量控害绿色防控覆盖面积达13 333.33千公顷次，农作物秸秆、畜禽粪污等农业废弃物综合利用率分别达91%、82%以上，改善农村人居环境。

【培育农机服务组织】“十三五”期间，山东省推行“互联网＋农机作业”、订单作业、生产托管、“全程机械化＋综合农事”服务模式，全省农机合作社达8 700多家，30%以上开展农业生产托管，60%以上开展全程机械化服务，服务农户700万户，涉及5.5万个整建制村，作业服务面积6 066.67千公顷。

【壮大农机专业化人才队伍】“十三五”期间，山东省实施农业机械化实用技术免费培训，推进农机人才培育纳入公费农科生培育计划，引导农机产销企业开展免费技术指导服务。全省各类农机人员达510万人，每年培训农机人员60万人。

【依法加强农机安全监管】“十三五”期间，山东省加强农机安全监管，开展“平安农机”示范创建，农机安全生产形势持续向好。全省共创建省级以上“平安农机”示范市5个、示范县91个。

【统筹推进农机“战疫”和机械化生产】2020年，山东省农机部门组织发动农机合作社、农机大户，对农村社区、街道等公共场所开展地毯式消毒；会同山东省卫生健康委员会等部门专门制定农机跨区作业应急预案，印发通知全面部署安排农机跨区作业疫情防控工作；落实山东省委省人民政府重要农产品稳产保供重大部署，争取省疫情防控指挥部将农机具及零配件纳入重点农业生产资料保供范围。

【组织指导小组】2020年，山东省组织成立抗疫情保春耕农业机械化技术指导小组，推行在线培训、远程指导等不接触服务方式和跨区作业、订单作业和错时作业等机械化服务模式。三夏期间，共组织180万台（套）农业机械上阵，小麦机收3 901.73千公顷，小麦机收、玉米机播水平均创历史新高，确保在疫情常态化防控条件下夏粮颗粒归仓、秋粮播在丰产期。

【推进强机惠农政策】2020年，山东省启动农机购置补贴政策，分片召开农机惠农政策实施座谈会，修订发布补贴机具种类范围，推广应用手机App远程补贴申请系统，细化简化疫情期间补贴实施程序，推进农机购置补贴政策的全面实施。对畜禽特别是生猪生产所需机械装备进行调研，组织专家对特色经济作物、秸秆综合利用和畜禽生产机械补贴额度进行优化调整。

【开展整治活动】2020年，山东省在全省组织开展农机购置补贴违规问题集中整治活动。全省11.2亿元（含上年结转）补贴资金已全部落实完毕，补贴农机14.2万台（套），受益农户10.2万户。超额申请补贴资金已达4.5亿元。

【实施农机报废更新补贴和农机深松整地作业政策】2020年，山东省农机部门根据三部委指导意见，与山东省财政厅、山东省商务厅联合出台农机报废更新补贴实施意见，全省报废老旧机具5 400多台，使用补贴资金4 600万元。完成农机深松整地作业任务710.67千公顷，利用1.5亿元补贴资金，以每公顷450元的补助标准开展333.33千公顷的深松作业补助试点工作，全省安装深松监测设备7 000余台，完成深松信息化监测面积350.67千公顷。

【农业机械化促进法执法检查顺利开展】2020年，山东省农机部门协同山东省人民代表大会常务委员会开展农业机械化促进法执法检查，分赴4个市、8个县（市、区），实地察看雷沃重工股份有限公司、山东时风（集团）有限责任公司、多方农机销售公司、高密市向群农机专业合作社以及麦收作业、设施农业生产、高标准农田建设等27家单位和现场，听取各方面意见建议，调查了解法律贯彻落实情况。

【建立健全农业机械化发展协调推进机制】 2020年，山东省贯彻国务院42号文件和山东省人民政府实施意见，牵头山东省工商业联合会、山东省发展和改革委员会、财政等有关部门单位，制定工作会商制度，明确部门任务分工和年度工作重点，召开联席会议，协同推进农业机械化发展。

【开展农业机械化示范创建】 2020年，山东省新创建全国主要农作物生产全程机械化示范县19个，济宁、菏泽、滨州、威海创建为全国示范市；组织实施“两全两高”农业机械化示范县推荐申报和审核工作，评价认定25个“两全两高”农业机械化示范县。

【征集农业机械化发展典型案例】 2020年，山东省组织征集“全程机械化+综合农事”服务和畜牧机械化发展典型案例，开展农机使用一线“土专家”遴选推荐，总结经验，打造样板，为推进全程全面、高质高效发展探索路子。

【农机安全生产形势向好】 2020年，山东省实施农机安全专项整治三年行动，举办农机“安全生产月”活动，开展2020年全国农机“安全宣传咨询日”活动（山东会场），启动实施农机安全生产百日攻坚。加强农机牌证核发、年检年审和隐患排查，深化变型拖拉机集中整治，开展农机事故应急处置演练，组织进行农机安全生产考核，出台农机驾驶审批免费考试政策。农机安全生产形势持续稳定向好，全省未发生较大以上农机安全生产事故。

【推动拖拉机驾驶培训许可规范实施】 2020年，山东省农机部门梳理完善拖拉机驾驶培训许可权责清单，严把拖拉机驾驶培训机构许可质量关，加强事中事后监管，对相关机构实施行政检查，立查立改，提高行政效能；为280名申请拖拉机驾驶培训机构教学资格人员颁发拖拉机驾驶培训机构准教证；商请山东省发展和改革委员会下发《关于农机驾驶员培训收费问题的通知》，明确收费标准和依据，确保拖拉机驾驶培训机构高效可持续发展。截至2020年底，全省拖拉机驾驶培训机构85所，培训新购机农民15 300多名。

【保障粮棉和生猪生产】 2020年，山东省小麦、玉米两大粮食作物耕种收综合机械化率分别达99.6%和96.5%，保障全省粮棉生产。2020年全省粮食总产量达54 470千吨，占全国增量的16%。全省畜牧机械254 077台（套），比“十二五”末增长12.5%，在非洲猪瘟防控和稳定生猪生产方面发挥重要作用，山东省生猪存栏在全国率先实现止跌企稳。

【助力高标准农田建设】 2020年，山东省农机总动力1.07亿千瓦，拖拉机247.3万台，台均动力17.4千瓦，比“十二五”末增长17.6%，大中型拖拉机达到48.2万台，拥有农田基本建设机械43 835台、耕整机181 824台(套)，在推进高标准农田建设中发挥核心力量，累计建成高标准农田4 075.33千公顷。

【重要农产品稳产保供】 2020年，山东省农作物耕种收综合机械化率达88.95%，比“十二五”末提高7.6个百分点。在农机装备支撑下，全省肉类、水果、蔬菜、水产品、花生产量分别占全国9%、10%、11%、13%和16%。我省农机装备总量大，发展基础较好，但也存在一些问题与不足，制约农机装备发展质量与水平提升。

【存在诸多“薄弱环节”】 2020年，山东省农机装备有效供给不足，门类不全和中低端产品产能过剩并存，同质化现象较突出，可靠性、适用性和智能化水平有待提升。

【农机装备发展不平衡】 2020年，山东省粮食作物、种植业、平原地区装备多，经济作物、林牧渔加业、丘陵山区装备少，有的环节农机装备甚至还没有破题。

【农机装备发展粗放】 2020年，山东省农机装备发展偏重数量和速度，标准和质量还不够高。农机装备大而不强、多而不优，专项特色、绿色高效农机装备缺乏，更新换代进程较慢。在高效方面，单位面积占有动力多，单项作业效率偏低，效益有待提高。小麦联合收获机台均作业21.7公顷，玉米联合收获机台均作业27.4公顷。

【主要农作物薄弱环节机械需求】 2020年，山东省主要农作物薄弱环节机械需求主要包括：播种质量监控漏种补播的小麦、玉米、花生、马铃薯等播种机，适宜高水分玉米籽粒收获的脱粒装置，作业参数与质量在线监测的玉米收获机，秧果兼收的花生挖掘收获机（有效解决秧蔓与残膜分离），复式麦茬夏花生播种机（地表灭茬、秸秆处理与播种一体机），花生收后高效烘干装备，智能棉花打钉机，采棉机（智能监控、高可靠性），残膜回收机，喷杆喷雾机喷杆平衡装置（技术）。

【山区丘陵需求技术与装备需求】 2020年，山东省山区丘陵需求技术与装备需求包括：果园避障除草机，果园开沟施肥机，果园多功能作业平台(修剪、运输、采摘)，水果等智能采摘机器人，中药材挖掘收获机，谷子等小粒种子播种机，高粱等高秆作物收获机，甘薯移栽机，茶叶行间除草机（适于现有茶叶种植行距），葡萄埋藤起藤装备。

【发展建议】 一是坚持科技创新、技术攻关为根本路径，争取各方支持，加大农机装备研发与创新力度，增强农机装备有效供给；二是坚持示范引领，以农业农村部主要农作物生产全程机械化示范县创建为重要抓手，突出农机装备支撑主体地位，注重机械化质量和延伸环节、产业机械化发展，提升发展水平档次；三是发挥农业机械化发展协调推进机制，促进农机与各业深度融合，推动农机装备转型升级和农业机械化发展。

河南省

【农业机械装备总量增长，结构优化】 2019年底，河南省农机总动力达10 357万千瓦。拥有拖拉机351万台、配套农具725万部、稻麦联合收割机20.9万台、精量播种机83.7万台；全省58.82千瓦及以上拖拉机增加到19.8万台，保持增长势头，谷物联合收割机达29.5万台；大功率、多功能、高性能及薄弱环节农业机械增长迅速，果、畜、菜、茶等生产加工机械增长，资源节约型、环境友好型农机装备发展，支撑保障能力增强。农机装备开始向大功率、高性能、复式作业方向发展。

【发展主要农作物全程机械化】 截至2019年底，河南省主要农作物耕种收综合机械化水平达84.2%，在全国排第10位，比全国平均水平高14.2个百分点。其中，小麦生产基本实现全程机械化，耕种收综合机械率达98.8%；玉米生产耕种收综合机械化率达92%；水稻机收率达89.5%；花生机收率提高到68.5%。全省经农业农村部认定的率先基本实现全程机械化的示范县数量已达38个。占全国总量的8.3%。2020年底，全省主要农作物耕种收综合机械化水平达85.3%，较2015年提高8个百分点左右（2015年77.2%）。

【农业机械化扶持力度加大】 "十三五"期间，河南省共落实中央和省农机购置补贴资金97.2亿元（其中省购机补贴资金5.5亿元），比"十二五"期间增加近1.45倍。2019年，全省共补贴农机具136 521台(套),受益101 157户。对购置大型拖拉机、植保航空器、打捆机、烘干机械、花生分段收获机械、养殖无害化处理设备等加大补贴力度，对重点农业机械敞开补贴。在补贴对象上，向农机合作社、家庭农场等新型农业经营主体倾斜。

【农机社会化服务水平提升】 到2019年底，河南省农业机械化作业服务组织共13 000多个，从业人员14万人；农机户502万户，从业人员616万人，其中，农业机械化作业服务专业户24万户，从业人员38万人；全省农机合作社数量达7 094个，居全国第三位，其中拥有农机原值100万元及以上的有3 178个,农机社会化服务向"全程、全面、高质、高效"发展，一批合作社已具备"全程机械化+综合农事"服务功能，农机专业合作组织基本形成，正逐步成为农机作业的主力军。

【改善机械化耕整地质量】 "十三五"期间，河南省累计利用中央财政补资金75 295万元，对核心区内深松作业给予每公顷不超过450元的补助，作业补助面积达1 973.33千公顷。通过示范带动，全省累计完成深松面积4 455.33千公顷。通过深松作业，打破长年浅耕形成的犁底层，降低土壤容重，提高土壤通透性，增强土壤蓄水保墒和抗旱防涝能力，有利于农作物的生长发育。

【巩固提升农机试验及鉴定推广能力】 "十三五"期间，河南省共发布3个农机专项鉴定大纲。全省鉴定能力达15大类100余个品目，基本覆盖河南省农机购置补贴品目。平均每年完成农机鉴定项目280项左右，共完成1 451项。先进适用农业机械化技术试验示范得到推广。以关键生产环节机械化作为推广工作重点，联合科研院所、大专院校和农机企业，以示范基地为载体，以农机专业合作社、农机大户为依托，加快先进农业机械化科技成果转化。以玉米、玉米籽粒联合收获、玉米籽粒低破碎、油菜、谷子、薯类和花生等技术试验示范项目依托，在漯河等12个省辖市和兰考县建立试验示范点。

【强化农机安全生产和质量监管】 "十三五"期间，河南省农业机械管理局组织实施农机安全生产专项整治，开展"平安农机"示范创建工作，加强农机安全监理，规范拖拉机和联合收割机上牌、年检、驾驶操作人员证照管理等工作。农机事故起数、死亡人数总体下降，未发生道路外重特大农机事故，全省农机安全生产形势保持稳定。"十三五"期间,全省共创建国家级"平安农机"示范市2个，示范县13个；省级示范市5个，示范县17个，示范乡镇356个，示范农机专业合作社336个。连续3年被河南省人民政府安全生产委员会评为"安全生产月"先进单位。

【产品结构单一，产品有效供给不足】 "十三五"期间，河南省仅是主要粮食作物耕种收环节机械化程度达较高水平，但丘陵山区、经济作物、畜牧养殖、设施农业等很多领域的农机产品有诸多空白点，农业生产的很多关键环节缺乏适用可靠的机械。如河南省主要农作物耕种收综合机械化率达85%，但农产品初加工和设施农业的机械化率在40%左右，畜牧养殖机械化率还要低，制约种养业结构的调整。

【装备和工艺落后，产品质量不高】 "十三五"期间，河南省农机制造企业，除中国一拖集团有限公司、河南省中联集团公司等大型企业产品在装备水平方面与国际公司接近外，一些中小企业生产装备水平、制造工艺相对落后。产品技术水平低、自主创新能力弱、核心技术缺失，导致高端产品匮乏、低端产品过剩。所生产的产品技术水平、操作性能、田间适应性和乘用舒适度落后，可靠性比国外机具差，特别是在核心工艺材料、关键零部件、关键作业装置存在技术瓶颈，如大功率环保和节能型发动机、电液控制系统及控制软硬件、打捆机的打结器、采棉机的采棉指等关键零部件方面，部分高端关键核心零部件还需要进口。

【产业集中度低，科研能力与国际差距大】 "十三五"期间，河南省农机行业结构散、乱，大企业不强，小企业不专，低水平重复制造严重，产业集中度低。截至2019年底，河南省规模以上农机生产企业167家，年平均销售收入1.80亿元，平均利润399万元。大部分农机企业的研发费用占企业销售额不足2%。农业装备领域现代设计方法与试验条件滞后，三D模拟、工业设计等普遍尚未采用，产品开发周期是国际水平的2～3倍。财政资金对农机企业技术创新的倾斜力度不足，尤其是在行业一些共性和基础技术研究方面缺乏必要的专项资金支持，产业化项目支持资金较少，建设周期较短。

【农机农艺融合不够，制约农机的推广应用】 "十三五"期间，河南省农业生产呈现精耕细作的特点，形成烦琐复杂的种植制度。作物种植的结构、配置、熟制等区域差异性很大，各地区种植方式（轮作、连作、间作、套作、混作和单作）也有很大不同，使农艺发展呈现较强的多样性。农机与农艺分属于不同的学科管理体系，农机装备研制的过程中，需要针对不同的种植制度、种植方式，研制不同作业要求的作业机械。而农艺研究主要追求产量和种植效益。在网上能够看到，国外一些高效的非大众化的农业机械（如葡萄、草莓采摘），而这些产品由于市场容量有限，存在农业机械大企业看不上，小企业做不来的窘境。在除主要粮食生产外，在其他农业生产领域农艺与农机结合不够紧密，集成配套的机械生产体系和系统解决方案还不多，影响农业机械的推广应用。

【农机装备产业转型升级】 "十三五"期间，河南省农机工业从零起步，技术上已经从改造仿制、引进消化吸收，进入自主创新的新阶段。近年来，在一些重要领域，如大功率拖拉机、大喂入量智能稻麦联合收获机等方面实现自主化，以拖拉机、收割机为代表的无人驾驶技术得到发展和应用。

【农机装备向大型化、复式联合作业发展】“十三五”期间，河南省农业经营规模扩大，推动农业装备向大功率、大型化方向发展，拖拉机的最大功率提高，复式作业和联合作业机具发展。

【操控技术向控制智能化、操作自动化发展】“十三五”期间，河南省随着现代科学技术的迅猛发展，大型农业装备将广泛采用CPU处理技术、总线控制技术、激光测量技术、卫星定位导航、卫星遥感、图像识别技术等，实现农业装备的智能化。

【机具技术注重节约资源和保护环境】“十三五”期间，河南省关注和致力解决节能减排的问题。能耗高、污染重的老产品的加速淘汰，新产品的研发注重节能、环保。

【制造技术和制造过程的智能化、高效化】“十三五”期间，河南省应用自动化、数字化等手段，提升企业生产设备的现代化水平，在提升产品质量的基础上，降低产品的生产成本，增强产品竞争力。

【农业机械化水平提升】 2020年，河南省各级农机部门落实《国务院关于加快推进农业机械化和农机装备产业转型升级的指导意见》精神，以河南省人民政府办公厅《关于加快推进农业机械化和农机装备产业高质量发展的意见》为纲要，实施强机惠农政策，做好全面全程机械化示范创建，推广绿色生态农业机械化技术，抓农机安全生产责任制，完成年度目标任务。全省主要农作物耕种收综合机械化水平达85%以上；小麦机播、机收水平均稳定在98%以上；玉米机播、机收率分别达95.6%、91.9%；水稻机收率达91.6%；花生机播、机收率分别达85.2%、85.8%；机械耕整地做到应耕尽耕。

【落实农机重大政策】 2020年7月15日，河南省人民政府办公厅印发《关于加快推进农业机械化和农机装备产业高质量发展的意见》，提出到2025年，全省农业机械化迈入全程全面高质高效发展阶段，全省农机总动力稳定在1.05亿千瓦左右，主要农作物耕种收综合机械化率达90%以上，设施农业、畜牧养殖、水产养殖和农产品初加工机械化率总体达50%以上。河南省农业农村厅、河南省财政厅、河南省商务厅关于印发《河南省农业机械报废更新补贴实施方案》，通过政策支持加大耗能高、污染重、安全性能低的老旧农机淘汰力度，加快先进适用、节能环保、安全可靠农业机械的推广应用，优化农机装备结构，推进农业机械化转型升级和农业绿色发展。

【组织春耕期间农业机械化生产】 2020年春耕生产期间，河南省各地一手抓疫情防控，一手抓农业机械化生产。在疫情防控方面，平顶山、南阳、漯河、驻马店、焦作等地充分发挥农机优势，组织农机合作社、农机大户、农机植保公司的无人植保机、高地隙植保机参加地方消毒灭菌工作。仅平顶山市就有46台无人植保飞行器参与所在乡镇、街道、村庄的消杀工作；在农业机械化生产方面，聚焦春耕整地出动各类拖拉机41.7万台、完成机耕作业819.33千公顷。同时组织排灌机械38万台、植保机械21万台，参与麦田浇灌和植保作业。

【组织三夏期间农业机械化生产】 2020年三夏期间，河南省共出动各类农业机械400多万台（套），其中收割机19.2万台，完成小麦机收面积5 667.33千公顷（99.4%）。三秋期间，共投入各类农业机械430万台（套），完成玉米机收面积3 518千公顷，花生机收1 050千公顷，水稻机收面积567.33千公顷，机械耕整地作业实现应耕尽耕。

【推进主要农作物生产全程机械化】 2020年，河南省博爱县等16个县申报创建全国率先基本实现主要农作物生产全程机械化示范县。在20个县(市、区)实施省级主要农作物生产全程机械化示范项目，围绕小麦、玉米、水稻、花生生产，涵盖耕、种、植保、收获、秸秆离还田、烘干等全环节机械作业，开展全程机械化试验示范。共建设全程机械化示范区5.4千公顷，机械化水平达98%以上。做好农业机械化薄弱环节技术提升试验示范工作，推动64个试验示范县（市）对17个生产企业的496台农用航空器进行试验示范。

【支持农机社会化服务组织发展】 2020年底，河南省农机合作社总量保持在7 000个以上，其中拥有农机原值100万元以上的占比超过45%。2020年河南省公布首批26个“全程机械化＋综合农事”服务中心典型案例。

【实施强农惠农政策】 2020年，河南省共使用农机购置补贴资金20.76亿元，补贴农机具167 542台（套），其中大中型拖拉机32 600台，谷物收获机5 988台，玉米收获机5 029台，饲料收获机6 396台，饲料加工机械4 157台，植保机械3 441台；其他机械台109 931（套）；受益户125 273户，带动投入51.84亿元。安排补助资金1.48亿余元，全年完成深松整地任务866.67千公顷以上。

【提升农机推广鉴定能力】 2020年，河南省受理农机推广鉴定项目597项，通过初审的项目420项，其中国推鉴定项目99项（含初次鉴定62项，换证37项），省级推广鉴定项目321项（含初次鉴定195项，换证125项，专项鉴定1项）；共下达鉴定项目419项，完成210项，其中部级推广鉴定62项，省级推广鉴定148项，中止51项，209项正在实施中。完成10家企业16张证书的部级证后监督检查工作，从2018年获证的153个产品中随机抽取50项进行监督，目前省级证后监督报告正在编辑整理之中。

【落实农机安全责任制】 2020年，河南省组织农业机械在社区、场院进行消毒防疫，筑牢春耕农机安全生产防线。全年共评出省级示范市1个，示范县3个，示范乡镇94个，示范合作社51个，以及岗位标兵41名。推荐国家级示范单位7个，岗位标兵11名。没有发生较大以上农机事故。

湖北省

【概括】“十三五”期间，湖北省农业机械化部门在农业农村部的指导和湖北省委省人民政府的领导下，履行法定工作职责，规范实施中央强机惠农补贴政策，加大农业机械化新技术新机具推广力度，强化农机安全生产监督管理。

【农机装备水平提升】“十三五”期间，湖北省共实施中央财政农机购置补贴资金 30 多亿元，补贴购置机具超过 47 万台（套）。农机装备保有量增加，各类农机具保有量达 1 282.44 多万台(套)，农机装备覆盖农、林、牧、渔业，涉及产前、产中、产后生产环节。主要农作物生产机具保持增长，保障粮食生产的机械化力量有力。拖拉机保有量超过 132.16 万台、联合收割机超过 10.6 万台、插秧机超过 8.21 万台，玉米联合收割机超过 2 500 台，马铃薯收获机超过 1 300 台,花生收获机超过 3 400 台。农业各产业机械增长，农业机械化发展潜力全面释放。全省农产品初加工作业机械、畜牧机械、水产机械保有量分别超过 96 万台（套)、49 万台（套)、47 万台（套)。高性能、薄弱环节、绿色环保农业机械保有量增长。

【抓薄弱环节】“十三五”期间，湖北省围绕增产增收增效，以全国主要农作物全程机械化示范创建为重点，通过调整结构，紧抓薄弱环节，加快突破制约粮食作物机械化的瓶颈，加大农业机械化新机具新技术新模式推广应用力度，促进农机作业水平的提升。

【农机作业水平提升】“十三五”期间，湖北省主要农作物耕种收综合机械化水平达 71%，较“十二五”末增加 5.2 个百分点，农业机械化发展站在高级发展阶段的新的历史起点上。水稻耕种收综合机械化水平达 85.6%，油菜耕种收机械化水平达 69%，均位居全国前列；通过项目支持湖北省八大主要农作物生产机械化新技术新模式推广示范能力建设，全省共有 27 个县（市、区）率先进入全国主要农作物全程机械化示范县行列，位居全国前列。蔬菜、茶叶、柑橘、板栗、食用菌等重要经济作物机械化水平全面提升，在种植业机械化发展的同时，畜牧业、渔业、农产品初加工、果菜茶、设施农业机械化协调推进。

【农机科技应用水平提升】“十三五”期间，湖北省在国家农机购置补贴政策的强力拉动下，农机研发制造投入增加，科研水平提高。“十三五”以来，全省高等学校、科研院所、农机制造企业承担完成部省下达的农业机械化重大科研课题和技术推广项目 80 多项，研发生产适合本省乃至南方地区的农机产品达 600 多种；瞄准农业机械化与信息化将深度融合的发展趋势，借助湖北省北斗产业政策支持和科研实力支撑，在大型农机具上安装各类北斗农机终端 1.9 万台（套），建设北斗农机信息化智能管理系统，实时获取农机作业数据，并为北斗在智慧农机中的应用打下基础。

【落实绿色发展理念】“十三五”期间，湖北省贯彻落实绿色发展理念，推广增产增效、资源节约、环境友好型农业机械化技术，机械深松、保护性耕作、节水灌溉、高效植保、化肥深施、机械化秸秆还田和综合利用等机械化绿色增产技术应用范围扩大。依托华中农业大学获批成立农业农村部长江中下游农业装备重点实验室、农业农村部油菜全程机械化科研基地和柑橘全程机械化科研基地等 2 个农业科技创新条件建设基地，农业机械化科研平台建设迈上新台阶。

【农机社会化服务水平提升】“十三五”期间，湖北省累计投入资金 3 800 多万元，对 265 个农机专业合作社进行扶持，支持农机专业合作社完善基础设施、扩大服务规模、提升社会化服务能力。截至目前，农业机械化服务组织达 8 196 个、从业人员 14.07 万人，上规模的农业机械化服务组织数量比“十二五”末增长 66.84%，从业人员增长 37.04%。其中，农机专业合作社 2 925 家、社员 9.967 6 万人，分别比“十二五”末增长 34.98%和 38.18%，合作社已成为农机新型经营和服务主体中的骨干、种田稳粮的“主力军”。2019 年湖北省京山绿丰和襄州汇吉兴农机专业合作社入选第一批全国“全程机械化＋综合农事”服务中心典型案例。

【农机安全水平提升】“十三五”期间，湖北省农机安全生产保持平稳态势，连续多年没有发生重大伤亡事故。“变拖”清零行动按计划稳步推进，截至目前，全省累计注销变型拖拉机 44 611 台，剩余变型拖拉机即将退出历史舞台。全省已累计创建国家级“平安农机”示范市 1 个，国家级“平安农机”示范县 31 个，省级“平安农机”示范市 1 个，省级“平安农机”示范县 36 个。湖北农机互助保险试点已取得初步成效，促进农机风险防范、事故救援、查勘定损、损失补偿和纠纷调解等安全管理工作。

【农机制造和流通水平提升】“十三五”期间，湖北省农机研发制造能力增强，进入湖北省购机补贴范围的品目增多，农机工业呈现恢复性发展的好势头。全省农机生产企业达 180 多家，从业人员近万人，农机工业实现工业总产值接近 100 亿元。一批企业引进先进的生产流水线、自动化制造设备，转型升级步伐加快。东风井关、湖北名泰农机产业园（南漳)、中国南方农机产业园等初具雏形。农机流通企业依托产业园打造农机流通中心，创新农机流通模式；延伸服务链条，拓展农机金融、农机租赁、二手机交易等业务；搭建农机信息平台，创新农机快修模式;拓展农事共享服务，提升农机作业效率。

【农机装备水平实现新提升】截至 2020 年 12 月底，湖北省实施购机补贴资金 8.67 亿元，补贴各类机具达 12.43 万台，受益农户达 9.25 万户，以绿色化、智能化、大型化和复合高效为特点的农业机械增长迅速，农机装备结构与布局优化，使用补贴资金总量和政策执行进度均为近五年最好水平。湖北省购机补贴延伸绩效考评被农业农村部确定为优秀等次。

【农机作业水平迈上新台阶】2020 年，湖北省深化全面全程机械化示范创建，推广适用机具和技术，推动全省整体农机作业水平的整体提升，2020 年湖北省汉川市、松滋市、荆门市掇刀区、荆门市东宝区、罗田县等 5 个县（市、区）成功创建国家级主要农作物率先基本实现全程机械化示范县，同时襄阳市、荆门市整建制率先基本实现主要农作物生产全程机械化的设区市，示范县总数达 27 个，创建数量居全国第九位。调度 200 多万台农机具投入春季、“三夏”和“三秋”农业生产，全省主要农作物耕种收综合机械化水平达 71.3%。

【农机服务能力得到加强】2020 年，湖北省由农机服务主体承担完成的稻油轮作、农业社会化服务、农机深松整地等项目资金超3亿元，农机服务主体在为农业生产提供全程机械化+综合农事服务中不断发展壮大，全省农机合作社总量超过3 000家，北斗农机终端安装总量超过1.9万台（套）。湖北省农业农村厅与中石化湖北石油分公司签订“三优一免”供油协议，保障疫情期间和重要农时的农机作业用油。洪湖市聚丰农机专业合作社、黄州区金明农业机械服务专业合作社、荆门市掇刀区恒创农机服务专业合作社有望入选第一批全国“全程机械化+综合农事”服务中心典型案例。

【农业机械化信息化融合迈出新步伐】 2020年，湖北省基本完成北斗现代农业应用示范项目建设，安装北斗终端19 854台（套），完成监测面积1 070.67千公顷。其中，北斗监测深松整地作业85.89千公顷，监测高效植保作业433.65千公顷，监测油菜直播103.33千公顷，监测智能收获作业77.38千公顷。此外，北斗监测机插秧作业5.8千公顷。

【农机发展环境得到改善】 2020年，湖北省探索丘陵山区农田宜机化改造的经验，在荆门市所辖的沙洋、京山、钟祥、东宝和掇刀等五个县（市、区）开展丘陵山区农田“宜机化”改造试点。目前，各试点县市工作进展顺利，示范成效明显。组织省农机总公司成功申报湖北省农机装备创新中心。

【农机依法监管取得成效】 2020年，湖北省落实安全生产三年整治行动各项决策部署，强化安全生产源头管理，排查农机事故隐患，加快变型拖拉机“清零”步伐，纠正违规违法行为，遏制农机事故发生。截至2020年12月底，全省累计发生农机事故81起，死亡1人，受伤10人，直接经济损失48.462万元。全省拖拉机和联合收割机注册登记共16 043台，拖拉机和联合收割机驾驶人考证3 113人次。同比事故起数增加2起，受伤人数增加4人，死亡人数持平，直接经济损失降低23.33%，未发生较大以上农机事故，注册登记拖拉机、联合收割机台数增长26.04%，驾驶人考证减少12.09%，农机安全生产形势总体平稳。

【农机装备水平情况】 截至2020年底，湖北省各类农机具保有量达1 282.44多万台（套），农机装备覆盖农、林、牧、渔业，涉及产前、产中、产后生产环节。拖拉机保有量达132.16万台、联合收割机达10.6万台、插秧机达8.21万台，玉米联合收割机达2 500台，马铃薯收获机达1 300台，花生收获机达3 400台。全省农产品初加工作业机械、畜牧机械、水产机械保有量分别达96万台（套）、49万台（套）、47万台（套）。

【农机装备有效供给难以满足产业发展要求】 2020年，湖北省乡村振兴战略规划（2018—2022年）提出，充分发挥湖北农产品生产基础优势，发展壮大油料、蔬菜、小龙虾、大宗淡水鱼、茶叶等超千亿和柑橘、食用菌、中药材、猕猴桃、鸭等超百亿的农业全产业链。以上湖北省重点发展的优势农产品，却面临着农业机械化水平低、农机装备不足的问题。尤其是粮油播种机械、蔬菜（叶菜，根茎菜、水生蔬菜等）播栽和收获机械、林果（水果和板栗等坚果）采收、特色作物（藠头，中药材，艾草等）机械、秸秆打捆和收储机械、精品茶采摘机械、智能农机装备和动力换挡拖拉机等较为缺乏或者无机可用的问题大量存在。

【农机工业发展难以满足农机制造强省建设要求】 湖北省是农机使用大省，但不是农机制造强省，农机装备产业弱小，创新能力不强，发展环境不优，全省在用的70%以上农机产品非湖北制造。农机装备产业未形成产业链优势，配套体系不完善，原材料及配件的采购和运输成本高。企业缺乏农机装备研发创新人才和农机装备制造技术骨干，没有有效的力量支持自主创新和攻克技术瓶颈，难以形成有竞争力的产品。政府对农机企业的支持力度不够，企业之间没有形成广泛有效的合作，没有强有力的农机装备产业发展政策。

湖南省

【概况】 “十三五”期间，湖南省稳妥实施农机购置补贴政策、洞庭湖农业机械化提升工程和农机“千社工程”等。五年间，水稻耕种收综合机械化水平由68%提高到79%；主要农作物机械化水平由43.84%提高到52%；省财政扶持的农机合作社发展到3 120家。

【规范农机购置补贴政策实施，农机装备结构优化】 “十三五”期间，湖南省共实施中央财政农机购置补贴资金49.67亿元，补贴机具97.41万台（套）。2020年，全省拥有各类农业机械920万台（套），农机总动力达6 550万千瓦，五年增加646万千瓦。拥有大中型拖拉机11.7万台、履带自走式旋耕机2.1万台、插秧机3.44万台。大中型、新型农业机械占比提升，传统落后机械逐步淘汰。

【实施重大项目工程】 “十三五”期间，湖南省实施农机“千社工程”和“洞庭湖区农机化提升工程”，成效显著。农机“千社工程”指扶持建设千家水稻生产现代农机合作社。五年来，财政扶持建设现代农机合作社3 120家。到2020年底，全省经工商注册的农机合作社达5 900家，农机合作社经营和作业服务覆盖面达45%。2016—2017年，省政府专项安排2亿元，部署实施“洞庭湖区农机化提升工程”，实施范围为环洞庭湖的31个县市区。一是安排7 200万元，创建望城、鼎城等9个粮油生产全程机械化示范县区。二是安排8 310万元，扶持建设现代农机合作社885家。三是安排4 490万元直接奖补各类先进适用机具2 209台（套）。工程实施后，建成环湖粮油全程机械化示范区133.33千公顷。

【水稻机械化水平提升】 “十三五”期间，湖南省采取“主攻为机育秧，力推大户购机，分片办点示范”措施，推广机插秧，水稻机械化栽植水平大幅提高，2020年，水稻机械化栽植率达39%，五年提高14个百分点。水稻耕种收综合机械化水平达79%，五年提高11个百分点。谷物烘干机拥有量达10 060台（套），累计建成单个覆盖万亩的区域烘干中心800多个。

【工作成效】 2020年，湖南省农机系统统筹推进新冠肺炎疫情防控和经济社会发展，出台10个规范性文件，推动农业机械化工作取得成效。水稻耕种收综合机械化水平提高近2个百分点，达79%。水稻机械化栽植水平提高5个百分点，达39%。

【实施农机推广服务“331”机制】2020年，湖南省实施农机推广服务“331”机制，即省市县财政列支3亿元用于农机作业补贴、累加购置补贴、农机贷款贴息，撬动农机购置资金30亿元，推动全省实施农机购置补贴10亿元。通过扩大农机购置补贴范围、加大农机购置补贴力度、推出农机购置贴息贷款等措施，2020年全省农机购置补贴实施11.7亿元（其中中央财政补贴10.94亿元），补贴机具20.9万台，16.7万个农户受益，省财政资金惠及农民同比增加6亿元以上，农机企业产销量实现逆势增长。

【优化农机“千社工程”】2020年，湖南省财政安排6 100万元支持创建120家现代农机合作社、60家现代农机合作社示范社、25家全程机械化综合农事服务中心。农机合作社数量增多，服务面积增大，赢利能力增强。

【开展农机作业补贴试点】2020年，湖南省财政安排1.1亿元开展作业补贴试点。评选20个县开展机抛秧作业补贴试点、15个县开展水田深翻耕补贴试点、10个县开展同步深施肥补贴试点、15个县开展果菜茶田土宜机化改造。

【推进农业新型基础设施建设】2020年，湖南省财政安排9 000万元支持长株潭、“湘江源”、大湘西等地建设11个设施栽培示范基地。

【力推农机装备产业转型升级】2020年，湖南省财政安排2 000万元，支持农机企业和高校、科研机构开展农机装备创新研发和农机农艺融合研究。湘产农机销量实现逆势增长。

【农机安全生产形势向好】2020年，湖南省累计注销牌证98 438台，实际灭失或报废81 766台。牌证注销比例已达71.47%，实际报废淘汰比例达59.36%，超额完成湖南省委省人民政府提出的变型拖拉机存量减少25%目标任务。省财政重点支持岳阳市、汉寿县等1市5县开展“平安农机”示范创建。

广东省

【概况】“十三五”期间，广东省在农业农村部农业机械化管理司的指导下，在广东省委、省人民政府的重视和领导下，全省各级农业机械化部门贯彻落实党的十九届五中全会精神及要求，以国务院和广东省人民政府有关农业机械化转型升级文件为指导，围绕广东农业农村中心工作，推动农业机械化加快发展，取得成效，圆满完成“十三五”各项农业机械化发展指标。

【推进农业机械化发展转型升级文件顺利出台】“十三五”期间，广东省落实国务院文件的要求，以广东省人民政府的名义出台加快推进广东省农业机械化发展的宏观政策性文件。《广东省人民政府关于加快推进农业机械化和农机装备产业转型升级的实施意见》（粤府函〔2019〕428号）于2019年12月28日正式印发实施，对加快推进全省农业机械化和农机装备产业转型升级做出全面部署。

【主要农作物生产机械化水平提高】“十三五”期间，广东省开展主要农作物生产全程机械化推进行动，推动水稻生产机械化，开展“补短板、促机种”专项活动，推广水稻机插、精量穴直播技术，探索无人机直播新模式，制定水稻生产机械化技术指引；植保、烘干、秸秆处理机械化水平提高，创建一批水稻机械化示范基地，培育全国示范县。推动甘蔗收获机械化突破性进展，湛江市出台《湛江市扶持推进甘蔗生产全程机械化发展实施方案》，“湛江模式”在业内小有名气。开展马铃薯、花生收获机械化示范试点，探索适合广东省的马铃薯和花生机械化生产模式。

【推进水稻生产机械化】“十三五”期间，广东省水稻生产机械化取得进步，江门实施整市推进，全市水稻综合机械化率达86%，斗门区、高要区、台山市获得国家级机械化示范县称号。全省水稻耕种收综合机械化率从67.6%提高至75%。

【农机科研创新能力增强】“十三五”期间，广东省加强对科研开发的支持，提升农机装备研发创新能力。引进特色机械装备，开发适合广东省丘陵山区果园除草、采摘、运输等系列产品，促进丘陵山区机械化发展。高床养殖畜禽粪污资源化利用、智能化选育、饲喂等装备，助推生猪加快恢复生产。对虾柔性剥壳技术及装备，提高加工效率，降低损失率。推进农业机械化与信息化融合，插秧机、收割机作业信息监测终端进入推广应用，监测作业面积333.33千公顷；智能果园解决方案落地实施；华南型智能温室，成为我国三大地域特色温室品牌之一。

【农机鉴定推广能力加强】“十三五”期间，广东省加强农机鉴定推广能力建设，提升农业机械化公共服务水平。实施新修订的《农业机械试验鉴定办法》，修订《程序文件》和《管理手册》，落实鉴定工作的改革措施，建设省农机试验鉴定信息系统，实现鉴定申请受理、审核发证“一网通办”，全程全面公开鉴定信息。围绕产业急需、生产急用，加强鉴定能力建设，开展无人机、山地运输轨道、集装箱养殖等专项鉴定，完成自动喂料机、动物尸体处理设备、发酵机等9类养殖设备的资质能力认定。

【探索农业机械化技术模式】“十三五”期间，广东省探索形成适合广东省的农业机械化技术模式，修制《广东省主要农作物和畜禽养殖机械化推荐模式》。发挥省市县三级的农机推广体系的主力作用，带动农机合作社等主体，围绕主要农作物全程机械化推进行动的重点任务，针对水稻、甘蔗、丘陵山区果茶、畜禽养殖等，组织开展全省性、区域性的农业机械化新技术新装备推广活动。

【探索水稻机种新模式】“十三五”期间，广东省推进水稻机种新模式的探索、推广，在全省8个市、20个县开展无人机水稻直播试点，累计实现飞播作业面积超过13.33千公顷，并辐射到其他省份。五年来，农机鉴定推广能力增强，公共服务水平提升，已具备14大类75个产品的鉴定能力，有效鉴定能力比“十二五”末提高一倍以上，新增12类国家推广鉴定资质，完成各类试验鉴定项目509项，发放推广鉴定证书146份。

【农机社会化服务业态开拓创新】“十三五”期间，广东省加强农机社会化服务体系建设，培育壮大农机社会化服务群体，安排8 000多万元，扶持建设20多个区域性大中型农机合作社，提升能力、扩大范围、跨区作业，培育一批省级农机示范社。创新开展育插秧作业补助，在全省12个县区实施，60多家农机合作社共完成作业面积超过80千公顷。

【推动农机社会化服务模式创新】“十三五”期间，广东省农机部门成立广东农机农事服务联盟，组建37个“全程机械化+综合农事”服务联合体。农机合作社在现代农业产业园建设和“一乡一品、一镇一业”中扮演重要的角色，促进小农户与现代农业有机衔接。2020年底，全省农机社会化服务组织共8 000多个，作业面积近466.67千公顷，收入超7亿元。五年来，共有20家农机合作社获得国家级示范社称号、5家农机合作社获得中国农机行业三大协会“合作社农机化杰出服务奖”、2家农机合作社入选第一批全国“全程机械化+综合农事”典型案例。

【实施农机购置补贴政策】“十三五”期间，广东省推进农机购置补贴政策的创新和完善，扩展补贴机具种类，推动新产品补贴试点，植保无人机补贴从试点推向全省覆盖，一批新产品纳入补贴，全省补贴机具品目增加到近130个，最大限度满足农业生产需要。拓展资金补贴范围，开展农机深松作业补助，累计完成农机深松作业补助面积66.67千公顷；开展农机报废更新补贴，促进农机装备更新换代。启动手机App申请功能，开展便民服务，让群众少跑路。

【加强制度建设和风险防控】“十三五”期间，广东省制定《农机购置补贴产品违规经营行为补充管理规定》和《内控制度》，推进补贴信息公开。五年来，农机补贴政策实施规范，全省共使用中央资金7.73亿元，补贴机具41.55万台（套），受益群体14.86万户，带动社会资金投入超过20亿元，部分地市还对当地急需机械进行累加补贴。农机补贴政策有效地促进广东省农机装备总量的增长和结构的优化，到2020年底，农机总动力达2 480万千瓦，比“十二五”末增长7.9%。

【推进农机安全监管】“十三五”期间，广东省依法推进农机安全监管，树立“管行业必须管安全”大局意识，贯彻《全国农业机械安全监理“十三五”规划》，落实属地主体责任和各项防范措施，建立联动机制，常年与公安交管部门开展联合整治行动，减少、消除安全隐患。推进“平安农机”示范创建，构建“政府负责、农机主抓、部门协作、群众参与”的长效机制。开展全省性农机安全生产宣传活动，推动农机安全生产责任、意识深入基层一线。加强市县农机安全监理能力建设，为基层配备移动检测设备和桩考设备，加强监理业务培训，提升农机监理“三员”专业素养。建设农机牌证管理信息系统，落实免费农机监理政策，逐步推进全覆盖，减轻农民负担。

【落实“一线三排”要求】“十三五”期间，广东省制定《变型拖拉机专项整治三年行动实施方案》，推进农机报废更新，移交变拖档案1.8万多台，注销报废变拖2万多台，全省只剩下四个市变拖未清零。五年来，农机安全保障能力持续增强，农机事故明显下降。农机（拖拉机和联合收割机）注册率为80%、检验率为50%、持证率为100%，比“十二五”末提高5个百分点，创建平安农机示范镇30个、示范村150个，全国“平安农机”示范县5个。

【提升农业机械化人员素质】“十三五”期间，广东省针对机构改革和全省农业机械化发展重点工作，把农业机械化人才队伍建设放到全省农业农村人才发展大局，加强农业机械化管理、技术推广、实用人才等三支队伍培训。制定年度《广东省农业机械化培训工作实施方案》并组织实施，加强对国家三农政策和农业机械化政策、新理念的培训，提升政策执行和推动能力；加强对新技术新装备应用推广培训，提升机械化生产模式推广能力和解决方案设计能力；加强对使用维修、作业规范培训，提高使用技能和作业质量，培养一线土专家。

【培育基层农机实用人才】“十三五”期间，广东省开展“校社共建”“企社共建”，推动专家下田、技术进社；培养农机技能师资力量，开展农机技能竞赛，推动农机合作社创办农机技能鉴定工作站，培育，壮大基层农机实用人才群体。五年来，省市县三级培训农业机械化管理、技术推广和实用人才累计超15万人次。

【农机装备对农业产业支撑情况】“十三五”期间，广东省的农机装备总量增加，对农业产业的支撑作用增强，促进相关农业产业的发展壮大。2019年，拖拉机及配套机械拖拉机34.27万台，其中中型拖拉机2.35万台、大型拖拉机0.15万台。配套农具40.22万部。拖拉机配套比为1.17，配套比较低。

【农用航空器情况】2020年，广东省植保无人机增长到2 000多台。

【存在不足】“十四五”乃至今后一段时期，广东省需加速发展的农机装备种类如下：在主要农作物方面，丘陵山地小型的水稻全程机械化生产机具。马铃薯、花生方面的，适合广东省黏土层需要的种植机械、收获机械缺乏。在丘陵山区机械方面，需要增加果茶生产机械化需要的机械。主要是果茶采摘机械。在畜牧养殖机械方面，重点是废弃物处理机械。在水产养殖机械方面，包括水质监控设备和水质处理设备等。在蔬菜生产机械方面，包括蔬菜播种机、移栽机、收获机、采摘机等。

【推动农作物生产机械化】2020年，广东省下达各地2020年的水稻生产耕种收机械化率指标，推进水稻生产全程机械化。组织60多家农机生产企业和经销商入驻广东省农产品保供稳价安心数字平台，为春耕生产提供有力保障。早造期间，推动水稻机种水平的提升，印发机播和飞播作业技术指引供各地参考，全省各地开展各类水稻生产机械化技术推广演示活动超过200余场。在茂名市举办丘陵山区“智慧果园”机械展，立体化演示水果生产全程机械化技术；在红茶的优势产区英德，开展茶叶生产机械化展示演示会，集中演示茶叶生产全过程的机具装备等。

【扩展农机购置补贴范围】2020年1月8日，广东省将农机购置补贴辅助管理系统切换到2020年度，方便购机户办理补贴。在疫情紧张期间，推广手机 App，让农户足不出户申办补贴。组织开展四个批次的产品投档工作，通过并导入系统的有 1 000 多家企业近 1 万个产品。扩展补贴机具种类范围，新增畜禽养殖自动饲喂机具装备等 11 个品目。组织开展二次补贴机具分类分档调整和补贴测算工作。全年共受理农机购置补贴申请超过 1.5 亿元，补贴机具超过 11 万台（套），受益农户 3 万多户，带动社会资金投入 5 个多亿。农机报废更新补贴有新突破。印发《关于开展农业机械报废更新补贴的通知》（粤农农〔2020〕110 号），加快广东省老旧农业机械报废更新，报废更新补贴工作有序开展。

【推动农业机械化质量管理工作】 2020 年，广东省印发《关于加强农机化质量管理工作的通知》《广东省农机质量投诉监督工作管理制度》等文件，推动农业机械化质量管理水平提升。组织开展“农机 3·15”消费者权益日线上线下活动，在广东省农业农村厅网站开设“农机 3·15”活动专栏，宣传农机维权方面的知识。组织开展 2020 年广东省补贴农机具质量调查，调查范围包括韶关、河源等 10 个地级市的 1 378 个微耕机用户。推动农机专项鉴定工作，制定发布《自动干湿料喂料机》《插秧作业远程监测系统》和《谷物种子处理机》等 3 个农机专项鉴定大纲。

【发展农机社会化服务】 2020 年，广东省农机部门贯彻落实广东省人民政府《实施意见》关于“大力发展农机社会化服务，推动农机服务业态创新”要求，转发第一批全国“全程机械化＋综合农事”服务中心典型案例中 2 个广东典型，组织认定 37 家 2020 年广东省“全程机械化＋综合农事”服务联合体，编印《广东省“全程机械化＋综合农事”服务联合体典型案例汇编》，宣传推广，扩大影响，树立示范标杆，引导培育农机服务组织升级建设成为“全程机械化＋综合农事”服务联合体。发挥广东省推进农机社会化服务专家指导组作用，做好对各地服务联合体的规范建设指导。

【抓农机安全监理】 2020 年，广东省落实安全生产责任，执行“党政同责、一岗双责、齐抓共管、失职追责”的要求，敦促基层农机管理部门与农机经营主体签订农机安全生产责任书、责任状，落实农机专业合作社、农机大户和农机手的农机安全主体责任。

【加强安全督促检查】 2020 年，广东省农机部门在全省范围内开展为期 9 个月的农机安全生产集中排查整治行动，派出变拖整治督查小组，前往茂名市电白区等地进行督促检查。制定《变型拖拉机专项整治三年行动实施方案》，确保全省 2025 年全省变拖存量为零。推进“平安农机”创建，3 各县区正开展“平安农机”示范县创建工作。组织农机安全宣传，举办 2020 年广东省农机安全生产、农机购置补贴政策、农机技术推广宣传咨询日活动。

广西壮族自治区

【概况】 “十三五”期间，广西壮族自治区各级农机部门落实中央和自治区关于农业机械化工作的决策部署，稳中求进，大胆创新，全自治区农业机械化保持科学快速发展的良好态势。

【农机装备总量增长】 截至 2020 年底，广西壮族自治区农业机械总动力达 3 920 万千瓦，比“十二五”末期增长 17.57%。大中型拖拉机、水稻插秧机、水稻联合收割机拥有量分别达 5.5 万台、2.1 万台、3.6 万台，比“十二五”末期增长 29.7%、20.15% 和 18.65%。

【农机作业水平提升】 截至 2020 年底，广西壮族自治区主要农作物耕种收综合机械化水平达 65.65%，其中水稻 81.27%，甘蔗 65.85%，分别比“十二五”末期提高 12.07%、10.56%、10.85%。丘陵山区优特产业生产运输“机器换人”取得突破性进展，解放优特产业高强度劳动力，提高生产效率和效益。

【农机社会化服务能力增强】 “十三五”期间，广西壮族自治区农机专业合作社 1 621 个，入社成员 2.07 万户，拥有机具 18.56 万台（套），累计服务农户 380.78 万户，作业服务面积 3 122.02 千公顷，总收入达 70.21 亿元。

【农机购置补贴实施规范】 “十三五”期间，广西壮族自治区累计使用农机购置补贴资金 25.1 亿元，其中中央资金 22.7 亿元，自治区资金 2.4 亿元。累计补贴机具 51.15 万台（套）、设施设备数量 50.42 万个（套），受益农户 41.55 万户，拉动社会投入购机资金 55.2 亿元。

【农机安全生产形势稳定】 “十三五”期间，广西壮族自治区累计完成拖拉机年检 65.1 万台，开展专项整治执法检查 4 586 次，执行整治活动 2 568 次，查处农机安全违法违章行为 1.7 万起，没有重特大农机事故发生。

【农机试验鉴定能力提升】 “十三五”期间，广西壮族自治区完成省级推广鉴定 368 项、部级推广鉴定 15 项、技术鉴定 49 项、可靠性试验 28 项、委托检验 81 项，对 99 家生产企业的 158 个获证产品进行监督检查；提升产品检验检测范围至 87 种，省级推广鉴定能力至 48 种；制订省级技术鉴定大纲 21 个、推广鉴定大纲 16 个、专项鉴定大纲 15 个，制修订部级推广鉴定大纲 17 项。

【农机质量监管完善】 “十三五”期间，广西壮族自治区对 43 家（次）企业、5 种产品、753 台（套）农机具质量进行调查；受理农机投诉案件 151 起，结案 151 起，结案率 100%，为农民挽回直接经济损失 358 万元；开展农机集中整治与专项检查工作，累计检查农机销售企业（点）1 867 家，涉及 5.04 万台（套）农机产品，总价值 3.9 亿元。

【农业机械化标准规范完善】 “十三五”期间，广西壮族自治区制定发布农业行业标准 2 项、地方标准 9 项、一般技术规范 1 项，通过审查待报批标准 2 项，立项地方标准 3 项。

【农业机械化信息服务水平提升】 “十三五”期间，广西壮族自治区建成广西农机信息化管理平台，收集农机作业数据 33 万余条，作业面积 213.33 千公顷，作业时长 54 万多小时，购机补贴数据 10 万余条，跨区作业证近万件。

【加强示范社创建】 “十三五”期间，广西壮族自治区桂林、来宾、河池 3 个市获全国“平安农机”示范市，宜州、忻城等13个县（市、区）获全国“平安农机”示范县（区、市），26人被评为全国农机安全监理示范岗位标兵。象州县农机局获全国农业先进集体，14个农机专业合作社获全国农机合作社示范社，3个农机专业合作社获国家农民合作社示范社，4人获“雷沃杯全国20佳农机合作社理事长”。

【农机工作得到肯定】“十三五”期间，广西壮族自治区农机中心先后获全国农业机械化信息宣传工作先进单位、全国农机科普先进集体标兵、中国农机化质量网信息工作先进单位、全国农机科普工作先进集体、农业农村部2019年度专项工作延伸绩效管理政策和项目预算（农机购置补贴政策落实）优秀单位、2019年度全自治区政务信息优秀单位，在全国农业机械化工作会议、全国农机安全生产专题调度工作视频会议、全国农机安全监理规范化建设工作研讨会、全国农机鉴定工作改革贯彻研讨会、全国农机化质量管理工作研讨会议等重要会议上做典型发言。

【举办农机事故应急演练】“十三五”期间，广西壮族自治区承办2016年全国农机事故应急处置演练，得到农业农村部书面表扬；承办2019全国农机安全监理法规知识竞赛，广西代表队获三等奖；举办5届中国甘蔗机械化博览会，3届中国—东盟农业机械展，得到农业农村部、自治区政府的肯定。

【农作物生产机械化水平提高】 2020年，广西壮族自治区主要农作物耕种收综合机械化水平达65.65%，提高2.57个百分点，其中水稻81.27%，提高1.44个百分点；甘蔗65.85%，提高2.13个百分点。丘陵山区优势特色农作物生产机械化水平提高。

【农机购置补贴增长】 2020年，广西壮族自治区中央农机购置补贴资金登记总量7.127亿元，超额完成51.6%；自治区农机购置补贴资金登记总量5 023.32万元，圆满完成任务。累计补贴机具11.26万台（套）、设施设备数量6.76万个（套），受益农户8.54万户，拉动社会投资约22亿元。

【农机社会化服务能力提档升级】 2020年，广西壮族自治区农机专业合作社1 621个，入社成员2.07万户，拥有机具18.56万台（套），服务农户78.49万户，作业服务面积660.67千公顷，全年总收入达22.76亿元。

【农机安全生产形势平稳向好】 2020年，广西壮族自治区开展违规检查640次，完成拖拉机、联合收割机年检40 225台，全年没有重特大农机事故发生。

【农机试验鉴定有序开展】 2020年，广西壮族自治区受理2020年省级推广鉴定215项，专项鉴定9项，国推鉴定任务14项，获得17项新产品扩项资质认定。

【农机培训成效显著】 2020年，广西壮族自治区开展系列网络直播课程和“线上交流”活动培训81次超4.1万人次，举办全自治区农业机械化新技术新装备“田间日”系列培训活动180场次达2.1万人次。

【多项农业机械化工作获得肯定】 2020年，广西壮族自治区农机中心被评为农业农村部2019年度专项工作延伸绩效管理政策和项目预算（农机购置补贴政策落实）优秀单位、2019—2020年度中国农机化网信息宣传工作先进单位、2019年度全区政务信息优秀单位，荣获2019年度全国农机质量投诉信息报送工作通报表扬。在全国农机安全生产专题调度工作视频会议、全国农机安全监理规范化建设工作研讨会上做典型发言。港北区和宾阳县、扶绥县、港南区、平南县分别被评为全国第四批、第五批率先基本实现主要农作物生产全程机械化示范县。横县、宾阳县、上林县被评为2019年度全国“平安农机”示范县。

【加强宣传】 2020年，广西壮族自治区农业机械化“战疫情、保春耕、抓双抢、助脱贫”得到各级主流媒体争相报道。《防疫不松劲 春耕备耕忙》《广西崇左：改进机械化作业 抢种糖料蔗》《南方早稻育秧陆续展开》《确保不误农时 保障夏粮丰收》《抓好春耕备耕 扎实推进农业生产》《抓农时抢进度 毫不放松抓好粮食生产》等新闻报道接连在中央电视台新闻联播播出。

【制定猪舍补贴试点方案】 2020年，广西壮族自治区制定《广西高架网床环保猪舍补贴试点方案》并通过农业农村部评审，在容县、藤县率先开展全国首个生猪养殖设施补贴试点。

【推进农机购置补贴资金落实】 2020年，广西壮族自治区使用农机购置补贴资金2.57亿元，扶持农户安装果园轨道运输机轨道长达2 088千米，农机购置补贴助推丘陵山区农业机械化发展作用凸显。

【甘蔗生产机械化水平提升】 2020年，广西壮族自治区规范实施中央下达“推广糖料蔗生产全程机械化技术”作业补贴资金3.1亿元，甘蔗生产机械化取得新突破。2019/2020榨季全区甘蔗机收量174.58万吨，同比增加90.7万吨；联合收获机拥有量达1 158台，同比增长85%。

【签订合作协议】 2020年中国—东盟博览会期间，广西壮族自治区南宁市人民政府正式签订中国—东盟农机综合产业园合作协议，并申报列入自治区重大项目，项目开始进入具体落地推进环节。

【扩大补贴范围】 2020年，广西壮族自治区将牵引式立式粉垄深耕深松机、便携式电动采桑机、整秆蔗种切段机等3种新产品纳入补贴范围，将茶叶色选机、输送机、压扁机、果树修剪机、食用菌料装瓶（袋）机、秸秆收集机等纳入中央资金补贴范围，将果园轨道运输机转化为常规机具补贴。

【提高办补效率】 2020年，广西壮族自治区常年开放补贴辅助管理系统，将补贴受益信息公示时间压缩至20天；大力推广手机App，实现农民购机补贴线上办理，全年完成34 890项。

【创新补贴形式】 2020年，广西壮族自治区遵循“高质高补、中质中补、低质低补、劣质不补”的原则，多次召开会议研究农业生产适用机械购置补贴产品质补不易问题，重点以果园轨道运输机、果树修剪机为突破口。

【强化违规整治】 2020 年，广西壮族自治区受理举报投诉案件 9 件，办结 8 件，按违规处理要求把违规企业及责任人录入黑名单数据库。

【统筹推进疫情防控和重要农时农业生产】 2020 年，广西壮族自治区发挥农机装备在消毒防疫中用人少、效率高、用药省的优势，广泛动员 2 292 个农机服务组织和大户开展疫情防控服务。发挥农业机械化在疫情期间农业生产中的主力军作用，春耕和双抢期间，累计培训机手、维修工 3.04 万人，检修各类农机具 112 万台（套），投入农业生产机具 284 万台（套），完成机耕面积 2 114.67 千公顷，机插面积 1 082 千公顷，机收面积 780.67 千公顷。

【加强创建示范引领】 2020 年，广西壮族自治区投入 1 135 万元扶持建设 9 个优势特色农业全程机械化创新示范基地，投入 2 000 万元扶持 4 个国家贫困县重点打造高山晚熟芒果、机械化养牛、丘陵山区油茶等深具地方特色农产品全程机械化项目，在百色市组织召开 2020 年广西丘陵山区优势特色农作物生产机械化助推乡村振兴脱贫奔康现场演示会。

【推动产学研深度融合】 2020 年，广西壮族自治区促进河北凯特集团有限公司与广西五丰机械有限公司完成《粉垄机与重型拖拉机一体化匹配关键技术攻关》项目研究，广西合浦县惠来宝机械制造有限公司完成《丘陵山地模块化智能农业装备研发》项目研究。

【强化基层农机推广体系建设】 2020 年，广西壮族自治区投入 879 万元在 23 个县（市、区）实施基层农技推广体系改革与建设补助项目，建成农作物生产机械化示范基地 32 个，总面积达 433.33 公顷。

【推进水稻生产全程机械化】 2020 年，广西壮族自治区坚持以点带面，扶持宾阳县、港南区、平南县、扶绥县成功创建全国率先基本实现主要农作物生产全程机械化示范县。坚持标准先行，起草 2 项地方标准，发布 8 项水稻生产机械化主推技术。坚持推广示范，在博白县组织召开全区水稻暨秋冬种生产机械化现场会，在桂林市兴安县等水稻主产区广泛开展对比试验，获取相比常规增产 21.6%的良好效果。

【甘蔗生产全程机械化成效显著】 2020 年，广西壮族自治区制定出台政策，推动中央“推广糖料蔗生产全程机械化技术”作业补贴资金 3.1 亿元高效实施，在 63 个项目县全部推开。推进创建示范，建成武鸣区、扶绥县甘蔗生产全程机械化核心示范区 2.67 千公顷，耕种收综合机械化水平分别达 76.6%、68.9%。积极大胆探索创新，投入 1 000 万元财政资金，建成 5 个累计占地 337.53 公顷的甘蔗生产全程机械化核心示范区，综合机械化达 80% 以上，探索形成 5 套高效机收糖料蔗生产机械化模式。强化监管，确保全区农机安全生产形势持续稳定。

【加强示范创建】 2020 年，广西壮族自治区指导南宁市、梧州市藤县、桂林市灌阳县创建全国“平安农机”示范市（县）。

【加强安全宣传】 2020 年，广西壮族自治区组织开展宣传活动 678 场次，编印宣传画册 12 万份。

【加强违规整治】 2020 年，广西壮族自治区累计开展检查 640 次，检查拖拉机 8 457 台次。

【加强牌证管理】 2020 年，广西壮族自治区累计完成拖拉机、联合收割机年检 40 225 台；完成拖拉机、收割机牌照征订 4 061 块，登记证书 6 200 个、行驶证 35 600 个、驾驶证 48 200 个。

【提升资质能力】 2020 年，广西壮族自治区获得 17 项新产品扩项资质认定，完成 17 个产品大纲的资质认定标准（方法）变更，制修订 8 项专项鉴定大纲、7 项推广鉴定大纲。

【提升检测能力】 2020 年，广西壮族自治区受理省级推广鉴定 215 项、专项鉴定 9 项，可靠性试验委托 3 项，委托检验 46 项，国推鉴定任务 14 项；完成 2020 年 11 个批次 61 家企业 190 个产品省级农机试验鉴定结果通报和鉴定产品检测结果公布，13 个产品证书有效期内信息变更；发布 2020 年广西农机试验鉴定产品种类指南两批次，涉及 64 个产品。

【利用园区开展甘蔗机械试验】 2020 年，广西壮族自治区利用园区，开展甘蔗机械试验、检测等 16 项服务，探索适宜甘蔗生产全程机械化技术模式 7 项，完成 5 家企业 6 款甘蔗收获机产品试验验证，促成 2019/2020 榨季广西畅销甘蔗联合收获机前五名均为国产机具。

【抓好标准规范】 2020 年，广西壮族自治区制定发布农业行业标准 2 项、地方标准 9 项、一般技术规范 1 项，通过审查待报批标准 2 项，立项地方标准 3 项。筹建成立全国农业机械标准化技术委员会农用挂车工作组，将适合广西丘陵山地特色的农用挂车、挂车与拖拉机连接机构等农业机械及其配套设备领域标准制修订工作上升到国家层面。

【抓好信息化建设】 2020 年，广西壮族自治区完善广西农机信息化管理平台建设，监测农机北斗终端 2 653 台，作业轨迹 30.8 万条，作业面积 153.47 千公顷，作业时长 46.8 万小时。组织编写中国—东盟农业机械化信息服务平台项目建议书，完成 6 个系统迁移自治区政务云，3 个业务系统与自治区一体化平台对接，23 项数据接入自治区一体化服务平台。

【抓好数据统计】 2020 年，广西壮族自治区创新农机统计工作的手段和方法，开展对农业机械化助推产业发展和甘蔗生产机械化统计的体系研究。承担农业农村部农业机械化管理司农业机械化转型升级发展监测项目，在全区设置 540 个监测点开展数据采集调查、统计汇总和监测分析等工作。

海南省

【概况】“十三五”期间，海南省农机部门贯彻落实党的十八大、十九大精神，贯彻落实国务院《关于加快农业机械化和农机装备产业转型升级的指导意见》，推进农业机械化全程全面高质高效发展。2020 年全省总动力达 570 万千瓦，主要农作物耕、种、收综合机械化水平达 49.1%。水稻耕种收综合机械化率

65.2%，主要农业机械保有量8.9万台。

【稳定实施农机购置补贴政策】“十三五”期间，海南省创新农机购置补贴工作方式，建立“先购后补”和“定额定比”补贴方式，调整优化补贴范围、补贴标准和操作流程，利用省级资金对73.53千瓦以上拖拉机以及深松机、圆盘耙、插秧机、秸秆粉碎还田机等机具实行累加补贴。“十三五”期间全省累计使用各级农机购置补贴资金1.41亿元，受益农户7 610人，购买农机具13 404台(套)，新增农机总动力12.8万千瓦。其中拖拉机销售2 842台，收割机销售1 221台，旋耕机销售3 025台。

【推广先进适用农机装备与机械化技术】“十三五”期间，海南省加大花生、毛豆、玉米、果蔬、地瓜等生产机械化薄弱环节的机械化技术推广应用，推动太阳能节水灌溉技术、水肥一体化灌溉技术、机械粉垄、深松深耕机械化技术、秸秆粉碎还田、毛豆、冬瓜等瓜菜开沟起垄机械化技术、机械化插秧、粮食烘干、无人植保机、花生地瓜机械化收获以及橡胶、槟榔、胡椒等热带作物的加工等先进实用的机械化技术的推广应用。通过近几年农业机械化技术示范推广，海南省农业机械装备水平提高，农机结构性矛盾改善，农业机械化技术水平提高。

【推进水稻生产全程机械化】“十三五”期间，海南省加快补齐全程机械化生产短板，加大试验示范和服务支持力度，先后在定安县翰林镇、文昌市东阁镇和东方市感城镇建立水稻生产全程机械化技术示范基地，重点突破水稻育插秧和水稻烘干机械化技术瓶颈，以点带面推动全省水稻生产全程机械化的发展，提高水稻生产全程机械化社会化服务水平。目前海南省水稻烘干机数量已达300多台，水稻生产各个环节均可实现机械化作业。

【农机社会化服务水平提高】“十三五”期间，海南省注重培育新型农机社会化服务主体，对做大做强的农机专业合作社和农机维修点及农业生产经营公司进行资金、农机具扶持。截至2020年底，全省拥有农机户24.7万人，农机社会化服务的农机专业合作社60多家，农机经销商约100多家，农机维修点约480家，农机经营收入达42亿元。现有一些农机专业合作社广泛开展植保无人机病虫害防治服务、水稻生产全程机械化作业服务，瓜菜耕整地、开沟起垄作业服务等，农机专业合作社承担的社会化作业服务范围和服务面积增大，合作社农机装备水平和技术实力增强。

【加强农机人才培养】“十三五”期间，海南省加强农机系统人才的培训工作，多次组织农机手进行新型职业农民培训，农机维修工及农机专业合作社带头人培训，组织全省农机部门推广人员和管理人员进行农业机械化业务和管理能力提升等业务培训。“十三五”期间累计组织全省性农业机械化技术培训、新型职业农民培训、农业机械化技术作业现场观摩会及省外参观考察、交流学习达30多次，培训各类农机人员及新型职业农民2 000多人次。

【加强农机购置补贴工作】 2020年，海南省农业农村厅印发《海南省2018—2020年农机购置补贴机具种类范围（2020年调整）》《海南省2018—2020年农机购置补贴机具补贴额一览表（2020年调整）》，调整后农机购置补贴机具种类范围扩大为14大类35个小类108个品目。2020年海南省农机购置补贴中央资金3 400万元，截至2020年底，使用资金2 983.7万元，使用比例占87.76%，全省购机总价113 510.78万元，补贴机具3 250台，受益农户1 731户。印发海南省农业农村厅省财政厅省商务厅关于《海南省农业机械报废更新补贴政策实施方案》（琼农字〔2020〕398号），由原来单一的农机购置补贴增加农机报废更新补贴新内容，加大对耗能高、污染重、安全性能低的老旧农机淘汰力度。

【农业机械化促进工程项目】 2020年，海南省实施农业机械化促进工程项目5项，其中扶持建设农机合作社2家、农机维修点2个，推广农机深松整地技术项目1个，共计下达省级财政资金140万元。2020年6—7月份，农机管理部门会同海南省农机安全监理所、海南省农业机械鉴定推广站等部门组织两个督导组对全省各市县近3年的农业机械化促进工程项目进行督导检查。督导组采取查看现场、查阅资料、走访座谈等形式，对项目实施进度、资金使用、项目成效等情况进行检查。从检查情况来看，近三年农业机械化工程项目实施总体情况良好，资金使用规范。

【建立果园生产机械化技术示范基地】 2020年，海南省在海口三江镇茄芮村莲雾种植基地和澄迈县福山镇偲林农场福澄种植基地建立果园生产机械化技术示范基地。

【建立水肥一体化灌溉技术示范基地】 2020年，海南省在临高、澄迈和海口的果园基地共建立6个水肥一体化灌溉技术示范点，建设面积63.33公顷。

【推进水稻生产全程机械化】 2020年，海南省在定安翰林镇和文昌东阁镇建立水稻烘干中心，全面示范推广和应用水稻耕、种、收、植保、烘干、秸秆粉碎还田、谷物加工等生产环节的机械化技术，为实现水稻生产全程机械化树立典型。

【举办农业机械化技术推广活动】 2020年，海南省在澄迈县、三亚市举办全省农业机械化技术推广活动，各市县农机主管部门、果园种植企业、大户、农机产销企业、农机专业合作社等共计230人参加。参加现场演示的果园机械有果园采收运输机械、植保机械共计80台(套)、割草机、微耕机等共计30多台(套)。

【组织参展“冬交会”】 2020年，海南省组织设计第23届中国（海南）国际热带农产品冬季交易会现代农业装备展区，展厅面积800米^2，安装LED屏宣传农业机械化政策及农机产品，2020年参展的生产厂家有海南金鹿农机发展股份有限公司、江苏南通黄海药械有限公司、莱州伟泰机械有限公司等十多家，展出的农业机械装备有全液压履带拖拉机、电动割胶刀、自走式果园喷药机、果蔬移栽机等先进适用科技含量高的农业机械装备。

【农机人才队伍建设】 2020年，海南省农机部门为落实海南省委“我为加快推进海南自由贸易港建设做贡献”活动领导小组《关于深入开展“椰树杯——我参与·我奉献”全民大行动的通知》精神，提升干部职工对新机具新技术的操作技能，在儋州金林春晓科普训练拓展营地举办植保无人机操作技能竞赛活动。举办两期全省农业机械化技术培训班和农机推广活动；举办农机修理工（初级）培训班；举办高素质农民培育植保无人机操作培训班两期，共完成393人次培训。

【组织参加农机大赛】 2020年，海南省组织农机维修工参赛队伍选拔的初赛和复赛，并带领3名选手参加全国行业职业技能竞赛—第三届全国农业行业职业技能大赛。为提高省内农机系统工作人员的业务能力技术水平，主动走出去参加农业农村部农业机械化技术开发推广总站举办的绿色农业机械化培训班、中国农业机械化信息网信息员培训班、农机购置补贴操作实务技术培训班，参与省外农业机械化技术培训班、农机推广活动、技术交流、农机田间日活动。

【签订安全生产责任书】 2020年，海南省为贯彻落实习近平总书记关于加强安全生产工作的系列指示批示精神，落实农机安全生产责任，与机手和农机维修企业签订安全生产责任书。开展农机安全隐患排查，重点整治农机专业合作社、农机维修网点、农机库棚、燃油储存点等重要农机生产作业场所安全管理措施落实不到位的突出问题。

【开展道路交通专项整治三年攻坚战】 2020年，海南省开展拖拉机道路交通安全专项整治三年攻坚战行动，开展拖拉机道路交通安全联合执法行动。组织培训、发放资料、发送手机短信、微信等形式，提醒拖拉机驾驶员遵规守法，安全行车，加强拖拉机安全宣传教育。

【开展农机安全专项检查活动】 2020年，海南省累计开展农机安全检查673天次，出动安全检查人员3 137余人，发现并整改农机安全隐患577余项；开展警农道路联合执法447天次，出动执法人员3 915人次，检查拖拉机4 842辆，查处拖拉机道路违法违章行为573余起；开展农机安全宣传教育活动400余次，发放宣传资料5.2万份，发送短信微信信息21.4万条，与拖拉机手签订安全责任书1.8万份。全省共发生一起道路外农机死亡事故，重伤1人。全省农机安全形势保持良好态势。

重庆市

【政策法规建设有突破】 “十三五”期间，重庆市农业部门先后发布实施《重庆市人民政府关于加快推进农业机械化和农机装备产业转型升级的实施意见》和《重庆市农业机械化促进条例》，明确扶持措施。

【改善农机作业条件】 “十三五”期间，重庆市农田宜机化改造走在全国前列。制定地方标准，出台先建后补和引导社会资本参与的政策措施，形成技术标准、建设机制和金融撬动等“三位一体”的制度体系。市级财政累计投入专项资金2.13亿元，吸引社会资本投入超5亿元、政策性贷款8亿元，开展示范及带动改造52千公顷。改造之后，100%的地块机器能穿梭自如作业、100%的农作物机械操作能及，建成一批万亩级“宜机化＋全程机械化＋综合农事服务”农业生产示范基地。

【改善农机装备结构】 “十三五”期间，重庆市农业部门按照“自主购机、定额补贴、先购后补、县级结算、直补到卡”方式，积极组织实施中央财政农机购置补贴政策。“十三五”期间兑付补贴资金4.35亿元，补贴机具39.6万台（套），带动社会消费9.14亿元，直接惠及农户和农业社会化服务组织36.37万户。农机总动力保有量超1 500万千瓦，较“十二五”末提高15.5%。大中型拖拉机、联合收割机等农机具超万台。

【提升农机社会化服务能力】 “十三五”期间，重庆市农业部门以实施“智汇农机手金蓝领成长计划”为平台，以农机重点工种专家工作室为支撑，以开展农村党员和青年农机操作职业技能培训、职业技能鉴定等为载体，选拔和培育高技能人才。2018年6名选手参加全国农机驾驶、修理技能大赛，3名选手获得二等奖；2019年2对选手参加全国植保无人飞机操作技能比赛，包揽两个银奖，重庆市农业农村委员会列最佳组织奖第1位；2020年3名选手参加全国农机修理比赛全部获奖，其中2名选手荣获“全国农业技术能手”称号，重庆代表队总成绩位居全国前5名，成为5个“优秀团体奖”获得者之一（西部唯一）。通过实施农机装备能力提升等项目，一批“全程机械化＋综合农事服务中心”农机服务主体逐渐成长，全市注册农机合作社达1 014个，300多个经营规模较大的农机合作社机具原值超3亿元。

【农业机械化发展水平有新跨越】 “十三五”期间，重庆市农机作业由耕种收环节为主向产前、产中、产后全过程拓展，由种植业向养殖业、农产品初加工等领域延伸，实现耕整地基本普及机械化，水稻、油菜、高粱、经果园全程机械化取得重要成效，种养加重点和薄弱环节的机械化有新突破。2020年底主要农作物综合机械化水平达52%，农业机械化发展由“十二五”末中级阶段入门期进入“十三五”末以人畜力为主向以机械力为主转变的拐点期。

【农机安全生产有新成效】 “十三五”期间，重庆市农业部门开展变型拖拉机专项整治圆满收官，省际协查甄别工作取得历史性突破，底数基本摸清，录入重庆市公安交管部门农村道路交通管理系统达100%，增量已基本杜绝，存量在加快消化。全市农机安全生产形势向好。

【组织现代农机助力疫情防控】 2020年，重庆市在抗击新冠肺炎疫情关键时期，动员组织喷药农机及植保无人飞机200多台，参与城乡人居环境防疫消毒达800多场次，防疫面积超20千公顷，其中使用植保无人飞机防疫10.2千公顷。协调主要农业机械化服务主体加快复工复产，指导投用农机具开展春耕生产作业服务。

【实施农机购置补贴政策】 2020年，重庆市农业部门出台农机报废更新补贴实施方案，推进老旧农机报废、现代农机配备进程。按照“自主购机、定额补贴、先购后补、县级结算、直补到卡”的操作方式组织实施中央财政农机购置补贴政策。全年兑付补贴资金1.07亿元，补贴各类农机具达9.69万台（套）。

【推进农田宜机化改造】 2020年，重庆市完善农田地块改造技术模式，组建由技术专家和有实践经验的“土专家”组成的农田宜机化改造专家组和专家工作室。下达示范专项1亿元，直接实施及带动改造超6.67千公顷，潼南、渝北、永川、垫江等区县正向6.67千公顷级台阶迈进。全国人大来渝开展《农业机械化促进法》执法检查，对重庆市“改地适机”的农业机械化实践探索给予肯定。重庆市农田宜机化改造技术获评“2020中国农业农村重大新技术成果”；潼南区“农机农艺融合整镇整域推进宜机化改造”、江津区“‘三变’改革推动宜机化高粱产业园建设”、荣昌区“依托宜机化改造构建‘猪—沼—竹’高效种养循环”模式，入选农业农村部推介的首批全国丘陵山区农田宜机化改造典型案例。

【发展主要农作物全程机械化】 2020年，重庆市集成多组全程机械化生产模式及技术，垫江、梁平、巫溪等区县示范基地农业机械化率达90%以上。全市水稻机播机插面积达126千公顷；机收面积突破466.67千公顷，同比增加24千公顷，机收率超70%，节本增收达15亿元以上。集中打造的10个万亩级“宜机化＋机械化”农业生产示范基地基本建成。永川区成功创建全国主要农作物全程机械化示范区县。

【农机安全监管力度加大】 2020年，重庆市各级农业农村、公安交管、应急管理等部门密切配合，把变型拖拉机纳入农村道路交通“六支力量”监管范围，形成源头清理控源、路面执法管控、属地网格化覆盖的齐抓共管新格局，变型拖拉机整治取得明显成效。渝籍变型拖拉机现有存量9 289台，同比减少3 178台，减幅达25.7%；巴南、沙坪坝等主城区已清零，南川、巫山、彭水等区县的清零率达90%以上。

【举办农机展会】 2020年，重庆市农机部门成功举办2020中国（重庆）丘陵山区农机展会。中国工程院院士罗锡文等嘉宾出席开幕式，26个省份农业农村主管部门及农机鉴定推广机构、有关科研院所等单位740人莅临指导。展场面积达2万米^2，标准展位600个，全国16个省份的305家企业参展，上万种农业机械、泵、小型电机、通机等新品精品首发，采购、观展人次近1.5万。展会现场同步推出云展直播，集展商直播、商务洽谈、商品询价等功能于一体，在线观看人数高峰时超3万人。本次展会是当年在全国首次推出的丘陵山区农机类专业展会，受到参展企业、采购商、业界人士等方面一致好评，超过九成专业观众认可展会的专业性和举办档次。

【举办高峰论坛等活动】 2020年，重庆市举办丘陵山区农业机械化发展高峰论坛、全国丘陵山区农田宜机化改造暨绿色农业机械化新技术现场演示交流等活动。

四川省

【农业机械保有量增长】 2020年，四川省农机总动力达4 753.58万千瓦，比“十二五”末增长7.9%；大中型拖拉机、谷物联合收割机保有量分别达7.45万台、3.74万台，大中型动力机械与作业机具配套比由1∶1.6提升到1∶1.8；主要农作物耕种收综合机械化率增长12%。大中型拖拉机、谷物联合收割机保有量分别达7.45万台、谷物烘干机3.74万台，水稻插秧机、油菜籽收获机、谷物烘干机分别增长15%、4%和70%，水稻、油菜、玉米综合机械化率分别达73%、60%、38%，比“十二五”分别增加8%、19.36%、10.71%，促进四川省粮食作物机械化生产，对稳产保供、稳粮增收起到农机装备支撑作用。

【农业机械化程度提高】 2020年，四川省主要农作物耕种收综合机械化率达63%，比“十二五”末提高12%。水稻、油菜、玉米综合机械化率分别达73%、60%、38%，比“十二五”分别增加8%、19.36%、10.71%；薄弱环节机械化快速突破，农机作业领域向全程全面延伸，果蔬茶等特色作物栽/播收、畜牧水产养殖、农产品加工等机械化发展，农产品产地初加工率达61%。

【农业机械化服务水平提升】 2020年，四川省农机户230万户，农机合作社1 441个，分别比“十二五”末增加3.6%、18%，农业机械化服务新模式、新机制涌现。新型经营主体年作业面积1 913.33千公顷，占全省农作物总作业面积的25%。创建全国主要农作物生产全程机械化示范县10个，位居西南丘陵山区省份首位。

【农机科技创新能力提高】 2020年，四川省建立完善产学研推用创新体系，组织实施国家、省部级农机科研项目1 000余个。智能拖拉机、高效联合收割机等农业装备研发制造取得突破进展，质量性能提升。精量播种、秸秆还田、畜禽粪污资源化利用等绿色环保型技术得到应用推广，秸秆综合利用率、农膜回收率分别达89.5%、80.2%，畜禽粪污综合利用率达70%。建立四川省农机装备产业发展联盟等产学研推用创新体系，培育一批骨干企业，全省农业装备企业数量500家左右，其中规模以上企业近200家，覆盖作物种植、管理、收获以及畜牧养殖、农用灌溉等11个领域。

【农机作业基础条件改善】 “十三五”期间，四川省开展机耕道、高标准农田、机电提灌等建设，农机作业通达率提高。全省累计建成高标准农田近2 953.33千公顷、现代林业产业基地2 000千公顷。全省新建提灌站3 810处，12.23万千瓦，新增提水控灌设备12.02万台，73.96万千瓦，累计提水达168.11亿米^3，常年保栽水稻面积666.67千公顷以上。太阳能等清洁能源提灌技术得到应用推广，建设太阳能提灌站300余座。农机作业通行条件改善，全省建设农业机械化生产道路22万千米，现代农业园区农业机械化生产道路通达率达85%。农机存放、维修库棚等设施建设推进，农机信息化管理平台起步发展。

【农业机械化政策环境优化】 “十三五”期间，四川省委省人民政府将现代农业装备列入现代农业“10＋3”产业体系战略推进。中央及省级财政投入15.8亿元，其中，中央农机购置补贴资金10.1亿元，补贴机具61.2万余台，受益农户55.8万户，均位于全国前列。

【农机安全形势稳定】 “十三五”期间，四川省创建全国农机安全生产示范县25个、省级示范县26个。拖拉机和联合收割机上牌率、年检率、驾驶人持证率均超过70%，农机事故起数、死亡人数实现“双下降”。

【扶持农业机械化发展政策力度加大】 2020 年，四川省出台《四川省现代农业装备转型升级推进方案》。完成全国人民代表大会常务委员会首次《农业机械化促进法》执法检查迎检。推进农机购置补贴综合奖补、报废更新补贴和新产品补贴等三项创新。

【主要农作物生产机械化水平提升】 2020 年，四川省面对新冠肺炎疫情冲击，顺利完成重要农时农机生产作业，完成主要农作物耕种收机械化作业面积 9 400 千公顷，主要农作物耕种收综合机械化率达 63%，同比提高 2 个百分点，增速高于全国平均水平；农机作业由种植业向养殖业、农产品初加工等领域延伸。

【农业机械装备结构优化】 2020 年，四川省实施中央农机购置补贴资金 2.58 亿元，同比增长 47%，带动新增农机总动力 100 万千瓦，增长 2%。大中型拖拉机、联合收割机、水稻插秧机和粮食烘干机呈增长态势。生猪生产、饲草料生产、畜禽粪污资源化利用等畜牧养殖先进适用农机装备加快推广应用，丘陵贫困地区特色产业发展所需的茶叶色选机、茶叶输送机等机具纳入农机购置补贴范围，新增 18 个品目，开展组装式钢主体结构猪舍和禽类养殖设备新产品补贴试点。

【扩大补贴范围】 2020 年，四川省优化分档参数和补贴标准，将支持生猪等畜产品生产、助力丘陵山区和贫困地区产业发展所需机具纳入四川省补贴范围，同比增加 18 个品目，扩大到 15 大类 39 小类 126 个品目，实现“应补尽补、敞开补贴”。

【加大创新力度】 2020 年，四川省推进农机购置补贴综合奖补、报废更新补贴和新产品补贴等三项创新，开展“三合一”补贴机具 658 台，31 个试点县薄弱环节机械化作业补贴面积约 44 千公顷，德阳市成功办理 5 台机具贷款贴息；报废更新补贴实现法定的涉及人身财产安全的 7 种机具全覆盖；对组装式钢主体结构猪舍和禽类养殖设备给予新产品补贴。

【精简操作程序】 2020 年，四川省实行辅助管理系统常年连续开放和信息化自主投档，实现“无缝、随时”申请补贴。压缩补贴资金公示、兑付时限，实现“最多跑一次”。省级财政支持在全国率先建设农机购置补贴综合奖补平台，开通手机 App 申请、二维码远程监控、作业轨迹监测等功能，农民在家中就可完成补贴申请。举办农机购置补贴操作培训和廉政警示教育，配合财政补贴资金“一卡通”审批系统建设。

【农机购置补贴助力农业“多贡献”】 2020 年，四川省农机购置补贴助力农业“多贡献”，呈现三个“大幅度”特征：实施进度大幅度加快。全年实施中央财政资金 2.58 亿元，同比增长 47%。补贴机具大幅度增长。申请农机购置补贴机具 16.9 万台（套），增长 46%。其中：拖拉机 4 202 台，增长 39%；水稻插秧机 455 台，增长 74%。撬动效应大幅度提高。中央财政资金撬动 13 万个农民或农业生产经营组织投入社会资金 6.92 亿元，增长 43%。

【组织开展农业机械化生产】 2020 年，四川省逐级分解下达 2020 年农业机械化生产任务，组织重要农时季节农业机械化生产。全省累计检修各类农机 207.1 万台，设置跨区作业服务站 454 个，投入联合收割机、插秧机等机械近 15.1 万台。

【完成农业机械化生产统计】 2020 年，四川省组织报送“春耕”“三夏”“三秋”及“跨区小麦”“跨区水稻”生产报表共 54 期，做好 2019 年农业机械化管理统计年报数据审核、汇总、确认、监测、延伸督查等。

【组织开展农业机械化技术推广与应用示范】 2020 年，四川省水稻机械化种植同步侧深施肥、马铃薯生产全程机械化作业、水稻机械化育秧、马铃薯机械化收获 4 项技术入选 2020—2021 年度农业主推技术，联合中国农业大学在三台县建设丘陵山区主要粮食作物适度规模生产全程机械化关键技术集成与示范基地 33.33 千公顷。

【做好粮食安全责任制考核工作】 2020 年，四川省细化评分标准，对 21 个市州人民政府农业机械化指标完成情况进行考核。做好国家对省政府粮食安全责任制农业机械化指标考核自评工作，获得满分。

【组织开展农机防灾减灾】 2020 年，四川省落实农机防灾减灾责任制，开展春季农机安全生产、隐患排查和整改工作，做到整体联动，人员统一组织，机具统一调动。全省共投入抗旱机械 20 万台，其中拖拉机 1.6 万台、排灌机械 17 万台。

【推进“五良”融合现代农业园区破题】 2020 年，四川省以“应用良种、推广良法、建设良田、配套良机、推行良制”为基本要求，分产业制定《四川省现代农业园区“五良”融合农业装备指南及考核标准》，制定涵盖耕、种、管、收、秸秆还田、烘干冷链等 6 个环节、105 类、390 种现代农业装备方案；按照“一盘棋”工作思路，坚持统筹协调、分类指导、合力推进的原则，制定《现代农业园区“五良”融合工作推进机制》。

【攻关农业装备科技创新】 2020 年，四川省做好科研项目的申报、实施和储备。组织省内科研机构、大专院校、企业申报 2021 年度省级科技计划项目 31 项（含参与）、市州级科技计划项目 2 项。实施国家重点研发计划项目子课题 3 项、科技厅项目 45 项、其他项目 23 项，完成项目结题验收 17 项。

【开展薄弱环节农业机械化关键技术研发攻关】 2020 年，四川省利用省级财政现代农业发展工程资金，依托四川省农业机械研究设计院、四川省农业机械鉴定站、西华大学开展薄弱环节农业机械化关键技术研发攻关，研制出第九代麦冬收获机、机械化养蚕设备 2.0、第三代川牛膝收获机、单行自走式采茶机、马铃薯精量播种机、烟草无人机喷洒系统等等特色专用农业机械 10 台，支持彭州等 10 个县市区开展智能农机装备提升示范，购置先进适用农机 168 台（套），完善机库棚等基础设施建设 1.37 万米^2，试验示范 222.47 公顷。

【注重科技成果的凝练、鉴定和转化】 2020 年，四川省取得专利 15 项，发表论文 30 篇（其中 SCI 期刊 1 篇），完成科技成果鉴定 3 项，制定四川省地方标准 1 项，获得四川省科技进步三等奖 1 项。

【培育推广“全程机械化＋综合农事”服务中心新模式】 2020年，四川省出台《四川省“全程机械化＋综合农事”服务中心发展指引》文件，明确服务中心认定条件、标准、程序及激励政策，鼓励引导农机合作社、农机作业公司、家庭农场向服务中心发展。组织开展“全程机械化＋综合农事”服务中心典型案例征集活动，形成可复制、可推广的建设经验。

【推进标准化提灌站建设】 2020年，四川省各地投入提灌建设资金2.6亿元，新建、改造和维修农村机电提灌设施6.1万台次63万千瓦，其中，新建和改造提灌站1 110座3.3万千瓦，提灌机械出勤61.1万台次，提水量26.6亿米^3，灌溉面积1 575.33千公顷，发挥机电提灌在农业生产中抗旱保灌的作用。

【薄弱环节机械化快速突破】 2020年，四川省薄弱环节机械化快速突破，果蔬茶等特色作物栽/播收、畜牧水产养殖、农产品加工等机械化发展，农机作业领域向全程全面延伸。谷物烘干机比“十二五”末增加70%，蔬菜、茶叶、水果等特色产业农业机械化开始起步，农产品产地初加工率达61%。

【存在不足】 2020年，四川省农业机械化率比全国平均低近10个百分点；川粮油、川猪、川茶、川菜、川酒、川竹、川果、川药、川牛羊、川鱼十大“川字号”特色产业所需装备发展不充分、不平衡问题突出，主要体现在“三不足、三不平衡”。

【装备有效供给不足，产业间发展不平衡】 2020年，四川省粮油作物机械化程度高、经济作物机械化程度低，果、菜、椒、药、蚕丝等机械化率不足10%。

【“宜机化”能力供给不足，区域间发展不平衡】 2020年，四川省平原地区农业机械化率65%、丘陵39.8%、山区22.3%。

【科技供给不足，装备结构不平衡】 2020年，四川省动力机械多，配套机械少；小型、低端机械多，大功率、复合型、高效能机械少；运输机械多，田间作业机械少等。

贵州省

【概况】 2020年，贵州省以农业机械购置补贴工作为抓手，以丘陵山区农业机械发展为依托，突出科技支撑，突出推广应用，推进安全管理，推动贵州省农业机械化快速发展，更好服务农业生产，决战决胜脱贫攻坚，取得两场战役的胜利。

【基本情况】 2020年，贵州省购机补贴共投入资金6 253.841万元。其中，中央资金2 000万元，结转资金1 554.841万元，省级补贴资金2 589万元，地方补贴资金110万元。下达省级现代山地高效农机项目资金2 180万元，其中省本级520万元，省对下1 660万元。截至2020年12月，中央资金使用比例达到100%，地方补贴资金使用比例超过80%，农机购置补贴新增农机具6.12万台（套）；农机购置补贴受益农户4.52万户（人）。现代山地高效农机项目资金全部实施，扶持合作社购置拖拉机、水稻收割机、烘干机等农机具300余台（套）。完成机械耕整地面积2 765.85千公顷，机播面积186.81千公顷，机收面积684.88千公顷。贵州省2020年农机总动力达3 000万千瓦，2020年主要农作物耕种收综合机械化率达40%。

【落实实施意见】 2020年，贵州省贯彻《贵州省人民政府关于加快推进农业机械化和农机装备产业发展的实施意见》，围绕贵州省农村产业革命和农业产业结构调整，延伸农机服务领域，围绕以服务重要农时为中心，重点开展购机补贴、农机服务组织建设、科研、推广和安全监管等主要工作。

【保障重要农时农业生产】 2020年，贵州省强化农机作业组织管理、信息引导和机具调度，保障“春耕”“三夏”“三秋”、农业抗灾救灾等重要农时农业生产有序进行。“春耕”期间，检修农机具30万台，投入农机具75.5万台，完成机耕1 703千公顷，机播93.87千公顷。“三夏”期间，检修农机具16.8万台，培训农机手、修理工5.1万人，机收小麦面积26.47千公顷，机收油菜60.6千公顷，水稻机插秧58.73千公顷。“三秋”期间，检修机具17.1万台，投入农机具59.6万台，机收水稻383.47千公顷，机播小麦5.93千公顷，机播油菜33千公顷。

【出台实施方案】 2020年，贵州省农业农村厅协调贵州省农业农村厅财务处、贵州省财政厅农业处，与贵州省财政厅联合下发《省财政厅 省农业农村厅关于下达2020年省级农业生产发展（购机补贴）资金的通知》（黔财农〔2020〕91号）和《省农业农村厅 省财政厅关于印发〈贵州省2020年省级购机补贴补助资金实施方案〉的通知》两个文件，下达2020年省购机补贴补助资金2 589万元。出台实施方案，围绕12大农业产业，每个市州可结合本地实际，最多可以在中央补贴目录外扩展10个品目，作为中央购机补贴品目的补充，发挥省级购机补贴资金服务农业产业扶贫的作用。

【开展调研】 2020年，贵州省对在调研中发现的微灌设备补贴额明显偏高的情况，做出暂停投档申报的处理。同时完善补贴目录，力争把贵州省急需的农业机械纳入补贴目录，更好服务贵州省农业生产，确定农机购置补贴新产品便携式移栽打孔机、蒸汽灭菌设备、食用菌料制备设备、食用菌料混合机、植保无人机5个试点品目，确定2020年农机购置补贴新增品目为生猪生产机械设备撒肥机和喂料机2个品目、农业农村部农业机械化管理司2020年拟纳入全国补贴范围的7个品目和5个新产品试点品目，2020年贵州省补贴目录将达到15个大类36个小类108个品目。

【沟通协调】 2020年，贵州省按照2020年中央一号文件“调整完善农机购置补贴范围，赋予省级更大自主权”要求，向农业农村部争取更多支持政策，追加中央购机补贴资金138万元（加上提前下达的1 862万元，2020年中央购置补贴资金共2 000万元）。

【处理违规】 2020年，贵州省处理农机购置补贴违规经销商，研究、分析、整理农机购置补贴违规企业资料，会同厅法规处共同研究相关意见，出台会议纪要对全额退还农机购机补贴资金的农机购置补贴违规企业进行处理。

【推进老旧农机报废更新】 2020 年，贵州省鼓励农民购置先进适用、技术成熟、安全可靠、节能环保、服务到位的农业机械，推进老旧农机报废更新，与贵州省财政厅、贵州省商务厅联合下文《省农业农村厅 省财政厅 省商务厅关于印发〈贵州省农业机械报废更新补贴工作实施方案（2020—2020 年）〉的通知》（黔农发〔2020〕58 号），切实优化农机装备结构，全面提升农机装备水平。

【跟进农机购置补贴资金使用情况】 2020 年，贵州省调度农机购机补贴资金使用情况，目前贵州省 91 个县中资金已有 67 个县（市、区）的资金使用达 99.5％以上，78 个县（市、区）的资金使用达 90％以上。

【组织测算资金需求】 2020 年，贵州省组织测算全省 2021—2023 年中央购机补贴资金需求及绩效目标，经厅长办公会议研究后报送农业农村部农业机械化管理司，2021 年需求 1.2 亿元，2022 年需求 1.5 亿元，2023 年需求 2 亿元。同时，申报 2021 年省级农机购置补贴资金预算 2 000 万元，用于贵州省特色优势产业急需农机具和中央农机购置补贴目录外机具补贴。

【多方式加强服务】 2020 年，贵州省通过电话、QQ、微信、深入基层等方式，为基层人员答疑解惑购机补贴政策等，共同为购机者提供优质的服务。

【做好农机补贴辅助管理系统维护工作】 2020 年，贵州省。根据部司要求，及时调整、修改补贴辅助管理系统，优化操作程序，提高工作效率。宣传手机 App 申请农机购置补贴，实现购机者“零跑腿”，在家就可以申请补贴。

【组织农机具投入重要农时生产作业】 2020 年年初，贵州省下达农机作业任务，要求各级农机部门强化农机跨区作业的组织管理和信息引导，搞好作业进度统计和机具调度，保障“春耕”“三夏”“三秋”及农业抗灾救灾等重要农时机械化生产有序进行。发放跨区作业证 200 余份，推动农机跨区作业由机收向机耕、机播等领域拓展。

【落实农机专业合作社建设项目】 2020 年，贵州省农机部门按照因素法，下达 2020 年现代山地高效农机资金 1 660 万元，与贵州省财政厅联合下文《省财政厅 省农业农村厅关于下达 2020 年省级农业技术服务（现代山地高效农机化、农业科技创新产业技术体系、高素质农民培育试点示范）资金的通知》（黔财农〔2020〕46 号），在 29 个县实施农机专业合作社建设项目。下达 2020 年现代山地高效农业机械化资金工作任务和绩效目标，定期调度项目实施情况。

【开展农机合作组织调研】 2020 年，贵州省在排除空壳社和未实际开展作业的 116 家农机合作社后，全省共有农机专业合作社 495 家，其中贫困户 1 683 户，社员总数 13 129 人，合作社经营性收入 14 979 万元，固定资产总额 42 205.057 万元。建立党组织的 33 家，村社合一的 8 家，龙头企业＋合作社＋农户的 52 家，龙头企业直接创办的 24 家。了解贵州省农机合作社情况。

【壮大资产，强化建设】 2020 年，贵州省要求农机合作社实施项目时，购机资金需达 90％，机具补贴额（含购机补贴资金）最高 80％，保证主要项目资金的投向农机具购置。

【优化服务】 2020 年，贵州省将现代山地高效农业机械化资金项目审批权限下放至市州，由实施县农业农村局和农机合作社共同提出实施方案，更好服务脱贫攻坚，更好服务地方农业主导产业和特色产业。

【发展监测点选取工作】 2020 年，贵州省农机部门部署农业农村部农业机械化转型升级发展监测点选取工作，组织各市(州)开展相关工作。经过对比遴选，确定报送主要农作物全程机械化监测点 10 个，其中水稻监测点县：荔波、黎平，玉米监测点县：赫章，小麦监测点县：普安和六枝，马铃薯监测点县：威宁、松桃，油菜监测点县：开阳、西秀、播州；丘陵山区农业机械化监测县 10 个：修文、汇川、湄潭、威宁、七星关、平坝、石阡、兴仁、三穗、盘州；农机安全生产事故防控监测县 3 个：修文、黔西、碧江。

【推广水稻绿色全程机械化技术】 2020 年，贵州省农机部门与华南农业大学罗锡文院士团队合作，攻克关键技术。2020 年现代山地高效农业机械化项目安排 10 多个县开展水稻生产全程机械化试验示范，每个县安排 50 万元以上资金，推广水稻绿色优质高效全程机械化技术、绿色高效机防技术等。

【遴选典型案例】 2020 年，贵州省遴选宜机化改造典型案例、畜禽养殖机械化典型案例、主要农作物全程机械化＋综合农事典型案例。

【开展选拔赛】 2020 年，贵州省根据《2020 年全国行业职业技能竞赛—农机修理工项目技能比赛贵州省决赛实施方案》，组织各地开展选拔赛，联合贵州省农业职业学院筹备农机修理工职业技能大赛贵州省决赛。与贵州人力资源和社会保障网、贵州省总工会联合主办 2020 年贵州省职业技能大赛暨第三届全国农业行业职业技能大赛贵州选拔赛在贵州农业职业学院成功开赛。当天，来自全省各市（州）农业农村系统的 56 名选手，评出个人奖一等奖 1 名，二等奖 2 名，三等奖 3 名，其中一、二等奖三位优秀选手参加全国总决赛。

【加强山地农机科研力度】 2020 年，贵州省农机部门围绕辣椒、蔬菜、茶叶等贵州省特色产业机械化项目开展农机科研，共实施项目 18 项，涉及科研经费 1 325 万元。申报专利 7 项，其中发明专利 3 项，获授权实用新型专利 4 项；发表省级以上论文 4 篇，其中中文核心期刊 4 篇。

【攻克关键技术】 2020 年，贵州省与华南农业大学罗锡文院士团队合作，推广水稻绿色优质高效全程机械化技术、绿色高效机防技术等。5 月和 9 月邀请罗锡文院士团队曾山博士等到贵州省播州区、三穗县、荔波县等地进行技术培训与指导。

【建设农机功能实验室】 2020 年，贵州省建设食用菌、辣椒、特色杂粮、茶叶四个农业机械化功能实验室。贵州省山地农机研究所与贵州师范大学机械与电气工程学院共同建立“贵州智能山地农机研究与应用联合实验室”，重点开展与智能山地农机相关领域关键技术的研究和相关产品开发，共同推进科研成果转化。贵州省山地农机研究所还与湖南龙舟农机股份有限公司、常州亚美柯机械设备有限公司、贵州骅龙农业科技有限公司开展绿色高效机耕同步施肥、机插同步侧方位深施肥新机具新技术应用试验。研制出第三代履带式辣椒收获机，是贵州省自主设计生产的首台辣椒收获机。

【争取重大科技专项项目】 2020年，贵州省争取农业机械化重大科技专项项目。对接贵州省科技厅，围绕丘陵山区农业机械化特点，对接、申请贵州省科技重大专项项目。

【开展技术指导和培训工作】 2020年，贵州省先后派员赴六盘水等9个市、州，威宁、从江等20余个县（市）开展技术指导、工作调研和技术培训。

【开展农业机械化项目实施工作】 2020年，贵州省在8个县（市、区）实施省级农业机械化试验示范，分别是威宁县“三白”蔬菜、播州区蔬菜（大葱）、从江县百香果、赫章县青贮牧草、思南县茶叶、独山县中药材、石阡县茶叶、仁怀市酒用高粱示范项目。

【实施省级重大专项科研课题】 2020年，贵州省组织开展省科技厅重大专项科研课题《威宁县“三白”生产重点环节机械化技术研究》（250万元）和《从江县百香果生产重点环节机械化应用研究》（200万元）实施工作。

【实施农用地膜残膜回收机械化示范】 2020年，贵州省依托张万萍教授在威宁县的蔬菜基地，实施农用地膜残膜回收机械化示范。

【启动现代高效农业机械化发展项目】 2020年，贵州省启动2020年度现代高效农业机械化发展项目，用项目实施带动科技攻关。加快适应丘陵山区的高性能、智能化、复合型农机研发和试验示范，推动产学研推用联合攻关和深度融合，推进农业机械化由耕种收环节向植保、烘干、秸秆处理全过程发展，由种植业向畜牧业、渔业、设施农业、农产品初加工业延伸。

【验收现代高效农业机械化发展项目】 2020年，贵州省总结验收2018年现代高效农业机械化发展项目，为2020年项目实施提供可复制的经验、技术。

【推进在研科研项目实施】 2020年，贵州省召开科研项目推进会，掌握科研项目开展情况、存在的问题，对下一阶段工作做安排部署，提出具体要求。4月中旬召开辣椒种植全程机械化现场演示会。

【筹备水稻产业发展推进大会】 2020年，贵州省农机部门协助相关单位筹备水稻产业发展推进大会，对水稻全程机械化、植保无人机展示。组织科研人员赴紫云县、晴隆县开展茶业机械化生产调研，召开现场培训演示会。

【加快老旧农机换代】 一是调研农机报废更新情况，出台贵州省农机报废更新实施方案草案，推进农机报废更新补贴工作。二是研究、改进贵州省农机购置补贴辅助系统，将危及人身财产的农业机械报废更新补贴纳入系统实施。三是加快变型拖拉机报废速度，制定农业机械安全生产三年行动实施方案。四是启动农机试验鉴定机构指定工作。草拟《贵州省农机试验鉴定工作制度》等，规范我省农机试验鉴定申请、受理、鉴定、标志使用、证后监督等工作。

【总结“十三五”规划】 2020年，贵州省总结“十三五”期间农业机械化工作，根据贵州省农业机械化发展情况，形成调研报告并为“十四五”期间农业机械化工作奠定基础。

【编制“十四五”规划】 2020年，贵州省农业农村厅农业机械化管理处牵头，邀请贵州省山地农业机械研究所、贵州大学等单位成立贵州省农业机械化发展第十四个五年规划起草小组。印发起草方案，深入农机企业、农机合作社、农机大户开展调研，组织相关专家研讨形成初稿，并于7月在都匀市邀请贵州省山地农业机械研究所、贵州省农业机械技术推广总站、贵州省农机安全监理总站、贵州大学、贵州省农业机械学会、省内部分农机生产销售企业、农机合作社等参与研讨。根据代表意见，贵州省农业农村厅农业机械化管理处组织起草小组修改完善，并发各市（州）农机部门征求意见后，贵州省农业农村厅再次修改完善，送各地有关专家评审。贵州省农业农村厅于12月在贵阳邀请中国工程院院士罗锡文，中国农业机械化科学研究院、农业农村部南京农业机械化研究所、湖南农业大学、华南农业大学等单位专家评审规划，根据专家意见修改完善，目前已形成送审稿。

【多措并举提升农机装备水平】 2019年，贵州省大中型拖拉机数量达1.852 7万台，农用排灌机械达64.23万台，畜牧机械达61.014 5万台，马铃薯联合收获机480台，稻麦联合收获机3 300台，插秧机1 924台。2020年，通过实施现代山地高效农业机械化项目，扶持合作社购置拖拉机、水稻收割机、烘干机等农机具300余台（套），引进相关技术，示范带动周边农业机械化水平；通过实施中央农机购置补贴和省级农机购置补贴项目新增农机具6.12万台（套）。中央农机购置补贴资金新增农机具35 898台（套），其中微耕机19 433台，稻麦脱粒机5 407台，碾米机4 797万台，铡草机2 241台，饲料（草）粉碎机1 053台，自走履带式谷物联合收割机（全喂入）136台，轮式拖拉机258台。

【加强农机薄弱环节能力提升】 2020年，贵州省通过购置补贴资金主要用于耕整地的微耕机、收获后处理的稻麦脱粒机、农产品初加工的碾米机和茶叶加工机械、畜牧机械饲料（草）加工机械设备，机械化作业还停留在机械耕整环节，机播、机收、机管等环节薄弱。全省推进农村产业革命、调整农业产业结构，农业生产呈现种类多样化的特点，受需求规模不足、技术积累薄弱、部分农机适应性差、机具价格偏高等因素影响，现有农机具难以满足多元化、小型高效农业生产需求。

【存在问题】 2020年，贵州省机耕道建设加快，机械通达转移问题有所缓解，但机械在田块内作业难问题没有根本改善，普遍存在地块细碎凌乱、坡多台多埂多、形状不规则现象，机具进地难、作业效率低。贵州省同区域种植品种较多、相对规模小，所需要的机械品种多、批量小，企业研发成本高，研发积极性不高，可用机械缺乏；传统的套间作方式多，农艺复杂，所需要的农业机械化技术也比较复杂，农机农艺融合难度大。丘陵山区农机研发难、农机具市场规模偏小、售后服务成本高、利润薄，有实力的农机企业不愿涉足，小型农机企业又缺乏足够实力，导致多数科研成果止步于样机试制阶段。

云南省

【概况】“十三五”期间，云南省农机部门在云南省委、云南省人民政府的领导下，在农业农村部的关心支持下，全省农业机械化系统坚持加快转变发展方式、凝心聚力，创新举措，稳步推进，农业机械化基础坚实，在推进云南省高原特色现代农业进程中，作用和贡献日益增大。

【先进适用机械增长】“十三五”期间，中央财政累计安排云南省农机购置补贴资金 18.49 亿元，带动农民和农业生产服务组织投入超过 49.44 亿元，补贴购置农机具 69.57 万台（套），受益农户 54.31 万户。拖拉机、联合收割机、高速插秧机和谷物烘干设备等大中型机具保有量达到 38.5 万台（套）；微耕机保有量达 98 万台，较“十二五”末增长一倍；全省机械化耕整地全面普及，新型植保、施肥、畜牧水产、青饲料收获、果蔬烘干以及畜禽粪污资源化利用机械化生产作业机具和技术得到突破。全省主要农作物耕种收综合机械化水平达 50%，较“十二五”末提高 3.46 个百分点，水稻、马铃薯两大粮食作物耕种收综合机械化率分别达 53.9%、44.6%，较“十二五”末增长 4.77%和 13.99%。

【技术推广创新推进】“十三五”期间，云南省通过农机购置补贴政策推动和示范项目带动，推进主要农作物全程机械化示范建设。免耕播种、秸秆还田、节水灌溉、温室大棚、无人机植保和飞播、侧深施肥、青贮玉米机械化、甘蔗宜机化整治试验示范、农产品初加工等多项新机具和新技术稳步推进，农机作业水平提高，农业生产方式转变。2015 年，云南省组织开展农机深松试点，资金投入逐年增加，“十三五”期间投入达 4 402 万元，按照每公顷 375～600 元标准进行作业补贴，全省已有 200 千公顷耕地实施深松整地。

【全程机械化水平提升】2020 年，云南省农机作业面积达 6 752.67 千公顷次，较 2015 年增长 638 千公顷次，增幅达 10.43%，水稻、玉米、马铃薯等主要农作物生产机种、机收水平步入快车道，分别提升至 53%、5%和 15%，全省以耕整地、种植、植保、收获、烘干、秸秆处理等主要环节机械化技术为重点，探索形成近 16 个区域性的全程机械化生产技术模式。芒市、麒麟区、禄丰县成功创建成为全国率先基本实现全程机械化示范县，全省农业机械化发展进入中级阶段。经济作物机械化得到发展，甘蔗宜机化整治试验示范成为甘蔗生产全程机械化推广的新模式新思路，其中陇川县甘蔗机收水平达 35%以上。

【新型经营主体发展壮大】“十三五”期间，云南省把培育农机合作组织作为工作重点，加强组织领导、目标考核、政策扶持、人员培训和指导服务，争取省级财政项目重点扶持农机专业合作社。2020 年底，全省农业机械化作业服务组织共 1 035 个，从业人员 1.57 万人；农机户 190 万户，从业人员 220 万人，其中，拥有农机专业合作社 528 个，从业人员 1.2 万人，分别比“十二五”期间末增长 19.69%、20.35%。农机专业合作组织正逐步成为农机作业的主力军，通过开展本地作业、跨区作业、订单作业，租赁服务、托管服务、耕种收一条龙服务等各种服务形式，满足广大农民需要，全省 15 个农机专业合作社被评为全国农机合作社示范社，10 个农机专业合作社被评为省级农机合作社示范社。

【完善政策措施】“十三五”期间，云南省农机购置补贴工作以“全过程、多方位”的综合绩效考核为目标，实行农机购置补贴辅助管理系统常年连续开放，“购机补贴 App”“北斗导航”“互联网＋农机推广”“一网通办”等信息技术在农机领域延伸应用。“十三五”期间，重点健全农机质量投诉监督机构，开展在用农业机械的质量调查和农机产品推广鉴定。审定 25 个省级鉴定大纲，2 项专项鉴定大纲，对 96 家企业生产的 574 个产品进行推广鉴定，受理和处理农机产品质量投诉案件 8 起，挽回经济损失 21.98 万元。完成农机职业技能鉴定 2 389 人，农机质量监督和维修网点规范化管理强化。

【管理服务提升】“十三五”期间，云南省农机免费监理政策落实，较“十二五”期间减少 5 项农机安全监理收费，减轻农机手负担。“平安农机”示范县创建数量与“十二五”基本持平。构建省、市、县、乡、村五级监管网格，“定格、定责、定人”，推进实现农机安全监管“责任全覆盖、监管无盲区”。变型拖拉机使用源头管理，实施变型拖拉机报废和淘汰，建立健全道路交通安全联合监管机制，全省变型拖拉机由 2018 年总量全国第一的 34.56 万台降至 17.77 万台。“十三五”期间，利用教育培训大行动，开展农业机械化新机具新技术培训、安全生产宣传教育活动，累计组织培训 100 多万人次，从业人员操作技能和安全意识显著增强，安全生产形势稳中向好。

【政策扶持力度加大】“十三五”期间，云南省人民政府出台《关于加快推进农业机械化和农机装备产业转型升级的实施意见》，提出今后一个时期全省推进农业机械化和农机装备产业转型升级的指导思想、工作目标、重点任务和主要措施。全省获中央财政农机购置补贴资金 18.49 亿元，省级财政项目资金 1.78 亿元，分别较“十二五”期间减少 9.78%和增加 5.6%。

【农业机械化发展成效】2020 年，云南省共落实中央财政农机购置补贴资金 39 967 万元，补贴机具 185 866 台（套），137 126 个农业生产经营主体（农户）直接受益，带动购机者投入约 13.14 亿元。累计投入农机具 217 万台（套），检修农机具 125 万台次。全年完成深松作业面积 114.67 千公顷，机耕作业面积 2 986.67 千公顷，机播作业面积 265.33 千公顷，机收作业面积 666.67 千公顷；全年全省投入插秧机 2 538 台，同比增加 76 台，机插秧面积 43.33 千公顷；组织 8 408 台联合收割机投入水稻机收，水稻耕种收综合机械化率达 53.86%，同比增加 1 个百分点。投入抗旱机具 36 万台（套），抗旱浇地面积

241.33千公顷。2020年全省农机总动力达2 740万千瓦，农机作业面积达6 753.33千公顷，全省农业机械化耕种收综合机械化水平达50%，同比增长0.6个百分点。全省共接报农业机械事故1起，受伤1人，农机安全生产形势保持平稳。

【明确补贴重点】 2020年，云南省调整补贴范围为15大类36个小类113个品目，将粮食、生猪生产等农业机械和丘陵山区产业发展所需特色农业机械作为重点，全面补贴，应补尽补。

【优化补贴机具种类范围】 2020年，云南省农机部门围绕云南省委省人民政府打造世界一流"绿色食品牌"战略部署，针对云南省高原特色农产品机械化生产薄弱环节，引导购机补贴向云南省优势特色经济作物的机械化倾斜，对果蔬烘干机、青皮脱壳机等15个品目进行不同程度标准调整。

【推进信息化管理】 2020年，云南省推行申领补贴"最多跑一次"。推广使用农机购置补贴手机App，通过线上购机和远程申领补贴，实现购机者申领补贴"最多跑一次"。办理手机申请补贴申请62 604份，补贴机具67 015台，使用补贴资金1.98亿元。

【推动试点进程，优化装备结构】 2020年，云南省探索制定连栋塑料膜温室和连栋玻璃温室等新产品补贴的路径和方法，引导设施农业发展和农机装备转型升级，满足广大农民和农业生产经营组织对新型农业机械日益增长的需求。

【启动全新报废更新补贴实施工作】 2020年，云南省农业农村厅、云南省财政厅和云南省商务厅共同制定《云南省农业机械报废更新补贴实施意见》，将报废机具种类由原来的5种扩大到6种。目前全省已报废农业机械30台，其中拖拉机24台，联合收割机6台，更新农机具53台，使用报废资金10.45万元，报废更新补贴使用资金19.64万元。

【抓政策，强推动】 2020年，云南省围绕保障全省粮食安全和农产品有效供给、增加农民收入和促进农业可持续发展要求，出台云南省主要农作物生产全程机械化推进行动实施方案，文件下发后，各州市纷纷聚焦发力：德宏结合州情开展66.67公顷的水稻机直播试验示范；红河州、文山州立足梯田地形、企业种粮实际，开展水稻无人机飞播试验示范；晋宁区建立花卉秸秆机械化还田示范项目基地6.67公顷，辐射带动66.67公顷；曲靖市引进湖北永祥2FH-1.8A(F6)型水稻侧深施肥机，在麒麟区越州镇分三组开展133.33公顷水稻测深施肥技术试验、示范，探索机械化精准施肥，提高化肥利用率，形成以点带面、示范引领的良好格局。

【抓绩效，强指导】 2020年，云南省围绕水稻、玉米、马铃薯等11个项目实施县开展的全程机械化示范创建工作重点开展绩效评价。从项目立项，组织管理，资金管理，完成情况，项目效益等5大方面，34项内容对项目实施情况进行综合绩效评审，并结合专家评审意见，对绩效评价指标和工作组织进行逐一完善。

【抓组织，创佳绩】 2020年，云南省组织省级专家组对照评价指标体系和评价办法对州市推荐的申报县打分评定，按照优中选优的原则，推荐盈江县、禄丰县2个县市区为2020年度主要农作物生产全程机械化示范县。据悉，禄丰县被成功认定为全国第五批率先基本实现主要农作物生产全程机械化示范县。云南省全国主要农作物生产全程机械化示范县创建继去年成功申报后再创佳绩。

【落实农机安全生产责任】 2020年，云南省研究制定《农机安全生产专项整治三年行动实施方案》，同步建立问题隐患和整改措施"两个清单"，按月调度及时掌握工作动态。农机安全生产工作目标任务层层分解到位，纳入农机安全监管范围的农业机械178 536台，农业机械操作人员达504 390人。层层签订安全生产责任书22.84万余份，基本实现农机手全覆盖。

【加大农业安全隐患排查和集中整治】 2020年，云南省制定下发农机安全生产集中整治工作方案，以隐患排查、集中整治工作作为重点，与公安交警、应急管理等部门协调配合，强化联合执法，共开展执法检查8 514次，开展联合执法3 569次，检查农业机械92 063台次，协助查处拖拉机无牌行驶1 588起，农机无证驾驶2 154人次，农机未检作业2 387起，证件到期未审1 694人次。

【推进变型拖拉机动态减量】 2020年，云南省按照规定对不符合使用规定的变型拖拉机办理注销登记，截至12月底，全省在册管理的变型拖拉机由34.56万台减少到17.77万台，其中2020年完成注销45 589台。10月，"变型拖拉机报废拆解现场会"在大理市成功举办，首批拆解变拖7台，现场完成整车拆解，率先实质性启动变拖"清零"行动。推动由云南省安全生产委员会办公室牵头，公安、农业农村、市场、工信、交通等部门齐参与的变型拖拉机专项整治行动方案。

【做好农机安全宣传教育工作】 2020年，云南省开展农机"安全宣传咨询日"活动1 154场，开展网上"农机安全宣传咨询日"系列活动，通过各类媒体开设专题5个、举办安全知识讲座1 454次，举办违法人员培训班72期。双柏县、双江县、河口县、贡山县成功申报2020年度云南省级"平安农机"示范县，谢华等20名同志评为省级农机安全监理示范标兵。

【抓疫情防控和春耕生产两不放松】 2020年，云南省指导各州市抓好机具检修、物资储备、信息引导、机手培训、抗旱保障等措施，落实"春雷行动"，深入县、乡、村检查农机销售、使用和服务过程中的质量等情况，发挥农业机械主力军作用，保障"春耕""双抢""三秋"等重点农时农业机械化生产有序组织。发放农机跨区作业证1 000张，春耕生产期间全省共投入农机127万台（套），为"春耕""三夏""抗旱保苗"等农业生产提供强有力保障。

【推进农机合作社统计监测】 2020年，云南省开展农机专业合作社统计监测与评价工作。通过摸清云南省农机合作社发展现状发展模式和发展业态，分类指导，有针对性提供技术服务与支持，帮扶其逐步规范运行，将作为云南省农机合作社下一步重点发展方向。

【做好项目实施指导】 2020年，云南省项目投入70余万元实施省级农机合作组织发展资金项目，组织制定《2020年度云南省农机合作组织规范化建设项目指南（试行）》，规范项目实施，引领农机合作组织规范化建设。

【依法开展农业机械推广鉴定工作】 2020年，云南省《农业机械试验鉴定办法》和《农业机械试验鉴定工作规范》，发布《云南省2020年农业机械试验鉴定种类指南》，完成30余家企业生产的132个产品的农机推广鉴定证书发放和9家企业16个产品推广鉴定证书到期换证。

【处理农机质量投诉】 2020年，云南省制定《2020年度云南省农业机械试验鉴定证书有效期内证后监督“双随机、一公开”联合抽查工作方案》，建立检查对象名录库、执法人员名录库，共对4家企业13个产品农机推广鉴定证书和标志使用情况进行检查。抓住农闲时节，开办两期中级以上农机维修工培训班，受训规模200人次，及时将一线的工作能手纳入专家库。特别是在组队参加全国的农机维修工大赛中取得历史最好成绩，两名选手被国家认证为农机维修工“优秀选手”。受理和处理各类农机质量投诉，维护农民群众的合法权益。2020年全省共受理农机产品质量投诉案件1起，处理1起，为用户挽回经济损失5万元，结案率100%。

西藏自治区

【概况】 “十三五”期间，西藏自治区各级农业农村部门贯彻党的十九大和十九届二中、三中、四中、五中全会、中央第七次西藏工作座谈会精神，推动农业机械化发展，农业生产已从主要依靠人力畜力转向主要依靠机械动力，进入机械化为主导的新阶段。

【农机装备水平提高】 “十三五”期间，西藏自治区农业机械社会保有量增加，农机装备总量达50.5万台（套），其中拖拉机等动力机械保有量已突破28.1万台，耕、种、收、植保等配套机具已达22.4万台（套），农机装备结构优化，先进、适用、绿色高效农机具占比逐年提高。2020年，农机总动力超过559万千瓦，农作物耕、种、收综合机械化率达65%，主要粮食作物（青稞）耕、种、收机械化水平达67%，农业机械化已由种植业向畜牧业、设施农业、农产品初加工业延伸，畜牧业、设施农业和农产品初加工机械化水平开始提速，高端智能、先进适用的新机具得到推广。

【农机购置补贴政策优化】 “十三五”期间，西藏自治区先后出台《西藏自治区2015—2017年农机购置补贴实施办法》《西藏自治区2018—2020年农机购置补贴实施办法》《西藏自治区2018—2020年农机购置补贴实施办法（2019年修订版）》《西藏自治区农机购置补贴政策内部控制规程》等规章制度，扩充补贴范围，优化资金测算办法，对购置符合条件的机具实行应补尽补，敞开补贴，政策已覆盖全区74个县（区），补贴机具范围已扩大到14大类32个小类85个品目7 400多个产品。

【实行农机购置补贴新系统】 “十三五”期间，西藏自治区实行新版农机购置补贴辅助管理系统、农机购置补贴手机App和农机购置补贴产品自主投档平台常年连续开放，全面启动企业网络投档常年受理，分批审核公示。“十三五”时期，全自治区共落实中央及自治区农机购置补贴资金8.154 7亿元，共补贴机具158 957台（套），受益户数达126 694户。其中2020年中央及自治区财政共安排农机购置补贴资金9 507万元，截至12月14日，全自治区共落实农机购置补贴资金12 882.78万元，完成率为135.51%，补贴购置各类农业机械31 928台，受益户数达24 905户，成为促进农业机械化发展的政策核心，农牧民群众对政策获得感和满意度提升。

【农业机械化绿色技术推广】 “十三五”期间，西藏自治区累计完成深松整地作业面积111.33千公顷，农作物抗旱抗涝能力会增强。2020年西藏自治区农业农村厅及时下发《区农业农村厅关于做好2020年农机深松整地工作的通知》，将农机深松整地作业任务26.87千公顷和专项资金2 233.8万元全部下达6地市。由于2020年中央财政专项资金下达较晚，西藏自治区春季作业窗口期已过，导致实施进度较为滞后。截至12月8日，全自治区共实施19.07千公顷，占任务量的70.97%。

【开展农机宣传活动】 2020年，依托黑龙江北大荒农垦集团总公司向西藏自治区捐赠2台雷沃阿波斯智能拖拉机的契机，开展“智能农业机械装备宣传现场展示”活动，通过示范引领推动我区农业机械化转型升级。

【推进全程机械化试验示范】 “十三五”期间，西藏自治区先后有林周、乃东、桑珠孜、扎囊、江孜5个县率先成为“国家级基本实现主要农作物生产全程机械化示范县”，累计实施主要农作物全程机械化试验示范6.67千公顷以上，农业机械化已由种植业向畜牧业、设施农业、农产品初加工业延伸。

【推行农机报废更新补贴试点工作】 “十三五”期间，西藏自治区农业农村厅围绕加快淘汰老旧高能耗农业机械，鼓励引导农业机械报废更新，切实优化农机装备结构，保障农机安全生产的总体目标，与自治区财政厅 商务厅联合出台《关于印发〈西藏自治区农机报废更新补贴试点工作实施方案〉的通知（藏农厅发〔2019〕259号）》，2020年在拉萨市、日喀则市、山南市的15个县（区）实施报废更新试点工作，对机主自愿报废淘汰老旧拖拉机、联合收割机且购买新农机的给予适当补贴，截至12月15日，全自治区已完成报废拖拉机6台，更新农机具3台，实现“零”的突破。

【落实十项惠民措施】 2020年初，西藏自治区已印发《西藏自治区农业农村厅 西藏自治区财政厅关于印发〈西藏自治区2018—2020年农机购置补贴实施办法〉的通知》（藏农厅发〔2020〕6号），将农机购置补贴品目进行重大调整，由原来的54个品目调整为84个，增加28个。8月份，又将“自动控制牲畜饮水装置”纳入专项鉴定产品补贴试点，并按要求将相关材料报农业农村部农业机械化管理司审批备案。以上两项工作共增加29个品目。其中一产有耕整地机械、种植施肥机械、田间管理机械等，二产有农产品初加工机械、饲草料加工机械、有机肥加工设备等，三产有电动卷帘机、水帘降温设备、农业用北斗终端等，现行品目已覆盖农牧区一、二、三次全产业链，让新增品目进入农机购置补贴辅助管理系统，真正落实兑现一批二、三产业机械。

【强化农机安全生产】“十三五”期间，西藏自治区结合农业机械化作业季节性特点和安全形势需要，及时下发《区农业农村厅关于做好农机春耕备耕工作的通知》《区农业农村厅关于做好“三秋”农机安全生产工作的通知》《区农业农村厅 公安厅关于深刻吸取浙江温岭“5·12”事故教训扎实做好全区农机安全事故防范工作的通知》，强化全自治区农机安全生产工作，防范农机生产安全事故发生。

【开展变型拖拉机专项整治工作】“十三五”期间，西藏自治区农业农村厅与原区农牧厅与区公安、原安监等部门，联合印发《全区变型拖拉机专项整治工作方案的通知》(藏农厅发〔2017〕220号)，通过开展专项整治行动，摸清西藏自治区变型拖拉机主要集中在与云南交界的昌都市芒康县和林芝市察隅县等部分地区，设定变型拖拉机报废年限和“清零”时间表，建立变型拖拉机报废淘汰退出机制，通过连续几年的专项整治，目前现存变型拖拉机已基本淘汰。

【开展农机安全宣传活动】“十三五”期间，西藏自治区各地市采取多种形式开展“农机安全生产月”“农机安全咨询日”“12.2交通安全日”等活动，广泛宣传农机安全法律法规和安全操作知识，向农牧民群众发放宣传手册20 000余份、制作展板200余幅、悬挂横幅300余条，累计受教育人数达33 000余人。

【编制“西藏自治区十四五农业机械化发展规划”】“十三五”期间，西藏自治区为贯彻落实中央第七次西藏工作会议精神，谋划西藏自治区农业机械化发展工作，加快推进西藏自治区农业农村现代化，西藏自治区人民政府副主席坚参同志作出“抓紧编制十四五西藏农业机械化发展规划”的指示精神。为贯彻落实自治区领导指示精神，西藏自治区农业农村厅农业机械化管理处与农业农村部农业机械化管理司汇报衔接。农业农村部农业机械化管理司高度重视，将帮助西藏编制“十四五”农业机械化工作发展规划作为落实中央第七次西藏工作座谈会精神的一项具体行动，下拨专项工作经费，安排农业农村部南京农业机械化研究所具体组织实施。农业农村部南京农业机械化研究所迅速行动，成立高规格的规划编制工作专班，并于2020年10月20—24日安排农业农村部南京农业机械化研究所副所长曹光乔一行3人赴藏，开展“西藏自治区十四五农机化发展规划”编制调研工作。

【农机作业基础设施建设滞后】“十三五”期间，西藏自治区农机“看病难、行路难、住房难”问题突出。机具存放、保养、维修等条件落后，且基础建设普遍缺乏资金渠道，合作社扩大规模的后续投入能力不足，严重制约大中型农机具在西藏自治区的广泛应用。基层农机具购销渠道不畅，售后服务不完善，特别是偏远区域以及乡镇农机具销售、维修、售后服务远不能满足农业机械化生产需求，因维修不及时而影响农业生产的现象时有发生。

【全程机械化关键环节技术研发落后】“十三五”期间，西藏自治区尚无一家农机生产企业、农机科研院所，农机研发主要依赖内地农机企业自发组织，内地农机科研院所和生产企业针对西藏地区的农机研究很少，许多在内地使用较好的农业机械进入西藏后，其性能大打折扣，不能很好地适应西藏的实际需要，如现有的青稞收割机多为内地的小麦收割机，青稞相对小麦具有秸秆柔软及后熟期等特点，完全成熟后机械收割，存在收割不净、损失率高等问题。

【农机安全生产监管压力大】“十三五”期间，西藏自治区在各级农业农村、交管部门的密切配合下，全自治区农机安全生产监管工作已初见成效，但农机操作技能培训、驾驶人员考试和拖拉机的牌证化管理等依然难以得到机构和编制的有效支撑，全自治区特别是基层农机安全监理能力不足，导致无论哪个部门肩负农机安全监管职责，都无法系统地组织起正常的监理工作，随着农机保有量的迅速增长，全自治区农机安全生产各项工作仍面临严峻挑战。

陕西省

【农机总量增长，支撑保障能力增强】2020年，陕西省农机总动力达2 355万千瓦，农机原值超过240亿元，拥有各类农业机械450万台(套)，其中种植业机械保有量达81.99万台，畜牧养殖机械保有量达39.28万台，设施农业机械保有量达1.24万台(套)，农产品初加工机械保有量达28.44万台，果蔬库存能力达358万吨，建成各类选果线208条(其中4.0智能线70条以上)，农机装备结构优化，机具配套比提升，大功率、多功能、高性能及薄弱环节农业机械增长，果、畜、菜、茶等生产加工机械增长，资源节约型、环境友好型农机装备稳步发展，支撑保障能力增强。

【机械化作业水平提升，农业生产方式实现新跨越】2020年，陕西省主要农作物耕种收综合机械化水平达70.3%，较2015年增长9.3个百分点，农机经营服务收入达108.64亿元，基本步入农业机械化发展高级阶段。其中，小麦生产基本实现全程机械化；玉米、水稻耕种收综合机械化水平分别达82.23%、61.35%；林果综合机械化率达24.75%，施肥施药环节基本实现机械化；畜牧养殖综合机械化率达38.62%，设施农业综合机械化率达55.33%，茶叶杀青、包装等加工机械化水平达96%，农产品初加工综合机械化率达27.71%。临渭区、武功县等9个县区率先成为国家级基本实现主要农作物生产全程机械化示范县。

【农机服务体系建设加快推进，服务能力增强】2020年，陕西省拥有农机户99.53万个，从业人员88.05万人，拥有各类农机服务组织2 040个，农机大户7 433个，农机专业合作社达1 342个，已成为引领现代农业发展的主力军，推动小农户与现代农业有机衔接。农机跨区作业、订单作业、代耕代种、农田托管、股份合作等服务模式创新，作业领域从偏重种植业向农业生产全领域拓展。14个合作社被评为全国农机合作社示范社，4个合作社获“全国农机化杰出服务奖”。6个合作社入选农业农村部全国“全程机械化+综合农事”服务中心典型案例。6 个合作社理事长获“全国 20 佳农机合作社理事长”荣誉称号。完成农机从业人员职业技能鉴定 4 000 多人。出台《陕西省现代农机专业合作社建设标准》。创建国家级、省级“平安农机”示范市 2 个，示范县 42 个。

【提升农机推广鉴定能力】 2020 年，陕西省《陕西省农业机械推广鉴定实施细则》《陕西省农业机械推广鉴定证书及产品信息变更程序》《陕西省农机推广鉴定产品监督抽查工作细则》等试验鉴定规章制度的制定实施，以及“双随机一公开”监督检查专家库的建立，明确和规范陕西省农业机械推广鉴定工作。试验鉴定能力提升、试验鉴定信息化服务平台创建、农机标准化和试验鉴定大纲编制修订、农业机械化质量投诉监督体系完善、多批次双随机质量监督抽查和深松机、秸秆粉碎还田机、玉米收获机等机具质量调查工作取得实质性进展。

【重大工程推进】 2020 年，陕西省实施全程机械化示范推广、现代农业机械化装备技术研发推广示范、农机社会化和公共服务能力建设、农作物秸秆机械化综合利用、保护性耕作等重大项目，落实农机免费管理、深松整地、农机购置补贴等相关政策。

【保障能力增强】 2020 年，陕西省围绕主要粮食作物和优势特色产业，完善机械化生产的技术模式、装备配套方案和组织经营模式，推动十大农业生产全程机械化模式的推广应用；全省新增小麦捡拾打捆机、青贮收获机等各类秸秆综合利用机械 2.1 万台（套），主要农作物秸秆机械化综合利用面积达 1 786.67 千公顷，利用率达 85%；实施农机农艺融合全程机械化示范推广项目，以关键或薄弱生产环节为重点，引进推广各类机械 3 000 余台（套），完善特色产业生产机械化技术模式、装备配套方案和生产经营模式；建成保护性耕作示范面积 480 千公顷，实施农机深松整地作业面积 1 266.67 千公顷。区域性新机具试验示范基地的辐射带动作用明显，引进、试验、示范、推广先进适用新机具 200 余台。

【农业机械化投入增加】 2020 年，中央和省级财政共投入陕西省农业机械化发展资金超过 38 亿元。其中，中央财政农机购置补贴资金 30.323 9 亿元，拉动农民投资 58.294 1 亿元。形成以财政资金为引导，农民个人投资为主体，社会投入为补充的多渠道、多层次、多元化投入机制，丰富农业机械化扶持政策支持体系，投融资环境显著改善。

【组织重要农时农业机械化生产】 2020 年，陕西省组织春耕、“三夏”“三秋”农业机械化生产。特别是在 2020 年疫情的严峻形势下，克服一切困难，协调农机企业复工复产。全省投入农业生产拖拉机、播种机、深松（耕）机及农用运输机械等各类农机具 220 多万台（套），完成机具检修 20 万台次，指导培训机手 5 万人次，免费发放联合收割机插秧机跨区作业证 1.8 万余张，“三夏”机收小麦 933.33 千公顷，机播夏玉米 806.67 千公顷，“三秋”机收玉米 737.33 千公顷，机播小麦 882 千公顷。

【推进农业机械化政策落实落地】 2020 年，陕西省农机部门配合陕西省人大做好《农业机械化促进法》《陕西省农业机械管理条例》执法检查，针对审议提出的问题，开展调查研究，提出改进措施，代陕西省人民政府起草《关于贯彻落实〈省人大常委会“一法一条例”实施情况报告的审议意见〉的报告》，推动陕西省农业机械化发展步伐。突出农业机械化工作重点，强化政策研究，确保项目落地落实。

【落实农机购置补贴工作】 2020 年，陕西省农机部门扩范围、补短板、优结构，补贴范围已基本涵盖粮食、生猪生产所需机械。实行农机补贴管理系统常年连续开放，有效推广手机 App 补贴申领、机具电话预约核验等便民措施，全省补贴机具 10.9 万台（套）、受益农户 8.9 万户，完成补贴 5.5 亿元。联合陕西省财政厅、陕西省商务厅制定《陕西省农机报废更新补贴方案》，规范加快老旧农机的报废更新。此外，确定陈仓等 5 个县（区）开展粮食提升机械化示范试点，形成可复制的成功经验后将在全省范围内推广，安康丘陵山区改造案例入选全国首批丘陵山区农田宜机化改造典型案例。

【组织试验鉴定，强化质量监督管理】 2020 年，陕西省按照《农业机械试验鉴定办法》要求，进行机构名称、标准大纲变更，更新信息化服务平台、开通网上申请系统，提升试验鉴定能力。陕西省农机鉴定推广总站牵头制定推广鉴定大纲 3 项、参与 1 项。截至 11 月底，共完成部级推广鉴定 11 项，省级推广鉴定 135 项。按照《农业机械试验鉴定办法》程序，发布茶叶发酵机、履带果园管理机、混流静态房式种子烘干机专项鉴定大纲。疫情期间开展“农机 3·15”消费者权益日线上宣传活动，开展玉米收获机质量调查和农机推广鉴定产品“双随机一公开”监督抽查。全年无群体性农机质量投诉案件。

【强化安全生产，农机安全生产平稳】 2020 年，陕西省利用三下乡、“科技之春”宣传月等活动，组织开展农机安全宣传教育和执法检查，在重要农时开展农机安全服务指导，按工作计划组织开展监理业务培训、农机安全法规学习培训及农机事故应急处置演练等，组织“平安农机”创建，创建省级“平安农机”示范社 12 个、岗位标兵 15 个，上报部级岗位标兵 5 个。全省共统计上报道路外农机事故 10 起，造成 2 人死亡，6 人受伤，直接经济损失 52.94 万元。事故起数、死伤人数同比下降明显。

甘肃省

【农机装备总量增长】“十三五”期间，甘肃省农机装备总量迅速，结构优化。累计落实中央财政和省级财政资金 26.58 亿元，补贴各类农机具 40 万台，比“十二五”末增长 33.6%，受益农户 26.8 万户，拉动农民和经营组织投入 70 亿元以上。2020 年全省农机总动力达 2 285 万千瓦，比“十二五”末增加 411 千瓦，增长 21.9%，农机配套比达 1∶2.6；装备结构向大功率、多功能、高性能方向发展，拖拉机、联合收获机保有量分别超过 84.7 万台和 1.8 万台。马铃薯、中药材、林果、畜牧、深松整地及农产品初加工机械保有量增长。

【机械化作业水平提升】 2020 年，甘肃省主要农作物耕种收综合机械化率首次突破 60%，达 61%以上，甘肃省农业生产水平进入中级阶段里的高级阶段，比“十二五”末增长12.6个百分点，年均提高2.52个百分点。其中小麦已基本实现全程机械化，玉米、马铃薯、中药材机械化水平分别达66%、55%和42%，分别较“十二五”末增长19.1个百分点、18.8个百分点和11个百分点。推进小麦、玉米、马铃薯等主要农作物生产全程机械化推进行动，有16个县区被农业农村部认定为“基本实现主要农作物生产全程机械化示范县”。

【农机社会化服务组织发展】“十三五”期间，甘肃省贯彻落实《甘肃省农机专业合作社建设方案（2015—2020年）》，在全省开展“一乡一农机合作社”建设试点、农机合作社装备提升行动、农机合作社示范社创建、农机社会化服务组织规范化建设与功能拓展示范创建和农机合作社人才培训行动等工作。5年来，投入省级财政资金1.5亿元，扶持农机合作社2 037个，乡镇农机合作社覆盖率达74.5%。2020年全省农机合作社达2 600个，作业服务面积达2 000千公顷，服务农户数达160万户。农机合作社在实现小农户与现代农业发展有机衔接中发挥重要的桥梁纽带作用，提高农机服务专业化程度，促进服务模式多元化，涌现酒泉“全程机械化+综合农事”、定西“托管半托管”等农机社会化服务新模式。

【农业机械化政策法规完善】“十三五”期间，甘肃省贯彻落实农业机械化工作法律法规，甘肃省人民政府出台《甘肃省人民政府关于加快推进农业机械化和农机装备产业转型升级的实施意见》《甘肃省农机专业合作社建设方案2015—2020年》和《甘肃省现代大型农机发展规划2015—2020年》，甘肃省农业农村厅甘肃省财政厅制定印发《甘肃省2018—2020年农机购置补贴实施方案》，甘肃省农业农村厅制定印发《甘肃省贯彻落实主要农作物生产全程机械化推进行动的实施意见》，形成较为完善的政策补贴、税费减免、金融支持、土地使用农业机械化扶持政策体系。

【政策扶持】“十三五”期间，甘肃省围绕特色产业配套农业机械化发展问题和短板，从增加农业机械总量，提升农机社会化服务能力，补齐农机装备短板着手，实施农业机械累加补贴、农机社会化托管服务作业补助、农业机械研发与试验示范三个方面给予政策扶持。近5年，全省累加补贴中药材、马铃薯、苹果生产及粮改饲配套机械5 000多台，落实农机社会化托管服务资金8 500万元。

【加强农机抓点示范及机具研发工作】“十三五”期间，甘肃省安排省级专项资金2 400万元，挂牌成立“甘肃省旱作农业农机装备研发中心”和“甘肃省农业废弃物资源化利用装备研发中心”，落实甘肃省农业机械化技术推广总站每个站领导包抓一个产业建立一支专家团队的推广机制，发挥全省农业机械化系统技术力量，开展新机具新技术的选型对比、试验示范、观摩演示、技术培训，建立74个省级特色产业绿色标准化示范基地，投入各类新机具5 000多台（套），举办全省性农业机械化技术推广现场演示会43次，总结提炼可学、可复制和可推广的特色产业机械化技术模式25种，研发生产一批特色产业配套机具，为全省特色产业发展提供装备支撑和技术保障。

【农业机械化发展不平衡】“十三五”期间，甘肃省存在农业机械化发展不平衡问题。从产业来看，粮食和大田作物机械化水平相对高，特色优势作物、畜牧（水产）养殖、设施农业等产业机械化水平低，部分产业机械化尚处于起步阶段；从环节来看，种植、采收等关键和薄弱环节机械化“瓶颈”现象严重；从区域来看，丘陵山地受制于地形地貌和农机下地难、作业难的问题尚未得到有效解决。

【农机科技创新能力不强】“十三五”期间，甘肃省农机工业基础薄弱，规模化农机企业数量少，创新研发任务重，农机农艺融合不深入，产学研推用结合不紧密，研发和成果转化效率不高，科技人员的积极性创造性没有得到充分发挥，满足和适应现代丝路寒旱农业、特色优势产业和中南部丘陵山区发展多样性需求的机具有效供给不足，供不足需、供不适需矛盾突出，成为“十四五”农业机械化发展的难点、热点和痛点。

【“宜机化”工作推进速度慢】“十三五”期间，甘肃省特色优势产业在品种、栽培、农艺养殖技术、种养方式、产后加工、农田改造、配套设施建设等方面的“宜机化”问题突出，需要全面加强农机农艺结合，加强“宜机化”政策、资金和机制指引，为机械化作业创造条件。

【落实农机购置补贴政策】2020年，甘肃省下达农机购置补贴资金44 543万元（含结转资金），截至2020年12月31日，甘肃省各县区共使用中央补贴资金83 206.91万元，为2019年的240%，全省共补贴机具11.7万台，报废机具1 536台，受益农户7.75万户，农业生产经营组织2 897个。

【完善优化补贴政策】2020年，甘肃省印发《甘肃省农业农村厅关于进一步加强农机购置补贴政策实施工作的通知》，从完善优化政策、落实工作责任、强化管理服务、加强机具核验监管四个方面对农机购置补贴实施工作进行细化和明确，有效防范政策实施风险；制定完善《甘肃省农机购置补贴产品违规经营行为处理细则（试行）》《甘肃省农机购置补贴异常情况报告办法》《甘肃省农机购置补贴异常情况监测办法》等8项补贴制度。

【扩大补贴机具种类范围】2020年，甘肃省对国家补贴机具种类范围内适宜甘肃省的机具品目全部纳入补贴范围，将支持生猪等畜禽产品生产的自动饲喂、环境控制、疫病防控等机具全部纳入全省补贴范围，制定公布补贴额一览表。将果园防霜机、电动清粪机、韭菜收割机等三个品目纳入2020年农机购置补贴试点范围。全年完成投档五批，有1 685家企业的8 084个产品经过公示、公告后已导入系统发布启用。

【调整完善机具补贴额一览表】2020年，甘肃省制定印发《甘肃省农业农村厅关于开展2020年甘肃省农机购置补贴部分机具补贴额一览表细化调整和完善工作的通知》，对有突出问题的部分机具进行品目分档细化、配置参数完善、补贴额调整。对生猪生产和畜禽粪污资源化利用主要机具参数进行完善，公布补贴额一览表。

【召开农业机械化现场推进会】 2020年9月份，甘肃省农机部门在酒泉市组织召开全省农业机械化现场推进会，现场进行观摩，部分县区作经验交流，甘肃省农业农村厅副厅长周邦贵出席会议并做重要讲话。

【举办农机购置补贴政策实施培训班】 2020年9月份，甘肃省在酒泉市举办2020年全省农机购置补贴政策实施培训班。培训班围绕农机购置补贴工作，解读农机购置补贴及深松整地补助等政策、讲解补贴产品违规经营行为处理办法及补贴工作风险防控等内容。

【加大违规行为调查处理】 2020年，甘肃省农机部门对农业农村部农业机械化管理司2个转办件、甘肃省农业农村厅受到1个举报信等涉及农机补贴问题进行调查处理，印发对临洮县宏丰机械制造有限公司农机购置补贴违规行为的通报，上报调查处理情况报告。

【优化便民便企服务】 2020年，甘肃省启用农机购置补贴辅助管理系统连续开放版，实现常年不间断受理补贴申请；启用农机购置补贴信息化自主投档平台（甘肃省），便利企业对参与购置补贴的机具信息实行网上投送，常年受理企业投档，定期发布投档结果；实现农机补贴辅助管理系统与农机监理系统无缝对接，落实牌照管理机具免于现场核验的规定；推行手机App申请，方便农户申办补贴，全年App办理补贴达50.37%，同比提高26个百分点。

【加强农机专业合作社建设】 2020年，甘肃省安排省级财政资金2 340万元用于扶持发展农机合作社。一是开展“一乡一农机合作社”建设试点工作。制定印发《2020年一乡一农机合作社建设试点方案》《2020年一乡一农机合作社建设试点规范化建设指南》，在平凉、庆阳、白银、陇南等4个市州11个县市区扶持发展农机合作社123个。试点县制定印发试点实施方案，目前试点合作社建设任务已经全部完成。二是开展农机合作社装备提升行动试点工作。制定印发《2020年农机合作社装备提升行动试点实施方案》，在14个市州64个县市区扶持232个农机合作社发展壮大，累加补贴大型农机具254台。

【组织抓好农业机械化生产工作】 2020年，甘肃省印发《关于做好2020年春耕备耕机械化生产工作的通知》《关于提前做好2020年度粮食安全省长责任制农机化发展指标考核准备工作的函》《关于做好秋冬季农机化生产工作的通知》《关于加强调度秋粮收获进度情况的通知》《关于印发设施蔬菜、玉米、马铃薯机械化生产技术指导意见的通知》，全省共组织120万台（套）农业机械投入春耕、三夏、三秋生产。

【组织抓好农机跨区作业工作】 2020年，甘肃省组织开展“三夏”“三秋”农机跨区作业，成立全省农机跨区作业应急处置工作专班，发放跨区作业证4 903个，在全省各地设立跨区机收接待服务站244个，培训机手、修理工等各类人员4.39万人，检修各类农业机械20.48万台（套）。在庆阳市宁县组织开展“三夏”跨区机收开镰仪式，在甘肃省电视台、甘肃日报等省内外媒体进行宣传报道，协调处理应急事故1起。

【组织开展农机深松整地作业】 2020年，甘肃省分解下达2020年农机深松整地作业任务清单和绩效目标。全省共投入深松整地机械18 421台（套），已完成农机深松整地作业面积400.59千公顷，占下达任务的120.17%，完成远程信息化监测面积382.73千公顷，信息化监测率达95.67%。

【组织开展全国主要农作物生产全程机械化示范县申报等工作】 2020年，甘肃省张掖市、永昌县、景泰县、灵台县、宁县、安定区等1市5县获得全国主要农作物生产全程机械化示范县。组织开展全省农机使用一线“土专家”遴选工作，向农业农村部农业机械化管理司推荐上报甘肃省12名土专家。在山东潍坊举办的第三届全国农业行业职业技能大赛中，甘肃省参赛选手陶维维在比赛中获“第三届全国农业行业职业技能大赛优秀选手”称号。

【抓好特色产业农机配套抓点示范工作】 2020年，甘肃省安排省级农机抓点示范项目资金1 000万元，制定印发《2020年特色产业农机配套抓点示范项目实施方案》，与项目承担单位签订《农机化科技项目计划任务书》，组织召开项目实施情况汇报会，委托市州农机主管部门对29个县承担的项目进行验收。全省建立特色产业农机配套抓点示范项目34个，其中：中药材示范点13个、畜禽粪污收集处理示范点10个、“粮改饲”示范点4个、马铃薯、蔬菜示范点各2个、制种玉米、藜麦、苹果示范点各1个。在陇西县、安定区、渭源县、宕昌县、文县、天祝县、麦积区、肃州区、环县、榆中等县区组织举办省级农业机械化现场演示会11场次，其中：中药材5次、马铃薯2次、蔬菜、苹果、藜麦各1次、粮改饲及畜禽粪污1次，举办省级农业机械化技术培训班4次。

【组织开展农机装备研发工作】 2020年，甘肃省安排省级资金300万元用于农机装备研发。制定印发《2020年省级财政农机装备研发专项计划任务书》，组织开展2020年农机装备研发创新项目公开招标，组织2家中标企业开展农机装备研发创新工作。研发当归、党参、黄芪、大黄种植收获机具8种，在岷县、漳县、渭源、陇西、宕昌、礼县投入样机58台开展田间试验，对当归、党参种植机改进完善；研发电动清粪机、电动粪便清运机5类10种，在广河县、东乡区、积石山县、临夏县、临夏市、肃州区、金塔县投入5种124台机具布点示范。两企业研发生产的样机产品在陇西、环县、肃州等全省现场推进会上进行演示，受到领导和代表们的肯定。

【落实农机安全生产责任】 2020年年初，甘肃省农机部门安排部署全年工作，对全年的农机安全生产和宣传工作提出目标任务和工作要求，各级农机安全监管部门层层签订农机安全生产目标责任书，签订率达100%。

【开展农机安全隐患排查整治】 2020年，甘肃省围绕重点农时季节和重要节会，开展农机安全大检查、“打非治违”、隐患排查整治，重点强化关键节点的安全风险防控。

【深化“平安农机”创建】 2020年，甘肃省农业农村厅、甘肃省应急管理厅授牌表彰省级“平安农机”示范市1个、“平安农机”示范乡（镇）25个、“平安农机”合作社71个、农机安全监理示范岗位标兵48名。推荐国家级“平安农机”示范市1个、示范县（区）2个，农机安全监理示范岗位标兵8名。

【开展农机事故应急演练活动】 2020年6月、10月，甘肃省农业农村厅分别在张掖市山丹县、兰州市榆中县举办两场省、市、县三级农机监理人员共同参加的2020年全省农机事故应急演练活动。

【抓好农机报废更新工作】 2020年，甘肃省农机报废补贴实施取得新突破和进展，各地形成农业农村部门重视支持，农机服务中心、农机监理机构主抓，农机报废更新与农机安全监理紧密衔接的工作格局。从实施效果分析，全省14个市（州）全部开展报废补贴工作，已备案登记农机回收企业76家，实施县覆盖面达到50%以上的有9个市，80%以上的有6个市，实施县主要集中在河西、沿黄、陇东的川塬区，农户报废更新需求旺盛，推动农业机械化的转型升级。全省共报废回收农业机械1 536台，使用报废补贴资金1 511万元，受益农户达1 010户。

【加强特色产品农机鉴定和监管工作】 2020年，甘肃省优先保证中药材、马铃薯种收、粮改饲、畜禽粪污资源化利用、特色农产品产地加工等机具鉴定供给，截至12月21日，共收到各类农机试验鉴定申请383个，经审查后受理产品332个，因不符合农机试验鉴定要求不予受理产品51个。发布鉴定通报6次，发放试验鉴定证书232个（推广鉴定证书220个，专项鉴定证书12个）。

【做好国家支持的农机推广鉴定任务】 2020年，甘肃省共接收部里下达任务85个，完成46个，终止27个，2020年度项目任务全部完成，另有12个项目计划完成期限为2021年度。

【加强质量管理】 2020年，甘肃省农机部门按照质量管理体系文件要求，对1 200多项站内检验技术标准的适用性、有效性进行确认，废止标准16本，更新标准63本，新购仪器11台（套），送检仪器86台（套），停用仪器4台（套）。

【做好农机质量投诉受理和调解处理工作】 2020年，甘肃省农业农村厅全年共受理农机质量投诉4起，成功协调解决4起。配合部总站开展“聚力提质量，护农保春耕——‘农机3·15’在行动”为主题的消费者权益日活动。

【加强质量保障督导】 2020年，甘肃省对31家企业的31个产品开展监督检查，对补贴机具开展质量督导和调查。

青海省

【概况】 2020年，青海省落实农机购置补贴中央资金6 913万元、省级资金650万元。截至12月31日，全省已申请补贴资金8 077万元，其中：中央资金7 268万元，省级资金809万元，购置各类农机具7 502台，受益农户4 445户，拉动农民和农业生产经营组织投入资金27 280万元。2020年耕种收综合机械化率在63%以上。青海省投入资金1 470万元，完成农机深松整地50.79千公顷。青海省投入省级资金60万元，在贵南、刚察2县完成牧草全程机械化示范推广面积2.4千公顷。完成保护性耕作技术推广面积53.19千公顷。

【农机装备总量增长、结构优化】 截至2019年底，青海省农机总动力达485万千瓦，较“十二五”末增加32万千瓦，年均增长1.8%；各类拖拉机拥有量达27万台，配套机具34万台，动力机械与机具的配套比由“十二五”末的1∶1提高到1∶1.26。

【耕种收综合机械化率提高】 截至2019年底，青海省农作物耕种收综合机械化率达62.8%，较“十二五”末提高7个百分点。2019年，青海省完成机耕412.91千公顷、机播321.34千公顷、机收263.46千公顷，小麦（含青稞）、马铃薯、油菜耕种收综合机械化率分别达到81.61%、51.53%、64.2%，饲草生产加工全程机械化生产已达90%以上。

【新技术推广力度加大】 “十三五”期间，枸杞专用自走式全方位喷杆喷雾机、玉米覆膜点播联合作业机、中型深松联合整地机、自走式燕麦草割草调制机、大型折叠式中耕锄草机、旋齿式废膜捡拾机等适合青海省农作物特点的关键机具研发示范推广有新进展。

【加大农机购置补贴】 “十三五”期间，中央和青海省财政累计投入农机购置补贴资金4.35亿元，购置各类农机具5.05万台，受益农户2.92万户，拉动农牧民投入资金11.59亿元。

【农业机械化社会服务组织壮大】 截至2019年底，青海省农机服务组织达720个，较“十二五”末增加141个，从业人员4 485人，较“十二五”末增加870人。通过土地托管、代耕代种、农机作业服务等形式，开展多种经营和适度规模经营，作业服务面积86千公顷，跨区作业面积48.67千公顷。

【农机安全生产形势平稳】 “十三五”期间，青海省共创建示范“平安农机”示范县4个、示范乡（镇）112个、示范村360个。青海省共发生道路外农机事故16起，死亡15人，受伤1人，直接经济损失14.4万元。青海省连续5年未发生一起死亡3人以上的非道路农机事故。

【全程机械化示范县创建工作】 “十三五”期间，青海省贵南、共和、门源、湟中、互助、大通、湟源、同德、贵德9个县入选“全国率先基本实现主要农作物生产全程机械化示范县”名单。

【蚕豆农业机械取得新突破】 2020年，青海省依托“许振林创新工作室”，联合企业研制开发蚕豆覆膜点播机和蚕豆联合收获机，形成“机械化有机肥撒施＋深松联合整地＋蚕豆覆膜点播＋机械化药物打顶＋农用无人机植保＋机械化药物脱叶＋机械化联合收获”技术集成，攻克蚕豆生产全程机械化技术难题，并在湟中、大通2县完成蚕豆生产全程机械化8.67公顷。填补青海省蚕豆收获“无机”可用的空白。许振林个人获“全国先进工作者”称号。

【强化监管指导】 2020年，青海省农业农村厅与省财政厅联合印发《关于做好2020年农机购置补贴工作的通知》，落实属地管理职责，推行便民便企服务，加强信息公开，加快资金使用兑付进度，强化绩效考核管理，保障农机购置补贴资金安全。

【农机购置工作规范化】 2020年，青海省完成农机购置补贴机具分类分档、补贴额测算及投档产品形式审核工作。通过形式审核的补贴产品，已全部录入农机购置补贴辅助管理系统，并按规定向社会公示。

【扩大补贴机具范围】 2020年，青海省根据农牧业生产需求，及时调整补贴目录，扩大补贴机具范围，已将自动饲喂、废弃物处理等畜牧机械、药材挖掘机、果树修剪机等助力贫困地区产业发展所需机具纳入补贴范围，并开展农用北斗终端农机购置补贴新产品试点。

【加强队伍建设】 2020年，青海省农业农村厅与青海省财政厅在西宁市联合举办青海省2020年农业机械购置补贴廉政风险防控暨补贴信息系统培训班，对全省农机、财政部门从事农业机械购置补贴管理系统操作人员进行培训，提高人员业务水平和风险防控意识。

【强化信息管理】 2020年，青海省完成农机购置补贴系统与省农机监理系统互联互通，强化实行牌证管理的农业机械监管，促进补贴机具的牌证管理和补贴核实工作。

【推进农机报废更新工作】 2020年，青海省农业农村厅与青海省财政厅、青海省商务厅联合印发《关于印发青海省农业机械报废更新补贴实施方案的通知》，规范农机报废更新工作，开发并启用青海省农机报废更新补贴系统，提高监管和服务水平。

【强化农机推广工作】 2020年，青海省开展全程机械化试验示范推广及研究。在湟源县开展胡萝卜全程机械化试验研究，在海西州开展高地隙植保机械、有机肥施肥、自动避障除草等机具的全程机械化技术集成创新。青海省农牧机械推广站联合青海省农业科学院生物研究所、甘肃兆河拖拉机制造有限公司研制成功马铃薯捡拾机，进入田间试验环节，有望补齐马铃薯生产全程机械化技术短板。青海省举办植保无人机操作技术人员、有机肥撒肥机、枸杞、藜麦、胡萝卜、青稞全程机械化技术实训班和化肥减量增效、蚕豆联合收获等现场观摩会。

【强化农机安全生产】 2020年，青海省落实《青海省农机安全生产专项整治三年行动实施方案》，开展隐患排查整治，加强信息报送，推进农机安全生产专项整治三年行动有计划有步骤开展。加大日常性农机安全督导。对西宁等2市3州的15个县（区、市）的春季农机安全生产和农机安全生产责任制落实情况进行督促检查，对农机检审验工作落实不到位、措施不力单位进行督导，并提出整改意见。严格节假日农机安全生产领导带班制度和24小时值班制度，及时处理和报送农机事故情况。

【存在问题】 2020年，青海省农机工作还存在以下问题：一是“宜机化”基础建设滞后。东部农业区是粮食主产区，耕地多呈小破碎状，机耕道路缺乏，种植经营分散，导致“有机难用”和机具使用效率低，难以形成机械化、集约化、规模化生产。二是农机具库（棚）、农机具维修设施建设严重不足，影响农机技术性能提升和使用寿命。三是农机购置补贴额偏低。目前，农机大户、农机专业合作社等生产服务组织已成为农机更新换代、提质升级的购机主力，由于购机资金基本以自筹为主，但大型高端复合式农机具，特别是牧草机械价格普遍较高，客观上制约农业机械化发展。

宁夏回族自治区

【产业农机装备能力提升】 2020年，宁夏回族自治区农机总动力达到640万千瓦，比“十二五”末增长17%，比2019年增加1.6%，全自治区粮食播种面积677.33千公顷，瓜菜200千公顷，拖拉机拥有量达21.71万台，比“十二五”末增长18.8%。其中：大中型拖拉机达到4.56万台，联合收割机达9 700台，各种配套农机具34.12万台（套）。全自治区奶牛存栏61万头、肉牛饲养量182万头、肉羊饲养量1 213万只，畜牧机械20.5万台，较2019年增长2.6%。水产养殖面积达到33.33千公顷，水产品产量16万吨，水产机械7 500台，较2019年增长0.3%。大功率、高性能、复式作业和畜牧业、设施农业等机械增加，农机装备结构优化，农业机械已成为支撑农业生产的重要物质装备。

【农机作业水平提高】 2020年，宁夏回族自治区农作物耕种收综合机械化水平达80%，比“十二五”末提高11个百分点，比2019年提高3个百分点。小麦、水稻、玉米基本实现全程机械化，耕种收综合机械化水平分别达96%、99%和89%，马铃薯耕种收综合机械化水平达68%。畜牧业、渔业、设施农业等机械化水平稳步提升。

【加大农业机械化科技应用】 2020年，宁夏回族自治区农业机械化示范县、示范园区创建步伐加快，全自治区累计创建国家级主要农作物生产全程机械化示范县9个；围绕优质粮食、草畜、瓜菜、葡萄、水产等特色产业，建设农机农艺融合化示范园区110个，其中智能化示范园区3个。重点领域关键高效集成技术示范推广取得新成效。水稻机械化精量穴播技术推广面积达到26.67千公顷，马铃薯覆膜种植及膜上覆土技术示范推广面积达到43.33千公顷，葡萄关键环节机械化生产达到20千公顷等。促进农机农艺融合和农业机械化新技术组装配套，促进农业结构调整和特色优势产业发展。

【农机社会化服务能力提高】 2020年，宁夏回族自治区各类农机作业服务组织达到501个，比“十二五”末增加226个，其中农机作业服务公司146个，增加70个。2020年“春耕春播、三夏、三秋”等重要农时农机服务面积超过466.67千公顷次，发挥农机社会化服务组织在现代农业生产性服务业中的引擎作用，促进小农户与现代农业发展有机衔接，推动多种形式的农业适度规模经营，农机作业服务组织已成为自治区农业社会化服务中最具活力的市场主体。

【农机安全生产实现新成效】 2020年，宁夏回族自治区农机免费管理深入推进，农机挂牌率、年检率及驾驶人持证率提高。“平安农机”创建成效显著，全自治区累计创建国家级平安农机示范县17个，自治区级平安农机示范县

18个，全国农机安全监理岗位示范标兵20名，自治区农机安全监理岗位示范标兵岗位标兵60名。2020年组织原州区、中宁县创建国家级主要农作物全程机械化示范县，全自治区示范县总数达到10个。农机安全生产责任制落实，农机安全生产月和农机安全专项整治活动推进。农机综合保险由试点到全自治区全面实施，安全保障作用日益增强，农机安全生产形势趋稳向好。

【组织实施农业机械化转型升级行动】 2020年，宁夏回族自治区落实自治区党委十二届八次、九次全会精神，制定出台《宁夏农业机械化转型升级行动实施方案（2020—2025年）》《关于加快我区畜牧业机械化发展的实施意见》和《关于加快推进设施种植机械化发展的实施方案》。

【落实农机购置补贴政策】 2020年，宁夏回族自治区落实农机购置补贴项目（政策）资金17 246万元（中央资金16 296万元、自治区资金950万元）。印发《2020年宁夏农机购置补贴实施方案》，举办“全区农机购置补贴暨警示教育培训班”，与各县（市、区）农业农村部门签订《农机补贴实施暨廉政风险防控工作责任书》。按照“自主购机、定额补贴、先购后补．县级结算、直补到卡”补贴方式，落实“四个全面实行”，对15大类32个小类99个品目机械进行全面补贴。并优先保证深松整地、免耕播种、高效植保、高效施肥、秸秆还田离田、残膜回收、畜禽粪污资源化利用、病死畜禽无害化处理等支持农业绿色发展机具的补贴需要。同时，开展葡萄挖土起藤、剪枝碎枝等农机新产品补贴试点。截至2020年底，宁夏回族自治区农机购置补贴资金使用额达到3.05亿元，拉动农民购机投入9亿元，补贴机具31 480台（套），受益农户21 000户。

【开展农业机械化示范县示范园区创建】 2020年，宁夏回族自治区建设农机农艺融合全程机械化示范园区15个，建设农作物精准耕作、管理、收获智能化农机示范基地3个，园区内关键环节机械化作业水平100%。分产业制定出一套机械化生产技术规程，形成一套配套机具解决方案，总结推广一套机械化生产技术模式，发挥“创示范、建园区、育主体、强推广”的示范引领作用。

【加强农机安全监督管理】 2020年，宁夏回族自治区围绕农业农村部确定的专项整治10项重点工作，组织开展安全生产月和平安农机示范县（区）创建活动，开展农机安全生产大检查，推进农机安全联组建设。全自治区完成拖拉机、联合收割机免费注册上牌6 250台、检验95 270台、审验30 710人（包括换证）、培训农机驾驶操作人员25 448人，分别完成年度任务的212.5%、119%、128%和106%，巩固建设农机安全联组2 400个。加快推进农机综合保险，投入260万元实施农机综合保险保费补贴项目，以45%保费补贴在全自治区推进，实现农机综合保险保费补贴全覆盖。2020年承保拖拉机、联合收割机等农业机械2.6万多台，承担风险保障25.1亿元，广大农机户作业风险得到有效保障。2020年未发生较大及以上农机事故，农机安全生产形势趋稳向好。

【存在问题】 2020年，宁夏回族自治区农机工作还存在以下问题：一是农机购置补贴资金缺口大。2020年由于宜机化高标准农田建设有效推进以及南部山区各类扶贫项目的实施，农户购买使用农业机械的积极性高涨，全自治区中央农机购置补贴资金全部使用完之外，超录申请达1.4亿元，2021年农机购置补贴资金缺口很大。二是农业机械化发展不平衡不充分。川区机械化水平高，山区机械化水平较低；种植业机械化水平较高，畜牧养殖、优势产业机械化水平较低，如肉牛、肉羊产业需要环控、饲喂和粪污资源化利用环节机械；葡萄产业需要葡萄埋藤、起藤、收获机械；枸杞产业需要枸杞收获机械；瓜菜产业需要相关收获机械。灌区主要农作物已基本实现农业机械化，而中南部山区受自然条件和经济条件的制约，主要农作物机械化种植、收获等环节的水平与实现全程机械化还存在较大差距。三是农机农艺融合不够。规范化、标准化程度不够高，存在着品种、栽培、装备不协调问题，制约农机推广应用和作业效率效益提高。

新疆维吾尔自治区

【农业机械装备保有量增长】 截至2020年底，新疆维吾尔自治区农机总动力约为2 270万千瓦，较“十二五”末提高14.9%；拖拉机保有量68.5万台，配套农机具141.5万台(套),分别较“十二五”末提高2.2%、7.7%。大中型拖拉机保有量达到32.3万台，大中型拖拉机、高性能机具占比持续提高。联合收获机保有量达1.39万台，是“十二五”末的1.6倍，其中，稻麦联合收割机9 472台、玉米联合收割机4 455台，分别比“十二五”末提高70%、83%。棉花收获机达到3 099台，比“十二五”末提高178%。小麦播种机保有量达5.5万台，玉米播种机保有量达2.69万台，分别比“十二五”末提高1%、13.9%。

【粮、棉等主导产业全程机械化率提高】 截至2020年底，新疆维吾尔自治区小麦、玉米、棉花耕种收综合机械化率分别达到98.76%、88.94%、86.72%，分别比“十二五”末提高0.66%、5.6%、12.39%。全自治区主要农作物耕种收综合机械化率达到85%，比“十二五”末提高1个百分点。

【农业产业全面机械化短板补齐】 截至2020年底，新疆维吾尔自治区农林牧渔综合机械化程度达70%,比“十二五”末提高4.41%，其中畜牧业机械11.17万台，比“十二五”末提高21.7%；青饲料收获机2 179台，设施农业温室达364.66平方千米，分别比“十二五”末提高152%、20.5%。畜牧业、林果业、设施农业机械化水平分别达46.42%、49.37%、40.14%，分别比“十二五”末提高9.75%、5.61%、6.09%。

【高效、精准、节能型装备研发制造取得进展】 “十三五”期间，新疆维吾尔自治区深松整地、精量播种、化肥深施、秸秆捡拾打捆、残膜回收等资源节约型、环境友好型、生态保育型技术大范围推广，农机农艺加快融合、成果广泛应用。

【智慧农业发展得到有益探索】 “十三五”期间，新疆维吾尔自治区推动实施北斗导航在农业机械化领域的应用项目，无人驾驶、无人机植保、高效精准施药等智能机械技术装备广泛应用。探索智慧农业发展，部分粮棉主产区着力推进航测无人机、农田数字化、苗情信息化等物联网、大数据信息技术装备在农业生产管理中的运用。

【农机社会化服务能力提升】“十三五”期间，新疆维吾尔自治区农业机械化作业服务组织达到1 248个，比“十二五”末增加505个；农机合作社达到1 079个，比“十二五”末增加428个，作业服务面积占农机总作业面积的40%。

【农机安全生产持续向好】“十三五”期间，新疆维吾尔自治区以“创建平安农机、推进农业现代化”为主题，开展“平安农机”示范县（市、区）创建活动，已创建全国“平安农机”示范县44个，自治区“平安农机”示范县82个，农机事故死亡人数持续下降。

【抓好疫情防控和农业机械化生产】2020年，新疆维吾尔自治区落实好自治区“防、治、控、保、稳”五字方针、“四早”要求和疫情防控八项预警机制。做好农机生产保障服务。制定《自治区农机生产保障工作方案》，向社会发布《关于公布疫情防控期间农机生产物资保障热线电话的通告》，帮助解决农机生产企业复工复产、农机跨区作业、农机配件供应、农机产品运输中遇到的困难问题。

【发挥行业优势，助力脱贫攻坚】2020年，新疆维吾尔自治区推进深度贫困县农业机械化发展和贫困农民群众脱贫致富步伐。坚持国家农机购置补贴、深松补助资金、自治区支持农业机械化发展专项资金向南疆四地州倾斜。2020年农机购置补贴资金、深松补助资金、自治区财政扶持农业机械化资金分配南疆四地州占比分别达55.4%、35.04%、58.07%。

【稳定实施农机购置补贴政策】2020年，中央拨付新疆维吾尔自治区农机购置补贴资金9.377亿元，按照敞开录入，先购后补原则，截至12月31日，已实施农机购置补贴20.91亿元，实施进度219.36%，购置机具8.41万台，受益户7.41万户，兑付率达96%。推广手机App非现场办理补贴，通过手机App申请补贴达到3.22万台、8.82亿元，占比达45.53%。

【引进先进智能农机装备】2020年，新疆维吾尔自治区引进示范推广等离子打药机、智能精准配肥机、卫星导航自动驾驶系统、无人植保机等先进智能农机装备，一批节地、节种、节水、节肥、节药、节劳的绿色技术装备广泛应用。

【加快建设示范区】2020年，新疆维吾尔自治区新建11个自治区棉花、玉米、林果、特色作物、牧草等重点产业和无人植保、机械化残膜回收示范区，核心区面积达400公顷，辐射面积达4 000公顷。

【查处补贴产品违规经营行为】2020年，新疆维吾尔自治区按规定暂停6个产品补贴资格和2家企业农机购置补贴产品经销资格，取消4个产品补贴资格、8家企业农机购置补贴产品经销资格和27位购机者享受农机购置补贴资格。

【加快农业机械化科技创新】2020年，新疆维吾尔自治区开展植保无人飞机购置补贴试点和农机新产品补贴试点。据不完全统计，全自治区植保无人飞机保有量达到5 000余架，北斗导航无人驾驶系统超过1万套。果实捡拾机、果园作业平台、智能喷雾控制系统等农机新产品补贴试点取得良好效果。新疆维吾尔自治区累计培训各类人员182 876人次。新疆维吾尔自治区完成推广鉴定项目119项、委托检验项目38项，其中进出口商检3项。主持及参与农业机械推广鉴定大纲制修订项目5项；制定自治区农业机械专项鉴定大纲6项，完成10家企业获证产品证后监督检查，完成自治区棉花收获机质量调查。

【提高农机社会化服务水平】2020年，新疆维吾尔自治区引导农机专业合作社向作业标准化、经营产业化、服务社会化发展，向合作联社、合作社联盟发展。目前全自治区农机专业合作社达到1 079个，合作社社员1.76万人，拥有机具3.1万台（套），作业服务面积1 500千公顷。新疆维吾尔自治区成立棉花机械化采收跨区作业工作小组，统一指挥调度采棉机跨区作业。2020年采收季全自治区地方系统投入采棉机3 547台，其中，棉花机采率达到67%以上，较2019年增长13个百分点，确保疫情防控、棉花采收工作“两不误”“两促进”。

【加强农机安全生产监管】2020年，新疆维吾尔自治区向农业农村部、应急管理部申报2020年度全国“平安农机”示范县2个、农机安全监理岗位示范标兵1个；评选公布自治区“平安农机”示范县（市、区）2个、农机安全监理岗位示范标兵15个。开展农机“安全生产月”活动和农机安全专项整治三年行动，深化源头治理，加大农机安全宣传力度，提升群众安全意识。推进大型工程机械设备安全监管，运用大型工程机械牌证管理系统完成登记注册大型工程机械设备7.97万台，办理操作证5.52万本，安装卫星定位控制系统车载控制终端1 069台。2020年，新疆维吾尔自治区共发生农机事故8起，死亡1人、受伤7人，均为一般事故，农机安全生产形势持续平稳。

【存在问题】2020年，新疆维吾尔自治区还存在以下问题：一是农机装备结构与产业布局不相适应，农机装备利用率不高；二是农机农艺、机械化信息化融合发展协同机制不健全，农机服务模式与农业适度规模经营、机械化生产与农田建设不适应。农机新技术新装备有效供给不足，适合自治区林果业发展的开沟施肥机、修剪机械、林果收获机械，适合设施养殖的疫病防控、畜产品采集加工、粪污收集处理与利用等薄弱环节缺门断档现象较明显；三是农机科研骨干、技术推广、实用技能人才短缺，农机操作人员技能水平有待提高；四是大型工程机械安全监管机制不够健全，农机安全监管有待加强。

大连市

【农业机械化扶持力度加大】“十三五”期间，大连市出台《大连市人民政府办公厅关于促进都市型现代农业机械化发展的意见》（大政办发〔2013〕36号）、《大连市农机购置补贴实施管理办法》《大连市推进玉米秸秆还田工作实施方案》《大连市农机专业合作社农机具库建设实施方案》《大连市保护性耕作作业试点实施方案的通知》《大连市农机深松整地作业试点实施方案》等文件，完善大连市农业机械化政策扶持体系，让农民买得起农业机械、用得起农业机械和放得好农业机械成为可能，促进大连市农业机械化发展和农机新技术的推广应用。

【农机装备水平提升】“十三五”期间，大连市累计使用农机购置补贴资金0.8亿元，带动地方和农民投入超过2亿元，补贴购置农机具0.7万台（套），受益农户达0.5万户。在农机购置补贴政策的带动下，大连市农机总动力达236万千瓦。农机装备结构持续优化，大功率、多功能、高性能及薄弱环节农业机械增长迅速，大连市增加大中型拖拉机1 000余台、水稻插秧机380台、联合收获机620台、免耕播种机230台、秸秆打捆机180台。

【农业生产方式实现新跨越】“十三五”期间，大连市农作物耕种收综合机械化水平达82%，较“十二五”期末提高7个百分点，年均提高1.4个百分点。主要粮食作物生产机械化快速推进。水稻机械化水平达92.4%，较“十二五”期末提高6个百分点，玉米机械化水平达82.9%，较“十二五”期末提高7个百分点。保护性耕作、深松整地、玉米机械化收获、高效植保、秸秆还田等农业机械化技术推广应用范围扩大，技术集成度逐年提高。

【设施农业机械发展迅速】“十三五”期间，大连市温室全部实现电动卷帘。新建设施大棚钢筋骨架结构应用率达95%以上。工厂化蔬菜等育苗中心全部实现机械单粒播种、遮阳网和风机温湿度自动控制。温室内土地耕翻、旋耕、起垄、开沟等作业逐步由田园管理机完成，温室土地耕整机械化水平已达80%以上。节水灌溉技术应用广泛，实现节水45%以上，减少农药使用30%以上，同时减轻农作物病害发生。

【畜牧业机械广泛应用】“十三五”期间，大连市畜牧综合机械化水平提高。饲料加工机械化率达99%，饲喂饮水机械化率达79%，环境控制机械化率达72%，粪污处理机械化率达68%，畜产品采集机械化率达55%。大连市家禽养殖机械化率超过95%，生猪养殖机械化率达55%，大型规模化奶牛养殖场已全部应用TMR饲喂系统和自动化挤奶系统。畜牧业机械的应用降低劳动强度，提高养殖水平，保障产品质量。

【果业机械化水平提高】“十三五”期间，大连市果园中植保打药、田间转运、规模化地块挖坑（沟）、大型果树采伐更新机械化水平均已达100%，各种果园生产机械应用于果树挖坑（沟）定植、灌溉、施肥、修剪和病虫害防治等果树生产和技术改造全过程，解决果业生产劳动力短缺、劳动成本升高的问题。

【农机合作组织发展迅速】“十三五”期间，大连市农机专业合作社达115家，入社成员3 000多人，总资产3.4亿元，拥有各类大中型农业机械及其他配套机具7 000台（套），年作业服务总面积133.33千公顷。农机合作社和农机大户承担大连市70%以上的农机作业任务，成为大连市农业机械化技术应用和农机作业的主力军。

【推进农业机械化转型升级】 2020年，大连市落实《国务院关于加快推进农业机械化和农机装备产业转型升级的指导意见》（国发〔2018〕42号）和《辽宁省政府关于加快推进农业机械化和农机装备产业转型升级的实施意见》（辽政发〔2019〕29号）文件精神，结合实际制定《大连市人民政府关于加快推进农业机械化转型升级的实施意见》《大连市农业机械化发展协调推进机制工作制度》，细化工作措施，将农业机械化发展工作责任落实到市人民政府相关职能部门，通过政策制定和统筹协调，各部门形成合力，破除农业机械化发展障碍，推进农业机械化向全程全面高质高效发展。

【实施农机购置补贴项目】 2020年，大连市农业农村局、财政局印发《关于做好2020年农机购置补贴工作的通知》，启动农机购置补贴管理系统跨年度版和手机App，保持系统常年开放，为农业生产提供有力的装备保障。完成农机购置补贴辅助管理系统和农机监理系统的平台对接工作，实现平台间信息互联互通。按照农业农村部有关通报和省级联动处理要求对撤证、注销证书和违规产品进行封闭处理，确保农机购置补贴工作合规合法。大连市补助机具2 580台，使用资金2 955万元。

【推进黑土地保护性耕作行动】 2020年，大连市农业农村局、财政局制定《大连市推进黑土地保护性耕作行动实施方案（2020—2025年）》《大连市2020年黑土地保护性耕作行动计划作业补助项目实施方案》，印发《大连市黑土地保护性耕作作业补助项目核验方法》。大连市成立保护性耕作工作领导小组，组建大连市保护性耕作专家组，确定保护性耕作的10种模式标准。通过建立长效机制，加强组织领导和监督考评，推进大连市保护性耕作可持续发展。完成20千公顷保护性耕作作业任务，创建县级高标准保护性耕作应用基地2个、乡级高标准保护性耕作应用基地6个。

【农机作业生产有序进行】 2020年，大连市印发《2020年农机化工作要点》等通知，要求各地切实加强组织领导，抓住关键农时，聚焦重点和薄弱环节，制定具体工作方案，细化目标任务，强化工作措施，落实工作责任，做好各项农业机械化生产工作。大连市共投入农业机械6万台（套），完成机械化整地268千公顷、机械化播种234.67千公顷、机械化收获169.33千公顷，主要农作物综合机械化水平达82.1%，其中水稻生产综合机械化水平达92.4%、玉米生产综合机械化水平达82.9%，完成农业机械化作业任务。

【农机安全生产形势稳定】 2020年，大连市按照“管行业必须管安全、管业务必须管安全”的原则，强化农机安全生产责任落实。印发《关于切实做好2020年农机安全生产工作的通知》等8个农机安全生产工作通知，进行3次农机安全生产督导检查（安全生产责任制落实情况、秋季安全生产检查、卷帘门安全使用）。开展农机安全生产隐患排查整治活动和农机安全宣传培训活动。开展“农机安全生产月”活动，发放农机安全宣传单7万余张。开展农机安全生产“五进”宣传教育，深入乡村、学校、合作社、农机户、田间地头宣传卷帘机安全使用规程，发放宣传材料6万余份，维护大连市农机安全生产稳定向好的态势。

宁波市

【农业机械化发展情况】“十三五”期间，宁波市粮食生产耕种收综合机械化水平、机械烘干率稳步提高，达90%和80%以上，较“十二五”期末分别提高1.51和10个百分点，粮食批次烘干能力达18 000吨以上，五年增长35%以上，粮食生产机械化各项指标较好。宁波市共开展农机科技创新示范项目54个，引进玉米收获机、土壤杀菌机、水果自动分选、智能化控制以及梅干菜和竹笋烘机等大批新型高效农业机械；新创建完成鲜毛豆、茶叶、马铃薯、叶菜等全程机械化生产模式9个，相关耕、种、收综合机械化率均达70%以上。

【新型特色农机应用取得突破】“十三五”期间，宁波市推广鲜毛豆收割机，逐步解决余姚、慈溪两地近4.67千公顷青毛豆收割难题。推广安装烘干机粮食输送设备，解决粮食生产全程机械化最后环节。引进真空微波烘干机，促进四明山樱花产业发展。推动“植保无人机”“热风炉”“牧场空气综合治理设备”“单轨运输机”等成熟农机具进入国家补贴品目，鼓励各区县市实施“首台（套）”政策。“十三五”期间，宁波市共投入市级资金2 450万元，补贴各类新型特色农机具850台（套）。

【农业机械化服务体系强健】“十三五”期间，宁波市新建农机作业公司18家、区域性农机服务中心19家、市级示范农机合作社47个，创建省级示范农机专业社84家，功能培育农机合作社33家，截至2020年底，宁波市共有农机服务组织373个，超目标值33%以上。探索“全程机械化+综合农事”新型服务模式，并创建全国典型案例2个。同时，创建全国主要农作物生产全程机械化示范县8个、浙江省农业“机器换人”示范县5个、农业主导产业“机器换人”示范县2个、示范乡镇24个、示范基地65个，创建全国率先基本实现主要农作物生产全程机械化示范市。

【农机科技创新水平提升】“十三五”期间，宁波市印发《宁波市智慧农业云平台建设总体规划》，推进智慧农业云平台建设，农业农村部水稻大田种植数字农业技术集成示范项目推进，北斗精准时空服务基础设施、农业生产过程管理系统(包括水田精准整理与作业系统、智能灌溉系统、播种监视系统、精准养分管理系统、病虫害防控系统)、精细管理及公共服务系统搭建完成，打造“精准农业”大田示范项目样本。

【购机补贴和设施大棚建设成效】“十三五”期间，宁波市实施中央财政农机购置补贴资金18 546.7万元，使用市、县两级配套资金6 274.3万元，补贴机具17 038台（套），品目达325个以上，受益农户4 117个，宁波市农机总动力达到247万千瓦以上，拥有各类农业机械超27万台（套）。标准化农业设施大棚项目推进，2020年完成建设面积108万米^2，使用市级资金约1 360余万元。无人植保飞机已达530余台，提高农业植保效率。

【农机职业技能培训成绩】“十三五”期间，宁波市加大农机人员培训力度，有8人在历次全省全国农业行业职业技能大赛中获得荣誉，其中1人被授予“全国农业技术能手”称号。农机培训领域拓展，人才队伍建设成效明显。

【强化农耕生产农机保障】2020年，宁波市出台蔬菜生产机械临时补贴办法，在疫情防控应急响应期间，对购置未列入中央购置补贴的高性能播种机、高性能移栽机、叶菜收割机、叶菜包装机等新型农机的农业经营主体，按其实际销售价的60%予以补贴，由市县两级财政各承担50%，共实施市县两级资金136.46万元，确保疫情期间蔬菜生产供应。组织做好关键时节农业机械化生产服务工作，破解疫情期间农业用工短缺难题，降低生产人员密度，减轻疫情防控压力。2020年“春耕”“双夏”“秋收”“冬种”期间，宁波市共调度农机具1.84万台（套），储备农机配件近2 000万元，组建近70个维修服务队，维修保养农机1.13万台（套），并帮助农户和机手解决农业生产难题，为全年粮食丰产丰收提供有效保障。

【提升农机社会化服务能力】2020年，宁波市市级投入254万元，扶持新建区域性农机服务中心7家、市级示范农机合作社9个，并对8家农机合作社进行功能培育。继续开展“全程机械化+综合农事”新型服务模式探索，推动农机服务业态创新。2020年，优选出海曙粮人粮机专业合作社，并进行重点培育，完成“全程机械化+综合农事”服务中心典型案例申报工作。2020年农业机械化生产服务中，宁波市373家农机服务组织承担全市100%的机械耕整地和90%机械化栽植任务，突显农机服务组织保障农业生产重要作用。

【推进“双创”示范引领】2020年，宁波市的创建率达到70%，通过标杆示范引领，主要农作物生产全程机械化水平得到提升，宁波市水稻耕种收综合机械化率达90%，高出全国平均水平10个百分点。宁波市继续围绕“双创”，强优势、补短板、增活力、促提升，带动农机装备总量增加，促进装备结构加快向大功率、多功能、高性能方向发展，农机作业水平提高。

【调整补贴品目分类分档】2020年，宁波市编制《宁波市2018—2020年农机购置补贴产品补贴额一览表（2020年调整）》，同比2019年，新增8个分档，取消10个分档，补贴目录范围涉及14大类31小类79个品目325个分档。并调整新增环境控制系统、废弃物处理系统2个中央农机新产品购置补贴试点品目，做好标准化设施大棚建设等原有中央农机新产品购置补贴工作。

【做好补贴归档及公开】2020年，宁波市启用农机购置补贴辅助管理系统，并直接沿用浙江省补贴产品投档信息，让企业按要求归档填报。2020年，共发布810余家企业6 153条产品归档信息。按要求完善省级补贴信息公开专栏有关实施方案、补贴一览表、投诉电话等资料信息，并及时公示补贴相关情况。

【推广农机购置补贴App】2020年，宁波市引导农机户下载并通过App进行申请、查询等操作，农机部门通过补贴管理系统进行审核初验，随后现场核验，核验通过即可进入补贴公示和兑付流程。2020年农机购置补贴共使用中央资金4 500万元、市县配套资金1 100万元，补贴机具3 000台（套），受益农户2 100个；完成标准化设施大棚建设108万米^2，使用市级资金约

1 360余万元，其中2019年结转资金700万元。

【做好新型农机示范推广】 2020年，宁波市新增“杀虫消毒设备”和“脱臭清淤机”两个新型农机品目，投入264万元，拟补贴新增新型农机180台(套)。同时，开展市场调研，掌握宁波市新型农机购置补贴产品市场价格情况，针对部分新型农机可能存在的价格补贴风险，发函有关企业以书面承诺形式报告归档产品价格。

【加强农机科技项目建设】 2020年，宁波市提升蔬菜、瓜果、茶叶、畜禽、水产养殖等特色产业机械化水平，开展农作物生产全程机械化示范和农机科技示范项目，寻找“互联网+农机化技术推广”项目，强化对特色产业机械化关键环节新机械、新技术研究、攻关、试验和示范，推动农业机械化薄弱环节和技术创新示范推广。已落实梨园水平棚架机械化栽培技术、有机抹茶加工关键环节机械化研究、田间遥控运秧植保一体机研发、种植园智能化监测控制系统推广运用、生猪种鹅养殖场除臭设备引进示范等8个项目，安排市级资金120万元。

【存在问题】 2020年宁波市农业机械化发展问题主要有三个方面。一是特色产业农业机械化水平不高，部分特色产业、畜牧产业等机械装备有效供给不足，“无机可用”“无好机用”“有机难用”问题难以突破，影响蔬菜、生猪保供。二是水稻等主要农作物全程机械化生产中，水稻机械化穴直播、高效植保和秸秆综合处理等环节机械化水平有待提高。三是农机社会化服务覆盖面不广、链条不全、能力不强等问题依然存在，农机维修行业发展滞后、农机维修能力不足，农机服务人才相对缺乏等诸多问题亟待解决。

青岛市

【概况】“十三五”期间，青岛市创建全国第一批率先基本实现主要农作物全程机械化示范市，全国第一批“平安农机”示范市；西海岸新区、即墨区、胶州市、平度市和莱西市创建为全国主要农作物全程机械化示范县、全国“平安农机”示范县、山东省“两全两高”农业机械化示范县。

【农机装备结构不断优化升级】“十三五”期间，青岛市落实农机购置补贴资金7.45亿元，补贴新机4万多台（套）；落实资金1.42亿元，报废农机具7 452台。到2020年底，青岛市农机总动力达到755万千瓦，拖拉机21.6万台，台均动力17.4千瓦，比“十二五”末增长13.9%；大中型拖拉机达16 913台，增长42%；谷物联合收割机发展到19 040台，增长16.6%，自走式、复合型、高效化发展明显；花生收获机达8 062台，增长7.4%；谷物烘干机达119台，增长495%；林牧渔、农产品初加工等农业机械装备水平不断提高，高新科技和新兴业态农机具爆发增长，植保无人机发展到1 000多架，农用北斗终端农机发展到800多台。

【农机作业水平全面提高】“十三五”期间，青岛市农作物耕种收综合机械化率达89%以上，比“十二五”末提高5个百分点。小麦、玉米综合机械化率分别达99.9%和99.7%，花生、马铃薯综合机械化率分别达90%和80%。农机作业服务由传统种植业向林果业、畜牧业、渔业、农产品初加工业、设施农业等领域拓展，机械化率分别提升5%以上，畜牧业机械化率达70%以上。

【农机绿色发展稳步推进】“十三五”期间，青岛市推进深松整地机械化，安排补助资金1.73亿元，完成深松整地约500千公顷，青岛市适合深松整地耕地全部深松一遍以上；推进保护性耕作机械化，安排补助资金2 000万元，完成保护性耕作面积66.67千公顷以上，联合国可持续农业机械化中心、欧盟和国家保护性耕作中心专家对青岛市的保护性耕作给予高度评价；推进秸秆利用机械化，把秸秆利用机械纳入农机购置补贴累加补贴范围，建成秸秆打捆试验基地1处，承办联合国亚太可持续农机中心秸秆利用项目现场会，举办2019年亚太地区秸秆综合利用现场演示会与培训班，2020年亚太地区秸秆综合利用视频会。

【农机服务主体发展壮大】“十三五”期间，青岛市各类农机服务组织达到794个，从业人员达19 752人；青岛市农机作业服务专业户77 175个，拥有乡村农机从业人员420 102人，减少16%。青岛市农机合作社数量达738个，增长17%，服务农户50万多户，农机专业合作社作业服务面积达1 000千公顷以上，占全部大田作业面积的80%以上，增幅超过10%。全年农机服务总收入达到21亿元，其中农机作业收入17.5亿元，农机合作社成为既开展服务又从事生产经营的重要主体。

【农机安全生产形势稳定】“十三五”期间，青岛市落实各项农业机械安全监管职责，专项行动与日常监管相结合，开展隐患排查治理，抓好变型拖拉机整治，严格执法监管，开展“平安农机”创建与农业机械安全生产宣传教育，以农机合作社等农机经营服务主体为重点，抓住重点农时等作业高峰期，提升农机从业人员的安全生产意识和安全作业水平。“十三五”期间，青岛市未发生较大以上农机安全事故，农机安全生产形势持续稳定。

【现代农机装备水平提升】 2020年，青岛市农机总动力达751万千瓦，同比增长1.5%；各类拖拉机、联合收割机保有量22万余台，配套机具40余万台（套）；现代智慧农机发展迅速，青岛市北斗终端农机800多台，植保无人机1 000多架。

【农业机械化水平提高】 2020年，青岛市主要农作物耕种收综合机械化率达89.2%，畜牧业机械化率达70%以上，在山东省率先实现“两全两高”示范县全覆盖。

【农机社会化服务能力增强】 2020年，青岛市各类农机社会化服务组织承担80%以上的农机作业量，高出山东省10个百分点。俊利昌盛、浩硕农机合作社创建全国“全程机械化+综合农事”典型案例，青岛市全国典型案例达3个。

【农机营商环境改善】 2020年，青岛市举办2020中国国际农业机械展览会；将青岛璐璐农业装备公司的辣椒除柄机纳入全国第一批农机专项鉴定；汇君环能工程公司完成有机废弃物耗氧发酵翻堆机田间试验，纳入山东省购机补贴目录。

【农机安全生产形势稳定】 2020 年，青岛市累计发生农机安全生产事故 1 起，死亡 1 人。无较大以上农机安全生产事故发生。

【加快推进农业机械化转型升级】 2020 年，青岛市落实市财政资金 280 万元，建设全程机械化示范区 13 个。青岛市组织农机具 30 多万台（套），完成耕种收管作业任务，确保粮食丰产丰收。青岛市组织召开全市“三夏”“三秋”农业机械化作业现场观摩会，举办全国两熟区玉米秸秆利用暨小麦免（少）耕播种田间演示会。青岛市粮食作物综合机械化率达 99.7% 以上，马铃薯综合机械化率达 80% 以上。青岛市会同山东省农业农村厅农业机械化管理处、青岛农业大学，首次举办大蒜机械化生产现场演示会，实现大蒜全程机械化。承办全国经济作物农业机械化作业现场演示活动，中国工程院院士罗锡文等领导和技术人员 200 余人参加活动。

【推进农业机械化绿色发展】 2020 年，青岛市推动深松整地机械化。争取中央资金 900 万元，落实市级资金 1 080 万元，完成深松整地作业面积 75.47 千公顷，占年度任务的 113.2%。青岛市落实市级资金 400 万元，完成保护性耕作作业面积 9.07 千公顷，占年度任务的 136%。青岛市保护性耕作被列为全国黄淮海地区一年两作机械化技术示范典型。青岛市将秸秆综合利用机械纳入购机补贴累加范围，补贴秸秆打捆机械 237 台。青岛市承办联合国亚太地区秸秆综合利用视频交流及现场演示会，30 多个国家的官员和专家进行交流研讨。

【提升农机装备水平】 2020 年，青岛市规范落实农机购置补贴政策。争取中央资金 1.05 亿元，增幅 75%。补贴各类农机具 9 938 台，受益农户 5 938 户。作为全国首批“三合一”试点省份，参与制定国家《农机购置补贴用二维码编制规则》。青岛市出台农机报废更新补贴实施方案，完成报废农机具 758 台，占年度任务的 253%。检修保养机械 12 万多台（套），举办各类维修技术培训班 427 个。组织参加全省农业行业职业技能大赛，获 3 等奖一名，青岛市农业农村局获组织奖。举办“农机 3 • 15”消费者权益日活动，维护消费者合法权益。

【完善农机社会化服务体系】 2020 年，青岛市开展农机跨区作业、生产托管、订单作业等多种形式适度规模经营，加快推广全程托管、“互联网＋农机作业”和“全程机械化＋综合农事”等服务新模式新业态。青岛市国家级农机合作社示范社达 22 家，省级示范社 29 家，市级示范社 123 家，农机合作社从业人员达 2 万人，服务农户 50 万多户。开展社会化拖拉机驾驶培训机构试点，新增 2 家社会化拖训机构通过验收，总数达 8 家。遴选 50 名基层农机技术能手补充师资库，完成农机培训 5 000 多人次。

【优化农机营商环境】 2020 年中国国际农业机械展览会继续在青岛市举办，吸引专业观众超过 15 万人次。专门设立青岛农机装备制造展区，成为展会上最具吸引力的展区之一。加强与农机制造企业的交流联系，召开畜牧业机械化座谈会 2 次，走访调研企业 27 家，为企业解决问题 6 个。

【毫不放松抓好农机安全生产】 2020 年，青岛市组织督导检查 73 次，检查农机专业合作社、农机维修企业 509 家次。开展农机安全生产专项整治、安全隐患拉网式大排查专项行动，组织开展“农机安全生产月”活动、举办农机事故应急处置演练和农机事故处理员培训班，印发《青岛市农业机械事故应急预案》。办理拖拉机和联合收割机注册登记 2 852 台，注销 221 台，年检 5 343 台；办理初次申领驾驶证 318 人，期满换证 867，恢复驾驶资格 71 人。开展变型拖拉机清理整治、道路交通“平安行•你我他”等专项整治行动，组织安全执法 1 192 次，查处涉牌涉证违法行为 693 起。

厦门市

【农机装备水平持续提升】 2020 年，厦门市农机总动力已达 37.30 万千瓦。农机具配置结构逐步优化，大中型拖拉机、增氧机、耕整机械、植保机械、保鲜储藏设备等农业机械、农业设施已广泛进入厦门市的特色农业产业和薄弱环节，水稻机械化机插秧，马铃薯机播等也实现从无到有，农机装备配置结构优化，促进厦门市农业生产向全程全面机械化发展。同时，也带动厦门市企业研发的农机产品（如胡萝卜播种机、清洗机，畜禽粪便罐式发酵设备等）通过推广鉴定走向福建省、全国市场。2020 年厦门市主要农作物耕种收综合机械化率达 60.2%，水稻耕种收综合机械化率达 72.8%。

【示范推广助力农业机械化发展】“十三五”期间，为推进厦门市主要农作物生产全程全面机械化程度，厦门市开展示范创建活动，争取市、区财政（6∶4 配套）项目资金，联合印发《关于开展 2018 年厦门市主要农作物生产全程机械化项目建设的通知》（厦农〔2018〕170 号），对开展主要农作物生产全程机械化技术实施项目补助。厦门市两家农机专业合作社实施完成 2 个马铃薯生产全程机械化示范点，项目补贴资金 60 万元。通过示范点创建，举办马铃薯机械化收获、春耕农业机械化作业、“双抢”机收和蔬菜机械化移植技术现场演示等活动，推进高效农业机械化技术的推广应用。

【农机社会化服务能力提升】“十三五”期间，厦门市结合该市农作物播种面积小、田块散的农业生产特点，着力扶持培育厦门市 3 家农机专业服务组织向规模化发展、全程机械化服务的目标推进。引导农机合作社发挥农业生产主力军作用，开展农机作业服务。厦门市农机专业合作社一方面利用手机、网络接收网上订单、预约，另一方面调配各类农机具开展农机作业服务。厦门市农机专业合作社已从“十二五”末的 1 家发展到 3 家，拥有各类农机 93 台（套），服务面积自 2018 年有统计以来到 2020 年末累计完成 5.95 千公顷。

【财政补贴政策扶持农业机械化发展】厦门市财政每年安排专项资金用于农机购置补贴产品累加补贴，“十三五”以来，市财政已累加配套资金 744.16 万元。通过联合厦门市财政局印发《2018—2020 年厦门市农业机械购置补贴资金使用实施方案》（厦农〔2018〕173 号），补贴对象除从事农业生产的个人和农业生产经营组织外，还包括台湾同胞和台资农业企业。台资农业企业生产的农机产品可以纳入厦门市农机购置补贴产品，享受市级累加补贴。

【规范实施农机购置补贴】 为规范、高效、有序推进农机购置补贴政策，落实“放管服”改革精神，2018年厦门市启用农机购置补贴跨年版管理系统，实现常年开放补贴业务，同时，为方便购机者申请补贴，2019年开始推广使用手机App办理补贴，通过“线上+线下”相结合方式，简化办事流程，让购机者不出家门就可办理补贴申请。“十三五”期间，中央财政累计安排厦门市农机购置补贴资金1 479万元。据统计，实施期间厦门市农机购置补贴受益农户3 656户次、补贴各类农机具5 420台（套）、农机销售总价近5 649万元，通过手机App受理591户，购置补贴农机具859台（套）。

【农机安全生产持续平稳态势】“十三五”期间，厦门市共组织农机安全执法检查526余次、出动执法人员1 470余人次，检查农机2 602余台次，纠正违章行为230余起，排查、整改一般隐患368项，整改率100%，查扣各类违法上道路行驶拖拉机99台，对2 271台达到强制报废条件的多功能拖拉机发布注销公告。受理拖拉机和联合收割机报废申请47台，补贴资金25.9万元。厦门市拖拉机有效在册数1 182台（其中：轮式拖拉机665台、手扶拖拉机298台、履带式拖拉机8台、多功能拖拉机211台），持有效拖拉机驾驶证2 203人，换发驾驶证711本，拖拉机驾驶人考试162人。厦门市农业机械作业连续15年在田间、场院未发生农机亡人事故，农机安全生产形势保持平稳。

【部署农业机械化工作】 2020年，厦门市印发《厦门市农业农村局关于印发2020年厦门市农机化工作要点的通知》《厦门市农业农村局关于下达2020年全市农机化重点工作任务表的通知》《厦门市农业农村局关于印发2020年厦门市农业生产全程全面机械化推进行动实施方案的通知》等文件，将工作任务分解并下达各区，同时督促抓好落实。新冠肺炎疫情防控期间，为预防人员扎堆办理农机业务，严防人员聚集引发疫情传染隐患，印发《厦门市农业农村局关于做好新型冠状病毒疫情防控期间农机业务办理工作的通知》，指导各区做好疫情期间农机购置补贴和农机监理工作，要求各区结合实际，利用微信、电话、邮箱等非接触式手段，解答农民群众的来电来信，力保疫情防控期间农机业务工作不停滞不断档。

【确保疫情期间工作开展】 2020年，厦门市印发《关于做好2020年春季农机化生产工作的通知》，要求各区农机部门贯彻落实福建省、厦门市疫情防控工作部署和要求，在配合做好疫情防控工作的同时，抓好农机春耕备耕工作，确保防疫生产两不误。疫情期间，厦门市农机技术人员做好防护深入田间地头了解种植户的困难，排忧解难。尤其是前期人员返厦复工难、部分村庄封路等困难，协调农机专业合作社组织机手开展机耕、育插秧服务。抢农时，争季节，提升服务作业面积。厦门市三家农机专业合作社2020年累计完成农业机械化耕种收作业服务面积2.73千公顷。利用农机精准作业平台和北斗定位终端，实现全天候对农机的位置、状态等进行监控，采集数据，规范作业，提高作业质量。合作社已对接作业服务面积逾200公顷，服务农户200余个。

【落实农业生产全程全面机械化推进行动】 2020年，厦门市组织举办“2020年春季农业生产水稻机插秧现场演示活动”和“2020年厦门市水稻生产机收现场演示活动”等现场演示活动。

【加强宣传报道】 2020年，厦门市分别通过市人民政府门户网站在线访谈栏目开展“厦门市农机购置补贴政策”解读、在厦门日报做了“水稻插秧有神器”的专题报道、在学习强国平台和厦门日报做了“农民买农机、政府给补贴”报道，在“厦门三农网”设置农机购置补贴信息公开专栏，利用短信、微信、服务热线和科技三下乡等活动方式，宣传解读农机购置补贴政策、接受群众政策咨询，保证惠农补贴政策宣传到位。

【农机购置补贴工作开展情况】 2020年，厦门市共受理补贴申请表730份、受益户数609户、机具数量887台（套），使用补贴资金422.827 5万元（其中中央补贴278.972 5万元，厦门市补贴143.855万元）。资金使用进度99.75%，购机总价1 049.818万元。其中：通过手机App受理申请466户，占总申请数76.5%，使用补贴资金157.197万元，资金申领比例达到37.2%。为稳定购机者补贴申领预期，厦门市印发通知，要求各区不得以资金用完等理由拒绝受理购机者的补贴申请，确保应录尽录、应审尽审，补贴系统实现常年连续开放。厦门市已超录受理补贴申请表332份、受益户数242户、机具数量393台，使用补贴资金280.120 2万元（其中中央补贴186.935 8万元，福建省补贴93.184 4万元），购机总价424.849 8万元。其中：通过手机App受理申请209户，使用补贴资金195.34万元，购机总价490.885 0万元。

【压实安全责任】 2020年，厦门市农业农村局按照“党政同责、一岗双责、齐抓共管、失职追责”和“三个必须”的要求，下达2020年农机安全生产目标责任，明确区农机主管部门、农业综合执法机构的农机安全监管责任，压实农机服务组织、农机大户、农机手等农机经营者的安全生产主体责任。要求各区农业综合执法大队与拖拉机培训机构、农机专业合作社、拖拉机驾驶员分别签订农机安全生产承诺书，定期召开农机安全生产形势分析会，通报农机安全生产形势，落实农机安全监督检查、执法、隐患排查工作。

【加强综合整治】 2020年，根据福建省、厦门市人民政府有关道路交通安全工作要求，厦门市农业农村局开展农机安全综合整治行动，印发《厦门市农机安全综合整治三年专项行动2020年工作要点》，联合市公安局制定印发《厦门市多功能拖拉机安全监管实施方案》，并依托厦门市大交通办平台，完善与公安、应急管理等部门长效协作机制。一是开展联合执法。二是排查治理农机安全隐患和各类违法行为。截至目前，厦门市累计出动执法人员129批375人次，检查拖拉机286台，排查整改一般安全隐患6个，整改率达100%。

【强化源头管控】 2020年，厦门市强化拖拉机驾驶培训管理，加强对拖拉机驾驶培训机构动态管理，要求培训机构按照许可的范围和规模培训，保证培训质量。同时开展隐患排查、安全培训和应急演练，建立健全培训管理档案，提升拖拉机驾驶培训机构安全生产标准化水平。厦门市落实农机报废更新补贴政策，加速推进厦门市老旧拖拉机报废更新工作，消除安全隐患。厦门市已完成22台多功能拖拉机报废补贴申请受理，补贴资金12.8万元。厦门市印发《厦门市农业机械报废更新补贴实施方案》，并开发“报废更新补贴信息化辅助管理平台”，为2021—2025年开展农机报废更新补贴工作打下基础。

【深化“平安农机”创建】 为落实《厦门市“十三五”时期创建“平安农机”活动实施方案》部署，按照要求，厦门市农业农村局联合市应急管理局印发《关于做好2020年“平安农机”创建工作的通知》，集美区杏林街道、海沧区海沧街道、同安区汀溪镇、翔安区内厝镇已通过“平安农机”示范镇（街）创建考评并授牌。

【强化安全警示教育】 2020年，厦门市广泛宣传与点对点精准宣传相结合，坚持安全宣传教育常态化，坚持以拖拉机违法载人、超速超载、非法改装等违法行为警示教育为重点，提高农民机手安全生产意识。组织开展贴近实战、注重实效的农机事故应急处置演练。组织农机“安全生产月咨询日”活动，发动农民群众积极参与，拓宽参与面，扩大覆盖面，营造安全氛围。厦门市各级农机管理部门共发放各类宣传手册7 179本、群发短信28 593条，悬挂张贴农机安全生产宣传标语、横幅、挂图68幅。

新疆生产建设兵团

【农机装备结构优化】“十三五”期间，新疆生产建设兵团大中型拖拉总量达4.7万台，占比59.9%，比“十二五”末增长6个百分点，其中73.5千瓦以上拖拉机占比12.8%，比“十二五”末增长3.2个百分点。采棉机2 760台，联合收割机1 650台，农用飞机33架。大型装备能力继续加强，农机装备结构持续优化，大功率、多功能、绿色高效及薄弱环节农业机械增长迅速。

【农业机械化水平稳步提高】“十三五”期末，新疆生产建设兵团机耕面积1 332千公顷，机播面积1 384.67千公顷，机收面积1 162.67千公顷，飞机作业面积291.33千公顷，机耕、机播、机收水平分别达100%、100%、84%，耕种收综合机械化水平达95.2%，比“十二五”末增加2.1个百分点。新疆生产建设兵团农业机械化正向畜牧业、林果业拓展，呈现出全面发展的态势，基本形成大农业机械化生产体系，农业机械化水平居全国领先地位。

【政策保障不断加强】“十三五”期间，新疆生产建设兵团出台《新疆生产建设兵团关于加快推进农业机械化和农机装备产业转型升级的实施意见》（新兵发〔2019〕33号），提出2025年农业机械化发展总体要求，推进方向和保障措施。“十三五”期间，农机购置补贴资金规模逐年大幅增加，受益范围不断扩大，中央财政累计安排给新疆生产建设兵团农机购置补贴资金接近11.2亿元。共补贴机具5.1万台（套），受益职工和服务组织3.8万余户次，带动社会投入33.6亿元。

【新机具新技术应用范围扩大】“十三五”期间，新疆生产建设兵团大面积推广机械化秸秆还田、残膜回收、土壤深松、机械植保、机械移栽、高架精量喷雾、土壤深翻、葡萄埋藤、保护性耕作、节能降耗等农业机械化新技术。已推广马铃薯、甜菜、打瓜、油菜、辣椒、番茄等作物联合收获机械1 000余台。畜牧园艺业机械化生产进展较快，推广牧草收割机、饲草料打捆机、储奶罐、挤奶器等畜牧机械。新增葡萄埋藤机、挖坑机、微耕机、迷雾机等园艺机械。卫星导航技术发展迅速，安装北斗卫星导航1.24万台。

【农机社会化服务能力增强】“十三五”期间，新疆生产建设兵团各类农机专业合作社达到357个，比“十二五”末增加227个，增长174.6%。服务领域不断拓展，由单项作业为主，逐步向订单式、生产托管等“一条龙”作业服务模式转变，由产中向产前、产后服务延伸发展，农机作业年产值达55亿元，跨区作业每年达300千公顷，作业产值约4亿元，服务能力不断增强。

【棉花机械化收获工程取得新进展】2020年，新疆生产建设兵团棉花种植面积868.67千公顷，采棉机保有量达2 760台，比“十二五”末增加910台，增长49.2%，完成机采面积786.67千公顷，比“十二五”末增加353.33千公顷，增长81.5%，机采率达到90.6%，比“十二五”末提高22个百分点，棉花耕种收综合机械化水平达97.2%，在全国率先实现棉花全程机械化。

【落实农机购置补贴工作】 2020年，新疆生产建设兵团享受国家农机购置补贴资金34 349万元，2019年度结转234万元，截至2020年10月初，中央财政补贴资金全部实施完成。新疆生产建设兵团开展农机购置补贴实施情况分析。拟写新疆生产建设兵团农机购置补贴机具分档补贴额度分析报告，对拖拉机、农业用北斗终端等品目的分档或补贴额提出调整建议。

【加大对南疆的补贴政策】 2020年，新疆生产建设兵团落实向南发展实施纲目标任务，在农机购置补贴资金上向南疆倾斜，补贴范围内机具敞开补贴。继续在南疆师市开展差别化农机购置补贴试点工作，提高补贴额，降低购机成本，提高南疆师市职工群众的购机积极性，提升南疆师市农业装备水平。

【开展农机报废更新补贴工作】 2020年，新疆生产建设兵团与财政局、商务局共同制定《兵团农业机械报废更新补贴实施方案》（兵农机发〔2020〕60号），完成农机报废更新补贴信息系统软件调试。截至12月24日，共报废各类农业机械653台，实施报废补贴金额294.54万元，受益农机户561户。

【购置补贴产品规范化】 2020年，新疆生产建设兵团进行2次农机购置补贴产品归档工作，有274家企业的2 891个农机产品纳入新疆生产建设兵团农机购置补贴范围。

【加强农机购置补贴的监管力度】2020年，新疆生产建设兵团指导师市建立农机购置补贴内部风险防控规程，规范工作流程，明确风险点，加强风险管控。对4个师20个团场的购置补贴执行情况进行核实，对发现的问题提出整改意见。

【加大农机购置补贴工作信息化应用力度】 2020年，新疆生产建设兵团全面使用农机购置补贴辅助管理系统（2018—2020）连续版、新疆生产建设兵团农机购置补贴信息公开专栏平台等4个软件平台，启动农机购置补贴“三合一”软件试点。信息化技术的应用，大幅度提高工作效率，减轻基层工作人员的工作负担，起到良好的效果。开展2018年、2019年农机购置补贴政策落实延伸绩效管理中存在问题的整改工作。

【组织关键农时机械化生产】 2020年，新疆生产建设兵团发挥农机在农业生产中的重要作用，加强对重点农时季节、重点作物关键环节机械化作业的组织领导，抓机具检修、宣传培训、跨区作业和安全保障，确保农业生产任务完成。一是冬春季节，共培训4.5万人次，组织检修各类机械5.4万台，完成春季耕整地933.33千公顷，春播1 133.33千公顷；二是“三夏”期间，投入联合收割机1 500台，发放联合收割机跨区作业证4 000份，完成小麦机收112.67千公顷，组织开展跨区作业66.67千公顷；三是秋冬期间，组织投入农业机械5.9万台，其中棉花收获机械2 760台，玉米收获机600台，番茄收获机120台，甜菜收获机130台，辣椒收获机械60台，油葵收获机械350台，籽用瓜收获机械1 400余台，完成机耕1 332千公顷，机收1 162.67千公顷，机收棉花786.67千公顷，机收玉米116.67千公顷；四是组织赴地方开展跨区作业，2020年投入3 000余台（套）农机具，完成机耕66.67千公顷，机播66.67千公顷，机收166.67千公顷，共计300千公顷。

【开展废旧地膜污染综合治理】 2020年，依据中央领导关于新疆生产建设兵团要带头解决白色污染的要求和新疆生产建设兵团党委的统一部署，新疆生产建设兵团坚持“遏增量、减存量”原则，有序推进废旧地膜污染综合治理工作。一是实施好废旧地膜回收利用整团推进试验示范项目，完成项目投资1 464万元，项目团场废旧地膜回收率达到90%以上，回收的废旧地膜全部实现资源化利用；二是制定印发《农田地膜回收作业技术规程》，将废旧地膜回收纳入作物农艺措施；三是学习兄弟省市先进经验，赴甘肃省学习考察，通过座谈、实地查看、与农民交流，学习武威市废旧地膜污染综合治理的经验做法，对推进新疆生产建设兵团废旧地膜污染治理具有借鉴意义。

【推进南疆老果园提质增效改造示范】 2020年，新疆生产建设兵团落实100万元，与新疆农垦科学院继续开展老果园适应机械化作业改造试验示范。制定南疆老果园提质增效改造技术方案，选配关键环节机械装备，开展试验示范和田间农艺技术培训、机械作业现场示范指导工作，通过试验示范，增强南疆师团职工群众老果园改造的积极性。

【加强农业机械化安全工作】 2020年，新疆生产建设兵团农业行业报告事故1起，死亡1人，受伤0人，事故各项指标为近五年的最好水平。一是通过签订安全生产责任书、下发通知，明确各级领导和单位的安全生产职责，加强督查，确保责任落实到位；二是制定落实7个具体方案，指导各师市抓好落实落地，开展5轮实地检查和巡查暗访，对发现的11个隐患不整改到位不松手，综合施策抓好春耕、三夏、三秋关键节点和农机作业和拉运、棉花加工等重点环节的安全生产工作；三是推动农业安全生产专项整治。成立行动领导小组，组织开展农机安全生产专项整治三年行动，并对四、五、六、七、八、九师的农机安全生产专项整治三年行动开展情况督导检查;四是以安全生产月活动为载体，发放宣传册5万余份，粘贴标语、横幅、展板、宣传专栏等1 000余个，各种媒体报道宣传40篇，培训农机驾驶操作人员2 500余人次，营造良好的安全生产氛围。

黑龙江省农垦

【农机装备水平提高】 “十三五”期间，黑龙江省农垦落实国家农机购置补贴资金23.3亿元，扩大农机补贴范围，调整补贴额度，开展新产品补贴试点，确保补贴范围内机具全面敞开补贴。各级农机管理部门强化制度建设，规范补贴申请受理和机具核验，做好信息公开工作，落实政策实施风险防控责任，从严整治突出违规问题，确保农机补贴依法依规进行。实现农机更新投入95.8亿元，更新各类农业机械11.98万台(套)。农机总动力继续保持在1 000万千瓦以上，主要农作物耕种收综合机械化水平保持在99%以上，超过全国平均水平30个百分点。

【加强农机科技创新与推广】 “十三五”期间，为落实习近平总书记“给农业现代化插上科技的翅膀”的重要指示精神，黑龙江省农垦坚持用高科技武装农业机械化，引进一批国际、国内最先进的农机技术和先进装备，包括变量施肥插秧机、水稻钵育摆栽机、水稻密苗插秧机、旱田智能喷洒控制系统、卫星平地机、自平衡弹齿式水田压茬机、自动导航系统等。垦区研发并投入使用农机深松作业检测平台，实现深松作业补贴全面积检测。2019年，在红卫农场启动农业全过程无人作业试验之后，垦区相继开展春季无人搅浆、无人插秧，秋季无人收获、无人整地。首批5G基站在七星农场万亩大地号开通，将农业生产作业标准化、精准化、智能化又推向一个新的高度。

【提升农机管理标准化水平】 “十三五”期间，黑龙江省农垦发挥农机标准化农场的示范带动作用，坚持标准化管理的传统，坚持农机具统一停放和管理，严抓农时标准、机具技术状态标准和田间作业标准，实行优机、优质、优价制度，全方位实现农机标准化作业。坚持“以人为本”，狠抓农机队伍建设，使垦区农机驾驶操作人员和各级管理人员的整体素质得到提高。垦区农机基础设施建设进一步加强，“十三五”期间共计实现投资14.3亿元，建设、完善农具场180个。

【提升经济作物机械化水平】 “十三五”期间，黑龙江省农垦主要农作物全程机械化目标基本完成，各级农机部门进一步推进农业机械化全面发展，马铃薯种植、管理和收获机械，青贮饲料收获机械，甜玉米收获机械等重点设备的推广应用，有效补充农业机械的薄弱环节。垦区农业机械作业领域由粮食作物向经济作物、设施农业，由种植业向养殖业、农产品加工业、航化作业发展，其中航化作业面积达到6 266.67千公顷，由垦区内向垦区外延伸，农业机械化发展空间不断扩大。

【农机跨区作业取得新突破】“十三五”期间，黑龙江省农垦各级农机部门与各市、县、乡搞好协调对接，拓展信息渠道，使跨区作业的项目和范围不断扩大。各农场、连队为有机户联系作业需求，在春播、夏管、秋收、秋整地各个阶段都能有跨区作业收益。同时，黑龙江省农垦和黑龙江省农业农村厅协调，促成省农机作业监控平台为垦区机车开放。垦区大功率农机安装监测系统，到地方开展深松作业和秸秆还田作业，增加跨区作业的新项目，为有机户增收开拓新渠道。5年来，垦区农业机械跨区作业收割面积累计达到2 466.67千公顷，出动作业机车超过8 100台。

【确保粮食丰产丰收】在2018—2019年连年出现秋涝灾害的情况下，黑龙江省农垦加大抗涝机具引进力度，利用新型农机具补贴对抗涝机具购置给予支持。动员各方面力量，对于履带式收割机、防陷半履带装置、宽轮胎、烘干设备等价格较高的抗灾机型，利用购置、租赁等多种手段，有效保证抗灾能力。同时，各级农机部门采取措施，发挥农机管理“六统一”、组织化程度高的优势，在“三秋”作业中，统一作业指挥、合理调配机械力量，采取有效措施，适时适地进行机械改装与革新，提高机车作业效率。发挥大功率机械作用，坚持“人停机不停”机车昼夜作业，实现垦区耕地“黑色越冬”，完成“三秋”作业任务。

【提升农机组织化程度】“十三五”期间，黑龙江省农垦加强农机社会化服务体系建设，各分（子）公司、农（牧）场都出台优惠政策，鼓励扶持发展合作社、农机大户、农机联合体、农机服务站等各类农机服务组织。为促进黑龙江省农垦农机专业合作社又好又快发展，提升合作社综合实力，部分农场组织合作社在每个作业季节前举办农机技术培训班，为广大农机户提供学习交流的机会。通过举办的拖拉机和联合收割机培训班，聘请专家和技术人员人来农场讲课，培训专业技术人员及修理工及培训驾驶操作人员形式，为农机手开展机械作业提供技术保障。

【提升农机装备对农业的产业支撑】“十三五”期间，黑龙江省农垦发挥土地集中连片、生产经营组织化程度高的优势，提升农机装备的使用效率。在农业机械化保持高水平的前提下，配备动力仅为3.75千瓦/公顷，远低于全国8.7千瓦/公顷的平均水平。农机装备水平和效率的提升，促进农业劳动生产率提高。近年来，黑龙江省农垦粮食作物从整地、育苗、播种、管理到收获各个环节，都体现出高效率、高标准、快节奏，播种、插秧只需7～10天，水稻、玉米、大豆等主要作物可全部播在高产期。收获作业在10～15天完成，秋季整地作业在15～20天即可全部完成。

【建立农机转型升级示范区】2020年，黑龙江省农垦成立北大荒集团现代农机转型升级示范区建设专家组，对示范区建设进行科学规划，对示范区装备选型进行指导。经过申报筛选，最终确定10个农场作为第一批农机转型升级示范区，鼓励引进具有世界先进水平的大型、高效、多功能、信息化、智能化农机装备。推动农业生产全程机械化向智能化迈进，继续引领、示范全国农业现代化发展方向。以示范区为基础，在垦区推广保护性耕作、秸秆还田离田、精量播种、精准施肥施药、节水灌溉、病死畜禽无害化处理等绿色高效机械装备和技术。

【落实农机购置补贴政策】2020年，黑龙江省农垦落实国家农机购置补贴政策，按照农业农村部和财政部相关文件要求，扩大农机补贴范围，确保补贴范围内机具全面敞开补贴。为应对补贴资金超额使用，及时采取下调补贴额度等有效措施。组织各级农机管理部门强化制度建设，规范补贴申请受理和机具核验，做好信息公开工作，落实政策实施风险防控责任。从严整治突出违规问题，分两批对涉及的3家企业进行违规处理，确保农机补贴依法依规进行。推进农机专项鉴定顺利开展，为农机新技术推广开辟新途径。利用农机购置补贴资金，开展新产品补贴试点和农机报废更新补贴试点。2020年使用补贴资金9.98亿元，购置更新大中型拖拉机、联合收获机、插秧机等各类农机具4.9万台（套），共完成农机更新投入31.1亿元。

【加快数字农机应用步伐】2020年，黑龙江省农垦推进数字农机建设，配合科技信息产业部建立农机信息管理平台整体框架，实现农机管理、智能农机、农机精准作业管理三项主要功能。协调建三江做好无人化农场项目，分批开展整地、插秧、播种、植保、收获等全过程无人化作业试验，并取得成效。农业农村部、工业和信息化部、大型企业等纷纷在建三江召开农机无人化作业现场演示会，加快现代化大农业信息化、智能化发展，把农机作业标准化、精准化推向一个新的高度。

【提早谋划抓紧部署，疫情不误生产】2020年，黑龙江省农垦面对新冠肺炎疫情防控的严峻形势，组织各级农机管理部门做好农机准备和调度工作，确保春播期间农业机械能“拉得出，用得上，干得好”，各类作物均播种在高产期。要求农场加大检修投入，在安全防护的前提下，严格按照标准开展检修工作，提前完成检修任务。组织开展线上授课，解决人员培训难题。开启远程指挥，解决技术服务难题。推广水稻插秧机辅助直行技术，缓解疫情期间用工紧张的压力。

【加强防涝机具准备和抗灾机具调度】2020年，黑龙江省农垦面对台风、强降雨、降雪等不利天气影响，组织各级农机部门迅速行动抗灾自救，针对不同作物和受灾情况提出多种解决方案，通过“买”“引”“改”等多种方式，投入各类农机具35万台（套），通过农机改装、加装设备等保障收获，全集团共计改装农业机具1.3万台（套），加装倒伏装置6 616套，收获机加装半履带装置2 644套，配备宽轮胎3 486套，确保倒伏地块不减产，实现粮食颗粒归仓。组织各级农机部门科学调配机械力量，抢夺有效时间，坚持“人停机不停”，加快秋收生产进度，抓好抗灾抢收各项措施落实。

【推进保护性耕作研究】2020年，黑龙江省农垦加快推进保护性耕作研究，争取国家政策支持。一是落实国家深松补贴政策，对2020年深松作业进行总体规划，部署补贴范围区域。落实农机深松作业补贴资金3 540万元，补助总面积236千公顷。扩大深松监测装置安装规模，全面应用农机深松作业监测平台，召开技术交流会研讨监测中出现的问题，确保深松补贴资金发放科学有序进行。二是开展秸秆覆盖免耕播种试验示范，研究保护性耕作机具使用和技术措施。黑龙江省农垦向黑龙江省农业农村厅、农业农村部农业机械化管理司提交报告，争取农业农村部2021年对黑龙江农垦单列保护性耕作补助面积33.33千公顷。

【推进农机社会化服务体系建设】 2020年，黑龙江省农垦致力提升农机使用效率。一是落实国家农机跨区作业惠农政策，组织做好《农机跨区作业证》的免费发放工作。鼓励农场拓宽农机跨区作业信息渠道，为有机户提供更多的跨区作业信息，实现更多农业机械走出去，引进来。2020年完成跨区作业面积403.19千公顷，出动跨区作业机车1 785台。二是研究拟订农机专业化社会化服务发展建议，推进黑龙江省农垦农机社会化服务试点稳步开展。

【制定农机作业质量标准】 2020年，黑龙江省农垦研究制定农机作业质量标准，持续推进农机生产和管理标准化。一是组织制定水田、旱田农机作业质量标准，推动北大荒农业作业企业标准在北京发布。二是推进农机具管理标准化，提升农机使用寿命和作业质量。三是组织开展农机安全教育和隐患排查，保障农机安全生产，持续为黑龙江省农垦农业生产营造稳定安全的环境。

广东省农垦

【概况】 2020年，广东省农垦贯彻《中华人民共和国农业机械化促进法》《2018—2020年农业机械购置补贴实施指导意见》等一系列法律法规及方针政策，围绕现代农业建设，加快农业机械化发展步伐，重点发展甘蔗全程机械化、畜牧养殖机械化、橡胶生产加工机械化等领域。

【购机补贴政策带动作用大】“十三五”期间，中央财政累计安排广东省农垦农机购置补贴1 307万元、新型农机购置补贴4 904万元，带动职工和企业投入2 196万元，补贴购置农机具2 514台（套），受益职工和企业315个。中央财政2016年安排广东省农垦深松整地作业补助128万元、完成10千公顷，其余年份无作业补贴，5年共完成40.67千公顷。

【加强基地建设，推行农机标准化管理】“十三五”期间，广东省农垦在广前糖业公司、丰收糖业公司、华海糖业公司、广东农工商职业技术学院共建立7个万亩甘蔗全程机械化应用推广示范基地，在广前糖业公司、丰收糖业公司、华海糖业公司、广东广垦农机有限公司、南华农场创建4个全国农垦农机标准化示范农场，并通过复审和创建评审工作。广东省农垦推进甘蔗机械化生产标准化管理，逐步实现农艺栽培技术标准化，作业质量指标科学化，作业规程程序化，农机管理规范化。为适应广东省农垦现代农业装备发展需要，引进和培养现代农业装备建设的专门技术人才和管理人才100多名，同时加大对现有农机技术人员的培训，为广东省农垦现代农业发展提供智力支撑。广东省农垦发展万头现代化养猪场，人均饲养量达415头以上，生产效率处于全国先进水平。

【农机作业服务组织实现多样化】“十三五”期间，广东省农垦探索适合实际的农业机械化发展新路子，推进农机作业服务组织多样化。广垦糖业统一协调管理所辖广东广垦农机有限公司和3个糖业公司的农机人才和设备，开展机械化作业服务、农资和农产品运输资源的经营管理业务，促进农机龙头企业带动农场、专业公司和职工共赢。一些农场结合产业实际发展职工参股或合作经营的农机服务公司，形成专业公司、股份公司、合作经营组织、农机大户等多样化的农机经营服务体制。

【农机新技术推广取得新进展】“十三五”期间，广东省农垦在发展农业机械化过程中，坚持农机农艺与生态建设相结合，推广农机新技术。目前广东省农垦各类微灌、喷灌作物面积约10.87千公顷，完成水利工程及节水灌溉面积26.33千公顷；改造水产生态养殖面积3.87千公顷。在甘蔗生产中，良种良法、测土配方施肥、全程机械化生产、节水灌溉、生物防治虫害等先进技术得到应用，适应农业机械化发展的“五统一”技术路线得到推广。

【农机作业信息化有较大发展】“十三五”期间，广东省农垦开展精准农业技术的探索和实践，在土地管理、林木生长、病虫害预测预报及防治、测土配方施肥、节水灌溉、农产品质量追溯、农机作业和管理、工厂化养殖等方面采用信息装备和技术。建立以3S（遥感技术、地理信息系统和全球定位系统）技术为支撑的国有农场土地管理系统，精确测算和监控土地资源，为农机作业调度搭建新的管理平台。建立菠萝罐头、番石榴、蒸青绿茶、华煌茶叶、红江橙等农产品质量追溯系统，燕塘乳业建立从奶源基地建设到乳品加工和销售的全程信息化管控体系，提升广东省农垦农产品食品质量水平，做到“从地头到餐桌”的全程质量追溯。

【新型农机具研发成果显著】“十三五”期间，广东省农垦加大高地隙大功率拖拉机、大型甘蔗种植机、大型喷药机、大型水肥一体机等农机设备攻关研发力度。如广东广垦机械有限公司与中国农业机械化科学研究院合作，对引进的整杆甘蔗种植机进行技术攻关，自主研制开发出适应广东省农垦的宽窄行甘蔗种植机，生产成本降低，产品性能、作业效率得到提升。广东广垦机械有限公司针对榨季甘蔗装卸劳动强度大、用工多的情况，研制开发甘蔗装载机和自动卸蔗台，提高甘蔗装卸效率，降低劳动强度。

【农机装备总量增加且结构优化】 2020年，广东省农垦农业机械总动力达46.5万千瓦，比2015年增长20%，其中耕作机械9.58万千瓦，排灌机械10.5万千瓦，收获机械1.15万千瓦，农产品加工机械5.2万千瓦，农用运输机械8.92万千瓦，植保机械3.1万千瓦，畜牧业机械3.7万千瓦，其他机械4.25万千瓦。大中型拖拉机保有量798台，大中型甘蔗收获机保有量16台，各种大中型农机具保有量1 483台。

【农业生产综合机械化水平提高】 2020年，广东省农垦主要农作物的综合机械化水平达74.9%，比2015年提高4.9个百分点，在全国热区处于领先地位。广东省农垦全部农作物的综合机械化水平达到51.45%，种植面积38千公顷，其中：机耕面积 30.33 千公顷（除去宿根），机耕水平达 100%；机种面积 8.4 千公顷，机种水平达 27.69%；机收面积 5 千公顷，机收水平达 10.47%；主产业农产品加工率达 100%。甘蔗全程机械化生产取得较大进展，2020 年，广东省农垦新种甘蔗 8.8 千公顷，其中机种面积 5.07 千公顷，机种率 57.6%，与人工种植相比，费用减少约 1 950 元/公顷。机械化砍收甘蔗面积 2.33 千公顷，蔗量 13.89 万吨，平均单产 59.4 吨/公顷。蔗叶粉碎回田 3 千公顷（其中机砍蔗叶还田 2.33 千公顷）。

【实施农机购置补贴政策】 2020 年中央财政安排给广东省农垦全国农机购置补贴资金 179 万元，争取其他项目资金 1 565 万元支持农机发展，已实施结算完成，购机 293 台，购机总额 2 178 万元，受益农户 35 户（含农场企业）。农机深松整地作业完成作业面积 6.67 千公顷。广东省农垦按照农业农村部、财政部等上级有关部门的要求，研究制定广东农垦 2020 年农机购置补贴实施方案，加强对农机购置补贴政策实施工作的指导；采用农机购置补贴自动归档系统，开展归档，归档分类 357 家企业、2 243 个产品。

【完善农机购置补贴公开栏建设】 2020 年，广东省农垦根据农业农村部和财政部的指导意见，确定并公布垦区补贴产品范围，按照《广东农垦 2019 年农机购置补贴机具补贴额一览表》执行。各管理局、直属有关单位以及项目实施单位切实落实责任机制，做到目标到岗、责任到人；做好购机审核工作，监督补贴资金结算的落实，对辖区农机购置补贴实施情况进行指导和监督检查。在农机购置补贴政策实施过程中严格依法依规依程序操作。广东省农垦各单位指定专人负责农机购置补贴辅助管理系统的操作，垦区所有购机申请及审批、机具购置及核实、资金拨付及结算、档案管理等业务与系统同步运转。购机补贴业务不在系统中办理的，一律不得享受购机补贴。

【加大对新型农机购置补贴】 2020 年，广东省农垦新型农机购置补贴 1 565 万元。根据广东省农垦实际情况，调整部分方案，加大对油茶烘干剥壳机、军工胶生产设备、智慧农机建设的支持力度，指导实施单位编写实施方案并进行批复，指导监督执行。购置 3 条油茶烘干剥壳自动化生产线、25 台智慧农机监测设备、105 台（套）军工胶生产设备、22 台（套）有机肥造粒生产设备和 14 台（套）甘蔗机械化生产、果园机械等新型农机具共 169 台（套）。

【促进农机农艺与生态建设相结合】 2020 年，广东省农垦针对土地、品种、农机、农艺等生产实际，采取多种措施促进农机农艺与生态建设相结合。一方面对农机农艺及生态建设实行分类指导，重点突破，研制、改装农机新机型，优化农机具结构，以进一步适应农业生产结构调整和农艺措施的要求；另一方面根据农机作业特点对土地规划、农田水利设施、良种选育、种植管理技术到产品收获加工等环节全面统筹，改进完善，以提高农机作业效率和质量。

【存在问题】 2020 年，广东省农垦生产经营机制不能很好适应新形势下农业机械化发展的需要；农业机械化发展不平衡，个别垦区普及面还不够广，机械拥有率不高；能较好地适应橡胶、剑麻、水果等主要作物的种植、抚管、收获等生产环节要求的作业机具较少；甘蔗全程机械化推进较慢，实施规模与垦区经济发展不适应；农机科研及生产力量较弱；职工农机使用和管理知识不足。特别关键的问题是糖厂适合机收甘蔗的配套设施和工艺改进慢，阻碍甘蔗机械化的发展。

试验鉴定与技术推广

农业农村部农业机械试验鉴定总站 农业农村部农业机械化技术开发推广总站

【概况】 2020年，农业农村部农业机械试验鉴定总站、农业农村部农业机械化技术开发推广总站在部党组的正确领导下，在农业农村部直属机关党委、人事司、农业机械化管理司等司局的指导下，紧紧围绕农业农村部中心工作，聚合力、抓重点、强支撑、促发展，统筹推进党建、业务和疫情防控等工作，完成了全年各项目标任务，为加快推进农业机械化向全程全面高质高效转型升级、实施乡村振兴提供有力机械化技术支撑和服务保障。

农机鉴定认证支撑保障作用有新提升

【农机试验鉴定改革持续深化】 组织召开农机试验鉴定和技术推广能力建设工作会，张桃林副部长对做好试验鉴定和技术推广工作提出要求。总结形成新鉴定办法贯彻落实情况报告，得到张桃林副部长肯定性批示。印发《关于规范实施国家支持的农业机械推广鉴定项目的有关通知》，对采信检验报告审查等工作提出规范化要求，防控管理风险和技术风险。印发《关于做好近期国家支持的农业机械推广鉴定有关工作的通知》，指导全国农机试验鉴定系统统筹做好疫情防控和试验鉴定工作。发布2020年国推鉴定产品种类指南，共包含10大类21小类36个鉴定品目；适当延长原省级推广鉴定证书有效期不超过1年，保证在新旧鉴定大纲转换期间鉴定证书的有效性延续。

【农机试验鉴定技术体系更加完善】 组织完成《“十四五”农业机械试验鉴定大纲体系建设规划》(报批稿)，为系统谋划大纲制修订工作指明方向。配合下达2020年农机推广鉴定大纲制修订计划64项，组织对1项农机试验鉴定通则和65项产品推广鉴定大纲进行审查。适应农机信息化、智能化发展新形势，将农机耕整地、播种、农机辅助驾驶导航监控终端3个产品列入推广鉴定大纲制定试点，鼓励生产企业、科研机构、社会团体参与大纲制修订工作，加快智能高效机具鉴定步伐。起草《专项鉴定大纲备案管理规程（报批稿)》，进一步规范专项鉴定大纲备案管理工作。修订TZ 6《农业机械专项鉴定大纲编写规则》，增强了专项鉴定大纲内容的科学性。指导各省加快开展专项鉴定大纲制修订工作，截至2020年年底，各省（区、市）已发布并完成备案专项鉴定大纲130项，增强专项鉴定供给能力，丰富和完善农机试验鉴定技术体系。举办推广鉴定大纲宣贯培训班，推动鉴定大纲落地实施。

【农机试验鉴定检测能力不断增强】 对5个承担国家支持的农机推广鉴定工作的鉴定机构开展专项检查，完成2批7个鉴定机构申请的国推鉴定能力扩项和2个鉴定机构申请的初次能力共46项次产品的能力确认，推动新认定4家省级鉴定机构。完成了2019年全国农机试验鉴定工作绩效考评，组织举办动力机械、养殖机械推广鉴定技术研讨会和培训班，推动系统鉴定能力不断提升。启动轮式拖拉机先进性评价工作，完成《农用轮式拖拉机先进性评价方案》，推动行业转型升级。成功开拓柴油机自愿性认证检测新业务，承担柴油机型式试验24项。探索拖拉机田间试验模式，首次开展拖拉机的田间牵引性能试验2项。内设机构调整后，完成了实验室体系文件换版、农机鉴定员（检验员）培训考试发证、实验室主要管理人员调整备案及仪器设备分配，实验室管理体系实现顺利转换，范围覆盖到11个部门、63人；顺利通过部实验室中心复评审和能力扩项评审，实验室能力扩充4个产品和25个标准（大纲），提升了农业农村部农业机械试验鉴定总站、农业农村部农业机械化技术开发推广总站试验鉴定能力。

【国推鉴定工作稳中有进】 2020年国推鉴定受理工作进驻部政务服务大厅，全国农机试验鉴定服务信息化平台与部政务平台实现对接，及时通过平台向社会公开鉴定申请指南，解答咨询2万余次，方便企业了解相关政策和要求，实现受理工作平稳转换。制定《国推鉴定结果材料形式审查工作程序》《国推鉴定专家评审工作程序》，举办推广鉴定规范实施培训班和开展了实验室比对活动，提高推广鉴定工作的规范性。全年共接收国推鉴定申请3 189项，受理1 965项。全年完成四个批次鉴定通报，共发放证书1 367张，换发证书142张，完成产品变更项目261个，撤销证书36张，注销证书59张，补发证书7张。总站共完成了153个推广鉴定项目。专项监督比例首次增加到1/4，证后监督针对性更强、规范性更高。

【农机质量认证支撑作用进一步显现】 召开农机补贴资质采信认证结果工作研讨会，达成“保持采信政策稳定，适当扩大采信认证产品范围”的共识。配合补贴采信政策实施，推进两家认证机构开展自走式植保机专用底盘规范性排查，引导企业规范行为，科学发展。举办智能农机认证制度和采信政策宣贯培训班，提升认证对补贴政策的支撑。创新开展远程审核方式并在国内外24家企业实施。为方便企业采取先发证再厂审，完成初审14家、发证22张；延长暂停证书和到期换证的有效期10张。控制认证风险，对108家企业146张证书实施暂停、注销、撤销处理。推进自愿性产品认证、CCC认证、QMS体系认证业务发展，全年完成各类初审、扩项受理项目287个，较2019年同期增加32.9%；全年完成初审、监督等现场工厂检查497项，监督项目完成率99%。

农业机械化质量监督和标准化工作有新进展

【创新开展农机质量投诉监督服务】 2020年，农业农村部农业机械试验鉴定总站、农业农村部农业机械化技术开发推广总站全年接到投诉咨询电话39起，受理3起，全部办结。以“线上”方式开展2020年全国“农机3•15”活动,30个省份的2 300多个市县参加,1 600余家（次）企业做出提质量、强服务、促转型、承担社会责任等承诺，为保障春耕生产、促进农业机械化质量提升营造良好氛围。在全国推广农机质量投诉管理系统，进一步加强投诉信息报送和统计工作。

【扎实开展农机质量调查】 组织对东北四省（区）2行和4行玉米免耕播种机开展质量调查，涉及21个企业24个型号产品共420位用户，形成《玉米免耕播种机质量调查分析报告》，为农业机械化管理司提供技术支撑。完成九省（区）水稻插秧机调查数据汇总分析5万多条，编制调查报告，由农业机械化管理司向社会公布产品“三性一状况”用户满意度调查结果。

【推进完善农业机械化标准体系建设】 全年发布农业行业标准18项，农业农村部农业机械试验鉴定总站、农业农村部农业机械化技术开发推广总站主持制修订包括《农业机械分类》等重要标准3项。截至目前，归口管理农业机械化领域现行标准达到368项，其中国家标准14项，农业行业标准354项，持续提升公益类标准有效供给。组织开展了农业标准制修订计划意见征集工作，报送标准制修订项目计划建议57项。完成了2019年立项的农业机械化农业行业标准制修订项目实施进展调度核查，督促项目执行。线上线下同步举办农业机械化标准起草及宣贯培训班，解读农机安全生产等方面的11项重点标准。完成《“十四五”农业机械化标准体系建设规划》（报批稿），为规划发布打下良好基础。

农业机械化技术推广有新成效

【全力推进主要农作物全程机械化】 充分发挥专家指导组技术支撑作用，完善部省联动推进工作的机制，紧紧围绕水稻栽植、玉米籽粒机收等薄弱环节，分别在主产省区开展粮食经济作物生产全程机械化推进活动，线上线下活动100余次，报道近20次，为九大作物生产全程机械化提供有力支撑。完成《主要农作物全程机械化生产模式》书籍出版工作，推出一系列不同区域、不同作物的全程机械化解决方案。编制完成《推进粮棉油糖主产县基本实现农业机械化研究报告》。组织开展黄河流域棉花生产全程机械化示范基地建设工作交流，成功示范推广棉花全程机械化技术模式，为黄河流域棉花生产恢复性发展提供机械化技术支撑。协助组织开展全程机械化示范县创建，指导地方组织申报，组织专家评审，经农业农村部农业机械化管理司研究公示，确认161个县市旗为全国第五批基本实现主要农作物生产全程机械化的示范县。至此，全国基本实现主要农作物生产全程机械化示范县达到614个，圆满完成“十三五”确定的500个任务目标。组织召开专家组工作总结会，对五年工作进行总结，巩固经验，完善工作机制，明确下一步任务，为“十四五”期间做好主要农作物全程机械化推进工作开好局、起好步。

【大力推进特色产业养殖业设施农业机械化】 组织开展茶叶、中药材、热带作物技术与装备需求调查及农产品初加工和设施农业行业农机化新兴领域调研，掌握主产省份的产业发展情况，为开展鉴定推广工作奠定基础。在10个经济作物主产省区组织实施茶叶、水果、油菜、甘蔗等经济作物关键环节机械化技术试验示范，探索形成主推技术模式及机具配套方案。征集宣传一批生猪等畜禽机械化应用典型案例，进一步发挥典型示范引导作用，促进畜牧业向标准化规模化转型升级。印发《养殖场机械化消杀防疫技术指南》《生猪规模养殖机械化消杀防疫设备配套技术规范》《生猪养殖资源化利用设备配套技术规范》，加快推动养殖场疫病消杀防控机械化，引导主要畜种全程机械化养殖场建设，促进养殖业机械化提档升级。开展主要畜禽品种规模化养殖关键环节适用技术和装备遴选，加快先进适用机械化装备和技术推广，助力产业升级发展。举办农业机械化主推技术现场演示活动、绿色农业机械化新技术和设施栽培机械化技术培训班，协助部司召开全国水产养殖机械化现场推进会，推动特色经济作物、绿色农业机械化新技术新装备、设施种植和养殖业装备技术的推广应用。

【智能农机装备和技术加快普及】 举办以“智能农机、无人农业”为主题的“2020年智能农机装备田间日活动”，智能农机装备和智慧农业技术首次在“三夏”生产中集中亮相。举办“智能农机助力全程机械化”专题报告会，进一步推动智能农机装备和技术加快发展。举办“基于北斗的智能农机田间演示”活动，首次成功演示具有测产功能的自动驾驶联合收割机、卫星平地机等先进装备，活动得到广泛好评。推动农机信息化技术应用，组织25个企业推广前装农机北斗终端14万台、后装农机北斗终端1.9万台，带动全社会推广应用农机北斗终端30多万台，为农业生产抗疫情、保供给、稳增长提供有力支撑。组织编制发布《农机物联网平台数据交换技术要求》，实现智能农机数据的全国性整合和跨企业应用，有效提高我国农机信息化和智能化水平。

【东北黑土地保护性耕作行动计划开局良好】 组织专家开展线上线下、田间地头指导培训，指导地方因地制宜确定主推技术模式及机具配套方案，制定补贴标准和操作办法，充分发挥专家组技术咨询和指导作用。协助农业机械化管理司开展黑土地保护性耕作补助政策实施进度调度汇总，协助召开东北黑土地保护性耕作行动计划现场推进会，推进重点任务落实。强化信息宣传，及时通过专栏发布各地工作动态，取得了良好的宣传效果。举办了保护性耕作技术及智能装备展览活动，宣传东北四省区保护性耕作技术路线和装备，不断推进行动计划高质量实施。

【积极推进推广方式方法创新】 在中国农机化信息网和农机推广与监理网建立“春耕农机线上服务站”,开设视频课堂、实用技术、维修保养、田间管理、免耕播种、安全生产等栏目，开展技术培训与技术服务，推动各地发挥好农机的作用，为战疫情、保供给做贡献。以实施列入农业农村部十大引领性技术的“棉花采摘及残膜回收机械化技术”“玉米籽粒低破碎机械化收获技术”的示范推广为载体，加强与科研单位、农机生产企业、地方推广机构的合作，壮大技术推广的合力，增强推广效果。继续推进中国农机推广田间日品牌活动，组织举办农机推广田间日活动，带动各地广泛开展，推动体验式、参与式、互动式推广方法的应用。

农机安全监理工作有新发展

【提高农机安全监理规范化水平】 协助部司起草进一步加强农机安全监理工作方面的文件，推动新形势下安全监理工作开展。指导地方依法依规开展监理工作，开展农机事故处理工作规范验证，规范农机事故处理工作流程。关注各地改革动态，完成农机安全监理机构改革情况调研报告。协助部司印发《关于规范拖拉机和联合收割机牌证业务专用印章的通知》，规范农机安全监理业务印章使用。落实事故通报制度，每月发布《全国农机事故情况通报》，2020年1—11月，累计报告在国家等级公路以外的农机事故230起，死亡49人，受伤55人，直接经济损失565.42万元。与2019年同期相比，事故起数和受伤人数分别下降了24.3%和32.9%，死亡人数和直接经济损失略有上升。加大安全检查及隐患治理，在“三秋”等重要时节开展督导调研，推动安全措施进一步落实，也为部司分析研判安全生产形势提供支撑。起草小麦收割机加装防尘水箱安全隐患问题调研报告得到部领导肯定性批示。

【推进农机安全监理信息化建设】 组织开展“农机化管理服务系统”项目论证，召开农机安全监理信息化工作研讨会，加快农业机械化数据整合。开发“全国农业机械牌证登记信息管理查询系统”，推动全国农机安全监理数据的互联共享。

【创新农机安全监理便民化服务】 加强农机安全技术宣传，在中国农业机械化信息网、农机推广与监理网推送一批农机检修和安全驾驶操作知识，指导各地统筹抓好疫情防控和安全工作。免费向农机手发送10万条反光标识、3 000套农机安全宣传挂图、农机安全知识读本1万本，提高农机手安全生产技术及意识。开展农机安全生产月活动，协助农业机械化管理司组织各地开展农机安全宣传活动4.26万次，培训各类人员287.1万人次，发放宣传资料277.2万份，发送手机安全信息314.2万条，30个省份1.9万名农机手参与总站组织的农机安全生产线上有奖答题。在总站网站开设专题宣传报道各地活动，形成浓郁的安全生产氛围。

【提升安全监理人员专业化能力】 参与农业农村部应急管理信息系统项目建设，推动各省组建应急管理联络员队伍。协助部司举办全国农机事故应急处置演练，提高农机事故应急处置专业技能。先后举办3期培训班，加强监理人员业务知识更新。加强法规标准宣贯，录制《推动农机安全监理工作持续健康发展》《拖拉机和联合收割机安全技术检验规范教学资料》等教学视频，搞好专业技术培训与指导，提升安全监理人员专业化水平。推进“平安农机”创建，协助部司印发《农业农村部 应急管理部关于公布2019年度全国“平安农机”示范市、县和农机安全监理示范岗位标兵名单的通知》，起草《“平安农机”创建活动工作方案》，推出一批平安农机示范市县和岗位标兵，推动创建活动持续健康发展。

农机社会化服务工作有新举措

【突出典型引路，积极推动农机社会化服务提档升级。引导推进“全程机械化＋综合农事”服务中心建设】 协助部司组织开展2020年度“全程机械化＋综合农事”服务典型案例征集，从70个典型案例中遴选36个结集出版，进一步扩大示范引领效应。强化农机服务组织带头人及辅导员培训。面向湘西、河北曲阳、“三区三州”等贫困地区农机服务组织开展线上专题培训，举办“全程机械化＋综合农事”服务中心建设培训班、全国农机合作社规范提升培训研讨班，推动牵头人开阔视野、增进交流、提升能力。深入开展农机社会化服务专题调查研究。全面梳理各省（区、市）农机社会化服务工作体系情况，掌握农机社会化服务的发展现状。

【强化农机化生产统计调度，为重要农时农机化生产作业服务提供有力支撑】 一是协助制订并落实应急处置工作方案向社会公布24小时应急值守电话，严格按应急处置程序要求处理有关来电，保障“三夏”机械化生产平稳有序。二是及时统计调度“三夏”“三秋”生产进度。“三夏”期间，每日17时调度各主产省报送生产进度信息，及时核实上报。“三秋”期间，先后8次专题调度东北倒伏作物收获情况，跟踪研判生产形势，及时提出对策建议。三是协助开展农业机械化生产信息宣传。及时调度各地动态，撰写新闻稿件，为部司组织宣传提供支撑。中央电视台、人民日报等主流媒体对机械化生产进行连续、密集、大篇幅的报道，形成关心重视农机化工作的良好舆论氛围。

【落实改革要求，农机职业技能鉴定开发工作稳妥有序推进。落实“六稳六保”要求】 加强对农机行业职业技能鉴定工作的组织协调，克服疫情影响，全年共培训鉴定农机修理工11 897人。加强职业技能开发基础能力建设。组织制修订《无人机驾驶员（植保无人机）》《拖拉机驾驶员》职业标准；组织开展全国农机实用技能培训先进适用课件推荐活动，遴选推介优秀课件40个，促进教学经验交流和培训方式创新；举办全国农机职业技能鉴定考评员能力提升培训班，有效提升了农机职业技能考评队伍的能力和水平。协助部司组织开展“土专家”遴选工作。聚焦服务农业机械化向全程全面高质高效转型升级、助力乡村振兴战略实施，面向基层一线遴选推出一批政治过硬、作风过硬、技术过硬、实绩过硬的“土专家”，建立县、省和全国三级名录库。成功举办全国农机修理工职业技能竞赛。弘扬劳模精神和工匠精神，以赛带训，锻炼和培养了更多的技能型实用人才，得到了部领导的高度肯定，中央电视台等主流媒体进行了深度报道。

【聚焦基础环节，农机维修工作扎实有效开展】 通过中国农业机械化信息网、农机技能学习平台发布农机维修技术指导7篇，农机维修使用视频课件35个，指导各地发布农机维修技术指引，引导系统和行业在线学习农机维修技术，积极服务春耕备耕生产。

农业机械化发展服务保障有新作为

【积极开展农机购置补贴政策实施技术支撑】 协助农业农村部农业机械化管理司印发《生猪生产和畜禽粪污资源化利用机具分档参数的通知》，支持指导各地做好生猪生产和畜禽粪污资源化利用机具补贴工作。组织完成了2019年度农机购置补贴延伸绩效管理考评工作，统一标准，规范程序，确保考核过程和结果客观反映各地的工作绩效。

参与起草《2021—2023年农机购置补贴实施指导意见》，研究提出《2021—2023年全国农机购置补贴种类范围调整建议》，为政策优化完善提供技术支撑。组织开展2021—2023年全国通用类农业机械品目分类分档调整及各档次补贴额测算，为制定2021—2023年的农机购置补贴额一览表提供参考。开展农机购置补贴政策实施五项评估，完成了统计分析报告和结果通报。开展三期三类购机补贴公开电话和两次信息公开专栏运维情况的抽查。针对打(压)捆机、喷杆喷雾机、植保无人飞机、拖拉机等四类风险较高的机具开展第三方现场核验，推动实地核验工作规范开展。组织起草农机购置补贴政策实施的八项制度规范和三项承诺书模板，进一步推动政策高效规范实施。组织举办3期农机购置补贴政策实施培训班，提高参训人员的政策水平和实操能力。

【积极推进农业机械化信息宣传】 持续深化报道深度，《农机科技推广》和《农机质量与监督》刊发20期主要农作物生产全程机械化等专题，为推动农业机械化转型升级发挥积极引导作用。开发运行春耕农机线上服务站等8个专栏，提高信息浏览效率，带动网站影响力不断提高。中国农业机械化信息网信息发布量、年访问量、日均访问量分别达到3.49万条，1.3亿万人次和42.47万次，较2019年分别增加6.31%、0.56%和1.5%；农机推广与监理网年信息发布量、访问量和日均访问量分别为1.69万条、198万次、5 425次，较2019年分别增长5.2%、2.5%和8.2%。抢抓舆论先机，中国农机推广和中国农机化两个微信公众号累计发布信息383期、1 239条，较2019年分别增长39.27%和25.91%，关注人数比2019年增加139%，为及时、快速传达农机化政策发挥积极作用。强化舆论引导能力，多篇文章被农民日报等多个行业媒体摘用，带动人民网、央视网、经济日报3个主流媒体全年报道农业机械化信息1 027篇，比2019年增加57篇；农民日报刊发农业机械化信息151篇，比2019年增加94篇，为讲好农业机械化故事、推动中国特色农业机械化发展道路发挥了积极作用。

【农业机械化政策研究能力进一步加强】 编写完成《农业机械化法律法规资料汇编》，较为全面地反映了当前农业机械化法律法规建设与政策体系的总体情况。完成《"十四五"推动农业机械化转型升级支撑农业农村现代化对策问题研究》《我国无人化农业技术发展现状与趋势》《拖拉机驾驶培训管理改革措施研究课题》三项课题研究，两份报告获韩长赋、韩俊、张桃林3位部领导肯定性批示。组织起草半年和全年农业机械化形势分析报告、各地贯彻落实国务院42号文件情况分析报告等材料，完成了2018年全国农业机械化统计年报编审，组织开展2019年统计年报数据汇总。扎实开展农业机械化转型升级监测项目，组织完成各监测点数据采集，按时上报监测报告，确保项目顺利实施。

【外事外经服务工作水平进一步提升】 克服疫情影响，组织8批次共10多人次参加国际组织视频会议。组织技术专家参与亚太农机检测网农机试验规则的制修订工作，推动亚太区域主要国家农机试验标准和程序协调统一。

【助力农机作业配套基础设施条件改善提升】 持续通过网上专栏宣传宜机化改造经验、做法及成效。组织开展全国丘陵山区农田宜机化改造专项调研形成报告。举办丘陵山区农田宜机化改造暨绿色农机化现场演示交流活动，交流宜机化改造经验和相关进展。协助部司遴选推介第一批宜机化改造典型案例，获得张桃林副部长肯定性批示。协助部司组织召开"宜机化"工作座谈会，冀名峰司长作重要讲话。协助部司上报的"2020年推进丘陵山区农田宜机化改造工作情况报告"获得张桃林副部长肯定性批示。围绕部司中心工作，承担并完成"农机具库棚"和"烘干机塔（房）"两个建设工作指引研究任务。

【突发应急工作处置有力】 科学应对倒伏玉米机收，协助农业农村部农业机械化管理司制定发布《东北地区倒伏玉米机收技术指引》《东北地区收获倒伏玉米机具改装方案》，组织专家技术人员深入受灾严重市县开展指导服务。及时应对机收粮食损失较高舆情，积极协助农业机械化管理司研究提出了《我国主粮作物机械化收获损失情况报告》，组织修订主粮机收减损技术指导意见，指导各地提高机收质量。积极开展灾后生产恢复指导，选派技术干部赴湖南洪涝灾区实地调研农业生产受灾情况，指导地方发挥农业机械的作用。积极响应部党组"抗疫情、保供给，切实抓好冬春蔬菜生产"的要求，发布了《疫情期间春季蔬菜机械化生产指导意见》，全力做好蔬菜机械化生产机具调配、人员培训和技术指导工作，为保障重要农产品有效供给发挥了作用。

【做好产业扶贫各项工作任务，助力打赢脱贫攻坚战】 一是认真做好环京津对口帮扶。指导曲阳县开展全程机械化项目实施和示范县申报工作。组织贫困地区农机技术人员参加各类培训班。联合中国农业机械化协会开展爱心农机捐赠活动，向3个山区贫困村捐赠了21台背负式动力喷雾机，支持贫困户果树生产。协助开展绿色食品认证申请工作，推动曲阳特色农产品品牌建设，开辟优势农产品销售新渠道，助力消费扶贫，带动当地百姓致富。二是认真做好党组织结对帮扶。围绕永顺县主导产业发展以及农业生产需求，重点强化援建现代农机合作社管理，理顺带贫机制；先后开展4次农机驾驶操作技术培训，提高参训农机手的实际操作能力和安全生产意识。为永顺县大利村争取了优质稻产业发展项目，为农户发放优质稻秧苗18公顷、肥料13 500千克，并免费提供集中育秧和统防统治，协调企业保底收购，保障农户增产增收。三是协助部司做好"三区三州"产业扶贫。与四川省农机推广站合作在昭觉开展马铃薯生产机械化技术培训。持续关注理塘县农业机械化发展需求，开展高原地区饲草机械化情况调研，对当地农牧民进行培训，帮助当地建立产业基地、农机专业合作社，为理塘县现代化农牧业发展提供了支撑，助力农牧产业发展带动当地脱贫致富。

农业机械化统计资料

全国农业机械化统计分析

2020年全国农业机械化发展情况综述

2020年，全国农业机械化系统认真贯彻党中央、国务院决策部署，以落实《国务院关于加快推进农业机械化和农机装备产业转型升级的指导意见》（国发〔2018〕42号）为主线，扎实推动农业机械化全程全面和高质量发展，为保障重要农产品有效供给，打赢脱贫攻坚战和全面建成小康社会提供了有力支撑。

一、装备总量不断增长，农机工业保持较快发展

全国农业机械总动力达到10.56亿千瓦，其中58.8千瓦以上拖拉机保有量143.66万台，分别较“十二五”末增长17%、83%。主要农作物生产机具继续较快增长，稻麦联合收割机、玉米联合收割机、水稻插秧机、大豆收获机保有量分别达160.66万台、58.85万台、95.33万台、2.24万台，同比分别增长2.32%、5.41%、5.15%、2.52%。农业各产业机械持续稳定增长，农产品初加工作业机械、畜牧机械、水产机械保有量分别达到1 571.99万台、811万台、479.5万台，同比分别增长2.11%、2.74%、2.24%。全国农村保有的农机原值近万亿元，农机装备产业科技创新能力持续提升，以北斗、5G等信息技术为支撑的智能农机装备开始进军生产一线。农机市场在新冠肺炎疫情严重不利影响下逆势上扬，规模以上农机工业主营业务收入2 533亿元，同比增长7.8%，利润总额123.54亿元，同比增长23.8%，农机产品进出口贸易总额104亿美元，同比增长9.5%，贸易顺差71亿美元。

二、作业水平稳步提高，薄弱环节加快突破

全国农作物耕种收综合机械化率达71.25%，较“十二五”末提高7个百分点。小麦、水稻、玉米三大主粮耕种收机械化率分别达97.19%、84.35%、89.76%，同比分别提高0.83、0.62、0.81个百分点；水稻机械种植、玉米机收、棉花机收、油菜机收、花生机收等作物薄弱环节机械化率分别达到56.3%、78.67%、60.08%、48.55%、49.61%，同比分别提高2.41、1.35、9.95、4.55、3.56个百分点。畜牧养殖、水产养殖、农产品初加工、设施农业等产业机械化率分别达到35.79%、31.66%、39.19%、40.53%，同比分别提高1.57、1.78、1.61、2.22个百分点。在重点粮食生产功能区、重要农产品生产保护区、国家现代农业示范区新创建了161个基本实现主要农作物生产全程机械化示范县，示范县总数达614个。农机装备产业高质量发展和农业机械化全程全面高质高效升级呈现良好态势。

三、农业机械化产业日益壮大，服务能力持续提升

全国农机服务组织19.48万个，其中农机专业合作社7.5万个。全国乡镇农机从业人员4 966.1万人。农机服务收入4 781.48亿元，其中农机作业服务收入3 615亿元。人力推行“互联网＋农机作业”，遴选发布40个“全程机械化＋综合农事”服务中心典型案例，积极开展农业生产托管，生产托管作业面积8 000千公顷。推出了全国“平安农机”示范市10个、示范县49个，全年累计报告在国家等级公路以外的农机事故246起，同比下降30%。面对2020年新冠肺炎疫情严重不利影响，农机作业服务为保障春耕、“三夏”“三秋”生产及东北倒伏作物抢收作出突出贡献。

四、政策保障更加有力，支持渠道日益拓展

中央财政持续加大农机购置补贴实施力度，强化对粮、猪等重要农产品生产及丘陵贫困山区特色产业发展所需农机的支持，全年投入资金170亿元，扶持250万农户和农业生产经营组织购置机具293万台（套）。农业农村部、财政部启动实施东北黑土地保护性耕作行动计划，投入资金16亿元，支持在东北适宜区域推广应用秸秆覆盖免（少）耕播种等关键技术，实施面积达3 070.67千公顷。继续支持开展农机深松整地作业补助，安排20亿元，带动全国实施面积达9 333.33千公顷。农业农村部、财政部、商务部出台《农业机械报废更新补贴实施指导意见》，农机报废更新补贴实施区域由17个试点省份扩展到全国，报废机具种类由拖拉机、联合收割机2种增加至7种，全年结算报废机具9 016台，投入报废旧机补贴资金8 764万元。2021年，全国农机化系统将坚持以习近平新时代中国特色社会主义思想为指导，全面贯彻党的十九大及十九届二中、三中、四中、五中全会和中央经济工作会议、中央农村工作会议精神和中央1号文件部署，认真落实《国务院关于加快推进农业机械化和农机装备产业转型升级的指导意见》和《国民经济和社会发展第十四个五年规划和2035年远景目标纲要》的要求，按照"保供固安全、振兴畅循环"工作定位，紧紧围绕"保供、衔接、禁渔、建设、要害、改革"的目标任务，大力推进农业机械化全程全面和高质量发展，为保障粮食等重要农产品有效供给、巩固拓展脱贫攻坚成果、全面推进乡村振兴、加快农业农村现代化作出机械化新贡献。

全国农业机械化发展情况综合分析

项目	计量单位	2020年	2019年	2020年比2019年增减	
				增减量	%
全国农作物耕种收综合机械化率	%	71.25	70.02	1.23	
机耕面积	千公顷	128129.05	124132.47	3996.58	3.22
机耕率	%	85.49	85.22	0.27	
机播面积	千公顷	98777.91	95085.31	3692.60	3.88
机播率	%	58.98	57.30	1.68	
机收面积	千公顷	105504.10	101886.11	3617.99	3.55
机收率	%	64.56	62.46	2.10	
小麦：耕种收综合机械化率	%	97.19	96.36	0.83	
机耕率	%	99.93	99.81	0.11	
机播率	%	93.24	91.82	1.41	
机收率	%	97.49	96.29	1.20	
水稻：耕种收综合机械化率	%	84.35	83.73	0.62	
机耕率	%	98.35	98.84	-0.49	
机械种植率	%	56.30	53.89	2.41	
机收率	%	93.73	93.43	0.30	
玉米：耕种收综合机械化率	%	89.76	88.95	0.81	
机耕率	%	98.27	97.77	0.50	
机播率	%	89.52	88.81	0.71	
机收率	%	78.67	77.32	1.35	
大豆：耕种收综合机械化率	%	86.70	85.52	1.18	
机耕率	%	89.86	88.21	1.65	
机播率	%	87.21	86.55	0.66	
机收率	%	81.98	80.89	1.09	

续表

项目	计量单位	2020 年	2019 年	2020 年比 2019 年增减	
				增减量	%
油菜：耕种收综合机械化率	%	59.91	56.88	3.03	
机耕率	%	86.64	84.80	1.84	
机播率	%	35.65	32.54	3.11	
机收率	%	48.55	44.00	4.55	
马铃薯：耕种收综合机械化率	%	48.07	46.55	1.52	
机耕率	%	77.32	74.68	2.64	
机播率	%	28.59	27.80	0.79	
机收率	%	28.54	27.78	0.76	
花生：耕种收综合机械化率	%	63.96	60.63	3.33	
机耕率	%	80.40	77.36	3.04	
机播率	%	56.40	52.91	3.49	
机收率	%	49.61	46.05	3.56	
棉花：耕种收综合机械化率	%	83.98	81.18	2.80	
机耕率	%	98.76	99.34	-0.58	
机播率	%	88.16	88.04	0.12	
机收率	%	60.08	50.13	9.95	
其他各行业机械化水平		—	—	—	
设施农业	%	40.53	38.31	2.22	
农产品初加工	%	39.19	37.58	1.61	
畜牧养殖	%	35.79	34.21	1.57	
水产养殖	%	31.66	29.87	1.78	
水果生产	%	25.59	24.85	0.74	
茶叶生产	%	29.36	28.10	1.22	

注：耕种收综合机械化率计算方法：按照机耕率、机播率、机收率分别为 0.4、0.3、0.3 的权重计算。

全国农业机械化发展指标

全国农机服务组织人员及投入产出情况

指标名称	代码	年末机构数（个）		年末人数（人）	
		2020 年	2019 年	2020 年	2019 年
一、农机服务组织及农机户	1	—	—	—	—
（一）农机服务组织	2	194845	192173	2122428	2133223
其中：1. 拥有农机原值 50 万元（含 50 万元）以上的	3	59233	56661	1034831	988093
2. 农机专业合作社	4	75449	74438	1458475	1514215
其中：拥有农机原值 100 万元（含 100 万元）以上的	5	29653	28082	585020	569495
（二）农机户	6	39954397	40741551	47517839	51278956
其中：拥有农机原值 20 万元（含 20 万元）以上的	7	705475	679407	1242695	1198268
其中：农机作业服务专业户	8	4206090	4242534	5887546	5922818
二、农机维修厂及维修点	9	155480	158896	378197	384891
三、乡村农机从业人员	10	—	—	49661054	46765303
其中：持有拖拉机驾驶证人员	11	—	—	10466102	10920980
持有联合收割机驾驶证人员	12	—	—	1127986	1121201
同时持有拖拉机、联合收割机驾驶证人员	13	—	—	672774	719218
农机维修人员	14	—	—	900937	918253
其中：持有职业资格证书人员	15	—	—	273800	285091

指标名称	代码	计量单位	数量	
			2020 年	2019 年
四、农机化投入	16	—	—	—
（一）财政资金	17	万元	959365.36	987208.47
1. 科研	18	万元	14347.01	20051.94
2. 推广	19	万元	353633.53	294607.48
3. 安全监理	20	万元	38339.91	40422.53
4. 试验鉴定	21	万元	7205.22	7370.33
（二）基本建设	22	万元	434927.44	399516.94
（三）农业机械购置	23	万元	8347880.54	6430333.47
五、农机服务收入	24	万元	47814783.73	47231625.27
其中：农机作业服务收入	25	万元	36150315.22	35346734.62

注：“—”表示相应指标不需要填数据。

全国农业机械拥有量

指标名称	代码	计量单位	2020 年	2019 年	2020 年比 2019 年增减	
					增减量	%
一、农业机械总动力	1	万千瓦	105622.15	102758.26	2863.89	2.79
（一）柴油发动机动力	2	万千瓦	81911.02	79687.37	2223.65	2.79
（二）汽油发动机动力	3	万千瓦	4614.76	4313.05	301.72	7.00
（三）电动机动力	4	万千瓦	18979.85	18644.71	335.14	1.80
（四）其他机械动力	5	万千瓦	116.52	113.14	3.37	2.98
二、拖拉机及配套机械	6	万台	—	—	—	—
（一）拖拉机	7	万千瓦	2204.88	2224.29	-19.41	-0.87
1. 小型（22.1 千瓦及以下）	8	万千瓦	42124.34	40471.70	1652.64	4.08
	9	万台	1727.60	1780.42	-52.83	-2.97
2. 中型（22.1 ～ 73.5 千瓦）	10	万千瓦	19042.90	19599.88	-556.98	-2.84
	11	万台	407.93	384.22	23.71	6.17
其中：58.8 千瓦及以上	12	万千瓦	16437.88	15352.11	1085.76	7.07
	13	万台	74.31	67.63	6.67	9.87
3. 大型及以上（73.5 千瓦及以上）	14	万千瓦	4741.15	4357.85	383.30	8.80
	15	万台	69.35	59.65	9.70	16.26
（二）拖拉机配套农具	16	万千瓦	6643.57	5519.71	1123.86	20.36
其中：与 58.8 千瓦及以上拖拉机配套	17	万部	4024.08	3977.00	47.08	1.18
	18	万部	459.44	436.47	22.97	5.26
三、种植业机械	19	—	—	—	—	—
（一）耕整地机械	20	—	—	—	—	—
1. 耕整机	21	万台（套）	524.93	524.62	0.31	0.06
	22	万千瓦	2472.01	2459.94	12.07	0.49
2. 微耕机	23	万台（套）	796.67	739.82	56.85	7.68
	24	万千瓦	4043.06	3765.00	278.06	7.39
3. 机引犁	25	万台	1256.20	1264.45	-8.25	-0.65
4. 旋耕机	26	万台	660.38	652.17	8.22	1.26
5. 深松机	27	万台	30.63	29.86	0.77	2.57
6. 机引耙	28	万台	678.46	686.36	-7.90	-1.15
7. 铺膜机	29	万台	60.80	59.28	1.53	2.58
8. 联合整地机	30	万台	28.62	26.72	1.89	7.09
（二）种植施肥机械	31	—	—	—	—	—
1. 播种机械	32	—	—	—	—	—
其中：（1）免耕播种机	33	万台	106.86	103.41	3.46	3.34
（2）精量播种机	34	万台	413.43	409.85	3.57	0.87
（3）整地施肥播种机	35	万台	25.83	24.65	1.19	4.81
（4）水稻直播机	36	万台	3.76	3.37	0.39	11.53
2. 栽植机械	37	—	—	—	—	—

续表

指标名称	代码	计量单位	2020 年	2019 年	2020 年比 2019 年增减	
					增减量	%
（1）水稻插秧机	38	万台	95.33	90.66	4.67	5.15
	39	万千瓦	555.24	507.85	47.38	9.33
其中：乘坐式	40	万台	29.36	27.95	1.41	5.05
	41	万千瓦	282.93	248.12	34.82	14.03
（2）秧苗移栽机	42	万台	1.23	1.13	0.11	9.56
（三）排灌机械	43	—	—	—	—	—
1. 水泵	44	万台	2299.96	2304.29	-4.33	-0.19
2. 节水灌溉类机械	45	万台（套）	254.87	248.80	6.07	2.44
（四）田间管理机械	46	—	—	—	—	—
1. 中耕机械	47	—	—	—	—	—
其中：田园管理机	48	万台	71.16	60.97	10.19	16.71
	49	万千瓦	286.34	239.84	46.50	19.39
2. 机动植保机械	50	万台	628.27	621.00	7.27	1.17
	51	万千瓦	1292.43	1226.08	66.35	5.41
其中：自走式	52	万台	22.65	21.82	0.83	3.80
	53	万千瓦	225.43	175.07	50.37	28.77
3. 修剪机械	54	—	—	—	—	—
（1）茶树修剪机	55	万台	59.09	56.13	2.96	5.27
（2）果树修剪机	56	万台	31.93	28.70	3.23	11.26
	57	万千瓦	57.29	52.59	4.70	8.93
（五）收获机械	58	—	—	—	—	—
1. 谷物联合收割机	59	万台	219.51	212.84	6.67	3.14
	60	万千瓦	12714.77	12018.63	696.14	5.79
（1）稻麦联合收割机	61	万台	160.66	157.01	3.65	2.32
	62	万千瓦	8706.51	8330.64	375.87	4.51
（2）玉米联合收割机	63	万台	58.85	55.83	3.02	5.41
	64	万千瓦	4008.26	3688.00	320.27	8.68
其中：自走式	65	万台	49.16	46.02	3.14	6.83
2. 大豆收获机	66	万台	2.24	2.18	0.06	2.52
	67	万千瓦	176.69	162.79	13.90	8.54
3. 油菜籽收获机	68	万台	2.34	2.33	0.01	0.24
	69	万千瓦	111.47	111.97	-0.50	-0.45
4. 马铃薯收获机	70	万台	9.35	8.30	1.05	12.06
	71	万千瓦	25.68	20.83	4.85	23.28
5. 花生收获机	72	万台	19.78	18.51	1.27	6.86
	73	万千瓦	98.73	57.89	40.84	70.55
6. 甜菜收获机	74	万台	0.32	0.22	0.10	46.30
	75	万千瓦	3.22	2.94	0.28	9.65

续表

指标名称	代码	计量单位	2020年	2019年	2020年比2019年增减	
					增减量	%
7. 甘蔗收获机	76	万台	0.20	0.10	0.09	88.06
	77	万千瓦	24.98	11.77	13.21	112.19
8. 棉花收获机	78	万台	0.65	0.55	0.10	18.21
	79	万千瓦	120.09	95.23	24.86	26.10
9. 蔬菜收获机械	80	万台	2.50	1.71	0.79	46.36
	81	万千瓦	12.55	8.00	4.55	56.81
10. 采茶机	82	万台	22.54	18.90	3.64	19.26
	83	万千瓦	26.81	22.63	4.17	18.44
11. 青饲料收获机	84	万台	5.63	5.14	0.49	9.61
	85	万千瓦	203.35	167.04	36.31	21.74
12. 牧草收获机	86	万台	22.85	21.35	1.49	6.99
	87	万千瓦	43.75	40.49	3.26	8.06
13. 秸秆粉碎还田机	88	万台	100.09	97.05	3.04	3.13
14. 打(压)捆机	89	万台	13.18	10.80	2.38	22.03
	90	万千瓦	99.87	73.88	25.99	35.17
(六)收获后处理机械	91	—	—	—	—	—
1. 机动脱粒机	92	万台	1058.19	1049.96	8.23	0.78
	93	万千瓦	2456.98	2405.96	51.02	2.12
2. 干燥机械	94	万台	34.99	27.11	7.88	29.08
	95	万千瓦	304.49	258.61	45.89	17.74
(1) 谷物烘干机	96	万台	13.62	12.79	0.82	6.43
	97	万千瓦	215.48	198.01	17.47	8.82
其中:30吨以上	98	万台	2.14	1.85	0.28	15.35
	99	万千瓦	64.86	52.73	12.13	23.00
(2) 果蔬烘干机	100	万台	19.56	12.77	6.79	53.21
	101	万千瓦	64.12	42.33	21.79	51.47
3. 种子加工机械	102	万台	4.30	4.36	-0.06	-1.35
	103	万千瓦	19.73	19.03	0.70	3.69
4. 保鲜储藏设备	104	万台	15.51	14.53	0.98	6.78
	105	万千瓦	189.11	174.06	15.05	8.65
(七)设施农业设备	106	—	—	—	—	—
温室	107	万米^2	1872616.45	1897327.51	-24711.07	-1.30
其中:连栋温室	108	万米^2	57979.90	59747.64	-1767.74	-2.96
日光温室	109	万米^2	542903.23	570025.26	-27122.03	-4.76
塑料大棚	110	万米^2	1238116.02	1224508.03	13608.00	1.11
四、农产品初加工机械	111	—	—	—	—	—
(一)农产品初加工动力机械	112	万台	1656.87	1633.52	23.35	1.43
	113	万千瓦	9077.93	8964.68	113.25	1.26

续表

指标名称	代码	计量单位	2020 年	2019 年	2020 年比 2019 年增减	
					增减量	%
其中：柴油机	114	万台	298.57	299.40	-0.83	-0.28
	115	万千瓦	2545.19	2543.70	1.49	0.06
电动机	116	万台	1320.45	1297.69	22.76	1.75
	117	万千瓦	6402.34	6292.27	110.07	1.75
（二）农产品初加工作业机械	118	万台（套）	1571.99	1539.46	32.54	2.11
1. 粮食初加工机械	119	万台（套）	1237.48	1222.67	14.80	1.21
2. 油料初加工机械	120	万台（套）	80.57	79.90	0.68	0.85
3. 棉花初加工机械	121	万台（套）	21.38	21.65	-0.27	-1.26
4. 果蔬初加工机械	122	万台（套）	25.10	23.81	1.29	5.42
5. 茶叶加工机械	123	万台（套）	167.25	154.27	12.98	8.41
五、畜牧机械	124	万台（套）	811.00	789.40	21.60	2.74
	125	万千瓦	2612.21	2523.49	88.73	3.52
（一）饲料（草）加工机械设备	126	万台（套）	676.25	667.40	8.85	1.33
	127	万千瓦	2122.81	2058.82	63.99	3.11
其中：1. 铡草机	128	万台	110.17	105.74	4.43	4.19
2. 饲料（草）粉碎机	129	万台	305.18	289.35	15.83	5.47
（二）饲养机械	130	万台（套）	71.26	65.06	6.20	9.53
	131	万千瓦	258.94	230.19	28.75	12.49
其中：畜禽粪污处理机械	132	万台（套）	9.55	7.79	1.76	22.56
（三）畜产品采集加工机械设备	133	万台（套）	21.42	21.06	0.36	1.71
	134	万千瓦	80.55	78.89	1.66	2.11
其中：1. 挤奶机	135	万台	9.76	9.79	-0.03	-0.27
	136	万千瓦	47.89	47.15	0.74	1.57
2. 剪羊毛机	137	万台	7.24	7.08	0.16	2.27
	138	万千瓦	7.62	7.44	0.17	2.34
六、水产机械	139	万台	479.50	468.97	10.52	2.24
	140	万千瓦	1696.94	1688.81	8.12	0.48
（一）水产养殖机械	141	万台	456.51	443.23	13.29	3.00
	142	万千瓦	901.39	875.88	25.51	2.91
其中：1. 增氧机	143	万台	337.33	326.12	11.21	3.44
	144	万千瓦	670.52	650.29	20.23	3.11
2. 投饲机	145	万台	106.76	105.75	1.01	0.95
	146	万千瓦	116.21	114.25	1.96	1.72
（二）水产捕捞机械	147	万台	7.94	7.86	0.09	1.14
	148	万千瓦	254.78	237.85	16.93	7.12
七、农田基本建设机械	149	万台	54.83	53.27	1.56	2.93
	150	万千瓦	3067.91	2970.98	96.92	3.26
八、农用航空器	151	架	70779	39945	30834	77.19
（一）有人驾驶农用飞机	152	架	230	224	6	2.68
（二）植保无人机	153	架	70344	39626	30718	77.52
九、其他机械	154	—	—	—	—	—

全国农机作业情况

指标名称	代码	计量单位	2020年	2019年	2020年比2019年增减	
					增减量	%
一、农机作业总体情况	1	—	—	—	—	—
（一）机耕面积	2	千公顷	128129.05	124132.47	3996.58	3.22
（二）机播面积	3	千公顷	98777.91	95085.31	3692.60	3.88
（三）机电灌溉面积	4	千公顷	55907.93	54491.41	1416.52	2.60
（四）机械植保面积	5	千公顷	78792.20	74480.99	4311.20	5.79
（五）机收面积	6	千公顷	105504.10	101886.11	3617.99	3.55
二、主要农作物生产机械化作业情况	7	—	—	—	—	—
（一）小麦	8	—	—	—	—	—
1. 机耕面积	9	千公顷	21806.03	21881.32	-75.29	-0.34
2. 机播面积	10	千公顷	21799.26	21787.76	11.50	0.05
3. 机收面积	11	千公顷	22794.15	22847.56	-53.41	-0.23
（二）水稻	12	—	—	—	—	—
1. 机耕面积	13	千公顷	29416.54	29165.00	251.54	0.86
2. 机械种植面积	14	千公顷	16931.14	16000.45	930.69	5.82
其中：机直播面积	15	千公顷	1858.89	1578.50	280.39	17.76
机插面积	16	千公顷	14805.31	14131.10	674.21	4.77
机浅栽面积	17	千公顷	99.95	68.69	31.26	45.51
3. 机收面积	18	千公顷	28189.47	27742.36	447.11	1.61
（三）玉米	19	—	—	—	—	—
1. 机耕面积	20	千公顷	26273.04	26497.76	-224.72	-0.85
2. 机播面积	21	千公顷	33224.68	32652.79	571.88	1.75
3. 机收面积	22	千公顷	29527.12	28429.73	1097.39	3.86
（四）大豆	23	—	—	—	—	—
1. 机耕面积	24	千公顷	7938.78	7189.52	749.26	10.42
2. 机播面积	25	千公顷	7554.43	7010.89	543.53	7.75
3. 机收面积	26	千公顷	7246.56	6638.97	607.59	9.15
（五）油菜	27	—	—	—	—	—
1. 机耕面积	28	千公顷	5860.69	5582.30	278.38	4.99
2. 机播面积	29	千公顷	2411.54	2141.88	269.66	12.59
3. 机收面积	30	千公顷	3284.25	2896.80	387.45	13.38
（六）马铃薯	31	—	—	—	—	—
1. 机耕面积	32	千公顷	3599.93	3489.91	110.02	3.15
2. 机播面积	33	千公顷	1330.95	1299.05	31.90	2.46

续表

指标名称	代码	计量单位	2020 年	2019 年	2020 年比 2019 年增减	
					增减量	%
3. 机收面积	34	千公顷	1329.00	1298.37	30.63	2.36
（七）花生	35	—	—	—	—	—
1. 机耕面积	36	千公顷	3803.52	3584.36	219.16	6.11
2. 机播面积	37	千公顷	2668.23	2451.76	216.46	8.83
3. 机收面积	38	千公顷	2346.96	2133.74	213.22	9.99
（八）棉花	39	—	—	—	—	—
1. 机耕面积	40	千公顷	3129.67	3317.11	-187.44	-5.65
2. 机播面积	41	千公顷	2793.72	2939.95	-146.23	-4.97
3. 机收面积	42	千公顷	1903.76	1673.83	229.93	13.74
（九）水果	43	—	—	—	—	—
1. 机械中耕面积	44	千公顷	4357.31	4259.16	98.15	2.30
2. 机械施肥面积	45	千公顷	2649.57	2673.43	-23.86	-0.89
3. 机械植保面积	46	千公顷	6370.18	6281.25	88.93	1.42
4. 机械修剪面积	47	千公顷	1278.16	1243.67	34.49	2.77
5. 机械采收产量	48	万吨	409.46	390.53	18.93	4.85
6. 机械田间转运产量	49	万吨	9206.11	8742.15	463.96	5.31
（十）茶叶	50	—	—	—	—	—
1. 机械中耕面积	51	千公顷	648.25	623.29	24.96	4.00
2. 机械施肥面积	52	千公顷	291.22	267.26	23.95	8.96
3. 机械植保面积	53	千公顷	1058.39	1023.21	35.18	3.44
4. 机械修剪面积	54	千公顷	1245.70	1160.08	85.62	7.38
5. 机械采收产量	55	万吨	113.10	103.02	10.08	9.78
6. 机械田间转运产量	56	万吨	121.05	110.55	10.50	9.50
三、单项农机作业情况	57	—	—	—	—	—
（一）机械深耕面积	58	千公顷	29073.80	29646.67	-572.87	-1.93
其中：机械深松面积	59	千公顷	11201.19	10849.19	352.01	3.24
（二）机械免耕播种面积	60	千公顷	15065.30	14636.72	428.58	2.93
（三）精量播种面积	61	千公顷	44514.39	43061.21	1453.18	3.37
（四）机械深施化肥面积	62	千公顷	39029.27	35834.79	3194.48	8.91
（五）机械铺膜面积	63	千公顷	9382.66	9200.98	181.68	1.97
（六）农田机械节水灌溉面积	64	千公顷	17825.19	17275.66	549.54	3.18
（七）机械播种牧草面积	65	千公顷	1197.78	1203.93	-6.15	-0.51
（八）机械化秸秆还田面积	66	千公顷	56365.57	54331.76	2033.81	3.74

续表

指标名称	代码	计量单位	2020年	2019年	2020年比2019年增减	
					增减量	%
（九）秸秆捡拾打捆面积	67	千公顷	11568.53	8856.36	2712.17	30.62
（十）农用航空器作业面积	68	千公顷	16332.52	11334.13	4998.39	44.10
其中：植保无人机作业面积	69	千公顷	14483.40	9072.11	5411.30	59.65
（十一）机械化青贮秸秆数量	70	万吨	9631.07	9077.99	553.08	6.09
四、农机社会化服务作业情况	71	—	—	—	—	—
（一）农机专业合作社作业服务面积	72	千公顷	56509.03	52915.89	3593.14	6.79
（二）农机跨区作业面积	73	千公顷	19899.67	20478.65	-578.98	-2.83
1.跨区机耕面积	74	千公顷	3751.84	3833.18	-81.34	-2.12
2.跨区机播面积	75	千公顷	1979.58	1946.79	32.79	1.68
3.跨区机收面积	76	千公顷	13356.73	13708.08	-351.35	-2.56
其中：跨区机收小麦	77	千公顷	5802.36	6035.15	-232.79	-3.86
跨区机收水稻	78	千公顷	4470.41	4472.51	-2.10	-0.05
跨区机收玉米	79	千公顷	2478.51	2569.75	-91.24	-3.55
（三）生产托管作业面积	80	千公顷	8182.14	6387.99	1794.15	28.09
五、农产品初加工机械化作业情况	81	—	—	—	—	—
（一）机械脱出农产品数量	82	万吨	76937.76	78707.84	-1770.08	-2.25
其中：1.机械脱出粮食数量	83	万吨	53718.86	53587.38	131.48	0.25
2.机械脱出油料数量	84	万吨	2503.39	2541.10	-37.71	-1.48
（二）机械清选农产品数量	85	万吨	41608.78	42376.98	-768.21	-1.81
其中：1.机械清选蔬菜数量	86	万吨	8691.82	8638.27	53.55	0.62
2.机械清选水果数量	87	万吨	4375.83	4257.13	118.70	2.79
3.机械清选棉花数量	88	万吨	493.60	428.62	64.98	15.16
（三）机械保质农产品数量	89	万吨	38290.77	37673.95	616.82	1.64
其中：1.机械保质粮食数量	90	万吨	17084.47	16392.26	692.21	4.22
2.机械保质油料数量	91	万吨	904.87	971.30	-66.43	-6.84
3.机械保质蔬菜数量	92	万吨	3630.22	3484.93	145.29	4.17
4.机械保质水果数量	93	万吨	3302.22	3063.38	238.85	7.80
5.机械保质棉花数量	94	万吨	401.89	358.77	43.12	12.02
6.机械保质茶叶数量	95	万吨	142.05	123.40	18.65	15.11
六、畜牧养殖机械化作业情况	96	—	—	—	—	—
（一）机械收获饲草秸秆量	97	万吨	27495.36	27222.17	273.19	1.00
其中：机械收获牧草数量	98	万吨	7076.60	6624.71	451.89	6.82
（二）机械化饲草料加工数量	99	万吨	28852.50	30287.56	-1435.06	-4.74

续表

指标名称	代码	计量单位	2020 年	2019 年	2020 年比 2019 年增减	
					增减量	%
（三）机械饲喂的畜禽数量	100	万个	53515.95	47916.46	5599.49	11.69
（四）机械清粪的畜禽数量	101	万个	47539.12	42081.08	5458.04	12.97
（五）机械环控的畜禽数量	102	万个	40156.27	38050.69	2105.58	5.53
（六）机械挤奶的家畜数量	103	万个	4097.49	4031.96	65.53	1.63
（七）机械剪毛的畜禽数量	104	万个	3290.73	2920.16	370.57	12.69
（八）机械捡蛋的蛋禽数量	105	万个	3697.81	3718.74	-20.93	-0.56
七、水产养殖机械化作业情况	106	—	—	—	—	—
（一）池塘养殖	107	—	—	—	—	—
1. 机械投饲池塘养殖产量	108	万吨	1267.15	1226.68	40.47	3.30
2. 机械水质调控池塘养殖产量	109	万吨	1110.84	1085.98	24.86	2.29
3. 机械起捕池塘养殖产量	110	万吨	232.35	209.41	22.94	10.95
4. 机械清淤池塘养殖产量	111	万吨	757.50	740.33	17.17	2.32
（二）网箱养殖	112	—	—	—	—	—
1. 机械投饲网箱养殖产量	113	万吨	35.19	40.51	-5.32	-13.13
2. 机械清洗网箱养殖产量	114	万吨	19.50	21.11	-1.60	-7.60
3. 机械起捕网箱养殖产量	115	万吨	15.60	16.83	-1.23	-7.28
（三）工厂化养殖	116	—	—	—	—	—
1. 机械投饲工厂化养殖产量	117	万吨	28.20	24.65	3.55	14.39
2. 机械起捕工厂化养殖产量	118	万吨	14.74	11.88	2.86	24.04
（四）筏式吊笼及底播养殖	119	—	—	—	—	—
1. 机械投苗养殖产量	120	万吨	302.94	273.66	29.27	10.70
2. 机械采收养殖产量	121	万吨	373.68	299.48	74.20	24.78
八、设施农业（种植）机械化作业情况	122	—	—	—	—	—
（一）耕整地机械化面积	123	千公顷	1575.94	1528.70	47.24	3.09
（二）种植机械化面积	124	千公顷	424.88	404.43	20.45	5.06
（三）采运机械化面积	125	千公顷	225.84	185.27	40.58	21.90
（四）灌溉施肥机械化面积	126	千公顷	1176.61	1148.34	28.27	2.46
（五）环境调控机械化面积	127	千公顷	607.93	572.84	35.09	6.13
九、其他	/	—	—	—	—	—
（一）保护性耕作面积	/	千公顷	8204.47	8162.03	42.44	0.52
（二）农田基本建设作业量	/	万米^3	331704.94	283696.35	48008.59	16.92

注：代码 100～105 总量指标已折算为羊单位。

各地区农机服务组织人员及投入产出情况

地区	一、农机服务组织及农机户 （一）农机服务组织		其中：1. 拥有农机原值50万元（含50万元）以上的	
	年末机构数（个）	年末人数（人）	年末机构数（个）	年末人数（人）
合计	194845	2122428	59233	1034831
北京	273	1751	133	787
天津	208	6000	137	4520
河北	5769	67049	1987	32160
山西	4490	29174	1199	9364
内蒙古	4145	41881	2607	30827
辽宁	3898	56383	2250	32992
吉林	9296	92683	4537	51967
黑龙江	26306	104998	4314	31561
上海	317	2200	148	1140
江苏	13242	487855	7680	343046
浙江	3208	29067	1399	18060
安徽	10275	116025	4180	58575
福建	984	22524	401	11956
江西	12000	77632	1248	16793
山东	22621	211869	6847	91003
河南	13495	147751	6033	84835
湖北	8079	140519	2256	46673
湖南	17229	129974	3665	47300
广东	2249	25749	629	11373
广西	3001	37100	909	11906
海南	204	1710	39	1040
重庆	4687	85936	244	14998
四川	16692	74948	1152	19516
贵州	1271	15995	191	3493
云南	998	14232	360	6984
西藏	131	2297	60	1460
陕西	2097	28790	757	11316
甘肃	4144	34404	1830	17516
青海	753	4631	471	3115
宁夏	493	6684	331	3711
新疆	1418	20043	692	11459
新疆兵团	872	4574	547	3385

续表

地 区	2. 农机专业合作社		其中：拥有农机原值 100 万元（含 100 万元）以上的	
	年末机构数（个）	年末人数（人）	年末机构数（个）	年末人数（人）
合 计	75449	1458475	29653	585020
北 京	131	824	49	387
天 津	164	5168	120	4183
河 北	2899	51593	925	20296
山 西	2575	22979	588	6434
内 蒙 古	3095	33734	1412	17069
辽 宁	3510	46244	1291	20271
吉 林	6382	67052	1738	15317
黑 龙 江	2280	24720	1720	19314
上 海	189	1539	114	1266
江 苏	8026	381713	3233	142685
浙 江	1433	20248	584	9380
安 徽	5647	81197	2299	39667
福 建	692	18942	251	8616
江 西	1264	24289	381	9795
山 东	9159	145300	3073	50341
河 南	7372	120326	3358	55149
湖 北	2939	98733	1167	49139
湖 南	5367	79157	2951	40496
广 东	935	18797	237	6626
广 西	1743	21087	483	6696
海 南	104	1084	8	132
重 庆	954	56765	97	2107
四 川	1433	37255	530	17518
贵 州	609	7839	40	648
云 南	529	10777	209	5254
西 藏	115	2153	96	1894
陕 西	1335	22849	378	6683
甘 肃	2624	26763	1299	13911
青 海	216	3357	94	1017
宁 夏	321	4180	144	1266
新 疆	1109	17437	537	7447
新疆兵团	298	4374	247	4016

续表

地区	（二）农机户		其中：拥有农机原值20万元（含20万元）以上的	
	年末机构数（个）	年末人数（人）	年末机构数（个）	年末人数（人）
合　计	39954397	47517839	705475	1242695
北　京	12302	13049	306	524
天　津	38014	44271	829	1920
河　北	2833945	3065683	38980	78196
山　西	502564	649074	9897	20236
内蒙古	1267396	1544391	33929	54957
辽　宁	544208	644452	15319	30526
吉　林	1106312	1320153	17661	40771
黑龙江	1170328	1513100	197129	302514
上　海	4306	6237	806	1147
江　苏	1069427	1341669	75924	130603
浙　江	553128	646434	10614	16825
安　徽	3242524	3771404	25626	52546
福　建	603118	669598	2034	4283
江　西	1034300	1244398	8899	18152
山　东	4096071	4839663	59500	122226
河　南	4996341	5917653	31926	61824
湖　北	1728288	2264403	16925	42171
湖　南	2100544	2775437	16488	35110
广　东	1070531	1286641	7473	13673
广　西	2476312	3053501	12238	28792
海　南	236532	260132	2641	3899
重　庆	1123179	1242199	847	3105
四　川	2289373	2728078	21256	32504
贵　州	507820	748568	497	1298
云　南	1846620	2003785	3716	5764
西　藏	198044	217255	49	312
陕　西	1004292	1113618	7625	17546
甘　肃	1193610	1297030	20006	28398
青　海	212694	235147	2106	3375
宁　夏	249704	348814	5367	7858
新　疆	617226	674159	39041	52028
新疆兵团	25344	37843	19821	29612

续表

地区	其中：农机作业服务专业户		二、农机维修厂及维修点	
	年末机构数（个）	年末人数（人）	年末机构数（个）	年末人数（人）
合计	4206090	5887546	155480	378197
北京	443	659	202	406
天津	8498	11674	193	415
河北	197188	301028	13490	32540
山西	67591	91487	5137	12703
内蒙古	102203	145350	6669	13910
辽宁	55430	84525	3519	7768
吉林	10867	26265	6820	15623
黑龙江	131944	188767	6768	19297
上海	889	1320	25	87
江苏	195238	291725	3258	10395
浙江	107019	121894	2317	4107
安徽	422679	591662	9515	21922
福建	96000	117408	1386	2903
江西	355530	540061	9697	29636
山东	581094	789889	4478	12914
河南	240666	382554	19967	40443
湖北	162432	330540	5232	16183
湖南	182963	274090	5150	14198
广东	45848	75621	7359	18101
广西	29152	66358	3714	9105
海南	46842	50177	835	2193
重庆	144910	174807	2564	7349
四川	213219	267166	8496	25062
贵州	164028	228930	4550	12128
云南	60091	74838	9715	21667
西藏	10	90	181	589
陕西	236014	259516	3839	7913
甘肃	187953	213050	5107	8595
青海	4702	6607	1096	1698
宁夏	38880	42929	1718	3174
新疆	107218	123800	2146	4340
新疆兵团	8549	12759	337	833

续表

地 区	三、乡村农机从业人员	其中：持有拖拉机驾驶证人员	持有联合收割机驾驶证人员	同时持有拖拉机、联合收割机驾驶证人员
	年末人数（人）	年末人数（人）	年末人数（人）	年末人数（人）
合 计	49661054	10466102	1127986	672774
北 京	17437	9438	664	525
天 津	63713	5232	1369	708
河 北	3446054	508671	78367	36051
山 西	705431	69279	12545	5617
内蒙古	1704371	549188	34688	19665
辽 宁	845317	257275	18674	23654
吉 林	1334851	506858	28969	13055
黑龙江	1732592	1124884	90395	97676
上 海	15570	6681	2890	3041
江 苏	1347264	283463	80068	33783
浙 江	669600	89647	8214	5995
安 徽	3874876	595921	130503	77360
福 建	695932	85862	6052	1933
江 西	1262079	117958	34030	13358
山 东	4881123	525414	68871	69785
河 南	5923535	1869959	212738	100431
湖 北	2281286	498311	103015	36818
湖 南	2856182	258417	84246	45545
广 东	1287987	201368	15084	11144
广 西	3105118	356137	11226	3828
海 南	261202	79040	4693	2483
重 庆	1288844	42393	3428	4745
四 川	2799422	208986	18604	13897
贵 州	1078539	138968	693	1375
云 南	2012258	497076	3552	2477
西 藏	301460	0	0	0
陕 西	1138514	172910	29556	17158
甘 肃	1298700	486735	12370	8986
青 海	289290	140118	2580	1263
宁 夏	349074	121069	6657	4287
新 疆	721767	600717	17615	12285
新疆兵团	71666	58127	5630	3846

续表

地　区	农机维修人员	其中：持有职业资格证书人员	四、农机化投入 （一）财政资金	1. 科研
	年末人数（人）	年末人数（人）	万元	万元
合　计	900937	273800	959365.36	14347.01
北　京	1501	1096	11198.42	45.00
天　津	2836	1951	4391.06	0.00
河　北	76573	16964	60362.54	161.00
山　西	23174	9412	74830.10	496.36
内蒙古	33102	8930	49238.90	0.00
辽　宁	15636	5956	45422.18	26.90
吉　林	15926	5603	105012.89	149.00
黑龙江	38143	11835	21785.30	21.00
上　海	806	504	13233.48	1915.73
江　苏	72856	54282	141142.85	960.00
浙　江	6755	3509	28241.51	42.10
安　徽	32244	14418	19777.26	46.50
福　建	7474	2963	2009.27	35.00
江　西	54866	11620	8689.98	179.70
山　东	92124	18186	46670.29	1803.28
河　南	84928	21638	54156.72	107.00
湖　北	30800	5374	29892.47	171.00
湖　南	45020	6696	43974.69	3570.15
广　东	33436	2432	13370.83	2958.19
广　西	39107	6306	39381.86	0.00
海　南	3513	651	3331.50	2.00
重　庆	16359	8414	9504.38	0.00
四　川	48639	13556	28127.90	617.50
贵　州	19786	618	1173.06	0.00
云　南	30032	11710	2379.89	7.90
西　藏	3714	0	40.00	0.00
陕　西	20574	8429	19286.49	85.00
甘　肃	22212	7640	9747.00	215.50
青　海	5881	1205	4470.50	16.00
宁　夏	5522	1942	7949.90	38.00
新　疆	15001	8541	59592.95	224.20
新疆兵团	2397	1419	979.20	453.00

续表

地　区	2. 推广	3. 安全监理	4. 试验鉴定	（二）基本建设
	万元	万元	万元	万元
合　　计	353633.53	38339.91	7205.22	434927.44
北　　京	3435.44	2034.00	14.15	54.00
天　　津	263.40	351.10	20.99	15537.00
河　　北	22324.98	1626.19	4.00	4297.66
山　　西	15159.30	230.81	80.00	1944.50
内 蒙 古	48912.40	228.50	25.00	227.00
辽　　宁	13221.90	201.04	0.85	38540.87
吉　　林	52994.72	324.00	55.00	5134.00
黑 龙 江	462.00	158.60	178.60	17741.54
上　　海	2120.00	630.00	50.00	102.00
江　　苏	81611.99	5172.29	355.81	56721.12
浙　　江	2279.99	2362.97	0.00	9758.47
安　　徽	5361.67	2199.26	101.00	8777.72
福　　建	574.81	359.40	60.00	101.12
江　　西	3273.80	744.40	133.20	5901.90
山　　东	29955.00	1738.14	121.16	5826.12
河　　南	6181.53	2622.18	195.00	6169.10
湖　　北	7719.00	3363.37	52.00	11424.40
湖　　南	11467.77	3576.05	4553.91	13306.15
广　　东	4035.52	895.73	251.00	10361.82
广　　西	2082.20	653.89	0.00	5.00
海　　南	723.02	133.15	1.00	141.00
重　　庆	3637.38	375.11	0.00	14074.63
四　　川	9840.71	2492.30	0.00	172997.15
贵　　州	915.56	144.00	10.00	1055.00
云　　南	1976.00	344.99	51.00	2076.97
西　　藏	40.00	0.00	0.00	0.00
陕　　西	10531.43	1816.83	72.00	2225.42
甘　　肃	5312.00	1131.18	0.00	2380.56
青　　海	1626.10	303.75	0.00	24224.00
宁　　夏	4094.80	582.10	25.00	1849.50
新　　疆	1162.89	1354.60	794.55	1513.58
新疆兵团	336.20	190.00	0.00	458.13

续表

地 区	(三)农业机械购置	五、农机服务收入	其中:农机作业服务收入
	万元	万元	万元
合 计	8347880.54	47814783.73	36150315.22
北 京	8648.26	24335.32	15810.40
天 津	46021.17	106291.70	80453.12
河 北	429817.62	1988387.72	1530426.96
山 西	124698.59	832307.56	586495.75
内蒙古	453408.47	1747471.84	1352135.25
辽 宁	223764.50	1087789.46	907131.06
吉 林	561161.87	1671822.62	1273122.20
黑龙江	1665947.23	2058938.88	1537259.78
上 海	19615.00	31986.20	24417.20
江 苏	510492.72	3106634.08	2403374.62
浙 江	126276.73	822413.00	546942.00
安 徽	391136.49	5386197.40	3984021.00
福 建	76430.49	663993.48	406480.62
江 西	240503.77	1752536.10	1227102.47
山 东	604296.20	4543827.35	3591565.19
河 南	565076.99	2792007.09	2296035.92
湖 北	270877.18	2571168.62	1975741.39
湖 南	307874.97	3628620.63	2498238.41
广 东	69156.90	1426966.36	1048618.91
广 西	207185.63	3336098.68	2839918.15
海 南	16315.08	377272.28	327306.87
重 庆	88737.00	412217.26	269468.13
四 川	115725.31	1824132.14	1073464.64
贵 州	63328.38	269678.40	180768.40
云 南	165081.36	1058349.37	577515.24
西 藏	43504.00	22047.00	22047.00
陕 西	123718.73	1075651.12	770672.69
甘 肃	210864.11	864960.79	678740.87
青 海	23151.81	96543.30	74080.80
宁 夏	62865.53	246801.43	182272.55
新 疆	369009.29	1574141.37	1461797.20
新疆兵团	163189.17	413195.17	406890.43

各地区农业机械拥有量

地区	一、农业机械总动力	(一)柴油发动机动力	(二)汽油发动机动力	(三)电动机动力	(四)其他机械动力
	万千瓦	万千瓦	万千瓦	万千瓦	万千瓦
合　　计	105622.15	81911.02	4614.76	18979.85	116.52
北　　京	120.22	47.13	8.90	63.29	0.90
天　　津	365.08	223.78	25.74	115.32	0.25
河　　北	7965.74	5668.90	142.53	2154.31	0.00
山　　西	1595.26	1300.07	38.83	256.32	0.03
内 蒙 古	4056.58	3633.86	23.49	393.92	5.30
辽　　宁	2471.26	1947.75	91.83	431.10	0.58
吉　　林	3896.95	3610.20	53.62	233.13	0.00
黑 龙 江	6775.09	6419.15	134.15	220.37	1.42
上　　海	102.12	83.78	6.10	11.94	0.30
江　　苏	5213.83	3885.03	257.00	1066.12	5.68
浙　　江	1813.17	1068.23	142.84	601.07	1.03
安　　徽	6799.50	5822.70	172.88	803.89	0.04
福　　建	1260.20	769.01	193.61	297.56	0.02
江　　西	2591.05	2015.69	123.76	450.76	0.83
山　　东	10964.66	8921.66	299.07	1743.93	0.00
河　　南	10463.70	9152.54	96.36	1214.25	0.56
湖　　北	4626.07	3218.40	182.40	1212.39	12.88
湖　　南	6588.95	4961.94	423.47	1164.65	38.89
广　　东	2495.43	1571.31	225.86	686.38	11.90
广　　西	3901.40	2895.97	299.27	693.75	12.41
海　　南	615.57	497.18	39.87	69.26	9.26
重　　庆	1497.99	598.27	362.28	536.01	1.42
四　　川	4754.00	2942.39	474.05	1332.72	4.85
贵　　州	2582.36	1553.45	372.70	656.21	0.00
云　　南	2786.75	1753.17	139.70	893.34	0.54
西　　藏	576.78	519.16	16.05	41.57	0.00
陕　　西	2387.96	1606.13	166.05	614.14	1.65
甘　　肃	2289.53	1691.11	44.74	552.43	1.25
青　　海	491.41	421.21	23.75	44.22	2.23
宁　　夏	644.09	511.75	10.77	121.04	0.53
新　　疆	2409.32	2190.18	22.32	195.84	0.98
新疆兵团	520.12	409.91	0.77	108.64	0.79

续表

地区	二、拖拉机及配套机械 （一）拖拉机		1. 小型（22.1 千瓦及以下）		2. 中型（22.1～73.5 千瓦）	
	万台	万千瓦	万台	万千瓦	万台	万千瓦
合计	2204.88	42124.34	1727.60	19042.90	407.93	16437.88
北京	0.61	23.56	0.20	3.43	0.35	13.50
天津	1.68	83.30	0.34	5.04	1.02	46.65
河北	143.08	2987.76	112.44	1312.10	23.94	1040.69
山西	39.19	821.38	27.88	272.91	9.64	392.16
内蒙古	122.52	2966.84	83.40	1301.37	35.75	1323.86
辽宁	58.64	1375.54	39.45	535.76	17.12	659.22
吉林	126.39	2569.52	87.92	1054.67	35.92	1251.99
黑龙江	161.62	4530.14	97.89	1381.36	56.00	2176.42
上海	0.96	43.19	0.22	2.42	0.68	33.70
江苏	75.91	1805.66	58.75	642.22	10.94	593.30
浙江	6.63	135.65	5.05	51.61	1.45	72.79
安徽	226.74	3203.21	200.49	1695.57	19.84	965.35
福建	8.72	116.30	8.13	90.20	0.55	22.88
江西	37.57	626.58	32.44	359.31	4.72	232.98
山东	248.00	4423.73	197.58	1846.00	41.03	1708.44
河南	341.32	5766.61	301.60	3415.43	27.69	1327.99
湖北	130.75	1750.74	112.58	895.44	17.01	756.27
湖南	32.69	696.73	21.92	273.24	10.48	399.66
广东	33.67	402.43	31.03	277.07	2.44	109.82
广西	58.59	827.25	53.10	538.79	4.85	227.41
海南	8.07	141.53	5.78	74.05	2.25	64.07
重庆	0.71	20.64	0.47	8.04	0.19	8.70
四川	22.43	486.71	14.82	215.29	7.44	257.26
贵州	13.70	231.59	11.78	165.41	1.90	64.47
云南	36.29	635.66	28.97	337.62	6.71	244.34
西藏	28.07	461.79	21.10	199.57	6.95	260.81
陕西	32.10	755.71	21.05	258.15	9.87	386.07
甘肃	84.15	1308.25	72.69	821.76	10.42	376.77
青海	26.60	306.19	25.35	255.02	1.13	40.89
宁夏	21.39	406.29	16.83	212.99	4.19	159.43
新疆	67.97	1852.83	33.41	501.76	31.46	1044.26
新疆兵团	8.12	361.03	2.95	39.30	3.99	175.75

续表

地区	其中：58.8千瓦及以上		3.大型及以上（73.5千瓦及以上）		（二）拖拉机配套农具
	万台	万千瓦	万台	万千瓦	万部
合　计	74.31	4741.15	69.35	6643.57	4024.08
北　京	0.03	1.70	0.06	6.63	1.19
天　津	0.21	12.83	0.32	31.62	5.20
河　北	5.70	377.27	6.70	634.97	217.09
山　西	2.24	145.93	1.68	156.30	56.76
内蒙古	3.44	223.68	3.37	341.61	227.56
辽　宁	2.37	152.19	2.07	180.56	80.57
吉　林	2.21	139.52	2.55	262.86	279.60
黑龙江	7.85	505.64	7.73	972.36	286.08
上　海	0.12	8.31	0.07	7.08	1.81
江　苏	5.05	325.74	6.22	570.14	148.22
浙　江	0.47	30.05	0.14	11.25	10.39
安　徽	7.85	477.79	6.41	542.30	540.50
福　建	0.14	8.83	0.04	3.23	14.19
江　西	1.68	104.20	0.42	34.29	40.45
山　东	7.92	504.29	9.39	869.29	440.95
河　南	9.40	602.88	12.03	1023.19	727.78
湖　北	3.55	218.96	1.17	99.03	263.21
湖　南	1.44	92.75	0.28	23.84	20.63
广　东	0.45	28.67	0.19	15.54	40.21
广　西	1.35	88.40	0.64	61.04	64.28
海　南	0.27	17.70	0.04	3.41	7.83
重　庆	0.05	3.13	0.04	3.90	0.70
四　川	0.86	53.38	0.16	14.16	17.87
贵　州	0.12	7.50	0.02	1.71	2.14
云　南	1.05	64.32	0.62	53.70	36.06
西　藏	0.03	2.16	0.02	1.41	23.49
陕　西	1.87	123.27	1.18	111.49	56.84
甘　肃	1.12	75.70	1.04	109.72	191.57
青　海	0.16	10.26	0.12	10.28	34.25
宁　夏	0.56	36.73	0.37	33.87	34.57
新　疆	3.79	234.04	3.10	306.81	141.57
新疆兵团	0.99	63.34	1.17	145.98	10.50

续表

地　区	其中：与58.8千瓦及以上拖拉机配套	三、种植业机械			
		(一)耕整地机械		2.微耕机	
		1.耕整机			
	万部	万台(套)	万千瓦	万台(套)	万千瓦
合　计	459.44	524.93	2472.01	796.67	4043.06
北　京	0.12	0.00	0.00	1.14	4.83
天　津	2.05	0.28	1.46	1.14	4.45
河　北	43.05	2.61	15.60	6.97	31.37
山　西	10.03	5.00	23.66	11.28	55.18
内蒙古	21.60	2.15	11.17	0.69	3.68
辽　宁	16.93	6.89	31.73	5.42	22.44
吉　林	10.83	0.52	2.87	0.30	1.66
黑龙江	48.72	6.10	35.40	0.06	0.23
上　海	0.41	0.01	0.03	0.04	0.20
江　苏	28.89	3.13	14.88	2.90	14.53
浙　江	1.18	1.72	8.03	8.05	33.24
安　徽	44.05	12.26	61.52	5.88	26.55
福　建	0.33	1.36	6.76	23.59	106.15
江　西	3.71	10.12	45.73	30.26	130.97
山　东	59.24	18.79	84.43	26.63	114.29
河　南	66.33	2.05	11.78	6.52	25.89
湖　北	19.35	20.60	109.35	36.24	187.79
湖　南	4.28	183.27	743.49	46.90	189.96
广　东	2.24	13.61	62.74	28.57	126.53
广　西	3.17	67.01	302.69	83.88	378.92
海　南	1.42	5.13	16.59	1.51	4.57
重　庆	0.21	0.00	0.01	82.61	392.71
四　川	2.39	98.45	503.02	104.77	520.89
贵　州	0.15	4.09	26.01	121.23	717.79
云　南	3.60	36.85	224.41	96.69	596.26
西　藏	0.08	0.79	3.56	0.34	1.54
陕　西	12.09	11.45	61.89	29.98	155.63
甘　肃	7.93	6.17	35.02	28.43	167.45
青　海	1.31	2.46	15.74	1.49	9.15
宁　夏	2.78	0.37	2.21	1.49	8.21
新　疆	38.37	1.69	10.22	1.34	8.62
新疆兵团	2.60	0.00	0.00	0.32	1.38

续表

地区	3. 机引犁	4. 旋耕机	5. 深松机	6. 机引耙	7. 铺膜机
	万台	万台	万台	万台	万台
合　　计	1256.20	660.38	30.63	678.46	60.80
北　　京	0.11	0.29	0.02	0.06	0.01
天　　津	0.42	1.87	0.11	0.08	0.30
河　　北	41.99	30.88	3.44	5.43	4.10
山　　西	13.18	18.28	1.04	1.65	2.28
内 蒙 古	62.80	11.63	2.16	15.36	5.77
辽　　宁	10.01	10.73	0.96	2.20	0.83
吉　　林	68.26	25.94	4.62	23.20	1.07
黑 龙 江	50.79	27.86	3.50	11.02	0.92
上　　海	0.25	0.74	0.01	0.28	0.00
江　　苏	16.31	84.75	0.56	2.34	0.23
浙　　江	1.42	6.78	0.00	0.88	0.01
安　　徽	170.22	74.41	1.86	137.88	1.06
福　　建	1.18	10.90	0.00	0.31	0.15
江　　西	4.22	32.87	0.16	4.17	0.01
山　　东	137.98	36.69	3.91	69.12	12.26
河　　南	302.38	35.35	2.07	200.53	1.79
湖　　北	84.05	75.54	0.27	57.50	0.50
湖　　南	101.97	19.87	1.60	67.61	0.19
广　　东	6.35	19.64	0.16	5.06	0.01
广　　西	22.92	20.62	0.33	21.89	0.29
海　　南	1.62	1.83	0.07	1.38	0.00
重　　庆	0.03	0.63	0.10	0.03	0.03
四　　川	7.78	20.62	0.03	2.23	0.27
贵　　州	0.60	1.37	0.00	0.10	0.05
云　　南	13.55	20.43	0.63	6.76	0.16
西　　藏	9.48	0.74	0.02	2.17	0.03
陕　　西	14.40	22.43	0.42	0.20	1.67
甘　　肃	54.76	29.24	1.86	26.58	14.88
青　　海	16.29	7.34	0.15	1.15	0.10
宁　　夏	14.81	3.29	0.15	3.61	1.16
新　　疆	25.27	6.27	0.30	6.96	10.09
新疆兵团	0.79	0.57	0.13	0.72	0.56

续表

地　区	8.联合整地机	（二）种植施肥机械 1. 播种机械 （1）免耕播种机	（2）精量播种机	（3）整地施肥播种机	（4）水稻直播机
	万台	万台	万台	万台	万台
合　　计	28.62	106.86	413.43	25.83	3.76
北　　京	0.00	0.17	0.16	0.00	0.00
天　　津	0.00	0.89	0.59	0.02	0.00
河　　北	0.44	19.23	21.26	1.92	0.00
山　　西	0.18	2.40	5.99	1.19	0.00
内 蒙 古	0.76	11.72	47.50	2.13	0.02
辽　　宁	4,02	2.27	15.41	0.35	0.03
吉　　林	10.82	3.52	51.33	0.01	0.02
黑 龙 江	4.57	2.61	61.75	1.59	0.02
上　　海	0.01	0.00	0.01	0.00	0.15
江　　苏	0.24	10.65	12.12	3.44	0.99
浙　　江	0.04	0.01	0.06	0.01	0.21
安　　徽	0.07	4.90	37.32	3.06	0.38
福　　建	0.01	0.00	0.14	0.01	0.00
江　　西	0.01	0.05	0.06	0.02	0.04
山　　东	1.37	18.18	36.59	0.69	0.02
河　　南	0.29	19.90	84.20	3.60	0.06
湖　　北	0.89	1.32	4.88	1.29	0.72
湖　　南	0.59	0.22	0.18	0.21	0.25
广　　东	0.02	0.00	0.02	0.00	0.01
广　　西	0.13	0.03	0.02	0.01	0.03
海　　南	0.00	0.00	0.00	0.00	0.00
重　　庆	0.00	0.01	0.01	0.00	0.03
四　　川	0.07	0.30	1.56	0.06	0.03
贵　　州	0.00	0.00	0.02	0.00	0.00
云　　南	0.04	0.08	0.10	0.04	0.00
西　　藏	0.02	0.01	0.17	0.08	0.00
陕　　西	0.06	5.23	4.71	0.48	0.00
甘　　肃	0.34	2.04	13.16	2.71	0.00
青　　海	0.06	0.32	1.43	1.13	0.00
宁　　夏	0.04	0.25	0.74	0.58	0.65
新　　疆	2.87	0.48	10.38	0.97	0.01
新疆兵团	0.65	0.06	1.55	0.22	0.05

续表

地　区	2. 栽植机械		其中：乘坐式		(2) 秧苗移栽机
	(1) 水稻插秧机				
	万台	万千瓦	万台	万千瓦	万台
合　计	95.33	555.24	29.36	282.93	1.23
北　京	0.04	0.16	0.00	0.00	0.00
天　津	0.08	1.00	0.07	0.91	0.00
河　北	0.25	2.43	0.14	1.85	0.02
山　西	0.00	0.00	0.00	0.00	0.00
内蒙古	1.30	8.52	0.29	2.13	0.02
辽　宁	4.04	29.41	1.21	16.24	0.03
吉　林	10.67	53.62	1.35	9.90	0.02
黑龙江	34.71	219.11	15.65	124.52	0.03
上　海	0.18	2.38	0.17	2.29	0.00
江　苏	14.32	93.55	5.00	66.27	0.13
浙　江	1.55	15.18	1.20	13.66	0.02
安　徽	4.78	22.88	0.98	11.80	0.01
福　建	1.21	5.66	0.16	1.64	0.00
江　西	1.86	10.68	0.28	3.71	0.03
山　东	0.25	1.65	0.09	0.92	0.02
河　南	1.26	7.68	0.38	3.39	0.28
湖　北	8.63	28.79	0.45	4.50	0.05
湖　南	3.70	21.14	0.93	9.19	0.07
广　东	1.40	7.59	0.31	3.13	0.00
广　西	2.05	7.57	0.17	1.32	0.02
海　南	0.04	0.22	0.01	0.11	0.00
重　庆	1.13	2.84	0.02	0.19	0.00
四　川	0.97	6.39	0.29	3.47	0.36
贵　州	0.18	0.59	0.01	0.12	0.00
云　南	0.26	1.51	0.06	0.63	0.00
西　藏	0.00	0.00	0.00	0.00	0.00
陕　西	0.04	0.37	0.02	0.24	0.01
甘　肃	0.00	0.01	0.00	0.00	0.01
青　海	0.00	0.00	0.00	0.00	0.00
宁　夏	0.13	0.51	0.05	0.21	0.00
新　疆	0.22	3.43	0.03	0.31	0.06
新疆兵团	0.07	0.37	0.04	0.25	0.03

续表

地区	（三）排灌机械		（四）田间管理机械			
	1. 水泵	2. 节水灌溉类机械	1. 中耕机械		2. 机动植保机械	
			其中：田园管理机			
	万台	万台（套）	万台	万千瓦	万台	万千瓦
合　　计	2299.96	254.87	71.16	286.34	628.27	1292.43
北　　京	2.75	1.70	0.75	3.39	1.15	1.46
天　　津	7.19	0.50	0.25	0.84	0.67	3.23
河　　北	156.37	7.00	2.13	8.77	49.96	92.53
山　　西	10.21	2.02	3.67	15.31	4.37	8.83
内 蒙 古	44.02	8.09	1.09	5.57	9.39	23.48
辽　　宁	113.49	13.64	7.74	34.83	10.06	26.17
吉　　林	61.22	4.72	0.04	0.21	2.55	5.09
黑 龙 江	48.27	5.85	0.20	0.90	9.56	34.85
上　　海	0.00	0.00	0.05	0.26	1.98	5.97
江　　苏	68.48	8.34	3.82	18.10	61.50	146.60
浙　　江	73.58	3.08	2.49	11.36	15.18	30.34
安　　徽	185.74	21.57	0.62	2.18	47.12	76.89
福　　建	21.49	2.61	4.27	16.90	41.17	89.17
江　　西	48.76	14.04	1.09	4.65	15.11	35.19
山　　东	295.59	54.37	12.62	55.26	50.54	150.86
河　　南	220.46	22.98	0.97	3.35	33.66	72.33
湖　　北	117.27	13.00	2.41	8.26	75.04	94.32
湖　　南	232.58	9.55	3.57	9.04	39.90	58.46
广　　东	76.80	13.09	2.66	7.04	23.63	47.77
广　　西	98.57	17.53	0.92	3.73	16.22	42.64
海　　南	16.95	0.90	0.97	1.69	8.02	17.19
重　　庆	86.82	0.36	0.47	1.54	7.41	10.53
四　　川	135.43	3.13	2.45	8.30	38.87	69.72
贵　　州	61.75	2.48	2.79	11.69	6.33	9.94
云　　南	58.95	7.75	2.12	9.08	20.88	37.89
西　　藏	0.60	0.06	0.00	0.00	1.42	5.66
陕　　西	32.35	6.13	6.19	22.87	19.26	49.41
甘　　肃	12.95	2.62	3.00	11.96	6.00	16.81
青　　海	0.23	0.21	0.13	0.52	0.74	6.72
宁　　夏	3.73	1.02	0.55	2.13	0.52	2.90
新　　疆	5.71	5.12	0.96	5.68	8.92	17.04
新疆兵团	1.66	1.39	0.16	0.95	1.13	2.43

续表

地区	其中：自走式		3. 修剪机械 (1) 茶树修剪机	(2) 果树修剪机	
	万台	万千瓦	万台	万台	万千瓦
合计	22.65	225.43	59.09	31.93	57.29
北京	0.03	0.25	0.00	0.06	0.39
天津	0.11	1.89	0.00	0.01	0.00
河北	2.23	11.09	0.00	0.13	0.51
山西	0.11	0.48	0.00	0.15	0.39
内蒙古	0.21	4.97	0.00	0.01	0.07
辽宁	0.05	1.63	0.00	0.14	0.19
吉林	0.37	0.74	0.00	0.02	0.03
黑龙江	0.39	10.49	0.00	0.02	0.21
上海	0.05	1.13	0.00	0.03	0.06
江苏	2.52	60.17	0.98	1.79	5.00
浙江	0.12	1.91	7.29	0.92	1.22
安徽	0.76	17.20	9.66	0.27	0.50
福建	0.51	2.75	9.76	4.03	7.23
江西	0.32	2.48	0.46	0.50	2.02
山东	7.08	54.53	0.46	0.49	0.70
河南	1.86	21.81	1.29	0.10	0.55
湖北	0.55	8.23	10.91	9.82	17.27
湖南	1.57	3.30	0.63	0.37	1.03
广东	0.94	2.99	0.70	1.10	3.81
广西	0.78	2.24	5.00	1.20	1.60
海南	0.15	0.27	0.10	0.08	0.15
重庆	0.03	0.18	0.28	1.05	0.63
四川	0.30	1.39	3.96	2.28	3.29
贵州	0.00	0.02	2.29	0.66	1.38
云南	0.01	0.11	4.28	0.86	2.61
西藏	0.01	0.22	0.00	0.00	0.00
陕西	0.44	2.88	0.88	2.76	4.48
甘肃	0.35	2.67	0.15	0.15	0.50
青海	0.11	1.71	0.00	0.00	0.00
宁夏	0.14	1.65	0.00	0.55	0.71
新疆	0.40	2.17	0.00	2.37	0.73
新疆兵团	0.18	1.89	0.00	0.01	0.01

续表

地　区	（五）收获机械 1. 谷物联合收割机		（1）稻麦联合收割机		（2）玉米联合收割机	
	万台	万千瓦	万台	万千瓦	万台	万千瓦
合　计	219.51	12714.77	160.66	8706.51	58.85	4008.26
北　京	0.08	6.72	0.04	3.02	0.04	3.70
天　津	0.54	48.34	0.28	21.93	0.26	26.41
河　北	17.34	1311.10	9.51	670.35	7.83	640.75
山　西	3.50	266.77	1.03	74.84	2.47	191.93
内蒙古	4.21	298.89	0.94	75.93	3.27	222.96
辽　宁	3.48	223.80	1.02	47.16	2.47	176.64
吉　林	11.33	630.84	3.31	145.63	8.02	485.21
黑龙江	16.85	1241.36	12.46	806.61	4.39	434.75
上　海	0.21	13.68	0.21	13.68	0.00	0.00
江　苏	18.48	1062.16	17.17	987.63	1.31	74.52
浙　江	1.68	79.37	1.68	79.37	0.00	0.00
安　徽	22.77	1356.62	20.01	1153.23	2.76	203.38
福　建	1.10	47.74	1.10	47.73	0.00	0.00
江　西	8.79	401.38	8.79	401.38	0.00	0.00
山　东	33.05	1728.76	19.10	977.99	13.95	750.76
河　南	30.14	1868.95	21.42	1330.26	8.72	538.69
湖　北	10.91	573.21	10.66	559.80	0.25	13.41
湖　南	13.12	505.82	13.05	503.50	0.07	2.32
广　东	2.92	93.20	2.92	93.20	0.00	0.00
广　西	3.60	136.76	3.60	136.68	0.00	0.08
海　南	0.48	11.82	0.48	11.79	0.00	0.03
重　庆	1.08	16.14	1.08	16.07	0.00	0.07
四　川	3.82	116.86	3.80	115.87	0.02	0.99
贵　州	0.39	11.92	0.38	11.75	0.00	0.17
云　南	0.88	34.22	0.84	32.47	0.04	1.75
西　藏	0.49	22.96	0.48	22.74	0.01	0.22
陕　西	4.21	294.19	2.70	185.22	1.51	108.96
甘　肃	1.20	88.32	0.62	37.06	0.58	51.26
青　海	0.35	21.81	0.34	21.52	0.00	0.29
宁　夏	0.98	59.68	0.59	32.50	0.39	27.18
新　疆	1.39	127.63	0.95	80.16	0.45	47.47
新疆兵团	0.16	13.77	0.10	9.41	0.05	4.35

续表

地　区	其中：自走式	2. 大豆收获机		3. 油菜籽收获机		4. 马铃薯收获机	
	万台	万台	万千瓦	万台	万千瓦	万台	万千瓦
合　计	49.16	2.24	176.69	2.34	111.47	9.35	25.68
北　京	0.04	0.00	0.00	0.00	0.00	0.00	0.01
天　津	0.26	0.02	0.78	0.00	0.00	0.00	0.01
河　北	7.51	0.00	0.07	0.00	0.12	0.34	0.92
山　西	2.31	0.00	0.00	0.00	0.00	0.64	0.76
内蒙古	2.39	0.28	19.17	0.06	3.50	1.81	0.36
辽　宁	2.16	0.04	1.28	0.00	0.08	0.13	0.68
吉　林	7.08	0.11	4.08	0.00	0.00	0.08	0.07
黑龙江	3.61	1.68	148.47	0.00	0.18	0.19	4.10
上　海	0.00	0.00	0.00	0.00	0.11	0.00	0.00
江　苏	1.16	0.01	0.27	0.30	14.48	0.01	0.17
浙　江	0.00	0.00	0.00	0.07	3.46	0.00	0.05
安　徽	2.63	0.02	1.18	0.29	12.21	0.00	0.09
福　建	0.00	0.00	0.00	0.00	0.24	0.04	0.12
江　西	0.00	0.00	0.08	0.10	3.57	0.00	0.02
山　东	9.95	0.01	0.28	0.00	0.07	2.70	5.01
河　南	7.32	0.01	0.42	0.17	10.43	0.39	3.62
湖　北	0.21	0.01	0.38	0.65	33.56	0.13	0.84
湖　南	0.01	0.01	0.11	0.28	11.74	0.02	0.14
广　东	0.00	0.00	0.00	0.00	0.00	0.02	0.64
广　西	0.00	0.00	0.01	0.01	0.02	0.00	0.14
海　南	0.00	0.00	0.00	0.00	0.00	0.00	0.00
重　庆	0.00	0.00	0.00	0.01	0.31	0.00	0.07
四　川	0.01	0.00	0.05	0.21	9.11	0.02	0.42
贵　州	0.00	0.00	0.00	0.01	0.24	0.05	0.43
云　南	0.03	0.00	0.00	0.02	0.96	0.80	2.92
西　藏	0.00	0.00	0.00	0.01	1.07	0.03	0.77
陕　西	1.21	0.04	0.00	0.02	0.75	0.27	0.92
甘　肃	0.51	0.00	0.02	0.01	1.02	0.92	0.60
青　海	0.00	0.00	0.00	0.08	3.44	0.26	0.88
宁　夏	0.30	0.00	0.00	0.00	0.00	0.38	0.55
新　疆	0.40	0.00	0.01	0.01	0.56	0.08	0.21
新疆兵团	0.04	0.00	0.02	0.01	0.24	0.02	0.17

续表

地 区	5.花生收获机		6.甜菜收获机		7.甘蔗收获机	
	万台	万千瓦	万台	万千瓦	万台	万千瓦
合 计	19.78	98.73	0.32	3.22	0.20	24.98
北 京	0.00	0.02	0.00	0.00	0.00	0.00
天 津	0.00	0.04	0.00	0.00	0.00	0.00
河 北	0.48	9.42	0.04	0.36	0.00	0.00
山 西	0.00	0.01	0.03	0.00	0.00	0.00
内蒙古	0.10	0.00	0.20	0.52	0.00	0.00
辽 宁	3.20	5.18	0.00	0.01	0.00	0.00
吉 林	0.44	0.12	0.00	0.00	0.00	0.00
黑龙江	0.04	0.40	0.01	0.44	0.00	0.00
上 海	0.00	0.00	0.00	0.00	0.00	0.00
江 苏	0.13	1.94	0.00	0.02	0.00	0.00
浙 江	0.00	0.00	0.00	0.00	0.00	0.00
安 徽	0.21	0.43	0.00	0.00	0.00	0.00
福 建	0.03	0.20	0.00	0.00	0.00	0.00
江 西	0.26	0.93	0.00	0.00	0.00	0.00
山 东	5.27	7.56	0.00	0.00	0.00	0.00
河 南	9.16	69.00	0.00	0.00	0.00	0.00
湖 北	0.41	2.81	0.00	0.00	0.00	0.00
湖 南	0.00	0.02	0.00	0.05	0.00	0.00
广 东	0.00	0.10	0.00	0.00	0.02	1.58
广 西	0.02	0.09	0.00	0.00	0.16	21.23
海 南	0.00	0.00	0.00	0.00	0.00	0.00
重 庆	0.00	0.00	0.00	0.00	0.00	0.00
四 川	0.02	0.29	0.00	0.00	0.00	0.00
贵 州	0.00	0.00	0.00	0.00	0.00	0.00
云 南	0.00	0.01	0.00	0.00	0.02	2.18
西 藏	0.00	0.00	0.00	0.00	0.00	0.00
陕 西	0.00	0.03	0.00	0.00	0.00	0.01
甘 肃	0.00	0.00	0.00	0.00	0.00	0.00
青 海	0.00	0.00	0.00	0.00	0.00	0.00
宁 夏	0.00	0.00	0.00	0.00	0.00	0.00
新 疆	0.00	0.13	0.04	1.20	0.00	0.00
新疆兵团	0.00	0.01	0.01	0.63	0.00	0.00

续表

地区	8. 棉花收获机		9. 蔬菜收获机械		10. 采茶机	
	万台	万千瓦	万台	万千瓦	万台	万千瓦
合计	0.65	120.09	2.50	12.55	22.54	26.81
北京	0.00	0.00	0.00	0.00	0.00	0.00
天津	0.00	0.00	0.00	0.00	0.00	0.00
河北	0.00	0.07	0.01	0.00	0.00	0.00
山西	0.00	0.00	0.00	0.00	0.00	0.00
内蒙古	0.00	0.02	0.01	0.00	0.00	0.00
辽宁	0.00	0.00	0.01	0.05	0.00	0.00
吉林	0.00	0.00	0.00	0.00	0.00	0.00
黑龙江	0.00	0.00	0.00	0.03	0.00	0.00
上海	0.00	0.00	0.00	0.00	0.00	0.00
江苏	0.00	0.00	0.48	5.51	0.11	0.32
浙江	0.00	0.00	0.00	0.04	1.30	1.87
安徽	0.00	0.02	0.00	0.01	1.53	1.25
福建	0.00	0.00	0.00	0.00	4.77	6.02
江西	0.00	0.00	0.00	0.00	0.24	0.50
山东	0.00	0.25	1.92	5.76	0.09	0.24
河南	0.00	0.00	0.00	0.00	0.17	0.34
湖北	0.00	0.02	0.00	0.04	7.00	6.45
湖南	0.06	0.19	0.02	0.20	1.13	1.77
广东	0.00	0.00	0.00	0.00	0.31	0.50
广西	0.00	0.00	0.00	0.00	1.53	2.52
海南	0.00	0.00	0.00	0.00	0.00	0.00
重庆	0.00	0.00	0.00	0.00	0.02	0.04
四川	0.00	0.00	0.00	0.11	0.87	1.33
贵州	0.00	0.00	0.00	0.00	2.30	2.09
云南	0.00	0.00	0.00	0.00	0.76	1.23
西藏	0.00	0.00	0.00	0.00	0.00	0.00
陕西	0.00	0.00	0.01	0.03	0.41	0.32
甘肃	0.00	0.14	0.01	0.06	0.00	0.00
青海	0.00	0.00	0.00	0.02	0.00	0.00
宁夏	0.00	0.00	0.00	0.00	0.00	0.00
新疆	0.31	58.09	0.01	0.33	0.00	0.00
新疆兵团	0.28	61.30	0.01	0.34	0.00	0.00

续表

地区	11. 青饲料收获机		12. 牧草收获机		13. 秸秆粉碎还田机
	万台	万千瓦	万台	万千瓦	万台
合　　计	5.63	203.35	22.85	43.75	100.09
北　　京	0.02	4.28	0.00	0.00	0.11
天　　津	0.04	4.51	0.01	0.11	0.49
河　　北	0.56	36.34	0.15	0.99	13.11
山　　西	0.21	7.54	0.14	1.44	2.96
内 蒙 古	0.91	27.42	12.24	3.55	1.84
辽　　宁	0.22	2.84	0.10	0.47	0.57
吉　　林	0.16	6.27	0.24	5.04	0.29
黑 龙 江	0.30	21.29	0.31	1.76	6.44
上　　海	0.00	0.50	0.00	0.00	0.06
江　　苏	0.21	4.31	0.06	1.91	15.19
浙　　江	0.09	0.29	0.10	0.58	0.36
安　　徽	0.02	1.27	0.00	0.01	7.68
福　　建	0.00	0.01	0.00	0.02	0.00
江　　西	0.01	0.06	0.02	0.12	0.23
山　　东	0.56	14.10	0.03	0.31	14.70
河　　南	0.22	9.47	0.04	0.25	22.13
湖　　北	0.95	3.14	0.13	0.76	3.47
湖　　南	0.07	0.82	0.03	1.17	0.92
广　　东	0.04	0.13	0.09	0.23	0.65
广　　西	0.09	1.04	0.05	0.11	0.57
海　　南	0.00	0.01	0.00	0.00	0.01
重　　庆	0.00	0.03	0.09	0.19	0.12
四　　川	0.03	0.56	0.32	0.74	1.62
贵　　州	0.05	0.48	2.34	2.31	0.14
云　　南	0.03	0.75	0.04	0.31	0.11
西　　藏	0.00	0.16	0.44	1.46	0.00
陕　　西	0.08	7.08	0.41	1.17	2.60
甘　　肃	0.32	14.22	2.47	10.78	0.41
青　　海	0.05	1.69	0.17	0.80	0.02
宁　　夏	0.04	5.40	1.00	2.13	0.09
新　　疆	0.33	25.99	1.74	4.82	2.53
新疆兵团	0.01	1.34	0.07	0.22	0.67

续表

地区	14. 打（压）捆机		（六）收获后处理机械 1. 机动脱粒机		2. 干燥机械	
	万台	万千瓦	万台	万千瓦	万台	万千瓦
合　计	13.18	99.87	1058.19	2456.98	34.99	304.49
北　京	0.01	0.00	0.37	2.05	0.01	0.12
天　津	0.04	0.44	1.72	3.72	0.01	0.42
河　北	0.41	5.33	15.42	44.13	0.24	5.56
山　西	0.22	1.14	5.35	11.68	0.22	2.68
内蒙古	2.10	3.36	12.87	8.27	0.10	5.83
辽　宁	0.42	7.23	13.18	66.08	0.17	5.74
吉　林	0.88	11.42	15.67	18.06	0.22	7.33
黑龙江	2.17	19.87	14.79	39.91	0.36	7.20
上　海	0.01	0.18	0.00	0.00	0.14	1.80
江　苏	0.54	12.20	5.45	24.91	3.23	55.96
浙　江	0.12	2.33	9.58	17.71	1.21	11.80
安　徽	1.79	5.38	33.08	41.13	1.62	20.22
福　建	0.00	0.00	10.58	28.07	0.88	4.85
江　西	0.04	0.52	26.28	66.62	1.37	18.01
山　东	0.58	2.59	40.19	58.08	0.48	11.42
河　南	1.64	7.44	50.08	87.63	2.32	15.89
湖　北	0.40	5.64	45.57	95.66	0.86	17.21
湖　南	0.05	1.93	114.87	305.45	1.39	17.22
广　东	0.00	0.06	53.93	124.33	0.43	5.23
广　西	0.01	0.25	99.59	239.56	1.08	5.23
海　南	0.00	0.00	4.21	12.52	0.13	0.95
重　庆	0.01	0.12	72.87	177.66	0.36	5.18
四　川	0.07	0.53	171.20	356.67	0.55	4.56
贵　州	0.01	0.25	88.18	167.95	0.44	1.92
云　南	0.05	0.64	56.16	157.95	10.94	33.26
西　藏	0.01	0.07	5.71	25.70	0.00	0.00
陕　西	0.16	2.46	50.36	124.38	2.35	10.40
甘　肃	0.48	3.58	29.23	101.03	2.43	5.87
青　海	0.09	0.39	4.60	26.12	0.12	0.47
宁　夏	0.11	1.22	2.08	8.23	0.23	3.06
新　疆	0.72	2.93	4.92	14.75	1.06	18.21
新疆兵团	0.06	0.36	0.11	0.94	0.06	0.90

续表

地 区	（1）谷物烘干机		其中：30吨以上		（2）果蔬烘干机	
	万台	万千瓦	万台	万千瓦	万台	万千瓦
合　计	13.62	215.48	2.14	64.86	19.56	64.12
北　京	0.01	0.12	0.00	0.10	0.00	0.00
天　津	0.01	0.36	0.00	0.22	0.00	0.00
河　北	0.11	4.74	0.05	3.53	0.11	0.59
山　西	0.07	1.61	0.01	0.88	0.13	1.00
内蒙古	0.09	5.46	0.05	4.01	0.00	0.37
辽　宁	0.17	6.65	0.09	3.68	0.00	0.00
吉　林	0.22	7.23	0.11	4.92	0.00	0.00
黑龙江	0.35	7.19	0.16	4.81	0.00	0.00
上　海	0.14	1.79	0.04	0.82	0.00	0.00
江　苏	3.12	44.59	0.25	4.40	0.02	0.47
浙　江	1.12	11.54	0.01	0.24	0.01	0.11
安　徽	1.57	19.79	0.25	5.17	0.04	0.42
福　建	0.20	2.01	0.03	0.39	0.52	2.23
江　西	1.26	16.83	0.17	3.24	0.02	0.19
山　东	0.36	10.47	0.14	6.54	0.11	1.17
河　南	0.37	8.27	0.14	4.28	1.93	8.94
湖　北	0.76	16.51	0.26	6.39	0.05	0.27
湖　南	1.08	12.60	0.16	2.80	0.14	0.99
广　东	0.35	4.58	0.06	1.13	0.07	0.33
广　西	0.26	2.76	0.03	0.45	0.82	2.47
海　南	0.04	1.04	0.00	0.03	0.00	0.00
重　庆	0.17	4.32	0.01	0.30	0.09	0.37
四　川	0.29	3.47	0.02	0.35	0.24	0.82
贵　州	0.14	0.83	0.00	0.06	0.29	0.97
云　南	0.45	6.50	0.00	0.06	10.13	25.78
西　藏	0.00	0.00	0.00	0.00	0.00	0.00
陕　西	0.22	1.41	0.00	0.21	2.05	8.81
甘　肃	0.18	1.33	0.00	0.17	2.25	4.43
青　海	0.01	0.07	0.00	0.01	0.10	0.36
宁　夏	0.16	2.16	0.03	1.34	0.05	0.56
新　疆	0.33	9.13	0.03	4.27	0.32	1.69
新疆兵团	0.01	0.09	0.00	0.06	0.05	0.80

续表

地区	3. 种子加工机械		4. 保鲜储藏设备		（七）设施农业设备 温室	其中：连栋温室
	万台	万千瓦	万台（套）	万千瓦	万米²	万米²
合计	4.30	19.73	15.51	189.11	1872616.45	57979.90
北京	0.00	0.01	0.31	3.29	12842.66	598.92
天津	0.00	0.01	0.04	0.52	20226.71	1108.75
河北	0.12	0.87	0.21	3.99	145010.31	351.66
山西	0.03	0.12	0.19	4.45	50893.67	243.08
内蒙古	0.75	0.61	0.03	1.20	94714.09	5263.96
辽宁	0.03	0.33	0.63	13.14	175897.68	5159.81
吉林	0.21	3.07	0.01	0.10	26745.05	264.71
黑龙江	0.54	1.61	0.01	0.07	23755.41	1049.64
上海	0.00	0.11	0.23	1.26	4819.78	313.37
江苏	0.10	1.20	1.39	16.95	278246.10	17881.19
浙江	0.01	0.06	0.65	11.66	46730.65	9259.70
安徽	0.13	0.36	0.48	4.56	64260.00	1762.00
福建	0.02	0.14	1.36	7.78	12757.97	534.70
江西	0.05	0.25	0.12	0.77	17338.18	238.78
山东	0.28	0.90	0.92	13.00	328525.22	5015.66
河南	0.16	0.43	0.52	3.74	79203.21	692.91
湖北	0.08	0.53	1.83	16.63	85685.68	1817.95
湖南	0.10	0.28	1.19	2.35	7425.63	194.93
广东	0.00	0.01	0.55	4.56	12847.67	2283.10
广西	0.00	0.00	0.37	3.68	442.82	3.31
海南	0.20	0.16	0.23	0.45	3593.39	5.37
重庆	0.01	0.05	0.27	1.80	23660.69	32.17
四川	0.01	0.07	0.62	10.28	70860.38	1995.73
贵州	0.00	0.01	0.17	1.83	1589.32	272.94
云南	0.03	0.16	0.57	14.36	35014.33	226.62
西藏	0.03	0.19	0.00	0.00	3218.94	77.14
陕西	0.06	0.46	1.31	15.73	97861.69	271.21
甘肃	0.99	4.32	0.42	14.46	71707.14	419.00
青海	0.11	0.23	0.01	0.31	4663.66	462.12
宁夏	0.03	0.45	0.04	0.46	30391.10	8.35
新疆	0.15	2.55	0.81	15.46	36466.50	134.76
新疆兵团	0.05	0.19	0.03	0.27	5220.78	36.34

续表

地区	日光温室	塑料大棚	四、农产品初加工机械 (一)农产品初加工动力机械		其中：柴油机	
	万米²	万米²	万台	万千瓦	万台	万千瓦
合计	542903.23	1238116.02	1656.87	9077.93	298.57	2545.19
北京	6476.05	5767.69	0.46	3.62	0.00	0.00
天津	9525.38	9592.58	1.01	7.61	0.02	0.26
河北	61374.12	77690.08	87.68	815.78	9.48	108.08
山西	27235.62	23348.32	11.23	92.03	0.89	10.71
内蒙古	34746.44	54703.69	11.18	107.35	3.17	34.98
辽宁	117657.06	54066.31	20.87	133.32	1.92	25.94
吉林	7362.29	18705.42	16.45	155.66	4.26	44.71
黑龙江	699.74	22016.39	13.99	138.57	5.49	62.23
上海	0.00	4506.41	0.21	2.21	0.02	0.21
江苏	16701.53	241181.69	25.87	295.06	5.74	63.63
浙江	0.00	37180.79	17.43	114.11	3.38	30.00
安徽	6918.00	51192.00	57.11	383.45	13.05	131.30
福建	0.00	12204.83	70.65	221.41	4.27	34.06
江西	19.89	16806.56	34.09	332.68	15.80	165.61
山东	131814.89	188203.73	100.20	902.46	36.23	346.82
河南	21802.99	52632.93	85.58	616.20	15.71	150.22
湖北	1490.09	82348.03	104.34	488.59	14.04	106.52
湖南	0.00	7230.70	153.62	781.03	50.19	354.15
广东	219.98	10148.98	30.96	253.64	7.93	72.69
广西	0.00	439.51	125.46	715.05	38.89	320.20
海南	0.00	3529.80	2.75	29.07	1.38	14.58
重庆	0.23	23582.54	92.06	259.30	11.33	75.75
四川	118.44	63236.69	192.04	754.16	38.07	249.23
贵州	0.00	1316.39	226.69	518.84	0.05	0.45
云南	217.00	33895.45	99.13	481.02	9.14	72.38
西藏	348.82	2792.98	1.56	6.42	0.16	0.69
陕西	27199.25	66247.33	47.84	230.98	6.34	50.00
甘肃	32654.94	37750.25	17.09	134.01	1.04	10.87
青海	2387.42	1822.09	1.31	10.22	0.01	0.10
宁夏	16997.19	11395.56	2.34	24.66	0.02	0.23
新疆	15246.74	21084.99	3.87	44.64	0.44	6.13
新疆兵团	3689.13	1495.31	1.82	24.79	0.10	2.45

续表

地区	电动机		(二)农产品初加工作业机械	1.粮食初加工机械	2.油料初加工机械
	万台	万千瓦	万台(套)	万台(套)	万台(套)
合计	1320.45	6402.34	1571.99	1237.48	80.57
北京	0.46	3.62	0.47	0.37	0.01
天津	0.99	7.34	0.56	0.47	0.06
河北	78.11	704.83	46.37	34.93	7.69
山西	10.31	81.06	6.50	5.30	0.75
内蒙古	8.01	72.24	6.95	6.14	0.68
辽宁	17.14	102.83	15.68	14.78	0.77
吉林	12.19	110.94	13.37	12.26	1.08
黑龙江	7.38	75.00	6.20	5.26	0.85
上海	0.19	2.00	0.21	0.19	0.00
江苏	19.86	224.42	24.13	17.37	2.77
浙江	13.92	83.33	58.67	10.62	0.80
安徽	42.06	249.12	60.87	24.88	5.03
福建	65.48	186.48	61.56	11.39	1.52
江西	17.69	163.72	29.86	20.53	3.80
山东	62.00	553.49	52.11	37.61	6.68
河南	69.24	459.59	57.14	37.24	9.32
湖北	88.89	373.79	99.00	73.68	5.13
湖南	101.39	414.06	160.99	129.94	6.72
广东	22.63	173.47	26.14	19.10	3.19
广西	83.68	382.60	108.94	94.96	4.30
海南	1.26	12.89	2.13	1.79	0.16
重庆	77.16	176.92	152.85	146.31	1.58
四川	137.19	478.34	213.88	197.39	7.33
贵州	226.64	517.30	224.70	214.63	2.94
云南	89.70	399.85	90.68	81.12	1.01
西藏	1.35	5.52	1.59	1.32	0.25
陕西	41.02	172.23	28.49	22.86	1.65
甘肃	16.04	123.11	14.76	11.30	2.88
青海	1.12	9.41	1.55	0.64	0.48
宁夏	2.32	24.25	2.07	1.50	0.50
新疆	3.32	37.23	3.44	1.57	0.63
新疆兵团	1.72	21.32	0.13	0.03	0.02

续表

地　区	3. 棉花初加工机械	4. 果蔬初加工机械	5. 茶叶初加工机械	五、畜牧机械	
	万台（套）	万台（套）	万台（套）	万台（套）	万千瓦
合　计	21.38	25.10	167.25	811.00	2612.21
北　京	0.00	0.05	0.00	0.98	9.35
天　津	0.03	0.00	0.00	0.85	9.43
河　北	3.08	0.27	0.00	16.63	120.56
山　西	0.11	0.19	0.00	12.51	44.17
内蒙古	0.00	0.01	0.00	29.86	171.48
辽　宁	0.01	0.07	0.00	19.93	80.66
吉　林	0.00	0.03	0.00	17.35	98.39
黑龙江	0.00	0.01	0.00	10.64	34.80
上　海	0.00	0.01	0.00	0.57	1.42
江　苏	0.97	1.31	1.01	18.10	121.38
浙　江	0.35	0.58	46.32	5.14	23.22
安　徽	2.22	0.35	27.07	9.08	55.83
福　建	0.00	1.44	46.49	5.35	33.01
江　西	1.61	0.73	1.11	5.17	40.82
山　东	2.87	2.38	1.10	27.40	155.33
河　南	4.18	0.52	4.93	24.39	99.83
湖　北	1.52	1.39	11.37	51.61	123.63
湖　南	2.88	1.02	3.17	25.14	113.48
广　东	0.00	1.25	1.90	16.76	82.98
广　西	0.21	8.22	1.25	38.20	93.68
海　南	0.00	0.04	0.13	1.05	5.90
重　庆	0.00	0.37	1.80	55.68	73.60
四　川	0.44	1.00	5.89	81.60	176.89
贵　州	0.00	0.07	5.17	70.55	106.25
云　南	0.00	1.79	6.11	150.16	249.86
西　藏	0.00	0.01	0.00	2.34	6.28
陕　西	0.24	0.90	2.30	40.20	155.42
甘　肃	0.22	0.23	0.11	37.43	178.59
青　海	0.00	0.06	0.00	2.14	18.33
宁　夏	0.00	0.03	0.00	21.52	84.72
新　疆	0.41	0.74	0.00	11.99	38.13
新疆兵团	0.04	0.03	0.00	0.70	4.81

续表

地区	（一）饲料（草）加工机械设备		其中：1. 铡草机	2. 饲料（草）粉碎机	（二）饲养机械	
	万台（套）	万千瓦	万台	万台	万台（套）	万千瓦
合计	676.25	2122.81	110.17	305.18	71.26	258.94
北京	0.46	3.26	0.21	0.21	0.36	2.72
天津	0.61	6.45	0.15	0.23	0.15	1.16
河北	9.79	73.82	2.74	2.97	4.03	33.73
山西	6.27	35.34	2.63	1.74	5.11	5.49
内蒙古	25.92	156.50	5.90	14.44	1.22	10.34
辽宁	16.03	64.17	5.22	5.66	2.76	11.16
吉林	11.34	75.66	2.35	3.61	1.16	9.30
黑龙江	5.27	21.15	0.81	1.51	1.48	4.94
上海	0.10	0.97	0.00	0.00	0.44	0.25
江苏	11.50	85.86	1.48	5.74	4.40	22.12
浙江	2.40	12.36	0.23	0.41	1.54	3.31
安徽	7.16	43.48	0.87	3.53	1.60	9.25
福建	3.35	23.58	0.25	1.36	1.81	7.90
江西	3.57	28.83	0.65	1.43	0.78	5.53
山东	20.11	116.79	2.63	4.10	4.71	18.29
河南	18.81	70.95	2.96	5.26	3.53	9.54
湖北	36.81	89.62	5.23	17.32	11.96	26.87
湖南	20.66	90.94	4.73	7.54	1.17	5.77
广东	9.08	60.37	1.32	4.01	6.99	15.79
广西	36.55	84.92	1.40	9.32	1.50	7.75
海南	0.63	4.81	0.10	0.21	0.30	0.86
重庆	53.09	67.09	5.39	13.56	1.19	3.12
四川	73.86	156.21	6.03	29.59	4.18	10.82
贵州	64.46	90.08	0.74	61.92	3.04	6.34
云南	133.67	223.21	10.78	76.02	1.34	5.13
西藏	1.09	2.18	0.26	0.16	0.80	3.20
陕西	36.44	143.44	13.42	12.88	1.51	5.30
甘肃	35.01	167.53	14.66	12.23	1.49	7.60
青海	1.80	15.54	0.05	0.57	0.06	0.47
宁夏	20.77	79.31	13.78	4.36	0.26	1.88
新疆	9.25	27.21	3.12	3.07	0.35	2.37
新疆兵团	0.40	1.18	0.07	0.22	0.06	0.63

续表

地 区	其中：畜禽粪污处理机械	(三) 畜产品采集加工机械设备		其中：1. 挤奶机	
	万台(套)	万台(套)	万千瓦	万台	万千瓦
合 计	9.55	21.42	80.55	9.76	47.89
北 京	0.01	0.15	3.37	0.15	3.03
天 津	0.09	0.08	0.83	0.03	0.41
河 北	0.49	2.36	10.71	1.43	6.70
山 西	0.07	0.79	3.00	0.52	1.75
内蒙古	0.14	2.33	4.56	1.38	3.67
辽 宁	0.56	0.57	2.26	0.29	1.80
吉 林	0.05	4.84	13.41	0.19	8.77
黑龙江	0.02	1.17	4.41	1.09	3.95
上 海	0.01	0.03	0.20	0.02	0.12
江 苏	1.50	0.97	4.40	0.45	1.61
浙 江	0.26	0.09	0.22	0.06	0.13
安 徽	0.49	0.05	0.17	0.03	0.10
福 建	0.14	0.08	0.71	0.03	0.45
江 西	0.09	0.14	1.22	0.01	0.09
山 东	0.92	1.40	6.37	0.83	3.03
河 南	0.16	0.67	4.80	0.52	2.18
湖 北	1.73	0.44	1.30	0.04	0.19
湖 南	0.21	0.29	1.74	0.05	0.25
广 东	0.44	0.20	1.74	0.06	0.60
广 西	0.08	0.10	0.27	0.04	0.11
海 南	0	0.06	0.18	0.03	0.09
重 庆	0.60	0.15	0.35	0.06	0.15
四 川	0.73	1.00	1.72	0.28	0.48
贵 州	0.07	0.07	0.29	0.06	0.22
云 南	0.19	0.21	1.02	0.19	0.92
西 藏	0.14	0.45	0.90	0.10	0.21
陕 西	0.18	0.63	2.51	0.54	2.03
甘 肃	0.04	0.82	2.17	0.46	1.45
青 海	0	0.27	0.59	0.09	0.20
宁 夏	0.03	0.34	1.57	0.28	1.06
新 疆	0.08	0.55	2.19	0.35	1.70
新疆兵团	0.03	0.12	1.33	0.08	0.41

续表

地区	2.剪羊毛机		六、水产机械		（一）水产养殖机械	
	万台	万千瓦	万台	万千瓦	万台	万千瓦
合计	7.24	7.62	479.50	1696.94	456.51	901.39
北京	0	0	1.13	3.70	1.08	2.98
天津	0.03	0.01	6.35	13.98	6.34	13.85
河北	0.09	0.09	6.57	58.02	5.65	19.38
山西	0.06	0.13	0.27	1.00	0.27	1.00
内蒙古	0.93	0.88	0.48	2.24	0.48	2.23
辽宁	0.26	0.21	7.45	21.99	7.35	19.79
吉林	4.65	4.65	1.02	3.94	0.92	2.39
黑龙江	0.01	0.02	0.51	1.89	0.47	1.41
上海	0	0	2.72	21.14	2.66	5.98
江苏	0.02	0.05	107.53	230.54	104.64	190.31
浙江	0.01	0.02	31.02	398.45	30.54	65.32
安徽	0	0	8.68	26.62	8.08	17.43
福建	0	0	19.48	181.73	16.14	32.82
江西	0	0	7.40	23.42	6.60	16.28
山东	0.09	0.10	16.97	111.12	10.54	28.50
河南	0.01	0.02	4.83	19.07	4.62	16.60
湖北	0	0	48.63	93.27	47.28	88.04
湖南	0	0	16.57	38.03	16.06	33.70
广东	0	0	127.10	310.17	124.40	237.08
广西	0	0	12.93	24.92	12.52	20.30
海南	0.03	0.10	8.12	29.19	7.61	15.75
重庆	0	0	9.59	19.24	9.11	15.59
四川	0.29	0.18	27.12	41.78	26.39	36.39
贵州	0	0	0.10	0.22	0.10	0.21
云南	0.01	0.01	3.11	9.78	3.08	9.55
西藏	0.02	0.03	0	0	0	0
陕西	0.06	0.09	1.74	4.45	1.72	4.15
甘肃	0.34	0.47	0.21	0.81	0.21	0.69
青海	0.09	0.12	0.16	1.14	0.02	0.03
宁夏	0	0.01	0.76	1.63	0.75	1.63
新疆	0.18	0.28	0.86	2.84	0.82	1.66
新疆兵团	0.04	0.17	0.09	0.62	0.07	0.35

续表

地区	其中：1. 增氧机		2. 投饲机		（二）水产捕捞机械	
	万台	万千瓦	万台	万千瓦	万台	万千瓦
合　计	337.33	670.52	106.76	116.21	7.94	254.78
北　京	0.83	2.62	0.26	0.36	0.00	0.01
天　津	5.02	13.41	1.32	0.44	0.01	0.12
河　北	3.92	13.63	1.70	4.56	0.57	17.49
山　西	0.19	0.72	0.08	0.27	0.00	0.00
内蒙古	0.29	1.30	0.19	0.91	0.00	0.01
辽　宁	5.39	15.17	1.95	2.78	0.09	2.02
吉　林	0.43	1.54	0.49	0.83	0.10	1.55
黑龙江	0.25	1.03	0.20	0.34	0.02	0.16
上　海	2.54	5.83	0.12	0.11	0.05	15.12
江　苏	60.00	132.83	41.10	33.86	1.28	23.72
浙　江	26.16	49.56	2.51	1.51	0.47	34.48
安　徽	4.81	10.95	2.86	1.87	0.24	6.57
福　建	14.49	23.37	1.33	1.64	2.93	122.24
江　西	3.42	11.12	3.04	4.17	0.06	0.53
山　东	6.22	15.91	2.36	3.74	0.28	4.54
河　南	2.70	11.85	1.77	2.66	0.14	0.54
湖　北	28.91	65.85	18.00	21.05	0.18	1.61
湖　南	11.79	24.62	4.06	5.07	0.12	1.13
广　东	111.41	186.99	11.67	18.05	0.50	9.89
广　西	11.86	19.08	0.66	1.23	0.41	4.61
海　南	6.61	7.80	0.93	0.40	0.16	5.48
重　庆	6.78	12.94	1.25	1.73	0.04	0.49
四　川	19.07	29.93	6.57	4.28	0.09	0.59
贵　州	0.09	0.18	0.01	0.03	0.00	0.00
云　南	2.21	7.08	0.84	1.87	0.01	0.08
西　藏	0.00	0.00	0.00	0.00	0.00	0.00
陕　西	1.09	2.77	0.62	1.19	0.01	0.29
甘　肃	0.11	0.32	0.09	0.18	0.00	0.00
青　海	0.01	0.02	0.00	0.01	0.14	1.11
宁　夏	0.43	1.02	0.33	0.52	0.00	0.00
新　疆	0.28	1.01	0.43	0.56	0.01	0.18
新疆兵团	0.04	0.08	0.02	0.03	0.02	0.22

续表

地区	七、农田基本建设机械		八、农用航空器	(一)有人驾驶农用飞机	(二)植保无人机
	万台	万千瓦	架	架	架
合计	54.83	3067.91	70779	230	70344
北京	0.06	5.27	5	0	5
天津	0.21	13.58	165	2	163
河北	3.26	325.87	2277	3	2272
山西	1.36	97.42	458	0	445
内蒙古	1.22	62.06	1207	0	1207
辽宁	1.26	66.84	606	5	596
吉林	0.39	19.88	1263	2	1251
黑龙江	0.47	29.07	7242	109	7133
上海	0.01	0.54	153	0	153
江苏	9.03	192.10	8968	4	8964
浙江	2.80	200.14	2373	0	2373
安徽	1.59	83.03	7484	1	7483
福建	1.01	76.31	1412	0	1412
江西	2.09	118.00	3839	0	3816
山东	4.44	291.44	7566	30	7438
河南	1.98	117.43	3844	4	3838
湖北	3.16	143.53	3681	11	3629
湖南	2.03	139.02	4967	18	4948
广东	2.05	97.94	1432	0	1432
广西	2.11	109.69	902	0	902
海南	0.14	9.25	232	0	232
重庆	1.62	16.72	581	0	581
四川	1.87	121.50	1296	0	1296
贵州	2.01	60.95	129	1	128
云南	0.92	55.74	896	0	896
西藏	0.02	1.39	0	0	0
陕西	1.65	100.58	834	2	828
甘肃	1.67	42.33	609	2	603
青海	0.09	5.19	62	1	59
宁夏	0.46	31.85	629	0	629
新疆	2.87	429.81	3281	0	3281
新疆兵团	1.00	3.47	2386	35	2351

各地区农机作业情况

地 区	一、农机作业总体情况 （一）机耕面积	（二）机播面积	（三）机电灌溉面积	（四）机械植保面积	（五）机收面积
	千公顷	千公顷	千公顷	千公顷	千公顷
合 计	128129.05	98777.91	55907.93	78792.20	105504.10
北 京	22.52	44.96	41.30	61.29	37.78
天 津	315.22	377.87	283.15	236.83	350.31
河 北	5324.87	6731.54	5144.71	4245.52	5950.57
山 西	2693.80	2662.05	1008.55	912.83	2009.90
内 蒙 古	7205.95	8004.01	2921.55	4192.51	6703.80
辽 宁	3980.28	3698.71	1000.61	1801.92	2821.04
吉 林	4692.21	5599.39	1236.18	3678.95	5047.96
黑 龙 江	14350.92	14630.77	4036.98	12586.17	14312.02
上 海	255.16	102.64	0.00	252.61	112.66
江 苏	7630.59	5327.96	4363.46	5963.90	5502.30
浙 江	1370.28	451.23	827.14	899.23	792.36
安 徽	7668.43	6124.64	3917.27	5497.89	7420.12
福 建	951.10	258.33	323.04	631.61	601.47
江 西	4523.99	1696.78	1399.56	1407.22	3899.80
山 东	6354.67	9342.63	6191.44	5713.31	8942.37
河 南	9536.72	11814.29	5840.12	6340.32	11584.26
湖 北	6127.64	3362.60	3265.38	5226.79	4633.19
湖 南	6360.11	2260.02	2598.39	2775.93	5127.81
广 东	3825.98	504.99	1773.65	1599.08	1901.27
广 西	4989.89	1505.98	697.92	494.56	3072.15
海 南	444.87	6.17	155.51	173.04	275.95
重 庆	2616.88	427.88	322.27	500.88	1001.34
四 川	5877.72	1817.30	1910.01	3177.94	2920.27
贵 州	3625.29	164.84	447.25	331.34	783.04
云 南	2968.49	290.23	1085.51	1815.94	677.77
西 藏	172.80	146.92	14.02	30.56	129.18
陕 西	3327.24	2277.78	896.37	1955.43	2015.42
甘 肃	3317.68	1926.00	749.36	986.64	1661.59
青 海	441.74	343.54	37.85	186.76	304.78
宁 夏	1075.07	899.11	156.15	368.18	743.69
新 疆	4679.05	4551.69	2206.38	3511.85	2970.86
新疆兵团	1401.86	1425.08	1056.86	1235.17	1197.07

续表

地区	二、主要农作物生产机械化作业情况 (一)小麦 1. 小麦机耕面积	2. 小麦机播面积	3. 小麦机收面积	(二)水稻 1. 水稻机耕面积	2. 水稻机械种植面积
	千公顷	千公顷	千公顷	千公顷	千公顷
合　　计	21806.03	21799.26	22794.15	29416.54	16931.14
北　　京	2.81	8.37	8.35	0.19	0.17
天　　津	103.95	103.95	103.95	53.45	53.45
河　　北	2186.21	2215.32	2215.12	75.36	68.67
山　　西	489.22	504.11	486.84	0.67	0.43
内 蒙 古	342.65	476.21	540.13	159.44	159.27
辽　　宁	3.43	3.36	2.80	543.30	515.20
吉　　林	6.82	6.22	6.15	832.99	777.02
黑 龙 江	36.13	36.13	36.8	3929.26	3912.00
上　　海	7.51	6.27	7.43	104.06	95.63
江　　苏	2313.01	2193.01	2310.54	2164.81	1957.54
浙　　江	88.02	48.27	91.01	626.00	343.90
安　　徽	2793.90	2615.38	2809.65	2486.24	1557.00
福　　建	0.04	0.00	0.00	592.09	222.57
江　　西	10.46	7.40	10.73	3412.13	1365.79
山　　东	3105.35	3915.94	3918.30	111.12	93.85
河　　南	5319.60	5636.31	5673.56	580.24	367.72
湖　　北	1019.59	765.82	995.40	2253.36	1360.05
湖　　南	15.77	5.06	13.53	3896.54	1586.82
广　　东	0.35	0.00	0.21	1802.51	480.30
广　　西	1.94	0.00	1.24	1730.78	761.02
海　　南	0.00	0.00	0.00	268.37	4.46
重　　庆	17.22	0.54	4.95	627.98	182.38
四　　川	574.80	331.82	536.25	1824.92	838.20
贵　　州	123.32	8.22	41.40	611.35	64.77
云　　南	318.98	68.11	157.88	519.54	45.66
西　　藏	116.74	111.18	106.72	0.59	0.32
陕　　西	874.42	869.06	867.86	93.26	10.70
甘　　肃	671.03	565.18	597.09	3.38	1.03
青　　海	159.25	146.93	129.82	0.00	0.00
宁　　夏	82.99	89.44	79.06	60.80	60.77
新　　疆	928.45	948.96	928.68	33.58	26.23
新疆兵团	92.09	112.69	112.69	18.21	18.21

续表

地　区	其中：水稻机直播面积	水稻机插面积	水稻机浅栽面积	3. 水稻机收面积	（三）玉米 1. 玉米机耕面积
	千公顷	千公顷	千公顷	千公顷	千公顷
合　计	1858.89	14805.31	99.95	28189.47	26273.04
北　京	0.03	0.14	0.00	0.19	16.51
天　津	0.00	53.45	0.00	53.45	88.85
河　北	3.17	65.49	0.00	69.17	1160.99
山　西	0.00	0.23	0.21	0.52	1408.57
内蒙古	0.22	159.19	0.00	164.55	3054.22
辽　宁	7.92	505.33	0.00	509.96	2605.56
吉　林	0.00	776.42	0.60	796.24	2915.87
黑龙江	57.18	3851.19	0.05	3902.16	4972.39
上　海	65.03	30.60	0.00	103.40	1.24
江　苏	335.01	1585.50	0.01	2157.03	401.53
浙　江	111.09	222.56	3.66	604.00	39.98
安　徽	477.50	1059.92	5.46	2466.00	635.77
福　建	0.05	222.52	0.00	537.61	17.50
江　西	226.02	1116.06	23.27	3361.13	44.77
山　东	27.44	66.40	0.01	107.60	352.05
河　南	23.28	331.93	12.00	565.92	786.80
湖　北	267.14	1062.42	0.02	2210.57	699.75
湖　南	48.71	1457.48	32.26	3840.45	141.05
广　东	26.97	452.90	0.44	1717.74	95.98
广　西	18.01	742.93	0.08	1698.27	506.39
海　南	1.31	2.79	0.00	244.94	16.45
重　庆	10.06	156.67	1.02	521.30	296.32
四　川	77.53	738.44	20.42	1608.72	1588.23
贵　州	3.38	55.75	0.42	456.07	403.88
云　南	0.66	44.61	0.01	296.21	920.72
西　藏	0.00	0.32	0.00	0.43	3.59
陕　西	1.36	9.29	0.01	84.10	823.91
甘　肃	0.91	0.12	0.00	1.91	923.50
青　海	0.00	0.00	0.00	0.00	17.52
宁　夏	57.06	3.37	0.00	58.93	299.15
新　疆	2.58	22.26	0.00	32.67	917.26
新疆兵团	9.18	9.03	0.00	18.21	116.76

续表

地　区	2. 玉米机播面积	3. 玉米机收面积	（四）大豆 1. 大豆机耕面积	2. 大豆机播面积	3. 大豆机收面积
	千公顷	千公顷	千公顷	千公顷	千公顷
合　　计	33224.68	29527.12	7938.78	7554.43	7246.56
北　　京	34.10	27.25	1.10	1.18	0.71
天　　津	177.95	175.25	4.11	4.10	3.62
河　　北	3245.55	2915.22	46.92	68.32	53.87
山　　西	1535.54	1154.36	52.89	41.15	17.99
内 蒙 古	3727.32	3351.58	1041.48	1171.14	1140.12
辽　　宁	2547.72	1820.44	100.26	88.09	63.79
吉　　林	4198.60	3555.49	280.80	259.17	218.32
黑 龙 江	5457.42	5279.86	4586.51	4627.03	4578.27
上　　海	0.16	0.16	0.54	0.00	0.00
江　　苏	421.36	404.05	166.98	85.73	77.63
浙　　江	1.66	1.27	48.06	3.41	2.61
安　　徽	1091.00	1024.00	388.00	554.73	542.57
福　　建	0.00	0.19	21.22	0.00	0.00
江　　西	14.58	11.27	86.72	13.86	11.72
山　　东	3802.96	3729.41	173.88	152.21	112.42
河　　南	3526.88	3254.60	133.69	337.17	303.69
湖　　北	331.52	338.55	193.47	79.53	82.45
湖　　南	14.64	20.28	38.89	3.02	5.03
广　　东	1.39	0.25	23.64	0.03	0.00
广　　西	81.18	88.33	56.74	3.34	2.15
海　　南	0.00	1.14	0.42	0.00	0.00
重　　庆	5.66	16.36	96.30	0.18	0.85
四　　川	143.75	132.55	80.62	0.21	1.35
贵　　州	6.41	21.48	148.47	0.70	0.40
云　　南	89.52	50.68	54.01	0.68	0.09
西　　藏	2.78	3.15	2.19	1.02	0.01
陕　　西	872.07	740.59	53.39	20.24	3.11
甘　　肃	537.24	441.08	36.72	19.05	6.91
青　　海	16.14	8.98	0.00	0.00	0.00
宁　　夏	306.42	219.05	3.21	2.64	2.57
新　　疆	916.40	623.52	15.47	14.40	12.21
新疆兵团	116.76	116.76	2.10	2.10	2.10

续表

地区	（五）油菜 1. 油菜机耕面积	2. 油菜机播面积	3. 油菜机收面积	（六）马铃薯 1. 马铃薯机耕面积	2. 马铃薯机播面积
	千公顷	千公顷	千公顷	千公顷	千公顷
合　　计	5860.69	2411.54	3284.25	3599.93	1330.95
北　　京	0.14	0.14	0.14	0.80	0.23
天　　津	0.45	0.05	0.05	0.12	0.00
河　　北	17.99	17.36	7.15	148.68	123.59
山　　西	16.48	12.23	10.66	143.60	111.34
内 蒙 古	117.98	230.45	221.73	275.02	271.61
辽　　宁	0.44	0.44	0.39	50.83	39.91
吉　　林	0.12	0.06	0.00	51.47	40.38
黑 龙 江	0.01	0.01	0.01	100.19	94.29
上　　海	2.10	1.66	1.66	0.36	0.00
江　　苏	154.53	60.30	59.14	14.76	0.93
浙　　江	104.97	10.99	30.00	21.71	0.83
安　　徽	326.69	159.56	235.02	4.58	1.60
福　　建	5.40	0.00	0.63	46.88	1.82
江　　西	400.52	221.39	355.99	16.69	1.50
山　　东	7.04	4.56	4.29	129.91	97.08
河　　南	162.64	62.49	92.68	17.54	0.78
湖　　北	977.80	487.76	645.91	200.32	23.44
湖　　南	1157.46	453.38	750.84	44.36	0.48
广　　东	3.15	0.00	0.00	43.84	2.20
广　　西	9.52	0.00	0.00	45.64	9.22
海　　南	0.00	0.00	0.00	0.15	0.00
重　　庆	253.36	34.17	39.69	210.16	1.29
四　　川	1154.31	424.35	540.82	188.82	8.14
贵　　州	376.04	21.73	47.87	618.75	14.88
云　　南	162.29	5.71	50.65	262.85	30.00
西　　藏	19.71	10.58	1.85	11.62	6.86
陕　　西	143.17	22.33	47.14	256.22	107.17
甘　　肃	141.37	42.89	31.55	521.47	221.84
青　　海	113.91	97.41	84.47	66.03	26.57
宁　　夏	1.24	0.10	0.80	87.35	77.39
新　　疆	21.59	21.15	14.86	15.34	11.74
新疆兵团	8.27	8.27	8.27	3.87	3.87

续表

地区	3. 马铃薯机收面积	（七）花生 1. 花生机耕面积	2. 花生机播面积	3. 花生机收面积	（八）棉花 1. 棉花机耕面积
	千公顷	千公顷	千公顷	千公顷	千公顷
合计	1329.00	3803.52	2668.23	2346.96	3129.67
北京	0.57	0.93	0.76	0.57	0.04
天津	0.00	0.39	0.39	0.24	7.82
河北	120.10	225.96	202.75	150.09	183.54
山西	84.87	2.37	1.20	0.69	2.22
内蒙古	246.23	24.78	24.78	24.77	0.06
辽宁	31.65	342.20	325.41	283.03	0.00
吉林	38.89	184.84	179.79	168.74	0.00
黑龙江	82.79	10.93	10.92	10.87	0.00
上海	0.00	0.00	0.00	0.00	0.00
江苏	2.21	95.58	47.29	41.94	6.59
浙江	1.58	7.61	0.25	0.23	2.17
安徽	1.86	137.41	68.54	52.62	54.19
福建	3.79	67.57	23.26	14.14	0.00
江西	0.77	149.93	21.34	19.72	10.68
山东	103.41	641.55	572.10	505.45	139.53
河南	8.00	1012.63	1050.10	954.85	13.53
湖北	30.52	220.72	92.35	69.77	128.67
湖南	2.08	31.30	0.51	0.70	56.72
广东	4.81	266.01	2.03	2.30	0.00
广西	10.31	178.21	33.71	38.06	0.00
海南	0.00	24.51	0.09	1.09	0.00
重庆	1.45	56.46	0.21	0.17	0.00
四川	12.00	46.86	0.95	0.45	0.10
贵州	64.61	35.32	0.85	0.00	0.14
云南	46.56	22.28	0.11	0.33	1.68
西藏	3.33	0.00	0.00	0.00	0.00
陕西	73.12	15.87	7.34	5.02	5.85
甘肃	229.72	0.45	0.35	0.29	16.53
青海	28.09	0.00	0.00	0.00	0.00
宁夏	72.30	0.00	0.00	0.00	0.00
新疆	9.50	0.50	0.48	0.48	1634.31
新疆兵团	3.87	0.36	0.36	0.36	865.31

续表

地 区	2. 棉花机播面积	3. 棉花机收面积	（九）水果 1. 水果机械中耕面积	2. 水果机械施肥面积	3. 水果机械植保面积
	千公顷	千公顷	千公顷	千公顷	千公顷
合 计	2793.72	1903.76	4357.31	2649.57	6370.18
北 京	0.01	0.00	30.53	14.63	44.29
天 津	7.82	0.00	12.81	9.56	12.44
河 北	182.37	0.15	213.79	123.88	334.22
山 西	2.02	0.00	208.32	162.09	160.20
内蒙古	0.06	0.06	38.09	22.36	24.93
辽 宁	0.00	0.00	144.95	56.38	175.45
吉 林	0.00	0.00	29.56	19.61	36.37
黑龙江	0.00	0.00	14.19	22.11	24.10
上 海	0.00	0.00	10.51	7.33	13.00
江 苏	1.24	0.97	160.59	96.33	169.85
浙 江	0.01	0.01	54.81	47.66	143.95
安 徽	6.12	1.99	68.61	23.78	100.97
福 建	0.00	0.00	122.30	64.10	179.05
江 西	0.66	0.01	110.46	38.18	166.70
山 东	80.18	3.60	330.22	216.84	376.74
河 南	3.99	0.20	119.36	86.25	201.09
湖 北	2.51	0.05	216.45	183.60	352.73
湖 南	1.85	2.91	156.40	46.96	288.41
广 东	0.00	0.00	196.87	147.19	490.82
广 西	0.00	0.00	74.22	63.20	170.60
海 南	0.00	0.00	14.67	7.88	69.95
重 庆	0.00	0.00	59.78	28.13	104.86
四 川	0.00	0.00	132.83	62.23	356.18
贵 州	0.00	0.00	210.90	5.39	115.78
云 南	0.00	0.00	163.18	36.46	240.52
西 藏	0.00	0.00	0.00	0.00	0.86
陕 西	2.81	0.24	447.11	239.48	775.08
甘 肃	16.53	2.53	126.54	137.07	147.83
青 海	0.00	0.00	0.35	0.00	3.51
宁 夏	0.00	0.00	73.50	23.05	68.02
新 疆	1620.23	1104.38	621.91	465.33	835.88
新疆兵团	865.31	786.67	193.50	192.50	185.80

续表

地区	4. 水果机械修剪面积	5. 水果机械采收产量	6. 水果机械田间转运产量	（十）茶叶 1. 茶叶机械中耕面积	2. 茶叶机械施肥面积
	千公顷	万吨	万吨	千公顷	千公顷
合　　计	1278.16	409.46	9206.11	648.25	291.22
北　　京	4.68	0.01	60.42	0.00	0.00
天　　津	2.91	19.80	26.37	0.00	0.00
河　　北	27.28	4.38	452.31	0.00	0.00
山　　西	52.72	2.73	444.69	0.03	0.01
内 蒙 古	2.16	1.53	22.61	0.00	0.00
辽　　宁	3.29	40.41	226.82	0.00	0.00
吉　　林	0.89	0.04	30.99	0.00	0.00
黑 龙 江	9.44	0.10	6.26	0.00	0.00
上　　海	3.54	0.00	14.22	0.12	0.03
江　　苏	52.76	18.74	185.34	20.29	16.22
浙　　江	73.43	27.61	335.68	28.75	26.49
安　　徽	10.57	8.73	235.64	47.72	28.22
福　　建	65.39	31.90	222.33	44.33	26.21
江　　西	21.52	2.15	53.50	25.60	11.34
山　　东	47.23	67.07	1092.50	18.83	10.42
河　　南	10.10	8.29	404.76	10.17	4.34
湖　　北	96.20	15.00	394.27	146.24	82.45
湖　　南	31.16	27.83	232.35	49.13	36.72
广　　东	74.46	26.94	816.99	15.22	8.22
广　　西	119.21	9.01	1200.79	7.04	3.85
海　　南	4.19	0.80	30.19	0.08	0.00
重　　庆	39.84	28.05	172.66	6.51	2.20
四　　川	30.79	7.45	277.34	50.19	12.99
贵　　州	16.66	0.00	51.92	117.22	13.22
云　　南	66.91	10.84	393.84	37.92	2.35
西　　藏	0.00	0.00	0.92	0.00	0.00
陕　　西	134.36	28.39	829.63	19.85	3.43
甘　　肃	18.30	4.87	197.48	3.02	2.49
青　　海	0.00	0.00	3.00	0.00	0.00
宁　　夏	5.63	0.36	65.55	0.00	0.00
新　　疆	239.94	12.54	564.39	0.00	0.00
新疆兵团	12.60	3.90	160.31	0.00	0.00

续表

地　区	3.茶叶机械植保面积	4.茶叶机械修剪面积	5.茶叶机械采收产量	6.茶叶机械田间转运产量	三、单项农机作业情况 （一）机械深耕面积
	千公顷	千公顷	万吨	万吨	千公顷
合　计	1058.39	1245.70	113.10	121.05	29073.80
北　京	0.00	0.00	0.00	0.00	12.64
天　津	0.00	0.00	0.00	0.00	54.00
河　北	0.00	0.00	0.00	0.00	1140.12
山　西	0.01	0.01	0.00	0.00	996.57
内蒙古	0.00	0.00	0.00	0.00	3399.92
辽　宁	0.00	0.00	0.00	0.00	738.63
吉　林	0.00	0.00	0.00	0.00	1598.19
黑龙江	0.00	0.00	0.00	0.00	4101.84
上　海	0.01	0.12	0.00	0.00	61.12
江　苏	26.74	20.54	0.51	1.05	469.64
浙　江	82.38	113.12	7.17	9.12	63.16
安　徽	89.65	120.82	3.55	5.45	926.36
福　建	82.70	105.02	18.31	25.05	97.32
江　西	33.59	24.22	1.64	1.64	414.06
山　东	10.98	16.82	0.41	1.67	1857.18
河　南	17.99	24.32	0.15	0.44	3293.18
湖　北	210.54	188.66	21.26	17.97	511.95
湖　南	37.01	35.71	4.50	4.22	795.94
广　东	39.38	18.11	3.67	5.38	461.72
广　西	9.97	36.15	0.26	4.12	271.19
海　南	0.00	0.00	0.00	0.00	55.65
重　庆	24.29	18.41	0.19	1.03	50.16
四　川	157.36	147.15	29.43	25.27	62.24
贵　州	93.05	251.00	15.69	5.05	0.01
云　南	96.19	71.28	5.56	12.17	800.08
西　藏	1.15	0.00	0.00	0.00	82.01
陕　西	38.52	49.12	0.81	1.42	779.75
甘　肃	6.88	5.12	0.00	0.00	1568.40
青　海	0.00	0.00	0.00	0.00	257.44
宁　夏	0.00	0.00	0.00	0.00	497.93
新　疆	0.00	0.00	0.00	0.00	2286.66
新疆兵团	0.00	0.00	0.00	0.00	1368.74

续表

地　区	其中：机械深松面积	（二）机械免耕播种面积	（三）精量播种面积	（四）机械深施化肥面积	（五）机械铺膜面积
	千公顷	千公顷	千公顷	千公顷	千公顷
合　计	11201.19	15065.30	44514.39	39029.27	9382.66
北　京	9.98	24.25	16.22	14.58	0.85
天　津	23.12	89.15	182.39	256.87	24.35
河　北	667.00	2169.14	2408.55	2403.01	515.03
山　西	373.32	201.36	1280.54	1862.37	576.14
内蒙古	1068.57	970.00	4936.99	4665.78	1468.57
辽　宁	424.96	366.57	2283.49	2436.68	244.42
吉　林	1213.58	1183.32	3753.26	5067.48	200.13
黑龙江	3194.00	587.49	10334.51	8960.69	149.04
上　海	0.00	0.00	71.38	46.56	0.16
江　苏	81.00	128.75	1172.92	390.12	35.43
浙　江	0.00	6.53	4.89	57.75	1.66
安　徽	462.13	932.14	2226.11	1549.15	122.81
福　建	0.00	0.00	0.02	32.91	7.50
江　西	57.84	65.98	3.35	252.13	1.26
山　东	810.57	4112.80	4147.00	1767.63	764.66
河　南	985.80	3378.72	5344.03	2602.27	189.42
湖　北	108.56	87.38	640.44	247.83	34.22
湖　南	80.16	43.73	56.50	199.35	5.55
广　东	6.01	0.04	0.77	12.75	2.50
广　西	25.06	49.60	8.00	406.51	74.34
海　南	15.47	0.49	0.00	4.53	0.02
重　庆	9.91	8.69	1.80	11.87	2.53
四　川	14.77	25.77	136.68	64.50	9.35
贵　州	0.01	0.08	0.95	0.08	12.90
云　南	106.50	3.72	27.65	38.18	24.69
西　藏	26.87	0.00	3.21	0.00	2.99
陕　西	202.20	429.06	700.12	545.70	138.51
甘　肃	401.33	68.67	623.57	1249.06	1057.63
青　海	52.94	34.52	87.62	146.17	33.02
宁　夏	73.52	29.79	165.05	260.51	173.08
新　疆	432.00	44.34	2990.92	2820.77	2577.02
新疆兵团	274.00	23.23	905.43	655.47	932.88

续表

地　区	（六）农田机械节水灌溉面积	（七）机械播种牧草面积	（八）机械化秸秆还田面积	（九）秸秆捡拾打捆面积
	千公顷	千公顷	千公顷	千公顷
合　计	17825.19	1197.78	56365.57	11568.53
北　京	33.77	0.02	34.16	6.21
天　津	54.66	0.42	247.97	76.41
河　北	902.71	28.39	4236.97	164.87
山　西	265.97	54.35	1684.14	112.96
内蒙古	2079.59	234.15	1957.75	2231.99
辽　宁	320.83	6.12	749.61	717.01
吉　林	1236.18	116.59	2555.38	787.60
黑龙江	2025.56	272.47	6434.95	2270.29
上　海	0.00	0.00	90.89	20.00
江　苏	569.38	1.09	3894.75	244.39
浙　江	136.18	0.59	522.66	29.95
安　徽	1338.66	8.83	4362.13	1444.16
福　建	72.06	0.00	206.66	1.73
江　西	150.62	9.38	3102.01	24.61
山　东	1906.55	7.33	6943.75	310.38
河　南	1198.35	14.86	7239.17	768.78
湖　北	516.69	18.26	2864.76	403.24
湖　南	401.38	2.06	1012.61	92.51
广　东	253.69	0.00	670.97	1.79
广　西	269.51	0.92	1236.61	9.04
海　南	27.16	0.11	123.23	1.33
重　庆	36.45	0.15	259.89	0.34
四　川	295.31	4.31	1035.04	24.16
贵　州	27.67	1.26	89.65	1.31
云　南	254.44	1.68	150.16	8.70
西　藏	1.98	12.45	0.00	1.19
陕　西	245.09	38.93	1120.47	73.66
甘　肃	252.81	93.83	259.36	334.08
青　海	12.46	35.25	94.06	58.64
宁　夏	60.34	61.30	176.28	167.46
新　疆	1923.21	129.75	2038.34	1014.40
新疆兵团	955.96	42.94	971.22	165.33

续表

地　区	（十）农用航空器作业面积	其中：植保无人机作业面积	（十一）机械化青贮秸秆数量	四、农机社会化服务作业情况 （一）农机专业合作社作业服务面积
	千公顷	千公顷	千公顷	千公顷
合　　计	16332.52	14483.40	9631.07	56509.03
北　　京	0.33	0.33	75.45	56.74
天　　津	62.44	44.84	96.05	409.31
河　　北	528.30	528.30	1017.25	1595.99
山　　西	86.99	86.93	298.77	1130.86
内 蒙 古	450.83	450.83	2385.11	2460.99
辽　　宁	223.11	201.36	197.32	1814.73
吉　　林	305.19	286.93	563.42	1527.69
黑 龙 江	3756.21	2297.32	489.65	3636.26
上　　海	48.67	48.40	0.08	33.50
江　　苏	1055.94	1045.79	77.53	12444.52
浙　　江	215.33	215.33	23.12	378.67
安　　徽	1402.59	1402.02	231.87	4183.91
福　　建	51.87	51.87	9.39	298.00
江　　西	388.23	281.79	0.27	643.83
山　　东	1744.84	1617.47	776.41	8722.53
河　　南	885.04	863.29	402.56	5465.23
湖　　北	1010.27	982.27	220.19	2258.30
湖　　南	1470.87	1451.50	7.77	1701.87
广　　东	203.86	203.86	7.03	504.78
广　　西	113.32	113.32	0.72	706.21
海　　南	1.21	1.21	0.01	9.88
重　　庆	61.46	61.46	5.91	475.68
四　　川	230.27	229.66	61.71	979.97
贵　　州	6.83	6.83	36.12	243.25
云　　南	95.41	95.41	147.70	360.05
西　　藏	0.00	0.00	0.00	64.52
陕　　西	257.90	257.03	346.69	708.59
甘　　肃	99.69	99.10	598.32	1607.25
青　　海	11.10	11.10	22.74	89.01
宁　　夏	85.08	85.08	278.09	384.84
新　　疆	946.58	946.58	1142.27	1446.94
新疆兵团	532.77	516.20	111.56	165.13

续表

地 区	(二)农机跨区作业面积	1.跨区机耕面积	2.跨区机播面积	3.跨区机收面积	其中:跨区机收小麦
	千公顷	千公顷	千公顷	千公顷	千公顷
合 计	19899.67	3751.84	1979.58	13356.73	5802.36
北 京	2.07	0.42	0.41	1.25	0.78
天 津	103.36	4.42	36.17	62.77	26.37
河 北	1452.66	281.87	197.77	890.43	543.14
山 西	76.38	12.94	7.47	50.49	16.87
内 蒙 古	385.91	88.23	35.44	262.24	47.59
辽 宁	359.58	62.15	24.94	257.18	0.50
吉 林	631.37	157.06	95.17	379.14	0.00
黑 龙 江	656.11	160.72	70.37	410.40	0.00
上 海	13.56	0.38	0.01	13.17	0.03
江 苏	1982.92	297.08	149.31	1338.33	633.57
浙 江	181.59	23.64	5.02	121.63	31.84
安 徽	2741.73	580.31	281.70	1866.76	974.58
福 建	71.14	2.95	4.20	63.19	0.00
江 西	281.79	26.96	10.66	238.79	1.71
山 东	1982.94	362.20	245.77	1374.97	945.52
河 南	3130.25	479.04	310.38	2144.45	1519.06
湖 北	1006.84	240.20	45.87	676.55	205.49
湖 南	451.56	117.63	22.90	301.64	4.40
广 东	439.67	54.15	10.90	358.09	0.00
广 西	451.65	34.95	22.24	377.64	0.25
海 南	29.58	10.59	0.28	17.60	0.00
重 庆	161.85	6.05	0.34	151.22	0.00
四 川	802.55	126.58	70.80	574.33	94.12
贵 州	96.46	26.12	2.25	68.09	1.19
云 南	109.48	53.83	0.89	54.76	19.33
西 藏	13.32	12.15	0.35	0.82	0.79
陕 西	518.47	85.17	76.53	339.99	218.37
甘 肃	551.46	130.64	48.60	351.37	269.70
青 海	50.07	17.31	11.30	20.13	13.51
宁 夏	122.87	23.09	3.76	75.28	22.44
新 疆	665.43	170.85	114.07	360.76	135.96
新疆兵团	375.05	102.17	73.71	153.30	75.28

续表

地区	跨区机收水稻	跨区机收玉米	（三）生产托管作业面积	五、农产品初加工机械化作业情况 （一）机械脱出农产品数量	其中：1.机械脱出粮食数量
	千公顷	千公顷	千公顷	万吨	万吨
合　　计	4470.41	2478.51	8182.14	76937.76	53718.86
北　　京	0.00	0.47	0.75	60.94	28.12
天　　津	25.40	11.00	9.30	206.52	173.10
河　　北	25.73	283.66	254.70	3606.97	2829.29
山　　西	0.00	30.48	116.84	1848.33	1054.68
内 蒙 古	14.13	179.32	381.29	4745.41	3334.58
辽　　宁	150.24	97.15	139.24	2103.13	1855.94
吉　　林	160.70	218.44	165.00	3503.83	2822.20
黑 龙 江	175.59	164.36	1252.55	6895.41	6459.62
上　　海	13.14	0.00	1.54	132.06	91.44
江　　苏	637.95	51.51	440.02	4867.02	3672.06
浙　　江	86.63	0.00	71.26	1756.80	561.01
安　　徽	639.28	210.84	1429.02	3383.92	2474.60
福　　建	63.19	0.00	2.37	765.59	415.01
江　　西	200.95	0.29	129.30	1927.47	1699.44
山　　东	13.86	415.58	1501.27	8478.92	5100.09
河　　南	154.37	396.44	467.19	7110.78	5351.69
湖　　北	427.39	11.82	276.99	3678.42	2325.77
湖　　南	284.77	2.63	105.55	3707.32	2915.34
广　　东	355.27	0.02	66.64	2578.35	1177.12
广　　西	346.51	2.76	306.55	2604.18	1105.96
海　　南	16.04	0.00	0.00	194.84	114.65
重　　庆	150.77	0.00	8.22	1194.68	632.21
四　　川	379.13	52.04	135.22	2684.65	2232.94
贵　　州	62.03	0.87	0.85	700.49	445.46
云　　南	22.77	2.44	3.64	2035.63	932.61
西　　藏	0.00	0.00	0.00	57.05	55.31
陕　　西	37.91	78.24	669.94	1365.90	848.16
甘　　肃	0.33	74.07	64.84	1547.20	881.75
青　　海	0.00	0.23	10.45	140.71	104.28
宁　　夏	14.66	38.18	14.56	454.16	375.81
新　　疆	4.43	121.34	143.25	1915.18	1407.22
新疆兵团	7.22	34.34	13.82	685.90	241.40

续表

地　区	2. 机械脱出油料数量	（二）机械清选农产品数量	其中：1. 机械清选蔬菜数量	2. 机械清选水果数量	3. 机械清选棉花数量
	万吨	万吨	万吨	万吨	万吨
合　计	2503.39	41608.78	8691.82	4375.83	493.60
北　京	0.20	99.89	15.25	7.52	0.00
天　津	0.90	108.67	10.20	2.17	0.00
河　北	98.09	1567.85	131.32	28.92	2.58
山　西	7.58	803.62	136.20	135.63	0.10
内蒙古	136.60	2048.23	247.36	76.09	0.00
辽　宁	44.91	900.84	51.78	83.31	0.00
吉　林	17.65	2298.08	406.00	0.01	0.00
黑龙江	9.84	3835.99	626.89	9.35	0.00
上　海	0.64	99.05	2.44	0.39	0.00
江　苏	127.42	3026.31	964.31	259.58	0.46
浙　江	17.32	1156.70	230.81	150.88	0.00
安　徽	136.03	1361.74	115.21	48.82	3.09
福　建	13.46	765.62	201.26	244.65	0.00
江　西	63.89	1102.09	264.72	250.35	0.88
山　东	188.50	3400.30	390.63	184.66	17.80
河　南	564.16	4889.61	1037.07	218.97	0.23
湖　北	193.48	3307.73	1696.70	449.95	10.80
湖　南	221.06	1606.24	529.33	209.46	7.46
广　东	70.92	1846.17	265.18	1096.07	0.00
广　西	57.45	714.53	48.39	148.19	0.01
海　南	3.46	167.19	11.26	4.60	0.00
重　庆	55.87	704.61	60.84	40.76	0.00
四　川	205.68	506.93	121.69	123.85	0.00
贵　州	28.83	187.70	10.93	11.76	0.03
云　南	62.51	1094.38	502.35	88.42	0.00
西　藏	1.75	0.22	0.22	0.00	0.00
陕　西	40.63	727.18	183.69	251.39	0.04
甘　肃	46.73	652.69	67.06	66.39	1.38
青　海	17.75	41.34	0.00	0.00	0.00
宁　夏	5.41	185.87	70.66	1.95	0.00
新　疆	40.77	1516.40	91.03	167.55	235.35
新疆兵团	23.87	885.01	201.02	14.19	213.41

续表

地区	（三）机械保质农产品数量	其中：1. 机械保质粮食数量	2. 机械保质油料数量	3. 机械保质蔬菜数量	4. 机械保质水果数量
	万吨	万吨	万吨	万吨	万吨
合计	38290.77	17084.47	904.87	3630.22	3302.22
北京	92.71	2.38	0.00	19.25	9.46
天津	179.05	27.42	0.37	34.06	1.43
河北	912.88	337.37	13.53	45.01	68.89
山西	1060.34	253.77	3.62	196.39	404.33
内蒙古	1765.80	1185.64	46.39	6.25	1.11
辽宁	957.17	594.23	6.70	48.38	44.31
吉林	1689.93	1442.35	7.73	13.30	0.98
黑龙江	3311.01	2404.02	12.33	37.74	0.12
上海	181.59	45.72	0.00	36.65	2.07
江苏	2838.76	1728.13	52.76	410.10	87.39
浙江	1340.98	492.35	6.37	239.80	215.53
安徽	1384.71	1097.85	47.55	45.77	19.81
福建	727.23	101.99	9.22	144.06	159.67
江西	1316.83	868.18	32.54	64.56	19.72
山东	3757.28	1845.10	95.09	349.57	368.51
河南	3364.01	448.61	133.45	252.68	75.86
湖北	3081.33	1124.05	111.75	313.42	184.70
湖南	1771.72	737.37	151.68	57.69	120.78
广东	1325.96	313.80	43.91	117.54	588.20
广西	1113.25	99.41	8.80	161.46	110.14
海南	6.59	2.58	0.20	0.02	0.01
重庆	608.64	211.68	4.68	21.93	19.93
四川	671.83	238.26	22.15	68.25	126.19
贵州	107.09	59.15	2.96	15.67	9.09
云南	969.63	81.01	12.36	141.11	60.13
西藏	9.26	0.02	0.00	0.00	0.00
陕西	836.35	202.091	13.43	110.75	274.93
甘肃	446.86	08.90	20.47	57.94	71.34
青海	2.15	1.23	0.09	0.82	0.00
宁夏	135.58	81.84	6.77	10.24	3.16
新疆	1245.59	706.51	14.13	188.11	141.15
新疆兵团	1078.64	241.44	23.87	421.71	113.31

续表

地　区	5. 机械保质棉花数量	6. 机械保质茶叶数量	六、畜牧养殖机械化作业情况 （一）机械收获饲草秸秆量	其中：机械收获牧草数量	（二）机械化饲草料加工数量
	万吨	万吨	万吨	万吨	万吨
合　计	401.89	142.05	27495.36	7076.60	28852.50
北　京	0.00	0.00	87.06	2.14	94.67
天　津	1.25	0.00	174.41	7.55	187.82
河　北	0.89	0.00	1183.56	253.12	1533.45
山　西	0.17	0.00	557.06	184.56	948.54
内蒙古	0.00	0.00	4317.95	1442.72	4012.40
辽　宁	0.00	0.00	669.99	225.45	911.40
吉　林	0.00	0.00	1950.28	1115.53	1854.56
黑龙江	0.00	0.00	3331.49	224.30	2481.28
上　海	0.00	0.00	2.40	2.40	40.27
江　苏	0.02	1.13	600.02	232.40	653.40
浙　江	0.00	14.21	2.00	1.86	48.63
安　徽	1.17	8.51	1028.30	25.07	728.01
福　建	0.00	30.46	44.71	4.39	444.63
江　西	0.56	2.60	201.68	59.84	2.95
山　东	16.21	0.73	3219.52	29.96	2665.50
河　南	0.32	1.90	1747.72	94.20	1477.89
湖　北	12.87	27.60	1288.04	172.71	1335.99
湖　南	7.80	3.71	209.86	82.04	603.01
广　东	0.00	5.66	272.80	39.67	455.20
广　西	0.01	6.05	94.37	1.15	112.83
海　南	0.00	0.00	0.58	0.09	2.62
重　庆	0.00	1.31	195.68	8.90	289.50
四　川	0.00	9.99	547.06	196.58	1346.97
贵　州	0.00	9.09	104.78	12.03	140.80
云　南	0.00	13.72	434.19	100.77	1220.37
西　藏	0.00	0.00	84.43	22.15	0.06
陕　西	0.00	5.38	580.14	47.35	737.53
甘　肃	0.16	0.01	1000.11	347.21	1115.22
青　海	0.00	0.00	45.43	27.75	115.58
宁　夏	0.00	0.00	618.17	358.95	626.76
新　疆	147.05	0.00	2478.82	1390.53	2244.97
新疆兵团	213.41	0.00	422.76	363.21	419.70

续表

地 区	（三）机械饲喂的畜禽数量（折算为羊单位）	（四）机械清粪的畜禽数量（折算为羊单位）	（五）机械环控的畜禽数量（折算为羊单位）	（六）机械挤奶的家畜数量（折算为羊单位）
	万个	万个	万个	万个
合 计	53515.95	47539.12	40156.27	4097.49
北 京	115.67	107.09	119.31	55.93
天 津	246.39	215.24	307.38	51.34
河 北	2457.71	1794.84	1448.89	554.17
山 西	610.01	871.38	457.07	81.62
内蒙古	2201.82	1085.61	305.44	553.17
辽 宁	2968.39	3353.88	3277.15	142.91
吉 林	2021.30	2068.82	2139.00	141.26
黑龙江	1360.52	844.55	637.73	321.93
上 海	138.70	120.20	127.14	27.00
江 苏	4243.13	4251.43	3560.24	65.15
浙 江	211.10	169.80	473.47	16.85
安 徽	2819.18	1762.19	1646.07	48.51
福 建	1311.43	872.44	1592.75	12.86
江 西	875.47	2404.52	4901.13	16.74
山 东	7275.20	6265.18	4783.39	359.86
河 南	4230.01	2901.08	3276.65	191.08
湖 北	4545.92	3899.19	3748.20	7.18
湖 南	1487.00	1230.73	732.82	2.86
广 东	2112.99	2016.71	1169.99	16.30
广 西	1740.79	1857.37	86.86	0.00
海 南	7.09	11.27	6.87	0.40
重 庆	666.96	809.22	472.42	8.52
四 川	2254.14	1990.61	1663.69	35.78
贵 州	340.24	177.95	7.17	3.92
云 南	679.75	473.50	211.56	25.47
西 藏	1.41	0.77	0.00	0.71
陕 西	880.39	531.77	450.16	241.51
甘 肃	505.74	358.89	324.00	70.63
青 海	35.12	43.69	5.08	2.77
宁 夏	416.16	191.95	190.46	159.37
新 疆	4156.35	4210.76	1685.38	778.27
新疆兵团	599.90	646.50	348.80	103.40

续表

地区	(七)机械剪毛的畜禽数量(折算为羊单位)	(八)机械捡蛋的蛋禽数量(折算为羊单位)	七、水产养殖机械化作业情况 (一)池塘养殖 1.机械投饲池塘养殖产量	2.机械水质调控池塘养殖产量
	万个	万个	万吨	万吨
合计	3290.73	3697.81	1267.15	1110.84
北京	0.00	3.79	1.71	1.01
天津	18.57	14.84	22.05	21.22
河北	76.70	351.83	15.85	13.98
山西	438.41	69.67	0.46	0.56
内蒙古	674.15	16.32	2.77	1.83
辽宁	130.42	148.44	53.39	38.32
吉林	388.51	74.77	5.58	4.78
黑龙江	200.94	44.62	12.54	12.07
上海	0.00	8.25	4.40	7.75
江苏	2.71	492.09	249.20	207.65
浙江	10.40	11.63	33.57	42.30
安徽	2.43	358.38	90.34	66.27
福建	0.00	21.39	31.01	36.84
江西	0.00	74.68	58.91	34.01
山东	279.32	466.22	59.83	46.59
河南	6.42	411.65	24.14	21.85
湖北	0.24	250.65	171.45	145.36
湖南	0.55	308.62	83.82	63.44
广东	0.05	30.87	213.95	248.41
广西	0.00	6.45	5.48	4.12
海南	0.00	1.84	16.50	4.95
重庆	0.00	73.02	27.13	20.48
四川	1.72	155.56	43.64	37.95
贵州	0.03	3.57	0.34	0.24
云南	2.48	49.44	17.07	11.86
西藏	0.50	0.00	0.00	0.00
陕西	94.59	67.41	3.78	2.92
甘肃	158.46	28.58	0.66	0.44
青海	3.29	0.52	0.00	0.00
宁夏	32.66	4.65	12.21	8.09
新疆	689.06	125.87	5.38	5.53
新疆兵团	78.12	22.20	0.00	0.00

续表

地区	3. 机械起捕池塘养殖产量	4. 机械清淤池塘养殖产量	（二）网箱养殖 1. 机械投饲网箱养殖产量	2. 机械清洗网箱养殖产量	3. 机械起捕网箱养殖产量
	万吨	万吨	万吨	万吨	万吨
合　　计	232.35	757.50	35.19	19.50	15.60
北　　京	0.03	0.17	0.00	0.00	0.00
天　　津	4.49	10.68	0.00	0.00	0.00
河　　北	0.97	11.21	0.09	0.04	0.13
山　　西	0.05	0.84	0.09	0.00	0.01
内 蒙 古	0.13	0.44	0.00	0.00	0.00
辽　　宁	12.56	22.07	2.72	0.09	0.44
吉　　林	0.97	1.13	0.15	0.10	0.08
黑 龙 江	1.15	1.10	0.13	0.00	0.03
上　　海	0.00	7.27	0.00	0.00	0.00
江　　苏	50.65	234.79	0.98	0.30	0.30
浙　　江	16.00	44.01	1.91	1.55	0.57
安　　徽	19.20	85.01	0.60	0.32	0.25
福　　建	9.41	35.87	6.49	6.29	4.34
江　　西	2.07	8.86	2.02	0.05	0.63
山　　东	16.45	30.39	1.16	0.30	3.49
河　　南	1.23	6.83	0.81	0.00	0.25
湖　　北	37.13	98.92	3.50	0.41	0.54
湖　　南	9.02	25.39	3.95	0.81	1.70
广　　东	32.19	92.55	3.65	8.36	2.83
广　　西	2.27	5.12	3.67	0.64	0.00
海　　南	0.20	19.55	1.12	0.16	0.00
重　　庆	8.67	4.11	0.01	0.00	0.00
四　　川	4.26	4.30	0.20	0.00	0.00
贵　　州	0.01	0.01	0.00	0.00	0.00
云　　南	0.82	2.51	0.66	0.04	0.02
西　　藏	0.00	0.00	0.00	0.00	0.00
陕　　西	0.04	0.33	0.16	0.00	0.00
甘　　肃	0.07	0.04	0.00	0.00	0.00
青　　海	0.00	0.00	1.13	0.04	0.00
宁　　夏	0.23	1.29	0.00	0.00	0.00
新　　疆	2.07	2.71	0.00	0.00	0.00
新疆兵团	0.00	0.00	0.00	0.00	0.00

续表

地　区	（三）工厂化养殖		（四）筏式吊笼及底播养殖		八、设施农业（种植）机械化作业情况
	1. 机械投饲工厂化养殖产量	2. 机械起捕工厂化养殖产量	1. 机械投苗养殖产量	2. 机械采收养殖产量	（一）耕整地机械化面积
	万吨	万吨	万吨	万吨	千公顷
合　计	28.20	14.74	302.94	373.68	1575.94
北　京	0.09	0.00	0.00	0.00	12.26
天　津	0.81	0.05	0.00	0.00	15.60
河　北	2.11	0.08	13.52	8.38	135.68
山　西	0.04	0.00	0.00	0.00	44.61
内蒙古	0.00	0.00	0.00	0.00	65.28
辽　宁	1.20	1.48	46.75	73.19	153.38
吉　林	0.13	0.07	0.00	0.00	16.99
黑龙江	0.00	0.00	0.00	0.00	11.23
上　海	0.01	0.01	0.00	0.00	4.82
江　苏	2.82	1.99	18.56	22.76	272.95
浙　江	3.00	0.58	11.05	9.77	40.32
安　徽	1.50	0.35	0.00	0.00	39.81
福　建	7.03	1.31	55.76	56.52	6.71
江　西	0.82	0.03	0.00	0.00	14.92
山　东	4.59	6.57	141.68	186.48	261.95
河　南	0.02	0.00	0.00	0.00	73.03
湖　北	0.22	0.14	0.11	0.22	83.12
湖　南	0.92	0.22	0.31	0.33	5.79
广　东	2.11	1.84	9.94	14.74	11.99
广　西	0.00	0.00	5.18	0.81	0.24
海　南	0.00	0.00	0.00	0.47	1.98
重　庆	0.02	0.01	0.01	0.00	19.30
四　川	0.04	0.00	0.00	0.00	63.78
贵　州	0.02	0.00	0.00	0.00	0.98
云　南	0.43	0.02	0.06	0.00	31.49
西　藏	0.00	0.00	0.00	0.00	0.68
陕　西	0.03	0.00	0.01	0.00	82.20
甘　肃	0.19	0.01	0.00	0.00	44.55
青　海	0.00	0.00	0.00	0.00	4.00
宁　夏	0.07	0.00	0.00	0.00	24.60
新　疆	0.00	0.00	0.00	0.00	29.07
新疆兵团	0.00	0.00	0.00	0.00	2.66

续表

地区	（二）种植机械化面积	（三）采运机械化面积	（四）灌溉施肥机械化面积	（五）环境调控机械化面积	九、其他 （一）保护性耕作面积	（二）农田基本建设作业量
	千公顷	千公顷	千公顷	千公顷	千公顷	万米³
合　　计	424.88	225.84	1176.61	607.93	8204.47	331704.94
北　　京	0.19	0.18	5.91	5.09	24.23	12.40
天　　津	4.21	0.95	14.01	7.47	37.00	2070.21
河　　北	52.07	16.64	82.77	50.37	149.24	3153.95
山　　西	10.24	0.48	26.35	17.55	548.18	12407.79
内 蒙 古	18.46	9.69	60.27	47.67	1160.70	5820.08
辽　　宁	34.83	13.46	112.46	42.28	538.67	7743.59
吉　　林	6.04	1.00	14.84	8.23	1294.16	9667.47
黑 龙 江	6.16	2.57	16.23	13.04	1050.84	7197.69
上　　海	0.72	0.58	4.10	0.43	0.00	0.00
江　　苏	106.09	88.30	242.18	122.48	48.28	20121.37
浙　　江	9.76	5.79	26.50	11.02	0.00	38978.00
安　　徽	7.80	6.05	26.67	8.69	96.62	43368.41
福　　建	1.20	0.65	6.62	1.45	0.00	3469.95
江　　西	1.55	1.20	8.44	1.98	4.38	15757.57
山　　东	61.27	37.78	213.69	123.50	1235.47	23383.41
河　　南	24.90	4.57	49.51	19.84	628.64	7197.19
湖　　北	15.37	6.73	52.27	17.14	430.52	15764.99
湖　　南	1.36	1.23	4.72	0.91	44.40	6790.05
广　　东	2.44	1.74	8.55	4.01	0.17	6071.46
广　　西	0.02	0.03	0.27	0.11	0.00	0.00
海　　南	0.29	0.13	2.32	0.34	21.80	222.21
重　　庆	3.54	1.10	12.54	5.87	0.00	14270.00
四　　川	18.68	12.43	29.49	3.30	123.57	6235.03
贵　　州	0.06	0.03	0.41	0.09	0.21	2434.46
云　　南	4.48	1.82	25.92	5.22	81.19	5417.19
西　　藏	0.37	0.21	0.17	0.78	0.00	404.93
陕　　西	15.50	2.83	56.89	39.19	389.73	7562.57
甘　　肃	6.65	2.33	31.35	17.97	118.01	8642.74
青　　海	1.22	0.43	1.62	0.49	35.03	4124.78
宁　　夏	5.56	1.23	13.06	9.15	32.14	19171.17
新　　疆	3.68	3.64	21.67	18.94	87.96	30388.03
新疆兵团	0.20	0.04	4.81	3.29	23.23	3856.26

农机社团组织

中国农业机械化协会

【概述】 2020年，新冠肺炎疫情对世界经济造成巨大冲击，粮食价格上涨，粮食安全受到前所未有的关注，农机工业逆势上扬，农业机械化发展迎来新的活力与生机。中国农业机械化协会坚持贯彻“市场导向、服务当家”理念，秉承“做好农业机械使用者的代言人”的宗旨，在主管部门指导下，克服疫情影响，转变观念，拓宽思路，明确工作目标，增强服务意识，协会工作取得突破性进展。

妥善应对疫情影响

【发挥优势，助力疫情防控】 一是履行社会责任，积极应对疫情。在疫情爆发最严重时期，积极与业务主管部门对接，制定防疫物资捐赠方案。购置468台背负式电动喷雾器，向国家发展改革委员会、农业农村部对口帮扶的湖北省黄石市、恩施州来凤县和咸丰县，湖南永顺县和龙山县等部分主要疫区，以及农业农村部农业机械化管理司、农业农村部农业机械试验鉴定总站、农业农村部农业机械化技术开发推广总站和中国农业机械化协会对口帮扶的“三区三州”四川省凉山州昭觉县、四川省阿坝州红原县和四川省甘孜州理塘县，贵州省剑河县、河北省曲阳县和甘肃省永登县团庄村等贫困地区开展无偿捐赠活动，用实际行动为疫情重灾区、贫困地区提供力所能及的帮助。二是协会及分支机构工作不停摆。及时发布《关于在疫情期间积极开展工作的通知》，要求各分支机构要通过各种方式开展活动，做好疫情防控攻坚战，帮助企业复工复产，协助会员解决困难和问题。各分支机构积极响应，充分利用专业领域资源，开设网络直播，免费进行政策宣讲、技术指导等，通过微信、电话、邮件多渠道开展调研活动，了解会员需求，及时协助解决相关问题。三是做好抗疫等宣传工作。组织、撰写关于协会及行业积极抗击新冠肺炎疫情的文章、报告。在协会微信公众号、网站设立“农机战疫”专栏，刊发《坚定不移 再接再厉 打赢疫情防控攻坚战——中国农业机械化协会致各会员单位、分支机构秘书处及全体农业机械化行业工作者的倡议书》，刊发《战疫情保春耕，农业机械化协会在行动》等文章，农民日报等党报党刊多次转载或采用协会稿件、信息。积极协助开展中国农业机械化协会会员在疫情期间工作情况调研，及时发布有关调研报告成果。

【强化自身，减少疫情影响】 一是按照农业农村部要求，积极做好疫情期间安全防控工作，配合总站报送每日健康日报表，采购疫情防控物资，探索居家办公和办公室办公相结合的工作新模式，保障疫情期间工作平稳有序开展。二是2020年中国农业机械化协会收入大幅缩减，为减少疫情对协会工作影响，召开会长办公会，研究制定疫情防控常态化形势下的工作措施，实行增收节支责任制。对内，加强协会管理，严格控制各项费用支出，削减差旅费、人员经费、办公经费、劳务费、报刊订阅等经费支出预算，降本增效；对外，充分挖掘协会现有资源潜力，扩大专项领域影响，扎实做好已经开展的业务，探索运用新媒体、大数据平台、微信群拓展新业务。

助力决战决胜脱贫攻坚

【承担并执行《贫困地区农机购置补贴机具核查及捐赠机具使用效果评估》项目】 对四川“三区三州”、河北、甘肃、黑龙江、湖南等农机系统重点扶持贫困地区开展调研，了解并评估捐赠机具后续使用情况。受突发新冠肺炎疫情影响，通过实地走访与网络调查问卷、电话问询相结合的方式，扩大调研范围，获取捐赠机具相关数据。收到来自7个调研地区的43份网络问卷，涉及161台（套）捐赠机具。撰写并报送项目报告，得到农业农村部农业机械化管理司的肯定。

【制定扶贫工作计划，向农业机械化管理司反馈2020年扶贫任务清单意见，并按照清单组织落实实施】 邀请三区三州贫困地区免费参加在青岛、南宁、海南等地举办的国际农机展、甘蔗展，农业机械化主推技术现场演示活动暨培训班，全国农机合作社规范提升培训研讨班，设施栽培机械化技术培训班，强化扶贫与扶智相结合，进一步开拓视野和思路，提升贫困地区人员专业技术水平。协会与农用航空企业赴四川红原县，继续开展无人机草籽撒播作业。解决高原地区在应用农用无人机进行草籽撒播过程中遇到的问题，巩固该技术在扶贫工作中的成效。

畅通合作渠道，促进行业融合发展

【调研捐赠机具使用情况】 受农业农村部农业机械化管理司委托，组织四川农机院、广州极飞公司相关人员组成调研组，前往四川省阿坝州红原县开展捐赠机具使用情况的回访调研工作。走访红原县瓦切镇唐日牦牛养殖农民专业合作社、益众农机服务点、牦牛标准化养殖基地、红原县安曲镇抗灾保畜打贮草基地等，与红原县科学技术和农业畜牧局、红原县安曲镇政府相关领导、当地合作社代表就捐赠机具使用和农牧民脱贫情况进行多次座谈交流。了解和掌握捐赠农机具的使用情况，并撰写调研报告报送至业务主管部门。

【参与起草植保无人驾驶航空器农机推广鉴定大纲《植保无人驾驶航空器》】 根据农业农村部农业机械化管理司要求，积极配合农业农村部农业机械试验鉴定总站，全面参与农机推广鉴定大纲《植保无人驾驶航空器》的起草和制定工作。在疫情防控期间，通过通讯方式和农用航空分会已掌握的遥控飞行喷雾机发展现状，经过与部分省站和遥控飞行喷雾机生产企业多次协调商讨，形成大纲《遥控飞行喷雾机》报批稿。经专家组审定通过后，在中国农业机械化信息网上进行公示。

【标识征集活动】 受农业农村部农业机械化管理司委托，牵头组织全程机械化+综合农事服务中心标识征集评审工作，共征集作品13个，通过专家评审会，选出5个入围作品，并确定最终标识。

【完成《地方农机化对外合作交流情况分析研究》项目】 受农业农村部农业机械化管理司委托，中国农业机械化协会自3月起对各省农业对外合作情况进行调研，收集整理各省农业对外合作资料，探讨研究项目实施细则，分析重点项目成果，做好项目的归纳和总结工作，为农业农村部农业机械化管理司对外合作交流提供参考和依据。

【组织东北黑土地保护性耕作技术培训、机具现场演示会】 受农业农村部农业机械化管理司委托，10月12—13日，与中国农业大学国家保护性耕作研究院、辽宁省农业农村厅、辽宁农业科学院、沈阳市农业农村局、沈北新区人民政府联合召开“东北黑土地保护性耕作技术培训、机具现场演示会”，到会600余人，受到农业农村部农业机械化管理司副司长王甲云表扬。

【共同主办2020年“农机3·15”活动】 经农业农村部农业机械化管理司同意，中国农业机械化协会与农业机械试验鉴定总站（中国消费者协会农机产品质量投诉监督站）、农业农村部农业机械技术开发推广总站继续组织开展2020年“农机3·15”活动，先后协调四十余家各类型企业参与活动，取得良好社会效果。

【召开“主粮作物收获损失有关问题”专题座谈会】 农业农村部农业机械化管理司、农业农村部农业机械试验鉴定总站、农业农村农业机械化技术开发推广总站有关专家、部分企业代表、合作社理事长参加座谈，针对机收损失问题展开讨论并提出建议。会后，中国农业机械化协会发出《行动起来，争取秋粮颗粒归仓活动倡议书》《农业机械化研究专辑机收损失讨论》，号召全行业参与“行动起来，争取秋粮颗粒归仓”活动。

【成立保护性耕作专业委员会】 2020年5月以通讯方式召开第一次会员代表大会，审议通过《协会保护性耕作专业委员会管理办法》、选举出第一届委员，保护性耕作专业委员会正式成立。同时，创新工作思路，成立线上“保护性耕作大讲堂”，全年组织79次线上专题报告活动。在此基础上，组织编撰《中国玉米免（少）耕播种机》一书，收录34家企业63个主流产品。向东北主要项目区赠阅图书5 000余册，受到农业农村部农业机械化管理司、东北黑土地保护性耕作专家指导组多位专家好评。

【组织甘蔗机械化系列活动】 线上成立甘蔗机械化交流群，2020年4—7月，共组织71次线上专题报告交流活动，报告材料汇编700多页，向有关单位赠送近200册，反响积极。9月15日，与广西壮族自治区农业机械化服务中心、广西壮族自治区糖业发展办公室共同主办甘蔗生产机械化发展研讨会，总计近150人出席会议。

【举办两熟区玉米秸秆利用暨小麦免（少）耕播种田间演示会】 9月27—29日，中国农业机械化协会保护性耕作专业委员会与中国农业大学国家保护性耕作研究院、农业农村部保护性耕作研究中心，在山东平度共同主办2020年两熟区玉米秸秆利用暨小麦免（少）耕播种田间演示会，200多人参加会议。

【合作开展外事项目】 联合大学生从业合作社理事长工作委员会同德国机械及制造商协会（简称VDMA）召开农机合作社可持续发展模式研究启动会视频会议。会议以融合中国农民合作社经营模式与欧洲标准农场建设模式，致力打造适合中国本土地域特点的合作社发展模式为主线，以提升合作社管理水平及人员技能、提升合作社综合服务能力，以及加强合作社作业标准化建设，三个方面为切入点，选取6家国内典型农民合作社，与VDMA的十余家会员企业达成合作意向。

【稳步推进协会脱钩工作】 根据农业农村部脱钩统一部署要求，中国农业机械化协会基本完成脱钩工作。2020年，配合农业农村部计划财务司完成资产清查系统填报和材料报送工作；按照机关党委要求，制定党建脱钩方案，并按要求提交相关材料。以脱钩为契机，不断规范和完善协会运作机制，建立健全各项制度，推动自身变革。脱钩后，协会继续保持与原有工作单位的沟通交流，为相关部门工作提供服务支撑。

加强组织建设，提高规范化管理

【组织召开常务理事和理事会议】 充分发挥中国农业机械化协会常务理事和理事作用，认真履行决策职能。受疫情影响，协会以通讯方式组织召开协会二届常务理事会八次、九次会议和二届理事会第五次会议，审议通过设立保护性耕作专业委员会、部分分支机构负责人及名称的变更等相关议题，以及协会年度工作报告、财务报告、脱钩情况和脱钩后的章程修改草案（讨论稿）。

【加强机构规范化管理】 筹办年度分支机构工作会，加强中国农业机械化协会与分支机构间的紧密联系，促进沟通交流。完成部分分支机构改选工作。根据农业农村部关于现任和退（离）休领导干部在社会组织的兼职要求，农机鉴定检测分会、农机专业服务组织分会、农机维修分会、畜牧水产分会、农机推广分会、农机科技分会，分别召开委员会会议，审查其委员会人选及会议内容，按要求完成分支机构主要负责人、秘书处人员和委员的变更工作。起草分支机构考核办法，上线会员管理平台，启用会费电子化、证书电子化等模式，为会员提供更快速便捷的服务。

【开展《疫情对会员的影响情况》调研】 通过微信公众号、微信群、微信好友，点对点发送调查问卷。根据会员反馈的信息，形成调研报告，及时上报业务主管部门。为主管部门及时了解行业情况，制定政策提供参考依据。

做好品牌建设，谋划发展新格局

【成功举办 2020 年国际农机展会】 11 月 13 日，2020 年国际农机展会在青岛市黄岛区举办，线上展同步进行。主办方配合地方政府加码疫情防控，保证展会顺利进行。本届展会吸引 1 800 余家企业参展，展会规模达 20 万米^2，线下和线上参加企业和观众反响强烈，行业人士给予高度评价。

【落实农业农村部办公厅等五部委〈关于《推进广西甘蔗生产全程机械化行动方案 (2017—2020 年)》的通知〉要求】 中国农业机械化协会、中国农业机械工业协会和中国农业机械流通协会联合广西地方农机主管部门，连续多年举办中国甘蔗机械化博览会，旨在搭建交流合作平台，加强甘蔗机械化供需对接，促进技术、人才、经验交流，推动广西甘蔗生产机械化发展。2020 年甘蔗博览会以现场举办为主，线上展会为辅的形式举办，现场共有 120 家企业参展，线上有 70 余家企业报名参加。展览面积 3.4 万米^2。现场观众约 1 万人次，线上展会累计点击量约 30 万次。

【开展实验室间比对活动】 在盐城举办“2020 轮式拖拉机部分参数实验室间比对活动”，来自全国 15 家省级农机鉴定站和检测机构参加本次活动。开展实验室间比对活动，对提升我国农机试验鉴定检测机构质量管理水平，统一对试验方法的理解及把握尺度，确保检测方法合理性及检测结果准确性，具有很强的针对性和重要的意义。

【持续推进标准工作】 2020 年，中国农业机械化协会面向行业广泛征集团体标准立项项目，经申报、审查，第一批立项团体标准 20 项，第二批审查立项团体标准 17 项，累计立项团体标准 37 项。全年累计召开技术委员会会议和专家评审会 6 次，审议审查标准 72 项，公开征求标准意见 22 项，截至 2020 年底，共发布 38 项团体标准，分别从机械作业规范、畜禽养殖、设施农业、信息平台和终端等方面增加标准的有效供给。8 月，协会申请的《生猪规模化养殖设施装备配置技术规范》等 3 项行业标准均获得立项。这是协会第一次作为行业标准的承接单位，参与起草行业标准的全过程，为协会今后申请行业标准打头阵、探路子做铺垫。

【积极开展选型工作】 受广西农业机械化管理部门委托，依据中国农业机械化协会团体标准 T/CAMA 1—2017《农机深松作业远程监测系统技术要求》，以前三次选型工作为基础，开展广西农机田间作业远程监测系统选型活动。经过整理、初审和专家组评审，从 18 家申报单位中筛选出 15 家单位的 16 个产品进行公示公告。

【举办农机手劳动安全大竞赛】 2020 年，中国农业机械化协会与陕西省农机安全协会联合举办农机手劳动安全大竞赛，比赛规模进一步扩大，由 2019 年陕西、湖北两省扩展到陕西、甘肃、宁夏、山西四省（区），影响力不断提升，参与活动的农机手不断增加，逐渐发展为部分地区农机手的一项重要赛事。

聚焦发展热点，智库研究成果丰硕

【完成《推进广西甘蔗生产全程机械化行动方案（2017—2020 年）》落实情况调查报告】 受农业农村部农业机械化管理司委托，组织专家组（罗锡文院士任组长）赴广西多次调研，并撰写完成“《推进广西甘蔗生产全程机械化行动方案（2017—2020 年）》落实情况调查”报告。

【发布《2019 中国农机化发展白皮书》】 《2019 中国农机化发展白皮书》作为中国农业机械化协会智库品牌产品之一，自 2016 年编撰发布开始，受到行业内广泛关注和普遍认可，《2019 中国农机化发展白皮书》秉持一贯的编写理念，坚持纪实原则，从求新、求变、求发展的角度记录 2019 年度农机行业现状、新变化，并对今后一个时期的发展方向进行展望。

【出版发行《农业机械化研究　人物卷》】 中国农业机械化协会自 2019 年 7 月启动《农业机械化研究　人物卷》项目，历时一年，收集整理 300 余位行业人物文字素材，各类照片 400 余张，编撰成书，致力于讲述行业人物故事，传承农机人精神，研究农业机械化发展。

【编印《农业机械化研究专辑：机收损失讨论》】 2020 年夏秋之际，有媒体报道粮食机械收获损失浪费惊人，引起高度重视，农业机械化行业展开大范围讨论。协会关注热点问题，组织行业专家、企业代表、合作社理事长代表召开专题研讨会，并联合陕西省农机安全协会开展“打通机收损失的命门”征文活动。《农业机械化研究专辑：机收损失讨论》一书收集领导讲话、媒体报道，农机手投稿等有关材料汇编整理，为行业决策提供参考，受到农业农村部农业机械化管理司肯定。

（李雪玲）

中国农业机械学会

【概述】 2020年，在中国科学技术协会指导、理事会领导和广大会员支持参与下，中国农业机械学会认真学习贯彻习近平新时代中国特色社会主义思想、全面贯彻党的十九大精神，努力克服新冠肺炎疫情带来的严重影响，按照“四个服务”的职责定位要求，深化学会改革，创新工作方式，开展一系列重大活动和学会工作。12月中旬在宁波召开主题为“智能农机装备助推乡村振兴，促进科技经济融合发展”的“第十八届中国农业机械学会2020学术年会暨第十一届理事会第三次会议”，国内农机装备行业的1 000余位科技工作者参加大会及10个分会场的学术研讨。中国农业机械学会还分别组织召开“2020中国乡村振兴战略推进大会”和“2020耒耜国际论坛”。中国农业机械学会及所属各分支机构共举办各类学术活动23次，交流论文和报告516篇，3 999人次参加交流活动；举办境内国际会议1次，300余人次参加，邀请国外知名专家交流报告5篇。共有4个学会分支机构召开会议正式换届。按照中国科学技术协会部署，成立“科创中国”国家农机装备科技服务团，在重庆、浙江和山东等地开展一系列科技服务，促进科技经济融合发展。继续主办“第六届大学生智能农业装备国际创新大赛”，48所高校的700余名学生的作品参加决赛。正式出版《农业机械学报》正刊12期、增刊2期，全年共刊出论文711篇。按时完成中国科学技术协会各项工作部署，执行完成中国科学技术协会等各类项目8项，按照要求做好各类人才举荐工作；参加中国科学技术协会“智能制造学会联合体”智库研究和人才培养等工作；各项业务工作取得较大成效。

智库及决策咨询

【决策咨询】 中国农业机械学会作为中国科学技术协会智能制造联合体成员单位之一，积极参与智能制造学会联合体组织的“智能制造领域十大前沿技术问题”的征集，推荐“如何实现农场的无人化生产与管理”和“如何通过数字化手段缩短农机装备新产品开发周期”入围2020智能制造领域十大前沿技术问题。另外，经学会积极组织，通过遴选、初审视频答辩、复审现场答辩等环节，学会推荐的“基于北斗的农机自动导航与作业精准测控关键技术及应用”项目入选“世界智能制造十大科技进展”，“设施农业智慧工厂化种植模式”项目入选“中国智能制造十大科技进展”，并在“2020世界智能制造大会”发布。学会组织完成《中国智能制造重点领域发展报告（2019）》第九章“农业装备领域智能制造发展报告”的编校工作，目前该书已出版发行。借助该联合体平台，推动山东潍坊市农机企业技术和项目需求及企业人才需求的对接活动，组织专家完成《山东省农机工业发展情况及建议》的报告撰写并提交中国科学技术协会。

【项目实施】 中国农业机械学会和江苏大学共同实施中国科学技术协会2020年学科发展项目——农业装备产业与技术发展路线图研究。按照进度，已完成路线图大纲编制、企业调研、项目开题研讨及前期编写等工作任务。开展这些活动，推动促进学会在行业智库及决策咨询方面发挥积极作用，不断扩大学会在农机技术领域的行业影响力。

学术交流

【召开中国农机学会2020学术年会】 经过精心策划筹备，以“智能农机装备助推乡村振兴，促进科技经济融合发展”为主题的“第十八届中国农业机械学会2020学术年会暨第十一届理事会第三次会议”于12月12—14日在宁波隆重举行。来自国内农机装备行业的高校、院所、企业、农机管理与技术推广等单位的1 000余位科技工作者出席大会。大会特邀罗锡文院士、陈学庚院士、赵春江院士、闫楚良院士、陈志研究员、应义斌教授、苑严伟研究员、刘成良教授、毛罕平教授和杨敏丽教授10位行业著名院士、学者聚焦行业热点难点问题等分别作10个内容丰富新颖、视角广泛深刻、观点鲜明独特、案例实际生动的主题学术报告，使与会者受益匪浅，得到广泛好评。学会的24个分支机构联合浙江省农业机械学会、河北省农业机械学会、江苏大学、浙江理工大学等有关单位，分别承办相关10个分会场的学术交流活动，共有216位学者进行分会场口头学术演讲。在不同的分会场，广大科技工作者广泛交流、充分研讨、气氛热烈，部分分会场学术研讨时间延长至晚上十点。

【举办2020中国乡村振兴战略推进大会】 由中国农业机械学会主办，学会丘陵山区农林机械分会、重庆市农业机械学会、西南大学、重庆市农业科学院承办的“2020中国乡村振兴战略推进大会”于7月25—26日在重庆召开。围绕“聚焦智能农机 助力乡村振兴”的大会主题，方宪法研究员、尚书旗教授、杨敏丽教授等学者专家分别作7个内容丰富、观点鲜明、具有前瞻性、实践性的学术报告，与会代表纷纷表示受益匪浅。来自全国高等院校、科研院所、企事业单位的专家及代表150余人参加大会。此次乡村振兴战略推进大会是在新冠疫情得到控制之后，农机行业首次举办的大型会议，在主办承办单位的精心筹备下，行业专家学者及广大科技工作者积极参与，会议取得成功。

【创新举办“2020耒耜国际论坛”】 为进一步推进我国农机装备产业转型升级，助力农村脱贫攻坚，服务乡村振兴，学会等五家行业学协会和江苏大学共同决定，在2019年成功举办“落实习近平总书记‘大力推进农业机械化、智能化’重要论述暨纪念毛泽东主席‘农业的根本出路在于机械化’著名论断发表60周年报告会”的基础上，定于每年4月29日举办“耒耜国际论坛”，打造农机领域高水平国际学术交流新平台，共同为我国农机事业高质量发展建言献策。受疫情影响，2020年“耒耜国际论坛”采取线上线下相结合的方式创新举办。本次论坛以“脱贫攻坚，农机赋能”为主题，围绕“智能农业装备发展趋势”展开研讨，来自美国、英国、泰国等7个国家和地区及国内60余所涉农高校的300余位专家学者参加会议。论坛还举办“农业装备产业发展”“‘十四五’农机发展”两个场次研讨会。华南农业大学罗必良教授、上海交通大学江志斌教授、中国一拖集团有限公司副董事长蔡济波等就“农业装备产业现状与思考”等分别做四个主旨发言。本次活动创新学术交流形式，专家学者采取线上线下方式共话农机高质量发展，这对于持续推进我国农机装备产业转型升级，服务乡村振兴，具有重要的现实意义。

科普活动

【概述】 2020年新冠肺炎疫情对农机科普工作的开展造成了很大的影响，但也催生了多种创新工作方式方法。如中国农业机械学会科普工作委员会依托分会秘书处单位——卓众出版旗下农业机械杂志社媒体平台，倾力打造的“农机战疫线上工具”在知谷App、微信端等平台上线，全力打造视频IP“农机TV”，积极践行社会责任，不仅采写、报道了大量农机行业积极抗“疫”、春耕备耕的内容，还免费为农机企业宣传春耕农机具产品，得到行业的广泛认可和好评。2020年“农机TV”成功组织10场大型直播活动，聚焦春耕时农民朋友和业内人士关心的问题，主题涵盖“农机战疫”“农机 3·15”“农机安全”“智能农机”“科学选购”，宣讲农机行业抗击疫情经验，推广使用新机具积极备耕，为农民春耕遇到的选机购机、维修保养等问题提供了学习平台，在线观看总人数超过40万人次。

国际交流与合作

【承担国际农业与生物系统工程学会相关工作】 该组织是全球农业与生物系统工程领域规模最大、学术地位最高的国际学术机构。目前学会会员在CIGR的任职情况是：学会名誉理事长陈志，前任主席（2017—2018），现任主席团成员（2017—2020）；学会秘书长张咸胜，现任审计官（2019—2022）。2020年学会承担的CIGR主要工作包括：①承担CIGR主办的期刊 *CIGR Journal*（英文刊），完成4期编辑出版工作，共发表论文111篇；②邀请CIGR作为联合主办方，在山东理工大学共同举办“中联重科”杯第六届大学生智能农业装备国际创新大赛决赛。CIGR秘书长Fedro S.Zazueta教授以视频连线方式致辞。

【承担亚洲农业工程学会相关工作】 AAAE秘书处现已落户中国农业机械化科学研究院。目前学会会员在AAAE的任职情况是：学会监事长方宪法，任AAAE副主席兼司库；学会副秘书长赵凤敏，任AAAE秘书长。2020年学会承担的AAAE的主要工作包括：①承担AAAE会刊 *International Agricultural Engineering Journal*（EI检索、英文刊）的编辑出版工作，按期出版四期，共发表论文167篇；②负责执行AAAE秘书处的日常工作。

【完成“一带一路农业装备与工程联合培训中心”筹建工作】 自中国科学技术协会国际部于2019年8月底正式立项同意学会筹建“一带一路农业装备与工程联合培训中心”以来，中国农业机械学会采取积极与国际合作伙伴进行洽谈协商达成合作共识，先后赴外出访调研并与一带一路沿线国家有关农机领域官员在华进行洽谈了解需求，举办筹建工作研讨会等，认真完成涉外培训管理制度制订、课程设置、工作团队配备等方面的工作内容建设，走访调研国内农机重点企业确定培训实习内容等多种项目执行方式，虽然受到新冠肺炎疫情影响导致部分对外交流计划受阻，但最终完成了“一带一路”农业装备与工程联合培训中心的筹备。

技术经济融合

【概述】 为促进科技融合经济发展，按照中国科学技术协会项目部署，中国农业机械学会成立由59名著名专家组成的“科创中国”国家农机装备科技服务团，并于7月下旬在重庆举办启动仪式。至2020年底，经相关省级学会的积极配合，学会在重庆、山东、浙江等地，开展一系列科技服务。

【组织团体标准研究制定】 2020年，中国农业机械学会与中国农业机械工业协会联合开展农机装备团体标准制定工作，面向行业征集并联合发布团体标准项目计划59项，截至2020年底已批准发布《北斗农业机械远程作业监测终端技术规范》等53项团体标准。学会标准化分会召开1次标准审查研讨会、1次标准宣贯会及1次标准研讨会。

【开展转化对接促进技术交易】 如聚焦农业生产需要，学会设施园艺与果蔬机械分会克服新冠疫情影响，经搜集整理制作了设施园艺与果蔬技术装备新技术新产品专题视频，采取线上方式广泛发送宣传展示。聚焦智能农业技术与装备、现代农机装备等热点领域，中国农业机械学会还广泛收集了行业新技术、新产品等科技成果，经专家评审，印制了包括100项科技成果介绍在内的《2020农业装备科技成果汇编》，并在12月上旬浙江台州举行成果路演和发布仪式，组织当地企业现场进行转化对接，并向重点服务区域的相关企业广泛寄发。中国农业机械学会丘陵山区农林机械分会等联合于9月中旬在重庆举办丘陵山区农林机械展，宣传相关新产品；并在展会上设专区组织农机科研院所、高校进行科技成果宣传展示。

【举办高端研讨促进技术传播】 针对乡村振兴战略实施所需装备、丘陵山区农林机械化及农机智能化、信息化创新发展等专题内容，学会联合有关单位先后举办“2020中国乡村振兴战略推进大会”“2020丘陵山区农业机械化发展高峰论坛”及“第十八届中国农业机械学会2020学术年会”等高端研讨，促进行业最新技术传播。

【举办宣讲培训推进技术普及】 2020年8月下旬，在山东举办线下科技培训活动，60多位专业人员参加。从11月初开始，中国农业机械学会邀请8位著名专家，在“科创中国　科技工作者之家”平台上，分8次进行线上农机装备新技术云培训。多次组织服务团有关专家，先后在重庆、山东青岛、浙江宁波等地开展走访企业调研提供技术咨询等科技服务，为企业发展释疑解惑。

【优化组织机制】 2020年，中国农业机械学会在重庆、青岛、宁波等地组建地市级农机产学研用协同创新组织，开展科技协同创新。

【协同重庆等地制定区域农业机械化发展智库报告】 通过这些成果宣传转化对接、成果展示路演、新产品展览、团体标准制订、派遣专家赴企业开展技术调研咨询、举办线上线下技术培训、举办高端技术研讨活动和为地方撰写智库报告等多种“科创中国”科技服务活动，全方位推动上述地区农机行业的产学研融合和农机装备产业升级，为地方农机工业发展提供助力服务。

表彰奖励

【概述】 经推荐、评审、公示、审核等规定程序，2020 年 11 月 19 日，中国农业机械学会和中国农业机械工业协会联合发文，表彰“农业机械科学技术奖”2020 年度奖励项目共 12 项，其中一等奖 2 项（油菜机械化耕种关键技术与复式直播装备创制及应用等）、二等奖 4 项（坚果采收和初加工关键技术与装备等）、三等奖 6 项，同时颁发奖金。经过推荐、初审、专家评审、常务理事会审定以及中国农业机械学会网站公示等程序，学会评选出王东伟等 10 位同志获得“利欧泵业杯第七届中国农业机械学会青年科技奖”。经过规定程序，评选出王金武等 20 位“《农业机械学报》核心作者”为获奖者，丁启朔等 30 位“2018—2019 年度《农业机械学报》优秀审稿专家”为获奖者；毛罕平等作者撰写的 30 篇“2018 年度《农业机械学报》优秀论文”。在“第十八届中国农业机械学会 2020 学术年会”期间举办颁奖典礼，对获奖者和论文进行奖励和表彰。

人才培养

【概述】 8 月 22—27 日在济南承办了人力资源和社会保障部审核同意的“互联网＋智能农机装备”助力乡村振兴发展高级研修班。来自全国农业机械和农业工程领域的科研院所、高等院校、省，地方农机管理部门及企业的从事农业机械技术管理、开发与应用的专业技术人员和管理人员 60 余人参加。研修班通过专家授课、专题研讨、学员沙龙、微论坛、涉农研发机构参观、论文撰写培训等多种方式推动行业高层次人才的培养。截至 2020 年底，执行中国科学技术协会 2019—2021 年度青年人才托举工程项目，先后组织召开 3 次托举会议，由托举专家听取 2 名被托举人的科研项目进展，释疑解惑对其进行托举指导；中国农业机械学会还要求其参加 2020 年中国农机青年论坛及学会年会，专门安排专题学术发言，培养被托举人的学术演讲和交流能力。

会员服务

【概述】 为切实增强会员在学会事业发展中的主体地位和作用，2020 年中国农业机械学会在会员发展和管理上采取多种举措，尽力为会员提供精准有效的服务。如，继续运用中国科学技术协会个人会员管理系统进行管理服务；由专人在学会的微信公众号和学会网站上，发布学会活动信息和科协通知等；努力激发分支机构、理事单位等参与的积极性，使之成为会员发展的重要渠道，重视发展基层一线会员和学生会员；通过开展中国农机青年论坛、人社部高级研修班、科创中国的线上培训等方式，服务会员、增加会员的参与性和凝聚力。另外针对个人会员，中国农业机械学会广泛开展多项人才推荐举荐表彰工作。如向人力资源和社会保障部及中国科学技术协会等部门推荐的中国农业机械化科学研究院陈志、江苏大学邹晓波两位同志获得“第二届全国创新争先奖”；向中国科学技术协会推荐的江苏大学徐立章同志获得“第十六届中国青年科技奖”；学会开展“利欧泵业杯第七届中国农业机械学会青年科技奖”评选表彰工作，王东伟等 10 人获奖。

期刊出版

【概述】 中国农业机械学会主办的《农业机械学报》2020 年共收到有效来稿 2 000 余篇，来稿录用率约 30%，出版时滞约 7 个月。出版正刊 12 期，平均每期 432 页，增刊 2 期，全年共刊出论文 711 篇。刊出的各类基金类论文达 100%，国家级项目资助论文占 90% 以上，其中，国家自然科学基金、国家“863”、重点研发计划资助论文占 85%。据中国学术期刊（光盘版）电子杂志社发布的《2020 中国学术期刊影响因子年报》数据显示：《农业机械学报》复合总被引 20 598，复合影响因子 3.242；期刊综合总被引 11 477，期刊综合影响因子 2.233；居农业工程类科技期刊 Q1 区，再次被中国学术期刊（光盘版）电子杂志社评为“2020 中国国际影响力优秀期刊”。

组织建设

【概述】 2020 年按照《中国农业机械学会分支机构考核评估办法》，对学会 27 个分支机构进行考核评估。通过考评，对规范分支机构工作产生促进作用。学会基础技术分会、能源动力分会、教育工作委员会、养猪工程分会 4 个分支机构按期完成换届工作。中国农业机械学会秘书处不断加强自身建设，进一步规范秘书处下设的部门管理和组织建设。目前学会秘书处在职员工 14 人，秘书长为专职秘书长，具有硕士及以上学历的 8 人，具有高级职称 9 人。

（张振新）

中国农业工程学会

【概述】 2020 年是脱贫攻坚决战决胜年，是全面建成小康社会关键年，是实现“十三五”规划收官年。中国农业工程学会坚持以习近平新时代中国特色社会主义思想为指导，全面贯彻落实党的十九大和十九届二中、三中、四中、五中全会精神，从“四服务”的职责定位出发，守正创新，服务发展，坚持落实常态化疫情防控举措，保障政治引领、学术交流、科普服务、人才举荐、智库咨询、国际合作、组织建设等工作稳步推进。学会荣获中国科学技术协会全国科技工作者日“十佳优秀组织单位”称号，在年鉴、科普、统计、财务等方面获优秀单位表彰。

坚持政治引领 保证学会正确发展方向

【加强理论学习】 中国农业工程学会党委坚持把政治建设摆在首位，加强党的建设，持续深入学习习近平新时代中国特色社会主义思想、党的十九大和十九届二中、三中、四中、五中全会精神以及习近平系列重要讲话精神10余次，增强“四个意识”、坚定“四个自信”、坚决做到“两个维护”，加强理论武装，提高政治站位。坚持执行“三重一大”事前审议制度。2020年累计召开6次党委会议，部署安排学会重大工作，有序推进党建与业务融合，以党建促会建，保证学会正确发展方向。

发挥组织优势 凝聚防疫抗疫强大合力

【把疫情防控工作当作头等大事来抓】 新冠肺炎疫情发生以来，中国农业工程学会党委充分发挥组织优势，按照“坚定信心、同舟共济、科学防治、精准施策”的总要求，高度重视、积极应对，始终把疫情防控工作当作头等大事来抓。充分利用学会官网、官微、邮件和手机报等网络平台，团结动员全体理事、党员、会员、分支机构、地方学会及会员单位积极投身到防疫抗疫工作，凝聚强大合力，倡导农业工程人为联防联控战疫情、复工复产保供应贡献力量。学会制作抗疫宣传公益海报，先后发布《中国农业工程学会党委、中国农业工程学会致广大会员和农业工程科技工作者的倡议书》《关于为坚决打赢疫情防控阻击战提供坚强政治保证的通知》和《关于征集新型冠状病毒肺炎疫情防控相关工作案例的邀请》等文件，精选防疫抗疫典型案例19个并汇编成《中国农业工程学会防疫抗炎工作情况简报》，获得经济日报、科协要闻等7个主流媒体的重点推送和宣传报道，增加了学会的影响力、显示度。

强化学术引领 推进学科纵深发展

【抓好品牌学术会议建设】 学术交流是学会职责所在、根本所系。2020年学会继续抓好“会、展、赛、刊”优势品牌建设。学会与各分支机构互相支持，与各兄弟学会密切协作，克服疫情影响，以线上线下结合的形式组织召开了10余场层次高、内容丰富、学术氛围浓厚、交流效果显著的高质量学术会议。参会各方会上会下交流充分，分享成果，拓宽视野，开阔思路，激励创新，有效推进学术交流和农业工程学科发展向纵深迈进。

【落实学术交流制度】 中国农业工程学会继续落实单年召开学术年会，双年召开全国高等院校农业工程相关学科建设与教学改革学术研讨会的学术交流制度。

【召开第十四届全国高等院校农业工程及相关学科建设与教学改革学术研讨会】 2020年10月31日至11月1日，第十四届全国高等院校农业工程及相关学科建设与教学改革学术研讨会在福州以线上线下结合的方式举行，来自全国近40余所高校与科研院所的80余位专家、教师代表现场参会，中国农业大学、石河子大学、华南农业大学等9所高校组织集中线上观看会议直播，累计在线观看人数超8 500余人次。会议围绕“新时代农业工程教育与乡村振兴”的主题，探讨我国农业工程类专业教育及发展趋势，研讨新农科、新工科背景下农业工程类专业人才培养方案和课程体系建设，促进各高校、科研机构的交流沟通、思想碰撞，激励了广大科技工作者争做创新发展的时代先锋，有力促进农业工程学科发展。

【联合主办“2020耒耜国际论坛”】 2020年4月29日，由中国农业工程学会与中国农业机械学会、中国农业机械工业协会、中国农业机械化协会、中国农业机械流通协会联合主办，江苏大学和农业工程大学国际联盟联合承办的“2020耒耜国际论坛”以线上线下结合的方式在镇江召开。论坛以“脱贫攻坚,农机赋能”为主题，旨在打造农机领域高水平国际学术交流新平台，共同为我国农机事业高质量发展建言献策，以进一步推进我国农机装备产业转型升级，助力农村脱贫攻坚,服务乡村振兴。来自美国、英国、泰国等7个国家和地区及中国农业大学、浙江大学等60余所涉农高校的300余位专家学者参加会议。论坛上，张辉理事长发表书面致辞，代表中国农业工程学会对论坛召开、对江苏大学中国农业装备产业发展研究院的揭牌和“耒耜大楼”的启用表示热烈祝贺。张辉理事长肯定过去30年来农业装备在提高农村生产力和实现农业农村现代化方面的巨大贡献，指出复合式、高性能和智能化的现代化农业装备已成为农业装备发展的新亮点，特别总结现代化农业装备在2020年防疫春耕方面的作用，最后对智能农业装备的发展寄予期望。

【组织“作物秸秆还田／离田方式座谈会”】 2020年5月19日，由中国农业工程学会组织的“作物秸秆还田／离田方式座谈会”在中国农业大学工学院召开。会议围绕我国作物秸秆综合利用现状及问题，在秸秆直接还田、能源化利用，保护性耕作和机具等方面展开热烈探讨，形成相关政策建议。学会常务副理事长兼秘书长朱明主持会议，中国农业大学教授程序、陈阜、宋正河、李洪文，中国农业科学院研究员赵立欣，宏日新能源公司董事长洪浩等专家参加会议。

【联合召开土地整治工程专业的使命网坛会】 2020年4月26日，土地利用工程专业委员会联合自然资源部国土整治中心和中国地质大学（北京）土地科学技术学院线上召开土地整治工程专业的使命网坛会，会议围绕“土地整治工程专业的办学目的、课程设置”等内容展开分析当前专业建设面临的突出困难与解决对策。来自中国地质大学(北京)、长安大学、中国农业大学等14所已开办土地整治工程专业、中国矿业大学等拟申请开办土地整治工程专业的20余所高校院长、系主任和任课教师60余人在线参加会议。

【联合主办全国农电学科建设暨新疆(南疆)智慧农村能源论坛】 2020年5月20日，由中国农业工程学会农业电气化与信息化分会、中国电机工程学会农村电气化专业委员会、全国农村电力与自动化技术学科首席科学传播团队主办,中国农业大学信息与电气工程学院、社会服务处和对口支援高校——塔里木大学的机械电气化工程学院和信息工程学院共同承办的全国农电学科建设暨新疆（南疆）智慧农村能源论坛以线上线下相结合的方式顺利举办。会议围绕智慧农村能源和农电学科的深度融合、农业电气化学科专业建设以及内地高校高水平援疆与社会服务等问题展开交流研讨。来自10余所高校和单位的专家学者共85人在线参加会议。

【主办2020年“科创中国”农业工程科技服务团启动会暨农业工程科技与经济融合发展高端论坛】 2020年9月20日，由中国农业工程学会主办，农业农村部规划设计研究院支持，中国知网协办的2020年“科创中国”农业工程科技服务团启动会暨农业工程科技与经济融合发展高端论坛在北京顺利召开。本次活动包括启动会和高端论坛两个环节，采取线上和线下结合的方式进行。高端论坛围绕农业工程科技经济融合议题，从不同方面探讨科技创新在助力乡村振兴中的应用以及取得的效益，吸引来自高等院校、科研院所、企事业单位的专家学者、科技工作者的广泛关注，现场参会100余人，线上参会900余人。

【共同主办2020“东北黑土地保护高端论坛”暨“农业工程科技创新助力企业高质量发展论坛”】 2020年10月17—18日，由中国农业工程学会和东北农业大学共同主办，黑龙江德沃科技开发有限公司支持以及黑龙江省农业工程学会、中国知网协办的2020“东北黑土地保护高端论坛”暨“农业工程科技创新助力企业高质量发展论坛”在哈尔滨以线上线下结合的方式顺利召开。来自全国的相关知名专家学者、黑龙江省科协领导、优秀企业家代表、高校师生和留学生代表等150多人参加现场会议，共同探讨东北黑土地保护相关内容，助力东北振兴。云端线上同步直播，点击播放量超过9.3万人次。

【联合主办2020智慧畜牧业亚洲论坛】 2020年10月20—21日，由中国农业工程学会联合中国农业大学、动物环境与福利化养殖国际研究中心主办，农业农村部设施农业工程重点实验室、北京市畜禽健康养殖环境工程技术研究中心、重庆市畜牧科学院联合承办的2020智慧畜牧业亚洲论坛（Asian Conference on Precision Livestock Farming）在北京举办。本届论坛以“数字技术支撑畜禽养殖信息化”为主题，来自国内外的200余名专家学者和产业界代表围绕畜禽养殖过程无线感知与数字化、畜禽养殖空间环境模拟与监测、畜禽养殖远程采集与大数据系统、畜禽养殖过程数学模型与数值模拟等方面的技术和应用实践等主题进行专题解读、研讨和交流。

【共同主办2020“葡萄与葡萄酒产业高端论坛”】 2020年11月15日，由中国农业工程学会和宁夏大学共同主办，宁夏大学食品与葡萄酒学院、宁夏大学土木与水利工程学院、宁夏大学机械工程学院承办，宁夏回族自治区科学技术协会、中国知网和宁夏西鸽酒庄有限公司支持的2020“葡萄与葡萄酒产业高端论坛”在银川召开。来自全国的知名专家学者、宁夏回族自治区科学技术协会领导、优秀企业家代表、高校师生代表等130余人参加现场会议，共同讨论葡萄与葡萄酒产业高质量发展相关内容，为宁夏地区葡萄与葡萄酒产业发展搭建了接地气的交流合作平台，为宁夏葡萄与葡萄酒产业科技经济的融合和创新发展贡献了力量。云端线上同步直播，累计点击播放量近1万人次，同时还有河南科技大学食品与生物工程学院、山东农业大学园艺学院、西北农林科技大学葡萄酒学院、甘肃农业大学等十多所高校相关学院组织学生观看论坛网络直播。

【召开2020年中国农业工程学会农业电气化与信息化分会学术年会】 2020年10月23—25日，2020年中国农业工程学会农业电气化与信息化分会学术年会在四川农业大学成都校区隆重召开。会议大会设3个分会场进行学术交流，交流研讨我国农业电气化、信息化和智能化发展的新趋势、新理论和新技术。全国主要农林高校和科研院所的80余名知名专家和研究生围绕农业电气化与信息化、智慧农村能源和智能农业技术与装备等主题，作学术报告。会议期间，共收录188篇论文摘要和举行墙报展示，充分展示全国农业电气化、自动化、信息化和智能农机装备等领域的新成果、新技术和研究进展。

【共同主办2020年全国农业系统工程学术研讨会】 2020年12月19日，由中国农业工程学会农业系统工程专业委员会、中国系统工程学会农业系统工程专业委员会和黑龙江省管理科学与工程学会共同主办，东北农业大学工程学院承办的2020年全国农业系统工程学术研讨会在哈尔滨顺利召开。来自全国20余所高等院校、科研院所及企业的专家、学者和研究生70余人出席会议。与会专家围绕农业系统工程的发展、研究展开热烈探讨。该会每年举办一次，至2020年已经连续举办近20届，是我国农业系统工程领域品牌学术交流活动，在农业系统工程学术交流、技术普及与推广、学科建设和人才培养等方面发挥重要作用，受到领域专家学者的广泛关注和欢迎。

【召开2020年中国农业工程学会土地利用工程专业委员会学术年会】 2020年12月25—26日，由中国农业工程学会土地利用工程专业委员会、长安大学、陕西省土地学会主办的2020年中国农业工程学会土地利用工程专业委员会学术年会在长安大学与陕西省土地工程建设集团共建的自然资源部退化及未利用土地整治工程重点实验室顺利召开。会议围绕“美丽中国·土地工程”主题，从农用地综合整治信息化与装备技术、矿山环境修复、矿山生态恢复、国土空间规划标准构建和专业改革和建设等进行深入研讨。来自全国22家科研院所的100多位专家学者参加了会议。本次专业委员会学术年会的成功举办，对于进一步推动土地利用工程学科建设发展及人才培养具有重要的意义。

【深入学科发展研究】 持续多方位开展学科发展研究，引领农业工程学科发展。中国农业工程学会成功申报2020年中国科学技术协会学科发展——农业传感器产业与技术发展路线图研究项目，以该项目为依托，学会组织召开项目启动会，讨论项目实施的关键问题，制定项目实施大纲、研究框架，组建项目研究团队，确定专家组、顾问组、编写组和秘书组的成员。2020年按计划开展项目工作，高质量完成工作任务，顺利通过中国科学技术协会验收。

提高期刊出版质量

【概述】 作为学术交流的另一重要载体，学会多措并举持续加强《农业工程学报》《国际农业与生物工程学报(IJABE)》《农业工程技术》3个品牌学术期刊的建设。对标世界一流期刊建设要求，不断提高期刊学术质量。

【《农业工程学报》】 连续入选卓越期刊计划，入选最具传播力期刊，入选中国农林领域高质量科技期刊分级目录第一区（T1），刊发的《基于改进卷积神经网络的多种植物叶片病害识别》论文成功入选第五届中国科学技术协会优秀科技论文遴选计划，是农业工程领域唯一入选的优秀论文。高质量完成 24 期出刊任务，刊载文章 904 篇并在线上同步发布传播，影响因子、总被引频次在国内农业工程类期刊中始终排名第 1，被 EI 收录。学报编辑部通过严格“三审三校”流程，期刊栏目名称调整、策划针对国家重大研发计划和重点课题专栏、加强英文审核、设计学报 logo、改进设计期刊封面、建立能容纳 1 万人的学报企业微信群——“农业工程学术交流服务平台”和 6 个学科专业微信群等举措加强期刊建设。招录 5 位硕士、博士等编辑新员工，积极组织编辑人员参加学术会议，加强编辑部人才队伍建设。

【《国际农业与生物工程学报（IJABE）》】 高质量完成 6 期出刊任务，刊载文章 182 篇，全部被 SCI 收录，坚持内容为王，质量为本，三审三校，严格把关。影响因子达到 1.731，居全球农业工程学科第 6 进 Q2 区。创建 IJABE 微信公众号，发布文章中文摘要，加强宣传推广，加强了与国内学者的学术交流。

【《农业工程技术》】 作为大型科普类期刊，分为综合版、温室园艺和农业信息化三大板块。《农业工程技术—综合版》保质保量完成 6 期杂志出版任务；完成杂志社会效益评价和年检工作；完善规章，拓展合作，创收 13 万元，2020 年签订合同额 50 万元；建设网站和新媒体，加强科技成果宣传推广。《农业工程技术—温室园艺》，遵循“三审三校”，完成 1—6 期杂志的编辑出版发行工作；策划 6 个主题并设计相应封面；开辟“园艺人才”栏目，搭建合作桥梁；加强与期刊及科研院所合作交流，用多媒体互动宣传杂志内容，多渠道扩大杂志发行。《农业工程技术—农业信息化》顺利完成 6 期出刊工作，共刊载论文 97 篇，其中原创性论文占比 66%；承担农业农村部市场与信息化司购买服务专项“农业信息化宣传推广与主要发达国家农业农村信息化进展跟踪”的部分内容（20 万元）；积极参与农业农村部“两会涉农专题”“农业农村部 2020 年农业信息化重点工作”“数字农业”“智慧农业”“电子商务”“农产品出村进城工程”“乡村振兴”和“新农民技能培训”等重大活动并进行重点宣传报道；积极与农业农村部信息中心、中央农业广播电视学校、中国知网、农业信息化企业等交流合作；完成杂志广告经营业务法人变更工作，起草规划院与学会合作协议等；建设网站和新媒体，加强科技成果宣传推广。

聚焦决策咨询
建设学会新型高端智库

【承担中国科学技术协会咨询项目 2 项】 承接中国科学技术协会科普惠民服务专项服务定点扶贫县项目，为岚县现代设施农业科技示范园和山西省吕梁市临县木瓜坪乡的农业现代化发展规划提供决策咨询建议，提出可行的规划建设方案。

【完成地方政府咨询项目 1 项】 承接地方政府的技术咨询项目，承担《广东省从化区花卉现代农业产业园（国家级）创建方案》编制工作，助力广东省广州市从化区现代农业产业园入选国家现代农业产业园创建管理体系。

【提交智库报告 2 个】 针对农作物秸秆综合利用难度大等问题，学会组织召开专家研讨会，在分析现有问题的基础上提出了政策建议并完成《关于加强秸秆综合利用的建议》智库报告 1 份。组织撰写了农业硅谷（未来农业科创园）项目建议书 1 份，助力政企合作共赢。

【完成科技成果评价 4 个】 依托农业工程领域和专家资源，2020 年学会完成“村镇有机废弃物高效清洁好氧发酵智能技术装备”“新疆特色林果滴灌节水增效关键技术研究与应用”“农林剩余物清洁制备车用燃料联产化学品关键技术与应用”“甘薯快速愈伤处理技术及设备”4 个科技成果评价，积极为农业工程领域科技成果转移转化提供服务。

汇聚创新智慧
助力产学研对接

【组建“科创中国”农业工程科技服务团】 以中国科学技术协会创新驱动助力工程示范项目为契机，中国农业工程学会组建“科创中国”农业工程科技服务团，通过实地调研、转化对接、高端论坛、宣讲培训、组织赋能等方式开展科技服务活动，以实际行动为当地科技经济融合与产业创新发展献力献策献技术。学会服务团面向黑龙江、陕西和宁夏先后组织召开针对黑土地保护、黄土高原生态保护、陕西苹果猕猴桃产业、葡萄与葡萄酒产业高质量发展及生态修复产业高质量发展的高端论坛 5 场，线上宣讲 4 场，产业培训 4 场，参与或促成转化对接 6 项，推动项目落地 4 项，精准对接、汇聚众智、凝聚共识，为科研单位、高校、企业搭建对接平台，促进产学研深度融合、协同发展，为科技经济融合和创新发展贡献力量。

搭建平台载体
激励科技创新和人才成长

【开展“双创”大赛】 人才是第一资源，创新是第一动力。2020 年学会继续举办第八届全国大学生农业建筑环境与能源工程相关专业创新创业竞赛和“中联重科杯”第六届大学生智能农业装备国际创新大赛，为我国农业工程领域的优秀青年人才提供广阔的交流平台，激发大学生“双创”热情，促进产、学、研深度有机融合以及高校、企业、行业人才培养与供需高效对接，为我国实现由农业大国向农业强国迈进提供人才保障和智力支撑。

2020 年 12 月 18—20 日，“中联重科杯”第六届大学生智能农业装备国际创新大赛在山东理工大学成功举办。大赛以“智能农装、创新未来”为主题，由国际农业与生物系统工程学会、中国农业机械学会、中国农业工程学会、江苏省现代农业装备与技术协同创新中心、农业工程大学国际联盟共同主办，山东理工大学承办，中联重科股份有限公司冠名。来自农机领域知名专家教授、企业代表、各参赛高校师生代表等共计 1 100 余人参加活动。来自中国农业大学、江苏大学、华南农业大学等 48 所高校的 700 余名学生，展示 305 件创新思维强、科技含量高、市场潜力大的优秀参赛作品。通过专家评审、现场问辩和现场竞技环节，最终共评选出特等奖 23 项，一等奖 50 项，二等奖 101 项，优秀奖 71 项。大赛历经六届，已发展成为农业装备工程领域最具国际影响力的赛事之一，促进产、学、研深度有机融合以及高校、企业、行业人才培养与供需高效对接，为我国实现由农业装备大国向农业装备强国迈进提供人才保障和智力支撑。

2020年12月26—27日，由中国农业工程学会、全国农业科技创业创新联盟和中国农业大学共同主办，以“智慧农业与乡村建设”为主题的第八届全国大学生农业建筑环境与能源工程相关专业创新创业竞赛在中国农业大学烟台研究院成功举办。为防控疫情，竞赛采用线上、线下双结合的形式，专家评委在烟台研究院现场集中评审，参赛队伍线上远程展示作品并进行答辩。共有来自浙江大学、吉林大学、西南大学等43所高校的179支队伍参赛，最终评选出特等奖10项，一等奖37项，二等奖59项，三等奖73项，优秀指导教师10名，优秀组织奖26项。竞赛全程通过线上直播平台进行展示，累计在线观看达到1.2万人次，参赛队伍和总人数再创历史新高，已经成为全国大学生创新创业竞赛中层次高、综合性强、影响广泛的竞赛之一，为我国农业工程类优秀青年人才培养提供广阔的平台。

【谋划科技奖励】 为调动农业工程科技工作者的积极性和创造性，营造鼓励自主创新的环境，促进科技成果转化，强化农业工程科技支撑，中国农业工程学会积极谋划创设农业工程科技奖，制定《中国农业工程学会科技奖奖励办法》，通过设立“中国农业工程学会科技奖”的决议，完成向科技部奖励办备案所需系列文件资料编制工作。

【加强人才举荐】 中国农业工程学会充分发挥同行专家优势，积极为人才培养与举荐搭建平台。2020年组织推荐第二届全国创新争先奖候选人5名和候选团体1个，其中2名候选人获奖；成功申请成为杰出工程师奖推荐单位，组织推荐杰出工程师奖和杰出工程师青年奖候选人8名，其中1位候选人获青年奖；组织推荐中国科学技术协会优秀中外青年交流计划项目候选人5名，3名候选人入选；组织推荐2020年“最美科技工作者”1名；完成2020年度国家科学技术进步奖初评通过的8个农艺与农业工程组项目的行业评议；组织推荐陶鼎来和曾德超为农业工程领域学科代表人物；组织第十二届大北农科技奖申报、推荐工作；组织申报第六届中国科学技术协会青年人才托举工程项目。

创新科普形式
深化科技志愿服务

【完善科普制度】 为进一步提升科普工作规范化，中国农业工程学会科普工作委员会组织制定《中国农业工程学会科普工作条例》，为下一步科普工作开展提供范本。

【加强科普宣传】 继续以官网、官微的科普专栏和“农业信息化”微信公众号为服务载体，上半年发布“战‘疫’有我—科学管理蔬菜田　积极助力复工复产”“农村厕所管护动漫”“疫情防控期间如何抓好村庄清洁行动”等农业工程类疫情科普文章20余篇，及时发布农业生产防控疫情措施、建议，助力复工复产。继续加强网站和新媒体建设，科普杂志《农业工程技术（农业信息化）》出版12期，刊出科普文章384余篇。还积极参加“中国知网研学平台公益讲座”“农民手机应用技能培训”“第三届农民丰收节”宣传活动和研究生学位论文答辩等多项公益服务。

【建设科普示范基地】 中国农业工程学会与山区分会联系，共同探索建设山区科普示范基地的可能性，搭建山区科技工作者的交流平台。继续建设蛋鸡健康高效养殖科普基地（河北保定）、生态型沼气发酵气肥联产科普基地（河南西峡）、农用航空技术科普基地（江苏南京）等学会科普示范基地。为共同推进社会科普服务能力建设，充分发挥农业工程科技社团作用，组织推荐2020年科普中国共建基地。

【丰富科普活动】 中国农业工程学会是科学普及的主力军，以网站科普专栏、科普期刊和科普示范基地为载体，以分支机构、地方学会和科普传播专家及其团队为抓手，组织开展贴近基层、贴近群众、形式多样、实效显著的科技志愿服务活动20余次，有效受众万余人。学会获中国科学技术协会全国科技工作者日“十佳优秀组织单位”称号和“2020年度全国学会科普工作优秀单位”表彰。

2020年5月28日，中国农业工程学会畜牧工程专业委员会联合中国畜牧业协会畜牧工程分会、中国农业机械化协会畜牧分会联合举办第一期“中国畜牧业机械化发展云论坛”，主题为“生猪养殖机械化发展”，主要围绕几种典型的规模猪舍设计新理念、新技术、新装备的进展展开研讨，此次云论坛受到来自全国2万余人的同时观看。该论坛于6月23日举办了第二期，以“禽业养殖机械化升级及智能化发展”为主题，全面论述禽业养殖模式科技现状和未来发展前景，并分享相应解决方案。7月16日举办第三期，以“肉用草食家畜养殖机械化与设施设备”为主题，详细介绍肉牛、肉羊、肉兔等肉用草食家畜养殖机械化与设施设备现状和未来发展前景。8月14日举办第四期，以“畜禽养殖节能减排与废弃物资源化利用机械化”为主题，详细介绍粪污收集技术与装备、养殖废弃物资源化利用技术与装备、养殖节能减排技术与装备等发展现状和未来前景。

2020年5月30日，中国农业工程学会电子技术与计算机应用专业委员会主办的“田野服务　地头过节——‘两翼齐驱’田间科普展演高峰论坛”在涿州国家农业科技园区智慧农业绿色标准化技术实验实训基地（主会场）召开，线上线下同步进行。会议创新科普志愿服务形式，使农业科技工作者走到田间地头、走到三农一线。同时在主会场展示推介一批智慧农业新技术、新成果，吸引在场的参会嘉宾询问体验、热情关注。来自北京、天津、河北、广西、海南等地的领导专家、农业科技工作者及合作项目负责人等参加高峰论坛。

中国农业工程学会还积极组织开展智慧农业、耕地保护、农机装备、生物质利用、畜禽健康养殖、农用无人机应用等方面的疫情防控讲座、远程教学、实地指导等应急科普活动近10场，助力企业提高产能，复工复产。

推动合作交流
提升国际影响力

【加强国际组织联系】 作为国际农业与生物系统工程学会（CIGR）的国家会员，积极参加相关活动，完成CIGR主席选举投票、2019和2020年度的会费交纳工作，积极履行国际会员义务。

【完成国际组织任职履职】 中国农业工程学会人员作为世界工程组织联合会（WFEO）委员，积极参加 WFEO 中国委员会活动，加强汇报交流。成功申请中国科学技术协会青年科学家参与国际组织及相关活动项目，助力国际组织任职专家开展相关活动。

【参加国际组织活动】 中国农业工程学会专家积极参加联合国粮食计划署（WFP）主办的数字农业与电子商务论坛、联合国粮农组织（FAO）“中国数字农业典型案例研究”项目等国际活动。

【举办国际学术会议】 合作共赢是大势所趋，为加强与国际组织的合作交流，学会克服疫情困难，2020 年继续举办智慧畜牧业亚洲论坛和耒耜国际论坛 2 场高端国际学术交流活动，邀请美国、比利时、荷兰、英国、澳大利亚、德国、日本等国家的专家学者做线上报告、交流经验，与国内专家学者共话产业和学科发展。

2020 年 4 月 29 日，以线上线下结合的方式举办“2020 耒耜国际论坛”。论坛以“脱贫攻坚，农机赋能”为主题，旨在打造农机领域高水平国际学术交流新平台，共同为我国农机事业高质量发展建言献策，以进一步推进我国农机装备产业转型升级，助力农村脱贫攻坚，服务乡村振兴。

2020 年 10 月 20 日，以“数字技术支撑畜禽养殖信息化”为主题的 2020 智慧畜牧业亚洲论坛（Asian Conference on Precision Livestock Farming）在北京召开。来自国内外的 200 余名专家学者和产业界代表围绕畜禽养殖过程无线感知与数字化、畜禽养殖空间环境模拟与监测、畜禽养殖远程采集与大数据系统、畜禽养殖过程数学模型与数值模拟等方面的技术和应用实践等主题进行专题解读、研讨和交流。

加强自身建设
增强学会凝聚力

【增强制度建设】 为贯彻落实中央巡视整改工作要求，切实加强党的全面领导，学会修订《中国农业工程学会章程》，在章程中载入“坚持党的全面领导，习近平新时代中国特色社会主义思想，践行社会主义核心价值观，弘扬爱国主义精神”等相关内容，促进党建入章建设。为推动秘书处制度建设，提升管理效能，学会秘书处制定《中国农业工程学会科技奖奖励办法》《中国农业工程学会科普工作条例》，修订《中国农业工程学会章程》《中国农业工程学会工作规则》《中国农业工程学会秘书处财务管理办法》《中国农业工程学会秘书处组织机构方案及职责》《农业工程学报》“三审三校”出版流程和编辑部工作守则以及中国农业工程学会科技成果评价工作规范、流程、专家行为守则、机构工作人员守则等草案等近 20 个，用制度管权、管人、管事，促进制度办会建设。

【严格内部治理】 在理事长和秘书长的领导下，学会加强理事会规范化管理，2020 年组织召开党委会议 6 次，常务理事党员会议 1 次，常务理事会议 2 次，理事会议 1 次，理事长办公会议 4 次，秘书长办公会议 12 次，监事会议 2 次，审议部署学会日常工作、重大评选、理事变更、分支机构更名、党委调整等工作。

【密切支撑单位合作】 中国农业工程学会支撑单位——农业农村部规划设计研究院（以下简称“规划院”）多次召开专题会议研究学会工作，对秘书处人员配备、期刊发展和办公条件改善等工作给予具体指导并拨专款支持学会发展。科技管理处和院属行政部门的领导、同事均积极支持学会秘书处工作。学会秘书处积极参与规划院重要课题和重大项目研究，持续提升秘书处工作人员业务水平。积极完成农业农村部规划设计研究院有关科技成果的评价工作，进一步加强学会与规划院工作的合作联系。

【屡获中国科学技术协会表彰】 根据中国科学技术协会部署，中国农业工程学会先后完成综合能力评估、年度检查、财务数据统计、综合统计、年鉴、党委情况调研、宣传思想工作摸底统计、会员涉军情况统计等工作。学会撰写的《构建全方位农业工程科技工作者服务体系》入选全国学会“四服务”优秀案例汇编，获“2019 年度中国科学技术协会综合统计调查工作优秀单位”“2020 卷《中国科学技术协会年鉴》优秀组织单位”“2019 年度全国学会财务数据汇总工作优秀单位”和“最佳网上会史馆组织第八名”等表彰。

【完成项目审计验收】 2015 年、2017 年建家交友，2016 党建强会，2016 年学会组织的“政治性、先进性、群众性”，2015 年学会党组织在“建家交友”中如何增强对科技工作者的吸引力、凝聚研究，2017 年“两个全覆盖”专项党建活动，2017 年我国注册农业工程师执业制度与国外相关机构互认交流项目等 8 个项目顺利通过中国科学技术协会验收。

【落实业务培训】 为有效提升工作能力和水平，提升员工和党员的学习能力，线上参加民政部组织的社会团体新版社会组织登记系统培训会，中国科学技术协会组织的宣传思想工作会议培训、换届工作培训、财务管理培训和学会能力建设培训、年鉴编纂培训，支撑单位规划院组织的心理知识讲座、消防安全讲座、公文和信息写作培训班等，有效推动秘书处综合办公室专业素质与综合业务能力提升。

【加强人力资源管理】 中国农业工程学会秘书处实行全员聘用制，全日制专职工作人员 26 人，兼职人员及志愿者 6 人，青年职工硕博比例 90%，定期组织开展绩效考核、教育培训和党群活动，为职工提供五险一金、补充医疗保险、节日福利等，提升学会办事机构服务保障能力。

【重视网络安全管理】 中国农业工程学会全面统计所属网站、微信等媒体的基本信息，按时更新网站信息，初步完成网站管理办法的拟定，进一步加强网络平台建设和安全管理。2020 年度网站服务器继续托管在农业农村部信息中心，已完成相关合同签订。

【加强会员服务，打造阳光学会】 学会创新会员发展机制，大力发展青年会员和学生会员。2020 年新发展个人会员 200 余名，其中青年会员占比超过 60%。同时定期维护会员管理系统，为会员提供活动推送、节日问候、满意问卷等优质服务，充分聆听会员声音，反馈会员关注的热点问题，提升会员活跃度和满意度。公开发布 2019 年年报和全年会讯，公布学会发展现状、内部建设、主要业务活动、会员发展服务及财务收支情况等，促进学会透明化、规范化发展，打造阳光学会。

【弘扬科学家精神】 组织开展“弘扬新时代科学家精神”活动，在官网开设专栏并链接到科协“科技工作者日”专题网站，对农业工程领域的6位院士进行宣传报道，旨在大力弘扬践行“爱国、创新、求是、奉献、协同、育人”的新时代科学家精神，引领广大农业工程科技工作者在践行社会主义核心价值观中走在前列，争做重大科研成果的创造者、建设科技强国的奉献者、崇高思想品格的践行者、良好社会风尚的引领者。

（管小冬）

机构与负责人

农业农村部农业机械化主管部门

【农业农村部农业机械化管理司】
司长：冀名峰
一级巡视员：李安宁
副司长：王甲云　宋建武
二级巡视员：范学民

综合处
处长、一级调研员：李庆东
三级调研员：刘俊
二级主任科员：潘昊

政策规划处
处长：李伟
一级调研员：王国占
副处长：段冬冬
三级主任科员：滕雪飞

科技推广处
处长、一级调研员：刘小伟
二级调研员：丁仕华
三级调研员：林立

监督管理处
处长：刘晶
二级巡视员：范学民
二级调研员：吴迪

农业机械化业务部门

【农业农村部农业机械试验鉴定总站
农业农村部农业机械化技术开发推广总站】
站长、党委副书记：刘恒新
党委书记、副站长：刘旭
副站长：涂志强
总工程师：仪坤秀
副站长：姚春生　王桂显　徐振兴
党委副书记、纪委书记：李斯华

【农业农村部南京农业机械化研究所】
所长、党委副书记：陈巧敏
党委书记、副所长：胡志超
副所长：曹光乔
党委副书记、纪委书记：肖体琼

协会

【中国农业机械化协会】
会长：刘宪
副会长：杨林　王天辰
秘书长：王天辰（兼）
副秘书长：夏明

地方农业机械化主管部门

【北京市农业农村局农业机械化管理处】
副局级领导：郑渝
二级巡视员：阎晓军
处长：王宇
二级调研员：宫少俊

【天津市农业农村委员会农业机械化管理处】
党委委员、总经济师：杨青松
处长：李广来
副处长：鲁付常　沈孝均　徐连考
二级调研员：薛桂来　郑晓庆
四级调研员：何庆生　归洪武

【河北省农业农村厅农业机械化管理局】
副厅长：段玲玲
局长：戎美瑞
二级调研员：郭恒　张彦军　安欣

【山西省农业农村厅农业机械化管理处】
二级巡视员：薛志省
处长：周进军
副处长：武国媛
三级调研员：孙文清

【内蒙古自治区农牧厅农牧业机械化管理局】
副厅长：赵永华
局长：包洁
副局长：郭跃
调研员：孙根松
副调研员：董林香

【辽宁省农业农村厅】
厅长：陈健
副厅长：张奎男

农机产业发展处
处长：王玉丰
副处长：马伟
二级调研员：李修德
三级调研员：陈峭
四级调研员：史祝男

农机生产管理处
处长：都业弘
副处长：朱宝玉
一级调研员：吴汉勇
三级调研员：吴昊

【吉林省农业农村厅农业机械化管理处
（吉林省农业机械化管理局）】
副厅长：张永林
处（局）长：翟延华

副处（局）长：肖允功
二级调研员：曹殿广

【黑龙江省农业农村厅农业机械化管理处】
副厅长：李连瑞
二级调研员：李宪义
副处长：张鹤生　杨建华　邹林
于志刚
二级调研员：王平
三级调研员：曹少辉　陈学礼

【上海市农业农村委员会农业机械化管理处】
总经济师：施忠
处长：郑雷
副处长：刘利光
三级调研员：陆建华

【江苏省农业农村厅】
副厅长：沈毅
农机行业发展处
处长：孙俊华
副处长：朱玉奎　吕瀚　茅迎春
一级调研员：朱碧波
农机装备处
处长：张耀春
副处长：陆桂良　谢建水
二级调研员：陈建清
农机监督管理处
处长：张瑞宏
副处长：王恒社　姜亚友
一级调研员：秦海东
二级调研员：张晓云
四级调研员：薛刚

【浙江省农业农村厅农业机械化管理处】
副厅长：唐冬寿
处长：王建伟
调研员：王天工
副处长：布明华　竺锡雅
四级调研员：朱松涛

【安徽省农业农村厅】
副厅长：胡刚
农机管理处
处长：陈发明
副处长：胡道林　彭松涛
调研员：刘东林
副调研员：李勇
农机装备处
处长：张道华
副处长：徐敬东
调研员：刘振宇　盛海
副调研员：高霞

【福建省农业农村厅农业机械化管理处】
副厅长：姜绍丰
处长：杨斌
副处长：兰亨庭
二级调研员：林雪兰

【江西省农业农村厅农业机械化管理处】
省委农办副主任、一级巡视员：倪美堂
处长：周欢胜
副处长：付志勇
二级调研员：周波

【山东省农业农村厅农机化管理处】
厅党组副书记、副厅长：卜祥联
处长：蒋景春
二级调研员：王丰勇
三级调研员：辛章法
副处长：李清明　冯中华

【河南省农业农村厅农业机械化管理处】
厅党组成员：凌中南
处长：黄全意
二级调研员：李文学
副处长：魏涛
四级调研员：曹玉豪

【湖北省农业农村厅农业机械化管理处】
副厅长：刘长华
处长：陈汉秋
二级调研员：秦少兰
副处长：陈鹏宇
三级调研员：胡炜
四级调研员：汪秀梅

【湖南省农业农村厅农业机械化管理处】
省农机事务中心党委书记、主任（协管农机工作）：龚昕
处长：张才道
副处长：谭华坤　赵峰　唐鹏

【广东省农业农村厅农业机械化管理处】
一级巡视员：牛宝俊
处长：陈楚楷
一级调研员：郑为国
副处长：陈奕娟　邓玲玲
四级调研员：梁晓明　徐祥飞

【广西壮族自治区农业农村厅农业机械化管理处】
自治区农业机械化服务中心主任（分管农机工作）：韦周凡
处长：陈锡诗
副处长：黄剑秋

【海南省农业农村厅农业机械化管理处】
副厅长：赵英杰
处长：任良勇
一级调研员：李万有
副处长：梁昌雄
二级调研员：刘明彬　张海龙
四级调研员：何敏

【重庆市农业农村委员会农机化管理处】
副主任：秦大春
处长：邱宁
副处长：黄自力　吕海泉
一级调研员：胡腊全　陈晓
二级调研员：杨培成
三级调研员：杨绍刚

【四川省农业农村厅农业机械化处】
厅党组成员、总农艺师：陈孟坤
处长：杨建国
副处长：谭平　邓林霞

【贵州省农业农村厅农业机械化管理处】
厅党组成员、副厅长：徐成高
处长：杨义军
一级调研员：张荣
四级调研员：吴清萍　罗丽莎

【云南省农业农村厅农业机械化管理处】
副厅长：王平华
处长：可斌
副处长：徐鸣

【西藏自治区农业农村厅农机化管理处】
厅党组成员、总农艺师：林木
处长：陈以生
副处长：钟成义　格桑达娃

【陕西省农业农村厅农业机械化管理处】
厅党组成员、副厅长：宁箭林
副处长：马爱军

【甘肃省农业农村厅】
厅党组成员、副厅长：周邦贵
二级巡视员：贾怀德

农业机械化管理处

处长：刘文武

副处长：曹新惠

调研员：宗序华

农业机械监理处

处长：王学军

副处长：王金丹

四级调研员：石瑛

【青海省农业农村厅农业机械化管理处】

副厅长：巩爱岐

副处长：白延芳

调研员：蒲占俊

【宁夏回族自治区农业农村厅农业机械化管理处】

副厅长：赖伟利

处长：康进喜

副处长：陈峰江

二级调研员：杨静

四级调研员：苏延庆

【新疆维吾尔自治区农业农村厅农业机械化管理处】

副厅长：徐涛

处长：买合提·达吾提

副处长：孙桂荣

【大连市农业农村局农机管理处】

局长：栾玉暄

副局长：孙乾

处长：李妍

调研员：唐瑞超

副处长：杨立新

调研员：王恒春

【宁波市农业农村局农机处】

副局长：陈世本

处长：殷建军

四级调研员：任立群

【青岛市农业农村局农业机械化管理处】

处长：陈言智

调研员：黄振兴　华正远

【厦门市农业农村局】

局长：吕参军

副局长：许心凌

【新疆生产建设兵团农业农村局农田建设管理处（农业机械化管理处）】

副局长：孙洪波

副处长：闫向辉

一级调研员：唐军

【黑龙江省农垦总局农机处】

党委委员、副总经理：郭宝松

处长：武志

【广东省农垦总局科技生产处】

副局长：吕林汉

处长：彭远明

副调研员：曾志强

大 事 记

中 央 篇

农业农村部农业机械试验鉴定总站 农业农村部农业机械化技术开发推广总站

2020 年

补贴范围的备案品目开展了评估，为农机新产品和专项鉴定产品是否纳入购置补贴品目备案提供了决策参考。通过评估备案的农机新产品和专项鉴定产品均纳入地方购置补贴范围，促进了农业机械化新技术的推广应用。

4—12 月

农业农村部农业机械试验鉴定总站、农业农村部农业机械化技术开发推广总站在安徽、福建、湖北 3 个茶叶主产省份，重庆、新疆、河北 3 个水果主产地区，江西、江苏、浙江 3 个油菜主产省份，开展关键环节机械化技术试验示范。遴选先进适用机具、总结成熟技术路线，以点带面，加快先进适用机械化技术推广，推动相关作物生产全程机械化。

5 月 11—13 日

农业农村部农业机械试验鉴定总站、农业农村部农业机械化技术开发推广总站按照部有关督办工作要求（督办通知〔2020〕4 号），成立由王桂显副站长带队的工作组，赴河南省调查了解小麦收割机加装防尘水箱可能造成的安全隐患问题，形成工作情况报告。韩长赋部长、张桃林副部长和刘焕鑫副部长阅示了报告。刘焕鑫副部长批示："农机化司工作扎实到位，此事处理得很好。"

5 月

农业农村部农业机械试验鉴定总站、农业农村部农业机械化技术开发推广总站党委遵照《中国共产党支部工作条例（试行）》中"机关、国有企业、事业单位，党支部书记一般由本部门本单位主要负责人担任"的规定，以处室为基础设立 15 个党支部，在离退休干部中设立 2 个党支部，在中国农业机械化协会设立 1 个党支部。

5 月 12—13 日

农业农村部农业机械试验鉴定总站、农业农村部农业机械化技术开发推广总站组织开展 2020 年度首批农机远程监测终端田间试验。来自北京、黑龙江、上海和山东的 4 家企业 7 个产品参加试验，为农业机械信息化和智能化农机作业安全提供了必要的技术支撑。

5—12 月

农业农村部农业机械试验鉴定总站、农业农村部农业机械化技术开发推广总站协助农业农村部农业机械化管理司组织开展"2020 年度全程机械化＋综合农事"服务典型案例征集工作，细化推荐标准和评审办法，共遴选出 40 个典型案例。

农业农村部农业机械试验鉴定总站、农业农村部农业机械化技术开发推广总站组织专家完成《拖拉机驾驶员》职业技能标准的修订工作；完成由人社部牵头组织的《无人机驾驶员（植保无人机方向）》职业技能标准制定工作。

6 月 11 日

农业农村部农业机械试验鉴定总站、农业农村部农业机械化技术开发推广总站在河北赵县举办了以"智能农机、无人农业"为主题的 2020 年智能农机 • 装备田间日活动，首次将我国最先进的智能农机装备和智慧农业技术在"三夏"生产应用中进行了全面集中展示。中国工程院罗锡文、赵春江院士以及行业专家进行了田间授课和互动答疑，来自全国 13 个省的农机鉴定推广人员和当地合作社代表参加了活动，网络直播在线观看人数达 50 万人次。

6 月

根据农业农村部人事司统一安排，农业农村部农业机械试验鉴定总站、农业农村部农业机械化技术开发推广总站党委副书记、纪委书记李斯华同志到吉林农业科学院挂职两年，任副院长。

农业农村部农业机械试验鉴定总站、农业农村部农业机械化技术开发推广总站组织各地开展农机"安全生产月"活动。中国农机化信息网、农业农村部农机推广与监理网开设专题，发动农机手参加农机安全生产线上有奖答题活动。免费向农机手发送 10 万条反光标识和 3 000 套农机安全宣传挂图。《农业机械化情况专刊》刊发活动总结，得到农业农村部农业机械化管理司王甲云副司长肯定性批示。

7月28日

农业农村部农业机械试验鉴定总站、农业农村部农业机械化技术开发推广总站组织召开2019年水稻插秧机线上质量分析会，通报调查情况和结果。有关省农业农村厅、鉴定站、质量调查参加单位和全部20家被调查产品的生产企业代表参加会议。

7月29—30日

农业农村部农业机械试验鉴定总站、农业农村部农业机械化技术开发推广总站在广东省云浮市召开了养殖机械化技术研讨会。来自全国各省及计划单列市农业机械化主管部门、农机鉴定与推广机构、知名畜牧企业在内的80余名代表参加会议。

会议介绍了各省养殖机械化发展情况及主要做法，广东、山东等5省作了典型交流发言，广东南牧机械设备等企业介绍了养殖机械化技术产品研发情况，会议还组织参观了畜禽养殖机械化现场。农业农村部农业机械试验鉴定总站、农业农村部农业机械化技术开发推广总站仪坤秀总工程师出席会议。

7月30日

农业农村部农业机械试验鉴定总站、农业农村部农业机械化技术开发推广总站面向湘西、河北曲阳、“三区三洲”等贫困地区农机服务组织举办农机专业服务组织助力农业产业扶贫线上专题培训活动，对口扶贫点80余位农机合作社带头人和农业农村局干部线上远程参加培训。

7月

由农业农村部农业机械试验鉴定总站、农业农村部农业机械化技术开发推广总站牵头，与石河子大学、新疆农垦科学院、新疆生产建设兵团农机推广站、新疆维吾尔自治区农机推广农业农村部农业机械试验鉴定总站、农业农村部农业机械化技术开发推广总站、山东省农业机械技术推广站、山东棉花研究中心、河北省农机化技术推广农业农村部农业机械试验鉴定总站、农业农村部农业机械化技术开发推广总站、河北省农林科学院棉花研究所共同申报的“棉花采摘及残膜回收机械化技术”列入了2020年农业农村部十大引领性技术。

农业农村部农业机械试验鉴定总站、农业农村部农业机械化技术开发推广总站承担完成中央农办、农业农村部乡村振兴专家咨询委员会2019年下达的软科学研究项目《我国无人化农业技术发展现状与趋势研究》。研究报告获韩俊副部长批示：“这份材料很有参考价值”，《中农阅》全文刊登并呈报中央政治局委员。另一成果《我国农用无人飞机发展现状与趋势》研究报告获韩长赋部长和张桃林副部长批示，《农业农村部摘报》全文刊登并报中央办公厅、国务院办公厅。

7—12月

农业农村部农业机械试验鉴定总站、农业农村部农业机械化技术开发推广总站开展茶叶、中药材、热带作物三大类作物主要生产环节机械化技术与装备需求调查。通过调查，详细掌握了全国17个茶叶主产省份、17个中药材主产省份、9个热带作物主产省份的产业发展情况、机械化水平、生产主要薄弱环节、急需机具和主要生产企业农机产品鉴定情况，为下一步有针对性地开展鉴定推广工作打下坚实基础。

8月3日

农业农村部农业机械试验鉴定总站、农业农村部农业机械化技术开发推广总站发布《农机物联网平台数据交换技术要求》。截至2020年底，共有26个农机企业利用该标准实现了农机作业监测数据交互，首次实现了全国范围跨企业、跨地域的智能农机及其作业数据整合。

8月11日

农业农村部农业机械试验鉴定总站、农业农村部农业机械化技术开发推广总站在北京昌平举办全国蔬菜移栽机作业效果综合测评活动，对国内市场主要型号的蔬菜移栽机进行了主要作业性能和经济性能指标的田间作业测试和综合评价，为蔬菜机械化移栽技术与机具推广提出了参考依据。北京、天津、上海、四川、甘肃等省份农机鉴定推广人员，国家蔬菜产业技术体系专家参加了活动，中国工程院院士、国家农业信息化工程技术研究中心赵春江主任和农业农村部农业机械化管理司李安宁一级巡视员莅临指导。

8月22日

农业农村部农业机械试验鉴定总站、农业农村部农业机械化技术开发推广总站发布《关于做好国家支持的农业机械推广鉴定申报进驻农业农村部政务服务大厅有关工作的通知》（农机鉴推〔2020〕82号），国家支持的农业机械推广鉴定受理正式纳入农业农村部政务服务大厅统一管理，国推鉴定申报系统与农业农村部政务服务平台正式对接，国家支持的农业机械推广鉴定受理实现了“一个窗口对外、一个人口登录”。

8月26—27日

农业农村部农业机械试验鉴定总站、农业农村部农业机械化技术开发推广总站在重庆市举办农业机械推广鉴定规范实施培训班。来自全国24家农业机械试验鉴定机构、97家农机生产企业以及部分省级农业科学院、地市级农机推广机构近200名代表参加了培训。培训班上，介绍了农业机械试验鉴定制度的改革情况，解读了相关工作规范，讲解了农机购置补贴分档投档操作流程及要求，说明了国推鉴定程序。

8月

农业农村部农业机械试验鉴定总站、农业农村部农业机械化技术开发推广总站组织编撰的《2019年全国农业机械化质量报告》在农业机械化系统印发。《报告》围绕农机质量投诉监督、质量调查、试验鉴定、维修质量管理、标准制修订等方面，分析2019年我国农业机械化质量发展现状，总结各地工作进展与成效，为主管部门了解农机质量状况，加强农机质量监管提供了参考。

9月2—4日

农业农村部农业机械试验鉴定总站、农业农村部农业机械化技术开发推广总站在安徽合肥举办农业机械化标准编写与宣贯培训班。培训班系统讲解了农业国家标准和行业标准制定工作要求，解读了《标准化工作导则第1部分：标准化文件的结构和起草规则》等10项国家标准和农业行业标准。培训班采用“现场+网络”培训相结合的方式进行，培训人数近300人。

9月4日

农业农村部农业机械试验鉴定总站、农业农村部农业机械化技术开发推广总站在山东省淄博市举办全国农机安全监理岗位人员培训班，来自各省、自治区、直辖市及计划单列市、新疆生产建设兵团农机安全监理机构的分管负责人65人参加培训。培训班以《农机事故采集报送分析系统》使用，农机安全监理业务统计、大事记编写及信息报送为重点，加强业务知识更新，提升了监理人员业务能力。

9月8日

全国评比达标表彰工作协调小组办公室印发《关于公布第二批全国创建示范活动保留项目目录的通告》，“平安农机创建活动”列入第二批全国创建示范活动保留项目目录。

9月10—11日

农业农村部农业机械试验鉴定总站、农业农村部农业机械化技术开发推广总站在重庆市举办全国丘陵山区农田宜机化改造暨绿色农机化新技术现场演示交流活动。全国丘陵山区农田宜机化改造工作专家组成员以及部分省农田宜机化改造部门相关代表30余人参加了活动。农业农村部农业机械试验鉴定总站、农业农村部农业机械化技术开发推广总站刘恒新站长出席活动并讲话。

农业农村部农业机械试验鉴定总站、农业农村部农业机械化技术开发推广总站在广西柳州举办“全程机械化+综合农事”服务中心建设培训班。来自31个省（区、市）及计划单列市农业机械化主管部门70余人参加了培训。培训班按照《农机合作社带头人培训大纲》要求，安排了室内授课和丰富的现场教学。农业农村部农业机械试验鉴定总站、农业农村部农业机械化技术开发推广总站涂志强副站长出席培训班并讲话。

9月14日

农业农村部农业机械试验鉴定总站、农业农村部农业机械化技术开发推广总站在山东临沭举办花生生产全程机械化薄弱环节技术研讨会暨全国油料作物生产全程机械化推进活动，推动产学研推共同发力、联合攻关，营造了关注油料供给安全、提升机械化生产能力的良好氛围。国家油料作物产业技术体系首席科学家、农业农村部全程机械化专家组有关专家、部分省份农机推广站和当地合作社代表参加了活动。中国工程院院士、华中农业大学王汉中教授和农业农村部农业机械化管理司李安宁一级巡视员莅临指导。

9月16日

中共农业农村部农业机械试验鉴定农业农村部农业机械试验鉴定总站、农业农村部农业机械化技术开发推广总站委员会召开全体党员大会，选举产生了农业农村部农业机械试验鉴定总站、农业农村部农业机械化技术开发推广总站新一届党委会和纪委会。部直属机关党委一级巡视员、机关纪委书记周清，农业农村部农业机械化管理司副司长王甲云出席会议并讲话。农业农村部农业机械试验鉴定总站、农业农村部农业机械化技术开发推广总站党委书记、副站长刘旭代表农业农村部农业机械试验鉴定总站、农业农村部农业机械化技术开发推广总站党委作了工作报告，系统回顾了4年来农业农村部农业机械试验鉴定总站、农业农村部农业机械化技术开发推广总站党建工作的经验和成效，明确了今后一个时期的努力方向和目标任务。会议由站长、党委副书记刘恒新主持。

9月18—19日

农业农村部农业机械试验鉴定总站、农业农村部农业机械化技术开发推广总站在北京组织召开农机试验鉴定和技术推广能力建设工作会。张桃林副部长出席会议并讲话，农业农村部农业机械化管理司冀名峰司长到会指导。农业农村部农业机械试验鉴定总站、农业农村部农业机械化技术开发推广总站领导班子，部分省农业农村部门分管领导和各省级农机试验鉴定与推广机构负责人参加会议。会议深入分析了当前农机试验鉴定和技术推广工作发展面临的新形势、新任务、新要求，研究部署了今后一段时期农机试验鉴定和技术推广重点工作。

9月22日

农业农村部农业机械试验鉴定总站、农业农村部农业机械化技术开发推广总站在山东省举办农机安全监理装备与信息化培训班。来自全国各省、自治区、直辖市和计划单列市从事农机安全监理装备及信息化工作的负责同志35人参加了培训。农业农村部农业机械试验鉴定总站、农业农村部农业机械化技术开发推广总站王桂显副站长出席培训班并讲话。

农业农村部农业机械试验鉴定总站、农业农村部农业机械化技术开发推广总站在四川省绵阳市举办马铃薯生产全程机械化推进活动，围绕西南一二季混作区马铃薯全程机械化生产模式进行示范推广和交流研讨，开展丘陵山区马铃薯生产全程机械化作业演示，促进丘陵山区马铃薯生产机械化水平提升。

9月24—25日

农业农村部农业机械试验鉴定总站、农业农村部农业机械化技术开发推广总站在吉林省长春市举办2020年农机职业技能鉴定考评员能力提升培训班。来自全国各省（区、市）农机职业技能开发工作主管部门、农机职业技能鉴定站、工作站、培训鉴定基地的管理人员和考评人员共计150多人参加培训，进一步增强职业技能鉴定考评人员业务素质和管理水平，规范提升农机职业技能鉴定工作。农业农村部农业机械试验鉴定总站、农业农村部农业机械化技术开发推广总站涂志强副站长出席培训班。

9月26日

农业农村部农业机械试验鉴定总站、农业农村部农业机械化技术开发推广总站在安徽省蒙城县举办大豆生产全程机械化推进活动，通过展示演示大豆免耕机械化播种和高质低损机械化收获技术和装备和不同类型播种技术对比试验，进一步总结完善黄淮海地区麦茬夏大豆免耕覆秸全程机械化生产模式，推进大豆生产全程机械化发展，促进大豆产业效益提升，助力大豆振兴计划。

9月28—29日

农业农村部农业机械试验鉴定总站、农业农村部农业机械化技术开发推广总站在广西南宁组织举办动力机械推广技术培训班。来自农机鉴定、检测机构，动力机械生产企业质量管理、检测等相关人员132人参加了培训。农业农村部农业机械试验鉴定总站、农业农村部农业机械化技术开发推广总站仪坤秀总工程师出席开班式并讲话。

10月10日

农业农村部农业机械试验鉴定总站、农业农村部农业机械化技术开发推广总站在山东省泰安市组织开展玉米籽粒收获机测评活动，对6家农机生产企业的7种机型进行了作业测试，对测评结果进行了分析、发布，推进了玉米籽粒机械化收获技术加快提升，为产业发展和粮食安全提供了支撑和保障。

10月13日

农业农村部农业机械试验鉴定总站、农业农村部农业机械化技术开发推广总站在宁夏银川市召开农机安全监理规范化建设工作研讨会。来自各省、自治区、直辖市及计划单列市、新疆生产建设兵团农机安全监理机构主要负责人50余人参加了会议。会议分析当前农机安全监理工作面临的形势，总结交流各地农机安全监理工作，研究“十四五”期间农机安全监理发展重点，提出要以服务农机手等生产主体为重点，强化安全技术知识培训等要求，进一步推进农机安全监理工作方式方法创新。

10 月 14 日

农业农村部农业机械试验鉴定总站、农业农村部农业机械化技术开发推广总站在宁夏银川市举办农机安全法规及安全生产知识培训班。各省农业农村部门主管农机安全生产工作主要负责人及省级农机安全监理机构主要负责人共计 60 余人参加。培训班围绕《农业综合行政执法事项指导目录（2020 年版）》和农业农村部应急管理系统（农机安全部分）应用进行了培训，并就下一阶段农机安全监理工作进行了安排部署。

10 月 21 日

农业农村部农业机械试验鉴定总站、农业农村部农业机械化技术开发推广总站在山东无棣举办全国棉花机采作业观摩暨全程机械化推进活动，全面展示了以棉花宜机化种植、精准化控、机械化采收、残膜回收为重点作业环节的全程机械化技术模式在山东、河北等地的成功示范推广成果，为黄河流域棉区机械化发展提供了解决方案，为长江流域棉区机械化发展提供了借鉴样板。农业农村部全程机械化专家组有关专家代表，黄河、长江流域棉区主产省份农机推广站和当地棉农和合作社代表参加了活动。

农业农村部农业机械试验鉴定总站、农业农村部农业机械化技术开发推广总站在江苏省举办农机牌证制发监督培训班。来自全国各省、自治区、直辖市和计划单列市从事农机监理牌证制发工作的负责同志 35 人参加了培训。农业农村部农业机械试验鉴定总站、农业农村部农业机械化技术开发推广总站王桂显副站长出席培训班并讲话。

10 月 28—30 日

农业农村部农业机械试验鉴定总站、农业农村部农业机械化技术开发推广总站开展拖拉机配套不同结构轮胎的田间牵引性能试验，首次把拖拉机牵引负荷车开进田地工作，对拖拉机田间试验进行了有益尝试。

11 月 2—3 日

农业农村部农业机械试验鉴定总站、农业农村部农业机械化技术开发推广总站在北京市开展 2020 年基本实现主要农作物生产全程机械化示范县评价工作，组织专家按照《县域主要农作物生产全程机械化水平评价体系》对申报的示范县进行量化打分，推荐产生第五批全程机械化示范县，示范县数量达到 614 个，完成了《国民经济和社会发展十三五规划纲要》中提出的“建设 500 个全程机械化示范县”任务。

11 月 3—4 日

农业农村部农业机械试验鉴定总站、农业农村部农业机械化技术开发推广总站在江苏省常州市举办畜牧水产养殖与机械化融合发展培训班。来自全国农业机械化主管部门、农机推广及鉴定部门、畜牧业机械与水产机械生产制造企业、畜牧水产养殖及机械化社会服务组织代表 180 余人参加了培训。培训班以生猪、鸡、牛、羊养殖为重点，介绍了相应行业发展状况、机械化装备发展现状及未来发展趋势，还组织参观了现代化水产养殖机械化示范基地，观摩了水产养殖设备的现场演示。农业农村部农业机械试验鉴定总站、农业农村部农业机械化技术开发推广总站刘恒新站长、仪坤秀总工程师出席会议。

11 月 4—5 日

农业农村部农业机械试验鉴定总站、农业农村部农业机械化技术开发推广总站在江西赣州举办农业机械推广鉴定大纲宣贯培训班。培训班解读了《秧盘播种成套设备》等 9 项推广鉴定大纲，开展了《水果分级机》推广鉴定大纲现场教学。培训班采用“现场＋网络”培训相结合的方式进行，天津、内蒙古、安徽、贵州、甘肃、新疆等地鉴定机构组织开设了分会场。

11 月 5 日

农业农村部农业机械试验鉴定总站、农业农村部农业机械化技术开发推广总站协助部司在江苏省南通市举办全国农机事故应急处置演练活动。活动紧密结合稻麦轮作区“三秋”生产，全程模拟水稻收获和小麦播种作业场景下的农机事故应急处置，旨在检验农机事故应急处置预案的实用性和可操作性，提升农机事故应急处置能力、快速反应能力和部门协调配合能力，最大限度降低人民群众的生命财产损失。农业农村部农业机械化管理司王甲云副司长、农业农村部农业机械试验鉴定总站、农业农村部农业机械化技术开发推广总站王桂显副站长出席活动。

11 月 7—10 日

全国农机修理工技能竞赛决赛在潍坊举办。来自全国各地的 27 支代表队同场竞技。赛事坚持“以赛促训、以赛提能”，激发了农业机械化实用人才学技能、比技能、强技能的热情，在全系统掀起了爱农机、懂农机、用农机的热潮，得到了部领导、人事司等各方面的高度肯定。中央电视台、新华社、光明日报、农民日报等对活动进行了深度报道。

11 月 10 日—12 月 28 日

农业农村部农业机械试验鉴定总站、农业农村部农业机械化技术开发推广总站实验室（中心）顺利通过国家资质认定扩项评审及部中心审查认可复评审现场评审，取得扩项产品资质，包括自动推料机、设施环境监控设备、挤奶作业监控设备、奶牛行为监控设备等 4 个新产品和 25 个扩充标准（大纲）。

11 月 12—13 日

农业农村部农业机械试验鉴定总站、农业农村部农业机械化技术开发推广总站在山东青岛组织召开动力机械试验鉴定和机械化技术研讨会。相关鉴定机构 40 多名领导和技术骨干参加了会议。会议就拖拉机先进性评价、可靠性在线试验方法、推广鉴定采信要求以及推广鉴定大纲修订建议等内容进行了深入研讨。农业农村部农业机械试验鉴定总站、农业农村部农业机械化技术开发推广总站仪坤秀总工程师出席会议并讲话。

11 月 12—14 日

农业农村部农业机械试验鉴定总站、农业农村部农业机械化技术开发推广总站在山东青岛举办全国农机合作社规范提升培训研讨班。来自全国各省（区、市）农机合作社工作辅导员和带头人以及贫困地区的合作社代表共 130 多人参加培训。培训班围绕合作社规范化发展路径、因地制宜创新服务模式、加强信息化建设、带动小农户与现代农业有机衔接等问题进行了深入研讨交流。农业农村部农业机械试验鉴定总站、农业农村部农业机械化技术开发推广总站涂志强副站长出席培训班并讲话。

11 月 13—14 日

农业农村部农业机械试验鉴定总站、农业农村部农业机械化技术开发推广总站在 2020 中国国际农业机械展览会期间，会同中国农业机械流通协会举办了智能农机助力全程机械化专题报告会，探讨智能农机创新与推广的现状、思路、政策和措施，加快推进智能农机技术的发展。中国工程院罗锡文院士、陈温福院士，农业农村部农业机械试验鉴定总站、农业农村部农业机械化技术开发推广总站徐振兴副站长，中国农业机械流通协会陈涛副会长，中国农业机械化科学研究院方宪法副院长等专家和领导参会。

11 月 14 日

农业农村部农业机械试验鉴定总站、农业农村部农业机械化技术开发推广总站在青岛市举办以“经济作物机械化助力产业富民”为主题的农业机械化主推技术现场演示活动。中国工程院罗锡文院士和有关科研院校的专家进行技术指导和田间授课。来自全国 30 个省份农机推广人员、100 多家农机专业合作社示范社带头人、展会观众和当地农民代表等共计 300 多人参加了活动。此项活动作为国际农机展配套的现场活动，有力地展现了国内蔬菜及薯类在耕整地、种植、收获等环节的全程机械化制造和应用水平。

11 月 14—15 日

农业农村部农业机械试验鉴定总站、农业农村部农业机械化技术开发推广总站在青岛举办智能农机产品认证制度及采信政策宣贯培训班。来自全国相关农机生产企业、检测机构、省级相关鉴定部门及其他业务相关单位人员等近 50 名代表参会。培训班进一步宣贯采信政策，介绍推广智能农机产品认证制度，为全面提升了认证工作质量，推动农机认证工作健康发展打好基础。

11 月 20 日

农业农村部农业机械试验鉴定总站、农业农村部农业机械化技术开发推广总站在江西省樟树市举办水稻生产全程机械化推进活动，聚焦南方双季稻区水稻机械化栽植薄弱环节，现场进行水稻大钵体毯状苗机械化育插秧技术装备作业演示，开展不同类型育插秧技术测产对比，进一步完善了基于大钵体毯状苗的水稻全程机械化技术模式，明确技术示范推广要点，着力补齐水稻机械化种植短板。

11 月 24 日

农业农村部农业机械试验鉴定总站、农业农村部农业机械化技术开发推广总站在山东潍坊举办中国农业机械化信息网信息员和全国农机推广与安全监理信息宣传工作培训班。各省（区、市）及计划单列市、新疆生产建设兵团、黑龙江农垦农业机械化主管部门和直属事业单位负责信息化和宣传工作的同志 160 余人参加了培训。农业农村部农业机械试验鉴定总站、农业农村部农业机械化技术开发推广总站涂志强副站长出席开班式并讲话。

11 月 26 日

农业农村部农业机械试验鉴定总站、农业农村部农业机械化技术开发推广总站在北京召开农机购置补贴机具资质采信农机产品认证结果工作研讨会。来自全国省农机化管理部门、省级推广鉴定实施部门、相关企业和检测机构等 30 余名代表参加研讨会。会议介绍了采信农机产品认证结果工作情况，分析了当前采信农机产品认证结果工作形势，听取了各有关单位工作开展情况、存在问题及意见建议，为新形势下开展农机认证及采信工作打下了坚实基础。

11 月

由农业农村部农业机械试验鉴定总站、农业农村部农业机械化技术开发推广总站牵头，与山东省农业机械技术推广站、山东华龙农业装备股份有限公司联合申报的“大葱机械化生产关键技术装备”列入了中国农学会组织的 2020 年中国农业农村十大新装备。

12 月 1 日

农业农村部农业机械试验鉴定总站、农业农村部农业机械化技术开发推广总站在北京召开《农业机械分类》农业行业标准修订工作座谈会，来自农业机械化管理、农机鉴定、推广、科研院所、协会、学会及生产企业等单位近 30 位专家代表参会，就标准结构、分类品目设置等进行了研讨交流，提出了具体修改意见。

12 月 3 日

农业农村部农业机械试验鉴定总站、农业农村部农业机械化技术开发推广总站在北京举办丘陵山区农田宜机化改造工作座谈会。农业农村部农业机械化管理司、农田建设管理司、农业农村部农业机械试验鉴定总站、农业农村部农业机械化技术开发推广总站、中国农业机械化协会有关负责同志以及全国丘陵山区农田宜机化改造工作专家组成员参加了座谈，农业农村部农业机械化管理司冀名峰司长、李安宁一级巡视员，农业农村部农业机械试验鉴定总站、农业农村部农业机械化技术开发推广总站刘恒新站长、王桂显副站长出席座谈会并讲话。

12 月 3—4 日

全国农业机械标准化技术委员会农业机械化分技术委员会五届二次会议暨标准审定会在山西省太原市召开。会议总结了“十三五”农业机械化标准化工作取得的显著成效，分析了当前和“十四五”面临的新形势和新要求，明确了下一步工作方向。会议对《农业机械分类》等 23 项农业机械化领域的农业行业标准进行了审查。

12 月 8 日

农业农村部农业机械试验鉴定总站、农业农村部农业机械化技术开发推广总站在北京召开主要农作物机械化生产技术装备薄弱环节研讨会，组织主要农作物生产全程机械化推进行动专家指导组和重点生产企业交流研讨，研究主要农作物薄弱环节机械化水平提升的思路措施，提出了技术路线、解决方案。农业农村部农业机械化管理司王甲云副司长、农业农村部农业机械试验鉴定总站、农业农村部农业机械化技术开发推广总站刘恒新站长、徐振兴副站长出席会议并讲话。

12 月 15 日

农业农村部农业机械试验鉴定总站、农业农村部农业机械化技术开发推广总站在山东省潍坊市组织召开主要农作物生产全程机械化推进行动专家指导组工作推进会。会议分析了“十三五”期间主要农作物生产全程机械化发展变化，特别是 2020 年出现的新趋势、新特点、新问题，提出了“十四五”期间主攻方向和措施建议，交流了 2020 年各专业组工作情况，并谋划了“十四五”专家组工作。中国工程院罗锡文院士、农业农村部农业机械化管理司王甲云副司长，农业农村部农业机械试验鉴定总站、农业农村部农业机械化技术开发推广总站刘恒新站长、徐振兴副站长出席会议。

12 月 16 日

农业农村部农业机械试验鉴定总站、农业农村部农业机械化技术开发推广总站在山东省潍坊市举办创新协作，共推农业机械化转型升级专题报告会，重点围绕无人农场关键技术、农机鉴定与推广、农机工业发展现状、农机流通现状、智慧农业等方面进行研讨。中国工程院罗锡文院士、农业农村部农业机械试验鉴定总站、农业农村部农业机械化技术开发推广总站刘恒新站长、中国农业机械化协会刘宪会长、中国农机工业协会陈志会长、中国农机流通协会陈涛副会长在会上做报告。

12 月 16—17 日

农业农村部农业机械试验鉴定总站、农业农村部农业机械化技术开发推广总站在安徽省召开了农机安全监理信息化工作研讨会。来自农业农村部农业机械试验鉴定总站、农业农村部农业机械化技术开发推广总站、部分省级农机监理、鉴定机构和项目设计单位 30 余人参加了研讨。农业农村部农业机械试验鉴定总站、农业农村部农业机械化技术开发推广总站王桂显副站长出席研讨会并讲话。

12 月 21—29 日

农业农村部农业机械试验鉴定总站、农业农村部农业机械化技术开发推广总站完成中国一重集团有 限公司委托的 350 马力内燃电传动拖拉机性能检测。该机是国内首台电混动力拖拉机，通过此次检测为研究拖拉机新技术、探索检测新方法积累了宝贵经验。

12 月

农业农村部农业机械试验鉴定总站、农业农村部农业机械化技术开发推广总站协助部司组织开展“土专家”遴选工作。聚焦服务农业机械化向全程全面高质高效转型升级、助力乡村振兴战略实施，面向基层一线遴 选推出一批政治过硬、作风过硬、技术过硬、实绩过硬的“土专家”，建立县、省和全国三级名录库。

农业农村部农业机械试验鉴定总站、农业农村部农业机械化技术开发推广总站在广西柳州举办了甘蔗生产全程机械化系列推进活动，开展了甘蔗收获不同模式下制糖综合效益对比试验，针对甘蔗人工收获、甘蔗切段机收、甘蔗整秆机收 3 种模式，在田间作业和糖厂压榨两个环节上，对关键经济和质量指标进行综合分析，探索蔗农、机手、糖厂三方利益兼顾的甘蔗机收作业模式，努力破解我国甘蔗机收瓶颈问题。

2020 年农业农村部农业机械试验鉴定总站、农业农村部农业机械化技术开发推广总站共接收推广鉴定申请 3 189 项，经审查受理 1 965 项，不受理 1 197 项，不受理率 37.9%；共接收证书有效期内信息变更申请 456 项。农业农村部农业机械试验鉴定总站、农业农村部农业机械化技术开发推广总站共发布四批推广鉴定结果通报，发放鉴定证书 1 367 张，换发证书 156 张，对 36 个产品撤销证书，对 59 个产品注销证书，对 7 个产品补发了推广鉴定证书。

2020 年农业农村部农业机械试验鉴定总站、农业农村部农业机械化技术开发推广总站克服疫情影响，积极组织参与国际交流与合作，共组织 8 批次共 10 多人次参加了 OECD 农林拖拉机试验规则组织 2020 年年会和技术工作组年会、亚太农机检测网（ANTAM）第 7 届年会、联合国“中国应对新冠肺炎疫情加强粮食系统建设经验政策对话会”、联合国可持续农业机械化中心（CSAM）举办的保护性耕作和安全鉴定等各类视频会议。

2020 年农业农村部农业机械试验鉴定总站、农业农村部农业机械化技术开发推广总站积极推进环京津农业扶贫工作取得显著成效。制定了年度工作方案，召开了领导小组会议，列出了任务清单。主要负责人带队赴对口帮扶的河北省曲阳县开展调研，走访慰问贫困户，组织向 3 个贫困村捐赠背负式动力喷雾机，举办农产品品牌建设、电商销售等专题培训班 4 期，协调推动在一亩田电商平台建设上线“曲阳特色农产品馆”，12 类 25 种特色农产品进馆销售，助力当地农民增收致富。

中国农业机械化协会

2020 年 2 月

中国农业机械化协会购置 400 余台喷雾器，捐赠给湖北省部分疫区，以及发展和改革委员会、四川“三区三州”、湖南、贵州、甘肃等司、站对口帮扶贫困地区。

3 月 15 日

中国农业机械化协会与农业农村部农业机械试验鉴定总站、农业农村部农业机械化技术开发推广总站联合组织农机“3·15”线上质量承诺活动。

3—10 月

中国农业机械化协会与陕西省农机安全协会联合举办 2020 年农机安全劳动大竞赛，2020 年，比赛规模进一步扩大，由 2019 年陕西、湖北两省扩展到陕西、甘肃、宁夏、山西四省（区），影响力不断提升，参与活动的农机手不断增加，已逐渐发展为行业内的一项重要活动。

5 月

中国农业机械化协会以通讯方式召开中国农业机械化协会保护性耕作专业委员会第一次会员代表大会，保护性耕作委员会正式成立。

8 月 29 日

中国农业机械化协会大学生从业合作社理事长工作委员会在北京召开综合农事服务座谈会。会议邀请到 24 家农机合作社、农业生产服务公司负责人进行座谈，共同讨论研究现阶段农机合作社典型模式以及农业生产作业服务情况。农业农村部农村合作经济指导司司长张天佐参加座谈会并发表讲话。

9 月 15—17 日

中国农业机械化协会在安徽芜湖举办甘蔗生产机械化发展研讨会。研讨会由中国农业机械化协会、广西壮族自治区农业机械化服务中心、广西壮族自治区糖业发展办公室共同主办，中联农业机械股份有限公司承办。

9 月 16 日

中国农业机械化协会在北京召开“主粮作物收获损失有关问题”专题座谈会。农业农村部农业机械化管理司、农业农村部农业机械试验鉴定总站、农业农村部农业机械化技术开发推广总站有关专家、部分企业代表、合作社理事长参加座谈，针对机收损失问题展开讨论并提出建议。会后，中国农业机械化协会发出《行动起来，争取秋粮颗粒归仓活动倡议书》，号召全行业参与“行动起来，争取秋粮颗粒归仓”活动。

10 月 13—14 日

由中国农业机械化协会主办，农机鉴定检测分会承办的“2020 轮式拖拉机部分参数实验室间比对活动”在盐城举办，来自全国 15 家省级农业机械鉴定站和检测机构参加活动。

11 月 13—15 日

2020 年国际农机展在青岛市黄岛区举办，线上展同步进行。主办方配合地方人民政府加码疫情防控，保证展会顺利进行。本届展会吸引 1 800 余家企业参展，展会规模 20 万米^2，线下和线上参加企业和观众反响强烈，行业人士给予高度评价。

12 月 19 日

中国农业机械化协会、中国农业机械工业协会和中国农业机械流通协会联合广西地方农机主管部门，举办中国甘蔗机械化博览会，旨在搭建交流合作平台，加强甘蔗机械化供需对接，促进技术、人才、经验交流，推动广西甘蔗生产机械化发展。

2020 年

中国农业机械化协会先农智库陆续发布《推进广西甘蔗生产全程机械化行动方案（2017—2020 年）》评估报告完成，《农业机械化研究人物卷》《2019 农机化发展白皮书》和《机收损失讨论专辑》等原创研究成果，为记录农业机械化历史，探讨发展农业机械化经验，研究农业机械化发展规律，评价农机装备应用效果提供参考和借鉴。

中国农业机械化协会改变传统工作方式，发起建立“保护性耕作大讲堂”和“甘蔗机械化讨论”两个线上交流平台，邀请农机装备企业人员，项目管理和技术推广人员，国内外高校院所科研、教育专家，技术及装备应用典型，NGO 组织代表等近千余人，在线交流互动，组织专题报告、讲座近 200 场，来自各相关领域专家、推广部门、种植大户、服务组织的代表发表报告，相关材料汇编出版《中国玉米免（少）耕播种机》《甘蔗机械化线上交流活动报告汇编》。

中国农业机械化协会发布团体标准 18 项、中国农业机械工业协会发布团体标准 12 项、中国农业机械学会发布团体标准 8 项、中国农业机械流通协会发布团体标准 4 项。

农业农村部南京农业机械化研究所

2020 年 1 月 7 日

农业农村部南京农业机械化研究所召开国家重点研发计划“农田信息感知设备与传感网”和“作物精确管理机具与技术系统”课题咨询交流会。

1 月 12 日

农业农村部南京农业机械化研究所研究员张宗毅被聘为农民日报社青年专家智库委员会委员。

1 月 13 日

钟成义获中国农业科学院 2019 年度脱贫攻坚与乡村振兴先进个人。

联合国可持续农业机械化中心（CSAM）致信农业农村部南京农业机械化研究所，对 2019 年双方合作开展的各项工作给予肯定，并对农业农村部南京农业机械化研究所在农业机械化可持续发展方面给予的一贯支持表示感谢。

1 月 17 日

农业农村部南京农业机械化研究所承担的江苏省重点研发计划（现代农业）项目“基于可控雾滴的农药减量高效施用技术研究及装备开发”通过验收。

1 月 20 日

农业农村部农业机械化管理司致信农业农村部南京农业机械化研究所，感谢 5 位科研人员在 2019 年部全程机械化专家组工作中的辛勤付出，肯定农业农村部南京农业机械化研究所科研人员在全程机械化推进行动中发挥的重要作用。

胡志超研究员获中国农业科学院“首届十佳优秀科学家”荣誉称号。

1 月 21 日

农业农村部南京农业机械化研究所被评为 2019 年度中国农业科学院平安建设优秀单位。

1 月 31 日

农业农村部南京农业机械化研究所做好新型冠状病毒疫情防控工作，制定实施关于新型冠状病毒感染的肺炎疫情应急工作方案，并成立新型冠状病毒感染防控工作领导小组。

2 月 17 日

农业农村部南京农业机械化研究所研究员胡志超牵头起草并提出关于做好疫情防控期农机春耕生产安全防控工作的政策建议，得到农业农村部农业机械化管理司、农业农村部农业机械试验鉴定总站、农业农村部农业机械化技术开发推广总站、江苏省等 10 多个省市农业主管部门的普遍认可和采纳。

3 月 3 日

农业农村部南京农业机械化研究所党员捐款助力抗疫，全所已有 279 名党员自愿捐款，筹得善款共计 128 319 元。

3 月 12 日

全国农机化教育培训中心面向湖北疫区开展的油菜机械化技术专题网络直播培训开播。

4 月 17 日

农业农村部南京农业机械化研究所创新团队科技助力婺源乡村振兴，油菜水稻全程机械化技术培训班顺利举行。

4 月 30 日

农业农村部南京农业机械化研究所“绿色机械化生产与产后加工创新团队”获第 15 届“江苏青年五四奖章集体”荣誉称号。

农业农村部南京农业机械化研究所召开落实脱贫攻坚工作党委扩大会议，落实中国农业科学院党组关于脱贫攻坚工作总体要求，完成科技扶贫目标任务。

5 月 7—8 日

农业农村部南京农业机械化研究所承办的油菜机械化分段收获现场观摩培训会分别在四川省农业科学院现代农业科技创新示范园和成都市大邑县润地数字农业中心举行。

5 月 18—23 日

农业农村部南京农业机械化研究所所级重点任务项目组赴重庆开展丘陵山区农田宜机化改造与农机装备融合技术调研。

5 月 30 日

农业农村部南京农业机械化研究所研发的设施蔬菜减肥减药装备参加新成果发布会。

6 月 2 日

农业农村部南京农业机械化研究所科研人员首获国家留学基金委公派访学项目资助。

6 月 3 日

农业农村部南京农业机械化研究所加入“新华红”江苏党建联盟。

6 月 3—5 日

农业农村部南京农业机械化研究所穗粒类收获机械团队在江苏大丰进行油菜分段、联合收获新机具性能检测和试验示范。

6 月 12 日

全国人大常委会副委员长吉炳轩率执法检查组来农业农村部南京农业机械化研究所就贯彻落实《中华人民共和国农业机械化促进法》进行视察指导和调研。

6 月 13—17 日

农业农村部南京农业机械化研究所主要作物智能农机装备与技术团队在山东沾化区进行稻麦联合收割机智能化试验验证系统性能检测和试验示范。

6 月 16 日

农业农村部南京农业机械化研究所生物质转化利用装备团队设施蔬菜化肥精量减施装备性能检测完成。

6 月 18 日

江苏省农业农村厅在南京召开特色农业机械化专家指导组成立大会。农业农村部南京农业机械化研究所 45 名专家受聘担任专家指导组或专业组成员。

6 月 19 日

中共十九大代表、时代楷模、最美奋斗者、山东兰陵县县委常委、代村党委书记王传喜携兰陵农业企业园等相关人士一行来农业农村部南京农业机械化研究所交流调研。

6 月 22 日

唐山市科学技术局、滦南县工业和信息化局、唐山鑫万达实业股份有限公司等一行来农业农村部南京农业机械化研究所交流调研。

6 月 23 日

农业农村部南京农业机械化研究所 2020 届研究生毕业典礼在综合实验楼报告厅举行。

6 月 23—26 日

农业农村部南京农业机械化研究所生物质转化利用装备创新团队在贵州省威宁县开展科技扶贫活动。

6 月 30 日

农业农村部南京农业机械化研究所举行庆祝建党 99 周年“七一”专题活动。

7 月 2 号

农业农村部南京农业机械化研究所果蔬茶创新团队“一种机械化增产采茶设备”获江苏省教育科技工会优秀发明专利奖。

7 月 7 日

农业农村部南京农业机械化研究所获“全省机械行业人力资源工作先进单位”表彰，1 位同志被评为“全省机械行业人力资源工作先进个人”。

7 月 14 日—8 月 18 日

农业农村部南京农业机械化研究所棉麻类收获机械创新团队等赴山东、河北开展棉花机械打顶试验与示范。

7 月 22—30 日

农业农村部南京农业机械化研究所西部寒旱区机械化团队赴甘肃、内蒙古开展燕荞麦生产机械化调研。

7 月 24 日

农业农村部南京农业机械化研究所组织召开“蔬菜智能化精细生产技术与装备研发”项目工作推进会。

7 月 30 日

农业农村部南京农业机械化研究所西部寒旱区机械化团队与甘肃省农业机械推广总站签订合作备忘录。

7 月 31 日

农业农村部南京农业机械化研究所第六届职工代表大会第二次会议在所报告厅召开，专题审议通过《农业农村部南京农业机械化研究所章程（职代会审议稿）》。

8 月 4 日

国家花生产业技术体系江苏片区专家在农业农村部南京农业机械化研究所共谋农机农艺融合重点任务。

8 月 13—14 日

农业农村部南京农业机械化研究所第二党支部组织蔬菜生产机械化现场会暨支部结对共建主题党日活动。

8 月 15 日

农业农村部南京农业机械化研究所西部寒旱区创新团队赴甘肃开展马铃薯农药减施田间试验。

8 月 18 日

农业农村部南京农业机械化研究所应邀参加江苏南京国家农高区重大项目签约暨农高区管委会（筹）揭牌会。

8 月 18 日

农业农村部南京农业机械化研究所研究员张宗毅当选中国国外农业经济研究会副监事长。

8 月 22 日

农业农村部南京农业机械化研究所在泰安举办成果转化基地揭牌仪式暨食用豆收获装备新品发布会。

8 月 25—28 日

农业农村部南京农业机械化研究所农机化技术系统优化与评价创新团队赴西藏自治区昌都市贡觉县，开展科技扶贫工作。

9 月 2 日

农业农村部南京农业机械化研究所主要粮经作物初加工装备创新团队赴青海尖扎县开展马铃薯机械化装备技术推广培训。

9 月 4 日

农业农村部南京农业机械化研究所主要粮经作物初加工装备团队赴甘肃农业大学和酒泉奥凯开展技术交流。

9 月 9 日

农业农村部南京农业机械化研究所植保机械团队派员赴东海县开展科技扶贫活动。

9 月 10 日

农业农村部南京农业机械化研究所检验与测试中心举办电磁兼容(EMC)专题讲座。

9 月 11—15 日

农业农村部南京农业机械化研究所主要作物智能农机装备与技术团队赴西藏左贡县开展科技扶贫活动。

9 月 14 日

农业农村部南京农业机械化研究所牵头举办全国油料作物生产全程机械化推进活动暨花生生产全程机械化薄弱环节技术研讨会。

9 月 16—17 日

农业农村部南京农业机械化研究所穗粒类收获机械团队在甘肃张掖开展高地隙轮履组合油菜割晒机性能检测与试验示范。

9 月 19 日

农业农村部南京农业机械化研究所举办主题为“粮安天下农机行”的农科开放日活动。

农业农村部南京农业机械化研究所组织召开农业农村部现代农业装备学科群“十三五”建设运行互评工作会议。

9 月 19—23 日

农业农村部南京农业机械化研究所研究员龚艳应邀参加“2020 年国家高层次人才服务行和海外赤子为国服务行——走进西藏林芝”活动。

9 月 20—23 日

农业农村部南京农业机械化研究所所长陈巧敏一行赴西藏看望慰问援藏干部钟成义并调研西藏地区农业机械化发展情况。

9 月 22—23 日

中国农业科学院安委会第四检查组组长李滋睿一行 3 人到农业农村部南京农业机械化研究所检查指导安全生产工作。

9 月 22—29 日

农业农村部南京农业机械化研究所在西藏召开青稞全程机械化生产试验示范和技术培训暨科技帮扶现场会。

9 月 27 日

农业农村部南京农业机械化研究所在江苏句容举办国家重点研发项目子课题“梨树和桃树化肥减施增效关键技术与产品研发”技术成果现场观摩会与推进会。

9 月 29 日

农业农村部南京农业机械化研究所安委会召开做好中秋、国庆节安全工作专题会议和中国农业科学院安委会第四检查组检查所安全生产工作情况通报会。

农业农村部南京农业机械化研究

所“全秸硬茬地洁区播种技术设备”在江苏秋收秋种暨秋粮机收减损工作推进会上获得好评。

10 月 9 日

农业农村部南京农业机械化研究所王冰获“江苏省青年岗位能手”称号。

10 月 16 日

农业农村部南京农业机械化研究所牵头举办肉牛粪污、病死畜资源化利用装备现场观摩与技术培训。

农业农村部南京农业机械化研究所主办的江苏省重点研发计划“稻麦周年机械化优质丰产绿色增效技术集成创新与示范”睢宁现场观摩及技术培训会召开。

10 月 20 日

农业农村部南京农业机械化研究所就近轻简堆肥还田机械化技术在江苏蔬博会受关注。

江苏省农业农村厅发布耕地质量保护与化肥减量增效新技术、新产品、新装备、新模式等科技成果，农业农村部南京农业机械化研究所生物质转化利用装备创新团队 2 项新技术入选。

10 月 20—22 日

农业农村部南京农业机械化研究所主要粮经作物初加工装备创新团队赴青海尖扎县开展花生高原种植试验示范及机械化生产技术培训。

10 月 20—24 日

农业农村部南京农业机械化研究所牵头编制西藏“十四五”农业机械化发展规划。

10 月 21 日

农业农村部南京农业机械化研究所棉花智能打顶机、刷辊式采棉机参加全国棉花机采作业观摩暨全程机械化推进活动会。

10 月 25 日

“江苏省智能农机装备产业联盟（筹）第二次工作会议”在农业农村部南京农业机械化研究所召开。

10 月 29—30 日

农业农村部南京农业机械化研究所首创的油菜毯状苗高效移栽技术在双季稻地区示范推广。

10—11 月

农业农村部南京农业机械化研究所研发采棉机及配套预处理装备在黄河、长江流域棉区示范推广。

11 月 4 日

农业农村部南京农业机械化研究所青工委组织开展提高青年职工解决实际问题能力学习讨论会。

11 月 5 日

我国首创的无人驾驶小麦精确变量施肥播种机在临海农场示范应用。

11 月 4—6 日

农业农村部南京农业机械化研究所所长陈巧敏带队赴东风集团洽谈成果转化与合作事宜。

11 月 5—6 日

农业农村部南京农业机械化研究所牵头编制全国农业机械化安全生产“十四五”规划。

11 月 10 日

农业农村部南京农业机械化研究所党委召开第 7 次中心组扩大学习会，专题学习贯彻党的十九届五中全会精神。

11 月 10 日

农业农村部南京农业机械化研究所工会举办“不忘初心，牢记使命”第二十七届中老年健步走活动。

11 月 11 日

农业农村部南京农业机械化研究所应邀参加“非武不栖，进无止境”2020 年武进人才周活动。

11 月 11—12 日

农业农村部南京农业机械化研究所协办“中国 · 汉寿第五届蔬菜节”。

11 月 11—15 日

农业农村部南京农业机械化研究所多项成果亮相第二十二届深圳高交会。

11 月 13 日

农业农村部南京农业机械化研究所扶贫工作事例入选农机行业优秀扶贫案例。

11 月 14 日

《中国农机化学报》《智能化农业装备学报（中英文）》编委暨新时期农业装备类期刊发展研讨会在山东青岛召开。

农业农村部南京农业机械化研究所主办的“高效植保装备应用技术发展研讨会”在青岛国际博览中心举办。

11 月 21—22 日

农业农村部南京农业机械化研究所牵头的油菜毯状苗机械高效移栽技术现场观摩交流会在苏州召开。

11 月 26 日

农业农村部南京农业机械化研究所主办的西甜瓜机械化生产应用示范观摩会暨西甜瓜机械化生产培训会在东台召开。

12 月 2 日

农业农村部南京农业机械化研究所传达落实中国农业科学院人才和科技工作会精神。

农业农村部南京农业机械化研究所参加江苏农业科技创新联盟 2020 年年会。

农业农村部南京农业机械化研究所与沈阳农业大学签订全面战略合作协议。

12 月 3 日

农业农村部南京农业机械化研究所牵头的蔬菜基质块苗快速移栽机械化技术交流会在常熟举办。

12 月 4 日

中国农业科学院副院长刘现武一行到农业农村部南京农业机械化研究所调研指导工作。

12 月 10 日

农业农村部南京农业机械化研究所研究生会召开第九届换届选举会议。

12 月 10—11 日

国家重点研发计划项目“智能化油料作物收获技术与装备研发”2020 年度工作会议召开。

12 月 11 日

江苏省农业科技自主创新资金项目、现代农机装备与技术示范推广项目启动会召开。

12 月 16 日

农业农村部南京农业机械化研究所所长陈巧敏作“党的民主集中制”专题党课报告。

12 月 18 日

中国农业科学院 2020 年度脱贫攻坚与乡村振兴先进集体评选结果公布。

12 月 23 日

农业农村部南京农业机械化研究所主持的“土壤连作障碍射频处理技术及装备研发”项目验收获得优秀。

12 月 23—25 日

农业农村部南京农业机械化研究所召开国家重点研发计划“蔬菜智能化精细生产技术与装备研发”项目综合绩效评价研讨会。

地 方 篇

北京市

2020 年 1 月 11 日

北京市开展推广应用保护性耕作技术，在全市推广应用深松整地、秸秆粉碎覆盖还田、少免耕播种三项抑制扬尘的关键保护性耕作技术，建立扬尘抑制监测点 27 个，监测评估扬尘抑制效果。监测数据表明，实施保护性耕作技术的农田与传统耕作相比，农田扬尘量可减少 35%～40%不等，其中北部各区抑制扬尘效果尤为明显。

2 月 12 日

北京市开展拖拉机和联合收割机污染物排放控制装置加装工作，全市累计完成污染物排放控制装置加装 2 179 台，通过 DPF 监测综合评估，加装污染物排放控制装置后，可以降低颗粒物排放 80%以上。

2 月 13 日

卫健健等 4 名同志获 2019 年度全国农机安全监理示范岗位标兵。

2 月 25 日

北京市农业农村局联合财政局印发《北京市 2020 年度农机新产品购置补贴试点实施方案》(京政农发〔2020〕147 号)，将北京市规模猪场生产、防疫、粪污资源化利用等成套设备，纳入中央补贴范围。同时印制中央、市级补贴额一览表和投档通知等多个文件，明确补贴额度和投档内容。

5 月 11 日

由北京市农业机械试验鉴定推广站和农业农村局农机管理处联合修订的《北京市农业机械试验鉴定办法》以北京市农业农村局通告形式正式发布。

7 月 11 日

按照部长韩长赋和市长陈吉宁的对话指示精神，北京采用“一厂一策”，开展饲料、生产、环境、疫病控制、粪污资源利用全过程机械化新技术试点，与北京市财政局联合印发《北京市 2020 年度农机新产品购置补贴试点实施方案》，并组织实施，保障北京市生猪恢复生产工作，同时总结经验，已形成农业农村部向全国推广、复制的典型模式，补贴资金 7 525 万元。

9 月 25 日

北京市机构编制委员会办公室印发《关于成立北京市农业综合执法总队方案的批复》，北京市农业综合执法总队正式挂牌成立，执法总队内设农业机械监督执法支队，同时撤销北京市农业机械监理总站。

12 月 11 日

2020 年，北京市发生农机事故 7 起，造成 0 人死亡，0 人受伤，直接经济损失 4.2 万元，连续七年实现农机事故零死亡，农业机械安全生产形势稳定。

天津市

2020 年 1 月 1 日—3 月 31 日

天津市落实疫情防控措施，出台农业机械化作业专项补贴政策，组织指导宝坻区实施天鹰椒机械化移栽作业，实施机械化移栽作业 364.67 公顷，发放作业补贴 21.88 万元，保障了春季尤其是应急响应期间“菜篮子”蔬菜产品的生产稳定供应。发放《致全市农机生产经营服务组织的一封信》，倡导全市各农机合作社、设施农业园区、农机经销商配合做好疫情防范工作。

4 月 1 日—9 月 30 日

4—9 月，天津市人大常委会农业与农村办组织开展农业机械化促进“一法一条例”执法检查工作。天津市农业农村委员会汇总完成《天津市贯彻实施〈中华人民共和国农业机械化促进法〉〈天津市农业机械化促进条例〉情况报告》，配合市人大开展执法检查调研，组织市级农机部门人员参加知识测试和专题座谈，完成自查报告及整改方案，并组织落实整改。

4 月 2 日

天津市农业生态环境监测与农产品质量检测中心获批天津市市场监督管理委员会检验监测机构资质认定证书，授权开展农业机械试验鉴定工作。天津市农业质检中心发布 2020 年农业机械鉴定产品种类指南，包括耕整地、种植施肥、收获等 10 大类 40 个品目的农机产品。

5 月 22 日

中共天津市农业农村委员会发布通知，李洁同志任天津市农业农村委农业机械化管理处处长，李广来同志任天津市农业综合执法总队书记、二级巡视员。

6 月 8 日—12 月 3 日

天津市农业发展服务中心在天津市优质农产品开发示范中心组织召开农机推广技术人员培训班 5 期。开展专题讲座、参观学习、交流研讨等培训活动。共培训来自各区农机中心的技术骨干及市农业发展服务中心直属单位农机技术人员 287 人。

6 月 10 日

天津市农业农村委员会在滨海新区小王庄镇举办全市小麦机收开镰仪式暨秸秆综合利用推动现场会。现场开展小麦收获、秸秆粉碎还田、打捆离田、玉米播种作业，演示无人机植保、高地隙植保、动力耙和翻转犁等机具作业。天津市人民政府副秘书长张剑，市农业农村委员会党委书记、主任沈欣，市委宣传部文明办公室主任刘志刚，市应急管理局副局长魏东等参会。

8 月 27 日

天津市农业农村委员会在市优质农产品开发示范中心举办第三届全国农业行业职业技能农机修理工天津赛区选拔赛。大赛共有 8 个代表队 24 名选手组队参赛，采取理论知识考试和操作技能竞赛相结合的方式进行。蓟州区获得个人赛和团体赛的双料冠军，滨海新区、武清区代表队分别获团体总分第二、第三名。

11 月 5 日

天津市农业农村委员会召开报废农机回收拆解企业座谈会。贯彻落实市农业农村委、市财政局和市商务部三部门联合印发的《天津市农业机械报废更新补贴实施方案》。天津市商务局相关负责同志、具备报废机动车回收拆解资质的有关企业参加会议。

12 月 15—16 日

天津市农业农村委员会组织对各区农机安全监管工作完成情况进行考评。北辰区、滨海新区、静海区、武清区、蓟州区为优秀等级，西青区、东丽区、津南区、宁河区、宝坻区为合格等级。

12 月 22 日

农业农村部办公厅公布全国第五批率先基本实现主要农作物生产全程机械化示范县（市、区）名单，宝坻区、津南区、武清区入选。

12 月 31 日

农业农村部办公厅公布第二批全国“全程机械化＋综合农事”服务中心典型案例名单，天津市蓟州区六道街农机专业合作社和武清区雨成农机专业合作社位列其中。

河北省

2020 年 1 月 13 日

河北省印发《河北省农业机械试验鉴定实施细则》。该细则对农机鉴定工作的指南发布、鉴定申请和受理、鉴定实施、证书发放与标志使用、监督与管理等工作程序提出明确要求，为河北省农机鉴定工作健康发展奠定基础。

2 月 11 日

根据《中华人民共和国农业机械化促进法》、农业农村部《农业机械质量投诉监督管理办法》《河北省农业机械管理条例》，河北省制定《河北省农业机械质量投诉监督管理办法》，于 2020 年 2 月 11 日发布实施。

3 月 3 日

河北省召开小麦机械化镇压作业暨全省农业机械化工作视频会议。受疫情影响，采用网络直播方式召开。主会场设在石家庄市藁城区农业科学研究所试验田，各市农业农村局利用“学习强国”平台观看会议直播。视频会介绍了全省小麦春季苗情基本情况和存在的主要问题，讲解春季小麦机械化镇压的必要性和注意事项，介绍小麦机械化镇压机具类型和特点，安排部署全省农业机械化重点工作。

3 月 13—15 日

河北省农业机械鉴定总站按照《关于开展 2020 年全国“农机 3 • 15”消费者权益日活动的通知》要求，在抗击新冠肺炎疫情特殊形势下，开展了以“聚力提质量，抗疫保春耕”为主题的“农机 3•15”消费者权益日活动。依托河北省农机安全监理信息网网站平台开辟“河北农机投诉”专栏，首次实现省、市、县三级质量监督机构统一部署、统一行动。

3 月 26 日—4 月 9 日

根据农业农村部、财政部《河北省 2018—2020 年农业机械购置补贴实施指导意见》等要求，结合河北省农机购置补贴政策实施实际，经专家评审，集体研究，在《河北省 2018—2020 年农业机械购置补贴机具补贴额一览表（2019 年度调整）》基础上，优化调整了部分品目、分档及补贴额，形成《河北省 2018—2020 年农机购置补贴机具补贴额一览表（2020 年度调整部分）》，予以公示公告。

4 月 10 日—6 月 23 日

按照《河北省关于开展 2020 年第一批农机购置补贴产品自主投档工作的通知》要求，河北省组织专家对企业第一批自主投档信息进行审核，形成《河北省 2020 年农机购置补贴产品投档信息表（第一批）》，并进行公示公告。

4 月 23 日

河北省棉花生产全程机械化现场演示会在曲周县召开。活动集中演示棉花耕种、施肥、灌溉等机械化作业，旨在带动农户逐步改变传统种植方式，提高棉花全程机械化生产水平。岗位专家对演示会全程指导，并在会上作现场机具讲解和棉花全程机械化专题培训。河北省农业农村厅副厅长段玲玲、邯郸市农业农村局局长冯晓梅、曲周县人民政府县长尹丽龙等领导及当地植棉合作社、种植大户等人参加会议。

5 月 11 日

河北省农业农村厅、河北省财政厅、河北省商务厅共同印发《河北省农业机械报废更新补贴实施方案》，该方案包括实施范围和补贴对象、补贴种类和报废条件、补贴标准和回收企业等内容。为加快河北省老旧农业机械报废更新进度，进一步优化农机装备结构，促进农机安全生产和节能减排，切实做好河北省农业机械报废更新补贴工作提供依据。

5 月 12 日

河北省农机深松耕现场演示会在保定市召开。来自全省农机推广系统的领导及专家、周边县市农机合作社及农户、智能监测设备服务商以及新闻媒体人员等 200 余人参会。会议展示深松机、翻转犁、无人机等机具设备，演示深耕、合墒、旋耕及驱动耙整地等作业，考核省内 5 家公司的深耕智能监测终端性能，并将终端监测数据与人工质检数据进行比对，为 2020 年农机深耕试点工作的开展奠定基础。

5 月 22 日—7 月 9 日

河北省贯彻落实《农业农村部财政部关于做好 2020 年农业生产发展等项目实施工作的通知》要求，组织专家对 2018—2020 农机购置补贴机具种类范围、补贴额一览表调整，新增部分机具种类，优化部分机具档次，形成《河北省 2018—2020 年农机购置补贴机具种类范围（2020 年第二次调整）》和《河北省 2018—2020 年农机购置补贴机具补贴额一览表（2020 年第二次调整）》，予以公示公告。

6 月 5 日

在邯郸市成安县举办河北省小麦开镰仪式暨“三夏”全程机械化作业现场演示会。会议观摩“物联网＋”全程机械化精准作业，揭开河北省“百万农机战三夏”大会战序幕，推动 2020 年全程机械化示范县创建工作深入开展。

6 月 6 日

农业农村部副部长张桃林到邯郸市调研“三夏”农业机械化生产和草地贪叶蛾布防等工作。农业农村部农业机械化管理司司长张兴旺，种植业管理司司长潘文博一同参加调研；河北省人民政府副省长时清霜，省农业农村厅厅长王国发，副厅长段玲玲等陪同调研。副部长张桃林一行深入成安县辛义乡大郭庄村进行实地观摩。随后到成安县俊山农机合作社，听取全程机械化＋综合农事服务情况汇报，察看草地贪夜蛾高空灯、测报灯，了解成安县草地贪夜蛾监测布控情况。

6 月 11 日

以“智能农机 • 无人农业”为主题的“2020 智能农机装备田间日活动暨农业机械化新技术培训班”在石家庄市举行。活动由农业农村部农业机械试验鉴定总站、推广总站主办、河北省农业机械化管理局协办，共有 13 个集成模式、23 家农机企业、70 多台（套）机具和众多智能装备进行现场作业演示，展现国内农机智能化、作业精准化、操作少人化的创新研发能力和制造水平。中国工程院院士罗锡文，赵春江等专家进行授课答疑。

6 月 16 日

由河北省农业机械化管理局、河北省农业机械鉴定总站、保定市农业农村局和高阳县人民政府联合举办的河北省农机安全宣传咨询日活动在保定市高阳县举办。活动宣传农机安全生产政策法规、新颁部令规范标准、农机违法行为的危害性等内容，提高农民群众安全生产意识，营造良好的农机安全生产氛围。

6 月 23 日

河北省印发《关于进一步做好农机购置补贴实施工作的通知》，进一步优化农机购置政策。将国家补贴范围内支持生猪等畜产品生产的机具装备、助力丘陵山区等贫困地区生产发展所需机具、通过农机专项鉴定的创新产品逐步纳入河北省补贴范围。全面实行农机购置补贴辅助管理系统常年连续开放；企业网络投档常年受理，按季集中公布投档产品信息；补贴受益信息资金使用进度实时公开；补贴申请受理和资金兑付限时办理。

7 月 20 日

河北省农业农村厅、河北省应急管理厅印发《关于 2019—2020 年度省级“平安农机”示范市、县和示范岗位标兵的通报》，公布廊坊市、邯山区等 7 个县（市、区）和李志海等 27 名同志为 2019—2020 年度省级“平安农机”示范市、示范县（市、区）和农机安全监理示范岗位标兵。其中廊坊市是河北省第一个省级平安农机示范市。

7 月 23 日

河北省农业机械鉴定总站组织北京市农业机械试验鉴定推广站、天津市农业生态环境监测与农产品质量检测中心、北京市机电产品标准质量监测中心、农业农村部设施农业机械设备质量监督检验测试中心 5 个机构在宁晋县大陆村开展旋耕机检验能力比对活动，召开站长联席会议，总结京津冀农机鉴定工作协同发展工作，签订协同发展合作协议，促进检验检测机构技术能力的提高和京津冀农机试验鉴定检验工作协同发展。

8 月 28 日

河北省农业机械鉴定总站在衡水市举办全省农机安全监理人员培训班暨“双控”机制建设观摩、事故应急处置演练活动。

9 月 3—4 日

以“加快推进马铃薯、胡萝卜生产全程机械化，促进农机农艺融合发展”为主题的河北省首次农机推广“田间日”活动在围场县召开。全省农机管理及推广机构人员、农机合作社及马铃薯种植大户等 100 余人参加活动。示范推广马铃薯播种机、中耕培土机、杀秧机、无人植保飞机、自走式喷杆喷雾机、马铃薯收获机、极飞农业物联系统、种薯包衣机等新机具新技术，为全省马铃薯生产全程机械化水平的提升奠定基础。

9 月 4 日

河北省农业机械化管理局组织成立“河北省农机报废更新补贴工作政策咨询专家组”，由市、县两级具有农机报废更新补贴工作丰富经验的“一线”同志组成。各市、县按照部省各项工作要求，及时制定本级农机报废更新补贴政策实施方案，全面启动农机报废更新补贴工作。河北省农业机械化管理局多次派员赴市、县指导推动农机报废回收拆解工作，帮助基层解决工作中遇到的困难和问题，参与部里组织的农机报废更新系统试运行，率先启动报废更新系统。

9 月 16—18 日

以“科技、推广、共享、发展”为主题的河北省露地菜农机推广“田间日”活动在鸡泽县举行。河北省 13 个市农机管理及推广系统，农机合作社代表等 260 余人参加活动。河北省农业农村厅副厅长段玲玲出席活动并讲话。活动示范推广精细整地、精准施药施肥、节水灌溉、蒜、韭菜和马铃薯机械化播种、大葱、甘蓝和辣椒移栽、韭菜和马铃薯收获、蒜种分瓣分选等新机具新技术，为河北省露地菜机械化生产水平的提升奠定基础。

9 月 29 日—11 月 5 日

按照《河北省关于开展 2020 年第一批农机购置补贴产品自主投档工作的通知》和《关于进一步做好农机购置补贴实施工作的通知》，全面实行企业网络投档常年受理要求，河北省农业机械化管理局组织专家对企业第二批自主投档信息进行审核，形成《河北省 2020 年农机购置补贴产品投档信息表（第二批）》，并进行公示公告。

10 月 20—22 日

以“聚焦全程机械化、推进果品产业化”为主题的河北省山区丘陵果园农机推广田间日活动在石家庄市召开，13 个市的农机管理及推广机构人员、农机合作社及当地果农代表等 200 余人参加活动。活动示范推广水肥一体化作业机、无人植保机、果园碎草机、开沟施肥机、果林喷雾机、枝条粉碎机、轨道运输车等适宜山区丘陵果园生产的新机具、新技术，为河北省丘陵山区果园生产机械化水平的提升奠定基础。

10 月 2—7 日

河北省农业机械化管理局及河北省农业机械鉴定总站主要领导节日期间分别带队赴各市督导农机安全生产责任落实、安全隐患排查、宣传教育、农机检验、注册登记及驾驶员管理等情况。

10 月 7 日

河北省共确定 48 家农机报废回收企业，涉及 11 个设区市和辛集市，共 45 个县（市、区）。要求严格规范农机报废回收企业，加强农机回收企业资质条件审核，以具有机动车报废回收拆解资质企业为主、具有农机回收拆解经营业务维修网点等其他企业符合《农业机械安全监督管理条例》等有关要求。回收企业由各县级农业农村部门按规定审核确定，报市级农业农村部门备案并通过本市媒体和省农机购置补贴信息公开专栏向社会公布。

10 月 10 日

河北（邯郸）棉花机械收获现场观摩活动在邯郸市曲周县西漳头村黄河流域棉花全程机械化示范基地举办。观摩活动现场由河北省棉花产业体系农机岗位专家研究员王建合主持，农机、农艺专家，合作社负责人等详细介绍棉花机采品种，全程机械化模式技术、生产过程以及棉花花生套作技术等，以及相关机具的原理、性能、特点和功效。

10 月 10—12 日

以“助力数字中药都建设，推动全省中药材生产全程机械化进程”为主题的河北保定中药材农机推广“田间日”活动在河北省安国市召开。13 个市农机管理及推广机构人员、农业合作社及当地药农代表等 200 多人参加活动。河北省农业农村厅二级巡视员郑红维出席活动并讲话。活动示范推广激光平地机、麻山药开沟机、旋耕平地开沟机、人参播种机、吊杯鸭嘴式移栽机等新机具技术，为河北省中药材生产机械化水平提升奠定基础。

10 月 12—13 日

农业农村部农业机械试验鉴定总站、农业农村部农业机械化技术开发推广总站站长刘恒新带队到河北开展农机安全生产专项督导检查。重点对农机安全生产责任落实、农机安全隐患排查、牌证农业机械管理、农机安全宣传教育等情况进行督查，并肯定河北省农机安全监理工作。河北省农业农村厅二级巡视员郑红维、河北省农业机械化管理局局长戎美瑞、河北省农业机械鉴定总站站长孙世桢陪同调研。

10 月 27 日

棉花机采新品种展示及农艺农机融合观摩会在邢台南宫召开。该会议由河北省农业科学院棉花研究所、南宫市人民政府、邢台市农业农村局联合举办，现场展示机采棉新品种展示及农艺农机融合，岗位专家在会上进行全程机械化技术培训和农机装备简介。

11 月 11 日

河北省在保定安国市举办农机购置补贴政策实施培训班，通报 2020 年河北省农机购置补贴政策实施工作情况，介绍农机购置补贴机具投档工作情况并对农机购置补贴政策进行交流答疑。

11 月 18 日—12 月 3 日

河北省农业机械化管理局组织人员对购置补贴信息公开专栏和补贴咨询投诉电话进行 2020 年第二次核查。核查范围涵盖河北省所有设区市及所辖县市区，核查电话总数量达 202 个，对发现的问题进行具体说明。

11 月 26 日

河北省农业机械鉴定总站组织全省农机安全生产考核汇报会。河北省农业机械鉴定总站按照《河北省 2020 年安全生产目标管理考核办法》要求，组成考核小组，根据各设区市和直管县农机主管部门农机安全生产工作的会议汇报、佐证材料以及日常工作情况进行综合考评。考核结果上报河北省委国家安全委员会办公室，并直接纳入省人民政府对各市人民政府安全生产考核总评分。

12 月 6 日

河北省农业机械鉴定站及挂靠单位河北省农业机械产品质量监督检验站通过河北省市场监督管理局组织的资质认定扩项现场评审。

12 月 8 日

河北省农业机械化管理局公布河北省 2020 年农机合作社示范社名单。确定新乐市建良农机专业合作社等 54 个合作社为河北省农机合作社示范社。示范社引领打造河北省农机合作社升级版，实现数量和质量双提升，为推进河北省农机社会化服务机制创新，促进小农户与现代农业发展有机衔接做出贡献。

12 月 9 日

河北省农业机械鉴定总站在石家庄举办农机推广鉴定网上申报系统操作推进会，讲解农机试验鉴定相关政策和河北省农业机械试验鉴定网上申报系统，解读部分产品的农业机械推广鉴定大纲，河北省内 50 多家农机生产企业代表共计 80 多人参加会议。

12 月 17—18 日

河北省设施蔬菜农机推广田间日活动在唐山市召开，来自全省 12 个市的农机管理及推广机构人员、农机合作社代表等 160 余人参加现场活动。活动示范推广农田垄间行走机器人、节水灌溉智能控制系统、水肥一体化施肥机、田间环境信息采集系统、大棚微耕机、起垄机、秧苗移栽机、打药机、扫雪机以及韭菜收获机等新机具、新技术，为河北省设施蔬菜机械化水平的提升奠定基础。

12 月 22 日

河北省曲周县、清河县、衡水市桃城区、衡水市冀州区、临西县、行唐县、邢台南和区、廊坊安次区、涞水县共 9 个县（市、区）被农业农村部评为全国第五批率先基本实现主要农作物生产全程机械化示范县（市、区）。

2020 年

河北省农业农村厅发布《导热油式畜禽尸体处理设备农业机械专项鉴定大纲》《钢索塞盘式精准喂料设备农业机械专项鉴定大纲》《猪用智能粥料饲喂设备农业机械专项鉴定大纲》《镇压器农业机械专项鉴定大纲》和《自走式青饲料收获机专用割台农业机械专项鉴定大纲》5 个农业机械鉴定大纲，为解决因无推广鉴定大纲或现行推广鉴定大纲不能涵盖新增功能和结构特点的创新产品不能进行推广鉴定问题开创新途径。

河北省农机鉴定总站完成农业机械试验鉴定任务 409 项，其中，省级农业机械试验鉴定 345 项，国家支持的农业机械推广鉴定 64 项。

山 西 省

2020 年 3 月 4 日

山西省成立“山西省春季农机化生产专家指导服务组”，组织省、市、县专家 530 人采取线上线下“双线”服务形式，为山西省春季农业机械化生产提供指导和咨询服务。

3 月 15 日

山西省采取“线上”方式，在全省开展 2020 年山西省“农机 3•15”消费者权益日活动。

3 月 19 日

山西省召开全省农业机械化工作暨党风廉政建设视频会议。山西省农业机械发展中心主任王进仁总结 2019 年全省农业机械化工作、安排部署 2020 年全省农业机械化及党风廉政建设，省纪委监委驻省农业农村厅纪检组组长穆晓彤出席会议并讲话。

4 月 10 日

山西省农业农村厅，山西省应急管理厅联合下发《关于做好 2020 年“平安农机”创建工作的通知》，对山西省的平安农机创建工作进行安排部署。

4 月 16 日

山西省农业农村厅组织召开农机农艺深度融合对接座谈会。农业农村厅有关处站和省农机中心有关部门参加会议。与会人员围绕农机农艺深度融合，在创新发展理念、探索关键技术、推广适用机具、攻克薄弱环节、壮大市场主体、拓宽服务领域等方面进行探讨，在项目、资金、技术等方面达成共识，明确推进措施。

5 月 14 日

农业农村部召开的“三夏”农机跨区作业暨农业机械化工作部署视频会议上，山西省农业农村厅厅长鞠振作题为《发挥农机装备优势推进贫困丘陵地区农业机械化发展》的发言。

6 月 13—14 日

农业农村部农业机械化管理司二级巡视员王家忠一行 4 人来山西省就农机报废更新、维修监管、拖拉机驾驶培训等相关工作开展专题调研。

6 月 30 日

山西省组织开展“农机安全生产月”活动，全省共发放安全宣传手册、挂图等 6 万多份。

7 月 1 日

根据《关于建议免征拖拉机联合收割机驾驶许可考试收费的函》的相关建议，山西省发展和改革委员会、省财政厅同意将拖拉机、联合收割机驾驶员考试收费标准降为零。

7 月 17 日

山西省农业机械发展中心和省农业机械发展中心后勤服务中心获“山西省五一劳动奖状”，中心职工肖波、王少侠、吕远、李舒婷四位同志被授予“山西省农林水系统五一劳动奖章”。

8 月 18 日

在山西农谷举办山西省第五届农机操作手大赛暨首届植保无人机大赛，全省共 2 580 人参赛。

8 月 25—26 日

农业农村部农业机械化管理司对山西省丘陵山区农田宜机化改造工作进行专题调研，实地考察山阴县合盛堡乡黄花梁万亩富硒有机旱作农业基地等三个宜机化改造试点项目，肯定山西省建设成效，建议山西省进一步总结经验，努力探索和完善高标准农田和宜机化改造有效衔接的体制机制，不断提升耕地质量和机械化生产水平。

9 月 10 日

在农业农村部农业机械试验鉴定总站、农业农村部农业机械化技术开发推广总站组织的“全国丘陵山区农田宜机化改造暨绿色农业机械化新技术现场演示交流活动”上，山西省就丘陵山区农田宜机化改造作典型发言。

9 月 22 日

农业农村部农业机械化管理司副司长王甲云到山西省农业机械发展中心调研指导。

国务院副总理、中央农村工作领导小组组长胡春华在芮城县东垆乡黄河滩涂万亩优质粮食生产区，实地察看山西“三秋”农业机械化收割现场。中央农村工作领导小组办公室主任、农业农村部部长韩长赋、山西省委书记楼阳生陪同。

9 月 26 日

山西省在太原举办山西药茶生产加工全程机械化装备推介活动，展示全国 13 家企业的茶叶种植、植保、采摘、加工、包装等 20 余类机械和设备，企业代表与山西省内多家药材、药茶机械生产企业和加工合作社进行洽谈交流。

9 月 29 日—10 月 2 日

山西省农业机械发展中心代表省农业农村厅参加“2020 尧城（太原）国际通用航空飞行大会”，会上展示植保无人机飞防技术及装备。

10 月 30 日

山西省农业农村厅联合省财政厅、省商务厅印发了《山西省农业机械报废更新补贴实施方案》，用以指导山西省的农机报废更新工作。

11 月 10 日

山西省在长治市举办全省农机安全技术检验培训班和全省农机事故应急处置理论培训班，农业农村部农业机械化技术开发推广总站生产指导处研究员白艳出席开班仪式。

11 月 21 日—12 月 4 日

中共山西省委和省人民政府任命王进仁同志为农业农村厅党组成员、副厅长，免去山西省农业机械发展中心党委书记、委员、主任职务。

12 月 3 日

在北京举办的“丘陵山区农田宜机化改造工作研讨会”上，山西省介绍丘陵山区农田宜机化改造工作情况。

12 月 14 日

山西省完成《山西省农业机械化“十四五”发展规划》（征求意见稿），并下发各市征求意见。

2020 年

山西省“三夏”农业机械化生产共组织 25.3 万余台农业机械投入生产作业，其中，联合收割机约 1.2 万台，拖拉机约6万台。收获小麦 535.33 千公顷，其中机收 528.67 千公顷，机收率达到 98.7%，完成玉米复播面积 313.33 千公顷，机播率达到 98%。

山西省扶持建设农村磨坊油坊升级改造建设示范点 20 个，新建高标准农产品处理及初加工装备技术示范点 31 个。

山西省投入深松整地专项资金 9 370 万元，实施农机深松整地补助作业面积 208.2 千公顷，带动完成农机深松整地面积 367.33 千公顷；完成机械化秸秆还田 1 542 千公顷；完成机械化秸秆转化利用 361 万吨。

山西省开展“平安农机”创建工作，申报洪洞县为全国平安农机示范县，清徐县、介休市、阳泉市郊区为省级平安农机示范县。

山西省深入开展变型拖拉机专项整治，全省共报废注销变型拖拉机 35 038 台，12 个县“变拖”实现清零。

山西省农机示范社场户“1、2、3”三年创建活动已完成，共创建省级示范农机合作社 100 个，市级示范农机合作社 200 个，县级示范农机合作社 300 个；省级家庭农场 50 个，市级家庭农场 100 个，县级家庭农场 150 个；省级示范农机大户 50 个，市级示范农机大户 100 个，县级示范农机大户 150 个。

山西省新注册登记拖拉机、联合收割机 17 576 台，检验 25 762 台，新训新考驾驶员 4 995 人，期满换发驾驶证 3 614 人。

山西省农作物综合机械化水平达 72.6%。其中，小麦全程机械化作业面积达到 489.47 千公顷，玉米全程机械化作业面积达到 1 251.13 千公顷，马铃薯全程机械化作业面积达到 100.47 千公顷，高粱、胡麻、莜麦、谷子、荞麦、豆类等全程机械化作业面积 122.4 千公顷。

内蒙古自治区

2020 年 3 月 15 日

内蒙古自治区农牧业机械试验鉴定站组织开展主题为“聚力提质量，护农保春耕”的“3·15”消费者权益日活动。共发放材料 2.9 万份，出动执法人员 24 人次。

4 月 16 日

内蒙古自治区农牧厅、财政厅印发《内蒙古自治区 2020 年黑土地保护性耕作推进行动实施方案》（内农牧机发〔2020〕113 号）。

4 月 28 日

内蒙古自治区副主席李秉荣同志对自治区黑土地保护性耕作作出“请农牧厅督导各地严格按照国家要求落实”的批示。

内蒙古自治区农牧厅农机局印发《关于 2020 年全区农机系统持续深入开展行业乱象整治行动实施方案的通知》（内农牧机局发〔2020〕1 号）。

5 月 6 日

内蒙古自治区农牧厅、财政厅印发《内蒙古自治区黑土地保护性工作推进行动方案（2020—2025 年）的通知》（内农牧机发〔2020〕133 号）。

5 月 14 日

内蒙古自治区农牧厅农机局印发《农机局内部管理制度手册》，进一步转变工作作风，规范农业机械化各项工作。

5 月 26 日

内蒙古自治区农牧厅农机局制定印发《2020 年内蒙古自治区农机化工作要点》（内农牧机局发〔2020〕4 号）。

6 月 2 日

内蒙古自治区利用 3 个月时间，在全自治区 8 个盟市对 2017—2019 年期间，对享受国家财政补贴资金且使用满一个作业季节的58.8千瓦以上大中型拖拉机和打捆机开展质量调查，并形成《2020年内蒙古自治区农机质量调查分析报告》。

6月30日

与内蒙古自治区人大农牧业委员会组成联合检查组，赴巴彦淖尔市、赤峰市开展自治区关于执行《中华人民共和国农业机械促进法》情况检查，形成《内蒙古自治区执行〈中华人民共和国农业机械促进法〉情况的报告》。

7月30日

内蒙古自治区人民政府办公厅印发关于《成立自治区现代种业提升工作领导小组等4个议事协调机构的通知》（内政办字〔2020〕58号），自治区人民政府成立“自治区黑土地保护性耕作推进行动领导小组”。

8月2日

内蒙古自治区利用2个月时间，对2018年享受国家财政补贴资金且使用满一个作业季节的2行、4行玉米免耕播种机开展质量调查，并形成调查分析报告。

8月12—16日

农业农村部农业机械化管理司调研组赴兴安盟、呼伦贝尔市开展黑土保护性耕作调研。

9月1日

内蒙古农牧厅、财政厅、商务厅印发《内蒙古自治区农机报废更新补贴实方案的通知》（内农牧机发〔2020〕280号）。

9月11日

内蒙古农牧厅、财政厅印发《内蒙古自治区2020年开展日光大棚温室标准化钢结构骨架购置补贴试点实施方案的通知》（内农牧机发〔2020〕293号）。

9月30日

内蒙古农牧厅印发《关于做好倒伏秋粮作物机械抢收工作的通知》（内农牧机发〔2020〕323号），组织东四盟市开展秋粮机械抢收工作，并跟踪调度工作推进情况，报农业农村部农业机械化管理司。

10月5—7日

内蒙古农牧厅成立以副厅长赵永华为组长的农机安全生产检查工作组，赴呼伦贝尔市开展安全生产督促检查工作。

10月11—14日

内蒙古农牧厅副厅长赵永华陪同农业农村部农业机械试验鉴定总站、农业农村部农业机械化技术开发推广总站副站长姚春生赴包头市、巴彦淖尔市对农机安全生产情况开展督导检查。

10月14—15日

内蒙古自治区召开全自治区黑土地保护性耕作暨主要农作物全程机械化推进现场会，总结保护性耕作工作，安排部署2021年工作。

12月9日

内蒙古自治区召开内蒙古自治区农牧业机械标准化技术委员会换届大会，成立内蒙古自治区第三届农牧业机械标准化技术委员会。

12月14—16日

内蒙古自治区在呼和浩特市召开全自治区农牧业机械化管理统计工作培训班。

12月15日

内蒙古自治区呼伦贝尔市扎兰屯等10个旗县市评为全国第五批率先实现主要农作物生产全程机械化示范县。

12月20—22日

内蒙古自治区在呼和浩特市召开全自治区农机补贴操作技术培训班。内蒙古农牧厅副厅长赵永华出席会议并讲话。

辽宁省

2020年1月2日

辽宁省为简化牌证订制程序，通过《辽宁省农机安全监督管理信息系统》牌证管理功能，实行网上订制拖拉机联合收割机牌证。

1月9日

辽宁省农业农村厅办公室印发《辽宁省农业农村厅办公室关于进一步明确农机安全生产集中整治工作要求的通知》，聚焦农机安全生产重点领域重点环节，着力整治落实防范化解安全风险政治责任不到位、落实安全生产责任不到位，以及隐患排查不彻底、打击非法违法行为不力等形式主义官僚主义突出问题，建立健全农机安全生产风险隐患和突出问题自查自纠长效机制，严防各类安全事故发生，确保农机安全生产形势持续。

1月15日

辽宁省全面启用辽宁省农机购置补贴辅助管理系统（2018—2020）2020年系统时间，实现补贴系统连续开放不间断受理补贴申请。

1月16日

辽宁省发展和改革委员会和辽宁省财政厅批复《关于继续执行拖拉机等驾驶许可考试收费标准等有关事宜》，批准继续执行拖拉机等驾驶许可考试收费标准，保障农机安全监理驾驶人考试工作顺利进行。

2月12日

辽宁省农业机械化发展中心向农业农村部农业机械试验鉴定总站、农业农村部农业机械化技术开发推广总站报送《辽宁省农业机械化发展中心关于报送抓好蔬菜生产和疫情防控有关情况的报告》。

2月26日

辽宁省农业农村厅办公室印发《辽宁省农业农村厅办公室关于做好2020年农机春耕备耕工作的通知》（辽农办机发〔2020〕38号）。

辽宁省农业农村厅印发《关于做好2020年保护性耕作工作的通知》（辽农办机发〔2020〕39号），将2020年工作任务目标分解到各市任务，并提出做好技术支撑、技术培训、机具装备落实、主体培育、生产组织和调度、提升作业质量、加强组织领导等工作要求。

2月27日

农业农村部、应急管理部公布2019年度全国“平安农机”示范市、县和农机安全监理岗位标兵名单，由辽宁省推荐的“平安农机”示范县灯塔市和示范岗位标兵邓军、张海军、马胜国、祝博、周国济、张永刚、刘艳、侯博、王强9名同志被评为2019年度全国“平安农机”示范县和农机安全监理示范岗位标兵。

3月1日—6月30日

辽宁省农业机械化发展中心累计受理3起农机质量投诉，经依法调解，全部结案，为用户挽回经济损失44.5万元。

3月5日

辽宁省农业机械化发展中心对旅顺口区发生一起大棚卷帘机作业致1人死亡的事故迟报原因进行调查，印发《关于对旅顺口区大棚卷帘机作业致1人死亡事故迟报原因调查的函》。

3月6日

辽宁省农业农村厅办公室印发《辽宁省农业农村厅办公室关于做好2020年联合收割机插秧机跨区作业证发放

工作的通知》，要求各地做好2020年辽宁省联合收割机插秧机跨区作业证发放工作。

按照农业农村部农业机械试验鉴定总站、农业农村部农业机械化技术开发推广总站对全国“农机3·15”消费者权益日活动的统一部署，为保障春耕生产的正常进行，维护农机用户、生产企业和销售企业的合法权益，结合辽宁省新冠肺炎疫情防控要求及工作实际，辽宁省农业机械化发展中心制定《2020年辽宁省“农机3·15”消费者权益日活动方案》，成立领导小组，确定活动方式，明确任务分工。

3月10日

辽宁省农业机械化发展中心设计制作的“辽宁农机3·15”专栏正式上线运行，设置政策法规、投诉指南、工作动态、服务信息、典型案例、实用技术六大版块，为农机用户、农机企业和质量投诉监督人员等不同受众，提供一个查阅便捷、内容全面的信息服务平台。

3月12日

辽宁省农业机械化发展中心向农业农村部农业机械试验鉴定总站、农业农村部农业机械化技术开发推广总站报送《辽宁省农业机械化发展中心关于报送继续做好抗疫情保供给蔬菜生产机械化工作有关情况的报告》。

3月16日

辽宁省农业农村厅制定印发《辽宁省保护性耕作技术模式及技术要点》，结合区域自然特点和农业结构调整等情况，明确主推技术模式和技术路线，因地制宜指导各地技术应用。

3月24日

辽宁省农业农村厅召开全省保护性耕作推进工作会议，明确任务时间节点，细化措施，对该项工作进行动员部署和推动落实，为保护性耕作行动计划实施提供组织领导保障。辽宁省农业农村厅副厅长张奎男出席会议并讲话。

辽宁省农业机械化发展中心召开全省农机安全监理工作视频会议，总结2019年工作情况，分析存在问题，布置2020年工作，对安全监理业务和事故报送工作提出相关要求。辽宁省农业机械化发展中心主任樊金鑫、副主任闵祥宏出席会议。

4月8日

经辽宁省人民政府同意，辽宁省农业农村厅、财政厅印发《辽宁省黑土地保护性耕作行动实施方案（2020—2025年）》（辽农机〔2020〕58号），明确总体要求、行动目标、实施区域、技术要点、行动安排、政策支持、组织保障等。

4月13日

按照《辽宁省农业农村厅办公室关于做好复工复产及春耕期间农机安全生产工作的通知》（辽农办农发〔2020〕118号）要求，开展农机安全生产隐患排查，组织农机安全生产专项整治，做好农机安全宣传和技术服务，加强农机安全生产源头管理，做好应急值守和事故报送等方面工作。

4月17日

辽宁省农业农村厅、财政厅印发《辽宁省2020年黑土地保护性耕作项目实施方案》（辽农机〔2020〕63号），明确年度目标任务、实施区域和作物种类、补助对象和实施主体、技术模式和技术要求、作业质量要求、推进方式、政策支持、实施程序、实施进度和工作要求等。

4月21—30日

免耕播种作业期间，辽宁省农业农村厅派出4个专项工作组，由厅领导带队分赴全省各地开展保护性耕作专项督导检查，促进工作开展，提升项目实施效果。

4月24日

辽宁省农业机械化发展中心组织召开2020年第一批农业机械产品推广鉴定获证评审会，对8个农机产品进行评审。

6月1日

按照《农业机械试验鉴定办法》的要求，对有效期内获得辽宁省农业机械推广鉴定证书产品开展监督检查。

辽宁省农业发展服务中心印发《辽宁省农业发展服务中心关于开展2020年农机“安全生产月”活动的通知》，要求各地开展“排查整治进行时”专题活动、开设“安全生产大家谈”云课堂等活动。在保障疫情防控和安全生产的情况下，采用多种形式，举办“安全生产月”活动启动仪式、推进安全宣传“五进”工作等广泛宣传农机安全法律法规和安全操作知识，扩大和夯实安全生产的群众基础。

6月10日

辽宁省农业农村厅、财政厅联合印发《辽宁省农业农村厅辽宁省财政厅关于做好2020年农机购置补贴工作的通知》（辽农机〔2020〕104号）。明确辽宁省2020年农机购置补贴机具种类范围、补贴额度标准、补贴方式、操作流程和工作要求。

6月15日—7月10日

免耕播种作业结束后，辽宁省农业农村厅派出3个专项工作组，分赴全省各地督导检查保护性耕作项目实施质量和效果，调研2021年保护性耕作和深松作业补助项目。

6月23日

辽宁省农业机械化发展中心组织召开2020年第二批农业机械产品推广鉴定获证评审会，对49个农机产品进行评审。

7月13日

为贯彻落实《东北黑土地保护性耕作行动计划》，加强技术培训，总结交流工作经验，推动辽宁省丘陵山区保护性耕作工作开展，辽宁省农业农村厅在抚顺市召开东部山区保护性耕作观摩推进会议。抚顺、本溪、丹东3市及县（市、区）农业农村局和农业发展服务中心相关负责同志、合作社代表及省保护性耕作专家组部分成员共70余人参加会议，副厅长张奎男出席会议并讲话。

7月20日

辽宁省农业农村厅、财政厅、商务厅印发《辽宁省农业农村厅辽宁省财政厅辽宁省商务厅关于印发辽宁省农机报废更新补贴工作实施方案的通知》（辽农机〔2020〕144号），明确农机报废更新补贴的总体要求、实施范围和补贴对象、补贴种类和报废条件、补贴标准、回收企业、操作程序和工作要求等。

8月1日—10月15日

按照农业农村部农业机械试验鉴定总站、农业农村部农业机械化技术开发推广总站联合下发的《关于开展有关经济作物生产机械化技术与装备需求调查的通知》文件要求，辽宁省农业机械化发展中心对辽宁省各市中药材技术装备情况进行调查，形成调查报告按时上报。

8月10—13日

辽宁省农业农村厅配合省人大赴抚顺、铁岭、锦州和阜新市开展《中华人民共和国农业机械化促进法》执法检查工作。

8月18日

辽宁省农业农村厅办公室、辽宁省财政厅办公室印发《辽宁省农业农村厅办公室辽宁省财政厅办公室关于农机购置补贴资金兑付进度的通报》，对兑付进度最慢的市给予批评，并在年度农机购置补贴绩效考核评价实行降档处理。对兑付进度较快的鞍山、辽阳、营口、抚顺市给予表扬，并在年度农机购置补贴绩效考核评价实行升档处理，取得较好的效果和社会反响。

8 月 19 日

沈阳农业大学工程学院院长王伟、书记王洪来等一行七人到辽宁省农业机械化发展中心调研座谈，就人才培养、科技创新等如何服务辽宁省乃至全国农机产业等问题进行探讨，并提出共建新型人才培养机制的构想。

9 月 2 日

辽宁省农业农村厅、辽宁省财政厅《辽宁省农业农村厅辽宁省财政厅关于印发辽宁省设施大棚钢结构骨架购置补贴试点实施方案的通知》（辽农机〔2020〕190 号），明确总体思路、补贴产品、补贴产品标准、产品补贴范围及补贴对象、试点实施期限、补贴资金规模、操作流程和有关要求。

9 月 2—5 日

农业农村部保护性耕作调研组由农业农村部农业机械试验鉴定总站、农业农村部农业机械化技术开发推广总站副站长徐振兴带队一行 6 人，对辽宁省保护性耕作行动计划实施情况开展专题调研，先后深入锦州市义县、阜新市阜蒙县、抚顺市清原县和新宾县、铁岭市昌图县、沈阳市沈北新区，实地跟踪了解行动计划实施进展情况。

9 月 9 日

辽宁省农业农村厅办公室印发《辽宁省农业农村厅办公室关于落实 2020 年农机购置补贴政策有关问题的通知》（辽农办机发〔2020〕353 号）。明确辽宁省农机购置补贴辅助管理系统 2018—2020 增加“中央资金超录申请”功能。各县（市、区）可在系统中继续录入补贴申请，录入的补贴申请显示为红色“中央资金超录申请”条目。“中央资金超录申请”按规定要求逐一递补兑付补贴资金。

9 月 11 日

辽宁省农业机械化发展中心召开“指轮式搂草机作业技术规程”等 6 项辽宁省农业地方标准审查会议，《秧盘育秧播种机作业质量》等 6 项标准通过审查。

9 月 14 日

《辽宁日报》要闻版刊发《我省发放补贴助推设施农业全程机械化》，对辽宁省实施设施大棚钢结构骨架购置补贴试点工作进行宣传报道，对全面推进辽宁省设施农业全程机械化发展起到积极的推动作用。

9 月 15 日

为推进粮食收获进度，确保粮食颗粒归仓，辽宁省农业农村厅联合省气象局，为全省农机手提供秋收期间气象预报预警信息，共为 1.6 万个农机手免费安装辽宁智慧农业气象手机客户端，可提前预判天气变化，扩大农机收获效率高和质量高的优势，确保粮食适时收获。

按照农业农村部农业机械试验鉴定总站、农业农村部农业机械化技术开发推广总站的总体部署，辽宁省农业机械化发展中心完成对 4 家生产企业的 4 种产品的部级农机推广鉴定产品监督检查任务，上报工作总结等相关材料。

9 月 16 日

辽宁省农业机械化发展中心组织召开 2020 年第三批农业机械产品推广鉴定获证评审会，对 14 个农机产品进行评审。

9 月 16—17 日

为贯彻落实《东北黑土地保护性耕作行动计划（2020—2025 年）》《辽宁省黑土地保护性耕作行动实施方案（2020—2025 年）》和省人民政府有关工作要求，做好 2021 年辽宁省保护性耕作推进工作，辽宁省农业农村厅在铁岭市举办全省保护性耕作管理工作培训班，各市农业农村局和农业发展服务中心相关负责同志及省保护性耕作专家组部分成员参加培训，辽宁省农业农村厅副厅长张奎男出席培训班并讲话。

9 月 18 日

辽宁省农业机械化发展中心在盘锦市举办全省农机安全监理岗位人员（三员）培训班，全省各市共 70 多名从事农机安全监理业务的工作人员参加业务培训，使辽宁省农机监理人员的业务工作水平进一步得到提升。辽宁省农业机械化发展中心副主任闵祥宏出席会议并讲话。

9 月 21 日

辽宁省农业机械化发展中心在全国农机质量投诉监督信息报送工作考核中成绩优秀，获得通报表扬。

9 月 27 日

辽宁省农业农村厅、辽宁省财政厅印发《辽宁省 2020 年农机深松整地作业补助工作实施方案》（辽农财〔2020〕209 号），明确年度目标任务、实施区域和对象、技术模式和作业质量、补助标准、实施程序、实施进度和工作要求等。

10 月 5—30 日

吉林松原“10・4”重大道路交通事故发生后，辽宁省农业农村厅相继于 10 月 5 日印发《关于进一步加强秋季农机安全生产工作的紧急通知》、10 月 9 日印发《关于开展秋季农机安全生产督导检查工作的紧急通知》，于 10 月 9—30 日期间，派出 3 个专项督导检查组，由辽宁省农业农村厅领导带队深入全省各地开展秋季农机安全生产督导检查，落实安全生产各项措施。

10 月 9 日

按照《“十三五”时期创建“平安农机”活动工作方案》要求，辽宁省组织、指导各市、县开展“平安农机”创建工作，经过评审确定东港市为省级“平安农机”示范县，权崇伟等 12 名同志为省级“平安农机”示范岗位标兵，推荐东港市参加全国“平安农机”示范县评选和权崇伟等 8 人参加全国“平安农机”示范岗位标兵评选。

10 月 12—13 日

受农业农村部农业机械化管理司委托，中国农业大学国家保护性耕作研究院、中国农业机械化协会、辽宁省农业农村厅、辽宁农业科学院、沈阳市农业农村局、沈北新区人民政府联合召开“东北黑土地保护性耕作技术培训会”。培训采取室内技术理论培训和田间机具演示培训两个环节，农业农村部农业机械化管理司副司长王甲云通过视频连线的方式对实施保护性耕作行动计划提出工作要求。

10 月 12—14 日

农业农村部农业机械化管理司司长冀名峰一行 3 人，对辽宁省开展“三秋”农机安全生产专项督导检查。先后在铁岭市昌图县和沈阳市沈北新区督导检查农机安全生产工作，考察保护性耕作基地、倒伏玉米机收现场、农机监理办事大厅和农机合作社，并召开座谈会，与当地农机合作社及农户代表深入交流辽宁省农业机械化工作情况。

10 月 20—22 日

农业农村部规划设计研究院总工

程师齐飞一行对辽宁省设施大棚钢结构骨架购置补贴试点工作进行抽查和评估，实地抽查绥中县、盘山县、大洼区、阜蒙县5个项目点，并在沈阳召开工作座谈会议。辽宁省农业农村厅副厅长张奎男、总工程师都业弘参加会议。工作组对辽宁省设施大棚钢结构骨架购置补贴试点工作进展情况给予肯定，对今后做好设施大棚钢结构骨架购置补贴试点工作提出要求，对辽宁省下一步开展试点工作具有重要意义。

10月21—22日

辽宁省农业农村厅在昌图县举办全省保护性耕作技术培训班。各市和项目县农业农村局负责同志、部分合作社代表、省保护性耕作专家组成员共200余人参加培训。培训采取室内技术理论培训和田间机具演示培训两个环节，邀请中国农业大学保护性耕作研究院院长李洪文就如何开展东北黑土地保护性耕作行动计划进行技术讲解和专业培训，辽宁省农业农村厅副厅长张奎男出席培训并讲话。

10月29日

辽宁省农业农村厅和省工业和信息化厅联合召开省农业机械化和农机装备产业转型升级部门联席工作联络员会议，商议辽宁省农业机械化和农机装备产业转型升级部门协调推进机制，研究贯彻落实《辽宁省人民政府关于加快推进农业机械化和农机装备产业转型升级的实施意见》任务分工；商议落实省人大常委会组成人员关于对《辽宁省人大常委会关于检查〈中华人民共和国农业机械化促进法〉实施情况的报告》审议意见的任务分工。

11月2日

辽宁省农业农村厅在沈阳市举办全省农机购置补贴业务培训班和警示教育。会议就农机购置补贴政策实施、钢结构骨架购置补贴和报废更新工作、县级农机购置补贴信息公开专栏建设等情况进行系统培训；通报12316金农热线电话咨询投诉情况；并对与会人员进行廉政警示教育。各市农业农村局、沈抚示范区产业发展局分管农机购置补贴工作业务处室负责人和具体工作人员参加培训。

11月6—10日

辽宁省农业农村厅组织代表队参加三部委举办的全国修理工技能大赛，取得优异的成绩，辽宁省农业农村厅获优秀组织单位称号，并颁发证书。

11月18日

辽宁省农业机械化发展中心在2020年《农机质量与监督》通联事务中成绩突出，被评为工作先进单位。

辽宁省农业机械化发展中心组织召开2020年第四批农业机械产品推广鉴定获证评审会，对47个农机产品进行评审。

12月7日

辽宁省农业农村厅配合省人大对全省各地《中华人民共和国农业机械化促进法》执行情况进行检查，代表省人民政府汇报全省的执行情况。按照省人民政府要求，代省人民政府起草《辽宁省人民政府关于〈辽宁省人大常委会关于检查《中华人民共和国农业机械化促进法》实施情况的报告〉和省人大常委会组成人员审议意见落实情况的报告》。

辽宁省农业机械化发展中心组织召开2020年第五批农业机械产品推广鉴定获证评审会，对30个农机产品进行评审。

12月22日

农业农村部印发《关于公布全国第五批率先基本实现主要农作物生产全程机械化示范县（市、区）名单的通知》（农办机〔2020〕5号），辽宁省的朝阳县、彰武县、义县、喀左县、凌源市5个县（市、区）获得农业农村部认定的第五批全国主要农作物全程机械化示范县。

吉林省

2020年1月4日

吉林省农机安全监理总站印发《2020年农机监理工作要点》，明确2020年农机监理重点工作和目标，为完成全年农机监理工作任务奠定基础。

1月6日

吉林省农业机械化智慧云平台升级建设项目启动。

1月17日

周明新任吉林省农业机械化管理中心副主任（吉林省农业机械化技术推广总站副站长、吉林省农业机械试验鉴定站副站长）（试用期一年）。

3月18日

吉林省农机安全监理总站印发《关于加强牌证制发管理工作的通知》，明确牌制发管理职责和发放流程。

3月20日

吉林省农机安全监理总站印发《2019年度农机安全监理统计工作情况的通报》，通报2019年农机监理统计工作经验和存在的问题，对2020年农机监理统计工作提出具体要求。

吉林省厅党组研究决定，翟延华晋升一级调研员职级，肖允功晋升二级调研员职级。

4月7日

为贯彻落实《东北黑土地保护性耕作行动计划（2020—2025年）》，吉林省农业农村厅、省财政厅联合印发《吉林省保护性耕作推进行动方案（2020—2025年）的通知》（吉农机发〔2020〕6号），力争实现到2025年全省保护性耕作面积占全省适宜区域耕地面积的70%左右的发展目标，提出组织整体推进，强化技术支撑，提升装备能力，壮大实施主体等行动安排。

4月13日

吉林省农业农村厅、省财政厅联合印发《吉林省2020年保护性耕作实施方案》（吉农机发〔2020〕7号），明确2020年全省保护性耕作总体要求、任务目标、实施办法、工作程序和保障措施，成立省保护性耕作专家指导组。

4月17日

农业农村部召开保护性耕作推进落实视频会，吉林省农业农村厅厅长张凤春发言。

4月23日

吉林省副省长李悦对省农业农村厅《关于东北黑土地保护性耕作行动计划实施调度部署会精神及我省贯彻落实意见的报告》（吉农文〔2020〕49号）作出批示"同意省农业农村厅贯彻意见。有关黑土地保护工作一定要抓紧抓实抓好，要有专人专班紧盯不放，落实好补贴及相关政策，务求实效。"

4月29日

吉林省省长景俊海对省农业农村厅《关于保护性耕作行动计划推进情况的报告》（吉农文〔2020〕48号）作出批示"要抓住机遇，细化目标，夯实任务，一鼓作气，抓出成效。"

5月11日

吉林省积极推动省农业农村厅与中国农业机械化科学研究院战略合作。吉林省农业农村厅厅长张凤春会见中国农业机械化科学研究院院长刘小虎，会商推动落实厅院战略合作事项。在厅院合作的基础上，积极促成省人民政府与国机集团开展战略合作。

5月21日

吉林省地方金融监督管理局、省农业农村厅、省市场监督管理厅、中国银行保险监督管理委员会吉林监管局联合印发《关于加快推进金融助力农业机械化转型升级的通知》（吉金局联字〔2020〕10号），健全农机抵押贷款机制保障，助力农业机械化转型升级。

6月3日

吉林省农机安全监理总站印发《关于拖拉机号牌专项检查的通知》，加强号牌使用管理，规范全省拖拉机号牌管理工作。

6月22日

吉林省委十一届七次全会审议通过《关于集中力量补齐全面小康"三农"领域短板，提高粮食安全保障能力，加快率先实现农业现代化的决定》，提出"84549"现代农业发展计划，其中农业机械化工作目标任务占据重要位置：一是到"十四五"期末，全省农作物耕种收综合机械化水平达到90%以上，继续位居全国先进水平；二是保护性耕作技术实施面积达到2 666.67千公顷，占全省适宜耕地面积的70%以上。

6月28日

吉林省农业农村厅党组研究决定，免去肖允功农业机械化管理处（局）副处长（副局长）职务。

7月18日

2020年第十五届中国·吉林现代农业机械装备展览会在长春国际会展中心举办。展会设置收获机械及收获后处理机械展区等6个展区，百余家企业及农机合作组织等参展。

7月19日

全国人大常委会《中华人民共和国农业机械化促进法》执法检查组来到吉林省开展执法检查，副省长李悦汇报吉林省《中华人民共和国农业机械化促进法》实施情况，包括2004年以来吉林省农业机械推广使用法律规定执行、农业机械化社会化服务组织规范管理等方面工作情况，执法检查组组长全国人大常委会副委员长武维华对吉林省贯彻实施《中华人民共和国农业机械化促进法》工作给予肯定，希望吉林省继续加大投入力度，不断提升农业机械化水平，努力在全国率先实现农业现代化。

7月22日

习近平总书记在吉林省四平市考察作出重要指示，"要认真总结和推广梨树模式，采取有效措施切实把黑土地这个'耕地中的大熊猫'保护好、利用好，使之永远造福人民"。习近平来到卢伟农机农民专业合作社，听取合作社生产经营情况介绍，强调"要积极扶持家庭农场、农民合作社等新型农业经营主体，鼓励各地因地制宜探索不同的专业合作社模式"。

8月7日

吉林省农业农村厅党组研究决定，李玉军任农业机械化管理处（局）副处（局）长，同时免去李玉军对外经济处副处长职务。

8月11日

吉林省农业农村厅、省财政厅、中国民用航空吉林安全监督管理局联合印发《关于2020年开展植保无人飞机购置补贴试点工作的通知》（吉农机发〔2020〕20号），2020年在农安、德惠等19个县（市、区）开展植保无人飞机购置补贴试点。

8月27日

2020年夏末秋初，吉林省半个月内接连遭遇"巴威""美莎克""海神"三台风袭击，为历史首次，农作物出现倒伏。省委省人民政府高度重视，省人民政府召开会议专题研究救灾减灾措施，吉林省第一时间发布《倒伏农作物实施机械收割技术方案》，指导农民科学推进农作物机械收获，减少粮食收获损失。其中采用保护性耕作技术的地块抗倒伏能力明显优于采取常规作业模式地块。

8月31日

吉林省农业农村厅、省财政厅印发《关于下发2020年中央财政农业生产发展项目实施方案（指南）的通知》（吉农财发〔2020〕16号），安排资金18 170万元，补助秋季深松作业，深松深度在30厘米以上。补助标准实行最高限额制，即补助上限不超过每公顷375元。实施范围为中西部粮食主产区及部分山区半山区适宜区域的26个县（市、区）承担。补助对象为实施农机深松整地作业服务提供者。

9月8日

吉林省副省长李悦对省农业农村厅制定出台的《倒伏农作物实施机械收割技术方案》批示："很好。省农业农村厅出台救灾技术方案迅速及时，科学指导灾后农业生产，值得充分肯定！"

9月10日

吉林省人民政府与国机集团签署战略合作框架协议。省委书记巴音朝鲁、省长景俊海出席签约仪式。

9月16日

吉林省农业农村厅、省财政厅联合印发《受灾农作物收获机械省级补贴实施方案》（吉农机发〔2020〕26号）。省人民政府安排省级专项资金，对具有倒伏农作物收获性能的收获机械和玉米收获机加装辅助喂入装置实施省级补贴，为倒伏农作物进行机械化抢收提供装备保障。吉林省一系列农业机械化抗灾减损政策措施和指导服务，有效降低台风灾害对粮食产量的影响，为秋收生产提供保障，起到稳定国家粮食安全的"压舱石"作用。

9月21日

吉林省农业机械化管理中心农机质量投诉信息报送工作获得农业农村部农业机械试验鉴定总站，农业农村部农业机械化技术开发推广总站通报表扬。

9月23—24日

农业农村部在吉林省四平市召开东北倒伏玉米机械化抢收工作布置会暨东北黑土地保护性耕作行动计划现场推进会，研究部署倒伏玉米机械化抢收工作，有序推进黑土地保护性耕作行动计划实施。农业农村部副部长张桃林出席会议并讲话。

10月9日

按照《农业机械试验鉴定办法》有关要求，吉林省联合辽宁、黑龙江等省份鉴定站开展条带耕作整地机行业标准制定工作，发布《条（带）耕作整地机》（DG22/Z001—2020）省级专项鉴定大纲，填补此类保护性耕作重点机具行业标准上的空白。

10月29日

吉林省农业农村厅党组研究决定王云福、郑铁志从2020年8月7日起正式任职；王雅君从9月11日起正式任职。

吉林省农业农村厅、省财政厅、省商务厅联合印发《吉林省农机报废更新补贴工作实施方案》（吉农机发〔2020〕31号），推进开展农机报废更新工作。

11月6日

吉林省农机局、省农业机械化管

理中心分别在农业农村部举办的省级农业机械化管理干部高级研修班上作交流发言。

11 月 7 日

在第三届全国农业行业职业技能大赛农机修理工技能竞赛中，吉林省代表队团体总分全国第七，东北四省区第一，2 名选手获“全国农业技术能手”证书和奖牌，1 名获“优秀选手”证书。

11 月 13 日

吉林省农业农村厅副厅长张永林带队参加青岛农机展会。

11 月 17 日

吉林省农业农村厅印发《〈吉林省农机安全专项整治三年行动实施方案〉的通知》（吉农机发〔2020〕33 号），提出农机安全专项整治行动的提出开展变型拖拉机治理、拖拉机和联合收割机“无牌”治理、无证驾驶拖拉机和联合收割机治理、农机安全隐患排查治理、查处违法违规行为、开展广泛的农机安全生产宣传教育、加强拖拉机驾驶培训机构的监督检查、进一步加强农机维修经营管理等 8 项主要任务和 4 项工作要求。

11 月 24 日

吉林省农业机械化管理中心获“2019—2020 年度中国农业机械化信息网信息宣传工作先进单位”“2019 年度农业农村部农机推广与监理网信息交流先进单位”，在全国农业机械化信息宣传会议上作经验交流。

11 月 30 日

吉林省在册的变型拖拉机 3 038 台全部清零，按期完成变型拖拉机整治工作任务。

12 月 4 日

吉林省农业农村厅在长春市举办 2020 年全省农业机械化管理统计培训班，讲解统计年报工作要点，对 2020 年农业机械化统计数据报送工作提出要求。

12 月 7 日

吉林省农业机械化管理中心获农业农村部农业机械试验鉴定总站、农业农村部农业机械化技术开发推广总站颁发的东北倒伏玉米机收现场指导以及保护性耕作技术与装备专题展荣誉证书。

12 月 11 日

吉林省农业农村厅在长春市举办农业机械化政策推进落实暨农机安全应急培训班，培训班座谈交流全省农业机械化工作，对保护性耕作应用基地建设给予政策和技术指导，安排农机购置补贴工作，解读农机报废更新政策，开展农机安全生产及安全事故应急演练讲座。

12 月 22 日

农业农村部办公厅认定延吉市、白城市洮北区、蛟河市、桦甸市、长春市双阳区、扶余市为全国第五批率先基本实现主要农作物生产全程机械化示范县，长春市、辽源市已整建制率先基本实现主要农作物生产全程机械化。截至 2020 年，全省创建国家级全程机械化示范县 28 个，覆盖粮食主产县的 90%，示范市达到 3 个，占全省市（州）数量的 1/3。

12 月 28 日

吉林省农业农村厅在中国科学院东北地理与农业生态研究所召开专家指导组座谈会，副厅长张永林出席会议，农机处处长翟延华，副处长李玉军，二级调研员曹殿广和全体专家指导组成员参会。

2020 年

2020 年，吉林省实施保护性耕作面积 1 234.67 千公顷，覆盖 42 个县市，建设 8 个整体推进县，30 个高标准应用基地和 15 个实施效果监测点，完成国家和省人民政府确定的目标任务。

吉林省投入高标准农田建设资金 49.88 亿元，其中，中央投资 38.28 亿元，省级投资 11.6 亿元。累计建设完成高标准农田项目区 148 个，建设面积 200 千公顷，累计修建田间机耕道路 1 600 千米，修建农道桥 440 座，为吉林省农业机械化发展提供支持和保障。

吉林省农作物耕种收综合机械化水平达到 91%，比 2019 年增加 1.8 个百分点，其中全省玉米综合机械化水平为 93%，水稻综合机械化水平为 96%，完成全程机械化整省推进行动目标任务。

黑龙江省

2020 年 1 月 29 日

农业农村部应急管理部印发《关于公布 2019 年度全国“平安农机”示范市、县和农机安全监理示范岗位标兵名单的通知》（农机发〔2020〕1 号），曲宏志等 6 名监理员获得 2019 年度全国农机安全监理示范岗位标兵称号。

3 月 15 日

由农业农村部农业机械试验鉴定总站、农业农村部农业机械化技术开发推广总站、黑龙江省农业农村厅主办，黑龙江省农业机械试验鉴定站承办的“聚力提质量，护农保春耕”全省“农机 3·15”消费者权益日宣传活动在线上举办。活动期间，全省各地农业机械化主管部门在网站上发布信息 193 条；在 3 个新媒体微信公众号上发布信息 555 条，播放制作视频 20 个；在线下宣传活动中发送资料 8 058 份，提供咨询 390 人次，取得较好的宣传效果和社会效应。

3 月 20 日

黑龙江省印发《2020 年全省农机安全生产工作要点》（黑农厅函〔2020〕155 号），要求扎实做好农机安全监管工作，有效防范和遏制农机重特大事故发生，营造稳定的安全生产环境。

3 月 26 日

为落实国家《东北黑土地保护性耕作行动计划（2020—2025 年）》，黑龙江省农业农村厅、省财政厅联合印发《黑龙江省黑土地保护性耕作行动方案（2020—2025 年）》（黑农厅联发〔2020〕77 号），明确目标任务、技术要求、政策支持、保障措施，并成立由省委常委、副省长王永康任组长的行动计划推进领导小组，计划到 2025 年全省保护性耕作面积达到 3 466.67 千公顷。

4 月 14 日

黑龙江省农业农村厅、省财政厅联合印发《黑龙江省 2020 年黑土地保护性耕作实施方案》（黑农厅联发〔2020〕95 号），确定 2020 年全省实施玉米茬保护性耕作面积 800 千公顷。

5 月 9 日

黑龙江省印发《关于深入开展农业机械安全生产大执法大培训大曝光行动的通知》（黑农厅函〔2020〕366 号），进一步巩固农业机械安全生产大执法大培训大曝光行动成果，促进安全生产主体责任落实，保持全省农业机械安全生产形势平稳。

7 月 1 日—10 月 31 日

按照农业农村部农业机械试验鉴定总站、农业农村部农业机械化技术开发推广总站和黑龙江省农业农村厅农业机械化管理处部署，黑龙江省农业机械试验鉴定站开展免耕播种机部级和省级质量调查工作，涉及 14 家企业生产 16 种型号 140 台产品，并对调查结果进行通告。

7月14日

黑龙江省制定并印发《黑龙江省农业机械安全专项整治三年行动实施方案》（黑农厅函〔2020〕691号），以进一步完善农机安全生产责任体系和事故预防控制体系，加强农机安全基础设施建设，强化农机安全生产监管执法，推进农机安全生产治理体系和治理能力现代化，保障农机安全生产形势持续向好。

7月27日—8月4日

农业农村部农业机械化管理司副司长王甲云一行5人，重点围绕黑土地保护性耕作行动计划政策启动实施、作业质量跟踪、技术装备保障、资金拨付使用、工作监管督导等方面到齐齐哈尔市富裕县、拜泉县、青冈县和黑河市逊克县、哈尔滨市阿城区、佳木斯市汤原县等地对黑龙江省黑土地保护性耕作实施情况开展专题调研。黑龙江省农业农村厅副厅长李连瑞、农业机械化管理处二级调研员李宪义、省农业机械化技术推广总站站长毛新平陪同调研。

8月14日

黑龙江省农业机械试验鉴定站站长郭雪峰陪同农业农村部农业机械试验鉴定总站、农业农村部农业机械化技术开发推广总站质量检测处处长李宏赴齐齐哈尔市泰来县开展2020年农机质量调查督导工作。

9月7—8日

由黑龙江省农业农村厅、省人力资源和社会保障厅、省总工会主办，黑龙江农业工程职业学院承办的第三届黑龙江省农业行业职业技能大赛——“瑞丰盈”杯农机修理工职业技能竞赛在黑龙江农业工程职业学院现代农业高新技术示范园举办，来自全省10个市（地）的23名参赛选手参加此次竞赛。此次竞赛全面检验选手们的理论功底、技能水平、操作规范和心理素质，对黑龙江省农机人才队伍建设产生积极影响。

9月8日

为有效应对台风灾害、科学开展秋季收获，黑龙江省农业机械化技术推广总站调研印发《倒伏玉米机械化收获减损技术指导意见》（黑农机推字〔2020〕21号）。

9月17—20日

农业农村部派驻研究员兰心敏、张晓晨、副处长王超组成的3人专家组莅临黑龙江省，分别赴哈尔滨、大庆、绥化了解受风灾影响的玉米田间情况，指导收割机改装工作及合作社、农户的田间秋收工作。

9月19日

黑龙江省发布《关于做好全省倒伏农作物收获机械补助工作的通知》（黑农厅函〔2020〕990号），应对台风灾情，保证粮食生产，对玉米、水稻收获机械改装给予补贴。

9月22日

2020年黑龙江省农民丰收节在佳木斯富锦市长安镇永胜村隆重开幕。本届农民丰收节以“黑土粮仓庆丰收，大美龙江迎小康”为主题，以农民为主体，以庆丰收为主线，以大农业、大粮仓、大丰收为题材，展示龙江农业新成果、农村新风貌、农民新形象。

9月29日

“基于北斗的智能农机作业演示活动”在建三江七星农场举办。演示活动以“北斗导航＋智能农机应用”为主题，演示玉米、水稻生产全程机械化与保护性耕作智能农机应用技术，集中展示北斗卫星导航技术与农机智能装备在农业生产上融合发展的新进展。农业农村部农业机械试验鉴定总站、农业农村部农业机械化技术开发推广总站副站长涂志强、全国10个省（区、市）农业机械化技术推广部门、47个农机和卫星导航企业的技术人员及当地农机合作社和农民代表参加演示活动。

10月11—12日

农业农村部农业机械化管理司司长冀名峰带队一行5人深入阿城区、肇东市和黑龙江省农业机械试验鉴定站对倒伏农作物机械化抢收、黑土地保护性耕作行动计划实施和农机鉴定工作开展情况进行实地调研，并在黑龙江省农业农村厅信息中心召开座谈会，省农业农村厅副厅长李连瑞、农业机械化管理处和有关单位的负责同志参加座谈。

10月20日

黑龙江省农业机械试验鉴定站在哈尔滨举办“2020年农业机械试验鉴定工作培训班”，来自全省77家农机企业的110名代表参加培训。培训班上讲解《农机购置补贴投档要求及注意事项》《国家支持的农业机械推广鉴定申报要求及注意事项》《黑龙江省农业机械试验鉴定实施细则》等内容。

10月28日

黑龙江省农业农村厅、省财政厅、省商务厅联合印发《黑龙江省农业机械报废更新补贴实施方案（试行）》（黑农厅联发〔2020〕286号），在全省范围内开展农机报废更新补贴工作，鼓励淘汰老旧农机装备，并给予补贴。

10月28—29日

黑龙江省农业机械试验鉴定站在哈尔滨市组织召开2020年第一批农业机械专项鉴定大纲审定会，对黑龙江省2020年第一批《田间作业监测终端》《水稻暗室育秧设备》等7个省级推广鉴定大纲进行审定，并通过审定。

11月10日

黑龙江省农业农村厅印发《关于印发〈2020年全省冬季安全生产保卫战涉农行业四方案〉的通知》（黑农厅函〔2020〕1188号），其中包含《全省农业机械作业冬季安全生产保卫战实施方案》，牢固树立安全发展理念，坚决落实安全生产主体责任，深入扎实开展隐患排查治理，有效防范化解重大安全风险。

11月13日

黑龙江省农业农村厅应急管理厅印发《关于表彰2020年度全省农机安全监理示范岗位标兵的通知》（黑农厅联发〔2020〕292号），于加凯等20名同志获得2020年度全省农机安全监理示范岗位标兵称号。

12月1日

2020年黑龙江省农机质量投诉监督工作培训班在哈尔滨举办，各市（县）农机管理部门的领导和负责农机质量投诉监督的工作人员共计140人参加会议。会议总结2019年黑龙江省投诉信息报送情况，并对2021年度投诉信息报送工作进行部署，并对参会学员进行《农机质量投诉工作流程及有关咨询问题》的培训。

12月2日

根据《农业农村部办公厅关于开展农机使用一线“土专家”遴选培养的通知》（农办〔2020〕3号）要求，黑龙江省组织各市（地）、县（市、区）农业农村部门开展农机使用一线“土专家”遴选培养申报工作。按照遴选条件，推荐杜忠宝、王云良、于洪光、张玉峰、付吉新等12人为全国农机使用一线“土专家”人选。

12月14—15日

黑龙江省农业机械试验鉴定站在哈尔滨市组织召开2020年第二批农业机械专项鉴定大纲审定会，对《牛床垫料加工成套设备》《牧场精准饲喂管理系统》2 个专项鉴定大纲进行审定，有 1 个专项鉴定大纲通过审定。

12 月 22 日

延寿县、克东县、勃利县等 17 个黑龙江省县（市、区）被评选为全国第五批率先基本实现主要农作物生产全程机械化示范县（市、区）。

上海市

2020 年 2 月 13 日

上海市农业农村委员会主任张国坤带队调研本市蔬菜生产供应，并实地查看在田蔬菜长势情况。在上海存合农业专业合作社，张国坤主任指出：改变传统播种模式，“工厂化育苗＋机器采收”双剑合璧，可以缩短蔬菜生长周期，大幅提高生产效率，也是未来蔬菜种植的大方向。

3 月 4 日

上海市农业农村委员会、市经济和信息化委员会、市发展和改革委员会、市财政局、市科学技术委员会、市规划和自然资源局联合印发《关于加快推进农业机械化和农机装备产业转型升级的实施意见》（沪农委〔2020〕60 号）。

3 月 12 日

上海市农业农村委员会主任张国坤带队赴华固奉贤蔬菜基地和光明星辉种苗工厂调研。张国坤主任强调：蔬菜生产全程机械化是都市现代绿色农业的发展方向。工厂化、标准化育苗和蔬菜全程机械化生产模式是值得深化研究的课题。政府层面要考虑如何在生产前端创造条件，在顶层架构上制定引导性补贴，解决露地蔬菜和推进标准化育苗的瓶颈问题，提高生产效率。育苗到收割、净菜加工环节积极探索全程机械化，不断提高上海绿色蔬菜生产水平。

3 月 15 日

上海市组织开展 2020 年“农机 3·15”消费者权益日线上活动。结合疫情防控，此活动促进农业机械化质量提升和农机用户依法维权，保障春耕生产，持续打造“农机 3·15”品牌。

4 月 30 日

上海市举行 2020 年农机购置补贴廉政风险警示教育活动。会议要求各区进一步完善区级补贴政策，合理、合规测算补贴额，梳理好操作程序；加强内部控制，制定内控制度，把操作程序和风险控制因素落实到制度上，加强补贴对象确认、补贴机具核验等关键环节工作人员的监督管理；强化廉政风险警示教育和法制宣传教育，不断提升农机干部拒腐防变的能力和意识。

上海市召开 2020 年农机购置补贴操作视频培训会议。会上对本市农机购置补贴相关文件精神进行解读，重点强调补贴申报流程、2020 年补贴范围调整、新产品试点要求、内控制度要求等内容；结合农业农村部绩效考核和第三方农机购置补贴政策执行检查情况，指出实际补贴操作过程中需要注意的申请确认、时间限制、资料审核归档、信息公开等事项；对农机购置补贴手机 App 操作进行专题宣传培训。

5 月 11 日

上海市农业机械鉴定推广站印发青菜、小油菜、米苋、广东菜心、茼蒿、生菜 6 种主要绿叶菜机械化生产技术指导意见，提出耕整地、栽种、采收、运输等主要生产环节的机械化作业路线，属国内首次发布此类技术指导意见。

6 月 12 日

上海市召开“十四五”规划现代农机装备发展座谈会。会议由市农业农村委员会总经济师施忠主持。与会人员围绕“十四五”时期上海智慧农业发展及水稻生产无人农场建设思路、布局、目标和重大措施进行研究和讨论。会议还邀请中国工程院院士罗锡文、上海交通大学教授刘成良等专家出席。

中国工程院院士罗锡文赴上海点甜专业合作社调研智慧农业机械化情况。市农业农村委员会总经济师施忠陪同调研。罗院士肯定合作社在自主研发智慧农机方面的探索和努力，建议研发中的智慧农机要到种植大户中去试点，要从智能感知、智能导航、智能作业、智能管理四个方面入手，尽快完成从样品到产品，从产品到商品的转变。

6 月 16 日

上海市举办“6·16 农机安全宣传咨询日”活动。活动期间，各级农机安全监理部门开展送农机安全知识下乡、农机安全宣传咨询、机手线上答题竞赛等活动，提高农机安全意识水平。

6 月 24 日

上海市农业农村委员会印发《关于姚冰等同志职务职级任免的通知》（沪农委〔2020〕210 号），免去郑雷的上海市农业农村委员会农业机械化管理处处长职务、一级调研员职级。

7 月 5 日

上海市农业机械研究所顾小小同志获得“第 20 届全国青年岗位能手”称号。

7 月 27 日

上海市农业农村委员会、市财政局、市商务委员会联合印发《上海市农业机械报废更新补贴实施方案》（沪农委规〔2020〕8 号）。此文件自 2020 年 9 月 1 日起正式实施。

8 月 5 日

上海市农业农村委员会在奉贤区上海杨升农副产品专业合作社蔬菜生产基地召开“2020 年上海市蔬菜机械化现场推进会”。市农业农村委员会总经济师施忠出席会议并提出“六转”要求：转思想观念，转经营方式，转种植品种布局，转农艺种植技术，转作业方式，转服务机制。通过“六转”保质保量完成乡村振兴战略年度任务，为“三园工程”建设做出应有贡献。

8 月 20 日

上海市举行 2020 年新型职业农民技能大赛（农机赛区）暨上海市第八届农机职业技能竞赛（全国竞赛选拔赛）。上海市 22 名选手参加竞赛，获一、二等奖的选手将代表上海赛区参加 2020 年全国农业行业职业技能竞赛暨第三届全国农业行业职业技能大赛农机修理工技能竞赛。

9 月 4 日

上海市举办 2020 年上海市省农业机械推广鉴定证后监督启动会暨双随机抽取仪式。通过随机抽取产生 2020 年上海市省级农业机械推广鉴定证后监督对象（7 个）及监督组成员，并进行任务分配。

10 月 29 日

上海市农业农村委员会印发《关于刘刚同志任职的通知》（沪农委〔2020〕379 号），任命刘刚为上海市农业农村委员会农业机械化管理处处长。

11 月 8 日

上海市农业农村委员会总经济师施忠一行赴嘉定区外冈镇泉泾生产基地，现场观摩半喂入联合收割机无人驾驶演示。现场会结束后对四家方案编制单位提供的粮食生产无人农场方案进行评估，给予肯定。

11 月 10 日

上海组队参加“2020 年全国行业

职业技能竞赛—第三届全国农业行业职业技能大赛”农机修理工技能竞赛。1名选手获全国第11名，由农业农村部颁发“全国农业技术能手”证书和奖牌。2名选手获得由大赛组委会颁发“优秀选手”证书。上海市代表队获农机修理工项目团体第六名。

11月23日

上海市农业农村委员会主任张国坤组织召开数字农业专题会议。张国坤主任要求市、区两级要强化责任分工，进一步加快上海市农机物联网管理平台建设。市农业农村委员会副主任方芳、总经济师施忠参加会议。

11月25—30日

上海市农业农村委员会农业机械化管理处组织农机农艺部门对蔬菜生产“机器换人”示范基地创建进行考核验收。9家示范基地均达到或超过绿叶菜耕种收机械化水平55%的工作目标。

12月1日

上海市副市长彭沉雷听取全市数字农业建设工作专报。彭市长强调：要从实际出发，探索农机物联网等更为精准的数据采集方式。要以管理应用为目标，融合提升数字底图和部分应用场景建设。要推进市区两级同频共振，将数字农业重点工作列入2021年任务清单。市人民政府副秘书长赵祝平，市农业农村委员会、市经济和信息化委员会、市财政局等部门负责人参加会议。

12月3日

上海市召开蔬菜生产“机器换人”专题会议。与会人员现场观摩上海华固实业发展有限公司奉贤蔬菜基地耕整地、直播、移栽、植保、灌溉、采收等关键环节9款适用机型的机械作业情况，座谈交流蔬菜生产“机器换人”工作。市农业农村委员会主任张国坤出席会议并作讲话。市农业农村委员会副主任叶军平、徐惠勤，总经济师施忠参加会议。

12月29日

上海市农业农村委员会总经济师施忠一行赴上海清美绿色食品（集团）有限公司调研绿叶菜生产全程机械化工作。施忠指出：清美蔬菜生产“机器换人”工作基础较好，区、镇两级要整体谋划，强化顶层设计，以“1＋12”为目标，以机器换人为重要抓手，着力打造宣桥生鲜蔬菜产业片区。

江苏省

2020年1月3日

江苏省农业农村厅、江苏省财政厅印发《关于开展新增优化农机购置补贴机具品目和资质采信补贴试点实施工作的通知》（苏农机〔2020〕1号），围绕畜禽生产等现代农业发展实际需求，新增优化农机购置补贴机具品目。首次选择4个产品开展补贴机具资质采信补贴试点。

1月20日

江苏省农业机械技术推广站获三项“2016—2018年全国农牧渔业丰收奖”农业技术推广成果奖一等奖。获奖成果项目分别是：稻麦丰产高效全程机械化技术集成应用、水稻机插秧同步侧深施肥技术集成与示范推广、植保无人飞机减施增效关键技术集成与产业化推广应用。

1月22日—6月30日

江苏省农业农村厅做好农机条线抗疫防疫及常态化工作。在疫情防控关键阶段，组织发动全省农机行业，加强重点情况汇总，至6月底共完成60期“隔日报”。同时，连续20天组织编发“全省农机行业防疫保供每日行情”，公布应对疫情防控消杀和春耕备耕植保机具企业联系人和电话，供各地就近直接对接购买机具，为全省农业农村保产保供提供农业机械化的支持。

2月10日

江苏省人民政府办公厅印发《关于转发农村防控组应对新冠肺炎疫情稳定重要“菜篮子”产品生产供应政策意见的通知》，省级财政农机保险保费补贴，苏南、苏中、苏北分别提高至40%、50%、70%。

3月1日

江苏省在全国率先开发“质量与投诉”信息化平台。利用该平台举办以“聚力提质量护农保春耕”为主题的2020年江苏农机“3·15”消费者权益日线上活动；在全国率先开发和使用“第三方”检验报告上传平台。

3月20日

江苏省召开全省农业机械化工作视频会议，江苏省农业农村厅副厅长沈毅出席会议并讲话。会议总结2019年全省农业机械化工作，部署2020年农业机械化重点工作任务，推进全省农业机械化工作全程全面高质高效发展。制定印发2020年农业机械化工作要点，明确落实农业机械化各项扶持政策、推进农机“一项行动、两大工程”等6个方面共15项重点工作，并组织抓好分工和贯彻实施。

4月8日

江苏省人民政府副省长赵世勇在《农机安全生产专项整治工作动态》第14期《加强联防联控深入推进农机安全专项整治》上批示：“好！望进一步抓实抓细，确保年度目标圆满实现。努力构建长效机制。”

4月22日

江苏省农业农村厅牵头印发“十四五”农业机械化发展规划编制工作方案，成立编制小组，组织编制“十四五”农业机械化发展规划框架内容。截至2020年底，已形成“十四五”农业机械化发展规划初稿，分别组织召开《江苏省“十四五”农业机械化发展规划》务虚讨论会和专家咨询论证会。

5月8日

江苏省农业农村厅在连云港市举行全省农机跨区作业出征仪式，苏北五市农业农村局分管领导及农机处室负责人、石化、移动公司及农机跨区作业出征机手代表共100余人参加活动，省农业农村厅副厅长沈毅出席活动并讲话。

5月28日

江苏省农业农村厅在海安市召开全省水稻机械化种植现场推进会。全省13个设区市农业农村局分管种植业和农机的负责同志，种植业处、农机处处长，市农业技术推广站、市农业机械技术推广站站长和省厅相关处室（单位）负责人共100余人参加会议。省农业农村厅副厅长沈毅、总农艺师唐明珍等出席会议。

5月29日

2020年江苏省农机“安全生产月”活动启动仪式在盐城市举办。省农业农村厅副厅长沈毅、盐城市人民政府副市长顾云岭等出席仪式。

6月7—13日

全国人大常委会副委员长吉炳轩率执法检查组在江苏就贯彻实施《中华人民共和国农业机械化促进法》情况开展执法检查指导，并就粮食安全和高标准农田建设开展专题调研。执法检查组一行深入江苏省徐州、连云港、盐城、苏州、镇江、南京等市（县、区），对农机购置补贴、农机安全生产、农业生产加工企业、农机合作社、高标准农田、粮食保供基地，以及江苏大学、农业农村部南京农业机械化研究所等实地开展检查、调研和指导。

6月13日

全国人大常委会在江苏检查过程中，江苏大学拟写了有关发展现代农业装备的信，由副委员长吉炳轩呈送中央领导，得到习近平总书记重要批示，国务院副总理孙春兰、副总理胡春华以及省委书记娄勤俭、省长吴政隆等领导也做出批示指示。为深入贯彻习近平总书记对江苏大学的重要批示精神，江苏省农业农村厅支持江苏大学申请省人民政府、教育部、农业农村部共建，推动学校创建现代农业装备与技术一流学科。

6月15日

在江苏省农业农村厅《农机安全生产专项整治工作动态》第25期，农业农村部副部长张桃林对南通市《强化机制创新突出隐患治理全力推进农机安全生产形势稳定向好》、扬州市《"柳堡模式"引领农机执法跟进五结合推进安全专项整治》批示："请农机化司阅，总结推广各地好经验好做法。"

6月18日

江苏省特色农业机械化专家指导组成立大会在南京举行，省农业农村厅副厅长沈毅、南京农业大学校长陈发棣、农业农村部南京农业机械化研究所所长陈巧敏出席会议。

6月22日

江苏省农业农村厅、省贸易促进委员会在南京联合召开第11届江苏国际农机展筹备工作专题座谈会，全面筹划第11届江苏国际农机展，重点研讨工作方案和配套活动等各项筹备工作。

7月14日

江苏省农业农村厅、江苏省财政厅印发《关于做好2020年农机购置补贴政策实施工作的通知》（苏农机〔2020〕14号），突出支持粮食和生猪生产两个重点，对全省农机购置补贴品目范围和补贴标准进行调整优化。调整后，江苏省补贴15大类37个小类117个品目。其中选择10个通过农机专项鉴定的产品进行试点。

8月21日

江苏省农业农村厅、江苏省财政厅、江苏省商务厅印发《江苏省农业机械报废更新补贴实施意见》。

9月1日

江苏公共·新闻频道《黄金时间—改革政策e解读》节目以《推进农业机械化转型升级》为题，邀请省农业农村厅副厅长沈毅和农机行业发展处处长孙俊华，详细解读农业机械化转型升级的改革政策和创新举措。

9月16日

江苏省农业农村厅在南京举办全省农机购置补贴业务及警示教育培训班，对2020年农机购置补贴工作再部署再落实。副厅长沈毅出席培训班并讲话。省纪委监委驻省农业农村厅纪检监察组副组长徐晖对《中华人民共和国公职人员政务处分法》专题学习辅导，并结合案例开展警示教育。江苏省农业农村厅农机行业发展处负责人对2020年农机购置补贴政策进行解读和开展业务督导培训。

9月27日

江苏省农业农村厅、江苏省贸易促进委员会联合举行新闻发布会，介绍"第11届江苏国际农业机械展览会"筹备情况。江苏省农业农村厅副厅长沈毅、江苏省贸易促进委员会会长尹建庆分别就展览筹备和配套活动相关情况进行说明。江苏国际农机展定于2021年4月14—16日在南京国际博览中心举办，由江苏省农业农村厅与中国国际贸易促进委员会江苏省分会共同主办，以"智造农机、机遇未来"为主题。

9月30日

江苏省农业农村厅起草农业机械化工作专题汇报稿向副省长赵世勇汇报，并书面呈报副书记任振鹤。2020年10月10日，江苏省委副书记任振鹤对江苏省农业农村厅《关于我省农业机械化工作情况的汇报》作出重要批示："农业的根本出路在于机械化。农机产业是个大产业，要立足现在基础，服务全国，面向世界，进行系统研究，力争把农机产业建设成为全省又一新的经济增长点。"

10月27日

江苏省农业农村厅批复成立由南京农业大学、省农业机械技术推广站、南京慧秾生物科技有限公司发起成立的"江苏智慧牧业装备科技创新中心"。

10月30日

江苏省人民政府省长吴政隆、常务副省长樊金龙在《省专治办关于省有关部门和单位报送的第一批典型经验做法的情况汇报》上作出批示。其中，省农业农村厅"积极探索农机安全监管网格化"被列为10条典型经验做法之一。截至2020年底，全省有10个设区市、35个县（市、区）农业农村部门与网格化服务管理部门联合印发文件，将农机安全生产融入基层社会治理综合网格，开创农机安全生产网格化监管新格局。

11月3日

全国畜牧水产养殖与机械化融合发展培训班在江苏省常州市武进区召开，来自全国农业机械化主管部门、农机推广及鉴定部门、畜牧业机械与水产机械生产制造企业、畜牧水产养殖及机械化社会服务组织代表180余人参加培训。江苏省农业农村厅副厅长沈毅出席开班仪式并致辞。

11月4—5日

全国水产养殖机械化现场会在江苏省常州市金坛区召开。各省（区、市）农业农村（农牧）厅（局、委）农业机械化处室负责同志、农业农村部农业机械试验鉴定总站、农业机械化技术开发推广总站、中国水产科学研究院东海渔业研究所、农业农村部渔业渔政管理局和全国水产技术推广总站相关负责人60多人参加会议，省农业农村厅副厅长沈毅出席会议。

11月5日

农业农村部在江苏省南通市举办全国农机事故应急处置演练活动。活动由江苏省农业农村厅、南通市人民政府承办。活动紧密结合稻麦轮作区"三秋"生产，全程模拟水稻收获和小麦播种作业场景下的农机事故应急处置，旨在检验农机事故应急处置预案的实用性和可操作性，提升农机事故应急处置能力、快速反应能力和部门协调配合能力，最大限度降低人民群众的生命财产损失。超过10万人观看网络同步直播。

11月6—10日

在由农业农村部、人力资源和社会保障部、中华全国总工会共同主办的2020年全国行业职业技能竞赛——第三届全国农业行业职能技能大赛农机修理工竞赛中，江苏省代表队获团体第一名，3名选手分别获得个人第一名、第二名和第五名。

11月11日

江苏省人民政府副省长赵世勇在全省农业领域安全生产现场推进会议上要求，要总结推广好"柳堡模式"等先进典型，抓紧将农机安全生产监管内容融入当地综合网格。11月16日，在江苏省农业农村厅《农机安全生产专项整治工作动态》第45期上，赵世勇副省长批示："大力推广'柳堡模式'，提升我省农机安全本质水平。""柳堡模式"由"点"上的经验转化为省级"面"上的统一部署。

11月24日

江苏省农业农村厅推动并批复成立由江苏大学、农业农村部南京农业机械化研究所、省农机工业协会、省农业机械学会、省农机具开发应用中心、江苏北斗卫星应用产业研究院有限公司6家单位发起成立的"江苏省智能农机装备产业联盟"。

11月26日

江苏省注册登记的变型拖拉机全部"清零"，实现历史性突破，比全国计划提前5年实现"清零"目标，农机安全生产专项整治"一年小灶"取得成效。

由江苏省财政厅、省农业农村厅联合组织指导，省人民政府投资基金、南京国家农创园主办，省股权投资中心有限公司承办的省乡村振兴投资基金——农业机械装备专场路演活动，在南京国家农创园举办。有12家农机高新特企业参加融资路演汇报，直播关注率超过42万人次。江苏省农业农村厅副厅长沈毅出席活动并致辞。

11月30日

江苏省举办第三届江苏省百万技能人才技能竞赛岗位练兵活动暨第七届全省农机职业技能竞赛。全省13个设区市38名选手参加竞赛，江苏省农业农村厅副厅长沈毅出席活动并讲话。

12月4日

长三角农业机械化一体化发展技术性磋商会在镇江召开。此次会议由江苏省农业农村厅发起倡议召开，得到上海市、浙江省和安徽省农业农村厅（委）的积极响应，三省一市省级农业机械化行业主管处室、鉴定、推广、安全监理等单位主要负责人参会，并邀请江苏省农机行业龙头企业和江苏大学等相关负责人，共30余人参加会议。

12月8日

江苏省公安厅、江苏省农业农村厅印发《关于组织开展运输用拖拉机载人等严重违法行为整治行动的通知》，要求："要提请地方政府发布公告，逐步推行运输用拖拉机禁行限行措施，自2021年2月1日起，全面禁止变型拖拉机上道路行驶，限制拖拉机运输机组在本地城区和国省道干线公路行驶。"

"江苏智慧牧业装备科技创新中心"召开成立大会，农业农村部农业机械试验鉴定总站、农业农村部农业机械化技术开发推广总站总工程师仪坤秀等领导参加揭牌仪式。江苏省农业农村厅副厅长沈毅出席会议并讲话。

12月9日

江苏省农业农村厅在南京召开2018和2019年度省级粮食生产全程机械化整体推进示范县考评会议，组织专家对最后一批32个示范县进行考评验收。中国工程院院士、扬州大学教授张洪程、农业农村部南京农业机械化研究所所长陈巧敏、南京农业大学副校长丁艳锋等专家出席会议，各设区市农业农村局分管局长等近200人参加会议。副厅长沈毅出席会议并讲话。

12月17日

江苏省农业农村厅农业机械化决策咨询委员会成立大会在南京举行，主任委员由中国工程院院士张洪程担任。副厅长沈毅出席成立大会并代表省农业农村厅为10位专家委员颁发聘书。

12月24日

江苏省农业机械技术推广站、省农机具开发应用中心联合省农业机械化服务站、省农机示范中心等在南京召开2020年度全省农机推广工作会议，总结2020工作成效，交流经验，部署2021年重点任务。副厅长沈毅出席会议并讲话。

12月25日

江苏省农业农村厅组织江苏大学、农业农村部南京农业机械化研究所等6家"江苏省智能农机装备产业联盟"发起单位在江苏大学召开联盟成立大会，江苏省人民政府副省长赵世勇出席大会并讲话，江苏省农业农村厅厅长杨时云为联盟揭牌，副厅长沈毅主持会议。

2020年

按照"粮食安全省长责任制"考核要求，江苏省农业农村厅完成2019年度13个设区市小麦、水稻、玉米耕种收综合机械化率统计和2019年度全省农业机械化管理统计并上报农业农村部。

浙江省

2020年1月3日

浙江省召开2019年度农机安全生产形势分析会。分析浙江省农机安全生产形势和变型拖拉机报废淘汰推进情况，解析《浙江省拖拉机和联合收割机报废更新管理办法》及实施细则，交流各地2019年度农机安全生产管理工作及工作打算，部署岁末年初及春运期间农机安全生产监督工作。

1月13日

浙江省通报2019年度水稻插秧机质量调查结果，共调查水稻插秧机134台，有效调查台数125台，浙江省8行及8行以上乘坐式水稻插秧机满意度综合评价总体得分79.47分，达到"满意"档次。

1月14日

浙江省农业农村厅恢复三门博洛尼公司、江西大隆重型工业有限公司、江苏闪锐现代农业设备制造有限公司3家企业相关产品补贴资格。

浙江省农业农村厅党组成员、副厅长唐冬寿一行在衢州开展农机安全生产检查。

1月20日

浙江省对无为皖江粮食机械有限公司违规经营行为处理，暂停无为皖江公司生产的5LS—60型生物质热风炉补贴资格12个月。

浙江省发布《关于浙江省农业农村厅所属浙江省海洋与渔业执法总队等18家事业单位机构编制规定的通知》，其中浙江省畜牧技术推广总站、浙江省农业机械试验鉴定推广总站整合组建浙江省畜牧技术推广与种畜禽监测总站，机构为浙江省农业农村厅所属事业单位，机构规格正处级。挂浙江省农业机械试验鉴定推广总站牌子。

3月4日

浙江省农业农村厅发布《装配式池塘跑道养鱼设施》《玻璃温室》《农用连栋钢架大棚》3项农业机械专项鉴定大纲。

3月10日

浙江省农业农村厅、财政厅印发《关于下达2020年中央农业生产发展等专项资金首批任务清单的通知》，明确中央财政农业生产发展资金农机方面用于支持农机购置补贴、农业"机器换人"示范及"全程机械化+综合农事"服务平台建设。

3月15日

浙江省组织开展线上"农机3·15"消费者权益日活动，省内109家农机企业响应倡议并作出质量承诺。

3 月 20 日

浙江省恢复对浙江博源农机有限公司、浙江亿森机械有限公司相关产品的补贴资格。

3 月 25 日

浙江省春耕备耕暨"三联三送三落实"现场服务活动在嵊州市举办，现场展示农机具 20 余台（套），赠送价值 8 万余元农机装备。

3 月 31 日

2020 年浙江省农业机械试验鉴定产品种类指南发布，推广鉴定产品种类由 39 个增加到 70 个，首次列入专项鉴定产品种类 3 个。

4 月 3 日

浙江省农业农村厅印发《关于下达 2020 年度农业（农机、渔业）安全生产管理责任目标任务的通知》，明确各地 2020 年度农机安全生产管理责任目标任务。

6 月 3 日

浙江省 2020 年农机事故应急处置演练在金华举行。演练模拟大中型拖拉机撞上对向电动三轮车，造成电动三轮车翻车，导致一亡一伤的农机事故。演练采取线上直播方式进行，3 万人次线上观摩。浙江省农业农村厅党组成员、副厅长唐冬寿视频连线演练并讲话。

6 月 30 日

浙江省品牌建设联合会发布《浙江省农业机械产业"品字标"团体标准体系框架指南》。

7 月 9 日

浙江省农业农村厅召开"双夏"农业机械化生产工作视频会议，对"双夏"生产及下阶段农业机械化重点工作做出部署。厅党组成员、副厅长唐冬寿出席会议并讲话。

7 月 17 日

浙江省财政厅、省农业农村厅下达 2020 年第二批中央农机购置补贴资金 1 536 万元。

7 月 23 日

浙江省农业机械标准化技术委员会 2020 年委员大会在淳安县召开，来自全省农机产学研推的专家委员和单位委员代表共 30 人参加会议。

8 月 3 日

星光农机股份有限公司 10P4-220 型池塘跑道养鱼设施通过专项鉴定，取得浙江省第 1 张农机专项鉴定证书，标志着浙江省农机创新产品鉴定进入实质性实施阶段。

8 月 17—21 日

浙江省举办首届拖拉机驾驶和收割机操作教练员培训班，培训农民拖拉机驾驶和收割机操作教练员 120 名。

8 月 22 日

浙江省农业农村厅、浙江省省财政厅、浙江省商务厅印发《浙江省实施中央农机报废更新补贴方案》，对拖拉机、联合收割机、水稻插秧机、机动喷雾（粉）机、机动脱粒机、饲料（草）粉碎机、铡草机 7 类机具报废更新实施补贴。

8 月 27—28 日

农业农村部农业机械试验鉴定总站、农业农村部农业机械化技术开发推广总站副站长王桂显在浙江开展调研，调研农机安全监理改革和农业机械化转型升级项目情况。

浙江省农业行业技能大赛农机驾驶操作员和农机修理工职业技能竞赛决赛在湖州举行，竞赛分别产生一等奖 3 名、二等奖 5 名、三等奖 7 名。

9 月 1 日

浙江省恢复杭州吉牧茶叶机械有限公司农机补贴产品经销资格。

9 月 11 日

浙江省农业农村厅《关于印发厅领导工作分工的通知》，厅领导分工进行调整，厅党组成员、省畜牧农机发展中心党委书记、主任陈良伟分管农业机械化管理处。

9 月 16—17 日

浙江省茶叶机械化加工暨农机物联网技术培训班在绍兴柯桥举办，各地农业机械化管理（推广）技术人员 70 余人参加现场会议培训，160 余人参加同步直播的线上培训。

9 月 21—25 日

浙江省农用植保无人机操作员培训在金华市婺城区举办，100 名学员顺利结业，97 名学员获得植保无人机操作证。

9 月 22 日

浙江省农业农村厅印发《浙江省农业机械安全生产综合治理三年行动方案（2020—2022 年）》，提出力争到 2021 年 12 月底前变型拖拉机基本清零，到 2022 年全省道路农机安全生产事故起数、死亡人数较 2019 年分别下降 40% 以上，较大以上道路农机交通事故"零"发生，道路外农机事故死亡人数不突破省安全生产委员会下达的控制指标，农机事故万台死亡率不突破 4。

《食用菌培养料混合搅拌机》《食用菌料棒自动加工设备》2 项专项鉴定大纲发布。

9 月 23—25 日

浙江省 2020 年农机安全监理员培训班（第二期）在宁波举办，各市分管农机安全监理工作负责人和各县（市、区）农机安全监理工作人员共有 80 人参加此次培训。浙江省农业农村厅农业机械化管理处副处长布明华、四级调研员朱松涛主持开班仪式，宁波市农业农村局巡视员张玉申到会并致辞。

10 月 10 日

浙江省农业农村厅印发《关于切实加强"秋收冬种"农机安全生产工作的通知》，加强秋收冬种农机安全管理。

10 月 21—22 日

浙江省农业农村厅党组成员、省畜牧农机发展中心主任陈良伟在金华调研农机装备供给工作，实地走访浙江四方集团、浙江德菲洛智能机械制造有限公司、浙江星莱和农业装备有限公司、中润农牧科技有限公司、金华市农业科学研究院现代农业创新中心等单位。

10 月 22 日

浙江省《多功能自走履带式耕作机》专项鉴定大纲发布。

浙江省农业农村厅对六安新之农机电设备有限公司违规经营行为处理，暂停六安新之农机电设备有限公司 QGZ80-80-22 型和 DYG-100B 型灌溉首部的补贴资格 6 个月。

10 月 26—28 日

浙江省农用植保无人机技术培训班在台州市椒江区举办，全省农机管理（推广）系统共 50 名技术骨干参加培训。

10 月 30 日

浙江省财政厅、省农业农村厅提前下达 2021 年省农业农村高质量发展专项资金，其中省级农机购置补贴资金 4 000 万元、省级高耗能农业机械报废补偿资金 2 000 万元。

11 月 2—3 日

浙江省水稻产业链延伸农机化技术暨统计年报培训会嘉善召开，各市负责农业机械化技术推广、农业机械化统计年报工作及部分县农业机械化技术推广同志共计 100 余人参加现场培训，400 余人在线观看。

11月9—10日

浙江省在金华召开全省畜牧业农机装备数字化现场推进会，部署畜牧业机械化、数字化工作，展示畜牧农机装备，浙江省农业农村厅党组成员、省畜牧农机发展中心主任陈良伟出席会议并讲话。全省各市农机、畜牧部门负责人和各县（市、区）农机（或畜牧农机）部门负责人，共131余名代表参加会议。

11月10日

浙江省农机修理工项腾飞、朱锦扬、徐华剑获得第三、第四、第六名，浙江省获团体第二名。

11月10—11日

浙江省畜牧业装备技术培训班在金华市举办。全省各市、县（市、区）农机（或畜牧农机）部门110余代表参加培训。

11月20日

《碾茶机械化加工技术规程》（T/ZJNJ0010-2020）、《绿片茶机械化加工技术规程》（T/ZJNJ0009-2020）2项团体标准发布。

11月26日

浙江省农业机械标准化技术委员会联合省农机学会、省农机工业行业协会在台州市路桥区举办浙江省农业机械产业“品字标”团体标准集中培训。来自全省农机、相关领域负责人及科研院所等研究人员80余人参加培训。

11月30日—12月5日

浙江省农机维修技能提升培训班在金华市婺城区九峰职业学校举办。103名农机修理工获得结业证书，89人通过农机修理工职业技能鉴定，7人获维修工高级工证，15人获得中级证，67人获得初级证。

12月3日

浙江省农业农村厅党组成员、省畜牧农机发展中心主任陈良伟在省农业科学院农业装备研究所调研，走访省农业科学院农业装备检测中心，了解农业装备研究工作情况。

12月7日

浙江省农业农村厅联合省应急厅确定嘉兴市为浙江省2020年度“平安农机”示范市，嘉兴市南湖区、温州市苍南县、衢州市常山县、丽水市莲都区、台州市玉环市、舟山市定海区6个县（市、区）为“平安农机”示范县（市、区），杭州市萧山区南阳街道等37个镇（乡、街道）为“平安农机”示范镇（乡、街道），王虹山等14位同志为农机安全监理示范岗位标兵。

12月11日

浙江省组织实施的2019年农业农村部农业技术重大技术协同项目子项目《油菜（蔬菜）机械化移栽关键技术研究与示范》通过验收。

12月12—14日

中国农业机械学会2020学术年会在宁波市华侨豪生大酒店召开，会上，还举行中国学业机械学会宁波产业创新服务中心揭牌仪式。来自全国各地的参会代表900余人参加会议。中国工程院院士罗锡文、院士汪懋华、中国农业机械化科学院院长刘小虎，宁波市农业农村局局长李强出席会议并讲话。

12月14日

浙江省财政厅、省农业农村厅提前下达2021年中央财政农业生产发展资金，其中农机购置补贴资金21 015万元。

12月15日

浙江省农业农村厅发布《水田埋草器》《养兔设备兔笼和笼架》《自动施肥营养液调配装置》3项农业机械专项鉴定大纲。

12月17日

浙江省农业农村厅党组成员、省畜牧农机发展中心主任陈良伟一行赴湖州调研农业机械化工作。

12月18日

沈兴连获得全国20佳农机合作社理事长称号。

12月24日

浙江省农业农村厅召开2020年水稻侧深施肥装置质量调查通报会，调查涉及浙江亿森机械有限公司、湖南龙舟农机股份有限公司、浙江锦禾农业科技有限公司、江苏沃得高新农业装备有限公司、洋马农机（中国）有限公司5家企业参加通报会。

12月25日

2020年浙江省农业“机器换人”示范单位名单公布。新增农业“机器换人”示范县12个，示范基地103个，示范乡镇（园区）33个，累计建成农业“机器换人”示范县38个（其中主导产业示范县18个）、示范乡镇188个、示范基地565个。浙江省省级农机合作社示范社名单公布，全省新增省级农机合作社示范社42家，省级农机合作社示范社累计达360家。

浙江省农机购置补贴工作座谈会在路桥召开，通报农机购置补贴第三方核验结果，这是浙江省首次采用第三方机构进行核查评价。核查25个县（市、区），覆盖全省9个地级市，共计核验购机者814户、补贴机具1 633台。

12月29日

2020年水稻侧深施肥装置质量调查结果向社会公布，实际调查台数为205台、有效调查台数为99台，满意度综合评价总体得分74.71分，属“一般”档次。

安徽省

2020年1月2日

农业农村部公布全国第四批率先基本实现主要农作物生产全程机械化示范县名单，安徽省8县上榜。同时，全国首次公布5个整建制率先基本实现主要农作物生产全程机械化的设区市，安徽省亳州市位列其中。

1月15日

安徽省农业农村厅启用2020年农机购置补贴辅助管理系统，实现补贴受理跨年无缝对接。

2月18日

安徽省农业农村厅办公室印发《关于做好疫情防控期间春耕备耕农机化生产工作的通知》（皖农办机函〔2020〕21号），要求各地做好疫情防控和农机具调度，保障春耕生产需求。

2月25日

安徽省农业机械试验鉴定站制定发布《2020年第一批安徽省农机推广鉴定产品种类指南》，明确农机鉴定范围，提前启动农机鉴定工作。疫情防控期间，全面实行网上申报。对于涉及春耕备耕机具的鉴定，急事急办，优先受理，优先鉴定，助力春耕生产。

2月27日

安徽省农业农村厅印发《安徽省农业农村厅关于统筹做好疫情防控期间农机购置补贴工作的通知》（皖农机函〔2020〕157号），指导各地统筹做好疫情防控和购机补贴工作，进一步支持稳产保供和疫情防控急需农机装备的推广应用。

3月16日

安徽省农业农村厅印发《关于开展丘陵山区农田宜机化改造工作的通知》（皖农机函〔2020〕223号），部署2020年在部分丘陵山区县（市、区）

开展丘陵山区农田宜机化改造工作试点相关事宜。

3 月 27 日

安徽省农业农村厅印发《关于做好 2020 年主要农作物生产全程机械化推进工作的通知》(皖农机函〔2020〕278 号),计划投入省财政资金 600 万元,在 20 个县（市、区）组织实施主要农作物生产全程机械化示范创建项目，力争再创建 5 ～ 8 个全国基本实现生产全程机械化示范市、县。

4 月 1 日

安徽省农业农村厅印发《安徽省农业机械专项鉴定大纲管理办法》(皖农办机〔2020〕4 号)，进一步规范全省农业机械专项鉴定大纲管理。

4 月 16 日

安徽省农业农村厅印发《关于做好全程机械化综合农事服务中心建设工作的通知》(皖农机函〔2020〕352 号)，2020 年安排省级资金 1 300 万元，在肥东县等 72 个县（市、区）实施农事服务中心建设项目。

4 月 30 日

安徽省农业农村厅制定《安徽省 2020 年小麦抢收工作方案》，印发至各市、县，该案明确工作目标、工作内容、保障措施。同时印发《安徽省小麦抢收应急预案》《安徽省小麦抢收工作指导服务方案》等。

5 月 20 日

安徽省秸秆离田机械化技术现场推进活动在怀远县举办。活动以秸秆离田机械化技术及装备推广应用为主线，对秸秆离田收储进行全过程的推介，集中演示主要环节机械化作业，展示省内外 20 多家企业秸秆离田作业机械产品。

5 月 27 日

安徽省副省长张曙光赴凤台县开展小麦机收相关工作调研，省农业农村厅厅长卢仕仁、党组成员胡刚等陪同调研。张曙光在调研中指出，要加强农机调度，确保颗粒归仓。要大力推进优质专用粮食生产，对专用小麦实行专收、专储、专销。同时要求提升秸秆综合利用水平，秸秆及时离田，为下茬播种创造条件，减少环境污染。

5 月 29 日

安徽省农业农村厅印发《关于印发 2020 年安徽省农机“安全生产月”和“安全生产江淮行”活动方案的通知》(皖农机函〔2020〕530 号)，部署 2020 年农机“安全生产月”和“安全生产江淮行”活动。

6 月 3 日

安徽省农业农村厅与省财政厅、省商务厅联合印发《安徽省农机报废更新补贴实施方案》(皖农机〔2020〕66 号)，扩大报废更新农机种类重新梳理报废条件和补贴申领流程，农机报废更新补贴工作在全省各地陆续全部启动。

6 月 4 日

安徽省 2 866.67 千公顷小麦已收获 2 700 千公顷，进度为 94.2%，较往年提前 5 天基本完成抢收任务。自 5 月 27 日大面积收获至抢收工作基本完成，仅用 9 天时间，麦收高峰期 6 天内即收获 1 850.67 千公顷，创造安徽新的麦收速度。5 月 28 日—6 月 2 日作业高峰期，日均投入联合收割机 8.18 万台，单日最高峰 5 月 31 日投入 10.4 万台。联合收割机作业转移有序，跨区作业效率高，麦收价格平稳。

6 月 6—7 日

安徽省农业机械试验鉴定站通过省市场监管局组织的资质认定扩项及标准变更现场评审，新增秸秆发酵处理机、废弃物料烘干机、有机废弃物好氧发酵翻堆机等 21 种农机产品的鉴定检测能力。

6 月 9—12 日

全国人大常委会委员、安徽省人大常委会副主任谢广祥带队，赴宿州、蚌埠市就《中华人民共和国农业机械化促进法》实施情况开展检查。

6 月 10 日

安徽省农业农村厅在合肥举办全省农机购置补贴政策培训班，各市、县（市、区）和省农垦农场共 100 余位同志参加培训。

7 月 16 日

安徽省果蔬生产机械化技术演示活动在砀山县举行，省农业农村厅党组成员胡刚同志参加活动并讲话。本次演示与研训活动设置现场观摩和理论培训两大环节，邀请 23 家国内知名果蔬生产机具企业 50 余台(套)设备进行演示。

8 月 24 日

农业农村部发布 2019 年度专项工作延伸绩效管理结果，安徽省农业农村厅获政策和项目预算（农机购置补贴政策落实）优秀单位。

8 月 28 日

安徽省智能农机装备技术现场演示暨农机推广工作座谈会在合肥召开。全省市县农机推广站（中心）主要负责人、周边农机专业合作社及群众近 200 余人参加观摩。

9 月 1 日

安徽省农机安全监理总站对全省变拖存量较多的市、县、区安全监管工作进行专项调研指导。截至 12 月底，全省变拖数量为 56 826 台，较 2019 年 12 月底减少 46.97%。

9 月 3 日

安徽省农业农村厅印发《关于做好“三秋”农机化生产工作的通知》(皖农机函〔2020〕907 号)，要求加强组织领导，努力实现粮食丰产丰收；把握工作重点，全面提升机械化作业水平；狠抓农机监管，切实保障“三秋”作业安全。

9 月 7—8 日

2020 年安徽省农业行业职业技能大赛农机修理工技能决赛在芜湖举办。宿州市获团体一等奖，亳州市、阜阳市获团体二等奖，宣城市、合肥市、蚌埠市获团体三等奖；宣城市屠战军、宿州市周圣君和蚌埠市吴超分别获个人前三名。

9 月 16 日

安徽省“三秋”农业机械化工作暨农业机械化项目建设推进会在亳州市谯城区召开。会议学习贯彻习近平总书记考察安徽重要讲话精神，传达全省秋种结构调整暨农业农村重点工作三季度调度会议要求，安排部署“三秋”农业机械化工作及农业机械化发展项目推进工作，对“十四五”农业机械化规划编制工作提出要求。安徽省农业农村厅党组成员胡刚出席会议并讲话。

9 月 20 日

安徽省升级农机购置补贴辅助管理系统敞开录入功能，实现敞开受理、敞开补贴。

9 月 26 日

由农业农村部农业机械试验鉴定总站、农业农村部农业机械化技术开发推广总站联合安徽省农业机械技术推广总站主办的全国大豆生产全程机械化推进活动在蒙城县召开。

10 月 15 日

安徽省农业农村厅发布《猪舍空气过滤装置》等 8 项农业机械专项鉴定大纲和《玻璃温室》等 3 项专项鉴定大纲

修改单，省农机专项鉴定工作正式进入实施阶段，进一步畅通安徽省农机创新产品鉴定渠道，加快补齐农业机械化发展短板。

10月16日

安徽省农业农村厅、安徽省应急管理厅联合印发《关于公布2020年度全省“平安农机”示范县（市、区）和农机安全监理示范岗位标兵名单的通知》，确定霍邱县等4个县（市、区）为2020年度全省“平安农机”示范县，王成武等16名同志为2020年度全省农机安全监理示范岗位标兵。

10月20—23日

农业农村部农业机械试验鉴定总站、农业农村部农业机械化技术开发推广总站副站长涂志强一行，就丘陵山区农业机械化发展情况和农机社会化服务现状赴安徽开展调研。安徽省农业农村厅党组成员胡刚主持座谈。

11月10日

第三届全国农业行业职业技能大赛农机修理工决赛在山东潍坊举办，安徽省代表队取得团体第四名的成绩。宣城市的屠战军、蚌埠市的吴超获得农业农村部颁发的“全国农业技术能手”证书和奖牌，宿州市周圣君获得大赛组委会颁发的“优秀选手”证书。

12月22日

农业农村部公布全国第五批率先基本实现主要农作物生产全程机械化示范县（市、区）名单，安徽省定远县等7个县名列其中，淮北市整建制率先基本实现主要农作物生产全程机械化。据统计，安徽省已累计有2市32县（市、区）获全国示范称号。

12月29日

安徽省农业机械试验鉴定站发布2020年第5批省级推广鉴定结果通报，全年农机鉴定工作目标完成。2020年累计颁发省级证书538张，变更证书219张，注销证书7张，撤销证书7张。承接农业农村部农业机械试验鉴定总站、农业农村部农业机械化技术开发推广总站下发的国家支持的推广鉴定任务220项，同比增长136.6%；按期完成191项，同比增长114.6%。承接数量和完成数量均创历史新高，居全国第一，国推鉴定项目完成情况受到农业农村部农业机械试验鉴定总站、农业农村部农业机械化技术开发推广总站通报表扬。

福建省

2020年2月13日

将乐县、周宁县、罗源县3个县和李丽琼、周泽洲、林翔、董熙楠、张力辉5人分别被农业农村部、应急管理部公布为2019年度全国“平安农机”示范县和农机安全监理示范岗位标兵。

2月20日

福建省农业农村厅在线召开春季农业机械化生产工作动员视频会议，部署新冠肺炎疫情防控情况下春耕备耕农业机械化工作，副厅长、一级巡视员姜绍丰出席会议并讲话。

5月13日

福建省印发《中共福建省委机构编制委员会办公室关于调整省农业农村厅机关及部分事业单位机构编制事项的批复》，“福建省农业机械监理所”更名为“福建农业机械技术中心”，不再承担行政执法职能，划为公益一类。主要承担农业机械安全监理涉及的安全技术检验工作，承担农机事故的调查处理、统计报告及安全生产形势分析、“平安农机”示范创建等事务性、辅助性工作；负责农机安全生产法律法规和安全知识宣传教育事务性工作。

5月28日

福建省农业农村厅召开全省农业机械化工作暨夏季机械化生产视频会议，部署2020年下半年全省农业机械化工作和实施夏季农业机械化生产工作，副厅长、一级巡视员姜绍丰出席会议并讲话。

7月24日

福建省农业农村厅召开全省农业机械化重点工作视频调度会，部署开展农作物全程全面机械化推进行动，落实农机购置补贴政策，开展“平安农机”创建等农业机械化重点工作，副厅长、一级巡视员姜绍丰出席会议并讲话。

8月17日

根据《农业农村部办公厅　财政部办公厅　商务部办公厅关于印发〈农业机械报废更新补贴实施指导意见〉的通知》（农办机〔2020〕2号）等文件精神，结合福建省实际，福建省农业农村厅、福建省财政厅、福建省商务厅研究制定实施方案并印发《福建省农业农村厅　福建省财政厅　福建省商务厅关于印发〈福建省农业机械报废更新补贴实施方案〉的通知》。

8月21日

中共福建省农业农村厅党组印发《中共福建省农业农村厅党组关于黄尚彪等职务（职级）任免的通知》，任命黄尚彪同志为福建省农业机械技术中心主任。

8月24日

福建省农业农村厅获得农业农村部2019年度政策和项目预算（农机购置补贴政策落实）延伸绩效管理优秀单位。

9月16日

福建省印发《福建省农业农村厅福建省公安厅关于加强多功能拖拉机安全监管工作的通知》（闽农综〔2020〕101号）。

9月18日

福建省农业农村厅副厅长、一级巡视员姜绍丰在福州长乐区参加2020年中国农民丰收节暨省新型农业机械现场演示推广活动，展示福建省近年来高效、智能农机装备推广应用成果。

11月24日

福建省宁德市古田县等8个县（市），付祥风等13人获得2020年福建省“平安农机”示范县（市）和农机安全监理示范岗位标兵。

11月27日

福建省印发《福建省农业农村厅关于印发2020年度农业安全生产工作和消防工作目标责任分解落实方案的通知》（闽农办函〔2020〕667号）。

12月1日

福建省农业农村厅、福建省应急管理厅联合推荐上杭县、古田县、长泰县和付祥风等4人参加全国“平安农机”示范县和全国农机安全监理示范岗位标兵审核。

福建省副省长崔永辉在《2020年农机化工作情况汇报》中批示：省农业农村厅深化改革、积极作为，农机化工作成效显著。下一步要继续加大力度，落实惠农政策，强化示范推广，加快提档升级，为实现农机化全程全面高质高效发展，为全面乡村振兴战略实施再创新贡献。

12月22日

农业农村部农业机械试验鉴定总站、农业农村部农业机械化技术开发推广总站书记刘旭，福建省农业农村厅副厅长、一级巡视员姜绍丰在宁德市古田县调研食用菌生产机械化应用情况，参观福建省福泉鑫生物科技有限公司、古田绿华食用菌有限公司、吉巷乡芳海食用菌专业合作社，调研食用菌自动化生产设备、专业菌包生产线、食用菌热泵烘干等生产机械化应用情况，了解各企业食用菌生产机械的使用情况、投入成本、食用菌销售情况等。

江 西 省

2020 年 2 月 3 日

江西省农业农村厅办公室印发《关于做好疫情期间农机春耕备耕工作的通知》（赣农厅办函〔2020〕6 号），组织各级农业机械化主管部门投入春耕备耕工作，助力打赢疫情防控阻击战。

2 月 26 日

江西省副省长胡强在宜春市奉新县干洲镇吉胜育秧中心开展春耕备耕和农村防疫调研工作，询问 2019 年育秧中心育秧面积、2020 年计划育秧面积、机插与直播的效益区别以及早稻育秧品种等问题。

3 月 4 日

江西省委书记刘奇在《新冠肺炎疫情影响下我省农户春耕备耕的三忧四盼》（涉及农机进村入户“绿色通道”和农机使用培训）中批示：“请胡强、枝英、汉平同志阅研。要千方百计把疫情影响的时间抢回来，不误农时。”省长易炼红批示：“请胡强、枝英、汉平同志阅研。”副省长胡强批示:“请枝英、汉平同志阅研，要针对春耕备耕中农户的三忧四盼，加强指导，研究举措。”

3 月 9 日

江西省副省长胡强在《今日信息汇要》第 43 期“农业农村部等三部门实施农机报废补贴促进农业绿色发展”中批示：“请枝英、汉平同志阅研。”

4 月 3 日

江西省农业农村厅、江西省财政厅印发《关于进一步做好 2020 年农机购置补贴工作的通知》（赣农字〔2020〕27 号），新增微灌设备等 14 个品目，农机购置补贴机具种类范围调整为 14 大类 32 小类 86 个品目。

4 月 9 日

中共江西省农业农村厅委员会印发《关于许友光等同志职务职级任免的通知》（赣农党字〔2020〕15 号），周欢胜同志任江西省农业农村厅农业机械化管理处处长。

4 月 17 日

江西省副省长胡强主持召开农业机械化事业发展专题会议，要求“做强农机装备产业、做优农机化事业”，省人民政府副秘书长宋雷鸣，省农业农村厅厅长胡汉平，省委农村工作领导小组办公室副主任、省农业农村厅一级巡视员倪美堂，省工业和信息化厅副厅长钱昀参加会议。

4 月 20 日

由江西省农业农村厅农业机械化管理处、省农业机械化技术推广监测站、省农业机械研究所、省农业科学院农业工程研究所、江西农业大学工学院 5 家单位（部门）负责同志共同参加的会商会在南昌市召开，会议传达学习副省长胡强在农业机械化专题推进会上的指示精神，协商当前需要落实的几项重点工作，并建立会商机制。会议由江西省农业农村厅农业机械化管理处处长周欢胜主持召开。

5 月 6 日

江西省农业农村厅组织省农业科学院、江西农业大学等单位组成 6 个调研组，深入 11 个设区市的 23 个县（市、区）农业机械化主管部门、农机装备制造企业、农机社会化服务组织、新型农业经营主体等，就农业机械化事业发展、农机装备制造等开展调研。

6 月 11 日

江西省农业机械化工作座谈会在南昌市召开，会议总结全省农业机械化工作取得的成效，安排部署今后一段时期的农业机械化工作。省委农村工作领导小组办公室副主任、省农业农村厅一级巡视员倪美堂出席会议并讲话。

6 月 24 日

江西省农业农村厅印发《关于印发〈江西省农业机械试验鉴定办法〉的通知》（赣农规字〔2020〕1 号），明确专项鉴定大纲制修订、指南发布、农机鉴定申请和受理、鉴定实施、证书发放和标志使用、监督管理等事项。

江西省人大常委会组织 4 个检查组，分赴九江市、新余市、鹰潭市、吉安市等地，开展《中华人民共和国农业机械化促进法》执法检查。

江西省副省长胡强在《湖南省推进各类农业设备设施广泛应用》中批示：“请枝英、汉平同志阅研。”

6 月 30 日

江西省农业农村厅办公室、江西省财政厅办公室、江西省商务厅办公室印发《关于印发江西省农业机械报废更新补贴实施方案的通知》（赣农厅办字〔2020〕32 号），明确江西省农机报废更新补贴的实施范围、补贴对象、补贴种类、补贴标准、报废条件、回收企业等内容，将水稻插秧机等 7 种农业机械列入报废补贴机具范围。

7 月 1 日

面对鄱阳湖流域严峻的防汛形势，江西省农业农村厅紧急部署早稻抢收抢烘工作，省农业农村厅农业机械化管理处开通 24 小时热线，汇总分析急需的联合收割机、烘干机运行情况，成立应急小分队，并紧急调度企业机具奔赴一线投入早稻收割，做到应收尽收、应烘尽烘，全力减少农民损失。

7 月 23 日

江西省农业农村厅印发《江西省农业农村厅公告》（第 10 号），指定江西省农业机械化技术推广监测站和江西省农业科学院农业工程研究所（江西省农业机械产品质量监督检验二站）为江西省农机试验鉴定机构。

7 月 31 日

江西省农业农村厅、江西省财政厅印发《关于第二次调整 2020 年农机购置补贴机具种类范围和补贴额一览表的通知》（赣农字〔2020〕47 号），对江西省 2018—2020 年农机购置补贴机具种类范围和补贴额一览表进行年度第二次调整，新增果树修剪机等 7 个品目。

8 月 17—20 日

全国丘陵山区农田宜机化改造工作专家组（第三组）来赣开展专项调研，深入吉安市、赣州市等地了解江西省丘陵山区农田宜机化改造有关情况。

8 月 19 日

江西省委书记刘奇在《农机装备产业亟待加大自主创新研发力度》中批示：“请省农业农村厅主要负责同志参阅。”8 月 21 日，副省长胡强批示:“我省是农业大省，但农机装备产业较弱，一方面要加大招商引资力度，引入外省优秀农机企业落户江西，另一方面要研究政策，培育鼓励现有农机企业做大做强。”

8 月 24 日

农业农村部公布 2019 年度专项工作延伸绩效管理结果，江西省农业农村厅因农机购置补贴政策落实工作进步明显受到通报表扬。

9 月 8—9 日

2020 年江西省“水稻大钵体毯状苗机械化育插秧技术”培训观摩活动在宜春市樟树市举办，活动对“水稻大钵体毯状苗机械化育秧流行线”“水稻大钵体毯状苗机插秧”进行演示，并对水稻大钵体毯壮苗机械化育插秧技术与其他育插秧技术对比试验进行观摩。

9 月 22 日

江西现代农业机械展在 2020 年中国农民丰收节江西活动现场亮相。江西省委书记刘奇等观看农机展，询问江西省自主研发的大功率拖拉机开发情况，并鼓励江西省农机装备生产企业大力推进科技创新，发展智能化农机产品。江西省人大常委会副主任冯桃莲、省人民政府副省长胡强、省政协副主席刘卫平等领导全程观看农机展。

9 月 28 日

江西省副省长胡强在《关于对中联重机落户余江农机装备产业园项目支持的请示》中批示：“请省农业农村厅研究。”

10 月 18—21 日

江西省委农村工作领导小组办公室副主任、省农业农村厅一级巡视员倪美堂带队，组成考察团前往中国第一拖拉机有限公司、国家农机装备创新中心、中联重机股份有限公司等单位进行考察。

10 月 21 日

中共江西省委办公厅、江西省人民政府办公厅印发《关于印发江西省深化事业单位改革试点工作方案的通知》(赣办发〔2020〕29 号)，整合江西省农业机械化技术推广监测站、省农业机械研究所等 11 家单位及相关职能，组建省农业技术推广中心，副厅级，由省农业农村厅管理。

11 月 3 日

农业农村部农业机械试验鉴定总站、农业农村部农业机械化技术开发推广总站党委书记、副站长刘旭一行到江西调研农机鉴定工作，了解江西省鉴定机构的鉴定能力建设、鉴定工作开展等情况。省农业农村厅一级巡视员赖金生陪同调研。

11 月 4 日

江西省省长易炼红在《让农业机械化给现代农业强省建设插上科技的翅膀》中批示：“此调研报告很好；请胡强同志组织相关部门研究。”12 月 2 日，副省长胡强作出批示：“请省农业农村厅根据炼红省长批示要求，会同相关部门按照 4 月 17 日专题调度会，抓紧抓好落实。”

由农业农村部农业机械试验鉴定总站、农业农村部农业机械化技术开发推广总站举办的全国农业机械推广鉴定大纲宣贯培训班在江西省赣州市举办，总站党委书记刘旭、江西省农业农村厅一级巡视员赖金生出席开班仪式并讲话。

11 月 6 日

江西省农业农村厅、江西省财政厅印发《关于畜牧用车辆消毒（清洁）设备纳入农机新产品购置补贴试点和装配式循环水养殖设施纳入补贴范围的通知》（赣农字〔2020〕57 号），新增畜牧用车辆消毒（清洁）设备作为农机新产品品目在江西省开展购置补贴试点，新增装配式循环水养殖设施纳入农机购置补贴范围。

11 月 9—17 日

2020 年度基层农技推广人员省级农机专业培训班在南昌市举办，重点培训农业机械化政策、农业机械化推广技术、粮食作物及经济作物机械化发展现状、江西农机制造业发展情况及“十四五”农业机械化发展方向等多方面业务工作。省农业农村厅农业机械化管理处处长周欢胜出席开班仪式并讲话。

11 月 13 日

江西农机装备产业招商投资座谈活动在南昌市举办，活动吸引 60 余家农机生产企业来赣洽谈，达成农机合作项目 10 个，总投资额 93.4 亿元。江西省农业农村厅一级巡视员赖金生出席活动并讲话。中国工程院院士赵春江发表视频致辞。

11 月 14 日

江西首个万亩智慧农场发布暨智能农业装备全程机械化无人作业演示活动在南昌市举办。农业农村部农业机械试验鉴定总站、农业农村部农业机械化技术开发推广总站副站长姚春生，省农业农村厅一级巡视员赖金生出席活动并讲话。中国工程院院士汪懋华发表视频致辞。

12 月 8 日

2020 年农机推广鉴定及农机购置补贴政策宣贯培训班在江西省南昌市召开，会议分析当前农业机械化工作面临的形势，指出今后农业机械化工作重点，并对《江西省农业机械试验鉴定办法》等内容进行解读。江西省农业农村厅农业机械化管理处处长周欢胜主持会议。

12 月 14—16 日

农业农村部规划设计研究院受农业农村部农业机械化管理司委托，组织专家组对江西省开展农机购置补贴标准化设施大棚建设质量抽查和省级试点实施情况评估。

12 月 22 日

农业农村部办公厅公布全国第五批率先基本实现主要农作物生产全程机械化示范县（市、区）名单，江西省芦溪县、吉安县、万年县入选。

12 月 23—30 日

江西省农业农村厅组织 4 个调研组，分赴全省各地开展水稻机插调研，全面分析江西省水稻机插现状和制约因素，研究推进水稻机插的政策和措施。

12 月 24 日

江西省农业农村厅、江西省公安厅印发《关于开展变型拖拉机道路交通安全专项整治百日行动的通知》（赣农字〔2020〕67 号），决定从 2020 年 12 月中旬至 2021 年 3 月中旬，以“查风险、除隐患、防事故、保平安”为主题，在江西省范围内开展变型拖拉机道路安全专项整治百日行动。

12 月 30 日

江西省农业农村厅印发《关于印发〈江西省全程机械化综合农事服务中心创建办法（试行）〉的通知》（赣农字〔2020〕69 号），明确省级全程机械化综合农事服务中心建设主体的建设标准、申报、评审、运行、监管等方面内容，并要求做到基础设施标准化、装备配置齐全化和跨区作业规范化。

山东省

2020 年 2 月 11 日

山东省财政厅、省发展和改革委员会印发《关于免收拖拉机（联合收割机）驾驶许可考试费的复函》（鲁财税〔2020〕7 号），同意在保留拖拉机（联合收割机）驾驶许可考试费收费项目的基础上，实现全省免收拖拉机（联合收割机）驾驶许可考试费。

4 月 16 日

山东省农业农村厅、省财政厅、省商务厅联合印发《关于农业机械报废更新补贴政策的实施意见》（鲁农机字〔2020〕7 号），在山东省所有农机购置补贴政策实施县（市、区）内实施农机报废更新补贴政策，进一步加大耗能高、污染重、安全性能低老旧农机淘汰力度。

6 月 16 日

由山东省农业农村厅主办，临沂市农业农村局、沂水县人民政府承办的 2020 年全国农机“安全宣传咨询日”活动（山东会场）在临沂市沂水县举办。

7 月 15 日

山东省农业农村厅代省人大委员会起草的《关于全省农业机械化发展情况的调研报告》，得到省委书记刘家义批示：请东奇、凌文、国安同志阅。请希信同志阅并会同工信厅等方面研究办理。

7 月 27 日

山东省农业机械技术推广站主持制定的《NY/T3661—2020 花生全程机械化生产技术规范》农业行业标准正式获准发布。

8 月 24 日

山东省在全国 38 个农机购置补贴政策实施单位中被考核为第一名。山东省农业农村厅被评为政策和项目预算（农机购置补贴政策落实）延伸绩效管理优秀单位。

9 月 10 日

2020 中国泰山农机线上博览会暨全省秋季粮食作物生产机械化新技术培训班在山东省泰安市举办。山东省农业农村厅党组副书记、副厅长卜祥联同志出席活动并讲话。

9 月 14 日

农业农村部农业机械试验鉴定总站、农业农村部农业机械化技术开发推广总站在山东省临沭县举办花生生产全程机械化薄弱环节技术研讨会暨全国油料作物生产全程机械化推进活动。农业农村部农业机械化管理司一级巡视员李安宁出席会议并讲话。

9 月 17—18 日

山东省农业农村厅、省人力资源和社会保障厅、省总工会共同主办的 2020 年山东省“技能兴鲁”职业技能大赛农业行业（农机修理工）职业技能大赛在潍坊市举办。农业农村部农业机械试验鉴定总站、农业农村部农业机械化技术开发推广总站副处长徐子晟出席开幕式，山东省农业农村厅二级巡视员姜卫良出席开幕式并讲话。

9 月 18 日

由山东省农业农村厅主办，临沂市农业农村局、沂水县人民政府承办的“2020 年山东省农机事故应急处置演练”在沂水县举办。农业农村部农业机械化管理司杨宏伟，省应急管理厅综合协调处田番臣，山东省农业农村厅总农艺师郭鹏对农机事故应急演练进行指导。

9 月 21 日

山东省农业机械试验鉴定站在全国农机质量投诉信息报送工作中表现突出，获得农业农村部农业机械试验鉴定总站、农业农村部农业机械化技术开发推广总站通报表彰。

9 月 25 日

山东省农业机械安全生产专业委员会印发《山东省农业机械安全生产专业委员会及成员单位职责清单》（鲁安农机发〔2020〕5 号），明确农业机械安全生产专业委员会以及成员单位的职责。

9 月 27 日

山东省农业机械安全监理站张永飞被国务院第二次全国污染源普查领导小组办公室表彰为“第二次全国污染源普查表现突出个人”。

10 月 10 日

农业农村部科技教育司等在山东省泰安市举办全国引领性技术玉米籽粒机收现场观摩会暨农技推广补助项目管理交流活动，来自全国的行业专家及技术人员参加观摩交流。

10 月 14—15 日

农业农村部对山东省“三秋”农机安全生产工作进行督导，督导组由农业农村部农业机械试验鉴定总站、农业农村部农业机械化技术开发推广总站站长刘恒新带队。

10 月 21 日

农业农村部农业机械试验鉴定总站、农业农村部农业机械化技术开发推广总站在山东省无棣县举办全国棉花机采作业观摩暨全程机械化推进活动，农业农村部全程机械化专家组有关专家等参加活动。

10 月 30 日

山东省农业机械安全监理站傅硕鹏被山东省第二次全国污染源普查领导小组办公室表扬为“山东省第二次全国污染源普查表现突出个人”。

11 月 1 日

山东省农业机械试验鉴定站在“中国田间日”系列活动中贡献突出，获得农业农村部农业机械试验鉴定总站、农业农村部农业机械化技术开发推广总站颁发的荣誉证书。

11 月 3 日

山东省委副书记杨东奇对省农业农村厅关于拟推荐和公布 2020 年度全国及全省“平安农机”示范单位及示范岗位标兵情况的报告进行批示。批示内容：紧盯“平安农机”创建工作，关键是抓好日常管理、教育和监督，实现每台设备的平安作业，为“平安山东”创建做出我们的贡献。

11 月 7—10 日

由农业农村部、人力资源和社会保障部、中华全国总工会共同举办的 2020 年第三届全国农业行业职业技能大赛决赛在山东省潍坊市举办。农业农村部副部长刘焕鑫、山东省人民政府副省长于国安、人力资源和社会保障部职业技能鉴定中心主任刘康、中国农林水利气象工会副主席原成刚、省人民政府副秘书长张积军、省农业农村厅党组书记、厅长李希信出席大赛开幕式。山东省获大赛团体第三名，3 名选手分别获第六名、第八名、第十三名。

11 月 12 日

山东省农业机械试验鉴定站管延华获全国拖拉机标准化技术委员会“农机扶贫爱心人士”表彰。山东省农业机械试验鉴定站获得全国拖拉机标准化技术委员会“农机扶贫爱心企业”表彰。

11 月 13 日

2020 中国国际农业机械展览会在山东省青岛市世博城国际展览中心开幕。展会期间，农业农村部农业机械试验鉴定总站、农业农村部农业机械化技术开发推广总站等举办农业机械化主推技术现场演示活动暨培训班、保护性耕作技术及智能装备展览、“智能农机助力全程机械化”专题报告会等活动。

11 月 18 日

山东省农业机械试验鉴定站王兰安获得“农机化质量专栏”信息报送先进个人。山东省农业农村厅被评为 2019—2020 年度中国农业机械化信息网信息宣传工作先进单位。山东省农业机械试验鉴定站被评为“农机化质量专栏”信息宣传工作先进单位。山东省农业机械试验鉴定站被评为《农机质量与监督》通联事务工作先进单位。

12 月 14 日

山东省农业机械技术推广站主持的省农业重大应用技术创新“大宗经济

作物机械化生产关键技术与装备试验验证”项目通过专家鉴定验收。

12月15—16日

农业农村部农业机械试验鉴定总站、农业农村部农业机械化技术开发推广总站在山东省潍坊市组织召开主要农作物生产全程机械化推进行动专家指导组工作推进会。专家组组长、中国工程院院士罗锡文，农业农村部农业机械化管理司副司长王甲云，农业农村部农业机械试验鉴定总站、农业农村部农业机械化技术开发推广总站站长刘恒新、副站长徐振兴，省农业农村厅党组副书记、副厅长卜祥联出席会议。

12月28日

山东省农业农村厅印发《关于加快推进畜牧业机械化发展的意见》（鲁农机字〔2020〕15号），明确加快推进畜牧业机械化发展的总体要求、发展原则、工作重点和保障措施。

河南省

2020年1月6日

农业农村部公布全国第四批率先基本实现主要农作物生产全程机械化示范县（市、区）名单，河南省汤阴县、长葛市等14个县（市、区）入选。

2月17日

河南省发布《2020年河南省农业机械试验鉴定产品种类指南》。

5月14日

河南省发布实施自走式烟叶采收机、自走式烟叶植保打顶机2项专项鉴定大纲。

6月3—7日

全国人大常委会副委员长吉炳轩率执法检查组深入郑州市、许昌市、周口市、商丘市等地，开展《中华人民共和国农业机械化促进法》执法检查，就高标准农田建设、确保国家粮食安全进行专题调研，并在郑州召开专题座谈会。河南省委书记王国生主持座谈会，省长尹弘参加有关活动。全国人大农业与农村委员会副主任委员李春生、刘振伟，全国人大代表赵晓燕、李桂琴参加执法检查。

6月16日

河南省农机“安全生产月”宣传咨询日活动在漯河市举办。河南省农机中心副主任宋会献，漯河市农机中心等有关人员参加活动。该活动营造出人人关心农机安全生产、个个参与农机安全发展的舆论氛围。

6月22日

河南省农业农村厅、河南省财政厅、河南省商务厅联合下发《河南省农业机械报废更新补贴实施方案》，全面开展农机报废更新补贴工作，组织落实好国家《农业机械报废更新补贴实施指导意见》。

7月14日

河南省推荐商丘市、漯河市为全国“平安农机”示范市；推荐宝丰县等5县为全国“平安农机”示范县；推荐董跃冰等11名同志为全国农机安全监理示范岗位标兵。鹤壁市被评为省级“平安农机”市；梁园区、浚县、临颍县被评为省级“平安农机”示范县；偃师市大口镇等94个乡镇被评为省级“平安农机”示范乡（镇、办事处）；开封市杞县鑫豫丰农机专业合作社等51个农机合作社被评为省级“平安农机”示范合作社。

7月15日

河南省人民政府办公厅印发《关于加快推进农业机械化和农机装备产业高质量发展的意见》，提出到2025年，河南省农业机械化迈入全程全面高质高效发展阶段，农机总动力稳定在1.05亿千瓦左右，主要农作物耕种收综合机械化率达到90%以上，设施农业、畜牧养殖、水产养殖和农产品初加工机械化率总体达到50%以上。

8月5日

河南省公布首批26家“全程机械化+综合农事”服务中心典型案例，进一步推动河南省农机社会化服务业态创新、机制创新、技术创新和集成创新，逐步实现农机社会化服务提档升级。

8月26—27日

河南省2020年玉米籽粒机械化收获现场演示会在商丘市召开，全省省辖市、省直管县（市）、玉米生产大县（市）农机推广人员110余人参加现场作业演示活动。

8月27日

河南省“三秋”农业机械化生产暨全程机械化推进现场会议在商丘市民权县召开。河南省农机中心主任凌中南、民权县委副书记蔡勇和县政协副主席王玉军参加会议，各省辖市及直管县有关负责人参加会议。与会人员现场观摩农机机械化作业，参观双飞种植专业合作社，针对本地全程农业机械化技术推广作经验交流。

9月4日

河南省农机中心印发《河南省2020年农业机械购置累加补贴方案》《河南省2020年遥控飞行喷雾机试验示范项目实施方案》《河南省2020年低扬尘花生捡拾收获机试验示范项目实施方案》。

9月9—10日

河南省2020年水稻机械化收获现场演示会在信阳市召开，来自全省9个省辖市、2个省直管县（市）、水稻生产县（区）农机管理部门、推广部门以及农机生产企业、农机服务组织的代表120余人参加了演示会。

9月24—25日

河南省2020年油菜播种机械化技术现场演示会在郑州市召开，来自全省各省辖市、济源示范区、省直管县（市）农机推广站长、有关技术负责人等200余人进行现场观摩。

10月16日

农业农村部农业机械化管理司第四专项督导检查组深入河南省驻马店上蔡县、漯河市召陵区，对“三秋”农机安全生产专项工作进行督导检查。督导检查小组由农业农村部农业机械试验鉴定总站、农业农村部农业机械化技术开发推广总站副站长干桂显、副处长花登峰、工程师张琳娜组成。河南省农业农村厅处长黄全意、省农机技术中心副主任宋会献，驻马店市副市长刘晓文，漯河市副市长乔彦强等陪同检查。

10月25—30日

2020年度河南省基层农机技术推广骨干和技术员培训班在洛阳市举办，对全省40个基层农机推广补助项目县（市、区）的133名农机技术推广骨干和技术员进行培训。

11月9—10日

河南省2019年农业机械化薄弱环节技术提升试验示范项目绩效评审验收和经验交流会在许昌市召开。组织专家组对承担河南省玉米籽粒、花生收获、水稻钵体育插秧、油菜、谷子等机械化技术试验示范项目的实施单位完成情况进行验收和经验交流。

11月16日

河南省农机安全法规及监理业务统计工作培训班在郑州市举办。解读农机安全法规、农机安全监督管理信息系统操作规范等。河南省农机中心副主任宋会献，各省辖市、直管县农机监理站分管领导，负责拖拉机和联合收割机牌证制发监督管理人员参加活动。

11 月 25 日

农业农村部办公厅推介第二批全国农民合作社典型案例（47 家），河南省清丰县惠农农机农民专业合作社入选。

12 月 3—4 日

河南省 2020 年主要农作物生产全程机械化示范项目绩效评审验收会在许昌市召开，专家组对承担河南省 2020 年主要农作物生产全程机械化示范项目的 13 个项目县完成情况进行验收和经验交流。

12 月 5—6 日

河南省 2020 年农机技术装备薄弱环节技术试验示范项目绩效评审验收会在许昌市召开，专家组对承担河南省夏玉米籽粒低破碎、低扬尘花生收获、水稻机械化栽植及油菜等机械化技术试验示范项目的 10 个项目完成情况进行验收和经验交流。

12 月 7 日

河南省公布“新密市城关镇乾龙农机专业合作社”等 102 个合作社为河南省农机合作社示范社。

河南省印发《河南省农业机械购置补贴产品违规经营行为处理办法（试行）》《河南省农机购置补贴内部控制制度》《河南省农机购置补贴异常情形报告制度（试行）》《河南省农机购置补贴机具投档工作规范（试行）》《河南省农机购置补贴机具核验工作要点(试行)》。

湖 北 省

2020 年 2 月 21 日

湖北省农业农村厅发出致全省农业机械化工作者的倡议书，要求全省农业农村（农机）部门、农机企业、农机合作社和广大农机手，积极配合当地人民政府和有关部门做好疫情防控，并统筹抓好春季农业机械化生产各项工作。

2 月 29 日

湖北省农业农村厅发布疫情防控下湖北农机春耕备耕注意事项，要求全省各地区相关部门加强春耕备耕和越冬作物田间管理，推动农资企业加快复工复产，打通农资供应、农机作业、农民下田等堵点。

3 月 9 日

湖北省农业农村厅发布关于加强当前春耕备耕期间农机安全生产工作的提示。

3 月 13 日

湖北省启动“聚力提质量，护农保春耕”为主题的“农机 3•15 湖北在行动”活动。组织制作微信推文＋链接中国农机化信息网“农机 3•15 在行动”专栏，实现与各级农业农村（农机）部门网站的有效链接和对农机质量投诉问题的收集与及时反馈。

3 月 17 日

湖北省农业农村厅农业机械化管理处印发《关于征求 2020 年农机购置补贴机具种类范围档次和补贴额调整意见的工作提醒》，以进一步优化湖北省农机购置补贴机具种类范围、档次和补贴额，更好地发挥农机购置补贴政策的支持引导作用，助力春耕生产和推动农业机械化向全程全面高质高效转型升级。

3 月 20 日

湖北省农业农村厅和中国石化湖北石油分公司联合印发《关于做好农机作业用油供应促进农业生产工作的提示》，登记备案的“三优一免”农机户在中国石化设立的农机作业用油专供加油站和农机加油绿色通道，享受最高优惠 7%的服务。

湖北省农业农村厅农业机械化管理处印发《关于统筹抓好疫情防控和农机春耕备耕工作方案》，指导各地农机管理部门发挥农业机械化在春耕备耕中的主力军作用，切实做到疫情防控和春耕生产两手抓、两不误、两促进。

4 月 30 日

湖北省农业农村厅以“会议室＋腾讯会议”形式召开湖北省农业机械化发展“十四五”规划研讨会。会议讨论《湖北省“十四五”农机化发展战略研究报告》，总结“十三五”湖北省农业机械化发展取得的成就，对当前和今后一个时期农业机械化发展形势进行分析，并提出一系列“十四五”农业机械化的目标和推进措施。湖北省农业农村厅党组成员、副厅长刘长华出席会议并讲话。

湖北省农业农村厅召开 2020 年度购机补贴分类归档第二次专题会议，会议决定，将茶叶色选机、果园轨道运输机等助力丘陵山区贫困地区产业发展所需的 8 个品目，将饲料制备（搅拌）机等支持畜禽产品生产的自动饲喂、环境控制的 3 个品目，将灭茬机等支持秸秆还田和综合利用的 1 个品目，以及将风筛清选机等支持粮食生产所需的 2 个品目，作为新增品目纳入 2020 年湖北省补贴范围。湖北省农业农村厅党组成员、副厅长刘长华出席会议并讲话。

5 月 1 日

湖北省农业农村厅发布《湖北省 2018—2020 年农机购置补贴机具补贴额一览表（2020 年调整）》的公告，并于 2020 年 5 月 7 日开始执行。

5 月 11 日

湖北省农业农村厅、湖北省公安厅、湖北省交通运输厅、湖北省商务厅、湖北省卫生健康委员会、湖北省应急管理厅、湖北省气象局联合印发《关于 2020 年湖北省“三夏”农机跨区作业应急预案的通知》，为有效应对疫情期间可能出现的疫情反弹、机具供需失衡、燃油供应不足、道路转运不畅、生产安全事故等突发情况。

湖北省农业农村厅农业机械化管理处向农业农村部农业机械化管理司报送《关于请求支援湖北“三夏”农机化生产的函》，农业农村部高度重视，农业农村部农业机械化管理司迅速行动，协调河北、山西、江苏、安徽、山东、河南和陕西 7 个省份驰援湖北收割机等农机具 1.9 万台（套），为保障湖北省夏粮夏油颗粒归仓作出重要贡献。

5 月 13 日

湖北省农业农村厅印发《关于做好当前“三夏”农机化生产工作的通知》。

5 月 15 日

湖北省农业农村厅决定从 2020 年 5 月 15 日—8 月 14 日，暂停委托湖北省农业机械鉴定站承担农机鉴定业务。

5 月 21 日

湖北省农业农村厅发布《湖北省 2018—2020 年农机购置补贴机具种类范围（2020 年度增补）》《湖北省 2018—2020 年农机购置补贴机具补贴额一览表（2020 年度增补）》和《湖北省农机报废补贴额一览表》公示稿。

6 月 22 日

湖北省农业农村厅组织专家对 2018—2020 年湖北省农机购置补贴机具补贴额一览表进行优化调整，形成《湖北省 2018—2020 年农机购置补贴机具补贴额一览表（2020 年第二次调整公示稿）》，并于 2020 年 6 月 22—28 日期间公示。

湖北省农业农村厅组织专家对企业自主投档的2 180个产品信息进行形式审核，形成《湖北省2020年第一批农机购置补贴产品、新产品和植保无人飞机归档信息表（公示稿）》，并于2020年6月22—29日期间公示。

7月24日

湖北省农业农村厅对纳入湖北省2020年农机购置补贴种类范围的秸秆膨化机和连栋温室、畜牧用车辆消毒（清洁）设备农机新产品进行分类分档和补贴额确定，并于2020年7月24—30日期间公示。

7月27日

湖北省农业农村厅委托湖北工业大学农业机械化工程研究设计院在全省范围内开展2019年度中央农机购置补贴、农机深松整地作业补助、农机专业合作社规范提升和省级农业机械化公共服务能力与体系建设项目绩效评估。

8月5日

湖北省农业农村厅以视频会议形式组织开展全省农机安全生产专项整治三年行动动员部署活动，湖北省纪委监委派驻省农业农村厅纪检监察组，湖北省农业农村厅办公室、农业机械化管理处、省农业机械安全监理总站等部门负责同志和全省各市、州、直管市、神农架林区，以及变型拖拉机“清零”任务尚未完成的县（市、区）农业农村局分管领导、农机安全监理机构负责人，共计160多人分别在主会场和分会场参加活动。

8月6日

湖北省农业农村厅结合本省农业生产实际和农业机械化发展需要，经专家研究、集体审议、网上公示等程序，增补秸秆膨化机品目进入湖北省2020年农机购置补贴范围。

8月12—13日

湖北省农业农村厅组织开展植保无人飞机和农业用北斗终端新产品田（场）间实地试验验证，并于2020年8月24—31日期间，对试验验证结果进行公示。

8月24日

湖北省农业农村厅印发《关于湖北省2020年第二批农机购置补贴产品归档评审情况公示》。

8月24—28日

湖北省农业农村厅派出4个调研检查组，分别由驻厅纪检组、厅办公室、厅农业机械化管理处和省农业机械安全监理总站相关负责同志带队，赴武汉、黄石、宜昌、十堰、咸宁、荆门、荆州、恩施8地督导检查农机安全生产工作，深入推进农机安全生产专项整治三年行动，掌握各地专项整治工作进展情况。

8月31日

湖北省农业农村厅农业机械化管理处党支部举行八月份主题党日活动，集中学习《习近平谈治国理政》第三卷及习近平总书记最新讲话精神、《王晓东同志在省政府第三次廉政工作会议上的讲话》《关于山东省潍坊市住建局等单位和协会违规开展职业资格许可认定和评比表彰并大肆收费敛财等问题的督查通报》等。湖北省农业农村厅党组成员、副厅长刘长华以普通党员身份参加学习，并交流《习近平谈治国理政》第三卷的学习体会。

9月21日

湖北省农业农村厅印发《关于湖北省2020年农机购置补贴产品第二批归档信息的通告》，经组织专家审核、公示和复审，确定1 209个农机产品纳入湖北省2020年农机购置补贴范围。

10月10日

中共湖北省农业农村厅党组印发《关于黄国雄同志任职的通知》，接中共湖北省委鄂发干〔2020〕186号、湖北省人民政府鄂政任〔2020〕115号文件通知，省委省人民政府批准：黄国雄同志任省农业农村厅党组成员、副厅长，任职时间自2020年9月4日起计算。

10月28—29日

湖北省农业农村厅在荆门市掇刀区举办全省农业机械化政策法规技术培训班。农业农村部农业机械试验鉴定总站、农业农村部农业机械化技术开发推广总站处长张树阁，湖北省农业农村厅农业机械化管理处处长陈汉秋，荆门市农业农村局党组成员李仕丁，荆门高新区工委副书记、掇刀区委副书记、政法委书记张洪林等同志出席开班仪式。各市、州、县农业农村（农机）局从事农业机械化政策法规技术的100余名业务骨干参加培训。

11月11日

湖北省农业农村厅召开购机补贴分类归档第九次专题会议暨购机补贴政策实施座谈会，省农业农村厅农业机械化管理处、省农业发展中心、省农业机械安全监理（推广）总站、省农业机械鉴定站等有关处室单位负责同志和省级购机补贴专家组成员参加会议，湖北省农业农村厅副厅长、省农业发展中心主任黄国雄出席会议并讲话。

11月12日

湖北省农业农村厅印发《关于调整湖北省2020年农机购置补贴部分机具补贴额的公示》，对茶树修剪机、果树修剪机、采茶机、秸秆压块（粒、棒）机、农业用北斗终端（含渔船用）、植保无人飞机6个品目的机具补贴额进行调整。

11月26日

湖北省农业农村厅在武汉举行2020年全省农业机械化工作调度活动。活动深入贯彻党的十九届五中全会精神，总结2020年及“十三五”时期全省农业机械化发展情况，对当前和今后一个时期农业机械化发展形势进行研判，提出“十四五”加快农业机械化转型升级的有关措施与建议等。湖北省农业农村厅副厅长、省农业发展中心主任黄国雄出席活动并讲话。

12月11日

湖北省农业农村厅印发《关于2020年第二次县级农机购置补贴信息公开专栏建设维护等情况的通报》，评估内容主要包括县级农机购置补贴信息公开专栏建设维护和农机购置补贴申请受理限时办理情况等，要求全省农机管理部门对农机购置补贴专栏补齐缺项、修改错项，对农机购置补贴申请加强形式审核，加快补贴资金兑付，切实做好农机购置补贴专栏维护和农机购置补贴申请限时办理工作。

湖北省农业农村厅印发《关于2020年度粮食安全行政首长责任制考核农机化相关指标评分标准的提醒》。

12月15日

湖北省农业农村厅印发《关于调整部分农机购置补贴机具补贴额有关事宜的通知》。

12月23日

湖北省农业农村厅印发《关于湖北省2020年农机购置补贴产品第三批归档信息的通告》。

湖南省

2020年1月10日

湖南省农业农村厅在长沙召开拖拉机安全顽瘴痼疾专项整治行动推进

会，分析当前拖拉机安全顽瘴痼疾专项整治行动清查摸底阶段存在的问题，部署下阶段工作。湖南省农业农村厅党组成员王罗方，湖南省农机事务中心党委书记、主任龚昕出席会议。

1 月 20 日

湖南省副省长隋忠诚带队赴汨罗市督导检查农机安全生产工作。隋忠诚强调，相关部门要坚决禁止拖拉机载人上路、人货混装等违法违规行为；要重点支持农机产业转型升级；要通过培育壮大农机合作社，推进农业产业化经营。湖南省水利厅厅长颜学毛、省农业农村厅副厅长唐道明参与督查。

经专家评审，确定邵东市、涟源市等 6 个县市为果园田土宜机化改造试点县，每个试点县须依托农机合作社对既有和在建的果园进行田土宜机化改造。湖南省财政安排每个试点县 192 万元奖补资金。

2 月 20 日

湖南省农业农村厅印发《2020 年第一批湖南省农业机械推广鉴定和专项鉴定产品种类指南》，此指南包括 119 种农业机械推广鉴定产品和 5 种农业机械专项鉴定产品，农机企业可依据有关鉴定制度的要求以及本指南，通过湖南省农业机械鉴定申报系统，自愿向湖南省农业机械鉴定站提出鉴定申请。

2 月 24 日

湖南省农机事务中心党委书记、主任龚昕在宁乡市调研指导农机企业复工复产和春耕备耕工作。龚昕对长沙桑铼特农业机械设备有限公司应对疫情防控、复工复产、开拓海外市场的做法给予肯定，并鼓励企业生产出更多、更好的产品。湖南省农机事务中心副主任肖林、宁乡市相关部门负责人参与调研。

3 月 6 日

湖南省农业农村厅印发《湖南省 2020—2022 年现代农机合作社建设实施方案》，提出从 2020—2022 年，省财政每年支持创建 120 家现代农机合作社、60 家现代农机合作社示范社、25 家全程机械化综合农事服务中心。

3 月 9 日

湖南省委书记杜家毫在岳阳市开展春耕生产工作调研，杜家毫强调，要在毫不放松抓好疫情防控的同时，全力做好春耕生产特别是早稻生产，倒逼提升农业机械化、规模化水平。湖南省委常委张剑飞、副省长隋忠诚参与调研。

3 月 16 日

经专家评审，确定浏阳市、衡东县等 20 个县市区为 2020 年机抛秧作业补贴试点县。每个试点县当年须依托农机合作社推广机抛秧不少于 2 000 公顷。湖南省财政安排每个试点县 200 万元奖补资金。

3 月 24 日

湖南省农业农村厅印发《关于进一步强化农机购置补贴政策实施加快推进农业机械化发展的若干措施》，明确 8 大措施：加大农机购置补贴力度；加快农机购置补贴实施进度；降低农机贷款成本；配套实施农机作业补贴；加大农机化基础设施建设力度；支持农机创新研发；全力推动农机产业链发展；强化资金监管。

3 月 25 日

发放湖南省 2020 年第一批农机试验鉴定证书，也是 2020 年全国发放鉴定证书最早的鉴定机构。

4 月 8 日

湖南省农业农村厅党组书记、厅长袁延文一行赴常德市桃源县调研指导粮食生产工作。袁延文同种粮大户、粮食企业负责人、集中育秧主体进行深入交流。湖南省农机事务中心党委书记、主任龚昕等同志参与调研。

4 月 12 日

湖南省春耕生产暨农机装备产业转型升级现场推进会议在常德市汉寿县召开。湖南省副省长隋忠诚出席会议并讲话，隋忠诚指出，要站在战略和全局的高度抓好春耕和粮食生产工作，把稳定粮食生产特别是春耕生产放在突出位置抓牢抓实。湖南省粮食和物资储备局、省农业科学院、省气象局等省直相关部门负责同志参加会议。

4 月 14 日

湖南省委书记杜家毫考察双峰县农友、劲松两家农机装备制造企业，详细了解农机生产、销售、推广等情况，提出农机推广服务“331”机制，勉励企业借鉴日韩等国家农机生产的好经验好做法，加强科技创新，研发生产更多适合湖南丘陵地形、适应家庭农场的小型农机产品。湖南省委常委、省委秘书长张剑飞参与调研。

4 月 29 日

湖南省农业农村厅在长沙召开全省农业机械化管理工作座谈会。湖南省农机事务中心党委书记、主任龚昕出席座谈会并讲话。龚昕强调，要通过开展农机作业补贴和果菜茶园田土宜机化改造试点，补齐丘陵山区机械化基础设施薄弱短板。各市州农业农村局分管领导和农业机械化管理科科长，农机事务中心主任等 80 余人参加会议。

4 月 30 日

湖南省农机事务中心举行揭牌仪式，湖南省委农村工作领导小组办公室主任、省农业农村厅党组书记、厅长袁延文出席。

5 月 9 日

湖南省农业农村厅印发《关于开展农业机械安全生产责任保险的实施意见》，提出到 2021 年底，全省农机合作社农机安责险覆盖率达到 80% 以上，参保范围内农业机械农机安责险覆盖率达到 60% 以上；到 2024 年，参保范围内农业机械农机安责险基本实现全覆盖。

5 月 12—13 日

全省农机购置补贴政策实施培训在长沙举行。各市州及所属县市区农业农村局负责补贴工作的同志，承担补贴工作的农机事务中心负责同志，补贴系统操作人员参加培训。

5 月 20 日

湖南省农业农村厅印发《关于加快推进设施农业发展的实施意见》，提出到 2025 年，实现建成 5 个（每个）66.67 千公顷以上规模化设施农业产业园、设施畜禽和设施水产年产值分别突破 2 000 亿元和 300 亿元、主要农产品检测合格率达 99% 以上等目标。

5 月 21 日

全国两会期间，湖南省农业农村厅党组书记、厅长袁延文提出《关于进一步加大南方稻区水稻生产扶持力度的建议》，通过恢复早稻集中育秧专项、开展精准补贴试点、加大农业机械化支持力度、持续推进高标准农田建设、充分发挥最低收购价托底作用等举措，在南方实现水稻扩面积，稻谷增产量。

5 月 28 日

全省水稻油菜机械化生产技术现场培训会暨全省农机安责险启动仪式在浏阳举行，来自全省 14 个市州 50 余名农机主管部门相关同志参加培训。各市州、县市区农业农村部门和中国人民财产保险股份有限公司等共保体成员单位主要领导和业务骨干同步参加视频会议。湖南省农机事务中心主任龚昕和中国人民财产保险股份有限公司副总经理参加启动仪式并做重要讲话。

6 月 3—11 日

全省农机监理人员业务培训班在岳阳汨罗市大荆培训基地开班，各市州、县市区监理岗位人员 230 多人参加培训。

6 月 28 日—7 月 5 日

举办现代农机合作社种田专业能手、农机专业能手培训班，共培训种田能手 70 人、农机能手 70 人。

7 月 24 日

湖南省农机事务中心组织开展有关经济作物生产机械化技术与装备需求调查，对湖南省茶叶、中药材、麻类作物等经济作物机械化技术与装备需求开展调研。通过采取实地调研走访、座谈研讨、书面汇报等多种方式，形成《湖南省茶叶、中药材、热带作物生产机械化技术与装备需求调查报告》报农业农村部。

7 月 30 日

湖南首届农业机械化技术推广“田间日”活动在安仁县举办，本次田间日活动主题是“水稻生产机械化”，通过农机具现场作业演示、农机作业体验、常见故障排除、现场咨询研讨等丰富多彩的活动，充分体现“田间日”活动“参与式、体验式、互动式”等特点。

8 月 7 日

湖南省农机事务中心启用自动化办公 OA 系统，并建立省市县三级网络，以提升全省农机事务工作效率。

8 月 27—31 日

在湘潭成功举办全国农业行业职业技能竞赛农机修理工竞赛湖南省初赛。13 个市州的 26 名选手参加省级比赛，黄忠等 9 名选手获省农业农村厅、省人力资源和社会保障厅、省总工会表彰；选派前 3 名的选手代表湖南参加国赛，其中段红波获得全国优秀选手奖。

8 月 28 日

湖南省农业农村厅印发《湖南省钢架大棚购置补贴试点实施方案》，通过市州推荐的方式，选择部分县市区开展钢架大棚补贴试点。补贴对象为个人和农业生产经营组织。

8 月 31 日

农业农村部农业机械化管理司一级巡视员李安宁一行来到湘西州龙山县、永顺县开展结对帮扶及农机购置补贴实施情况调研。湖南省农机事务中心党委书记、主任龚昕，农业农村厅农业机械化管理处处长张才道参与调研。

9 月 4 日

全省农业机械化“331”工程再推进会在长沙召开。会议强调，农机推广服务“331”机制是加快提升湖南省农业机械化、规模化、科技化水平的重大强农惠农政策，各级农机工作部门要站在讲政治的高度，进一步提高认识，统一思想，明确责任，抓好落实。湖南省农机事务中心党委书记、主任龚昕出席会议。

9 月 10 日

组织开展全省在岗农机监理人员清理工作，为全省 1 200 余名监理员、检验员、考试员和事故处理员换发新证，解决监理工作人员流失严重，“持证不在岗，在岗没有证”的问题。

9 月 14 日

湖南省农业农村厅、省财政厅在浏阳、靖州、赫山、临武 4 地同步举办“一村一碾米机”集中配送活动。湖南省财政厅党组成员、副厅长何伟文，省农机事务中心党委书记、主任龚昕等领导分赴 4 县市区出席集中配送活动。

9 月 15—17 日

第十一届湖南省农业机械、矿山机械、电子陶瓷产品博览会在娄底市经开区新合作国际商贸城隆重举行。

9 月 18—19 日

农业农村部农业机械试验鉴定总站组织召开农机试验鉴定能力建设工作会，湖南省农机事务中心龚昕主任、王洪明书记、王健康调研员参加会议。王健康调研员代表湖南省在会上做了典型发言。

9 月 23 日

在湘潭举办全省 2020 年现代农机合作社理事长培训班，培训合作社理事长 135 人。

9 月 23—25 日

第九届中南农机机电产品展示交易会在湘潭国际会展中心举办。湖南省内农机企业开发的油茶剥壳机、山地轨道运输机、果园菜园水肥一体化机械深受青睐。参展观展数千人次。

10 月 21—22 日

全省农机事故统计员兼农机安全监理信息员培训班在长沙举办，各市州、县市区 150 多名具体承担农机事故统计兼安全监理信息报送工作的同志参加培训。

10 月 28 日

湖南省农机事务中心门户网开通运营。该门户网对原湖南省农业机械管理局、省农机安全监理、省农机推广与鉴定等网站进行整合升级。

10 月 30—31 日

第二十二届中国中部（湖南）农业博览会在长沙国际会展中心举办。农机产销企业签约 9.7 亿元。共销售农机 4.74 亿元，补贴 1.78 亿元，其中中央财政补贴 1.54 亿元、省财政累加补贴 1 048 万元、省财政展会累加补贴 1 367 万元。

11 月 1 日

湖南省农机事务中心在第二十二届中国中部（湖南）农业博览会发布全省主要农作物生产机械化关键环节时间表。涵盖全省所有农业县市区的水稻、油菜的种、管、收等关键环节时间节点，为科学调度农业生产物资、作业机具提供依据。

11 月 9 日

湖南省农机事务中心召开全省农机安责险工作推进视频会议。湖南省农机事务中心党委书记、主任龚昕作重要讲话。各市州、县市区农机事务中心主任，安全监理部门负责人参加会议。

11 月 12 日

湖南省副省长隋忠诚主持召开会议，专题研究湖南省农机产业链发展有关工作。会议要求：努力实现湖南省农业机械化，科学编制农机产业发展规划，突出抓好农机链发展的关键环节，全力推进农业机械化，建立海外生产基地。湖南省人民政府副秘书长欧阳煌，湖南省农业农村厅等部门负责人参加会议。

11 月 19 日—12 月 10 日

湖南省农业农村厅、省应急管理厅联合对岳阳市、汉寿县、君山区、永兴县、炎陵县、江永县 6 个市县创建省级平安农机示范市、示范县验收并公示，确定岳阳市为省级平安农机示范市，汉寿县等 5 个县市区为省级平安农机示范县，并推荐岳阳市申报全国平安农机示范市，汉寿县、君山区、永兴县、炎陵县申报全国平安农机示范县。

11 月 23 日

由湖南省农业农村厅、省应急管理厅、省交通厅等单位组成省安全委员会考核巡查第五组对常德市 2020 年度安全生产工作进行现场考核巡查。

11 月 23 日—12 月 4 日

湖南省农机事务中心主任龚昕带

队，对株洲、常德两市道路交通顽瘴痼疾整治行动进行专项督查。

11 月 27 日

湖南省田土宜机化改造暨机械化推进畜禽粪污资源化利用现场会在花垣县召开。湖南省农机事务中心主任龚昕，湘西州人民政府副州长何益群等领导出席会议。14 市州农业农村局和农机事务中心、21 个果菜茶田土宜机化改造项目县、湘西州 7 县市农机事务中心的负责人和有关企业代表共 100 多人参加本次现场会。

12 月 3 日

湖南省第五期“强技能，稳就业”农机职业技能培训班在中联芜湖工厂开班。培训班的 20 名农机维修技术人员首次采用农机维修人员进厂跟班培训形式，旨在利用直观、易学、易懂的培训方式，用更加科学有效的培训方法，确保培训取得实效。“强技能，稳就业”农机职业技能培训是落实省委省人民政府农机推广服务“331”机制的重要举措，是加快推进农业机械化和农机装备产业转型升级的有力手段。2020 年共举办 5 期培训班。

12 月 5 日

召开全省交通问题顽瘴痼疾集中整治行动年度总结部署会，全省变型拖拉机累计注销牌证 98 438 台，实际灭失或报废 81 766 台；以 2017 年全省变型拖拉机在册数（137 739 台）为基数，牌证注销比例达 71.47%，实际报废比例达 59.36%。超额完成省委省人民政府提出的变型拖拉机存量减少 25% 目标任务。

12 月 8 日

农业农村部农业机械试验鉴定总站、农业农村部农业机械化技术开发推广总站副站长姚春生一行到基层党建联系点—湘潭县中路铺镇柳桥村，调研农业机械化、农业产业结构调整、产业扶贫、村支“两委”班子建设和党员队伍建设等工作。

12 月 17 日

中国工程院院士、华南农业大学教授罗锡文一行来望城区指导湖南无人农场项目建设，罗锡文实地查看项目进展情况，详细询问建设过程中存在的问题，并给予针对性意见和建议。

12 月 20 日

湖南省农业机械试验鉴定站完成谷物烘干机、轮式拖拉机（≤ 117.68 千瓦）等 6 种产品国推鉴定能力的扩项。

12 月 22 日

湖南省农机事务中心开展 2020 年度“讲好农机故事，促进事业发展”主题宣传活动优秀农机新闻稿件评选工作，邀请农民日报、湖南日报、红网等 9 家新闻媒体的记者对初选稿件进行集中评审。2020 年来，中央、省级新闻媒体共宣传报道湖南农机工作 380 余篇，各市县农机事务中心、推广站共向省农机事务中心门户网报送新闻信息 1 200 余条。

广东省

2020 年 1 月 8 日

广东省农业农村厅正式启用 2020 年农机购置补贴辅助管理系统，方便农户办理申请。同月，广东省农业农村厅印发《关于下达 2020 年中央财政农机购置补贴资金任务清单的通知》，将机具台数、农作物耕种收综合机械化率和补贴资金实施进度 3 个指标分解下达到县。

1 月 16 日

广东省农业农村厅印发《广东省农机质量投诉监督工作管理制度》，进一步完善农机质量投诉监督体系。

1 月 28 日

广东省农业农村厅农业机械化管理处印发《关于做好新型冠状病毒感染的肺炎疫情防控工作的告知书》，指导全省各农机服务组织、农机手加强宣传、率先垂范，引导社员、成员提高新型冠状病毒感染的肺炎防范意识，积极配合相关部门开展新型冠状病毒感染的肺炎疫情防控工作，并做好春耕备耕工作。

2 月 7 日

广东省农业农村厅印发《关于做好春耕生产机械化工作的通知》，指导各地在加强疫情防控工作的同时，切实抓好春耕备耕机械化工作，做到疫情防控工作和农机生产作业“两手抓，两协同”。

2 月 19 日

广东省农业农村厅印发《关于推动水稻机种水平加快提升的通知》，同步下发《广东省水稻精量穴直播机械化技术指引》和《广东省水稻农用无人飞机直播技术指引》。

2 月 21 日

广东省农业农村厅函报省发展改革委，申请将《广东省农业机械化“十四五”规划（2021—2025 年）》列入省级专项规划申报立项。4 月，广东省发展改革委报省人民政府批复同意，正式列入省级重点专项。

2 月 27 日

广东省农业农村厅向各地级以上市农业农村局印发《广东省 2020 年农业机械化工作要点》。

2 月

广东省人民政府授予广东省现代农业装备研究所“广式肉制品加工关键技术与装备创制及产业化应用”项目“广东省科技进步奖一等奖”。

广东省农业农村厅组织省内 20 多家农机生产、经销骨干企业进驻“广东保供稳价安心——放心农资平台”，确保疫情期间为广大农机户提供放心优质适用农机产品。组织各地做好疫情期间农机具配送、调配等服务协调工作，各地为农机生产、经销企业开具《民生保供企业资质证明》近 10 份。

3 月 6 日

广东省农业农村厅印发《2020 年广东“农机 3·15”消费者权益日活动实施方案》，全面启动以“聚力提质量，护农保春耕”为主题的 2020 年广东省“农机 3·15”消费者权益日活动。

3 月 12 日

广东省交通运输厅 广东省农业农村厅联合转发《关于印发高速公路跨区作业联合收割机（插秧机）运输车辆预约通行业务规程（试行）的通知》。同月，下发《关于做好 2020 年〈联合收割机插秧机跨区作业证〉发放工作的通知》，指导各地组织做好农机跨区作业服务管理工作。

广东省农业农村厅转发农业农村部农业机械化管理司 2019 年农机安全生产工作要点，并提出贯彻意见。通报 2019 年农机事故情况，2019 年全省农机发生道路外事故 1 起，死亡 1 人，直接经济损失 13 万元，事故主要原因是当事人安全意识淡薄、未遵守安全操作规程。

3 月 23 日

广东省农业农村厅印发《2020 年广东省农业机械化培训工作实施方案》，切实加强农业机械化管理、技术推广和实用人才三支队伍培训，全年全省计划培训 30 000 人次。

3 月 24 日

肇庆市高要区被农业农村部、应急

管理部评为2019年度全国“平安农机”示范县；阳西县农业农村局吴华辉等3位同志被评为2019年度全国农机安全监理示范岗位标兵。

3月

广东省农业农村厅官方网站“广东省农机化质量工作专栏正式上线”，专栏上载各地农业机械化质量工作动态和相关政策法规，公布全省各地农机质量投诉部门及电话。

3—11月

广东省农业农村厅组织开展2020年中央财政农机购置补贴产品归档工作，全年共开展四批次补贴产品企业自主投档工作，全年共有近10 000个产品通过投档进入补贴系统。

4月14日

广东省农业农村厅印发《关于印发2020年农机安全生产集中排查整治工作方案的通知》（粤农农办〔2020〕58号），在全省范围内开展为期9个月(2020年4月1日—12月31日）的农机安全生产集中排查整治行动。

4月17日

广东省农业农村厅农业机械化管理处组织农机行业的科研、推广、教学等方面的专家，对网上公开征集到的农机专项鉴定大纲制定建议进行研讨、审定，提出第一批专项鉴定大纲制定计划。

5月8日

广东省农业农村厅印发《2020年广东省补贴农机具（微耕机）质量调查工作实施方案》，组织开展对2017—2019年获得省农机推广鉴定证书的在用微耕机质量调查工作。调查区域涉及10个地市30多个县（市、区）11家生产/经销企业和1 400多户用户。

5月14日

农业农村部召开“三夏”农机跨区作业暨农业机械化工作部署视频会议。随后，广东省农业农村厅在广州市召开全省农业机械化工作视频会议，广东省农业农村厅一级巡视员牛宝俊出席会议并讲话。牛宝俊一级巡视员对贯彻落实全国视频会议精神提出具体要求，强调要把农业机械化工作放到实施乡村振兴战略的大局，结合现代农业园区建设等重大部署推动农业机械化加快发展，勉励农机系统要抓住机遇，进一步推动全省农业机械化转型升级。

5月21日

根据《农业机械试验鉴定办法》（农业农村部令2018年第3号）规定，广东省农业农村厅公告实施《自动干湿料喂料机》等3项农业机械专项鉴定大纲。

5月26—27日

广东省农业农村厅一级巡视员牛宝俊率有关处室单位主要负责同志到江门台山、开平开展农业机械化发展情况调研。牛宝俊指出要加快开平全国“平安农机”示范县、“全国基本实现农作物生产机械化示范县”创建，鼓励江门市整市推进水稻生产全程机械化，扩大宣传示范效果，营造农业机械化工作发展的良好氛围，推动江门农业机械化加快转型升级。

5月26—28日

广东省农业农村厅在江门开平市举办全省农机质量调查工作培训班。培训班采用理论教学与实操培训相结合的方式进行，就微耕机专业知识和质量调查工作方法等进行培训，组织全体学员赴开平市永晖农机专业合作社联合社进行微耕机质量调查现场实训。各有关县（市、区）农业机械化主管部门农机质量调查工作人员近70人参加培训。

5月27日

广东省农业农村厅向农业农村部规划设计研究院、华南农业大学、仲恺农业工程学院三家单位公开征询《广东省农业机械化“十四五”发展规划(2021—2025年)》编制费用，最终确定由中国工程院院士、华南农业大学罗锡文院士领衔的团队承担规划编制工作。

广东省农业农村厅会同省财政厅、省商务厅联合印发《关于开展农业机械报废更新补贴的通知》（粤农农〔2020〕110号），明确广东省农机报废补贴实施范围、补贴对象、补贴机具种类、报废条件、补贴标准、回收企业、操作程序等，标志农机报废更新补贴工作进入新阶段。

5月29日

广东省农业农村厅印发《关于加强农机化质量管理工作的通知》，要求各地进一步提高对农业机械化质量管理工作重要性的认识，加强对农业机械化质量工作的指导，把试验鉴定、质量调查、质量投诉、农机维修管理服务、农机报废更新补贴、人才培训等工作与农业机械化工作同部署、同落实，统筹经费予以支持，切实推动农业机械化质量管理工作水平提升。

5—11月

广东省农业机械试验鉴定站创新开展省、市、县三级共建的农机质量投诉监督机制，在高州市和开平市共建两个省级“便民投诉、优质服务”农机质量投诉监督示范点。

6月11日

广东省农业农村厅农业机械化管理处联合农村合作经济指导处在广州召开2020年“全程机械化＋综合农事”服务联合体专家评审会，组织对各地市推荐的申报2020年“全程机械化＋综合农事”服务联合体材料进行评审。

6月16日

广东省农业农村厅印发《变型拖拉机专项整治三年行动实施方案》，深入开展农村道路变拖专项整治，预防和减少道路交通事故的发生，切实维护人民群众生命财产安全。

6月18日

广东省农业农村厅、肇庆市农业农村局和高要区人民政府在肇庆市高要区联合举办2020年广东省农机安全生产咨询日活动。广东省农业农村厅一级巡视员牛宝俊出席活动并讲话。活动现场为广东省获得2019年全国“平安农机”示范县、全国农机安全监理“示范岗位标兵”和“平安农机”示范镇颁发牌匾证书，开展农机安全生产、农机购置补贴政策、农机报废更新和农机先进技术推广宣传，派发宣传资料和农业科技知识手册近30 000份。

6月19日

广东省农业农村厅印发《关于认定2020年广东省“全程机械化＋综合农事”服务联合体的通知》（粤农农办〔2020〕117号），认定汕头市潮阳区顺杰农机种养专业合作社等37家服务组织为2020年广东省“全程机械化＋综合农事”服务联合体。要求各地要加强对“全程机械化＋综合农事”服务联合体示范建设成效的宣传推广，引导培育“全程机械化＋综合农事”服务联合体。

6—8月

广东省农业农村厅下达省级乡村振兴战略专项（农业机械化转型升级方向）项目，以专项项目的模式，将省级扶持农业机械化发展的资金下拨到各有关实施单位以及省属单位，重点扶持水稻生产机械化、烘干机械化等方面，提升关键薄弱环节农业机械化水平，提升省级农机科研、鉴定和推广能力。

7 月 9 日

广东省农业机械化技术推广总站在广州市举办水稻智能机械化收割现场演示活动。现场展示省内外开展跨区作业的水稻联合收割机、无人驾驶收割机和农机作业监测系统等智能化装备，演示水稻收割机械化现场作业。广东省农业农村厅一级巡视员牛宝俊出席活动。

7 月 16 日

广东省农业农村厅办公室印发《关于开展农业机械化转型升级发展监测工作的通知》，确定汕头潮阳区等 13 个县（市、区）为农业机械化转型升级发展监测点，组织开展农业机械化转型升级发展监测工作。

7 月 27—29 日

广东省农业农村厅在韶关市曲江区举办粤北区域性农机维修人员培训班。采用“理论＋实操＋线上培训＋现场交流”的方式就农机维修职业道德和拖拉机等农机操作、维修保养知识对学员进行培训。组织符合条件的学员进行农机修理工职业技能鉴定考核。培训班上为韶关市曲江区胜意农机专业合作社颁发韶关市曲江区农机回收企业牌匾，正式启动全省农机报废更新工作。韶关、清远等地市的农机维修技术人员近 70 人参加培训。

7 月 28—30 日

全国养殖机械化技术研讨会在广东省云浮市召开，农业农村部农业机械试验鉴定总站、农业农村部农业机械化技术开发推广总站总工程师仪坤秀，广东省农业农村厅一级巡视员牛宝俊，云浮市委常委、政法委书记黄天生出席会议。

7 月

广东省农业农村厅组织编印《广东省“全程机械化＋综合农事”服务联合体典型案例汇编》（简称《汇编》），针对不同区域特色提炼总结典型发展模式，发放各地宣传推介，培育“全程机械化＋综合农事”服务联合体，推动广东省农机社会化服务业态创新发展。广东省农业农村厅党组书记、厅长顾幸伟为《汇编》题词：用典型引领和促进农业机械化转型升级。

按照《农业农村部农机化司关于组织推荐“全程机械化＋综合农事”服务中心典型案例的通知》要求，广东省农业农村厅组织开展征集工作，经优中优选和专家评议，向农业农村部农业机械化管理司推荐上报韶关市曲江区胜意农机专业合作社等 4 家“全程机械化＋综合农事”服务中心典型案例。

8 月 4—6 日

广东省农业农村厅在汕头市潮阳区举办粤东区域性农机维修人员培训班。创新培训方式，就农业机械基础理论、农业机械维修和保养等内容对学员进行专业化培训，组织符合条件的学员进行农机修理工职业技能鉴定考核。为获得农机回收企业资质的汕头市潮阳区顺杰农机种养专业合作社和汕头市锦沣农机专业合作社颁牌。汕头、梅州、汕尾、潮州、揭阳等市的农机维修技术人员 60 多人参加培训。

8 月 16—18 日

农业农村部农业机械试验鉴定总站、农业农村部农业机械化技术开发推广总站副站长王桂显一行对广东省农用无人机相关情况进行调研。广东省农业农村厅农业机械化管理处、农业机械试验鉴定站、农业机械化技术推广总站等处室单位主要负责同志陪同调研。

8 月 19—20 日

农业农村部农业机械试验鉴定总站、农业农村部农业机械化技术开发推广总站副站长王桂显一行到江门市开展农产品加工及设施农业发展情况调研。广东省农业农村厅农业机械化管理处、农业机械试验鉴定站、农业机械化技术推广总站等处室单位主要负责同志陪同调研。

8 月 24 日

广东省农业农村厅会同省财政厅印发《关于开展中央财政农机购置补贴资金动态调剂等工作的通知》（粤农农〔2020〕249 号），开展年度补贴资金调剂工作，10 月下旬，广东省财政厅正式下文调剂。

9 月 1—3 日

广东省农业农村厅、省人力资源社会保障厅、省总工会在广州市联合举办 2020 年第三届全国农业行业职业技能大赛广东省农机修理工技能竞赛。林镇周和杨寿锦获得个人一等奖，吴华旺、王聪武等 5 名选手获得个人二等奖，何华元等 8 名选手获得个人三等奖，清远市等 5 个代表队获得优秀团体奖。广东省农业农村厅一级巡视员牛宝俊、省总工会二级巡视员田紫光，农业农村部农业机械试验鉴定总站、农业农村部农业机械化技术开发推广总站副站长涂志强出席竞赛活动。

9 月 2—4 日

农业农村部农业机械试验鉴定总站、农业农村部农业机械化技术开发推广总站副站长涂志强率队到广东省开展农机修理工技能竞赛有关工作指导和“全程机械化＋综合农事”服务中心建设情况专题调研。广东省农业农村厅农业机械管理化处处长陈楚楷，省农业机械化技术推广总站、省农业机械试验鉴定站有关负责同志陪同调研。

10 月 19—22 日

广东省农业农村厅联合农业农村部农业机械试验鉴定总站、农业农村部农业机械化技术开发推广总站在广州市举办农机职业技能鉴定考评员培训班。加强广东省农机职业技能师资培训，储备一批农机职业技能考评员，为新时期农机技能人才培训工作打好基础。30 多名学员通过培训并参加农机职业技能鉴定考评员考试。

10 月 21—28 日

广东省农业农村厅在惠州市举办两期全省农机安全监理员、检验员考证培训班，进一步强化农机安全监理工作水平。全省共有 180 多名监理员、检验员参加培训。

10 月 23 日—11 月 30 日

广东省农业农村厅印发《关于做好农机使用一线“土专家”遴选推荐工作的通知》，及时成立工作领导小组，组织各级农业农村部门开展农机使用一线“土专家”遴选培养工作。形成省级农机使用一线“土专家”库，并从中遴选出 12 名全国推荐人选。

10 月 26—28 日

广东省农业农村厅在江门新会举办全省农业机械化统计员培训班。邀请农业农村部农业机械试验鉴定总站、农业农村部农业机械化技术开发推广总站专家“线上”为学员就农业机械化统计指标进行讲解；“线下”为学员讲解农业机械化统计审核要点等，并组织学员现场学习和工作交流。各市、县（市、区）农业机械化管理部门具体负责农业机械化统计工作人员 130 多人参加培训。

10 月 27 日

广东省农业农村厅印发《关于公开遴选农机化有关专题研究受托机构的公告》（公告 2020 年第 41 号），公开遴选农机化的马铃薯和花生生产机械化等 5 个专题研究受托机构和工作方案。目前，已选定 5 家受托机构并正式实施。

11 月 9 日

广东省农业机械试验鉴定站在广州市举办全省农机政策解读及农机试验鉴定大纲宣贯培训班，省内各有关农机生产企业、经销商负责人及业务骨干等共 100 余人参加培训。

11 月 9—10 日

广东省农业农村厅联合省应急厅开展“平安农机”示范县（区）和农机安全监理示范岗位标兵自荐申报材料审核和实地复评工作。确定并公布开平市为广东省 2020 年省级“平安农机”示范县（区），杨健锋、朱杰才和程烺为 2020 年省级农机安全监理示范岗位标兵。并向农业农村部、应急管理部推荐为 2020 年全国“平安农机”示范县（区）、全国农机安全监理示范岗位标兵。

11 月 16—20 日

广东省农业农村厅在肇庆市高要区举办全省农机安全监理考试员考证培训班。培训农机安全监理考试员 45 人。

11 月 17 日

广东省现代农业装备研究所深圳分所正式揭牌成立。深圳分所将聚焦智能感知、农业机器人、大数据赋能智慧农业等方面，构建“目标一致、协同合作、行动同步、成果共享”的高端研发机构共同体，努力成为国家农业人工智能研究成果的聚集地和产业技术输出地、大湾区农业科技合作基地和引才引智示范基地、农业科技创新先行示范样板。

11 月 19 日

广东省农业农村厅下发《关于开展农业各行业领域安全生产专项行动构建农业各行业领域安全生产长效监管机制的通知》，在全省开展拖拉机“不安全、不出门”安全生产专项整治行动。构建农机安全生产长效监管机制，切实消除安全隐患，保障人民群众生命财产安全。

11 月 23—27 日

广东省农业农村厅在广州市举办两期全省农机安全监理知识更新培训班。加强农机安全监理岗位人员业务培训，提升监理人员业务能力，全省共 210 人参加培训。

11 月

惠东县中惠农机专业合作社、韶关市曲江区胜意农机专业合作社获 2020 年中国农机行业年度大奖——合作社农机化服务奖。

广东省人民政府授予广东省现代农业装备研究所“光伏温室”成果“第六届广东专利优秀奖”。

12 月 9—13 日

广东省农业农村厅在广州市举办广东省农业机械化转型升级成果展示活动。重点展示与演示省内外科研院所和农机研发生产企业有关农机智能化科研成果和产品。广东省省长马兴瑞、常委叶贞琴出席现场活动视察指导。

12 月 11 日

广东省农业农村厅在广州市举办粤港澳大湾区智能农机装备发展论坛，中国工程院院士罗锡文、中国农业机械化科学研究院副院长苑严伟等国内知名专家代表等就智能农机装备发展现状及未来趋势、创新热点、最新技术方案等进行深入交流。广东省农业农村厅一级巡视员牛宝俊出席论坛并讲话。

广东省农业农村厅在广州市召开广东省农业机械化转型升级推进大会。贯彻落实《广东省人民政府关于加快推进农业机械化和农机装备产业转型升级的实施意见》精神，总结“十三五”农业机械化发展成效，分析存在问题和面临的发展机遇，交流谋划“十四五”农业机械化工作。会上表彰了江门市农业农村局等一批“十三五”期间农业机械化发展先进典型，首次发布水稻鸡等 6 个生产/养殖全程机械化推荐模式。广东省农业农村厅一级巡视员牛宝俊出席大会并讲话。

12 月 22 日

台山市被农业农村部办公厅认定为全国第五批率先基本实现主要农作物生产全程机械化示范县（市、区）。

12 月 22—26 日

由农业农村部农业机械化管理司副司长王甲云为组长的国务院安全生产委员会办公室第十五检查组一行 4 人对广东省安全生产工作开展明察暗访，重点督导检查地方党委人民政府属地安全监管责任落实情况，以及农机安全生产专项整治重点工作任务落实情况。强调各地各部门要以此次明察暗访为契机，举一反三深入查找当前安全生产的突出问题和短板不足，依法查处严重违法违规行为，彻底治理重大安全隐患，确保年末岁初安全生产形势持续稳定。

12 月 29 日

广东省农业农村厅印发《关于下达 2021 年中央农业生产发展资金——2021 年中央财政农机购置补贴资金任务清单的通知》（粤农农函〔2020〕950 号），将任务细化分解到各补贴实施县。

12 月

陆丰市支农农机专业合作社获雷沃杯 2020“全国 20 佳农机合作社理事长”称号。

广东省农业机械化技术推广总站与华南农业大学工程学院联合开展的《水稻机械化精准育插秧新技术与装备的推广应用》项目获“2020 年广东省农业技术推广奖一等奖”。

2020 年

围绕农业生产重要农时和全年农业机械化重点工作，广东省农业农村厅农业机械化管理处组织开展重要农时季节农业机械化生产，各地推进绿色高效农业机械化技术推广、农机安全生产、农机质量调查等工作动态宣传。挖掘“全程机械化＋综合农事”服务、全国 20 佳农机合作社理事长推荐人选等典型，创新“短视频＋农机社会化服务品牌”等宣传方式，深度报道曲江、焦岭等地开展农业生产托管，发展农机社会化服务典型，营造推进农业机械化转型升级良好氛围。

广西壮族自治区

2020 年 1 月 2 日

贵港市港北区被评为全国第四批率先基本实现主要农作物生产全程机械化示范县（市、区）。

1 月 17 日

广西壮族自治区农机中心印发《关于下达 2020 年优势特色农作物生产机械化示范基地建设项目和高效机收糖料蔗生产全程机械化示范基地建设后补助项目的通知》，拟使用财政补助资金 2 135 万元，在隆安等县实施青柚、脆蜜金橘、油茶、凤梨释迦、百香果、莲藕、柑橘、桑蚕循环生产、柑橘（三红蜜柚）9 个优特作物生产机械化创新示范基地建设项目和宾阳等县实施 5 个高效机收糖料蔗生产全程机械化示范基地建设后补助项目。

2 月 11 日

经中共广西壮族自治区委员会批准，广西壮族自治区农业机械化服务中心为参照公务员法管理单位。

2 月 13 日

广西壮族自治区横县、宾阳县、上

林县荣获 2019 年度全国“平安农机”示范县称号，李曼莎等 9 名同志荣获 2019 年度全国农机安全监理示范岗位标兵称号。

2 月 21 日

广西农业农村系统抗击疫情做好 2020 年春耕农业机械化生产工作视频调度会议在南宁召开，广西壮族自治区农业农村厅党组成员、农机中心主任韦周凡出席会议并讲话，广西壮族自治区农机中心副主任黄汉全、江垣德出席会议，会议由广西壮族自治区农业农村厅农机管理处处长陈锡诗主持；各市农业农村局分管领导和业务科室负责人、农机中心主要领导和分管领导及相关业务科室负责人在各市设立的分会场参加会议。

3 月 10 日

广西壮族自治区农机中心印发《关于明确 2019 年度农机购置补贴融资贴息标准及计息办法的通知》（桂农机办〔2020〕31 号）。

3 月 20 日

广西壮族自治区农业农村厅印发《全区农机安全生产“强监管严执法”专项行动实施方案》（桂农厅发〔2020〕47 号），启动全区农机安全生产“强监管严执法年”专项行动。

3 月 31 日

广西壮族自治区人民政府办公厅印发《广西糖料蔗良种良法技术推广工作实施方案》（桂政办电〔2020〕60 号）。

4 月 3 日

广西壮族自治区农机中心在 2019 年度全区机关综合绩效考评获二等等次，精神文明建设、平安广西建设以及民族团结进步专项考评均获二等等次，党的建设专项考评获三等等次。

4 月 29 日

广西壮族自治区农机中心联合中国农业机械化协会、农业农村部农业机械试验鉴定总站等 37 家单位（机构、平台）共同发起举办主题为“融合、创新、赋能”的“甘蔗机械化线上交流”活动。

5 月 9 日

广西壮族自治区农机购置补贴工作在 2019 年度全国农机购置补贴政策落实延伸绩效管理初审中获第 6 名。

5 月 19—22 日

广西壮族自治区农机中心主任韦周凡带队到乐业县新化镇百坭村开展以黄文秀同志为榜样，争做黄文秀式的共产党员的“党建促脱贫攻坚”活动，同时到田林、西林、乐业实地调研产业扶贫情况。广西壮族自治区农机中心副主任黄汉全、江垣德，广西壮族自治区农业农村厅农机管理处、百色市农机中心、广西农业机械化协会、中国农机安全报社及乐业县相关领导出席活动。江苏沃得、广西南宁一键智农、深圳大疆公司向乐业县百坭村捐赠价值 20 多万元农业装备。

6 月 1 日

广西壮族自治区农业农村厅、财政厅、商务厅联合印发《广西农业机械报废更新补贴工作实施方案（试行）》（桂农厅发〔2020〕83 号）。

6 月 2 日

广西壮族自治区农业农村厅印发《2020—2022 年广西甘蔗生产全程机械化作业补贴实施细则》（桂农厅办发〔2020〕63 号）。

6 月 29 日

广西壮族自治区农业农村厅在百色市召开 2020 年广西丘陵山区优势特色农作物生产机械化助推乡村振兴脱贫奔小康现场会。广西壮族自治区党委农村工作领导小组办公室主任、农业农村厅厅长刘俊出席会议并讲话，广西壮族自治区农机中心主任韦周凡主持会议，副主任江垣德、百色市人民政府副市长黄永才等领导出席会议。共有 26 家农机企业带来 140 多台（套）机械设备进行现场演示展示。

7 月 10 日

广西壮族自治区农机中心主任韦周凡参加农业农村部农业机械化管理司 2020 年上半年农机安全生产专题调度工作会，并在会上作典型交流发言。

7 月 16 日

经中共广西壮族自治区委员会研究同意，江垣德同志任广西壮族自治区农机中心二级巡视员。

7 月 23 日

全国农业机械标准化技术委员会农用挂车工作组成立，秘书处设在广西壮族自治区农机中心，广西壮族自治区农机中心试验鉴定部处长叶长青任组长。

广西壮族自治区农业农村厅印发《关于进一步加强手扶变型运输机登记和驾驶证管理的通知》（桂农厅规〔2020〕9 号）。

7 月 27—30 日

国家糖料产业技术体系机械化研究室主任刘庆庭、国家糖料产业技术体系岗位专家张华、农业农村部主要农作物全程机械化推进行动专家指导组专家陈世凡等相关专家到广西壮族自治区开展调研指导。

9 月 2 日

广西壮族自治区农机中心与中国人民财产保险股份有限公司广西分公司在南宁召开交流座谈会，就共同推进政策性农业机械保险工作进行研讨。广西壮族自治区农机中心主任韦周凡、副主任杨义、江垣德，广西农业机械化协会会长李一洪和中国人民财产保险股份有限公司广西分公司总经理刘苍牧、副总经理韦民安、亢建华出席会议。

9 月 10 日

经中共广西壮族自治区委员会批准，广西壮族自治区农机中心副主任杨义同志提前退休。

9 月 15 日

广西壮族自治区农业农村厅、财政厅联合印发《广西高架网床环保猪舍补贴试点方案》（桂农厅发〔2020〕123 号），广西壮族自治区成为全国的首个生猪养殖设施补贴试点。

9 月 24 日

广西壮族自治区农机中心在 2019 年度农机质量投诉信息报送工作中表现突出，获农业农村部农业机械试验鉴定总站、农业农村部农业机械化技术开发推广总站颁发荣誉证书。

9 月 28 日

由农业农村部农业机械试验鉴定总站、农业农村部农业机械技术开发推广总站举办的动力机械推广技术培训班在南宁市荔园山庄举办。广西壮族自治区农机中心副主任、二级巡视员江垣德出席并致辞，农业农村部农业机械试验鉴定总站、农业农村部农业机械化技术开发推广总站总工程师仪坤秀作开班讲话。

9 月 29 日

广西壮族自治区农业农村厅、财政厅联合印发《关于继续开展广西甘蔗生产全程社会化服务补助试点工作的通知》（桂农厅发〔2020〕132 号）。

广西壮族自治区农业农村厅、财政厅联合印发《关于继续开展广西农机深松深耕整地作业补助试点工作的通知》（桂农厅发〔2020〕133 号）。

10 月 12—14 日

广西壮族自治区农机中心安全监理部处长李曼莎参加全国农机安全监理规范化建设工作研讨会，并在会上作典型交流发言。

10 月 15 日

广西壮族自治区农机中心与中国农业机械化科学研究院开展座谈交流。

10 月 29 日

广西壮族自治区农机中心在都安县百旺镇仁合村开展“精准扶贫心连心、民族团结一家亲”文明实践活动，广西壮族自治区农机中心副主任黄汉全参加活动，并给仁合村党支部党员上党课。

11 月 6—8 日

中国工程院院士、华南农业大学教授罗锡文率农业农村部国家糖料产业技术体系和农机行业专家一行到广西壮族自治区开展甘蔗生产全程机械化调研，广西壮族自治区农机中心副主任、二级巡视员江垣德陪同调研。

11 月 9—11 日

广西壮族自治区农机中心在玉林市博白县召开 2020 年全区水稻暨秋冬种生产机械化现场会，广西壮族自治区农机中心主任韦周凡出席会议并讲话，副主任、二级巡视员江垣德、农业农村厅农业机械化管理处处长陈锡诗、博白县人民政府领导出席会议，广西壮族自治区农机中心各部室负责人及业务骨干、各市、县（市、区）农机中心（农业农村局）领导及业务骨干、媒体记者等总共约 150 人参加会议。

11 月 18 日

广西壮族自治区农机中心荣获“2019—2020 年度中国农业机械化信息网信息宣传工作先进单位”和“2020 年《农机质量与监督》通联事务工作先进单位”。周祥同志荣获“先进信息员三等奖”。

12 月 9 日

中共广西壮族自治区委员会印发《关于自治区水库和扶贫易地安置中心等 6 个单位撤销党组、成立党委的通知》（桂委〔2020〕498 号），撤销中国共产党广西壮族自治区农业机械化服务中心党组，成立中国共产党广西壮族自治区农业机械化服务中心委员会，党组织关系隶属自治区党委区直机关工委。

12 月 9—28 日

广西壮族自治区农机中心委托广西农业机械化协会组织专家组对 2020 年优势特色农作物生产机械化示范基地建设项目和高效机收糖料蔗生产全程机械化示范基地建设后补助项目进行验收工作，9 个优特项目与 5 个高效机收糖料蔗项目全部通过验收。

12 月 19—21 日

中国工程院院士、华南农业大学教授罗锡文率农业农村部国家糖料产业技术体系和农机行业专家一行到广西壮族自治区开展甘蔗生产全程机械化调研，主笔起草关于广西甘蔗生产全程机械化发展状况的报告，广西壮族自治区农机中心副主任、二级巡视员江垣德陪同调研。

第 5 届中国—东盟糖业博览会 中国—东盟农业机械暨甘蔗机械化博览会成功举办。广西壮族自治区人大常委会副主任张秀隆等出席开幕式并致辞，中国工程院院士罗锡文就推进甘蔗收获机械化发表主题演讲，广西壮族自治区人民政府副秘书长梁磊主持。累计 186 家企业参展，展览农机具 1 350 台，展览 34 000 米^2，参观 30 000 余人次；首次创新开设网络直播，线上观看人数达 430 000 人次；新华社、人民日报等 30 多家媒体竞相报道。

12 月 20 日

中国—东盟现代农业装备合作与发展论坛在南宁市召开。论坛由中国农业机械化协会副秘书长夏明主持，论坛邀请农业农村部农业机械试验鉴定总站、农业农村部农业机械化技术开发推广总站副站长徐振兴，中国农业机械科学研究院副院长赵庆亮等 7 位嘉宾演讲。各级农机部门、制糖企业、相关院校、科研院所 300 人参加论坛。

2020 年广西壮族自治区农业机械化年终工作会议在南宁召开。会议由广西壮族自治区农机中心副主任黄汉全主持，农机中心主任韦周凡，副主任、二级巡视员江垣德，农业农村厅农机管理处处长陈锡诗出席会议并讲话，各市、县（市、区）农业机械化主管部门主要负责人以及农机中心各部室主要负责人共 150 人参加会议。

12 月 22 日

农业农村部办公厅印发《关于公布全国第五批率先基本实现主要农作物生产全程机械化示范县（市、区）名单的通知》，宾阳县、港南区、平南县、扶绥县成功入选“全国第五批率先基本实现主要农作物生产全程机械化示范县”。

2020 年

广西农业机械化工作获省级以上新闻媒体报道达 140 次（篇）。其中，中央电视台 21 次（新闻联播 6 次），人民日报等中央级报刊 10 篇，新华网等中央级媒体网站 47 次。

海南省

2020 年 5 月 19—23 日

海南省农机部门在琼海市举办农机修理工（初级）培训班，50 名来自全省各市县的农机维修服务人员参加培训。通过理论和实践操作考核，成绩合格者颁发农机维修工（初级）证。

6 月 25 日—7 月 10 日

海南省农业农村厅农业机械化管理处全体人员与省农机安全监督管理所、省农业机械鉴定推广站负责人分成两个组，第一组由农业农村厅农业机械化管理处处长任良勇带队，第二组由农业机械鉴定推广站站长张培带队对全省 18 个市县农机部门开展农业机械化工作督导检查工作。督导检查内容包括农机购置补贴政策实施情况、农业机械化促进工程项目建设情况和农机安全生产工作等情况。

6—9 月

海南省农机部门根据当前热带特色经济作物发展的需求，按照《农业机械试验鉴定工作规范》规定，完成《胡椒脱粒机》《胡椒熟化机》《胡椒脱皮机》3 个专项鉴定大纲制订，会后予以公示。

6—12 月

海南省农机部门召开推广鉴定人员培训班，培训班对《农业机械试验鉴定工作规范》《国家支持的农业机械推广鉴定实施细则》《起垄机》《投饲机》《微灌设备》《灌溉首部》等理论知识进行授课，对检验检测仪器的操作使用进行培训。

7 月 9 日

海南省农机部门召开 2020 年农机购置补贴机具分档及补贴额测算专家评审会。专家评审会讨论通过埋茬起浆机等共计 23 个品目的分档、参数调整及中央财政补贴额测算，形成《海南省 2018—2020 年农机购置补贴机具种类范围（2020 年调整）》和《海南省 2018—2020 年农机购置补贴机具补贴额一览表（2020 年调整）》。

9 月 1—8 日

海南省农机部门联合中农航服科技有限公司在儋州市举办植保无人机经营管理培训班，各市县参加培训学员 50 人，通过理论和实操考核，通过率为 96%，取得植保无人机系统初级操作手合格证、慧飞学员合格证书及培训合格证书。

9 月 15—16 日

海南省农机部门在海口市举办 2020 年第三届全国农业行业职业技能大赛农机维修工技能竞赛海南初赛。来自全省各级农机管理部门、农业（农机）合作社、农机修理企业等推荐的专业技术人员共 14 人参加比赛，选拔出 3 名优秀选手。

12 月 3 日

海南省农业机械鉴定推广站站长张培出席在琼中县举办的全省新型职业农民培育农机专业合作社带头人培训班，50 名来自全省各市县的农机专业合作社带头人参加本次培训。当天同时举办农机推广人员能力提升培训班，35 名从事农机推广工作人员参加此次培训，培训班上专家对职业道德、法律法规与农村土地“三权分置”政策、农机购置补贴政策进行解读，并分析农业机械化新技术及发展趋势，共 80 多人参加培训班。

重庆市

2020 年 3 月 10 日

2020 年度全市农业机械化工作视频会议在重庆市农业农村委召开，分析当前农业机械化发展形势，安排部署 2020 年重点工作。重庆市农业农村委副主任秦大春出席会议并讲话。

6 月 9 日

重庆市人民政府副市长李明清主持召开全市农田宜机化改造与小型农机具研发制造专题会议，听取市经济信息委、市农业农村委关于全市农田宜机化改造与小型农机具研发制造有关情况汇报。

6 月 10—13 日

全国人大常委会副委员长白玛赤林率全国人大常委会执法检查组来渝，就重庆市贯彻实施《中华人民共和国农业机械化促进法》的情况开展执法检查。

9 月 1 日

在重庆市人民政府召开全市农产品加工业和农业机械化发展工作专题会议，听取农产品加工业和农业机械化发展情况汇报。

9 月 10 日

中国工程院院士罗锡文在重庆市渝北区参加全国丘陵山区农田宜机化改造现场展示交流活动启动仪式。

9 月 10—13 日

2020 中国（重庆）丘陵山区农业机械展览会成功举办。中国工程院院士罗锡文等专家出席开幕式。本次展会得到业界高度认可，进一步突显重庆在我国丘陵山区农机研发制造、农业机械化探索发展方面的地位，必将推动汇集相关要素，加快重庆农机装备“引进来、走出去”步伐。

9 月 11 日

2020 丘陵山区农业机械化发展高峰论坛在渝举行。中国工程院院士罗锡文等 6 位专家学者，做理论性、实践性、前瞻性精彩演讲，为加快发展丘陵山区农业机械化建言献策。

9 月 27—29 日

庆祝中国农民丰收节巾帼农机手“双学双比”技能竞赛成功举办。

10 月 27—28 日

农业农村部农业机械化管理司司长冀名峰来渝调研农业机械化发展和农田宜机化示范改造工作。

11 月 6—10 日

重庆市农业农村委组织参加由农业农村部、人力资源社会保障部、中华全国总工会在山东潍坊举办的全国农业技能一级大赛，重庆市 2 名选手在农机修理工赛项比赛中荣获“全国农业技术能手”称号，重庆代表队总成绩位居全国前 5 名，成为 5 个“优秀团体奖”获得者之一（西部唯一）。农业农村部农业机械试验鉴定总站、农业农村部农业机械化技术开发推广总站站长出席活动并讲话。

四川省

2020 年 1 月 2 日

农业农村部办公厅公布全国第四批率先基本实现主要农作物生产全程机械化示范县（市、区）名单，四川省双流区、安州区、郫都区成功入选。

1 月 9 日

全省农机购置补贴综合奖补试点工作培训在江油市举办，传达学习全省深化惠民惠农财政补贴资金社会保障卡“一卡通”相关会议精神，讲解四川省农机报废更新补贴工作方案和系统操作流程、农机购置补贴绩效评价指标体系和评价办法，30 个农机作业补贴试点县汇报试点工作推进情况，讨论农机购置补贴综合奖补信息平台主要功能。

1 月 16 日

农业农村部农业机械化管理司通报 2018 年主要农作物生产全程机械化示范项目验收结果，四川省项目实施比较规范、效果比较突出，通过验收。

2 月 20 日

四川省人民政府印发《关于 2019 年度四川省科学技术奖励的决定》（川府发〔2020〕4 号），四川省农业机械研究设计院主持完成的“丘陵地区冬水田水稻生产机械化关键技术及设备研究示范”成果，获得四川省人民政府 2019 年度四川省科技进步三等奖。

3 月 3—4 日

四川省农机监理总站组织开展农机监理业务技能线上培训，采用“抖音在线直播”方式，对全省各地州进行《新版技术检验规范及装备解析》及《科大信息平台发展战略》《农机安全监理信息平台操作使用讲解》《智慧农机大数据云平台讲解》《智慧农业大数据云平台讲解》等内容培训，全省各市（州）、县（市、区）农机监理所等 680 余名监理人员参加培训。

3 月 23 日

四川省农业农村厅印发《四川省“全程机械化＋综合农事”服务中心发展指引（试行）》（川农函〔2020〕237 号），明确“全程机械化＋综合农事”服务中心总体要求、发展目标、建设标准、组织实施、工作要求等。

4 月 13 日

四川省农业农村厅印发《四川省现代农业园区“五良”融合农业装备指南及考核标准（试行）》（川农〔2020〕35 号），明确现代农业园区农业装备配置要求及考核标准。

4 月 15 日

四川省机电排灌管理总站、省农业机械研究院牵头制（修）订的《泵站验收规程》《小型机电及太阳能提灌站运行管理规程》《小型泵站设计规程》《小型泵站施工规程》《农用机井技术规程》5 个地方标准由四川省市场监督管理局发布，从 2020 年 6 月 1 日起实施。

5月25日

四川省农业农村厅印发《关于开展“五良”融合全程机械化示范区创建工作的通知》（川农函〔2020〕465号），明确创建目标、创建原则、创建内容、创建标准、创建程序等要求。

5月27日

四川省农业农村厅印发《四川省农业农村厅现代农业园区“五良”融合工作推进机制》（川农函〔2020〕481号），明确总体思路、主要任务、工作机制、责任分工等。

6月2—4日

四川省在德阳市举办2020年四川省农机购置补贴额调整和绩效评价培训，21个市（州）汇报2019年度农机购置补贴工作情况，开展绩效评价。

6月22—23日

四川省农业农村厅在南充仪陇县组织开展全省农机事故应急演练，演练通过“四川农机监理”抖音号，以视频直播形式向全省农业农村系统同步播放演练现场，直播在线观摩人数累计达到1.05万。

7月10日

四川省农业农村厅在广元市朝天区举办“五良”融合暨农业装备推进（现场）会。参观“五良”融合示范基地及“全程机械化+综合农事”服务中心、观摩蔬菜生产关键环节机械化作业演示、开展技术培训及交流等。农业农村厅“五良”融合推进机制成员单位、各市（州）有关分管领导及农机合作社代表共150余人参加会议。四川省农业农村厅党组成员、总农艺师陈孟坤出席会议并讲话。

7月13—16日

全国人大常委会副委员长白玛赤林率全国人大常委会执法检查组在四川省开展《中华人民共和国农业机械化促进法》执法检查。四川省农业农村厅党组成员、总农艺师陈孟坤参加座谈汇报，并率农业机械化处负责同志参加成都、德阳、绵阳3市的执法检查。

7月22日

中共四川省委农村工作领导小组正式印发《四川省现代农业装备产业转型升级推进方案》，围绕农机装备产、学、研、推、用及公共服务，以“七大项目”为载体，实施“七大工程”，包括“推广能力提升工程、科技创新攻关工程、全程全面机械化示范创建工程、农机装备产业高质量发展工程、农业装备数字化提升工程、农机化基础设施建设工程、农机购置补贴综合奖补工程”。

7月29日

四川省农业农村厅、财政厅、商务厅联合印发《关于印发〈四川省农业机械报废更新补贴实施方案〉的通知（川农函〔2020〕640号）》，原《四川省农机报废更新补贴工作实施方案（试行）》（川农函〔2019〕991号）同时废止。

8月5日

四川省第一笔农机购机贷款贴息在绵竹市办理成功。绵竹市瑞农农机专业合作社购买拖拉机5台，水稻插秧机1台，联合收割机2台，机具总价83.25万元，贷款57.91万元，可享受贷款贴息金额17 600元，加上农机购置补贴25.34万元，购买8台机具总补贴额达到27.1万元。

8月24日

农业农村部关于公布2019年度专项工作延伸绩效管理结果的通知（农办发〔2020〕5号），四川省在农机购置补贴政策落实子项被评为优秀单位。

四川省机构编制委员会办公室印发《关于省农机监理总站增挂牌子等事项的批复》，四川省农机监理总站增挂四川省农田建设发展中心牌子，接收省水产局划转编制16名，增加承担农田建设发展相关事务性工作职责。

9月24日

四川省农业农村厅在达州市宣汉县举办丘陵山区稻油作物农机装备技术田间日活动。开展稻油作物全程机械化装备技术田间现场教学和技术观摩，参观粮食机械化加工合作社和现代农业园区“五良”融合基地，开展现代农业装备新技术培训。四川省农业农村厅党组成员、总农艺师陈孟坤出席活动并讲话。

9月28日

四川省2020年农机购置补贴工作培训在成都举办，讲解农机购置补贴辅助管理系统的操作流程、农机购置补贴综合奖补信息系统架构与设计，展示农机购置补贴“三合一”软件功能、作业综合奖补软件功能、贷款贴息软件功能，机械化作业奖补试点县（市、区）汇报作业奖补试点工作开展情况。

10月28—29日

农业农村部农业机械化管理司司长冀名峰率队赴四川省开展丘陵山区农业机械化发展调研。四川省农业农村厅党组成员、总农艺师陈孟坤、农业机械化处处长杨建国等陪同调研。

10月30日

四川省农业机械鉴定站组织制定《茶叶滚筒冷却输送机》《油菜脱粒机》《深耕粉碎松土机》《粪污罐》4项专项鉴定大纲正式发布实施。

10月31日—11月1日

四川省农业农村厅、省人力资源和社会保障厅、省总工会联合主办，省农业机械鉴定站承办的四川省省级一类竞赛——2020年四川省植保无人飞机操作技能竞赛决赛在成都市温江区隆重举行。全省21个市（州）40个代表队的80名选手参加竞赛。农业农村部农业机械试验鉴定总站、省农业农村厅、省人力资源和社会保障厅、省总工会等相关领导出席开幕式。四川省委农村工作委员会办公室主任、农业农村厅党组书记、厅长杨秀彬出席开幕。

11月26日

四川省农业农村厅正式印发《关于启用四川省农机购置补贴综合奖补信息平台的通知》，四川省农机购置补贴综合奖补信息平台全面完成建设并正式投入使用。

12月2日

四川省农业农村厅正式印发《关于启用四川省农机报废补贴辅助管理系统的通知》，四川省农机报废补贴辅助管理系统完成建设并正式投入使用。

12月22日

农业农村部办公厅公布全国第五批率先基本实现主要农作物生产全程机械化示范县（市、区）名单，四川省成都市大邑县、金堂县、绵阳市、江油市成功入选。

贵州省

2020年10月23日

贵州省油菜产业体系贵阳试验站2020—2021年度机械化播种现场会，在安顺市西秀区旧州镇召开。针对贵州省油菜种植和收获的特点，项目组采用机械化播种、无人机播种、人工播种等播种方式，进行现场分田块示范播种，待到收获时将对不同播种方式及品种的收获情况等结果进行数据分析，优选出最合适当地的播种方式和品种。

10月23—25日

贵州省山地农业机械研究所项目组成员到成都参加国家重点研发“南方

山地玉米两减”项目2020年总结会，项目组通过对秸秆粉碎率不达标、灭茬、埋茬不彻底等问题进行综合比对，提出西南地区针对丘陵、盆周山区等不同地形的“收获+还田+旋耕”机械化秸秆还田方式，课题专家组对贵州省山地农业机械研究所的工作给予肯定。

11月14日

贵州省山地农业机械研究所“碎石整地成套设备试验”项目组在安顺西秀区旧州镇郭伍村进行试验示范。项目结合贵州山地条件引进意大利产1300FR型碎石整地机及配套卡拉罗F100型拖拉机。试验在土层薄、夹石多的耕地进行，项目组就碎石整地技术进行现场培训和宣传，通过现场试验示范，碎石整地成套设备可将土壤中的较大石块直接粉碎至2厘米以下并搅拌进入土地，使石质土壤土质更加均匀细致，阻止土层下降。

11月23—26日

为进一步提升贵州省饲草生产机械化水平，加快推进饲草生产、加工机械化工作，贵州省农业农村厅一级巡视员徐成高率省山地农业机械研究所、省农业机械技术推广总站一行4人赴重庆开展山区饲草机械化生产调研。

11月27日

贵州省农业农村厅省应急管理厅联合公布2020年度贵州省“平安农机”示范区、县和农机安全监理示范岗位标兵名单，习水县、七星关区、施秉县、丹寨县、镇宁县5个县（区）获得2020年度贵州省“平安农机”示范县（区）称号，张健伟、李琴、母绍龙、谢志荣、石明杰、李安碧、康其秀、马成浩、胡玉萍、刘书远、吕毓、韦丽、谢宗文13名同志获得2020年度贵州省农机安全监理示范岗位标兵称号。

12月4日

贵州省农机安全监理总站联合黔南州农机推广站、龙里县农业农村局，在龙里县谷脚镇开展《安全生产法》宣传周咨询活动，活动当天，共发放农机安全生产相关宣传资料500余本，手提袋、日历、彩色挂图、宣传单等各类宣传品共计500余份。

12月8日

贵州省农业农村厅邀请中国工程院院士罗锡文，华南农业大学、中国农业机械化研究院、农业农村部南京农业机械化研究所、湖南农业大学、贵州大学等单位专家为贵州省农业机械化十四五规划把脉问诊。贵州省农业农村厅一级巡视员徐成高出席并作重要讲话，厅相关业务处室、站、所等单位20余人参会。

12月11日

2020年全省农机安全监理工作会议在贵阳召开，贵州省农机安全监理总站，贵阳市、遵义市、六盘水市、毕节市、铜仁市、黔西南州、黔南州、黔东南州农业农村局，安顺市农机中心的分管领导及承担农机安全监理职能职责的机构负责人等30余人参加会议。

12月18日

贵州省农业农村厅组织在关岭县召开饲草生产机械化现场观摩会。会上演示碎石整地机、铧式犁翻地、旋耕机整地、履带式饲料收获机、拖拉机背负式饲料收获机、植保无人机、单轨运输车运输、青饲料打碎、打捆包膜，整套流程每个环节均由机械化作业。为提升贵州省饲草生产机械化水平，加快饲草生产机械化技术的引进、示范、推广、应用起到积极作用。

云南省

2020年1—4月

云南省农业机械推广站按照相关文件要求，完成《云南省2018—2020年农机购置补贴机具补贴额一览表》分类分档及补贴额调整、专家评审、公示等相关工作，形成《云南省2018—2020年农机购置补贴机具补贴额一览表》(2020年完整版建议稿)。

1—9月

云南省农业机械鉴定站发布《云南省2020年农业机械试验鉴定种类指南》，组织对30多家农机企业生产的132个产品开展推广鉴定并发放农业机械推广鉴定证书，在云南农业信息网上公布鉴定信息及检测结果，将通过鉴定的产品信息导入全国农业机械试验鉴定管理服务信息化平台。对9家企业16个产品推广鉴定证书到期完成换证工作。

2月12日

云南省农业农村厅印发《关于做好疫情防控期间安全生产工作的通知》（云农机函〔2020〕14号），要求压实责任，将疫情防控和安全生产工作同部署同落实；创新方式，实现疫情防控和安全生产工作两不误；强化宣传，确保疫情防控期间安全生产工作不松懈不减弱；紧盯重点，严防疫情防控期出现违法行为。

2月14日

云南省农业机械推广站向各州市、县农机推广站下发《关于积极做好疫情防控和农机化技术推广工作的通知》，要求全省农机推广站主动作为，充分调动农机专业合作社积极性，发挥农机装备在防疫抗疫工作中的重要作用，积极做好疫情防控及春耕备耕工作，为防疫抗疫和农产品保供提供农业机械化技术和装备支撑保障。

3月2—6日

云南省农业机械推广站参与云南省农业农村厅春季农业生产和促进复工复产政策落实情况专项调研，完成对怒江州、楚雄州春季农业生产服务指导。

3月15—31日

云南省农业机械鉴定站印发《关于做好2020年“农机3•15”消费者权益日活动及农机质量投诉监督工作的通知》，组织各投诉分站开展“农机3•15”消费者权益日线上线下宣传活动，协调云南农业信息网链接中国农业机械化信息网“农机3•15”专栏。活动期间全省共出动执法和技术人员855人次，发放疫情防控宣传资料4 829份，发放《2020年农机用户购机指南》等宣传资料44 079份。

3月17日

云南省农业农村厅印发《关于2020年云南省农业机械化工作要点的通知》（云农办机〔2020〕26号），文件主要内容是以实施乡村振兴战略为总抓手，农机农艺融合、农机服务模式与农业适度规模经营相适应、机械化生产与农田建设相适应，稳定实施农机购置补贴政策，探索实施丘陵山区农田“宜机化”改造试点，积极开展农业生产全程机械化推进行动，大力推动农机合作组织规范化建设，加快推进高原特色农业机械化全面发展。

3月18日

云南省农业农村厅办公室印发《关于做好2020年联合收割机跨区作业管理工作的通知》（云农办机〔2020〕33号），文件主要内容是统筹做好2020年云南省新冠肺炎疫情防控和联合收割机跨区作业工作，做好联合收割机、插秧机跨区作业属地管理，及时发放《跨区作业证》，准确录入信息。

云南省农业农村厅印发《关于印发云南省2020年农业安全生产工作要点的通知》（云农机〔2020〕1号），文件主要内容是经厅2020年第2次厅长办公会议同意，现将《云南省2020年农业安全生产工作要点》印发给你们。云南省农业农村厅安全生产领导小组成员单位要按照任务分工、细化责任，加强协作，推动工作落实。各州、市农业农村局要结合实际，制定具体措施办法，抓好贯彻落实。

3月23—28日

云南省农业机械化干部学校领导到德钦县开展产业扶贫挂联工作，对升平镇等乡镇进行挂联走访。走访期间，分别与州、县农业农村局和乡镇产业扶贫办进行座谈，实地走访4个村委会、5户已脱贫户、1个龙头企业和4个农民专业合作社，重点对产业选择、新型经营主体培育、产业扶贫政策资金落实等情况进行核查，提出问题清单和需要整改的工作意见。

3月25—27日

云南省农业机械鉴定站组织农机产品质量投诉分站按照《农业机械质量投诉监督管理办法》及"属地管理、就近处理、首问负责、无偿服务"原则，及时受理和认真处理农机产品质量投诉。2020年全省共受理农机产品质量投诉案件1起，处理1起，为用户挽回经济损失5万元，结案率100%。

3月30日

云南省农业机械推广站向各州市下发《2020年云南省农机推广工作要点》，对2020年全省农机推广工作进行部署指导，安排落实好农业机械化技术推广各项工作。

4月14日

云南省农业农村厅办公室印发《云南省主要农作物生产全程机械化推进行动实施方案》，文件主要内容是紧紧围绕保障全省粮食安全和农产品有效供给，以提高粮油糖等主要农作物生产全程机械化水平为目标，以耕整地、播种、植保、收获、烘干和秸秆处理6大环节为生产主要环节，以推广先进适用农业机械化技术及装备、培育壮大农机服务市场主体，探索集成云南省农业机械化发展模式为主要内容，提升云南省农业生产综合机械化水平。

4月14日—12月22日

开展云南省全国率先基本实现主要农作物生产全程机械化示范县创建工作。主要内容是优先推进主要粮食作物生产全程机械化，积极推进优势特色经济作物主要环节生产机械化。围绕重点作物、重点区域、关键技术和薄弱环节，优先鼓励基础好的地区积极开展创建示范，通过典型引路，由点及面，逐步推开，带动整体提升。云南省禄丰县被评为2020年第五批全国率先基本实现主要农作物生产全程机械化示范县。

4月

根据云南省人民政府放管服要求，云南省农业机械化干部学校受云南省农业农村厅农业机械化管理处委托，重新编制云南省拖拉机驾驶培训许可办事指南和业务手册，作为云南省各州市在办理此项业务时的依据。

5月29日

云南省农业农村厅印发《云南省农业农村厅通告》（云农通告〔2020〕第6号），文件主要内容是云南省农业农村厅组织有关专家经测算、论证、集体审议、公示、厅党组审议等程序，对《云南省2018—2020年农机购置补贴机具补贴额一览表》进行部分修订，将《云南省2018—2020年农机购置补贴机具补贴额一览表2020年调整表》予以通告。

5月29日—11月30日

云南省农业机械鉴定站根据云南省农业农村厅发布的《云南省2018—2020年农机购置补贴机具补贴额一览表2020年调整表》通告，及时完成1 324条归档技术参数数据编制并导入云南省自主投档平台。

5月

根据云南省农业农村厅农业机械化管理处工作安排，云南省农业机械推广站结合《农业农村部农业机械化管理司关于印发生猪生产和畜禽粪污资源化利用机具分档参数的函》要求，完成《云南省2018—2020年农机购置补贴机具补贴额一览表》（部函调整建议稿）的编制工作。

6月1—2日

云南省农业机械鉴定站与云南省农业科学院园艺所及省内农机生产企业等有关专家组成专题调研组，赴曲靖市陆良县开展蔬菜产业机械化应用专题调研。专家组提出针对某一品种或种类蔬菜全程机械化生产农机、农艺融合及关键环节技术标准。建议以市场为导向，以企业为主体，推动产学研用结合，加强产业科研协同与集成创新，农机与农艺深度融合，研发适应性强的农机设施及装备，推进蔬菜产业标准化、规模化发展。

6月1—15日

云南省农业机械鉴定站组织编写DG53/Z001—2020《耕整打塘机》、DG53/Z002—2020《澳洲坚果青皮脱皮机》专项鉴定大纲，完成征求意见及专家评审工作，报经云南省农业农村厅审核同意后于6月10日发布通告，6月15日实施。

6月1—20日

云南省农业机械鉴定站在云南农业信息网上发布《关于云南省农业机械试验鉴定信息系统项目询价采购公告》，对申报的3家企业进行资格审查，对企业报价、承诺内容、服务周期和质量进行综合评价，确定北京经纬物联科技有限公司为云南省农业机械试验鉴定信息系统项目服务提供商，使用其设计的软件建立云南省农业机械试验鉴定信息系统，云南省农业机械试验鉴定可以实现网上申请、受理、审核、发证、注册管理。

6月3日—12月13日

云南省农业机械鉴定站发出《云南省农业机械鉴定站关于开展云南省2020年第一批农业机械购置补贴产品和植保无人飞机购置补贴试点产品自主投档工作的通知》，应用补贴机具信息化自主投档平台开展投挡审核工作。截至12月3日，共完成四批次10 785个投档产品审核工作，通过审核产品9 622个，通过率89.2%，（其中植保无人飞机申报产品54个，经专家组形式审核，有17个产品予以通过）。

6月10日

云南省农业农村厅印发《关于〈耕整打塘机〉〈澳洲坚果青皮脱皮机〉2项专项鉴定大纲的通告》（云农通告〔2020〕第8号），文件主要内容是《耕整打塘机》《澳洲坚果青皮脱皮机》2项专项鉴定大纲经过专家评审通过，公示期满，现予发布，自2020年6月15日起实施。

6月29日—11月30日

云南省农业机械鉴定站共完成农机修理工职业技能鉴定6批次386人（其中农机修理高级工1个批次7人；农机修理中级工1个批次40人，农机修理初级工4个批次339人），通过理论考试和实际操作技能考核，有364人取得职业资格证书，合格率为 94%。

6 月

云南省农业机械推广站在曲靖市、大理州分别举办农机购置补贴业务工作暨农机深松整地作业技术培训班，对 2020 年农机购置补贴业务工作、农机深松整地作业技术进行培训。来自全省各州市近 120 名农机推广管理及技术人员参加培训。

全省农机监理部门积极组织参加全国农机安全生产月线上有奖答题活动，云南省成为全国参加人数上千人的 6 个省之一，17 人获得农业农村部通报表扬。

6—12 月

在省厅统一安排下，云南省农业机械安全监理总站研究制定农机安全生产专项整治三年行动实施方案，于 2020 年 8 月对全省农机监理部门开展工作推进培训。形成并按月调度《农机安全生产专项整治三年行动问题隐患清单》和《农机安全生产专项整治三年行动制度措施清单》，及时掌握工作动态。各地也将专项整治三年行动计划工作纳入主要工作之一，切实抓好工作部署落实。

7 月 6 日

云南省农业农村厅印发《云南省农业农村厅通告》（云农通告〔2020〕第 12 号），文件主要内容是现将《云南省 2020 年第一批农业机械购置补贴产品和植保无人飞机购置补贴试点产品自主投档信息表（第一部分）》予以通告。

7 月 7 日

云南省农业农村厅印发《关于印发〈云南省农业安全生产专项整治三年行动计划〉的通知》（云农机〔2020〕2 号），文件主要内容是各州、市农业农村局，厅机关各处室、厅属各单位，现将《云南省农业安全生产专项整治三年行动计划》印发你们，请结合实际认真贯彻执行。

7 月 14—16 日

云南省农业机械化干部学校和玉溪市农机推广站联合在峨山县富良棚乡举办农机专业合作社管理人员培训班。有来自 27 个农机专业合作社的理事长和骨干成员以及市县农机站部门管理人员共计 70 人参加培训。云南省农业机械化干部学校副校长苏昆仑出席培训班并讲话。

7 月 20 日—8 月 8 日

云南省农业机械化干部学校在大理州鹤庆县、临沧市临翔区举办 2 期云南省拖拉机及联合收割机教学人员培训班。来自全省 13 个州市的 195 名学员参加培训，获得由云南省农业农村厅核发的教练员、理论教员、安技员和总教练员等相应资格证书。云南省农业机械化干部学校副校长苏昆仑出席培训班并讲话。

7 月 21 日

云南省农业农村厅云南省财政厅云南省工业和信息化厅印发《关于〈云南省农业机械报废更新补贴实施意见〉的通知》（云农机〔2020〕3 号），文件主要内容是为加快农业机械更新换代，进一步优化农业机械装备结构，促进农机安全生产和节能减排共同制定《云南省农业机械报废更新补贴实施意见》，请认真贯彻执行。

7 月 23 日

云南省农业农村厅印发《云南省农业农村厅通告》（云农通告〔2020〕第 13 号），文件主要内容是按照农机购置补贴工作程序，现将《云南省 2020 年第一批农业机械购置补贴产品和植保无人飞机购置补贴试点产品自主投档信息表（第二部分）》予以通告。

云南省农业农村厅云南省财政厅印发《云南省农业农村厅云南省财政厅通告》（云农通告〔2020〕第 14 号），文件主要内容是经研究，决定对云南省农机购置补贴机具种类范围进行优化完善，优化完善后补贴范围为 15 大类 36 个小类 115 个品目，全面执行 2015 版农业机械分类标准，现予以通告。

7 月 28 日—8 月 6 日

云南省农业机械安全监理总站为加强队伍建设，分别在曲靖市、楚雄市各举办一期全省农机考试员、检验员培训班，2 期共 206 人参加培训。

7 月 29 日—8 月 20 日

云南省农业机械化干部学校与楚雄州农机推广站、文山州农机推广站联合，在楚雄州楚雄市、文山州广南县联合举办两期农用植保无人机技术应用培训班。云南省农业机械化干部学校副校长苏昆仑出席会议并讲话。两州市农机推广部门专业技术骨干及农机专业合作社带头人、种植大户代表共 175 人参加培训。

7—11 月

云南省农业机械鉴定站按照农业农村厅农业机械化管理处安排，制定《云南省 2020 年简易保鲜储藏设备质量调查实施方案》，组织楚雄州、大理州、德宏州、昆明市等 11 个州（市）26 个县（市、区）对 12 种型号的简易保鲜储藏设备共 116 个用户开展质量调查，对参与云南省农机购置补贴的 12 家简易保鲜储藏设备生产企业质量保障情况发函调查，编写云南省 2020 年简易保鲜储藏设备质量调查报告并上报云南省农业农村厅。

8 月 5—6 日

云南省农业机械鉴定站在昆明举办 2020 年度全省农业机械化质量工作培训班，云南省农业农村厅农业机械化管理处调研员谭巧立、省农业机械鉴定站站长林尊诚出席会议并讲话，农业农村部农业机械试验鉴定总站研究员王心颖讲授新形势下农机质量监督工作的思考与实践，云南省农业机械鉴定站的同志进行业务培训。各州、市农机产品质量投诉分站负责人和参与简易保鲜储藏设备质量调查的县、市、区农机产品质量投诉分站代表共 60 多人参加培训学习。

8 月 14 日

云南省农业机械鉴定站李慧同志代表云南省农业农村厅参加云南省省直机关工委举办的“学习强国·学习达人”竞赛，荣获团体赛二等奖，获得荣誉证书。

8 月 18 日

云南省农业农村厅印发《关于和隽同志任免职的通知》，和隽担任云南省农业机械推广站副站长。

8 月 31 日

云南省农业农村厅云农人〔2020〕38 号文件，云南省农业机械鉴定站原站长林尊诚同志调任云南省动物疫病预防控制中心主任。

9 月 1 日—2021 年 1 月 4 日

在保山市召开 2020 年全省农业行业安全生产工作培训班，会议主要内容是切实提高农业各行业依法开展安全生产工作素质，有效推进全省农业安全生产专项整治三年行动计划，深入整治行业领域安全生产突出问题和重大风险隐患，坚决杜绝因风险管控不及时、隐患排查治理不到位引发事故，云南省农业农村厅一级巡视员文雅芹出席会议并讲话。

9 月 21—23 日

云南省农业机械推广站与云南省

农业机械化干部学校、玉溪市农机推广站联合，在易门县举办全省特色经济作物机械化示范推广培训班。邀请相关专家对核桃及坚果生产机械化进行理论培训，现场演示核桃烘干机、核桃青皮脱皮机、核桃清洗脱皮机、坚果去皮机、板栗脱蓬机、花椒烘干机等机具。来自全省各州市及玉溪市各县区近 150 名农机推广管理人员、技术人员、合作社带头人参加培训。

云南省农业机械化干部学校与云南省农业机械推广站联合，由玉溪市农机推广站承办，在玉溪市易门县举办全省 2020 年特色经济作物机械化示范推广培训班，全省农机推广部门专业技术骨干、农机大户及农机专业合作社带头人等 48 人参训。云南省农业机械化干部学校副校长苏昆仑出席培训班并讲话。

9 月 22 日

云南省农业农村厅印发《云南省农业农村厅通告》（云农通告〔2020〕第 18 号），文件主要内容是现将 2020 年云南省农机购置补贴产品（第二批第一批次）投档通过的 1 239 个产品予以通告，本省购机者可根据此表进行自主购机并按相关要求申报补贴。

9 月 23—24 日

云南省农业机械推广站与曲靖市农机推广站联合，在曲靖市举办全省水稻生产全程机械化培训班。邀请专家对水稻生产全程机械化进行理论培训，参观并演示水稻育秧播种机、水稻侧深施肥机、水稻收获机、谷物烘干机等机具。来自全省各州市及曲靖市各县区、乡镇近 120 名农机推广管理人员、技术人员、合作社带头人参加培训。

9 月 23—25 日

云南省农业机械鉴定站在 2019 年度全国农机质量投诉信息报送工作中表现突出，农业农村部农业机械试验鉴定总站、农业农村部农业机械化技术开发推广总站给予全国通报表扬并颁发荣誉证书。

10 月 1—30 日

云南省农业机械推广站完成云南省 2018—2020 年农机购置补贴机具补贴额一览表 2020 年新增 24 个品目的一览表制定工作，于 10 月 26—30 日在云南农机购置补贴信息公开专栏公示完毕。

10 月 16 日

云南省农业农村厅云南省应急管理厅印发《关于推荐申报 2020 年度全国“平安农机”示范县和农机安全监理示范岗位标兵的报告》（云农机〔2020〕4 号），文件主要内容是经严格评定，推荐东川区等 4 个县（市、区）申报 2020 年全国“平安农机”示范县，推荐谢华等 8 名同志申报 2020 年全国农机安全监理示范岗位标兵。

云南省农业农村厅云南省应急管理厅印发《关于公布 2020 年省级“平安农机”示范县和农机安全监理示范岗位标兵名单的通知》（云农机〔2020〕5 号），文件主要内容是确定双柏县等 4 个县、谢华等 20 名同志分别为 2020 年度云南省“平安农机”示范县和农机安全监理示范岗位标兵，现予以公布。希望各示范县和岗位标兵切实发挥示范引领作用，再接再厉，为促进农机安全生产作出新的更大贡献。

10 月 20 日

云南省农业农村厅印发《云南省农业农村厅通告》（云农通告〔2020〕第 21 号），文件主要内容是现将 2020 年云南省农机购置补贴产品（第二批第二批次）投档通过的394个产品予以通告，本省购机者可根据此表进行自主购机并按相关要求申报补贴。

10—11 月

云南省农业机械鉴定站按照云南省农业农村厅要求，制定《农机试验鉴定办事指南》和《农机试验鉴定业务手册》，设立政务网专线，完成农业机械试验鉴定“一网通办”开通工作。

11 月 6 日

云南省农业农村厅《关于印发〈2020 年度云南省农业机械试验鉴定证书有效期内证后监督“双随机、一公开”联合抽查工作方案〉的通知》（云农机〔2020〕6 号），文件主要内容是云南省农业农村厅和省市场监督管理局联合开展 2020 年度云南省农业机械试验鉴定证书有效期内证后监督“双随机、一公开”抽查。为切实开展好本次联合抽查工作，特制定本工作方案。

11 月 7—10 日

云南省农业机械鉴定站在全省初选的 3 名选手参加在山东潍坊举行的第三届全国农业行业职业技能大赛，与来自全国 27 个省（市、区）78 名选手同台竞技，罗怀勇和李奎荣获“优秀选手”，云南省获得团体第十六名的好成绩。

11 月 11 日

云南省农业农村厅印发《关于 2019 年度农机购置补贴延伸绩效管理结果的通报》（云农机〔2020〕7 号），文件主要内容是 2019 年度，云南省圆满完成农机购置补贴各项绩效指标任务，强农惠农政策落实成效显著。经研究决定，将昆明市石林县农业农村局等 30 个单位评为 2019 年度农机购置补贴政策实施延伸绩效管理优秀单位，给予通报表扬。

11 月 12 日

中共云南省农业农村厅直属机关委员会印发《中共云南省农业农村厅直属机关委员会关于同意省农业机械化干部学校党支部补选支部委员、书记结果的批复》（厅直党〔2020〕70 号），同意补选龙昆华同志为支部书记，补选李吉莲同志为支部委员。

云南省农业农村厅印发《云南省农业农村厅通告》（云农通告〔2020〕第 23 号），文件主要内容是现将《云南省 2018—2020 年农机购置补贴机具补贴额一览表（2020 修订）》予以通告。

11 月 13 日

云南省农业机械安全监理总站联合昆明市在晋宁区晋城镇举办 2020 年农机事故应急救援处置演练活动。

11 月 26 日

云南省农业机械安全监理总站在昆明召开全省农机安全监理工作暨第四季度农机安全生产形势分析会，会议主要内容是全面总结 2020 年全省农机安全监理工作，交流工作经验，研究部署 2021 年全省农机安全监理工作，云南省省农业农村厅农业机械化管理处处长可斌出席会议并讲话。

11 月

云南省农业机械鉴定站完成云南省关于对保定市鑫飞达农机装备有限公司等 49 家企业农机购置补贴产品违规投档行为全流程梳理报告。

12 月 1—15 日

云南省农业机械鉴定站制定工作方案，云南省农业农村厅和省市场监督管理局联合下发《2020 年度云南省农业机械试验鉴定证书有效期内证后监督“双随机、一公开”联合抽查工作方案》，通过省市场监督管理局“双随机、一公开”系统抽取 4 家农机生产企业及其 13 个产品、抽取 6 名监督检查人员，其中云南省农业机械鉴定站 2 位同志分别参加两个检查组赴企业开展监督检查，按时完成鉴定证书有效期内证后监督工作。

12 月 7 日

云南省农业农村厅印发《关于公布云南省农机使用一线“专家”名录的通告》（云农通告〔2020〕第 26 号），文件主要内容是经基层遴选、州市农业农村部门审核推荐、省级专家评审及公开公示，截至 11 月 30 日，未收到对拟推荐人选的异议，现确定王伟等 25 人为云南省农机使用一线“土专家”名录人选，予以公布。

云南省农业农村厅印发《云南省农业农村厅通告》（云农通告〔2020〕第 27 号），文件主要内容是省农业农村厅组织专家，完成《云南省 2020 年农机新产品购置补贴试点机具一览表》编制，云南省农用连栋温室建设技术规范（试行），予以通告。

12 月 24 日

云南省农业农村厅印发《公示》（云农公示〔2020〕18 号），文件主要内容是经云南省农业农村厅组织专家评审，拟确定通海县宏伟农机商贸有限公司等 5 个企业的 14 个产品为云南省第九批拖拉机联合收割机注册登记品牌型号数据信息库产品。予以公示。

2020 年

云南省农业机械化干部学校继续做好云南省拖拉机联合收割机教学人员审验换证工作，全年共换发证书 281 个，其中拖拉机教练员证 209 个、联合收割机教练员证 17 个、总教练员证 24 个、安技员证 31 个。实现送达证件的 100%的换证率。

云南省农业机械安全监理总站积极推进政府服务工作，农机监理监管事项目录清单和办理指南进一步规范和完善；网上服务流程进一步优化；基本完成政务服务网及国办所需各项有效存量数据的对接和迁移，电子证照及办件数据的增量数据按周适时更新；在农机监理信息化管理系统中增加“好差评”评价模块并已投入使用；农机监理部门业务办理系统与网上政务服务平台系统已联通，为后续“一网通办”顺利上线打下坚实基础。

东川区、个旧市、双柏县、双江县获得全国“平安农机”示范县称号。谢华等 8 名同志被评为 2020 年全国农机安全监理示范岗位标兵。

各级农机监理部门开展农机安全宣传，共出动宣传车辆 10 163 车次，出动宣传人员 34 164 人次，发放宣传材料 1 161 220 份；电视广播宣传 250 次，报纸刊物宣传 489 篇，新兴媒体宣传 5 577 篇，手机短信宣传 334 407 条，播放影片宣传 1 154 场，举办安全知识讲座 1 454 次，举办违法人员培训班 72 期。

全省各级监理机构严格落实安全责任，共签订农机安全责任书 4 967 份，各县（市、区）农机安全监理机构与农机手签订安全生产责任书 257 209 份。

各地农机监理部门开展变拖整治，狠抓变拖监管，推进变拖清零。一是提出 2025 年底云南省变拖清零时间表和工作计划。二是对不符合使用规定的变拖办理注销登记，全省在册管理的变拖由整治前的 34.56 万台减少到 17.8 万台，全年完成注销 45 589 台。三是实施变拖社会化检测，保障变拖安全技术性能，共有 153 个社会化检测机构完成备案，共 64 016 台变拖通过社会化检测。

各级农机监理部门共开展执法检查 8 514 次，联合执法 3 569 次，出动检查车辆 11 980 车次，出动检查人员 33 771 人次，查处农机无牌行驶 1 588 起、无证驾驶 2 154 人次、未检作业 2 387 起、证件到期未审 1 694 人次，罚款 2010 次金额达 29.818 万元。排查农机 92 063 台次、驾驶人员 85 925 人次、单位组织和相关场所 13 137 个。

西藏自治区

2020 年 1 月 15 日

为进一步做好农机购置补贴工作，促进农业供给侧结构性改革，助力乡村振兴战略实施，在总结前期政策实施的基础上，西藏自治区农业农村厅财政厅联合印发《关于印发〈西藏自治区 2018—2020 年农机购置补贴实施办法（2019 年修订版）〉的通知》（藏农厅发〔2020〕6 号）。

1 月 16 日

农业农村部南京农业机械化研究所为西藏自治区免费发放藏汉双语农机购置补贴、农机深松整地、农机安全生产宣传手册和青稞生产全程机械化技术手册 5 000 余份。

1 月 18 日

全区农牧业工作会议上把“十项惠民措施”作为 2020 年农牧业重点工作任务进行部署，其中“农机购置补贴覆盖一、二、三全产业链”，是“十项惠民措施”的主要内容之一。2020 年以来，西藏自治区农业农村厅将补贴品目作了重大调整，将“自动控制牲畜饮水设备”纳入专项鉴定产品补贴试点，现行补贴范围已由原来的 56 个品目调整为 85 个，增加了 29 个，已覆盖农牧区一、二、三全产业链。

3 月 5 日

西藏自治区党委书记吴英杰来到西藏东红农机销售有限公司，就农用物资是否保障，企业复工复产等相关情况进行调研。吴英杰指出：要不断加大对农牧民购买农用机械的扶持力度，充分调动农牧民购置农机、使用农机积极性，使大家从简单繁重的劳动中解放出来。

3 月 16 日

为了解决农机购置补贴绩效管理意识不足、执行政策标准存在差异、部分县区沉淀资金较多、信息公开专栏建设不到位等 10 个问题，西藏自治区农业农村厅向 7 地市下发《西藏自治区农业农村厅关于印发〈农机购置补贴政策绩效评价存在问题的整改方案〉的通知》（藏农厅发〔2020〕26 号）。

3 月 31 日

全国统一版农机购置补贴辅助管理信息系统、农机产品自主投档平台、手机 App、微信小程序等在西藏自治区正式运行使用，受到各级农业农村部门及购机者一致好评。

4 月 29 日

黑龙江北大荒农垦集团总公司积极响应党中央号召，向西藏自治区捐赠 2 台雷沃阿波斯智能拖拉机。为充分展示该智能农机装备先进性能，西藏自治区农业农村厅组织在拉萨市达孜区章多乡恰村开展“无人驾驶拖拉机现场作业演示活动”。西藏自治区农业农村厅党组成员、总农艺师林木出席现场活动并致辞。

7 月 28—29 日

2020 年西藏自治区农机购置补贴辅助管理系统和农业机械化统计工作培训班在拉萨市举办，西藏自治区农业农村厅二级巡视员珍永同志出席培训班并讲话。

8 月 17 日

为加快农机深松整地作业实施，确保年底任务圆满完成，西藏自治区农业农村厅及时印发《关于做好 2020 年农机深松整地工作的通知》，将资金和任务分解到6地市。

9月20—23日

农业农村部南京农业机械化研究所所长陈巧敏一行3人赴藏，看望慰问和考察援藏干部座谈交流科技成果助力西藏脱贫攻坚工作，西藏自治区农业农村厅党组成员、总农艺师林木参加座谈会。

10月1—3日

西藏自治区农业农村厅农机购置补贴专项调查组，赴林芝市八宜区、米林县开展对西藏天及贸易有限公司涉嫌农机购置补贴违规行为调查核实工作。

10月14日

为进一步强化农机安全生产工作责任，防范农机安全事故发生，西藏自治区农业农村厅印发《关于做好三秋农机安全生产工作的通知》。

10月20—24日

农业农村部南京农业机械化研究所副所长曹光乔一行3人赴藏，开展“西藏自治区十四五农业机械化发展规划”编制调研工作，西藏自治区农业农村厅党组副书记、厅长杜杰同志参加座谈会，指出：“规划要结合西藏农机化发展实际，突出区域特点，重点在粮食主产县区、畜牧养殖龙头企业、农牧民专业合作社上做文章，要加强农机高原适应性改进工作”。

10月27日

林芝市在巴宜区举办2020年果园全程机械化演示现场会暨林果初加工示范基地项目验收会，广东省农业农村厅一级巡视员牛宝俊，西藏自治区农业农村厅党组成员、总农艺师林木，林芝市副市长尼玛扎西参加此次活动。

11月9日

西藏自治区农机购置补贴政策落实延伸绩效管理考核工作专题会在拉萨召开，西藏自治区农业农村厅党组成员、总农艺师林木出席会议并讲话，会议印发《西藏农机购置补贴政策落实延伸绩效管理考核工作整改方案》。

11月13日

拉萨市曲水县骐灵农业综合开发农牧民专业合作社获得“2020中国农机行业年度合作社农机化杰出服务奖”。

11月24日

西藏自治区农业农村厅党组成员、总农艺师林木同志以《认真贯彻落实中央第七次西藏工作座谈会精神》为题，为分管业务的处室、厅属单位全体在家党员讲专题党课。

12月4—6日

农机购置补贴专家咨询会在拉萨市召开，围绕补贴范围科学性和实效性评估、修订补贴范围、测算补贴额、违规行为全流程分析等方面进行集中专家咨询。

2020年

为深入贯彻西藏自治区农牧业工作会议精神，加快资金执行进度，西藏自治区农业农村厅及时调度农机购置补贴落实情况，先后下发《区农业农村厅关于2020年第一季度农机购置补贴资金落实情况的通报》（第3期）《区农业农村厅关于2020年1—8月份农机购置补贴资金落实情况的通报》（第6期）

陕 西 省

2020年1月9日

陕西省农业农村厅党组成员王会权主持召开农业机械化工作年度总结会，陕西省农业农村厅农业机械化管理处、省农业机械化管理中心、省农业机械鉴定推广总站分别汇报全年工作，王会权对全年工作进行总结并对2020年工作提出新要求，农业机械化工作要围绕国务院文件精神，紧扣实施乡村振兴战略和推进全省农业特色产业“3＋X”工程，创新思路，谋划发展，进一步推进农业机械化和农机装备产业转型升级。

2月13日

农业农村部、应急管理部联合下发《全国“平安农机”示范市、县和农机安全监理示范岗位标兵名单的通知》（农机发〔2020〕1号），乾县、榆林市榆阳区被评为2019年全国“平安农机”示范县，5人被评为全国农机安全监理示范岗位标兵。

2月28日

全省农机系统迅速行动，一手抓疫情防控，一手抓春耕备耕，按照《关于切实做好春季农机化生产工作的通知》要求，动员各级农机合作社利用植保机械，配合农村消毒，成立“菜篮子”增产保供机械化保障工作专班，协调农机维修网点、农机产销企业协助农机合作社、农机大户，做好农机具的调试、检修、保养等工作，确保机具以良好的状态投入春耕生产。

3月4日

陕西省农业农村厅发布茶叶发酵机、履带果园管理机、混流静态房式种子烘干机3项农业机械专项鉴定大纲，丰富“3＋X”特色产业机具种类品目，促进丘陵山区机具推广使用。

3月15日

“农机3·15”消费者权益日活动以线上方式开展，陕西省农业农村厅网站专题开设“聚力提质量、护农保春耕”版块进行广泛宣传，17家企业参与联动并响应活动倡议，各站各企业转发相关咨询共3 000余条，上报工作动态20份。

3月23—26日

陕西省农业农村厅党组成员王会权带领厅农业机械化管理处、省农业机械化发展中心，省农业机械鉴定推广总站相关人员赴榆林宣讲中央一号文件，调研督导榆林市春耕备耕和农业企业复工复产情况。

4月2日

陕西省农业农村厅研究决定，任命宋勇为厅计划财务处处长，免去厅农业机械化管理处处长。

4月17日

陕西省人民政府任命王会权为陕西省供销合作总社总经济师。

陕西省农业农村厅党组第七次会议确定，厅党组成员、副厅长宁殿林负责农业机械化方面工作。

4月26—28日

陕西省农业农村厅二级巡视员王宏岩带领厅农业机械化管理处相关人员赴榆林市督导产业扶贫问题整改和春季农业生产工作。

5月6日

陕西省农业农村厅印发《关于做好“三夏”农机化生产服务工作的通知》，全面安排部署“三夏”农业机械化生产，要求全力推进粮食生产全程机械化，推动玉米增密度提单产行动，全力打赢“三夏”攻坚战。

5月12日

陕西省农业农村厅发布《2020年“三夏”农机跨区作业应急预案》，建立职责明晰、协同高效、反应迅速、处置有力的应急处置工作机制，有效应对和处置可能出现的机具供需失衡和群体性投诉等突发情况，保障“三夏”农机跨区作业顺利进行。

5月13日

陕西省农业机械鉴定推广总站下发2020年“三夏”农机质量投诉监督

工作通知，要求全省各级农机质量投诉监督站在确保防疫安全的情况下，积极开展农机质量投诉监督工作。

5 月 14 日

陕西省农业机械鉴定推广总站下发文件积极推进陕西省粮食生产全程机械化，大力推动玉米增密度提单产行动，“三夏”期间主推玉米机收、秸秆粉碎还田、秸秆饲草加工等技术。

6 月 3—23 日

陕西省人大常委会副主任朱静芝带队，陕西省农业机械化发展中心党委书记、主任范海龙陪同，先后在宝鸡市、杨凌示范区、榆林市、渭南市、咸阳市开展“一法一条例”执法检查。

6 月 4—5 日

陕西省农业农村厅在渭南市召开全省“三夏”农业机械化生产现场会，陕西省农业农村厅党组成员、副厅长宁殿林出席会议并讲话，各设区市以及杨凌示范区、韩城市农业农村局负责同志及相关业务负责同志共 100 余人参加会议。

6 月 5 日

陕西省人大常委会在西安召开“一法一条例”执法检查动员会，会议先后听取陕西省农业农村厅、省发展和改革委员会、省科技厅等部门贯彻实施“一法一条例”的情况汇报。

6 月 11—20 日

陕西省农业机械化发展中心赴各市开展“三夏”安全指导服务。

6 月 27 日

陕西省农业农村厅农业机械化管理处牵头，省农业机械化发展中心开展农机“安全生产月”“农机安全宣传咨询日”活动，内容形式多样，社会反应热烈，工作成效显著。

7 月 15 日

陕西省农业农村厅、省财政厅、省商务厅联合印发《陕西省农业机械报废更新补贴实施方案》，新方案的出台，对促进陕西省老旧高耗农业机械淘汰更新，加快农业机械转型升级，推进农业机械高质高效绿色发展具有积极意义。

7 月 20 日

陕西省农业农村厅研究决定，任命赵阳为农业机械化管理处处长。

7 月 21 日

农业农村部农业机械试验鉴定总站、农业农村部农业机械化技术开发推广总站通报 2020 年农机“安全生产月”线上有奖答题活动获奖情况，陕西省 8 人受到通报表彰。

7 月 29 日

美诺 2020 青贮田间日活动在阎良区开展，陕西省农业机械化发展中心组织西安、咸阳、铜川、渭南、延安、商洛市农业机械化发展中心相关人员 100 余人参加活动。

8 月 11 日

陕西省农业农村厅农业机械化管理处在西安市组织召开“十四五”农业机械化发展规划研讨会，陕西省农业机械化发展中心、省农业机械鉴定推广总站负责同志、西北农林科技大学机电学院专家等 40 余人参加会议。

8 月 11—14 日

陕西省农业农村厅农业机械化管理处会同省农业机械化发展中心一行赴汉中、安康调研丘陵山地农业机械化工作。

8 月 26—27 日

全省农机监理业务暨报废更新推进会在商洛市丹凤县召开，各设区市农机监理工作负责人、农机监理业务人员、全省承担农机装备建设的县区共 50 多人参加会议。

9 月 6 日

陕西省农业农村厅下发《关于做好 2020 年“三秋”农机化生产服务工作的通知》，全面部署全省“三秋”工作。

9 月 8 日

陕西省农业农村厅党组书记、厅长黄思光一行到省农业机械化发展中心检查指导农业机械化工作。陕西省农业农村厅党组成员、副厅长宁殿林，农业农村厅办公室、厅人事处、厅农业机械化管理处、省农业机械化发展中心、省农业机械鉴定推广总站负责同志参加会议。黄思光要求，农业机械化作为重要载体，必须充分发挥引领作用，要以服务乡村振兴战略和“3 ＋ X”农业特色产业工程，满足高质量发展对农业机械化生产的需求为目标，以农机农艺融合、机械化信息化融合、农机服务模式与农业适度规模经营相适应、机械化生产与农田建设相适应为路径，以科技创新、机制创新、政策创新为动力，为实现农业农村现代化、农村环境改善和农民的幸福生活提供有力支撑。

9 月 11 日

榆林市富士合作社等 3 个“全程机械化＋综合农事”服务中心典型案例入选全国第二批全国农业社会化服务典型案例。

9 月 17 日

全省茶叶生产全程机械化现场演示暨培训会在安康市平利县召开。各设区市农机推广机构，安康市所辖县（区）农技（机）推广机构，汉中、商洛茶叶生产大县农机推广机构以及茶叶种植大户、合作社代表约 100 余人参加现场演示暨培训活动。

9 月 18 日

全省果园生产机械化推进会在宝鸡市凤翔县召开，各市（区）果业大县农机中心负责人、果业中心负责人等 200 余人参加此次活动。

9 月 22 日

全省薯类生产全程机械化现场演示会在榆林市靖边县召开。各设区市农机推广机构，榆林市所辖县（区）农机推广机构、农机生产企业和合作社代表等约 500 余人参加现场演示展示活动。

9 月 29 日

全省玉米机械化收获推进会在咸阳市武功县召开。陕西省农业农村厅党组成员、副厅长宁殿林出席会议并讲话，各设区市、杨凌示范区、韩城市以及省农垦集团总公司，农机管理推广服务机构的负责同志等 100 余人参加。

10 月 15—17 日

农业农村部农业机械化管理司“三秋”农机安全专项督导检查组来陕督导检查“三秋”农机安全生产工作，陕西省农业农村厅党组成员、副厅长宁殿林，农业农村厅农业机械化管理处、省农业机械化发展中心负责同志一同督导。

10 月 19—23 日

陕西省农业农村厅成立 4 个工作指导组对 8 个市（示范区）农业机械化重点工作进行全面指导服务。

10 月 30 日

陕西省农业机械化发展中心对口扶贫岚皋县案例，在中国农业机械流通协会、央广网、中国农机化导报联合举办的《扶贫攻坚 · 农机答卷 ：农机行业优秀扶贫案例集》活动中被评选为优秀案例。

11 月 2 日

全省农业机械化政策指导暨安全管理培训班在西安举办，各市农业农村局、农业机械化发展中心（站）及重点县（区）农机工作分管领导、业务骨干近 80 人参加培训。

11 月 3 日

全省农业机械化工作交流座谈会在西安召开，陕西省农业农村厅党组成员、副厅长宁殿林出席会议并讲话。会议对 2020 年度收官阶段各项任务进行再推进、再督促，各市交流座谈现阶段工作成效、存在问题、解决措施及 2021 年工作思路，并就“十四五”农业机械化发展规划进行研讨。陕西省农业农村厅农业机械化管理处、省农业机械化发展中心负责同志，各市农业农村局分管领导、农业机械化发展中心（站）主要负责人及部分县（区）农业机械化工作负责人 40 余人参加会议。

11 月 7 日

陕西省代表队在 2020 年第三届全国农业行业职业技能大赛农机修理工技能竞赛上荣获“全国农业技术能手”“优秀选手”荣誉。

11 月 13 日

陕西省安康市丘陵山区宜机化改造典型案例入选全国第一批丘陵山区农田宜机化改造典型案例。

11 月 25 日

陕西省《合作社＋综合农事服务的榆林模式》《植保无人机日常维护保养与故障排除》《西安市农机合作社农业全程产业发展经验与思考》《微耕机选购、安全操作、技术保养和故障排除》4 个课件获评全国农机实用技能培训优秀课件。

12 月 1 日

陕西省农业农村厅印发《关于加强冬季农机安全生产工作的通知》，进一步加强农机安全监管，预防和减少农机事故，杜绝农机群死群伤事件，维护农业生产和农村社会和谐稳定。

12 月 8 日

陕西省农业农村厅党组成员、副厅长宁殿林主持召开农业机械化工作年度总结会，陕西省农业农村厅农业机械化管理处、省农业机械化发展中心、省农业机械鉴定推广总站分别汇报全年工作，宁殿林对全年工作进行总结并对 2021 年工作提出新要求，要求全面提升特色产业装备水平，加快推进丘陵山区宜机化改造，加大新型农机服务主体培育，加强农机安全规范管理，高效协同谋划好 2021 年农业机械化工作。

12 月 16 日

陕西省农业农村厅对 2017—2019 年购买、使用满一个作业季节且享受农机购置补贴的 9 个型号玉米收获机质量调查结果进行公布。

12 月 17 日

陕西省农业农村厅如期完成融通公司军转民 11 台拖拉机联合收割机安全技术检验、登记注册，发放拖拉机联合收割机号牌、登记证书。

甘肃省

2020 年 1 月 3 日

甘肃省农业农村厅印发《关于开展 2020 年甘肃省农机购置补贴部分机具补贴额一览表细化调整和完善工作的通知》，对有突出问题的部分机具进行品目分档细化、配置参数完善、补贴额调整。特别是针对小底盘拖拉机补贴额偏高的问题，对 66.2 千瓦以上拖拉机增加了 K 值参数，降低补贴额。

1 月 15 日

中国农业机械化协会副会长王天辰一行来甘肃省调研协会捐赠永登县通远镇团庄村农机使用情况，开展农机具购置补贴核查。

3 月 3 日

甘肃省农业农村厅印发《关于下达 2020 年省级农机购置补贴项目任务清单及实施方案的通知》（甘农机管发〔2020〕4 号），安排省级财政农机购置资金 4 500 万元，其中：一乡一农机合作社建设试点 123 个资金 1 230 万元、农机合作社装备提升行动试点 232 个 1 110 万元、特色产业农机配套抓点示范 42 个 1 300 万元、农机购置补贴机具核验及政策宣传培训 860 万元。

3 月 12 日

甘肃省农业机械化技术推广总站联合西安亚澳农机股份有限公司到帮扶的礼县桥头镇高社村开展“亚澳公益—情系学子 • 爱心助学活动”，向贫困山区学生每人发放助学金 500 元，共计 2 万元。

4 月 2 日

甘肃省农业农村厅党组印发《中共甘肃省农业农村厅党组关于赵冬青等同志职务任免的通知》（甘农党干〔2020〕8 号）文件，任命于水同志任省农机监理总站站长（试用期一年）。

4 月 3 日

甘肃省农业农村厅党组印发《中共甘肃省农业农村厅党组关于李国林等同志职务任免的通知》（甘农党干〔2020〕4 号）文件，任命张恩贵同志任省农业机械化技术推广总站（省农业机械应用研究所）站长；石林雄同志任副站长；程兴田、孟养荣 2 名同志任副站长（正县级）；张陆海、闫发旭、张雄、王博炜 4 名同志任副站长。

4 月 11 日

甘肃省农业农村厅党组印发《关于马再兴等同志职务职级任免的通知》（甘农党干〔2020〕7 号），任命刘文武同志任省农业农村厅农业机械化管理处处长（试用期一年）。

4 月 13 日

甘肃省农业农村厅甘肃省财政厅甘肃省商务厅印发《甘肃省农业机械报废更新补贴实施方案的通知》（甘农机监发〔2020〕3 号）。

6 月 4 日

甘肃省农业农村厅印发《关于进一步加强农机购置补贴政策实施工作的通知》（甘农机管发〔2020〕9 号），从完善优化政策、落实工作责任、强化管理服务、加强机具核验监管 4 个方面对农机购置补贴实施工作进行细化和明确，有效防范政策实施风险。

6 月 11 日

甘肃省委农村工作办公室主任、省农业农村厅党组书记、厅长李旺泽到省农业机械化技术推广总站、省农机监理总站调研指导工作，看望干部职工，召开座谈会，同站领导班子、中层干部和专业技术人员座谈交流，听取站领导班子工作汇报。

6 月 19 日

甘肃省农业农村厅在张掖市山丹县举办 2020 年全省第一场农机事故应急处置演练活动，省、市、县三级农机安全监管机构和应急、交管、卫生等相关单位共计 200 余人参加应急演练及现场观摩活动，并对山丹县农机安全监理业务工作、农机合作社、“平安农机”创建情况进行观摩学习。

6 月 22 日

农业农村部农业机械化管理司一级巡视员李安宁到甘肃省兰州市永登县有关农机合作社和农机购置补贴户进行调研，听取甘肃省农机购置补贴工作情况汇报。甘肃省农业农村厅党组成员、省畜牧兽医局局长杜永清、厅农业机械化管理处处长刘文武、省农业机械化技术推广总站站长张恩贵陪同调研。

7 月 3 日

甘肃省农业机械化技术推广总站联合雷沃重工股份有限公司举办的“雷沃公益助力甘肃精准扶贫暨爱心助学金第八次发放活动”在礼县桥头镇菜花村举行，雷沃重工股份有限公司向礼县桥头镇菜花村的 254 名学生每人发放助学金 500 元，共 12.7 万元。

7 月 30 日

甘肃省农业农村厅印发《关于下达甘肃省 2020 年农机深松整地作业项目任务清单及实施方案的通知》（甘农财发〔2020〕27 号），分解下达 2020 年农机深松整地作业任务清单和绩效目标。2020 年，全省共投入深松整地机械 18 421 台（套），已完成农机深松整地作业面积 400.59 千公顷，占下达任务的 120.17%，完成远程信息化监测面积 282.73 千公顷，信息化监测率达到 95.67%。

9 月 3 日

甘肃省农业农村厅在酒泉召开全省农业机械化现场推进会，会议总结交流前 8 个月各地农业机械化重点工作进展情况，安排部署 2020 年后一阶段农业机械化重点工作。现场观摩畜禽粪污废弃物综合利用农机装备、电动农机、农机企业、农业示范园区、农机市场等，甘肃省农业农村厅党组成员、副厅长周邦贵出席会议并讲话。

9 月 4 日

甘肃省农业农村厅在酒泉举办农机购置补贴政策实施培训班，培训班紧紧围绕农机购置补贴工作，全面解读农机购置补贴及深松整地补助政策、农业机械报废更新补贴政策，通报全省农机购置补贴资金使用进度情况等，讲解补贴产品违规经营行为处理办法及补贴工作风险防控等内容，通过培训，提高市县两级农机管理人员的业务知识水平。

10 月 19 日

甘肃省农业机械化技术推广总站组织在渭源县举办全省中药材生产机械化抓点示范暨党参机械化收获现场观摩培训活动，甘肃省农业农村厅党组成员、副厅长周邦贵出席会议并讲话，甘肃省中药材产业体系首席专家、甘肃农业大学教授陈垣和甘肃省农业机械化技术推广总站专家就中药材栽培及生产机械化作了现场讲解和专题技术培训。

10 月 20 日

甘肃省农业农村厅在兰州市榆中县举办 2020 年全省第二场农机事故应急处置演练活动，省、市、县三级农机安全监管机构和应急、交管、卫生等相关单位共计 200 余人参加应急演练及现场观摩活动，并对榆中县农机安全监理业务工作、农机合作社、“平安农机”创建情况进行观摩学习。

10 月 21 日

甘肃省农业农村厅印发《关于加快推进畜牧业机械化和设施种植机械化发展的实施意见》（甘农机管发〔2020〕13 号）。

10 月 22—23 日

农业农村部农业机械试验鉴定总站、农业农村部农业机械化技术开发推广总站站长刘恒新一行 4 人到甘肃省农业机械化技术推广总站就甘肃省国家支持的农业机械推广鉴定工作进行监督检查，并到天祝县调研藜麦产业机械化生产情况，甘肃省农业农村厅党组成员、副厅长周邦贵，厅农业机械化管理处处长刘文武和省农业机械化技术推广总站站长张恩贵陪同检查指导。

10 月 26 日

甘肃省农业农村厅印发《甘肃省 2020 年农机专项鉴定产品纳入购置补贴试点方案》（甘农机管发〔2020〕14 号），将果园防霜机、电动清粪机、韭菜收割机 3 个品目纳入 2020 年农机购置补贴试点范围。

10 月

甘肃省农业农村厅、省应急管理厅授牌表彰省级“平安农机”示范市 1 个、“平安农机”示范乡（镇）25 个、“平安农机”合作社 71 个、农机安全监理示范岗位标兵 48 名。

11 月 6—10 日

在山东潍坊举办的第三届全国农业行业职业技能大赛中，甘肃省参赛选手陶维维在比赛中荣获第三届全国农业行业职业技能大赛优秀选手称号。

12 月 17 日

根据《农业农村部办公厅开展农机使用一线“土专家”遴选培养工作的通知》要求，组织开展全省农机使用一线“土专家”遴选工作，向农业农村部农业机械化管理司推荐上报甘肃省 12 名农机使用一线“土专家”，并建立全省土专家名录库。

12 月 22 日

农业农村部办公厅印发《关于公布全国第五批率先基本实现主要农作物生产全程机械化示范县（市、区）名单的通知》，张掖市、永昌县、景泰县、灵台县、宁县、安定区 1 市 5 县获得全国主要农作物生产全程机械化示范县。

12 月 30 日

经 2020 年 12 月 10 日甘肃省农业农村厅党组扩大会议研究，同意在酒泉市铸陇机械制造有限责任公司挂牌“甘肃省农业废弃物资源化利用装备研发中心”，12 月 30 日在酒泉市肃州区举行揭牌仪式，甘肃省农业农村厅一级巡视员阎奋民、厅农业机械化管理处处长刘文武、省农业机械化技术推广总站站长张恩贵等人员参加仪式。

青海省

2020 年 1 月 31 日—2 月 10 日

青海省农业农村厅委托青海华宇会计师事务所有限公司为第三方绩效考核单位，对青海省 2019 年农机购置补贴政策实施情况进行绩效考评。

2 月 13 日

农业农村部、应急管理部公布 2019 年度全国“平安农机”示范市、县和农机安全监理示范岗位标兵名单，青海省李景崇、侯代辉、罗文元、拉青加、张鑫、任廷钢、赵凤勇 7 名同志荣获“农机安全监理示范岗位标兵”称号。

2 月 17 日

青海省农业农村厅印发《关于调整厅领导分工的通知》（青农办〔2020〕22 号），省农业农村厅副厅长巩爱岐分管厅农业机械化管理处及省农牧机械监理站、省农牧机械推广站工作。

2 月 19—26 日

青海省农业农村厅副厅长巩爱岐，二级巡视员王建元，赴西宁、海东市部分县区督导检查疫情防控、春播备耕、农机维修等工作。

3 月 2 日

青海省农业农村厅印发《关于开展全省畜牧业机械化应用及需求情况调研的通知》。

3 月 3 日

青海省农业农村厅向农业农村部农业机械化管理司上报《青海省 2019 年农机化质量工作总结》。

4 月 9 日

全省第 1 期有机肥撒肥机技术现场实训活动在互助县举办。青海省农业农村厅副厅长巩爱岐，二级巡视员王建元参加。

4 月 15 日

青海省农业农村厅向农业农村部农业机械化管理司报送青海省农业机械化转型升级发展监测点名单。

青海省人大常委会在西宁召开《中华人民共和国动物防疫法》《青海省动物防疫条例》《中华人民共和国农业机械化促进法》《青海省农业机械管理条例》执法检查组全体会议，启动“两法两条例”执法检查工作。青海省人大常委会副主任吴海昆出席会议并讲话，省农业农村厅厅长王玉虎参加。

4 月 24 日

全省第 2 期有机肥撒肥机技术现场实训活动在兴海县河卡镇举办。青海省农业农村厅二级巡视员王建元出席活动并致辞。

4 月 26 日

青海省农业农村厅、省财政厅向农业农村部农业机械化管理司、财政部农业司报送《关于农机新产品购置补贴试点备案材料的函》(青农函〔2020〕69 号)。

5 月 21 日

青海省农业农村厅下发《关于印发农业农村领域安全生产专项整治三年行动实施方案的通知》（青农办〔2020〕121 号），开展青海省农机安全生产专项整治三年行动。

5 月 28—29 日

全省 2020 年农业机械购置补贴廉政风险防控暨补贴信息系统培训班在西宁市举办。青海省农业农村厅二级巡视员王建元出席开班仪式并讲话。

6 月 2 日

青海省农业农村厅组织开展 2020 年农机购置补贴植保无人飞机投档工作。

6 月 17 日

全省藜麦、枸杞生产全程机械化技术田间日暨现场实训活动在海西州德令哈市举办。青海省农业农村厅二级巡视员王建元出席活动并讲话。

6 月 28 日

青海省农业农村厅向农业农村部农业机械化管理司上报丘陵山区农田宜机化改造工作情况。

7 月 14—16 日

第十六届职工职业技能大赛暨全省第五届农机技能竞赛在海南州兴海县河卡镇举办。青海省农业农村厅二级巡视员党陈延，省农牧工会主席韦延秀、省农业农村厅农业机械化管理处副处长白延芳出席开幕式。

7 月 17 日

青海省农业农村厅二级巡视员王建元一行赴大通县新华农机科技示范专业合作社调研。

7 月 21 日

青海省农业农村厅、省财政厅、省商务厅印发《关于印发青海省农业机械报废更新补贴实施方案的通知》（青农机〔2020〕170 号）。

8 月 24 日

青海省农业农村厅、省财政厅印发《关于做好 2020 年农机购置补贴工作的通知》（青农机〔2020〕193 号）。

9 月 7—9 日

全省青稞生产全程机械化与化肥农药减量增效机具现场实训活动在门源县举行。青海省农业农村厅二级巡视员王建元，农业农村厅农业机械化管理处副处长白延芳参加活动。

9 月 10 日

青海省农业农村厅党组下发《关于印发〈青海省农业农村厅所属事业单位机构改革方案〉的通知》（青农党组〔2020〕95 号）。将青海省农牧机械推广站更名为青海省农牧机械推广总站，为省农业农村厅管理的公益一类事业单位，机构规格为正处级，经费形式为全额拨款，内设综合部、农机推广部、农机鉴定试验部；撤销青海省农牧机械监理站，原青海省农牧机械监理站相关职能转入新设的青海省农业综合行政执法监督局。

9 月 21 日

青海省农业农村厅印发《关于做好 2020 年农机深松整地工作的通知》（青农机〔2020〕215 号）。

9 月 23 日

全省胡萝卜生产全程机械化现场实训在湟源县举办。青海省农业农村厅农业机械化管理处副处长白延芳参加。

10 月 27—28 日

2020 年全省农业机械化统计工作培训班在西宁市举办。青海省农业农村厅二级巡视员王建元出席开班仪式并讲话。

11 月 9 日

全省玉米秸秆综合利用现场实训活动在民和县举办。青海省农业农村厅副厅长巩爱岐出席活动并讲话。

11 月 24 日

青海省农牧机械推广总站推广科科长、推广研究员许振林荣获“全国先进工作者”称号。

12 月 2 日

青海省农业农村厅向农业农村部农业机械化管理司报送《关于推荐农机使用一线“土专家”人选的函》。

12 月 3 日

青海省农业农村厅向省人大农牧委员会报送《关于〈省人大常委会农业机械化“一法一条例”执法检查报告审议意见〉贯彻落实情况的报告》（青农机〔2020〕274 号）。

12 月 7 日

青海省农业农村厅印发《关于开展 2020 年度农机购置补贴绩效考评工作的通知》（青农机〔2020〕275 号），对全省 2020 年农机购置补贴政策实施县（市、区）开展农机购置补贴政策绩效考评工作。

12 月 15 日

青海省农业农村厅副厅长巩爱岐，厅农业机械化管理处副处长白延芳赴农业农村部农业机械化管理司汇报 2020 年青海省农业机械化工作。

12 月 22 日

农业农村部办公厅印发《关于公布全国第五批率先基本实现主要农作物生产全程机械化示范县（市、区）名单的通知》（农办机〔2020〕5 号），青海省同德县、贵德县 2 县入选。

宁夏回族自治区

2020 年 1 月 22 日—2 月 29 日

贯彻落实宁夏回族自治区应对新冠肺炎疫情工作指挥部相关要求，在疫情防控关键时期，动员指导各市、县（区）农业机械化主管部门组织农机社会化服务组织参与农村地区疫情防控阻击战，全区共动员组织高效植保喷雾机 2 454 台、植保无人机 55 架，3 913 人参加疫情防控病毒消杀工作。宁夏回族自治区农机生产与流通协会募集资金 10 万余元，购置防疫物资，为防控一线的农机工作人员进行捐献活动。

2 月 26 日

为全面贯彻落实《国务院关于加快推进农业机械化和农机装备产业转型升级的指导意见》，加快补齐宁夏回族自治区农业机械化发展的短板问题，提升宁夏菜心在全国菜心市场中的竞争力，宁夏回族自治区农业机械化技术推广站向自治区科技厅申请立项宁夏菜心生产机械装备引进与改制项目，为实现菜心全程机械化做好技术准备。

3 月 3 日

宁夏回族自治区农业机械试验鉴定信息管理系统正式开通运行，宁夏回族自治区农机试验鉴定工作实现网上申请、受理、审核、发证、注册管理，有效提升工作效率，减轻企业负担。

3 月 5 日

农业农村部、应急管理部印发《关于公布 2019 年度全国“平安农机”示范市、县和农机安全监理示范岗位标兵名单的通知》（农机发〔2020〕1 号），宁夏石嘴山市农业机械安全监理所侯小云、惠农区农机安全监理站陈永国、灵武市农机安全监理站梁大志及银川市西夏区农机安全监理站赫学成荣 4 人获全国农机安全监理示范岗位标兵。

3 月 15 日

宁夏回族自治区农业农村厅以“聚力提质量，护农保春耕”为主题，举办线上线下“农机 3·15”消费者权益日维权宣传和打假护农活动。全区在线上累计推送 9 840 余条宣传图文和视频，接受群众线上咨询或投诉 2 466 人（次）。在线下累计发放《农机用户购机指南》等宣传资料 7 812 份，张贴宣传海报 500 余份，深入 42 家农机经销、生产企业、维修网点，监督检查 229 台（套）农机产品。

3 月 20 日

宁夏回族自治区农业农村厅发布《2020 年宁夏农业机械推广鉴定产品种类指南》（第一批）。

4 月 9 日

宁夏回族自治区农业农村厅制定印发《宁夏农业机械化转型升级行动实施方案（2020—2025）》，提出全区加快推进全区农业机械化全程全面高质高效发展的目标和任务。《方案》强调，要稳定实施农机购置补贴政策，重点在推进主要农作物生产全程机械化、特色优势产业全面机械化、农机信息化和智能农机先行先试、培育壮大农机社会化服务组织、推动机械化生产与农田建设相适应和加强农机安全监督管理工作上下功夫。

4 月 24 日

宁夏回族自治区农业农村厅在灵武市召开全区夏种夏管现场推进会，与会人员现场观摩耕种管作业机械及智能农机装备作业演示和展示，宁夏回族自治区农业农村厅副厅长赖伟利安排部署夏种夏管农业生产各项工作。

6 月 22—23 日

宁夏回族自治区农业农村厅在银川市举办“2020 年农机购置补贴实施暨警示教育培训班”，培训班上自治区农业农村厅农业机械化管理处与各县（市、区）农业农村局签订 2020 年农机购置补贴政策实施暨廉政风险防控工作责任书和农机安全生产责任书，通报荣获全国主要农作物全程机械化示范县和自治区“平安农机”示范县，驻厅纪检组长李辉在会上作警示教育报告，农业农村厅党组成员、副厅长赖伟利出席会议并讲话。

6 月 24 日

宁夏回族自治区市场监督管理厅依据《检验检测机构资质认定能力评价检验检测机构通用要求》对宁夏回族自治区农业机械鉴定检验站申请的 38 个产品进行资质认定和评审，8 月 5 日，宁夏回族自治区农业机械鉴定检验站获得检验检测机构资质认定证书。

7 月 15—19 日

宁夏回族自治区农业机械化技术推广站在银川市举办 2020 年全区特色产业机械化技术培训班、2020 年全区农机产品质量监督暨投诉业务培训班，全区各市、县（区）农机推广中心负责人、技术骨干及相关业务人员共 150 人参加培训。

7 月 17—19 日

宁夏回族自治区农业农村厅、宁夏奶业协会、宁夏农机生产与流通协会联合在银川市举办 2020 年第二届银川国际奶业暨农牧机械展览会，同期举办第二届西北奶（肉）牛业发展论坛。区内外畜牧养殖、饲草生产加工、环境控制、养殖管理、粪污处理等 200 多家装备生产企业参展。宁夏回族自治区农业农村厅党组成员、副厅长赖伟利出席开幕式并致辞。

8 月 7 日

宁夏回族自治区农业农村厅发布《2020 年宁夏农业机械推广鉴定产品种类指南》（第二批）。

8 月 12—14 日

宁夏回族自治区农机安全监理总站在吴忠市举办“全区农业机械综合保险推进培训班”，全区各市、县（区）农机监理及中国人民财产保险公司人员 120 余人参加培训。通报 2019 年度及 2020 年上半年农机综合保险承保情况，对固原市农业农村局等 15 个单位 2019 年度开展农机综合保险工作先进单位给予通报表扬。宁夏回族自治区农业农村厅一级巡视员金韶琴，中国人民财产保险股份有限公司副总经理苏永桂出席会议并讲话。

8 月 17—21 日

宁夏农业机械化技术推广站组织开展 2020 年农业机械化重点技术推进暨现场培训交流活动，对全区 10 个项目点进行现场查验、集中观摩交流和现场培训，各市、县（区）农机推广中心负责人、技术骨干共 60 人参加观摩培训。

8 月 21 日

宁夏回族自治区农业农村厅印发《关于加快畜牧业机械化发展的实施意见》，提出到 2025 年，全区畜牧业机械化率总体达到 50% 以上，其中，奶牛规模化养殖机械化率达到 98% 以上，生猪、蛋鸡、肉鸡规模化养殖机械化率达到 80% 以上，主要畜种规模化养殖率先基本实现全程机械化。明确以服务乡村振兴战略、满足畜牧业机械化需求为目标，大力实施畜牧养殖机械化转型升级行动，加快畜牧机械研发和新技术示范推广。

8 月 26—28 日

宁夏回族自治区农业农村厅、人力资源和社会保障厅、总工会在贺兰县举办第三届全国农业行业职业技能大赛（农机修理工），来自全区 5 市代表队 20 名选手参加竞赛。陈佳龙、陈扬、姚辉分别荣获技能竞赛前 3 名，并获得“自治区农业技术能手”称号；中卫市的徐鹏、田柒，石嘴山市的张欢荣获“自治区优秀选手”称号；石嘴山、中卫市、银川市代表队荣获“优秀团体奖”。宁夏回族自治区农业农村厅副厅长王生林出席颁奖仪式并讲话。

8 月 27—29 日

在国家马铃薯产业技术体系召开的“精准扶贫成果发布会”上。宁夏回族自治区农业机械化技术推广站在西吉县马莲乡张堡源村马铃薯全程机械化示范基地现场举办马铃薯全程机械化生产机械现场展示活动，国家马铃薯产业技术体系专家及参会代表 200 多人观摩展示机具。

9 月 14 日

宁夏回族自治区农业农村厅、财

政厅、商务厅联合出台《宁夏回族自治区农业机械报废更新补贴实施方案》，农机报废更新补贴政策在全区范围内实施，补贴对象为从事农业生产的个人和农业生产经营组织；报废补贴农机种类包括拖拉机、联合收割机、水稻插秧机、机动喷雾（粉）机、机动脱粒机、饲料（草）粉碎机、铡草机7个类别。

9月21日

贯彻落实《农业农村部关于加快推进设施种植机械化发展的意见》文件精神，加快提升宁夏回族自治区设施农业机械化发展水平，宁夏回族自治区农业农村厅制定出台《关于加快推进设施种植机械化发展的实施方案》[宁农（机）发〔2020〕9号]，提出全区加快推进设施种植机械化发展的目标和任务，到2025年，全区以日光温室、大中拱棚为主的设施种植面积稳定在36.67千公顷以上，设施种植机械化水平总体达到50%以上。

9月24—25日

宁夏回族自治区农业农村厅在灵武市举办全区“三秋”农业机械化生产暨智能农机现场演示推进会，自治区科技厅、宁夏农林科学院、宁夏大学等部门（单位）负责人及自治区农业农村厅相关处（室、站）主要负责人和各市、县（区）200余人参加现场推进会。宁夏回族自治区农业农村厅党组成员、总经济师王洪波出席并讲话。

9—11月

宁夏回族自治区农业机械化技术推广站组织技术人员对2017—2018年在宁夏销售且享受农机购置补贴的深松机、果蔬烘干机进行质量调查，并对宁夏农机企业生产且获得2019年农机推广鉴定证书的产品进行证后监督检查。

11月12—16日

由宁夏回族自治区农业农村厅副厅长赖伟利带队，厅农业机械化管理处、种植业管理处、农业机械化技术推广站、农机安全监理总站、畜牧站、水产站等相关部门负责人一行9人，赴青岛市参加“2020中国国际农业机械展览会”。

12月18日

由中国农机安全报社、中国农业机械化协会与雷沃重工股份有限公司联合举办的雷沃杯2020“全国20佳农机合作社理事长”评选，宁夏回族自治区银川市贺兰县海超农机专业合作社马海超荣获全国20佳农机合作社理事长称号。

12月22日

宁夏回族自治区固原市原州区、中卫市中宁县荣获农业农村部公布2020年第五批率先基本实现主要农作物生产全程机械化示范县（市、区）。

新疆维吾尔自治区

2020年1月15日

根据《新疆维吾尔自治区2018—2020年农机购置补贴实施方案》精神，正式启用新疆维吾尔自治区农机购置补贴辅助管理系统，并鼓励农户通过手机App等非现场办理补贴申请，方便农民购机用机。

3月2日

为确保疫情期间农机生产工作有序进行，向社会发布《关于公布疫情防控期间农机春耕物资保障热线电话的通告》，建立快速联系、协同高效的应急机制，积极协调有关部门，帮助解决农机生产企业复工复产、农机跨区作业、农机配件供应、农机产品运输中遇到的困难和问题，保障农机生产顺利进行。

3月5日

启动2020年农机购置补贴产品自主投档工作，投档工作实行常态化管理，分期分批进行审核的管理方式，公示发布三批补贴产品信息表，共计5 477个产品。

3月11日

2020年新疆维吾尔自治区财政安排自治区财政扶持农业机械化发展专项1 227万元，自治区农牧业机械管理局与自治区财政厅联合印发《2020年自治区财政扶持农机化发展专项资金项目指南》，指导各地做好2020年自治区财政扶持农业机械化发展专项资金项目工作。

印发《关于开展2020年新疆“农机3·15”消费者权益日活动的通知》，结合新疆维吾尔自治区新冠肺炎疫情防控工作实际，组织开展以“聚力提质量，护农保春耕—农机3·15在行动”为主题的线上“农机3·15”消费者权益日活动。

3月16—23日

印发《关于开展农机安全生产暨春耕农机指导服务的通知》，由新疆维吾尔自治区农业农村厅农业机械化管理处会同农牧业机械管理局（农机发展中心）组成2个工作组，前往巴州、阿克苏、克州、喀什、和田等地州开展农机安全生产暨春耕农机指导服务工作。指导组深入田间地头、合作社、大型工程机械停车场、农资经营店进行指导服务，详细了解当地疫情防控和农机春耕生产、机具检修、培训等情况，确保春耕生产工作顺利进行。

3月23日

印发《2020年自治区农机安全生产工作要点》，明确深入学习贯彻习近平总书记关于安全生产重要论述精神、强化源头管理、加大隐患排查和专项整治力度、强化安全宣传、加强农机安全监管能力建设、持续深化改革、加强大型工程机械设备安全监管7个方面工作要点。

4月2日

印发《2020年自治区农机化工作要点》，明确着力推进农业生产全程全面机械化等7个方面21项重点工作。

4月26日

根据新疆维吾尔自治区农业农村厅、自治区财政厅、自治区农牧业机械管理局、中国民用航空新疆管理局《关于开展农机购置补贴引导植保无人飞机规范应用试点工作的通知》精神，农业农村厅印发《关于做好2020年农机购置补贴引导植保无人飞机规范应用试点工作的通知》，正式启动自治区植保无人飞机试点补助工作。

5月11日

为保障春耕期间农机安全生产形势稳定，新疆维吾尔自治区农业农村厅和自治区农牧业机械管理局组成3个农机安全生产指导服务组对乌鲁木齐市、昌吉州、塔城地区、伊犁州、吐鲁番市开展农机安全生产进行指导服务。新疆维吾尔自治区农牧业机械管理局局长木合塔尔·艾沙同志带队对乌鲁木齐市农机安全生产进行指导。

5月11—17日

新疆维吾尔自治区农业农村厅、农牧业机械管理局、农业科学院组成调研组，赴巴州、阿克苏地区部分县市针对农田废旧地膜回收及资源化利用存在的问题进行专题调研，就进一步加强自治区废旧农膜回收利用提出一些具体措施，并形成专题调研报告。

5月25日

新疆维吾尔自治区党委农村工作办公室主任、农业农村厅党组书记朱岗同志出席自治区农牧业机械管理局党组脱贫攻坚专项巡视“回头看”反馈问题整改专题民主生活会并作指导，农牧业机械管理局党组成员依次进行对照检查，开展批评和自我批评。

6 月 2—14 日

根据新疆维吾尔自治区农业农村厅《关于开展脱贫攻坚调研督战、调研指导工作的通知》，由新疆维吾尔自治区农业农村厅农业机械化管理处会同农牧业机械管理局（农机发展中心）组成 3 个工作组，前往喀什、克州、和田等地州 10 个拟摘帽深度贫困县和定点帮扶贫困村，对农业机械化发展促进脱贫攻坚工作情况开展督战、调研指导。

6 月 8 日

按照农业农村部和新疆维吾尔自治区安全生产委员会办公室要求，印发《关于开展 2020 年农机安全生产月通知》，组织开展以“消除事故隐患，筑牢安全防线”为主题的“安全生产月”活动。

6 月 17 日

根据新疆维吾尔自治区农业农村厅、应急管理厅联合印发《关于做好 2020 年度“平安农机”创建工作的通知》（新农机〔2020〕101 号），全面启动全区“平安农机”创建工作，通过创建活动切实增强广大农牧民群众的安全生产意识。

6 月 19 日

按照农业农村部农业机械化管理司、畜牧兽医局《关于组织推荐畜禽养殖机械化典型案例征集活动的通知》（农机科〔2020〕5 号）要求，新疆维吾尔自治区农业农村厅在全疆范围内开展畜禽养殖机械化典型案例征集活动，经层层推荐、优中选优，共推荐报送奶牛、肉鸡、肉牛、肉羊、生猪、蛋鸡 6 个机械化养殖典型案例。

7 月 9 日

根据《农业农村部农机化司关于组织开展“全程机械化+综合农事”服务中心典型案例征集活动的通知》（农机科〔2020〕4 号）要求，按照推荐标准，在全疆范围内开展征集活动，经层层推荐、优中选优，共推荐昌吉州农机合作服务联盟等 5 个单位为“全程机械化+综合农事”服务中心典型案例。

7 月 10 日

根据新疆维吾尔自治区大型工程机械设备和车辆安全监管工作领导小组办公室工作要求，印发《关于全面启动大型工程机械设备卫星定位控制系统车载控制终端推广应用工作的通知》，在喀什地区、阿勒泰地区、阿克苏地区、和田地区等部分县市区陆续开展大型工程机械设备卫星定位控制系统车载控制终端安装工作。

7 月 18 日

根据农业农村部深松整地总体规划，制定印发《关于做好 2020 年农机深松整地工作的通知》，全年下达深松整地作业任务 413.33 千公顷，中央深松整地作业补助专项资金 9 340 万元。

7 月 18 日

新疆维吾尔自治区农业农村厅下达 2020 年自治区农业机械专项鉴定大纲制定计划，由新疆维吾尔自治区农牧业机械产品质量监督管理站负责组织起草大纲草案。12 月 3 日，新疆维吾尔自治区制定的《滴管带回收机》《果园有机肥深施机》《背负式葵花籽收获机》《精准控制水肥一体化装置》《农业灌溉用过滤器》《畜禽饲养成套设备》6 项农业机械省级专项鉴定大纲正式发布实施。

8 月 8 日

印发《关于做好 2020 年秋季农机化生产工作的通知》，要求各地紧紧围绕新疆维吾尔自治区党委关于“三农”工作的部署要求，在落实疫情防控要求前提下，突出秋季农业生产重点，以秋季玉米、棉花跨区机收为重点，统筹做好秋季农业机械化各项工作和农机安全生产，全力以赴夺取全面建成小康社会之年农业和粮食丰收。

8 月 18 日

印发《关于做好秋季农机安全生产工作的通知》，要求各地认真贯彻落实习近平总书记关于安全生产的重要指示精神，落实 7 月 31 日新疆维吾尔自治区安全生产电视电话会议精神，牢牢把稳安全生产“基本盘”，切实减少农机安全隐患，预防农机事故发生，确保秋季农业生产农机安全。

8 月 29 日

为积极应对 2020 年疫情防控特殊时期秋季棉花拾花工严重短缺的严峻局面，新疆维吾尔自治区农业农村厅与兵团农业农村局加强沟通协作，建立兵地跨区作业工作协调机制，联合印发《新疆 2020 年棉花机械化采收跨区作业工作方案》（新农办机〔2020〕81 号），坚持资源共享、自愿参与、组织有序、公平竞争、就近优先原则，组织好机械化生产，有效提高农机装备利用率，保障各地棉花机采作业有序开展。

9 月 8 日

按照国家和新疆维吾尔自治区安全生产专项整治三年行动工作计划和部署，经新疆维吾尔自治区人民政府同意，自治区农业农村厅出台《关于印发〈自治区农机安全专项整治三年行动实施方案〉的通知》（新农机〔2020〕145 号），明确农机安全专项整治的重点任务、时间和具体要求，从源头上消除安全隐患，有效遏制和减少农机事故的发生。

9 月 16 日

经新疆维吾尔自治区人民政府同意，自治区农业农村厅、财政厅、商务厅联合印发《新疆维吾尔自治区农业机械报废更新补贴实施方案》（新农机〔2020〕151 号），并认真组织实施。

9 月 30 日

根据农业农村部农业机械化管理司通知要求，新疆维吾尔自治区农业农村厅按照申报程序，推荐尉犁县等 8 个县（市）申报 2020 年度全国主要农作物生产全程机械化示范县。12 月 22 日，农业农村部办公厅公布全国第五批率先基本实现主要农作物生产全程机械化示范县（市、区），新疆维吾尔自治区新源县、特克斯县、昭苏县、尉犁县入选。

10 月 6 日

根据《农业农村部办公厅关于切实加强“三秋”农机安全生产的通知》（农明字〔2020〕86 号）精神，印发《关于切实加强“三秋”农机安全生产的通知》，要求各地认真落实国家和新疆维吾尔自治区安全生产专项整治总体部署，严格抓好农机安全生产专项整治重点工作任务，努力确保人民群众生命财产安全和“三秋”农业生产顺利进行。

10 月 13 日

新疆维吾尔自治区农业农村厅、应急管理厅联合印发《关于上报 2020 年全国“平安农机”示范县（市）和全国农机安全监理示范岗位标兵名单的报告》，推荐伊吾县、木垒县为全国“平安农机”示范县（市）、推荐塔依尔•阿不力孜为全国农机安全监理示范岗位标兵，上报农业农村部和应急管理部。

10 月 20 日

根据《关于开展农机安全生产大检查的通知》，由新疆维吾尔自治区农业农村厅农业机械化管理处会同农牧业机械管理局（农机发展中心）组成4个工作组，对全区14个地州市农机安全生产工作进行全覆盖调研督导。

10月20日

新疆维吾尔自治区人民政府在喀什地区巴楚县召开自治区高标准农田建设暨农业机械化转型升级现场培训推进会，新疆维吾尔自治区党委常委、自治区人民政府副主席艾尔肯·吐尼亚孜出席会议并做讲话，现场会观摩先进农业机械装备作业演示，学习交流农业机械化转型升级方面的经验举措，安排部署农业机械化转型升级和提质增效工作。

10月22日

根据农业农村部办公厅通知要求，新疆维吾尔自治区农业农村厅印发《关于组织开展农机使用一线“土专家”遴选培养工作的通知》。12月3日，经自治区级评选专家组初评，决定推荐肖冰等12人为自治区农机使用一线“土专家”候选人，上报农业农村部农业机械化管理司。

11月2日

印发《关于切实加强农机购置补贴产品核验工作的通知》，要求各地加快补贴机具核验制度的修订完善，明确重点核验机具标准，加强对异常申请补贴情形的监管，建立科学规范、务实高效的工作机制，保障中央补贴资金安全使用。

11月3—10日

先后印发《关于洛阳福格森机械装备有限公司博马-2604型轮式拖拉机有关违规问题处理决定通知》《关于昆明群辉机电设备有限公司5TY-60-150型玉米脱粒机有关违规问题处理决定的通知》《关于临泽县革新农机制造有限责任公司GX40-500L型风送式喷雾机有关违规问题处理决定的通知》，取消3家企业3个产品补贴资格；暂停1家企业所有产品补贴资格；取消6家、暂停2家经销企业补贴产品经销资格。

11月18日

印发《关于做好农机产品质量投诉工作的通知》，规范投诉受理及调解程序，切实做好投诉系统信息报送工作。

11月24—29日

新疆维吾尔自治区在塔城市举办第一批农业机械化技术学校骨干教师知识更新培训班，培训骨干教师90余名，有效提升骨干教师业务水平。

12月1—7日

新疆维吾尔自治区在塔城市举办《自治区2020年农机购置补贴政策暨系统软件培训班》，12个地州市及所属县市区分管农机购置补贴工作领导和具体工作人员共93人参加现场培训；喀什地区、克州及和田地区部分人员通过线上同步参加培训。新疆维吾尔自治区农业农村厅农业机械化管理处、自治区农业农村机械化发展中心相关领导出席培训班并参与了培训授课。

12月1—25日

12月1—15日新疆维吾尔自治区在昌吉市举办全区农机安全技术检验员、拖拉机和联合收割机驾驶考试员线下培训班；12月21—25日举办拖拉机和联合收割机驾驶考试员线上培训班。共计培训农机安全技术检验员学员100名，拖拉机和联合收割机驾驶考试员191名。

12月11日

根据新疆内外农机市场农机具价格动态变化情况和2020年新疆维吾尔自治区农机购置补贴资金使用及2021年农机购置补贴资金额度情况，新疆维吾尔自治区农业农村厅印发《关于调减部分农机具购置补贴额有关事宜的通知》，对自治区轮式拖拉机、履带式拖拉机、农业用北斗终端（含渔船用）、打（压）捆机、喷杆喷雾机5个品目的补贴额度进行适度调减。

新疆维吾尔自治区农业农村厅、应急管理厅印发《关于公布2020年度自治区“平安农机”示范县及自治区农机安全监理示范岗位标兵名单的通知》，公布克拉玛依区、柯坪县2个县（区）为2020年度自治区“平安农机”示范县，玉苏甫·司马义等15人为2020年度自治区农机安全监理示范岗位标兵。

12月16日

新疆维吾尔自治区人民政府办公厅印发《关于优化棉花品种结构和提升全程机械化能力的指导意见》（新政办发〔2020〕78号）。意见明确提出，到2025年，棉花机采率提高到80%以上，棉花耕种收综合机械化率提高到90%以上，棉田残膜机械化回收率提高到85%以上。

2020年

新疆维吾尔自治区农牧业机械管理局（农业农村机械化发展中心）人事变动情况如下：11月6日，郑宏任办公室主任，吐尔洪·吐尔地任科教处处长，王建军任机关服务中心主任，赵磊任农机安全监理总站站长，王芩任纪检监察室主任，吴岁练任机关党委专职副书记，帕尔哈提·阿布力提甫任办公室副主任，丁志欣任农机质监站副站长，张友腾任农机推广总站副站长，张金涛任农机管理处副处长。

新疆维吾尔自治区农牧业机械管理局（农业农村机械化发展中心）人事变动情况如下：11月6日，田江涛任自治区农机安全监理总站副站长，艾克拜尔·阿不力孜任自治区农机安全监理总站副站长，刘朝宇任自治区农机推广总站副站长。郑宏晋升一级调研员，毕惠英科技教育处三级调研员，薛海来提·吾斯曼科技教育处三级调研员，阿不都克里木·阿西木市场监管处三级调研员，孙岩自治区农机安全监理总站三级调研员。

新疆维吾尔自治区农业农村厅农业机械化管理处人事变动情况如下：2019年12月24日，买合提·达吾提任农业机械化管理处处长；2020年6月7日，刘涛任农业机械化管理处四级调研员，新齐曼·边拜策仁任农业机械化管理处二级主任科员；2020年11月14日，孙桂荣不再担任农业机械化管理处副处长，调任农业产业化培训中心主任。

大连市

2020年2月10日

大连市农业农村局印发《关于做好2020年农机春耕备耕工作的通知》，部署贯彻落实中央一号文件、农业农村部《关于不误农时抓好春耕备耕的通知》、辽宁省农业农村厅《关于做好2020年农机春耕备耕工作的通知》等精神，发挥农机在春耕生产中的主力军作用，确保打好全年农业机械化生产首仗，奠定全年粮食增产、农业增效和农民增收坚实的基础。

3月11日

大连市农业农村局印发《关于做好2020年保护性耕作工作的通知》，明确工作任务、扎实推进保护性耕作、提升作业质量、加强组织领导等方面的内容，对大连市的保护性工作进行全面部署。

3月18日

大连市农业农村局印发《关于切

实做好2020年农机安全生产工作的通知》，文件从压实农机安全生产责任、农机安全生产隐患排查整治、“平安农机”创建、农机安全宣传培训、农机安全应急处置与事故预防、农机安全监管能力建设6个方面内容部署2020年大连市农机安全生产工作，为全市农业农村疫情防控和生产工作提供有力保障。

3月24日

大连市农业农村局印发《关于开展2020年度拖拉机和联合收割机安全技术检验工作的通知》，文件规定安全技术检验的范围、时间、内容、合格条码、标志和相关工作要求，从源头做好农机安全生产保障。

3月25日

大连市农业农村局副局长孙乾在大连市农业农村局召开大连市保护性耕作工作推进会议，对大连市2020年保护性耕作工作做了部署，并提出具体要求。各县区、市现代农业发展服务中心、局机关相关处室负责人出席会议并讲话。

4月8日

大连市农业农村局印发《2020年全市农机化工作要点》，工作要点确定2020年大连市农业机械化工作目标，明确推广先进适用农机装备，推进重点机械保有量增加；推进农业领域全面机械化，促进农业机械化水平稳步提升；落实农机生产扶持项目，保障国家粮食安全；开展农机安全工作，确保农机生产形势持续稳定；推进农机服务组织建设，提高社会化服务水平5方面的重点工作，推动全市农业机械化向全程全面高质高效升级。

4月17日

大连市农业农村局副局长孙乾在普兰店区、庄河市开展保护性耕作督导检查工作，要求各县区将保护性耕作作为一项政治任务保质保量贯彻落实。

4月30日

大连市农业农村局印发《大连市黑土地保护性耕作作业补助项目核实验收方案（暂行）》，文件主要规定了作业补助项目核验的内容、要求、方法和相关要求，确保作业补助工作保质、安全、高效。

6月4日

大连市农业农村局和大连市财政局联合印发《大连市推进黑土地保护性耕作行动实施方案（2020—2025年）》，方案提出了指导思想、行动目标、模式技术等总体要求，确定了稳步扩大实施面积、推动高质量发展、强化技术支撑、培育实施主体等行动安排，要求加强组织领导、政策扶持、监督考评、宣传引导等组织保障。

6月9日

大连市农业农村局印发《2020年大连市农机“安全生产月”活动实施方案》，为切实保障大连市“农机安全生产月”工作顺利实施，确保在疫情期间有效防范和遏制较大农机事故发生，维护大连市农机安全生产稳定向好的态势。

6月9—30日

大连市农业农村局在各区市县开展农机“安全生产月”系列活动，利用车辆年检、安全生产检查、“农机安全生产宣传咨询日”将农机安全知识送到农机驾驶员手中。大连市农机安全监理所印制农机安全宣传材料70 000份，分发到各区市县农机监理机构。各区市县农机部门积极响应，以“平安农机”建设为载体，积极开展以“消除事故隐患，筑牢安全防线”为活动主题的“农机安全生产月”系列活动。

6月20日

大连市农业农村局农机管理处处长李妍在大连广播电视台参加“走进直播间”农机安全专题节目，节目中，李妍处长就当前农机安全生产工作接受主持人采访，并回答广大农民朋友的电话提问，深入解读农机安全生产相关政策法规。

8月18日

大连市人民政府印发《关于加快推进农业机械化转型升级的实施意见》，文件以服务乡村振兴战略、满足农民对机械化生产需要为目标，着力解决大连市农业机械化发展中存在的不平衡不充分不全面等亟待解决的问题，推动大连市农业机械化由耕种收环节向植保、烘干、秸秆处理全过程发展，由种植业向畜牧业、渔业、设施农业、农产品初加工业全面延伸。

9月21日

大连市农业农村局印发《关于做好2020年秋冬季农机安全生产工作的通知》，文件从加强组织领导，落实安全责任;突出工作重点，强化隐患整治;加大宣传力度，提高安全意识；加强应急管理，做好事故处理4个方面进一步强化农机安全监管工作。

10月9日

长海县经济发展服务中心朱宏伟、瓦房店市农业综合执法大队于长明，普兰店区农机安全稽查大队盛坤，庄河市农机安全稽查大队于海英，旅顺口区农业发展服务中心郭超5名同志获得2020年辽宁省“平安农机”示范岗位标兵。

10月9—31日

大连市农业农村局开展农机安全督导检查工作，主要针对秋季各县区在农机安全生产责任落实、农机安全生产隐患排查、农机安全源头治理、农机安全宣传教育、农机事故信息报送等农机安全方面的工作进行现场督导检查。

10月30日

大连市农业农村局、大连市财政局、大连市商务局联合印发《关于印发大连市农业机械报废更新补贴实施方案的通知》，通知对农业机械报废更新的总体要求、实施范围、补贴对象、补贴种类、报废条件、补贴标准、回收企业、操作程序、工作要求等做了明确规定，进一步加快大连市老旧农机报废更新进度，促进农机装备结构优化和节能减排，保障农机安全生产。

12月7日

大连市农业农村局印发《关于进一步加强我市大棚卷帘机安全使用监管工作的通知》，文件针对大棚卷帘机使用要从加强组织领导，落实安全责任；突出工作重点，强化隐患整治；加大宣传力度，提高安全意识；加强应急管理，做好事故处理4个方面做出明确规定，预防和减少大连市大棚卷帘机安全事故的发生。

宁波市

2020年2月7日

宁波市农业机械化服务总站组织做好疫情防控期间农机保供给工作，加大蔬菜、畜禽生产机械信息的宣传力度，科学统筹现有蔬菜生产机械资源，加大在疫情期间蔬菜、畜牧生产机械购置补贴力度，加快引进绿色高效的进口蔬菜、畜禽生产机械，解决在疫情期间蔬菜、畜牧生产过程中人力不足的问题。

2月13日

宁波市农业机械化服务总站组织开展公共区域无人机消杀作业，56家农机专业合作社组建“农机防疫队”，利用植保“无人机”义务为各乡镇村、交通站点、复工企业等公共场所开展立体消毒灭菌作业。植保“无人机”在防疫中优势明显，一次可携带消毒液10千克，作业10分钟，喷洒面积可达6 600～10 000米^2，作业效率是人工的50倍。

2月23日

宁波市农业机械化服务总站站长葛建平赴余姚开展备春耕工作调研，并要求农机部门要加强在抓好复工复产的同时抓好疫情防护，及时掌握春耕生产的机具数量，克服人力不足，加强农机具的调度，提高使用效率;要深入一线，加强技术指导，确保春耕工作安全、高效、顺利进行。

2月25日

宁波市农业机械化服务总站组织开展“三联三送三落实”活动，了解并商讨目前疫情期间存在的困难、蔬菜生产机械临时补贴实施办法、如何发挥农机在疫情期间“机器换人”作用和进一步深化农机部门“三联三送三落实”活动等事宜。

3月5日

宁波市农业农村局、宁波市财政局印发《关于印发我市应对新冠肺炎疫情支持农产品生产保障有效供给若干政策实施方案的通知》，对宁波市人民政府公布的疫情防控应急响应期间（从2020年1月23日开始至响应结束日止）急需购置的，未列入中央购置补贴的国内外高性能蔬菜生产机械，经县、市农机部门审核批准后可享受蔬菜生产机械临时补贴。宁波市共安排市级补贴资金150万元，由市县两级财政各分担50%。

3月11日

第15服务队由宁波市农业机械化服务总站站长葛建平带队，到江北区慈城镇半浦村开展“三联三送三落实”活动，给村里送去青菜、菠菜、玉米和大豆等种子以及《政策形势》《安全管理百问》等宣传资料。服务队走访慰问村里2户困难农户，并与村领导班子进行座谈交流，了解半浦村人口、人员结构、土地、产业发展、组织建设等情况，就下一步有针对性地开展帮扶活动进行探讨。

4月2日

宁波市农业机械化服务总站站长葛建平带领安监处、市公安驻农机警务室相关同志一行5人来到鄞州，指导开展农机安全生产大检查，确保复工复产、备春耕、清明节期间农机生产作业安全。鄞州区农业机械化管理站副站长洪建军等陪同检查。葛建平要求农机部门要一手做好备春耕服务工作，一手抓实农机安全生产工作，还不能放松疫情防控。三个方面要齐头并进，为宁波的复工复产安全有序开展提供助力。

4月10日

宁波市农业机械化服务总站站长葛建平一行到海曙区章水镇杖锡村调研樱花烘干设备真空微波烘干设备使用情况，海曙区农业农村局副局长姚明华、农机站站长戴宏杰及章水镇等相关工作人员陪同调研。并要求海曙区继续加强农机购置补贴政策宣传，把新型农机技术应用推广作为助农增收的大事要事来抓，争取让更多农户享受到更优越的农业机械，提升全区农业机械化水平。

4月15日

宁波市农业农村局副局长陈世本带队到余姚市开展农机工作调研。调研组走访余姚丈亭镇梅溪村梅园，实地察看推进丈亭杨梅产业领域“机器换人”步伐的山地果园单轨运输车，通过轨道运输，既能高效安全低成本地将杨梅运送下山，又能实现将化肥等生产资料轻松运上山，进一步降低劳动力成本。陈世本要求余姚市在“综合农事＋服务中心、互联网＋智慧农机、农机合作社＋作业公司”三种模式的基础上进一步提炼总结。

4月23日

宁波市农业农村局召开全市农机安全工作会议。宁波市农业农村局巡视员张玉申出席会议并讲话，农业机械化管理处处长殷建军主持会议。各区县（市）相关农机人员参加会议。会议邀请市公安交警局处长王兴云到会指导。

4月29日

宁波市春耕农业机械化生产基本结束。新冠肺炎疫情防控期间抢抓春耕农业机械化生产，宁波市农业农村局抓总，宁波市农业机械化服务总站和各级农机管理部门抓实，各类农机社会化服务组织发挥“硬核”作用和主动发挥“主力军”作用，“机器换人”示范创建效率效能显现，各项农业机械化生产服务工作基础扎实，多措并举，有效保障特殊时期春耕农业机械化生产工作。

5月22日

中共宁波市委机构编制委员会关于印发《宁波市农机畜牧中心职能配置、内设机构和人员编制规定》，宁波市农业机械化服务总站更名为宁波市农机畜牧中心，级别为副局级，加挂宁波市动物疫病预防控制中心牌子。

5月27—28日

浙江省畜牧农机发展中心农机化发展处处长蔡潮永一行就推进农机社会化服务体系建设发展到宁波市开展调研。蔡潮永处长先后赴宁海、象山、海曙采取座谈讨论、实地走访等形式了解宁波市农机社会化服务体系建设情况。宁波市农业机械化服务总站站长葛建平、副站长李季炜参加调研。

6月29日

宁波市农业农村局与海曙区人民政府联合在集仕港镇董家桥村华丰粮机合作社，举办宁波市海曙农机事故应急演练活动。宁波市农业农村局巡视员张玉申出席活动并总结点评，农业机械化管理处处长殷建军主持并致开幕词，海曙区副区长毛孟军担任演练总指挥。

7月17日

宁波市农业机械化服务总站副站长李季炜带领农机服务处人员，在余姚市农业农村局科长孙权陪同下，到余姚市田螺山农机专业合作社，指导“双夏”农业机械化生产工作。副站长李季炜实地查看机收、机耕和烘干等生产情况，要求农机工作人员主动下沉到田间地头，加大为农服务力度，做好技术指导和机具调度，抢晴收割，及时插种连作晚稻，确保“双夏”生产任务顺利完成。

7月27—28日

农业农村部农业机械试验鉴定总站、农业农村部农业机械化技术开发推广总站主任曹洪玮、中国农机流通协会秘书长张连发、省畜牧农机中心副处长苗承舟在宁波市农机畜牧中心主任葛建平等陪同下赴余姚市、慈溪市、海曙区等地走访农机经销企业选择农机市场动态监测点。通过走访调研，曹洪玮一行对宁波市农业机械化工作开展情况表示肯定。

8月5日

宁波市农机畜牧中心召开全市农机购置补贴工作形势分析座谈会，各区县（市）农机购置补贴工作负责人10余人参加会议。市农机畜牧中心副主任严政出席会议。会议主要交流宁波市2019—2020年农机购置补贴政策实施情况，对当前形势进行分析座谈。并对下一步农机购置补贴对象、机具品目范围、补贴标准、操作流程、监管措施及提高大豆等其他主要农作物生产机械化水平等方面提出合理化的意见和建议。

8月11—13日

宁波市农机技术推广中心在余姚举办全市农机维修技术培训班。各地农机专业合作社人员、农机大户30人参加培训。市农机技术推广中心副主任吴伟谊主持开班仪式，市农机畜牧中心副主任李季炜参加开班仪式并讲话。培训班邀请金华九峰职业学校副校长周彦春、余姚市农机推广中心高级技师魏秋波，进行农机修理、维护保养、安全生产理论和农机维修技术实操授课。培训班进行农机模拟故障排除测试和农机修理工理论考试。

宁波市举办农机行业职业技能培训班，并从中选拔农机维修工和农机驾驶操作工参加浙江省举办的农机行业职业技能大赛，取得农机驾驶操作工比武一等奖1名和三等奖1名，一等奖选手获得浙江省农业技术能手称号。

8月12日

宁波市农业农村局召开全市农机安全工作会议暨变型拖拉机提前淘汰工作座谈会。宁波市农业农村局巡视员张玉申出席会议并讲话，农业机械化管理处处长殷建军主持会议。各区县（市）农业农村局分管农机安全生产工作的领导、科站负责人、具体工作人员和公安驻农机警务室民警，杭州湾新区社会事务管理局、国家高新区、东钱湖旅游度假区管委会经发局分管农机安全监管工作的领导和从事农机安全监管工作的负责同志，市农业农村局相关人员参加会议。

8月27日

宁波市农业农村局局长李强赴浙拖奔野（宁波）拖拉机制造有限公司调研，市对口支援和区域合作局副局长姜施群、市农业农村局巡视员张玉申参加调研，奉化区副区长张巍陪同调研。李强指出，做好新时代农业机械化工作，心中要有情怀，必须带着感情、饱含热情、充满激情去干工作。农机制造行业要紧紧抓住机械制造业振兴和农业产业现代化的双重机遇，统一行业思想，抱团发展，进而带动整个行业做大做强，再创宁波农机的辉煌。

9月1日

宁波市农机畜牧中心召开全体干部职工大会。新组建的市农机畜牧中心由原宁波市农业机械化服务总站和原市畜牧兽医局相关职能部门整合而成，为市农业农村局所属公益一类事业单位，挂市动物疫病控制预防中心牌子。为进一步贯彻落实省、市委推进事业单位改革部署有关精神，统一思想，明确职责分工和相关规定，做好改革“后半篇”文章，及时召开中心全体干部职工大会，大会由葛建平主任主持。

9月14日

宁波市农业农村局巡视员张玉申带领农机处和农业综合行政执法队的同志赴象山、鄞州开展农机安全生产调研，了解两地当前农机安全生产的隐患及对策措施，农机安全监理干部队伍的情况，以及变型拖拉机提前报废淘汰工作动员部署以来的实施情况，同时对国庆节前农机安全工作提出明确要求，要求各地严格落实属地责任，加大宣传力度，加强安全隐患排查，确保宁波市的农机生产安全。

12月2日

宁波市农机畜牧中心副主任严政带领农机推广处一行4人到慈溪调研农业机械化推广工作开展情况，慈溪市农业农村局党委委员陈红明及农机部门有关人员陪同调研。严政对慈溪市2020年开展的农业机械化推广工作取得的成绩给予肯定，同时要求要切实利用好补贴资金，不断加大农业机械化新机具新技术的推广应用力度，扎实推进农业机械化全程全面高质高效发展。

12月3日

2020年宁波市秋收冬种农业机械化生产服务机械收割水稻56.87千公顷，约占种植面积的95%，烘干粮食约52.7万吨，机械耕整地面积约20千公顷，种植小麦11.73千公顷、油菜7.87千公顷。

12月24日

宁波为整建制率先基本实现主要农作物生产全程机械化示范市，成为浙江省首个获此称号的市。

青岛市

2020年3月11日

青岛市农业农村局印发《关于做好农机购置补贴办理系统“三合一”试点工作的通知》，在全市范围内开展“三合一”试点。

3月12日

青岛市农业农村局印发《关于做好2020年度农机购置补贴工作的通知》，全面启动2020年度农机购置补贴工作。

4月16日

青岛市委农业农村委员会办公室主任、市农业农村局局长由翠玉到即墨区调研农业机械化工作，青岛市农业农村局副局级领导干部、市农业机械服务中心主任程兴谟及有关区市领导陪同调研。

5月20日

青岛市农业农村局、青岛市财政局印发《青岛市农业机械报废更新补贴政策实施方案》，全面开展2020年农机报废更新工作。

5月26—27日

在平度市仁兆镇举办大蒜全程机械化现场演示会，山东省农业农村厅二级调研员王丰勇，山东省农业机械科学研究院院长范本荣，青岛市农业农村局副局级领导干部、市农业机械服务中心主任程兴谟，青岛农业大学机电学院院长尚书旗及青岛市农业农村局农业机械化管理处、农业机械服务中心农机处主要负责同志、有关企业和专家等参加活动。

6月2日

山东省人大常委会对青岛市贯彻实施《中华人民共和国农业机械化促进法》情况进行执法检查。

6月12日

青岛市“三夏”生产暨智能农机作业现场会在平度市田庄镇西寨农机专业合作社召开，青岛市农业农村局二级巡视员史跃林，青岛市农业农村局副局级领导干部、市农业机械服务中心主任程兴谟参加会议并讲话。

8月4—7日

青岛市农业农村局副局级领导干部、市农业机械服务中心主任程兴谟率队去甘肃省陇南市对接东西协作并捐赠马铃薯机械，陇南市农业农村局副局长黄辉等陪同交流考察。

8月14日

在邮电部疗养院举办全市农机购置补贴政策落实培训班。邀请农业农村部农业机械化技术开发推广总站研究员祁福长、研究员赵莹讲课。

9月27日

全国黄淮海一年两熟区玉米秸秆

利用暨小麦免耕播种田间演示会在青岛市平度市田庄镇举办，中国农业机械化协会副会长杨林，中国农业大学国家保护性耕作研究院院长李洪文，青岛市农业农村局副局级领导干部、市农业机械服务中心主任程兴谟，以及来自中国农业大学、中国农业科学院、东北农业大学、山东五征农牧机械有限公司等单位有关人员参加。

9 月 30 日

全市“三秋”生产暨全程机械化新技术新装备现场观摩会议在莱西市姜山镇召开。青岛市农业农村局二级巡视员史跃林，副局级领导干部、市农业机械服务中心主任程兴谟参加会议并讲话。

10 月 28 日

联合国亚太地区秸秆综合利用网络研讨会暨现场演示会在青岛市莱西市姜山镇举办。联合国可持续农业机械化中心主任李宇彤博士，中国农业大学国家保护性耕作研究院李洪文教授，青岛市农业农村局副局级领导干部、市农业机械服务中心主任程兴谟等领导参加会议，来自 20 多个国家的 150 多名代表通过视频参加会议。

11 月 13 日

2020 年中国国际农业机械展览会开幕式在青岛市西海岸新区中铁世界博览城举办。青岛市人民政府副市长朱培吉到会致辞。中国工程院院士罗锡文、赵春江，中国农业机械流通协会会长毛洪，中国农业机械化协会会长刘宪，中国农业机械工业协会会长陈志，青岛市农业农村局局长由翠玉等出席开幕式。

11 月 13—15 日

2020 年中国国际农业机械展览会在青岛市西海岸新区中铁世界博览城成功举办。展览面积近 20 万米^2，中外展商 1 800 余家，包括意大利、德国和韩国展团的近百家企业，吸引专业观众超过 15 万人次。

11 月 14 日

全国农业机械化主推技术现场演示活动在青岛市西海岸新区六汪镇举办。现场演示蔬菜等经济特色作物及薯类生产机械化作业、设施农业高效技术与机具现场作业、保护性耕作技术及智能装备作业等。中国工程院院士罗锡文、农业农村部农业机械化技术开发推广总站站长刘恒新、书记刘旭、山东省农业农村厅副厅长卜祥联及各省市领导和技术人员 200 余人参加活动。

11 月 25 日

青岛市委农业农村委员会办公室主任、市农业农村局局长由翠玉到悟牛智能科技公司调研，青岛市农业农村局副局级领导干部、市农机中心主任程兴谟陪同调研。

12 月 3—5 日

农业农村部农业机械试验鉴定总站、农业农村部农业机械化技术开发推广总站刘恒新站长来青岛调研，青岛市农业农村局副局级领导干部、市农业机械服务中心主任程兴谟，青岛市农业农村局农业机械化管理处，农业机械服务中心农机处主要负责同志陪同调研。

厦门市

2020 年 10 月 27—28 日

厦门市农业农村局协调市道安办牵头，组织海沧区、同安区人民政府、公安交警、农业农村部门开展下半年全市拖拉机违法行为专项整治行动（重点工作），出动执法人员 20 多人，重点查处违法载人、非法改拼装、无牌无证等多功能拖拉机违法行为，查扣 1 台已通告报废仍然上道路行驶的拖拉机。

11 月 17 日

厦门市农业农村局公布《厦门市 2018—2020 年农机购置补贴产品信息》（2020 年第四批）的通知，涉及增加补贴机具种类 7 个大类 10 个小类 13 家企业 78 种产品。

11 月 18 日

官菊虹获得农业农村部农业机械试验鉴定总站评为“2019—2020 年度优秀信息员”。

11 月 20 日

在厦门市农业综合执法支队召开 2020 年度农机购置补贴业务培训班，学习农业农村部、财政部农机购置补贴政策有关文件精神和要求，并针对政策实施过程中存在问题和薄弱环节进行分析和提出改进办法，强化农机生产经销企业规范参与补贴政策实施的承诺、践诺执行情况，共同维护良好的补贴机具产销秩序。厦门市农业综合执法支队副支队长王荣乐出席会议并讲话。

11 月 24 日

厦门市翔安区农业综合执法大队苏建华获得 2020 年福建省农机安全监理示范岗位标兵。

12 月 15 日

厦门市农业农村局、厦门市应急管理局根据各镇（街）“平安农机创建”申报，区审核、推荐，经市考评小组考评、公示，下发《关于公布 2020 年度市级“平安农机”示范镇（街）的通知》（厦农〔2020〕102 号），确定集美区杏林街道、海沧区海沧街道、同安区汀溪镇、翔安区内厝镇 4 个镇为 2020 年度市级“平安农机”示范镇（街）。

12 月 23 日

厦门市农业农村局《关于发布厦门市 2018—2020 年农机购置补贴机具种类范围及补贴额一览表（2020 年调整）的通告》向社会发布。

12 月 29—31 日

厦门市农业农村局、财政局组织开展 2020 年度农机购置补贴工作开展情况调研和补贴机具核验，随机抽取的补贴机具核验，未发现存在违规行为。

12 月 31 日

厦门市农业农村局、厦门市财政局、厦门市商务局印发《厦门市农业机械报废更新补贴实施方案》，方案就实施范围和补贴对象、补贴标准等方面做了规定。明确方案有效期自 2021 年 1 月 1 日至 2025 年 12 月 31 日止施行。新方案的实施将有利于加快厦门市淘汰耗能高、污染重、安全性能低的老旧农机具，推广应用先进适用、节能环保、安全可靠的农业机械，进一步优化农机装备结构，推进厦门市农业机械化转型。

新疆生产建设兵团

2020 年 1 月 7—8 日

新疆生产建设兵团农机安全监理信息化管理系统培训班在乌鲁木齐举办，各师市农业农村局农机安全监理负责人及业务人员共计 40 余名参加此次培训班。

2 月 23 日

《农业农村部应急管理部关于公布 2019 年度全国“平安农机”示范市、县和农机安全监理示范岗位标兵名单的通知》（农机发〔2020〕1 号），兵团第五师八十三团、第七师一三〇团获得 2019 年度全国“平安农机”示范县称号，第九师农机安全监理所薛清、第十二师农机安全监理所曹立梅、第二师农机安全监理所吴翔伟获得 2019 年度全国农机安全监理示范岗位标兵称号。

5 月 11 日

新疆生产建设兵团农业农村局、财政局、商务局印发《兵团农业机械报废更新补贴实施方案》，在兵团实施农机报废更新补贴，引导老旧机车有序报废。

6 月 18 日

新疆生产建设兵团农业农村局印发《兵团农业机械安全生产专项整治三年行动实施方案》（兵农机发〔2020〕64 号），决定在全兵团开展农机安全生产专项整治三年行动，工作的主要内容是加强农机安全源头治理、开展农机安全隐患排查、严格查处农机使用违法行为、加强关键农时安全生产技术指导、大力开展农机安全宣传培训、持续开展全国“平安农机”创建活动、加大老旧农机报废更新力度、加强农机事故应急演练。

6 月 18 日

新疆生产建设兵团农业农村局印发《关于王际华、唐军通知任免职的通知》，唐军同志任兵团农业农村局农田建设管理处（农业机械化管理处）处长。

9 月 15—18 日

新疆生产建设兵团农业农村局组织检查组对四师可克达拉市、五师双河市农机安全专项整治三年行动工作推进情况进行检查。

10 月 19 日

在七师胡杨河市召开国产采棉机和残膜回收机推广应用培训班，通过国产采棉机、残膜回收机演示及培训，使参训同志对机具有了进一步了解和认识，为积极应对美国对兵团制裁，大力推广国产采棉机应用，落实中央领导要求兵团率先解决残膜污染问题的批示精神，起到积极的促进作用。新疆生产建设兵团农业农村局副局长孙洪波出席会议并讲话。各师市农业农村局农机分管领导、农机合作社、农机大户等 50 余人参加此次培训班。

10 月 23—27 日

按照新疆生产建设兵团安全生产委员会《2020 年度兵团安全生产巡查暗访工作实施方案》要求，新疆生产建设兵团农业农村局组织巡查暗访组按照“四不两直”要求，对一师 2 团、3 团、13 团，二师 29 团、30 团农机安全生产进行巡查暗访，对发现的安全生产隐患问题分别下达整改通知书，并进行通报。

11 月 28 日

新疆生产建设兵团农业农村局印发《农田地膜回收作业技术规程（试行）》。

黑龙江省农垦总局

2020 年 2 月 13 日

北大荒农垦集团有限公司农业发展部开通农机购置补贴手机 App 软件，垦区职工可以扫描二维码自行下载使用。用户可以先行用手机进行补贴申请以及办理进度查询、产品查询、经销商查询和补贴公示查询等，操作简单。实现疫情期间不见面即可办理农机购置补贴，确保垦区春播农机准备不受影响。

4 月 29 日—5 月 1 日

北大荒农垦集团有限公司支援西藏的 2 台无人驾驶拖拉机在拉萨进行现场作业演示，西藏自治区各级领导和农业技术人员对无人驾驶技术赞不绝口。待疫情解除后，北大荒农垦集团将增加农业技术人员做进一步指导，帮助藏区推广应用农机自动驾驶技术。

6 月 15 日

开展北大荒农垦集团农业机械化转型升级行动实施方案，农业发展部农机处组织各农场申报现代农机转型升级示范区，经专家组对各农场申报材料进行分组评阅，筛选出 10 个基础条件较好、装备水平具备示范引领作用、在智能农机应用方面有经验的农场，列为第一批农机转型升级示范区。

7 月 24—25 日

北大荒农垦集团有限公司农业发展部召开专题会议研讨垦区农机购置补贴工作，会议研究通过了 2021—2023 年垦区农机购置补贴资金需求测算和绩效目标申报。

7 月 29 日

开展关于组织推荐 2020 年度主要农作物生产全程机械化示范县，北大荒农垦集团有限公司农业发展部按照农业农村部农业机械化管理司《关于组织推荐 2020 年度主要农作物生产全程机械化示范县的函》的要求，组织垦区示范县推荐申报工作，要求各分（子）公司农业发展部按照文件要求，认真组织申报农场开展自评工作，由集团农业发展部统一择优推荐上报农业农村部农业机械化管理司。

9 月 21 日

北大荒农垦集团有限公司、凯斯纽荷兰（中国）管理有限公司（以下简称“凯斯集团”）、哈银金融租赁有限责任公司（以下简称“哈银金租”）在哈尔滨市举行建设北大荒集团农机转型升级示范区项目签约仪式。北大荒农垦集团有限公司党委委员、副总经理郭宝松，凯斯集团中国区总经理卢卡·马纳蒂，哈银金租常务副总裁何东博、副总裁李辉等出席签约。

9 月 24 日

北大荒农垦集团有限公司农业发展部召开农机深松作业信息监测平台系统网络视频培训，培训北大荒农垦集团集团农机深松作业信息监测平台系统操作，部署做好 2020 年农机深松整地及作业补贴工作。北大荒农垦集团农机负责人崔少宁出席会议并讲话。

9 月 29 日

农业农村部农业机械试验鉴定总站、农业农村部农业机械化技术开发推广总站副站长涂志强，黑龙江省农业农村厅副厅长李连瑞，北大荒农垦集团有限公司（黑龙江省农垦总局）党委委员、副总经理郭宝松开展基于北斗的智能农机作业演示活动，由农业农村部农业机械化技术开发推广总站、黑龙江省农业农村厅主办，北大荒农垦集团建三江分公司承办的“基于北斗的智能农机作业演示活动”在建三江分公司举行。

10 月 1 日

北大荒农垦集团有限公司（黑龙江省农垦总局）农业发展部部长杨世志在节假日生产安全工作中批示：各级农业发展部党支部发挥党员模范先锋作用，在国庆、中秋两节期间保证 24 小时值班，以及应急电话和信息渠道的畅通，全面落实农机安全生产责任，深入开展安全隐患排查整治工作，强化引导，有力防范化解安全生产风险，推动秋收安全生产形势持续稳定向好。

10 月 11—13 日

北大荒农垦集团有限公司（黑龙江省农垦总局）党委委员、副总经理郭宝松参加北大荒建三江—碧桂园无人化农场项目农机无人驾驶作业现场演示会，由北大荒农垦集团有限公司建三江分公司和碧桂园农业控股有限公司联合举办的“北大荒建三江—碧桂园无人化农场项目农机无人驾驶作业现场演示会”在建三江七星农场举行。参加无人化农场项目试验示范的 17 家国内外企业及七星农场共计 44 台件农机具参加作业演示，体现了实现三大作物农业生产田间各个环节农机无人驾驶。

10月13—14日

在北大荒农垦集团有限公司建三江分公司召开无人农业作业试点现场推进会，观摩大豆收获机、水稻收获机、插秧机、无人驾驶拖拉机等的现场作业，交流推进无人农业作业的经验和下一步措施。财政部农业农村司、部装备工业发展中心、无人农业作业试验区、地方工信主管部门、车载信息服务产业应用联盟、中国农业机械工业协会、国家农机装备创新中心参加，北大荒农垦集团有限公司（黑龙江省农垦总局）党委委员、副总经理郭宝松出席会议并讲话。

10月18日

北大荒农垦集团有限公司农机负责人崔少宁开展参加第八届黑龙江绿色食品产业博览会和第三届中国·黑龙江国际大米节农业机械设备线上展览，主要展示北大荒农业深松整地、规模播种和收割设备、水利灌溉和病虫害防治等设备展示。

10月20—23日

北大荒农垦集团有限公司（黑龙江省农垦总局）党委委员、副总经理郭宝松在农场开展秋季生产工作督导，对坚持战斗在一线的农场职工和管理人员表示慰问。北大荒集团秋季农业生产从田间收获全面转入秋整地阶段。秋季生产作业以来，集团农业发展部党支部组织党员多次深入农业生产一线，统一调配机械力量，督导各级农机管理部门高标准完成秋整地，把2021年农业生产的基础打牢。

11月2日

北大荒农垦集团有限公司在北京召开主要农作物种植企业标准发布会暨现代农业高质量发展论坛，发布水田、旱田农机作业等7个企业标准，农业农村部农垦局副局长王润雷，北大荒农垦集团有限公司（黑龙江省农垦总局）党委副书记、副董事长、总经理杨宝龙出席会议并讲话。

11月27日—12月1日

北大荒农垦集团有限公司农业发展部开展农机使用一线“土专家”遴选培养工作（重点工作），按照农业农村部办公厅印发《关于开展农机使用一线“土专家”遴选培养工作的通知》要求，积极组织集团内符合条件的农机一线“土专家”参与评选，评选出12名垦区“土专家”。

12月9日

在北大荒农垦集团有限公司召开2020年度农机智能化技术推广先进个人表彰会，表彰2020年度农机智能化技术推广先进个人活动，广大农机系统干部职工立足本职岗位，履职尽责，锐意进取，大力推广应用智能农机技术，为促进农业机械化转型升级做出突出贡献，特授予农机系统中38名同志为“2020年度农机智能化技术推广先进个人”称号，颁发荣誉证书。北大荒农垦集团发展战略部总经理杨世志出席会议并讲话。

12月27日

在北大荒农垦集团有限公司农业发展部召开农机深松作业监测技术交流会议，分析总结2020年垦区农机深松监测平台数据采集中出现的问题并提出解决方案，研究制定2021年农机深松整地作业信息监控平台技术标准制度，北大荒农垦集团有限公司农机负责人崔少宁出席会议并讲话。

12月27—28日

在北大荒国际饭店召开2020年度垦区农机补贴政策实施及农机新技术推广培训，对农机购置补贴政策落实、农机智能化技术应用、保护性耕作技术、深松作业监测等内容进行培训授课，农业农村部农业机械化技术开发推广总站研究员赵莹处长出席会议并讲话。

广东省农垦总局

2020年1月16日

中国工程院院士罗锡文在广东农垦糖业集团开展调研甘蔗机械化生产技术。现场观摩甘蔗机械化收获演示，详细了解甘蔗全程机械化农机具配套以及作业服务水平和能力情况，对广东农垦甘蔗生产全程机械化技术应用成效予以肯定，并提出指导性意见。广东农工商职业技术学院党委书记曾雅丽、副校长张凯，广东农垦糖业集团党委书记、董事长郑平，副总经理陈光等陪同。

2月5—8日

广东省农垦集团公司（省农垦总局）领导陈少平、支光南等调研督导新冠肺炎疫情防控和复工生产工作，要求垦区稳步推进复工复产，积极扩大粮油、肉类、牛奶、蔬菜、水果等农产品生产规模，保障农产品供应。垦区各农机部门和人员积极响应，全力抓好春耕备耕和农产品加工等工作，同时采用无人植保机和喷杆喷雾机进行公共场所消杀防疫，及时为紧急建立的266.67公顷重点疫区专用蔬菜基地进行耕整地，确保任务完成。

5月26日

广东省重点领域研发计划“现代种业”重大专项之“天然橡胶生产关键技术研发与示范”项目启动会在广东农垦研究院召开。项目由广东农垦研究院、广垦橡胶集团、中国热带农业科学院加工研所牵头实施，包括电动（智能）采胶设备研发、初加工工艺技术、特种天然橡胶加工研究，争取突破“卡脖子”问题，提升我国天然橡胶战略资源供给保障能力。国家天然橡胶产业技术体系首席科学家黄华孙、广东省农垦总局科技生产处处长彭远明等参加。

7月6—8日

国家糖料产业技术体系首席科学家白晨研究员带领团队到广东农垦糖业集团丰收、华海公司指导甘蔗病虫害飞防工作。在准确监测甘蔗螟虫成虫高发期的前提下，利用性诱迷向技术和无人机喷洒技术，广东广垦农机公司进行近400公顷的无人机喷施作业，将起到高效绿色的防控效果。

8月31日—9月1日

广东省农垦集团公司（农垦总局）党委书记、董事长、局长支光南带队在湛江垦区开展蔗糖产业调研，先后实地察看华丰和广丰糖厂的加工生产线、丰收和华海公司的甘蔗机械化基地，要求加强甘蔗机械化基地建设，发挥农业机械的规模化、高效率优势，积极探索工农业自动化、信息化建设，促进垦区蔗糖产业高质量发展。

9月1—4日

农业农村部计划财务司副司长郭红宇带队到广东农垦开展绩效评价检查，对2019年中央财政转移支付和中央预算内投资项目资金使用情况进行实地察看、资料查阅和座谈了解，其中包括2019年农业生产发展资金农机购置补贴项目。检查组对绩效评价情况表示肯定，并要求管好用好财政资金，科学设置绩效指标，加强项目管理，争取早日产生效益。广东省农垦集团公司（省农垦总局）党委书记、董事长（局长）支光南等陪同。

11月9—11日

广东农垦在广东农工商职业技术

学院举办垦区科技培训班。广东省农垦集团公司（省农垦总局）党委委员、副总经理（副局长）吕林汉出席会议并讲话，来自各集团公司、农工商学院、直属相关单位及农场的科技生产和农机管理人员约90名学员参加培训。培训班讲解农机购置补贴等农业机械化政策和实施办法、学习无人机技术应用等农业机械化知识等。

11月27日

广东省湛江农垦局制定《关于印发〈湛江农垦甘蔗生产全程机械化示范基地建设实施意见〉的通知》，根据广东省农垦总局发展农业机械化的工作部署，在湛江垦区建立4个甘蔗生产全程机械化基地，推进甘蔗机械化收获，探索建立具有垦区特色的甘蔗全程机械化技术体系和适合机械化生产及效益发挥的运营模式，提高甘蔗生产机械化水平，做强做优蔗糖产业。

12月7—8日

广东农垦天然橡胶产业工作会议在茂名召开。会议强调要坚定为国种胶、产胶、供胶的初心，履行好国家赋予的使命，努力提升技术创新水平和产业核心竞争力，不断开创垦区天然橡胶产业发展新局面。与会人员实地参观胶园机械化护管、智能割胶等，并观摩广东农垦第四届割胶工技能大赛开闭幕式。广东省农垦集团公司（省农垦总局）党委书记、董事长（局长）支光南等出席会议并讲话。

12月16日

广东省农垦总局印发《关于印发〈广东农垦农机报废更新补贴实施方案〉的通知》，明确在广东垦区开展农机报废更新补贴工作，加快垦区老旧农业机械报废更新速度，推广应用先进适用、节能环保、安全可靠的农业机械，优化农机转变结构，进一步扩大财政补贴政策效应，推进广东垦区农业机械化转型升级和农业绿色发展。

附 录

重要文件

国务院办公厅关于促进畜牧业高质量发展的意见

国办发〔2020〕31号

各省、自治区、直辖市人民政府，国务院各部委、各直属机构：

畜牧业是关系国计民生的重要产业，肉蛋奶是百姓“菜篮子”的重要品种。近年来，我国畜牧业综合生产能力不断增强，在保障国家食物安全、繁荣农村经济、促进农牧民增收等方面发挥了重要作用，但也存在产业发展质量效益不高、支持保障体系不健全、抵御各种风险能力偏弱等突出问题。为促进畜牧业高质量发展、全面提升畜禽产品供应安全保障能力，经国务院同意，现提出如下意见。

一、总体要求

（一）指导思想。以习近平新时代中国特色社会主义思想为指导，全面贯彻党的十九大和十九届二中、三中、四中全会精神，认真落实党中央、国务院决策部署，牢固树立新发展理念，以实施乡村振兴战略为引领，以农业供给侧结构性改革为主线，转变发展方式，强化科技创新、政策支持和法治保障，加快构建现代畜禽养殖、动物防疫和加工流通体系，不断增强畜牧业质量效益和竞争力，形成产出高效、产品安全、资源节约、环境友好、调控有效的高质量发展新格局，更好地满足人民群众多元化的畜禽产品消费需求。

（二）基本原则。

坚持市场主导。以市场需求为导向，充分发挥市场在资源配置中的决定性作用，消除限制畜牧业发展的不合理壁垒，增强畜牧业发展活力。

坚持防疫优先。将动物疫病防控作为防范畜牧业产业风险和防治人畜共患病的第一道防线，着力加强防疫队伍和能力建设，落实政府和市场主体的防疫责任，形成防控合力。

坚持绿色发展。统筹资源环境承载能力、畜禽产品供给保障能力和养殖废弃物资源化利用能力，协同推进畜禽养殖和环境保护，促进可持续发展。

坚持政策引导。更好发挥政府作用，优化区域布局，强化政策支持，加快补齐畜牧业发展的短板和弱项，加强市场调控，保障畜禽产品有效供给。

（三）发展目标。畜牧业整体竞争力稳步提高，动物疫病防控能力明显增强，绿色发展水平显著提高，畜禽产品供应安全保障能力大幅提升。猪肉自给率保持在95%左右，牛羊肉自给率保持在85%左右，奶源自给率保持在70%以上，禽肉和禽蛋实现基本自给。到2025年畜禽养殖规模化率和畜禽粪污综合利用率分别达到70%以上和80%以上，到2030年分别达到75%以上和85%以上。

二、加快构建现代养殖体系

（四）加强良种培育与推广。继续实施畜禽遗传改良计划和现代种业提升工程，健全产学研联合育种机制，重点开展白羽肉鸡育种攻关，推进瘦肉型猪本土化选育，加快牛羊专门化品种选育，逐步提高核心种源自给率。实施生猪良种补贴和牧区畜牧良种补贴，加快优良品种推广和应用。强化畜禽遗传资源保护，加强国家级和省级保种场、保护区、基因库建设，推动地方品种资源应保尽保、有序开发。（农业农村部、国家发展改革委、科技部、财政部等按职责分工负责，地方人民政府负责落实。以下均需地方人民政府落实，不再列出）

（五）健全饲草料供应体系。因地制宜推行粮改饲，增加青贮玉米种植，提高苜蓿、燕麦草等紧缺饲草自给率，开发利用杂交构树、饲料桑等新饲草资源。推进饲草料专业化生产，加强饲草料加工、流通、配送体系建设。促进秸秆等非粮饲料资源高效利用。建立健全饲料原料营养价值数据库，全面推广饲料精准配方和精细加工技术。加快生物饲料开发应用，研发推广新型安全高效饲料添加剂。调整优化饲料配方结构，促进玉米、豆粕减量替代。（农业农村部、国家发展改革委、科技部、财政部、国务院扶贫办等按职责分工负责）

（六）提升畜牧业机械化水平。制定主要畜禽品种规模化养殖设施装备配套技术规范，推进养殖工艺与设施装备的集成配套。落实农机购置补贴政策，将养殖场（户）购置自动饲喂、环境控制、疫病防控、废弃物处理等农机装备按规定纳入补贴范围。遴选推介一批全程机械化养殖场和示范基地。提高饲草料和畜禽生产加工等关键环节设施装备自主研发能力。（农业农村部、国家发展改革委、工业和信息化部、财政部等按职责分工负责）

（七）发展适度规模经营。因地制宜发展规模化养殖，引导养殖场（户）改造提升基础设施条件，扩大养殖规模，提升标准化养殖水平。加快养殖专业合作社和现代家庭牧场发展，鼓励其以产权、资金、劳动、技术、产品为纽带，开展合作和联合经营。鼓励畜禽养殖龙头企业发挥引领带动作用，与养殖专业合作社、家庭牧场紧密合作，通过统一生产、统一服务、统一营销、技术共享、品牌共创等方式，形成稳定的产业联合体。完善畜禽标准化饲养管理规程，开展畜禽养殖标准化示范创建。（农业农村部负责）

（八）扶持中小养殖户发展。加强对中小养殖户的指导帮扶，不得以行政手段强行清退。鼓励新型农业经营主体与中小养殖户建立利益联结机制，带动中小养殖户专业化生产，提升市场竞争力。加强基层畜牧兽医技术推广体系建设，健全社会化服务体系，培育壮大畜牧科技服务企业，为中小养殖户提供良种繁育、饲料营养、疫病检测诊断治疗、机械化生产、产品储运、废弃物资源化利用等实用科技服务。（农业农村部、科技部等按职责分工负责）

三、建立健全动物防疫体系

（九）落实动物防疫主体责任。依法督促落实畜禽养殖、贩运、屠宰加工等各环节从业者动物防疫主体责任。引导养殖场（户）改善动物防疫条件，严格按规定做好强制免疫、清洗消毒、疫情报告等工作。建立健全畜禽贩运和运输车辆监管制度，对运输车辆实施备案管理，落实清洗消毒措施。督促指导规模养殖场（户）和屠宰厂（场）配备相应的畜牧兽医技术人员，依法落实疫病自检、报告等制度。加强动物疫病防控分类指导和技术培训，总结推广一批行之有效的防控模式。（农业农村部、交通运输部等按职责分工负责）

（十）提升动物疫病防控能力。落实地方各级人民政府防疫属地管理责任，完善部门联防联控机制。强化重大动物疫情监测排查，建立重点区域和场点入场抽检制度。健全动物疫情信息报告制度，加强养殖、屠宰加工、无害化处理等环节动物疫病信息管理。完善疫情报告奖惩机制，对疫情报告工作表现突出的给予表彰，对瞒报、漏报、迟报或阻碍他人报告疫情的依法依规严肃处理。实施重大动物疫病强制免疫计划，建立基于防疫水平的养殖场（户）分级管理制度。加强口岸动物疫情防控工作，进一步提升口岸监测、检测、预警和应急处置能力。严厉打击收购、贩运、销售、随意丢弃病死畜禽等违法违规行为，构成犯罪的，依法追究刑事责任。（农业农村部、公安部、交通运输部、海关总署等按职责分工负责）

（十一）建立健全分区防控制度。加快实施非洲猪瘟等重大动物疫病分区防控，落实省际联席会议制度，统筹做好动物疫病防控、畜禽及畜禽产品调运监管和市场供应等工作。统一规划实施畜禽指定通道运输。支持有条件的地区和规模养殖场（户）建设无疫区和无疫小区。推进动物疫病净化，以种畜禽场为重点，优先净化垂直传播性动物疫病，建设一批净化示范场。（农业农村部、国家发展改革委、交通运输部等按职责分工负责）

（十二）提高动物防疫监管服务能力。加强动物防疫队伍建设，采取有效措施稳定基层机构队伍。依托现有机构编制资源，建立健全动物卫生监督机构和动物疫病预防控制机构，加强动物疫病防控实验室、边境监测站、省际公路检查站和区域洗消中心等建设。在生猪大县实施乡镇动物防疫特聘计划。保障村级动物防疫员合理劳务报酬。充分发挥执业兽医、乡村兽医作用，支持其开展动物防疫和疫病诊疗活动。鼓励大型养殖企业、兽药及饲料生产企业组建动物防疫服务团队，提供“一条龙”“菜单式”防疫服务。（农业农村部、中央编办、国家发展改革委、财政部、人力资源社会保障部等按职责分工负责）

四、加快构建现代加工流通体系

（十三）提升畜禽屠宰加工行业整体水平。持续推进生猪屠宰行业转型升级，鼓励地方新建改建大型屠宰自营企业，加快小型屠宰场点撤停并转。开展生猪屠宰标准化示范创建，实施生猪屠宰企业分级管理。鼓励大型畜禽养殖企业、屠宰加工企业开展养殖、屠宰、加工、配送、销售一体化经营，提高肉品精深加工和副产品综合利用水平。推动出台地方性法规，规范牛羊禽屠宰管理。（农业农村部、国家发展改革委等按职责分工负责）

（十四）加快健全畜禽产品冷链加工配送体系。引导畜禽屠宰加工企业向养殖主产区转移，推动畜禽就地屠宰，减少活畜禽长距离运输。鼓励屠宰加工企业建设冷却库、低温分割车间等冷藏加工设施，配置冷链运输设备。推动物流配送企业完善冷链配送体系，拓展销售网络，促进运活畜禽向运肉转变。规范活畜禽跨区域调运管理，完善“点对点”调运制度。倡导畜禽产品安全健康消费，逐步提高冷鲜肉品消费比重。（农业农村部、国家发展改革委、交通运输部、商务部等按职责分工负责）

（十五）提升畜牧业信息化水平。加强大数据、人工智能、云计算、物联网、移动互联网等技术在畜牧业的应用，提高圈舍环境调控、精准饲喂、动物疫病监测、畜禽产品追溯等智能化水平。加快畜牧业信息资源整合，推进畜禽养殖档案电子化，全面实行生产经营信息直联直报。实现全产业链信息化闭环管理。支持第三方机构以信息数据为基础，为养殖场（户）提供技术、营销和金融等服务。（农业农村部、国家发展改革委、国家统计局等按职责分工负责）

（十六）统筹利用好国际国内两个市场、两种资源。扩大肉品进口来源国和进口品种，适度进口优质安全畜禽产品，补充和调剂国内市场供应。稳步推进畜牧业对外投资合作，开拓多元海外市场，扩大优势畜禽产品出口。深化对外交流，加强先进设施装备、优良种质资源引进，开展动物疫苗科研联合攻关。（农业农村部、国家发展改革委、科技部、商务部、海关总署等按职责分工负责）

五、持续推动畜牧业绿色循环发展

（十七）大力推进畜禽养殖废弃物资源化利用。支持符合条件的县（市、区、旗）整县推进畜禽粪污资源化利用，鼓励液体粪肥机械化施用。对畜禽粪污全部还田利用的养殖场（户）实行登记管理，不需申领排污许可证。完善畜禽粪污肥料化利用标准，支持农民合作社、家庭农场等在种植业生产中施用粪肥。统筹推进病死猪牛羊禽等无害化处理，完善市场化运作模式，合理制定补助标准，完善保险联动机制。（农业农村部、国家发展改革委、生态环境部、银保监会等按职责分工负责）

（十八）促进农牧循环发展。加强农牧统筹，将畜牧业作为农业结构调整的重点。农区要推进种养结合，鼓励在规模种植基地周边建设农牧循环型畜禽养殖场（户），促进粪肥还田，加强农副产品饲料化利用。农牧交错带要综合利用饲草、秸秆等资源发展草食畜牧业，加强退化草原生态修复，恢复提升草原生产能力。草原牧区要坚持以草定畜，科学合理利用草原，鼓励发展家庭生态牧场和生态牧业合作社。南方草山草坡地区要加强草地改良和人工草地建植，因地制宜发展牛羊养殖。（农业农村部、国家发展改革委、生态环境部、国家林草局等按职责分工负责）

（十九）全面提升绿色养殖水平。科学布局畜禽养殖，促进养殖规模与资源环境相匹配。缺水地区要发展羊、禽、兔等低耗水畜种养殖，土地资源紧缺地区要采取综合措施提高养殖业土地利用率。严格执行饲料添加剂安全使用规范，依法加强饲料中超剂量使用铜、锌等问题监管。加强兽用抗菌药综合治理，实施动物源细菌耐药性监测、药物饲料添加剂退出和兽用抗菌药使用减量化行动。建立畜牧业绿色发展评价体系，推广绿色发展配套技术。（农业农村部、自然资源部、生态环境部等按职责分工负责）

六、保障措施

（二十）严格落实省负总责和“菜篮子”市长负责制。各省（自治区、直辖市）人民政府对本地区发展畜牧业生产、保障肉蛋奶市场供应负总责，制定发展规划，强化政策措施，不得超越法律法规规定禁养限养。加强“菜篮子”市长负责制考核。鼓励主销省份探索通过资源环境补偿、跨区合作建立养殖基地等方式支持主产省份发展畜禽生产，推动形成销区补偿产区的长效机制。（国家发展改革委、农业农村部等按职责分工负责）

（二十一）保障畜牧业发展用地。按照畜牧业发展规划目标，结合地方国土空间规划编制，统筹支持解决畜禽养殖用地需求。养殖生产及其直接关联的畜禽粪污处理、检验检疫、清洗消毒、病死畜禽无害化处理等农业设施用地，可以使用一般耕地，不需占补平衡。畜禽养殖设施原则上不得使用永久基本农田，涉及少量永久基本农田确实难以避让的，允许使用但须补划。加大林地对畜牧业发展的支持，依法依规办理使用林地手续。鼓励节约使用畜禽养殖用地，提高土地利用效率。（自然资源部、农业农村部、国家林草局等按职责分工负责）

（二十二）加强财政保障和金融服务。继续实施生猪、牛羊调出大县奖励政策。通过政府购买服务方式支持动物防疫社会化服务。落实畜禽规模养殖、畜禽产品初加工等环节用水、用电优惠政策。通过中央财政转移支付等现有渠道，加强对生猪屠宰标准化示范创建和畜禽产品冷链运输配送体系建设的支持。银行业金融机构要积极探索推进土地经营权、养殖圈舍、大型养殖机械抵押贷款，支持具备活体抵押登记、流转等条件的地区按照市场化和风险可控原则，积极稳妥开展活畜禽抵押贷款试点。大力推进畜禽养殖保险，鼓励有条件的地方自主开展畜禽养殖收益险、畜产品价格险试点，逐步实现全覆盖。鼓励社会资本设立畜牧业产业投资基金和畜牧业科技创业投资基金。（财政部、银保监会、国家发展改革委、农业农村部等按职责分工负责）

（二十三）强化市场调控。依托现代信息技术，加强畜牧业生产和畜禽产品市场动态跟踪监测，及时、准确发布信息，科学引导生产和消费。完善政府猪肉储备调节机制，缓解生猪生产和市场价格周期性波动。各地根据需要研究制定牛羊肉等重要畜产品保供和市场调控预案。（国家发展改革委、财政部、农业农村部、商务部等按职责分工负责）

（二十四）落实“放管服”改革措施。推动修订畜牧兽医相关法律法规，提高畜牧业法制化水平。简化畜禽养殖用地取得程序以及环境影响评价、动物防疫条件审查、种畜禽进出口等审批程序，缩短审批时间，推进“一窗受理”，强化事中事后监管。（司法部、自然资源部、生态环境部、农业农村部、海关总署等按职责分工负责）

国务院办公厅

二〇二〇年九月十四日

农业农村部部门规章及文件

农业农村部关于落实党中央、国务院2020年农业农村重点工作部署的实施意见

农发〔2020〕1号

2020年是全面建成小康社会目标实现之年，是全面打赢脱贫攻坚战的收官之年。面对国内外错综复杂环境，做好2020年农业农村工作具有特殊重要意义。各级农业农村部门要以习近平新时代中国特色社会主义思想为指导，全面贯彻党的十九大和十九届二中、三中、四中全会及中央经济工作会议、中央农村工作会议精神，认真落实《中共中央、国务院关于抓好“三农”领域重点工作确保如期实现全面小康的意见》，紧扣打赢脱贫攻坚战和补上全面小康“三农”短板重点任务，坚持新发展理念，坚持稳中求进工作总基调，以实施乡村振兴战略为总抓手，深化农业供给侧结构性改革，推进农业高质量发展，突出保供给、保增收、保小康，着力稳定粮食生产，抓好生猪稳产保供，促进农民持续稳定增收，稳步推进农村改革，保持农村社会和谐稳定，毫不松懈、持续加力，发挥好“三农”压舱石作用，为确保经济社会大局稳定提供有力支撑。

一、千方百计稳定粮食生猪生产，保障重要农产品有效供给

1. 毫不放松抓好粮食生产。着力稳政策、稳面积、稳产量，确保2020年粮食产量稳定在1.3万亿斤以上。落实好稻谷小麦最低收购价等政策，推进稻谷、小麦、玉米完全成本保险和收入保险试点，加大产粮大县奖励力度。巩固结构调整成果，提升优势产区玉米产能，保持玉米面积基本稳定。继续实施大豆振兴计划，支持推广大豆高产品种、玉米和大豆间作新农艺措施应用。创新开展绿色高质高效行动，积极发展优质专用稻谷小麦。强化粮食安全省长责任制落实，研究建立分省监测预警制度。

2. 全力推进生猪稳产保供。深入实施生猪生产恢复发展三年行动，督促落实省负总责和“菜篮子”市长负责制，细化各地区生猪出栏量和自给率承诺目标，确保春节和“两会”期间肉品市场供应，确保年底生猪生产基本恢复到接近常年水平。推动落实好环评、用地、信贷等各项扶持政策，加快清理超范围划定的限养禁养区，及时监测生猪补栏增养情况。支持发展生猪标准化规模养殖，加强对中小养殖场户帮带和技术服务。加快优化猪肉供应链，引导屠宰加工向养殖集中区转移，促进“运猪”向“运肉”转变。推动生猪扶持政策拓展覆盖畜牧业，支持禽类、牛羊生产。

3. 统筹抓好棉油糖奶生产。完善新疆棉花目标价格政策，创新内地棉花扶持政策。在长江流域和黄淮海地区扩大大豆及油菜、花生等油料作物面积。支持推广糖料蔗脱毒种苗和机收作业等良种良法。实施奶业提质增效行动，提升改造中小牧场，鼓励有条件的奶农发展乳制品加工。加强优质饲草生产基地建设，以北方农牧交错带为重点扩大粮改饲面积达到1 500万亩。

4. 推进水产健康养殖。全面落实养殖水域滩涂规划制度，依法核发养殖证，保持可养水域面积总体稳定。开展水产健康养殖示范创建，重点发展池塘工程化、工厂化循环水养殖，稳步发展稻渔综合种养和大水面生态渔业，鼓励发展碳汇渔业，支持深远海养殖业发展。规范有序发展远洋渔业。

5. 实施农产品质量安全保障工程。构建县乡村农产品质量安全监管网格，强化“双随机”和“三前”环节抽样，加大禁限用药物查处力度，加强农兽药用药安全培训。试行食用农产品合格证制度，建立生产者自我质量控制、开具合格证和质量安全承诺制度。开展第三批国家农产品质量安全县创建，推进部省农产品追溯体系互联互通。制修订1 000项质量安全标准，加强绿色食品、有机农产品、地理标志农产品认证和管理。推动出台发展地理标志农产品的指导意见。开展国家农业品牌营销行动，加强农业品牌规范化管理。

6. 科学做好农业防灾减灾。加强干旱洪涝等灾害监测预警，及早做好技术和物资准备。严防严控草地贪夜蛾等重大病虫害，制定分区防控预案，推广全程专业化统防统治模式。严格落实非洲猪瘟疫情监测排查报告、全产业链监管和餐厨废弃物管理等防控措施，继续开展分区防控试点，及时兑现强制扑杀补助，整合力量加快疫苗研发攻关。统筹抓好口蹄疫、禽流感、布病等防控。做好渔业安全生产、防汛防台风工作。

7. 促进农业对外合作。实施优势农产品贸易促进行动，建立农业对外贸易会商及信息发布制度。推进农业对外合作园区建设，制定支持农业走出去企业加快发展政策措施。进一步放宽农业领域外资准入。完善中俄、中非等农业合作机制。加大亚非拉等国家农业人才培训力度，实施农业国际人才培养行动。

二、大力发展富民乡村产业，促进农民持续增收

8. 不折不扣完成脱贫攻坚任务。巩固产业扶贫成果，防止已脱贫人口返贫和边缘人口致贫。深入落实中央脱贫攻坚专项巡视整改要求，进一步推动资金项目人才向“三区三州”等深度贫困地区倾斜。指导贫困地区将扶贫资金更多用于产业扶贫，加强农业基础设施建设，优化产业扶贫项目，防范产业扶贫风险，提升扶贫产业可持续发展能力。加快培育贫困地区新型经营主体和脱贫带头人，完善联贫带贫减贫机制。建立产销对接长效机制，推动龙头企业、批发市场和电商平台与贫困地区形成稳定产销关系，积极推进消费扶贫。继续在贫困县实施农技推广特聘计划，加强产业发展指导员队伍建设，提高产业技术专家帮扶成效。扎实做好定点扶贫工作。研究制定2020年后产业帮扶政策举措。

9. 做大做强农产品加工业。引导龙头企业建设农产品加工技术集成基地和精深加工示范基地，推动加工产能向农产品主产

区和重要物流节点布局。支持各地聚焦优势特色主导品种，打造各具特色的农业全产业链，培育一批产值超百亿元的区域优势特色产业集群。认定第四批中国特色农产品优势区、第十批“一村一品”示范村镇。加强马铃薯主食产业推进工作。建设休闲农业重点县，推介一批乡村休闲旅游精品景点线路。

10. 加快建设现代农业产业园和产业强镇。印发推进现代农业产业园建设的意见，梯次开展省、市、县产业园建设。创建和认定一批国家现代农业产业园，引导各地加强政策创新，推动资金、人才、技术等现代要素向园区集中。建设一批主导产业突出、产村融合发展、宜业宜居的农业产业强镇。落实设施农业用地管理措施，研究制定支持农村一、二、三产业融合发展用地政策意见。推动制定农业及相关产业统计分类并加强统计核算。

11. 促进家庭农场和农民合作社高质量发展。完善家庭农场名录管理制度，把符合条件的种养大户、专业大户纳入家庭农场范围。深入开展农民合作社规范提升行动，扎实推进农民合作社质量提升整县试点。开展示范家庭农场和国家农民合作社示范社评定。打造一批农业产业化联合体，与小农户、家庭农场和农民合作社建立基地共建、资源共享的利益联结机制。

12. 加快发展农业生产性服务业。推动完善农业社会化服务扶持政策，支持面向小农户、大宗农作物和产粮大县开展生产托管服务，完成面积15亿亩次。通过政府购买服务、以奖代补等方式，培育一批农业科技服务企业、服务型农民合作社，支持村集体经济组织开展农业生产性服务。搭建区域性农业社会化服务综合平台，促进服务资源整合。加强服务标准、服务合同管理，推介一批典型模式。

13. 推进农村创新创业。继续实施农村创新创业带头人培育行动，引导各地建设农村创新创业园区和孵化实训基地，推动将符合条件的返乡创业农民工纳入一次性创业补贴范围，吸引社会各类人才返乡入乡创业兴业。支持举办新农民新技术创业创新博览会。研究出台促进社会资本投资农业农村指引。

三、推进农业绿色发展，提高农业生态保护和资源利用水平

14. 大力推进畜禽粪污资源化利用。全面完成大型规模养殖场粪污治理设施建设，对规模养殖场粪污处理设施配套率开展评估，确保达到95%以上。扩大畜禽粪污资源化利用整县推进范围，将具备条件的非畜牧大县逐步纳入。健全畜禽粪污处理利用标准体系，鼓励发展收贮运社会化服务组织，探索粪肥运输、施用引导激励政策。

15. 深入推进化肥农药减量增效。继续保持化肥农药使用量负增长。推进测土配方施肥农企合作，实现配方肥下地。结合粪肥利用，推进果菜茶有机肥替代化肥试点，选择300个粮棉油生产大县开展化肥减量增效试点。实施绿色防控替代化学防治行动，再建设100个绿色防控示范县。积极稳妥淘汰高毒高风险农药，推进农药包装废弃物回收处理。

16. 推进耕地质量提升。继续实施东北黑土地保护利用，以东北玉米主产区为重点，启动东北黑土地保护性耕作行动计划，整县推广秸秆覆盖还田、免（少）耕播种等关键技术，面积达到4 000万亩。稳步推进耕地轮作休耕试点，面积稳定在3 000万亩。完成耕地土壤环境质量类别划分，健全产地环境质量监测网，在轻中度污染耕地推广安全利用技术，对重度污染耕地实施种植结构调整，全年治理面积5 000万亩。建立全国秸秆资源台账，建设一批全域全量利用重点县。在华北、西北等旱作区建立220个高标准旱作节水农业示范区。推进标准地膜普及使用，建设100个地膜回收利用示范县。

17. 强化水生生物资源养护。在长江流域重点水域实行常年禁捕，做好渔民退捕工作。实施海洋渔业资源总量管理，推动沿海省份全面开展限额捕捞试点，完成减船减产目标任务，规范有序发展海洋牧场。推动渔港渔船管理改革，加强渔港经济区建设。持续清理取缔涉渔“三无”船舶和“绝户网”。

18. 推进农业绿色发展支撑体系建设。在82个国家农业绿色发展先行区试点县，集中连片开展绿色种养技术应用试验，探索建立绿色农业技术、标准、产业、经营、政策、数字等体系，建设一批农业绿色发展长期固定观测试验站，总结不同生态类型、不同作物品种的农业绿色发展典型模式。

四、加强现代农业设施建设，改善物质技术装备条件

19. 加大高标准农田建设力度。以粮食生产功能区和重要农产品生产保护区为重点，完成8 000万亩高标准农田和2 000万亩高效节水灌溉建设任务。建设旱作梯田，加快三江平原地下水超采田间配套工程建设。开展高标准农田建设清查，建设农田管理大数据平台，加快推进统一上图入库。修编全国高标准农田建设规划，分区域、分类型制定建设标准。持续开展耕地质量监测评价，推动建立健全高标准农田设施管护机制。

20. 启动农产品仓储保鲜冷链物流设施建设工程。以特色农产品优势区、鲜活农产品主产区为重点，通过以奖代补、贷款贴息、落实优惠电价等措施，支持农民合作社、家庭农场建设一批田头仓储保鲜、分拣包装、产后初加工等设施，提升农产品产地商品化处理能力。结合“菜篮子”工程，支持在大中城市建设一批农产品骨干冷链物流基地，打造区域农产品冷链物流枢纽，提升肉奶、蔬菜水果等鲜活农产品供应能力。

21. 推进全程全面农业机械化。完善优化农机购置补贴，加大对畜禽水产养殖、设施农业、农产品初加工和丘陵山区贫困地区机械设备补贴力度。加快建设农机具库棚及烘干机塔，遴选推广生猪生产机具装备，建设饲草料加工、饲喂、环境控制、粪污处理等设施。主要农作物全程机械化示范县达到500个。当年深松整地作业1.4亿亩以上。研究制定畜牧业、设施栽培机械化发展的指导意见。

22. 加快提升种业创新能力。开展第三次全国农作物种质资源普查收集，支持地方品种资源保护利用。实施现代种业提升工程，加快国家农业种质资源库（圃、场、区）建设，落实制种大县奖励政策，提升优势制种基地建设水平，扶持创新型种业企业发展。推进重要粮食作物和畜禽水产良种联合攻关，强化植物新品种保护。推动编制南繁硅谷建设规划，加快南繁育种基地和配套服务区建设。

23. 强化农业科技创新与推广。深入实施乡村振兴科技支撑行动，在生物种业、智慧农业等重点领域加强核心技术攻关，深化种业科技成果产权制度改革试点。加强国家农业科创中心和创新联盟建设，扩大现代农业产业技术体系特色优势农产品覆盖范围，打造一批科技引领示范县、示范村镇。建设100个现代农业科技示范展示基地，推广重大引领性技术和主推技术。加快推动国家热带农业科学中心建设。建设一批国家农业科学观测实验站。

24. 开展数字农业农村建设。实施数字农业农村规划，整合资源建设农业农村大数据平台，建设重要农产品全产业链大数据和数字农业创新中心，开展数字农业试点，加快物联网、人工智能、区块链等技术集成应用。深入推进信息进村入户，实施“互联网＋”

农产品出村进城工程。加强农业农村经济运行分析，健全重要农产品供给保障监测预警制度。

五、加快发展农村社会事业，提升乡村建设和治理水平

25. 扎实做好农村人居环境整治。农村户厕改造重点推进一类县、兼顾二类县，组织实施好农村厕所革命整村推进财政奖补政策。制定完善相关产品标准和技术规范，指导各地因地制宜选择农村改厕技术模式，加强高寒干旱地区关键技术模式试点试验，切实做好厕所粪污处理及资源化利用。以中西部地区为重点，实施农村人居环境整治整县推进工程。统筹推进农村生活垃圾污水治理。以“干干净净迎小康”为主题，深入开展村庄清洁行动，巩固提升“三清一改”成果。指导地方建立完善问题投诉反馈和发现整改机制。

26. 推动提升农村基础设施建设和公共服务水平。配合有关部门推进农村饮水安全、村内道路、信息通讯、能源等基础设施建设，引导健全运行管护机制。促进提高农村基本公共服务质量，推动补强农村教育、医疗、社会保障等薄弱环节。基本完成县域村庄分类，推动具备条件的村庄编制“多规合一”实用性村庄规划。

27. 加强和改进乡村治理。贯彻落实加强和改进乡村治理的指导意见，推动加强农村基层党组织建设，持续整顿软弱涣散村党组织，扎实开展自治、法治、德治相结合的乡村治理体系建设试点示范，抓好示范村镇创建。总结推广各地乡风文明建设经验，推进移风易俗。探索建立区域性农业文化遗产名录，组织申报第六批中国重要农业文化遗产。广泛开展农民体育健康活动，推动下基层进农家。

28. 组织好中国农民丰收节。以“庆丰收、迎小康”为主题，继续下沉县乡村，深化实化节庆内容，支持培育一批地方精品节庆活动，推动成风化俗。举办丰收节产业扶贫产销对接专场，开展“听党话、感党恩、跟党走”宣讲活动，组织乡村振兴国际交流活动，讲好乡村振兴中国故事。加强农业丰收历史文化保护和传承。

六、抓好重点改革任务落实，增强农业农村发展活力

29. 完善农村土地承包管理制度。落实中央关于保持土地承包关系稳定并长久不变的意见，组织开展第二轮土地承包到期后再延长 30 年试点，研究完善相关配套政策，推动地方制定延包的具体办法。规范农村土地经营权流转，指导地方建立健全工商企业租赁农地的资格审查、项目审核和风险防范制度，推进土地经营权入股发展农业产业化经营试点，加强农村土地承包经营纠纷调解仲裁能力建设。

30. 全面推开农村集体产权制度改革试点。有序开展集体成员身份确认、集体资产折股量化、村集体经济组织登记赋码等工作，建设农村集体资产监管平台。继续扶持 2 万个村开展壮大集体经济试点示范。集成推广农村改革试验试点成果，推动完善农村集体经营性建设用地入市配套制度。

31. 稳慎推进农村宅基地制度改革。研究制定农村宅基地管理办法，指导各地规范宅基地审批管理，强化监督。深化农村宅基地制度改革试点，扩大范围、丰富内容，探索宅基地“三权分置”路径办法。开展农村宅基地和农房利用现状调查，积极稳妥盘活利用农村闲置宅基地和农房资源，推动实施农村闲置宅基地复垦试点。

32. 持续推进农垦改革。提升垦区集团化农场企业化改革质量，着力打造一批现代农业企业集团。推进农垦主导优势产业发展，加强农垦公共品牌建设。开展农垦国有农场办社会职能改革第三方评估，妥善解决遗留问题。

七、强化支撑保障，提升“三农”工作效能

33. 强化农业农村法治建设。推动《乡村振兴促进法》《粮食安全保障法》《农村集体经济组织法》立法进程，加快制修订农产品质量安全、动物防疫、渔业及生猪屠宰管理、农作物病虫害防治、新品种保护等法律法规和配套规章，研究出台重要农业科研基础设施保护意见。督促和指导地方加快整合农业行政执法队伍，建立健全省市县农业综合行政执法体系。加强执法能力建设，推进执法统一着装，强化执法装备建设，落实执法经费保障制度，推进规范公正文明执法。深入开展涉农法律法规普及宣传教育活动。

34. 加快建设农业农村人才队伍。实施农村实用人才带头人和高素质农民培育计划，着力向深度贫困地区倾斜，突出产业导向开展分层分类培训。实施百万高素质农民学历提升计划，创建 100 所乡村振兴人才培养优质校，推动农民培训和学历教育贯通培养。加强县级农业农村部门负责人轮训。推动出台加强农业农村人才队伍建设的指导意见，完善农业农村人才发现、培养、评价、激励机制。

35. 完善农业支持保护制度。落实完善农业支持保护政策意见，研究制定本轮草原生态保护补奖政策到期后的政策，推进渔业油价补贴政策改革。推动出台调整完善土地出让收入使用范围进一步提高用于农业农村比例的意见，纳入地方政府乡村振兴实绩考核范围。推动地方政府在一般债券支出中安排一定规模用于乡村振兴项目建设，扩大专项债发行规模支持乡村振兴。建立激励和约束机制，进一步做大农业信贷担保业务规模。推动制定温室大棚、养殖圈舍、土地经营权等抵押融资的具体办法。做好农业大灾保险试点、优势特色农产品保险奖补试点。推动制定出台普惠金融扶持新型农业经营主体的政策性文件。

36. 加强农业农村基层服务体系建设。健全动物疫病防控体系，加强基层兽医队伍建设，落实防疫人员和经费保障，组织实施生猪大县万名动物防疫专员特聘计划。加强县乡农村经营管理体系建设，打造一支与深化农村改革要求相适应的工作队伍。提升基层农技推广、农产品质量安全监管人员专业水平和服务能力。充实农村人居环境整治、宅基地和集体资产管理等工作力量，乡镇综合设站的做到专人专岗专责，分别设站的保证人员配备，确保事有人干、责有人担。

37. 谋划好“十四五”农业农村发展。完成“十三五”农业农村相关规划确定的目标任务，形成对“十三五”有关规划实施情况的评估，协调推进乡村振兴战略规划重点任务和重大工程计划行动落实。加强“十四五”农业农村重大问题研究，高质量编制农业农村现代化及相关行业专项规划，加强“三农”领域项目库建设，谋划论证一批重大政策、重大工程和重大项目。推动东部沿海发达地区加快农业农村现代化建设，研究建立农业农村现代化监测体系。

各级农业农村部门要深入学习贯彻习近平总书记关于“三农”工作的重要论述，落实《中国共产党农村工作条例》，坚持问题导向、目标导向、结果导向，树立大局意识，强化底线思维，创新工作举措，加强舆论引导，不断提升“三农”工作效能，坚决稳住农业农村发展好势头，为打赢脱贫攻坚战、全面建成小康社会作出新的更大贡献。

农业农村部

二〇二〇年二月十日

农业农村部关于加快水产养殖机械化发展的意见

农机发〔2020〕4号

各省、自治区、直辖市及计划单列市农业农村（农牧）厅（局、委），福建省海洋与渔业局，新疆生产建设兵团农业农村局，黑龙江省农垦总局、广东省农垦总局：

机械化是水产养殖业现代化的重要内容、重要支撑和重要标志。近年来，水产养殖业加快向绿色高效转型升级，设施装备总量持续增长，机械化水平稳步提升。但水产养殖机械化的总体水平还不高，不同地区、不同养殖方式、不同生产规模、不同生产环节的机械化发展不平衡不充分，部分技术装备有效供给不足、设施装备与生产技术集成配套不够等问题亟待解决。为贯彻落实《国务院关于加快推进农业机械化和农机装备产业转型升级的指导意见》（国发〔2018〕42号）和农业农村部等10部委联合发布的《关于加快推进水产养殖业绿色发展的若干意见》（农渔发〔2019〕1号）有关部署，加快推进水产养殖机械化发展，现提出以下意见。

一、指导思想和发展目标

（一）指导思想。以习近平新时代中国特色社会主义思想为指导，全面贯彻党的十九大和十九届二中、三中、四中、五中全会精神，牢固树立和贯彻落实新发展理念，充分发挥市场在资源配置中的决定性作用和更好发挥政府作用，坚持问题导向、目标导向、结果导向，以满足水产养殖业绿色高效发展对机械化的需要为目标，着力科技创新、机制创新、政策创新，补短板、强弱项、促协调、提水平，推进机械装备与水产养殖工艺融合、机械化养殖与信息化管理融合、设施装备运用与绿色养殖方式发展相适应，推动水产养殖机械化全程全面高质高效发展，为水产养殖业向绿色高效转型升级、加快现代化步伐提供有力支撑。

（二）发展目标。到2025年，水产养殖机械化水平总体达到50%以上，育种育苗、防疫处置、起捕采收、尾水处理等薄弱环节机械化取得长足进步，主要养殖模式、重点生产环节的机械化、设施化、信息化水平显著提升，绿色高效养殖机械化生产体系和社会化服务体系基本建立，工厂化、集装箱式和池塘工程化等循环水养殖基本实现机械化，水产养殖生产效率、资源利用效率和环境友好效应迈上新台阶。

二、主要任务

（三）大力推进水产养殖机械装备科技创新。瞄准水产绿色高效养殖全程机械化发展需要，聚集优势资源，推进产学研推用结合，加快攻克制约水产养殖机械化全程全面高质高效发展的技术难题。组织调动大专院校、科研院所、产业技术体系等各方力量，加强池塘养殖、筏式养殖、网箱养殖等主要养殖方式的生态系统结构功能与调控机理、环境生态容纳量与养殖容量、生境生态要素与设施设备互作机制等基础研究，为加快推进水产养殖机械化提供基础支撑。充分发挥大型装备制造企业和水产养殖企业、现代农业产业技术体系、农业科技创新联盟等方面的作用，重点开展池塘养殖精准管控、高效起捕、筏式养殖轻简化植苗采收、苗种计数分选、病死水产品无害化处理等新装备研发，完善深远海大型智能化养殖、深水抗风浪网箱养殖、工厂化养殖、集装箱式养殖、池塘工程化循环水养殖等成套技术设施装备，加快推广应用。健全完善水产养殖装备创新平台和全程机械化科研基地布局，加强技术集成示范。加快补齐水产养殖机械和设施标准，制定设施装备作业质量评价、信息化监测终端与数据管理等标准，健全完善水产养殖机械化标准体系。加快遴选推广绿色高效的水产养殖机械化新技术、新装备、新工艺、新模式，淘汰高能耗、高污染、安全性能差的老旧水产养殖机械，促进技术装备更新换代。

（四）加快构建主要水产绿色养殖全程机械化体系。选育适合机械化饲喂、收获的品种，推进池塘、筏架、工厂化、网箱等养殖设施的宜机化标准化建设，促进养殖品种、工艺、设施与机械装备协同联动，加快饲喂、增氧与清淤清扫、疫苗注射、起捕采收、分选分级、保质保鲜以及水质监控、水草管护、尾水处理等方面的设施装备集成配套，构建标准化、区域化、规模化的全程机械化生产体系。重点围绕池塘工程化循环水养殖、工厂化循环水养殖、深水抗风浪网箱养殖、盐碱水绿色养殖、多营养层级综合养殖、稻渔综合种养、鱼菜共生生态种养、集装箱式循环水养殖等生态健康养殖模式，因地制宜开展主要水产绿色养殖方式全程机械化生产体系的试验优化、凝练总结，推出一批全程机械化解决方案，制定发布技术规范，建立示范基地，加快推广应用。支持引导有条件的水产养殖主产县、大型养殖企业率先实现主要水产养殖全程机械化。

（五）积极推进水产养殖机械化信息化融合。促进物联网、大数据、移动互联、智能控制、卫星定位等信息技术在水产养殖装备、生产作业和管理服务上的应用，推进设施装备智能化、生产管理精准化、经营服务网络化。大力发展在线监测、精准饲喂、智能增氧、自动净化、分级分拣等水产养殖数字化装备，开发推广渔联网与大数据平台。支持鼓励养殖场进行设施装备物联化智能化升级改造、应用水产品全程可追溯系统，引导支持水产养殖和装备生产企业建立机械化信息化融合示范场，推进智能装备与智慧养殖融合发展。

（六）加快提高绿色养殖重点环节社会化服务水平。推动水产养殖机械化作业专业服务队伍建设，提供清淤、收获、分级、废弃物处理、池塘改造等环节的社会化作业服务，发展订单式作业、生产托管、承包服务等社会化服务新模式、新业态，加快推进各类经营主体以多种形式融合发展。发挥规模经营主体的示范引领和带动作用，按照“全程机械化＋综合渔事服务”的要求，建立“龙头企业＋养殖合作社＋养殖户”的水产养殖生产经营模式，集中建设水产养殖尾水综合处理、养殖废弃物集中收集无害化处理资源化利用等设施，促进清淤、收获、初加工等机械装备共享共用，构建全程机械化水产养殖生态小区，推进水产养殖向标准化、规模化、绿色化发展。

（七）着力推进养殖池塘标准化宜机化建设。制定水产养殖池塘标准化建设规范，明确相关设施配置规范和机械作业的空间结构、出入口、通行道路等配套要求。制定养殖池塘宜机化改造工作指引，大力推进老旧池塘标准化改造，完善循环水、进排水处理设施，支持尾水处理设施升级改造，建设塘间道路，优化空间布局，满足设备应用、机械通行作业需求。合理确定池塘清淤与护坡修整周期，建立标准化养殖池塘维护修缮及设施装备管护的长效机制。

三、保障措施

（八）加强组织领导。各级农业农村部门要把水产养殖机械化发展纳入农机化、渔业发展规划，列入重要议事日程，做好机械化与水产养殖业发展目标任务衔接。加强与财政、科技、工业和信息化、自然资源等相关部门的沟通协调，争取支持，形成合力，共同推动水产养殖机械化加快发展。农机化和渔业等方面要密切沟通，加强重大事项的会商和协调，组织调动农机试验鉴定和农机化、水产技术研发推广等系统力量，协同推进水产养殖机械化发展。鼓励支持水产养殖机械化行业协会、学会建设，发挥协会、学会在学术研究、信息交流、教育培训、标准制定、技术指导等方面作用，服务引导水产养殖设施装备行业转型升级，助力水产养殖机械化发展。

（九）加大政策扶持。制定发布水产养殖机械化技术和装备需求目录、主推技术，积极争取财政、科技等部门立项支持，推进水产养殖机械装备创新，加快科技成果转化应用。落实水产养殖设施用地政策，完善养殖场设施用地标准，加强规划引领和技术指导，拓展资金投入渠道，支持养殖场标准化建设和宜机化升级改造建设，为水产养殖机械化创造良好条件。加大农机购置补贴对水产养殖机械装备与设施的支持力度，重点向绿色高效机械装备和规模化养殖场倾斜，探索开展水产养殖机械化新产品新装备以及成套设施设备补贴的路径方式。引导金融机构加大对重点渔机生产企业信贷投放，落实水产养殖绿色发展用水用电优惠政策。支持建设一批“全程机械化＋综合渔事”服务中心，完善仓储保鲜冷链、废弃物集中处理等设施，开展“一站式”服务。鼓励各地通过项目支持、政府购买服务等方式，扶持产学研推用各方面联合建立试验示范基地，共同开展水产养殖机械化技术试验、人才培训和推广服务。

（十）优化公共服务。健全完善水产养殖设施装备试验鉴定大纲，支持农机试验鉴定机构改善相关检验检测条件，加快提升试验鉴定能力，为水产养殖设施装备科技创新和技术推广提供有力支撑。推进政务信息公开，加强规划和政策引导，保障安全生产，保护知识产权，切实调动各类市场主体的积极性、主动性和创造性。优化水产养殖机械化水平评价指标体系并积极开展动态监测，及时发布相关结果信息，强化水产养殖机械化发展指引。指导水产养殖设施装备工程安装和操作使用、维修维护等技能人才培训教材和培养基地建设，推动水产养殖设施装备生产企业、水产养殖企业与有关院校共建共享工程创新基地、实践基地、实训基地，不断壮大水产养殖机械化人才队伍。加强舆论引导，推介宣传发展典型和经验，努力营造加快推进水产养殖机械化发展的良好氛围。

农业农村部

二〇二〇年十一月四日

农业农村部关于加快推进设施种植机械化发展的意见

农机发〔2020〕3号

各省、自治区、直辖市及计划单列市农业农村（农牧）厅（局、委），新疆生产建设兵团农业农村局，黑龙江省农垦总局、广东省农垦总局：

设施种植是保障“菜篮子”产品供应、促进农民增收和繁荣农村经济的有效途径。设施装备和机械化生产是设施种植高质量发展的重要支撑。为贯彻落实中央一号文件和《国务院关于加快推进农业机械化和农机装备产业转型升级的指导意见》（国发〔2018〕42号）关于设施农业发展有关部署，现就加快推进设施种植机械化发展提出以下意见。

一、总体要求

（一）指导思想。以习近平新时代中国特色社会主义思想为指导，全面贯彻党的十九大和十九届二中、三中、四中全会精神，牢固树立和贯彻落实新发展理念，充分发挥市场在资源配置中的决定性作用和更好发挥政府作用，着力科技创新、机制创新和政策创新，加强规划引领和政策支持，优化种植设施区域布局，大力推广适宜机械化生产的标准化温室，推进农机农艺融合、机械化信息化融合，加快设施装备与设施专用品种和绿色高效栽培技术集成配套，完善技术装备和社会化服务体系，推动设施种植机械化全程全面高质高效发展，加快设施种植现代化步伐，为促进乡村振兴战略实施和农业农村现代化提供有力支撑。

（二）发展目标。到2025年，种植设施区域布局更加合理，结构类型更加优化，以塑料大棚、日光温室和连栋温室为主的种植设施总面积稳定在200万公顷以上；设施结构区域化标准化设计、建设、改造稳步推进，农机作业条件显著改善，新型设施结构、材料和节能降耗技术装备取得突破；适宜机械化生产的新品种和新技术新模式加快推广，设施蔬菜、花卉、果树、中药材的主要品种生产全程机械化技术装备体系和社会化服务体系基本建立，设施种植机械化水平总体达到50%以上，土地产出率、劳动生产率和化肥、农药及水资源利用率迈上新台阶。

二、主要任务

坚持市场导向、问题导向和目标导向，瞄准设施种植绿色高效发展的机械化需求，补短板、强弱项、促协调，全面提升设施种植机械化水平，支持设施种植高质量发展。

（一）推进设施布局标准化。围绕设施种植产业优势区域，推广标准化温室设施。北方以节能日光温室为主、南方以塑料大棚为主。黄淮海、环渤海和西北暖温带，东北和西北中温带区域，以发展节能日光温室为主，适度发展大跨度塑料大棚，在能源成本较低地区适度发展连栋玻璃温室和连栋塑料温室。长江流域亚热带多雨区以发展单栋和连栋塑料大棚为主，适度发展遮阳棚、防雨棚、防虫网室。华南亚热带多雨区以塑料大棚、遮阳防雨棚为主，有条件的地区适度发展连栋塑料温室。华南和西南热带区以连栋塑料大棚、遮阳棚为主，适度发展防虫网室和连栋塑料温室。青藏高原气候区以发展节能日光温室为主。

（二）推进设施建造宜机化。制修订适宜不同地区的标准化温室设施结构与建造的标准，明确满足农机作业条件的空间结构、出入口、内部通道等方面尺度，提出符合设备安装需要和安全生产要求的结构强度规范。加快老旧种植设施的宜机化改造，依照农机通行和室内作业条件，改造出入口、骨架、耳房、缓冲间、室内通道等，优化种植空间布局，创新宜机化种植模式，满足设备安装运转、机械通行作业需求。积极推广节能型设施建造材料和低能耗电动设施装备，减少能源消耗和污染排放。

（三）推进生产作业机械化。加大设施种植装备科技创新投入力度，支持产学研推用协同攻关，突破精量播种、育苗嫁接、移栽和收获等环节技术装备短板。加快提升环境调控、植保作业的机械化水平，推广普及土地耕整、灌溉施肥技术装备。推动电动运输、水肥一体化设施以及多功能作业平台等与温室结构集成配套。加力推广尾菜、植株秸秆、残膜等资源化高效利用技术装备，实现设施种植清洁生产。开展联合攻关，加快选育、推广宜机化设施专用品种，示范推广宜机化种植技术模式，推进各环节机具装备的协同配套，积极构建区域化、标准化的设施种植全程机械化技术体系，促使良种、良法、良机配套，为机械化生产创造良好条件。有条件的地区要率先实现设施种植全程机械化。

（四）推进设施装备智能化。加快信息化和机械化融合，推广环境自动调控、水肥一体化智能控制和作物生长信息监测等技术，降低生产成本，提升设施种植机械化水平。加大科技攻关力度，重点突破设施种植装备专用传感器、自动作业、精准作业和智能运维管理等关键技术装备，研制嫁接、授粉、巡检、采收等农业机器人和全自动植物工厂，实现信息在线感知、精细生产管控、高效运维管理。

（五）推进生产服务社会化。引导温室大棚种植户组建设施种植机械服务合作组织，提升生产全过程机械、设备共享服务能力。加强设施种植机械化社会化服务的支持指导，培育设施种植农机合作社、生产联合体、综合服务站等社会化专业性服务组织，开展大棚建造、维护保养、机具租赁、种苗供应、作业托管和加工销售等社会化服务，创新服务机制，发展“全程机械化＋综合农事服务”等设施种植社会化服务新模式、新业态。加强对服务组织规范化建设的指导，引导服务组织完善管理制度，健全运行机制，拓展服务范围，提高服务标准。

三、保障措施

（一）加强组织领导。各级农业农村部门要把发展设施种植机械化纳入农业农村发展规划，列入重要议事日程，农机化与科技、种植业、种业、农田建设等有关方面密切协作，建立协调机制，加强重大事项的协调配合，组织调动农机试验鉴定、技术推广、安全监理和农业技术推广服务等系统的力量，合力推进设施种植机械化发展。要积极支持行业学会、协会、创新联盟发挥作用，开展设施种植机械化团体标准制修订、质量监测、信息交流、教育培训和国际合作等方面的工作，服务设施种植机械化发展和设施种植转型升级。

（二）完善扶持政策。制定设施种植基地建设和改造的宜机化标准和工作指引，积极争取财政、金融等部门支持，统筹财政资金、信贷资金和社会资金，推进设施大棚宜机化建设、改造。加大农机购置补贴支持力度，将更多设施种植装备纳入补贴范围，扩展标准化大棚骨架补贴试点范围，积极探索成套设施装备补贴路径。落实设施农用地管理政策，完善设施建设和改造标准。推动金融机构对权属清晰的温室大棚设施装备开展抵押贷款，探索对购买大型设施农业装备贷款进行贴息，推广“大棚贷”“大棚险”等农业信贷保险模式。积极引导各类民间资本投入设施种植机械化发展，加快建立多元化投入机制。

（三）推进科技创新。发挥现代农业产业技术体系岗位专家的作用，围绕设施种植智能化、绿色化关键薄弱环节，开展技术装备研发示范推广。瞄准重大需求，及时提出设施装备技术创新建议，争取科技、财政部门立项支持，推动有关重点研发计划专项加大对设施种植基础研究和关键技术装备研发支持力度，增强新技术新装备的供给能力。积极支持引导，推动建立以企业为主体、市场为导向、产学研深度融合的设施种植工程技术创新体系，加快科技创新和成果转化。

（四）强化示范引导。充分发挥农业产业园、国家现代农业科技示范展示基地等平台的作用，开展先进适用设施设备、专用品种、高效生产管理和种苗生产、环境调控、采后处理等技术的示范集成。支持有条件的地区建设设施种植数字农业基地，推广高端智能设施装备。通过项目支持、政府购买服务等方式，充分调动设施装备企业、种植户、合作社和科研院校、社会团体参与技术推广的积极性，创新体验式、参与式推广方式，提升示范推广效果，加快设施种植机械化技术推广应用。及时总结好典型好经验，加强宣传推广，为加快提升机械化水平、促进设施种植高质量发展营造良好社会氛围。

（五）加强公共服务。加强设施种植装备及配套技术标准制修订，补齐短板，完善标准体系。加强设施种植装备试验鉴定能力建设，制修订一批试验鉴定大纲，积极开展专项鉴定，支持新设施新机具新技术加快转化推广应用。选取典型地区，开展设施种植机械化发展情况动态监测，加强发展指导。加强设施种植装备使用安全监管，督促指导生产主体安全生产。建设人才队伍，支持建立一批设施种植机械化技能人才培养基地，推广在线学习平台及手机 App，为人员培训提供有力支撑。

农业农村部

二〇二〇年六月二十七日

农业农村部　财政部关于印发《东北黑土地保护性耕作行动计划（2020—2025年）》的通知

农机发〔2020〕2号

内蒙古自治区、辽宁省、吉林省、黑龙江省人民政府：

经国务院同意，现将《东北黑土地保护性耕作行动计划（2020—2025年）》印发给你们，请认真贯彻落实。

农业农村部　财政部

二〇二〇年二月二十五日

东北黑土地保护性耕作行动计划（2020—2025年）

保护性耕作是一种以农作物秸秆覆盖还田、免（少）耕播种为主要内容的现代耕作技术体系，能够有效减轻土壤风蚀水蚀、增加土壤肥力和保墒抗旱能力、提高农业生态和经济效益。经过多年努力，我国东北地区保护性耕作取得明显进展，技术模式总体定型，关键机具基本过关，已经具备在适宜区域全面推广应用的基础。为深入贯彻习近平总书记关于对东北黑土地实行战略性保护的重要指示精神，认真落实党中央、国务院决策部署，加快保护性耕作推广应用，制定本行动计划。

一、总体要求

（一）指导思想。以习近平新时代中国特色社会主义思想为指导，全面贯彻党的十九大和十九届二中、三中、四中全会精神，坚持稳中求进工作总基调，落实新发展理念，以农业供给侧结构性改革为主线，坚持生态优先、用养结合，通过政府与市场两端发力、农机与农艺深度融合、科技支撑与主体培育并重、重点突破与整体推进并举、稳产丰产与节本增效兼顾，逐步在东北地区适宜区域全面推广应用保护性耕作，促进东北黑土地保护和农业可持续发展。

（二）行动目标。将东北地区（辽宁省、吉林省、黑龙江省和内蒙古自治区的赤峰市、通辽市、兴安盟、呼伦贝尔市）玉米生产作为保护性耕作推广应用的重点，兼顾大豆、小麦等作物生产。力争到2025年，保护性耕作实施面积达到1.4亿亩，占东北地区适宜区域耕地总面积的70%左右，形成较为完善的保护性耕作政策支持体系、技术装备体系和推广应用体系。经过持续努力，保护性耕作成为东北地区适宜区域农业主流耕作技术，耕地质量和农业综合生产能力稳定提升，生态、经济和社会效益明显增强。

（三）技术路线。重点推广秸秆覆盖还田免耕和秸秆覆盖还田少耕两种保护性耕作技术类型。各地可结合本地区土壤、水分、积温、经营规模等实际情况，充分尊重农民意愿，创新完善和推广适宜本地区的具体技术模式，不搞“一刀切”。在具体应用中，应尽量增加秸秆覆盖还田比例，增强土壤蓄水保墒能力，提高土壤有机质含量，培肥地力;采取免耕少耕，减少土壤扰动，减轻风蚀水蚀，防止土壤退化；采用高性能免耕播种机械，确保播种质量。根据土壤情况，可进行必要的深松。

二、行动安排

（一）组织整县推进

1. 稳步扩大实施面积。东北四省（区）人民政府要从现有工作基础等实际情况出发，在稳定粮食生产的前提下，积极稳妥确定保护性耕作年度实施区域和面积。优先选择已有较好应用基础的县（市、区），分批开展整县推进，用3年左右时间，在县域内形成技术能到位、运行可持续的长效机制，保护性耕作面积占比原则上超过县域内适宜区域的50%以上，在其他县（市、区）扎实开展保护性耕作试点示范，循序渐进、逐步扩大实施面积，条件成熟的可组织整乡整村推进。

2. 推动高质量发展。以整体推进县（市、区）为重点，以新型农业经营主体为载体，以科研和推广单位为支撑，通过政策持续支持，在县、乡两级建设一批高标准保护性耕作应用基地（每个县级基地集中连片面积原则上不少于1 000亩、乡镇级不少于200亩），打造高标准保护性耕作长期应用样板和新装备新技术集成优化展示基地。

（二）强化技术支撑

1. 组建专家指导组。农业农村部组织成立由农机、栽培、土肥、植保等多学科专家组成的东北黑土地保护性耕作专家指导组，为实施行动计划提供决策服务和技术支撑。东北四省（区）农业农村部门分别成立省级专家组，研究制定主推技术模式和技术标准，开展技术培训与交流，指导基地建设。

2. 布局长期监测点。重点开展耕地土壤理化、生物性状、生产成本、作物产量变化、病虫草害变化和机具装备适用性等情况的监测试验，促进技术模式优化和机具装备升级。

3. 加强基础研究。支持科研院所、大专院校与骨干企业、新型农业经营主体、推广服务机构合作共建保护性耕作科研平台，研究基础性、长远性技术问题，建立健全东北黑土地保护性耕作理论体系。

（三）提升装备能力

1. 推进研发创新。引导科研单位、机械制造企业、材料工业企业集中优势力量，共建保护性耕作装备创新联盟和研发平台。开展高性能免耕播种机核心部件研发攻关，重点突破播种机切盘的金属材料及加工工艺、电控高速精量排种器的设计与制造等难题，加快产业化步伐。

2. 完善标准体系。围绕保障保护性耕作关键机具产品质量、关键生产环节作业质量，抓紧制修订一批相关标准规范和操作规程。根据不同区域、作物特点，优化保护性耕作装备整体配置方案。

3. 增加有效供给。鼓励免耕播种机等关键机具制造企业加快技术改造、扩大中高端产品生产能力。发挥农机购置补贴政策导向作用，引导农民购置秸秆还田机、高性能免耕播种机、精准施药机械、深松机械等保护性耕作机具。

（四）壮大实施主体

1. 支持服务主体发展。支持有条件的农机合作社等农业社会化服务组织承担保护性耕作补贴作业任务，带动各类新型农业经营主体和农户积极应用保护性耕作技术，培育壮大技术过硬、运行规范的保护性耕作专业服务队伍。

2. 推进服务机制创新。鼓励农业社会化服务组织与农户建立稳固的合作关系，支持采用订单作业、生产托管等方式，积极发展“全程机械化＋综合农事”服务，实现机具共享、互利共赢，带动规模化经营、标准化作业。

3. 加强培训指导。利用高素质农民培育工程等项目，培养一批熟练掌握保护性耕作技术的生产经营能手、农机作业能手。广泛开展“田间日”等体验式、参与式培训活动，通过农民群众喜闻乐见的方式，提高保护性耕作科普效果，促进技术进村入户。

三、保障措施

（一）加强组织领导。东北四省（区）要把在适宜区域推广应用保护性耕作作为一项重要任务，抓紧抓实，久久为功。省级政府和市县政府要成立负责同志牵头的保护性耕作推进行动领导小组，建立政府主导、上下联动、各相关部门齐抓共管的工作机制，组织制定行动方案，明确重点实施区域、主推技术模式、实施进度和保障措施，做好相关资金保障和工作力量统筹。农业农村部要加强总体统筹协调和组织调度，适时组织开展第三方评估，会同财政部等部门研究解决保护性耕作推广应用工作中的重大问题，重要情况及时报告国务院。

（二）加强政策扶持。国家有关部门和东北四省（区）在乡村振兴、粮食安全、自然资源、农田水利、生态环境保护等工作布局中，要统筹考虑在东北地区适宜区域全面推行保护性耕作的目标导向，做到措施要求有机衔接。中央财政通过现有渠道积极支持东北地区保护性耕作发展。地方政府要因地制宜完善保护性耕作发展政策体系，根据工作进展统筹利用相关资金，将秸秆覆盖还田、免（少）耕等绿色生产方式推广应用作为优先支持方向，尽量做到实施区域、受益主体、实施地块“三聚焦”，切实发挥政策集聚效应。

（三）加强监督考评。东北四省（区）要将推进保护性耕作列入年度工作重点，细化分解目标任务，合理安排工作进度，制定验收标准，健全责任体系，确保按时保质完成各项任务。鼓励各地积极采用信息化手段提高监管工作效率，建立健全耕地质量监测评价机制。东北四省（区）要在 2020 年 3 月底以前，将本省（区）行动方案及 2020 年工作安排报农业农村部备案。

（四）加强宣传引导。各有关方面要充分利用广播、电视、报刊和新媒体，广泛宣传推广应用保护性耕作的重要意义、技术路线和政策措施，及时总结成效经验，推介典型案例，凝聚社会共识，营造良好的社会环境和舆论氛围。

农业农村部关于印发《新型农业经营主体和服务主体高质量发展规划（2020—2022 年）》的通知

农政改发〔2020〕2 号

各省、自治区、直辖市农业农村（农牧）厅（局、委）：

为贯彻落实党中央、国务院决策部署，加快培育新型农业经营主体和服务主体，依据中办、国办印发的《关于加快构建政策体系培育新型农业经营主体的意见》《关于促进小农户和现代农业发展有机衔接的意见》等有关文件，我部编制了《新型农业经营主体和服务主体高质量发展规划（2020—2022 年）》，现印发你们，请认真贯彻执行。

农业农村部

二〇二〇年三月三日

新型农业经营主体和服务主体高质量发展规划（2020—2022 年）

二〇二〇年三月

引　言

在坚持农村基本经营制度基础上，大力培育发展新型农业经营主体和服务主体，不断增强其发展实力、经营活力和带动能力，是关系我国农业农村现代化的重大战略，对推进农业供给侧结构性改革、构建农业农村发展新动能、促进小农户和现代农业发展有机衔接、助力乡村全面振兴具有十分重要的意义。

为贯彻落实党中央、国务院决策部署，加快培育新型农业经营主体和服务主体，依据中办、国办印发的《关于加快构建政策体系培育新型农业经营主体的意见》《关于促进小农户和现代农业发展有机衔接的意见》等有关文件，农业农村部编制了《新型农业经营主体和服务主体高质量发展规划》。本规划中的新型农业经营主体和服务主体包括家庭农场、农民合作社和农业社会化服务组织。本规划与其他相关规划进行了衔接协调，将作为指导各地开展新型农业经营主体和服务主体培育发展工作的重要依据。

规划期限 2020—2022 年。

第一章　规划背景

一、培育发展意义重大

习近平总书记指出，发展多种形式适度规模经营，培育新型农业经营主体，是建设现代农业的前进方向和必由之路。加快培育发展新型农业经营主体和服务主体是一项重大战略，对于推进农业现代化、实现乡村全面振兴意义重大。

这是破解“未来谁来种地”问题的迫切需要。随着新型工业化、信息化、城镇化进程加快，农村劳动力大量进入城镇就业，农村 2 亿多承包农户就业和经营状态不断发生变化，“未来谁来种地、怎样种好地”问题日益凸显。家庭农场、农民合作社、农业社会化服务组织等各类新型农业经营主体和服务主体根植于农村，服务于农户和农业，在破解谁来种地难题、提升农业生产经营效率等方面发挥着越来越重要的作用。

这是实现乡村产业兴旺的迫切需要。乡村振兴的基础是产业。实现产业兴旺，迫切需要加快培育新型农业经营主体和服务主体，培养一批高素质农民，吸引人才服务于农业和农村，积极优化农业资源要素配置，推进农村一、二、三产业融合，实现农业高质量发展，夯实乡村全面振兴的产业基础。

这是培育农业农村新动能的迫切需要。深化农业供给侧结构性改革，培育农业农村发展新动能，是推动农业农村发展再上新台阶的重大举措。新型农业经营主体和服务主体对市场反应灵敏，对新品种新技术新装备采用能力强，具有从事绿色化生产、集约化经营的优势，具有从事新产业新业态新模式的创新精神，是促进农业农村发展的重要动能源泉。

这是促进小农户和现代农业发展有机衔接的迫切需要。新型农业经营主体和服务主体与小农户密切关联，是带动小农户的主体力量。加快培育新型农业经营主体和服务主体，要以家庭农场、农民合作社和社会化服务组织为重点，不断提升生产经营水平，增强服务和带动小农户能力，保护好小农户利益，把小农户引入现代农业发展大格局。

二、培育成效初步显现

近年来，各级政府出台支持政策，加大资金投入，鼓励社会力量积极参与新型农业经营主体和服务主体培育发展，加快构建以农户家庭经营为基础、合作与联合为纽带、社会化服务为支撑的立体式复合型现代农业经营体系。各类新型农业经营主体和服务主体不断创新模式，辐射带动小农户，促进农业规模经营稳步发展，推动新品种新技术新装备加快应用，成为乡村振兴的重要推动力量。

整体数量快速增长。截至 2018 年底，全国家庭农场达到近 60 万家，其中县级以上示范家庭农场达 8.3 万家。全国依法登记的农民合作社达到 217.3 万家，是 2012 年底的 3 倍多，其中县级以上示范社达 18 万多家。全国从事农业生产托管的社会化服务组织数量达到 37 万个。各类新型农业经营主体和服务主体快速发展，总量超过 300 万家，成为推动现代农业发展的重要力量。

发展质量不断提升。截至 2018 年底，全国家庭农场经营土地面积 1.62 亿亩，家庭农场的经营范围逐步走向多元化，从粮经结合，到种养结合，再到种养加一体化，一、二、三产业融合发展，经济实力不断增强。农民合作社规范化水平不断提升，依法按交易量（额）分配盈余的农民合作社数量约是 2012 年的 2.5 倍，3.5 万家农民合作社创办加工实体，近 2 万家农民合作社发展农村电子商务，7 300 多家农民合作社进军休闲农业和乡村旅游。全国以综合托管系数计算的农业生产托管面积为 3.64 亿亩，实现了集中连片种植和集约化经营，节约了生产成本，增加了经营效益。

带动效果越发明显。截至 2018 年底，全国各类家庭农场年销售农产品总值 1 946.2 亿元，平均每个家庭农场 32.4 万元。农民合作社在按交易量（额）返还盈余的基础上，平均为每个成员二次分配 1 400 多元，全国有 385.1 万个建档立卡贫困户加入了农民合作社。全国农业生产托管服务组织的服务对象数量达到 4 630 万个（户）。越来越多的新型农业经营主体和服务主体与小农户形成了紧密的利益联结机制，逐步把小农户引入现代农业发展轨道。

引领作用持续发挥。新型农业经营主体和服务主体能够根据市场需求组织农产品标准化、品牌化生产，加强质量安全管控，注重产销对接，促进了农业种养结构调整优化，推动了农村一、二、三产业融合发展，带动了农业劳动生产率不断提升。据调查，全国返乡下乡“双创”人员已达 700 多万人，大多领办或参与新型农业经营主体和服务主体，其中 80％以上从事新产业新业态新模式和产业融合发展项目，50％以上运用了智慧农业、遥感技术等现代信息手段。

三、短板制约依然突出

当前我国新型农业经营主体和服务主体培育虽取得显著成效，但依旧存在发展不平衡、不充分、实力不强等问题，面临的诸多短板和制约依然突出，难以满足乡村振兴和农业农村现代化的要求。从自身发展水平看，基础设施落后、经营规模偏小、集约化水平不高、产业链条不完整、经营理念不够先进等问题依然存在。发展区域性不平衡问题比较突出。家庭农场仍处于起步发展阶段，部分农民合作社运行不够规范，社会化服务组织服务能力不足、服务领域拓展不够。从外部环境看，各类新型农业经营主体和服务主体融资难、融资贵、风险高等问题仍然突出，财税、金融、用地等扶持政策不够具体，倾斜力度不够，各地农业农村部门指导服务能力亟待提升。

四、面临重要发展机遇

展望未来，加快推进新型农业经营主体和服务主体培育工作的有利条件不断积蓄。成为重要战略考虑。党中央、国务院高度重视新型农业经营主体和服务主体发展。习近平总书记指出，要把加快培育新型农业经营主体作为一项重大战略；加快构建以农户家庭经营为基础、合作与联合为纽带、社会化服务为支撑的立体式复合型现代农业经营体系。政策措施重点倾斜。党的十八大以来，一系列扶持新型农业经营主体和服务主体发展的政策措施陆续出台，《关于加快构建政策体系培育新型农业经营主体的意见》《关于实施家庭农场培育计划的指导意见》《关于开展农民合作社规范提升行动的若干意见》《关于加快发展农业生产性服务业的指导意见》等文件相继印发，家庭农场、农民合作社、农业社会化服务组织等新型农业经营主体和服务主体培育发展的政策体系逐步完善。推动高质量发展作用凸显。当前，我国经济已由高速增长阶段转向高质量发展阶段，守住“三农”战略后院，发挥好压舱石和稳定器的作用，必须大力推动农业高质量发展。新型农业经营主体和服务主体规模化、集约化、组织化程度高，是未来现代农业经营的重要方式和必然趋势，在推动农业高质量发展中承担重要使命，面临重大机遇。

第二章 总体思路

一、指导思想

以习近平新时代中国特色社会主义思想为指导，全面贯彻党的十九大和十九届二中、三中、四中全会精神，认真落实党中央、国务院决策部署，紧紧围绕统筹推进“五位一体”总体布局和协调推进“四个全面”战略布局，落实高质量发展要求，坚持农业农村优先发展，以实施乡村振兴战略为总抓手，充分发挥家庭农场、农民合作社、社会化服务组织在农业产前、产中、产后等领域的不同优势，以加快构建以农户家庭经营为基础、合作与联合为纽带、社会化服务为支撑的立体式复合型现代农业经营体系为目标，坚持不断提升经营服务能力和加强条件建设，促进各类经营主体和服务主体融合，切实保障和维护农民权益，加快培育高质量新型农业经营主体和服务主体，发挥其建设现代农业的引领推动作用，为实现乡村全面振兴和农业农村现代化提供有力支撑。

二、基本原则

坚持市场在资源配置中的决定性作用，加强政府支持引导。发挥市场在资源配置中的决定性作用，在经营规模、运行模式等方面充分尊重市场规律，尊重各类主体和农民群众的意愿，把建设的主舞台留给广大经营主体和农民群众。更好发挥政府作用，着重做好对新型农业经营主体和服务主体的公共服务、教育培训、扶持激励和监管规范，在撬动资本、激活要素等方面发挥四两拨千斤的作用。

坚持把提升发展质量和效益放在首位。不以规模和数量论英雄，以质量和效益论英雄，注重提升经营者素质，在提高质量和确保效益的前提下加快发展，防止新型农业经营主体和服务主体发展一哄而上，防止重数量轻质量。

坚持增强新型农业经营主体和服务主体对小农户的引领、带动和服务能力。立足大国小农和小农户长期存在的基本国情农情，正确处理扶持小农户发展和促进各类新型农业经营主体和服务主体发展的关系，实现新型农业经营主体和服务主体高质量发展与小农户能力持续提升相协调。

坚持因地制宜，不搞一刀切。围绕解决全局性、普遍性的短板和问题，统筹设计和推进相关扶持政策，又要因地施策，充分认识各地经济社会发展水平、资源禀赋和生产经营传统方面的差异，务求实效，不搞一刀切，不搞强迫命令。

三、发展目标

到2022年，家庭农场、农民合作社、农业社会化服务组织等各类新型农业经营主体和服务主体蓬勃发展，现代农业经营体系初步构建，各类主体质量、效益进一步提升，竞争能力进一步增强。具体实现以下目标。

家庭农场。到2022年，支持家庭农场发展的政策体系和管理制度进一步完善，家庭农场数量稳步增加，各级示范家庭农场达到10万家，生产经营能力和带动能力得到巩固提升。（部政策改革司负责）

农民合作社。到2022年，农民合作社质量提升整县推进基本实现全覆盖，示范社创建取得重要进展，农民合作社规范运行水平大幅提高，服务能力和带动效应显著增强。（部合作经济司负责）

农业社会化服务组织。到2022年，服务市场化、专业化、信息化水平显著提升，服务链条进一步延伸，基本形成服务结构合理、专业水平较高、服务能力较强、服务行为规范、覆盖全产业链的农业生产性服务体系。（部合作经济司负责）

新型农业经营主体和服务主体经营者。到2022年，高素质农民培训普遍开展，线上线下培训融合发展，大力开展新型农业经营主体带头人培训。新型农业经营主体和服务主体经营者培育工作覆盖所有的农业县（市、区），培育体系健全完善，培育机制灵活有效，培育条件大幅改善，新型农业经营主体和服务主体经营者队伍总体文化素质、技能水平和经营能力显著提升。（部科教司负责）

新型农业经营主体和服务主体培育发展主要指标

类型	指标名称	单位	2018年基期值	2022年指标值	指标属性
家庭农场	全国家庭农场数量	万家	60	100	预期性
	各级示范家庭农场数量	万家	8.3	10	预期性
农民合作社	农民合作社质量提升整县推进覆盖率	%	1	＞80	预期性
农业社会化服务组织	农林牧渔服务业产值占农业总产值比重	%	5.2	＞5.5	预期性
	农业生产托管服务面积	亿亩次	13.84	18	预期性
	覆盖小农户数量	万户	4 100	8 000	预期性
新型农业经营主体和服务主体经营者	新型农业经营主体和服务主体经营者参训率	%	≈4.5	＞5	预期性

指标解释：

1. 全国家庭农场数量：指按照《关于实施家庭农场培育计划的指导意见》要求，符合当地农业农村部门提出的家庭农场名录管理要求，纳入当地农业农村部门家庭农场名录的家庭农场数量。

2. 各级示范家庭农场数量：指根据县级及以上农业农村部门出台的有关办法，审查评定为示范家庭农场的数量。

3. 农民合作社质量提升整县推进覆盖率：指开展农民合作社质量提升整县推进试点县（市、区）数量占全国县（市、区）总数的比例。

4. 农林牧渔服务业产值占农业总产值比重：指农林牧渔服务业产值占农业总产值比重。

5. 农业生产托管服务面积：指农业生产托管服务小农户的耕地面积。

6. 覆盖小农户数量：指农业生产托管服务小农户和新型经营主体的数量。

7. 新型农业经营主体和服务主体经营者参训率：指县级及以上农业农村部门指导的新型农业经营主体和服务主体中的家庭农场经营者、理事长、经理、财务负责人等接受培训的比例。

第三章 加快培育发展家庭农场

一、完善家庭农场名录管理制度

以县（市、区）为重点抓紧建立健全家庭农场名录管理制度，完善纳入名录的条件和程序，引导广大农民和各类人才创办家庭农场，同时把符合家庭农场条件的种养大户和专业大户、已在市场监管部门登记的家庭农场纳入名录管理，建立完整的家庭农场名录，实行动态管理，确保质量。健全家庭农场名录系统，及时把名录管理的家庭农场纳入系统，实现随时填报、动态更新和精准服务。（部政策改革司负责）

二、加大家庭农场示范创建力度

根据本地区劳动力状况、生产力水平、农业区域特色、家庭农场经营类别，依据经营管理能力、物质装备条件、适度经营规模、生产经营效益等因素，合理确定示范家庭农场评定标准和程序，加大示范家庭农场创建力度，加强示范引导，探索系统推进家庭农场发展的政策体系和工作机制。组织开展家庭农场典型案例征集活动，宣传推介一批家庭农场典型案例，树立一批可看可学的家庭农场发展标杆和榜样。（部政策改革司负责）

三、强化家庭农场指导服务扶持

积极协调在节本增效、绿色生态、改善设施、提高能力等方面探索一套符合家庭农场特点的支持政策，重点推动建立针对家庭农场的财政补助、信贷支持、保险保障等政策。通过支持家庭农场优先承担涉农项目等方式，引导家庭农场采用先进科技和生产手段，开展标准化生产。加强家庭农场统计和监测。强化家庭农场示范培训，提高家庭农场经营管理水平和示范带动能力。鼓励各地设计和推广使用家庭农场财务收支记录簿。积极引导家庭农场开展联合与合作。（部政策改革司、计财司负责）

四、鼓励组建家庭农场协会或联盟

积极开展区域性家庭农场协会或联盟创建，根据种养品种等行业特点和不同行业、区域的需求，有序组建一批带动能力突出、示范效应明显的家庭农场协会或联盟，逐步构建家庭农场协会或联盟体系。（部政策改革司负责）

专栏 1 家庭农场培育发展工程

（一）全国家庭农场名录系统建设

统一建设全国家庭农场名录数据库，不断完善数据库设施条件，逐步完善经营人员、经营规模、经营品种、示范评定等基础信息，形成国家、省、市、县四级家庭农场名录信息采集、典型监测、发展分析体系。（部政策改革司负责）

（二）家庭农场基础设施建设

支持家庭农场参与高标准农田建设，重点建设小农户急需的通田到地末级灌溉渠道、机耕生产道路等设施，加快建设一批土地集中连片、基础设施完备的家庭农场。支持家庭农场自建或联合建设集中育秧、仓储、烘干、晾晒、保鲜库、冷链运输、农机棚库、畜禽养殖等农业设施。健全县乡两级土地流转服务平台，做好政策咨询、信息发布、价格评估、合同签订等服务工作。（部政策改革司、农田建设司负责）

（三）家庭农场能力提升

支持家庭农场采用先进技术和装备，开展产地初加工和主食加工，开展绿色食品、有机食品、地理标志农产品认证和品牌建设，提升绿色化标准化生产能力。引导家庭农场领办或加入农民合作社，积极与龙头企业、社会化服务组织建立利益联结机制，创新与销地农批市场、大型商超合作模式，保障生产与销售渠道高效对接。加强现代化新技术、新理念在家庭农场生产全过程的应用，鼓励家庭农场发展设施农业、休闲农业、智慧农业、电子商务等新产业新业态。鼓励金融机构针对家庭农场开发专门信贷产品，开展家庭农场信用等级评价，对资信良好的发放信用贷款。（部政策改革司、计财司、乡村产业司负责）

第四章 促进农民合作社规范提升

一、提升农民合作社规范化水平

指导农民合作社制定符合自身特点的章程，加强档案管理，实行社务公开。依法建立健全成员（代表）大会、理事会、监事会等组织机构。执行财务会计制度，设置会计账簿，建立会计档案，规范会计核算，公开财务报告。依法建立成员账户，加强内部审计监督。按照法律和章程制定盈余分配方案，可分配盈余主要按照成员与农民合作社的交易量（额）比例返还。（部合作经济司负责）

二、增强农民合作社服务带动能力

鼓励农民合作社利用当地资源禀赋，带动成员开展连片种植、规模饲养，壮大优势特色产业，培育农业品牌。鼓励农民合作社加强农产品初加工、仓储物流、技术指导、市场营销等关键环节能力建设。鼓励农民合作社延伸产业链条，拓宽服务领域。鼓励农民合作社建设运营农业废弃物、农村厕所粪污、生活垃圾处理和资源化利用设施，参与农村公共基础设施建设和运行管护，参与乡村文化建设。（部合作经济司、计财司、乡村产业司、社会事业司、市场司、科教司负责）

三、促进农民合作社联合与合作

鼓励同业或产业密切关联的农民合作社在自愿前提下，通过兼并、合并等方式进行组织重构和资源整合，壮大一批竞争力强的单体农民合作社。支持农民合作社依法自愿组建联合社，扩大合作规模，提升合作层次，增强市场竞争力和抗风险能力。（部合作经济司负责）

四、加强试点示范引领

深入开展农民合作社质量提升整县推进试点，发展壮大单体农民合作社、培育发展农民合作社联合社、提升县域指导扶持服务水平。持续开展示范社评定，建立示范社名录，推进国家、省、市、县级示范社四级联创。认真总结各地整县推进农民合作社质量提升和示范社创建的经验做法，推介一批制度健全、运行规范的农民合作社典型案例。（部合作经济司负责）

专栏 2 农民合作社能力提升工程

（一）农民合作社服务能力提升

支持制度健全、管理规范、带动力强的县级以上示范社和联合社应用先进技术，提升绿色化标准化生产能力，建设分拣包装、冷藏保鲜、烘干、初加工等设施，开展绿色食品、有机农产品认证，发展地理标志农产品，提高产品质量水平和市场竞争力。（部合作经济司、监管司、计财司负责）

（二）国家示范社管理信息系统建设

完善国家农民合作社示范社评定和监测指标，完善国家示范社管理信息系统，重点对国家农民合作社示范社运行进行动态监测。（部合作经济司负责）

第五章 推动农业社会化服务组织多元融合发展

一、加快培育农业社会化服务组织

按照主体多元、形式多样、服务专业、竞争充分的原则，加快培育各类服务组织，充分发挥不同服务主体各自的优势和功能。支持农村集体经济组织通过发展农业生产性服务，发挥其统一经营功能；鼓励农民合作社向成员提供各类生产经营服务，发挥其服务成员、引领农民对接市场的纽带作用；引导龙头企业通过基地建设和订单方式为农户提供全程服务，发挥其服务带动作用；支持各类专业服务公司发展，发挥其服务模式成熟、服务机制灵活、服务水平较高的优势。（部合作经济司、乡村产业司负责）

二、推动服务组织联合融合发展

鼓励各类服务组织加强联合合作，推动服务链条横向拓展、纵向延伸，促进各主体多元互动、功能互补、融合发展。引导各类服务主体围绕同一产业或同一产品的生产，以资金、技术、服务等要素为纽带，积极发展服务联合体、服务联盟等新型组织形式，打造一体化的服务组织体系。支持各类服务主体与新型农业经营主体开展多种形式的合作与联合，建立紧密的利益联结和分享机制，壮大农村一、二、三产业融合主体。引导各类服务主体积极与高等学校、职业院校、科研院所开展科研和人才合作，鼓励银行、保险、邮政等机构与服务主体深度合作。（部合作经济司负责）

三、加快推进农业生产托管服务

适应不同地区、不同产业农户和新型农业经营主体的农业作业环节需求，发展单环节托管、多环节托管、关键环节综合托管和全程托管等多种托管模式。支持专业服务公司、供销合作社专业化服务组织、服务型农民合作社、农村集体经济组织等服务主体，重点面向从事粮棉油糖等大宗农产品生产的小农户以及新型农业经营主体开展托管服务，促进服务主体服务能力和条件提升。鼓励各地因地制宜选择本地优先支持的托管作业环节，按照相关作业环节市场价格的一定比例给予服务补助，通过价格手段推动财政资金效用传递到服务对象，不断提升农业生产托管对小农户服务的覆盖率。（部合作经济司负责）

四、推动社会化服务规范发展

加强农业生产性服务行业管理，切实保护小农户利益。加快推进服务标准建设，鼓励有关部门、单位和服务组织、行业协会、标准协会研究制定符合当地实际的服务标准和服务规范。加强服务组织动态监测，支持地方探索建立社会化服务组织名录库，推动服务组织信用记录纳入全国信用信息共享平台。建立服务主体信用评价机制和托管服务主体名录管理制度，对于纳入名录管理、服务能力强、服务效果好的组织，予以重点扶持。加强服务价格指导，坚持服务价格由市场确定原则，引导服务组织合理确定各作业服务环节价格。加强服务合同监管，加强合同签订指导与管理，积极发挥合同监管在规范服务行为、确保服务质量等方面的重要作用。加快制定标准格式合同，规范服务行为，确保服务质量，保障农户利益。（部合作经济司负责）

专栏3 农业社会化服务组织创新提升工程

（一）小农户生产托管服务促进工程

全国范围内，每年选取一定数量基础好、工作积极性高、条件扎实、粮棉油糖等重要农产品保障供给能力突出的农业大县（市、区），开展小农户生产托管服务推广试点工作，引导小农户积极接受农业生产托管服务。（部合作经济司负责）

（二）全国农业生产托管服务组织数据库建设

建设全国农业生产托管服务组织信息数据库，下设各省服务组织信息数据端口，实现全国服务组织发展信息共享。数据系统包括全国农业生产托管服务组织基本情况、服务面积、服务标准、服务价格等基础信息模块，形成集信息采集、分析、预测等功能的数据运行管理体系。（部合作经济司负责）

（三）区域性农业生产性服务平台建设

一是建设区域性农业生产性服务示范中心。选择农业生产性服务发展水平高、基础扎实、体系健全的农业大县（市、区），建设区域性农业生产性服务示范中心，为各类主体提供信息服务、农机作业与维修、农产品初加工、集中育秧、农资销售等生产性服务。二是建设农业生产托管服务站。以规模适度、服务半径适宜、方便农户和农业生产为原则，围绕区域性农业生产性服务中心，建设农业生产托管服务站，为小农户和新型农业经营主体提供耕、种、防、收等各环节“菜单式”托管服务。（部合作经济司负责）

第六章 全面提升新型农业经营主体和服务主体经营者素质

一、广泛开展培训

加大新型农业经营主体和服务主体经营者培训力度，坚持面向产业、融入产业、服务产业，着力建机制、定规范、抓考核，强化农民教育培训体系，实施好新型农业经营主体带头人、返乡入乡创新创业者等分类培育计划，加强统筹指导各地各部门培训计划，大力开展家庭农场经营者轮训，分期分批开展农民合作社骨干培训，加大农业社会化服务组织负责人培训力度。积极探索高素质农民培育衔接学历提升教育。鼓励各地通过补贴学费等方式，支持涉农职业院校等教育培训机构和各类社会组织，依托新型农业经营主体和服务主体建设实习实训基地，做好农村各类高素质人才示范培训与轮训。支持各类教育培训机构加强高水平“双师型”教师队伍建设，充实教学设施设备，改善办学条件，完善信息化教学手段，加强基地建设，支持各地重点建设产教融合实训基地、创业孵化基地和农民田间学校等。（部科教司等有关司局负责）

二、大力发展农业职业教育

加快改革农科专业体系、课程体系、教材体系，科学设计教学模式、考试评价模式，推动农业职业教育更好服务产业发展，科学布局中等职业教育、高等职业教育、应用型本科和高端技能型专业学位研究生等人才培养的规格、梯次和结构。以打通和拓宽各级各类技术技能人才的成长空间和发展通道为重点，构建体现终身教育理念、满足农民群众接受

教育的需求、满足“三农”发展对技术技能人才需求的现代农业职业教育体系。(部科教司负责)

三、着力提升科学素质

加强农村科普，健全和完善县乡科学技术推广普及网络，大力推动农村科普出版物发行，增加农民买得起、读得懂、用得上的通俗读物的品种和数量。积极探索利用各类新媒体传播渠道，通过动画、短视频等农民喜闻乐见的形式，广泛宣传农业生产应用技能和成功经验。加强农村科普活动场所和科普阵地建设，在农村建设一批较高水平的科普教育基地和科普实验基地。加强农技推广和公共服务人才队伍建设，支持农技人员在职研修，优化知识结构，增强专业技能，引导鼓励农科毕业生到基层开展农技推广服务。(部科教司负责)

专栏4　新型农业经营主体和服务主体经营者教育培训工程

依托高素质农民培育、学历提升、信息化建设等工程，开展新型农业经营主体带头人培训、返乡入乡创新创业者、农业经理人培养等分类培训计划，加快培育高素质农民队伍。深入推进农村实用人才带头人素质提升计划，通过专家授课、现场教学、交流研讨等，加强对家庭农场经营者、农民合作社带头人、产业发展带头人、大学生村官等主体的指导，提升增收致富本领和示范带动能力。依托涉农职业院校，采取农学结合、弹性学制、送教下乡等形式，开展农民中高等职业教育等学历教育，有效提升新型农业经营主体和服务主体经营者队伍综合素质和学历水平。(部科教司、人事司、计财司负责)

第七章　完善支持政策

一、加强财政投入

各级农业农村部门要积极争取将新型农业经营主体和服务主体纳入财政优先支持范畴，加大投入力度。统筹整合资金，综合采用政府购买服务、以奖代补、先建后补等方式，加大对新型农业经营主体和服务主体的支持力度，推动由新型农业经营主体和服务主体作为各级财政支持的各类小型项目建设管护主体。鼓励有条件的新型农业经营主体和服务主体参与实施高标准农田建设、农技推广、现代农业产业园等涉农项目。农机购置补贴等政策加大对新型农业经营主体和服务主体的支持力度。积极争取新型农业经营主体和服务主体有关税收优惠政策。(部计财司、政策改革司、合作经济司、规划司、科教司、农机化司、农田建设司负责)

二、创新金融保险服务

鼓励各金融机构结合职能定位和业务范围，对新型农业经营主体和服务主体提供资金支持。鼓励地方搭建投融资担保平台，引导和动员各类社会力量参与新型农业经营主体和服务主体培育工作。推动农业信贷担保体系创新开发针对新型农业经营主体和服务主体的担保产品，加大担保服务力度，着力解决融资难、融资贵问题。鼓励发展新型农村合作金融，稳步开展农民合作社内部信用合作试点。推动建立健全农业保险体系，探索从覆盖直接物化成本逐步实现覆盖完全成本。推动开展中央财政对地方优势特色农产品保险奖补试点。鼓励地方建立针对新型农业经营主体和服务主体的特色优势农产品保险制度，发展农业互助保险。鼓励各地探索开展产量保险、气象指数保险、农产品价格和收入保险等保险责任广、保障水平高的农业保险品种，满足新型农业经营主体和服务主体多层次、多样化风险保障需求。(部计财司、政策改革司、合作经济司负责)

三、推动用地政策落实

积极推动落实设施农业用地政策，保障新型农业经营主体和服务主体合理用地需求。在国土空间规划批准实施前，须在符合土地利用总体规划的前提下，推动各地通过调整优化村庄用地布局、有效利用存量建设用地等支持新型农业经营主体和服务主体发展。(部农田建设司、种植业司、畜牧兽医局、渔业渔政局、乡村产业司、政策改革司、合作经济司按职责分工负责)

四、强化人才支撑

鼓励返乡下乡人员领办创办新型农业经营主体和服务主体，鼓励支持各类人才到新型农业经营主体和服务主体工作。鼓励各地通过政府购买服务方式，委托专业机构或专业人才为新型农业经营主体和服务主体提供政策咨询、生产控制、财务管理、技术指导、信息统计等服务。推动普通高校和涉农职业院校设立相关专业或专门课程，为新型农业经营主体和服务主体培养专业人才。鼓励各地开展新型农业经营主体和服务主体国际交流合作。(部科教司、乡村产业司、政策改革司、合作经济司负责)

五、提升数字技术应用水平

按照实施数字乡村战略和数字农业农村发展规划的总体部署，以数字技术与农业农村经济深度融合为主攻方向，加快农业农村生产经营、管理服务数字化改造，全面提升农业农村生产智能化、经营网络化、管理高效化、服务便捷化水平，用数字化驱动新型农业经营主体和服务主体高质量发展。鼓励各地利用新型农业经营主体信息直报系统，推进相关涉农信息数据整合和共享，运用互联网和大数据信息技术，为新型农业经营主体和服务主体有效对接信贷、保险等提供服务。鼓励返乡入乡人员利用数字技术创新创业。(部政策改革司、规划司、市场司、合作经济司、计财司、乡村产业司按职责分工负责)

第八章　强化保障措施

一、落实部门责任，加强组织领导

各级农业农村部门要站在农业农村发展全局的高度，加强组织领导，强化部门配合，统筹指导、协调、推动新型农业经营主体和服务主体的建设和发展。要强化指导服务，深入调查研究，加强形势分析，组织动员社会力量支持新型农业经营主体和服务主体发展，及时解决各类主体发展面临的困难和问题。(部政策改革司、合作经济司按职责分工负责)

二、加强农经体系建设，强化工作力量

鼓励各地采取安排专兼职人员、招收大学生村官、建立辅导员制度等多种途径，充实基层经营管理工作力量，保障必要工作条件，确保支持新型农业经营主体和服务主体发展的各项工作抓细抓实。要加强培训和继续教育，努力打造一支学习型、创新型农村经营管理干部队伍。要加强县级对乡镇农村经营管理工作的指导、督促和检查，明确目标任务，提高工作绩效。(部合作经济司、政策改革司按职责分工负责)

三、强化监督管理，确保发展成效

将带动小农户数量和与小农户利益联结程度，作为支持新型农业经营主体和服务主体的重要依据，更好促进小农户和现代农业发展有机衔接。将培育新型农业经营主体和服务主体政策落实情况纳入农业农村部门工作绩效考核，建立科学的绩效评估监督机制。进一步建立健全新型农业经营主体和服务主体统计调查、监测分析等制度。（部政策改革司、合作经济司、计财司按职责分工负责）

四、加大宣传力度，营造良好氛围

动员各方力量，加快营造农民主体、政府引导、社会参与的推动发展格局。创新宣传形式，充分发挥新兴媒体和传统媒体作用，广泛宣传各地好经验、好做法，重点宣传一批可学可看可复制的典型案例，充分调动社会各界支持新型农业经营主体和服务主体发展的积极性。（部政策改革司、合作经济司、办公厅按职责分工负责）

农业农村部办公厅　财政部办公厅　商务部办公厅
关于印发《农业机械报废更新补贴实施指导意见》的通知

农办机〔2020〕2号

各省、自治区、直辖市及计划单列市农业农村（农牧）厅（局、委）、财政厅（局）、商务主管部门，新疆生产建设兵团农业农村局、财政局、商务主管部门，黑龙江省农垦总局、广东省农垦总局：

为加快老旧农业机械报废更新进度，进一步优化农机装备结构，促进农机安全生产和节能减排，根据《农业机械安全监督管理条例》《国务院关于加快推进农业机械化和农机装备产业转型升级的指导意见》等有关法规政策要求，我们共同制定了《农业机械报废更新补贴实施指导意见》，现印发你们，请结合实际，抓好贯彻落实。

农业农村部办公厅　财政部办公厅　商务部办公厅

二〇二〇年二月十九日

农业机械报废更新补贴实施指导意见

按照《农业机械安全监督管理条例》《国务院关于加快推进农业机械化和农机装备产业转型升级的指导意见》和农机购置补贴有关实施指导意见等法规政策要求，为做好农机报废更新补贴工作，制定本意见。

一、总体要求

全面贯彻党的十九大和十九届二中、三中、四中全会精神，牢固树立新发展理念，紧紧围绕实施乡村振兴战略，深入推进农业供给侧结构性改革，坚持“农民自愿、政策支持、方便高效、安全环保”的原则，通过政策支持进一步加大耗能高、污染重、安全性能低的老旧农机淘汰力度，加快先进适用、节能环保、安全可靠农业机械的推广应用，努力优化农机装备结构，推进农业机械化转型升级和农业绿色发展。

二、实施范围和补贴对象

中央财政从农机购置补贴中安排资金，实施农机报废更新补贴政策，对农民报废老旧农机给予适当补助。农机报废更新补贴政策在全国所有农牧业县（场）范围内实施，各省（自治区、直辖市）及计划单列市、新疆生产建设兵团、黑龙江省农垦总局、广东省农垦总局（以下简称“各省”）也可结合实际，选择部分市县（场）开展试点再逐步扩大实施范围。补贴对象为从事农业生产的个人和农业生产经营组织，农业生产经营组织包括农村集体经济组织、农民专业合作经济组织、农业企业和其他从事农业生产经营的组织。

三、补贴种类和报废条件

中央财政资金补贴报废农机种类为《农业机械安全监督管理条例》规定的危及人身财产安全的农业机械，包括拖拉机、联合收割机、水稻插秧机、机动喷雾（粉）机、机动脱粒机、饲料（草）粉碎机、铡草机等，具体补贴种类由各省结合实际从中选择确定。补贴的报废农机应当主要部件齐全，来源清楚合法，机主应就机具来源、归属等作出书面承诺。纳入牌证管理的农机需要提供监理机构核发的牌证；无牌证或未纳入牌证管理的，应当具有铭牌或出厂编号、车架号等机具身份信息。报废农机的使用年限等技术条件由各省参照相关机械报废标准确定。对未达报废年限但安全隐患大、故障发生率高、损毁严重、维修成本高的农机，允许申请报废补贴。

四、补贴标准

中央财政农机报废更新补贴由报废部分补贴与更新部分补贴两部分构成。报废部分补贴实行定额补贴，补贴额由省级农业农村部门商财政部门确定。拖拉机和联合收割机报废补贴额不超过农业农村部发布的最高补贴额（详见附表1），各省可在此基础上归并或细化类别档次，确定具体补贴额。其他农机报废补贴额原则上按不超过同类型农机购置补贴额的30%测算，并综合考虑运输拆解成本等因素确定，单台农机报废补贴额原则上不超过2万元。在多个省份进行报废补贴的农机，相邻省农业农村部门应加强信息沟通，力求补贴额相对统一稳定。更新部分补贴标准按农机购置补贴政策相关规定执行。

五、回收企业

报废农机回收企业（以下简称“回收企业”）应以当地具备资质的报废机动车回收拆解企业为主，也可选择依法具有农机回收拆解经营业务的其他企业或合作社。具体由各省农业农村部门依据《农业机械安全监督管理条例》等确定，并向社会公布。回收企业应当遵守国家有关消防、安全、环保的规定，按照《报废农业机械回收拆解技术规范》开展报废农机回收拆解工作。

六、操作程序

（一）报废旧机。机主自愿将拟报废的农机交售给回收企业。回收企业应当核对机主和拟报废的农机信息，向机主出具《报废农业机械回收确认表（样式）》（见附表2，以下简称《确认表》），向当地农业农村部门提供机主和报废农机信息。回收企业及时对回收的农机进行拆解并建立档案，对国家禁止生产销售的发动机等部件进行破坏性处理。拆解档案应包括铭牌或其他能体现农机身份的原始资料，保存期不少于3年。县级农业农村部门应对回收企业拆解或者销毁农机进行监督。

（二）注销登记。纳入牌证管理的拖拉机和联合收割机机主持《确认表》和相关证照，到当地负责农机牌证管理的机构依法办理牌证注销手续。相关机构核对机主和报废农机信息后，在《确认表》上签注“已办理注销登记”字样。

（三）兑现补贴。机主凭有效的《确认表》，按当地相关规定申请补贴。当地农业农村部门、财政部门按职责分工进行审核，财政部门向符合要求的机主兑现补贴资金。各地可结合实际，设置个人和农业生产经营组织年度内享受报废补贴的农机数量上限。县级农业农村部门应按照报废补贴机具总量不超过购置补贴机具总量的原则，合理确定年度报废补贴农机数量。

七、工作要求

（一）加强组织领导。各级农业农村部门、财政部门、商务部门要切实加强农机报废更新补贴工作的组织领导，明确职责分工，密切配合，形成工作合力。要细化完善管理措施，建立健全制度机制。要加强政策宣传，扩大公众知晓度。大力推行信息公开，对享受补贴的信息进行公示，对实施方案、补贴额、操作程序、投诉咨询方式等信息全面公开，主动接受监督。要加强补贴业务培训，提高工作人员素质能力。地方各级财政部门要加大投入力度，保障必要的工作经费。

（二）推行便民服务。各地有关部门要强化服务意识，创新工作方式，鼓励采取“一站式”服务、网上办理等便民措施，提高工作效率和服务质量。要做好与农机购置补贴工作信息平台的衔接，加快实现回收拆解等信息与农机购置补贴相关信息的互联互通，提高补贴申请资料校核效率。鼓励机动车回收拆解企业、农机维修企业、农机合作社合作开展农机报废回收工作，鼓励回收企业上门回收、办理业务。允许机主购买与报废种类和数量不同的农业机械。

（三）强化监督管理。各省要将农机报废更新补贴实施纳入农机购置补贴延伸绩效管理考核内容，强化结果运用。有关部门按照各自职责加强对农机报废更新补贴工作的监管。对未纳入牌证管理的农机具，各省要制定风险防控措施，严格加强监管，严查虚假报补等骗套补贴资金的违规行为，严惩违规主体。发现回收企业存在违规行为，应视情节轻重，采取警告、通报、暂停参与补贴实施并限期整改、禁止参与补贴实施等措施进行处理。对弄虚作假套取国家补贴资金的企业、个人和农业生产经营组织，要参照农机购置补贴的有关规定和原则进行严肃处理。

（四）及时报送情况。各省要根据本指导意见，结合实际制定印发本省农机报废更新补贴实施方案，并抄报农业农村部、财政部和商务部。要加强实施进度统计分析，严格执行进度季报制度，做好半年和全年总结分析，每年7月10日和12月10日前分别报送半年和全年农机报废更新补贴工作总结。

附表：1. 拖拉机和联合收割机中央财政资金最高报废补贴额一览表（略）

2. 报废农业机械回收确认表（样式）（略）

农业农村部办公厅　财政部办公厅
关于印发《东北黑土地保护性耕作行动计划
实施指导意见》的通知

农办机〔2020〕3号

内蒙古自治区、辽宁省、吉林省、黑龙江省农业农村（农牧）厅、财政厅：

根据《农业农村部 财政部关于印发〈东北黑土地保护性耕作行动计划（2020—2025）〉的通知》（农机发〔2020〕2号），我们制定了《东北黑土地保护性耕作行动计划实施指导意见》。现印发给你们，请结合本省（区）实际，认真贯彻执行。

农业农村部办公厅 财政部办公厅

二〇二〇年三月二十六日

东北黑土地保护性耕作行动计划实施指导意见

加快在东北适宜区域全面推行保护性耕作，对于遏制黑土地退化、恢复提升耕地地力、夯实国家粮食安全基础，具有重要意义。为推动《东北黑土地保护性耕作行动计划（2020—2025年）》（以下简称《行动计划》）有序规范实施，提出以下指导意见。

一、总体要求

深入实施东北黑土地保护性耕作行动计划，坚持生态优先、用养结合、稳产丰产、节本增效导向，强化组织领导和政策引导，通过政府与市场两端发力，农机与农艺深度融合，科技支撑与产业培育并重，技术创新与机制创新并行，整体推进扩面与重点突破提质并举，加快在东北适宜区域全面推行保护性耕作，促进东北黑土地保护和农业可持续发展。

二、实施区域

《行动计划》在辽宁省、吉林省、黑龙江省和内蒙古自治区的赤峰市、通辽市、兴安盟、呼伦贝尔市实施。重点支持玉米生产应用保护性耕作技术，兼顾大豆、小麦等作物生产。

三、实施目标

（一）总体目标。力争到2025年，东北地区保护性耕作面积达到1.4亿亩，占东北适宜区域耕地总面积的70%。形成完善的保护性耕作政策支持体系，充分调动广大农民和地方发展保护性耕作的积极性。形成完善的保护性耕作技术装备体系，夯实全面推行保护性耕作的物质技术基础。形成完善的保护性耕作推广体系和社会化服务体系，保障技术应用规范到位。经过持续努力，保护性耕作成为东北适宜区域主流耕作技术，实施区域耕地质量和农业综合生产能力稳定提升，生态、经济和社会效益明显增强。

（二）年度目标。在稳定粮食生产的前提下，积极稳妥确定保护性耕作具体实施区域和年度实施目标。实施面积计划要与农户的认知接受程度和关键机具保障服务能力相适应，充分尊重农民意愿，不搞强迫命令。2020年在东北四省（区）实施保护性耕作4 000万亩（其中内蒙古自治区700万亩、辽宁省800万亩、吉林省1 300万亩、黑龙江省1 200万亩），每个省（区）建设保护性耕作整体推进县不少于8个、县乡级高标准保护性耕作应用基地不少于30个。2021—2025年各省（区）年度任务，根据前一年度实施情况具体确定。

四、技术要求

重点推广秸秆覆盖还田免耕和秸秆覆盖还田少耕两种保护性耕作技术类型。各地要结合土壤、水分、积温、作物行距、经营规模等实际情况，创新优化和推广具体的秸秆覆盖免（少）耕播种技术模式，配套完善病虫草害防治、水肥运用和深松等田间管理技术。要在保障粮食稳产丰产的前提下，尽量提高秸秆地表覆盖比例，尽量降低耕作次数和强度，减少土壤扰动，提升保护性耕作质量。

保护性耕作实施具体技术要求包括：前茬作物秋收后应将秸秆覆盖还田和留茬，除了必要的深松外，不进行旋耕犁耕整地作业，避免越冬农田裸露；春播时采用免耕播种机一次性完成开沟、播种、施肥、镇压等复式作业，对于秸秆量大的田块，可采用秸秆集行、条带耕作等少耕方式处理地表秸秆，确保播种质量。对于高标准保护性耕作应用基地实施地块，原则上应做到秸秆全量覆盖免（少）耕播种，地表土壤扰动面不超过30%。四省（区）应据此及时制修订适宜不同区域的主推技术模式及标准规范。

五、政策支持

（一）保护性耕作补助。中央财政从现有渠道安排东北黑土地保护性耕作补助资金，以“大专项＋任务清单”管理方式下达地方实施。省级农业农村、财政部门要根据农业农村部、财政部下达的任务清单，科学测算分配中央财政相关补助资金，支持开展秸秆覆盖免（少）耕播种作业及建设高标准保护性耕作应用基地。秸秆覆盖免（少）耕播种作业补助对象为实施保护性耕作的农业经营主体和作业服务主体；补助标准由各地综合考虑本辖区工作基础、技术模式、成本费用等因素确定，可对不同区域不同技术模式实行差异化补助；鼓励各地采取政府购买服务、“先作业后补助、先公示后兑现”等方式实施，支持有条件的农机合作社等农业社会化服务组织承担补助作业任务，提高补助实施效率和作业质量。各地要统筹用好相关资金，加大保护性耕作整体推进县和县乡级高标准应用基地建设的支持力度，鼓励先行先试、连续实施。

（二）政策衔接配合。东北四省（区）地方政府要因地制宜完善保护性耕作发展政策体系，统筹其他相关政策共同推进《行动计划》有效实施，切实发挥政策集聚效应。要充分发挥农机购置补贴政策导向作用，对保护性耕作机具实行优先补贴。保护性耕作实施项目县要做好秸秆覆盖免（少）耕播种作业补助与农作物秸秆综合利用、深松整地、黑土地保护试点等耕地质量提升政策的衔接配合，既要同向用力，又要各有侧重，切实提高财政资金使用效益。

六、组织实施

（一）组织领导。东北四省（区）要把在适宜区域推广应用保护性耕作，作为“政府的事”“生态的事”“战略的事”，抓紧抓实，久久为功。推动省级政府和市县政府成立负责同志牵头的保护性耕作推进行动领导小组，建立政府主导、上下联动、各相关部门齐抓共管的工作机制，做好相关资金保障和工作力量统筹，确保有钱干事、有人干事、把事干好。省级和市县农业农村部门要成立由主要负责同志牵头的实施领导小组，具体组织落实推进行动目标任务。

（二）制定方案。东北四省（区）要将本省（区）保护性耕作推进行动方案（2020—2025年），于2020年3月31日前以省级政府文件报农业农村部、财政部备案。各省级农业农村部门会同财政部门，组织制定本辖区年度实施方案，明确实施区域、主推技术模式、实施面积目标、整体推进县及高标准应用基地建设安排、支持政策措施、补助标准、实施要求和保障措施等内容。省级年度实施方案在下发实施前要与农业农村部、财政部充分沟通，并于每年3月底前报农业农村部、财政部备案。

（三）培训指导。农业农村部组织成立东北黑土地保护性耕作专家指导组（名单见附件），各省（区）分别成立省级专家组，为实施行动计划提供决策服务和技术支撑。各地要加强对保护性耕作实施主体的技术培训，培育专业服务队伍，促进技术规范应用。通过现场演示、微信视频、宣传挂图等多种形式，加强对农民群众、乡村干部的科普宣传，促进技术进村入户。各地要强化对高标准保护性耕作应用基地的技术指导，打造长期应用样板、宣传培训阵地及固定监测点。组织科研单位开展监测点数据监测分析工作，促进技术模式优化。

（四）监督管理。各省级农业农村部门、财政部门要及时将中央财政支持保护性耕作的政策措施和省级年度实施方案向社会发布，督促指导基层农业农村部门、财政部门按规定做好补助对象、资金安排等信息公开公示工作，通过多种渠道宣传解读政策，广泛接受社会监督。各地要明确补助作业地块的验收标准，强化具体监管措施，严防虚报补助作业面积、降低作业标准、套取财政补助资金等违规行为发生。鼓励地方采用“物联网＋监管”、遥感等信息化手段，远程监测保护性耕作作业面积、作业轨迹、作业质量等，力争3年内基本实现保护性耕作补助作业地块信息化远程监测全覆盖，切实提高监管效率和监管精准性。督促各项目县建立专门的实施档案，相关文件资料、信息化平台数据等要留存备查。农业农村部适时委托第三方通过遥感、田间实地抽查等措施，对保护性耕作区域实施效果开展动态监测。适时组织开展保护性耕作机具质量调查，督促生产企业改进产品性能和服务质量。

（五）绩效考核。推动东北四省（区）各级政府将推进保护性耕作列入年度工作重点，细化分解目标任务，健全责任体系，强化督导考核，确保按时保质完成各项任务。省级财政、农业农村部门要按照《农业相关转移支付资金绩效管理办法》等规定，建立以绩效评价为导向的项目资金安排机制，将政策目标实现情况、任务清单完成情况、组织实施情况、培训指导情况、资金使用监督管理情况等纳入指标体系，严格奖惩措施，不断提高财政资金使用效益。

（六）调度督导。东北四省（区）各级农业农村部门要建立保护性耕作推进行动定期调度督导机制，及时掌握并逐级上报目标任务阶段性落实情况。省级农业农村、财政部门要加强保护性耕作相关项目日常监督管理，及时妥善处理执行中的问题，重大事项及时向农业农村部、财政部报告。省级农业农村部门在每年 4 月 20 日—5 月 31 日期间，以周报形式向农业农村部报送保护性耕作作业进度；在 9 月 30 日前报送保护性耕作补助资金执行情况及下年度安排计划；在 11 月 30 日前报送保护性耕作推进行动年度工作总结及绩效自评报告。农业农村部加强统筹协调和组织调度，会同财政部等部门研究解决保护性耕作推广应用中的重大问题，重要情况将及时报告国务院。

联系单位及电话：农业农村部农业机械化管理司 010-59193190

附件：东北黑土地保护性耕作专家指导组成员名单及职责（略）

农业农村部办公厅关于国家农业科技创新联盟建设的指导意见

农办科〔2020〕12 号

国家农业科技创新联盟成员单位，各省、自治区、直辖市农业农村（农牧）厅（局、委），新疆生产建设兵团农业农村局，中国农业科学院、中国水产科学研究院、中国热带农业科学院，有关农业大学，各省级农业科学院：

国家农业科技创新联盟（以下简称“联盟”）是深化农业科技体制改革与机制创新、深度推进产学研一体化的重要举措，是科学配置农业科技创新资源、培育农业农村发展新动能、支撑引领乡村振兴的重要平台和载体。为深入贯彻落实党中央、国务院关于实施创新驱动发展战略和乡村振兴战略的部署要求，进一步加快联盟建设，大力推进产学研深度融合，确保联盟围绕农业节本增效、质量安全、生态环保需求高质量发展和规范化运行，现提出以下意见。

一、重要意义

（一）推进联盟建设是落实乡村振兴战略的重要举措

农业出路在现代化，农业现代化关键在科技进步，要给农业插上科技的翅膀。乡村振兴离不开科技支撑，实施乡村振兴战略，要求农业科技创新瞄准质量兴农、绿色兴农、效益优先，加快转变农业生产方式、推进改革创新、科技创新和工作创新。推进联盟建设，有利于把握农业农村重点领域改革发展的战略机遇，通过高效合理配置创新资源，深入推进协同创新和开放创新，面向乡村振兴主战场，聚焦乡村产业发展、生态宜居和人才培养等重点需求，打通从科技强到产业强、经济强、人才强的通道，加速先进适用农业科技成果的转化推广，为实现乡村全面振兴提供强有力的科技支撑和决策支撑。

（二）推进联盟建设是农业科技体制改革和机制创新的重要探索

联盟是在现有科技管理体制下，探索农业科技协同攻关的重大机制创新。大力推进联盟建设，有利于打破各专业、学科、区域和单位界限，形成科学合理的协同创新布局，培育多元创新主体，构建一流的学科和团队，建成有利于调动各主体积极性的共建共享共赢平台，最大限度激发涉农企业以及中央、省、地市各级农业科研机构和高等院校的创新创业热情，加快解决事关国家战略需求和产业竞争力提升的农业重大科技和产业问题。

（三）推进联盟建设是完善农业科技创新体系的有效途径

联盟通过创新任务牵引、资源共享、实体运维、市场驱动等机制，打通从基础研究、应用研究到技术开发和产业化的通道，补上科技成果集成孵化、转移转化的短板，有利于加快解决科技与产业“两张皮”、创新链与产业链价值链脱节等问题，促进科技、产业、人才、资本等创新要素深度融合，助力构建与农业科研特点和规律相适应、与农业科技进步和产业变革相衔接、与建设农业科技强国目标相匹配的新时代中国特色农业科技创新体系。

二、总体要求

（一）指导思想

以习近平新时代中国特色社会主义思想为指导，牢固树立和深入贯彻新发展理念，以国家重大战略需求、区域重大需求和现代农业产业重大需求为导向，以实现农业产学研深度融合为目标，坚持把联盟建设作为推动农业科技创新的重要抓手，集聚各类创新资源，激活各类创新要素，构建高效创新机制，突破关键技术瓶颈，形成协同创新合力，加快构建一批产学研用一体化的创新联合体（新型研发机构），有力带动全国农业科技整体跃升，为实施乡村振兴战略和实现农业农村现代化提供强有力的科技支撑。

（二）基本原则

——产研深度融合，市场导向驱动。以产业问题和市场需求为导向，围绕产业链布局联盟创新链，以联盟实体化、一体化等方式集聚科研院校、企业等各类创新主体力量，形成全产业链、全要素、全过程集成创新和转化应用的格局，推动现代农业产业发展。

——质量效益并重，主攻目标聚焦。适应农业高质量发展和提升国际市场竞争力的要求，围绕农业产业转型升级和提质增效的现实需求，聚焦专业性、产业性、区域性重大关键问题，为产业或区域发展提供综合解决方案，着力提升产业质量效益竞争力。

——协同创新发展，多方齐力参与。充分发挥企业在联盟主攻目标、组织实施、研发投入、成果转化等各环节的主导作用，充分依托科研院校源头科技创新、基础条件平台和人才智力支撑，积极鼓励新型农业经营主体参与成果推广应用，形成各方面支持、多学科协同、全链条联合的产业科技协同创新机制。

——加强引导激励，促进内生发展。充分发挥政府专项投入的撬动效应和社会金融资本的拉动作用，在联盟内部积极推动落实放活机构、放活成果、放活人才等激励政策，引导科技人员在院校与企业之间自由流动、兼职兼薪，促进最新研发成果在联盟内部快速转移、优先转化，建立优势互补、互利共赢机制，打造有利于联盟健康持续发展的内生动力。

（三）总体目标

建设一批产业特色明显、发展方式绿色、各类要素集聚、机制创新鲜明、示范带动有力的联盟，基本形成层级分明、布局合理、梯次推进的全国农业科技创新联盟框架。力争联盟建设覆盖农业领域的各个专业、产业以及全国各生态区域，形成创新效率明显提升、产业带动效果显著、区域问题有效解决、协同机制运行高效的全国农业科技创新联盟发展格局。

——农业产业科技创新能力显著提升。推动实现农业产学研深度融合，充分激发企业技术创新主体作用，做大做强一批具有国际竞争力的农业高新技术企业，带动相应产业集群的质量效益竞争力显著增强。

——区域农业可持续发展的能力显著增强。形成华北、东北、华东、华南、华中、西南、西北等区域农业重大问题的科技综合解决方案和技术体系，并在不同农业生态区域、不同优势农产品生产区示范和推广，有效解决区域性重大产业科技问题和农业可持续发展。

——农业科技资源共建共享效率显著提升。全面建成农业科技文献和农业基础性科学数据等农业信息资源的共建共享服务平台，全面提升农作物种质资源、畜禽资源和农业微生物资源等农业生物资源要素共享效率，全面实现联盟内重大科技基础设施、大型仪器设备、服务单元及试验示范基地的共用共享。

三、重点任务

（一）培育产业发展新动能，助力实现产业质量效益提升

集成熟化一批质量兴农、效益兴农的重大关键技术，瞄准优质农产品、绿色投入品、智能农机装备与智慧生产、现代渔业等领域，开展提质增效技术研发与应用，形成一系列技术、产品、标准和品牌，加快构建以企业为主体、市场为导向、产学研相结合的产业联盟，助力提升产业质量效益竞争力。

（二）聚焦绿色发展难题，实现区域农业农村可持续发展

面向东北平原区、华北黄淮麦区、长江流域稻区、西北旱作区、华南热区及西南喀斯特区等不同生态区域的农业发展需求和生产问题，着力创建不同区域农业绿色发展技术体系，加快构建区域重大问题一揽子综合解决方案，形成一批可复制可推广的应用模式并进行定点示范与推广应用，实现区域农业农村可持续发展。

（三）推进体制机制创新，为乡村振兴科技支撑提供制度保障

建立共建共享机制，打造共建共享平台，提升农业种质、信息、大数据等科技资源全国“一盘棋”的共建共享效率。鼓励联盟以企业为主体，吸引科研院校优势团队和社会资本共同参与，打造新型研发机构或实体化联合体。围绕行业、产业和区域发展的瓶颈制约和共性难题，充分发挥联盟学科交叉、成果集成、人才集中的优势，提供“一体化”综合技术解决方案。

四、联盟的建设与管理

（一）联盟分类

联盟实行分类建设与管理制度，国家农业科技创新联盟框架包括专业性联盟、产业性联盟和区域性联盟。

专业性联盟是指围绕科技资源共建共享、解决专业领域重大共性问题的创新联盟。产业性联盟是指解决重大产业发展问题、实现产业链上中下游紧密衔接的创新联盟。区域性联盟是指通过协同解决区域重大关键问题，促进区域农业农村高质量、可持续发展的创新联盟，以及各省（自治区、直辖市）政府组织本省（自治区、直辖市）各级各类农业科技创新机构开展协同攻关而成立的省级农业科技创新联盟。

（二）联盟创建

除政府部门外，凡承认国家农业科技创新联盟章程，认可联盟定位、职责及义务，并符合相应条件的农业科研机构、高校、企业、新型研发机构等单位，均可提出创建联盟的申请。

1. 建设条件

（1）专业性联盟一般由中央或地方科研单位、涉农高校、新型研发机构等牵头组建。牵头单位应在基础前沿领域具有显著优势，或在产业关键共性技术研究领域具有显著优势，或在基础性长期性科技工作方面具有深厚积累。

（2）产业性联盟一般由省级以上农业产业化龙头企业、中央或地方科研单位、涉农高校，新型研发机构等牵头组建。牵头单位在研发投入、研发团队、条件平台及发明专利等方面，在全国具有显著优势，或在本产业领域具有领先的市场竞争优势、显著的品牌影响力或国际竞争力。

（3）区域性联盟一般由中央或地方科研单位、涉农高校牵头组建。牵头单位应在我国主要农业生态或生产区域重大问题研究方面具有显著优势。省级联盟以省级农业（农牧、农林）科学院、涉农高校牵头组建，重点解决本省（自治区、直辖市）农业农村发展重大科技问题。

2. 建设申请

（1）各拟组建联盟牵头单位严格对照建盟条件，向国家农业科技创新联盟办公室（以下简称“联盟办”）提交联盟创建申请，通过联盟办形式审查后提交国家农业科技创新联盟秘书处审核。

（2）通过审核的联盟与联盟办签订联盟创建协议后开展试运行。创建协议应有明确的创新任务、创新目标、创新团队、创新资金和考核机制，并提出核心任务评估指标。创建协议及相关材料须报农业农村部相关司局备案。

（3）各联盟要建立有效的决策、咨询与执行机制，明确其对外承担责任的主体。联盟执行机构应配备专职人员，负责有关日常事务。

（4）试运行期间的联盟，可使用“国家 ××× 农业科技创新联盟”的名称和标识开展相关活动，但须严格遵守创建协议相关条款。

（三）联盟管理

联盟办按照创建协议，对各联盟的组织建设与运行管理进行监督考核。

1. 联盟评估

（1）联盟办委托第三方评估机构，依据联盟章程和创建协议等，对各联盟建设和运行情况进行评估。

（2）试运行联盟组建两年内须参加评估。评估结果分为认定、整改和退出三类，并报国家农业科技创新联盟理事会审议。无故不参加评估的联盟将视为自动退出。

（3）通过评估的联盟，由农业农村部发文予以认定，并纳入国家农业科技创新联盟序列正式运行，可使用“国家 ××× 农业科技创新联盟”的名称和标识开展相关活动。认定联盟原则上每三年评估一次，每年底须向联盟办提交建设运行进展报告。

（4）经评估退出的联盟，不得以国家农业科技创新联盟名义开展任何活动，不得使用“国家 ××× 农业科技创新联盟”名称和标识。

（5）经评估需整改的联盟，一年后须参加下次评估，根据评估结果予以认定或退出。

2. 联盟机制

（1）运行发展机制。联盟应根据其不同类型特点，以强化深度协同协作、提高共建共享效率、推进联盟实体化运行、提供一体化解决方案为核心目标，大胆探索、积极创新联盟高效运行机制。

（2）利益保障机制。联盟协同创新产生的成果（技术、产品和模式等知识产权）应按照联盟章程或协议约定的权利归属、使用许可和收益分配办法执行，要强化违约责任追究，保护联盟成员的合法权益。

（3）开放合作机制。联盟应根据自身发展需要，及时吸纳新成员，定期开展与外部组织的交流与合作，并将联盟通过协同攻关形成的各类成果向联盟外扩散。

五、保障和支持

（一）加强组织领导

农业农村部负责牵头统筹推进联盟建设工作，研究解决联盟建设中的重要事项，建立健全联盟建设各类管理规章制度。联盟牵头单位所在地方或单位要健全联盟建设工作协调机制，把联盟建设作为推动产学研深度融合、提升产业质量效益竞争力的重要手段，与本地本单位相关工作统筹推进。

（二）加强支持保障

鼓励联盟根据其定位与使命，通过牵头单位或主要依托单位联合申报、或成立实体化机构（新型研发机构）等方式，获得国家有关部门或地方科技专项支持，或承担国家和地方相关部门委托任务。引导和鼓励联盟内企业加大研发、孵化、推广投入力度，发挥主导作用，并吸引其他社会力量、金融资本共同参与联盟建设发展。

（三）加强典型引领

及时总结、积极推广联盟建设发展的新成效、新进展和新机制，充分调动各方面的积极性，营造联盟建设发展的良好创新创业生态。培育壮大一批联盟发展的新标杆、好样板，认真总结提升，加强观摩交流，广泛宣传推广，充分发挥联盟在促进产学研深度融合、带动产业或区域发展中的示范引领作用。

农业农村部办公厅

二〇二〇年六月二十九日

农业农村部办公厅关于印发《2020 年乡村产业工作要点》的通知

农办产〔2020〕1 号

为贯彻落实中央 1 号文件、《国务院关于促进乡村产业振兴的指导意见》精神，紧扣乡村产业振兴目标，聚焦重点产业、聚集资源要素，强化创新引领，突出集群成链，培育发展新动能，推进政策、项目和措施落地，大力发展富民乡村产业，奠定全面小康和乡村振兴基础，我部制定了《2020 年乡村产业工作要点》，现印发你们，请结合实际认真贯彻落实。

农业农村部办公厅

二〇二〇年二月十三日

2020年乡村产业工作要点

2019年，农业农村系统认真贯彻落实中央1号文件和农业农村部安排，紧扣乡村产业振兴目标，加强工作部署，加大工作力度，产业融合水平稳步提升，农产品加工业提质增效，乡土特色产业快速发展，创新创业深入推进，新产业新业态不断涌现，乡村产业呈现良好发展势头。

2020年，是全面打赢脱贫攻坚战的收官之年，是全面建成小康社会的目标实现之年，促进乡村产业发展，具有重要意义。做好乡村产业工作的总体考虑是：以习近平新时代中国特色社会主义思想为指导，贯彻落实中央1号文件和《国务院关于促进乡村产业振兴的指导意见》精神，对标对表全面建成小康社会目标，牢固树立新发展理念，以实施乡村振兴战略为总抓手，以农村一、二、三产业融合发展为路径，聚焦重点产业、聚集资源要素，强化创新引领，突出集群成链，培育发展新动能，大力发展富民乡村产业，为全面小康和乡村振兴提供有力支撑。

做好今年乡村产业工作，在目标任务上，要力求取得“三个进展”：一是在延伸产业链上取得新进展。依托种养业，提升种养业，一产往后延，二产两头连，三产走精端，培育一批以种养为基础、以加工为纽带、以商贸物流为支撑的产业形态。二是在促进融合发展上取得新进展。跨界配置农业与工业、商贸、文旅、物流、信息等现代产业要素高位嫁接、交叉重组、渗透融合，促进农牧渔“内向”融合、产加销“纵向”融合、农文旅“横向”融合、新技术渗透“逆向”融合、产园产村“多向融合”和多元主体利益融合。三是在拓展农业功能上取得新进展。发掘农业多种功能和乡村多重价值，催生新产业新业态，搭建新平台新载体，“拓”出农业新业态，“展”出乡村新空间。

一、加力推进产业融合发展，提升乡村产业层次水平

一是创新推进主体融合。支持发展行政区域范围内“政产学研推用银”多主体参与、产业关联度高、辐射带动力强的大型产业化联合体，构建政府引导、农民主体、企业引领、科研协同、金融助力的发展格局。积极发展以产业园区为单元，园区内龙头企业与基地农民合作社和农户分工明确、优势互补、风险共担、利益共享的中型产业化联合体。鼓励发展以龙头企业为引领，农民合作社和家庭农场跟进，广大小农户参与，采取订单生产、股份合作的小型产业化联合体。2020年，扶持并推介一批主导产业突出、原料基地共建、资源要素共享、联农带农紧密的农业产业化联合体。

二是务实推进业态融合。跨界配置农业与现代产业要素深度交叉融合，形成“农业＋”多业态发展态势。以加工流通带动业态融合，引导各地发展中央厨房、直供直销、会员农业等业态。以功能拓展带动业态融合，促进农业与文化、旅游、教育、康养、服务等现代产业高位嫁接、交叉重组、渗透融合，积极发展创意农业、亲子体验、功能农业等业态。以信息技术带动业态融合，促进互联网、物联网、区块链、人工智能、5G、生物技术等新一代信息技术与农业融合，发展数字农业、智慧农业、信任农业、认养农业、可视农业等业态。2020年，推介一批农村产业融合模式创新、联结机制创建、业态类型创造典型案例。

三是搭建产业融合载体。推进政策集成、要素集聚、功能集合、企业集中，建设产业集聚区。建设农业产业强镇。依托镇域资源优势，聚集资源要素，健全利益联结机制，建设一批基础条件好、主导产业突出、带动效果显著的农业产业强镇，培育乡村产业“增长极”。完善农业产业强镇考核监督办法，认定一批成效显著的农业产业强镇。建设乡村产业集群。以资源集聚区和物流节点为重点，促进产业前延后伸、横向配套、上承市场、下接要素，构建紧密关联、高度依存的全产业链，培育生产、加工、流通、物流、体验、品牌、电商于一体的产业集群，打造乡村产业发展高地。2020年，认定一批农村一、二、三产业融合发展先导区。

二、大力发展农产品加工业，夯实乡村产业发展基础

一是积极发展农产品初加工。鼓励和支持农民合作社和家庭农场等新型经营主体发展保鲜、储藏、分级、包装等设施建设，促进农产品顺利进入终端市场和后续加工环节。在此基础上，发展粮变粉、豆变芽、肉变肠、奶变酪、菜变肴、果变汁等初级加工产品，提升农产品品质，满足乡镇居民消费需要，把就业岗位更多留在乡村，把产业链增值收益更多留给农民。2020年，举办全国茶叶加工职业技能大赛，认定一批制茶大师。

二是大力发展农产品精深加工。优化产能布局，鼓励和引导工商资本和农业产业化国家重点龙头企业在农畜产品优势区，建立标准化原料基地，打造“第一车间”“原料车间”和“粮食车间”，优化加工产能。支持技术创新，突破技术瓶颈，研发推广一批有知识产权的加工关键技术装备，研制一批智能控制等产加工设备。加强标准制定，制修订一批农产品加工技术规程和产品质量标准。提升加工深度，引导龙头企业建设农产品加工技术集成基地和精深加工示范基地，增加精深加工产品种类和产品附加值，推动加工企业由小变大、加工程度由初变深、加工产品由粗变精。2020年，发布农产品加工业100强企业。

三是推进副产物综合利用。按照集约节约、环境友好、绿色发展要求，鼓励农产品加工企业开展副产物循环高值梯次利用。推行低消耗、少排放、可循环的绿色生产方式，推进“生产—加工—产品—资源”循环发展。加快副产物综合利用的技术创新，开发新能源、新材料、新产品等，实现资源多次增值、节能减排。2020年，推介一批农产品加工副产物综合利用典型案例。

四是建设农产品加工园区。按照“粮头食尾”“农头工尾”要求，支持粮食生产功能区、重要农产品生产保护区、特色农产品优势区，建设一批各具特色的农产品加工园区。支持河南驻马店、黑龙江肇东建设国际农产品加工产业园，引导地方建设一批区域性农产品加工园，形成国家、省、市、县四级农产品加工园体系，构筑乡村产业“新高地”。2020年，建设并推荐一批产值超100亿元的农产品加工园。

三、聚力发展乡村特色产业，拓展乡村产业发展空间

一是有序开发特色资源。发布并组织实施《乡村特色产业发展规划（2020—2025）》，积极引导小众类、多样性特色种养、特色食品、特色手工等乡村产业发展，开发乡土特色文化产业和创意产品，保护传统技艺，传承乡村文化根脉。开展乡村特色产业监测分析，引导特色产业持续健康发展。

二是建设特色农产品生产基地。集中资源，集合力量，引导各地建设特色粮、油、薯、果、菜、茶、菌、中药材、养殖、林特花卉苗木等种养基地。创新发展绿色循环优质高效特色农业，建设绿色化、标准化、规模化、产业化特色农产品生产基地，完善仓储加工物流等全产业链条，加强质量管控和品牌宣传，提升优势特色产业的质量效益水平。2020 年，建设一批特色农产品生产基地。

三是着力打造特色产业集群。发挥乡村特色资源优势，发展小而精、精而美的乡土特色产业，推进特色资源有序开发、规模开发。优化特色产业布局，认定一批全国“一村一品”示范村镇，推进特色农产品“产加销服”“科工贸旅”一体化发展，推动一、二、三产业融合和产村产镇融合，促进全产业链首尾相连、上下衔接、前后呼应，实现串珠呈线、块状成带、集群成链，形成“一村一品”“一镇一特”“一县一业”“一省一业”发展格局。2020 年，建设一批产值超 100 亿元的特色产业集群，打造一批产值超 50 亿元的特色产业强县、超 10 亿元的特色产业强镇、超 1 亿元的特色产业强村。

四是培育乡土特色品牌。按照“有标采标、无标创标、全程贯标”要求，制定不同区域不同产品的技术规程和产品标准。加强特色产品展览展示，提升特色产品知名度。发掘一批有文化内涵和经济价值的乡村特色产品和能工巧匠，加强宣传推介。举办“一村一品”交流活动，开展农产品生产标准化、特征标识化、主体身份化、营销电商化“四化”试点，创响一批“土字号”“乡字号”特色产品品牌。

四、壮大龙头企业队伍，构建乡村产业发展“雁阵”

一是培育龙头企业队伍。实施新型经营主体培育工程，培育一批有基地、有加工、有品牌的大型农业企业集团。加强对国家重点龙头企业监测，按照“退一补一”原则，递补成长性好的国家重点龙头企业。引导地方培育龙头企业队伍，构建国家、省、市、县四级格局，形成乡村产业“新雁阵”。2020 年，遴选并推介全国农业产业化龙头企业 100 强，推介一批龙头企业典型案例和全国优秀乡村企业家。

二是完善联农带农机制。引导龙头企业与小农户建立契约型、股权型利益联结机制，推广“订单收购＋分红”“土地流转＋优先雇用＋社会保障”“农民入股＋保底收益＋按股分红”等多种利益联结方式。推进土地经营权入股发展农业产业化经营试点，创新土地经营权入股的实现形式。

五、积极发展乡村休闲旅游，增添乡村产业发展亮点

一是建设休闲农业重点县。按照区域、国内、世界三个等级资源优势要求，建设一批资源独特、环境优良、设施完备、业态丰富的休闲农业重点县，打造一批有知名度、有影响力的休闲农业“打卡地”。2020 年，开展全国休闲农业重点县建设。

二是培育休闲旅游精品。实施休闲农业和乡村旅游精品工程，建设一批设施完备、功能多样的休闲观光园区、乡村民宿、农耕体验、农事研学、康养基地等，打造特色突出、主题鲜明的休闲农业和乡村旅游精品。开展休闲农业发展情况调查和经营主体监测。2020 年，认定一批“一村一景”“一村一韵”美丽休闲乡村，开展“最美乡创、乡红、乡艺、乡厨、乡贤、乡社、乡品、乡园、乡景、乡居”等“十最十乡”推介活动。

三是推介休闲旅游精品景点线路。运用网络直播、图文直播等新媒体手段多角度、多形式宣传一批有地域特色的休闲旅游精品线路。开展“春观花”“夏纳凉”“秋采摘”“冬农趣”活动，融入休闲农业产品发布、美食活动评选等元素，做到视觉美丽、体验美妙、内涵美好，为城乡居民提供休闲度假、旅游旅居的好去处。2020 年，推介一批休闲农业乡村旅游精品景点线路。

六、促进农村创新创业升级，增强乡村产业发展动能

一是培育创新创业群体。实施农村创新创业带头人培育行动，搭建要素聚乡、产业下乡、人才返乡和能人留乡平台，支持本地农民兴业创业，引导农民工在青壮年时返乡创业，将返乡创业农民工纳入一次性创业补贴范围，制定促进社会资本投入农业农村指引目录。吸引一批农民工、大学生和退役军人返乡创业，引进一批科技人员和社会资本入乡创业，发掘一批“田秀才”“土专家”和“能工巧匠”在乡创业，支持各类人才返乡入乡兴办实业、发展产业、带动就业，培育乡村产业的“生力军”。2020 年，培育并认定一批国家农村创新创业导师。

二是拓宽创新创业领域。支持返乡下乡在乡人员发展新产业，培育“互联网＋创新创业”“生鲜电商＋冷链宅配”“中央厨房＋食材冷链配送”等新业态，探索智能生产、平台经济和资源共享等新模式。2020 年，推介农村创新创业典型县、优秀带头人案例，组织开展农村创新创业项目创意大赛。

三是搭建创新创业平台。引导有条件的产业园区、龙头企业、服务机构和科研单位发展众创、众筹、众包、众扶模式，建设一批功能完善、环境良好的农村创新创业园区和孵化实训基地。做好返乡入乡创新创业和社会资本下乡监测试点调查分析。

七、大力推动产业扶贫，助力打赢脱贫攻坚战

一是支持发展特色产业。发掘贫困地区的资源优势、景观优势和文化底蕴，开发有独特优势的特色产品。引导贫困地区创建“一村一品”示范村镇、最美休闲乡村，推介休闲旅游精品路线和精品点。

二是引导龙头企业建基地。引导农业产业化国家重点龙头企业与贫困地区合作创建绿色食品、有机农产品原料标准化基地。组织龙头企业与贫困县合作，加强贫困地区龙头企业培育，实现以企带村、以村促企、村企互动。

三是开展农产品产销对接。举办重点贫困县和深度贫困区农产品展示展销活动，免费提供摊位，让更多的贫困地区产品走出山区、进入城市、拓展市场。

农业农村部办公厅关于印发《社会资本投资农业农村指引》的通知

农办计财〔2020〕11号

各省、自治区、直辖市及计划单列市农业农村（农牧）、畜牧兽医、海洋渔业厅（局、委），新疆生产建设兵团农业农村局，黑龙江省农垦总局、广东省农垦总局：

社会资本投资农业农村是巩固农业基础地位、推动农业农村优先发展的重要支撑，是应对新冠肺炎疫情影响和打赢脱贫攻坚战、全面建成小康社会的有效举措，也是实施乡村振兴战略的重要力量。为深入贯彻落实乡村振兴战略，激发社会资本的动力和活力，引导社会资本有序投入农业农村，健全多元投入保障机制，加快形成乡村振兴多元投入格局，我部制定了《社会资本投资农业农村指引》，现印发你们，请结合本地实际，充分发挥财政政策、产业政策的引导带动功能，不断调动强化社会资本投资农业农村的积极性、主动性，切实发挥好社会资本投资农业农村、服务乡村振兴战略实施的作用。

农业农村部办公厅

二〇二〇年四月十三日

社会资本投资农业农村指引

一、总体要求

（一）指导思想

以习近平新时代中国特色社会主义思想和习近平总书记关于“三农”工作的重要论述为指导，按照“产业兴旺、生态宜居、乡风文明、治理有效、生活富裕”总要求，坚持农业农村优先发展总方针，以农业供给侧结构性改革为主线，聚焦乡村振兴重点领域，进一步扩大开放，创新投融资机制，降低准入门槛，营造良好营商环境，激发社会资本投资活力，更好满足乡村振兴多样化投融资需求，助力粮食、生猪等重要农产品稳产保供和农民收入持续稳定增长，为应对新冠肺炎疫情影响、打赢脱贫攻坚战和补齐全面小康“三农”短板重点任务提供有效支撑。

（二）基本原则

1. 尊重农民主体地位。充分尊重农民意愿，切实发挥农民在乡村振兴中的主体作用，引导社会资本与农民建立紧密利益联结机制，不断提升人民群众获得感。支持社会资本依法依规拓展业务，注重合作共赢，多办农民“办不了、办不好、办了不合算”的产业，把收益更多留在乡村；多办链条长、农民参与度高、受益面广的产业，把就业岗位更多留给农民；多办扶贫带贫、帮农带农的产业，带动农村同步发展、农民同步进步。

2. 遵循市场规律。充分发挥市场在资源配置中的决定性作用，更好发挥政府作用，引导社会资本将人才、技术、管理等现代生产要素注入农业农村，加快建成现代农业产业体系、生产体系和经营体系。坚持“放管服”改革方向，建立健全监管和风险防范机制，营造公平竞争的市场环境、政策环境、法治环境，降低制度性交易成本，创造良好稳定的市场预期，吸引社会资本进入农业农村重点领域。

3. 坚持开拓创新。鼓励社会资本与政府、金融机构开展合作，充分发挥社会资本市场化、专业化等优势，加快投融资模式创新应用，为社会资本投资农业农村开辟更多有效路径，探索更多典型模式。有效挖掘乡村服务领域投资潜力，拓宽社会资本投资渠道，保持农业农村投资稳定增长，培育经济发展新动能，增强经济增长内生动力。

二、投资的重点产业和领域

对标全面建成小康社会和实施乡村振兴战略必须完成的硬任务，立足当前农业农村新形势新要求，围绕农业供给侧结构性改革，聚焦农业农村现代化建设的重点产业和领域，促进农业农村经济转型升级。

（一）现代种养业。支持社会资本发展规模化、标准化、品牌化和绿色化种养业，巩固主产区粮棉油糖胶生产，大力发展设施农业，延伸拓展产业链，增加绿色优质产品供给。鼓励社会资本大力发展青贮玉米、高产优质苜蓿等饲草料生产，发展草食畜牧业。支持社会资本合理布局规模化养殖场，扩大生猪产能，加大生猪深加工投资，加快形成养殖与屠宰加工相匹配的产业布局；稳步推进禽肉、牛羊肉等产业发展，增加肉类市场总体供应。鼓励社会资本建设优质奶源基地，升级改造中小奶牛养殖场，做大做强民族奶业。鼓励社会资本发展集约化、工厂化循环水水产养殖、稻渔综合种养、盐碱水养殖和深远海智能网箱养殖，推进海洋牧场和深远海大型智能化养殖渔场建设，加大对远洋渔业的投资力度。

（二）现代种业。鼓励社会资本投资创新型种业企业，提升商业化育种创新能力，提升我国种业国际竞争力。引导社会资本参与现代种业自主创新能力提升，加强种质资源保存与利用、育种创新、品种检测测试与展示示范、良种繁育等能力建设，建立现代种业体系。支持社会资本参与国家南繁育种基地建设，推进甘肃、四川国家级制种基地建设与提档升级，加快制种大县和区域性良繁基地建设。鼓励社会资本投资畜禽保种场（保护区）、国家育种场、品种测定站建设，提升畜禽种业发展水平。

（三）乡土特色产业。鼓励社会资本在特色农产品优势区开发特色农业农村资源。发展“一村一品”“一县一业”乡土特色产业，建设标准化生产基地、集约化加工基地、仓储物流基地，完善科技支撑体系、生产服务体系、品牌与市场营销体系、质量控制体系，建立利益联结紧密的建设运行机制，形成特色农业产业集群。因地制宜发展具有民族、文化与地域特色的乡村手工业，发展一批家庭工厂、手工作坊、乡村车间，培育“土字号”“乡字号”特色产品品牌。支持社会资本投资建设规范化乡村工厂、生产车间，发展特色食品、制造、手工业和绿色建筑建材等乡土产业。

（四）农产品加工流通业。鼓励社会资本参与粮食主产区和特色农产品优势区发展农产品加工业，提升行业机械化、标准化水平，助力建设一批农产品精深加工基地和加工强县。鼓励社会资本联合农民合作社和家庭农场发展农产品初加工，建设一批专业村镇。统筹农产品产地、集散地、销地批发市场建设，加强农产品仓储保鲜冷链物流体系建设，建设一批贮藏保鲜、分级包装、冷链配送等设施设备，提高冷链物流服务效率和质量，打造农产品物流节点，发展农超、农社、农企、农校等产销对接的新型流通业态。支持社会资本参与现代农业产业园、农村产业融合发展示范园、农业产业强镇建设。

（五）乡村新型服务业。鼓励社会资本发展休闲农业、乡村旅游、餐饮民宿、创意农业、农耕体验、康养基地等产业，充分发掘农业农村生态、文化等各类资源优势，打造一批设施完备、功能多样、服务规范的乡村休闲旅游目的地。引导社会资本发展乡村特色文化产业，推动农商文旅体融合发展，挖掘和利用农耕文化遗产资源，打造特色优秀农耕文化产业集群。支持社会资本发展农业生产托管服务，提供市场信息、农技推广、农资供应、统防统治、深松整地、农产品营销等生产性服务，建设一批农业科技服务企业、服务型农民合作社。鼓励社会资本改造传统小商业、小门店、小集市等商业网点，积极发展批发零售、养老托幼、文化教育、环境卫生等生活性服务业，为乡村居民提供便捷周到的服务。

（六）生态循环农业。支持社会资本参与畜禽粪污资源化利用、秸秆综合利用、废旧农膜回收、农药化肥包装废弃物回收处理、病死畜禽无害化处理、废弃渔网具回收再利用，加大对收储运和处理体系、还田管网设施、准用渔具等方面的投入力度。鼓励社会资本投资农村可再生能源开发利用，加大对农村能源综合建设投入力度，推广农村可再生能源利用技术，探索秸秆打捆直燃和成型燃料供暖供热，沼气生物天然气供气供热新模式。支持社会资本参与长江黄河等流域生态保护、东北黑土地保护、耕地保护与质量提升、农业面源污染治理、重金属污染耕地治理修复、种植结构调整试点。

（七）农业科技创新。鼓励社会资本创办农业科技创新型企业，参与实施农业关键核心技术攻关行动，开展生物种业、重型农机、渔业装备、智慧农业、绿色投入品、渔具标识和玻璃钢等新材料渔船等领域的研发创新、成果转化与技术服务。鼓励社会资本牵头建设农业领域国家重点实验室等科技创新平台基地，参与农业科技创新联盟、国家现代农业产业科技创新中心等建设，打造产学研用深度融合平台。引导社会资本发展技术交易市场和服务机构，提供科技成果转化服务，加快先进实用技术集成创新与推广应用。

（八）农业农村人才培养。支持社会资本参与农村实用人才、农业科技人才、农村专业服务型人才培养，投资建设农业农村人才培训基地、孵化基地，为人才提供更好的培训、实训、实习平台。鼓励社会资本为优秀农业农村人才提供奖励资助、技术支持、管理服务，促进农业农村人才脱颖而出。

（九）农业农村基础设施建设。支持社会资本参与高标准农田建设、农田水利建设，参与实施区域化整体建设，推进田水林路电综合配套，同步发展高效节水灌溉。鼓励参与渔港和避风锚地建设。鼓励社会资本参与农产品产地追溯体系建设，提供产品分级和物流运输周转等服务。

（十）数字乡村建设。鼓励社会资本参与数字农业、数字乡村建设，推进农业遥感、物联网、5G、人工智能、区块链等应用，提高农业生产、乡村治理、社会服务等信息化水平；参与农业农村信息基础设施投资、基础数据资源体系和重要农产品全产业链大数据中心建设。鼓励社会资本参与“互联网＋”农产品出村进城工程、信息进村入户工程建设，推进优质特色农产品网络销售，促进农产品产销对接。

（十一）农村创新创业。鼓励社会资本投资建设返乡创业园区、农村创新创业园区、农村创新创业孵化实训基地等平台载体，加强各类创新创业平台载体的基础设施、服务体系建设，推动产学研用合作，激发农村创新创业活力。鼓励社会资本联合普通高校、职业院校、优质教育培训机构等开展面向农村创新创业人员的创业能力、产业技术、经营管理培训，强化乡村振兴人才支撑。

（十二）农村人居环境整治。支持社会资本投资农村人居环境整治，参与农村厕所革命、农村生活垃圾治理、农村生活污水治理等项目建设运营，开展村庄清洁行动、美丽宜居村庄、文明渔港和最美庭院创建等活动，推进农村人居环境整治与发展乡村休闲旅游等有机结合。

三、创新投入方式

根据各地农业农村实际发展情况，因地制宜创新投融资模式，通过独资、合资、合作、联营、租赁等途径，采取特许经营、公建民营、民办公助等方式，健全联农带农有效激励机制，稳妥有序投入乡村振兴。

（一）完善全产业链开发模式。支持农业产业化龙头企业联合家庭农场、农民合作社等新型经营主体、小农户，加快全产业链开发和一体化经营，开展规模化种养，发展加工和流通，开创品牌、注重营销，推进产业链生产、加工、销售各环节有机衔接，推进种养业与农产品加工、流通和服务业等渗透交叉，强化农村一、二、三产业融合发展。鼓励社会资本聚焦比较优势突出的产业链条，补齐产业链条中的发展短板。支持龙头企业下乡进村建总部、建分支机构、建生产加工基地，发挥农业产业化龙头企业的示范带动作用。

（二）探索区域整体开发模式。支持有实力的社会资本在符合法律法规和相关规划、尊重农民意愿的前提下，因地制宜探索区域整体开发模式，统筹农业农村基础设施建设与公共服务、高标准农田建设、集中连片水产健康养殖示范建设、产业融合发展等进行整体化投资，建立完善合理的利益分配机制，为当地农业农村发展提供区域性、系统性解决方案，促进农业提质增效，带动农村人居环境显著改善、农民收入持续提升，实现社会资本与农户互惠共赢。

（三）创新政府和社会资本合作模式。积极探索农业农村领域有稳定收益的公益性项目，推广政府和社会资本合作（PPP）模式的实施路径和机制，让社会资本投资可预期、有回报、能持续，依法合规、有序推进政府和社会资本合作。鼓励各级农业农村部门按照农业领域政府和社会资本合作相关文件要求，对本地区农业投资项目进行系统性梳理，筛选并培育适于采取PPP模式的乡村振兴项目，优先支持农业农村基础设施建设等有一定收益的公益性项目。鼓励社会资本探索通过资产证券化、股权转让等方式，盘活项目存量资产，丰富资本进入退出渠道。鼓励信贷、保险机构加大金融产品和服务创新力度，开展投贷联动、投贷保贴一体化等投融资模式试点。

（四）探索设立各类乡村振兴基金。各级农业农村部门应结合当地发展实际，推动设立政府资金引导、金融机构大力支持、社会资本广泛参与、市场化运作的乡村振兴基金。鼓励有实力的社会资本结合地方农业产业发展和投资情况规范有序设立产业投资基金。充分发挥农业农村部门的行业优势，积极稳妥推进基金项目储备、项目推介等工作，鼓励相关基金通过直接股权投资和设立子基金等方式，充分发挥在乡村振兴产业发展等方面的引导和资金撬动作用，进一步推动农业产业整合和转型升级，加快推进乡村振兴战略实施。

（五）建立紧密合作的利益共赢机制。强化社会资本责任意识，引导围绕“米袋子”“菜篮子”、生猪生产等重点领域，做好疫情、灾害时期农产品稳产保供。鼓励农民以土地经营权、水域滩涂、劳动、技术等入股，农村集体经济组织通过股份合作、租赁等形式，参与村庄基础设施建设、农村人居环境整治和产业融合发展，创新村企合作模式，充分发挥产业化联合体等联农带农作用，激发和调动农民参与乡村振兴的积极性、主动性。鼓励社会资本采用“农民＋合作社＋龙头企业”“土地流转＋优先雇用＋社会保障”“农民入股＋保底收益＋按股分红”等利益联结方式，与农民建立稳定合作关系、形成稳定利益共同体，做大做强新型农业经营主体，提升小农户生产经营能力和组织化程度，让农民更多分享产业链增值收益，让社会资本和农民共享发展成果。

四、打造合作平台

打造一批社会资本投资农业农村的合作平台，为社会资本投向“三农”提供规划、项目信息、融资、土地、建设运营等一揽子、全方位投资服务，促进要素集聚、产业集中、企业集群，实现控风险、降成本、提效率。

（一）完善规划体系平台。统筹做好发展引导规划、专项规划、区域规划、建设规划等的管理制定、信息发布等工作，充分发挥以《乡村振兴战略规划（2018—2022年）》《全国农业现代化规划（2016—2020年）》等为总纲，以种植业、渔业、畜牧业、种业、乡村产业、农垦和农业科技、农业机械化、农田建设和农业国际合作等相关规划为指导，以地方农业农村发展有关规划为补充的农业农村规划体系作用，引导社会资本突出重点、科学决策，有序投向补短板、强弱项的重点领域和关键环节。

（二）构建农业园区平台。围绕以粮食生产功能区、重要农产品生产保护区、特色农产品优势区，以及国家现代农业产业园为核心的“三区一园”，以及农业产业强镇、全国“一村一品”示范村镇、农村产业融合发展示范区、农业绿色发展先行区、农村创新创业园区、农业对外开放合作试验区和孵化实训基地、精深加工基地、南繁硅谷等重大农业园区，建立社会资本投资指导服务机构，发挥园区平台的信息汇集、投资对接作用。健全完善政策支持体系，加快园区公共服务设施和能力水平建设，增强各类园区对社会资本的引导和聚集功能，不断提升农业绿色化、优质化、特色化、品牌化水平。

（三）建设重大工程项目平台。依托高标准农田建设、优质粮食工程、大豆振兴计划，奶业振兴行动、畜禽种业振兴行动，优势特色产业集群建设，以及包括畜禽粪污资源化利用整县推进在内的绿色发展“五大行动”、农村人居环境整治、信息进村入户工程、国家现代种业提升工程等，建立项目征集和发布机制，引导各类资源要素互相融合。加强宣传和解读，让社会资本了解重大工程项目的参与方式、运营方式、盈利模式、投资回报等相关信息，提高项目透明度；充分发挥政府投资“四两拨千斤”的引导带动作用，稳定市场收益预期，调动社会投资积极性。

（四）推进项目数据信息共享。汇集农业领域基建项目、财政项目，以及各行各业重大项目，形成重点项目数据库，通过统一的信息共享平台集中向社会资本公开发布，发挥信息汇集、交流、对接等服务作用，引导各环节市场主体自主调节生产经营决策。推广大数据应用，引导整合线上线下企业的资源要素，推动业态创新、模式变革和效能提高。鼓励行业协会商会主动完善和提升行业服务标准，发布高标准的服务信息指引，发挥行业协会、开发区、孵化器的沟通桥梁作用，加强与资本市场对接。

五、营造良好环境

（一）加强组织领导。各级农业农村部门要把引导社会资本投资农业农村作为重要任务，加强与财政、发改、金融、自然资源等部门的沟通，推进信息互通共享，协调各有关部门立足职能、密切配合，形成合力。要建立规范的合作机制，引导社会资本积极参与相关规划编制、项目梳理，严格遵循乡村规划“三区三线”的空间管制，准确把握投资方向，积极探索具体方式，提高各类项目落地效率，充分发挥政府、市场和社会资本的合力作用。加强对外资的管理，推动外资依照《外商投资法》相关规定和要求，投资农业农村。

（二）强化政策激励。积极协调各部门完善激励引导政策，将农业种植养殖配建的保鲜冷藏、晾晒存贮、农机库房、分拣包装、废弃物处理、管理看护房等辅助设施用地纳入农用地管理，落实农业设施用地可以使用耕地政策，并对在农村建设的保鲜仓储设施用电实行农业生产用电价格。加快健全以农村产权交易政策、农村人才队伍建设等为重要内容的政策保障体系；加快推进以深化“放管服”改革、优化项目审批程序和招投标程序、建立政企常态化沟通机制和投资需求信息发布机制、健全社会资本进入退出渠道等为主要内容的配套服务体系；加快构建以农村土地流转风险防范制度、农村社会信用评价制度，以及农业保险“扩面、增品、提标”和农产品期货价格发现机制等为重要内容的风险防范体系；加快健全商业性、合作性和政策性、开发性金融，以及信贷担保等为重要内容的多层次农村金融服务体系，不断加大对社会资本投资农业农村的支持力度。

（三）广泛宣传引导。大力宣传社会资本投资农业农村的重大意义，做好政策解读，回应社会关切，稳定市场预期，培育合作理念，正确引导社会资本有序进入农业农村经济领域。各地要加强社会资本投资农业农村的成功经验和案例的总结，推介一批典型模式。充分利用报刊、广播、电视、互联网等媒体，全方位、多角度、立体式宣传社会资本投资建设成果，营造社会资本投资农业农村的良好氛围。

附件：1. 重点产业和领域目录（略）

2. 重大政策目录（略）

地方性法规、规章及文件

关于加快推进农机“两融两适”促进农业机械化转型升级发展的指导意见

苏农机〔2020〕12 号

各设区市、县（市、区）农业农村局：

为贯彻落实国务院《关于加快推进农业机械化和农机装备产业转型升级的指导意见》（国发〔2018〕42 号）、省政府《关于加快推进农业机械化和农机装备产业转型升级的实施意见》（苏政发〔2019〕46 号）等文件精神，加快推进农机“两融两适”（农机农艺融合、机械化信息化融合、农机服务模式与农业适度规模经营相适应、机械化生产与农田建设相适应），促进农业机械化向全程全面高质高效转型升级发展，现提出如下指导意见。

一、进一步明确农机“两融两适”发展的目标任务

农机“两融两适”是农业机械化转型升级发展的重要举措，是促进现代农业高质量发展的内在要求与必然选择。当前，我省农业机械化已进入全程全面高质高效发展的关键时期，推进农机“两融两适”，有助于破除农机化转型升级的制约因素，推动先进适用农机装备与技术的普及应用，提升农业产业化和农村现代化发展的进程和质量。各级农业农村部门要坚持“规划引领、上下联动、协同推进、融合发展”的原则，深入推进农机“两融两适”，实现农业“生产标准化”“作业机械化”“管理智能化”“服务社会化”“设施宜机化”，为实现农业农村现代化提供有力装备与技术支撑。

到 2025 年，全省力争建成 60 个左右粮食生产全程机械化提档升级先行县（市、区），70 个左右特色农业机械化先行县（市、区）。研究制定机艺融合规范标准 60 个以上，建立 300 个智能农机示范基地，完成“宜机化”建设农田面积 500 万亩，建设 1 000 个“全程机械化＋综合农事”中心。农机农艺智能化融合发展的生产技术体系逐步健全，农机“两融两适”发展的总体格局日趋完善。

二、加快推广农机“两融两适”的装备与技术

强化薄弱环节农机装备与技术的研发、试验示范和推广应用，着力补短板强弱项，提升农机装备与技术供给能力。

主要农作物方面：侧重大型动力机械、多功能一体化复式作业机、高速精量播种（栽植）、新型耕整地、精准变量施肥施药、绿色烘干、油菜轻简化种植、花生收获、大豆播种与收获等机械化装备及配套农艺技术的示范推广。

设施农业方面：侧重于标准化设施以及蔬菜种子处理、育苗、移栽、施肥、收获、储运等机械化装备与配套农艺技术示范推广。

果茶桑方面：侧重于田间管理、有机肥深施、果品采收、储运、分级分选等机械化装备与配套农艺技术示范推广。

畜禽养殖方面：侧重于畜禽自动饲喂、精准环控、养殖信息监测、动物疫病防控、水禽笼养、定量定位饲喂、畜禽产品自动化采集加工、粪污养殖废弃物收集处理和资源化利用等机械化装备与配套农艺技术示范推广。

水产养殖方面:侧重于自动化育苗、智能投饲、水质监控、水产品捕捞、水草栽种与收割、水产品分拣、尾水处理等机械化装备与配套农艺技术示范推广。

智能农机方面：侧重于自动导航、无人驾驶、精准作业、智能监测、物联网、“互联网＋农机作业平台”等机械化信息化融合装备与配套农艺技术示范推广。

三、加快推进农机农艺多层次全方面深度融合

整合农机农艺资源和力量，加强协同配合，加快建立和完善农机农艺融合发展的生产技术体系。一是在思路模式上融合。农机要服务产业发展，特别是在机械化程度较低的产业及领域，不断研发、改进、更新农机装备与技术，形成农机农艺融合生产模式，发展农业机械化以提高农业生产效率。当某些作物、环节的农机装备技术已较为成熟、性能较为先进时，农艺要在品种、种植制度、栽培模式、技术措施方面做出调整、改进以适应机械化生产作业。二是在标准规范上融合。农机方面要梳理现有规范标准，就重点产业、关键环节农机装备先进性、配套适应性等方面提出需求建议并配合做好标准规范的修订完善。农艺方面要牵头并联合农机等方面，从适宜品种、耕作制度、栽培技术、养殖模式、生产工艺以及适宜机械化等方面制定完善农机农艺融合系列标准规范，力争建立覆盖农业生产全过程、全方位、全领域的农业机械化生产标准规范。三是在推广应用中融合。农机技术推广过程中，农机具的选型配套要尽可能地满足当地农艺要求，促进新的农艺技术的推广应用，同时农机装备技术的更新要不断满足和适应农艺技术的进步和发展需求。农艺技术推广过程中，要将适宜机械化作业和农机装备成熟度作为重点，主推品种、栽培、工艺和装备融合较好的农艺技术，推动农艺技术进步与农机装备同步发展。四是在培训示范中融合。农机方面举办的培训既要有农机方面的内容，也要培训相应的农艺内容，使农机人员既懂农机也懂农艺，反之农艺方面也是如此。要联合建设一批机艺融合示范基地，加快机艺融合科技成果转化、技术试验推广、服务机制创新，示范引领农机农艺融合发展。

四、加快构建机械化信息化融合体制机制

抓住机械化信息化融合的契机，加快发展农业机械化智能化，推动农业机械化转型升级。一是坚持规划引领。近年来中央、省委一号文件均要求加快智能化农业机械研发、应用和推广智能农机装备与技术。要结合当地实际，加快研究制定“十四五”智能农机发展规划，引领当地农业机械化智能化发展。规划建设智能农机管理信息系统平台，在大田作物、水产养殖、畜禽养殖等领域分类建设机械化智能化应用示范基地，在粮食生产全程机械化示范县中率先建设一批智能/无人农机“示范农场”。二是争取财政扶持。各地要积极争取财政支持，在智能农机系统平台的研发、智能终端设备的购置、技术支持和运维、操作人员培训等方面加大财政资金投入，加快推动农业机械化智能化发展。同时，也要积极探索市场化运行模式，吸引民间资本投入，确保智能农机系统能够持续健康运行。三是加强协调配合。机械化信息化融合是一项系统工程，需要农业农村部门、农业信息机构、互联网服务公司、农业农机推广机构等多方密切协作才能落地见效。要加强智能农机工作的顶层设计和组织领导，指导互联网服务公司加大系统的开发、终端设备安装、技术服务等工作，协调农业信息机构做好智能农机系统与现有农业信息系统的接入、运维等工作，明确农业农机推广机构抓好终端设备的安装、组织培训、推广应用等工作。

五、加快建设农业“宜机化”融合发展基础设施

以农机作业高质高效便利化、农业基础设施“宜机化”为目标，加快构筑良种良机良地良法高度融合、相互适应的农机化高质量发展格局。一是引导培育“宜机化”品种。围绕适宜机械化播种、中耕植保、收获、秸秆处理、籽粒烘干以及初加工等需求，从品种粒型、株型、抗性、成熟一致性、脱粒难易程度等方面，提高新品种宜机化特性。二是制定完善“宜机化”标准规范。加强高标准农田、设施农业、畜牧与水产养殖设施等方面制度、标准、规范和实施细则的制修订，进一步明确田间道路、桥涵闸、田块长度宽度平整度、无人植保飞机停机坪、农田内外“三沟”排灌设施建设、农业设施大棚及畜牧与水产养殖等“宜机化”要求。三是扎实推进“宜机化”建设。以标准规范推动新建一批“宜机化”基础设施，改造一批旧的基础设施，加强建设监理和验收评价，扎实推动农田地块小并大、短并长、陡变平、弯变直和互联互通，加大设施农业园区和设施大棚标准化、“宜机化”改造和建设，扩展大中型农机运用空间。四是加强基础设施“宜机化”配套。加强县级统筹规划，合理布局集农机具存放和维修、农作物育秧育苗以及农产品产地烘干和初加工等为一体的“全程机械化＋综合农事”服务中心，并纳入高标准农田建设范围，提高农业生产全产业链服务水平。

六、加快发展与适度规模经营相适应的农机服务

培育发展各类农机服务新主体、新模式、新业态，推进农机服务向农业生产全过程、全产业和农村生态、农民生活服务领域延伸。一是培育新主体。要培育壮大农机大户、农机合作社、农机作业公司等多种农机服务主体，引导农机服务主体之间通过机具共享、服务联盟等方式组建相对稳定的农机服务联合体。鼓励企业、社会资本等与农机服务主体合作建设资源集聚、风险共担、利益共享的农机服务综合体。二是探索新模式。探索发展“全程机械化＋综合农事”服务模式，为农户提供全程机械作业、农资统购、培训咨询及贮藏加工、产销对接、金融对接等产前产中产后“一站式”服务。鼓励企业、社会资本与农机服务主体通过“企社共建”等形式共同开展农机作业、专业维修、农机租赁服务。支持农机服务主体通过“联耕联种联营”“全托管”“土地流转”等多种形式的农机社会化服务，促进小农户与现代农业发展有机衔接。三是发展新业态。大力推行“互联网＋”农机服务业态，完善“农机直通车”等农机服务调度管理信息平台。鼓励开发综合性农业生产服务平台、农机类App等，实现在线购机、培训、作业接派单、维修等服务，促进作业农机有序流动和提供快捷便利服务。积极探索特色农业机械化社会化服务模式，培育特色农业机械化新型生产与经营服务主体。

七、加快形成合力推进农机“两融两适”工作格局

各级农业农村部门要加强组织领导，整合相关资源，集聚各方力量，加快形成系统推进农机“两融两适”协调发展的工作格局。一要建立协调配合机制。要建立由农机、种植、种业、渔业、畜牧、农田建设等相关内设机构和单位主要负责人参加的农机“两融两适”协调发展工作机制，加强沟通协调，发挥各自优势，形成工作合力，协调解决农机“两融两适”推进过程中遇到的困难和问题。二要构建技术指导机制。省级已成立特色农业机械化专家指导组，对推进农机“两融两适”转型升级发展进行技术指导。各地要结合农业产业发展实际，成立相应专家指导组，加强农机“两融两适”相关装备与技术研究、标准和规范制定、技术培训和指导、决策咨询等工作，形成上下联动、相互支持、协调推进的技术指导机制。三是形成统筹联动机制。要将农机“两融两适”纳入“十四五”农业农村现代化规划，列入重要议事日程和考核内容。要在农业农村项目立项、标准和规范制定以及现代农业示范园区建设、绿色高质高效创建、高标准农田建设等工作中，充分体现农机“两融两适”内容。积极争取政策支持，加大农机“两融两适”扶持力度。加快培育农机“两融两适”典型，加大宣传，及时总结可复制、可推广的成熟经验，加强示范引导，提高农民参与推进农机“两融两适”发展的积极性和自觉性。

江苏省农业农村厅
二〇二〇年七月十日

河南省人民政府办公厅关于加快推进农业机械化和农机装备产业高质量发展的意见

豫政办〔2020〕28 号

各省辖市人民政府、济源示范区管委会、各省直管县（市）人民政府，省人民政府各部门：

农业机械化和农机装备产业高质量发展是转变农业发展方式、提高农村生产力的重要基础，是实施乡村振兴战略、实现农业农村现代化的重要支撑。为加快推进农业机械化和农机装备产业高质量发展，经省政府同意，现结合我省实际提出以下意见，请认真贯彻落实。

一、目标要求

到 2025 年，全省农业机械化迈入全程全面高质高效发展阶段，农机装备科技水平明显提升，农机产品质量、可靠性达到国际先进水平；全省农机总动力稳定在 1.05 亿千瓦左右，作业条件显著改善，社会化服务体系基本建立；主要农作物耕种收综合机械化率达到 90%以上，设施农业、畜牧养殖、水产养殖和农产品初加工机械化率总体达到 50%以上。

二、加快农机装备产业转型升级

（一）建设现代农机装备产业体系。发展新技术、新工艺、新业态，打造以洛阳市为核心，郑州市、许昌市、开封市为支撑，具有国际竞争力的现代农机装备产业基地。支持农机装备企业智能化、绿色化改造，建设若干智能化、绿色化农机生产线（车间、园区）。承接沿海发达地区产业集群转移，打造 10 个以上整机龙头企业引领、中小企业集聚、公共服务能力强、差异互补发展的“专精特新”农业装备产业集群。建设一批对外援助和国际合作项目，提高优势农机装备产品国际竞争力。鼓励参加国际农机展会等活动，引进国际领先的农机企业合资建厂，联合建立生产基地。落实农机装备出口退税等政策。（责任单位：省工业和信息化厅、发展改革委、科技厅、商务厅、税务局、农业农村厅）

（二）提升农机装备制造水平。支持农机装备产业链上下游企业加强协同，攻克农机装备新材料、新工艺及信息技术等“卡脖子”问题。推进新型高效节能环保农用发动机、大马力拖拉机转向驱动桥、自动变速箱和农机装备专用传感器等零部件研发，全自动化畜牧高端装备研发，提升智能化制造水平。积极引进国外先进技术，逐步降低高端产品进口依赖程度。不断研发农机试验鉴定新技术，升级检验检测装备。强化知识产权保护，加大对质量违法和假冒品牌行为的打击力度。到 2025 年，在重点主机产品、关键零部件领域分别形成 2～3 个知名品牌。（责任单位：省工业和信息化厅、市场监管局、发展改革委、科技厅、农业农村厅）

（三）构建现代农机装备创新体系。支持农机装备企业对标国际先进水平，组建一批省级技术创新中心和重点实验室等研发平台。加快国家农机装备创新中心、农业农村部航空植保重点实验室等农机科技创新主体建设，打造农机领域原创科技策源中心、行业技术进步促进中心，孵化培育一批技术水平高、成长潜力大的农机高新技术企业。对符合条件、经省工业和信息化部门认定的首台（套）重大农机装备成套设备、单台设备和关键部件，按照相关支持政策予以奖补。（责任单位：省科技厅、工业和信息化厅、发展改革委、财政厅、农业农村厅、市场监管局、税务局、河南银保监局、人行郑州中心支行）

三、推进农业机械化全程全面发展

（四）加快推进主要农作物生产全程机械化。深入实施主要农作物生产全程机械化推进行动，建设示范区，支持有条件的地方率先实现全程机械化。各地要根据当地农作物分布、地形特点、种植习惯等，优化技术集成，形成具有地方特色的全程机械化解决方案。加大适宜山区、丘陵地带的农机研发推广力度。大力推进生产全程机械化，开展从田间到工厂、到餐桌的全产业链机械化应用研究。（责任单位：省农业农村厅、发展改革委、工业和信息化厅、财政厅、科技厅）

（五）补齐全面机械化生产短板。加强农业、农机、园艺多领域联合攻关，推动农机农艺融合、农机化与信息化技术融合。根据现代种业、畜牧、水产、设施农业、农产品初加工等产业需求，完善技术路线，强化装备支撑，推进全面机械化。果蔬产业重点推进温室育苗、秧苗移栽、田园管理、产品收获、清洗分级、包装、保鲜储藏和运输机械化，茶叶产业重点推进采摘、色选机械化，畜牧业重点推进饲料收获、加工储存、养殖、畜禽粪污及病死畜禽无害化处理、畜产品初加工机械化，水产养殖业重点推进水质调控、精准投喂和管控系统机械化，农产品初加工业重点推进高品质节能干燥、农产品检测分级及包装等关键环节机械化。（责任单位：省农业农村厅、工业和信息化厅、财政厅）

四、大力推广绿色先进适用农机装备与机械化技术

（六）实施绿色高端现代农机推进工程。支持大马力、高性能、绿色、复式农机新装备和新能源农机产品应用研究和示范推广。加大对保护性耕作、秸秆综合利用、精量播种、精准施药、高效施肥、节水灌溉、畜禽粪污及病死畜禽无害化处理等装备、技术的推广力度。结合现代农业产业园、农业对外合作试验区、科技园、创业园建设，创建一批高端农机装备机械化、智能化示范区（场点、车间）。积极发展农用航空，规范促进植保无人机推广应用。研发推广农机作业降尘、抑尘装置。积极推进农机报废更新，加快淘汰老旧农机装备。鼓励金融机构将权属清晰的大型农机装备纳入抵押贷款物范围，支持有条件的地方对购买大型农机装备实施贷款贴息。（责任单位：省农业农村厅、工业和信息化厅、生态环境厅、发展改革委、科技厅、财政厅、河南银保监局）

（七）开展智慧农机提升行动。加快人工智能技术在农机领域的应用，大力发展无人驾驶机械、农业机器人及智慧农业相关装备。注重农机装备数字化改造，推动北斗导航、智能监控等系统在农机上装载应用。研发推广农机传感器、采集器、控制器等信息化设备，为发展精准农业、智慧养殖等创造条件。加快农业机械与互联网、大数据、智能控制、卫星定位等信息技术深度融合，搭建全省统一的智能农机大数据平台，推进作业调度、诊断维修、监理办证、远程培训等信息化。建设一批农机信息化示范园区。（责任单位：省工业和信息化厅、科技厅、财政厅、发展改革委、大数据局、农业农村厅）

（八）提升现代农机技术推广能力。强化农机技术推广机构建设，持续开展农机新机具、新技术应用示范和培训，提升农机从业者专业技术水平。建设一批试验示范基地，促进成果转化和推广应用。推行政府购买服务，鼓励农机科研推广人员与企业、新型农业经营主体开展技术合作，支持农机企业、科研教学单位、农机服务组织等参与技术推广。（责任单位：省农业农村厅、工业和信息化厅、发展改革委、财政厅）

五、加强农机服务能力建设

（九）培育壮大农机社会化服务组织。培育壮大农机合作社、农机大户及农机作业公司等新型农机服务组织。落实农机服务金融支持政策，引导金融机构加大对新型农机服务组织和农机企业的信贷投放，按规定程序开展面向新型农业经营主体的农机融资租赁业务和信贷担保服务。农机融资租赁服务按规定适用增值税优惠政策，通过融资租赁方式获得农机的实际使用者按规定享受农机购置补贴。探索发展农机保险，选择重点农机品种开展农机保险业务。农机耕作服务按规定适用增值税免征政策。（责任单位：省农业农村厅、财政厅、人行郑州中心支行、省税务局、河南银保监局）

（十）创新农机服务机制。鼓励农机服务组织通过跨区作业、订单作业、农业生产托管等多种形式，开展高效便捷的农机作业服务。建设一批“全程机械化＋综合农事”服务中心，提供“一站式”综合服务。支持农机服务组织和农村集体经济组织建设集中育秧、分等分级、烘干、储藏、农机具存放等设施和区域农机维修中心。落实农机安全监理免费惠农政策，切实保障监理工作经费，支持农机安全技术检验设备更新换代。（责任单位：省农业农村厅、发展改革委、财政厅、自然资源厅）

（十一）健全新型农业工程人才培养体系。推动高校面向农机现代化、农机装备产业转型升级开展研究与实践，改革课程体系及教学内容。加强高校农业工程优势特色学科建设，设置相关专业，开展工程教育专业认证。支持高校招收农业工程类专业学生，扩大硕士、博士研究生培养规模。推动产教融合、校企合作，支持优势农机企业与学校共建共享工程创新基地。开展多方位、多层次农机人才国际合作交流，支持农业工程人才出国留学、联合培养，大力引进国际高端人才。（责任单位：省教育厅、工业和信息化厅、农业农村厅）

六、改善农机作业基础条件

（十二）加强农机作业配套设施建设。落实用地、用电等相关政策，支持农机合作社等农机服务组织开展生产条件建设。各地在编制国土空间规划时要与农业发展规划对接，优先安排新型农机服务组织用地，确保配套设施用地需求，并按规定减免相关税费。有条件的地方要将晒场、烘干、机具库棚等配套设施纳入高标准农田建设范围。完善养殖场设施用地标准，支持养殖场适宜机械化（以下简称宜机化）改造，为推进畜牧机械化创造良好条件。推进区域农机安全应急救援中心建设。（责任单位：省农业农村厅、发展改革委、财政厅、自然资源厅、税务局）

（十三）推进农田宜机化改造。进一步规范和完善农田建设等项目标准，适应农机通行和作业要求，明确田间道路、田块长度宽度平整度、排灌沟渠等指标。推进山区丘陵开展农田宜机化改造，推动农田地块小变大、短变长、陡变平、弯变直和互联互通，提高农机作业便捷性。（责任单位：省农业农村厅、财政厅、发展改革委、自然资源厅）

七、加强组织领导

（十四）建立健全推进机制。建立由省农业农村厅、工业和信息化厅牵头，省发展改革委、财政厅、科技厅、教育厅、交通运输厅、商务厅、税务局、自然资源厅、市场监管局等部门配合的农业机械化协调推进机制，明确发展思路、工作重点和目标任务，统筹做好农业机械化和农机装备产业高质量发展工作。（责任单位：省农业农村厅、工业和信息化厅等部门）

（十五）强化政府目标责任。各地要充分认识加快推进农业机械化和农机装备产业高质量发展的重要意义，将其纳入本地经济社会发展规划和绩效评价考核体系，明确目标责任，构建上下联动、合力推进的工作机制。要深入贯彻《中华人民共和国农业机械化促进法》等法律、法规，完善粮食安全市长责任制等政府目标考核中农业机械化方面的内容，加强经费保障，确保工作落实。

（十六）充分发挥各方作用。要充分发挥政府在推进农业机械化中的引导作用，加强政策规划引导；深化“放管服”改革，加强公共服务，调动各类市场主体的积极性、创造性。要充分发挥行业协会在行业自律、信息交流、教育培训等方面的作用。要总结典型经验，强化宣传推广，营造良好氛围。（责任单位：省农业农村厅、工业和信息化厅、财政厅）

河南省人民政府办公厅
二〇二〇年七月十日

青岛市人民政府关于加快推进农业机械化和农机装备产业转型升级的实施意见

青政发〔2019〕30 号

各区、市人民政府，青岛西海岸新区管委，市政府各部门，市直各单位：

为加快推进我市农业机械化和农机装备产业转型升级，根据国务院《关于加快推进农业机械化和农机装备产业转型升级的指导意见》（国发〔2018〕42 号）、省政府《关于加快推进农业机械化和农机装备产业转型升级的实施意见》（鲁政发〔2019〕12 号）要求，现提出以下实施意见。

一、发展目标

以习近平新时代中国特色社会主义思想为指导，坚持新发展理念，以服务乡村振兴战略、满足农业农村农民对机械化生产的需求为目标，以推进"全国主要农作物生产全程机械化示范市"创建为主线，推动我市农机装备产业向高质量发展转型，农业机械化向全程全面高质高效升级。

到 2020 年，主要农作物耕种收综合机械化率达到 89%，小麦、玉米等主要粮食作物基本实现生产全程机械化，大宗经济作物全程机械化生产体系基本建立，青岛市整建制创建全国主要农作物生产全程机械化示范市。

到 2022 年，主要农作物耕种收综合机械化率达到 90%，大宗经济作物全程机械化提升 10 个百分点，林业、畜牧养殖、水产养殖和农产品初加工机械化取得显著进步。青岛西海岸新区、即墨区、胶州市、平度市和莱西市创建全省"两全两高"（全程全面高质高效）农业机械化示范县。

到 2025 年，主要农作物耕种收综合机械化率达到 93%，大宗经济作物生产基本实现机械化，林业、畜牧养殖、水产养殖和农产品初加工机械化率达到 65% 以上。

二、重点工作

（一）加快推动农机装备产业高质量发展。

1. 完善创新体系。建立部门协调联动、覆盖关联产业的协同创新机制，加强基础前沿、关键共性技术研究，促进种养加、粮经饲全程全面机械化创新发展。构建以企业为主体、市场为导向、产学研深度融合的农机装备科研创新平台，鼓励企业开展高端农机装备工程化验证，加强与新型农业经营主体对接，探索建立"企业＋合作社＋基地"的农机产品研发、生产、推广新模式。鼓励农机装备企业对接科研院所，建设企业技术中心、企业研究院、重点实验室、院士工作站等研发创新机构。加强农机装备科研队伍建设，支持知名科研院所及科研人员落户。（市工业和信息化局、市发展改革委、市科技局、市农业农村局等负责。列第一位的为牵头单位，下同）

2. 推动全产业链协同发展。引进一批水平高、规模大、影响力强的展会，持续放大我市在农机行业科技研发、技术交流、成果展示交易、试验示范等方面作用，为产业链上下游延伸和中高端跃升提供更加广阔的空间。支持农机装备产业链上下游企业间协同攻克基础材料、基础工艺、电子信息等"卡脖子"问题，鼓励零部件企业与整机企业建立成本共担、利益共享的新型合作机制，开展核心零部件研发，加快关键技术产业化。加快构建农机装备制造、科研、销售、应用、维修、培训全产业链体系，健全现代农机流通体系和售后服务网络，创新服务模式。（市农业农村局、市工业和信息化局、市科技局等负责）

3. 支持产业做优做强。将农机装备制造纳入重点扶持计划，鼓励大型企业由单机制造为主向成套装备集成为主转变，支持中小企业向"专、精、特、新"方向发展，培育一批农机行业领军企业。加大政策支持和引导力度，吸引具有国际国内技术领先优势的企业来青；结合突破平度莱西攻势，推动更多农机企业向我市北部先进制造业基地集聚，打造现代化农机产业高地。鼓励先进农机装备企业实施"走出去"战略，参与对外援助和国际合作，服务"一带一路"建设。加强农机产品质量监管，强化企业质量主体责任。督促行业大力开展诚信自律和质量提升行动，强化知识产权保护，加大对质量违法和假冒品牌行为的打击和惩处力度。落实出口退税和减税降费政策措施。（市工业和信息化局、市市场监管局、市税务局、市农业农村局、市财政局等负责）

（二）推动农机装备向数字化转型。

1. 推动制造智能化升级。促进新一代信息技术与农机装备制造业结合，推动农机装备制造数字工厂示范试点建设，鼓励农机企业改造智能化车间，建设柔性、精益生产线，加快运用智能物流、仓储、绿色节能、安全管理等系统。重点推广智能机器、联网机器、一体化流水线等技术，突出软硬件集成、数据集成，实现人机物网络化、平台化管理，推进农机制造业质量、效率、动力变革。（市工业和信息化局、市农业农村局等负责）

2. 加快数字化应用。加快推进数字化农机装备在园艺、畜禽、水产、田间管理等领域的应用，重点推广农业物联网设备、大数据、移动互联网、智能控制生产流水线、无人驾驶装备、农业机器人等技术的应用。支持优势企业对接条件成熟的新型农业经营主体，打造一批智慧农机装备应用示范样板，建设一批数字农业工厂，推动作业方式数字化。加快构建天空地全域地理信息图，探索建立农业生产经营预测分析体系，实现农业生产、农机作业等信息的空间化、可视化、智能化。（市农业农村局、市海洋发展局、市工业和信息化局等负责）

（三）着力推进农业机械化全程全面发展。

1. 推进主要农作物生产全程机械化。巩固提升粮食作物生产全程机械化，加速推进花生、马铃薯、大蒜等经济作物种收机械化。突出深耕深松、播种、植保、收获、烘干、秸秆处理等六大环节，对开展深耕深松、机播机收、统防统治、秸秆处理等生产服务的主体按规定给予补助，鼓励有条件的

区（市）对农业机械社会化服务进行补贴。（市农业农村局、市发展改革委、市财政局等负责）

2. 推进农业生产全面机械化。根据果菜茶、现代种业和畜牧水产、设施农业、农产品初加工等产业需求，完善技术路线，强化装备支撑。积极发展应用农村环境管护技术设备。推进农机农艺融合，将适应机械化作为农业生产活动的重要目标，促使良种、良法、良田、良机配套。（市农业农村局、市海洋发展局、市工业和信息化局、市发展改革委、市科技局、市住房城乡建设局、市生态环境局等负责）

3. 补齐重点领域机械化短板。聚焦粮油产业全程机械化发展，推进直播、移栽、高效植保施肥、烘干及适用于丘陵山区的微型耕作、收割等装备应用，加大仓储、产后加工的集成配套。围绕特色主导产业，重点推广果菜茶规模化育苗、移栽、中耕和自动化采收与初加工，食用菌机械化接种，畜牧水产养殖自动喂料、环境控制，田间运输、冷链仓储等集成配套设施装备。（市农业农村局、市海洋发展局负责）

4. 推广绿色高效农机装备与机械化技术。推动智能农机与智慧农业融合发展，大力发展“互联网＋农机作业”。完善农机购置补贴政策，重点推广精量播种、精准施药、高效施肥、水肥一体化、节水灌溉、复式作业、补光杀菌等装备技术，加大对保护性耕作、生物质能源、残膜回收、农业废弃物和病死动物资源化利用、无害化处理及工厂智能化水产养殖等机械装备的推广力度。优化农机装备结构，完善拖拉机、联合收割机等报废更新管理办法，引导老旧农机具提前退出。（市农业农村局、市海洋发展局、市工业和信息化局、市财政局等负责）

（四）激发农业机械社会化服务活力。

1. 壮大社会化服务组织。大力培育农机专业合作社、作业公司等农机服务组织，支持其开展多种形式适度规模经营，鼓励家庭农场、农业企业等经营主体从事农机作业服务，引导村集体经济组织发展农机服务。加大对农机服务组织的信贷、担保、保险支持力度，引导金融机构加大对农机企业和新型农机服务组织的信贷投放，在合规审慎前提下，按规定程序开展政策性农机购置贷款担保服务，鼓励有条件的区（市）对购买大型农机贷款进行贴息。鼓励有条件的区（市）将重点农机品种纳入政策性保险范畴。落实农机融资租赁服务适用增值税优惠政策，允许农机租赁使用人按规定享受农机购置补贴。农业机械耕作服务按规定适用增值税免征政策。（市农业农村局、市财政局、市税务局、人民银行青岛市中心支行、青岛银保监局、市地方金融监管局等负责）

2. 创新发展服务机制。鼓励开展跨区作业、订单作业、农业生产托管等农机作业服务。对于促进农业绿色发展的农机服务，积极推进政府购买。大力推进农机服务组织规范化建设，支持建设农机具存放及农产品储藏、烘干等设施和区域农机维修中心，建设一批“全程机械化＋综合农事”服务中心。落实免收跨区作业的联合收割机、运输联合收割机和插秧机车辆通行费等规定。（市农业农村局、市财政局、市自然资源和规划局、市交通运输局等负责）

（五）改善农机作业基础条件。

1. 提高便利程度。在高标准农田建设、农村土地综合整治中，明确田间道路、田块长宽与平整度等“宜机化”要求，统筹中央和地方相关资金及社会资本开展高标准农田建设，推动地块小并大、短并长、陡变平、弯变直和互联互通。重点支持丘陵山区开展农田“宜机化”改造，加大对丘陵山区适用农机具购置补贴力度。（市农业农村局、市发展改革委、市财政局、市自然资源和规划局、市市场监管局等负责）

2. 改善配套设施条件。落实设施农用地、新型农业经营主体建设用地、农业生产用电等相关政策，支持农机服务组织的生产条件建设。农机合作社等新型农业经营主体确需永久性建设用地的要优先安排，并按规定减免相关税费。有条件的可以将晒场、烘干、机具库棚等配套设施纳入高标准农田建设范围，鼓励建设区域农机安全应急救援中心。（市农业农村局、市发展改革委、市财政局、市自然资源和规划局、市税务局等负责）

（六）加强农机人才队伍建设。

1. 健全人才培养体系。加强农业工程学科建设，引导高校设置相关专业，并纳入公费农科生计划。加大卓越农林人才、卓越工程师教育培养计划对农业机械化的支持力度，引导高校面向农业机械化转型升级开展新工科研究与实践。支持农机企业与学校共建共享工程创新基地、实践基地、实训基地。支持农机人才出国留学、联合培养，大力引进国际高端人才。（市教育局、市科技局、市工业和信息化局、市农业农村局等负责）

2. 培养实用型人才。将农机驾驶操作培训纳入新型职业农民培育工程，对新购机农民提供免费培训。支持农机生产企业、合作社培养农机操作、维修等实用技能型人才。加强技能培养和知识更新，遴选和培养农机“土专家”，鼓励大中专毕业生、退伍军人、科技人员等返乡下乡创办领办新型农机服务组织。（市农业农村局、市教育局、市人力资源社会保障局、市总工会、市退役军人局、市工业和信息化局等负责）

三、保障措施

（一）加强组织领导。各有关区（市）要强化主体责任，把加快推进农业机械化转型升级纳入本地经济社会发展规划，完善粮食安全责任制等政府目标考核中的农业机械化内容，认真研究实施乡村振兴战略对农机装备的需求，健全机制，保障经费。市农业农村局、市工业和信息化局会同相关部门建立农业机械化发展协调推进机制，统筹协调全市农业机械化和农机装备产业发展工作，加强工作谋划和指导，破除发展中障碍。

（二）营造良好发展氛围。要充分尊重农民意愿和首创精神，激发企业活力和创造力，调动其发展农业机械化积极性。发挥行业协会作用，引导企业诚信自律、提升质量。充分利用广播电视、报刊、网络等媒体，加强对农业机械化和农机装备产业转型升级的宣传。及时总结推广典型经验，表彰先进，营造良好氛围。

青岛市人民政府

二〇一九年十二月十七日

关于印发《关于加快推进农业机械化和农机装备产业转型升级的实施意见》的通知

沪农委〔2020〕60 号

各相关区人民政府、各相关部门：

经市政府同意，现将《关于加快推进农业机械化和农机装备产业转型升级的实施意见》印发给你们，请结合实际，认真抓好贯彻落实。

上海市农业农村委员会　上海市经济和信息化委员会
上海市发展和改革委员会　上海市财政局
上海市科学技术委员会　上海市规划和自然资源局
二〇二〇年三月四日

关于加快推进农业机械化和农机装备产业转型升级的实施意见

为贯彻落实《国务院关于加快推进农业机械化和农机装备产业转型升级的指导意见》（国发〔2018〕42 号），深入实施乡村振兴战略，加快推进都市现代绿色农业发展，结合我市实际，提出如下实施意见。

一、总体要求

（一）指导思想

以习近平新时代中国特色社会主义思想为指导，认真落实党中央、国务院乡村振兴战略部署，以农机农艺融合、机械化信息化融合、农机服务模式与农业适度规模经营相适应、机械化生产与农田建设相适应为路径，以科技创新、机制创新、政策创新为动力，面向全球、面向未来，对标国际最高标准、最好水平，重点提升蔬菜林果生产机械化水平，积极发展自动化、智能化农机装备，扎实推动农机装备和农业机械化向高质量、高效能转型升级，率先实现农业现代化。

（二）发展目标

到 2025 年，农机装备结构科学合理，作业条件基本完善，农机库房、维修网络、粮食烘干、育苗育秧、农产品初加工、冷藏冷链等产业链规划布局合理、设施设备基本配套。农机社会化服务体系机制创新完善，服务覆盖率达 85%。建成 10 个以上“农机服务”新型组织，为农业生产提供“一站式”、综合性服务。推动智慧农机发展，建成一批不同类型的规模化生产、智能化管理的智慧农业示范农场。主要农作物耕种收综合机械化率达到 98% 以上，蔬菜生产“机器换人”初步实现，设施菜田绿叶菜生产机械化水平达到 60%。桃、梨、葡萄、鲜食玉米等主要特色经济作物机械化技术路线基本形成，果园水肥一体化、自动控制系统等关键技术应用率达到 50% 以上。建成 5 ～ 8 个林果机械化生产示范基地，机械化率达到 60%。绿色生态、清洁高效的设施农业和畜禽水产养殖等机械化水平位居全国前列。

二、重点工作

（一）加快推动农机装备产业高质量发展

1. 完善农机装备创新体系。以农机装备需求为牵引，聚焦农机装备制造关键环节，建立以企业为主体、市场为导向的协同创新体系。支持产学研推用深度融合，增强科研院所的研究创新能力，重点支持智能农机、设施农业智能控制系统、农用无人机等设施装备关键技术研究，推动高端智能农机装备产业发展。（市经济信息化委、市发展改革委、市科委、市农业农村委等负责。列第一位者为牵头单位，下同）

2. 推进农机装备全产业链协同发展。以整机企业技术需求为目标，鼓励农机装备产业链上下游企业联合攻关，开展先进技术装备的引进消化吸收再创新。推动整机企业加强技术创新和内部管理，优化生产流程，带动产业链上下游企业联合进行智能化升级。探索开展网络精准营销、在线支持服务等新型商业模式。（市经济信息化委、市发展改革委、市科委、市农业农村委、市商务委等负责）

3. 优化农机装备产业结构布局。鼓励农机生产企业由单机制造为主向成套装备集成为主转变，扶持中小企业发展。支持企业加强农机装备研发生产，推动品牌建设，培育具有市场知名度的农机装备生产企业。支持蔬菜等园艺农作物生产、畜禽水产养殖、农产品初加工等领域农机装备企业发展，开发智能化、精准化、节能化、低排放农机产品。（市经济信息化委、市发展改革委、市农业农村委、市商务委、市国资委等负责）

4. 加强农机装备质量可靠性建设。强化企业质量主体责任，督促农机装备行业开展诚信自律行动和质量提升行动。加强农机产品质量监管，加大对质量违法和假冒品牌行为的打击和惩处力度，提升高质量农机产品市场占有率和有效供给水平。加快制定精准农业、智能农机、绿色装备等地方标准，提升农业机械试验、检测和鉴定能力。（市市场监管局、市经济信息化委、市农业农村委等负责）

（二）加快实现农作物生产全程全面机械化

1. 推动粮食作物机械化向更高层次发展。继续支持水稻机械化育苗、种植、粮食烘干能力、稻米加工能力建设，促进区域平衡发展。稳步推进水稻机械化种植，加快高效植保、粮食烘干、秸秆综合利用等环节机械化的集成配套。加快农作物生产全程机械化技术集成与示范，推进整建制创建“全国主要农作物生产全程机械化示范省（市）”。（市农业农村委、市经济信息化委等负责）

2. 加快补齐经济作物机械化生产短板。聚焦薄弱环节，坚持引进消化吸收和自主研发相结合，加大新农机、新技术试验示范、推广应用和服务支持力度。大力发展蔬菜机械化生产，针对蔬菜露地生产、8 米单体棚、连栋温室等不同类型，围绕高质量作畦、高速高密度移栽和采收等关键环节，加快引进吸收、研发创新农机装备与技术，以点带面、分环节突破，逐步实现蔬菜生产“机器换人”。积极发展林果、花卉、鲜食玉米生产机械化，加快水肥一体化、高效植保、多功能操作平台等农机装备和技术推广，加强果园智能化管理系统的研发推广。（市农业农村委、市经济信息化委、市财政局等负责）

3. 加快构建高效机械化生产体系。推广“宜机化”生产方式，将“宜机化”作为农作物品种审定、耕作制度变革、产后加工工艺改进、高标准农田建设等的必要条件。按照划定的粮食生产功能区、蔬菜生产保护区和特色农产品优势区，加快育苗中心、农产品分级加工、冷藏冷链、农机库房和维修网点的规划布局与设施用地供应，加快选育、推广适于机械化作业、轻简化栽培的绿色农作物品种，加强良种、良法、良地、良机等集成配套，为机械化作业、规模化生产创造条件。支持产学研推用联合攻关，推动品种农艺装备等多学科、产前产中产后各环节协同联动。（市农业农村委、市科委、市财政局等负责）

（三）大力推广先进适用农机装备与机械化技术

1. 示范推广绿色生态新机具新技术。围绕农业绿色生产，重点支持精量播种、精准施药、高效施肥、水肥一体化、节水灌溉、残膜回收以及畜禽粪污资源化利用、水产养殖尾水处理等生态环保、绿色高效农机装备与技术的推广应用。围绕上海农业结构调整，积极开展农机新产品补贴试点，加大国外先进农机装备的引进、示范、推广力度，重点支持蔬菜花卉育苗、高速高密度移栽、采收，林果采摘、综合管理操作平台等农机装备技术的引进示范。开展农机报废更新试点工作，研究相关更新补贴政策，提升农机装备绿色环保水平。（市农业农村委、市科委、市经济信息化委、市财政局等负责）

2. 推动智慧农机提升发展。推进移动互联网、物联网、大数据、智能控制、卫星定位导航等信息技术在农机装备和农机作业上的应用。结合上海智慧农业的“一网、一图、一库”建设，加快构建上海农机装备信息化管理平台，完善农机作业监测、维修诊断、远程调度等信息化服务，提高农业机械化管理水平和效率。积极探索水稻生产无人农场、蔬菜生产、畜禽水产养殖智能化农场等现代绿色农业示范基地建设。大力支持以北斗导航为技术支撑的无人驾驶系统，采摘、除草机器人，农用无人机等先进农机装备以及温室智能控制系统、蔬菜林果花卉作物专家系统的研发、示范和推广应用，加快农业现代化发展进程。（市农业农村委、市经济信息化委、市科委等负责）

3. 提高农业机械化技术推广能力。强化农业机械化技术推广机构的能力建设，大力提高蔬菜林果生产急需的新机具新技术的试验验证水平。鼓励农机科研推广机构与农机生产企业、科研院校、新型农机服务组织等开展技术合作，加快先进实用技术集成创新与推广应用。运用现代信息化技术，创新“田间日”等体验式、参与式推广新方式，提升农业机械化技术推广效果。加强农机试验鉴定能力建设，重点支持蔬菜林果花卉农机装备的检测鉴定能力建设，充分发挥农机试验鉴定机构的评价推广和质量监管作用。（市农业农村委、市经济信息化委、市科委等负责）

4. 发展工厂化智能化技术装备。推广运用新技术新装备，探索发展蔬菜、花卉、畜牧水产养殖等工厂化生产、智能化管理新模式。运用物联网、互联网、云计算等技术，推广应用温室大棚、植物工厂的温湿度、通风、照明、水肥一体化等智能化控制管理系统，实现设施农业自动监测和自动控制。强化畜禽水产养殖的信息化机械化融合，智能采集参数信息，精准调控生长环境，综合处理粪污利用、尾水治理等，实现农业绿色生态和智能高效发展。（市农业农村委、市经济信息化委、市科委等负责）

（四）加快发展农机社会化服务

1. 发展农机社会化服务组织。集聚相关强农惠农政策，培育壮大农机合作社、农机租赁企业、农机作业公司等新型农机社会化服务组织，支持农机社会化服务组织开展多种形式适度规模经营。支持农机社会化服务组织获得农机库房等服务场地使用资格、相关政府购买服务项目等。支持金融机构加大对农机社会化服务组织的信贷投放，开发各类信贷产品和提供个性化融资方案。从事农机作业和维修等服务业项目的所得，按规定适用企业所得税免征政策。鼓励保险机构发展农机保险，支持创新与安全生产、保险赔付挂钩的农机投保机制。（市农业农村委、市财政局、市市场监管局、市规划资源局、市税务局、上海银保监局等负责）

2. 推进农机服务机制创新。支持农机社会化服务组织开展农机作业、技术培训、农资统购统销、粮食烘干、农产品加工营销、信息咨询等相关服务，着力打造“农机服务”新型服务机制。支持农业合作社、家庭农场、小农户实施订单作业、托管服务等新型服务方式，提高农机利用率，加快小农户、家庭农场、农业合作社与现代农业发展有机衔接。推动农机服务领域从粮食生产服务向蔬菜、林果、花卉等园艺作物生产服务、农业废弃物资源化利用、粮食烘干、农产品加工营销、农村绿化、河道养护、保洁等领域拓展延伸。鼓励金融机构、农机产销企业、农机服务组织等发展农机租赁业务。（市农业农村委、市发展改革委、市财政局等负责）

（五）加快改善农机作业基础条件

1. 提高农机作业便利程度。研究制定农业设施“宜机化”建设导则，高标准农田建设、农村土地综合整治和设施菜田建设要以“宜机化”为主要目标，改善农机通行和作业条件。统筹中央和地方各类相关资金并引导社会资本，支持老旧温室大棚和其他农田基础设施进行必要的“宜机化”改造。（市农业农村委、市发展改革委、市规划资源局、市财政局等负责）

2. 改善农机作业配套设施条件。结合农业“三区”管理、农业产业发展、郊野单元规划，统筹考虑农机库房、粮食烘干中心、区域性农机维修中心、农作物育秧育苗、农产品初加工等全产业链配套设施，优先落实用地保障，优先立项建设。加强农机安全执法监管和监测装备能力建设，提高农机安全监管科技化、信息化水平。（市农业农村委、市发展改革委、市规划资源局、市财政局等负责）

（六）切实加强农机人才培养

1. 加强农业工程人才队伍建设。鼓励科研院所面向农业机械化、农机装备产业转型升级等开展新工科研究与实践，深化产教融合、校企合作，支持优势农机产销企业、科研院所、社会化服务主体等共建共享创新基地、实践基地和实训基地，培养创新型、应用型、复合型农业机械化人才。鼓励农机人才国际交流合作，支持农机专业人才出国学习培训、联合培养。（市教委、市人力资源和社会保障局、市经济信息化委、

市农业农村委等负责）

2. 加快农机实用人才培养。实施高素质农民培养，开展农机服务组织带头人培训，培养一批懂生产、善管理的新型农机职业经理人。鼓励大中专毕业生、农机推广科技人员等返乡下乡创办领办参办新型农机服务组织。鼓励农机科研院所、产销企业、服务组织等培养农机生产作业、维修保养等技能型人才。（市农业农村委、市经济信息化委、市教委、市科委等负责）

三、保障措施

（一）加强组织领导。强化各级政府责任，将农机化发展纳入乡村振兴工作绩效考评。建立市领导牵头，市农业农村委、市经济信息化委推进，相关部门单位参与的农机化和农机装备产业发展机制，加强政策引导和统筹协调。（市农业农村委、市经济信息化委等负责）

（二）促进良性互动。更好地发挥政府在推进农业机械化中的引导作用，重点在公共服务等方面提供支持，为市场创造更多发展空间。推进简政放权、放管结合、优化服务改革，推进政务信息公开，强化规划政策引导，调动各类市场主体的积极性、主动性和创造性。加强舆论引导，推介典型经验，宣传表彰先进，努力营造加快推进农业机械化和农机装备产业转型升级的良好氛围。（市农业农村委、市经济信息化委等负责）

（三）加大扶持力度。不断完善支持农机发展的财政补贴、金融信贷、农业保险等政策措施。加大“宜机化”建设、农机化生产和社会化服务的扶持力度，发挥政策资金的导向性和精准性。统筹支农资金，支持农机绿色技术、智能农机装备、农机创新服务等开发、示范、推广。（市农业农村委、市财政局、上海银保监局等负责）

本实施意见自印发之日起施行，2012 年 3 月《上海市人民政府办公厅转发市农委关于促进本市农业机械化和农机工业又好又快发展实施意见的通知》（沪府办发〔2012〕13 号）同时废止。

黑龙江省人民政府关于加快推进农业机械化和农机装备产业转型升级的实施意见

黑政规〔2020〕2 号

各市（地）人民政府（行署）、省政府各直属单位：

为认真贯彻落实《国务院关于加快推进农业机械化和农机装备产业转型升级的指导意见》(国发〔2018〕42 号）精神，在农业生产进入机械化为主导的新阶段中，加快推进农业机械化和农机装备产业转型升级，推进我省农业农村现代化进程，现提出如下实施意见。

一、总体目标

以习近平新时代中国特色社会主义思想为指导，紧紧围绕统筹推进“五位一体”总体布局和协调推进“四个全面”战略布局，按照农机和农艺相融合、机械化和信息化相融合、农机服务模式与农业适度规模经营相适应、机械化生产与农田建设相适应的发展路径，补短板、强弱项、促协调，推动农业机械化和农机装备产业向高质量发展转型，走出一条黑龙江特色农业机械化发展道路，为实现农业农村现代化提供有力支撑。

2020 年，全省农机总动力稳定在 6 200 万千瓦，农机具配置结构进一步优化，农机作业条件加快改善，农机社会化服务领域加快拓展。农作物全程机械化生产体系基本建立，设施农业、畜牧养殖、水产养殖和农产品初加工机械化取得明显进展。主要农作物耕种收综合机械化率稳定在 97% 以上，100 马力（1 马力≈ 735 瓦）以上拖拉机保有量达到 4.3 万台。

到 2025 年，全省农机总动力稳定在 6 600 万千瓦左右，农机具配置结构更加合理，农机作业条件显著改善，农业产前产中产后的农机社会化服务体系基本建立，农业机械化进入全程全面高质高效发展时期。农作物耕种收综合机械化率稳定在 98%，100 马力以上拖拉机保有量达到 5 万台。

二、加快推动农机装备产业高质量发展

（一）完善农机装备创新体系。适应我省现代农业发展需求，进一步加大设施农业、秸秆综合利用、畜禽粪污资源化利用等薄弱环节机械的研发，重点发展大中型农机，鼓励发展适应特色作物生产、特产养殖和设施农业需要的高效专用农机。建立部门协调联动、覆盖关联产业的协同创新机制，增强科研院所创新能力，完善农机装备创新体系，支持“产学研推用”深度融合，依托大专院校、科研院所和农机企业构建农机装备创新中心、产业技术创新联盟，协同开展基础前沿、关键共性技术研究，促进全程全面机械化创新发展。鼓励企业与新型农业经营主体对接，探索建立“企业＋合作社＋基地”的农机产品研发、生产、推广新模式，持续提升创新能力。孵化培育一批技术水平高、成长潜力大的农机高新技术企业，促进农机装备领域高新技术产业发展。（省工信厅、省科技厅、省农业农村厅等负责。列第一位者为牵头单位，下同）

（二）健全农机装备产业链。充分发挥我省大型工业生产基地和重点院校的科技研发优势，加强与农机装备产业链上下游企业的协同，攻克基础材料、人工智能等难点。推进农机装备关键部件和农机装备传感器的创新和研发，加快关键技术产业化，推动整机企业提升智能化制造水平。探索开展个性化定制、网络精准营销、在线支持服务等新型商业模式。建立以农业机械生产企业为主的配件供应和维修体系，完善现代农机流通体系和售后服务网络。（省工信厅、省科技厅、省农业农村厅、省商务厅等负责）

（三）优化农机装备产业结构。根据我省农业生产特点，紧密结合农业产业发展需求，构建大中小企业协同发展的产业格局。支持我省现有大马力拖拉机、免耕播种机、多功能联合整地机、玉米和水稻秸秆还田机械等优势龙头企业做大做强，形成一批具有鲜明特色、重点突出的产业集群，建立农机生产配套体系，推动农机装备均衡协调发展。支持企业加强农机装备研发生产，优化资源配置。鼓励优势企业参与对外援助和国际合作项目，开发国外市场，服务“一带一路”建设。（省工信厅、省农业农村厅、省商务厅、省国资委等负责）

（四）强化农机装备质量体系建设。完善农机装备检验检测认证体系，积极推进“互联网＋农机鉴定”，提升农机装备试验测试和农机鉴定公益性服务能力。对涉及人身安全的产品依法实施强制性产品认证。加强农机产品质量监管，强化企业质量主体责任，对在用农业机械进行质量调查，加强省、市、县三级投诉体系建设，维护农民合法权益。强化知识产权保护，加大对质量违法和假冒品牌行为的打击和惩处力度，开展增品种、提品质、创品牌“三品”专项行动。（省市场监管局、省工信厅、省农业农村厅等负责）

三、着力推进主要农作物生产全程机械化

（五）加快补齐全程机械化生产短板。深入实施主要农作物生产全程机械化行动，聚焦薄弱环节，围绕秸秆还田离田、农业“三减”和绿色发展，大力推进探索玉米、水稻等主要农作物生产全程机械化技术路线和模式集成配套，力争在秸秆机械化处理、深耕深松、免耕播种等环节实现突破。探索适合我省非主要农作物生产的农业机械化技术路线和模式，重点在露地蔬菜、设施农业、畜牧、水产养殖和粪污处理、农产品初加工等薄弱环节进行技术提升。创新激励方式引导合作社、家庭农场、农业企业等农业经营主体开展农机化生产服务，探索建立秸秆还田、深松深耕等生产模式和激励机制，大力推进产前产中产后全程机械化。（省农业农村厅、省财政厅等负责）

（六）积极推进高效机械化生产体系建设。推进精准农业、智能农机、绿色农机等标准的落实，提升全省现代农机装备标准化水平。推进育种与机械化相适应和机械化与农艺技术相适应，加快选育、推广适于机械化作业、轻简化栽培的作物品种，推广适于生态、高产农艺技术的农业机械，促使良种、良法、良地、良机配套，为全程机械化作业、规模化生产创造条件。充分发挥现代农业产业园、农业科技园区的科技支撑引领作用，推动品种、栽培、装备等多学科协同联动，构建区域化、标准化的种植养殖机械化生产模式。推进主要农作物生产全程机械化技术集成的示范与推广。（省农业农村厅、省科技厅、省工信厅等负责）

四、加快先进适用农机装备与机械化技术推广应用

（七）积极开展绿色高效新机具新技术示范推广。围绕农业结构调整，鼓励购买国内外先进农机产品，大力支持保护性耕作、秸秆还田离田、免耕播种、精准施药、高效施肥、水肥一体化、畜禽粪污资源化利用等装备和技术的示范推广。鼓励金融机构针对权属清晰的大型农机装备开展抵押贷款。鼓励和引导农机报废更新，加快淘汰老旧农机装备。积极发展农用航空，规范和促进植保无人机推广应用。（省农业农村厅、省科技厅、省工信厅、省财政厅、省交通运输厅、省商务厅、人民银行哈尔滨中心支行、黑龙江银保监局、民航黑龙江监管局等负责）

（八）加快智慧农业示范应用步伐。促进物联网、移动互联网、智能控制等技术在农机装备和农机作业上的应用。支持科研院所和优势企业对接重点用户，形成研发生产与推广应用相互促进机制。大力推进“互联网＋农机作业”工作，加快推广应用农机作业监测、远程调度等信息化服务平台，实现数据信息互联共享，提高农机作业质量与效率。逐步建设大田作物精准耕作、智慧养殖等数字农业示范基地，推进智能农机与智慧农业、云农场建设等融合发展。（省农业农村厅、省科技厅、省工信厅、省国资委等负责）

（九）增强农业机械化技术推广能力。进一步提升基层农机技术推广能力，完善省、市、县、乡四级公益性农机推广服务组织体系。鼓励支持农机生产企业、科研教学单位和技术推广人员通过资金、设备和技术入股新型农业经营主体的方式广泛开展技术合作。运用现代信息技术，积极开展农机化科技下乡服务活动，切实提升农业机械化技术推广效果，提高农机公益性试验鉴定能力。（省农业农村厅、省工信厅等负责）

五、大力发展农机社会化服务

（十）扶持农机社会化服务组织发展。加快培育壮大农机专业户、农机合作社等新型服务主体，选树一批有较强示范作用的农机合作社。鼓励村集体、农业生产经营组织和农业生产经营者组建多种形式的农业机械化服务组织，完善农业机械化服务体系。落实农机服务金融支持政策，引导金融机构加大对农机企业和新型农机服务组织的信贷投放，灵活开发各类信贷产品和提供个性化融资方案；在合规审慎的前提下，按规定程序开展面向家庭农场、农机合作社、农业企业等新型农业经营主体的农机融资租赁业务和信贷担保服务。农机融资租赁服务按规定适用增值税优惠政策，允许租赁农机等设备的实际使用人按规定享受农机购置补贴。农业机械耕作服务按规定适用增值税免征政策。加强业务指导，鼓励选择重点农机品种，支持开展农机保险。（省农业农村厅、省财政厅、人民银行哈尔滨中心支行、省税务局、黑龙江银保监局等负责）

（十一）鼓励农机服务机制创新。鼓励农业机械服务组织开展多种经营，促进农村一、二、三产业融合发展。开展“全程机械化＋综合农事”服务中心试点工作，为周边农户提供托管服务、农产品销售对接等“一站式”综合服务。鼓励农机服务主体通过跨区作业、农业生产托管等多种形式，促进小农户与现代农业发展有机衔接。鼓励农机服务主体与各类农业经营主体组建农业生产联合体，探索实现农机互助、设备共享的有效方式，提高农机使用效率。鼓励农村集体经济组织以资金或建设用地使用权入股等方式，按规划参与农机服务主体建设集中育秧、农机具存放以及农产品产地储藏、烘干等设施。落实免收跨区作业的联合收割机、运输联合收割机和插秧机车辆通行费的政策。（省农业农村厅、省财政厅、省自然资源厅、省交通运输厅等负责）

六、着力改善农机作业基础条件

（十二）积极优化农机作业环境。进一步完善高标准农田建设、农村土地综合整治等方面制度、标准、规范和实施细则，切实改善农机通行和作业条件，满足我省大型农机装备的作业需求。增强农田防灾减灾、抗御风险的能力，充分发挥农机抢农时、省劳力、增效益的作用。统筹中央和地方各类相关资金及社会资本，开展高标准农田建设，积极推进高标准农田与农机、农艺配套发展。提高农业集约化、专业化、

组织化程度，不断提升土地产出率和资源利用率。（省农业农村厅、省发改委、省财政厅、省自然资源厅、省市场监管局等负责）

（十三）积极改善农机作业配套设施条件。落实设施农用地、新型农业经营主体建设用地、农业生产用电等相关政策，支持农机合作社等农机服务组织改善生产条件，在年度建设用地指标中，优先安排农机合作社等新型农业经营主体用地，并按规定减免相关税费。加强县级统筹规划，合理布局农机具存放和维修及农产品产地烘干和初加工等服务配套设施。鼓励建设区域农机安全应急救援中心，提高农机安全监理执法、快速救援和跨区作业监测调度等能力。（省农业农村厅、省发改委、省财政厅、省自然资源厅、省税务局等负责）

七、切实加强农机专业人才培养

（十四）完善新型农业工程人才培养体系。引导高校积极设置相关专业，培养创新型、应用型、复合型农业机械化人才。支持高等院校招收农业工程类专业学生，扩大硕士、博士生培养规模。推动实施产教融合、校企合作，支持农机企业与学校共建工程创新基地。引导相关高校面向农业机械化、农机装备产业转型升级开展新工科研究与实践，构建产学合作协同育人项目实施体系。鼓励农机人才国际交流合作，支持农机专业人才出国留学、联合培养，积极引进国际农机装备高端人才。（省教育厅等负责）

（十五）加强农机实用型人才培养。注重农机化职业教育培训机构能力建设，提升农机化职业教育培训实训基地实训能力。实施新型职业农民培育工程，加大对农机大户、农机合作社带头人的培训力度，提升农机从业者的技能水平。大力遴选和培养农机生产及使用一线“土专家”，弘扬工匠精神，充分发挥基层实用人才的重要作用。通过购买服务、项目支持等方式，支持农机生产企业、农机合作社培养实用技能型人才。鼓励大中专毕业生、退伍军人、科技人员等返乡下乡创办、领办或加入新型农机服务组织，打造一支懂农业、爱农村、爱农民的一线农机人才队伍。（省农业农村厅、省教育厅、省人社厅等负责）

八、强化组织领导

（十六）健全组织实施机制。建立省级部门协调推进机制，由省农业农村厅、省工业和信息化厅牵头协调推进全省农业机械化发展，统筹协调农业机械化和农机装备产业发展工作，认真梳理和解决突出问题，审议有关政策、重大工程专项和重点工作安排，加强战略谋划和工作指导，破除发展中的障碍。重大问题及时向省政府报告。（省农业农村厅、省工信厅牵头负责）

（十七）明确地方政府责任。各市（地）、县（市、区）政府要认真研究实施乡村振兴战略对农机装备的需求，充分认识加快推进农业机械化和农机装备产业转型升级的重要性、紧迫性，将其作为推进农业农村现代化的重要内容，纳入本地区经济社会发展规划和议事日程。完善粮食安全省长责任制等政府目标考核中的农业机械化内容，建立协同推进机制，落实部门责任，加强经费保障，形成工作合力。通过财政支持、落实税收优惠、金融扶持等政策措施，提高对农业机械化的政策保障力度。（各级政府负责）

（十八）推进政府与市场良性互动。发挥政府在推进农业机械化中的引导作用，重点在公共服务等方面提供支持，为市场创造更多发展空间。深入推进农机装备产业和农业机械化管理领域“放管服”改革，推进政务信息公开，加强规划政策引导，保障农机安全生产，切实调动各类市场主体的积极性、主动性和创造性，因地制宜推进农业机械化发展。加强舆论引导，努力营造加快推进农业机械化和农机装备产业转型升级的良好氛围。（各级政府负责）

黑龙江省人民政府

二〇二〇年三月二十一日

辽宁省人民政府关于加快推进农业机械化和农机装备产业转型升级的实施意见

辽政发〔2019〕29号

各市人民政府，省政府各厅委、各直属机构：

为贯彻落实《国务院关于加快推进农业机械化和农机装备产业转型升级的指导意见》（国发〔2018〕42号）精神，助力推动乡村振兴战略，加快推进我省农业现代化进程，现提出如下实施意见。

一、总体要求

（一）指导思想。以习近平新时代中国特色社会主义思想为指导，全面贯彻落实乡村振兴战略部署，以满足乡村机械化需求为目标，以机制、科技、政策创新为驱动力，以补短板、强弱项、促协调为着力点，加快推进农机装备产业向高质量发展转型升级，农业机械化耕种收环节向植保、烘干、秸秆处理全过程发展，种植业向畜牧水产业、特色农业、设施农业、农产品初加工业全面延伸，平原地区向丘陵山区加速扩展，农机农艺、机械化与信息化向融合化提升，加快推动农业机械化全程全面高质高效发展，为深入实施乡村振兴战略，实现农业农村现代化提供强有力支撑。

（二）发展目标。到2020年，农机装备产业体系建设持续加强，科技创新能力持续提升，主要经济作物薄弱环节“无机可用”问题基本解决。全省农机总动力达到2 400万千瓦以上，农作物耕种收综合机械化率达到80%以上，主要农作物生产基本实现全程机械化，畜牧业、渔业、特色农业、设施农业和农产品初加工业机械化取得明显进展。农机具配置结构进一步优化，农机作业条件加快改善，农机社会化服务领域加快拓展，农机使用效率进一步提升。

到2025年，农机装备品类基本齐全，农机产品和技术供给基本满足需要，产品质量可靠性达到国际先进水平，农机装备产业迈入高质量发展阶段。全省农机总动力达到2 900万千瓦以上，农作物耕种收综合机械化率达到85%以上，粮食主产县基本实现农业机械化，畜牧业、渔业、特色农业、设施农业和农产品初加工业机械化显著提升。农机具配置结构趋于合理，农机作业条件显著改善，农机社会化服务体系基本建立，农机使用效率显著提高，农业机械化进入全程全面高质高效发展时期。

二、推动农机装备产业高质量发展

（三）完善农机装备产业创新体系。构建以企业为主体、科技为支撑、市场为导向的农机装备科研创新平台，增强科研院所原始创新能力。孵化培育农机高新技术企业，提升企业自主创新能力。实施企业技术创新重点项目计划。推进首台（套）农机装备研制和示范应用，积极争取国家首台（套）重大技术装备保险补偿政策。鼓励和引导高校、科研院所和企业开展关键共性技术研究，研发新型农机智能装备。探索建立农机产品研发、生产、推广“企业＋合作社＋基地”新模式。落实工业和信息化部重大短板装备工程，梳理一批农机装备产业重大短板项目，推进农机装备产业向智能、高端、成套方向发展。（责任单位：省科技厅、省工业和信息化厅、省发展改革委、省农科院、省农业农村厅。列第一位者为牵头单位，下同）

（四）提升农机装备制造供给能力。加强农机装备产业链上下游企业协同发展，推进农机装备整机企业与零部件配套企业协同创新、协作配套，提升农机装备零部件企业本地配套率。加大技术攻关及研发投入，攻克基础材料、基础工艺、电子信息等“卡脖子”问题。完善农机产品需求与科研导向目录。鼓励发展高性能大马力智能拖拉机、高速智能精量播种机械、大型高效联合收割机械、高效低损谷物收获机械、精量施肥机械、避障仿形割草机械、智能喷雾机械、秸秆收集及处置装备、捡拾打捆机械、粪污无害化处理设备等整机装备，以及柴油机、变速箱、高端液压元件等关键系统和核心部件。支持智能农机装备物联网平台、大数据中心、运维平台等建设。（责任单位:省工业和信息化厅、省科技厅、省发展改革委、省农业农村厅）

（五）优化农机装备产业结构布局。鼓励企业由单机制造向成套装备集成转变，支持企业向“专、精、特、新”方向发展。以产业基础较好的沈阳、丹东、锦州、铁岭等市为重点，培育壮大特色优势突出的农机装备产业聚集区，打造完整产业链条。支持企业智能农机装备研发生产，培育农机装备生产企业集团。推动先进农机技术及产品“走出去”，鼓励和支持企业参与对外援助和国际合作项目，服务“一带一路”建设。（责任单位：省工业和信息化厅、省发展改革委、省科技厅、省农业农村厅、省商务厅）

（六）加强农机装备质量可靠性建设。推进精准农业、智能农机、绿色农机等标准制定，完善农业机械标准体系。加强农机装备产业计量测试技术研究，提升农机装备试验测试和鉴定能力。对涉及人身安全的产品依法实施强制性产品认证，推动农机装备产品自愿性认证和农机购置补贴机具资质采信农机产品认证结果。加强农机产品质量监管，强化企业产品质量安全主体责任。开展农机装备行业诚信自律和质量提升行动，加大对质量违法和假冒品牌行为的打击和惩处力度。开展增品种、提品质、创品牌“三品”专项行动。（责任单位：省市场监管局、省发展改革委、省工业和信息化厅、省农业农村厅）

三、推进农业机械化全程全面发展

（七）推进优势农作物全程机械化。深入开展玉米、水稻、花生等优势农作物全程机械化推进行动。分作物分区域开展系列全程机械化现场示范推介活动，总结推出一批新技术新装备和全程机械化集成项目方案。率先在粮食生产功能区、重要农产品生产保护区、特色农产品优势区、现代农业示范区、现代农业产业园、特色产业强镇等创建一批整建制农作物生产全程机械化示范区。支持有条件的市、县和垦区整建制率先实现优势农作物生产全程机械化。（责任单位：省农业农村厅、省财政厅、省发展改革委、省科技厅、省工业和信息化厅）

（八）促进农机均衡化协调发展。加强果蔬业、牧草业、现代种业、畜牧水产业、特色农业、设施农业和农产品初加工业等农业机械化技术创新研究和农机装备研发应用，攻克制约农业机械化全程全面发展技术难题。加快研发推广适合省情、农民需要、先进适用的农机装备，注重发展适应小农生产、丘陵山区作业以及特色作物生产、特产养殖需要的高效专用农业机械。根据作物种类、产区优势、种植模式等特点，建立适宜区域发展的机械化技术路线和发展模式。（责任单位：省农业农村厅、省工业和信息化厅、省科技厅）

（九）推动农机农艺融合化发展。建立健全农机农艺协作机制，重点围绕玉米、水稻、花生、设施农业、果蔬、畜牧、特色作物等产业发展，组建农机农艺协同创新和研发应用服务团队。根据机械化作业需求，积极改进适宜的品种选育、农作制度、栽培和养殖模式。根据新品种应用、农作制度创新和新型种养模式，研发推广一批农机装备，建成良机、良种、良制、良法配套的农机农艺融合体系。（责任单位：省农业农村厅、省工业和信息化厅、省科技厅）

（十）加快农机智能信息化发展。积极发展应用智能农业装备和推进农机作业管理信息化服务。加快推进数字化农机装备在设施农业、畜牧水产、田间管理等领域应用，重点推广应用农业物联网设备、大数据、移动互联网、无人驾驶装备、农业机器人等技术。积极发展“互联网＋农机作业”，促进农机共享共用。加快农机作业大数据应用，促进农机精准作业、精准服务，提高农机作业质量与效率。推进农机鉴定、农机监理、农机购置补贴、农机作业补助核定等信息化管理服务，实现信息系统互联互通。推广使用农机购置补贴手机 App 办理和农机深松整地、保护性耕作等作业补助物联网监测等应用软件。（责任单位：省农业农村厅、省工业和信息化厅、省科技厅、省财政厅）

（十一）稳定实施农机购置补贴政策。完善农机购置补贴政策，重点支持保护性耕作、精量播种、精准施药、高效施肥、水肥一体化、节水灌溉、秸秆还田离田、残膜回收、饲草料高效收获加工、病死畜禽无害化处理、畜禽粪污资源化利用、水产养殖节能高效增氧及投饲机械等绿色高效农机装备和智能化农机装备等应用。加大农机新产品补贴试点力度，支持大马力、高性能、复式农机新装备和节能日光温室机械设施设备示范推广。加大对丘陵山区和特色农业适用农机装备购置补贴支持力度。推进农机报废更新，促进农机装备更新换代。积极发展农用航空，规范和促进植保无人机推

广应用。（责任单位：省农业农村厅、省财政厅、省工业和信息化厅、省科技厅、民航东北管理局）

四、推进农业机械化创新协调发展

（十二）推进农机服务模式与农业适度规模经营相适应。大力发展农机社会化服务组织，创新作业服务模式，推进农机服务向农业生产全过程、全产业及农村生态、农民生活服务领域延伸。培育壮大农机专业户、农机合作社、农机合作社联合社、农机作业公司等新型服务主体，支持大中专毕业生、退伍军人、科技人员等领办创办新型农机服务组织。鼓励和引导农机服务主体组建农业生产联合体，探索农机互助、设备共享、互利共赢经营模式。鼓励"全程机械化＋综合农事服务"等新业态发展，发挥供销社、信息社等站点作用，为农户提供全程机械化作业、农资统购、技术培训、信息咨询、农产品销售对接等"一站式"综合服务。通过政府购买服务等方式，支持农田托管、统防统治等规模化农机作业服务。（责任单位：省农业农村厅、省财政厅、省工业和信息化厅）

（十三）推进机械化生产与农田建设相适应。修（制）订高标准农田建设、农村土地综合整治等制度、标准、规范和实施细则，明确田间道路、田块长度宽度与平整度等"宜机化"要求，推动农田地块小并大、短并长、陡变平、弯变直和互联互通，重点支持丘陵山区开展"宜机化"改造。有条件的地区可以将晒场、烘干、机具库棚等配套设施纳入高标准农田建设范围。鼓励有条件的地区建设区域农机安全应急救援中心，提高农机安全监理执法、快速救援、机具抢修和跨区作业实时监测调度等能力。（责任单位：省农业农村厅、省发展改革委、省财政厅、省自然资源厅）

（十四）提高农机化管理和技术推广能力。深入推进农机鉴定、推广、监理、维修、管理等领域"放管服"改革，充分调动各类市场主体发展农业机械化的积极性、主动性和创造性。建立农业机械化推广队伍、科研院所、行业协会、生产销售企业、农机服务组织等共同参与的多元化推广体系。运用现代信息技术，创新"田间日"等体验式、参与式推广新方式，切实提升农业机械化技术推广效果。充分发挥农机试验鉴定评价作用，强化农机试验鉴定机构建设，提高公益性试验鉴定能力，开展农机创新产品专项鉴定，满足新产品、新技术鉴定需求。（责任单位：省农业农村厅、省科技厅、省工业和信息化厅）

（十五）推进农机人才队伍建设。加强农业工程学科建设，合理设置专业，大力培养农业工程人才队伍。支持市、县（市、区）开展农机职业教育，鼓励学校和企业共建共享创新基地、实践基地、实训基地。建立"引进来、走出去"人才培养制度，鼓励农机专业人才出国留学、联合培养和引进高端人才。加强实用型农机人才培养，培育新型职业农民队伍。实施农机服务组织带头人培训计划，开展农机职业技能鉴定，组织开展农机操作技能竞赛。深化职称制度改革，创新职称评审条件和方式，加大对基层一线的倾斜力度。（责任单位：省教育厅、省工业和信息化厅、省科技厅、省农业农村厅）

五、强化组织和政策保障

（十六）加强组织领导。建立由省农业农村厅、工业和信息化厅牵头的省级农机化协调推进机制，统筹协调解决工作推进中遇到的困难和问题，提出相关政策、重大项目和政府考核目标。各地区要充分认识农业机械化和农机装备产业转型升级的重要性、紧迫性，结合实际，认真研究乡村振兴战略对农机装备的需求，将其纳入地方经济社会发展规划和议事日程。（责任单位：省农业农村厅、省工业和信息化厅，各市政府）

（十七）强化政策保障。各地区、各有关部门要认真贯彻落实国家、省明确的税费减免、设施用地用电、信贷担保、抵押贷款、贷款贴息、融资租赁、财政补贴、跨区作业、农机保险、人才培养等农机化扶持政策措施。加强农业机械化和农机装备产业发展经费保障，支持农机科技研发创新、农机示范工程建设、农机农艺融合、农机智能信息化发展、农机社会化服务、农机人才队伍等建设。（责任单位：省农业农村厅、省工业和信息化厅、省财政厅、省科技厅、省发展改革委、省自然资源厅、省交通运输厅、省税务局、人民银行沈阳分行、辽宁银保监局，各市政府）

（十八）提升服务效能。深化"最多跑一次"改革，提高办事效率。充分发挥省农机流通协会、省农机学会等社会团体在行业自律、信息交流、招商办展、教育培训等方面作用。加大舆论宣传引导，及时总结发展成效、表彰先进，努力营造有利于农业机械化和农机装备产业发展的良好社会氛围。（责任单位：省农业农村厅、省工业和信息化厅，各市政府）

辽宁省人民政府

二〇一九年十二月三十一日

中共安徽省委　安徽省人民政府关于抓好"三农"领域重点工作确保如期实现全面小康的实施意见

皖发〔2020〕1号

2020年是全面建成小康社会目标实现之年，是全面打赢脱贫攻坚战收官之年。完成上述两大目标任务，必须攻克脱贫攻坚最后堡垒，必须补上"三农"领域突出短板。全省上下务必深刻认识做好2020年"三农"工作的特殊重要性，毫不松懈、持续加力，集中资源、强化保障，把短板补得更扎实，把基础打得更牢靠，全面完成"三农"工作各项任务。为贯彻落实《中共中央、国务院关于抓好"三农"领域重点工作确保如期实现全面小康的意见》，确保脱贫攻坚战圆满收官，确保农村同步全面建成小康社会，结合我省实际，提出如下实施意见。

一、坚决打赢脱贫攻坚战

（一）全面完成脱贫任务。坚持精准扶贫，在总体实现"两不愁三保障”和饮水安全的基础上，以更加有力的举措、更加精细的工作，确保如期实现现行标准下剩余8.7万贫困人口全部脱贫。进一步聚焦大别山等革命老区、皖北地区和沿淮行蓄洪区，瞄准突出问题和薄弱环节集中发力，狠抓政策落实。坚决打好深度贫困歼灭战，省级对贫困发生率超过全省平均水平1倍以上或剩余贫困人口超过4 000人的县进行重点督办，市县对工作难度大的村要组织精锐力量强力帮扶、挂牌督战。对特殊贫困群体，要落实落细低保、医保、养老保险、特困人员救助供养、临时救助等综合社会保障政策，实现应保尽保。各级财政要继续增加专项扶贫资金，确保支持保障力度与全面收官要求相匹配，省级财政增量部分全部用于贫困革命老区县和深度贫困县。优化城乡建设用地增减挂钩、扶贫小额信贷等支持政策。深入实施五级书记遍访贫困对象推进乡村振兴行动。持续推进农村基层党建“一抓双促”工程。

（二）巩固脱贫成果防止返贫。各地要对已脱贫人口开展全面排查，认真查找漏洞缺项，一项一项整改清零，一户一户对账销号。建立健全返贫监测预警和动态帮扶机制，加强对不稳定脱贫户、边缘户的动态监测，将返贫人口和新发生贫困人口及时纳入帮扶，为巩固脱贫成果提供制度保障。强化“四带一自”产业扶贫、“三有一网”点位扶贫、“三业一岗”就业扶贫。深入开展消费扶贫。加大易地扶贫搬迁后续扶持力度。深化“志智双扶”。按照疫情防控和脱贫攻坚两个“战役”一起打要求，及时帮扶贫困户解决因疫情造成的生产生活困难，解决扶贫产业发展面临的问题，解决外出务工问题。

（三）做好考核验收和宣传工作。严把贫困退出关，严格执行贫困退出标准和程序，坚决杜绝数字脱贫、虚假脱贫，确保脱贫成果经得起历史检验。抓好中央脱贫攻坚专项巡视“回头看”和国家考核反馈问题整改。加强常态化督导暗访，及时发现问题、督促整改。开展脱贫攻坚普查。加强脱贫攻坚宣传工作，系统总结党的十八大以来全省脱贫攻坚实践成果，讲好减贫生动故事。

（四）保持脱贫攻坚政策总体稳定。严格落实“四个不摘”。强化脱贫攻坚责任落实，继续执行对贫困县的主要扶持政策，坚持“单位帮扶、干部驻村、整村包保”制度，持续推进县域结对帮扶和“千企帮千村”精准扶贫行动，加大对基层扶贫干部关心关爱力度，稳定扶贫工作队伍，强化基层帮扶力量。持续推进“十整治十坚持”，扎实开展扶贫领域腐败和作风问题专项治理。在确保贫困县、贫困村稳定脱贫的基础上，省级统筹安排各类扶贫资金，支持非贫困县、非贫困村贫困人口脱贫。

（五）研究接续推进减贫工作。攻坚期后，扶贫工作重心将从绝对贫困的集中攻坚，转为相对贫困的日常帮扶。探索建立解决相对贫困的长效机制，推动减贫战略和工作体系平稳转型。将解决相对贫困问题纳入乡村振兴战略统筹安排。

二、加快补上全面小康“三农”领域突出短板

（六）加大农村公共基础设施建设力度。深化“四好农村路”示范创建，开展省级示范县创建。年内建成农村公路扩面延伸工程1.1万千米，基本实现村民组通硬化路。支持村内道路建设和改造。落实对农村公路养护的补助政策。实施农村公路安全生命防护工程和危桥改造，加强农村道路交通安全管理。年内完成水电供区电网改造。推进光纤网络和第四代移动通信网络向自然村延伸。健全农村公共基础设施管护机制，落实管护责任，应由政府承担的管护费用纳入预算。优化村庄布局，编制多规合一的实用性村庄规划。

（七）提高农村供水保障水平。全面完成农村饮水安全巩固提升工程任务。编制实施新一轮农村供水规划，推动有条件的地区将城市管网向农村延伸，在人口相对集中的地区推进规模化供水工程建设，农村自来水普及率达到85%。完善农村供水工程水费收缴机制。完成“千吨万人”饮用水水源调查和保护区划定工作，做好水质监测。

（八）扎实搞好农村人居环境整治。抓好农村人居环境整治工作突出问题整改，努力做到质量第一、群众满意。分类推进农村厕所革命，全省按一、二、三类县的要求和标准推进，做到工程化设计、工程化施工、工程化验收、工程化运维。全面推进农村生活垃圾治理，开展就地分类、源头减量试点，基本完成存量非正规垃圾堆放点整治任务，农村生活垃圾无害化处理率达70%以上。梯次推进农村生活污水治理，实现所有乡镇政府驻地和省级美丽乡村中心村的生活污水治理设施全覆盖。加快农村黑臭水体治理。深入推进美丽乡村建设，年内新建省级中心村700个以上，创建省级森林村庄400个，累计创建示范村1 500个、重点示范村500个。支持农民群众开展村庄清洁和绿化行动。鼓励有条件的地方对农村人居环境公共设施维修养护进行补助。

（九）提高农村教育质量。开展义务教育薄弱环节改善与能力提升工作，加强乡镇寄宿制学校和乡村小规模学校建设，建成乡村中小学智慧学校1 700所。加强乡村教师队伍建设，全面实行义务教育阶段教师“县管校聘”，实施“三区”人才支持计划教师专项计划、乡村教师特设岗位计划和定向培养计划。落实中小学教师平均工资收入水平不低于或高于当地公务员平均工资收入水平政策，教师职称评聘向乡村学校教师倾斜，符合条件的乡村学校教师纳入当地政府住房保障体系。推进农村义务教育控辍保学专项行动，确保义务教育巩固率达95%。增加学位供给，有效解决农民工随迁子女上学问题。加强农村学前教育，多渠道增加普惠性学前教育资源供给，确保学前三年毛入园率达90%。加强农村特殊教育。大力提升乡村教师国家通用语言文字能力，实行幼儿园教师持普通话等级证书上岗制度，加强学前儿童普通话教育。扩大职业教育学校在农村招生规模，提高职业教育质量。

（十）加强农村基层医疗卫生服务。推进乡镇卫生院和村卫生室标准化建设，消除医疗服务空白点。推进紧密型县域医共体、基层医疗机构“智医助理”、乡村中医药服务全覆盖。加强乡村医生队伍建设，适当简化本科及以上学历医学毕业生或经住院医师规范化培训合格的全科医生招聘程序。对应聘到乡村工作的应届高校医学毕业生，给予大学期间学费补偿、国家助学贷款代偿。落实“县管乡用”“乡聘村用”机制，盘活用好基层卫生机构现有编制资源，乡镇卫生院可优先聘用符合条件的村医。加强乡村公共卫生体系建设，提高处理突发公共卫生事件能力，做好新冠肺炎等疾病防控，加强对健康理念和传染病防控知识的宣传教育，引导群众自觉养成良好的卫生习惯，提高自我保护能力。将农村适龄妇女宫颈癌和乳腺癌检查纳入基本公共卫生服务范围。

（十一）加强农村社会保障。全面实现城乡居民基本医疗保险市级统筹，推进医保信息系统平台建设，设区市市域范围内实现城乡居民基本医保、大病保险、医疗救助“一站式服务、一窗口办理、一单制结算”。加强农村低保对象动态精准管理，合理提高低保等社会救助水平。完善农村留守儿童和妇女、老年人关爱服务体系。发展农村互助式养老，实现乡镇养老服务中心全覆盖，推进村级养老服务站建设。加强和改善农村残疾人服务。

（十二）改善乡村公共文化服务。深入推进文化惠民，办好“送戏进万村”、公益电影放映等活动，村级综合性文化服务中心覆盖率达 95%。实施乡村文化人才培养工程，开展“村级文化带头人”选拔培育行动，支持乡土文艺团组发展，扶持农村非遗传承人、民间艺人收徒传艺。传承发展徽剧、黄梅戏、庐剧、皖中大鼓等特色戏曲，青阳腔、傩戏、怀腔等戏曲声腔和巢湖民歌、皖西民歌等民歌。加强传统村落保护发展，推进传统建筑、古树名木挂牌保护，加快大运河国家文化公园、国家考古遗址公园和徽州文化生态保护区建设。以“庆丰收、迎小康”为主题办好中国农民丰收节。

（十三）加强农村污染治理和生态环境保护。大力推进畜禽粪污资源化利用、秸秆综合利用产业化发展，完成大规模养殖场粪污治理设施建设，办好秸秆综合利用产业博览会，畜禽粪污和秸秆综合利用率分别超 80%、90%。持续推进农药化肥减量增效。推进 44 个水生生物保护区、长江干流安徽段及 8 个重要支流常年禁捕，做好退捕渔民转岗就业创业、社会保障等工作。推进农膜及农药包装废弃物回收处理。稳步推进农用地土壤污染管控和修复利用。开展农村水系综合整治试点。推动林业增绿增效，完成造林 120 万亩。推深做实河（湖）长制、新安江生态补偿机制，加快建设全国林长制改革示范区，争创国家生态文明试验区。

（十四）加强农业基础设施建设。以“两区”为重点加快推进高标准农田建设，新建 380 万亩，确保建成 4 670 万亩。年内完成农田水利“最后一公里”治理 370 万亩。完成淠史杭等 7 个大型灌区续建配套与节水改造，加大当家塘、小河流等小水利和机电井建设。加快推进引江济淮等工程，全面开工建设淮干正峡段行洪区调整和建设等工程。启动农产品仓储保鲜冷链物流设施建设工程，支持建设一批骨干冷链物流基地，健全完善冷链物流标准和服务规范体系。支持家庭农场、农民合作社、供销合作社、邮政快递企业、产业化龙头企业建设产地分拣包装、冷藏保鲜、仓储运输、初加工等设施，对其在农村建设的保鲜仓储设施用电实行农业生产用电价格。

（十五）促进农民持续增收。扩大本地就业岗位，深入实施职业技能提升行动，提高工资性收入。建立健全农民分享产业链增值收益机制，提高经营性收入。深化农村改革，增加财产性收入。落实强农惠农富农政策，稳定转移性收入。农村常住居民人均可支配收入增长高于全国平均水平 0.5 个百分点以上。

三、促进农业稳产保供和乡村产业发展

（十六）稳定粮食生产。落实粮食安全省长责任制，确保全省粮食播种面积稳定在 1 亿亩、总产量稳定在 3 900 万吨以上。在打好疫情防控阻击战的同时，做好春耕备耕各项工作，强化田间管理，确保农业再获丰收。大力发展优质专用粮食。深入实施优质粮食工程。落实农业补贴政策，执行稻谷、小麦最低收购价政策。推进稻谷完全成本保险试点。抓好草地贪夜蛾、小麦赤霉病等重大病虫害防控，推广统防统治等服务模式。落实产粮大县奖励政策，优先安排农产品加工用地指标。支持产粮大县开展高标准农田建设新增耕地指标跨区域调剂使用，调剂收益按规定用于建设高标准农田。加快农产品外贸转型升级基地建设，扩大优势农产品出口。支持企业到“一带一路”沿线国家建设农产品生产、加工基地。深入开展农产品反走私综合治理专项行动。

（十七）加快恢复生猪生产。全面落实扶持生猪生产的各项政策举措，抓紧打通环评、用地、信贷等瓶颈，规范畜禽禁养区划定和管理，确保 2020 年年底前生猪产能基本恢复到接近正常年份水平。落实“省负总责”，压实“菜篮子”市长负责制，强化县级抓落实责任，保障猪肉供给。推行“规模养殖、集中屠宰、冷链运输、冰鲜上市”模式，强化养殖、防疫、污染治理、流通等体系建设。全面落实非洲猪瘟防控措施，严格执行疫情排查、报告制度。加强对中小散养户的防疫服务。落实防疫人员和经费保障，在生猪大县实施乡镇动物防疫特聘计划。加强市场监测和调控，做好猪肉保供稳价工作，打击扰乱市场行为，及时启动社会救助和保障标准与物价上涨挂钩联动机制。支持禽类、牛羊、奶业等生产。推进水产绿色健康养殖，年内新增稻渔综合种养 80 万亩以上，总面积达 400 万亩。

（十八）推进长三角绿色农产品生产加工供应基地建设。启动实施“158”行动计划，围绕粮油、畜禽、水产、果蔬、茶叶、中药材、油茶等优势特色产业，开展“一县一业（特）”全产业链创建，建设 100 个以上长三角绿色农产品生产加工供应基地。年内新培育“三品一标”农产品 1 000 个以上。支持企业加强品牌宣传，打造“皖美农品”品牌。加强农产品质量安全和食品安全监管，完善省级农产品质量安全追溯平台，试行食用农产品合格证制度。办好中国安徽名优农产品暨农业产业化交易会、中国合肥苗木花卉交易会。

（十九）大力发展农业产业化。发展富民乡村产业，深入实施农产品加工业“五个一批”工程，年内新增产值超 50 亿元农产品加工园区 3 个、产值超 10 亿元龙头企业 10 家。推进现代农业产业园建设，支持农村产业融合发展示范园建设，加强农村创新创业园区、孵化实训基地建设。实施家庭农场培育计划，开展农民合作社质量提升整县推进试点，推进农业产业化联合体建设。创建一批休闲农业示范县、示范园区，打造中国美丽休闲乡村和乡村旅游精品线路，休闲农业和乡村旅游接待达到 2.4 亿人次。推进农村电商提质增效，支持供销合作社、邮政快递企业等拓展乡村物流服务网络，加强村级电商服务站点建设，培育农村产品上行超千万元的电商经营主体 100 家以上，农村产品网络销售额达 600 亿元。全面优化农村营商环境。引导和鼓励工商资本下乡，切实保护好企业家合法权益。按照国家农业及相关产业统计分类，加强统计核算。

（二十）促进农民工就业和返乡创业。落实涉企减税降费等支持政策，加大援企稳岗工作力度，放宽失业保险稳岗返还申领条件。农民工失业后，可在常住地进行失业登记，享受均等化公共就业服务。突出重点领域、重点行业，开展欠薪排查整顿，执行拖欠农民工工资“黑名单”制度。加强欠薪源头治理，落实根治欠薪各项举措。支持各地开展家政服务、养老护理、医院看护、餐饮烹饪、电子商务等技能培训，打造地方特色劳务品牌。鼓励各地设立乡村保洁员、水管员、护路员、生态护林员等公益性岗位。深入推进返乡农民工创业工程，年内新建50个左右省级农民工返乡创业示范园。探索建立新产业新业态从业人员职业伤害保障制度。对符合条件的返乡创业农民工给予一次性创业补贴。

四、加强和改进乡村治理

（二十一）充分发挥党组织领导作用。认真落实《中国共产党农村基层组织工作条例》，组织群众发展乡村产业，动员群众参与乡村治理，教育引导群众革除陈规陋习，密切联系服务群众，筑牢党在农村的执政基础。落实村党组织书记县级党委备案管理制度，建立村“两委”成员候选人资格县乡联审常态化机制，实行村干部“凡调必审”，持续整顿软弱涣散村党组织，发挥党组织在农村各种组织中的领导作用。加大村党组织书记、村“两委”后备力量培育力度。严格村党组织书记监督管理，建立健全党委组织部门牵头协调，民政、农业农村等部门共同参与、加强指导的村务监督机制，全面落实“四议两公开”。加强村级小微权力清单制度建设。强化基层纪检监察组织与村务监督委员会的沟通协作、有效衔接，形成监督合力。加大在青年农民中发展党员力度，探索农村党员发挥作用的有效载体。持续向贫困村、软弱涣散村、集体经济薄弱村派驻第一书记。持续巩固农村基层党建保障工程三年行动计划成果。健全激励村干部干事创业机制。选优配强乡镇领导班子特别是乡镇党委书记，做好乡镇事业编制人员、优秀村干部、大学生村官“三类人员”进乡镇领导班子工作。

（二十二）健全乡村治理工作体系。坚持县乡村联动，推动社会治理和服务重心向基层下移，把更多资源下沉到乡镇和村，提高乡村治理效能。县级要加强统筹谋划，建立县级领导干部和县直部门主要负责人包村制度，增强群众工作本领。乡镇要加强管理服务，整合审批、服务、执法等方面力量，建立健全统一管理服务平台，实现一站式服务、一门式办理。充实农村人居环境整治、宅基地管理、集体资产管理、民生保障、社会服务等工作力量。推动行政村强化自我管理、自我服务、自我教育、自我监督，健全基层民主制度，推进村民自治制度化、规范化、程序化。探索完善党建引领信用村建设，推动乡村治理。实现农村社区建设试点县、村级一站式服务大厅全覆盖，加快建设农村社区治理试验区。推进乡村治理三级建设试点。

（二十三）加强农村精神文明建设。引导农民践行社会主义核心价值观，巩固党在农村的思想阵地。在乡村开展“听党话、感党恩、跟党走”宣讲活动。深入推进新时代文明实践中心建设，支持城市志愿者在农村开展文明实践活动。创建一批农村精神文明示范县、文明村镇，县级及以上文明村镇占比达50%以上。广泛开展好邻居、好儿女、好婚媳、好公婆评选和寻找“最美家庭”、创建文明家庭等活动，大力推广“振风超市”等模式，培育文明乡风、良好家风、淳朴民风。持续推进农村移风易俗工作，对婚丧陋习、天价彩礼等不良社会风气进行治理。

（二十四）调处化解乡村矛盾纠纷。坚持和发展新时代“枫桥经验”，健全人民调解员队伍，完善矛盾纠纷多元预防调处化解综合机制。持续整治侵害农民利益行为，畅通农民群众诉求表达渠道，妥善化解土地承包、征地拆迁、农村宅基地、农民工工资、环境污染等方面矛盾。对直接关系农民切身利益、容易引发社会稳定风险的重大决策，出台前进行风险评估。落实领导干部特别是市县领导干部定期下基层接访制度，深入开展信访突出问题专项整治，推进历史信访积案清零，探索开展“最多访一次”试点。健全乡村法律顾问制度，组织开展“一村一法律顾问”等形式多样的法律服务。深入推进乡村综治中心标准化建设，加强“两代表一委员”工作室、“警民联调”工作室建设，推动法院跨域立案系统、检察服务平台、公安综合窗口延伸至基层。

（二十五）深入推进平安乡村建设。推动扫黑除恶专项斗争向纵深推进，严厉打击垄断农村资源、非法侵占农村集体资产和扶贫惠农资金、插手基础设施建设、侵犯农村妇女儿童人身权利等违法犯罪行为。实现政治巡察村居全覆盖。深化基层纪检监察体制改革，坚决查处发生在农民身边的不正之风和腐败问题。建立防范和整治“村霸”长效机制。依法管理农村宗教事务，制止非法宗教活动，防范邪教向农村渗透，防止封建迷信蔓延。持续深化农村社区警务和“一村一警”包村联系工作，加强网格化管理和服务。开展农村假冒伪劣食品治理行动。深入开展农资产品专项执法检查行动。加强农村防灾减灾能力建设。健全农村公共安全体系，全面排查整治农村各类安全隐患。

五、扎实推进农村重点改革

（二十六）完善农村基本经营制度。落实中央关于保持土地承包关系稳定并长久不变的意见，在天长市、旌德县开展第二轮土地承包到期后再延长30年先行试点。完善农村承包地“三权分置”制度，鼓励发展多种形式适度规模经营。健全面向小农户的农业社会化服务体系，以托管服务为主的农业生产性服务组织达到2.5万个。完善集体林权制度，健全农业水价形成、节水激励和用水管理机制，深入推进供销合作社、农垦、国有林场改革。完成市、县（市、区）农业综合行政执法改革任务，加强执法条件能力建设。

（二十七）深化农村土地制度改革。推进农村集体经营性建设用地入市。严格农村宅基地管理，加强对宅基地申请、审批、使用的全程监管。基本完成宅基地使用权确权登记颁证。开展农村闲置宅基地和闲置住宅盘活利用试点示范。稳慎推进农村宅基地制度改革，探索宅基地所有权、资格权、使用权“三权分置”。

（二十八）全面完成农村集体产权制度改革。巩固农村集体资产清产核资成果，健全集体资产监督管理平台。有序开展集体成员身份确认、集体资产折股量化、股份合作制改革、集体经济组织登记赋码等工作，完成农村集体产权制度改革整省试点任务。探索赋予农民集体资产股份权能，发挥农村集体经济组织功能作用。

（二十九）深入推进农村“三变”改革。扩大“三变”改革范围，力争开展改革的村超60%。完善参与“三变”的市场主体与村集体和农户利益联结、合作经营、收益分配等机制。完善县乡联网、符合农村实际的产权流转交易市场。

（三十）扶持壮大村级集体经济。坚持和加强农村基层党组织领导，推行村党组织书记兼任集体经济组织负责人。深入实施扶持壮大村级集体经济“百千万”工程，继续选择一批村加强财政资金支持，推进集体经济项目建设，拓宽收入来源。年内全面消除集体经济空壳村，减少集体经济薄弱村，集体经济强村比重总体达到8%。建立健全村集体经济法人治理、经营运行、收益分配、监督管理等机制。

六、强化农村补短板保障措施

（三十一）优先保障“三农”投入。坚持把农业农村作为财政支出的优先保障领域，确保财政投入与补上全面小康“三农”领域突出短板相适应。继续从政府债券资金中切块安排用于脱贫攻坚和农业基础设施建设，市县政府要在一般债券支出中安排一定规模支持符合条件的易地扶贫搬迁和乡村振兴项目建设。有序扩大用于支持乡村振兴的专项债券发行规模。各部门要根据补短板的需要优化涉农资金使用结构，支持市县政府统筹整合使用涉农资金。抓紧出台调整完善土地出让收入使用范围进一步提高农业农村投入比例的政策措施。调整优化农机购置补贴范围，用好用足补贴政策。

落实好国家对“三农”信贷货币、财税、监管正向激励政策，优化精准奖补措施。对机构法人在县域、业务在县域的金融机构，适度扩大支农支小再贷款额度。深化省农村信用社联合社改革。支持农村商业银行、村镇银行立足县域，聚焦主责主业，优化股权结构，完善公司治理。支持地方法人金融机构发行“三农”、小微企业等专项金融债券。引导金融机构为新型农业经营主体量身定做金融产品，合理确定贷款额度、放款进度和回收期限。鼓励支持省农业产业化发展基金加大投放力度，每年从省财政支持省农业产业化发展基金资金中切块50%，实施项目直投。推深做实全省农业信贷担保体系，实施农业信贷担保费用补助和业务奖补等政策，“劝耕贷”业务规模超100亿元。开展信用户、信用村等级评价，扩大“信易贷”产品覆盖面。健全政策性担保再担保体系，完善中小企业综合金融服务信用信息平台功能，推出更多免抵押、免担保、低利率、可持续的普惠金融产品。推进农业保险扩面增品提标，扩大育肥猪保险和大灾保险实施范围，实施大豆、玉米目标价格保险，实施优势特色农产品保险奖补政策。落实农业保险保费补贴政策，督促保险机构及时足额理赔。推广“保险+期货”试点模式。支持创建金融服务乡村振兴试验区。

（三十二）强化乡村发展用地保障。坚守耕地和永久基本农田保护红线。落实乡村产业发展用地政策，明确用地类型和供地方式，实行分类管理。农业种植养殖配建的保鲜冷藏、烘干晾晒存贮、农机库房、分拣包装、废弃物处理、管理看护房等辅助设施用地纳入农用地管理，根据生产实际合理确定辅助设施用地规模上限。农业设施用地可以使用耕地。实行农业设施用地联动监管，严禁以农业设施用地为名从事非农建设。开展乡村全域土地综合整治试点。在符合国土空间规划前提下，通过村庄整治、土地整理等方式节余的农村集体建设用地优先用于发展乡村产业项目。鼓励农业生产和村庄建设等用地复合利用，提高土地节约集约利用水平。探索建设用地规模预留和规划“留白”机制，新编县乡级国土空间规划应安排不少于10%的建设用地指标，重点保障乡村产业发展用地。省分解下达土地利用年度计划时，至少安排5%新增建设用地指标保障乡村重点产业和项目用地。农村集体建设用地可以通过入股、租用等方式直接用于发展乡村产业。农村集体经济组织可以依法使用自有建设用地自办或以土地使用权入股、联营等方式共同参与乡村旅游基础设施建设；积极探索农村集体经济组织以出租、合作等方式改造建设农业农村体验活动场所。按照“放管服”改革要求，简化农村集体建设用地审批审核程序，下放审批权限。推进乡村建设审批“多审合一、多证合一”改革。

（三十三）推动人才下乡。培养更多知农爱农、扎根乡村的人才，推动更多科技成果应用到田间地头。畅通各类人才下乡渠道，支持大学生、退役军人、企业家等到农村干事创业。整合利用农业广播学校、农业科研院所、涉农院校、农业龙头企业等各类资源，加快构建高素质农民教育培训体系。落实县域内人才统筹培养使用制度。持续组织城市科研人员、工程师、规划师、建筑师、教师、医生下乡服务。城市中小学教师、医生晋升高级职称前，原则上要有1年以上农村基层工作服务经历。引导和鼓励高校毕业生到基层工作，统筹实施“三支一扶”计划等基层服务项目，探索建立柔性引进专业实用人才机制。优化涉农学科专业设置，探索对急需紧缺涉农专业实行“提前批次”录取。

（三十四）强化科技支撑作用。发展农业科技创新联盟，加强农业关键核心技术攻关，部署一批省重大科技专项。加强农业生物技术研发，大力推进水稻、小麦、蔬菜和生猪、牛、羊、家禽良种联合攻关，加强农业种质资源保护利用，推进安徽南繁科研育种基地建设。加快大中型、智能化、复合型农业机械研发和应用，主要农作物耕种收综合机械化率达80%以上。支持江淮丘陵、大别山区和皖南山区农田宜机化改造。深入实施科技特派员制度，建设一支6 500人左右的科技特派员队伍。支持省现代农业产业技术体系建设，面向农业全产业链配置科技资源。创建合肥国家农业高新技术产业示范区，加强国家及省农业科技园区等创新平台基地建设。加快现代气象为农服务体系建设。深入推进信息进村入户工程，完善省级农业农村大数据中心，加快物联网、大数据、区块链、人工智能、第五代移动通信网络、智慧气象等现代信息技术在农业领域应用。开展国家数字乡村试点。

（三十五）压实各方责任。认真落实《中国共产党农村工作条例》，加强党对“三农”工作的全面领导，坚持农业农村优先发展，强化五级书记抓乡村振兴责任，落实县委书记主要精力抓“三农”工作要求，加强党委农村工作机构建设，做好机构设置和人员配置工作。对标对表全面建成小康社会目标，抓好“三农”领域重点工作，拿出有针对性的政策举措，倒排工期，挂图作战，确保如期补上短板。坚持从农村实际出发，因地制宜，尊重农民意愿，尽力而为、量力而行，把当务之急的事一件一件解决好。全面开展问政于民、问需于民、问计于民活动，纵深推进“三个以案”警示教育，力戒形式主义、官僚主义。巩固基层减负成果，让基层干部把精力集中到为群众办实事办好事上来。把完成全面建成小康社会“三农”领域重点任务列入党政“一把手”工程，作为乡村振兴战略实绩考核的重要内容。把党的十九大以来“三农”政策贯彻落实情况作为巡视巡察监督重要内容。

我们要更加紧密地团结在以习近平同志为核心的党中央周围，大力弘扬改革创新、敢为人先的小岗精神，锐意进取，埋头苦干，攻坚克难，坚决打赢脱贫攻坚战，加快补上全面小康“三农”领域突出短板，为决胜全面建成小康社会、实现第一个百年奋斗目标、加快建设现代化五大发展美好安徽作出新的贡献！

四川省农业农村厅关于加快畜牧业机械化发展的实施意见

川农函〔2020〕213号

各市（州）农业（农牧）农村局：

为贯彻落实《农业农村部关于加快畜牧业机械化发展的意见》（农机发〔2019〕6号）、《四川省人民政府关于加快推进农业机械化和农机装备产业转型升级的实施意见》（川府发〔2019〕24号）文件精神，加快全省畜牧业机械化发展转型升级，结合我省实际，制定本实施意见。

一、总体要求

（一）指导思想。以习近平新时代中国特色社会主义思想为指导，以服务乡村振兴战略、加快构建现代农业“10＋3”产业体系、满足畜牧业机械化需求为目标，以机械装备与养殖工艺相融合、畜禽养殖机械化与信息化相融合、设施装备配置与养殖场建设相适应、机械化生产与适度规模养殖相适应为路径，推动畜牧业机械化向全程全面高质高效转型升级，为加快我省畜牧业现代化提供有力支撑。

（二）发展目标。到2025年，全省畜牧业机械化率总体达到50%以上，主要畜禽养殖进入全程全面高质高效发展时期。其中，奶牛规模化养殖机械化率达到80%以上，生猪、蛋鸡、肉鸡规模化养殖机械化率达到70%以上，肉牛、肉羊规模化养殖机械化率达到50%以上，蜜蜂规模化养殖机械化率达到10%以上，大型规模养殖场基本实现全程机械化。标准化规模养殖与机械化协调并进的畜牧业发展新格局基本形成，主要畜种规模化养殖率先基本实现全程机械化。

二、主要任务

（三）突出抓好规模化养殖全程机械化。以生猪、奶牛、肉牛、肉羊、蛋鸡、肉鸡等养殖为主要对象，探索规模化养殖设施装备配套技术规范，推进畜种、养殖工艺、设施装备集成配套，加强养殖全过程机械化技术指导，大力促进川猪、川牛羊的规模化养殖全程机械化。聚焦畜牧业主产区规模养殖场，巩固提高饲草料生产与加工、饲草料投喂、环境控制、粪污收集处理与利用等环节机械化水平，形成种养循环、环境友好、绿色可持续的生态养殖方式，着力构建区域化、规模化、标准化、信息化的全程机械化高质高效生产模式。遴选推介一批率先基本实现养殖全程机械化的标准化示范养殖场，加强典型示范引导。

（四）夯实畜牧机械化科技创新平台。注重畜禽健康养殖与疫病防控工艺、畜禽生理与环境控制机理、畜禽行为与养殖装备关系、新材料和信息化技术等基础性研究，为突破畜牧业机械化薄弱环节奠定基础。健全完善畜牧工程与装备重点实验室和科研基地，加强生猪、奶牛、肉牛、肉羊、蛋鸡、肉鸡、兔、蜜蜂等产业技术体系相关岗位专家队伍和综合试验站建设，充实我省农业科技创新团队中畜牧机械化专家力量，推动建设一批产业技术创新联盟，为实现畜牧机械装备的科技创新提供平台和智力支撑。支持引进畜牧业国际先进技术和机械装备，支持畜牧机械化技术及装备“走出去”。

（五）加快畜牧机械装备研发推广。推进产学研推结合，开展畜牧业机械化技术与装备需求调查，充分发挥大型骨干设施装备企业作用，引导科研单位和生产企业研发适合养殖场（户）需要、先进适用的畜牧机械装备。通过遴选重大项目、主推技术等方式，支持研发高效饲草料收获加工、精准饲喂、智能环控、养殖信息监测、疫病防控、畜产品智能化采集加工、高效粪污资源化利用、病死畜禽无害化处理和种畜禽生产性能测定等先进机械装备。支持推广优质饲草青贮、农作物秸秆制备饲料、工程防疫、智能饲喂、精准环控、畜产品自动化采集加工、废弃物肥料化利用等健康养殖和绿色高效机械装备。支持研发畜牧机械检验检测设备。支持农机试验鉴定机构改善检验检测条件，开展畜牧机械专项鉴定，提升畜牧机械装备试验鉴定能力。

（六）推进机械化信息化融合。支持鼓励养殖企业进行物联化、智能化设施与装备升级改造建设，促进畜牧机械设施装备使用、管理与信息化技术深度融合。推进智能畜牧机械装备与智慧牧场建设融合发展，支持在养殖各环节重点装备上应用实时信息采集与智能管控系统，建立养殖机械化信息化融合示范场，应用畜产品全程可追溯系统。推动畜牧业机械化大数据开发应用，为畜牧机械装备研发、试验鉴定、推广应用和社会化服务提供支持。

（七）发挥好畜牧机械化专业服务组织作用。大力培育发展新型畜牧机械化服务组织，不断提高服务能力水平，积极推进畜牧机械装备社会化服务机制创新，支持专业服务组织以市场化、专业化为导向，开展优质饲草料“种、收、贮、加、送”、粪污资源化利用、病死畜禽无害化处理、畜产品贮运、安全净化防疫等环节的社会化服务，鼓励地方政府对畜牧养殖关键薄弱环节的专业服务给予财政补贴。探索建立“龙头企业＋养殖合作社＋养殖场（户）”的畜牧机械装备租赁体系，大力发展订单式作业、生产托管、承包服务等新模式、新业态。鼓励中小规模养殖场（户）集中区域，建设畜禽养殖废弃物集中收集、无害化处理和资源化利用中心，促进畜牧机械装备共享共用，提高畜牧机械装备的利用效率和效益。支持引导中小养殖场（户）向标准化、规模化养殖转型升级发展。

三、保障措施

（八）加强组织领导。各级农业农村部门要把畜牧业机械化发展纳入畜牧业、农机化发展规划，加强重大事项的会商和协调，组织调动畜牧、农机化技术推广和农机试验鉴定等系统力量，协同推进畜牧业机械化发展。加强与财政、科技、工业和信息化、环境保护等相关部门的沟通协调，积极争取支持，形成工作合力。要支持行业协会发挥行业自律、信息交流、教育培训等方面的作用，助力畜牧业机械化发展。加强舆论引导，推介宣传发展典型和经验，努力营造加快推进畜牧业机械化的良好氛围。

（九）完善支持政策。积极争取投入，支持畜牧机械装备基础研究和创新能力建设，加快科技成果转化应用。加大农机购置补贴对畜牧机械装备的支持力度，重点向规模化养殖场倾斜，实行应补尽补。完善养殖场设施用地标准，支持养殖场“宜机化”改造建设。支持大型成套畜牧机械融资租赁试点。鼓励金融机构开展权属清晰大型畜牧机械装备抵押贷款。鼓励各地畜牧机械、畜牧养殖科研推广人员与畜牧设施装备生产企业、新型畜牧养殖主体联合建设试验示范基地，开展技术试验、人才培训和推广服务。

（十）壮大人才队伍。鼓励大专院校培养创新型、应用型、复合型畜牧业机械化人才。支持相关高校面向畜牧设施装备产业转型升级开展新工科研究与实践，推动实施产教融合、校企合作，构建产学合作协同育人体系。加大高素质农民培育工作对养殖场（户）、养殖合作社带头人的扶持力度，强化畜牧设施装备知识培训。支持设施装备生产企业和养殖企业等培养畜牧机械安装、操作、维修等技能型实用人才。加强对农机化、畜牧业管理及技术人员相关知识培训，壮大畜牧业机械化人才队伍。

四川省农业农村厅

二〇二〇年三月十三日

北京市农业农村局 北京市发展和改革委员会 北京市科学技术委员会 北京市经济和信息化局 北京市财政局 北京市园林绿化局 关于印发《北京市关于加快推进农业机械化和农机装备产业转型升级的实施意见》的通知

京政农发〔2019〕150 号

各区人民政府：

为贯彻落实《国务院关于加快推进农业机械化和农机装备产业转型升级的指导意见》（国发〔2018〕42 号）精神，加快推进本市农业机械化发展，经市政府同意，现将《北京市关于加快推进农业机械化和农机装备产业转型升级的实施意见》印发给你们，请结合实际，抓好落实。

北京市农业农村局 北京市发展和改革委员会

北京市科学技术委员会 北京市经济和信息化局

北京市财政局 北京市园林绿化局

二〇一九年十二月二十七日

北京市关于加快推进农业机械化和农机装备产业转型升级的实施意见

农业机械化和农机装备产业是转变农业发展方式、提高农业农村生产力的重要基础，是实施乡村振兴战略的重要支撑。习近平总书记指出，“大力推进农业机械化、智能化，给农业现代化插上科技的翅膀”。《国务院关于加快推进农业机械化和农机装备产业转型升级的指导意见》（国发〔2018〕42 号）提出，“没有农业机械化，就没有农业农村现代化”。近年来，我市农业机械化和农机装备水平显著提升，目前全市农机总数 20.52 万台（套），主要农作物综合机械化率达到 91.2%，农作物秸秆综合利用率达到 95.36%，为农业“调、转、节”和农业供给侧结构性改革提供了动力保障，在促进农业增产增效、农民增收、农村资源利用方面发挥引擎作用。

当前农业机械化和农机装备产业发展还存在不平衡不充分不全面等问题，特别是区域间发展不平衡、产业间机械化水平差异大、部分农机装备有效供给不足、农机和农艺融合还需进一步加强等问题亟待解决，关键领域和重点环节还存在短板，管理水平和服务能力亟待提升。为全面贯彻落实《国务院关于加快推进农业机械化和农机装备产业转型升级的指导意见》（国发〔2018〕42 号）和 2019 年全国春季农业生产暨农业机械化转型升级工作会议精神，加快推进我市农业机械化和农机装备产业转型升级，提出如下实施意见：

一、总体要求

（一）指导思想。以习近平新时代中国特色社会主义思想为指导，立足北京农业农村发展定位，准确把握北京“大城市小农业”“大京郊小城区”的市情农情，牢固树立和贯彻落实新发展理念，以服务乡村振兴战略、满足农业农村发展为目标，做好“四个转变四个升级”，暨转变农机发展传统观念，推动综合机械化水平升级；转变农机技术推广方式，推动创新型应用水平升级；转变经营主体组织模式，推动规模化服务水平升级；转变政策扶持引导方向，推动机械化管理水平升级。着力解决机械化和农业农村产业发展需求之间不平衡、不充分的实际问题，为发展北京都市型现代农业提供机械化支撑。

（二）发展目标。到 2020 年，农机装备产业科技创新能力持续提升，农机具配置结构进一步优化，农机作业条件初步改善，农机社会化服务领域有效拓展，农机使用效率进一步提升。在全面实现大田作物生产全程机械化的基础上，建立完善主要经济作物全程机械化生产体系，设施农业、畜牧养殖、水产养殖、农产品初加工机械化取得明显突破，基本建立农业农村废弃物资源机械化综合利用技术体系。

到2025年，农机装备品类基本齐全，农机具配置结构基本合理，农机作业条件显著改善，农机与农艺、机械化与信息化融合水平显著提高，覆盖农业产前、产中、产后的农机社会化服务体系基本建立，农机使用效率显著提升，农业机械化进入全程全面高质高效发展阶段。全市主要农作物耕种收综合机械化率稳定在98%以上，创建露地蔬菜生产全程机械化示范区，设施农业机械化率总体达到60%，畜牧养殖机械化率总体达到70%，水产养殖和农产品初加工率总体达到50%，秸秆资源基本实现机械化综合利用。

二、转变农机发展传统观念，推动综合机械化水平升级

（三）促进农机农艺融合发展。加强高标准农田建设、设施农业、畜牧渔业、农产品初加工以及园林绿化行业“宜机化”建设标准制修订，新建项目要严格按照“宜机化”标准建设，对老旧设施要加强改造，改善农机通行和作业条件，为农机农艺融合发展打下坚实基础。加快选育、推广适于机械化作业、轻简化栽培的品种，将适应机械化作为农作物品种审定、耕作制度变革、产后加工工艺改进、农田基本建设等工作的重要指标，促使良种、良法、良地、良机配套。（市农业农村局、市园林绿化局、市科委、市经济和信息化局。位列第一为牵头单位，下同）

（四）推进农业机械化全面应用。以服务乡村振兴和满足现代农业发展需求为导向，以提高生产效率，降低人工成本为目标，不断扩大和细化农机装备品目范围。一是平原地区发展适应多种形式适度规模经营的大中型农机，推进大田种植生产全程机械化。二是山区、半山区发展适应小农生产和山区作业的小型农机。三是发展设施农业、畜牧渔业养殖、农产品初加工等领域农业生产全链条关键环节的机械化应用。四是发展秸秆综合利用等农业废弃物资源化利用装备现代化。（市农业农村局、市经济和信息化局等）

（五）突破农业机械化薄弱环节。结合我市农业产业布局和区域特色农产品生产，提升草莓、鲜食玉米、甘薯、花生等特色作物生产关键环节和林果管理作业机械化水平。加快高效植保、产地烘干、秸秆处理等环节与耕种收环节机械化集成配套，形成具有区域特点的主要农作物生产全程机械化解决方案。聚焦薄弱环节，重点在设施农业的种植采运、畜牧业的粪污处理、水产养殖的水质调控、农产品初加工的保质处理、块茎类作物的机械化种收等方面实现新突破。（市农业农村局、市科委、市经济和信息化局、市园林绿化局）

三、转变农机技术推广方式，推动创新型应用水平升级

（六）加快技术引进和成果转化。立足北京“国际交往中心”和“科技创新中心”功能定位，积极引进吸收国内外先进装备和成套技术方案，加快先进技术与装备的转化与推广，通过多种合作方式实现新装备研发和新技术集成。加强现代农业科技园区、农业产业技术体系、农业科技推广体系的深度融合，加大现代农业产业技术体系各产业农机岗位专家力量选配，推动多学科、各环节协同联动，加快全程全面机械化技术成果转化和集成示范。（市农业农村局、市科委、市经济和信息化局）

（七）推进农机智能化示范应用。促进移动互联网、物联网、智能控制、卫星遥感、北斗导航等信息化技术在农机装备和农机作业等方面的推广应用。布局农业人工智能、5G通信技术、农业机器人、农业无人机等技术的示范应用。建设大田作物精准耕作、智慧养殖、园艺作物智能化生产等数字化农机示范基地，推进智能农机与智慧农业、云农场建设等融合发展。推进设施蔬菜、养殖等领域环境智能调控，推进自动控制及分析决策于一体的自动化、智能化种养耦合信息装备及系统应用。推进“互联网＋农机作业”，加快推广应用农机作业实时监测、维修诊断、跨区作业、远程调度等信息化服务平台，实现数据信息互联共享，提高农机作业质量与效率。（市农业农村局、市科委、市经济和信息化局）

（八）强化绿色高效技术示范推广。大力支持保护性耕作、秸秆还田离田、精量播种、精准施药、高效施肥、水肥一体化、节水灌溉、残膜回收利用、病死畜禽无害化处理及畜禽粪污资源化利用等绿色高效机械化技术的示范推广。筛选一批能耗低、效率高、性能好的成熟机具，推进农机装备向能源节约和环境友好方向发展，探索研究农机污染物排放解决方案。（市农业农村局、市科委、市经济和信息化局）

四、转变经营主体组织模式，推动规模化服务水平升级

（九）培育农机新型经营主体。按照主体多元、形式多样、服务专业的原则，鼓励农机大户、农机专业合作社、农机服务企业等新型农机服务经营主体，开展多种形式适度规模经营。引导我市农业产业化龙头企业、农业信息化龙头企业直接参与机械化装备应用及配套技术方案服务，实现自我服务与社会化服务有机结合。鼓励新型经营主体间相互合作，组建农机产业联合体，实现风险共担、优势互补、互利共赢。加大对新型农机服务经营主体的信贷投放，灵活开发各类信贷产品，提供融资租赁、信贷担保等个性化融资方案；落实农机融资租赁服务和农机耕作服务增值税优惠政策相关规定；鼓励发展农机保险，指导保险机构研究开发适合农机特点的保险产品；盘活农村集体经济组织农机资产，探索村集体农机产权交易机制。（市农业农村局、市财政局、国家税务总局北京市税务局、北京银保监局、市地方金融监管局等）

（十）促进农机服务产业提档升级。鼓励新型农机服务经营主体通过跨区作业、订单作业、农业生产托管等多种形式，开展高效便捷的农机生产作业服务。建设“全程机械化＋综合农事”服务中心，为周边农户提供全程机械作业、农资统购、技术培训、信息咨询、农产品销售对接等“一站式”综合服务，实现小农户与现代农业发展有机衔接。积极推广使用手机App系统办理农机购置补贴工作，建立健全现代农机流通体系和售后服务网络，创新现代农机服务模式，确保普通农户享受补贴待遇。（市农业农村局）

五、转变政策扶持引导方向，推动机械化管理水平升级

（十一）促进政府与市场良性互动。发挥政府在推进农业机械化中的引导作用，重点在公共服务等方面提供支持，为市场创造更多发展空间。深入推进农机装备产业和农业机械化管理领域简政放权、放管结合、优化服务改革，推进政务信息公开，加强规划政策引导，打击农机补贴违规经营行为，优化鉴定推广服务，切实调动各类市场主体的积极性和主动性。充分尊重农民意愿，从根本上依靠市场力量和农民的创造性，及时发现和总结推广典型做法，因地制宜推进农业机械化发展。充分发挥行业协会在行业自律、信息交流、教育培训等方面的作用，服务引导行业转型升级。（市农业农村局）

（十二）统筹相关扶持政策。稳定实施农机购置补贴政策，对购买国内外农机产品一视同仁，加大农机新产品补贴试点力度，支持大马力、高性能和特色、复式等高精尖农机新装备示范推广。一是积极拓展农机服务补贴政策内涵，探索建立农机作业、报废换新、农机保险、保护性耕作、秸秆综合利用补贴机制，具体参照《北京市农机购置补贴实施方案》执行。二是落实农机跨区作业证管理规定，免收跨区作业的联合收割机、运输联合收割机车辆的通行费。三是依法依规实施用地政策，对接分区规划、乡镇国土空间规划、村庄规划等相关规划，支持新型农机服务经营主体建设农机具存放、农产品产地储藏、烘干、分等分级等设施和区域农机维修中心。四是拓宽农机领域财政扶持政策，整合涉农资金向农业机械化和农机装备产业适当倾斜，支持农机农艺融合、全程全面发展、智慧农机、农机作业条件改善、农机服务模式创新等一批重点工程项目，持续推动北京农业机械化和农机装备产业转型升级。（市农业农村局、市发展改革委、市规划自然资源委、市交通委、市财政局）

（十三）加强质量监督和安全执法。制定精准农业、智能农机、绿色农机、特色农机等系列农机装备相关标准，加快建设农机装备质量管理体系，统筹提升农机产品质量、作业质量、维修质量和服务质量，建立健全农机装备检验检测体系，建立检验检测认证公共服务平台。加强农机安全执法和综合治理，开展农机安全隐患排查整治，以“平安农机”创建工作为抓手，加快推进农机安全生产标准化基地建设。压实安全监管责任，制定应急预案，落实监管措施，推进农机安全执法队伍和基层农机安全监管网络建设，查处涉牌涉证、道路交通、农机安全操作等违法违章行为，坚决防范和遏制重特大农机安全事故发生。（市农业农村局、市市场监督管理局、市应急管理局、市经济和信息化局等）

六、保障措施

建立全市农业机械化发展协调推进机制，由市农业农村局负责牵头协调推进全市农业机械化发展，统筹协调农业机械化和农机装备产业发展工作，审议有关政策、重大工程专项和重点工作安排。相关部门加强战略谋划和工作指导，破除农业机械化发展障碍，共同完成农机化转型升级各项任务。（各有关部门）

各区人民政府落实主体责任，确保本区农业机械化和农机装备产业转型升级工作责任、资金投入和政策保障到位。深入贯彻落实《北京市农业机械化促进条例》等法律、法规，加强农机管理队伍建设和绩效评价考核。加强舆论引导，推介典型经验，宣传表彰先进，营造加快推进农业机械化和农机装备产业转型升级的良好氛围。（各区人民政府）

新疆生产建设兵团关于加快推进农业机械化和农机装备产业转型升级的实施意见

新兵发〔2019〕33 号

各师市、院（校），兵团机关各部门、各直属机构：

根据《国务院关于加快推进农业机械化和农机装备产业转型升级的指导意见》（国发〔2018〕42 号）精神，结合兵团实际，提出如下实施意见：

一、总体要求

以服务乡村振兴战略、满足广大群众对机械化生产需要为目标，以农机农艺融合、机械化信息化融合、农机服务模式与农业适度规模经营相适应、机械化生产与农田建设相适应为路径，以科技创新、机制创新、政策创新为动力，补短板、强弱项、促协调，推动农机装备产业向高质量发展转型，推动农业机械化向全程全面高质高效升级，为实现农业农村现代化提供有力支撑。

到 2020 年，全兵团农机总动力稳定在 520 万千瓦以上；35 ～ 100 马力大中型拖拉机动力在拖拉机总动力中占比达到 60%以上，100 马力以上拖拉机动力在拖拉机总动力中占比达到 30%以上，主要农作物耕种收综合机械化率达到 94.3%以上。农业机械化推广基地建设步伐进一步加快，农业机械化发展水平达到82%以上。农机装备产业科技创新能力进一步提升。

到 2025 年，农机装备制造基地布局基本形成北以石河子市、五家渠市为中心，南以阿拉尔市为中心向周围辐射的格局，农机装备制造业结构趋于合理，主要农机制造企业完成转型升级，实现年产值 3 亿元以上的达到 10 家，农机装备创新体系基本建立，优势产品质量可靠性达到先进水平。全兵团农机总动力稳定在 550 万千瓦左右，农机具配置结构进一步优化，农机作业条件显著改善，覆盖农业产前产中产后的农机社会化服务体系基本建立，农机专业服务组织成为农机作业服务的主力军，农机使用效率明显提升，农业机械化进入全程全面高质高效发展时期。兵团主要农作物耕种收综合机械化率达到 95%，农业机械化推广基地基本建成，农业机械化发展水平达到 85%以上。粮棉主产区基本实现机械化，林果业、畜牧养殖业、特色农业综合机械化率明显提升。为基本构建适应现代农业产业体系、生产体系、经营体系提供农业机械化支撑。

二、加快推动农机装备产业高质量发展

（一）鼓励农机装备产业创新发展。按照 2025 年基本形成以石河子市、五家渠市、阿拉尔市为中心的农机装备制造基地布局目标，制定支持农业装备制造业发展相应政策，支持农机科研、制造、推广、使用单位建立协同创新的推进机制，鼓励和引导农机企业、科研院所加快农机装备创新，提升研发能力及产能水平。重点推进农机企业发展联合整地机械、施肥机械、修剪机械、精量播种机械、残膜回收机械、植保机械、联合收获机械等高效专用农机装备。推动技术优势企业瞄准国际先进标准加快研发铧式犁、精量播种机、果园采收平台等先进农机装备，促进农机装备领域高新技术产业发展。（兵团工信局、科技局、农业农村局等负责，列第一位者为牵头单位，下同）

（二）推动建立特色农机装备产业体系。支持企业加强农机装备研发生产，优化资源配置，打造具有竞争力的兵团特色农机装备生产企业。鼓励农机制造企业由单机制造为主向成套装备集成为主转变，支持中小型企业向“专、精、特、新”方向发展，支持农机装备龙头企业的发展和建设，构建以优势装备为主线、优势企业为龙头的特色产业集群，推动动力机械、耕整地机械、残膜回收机械、残膜处理与加工机械、精量播种机械、果园机械、籽用瓜收获机械等特色装备产业体系建设。支持农机装备产业链上下游企业加强协同，建立健全现代农机流通体系和售后服务网络，创新现代农机服务模式。（兵团工信局、国资委、发展改革委、科技局、农业农村局、商务局等负责）

（三）优化农机装备产业结构布局。加大招商引资力度，引导国内技术实力雄厚的农机制造企业向兵团集聚，做大产业规模。根据农业生产布局和区域地势特点以及农业发展需求，以农机龙头企业为带动，构建大中小企业协同发展的农机产业体系。加速产业聚集，延伸产业链条，形成集群优势突出、竞争力较强的农机产业集中区。重点推进具有特色的农机生产加工基地建设，北疆建设以石河子市、五家渠市为中心的种子加工机械、耕整地机械、精量播种机械、排灌机械、植保机械、残膜回收机械、动力机械、收获机械组装、农业机械基础零部件及农机维修和再制造等制造产业基地，大力发展畜禽养殖、畜产品采集加工、设施农业、农副产品初加工等装备；南疆建设以阿拉尔市为中心的耕整地机械、精量播种机械、残膜回收机械、植保机械等制造产业基地，大力发展林果机械、设施农业机械、农副产品初加工装备；通过招商引资，引进内地林果专用动力和收获机械制造企业。发挥新疆丝绸之路经济带核心区作用，推动先进农机技术及装备“走出去”，鼓励优势企业参与对外援助和国际合作项目。在技术合作与交流中提升兵团农机工业制造水平和技术水平，为兵团农业机械化发展提供更好的装备支撑。（兵团工信局、国资委、发展改革委、农业农村局、商务局等负责）

三、推进农业生产全程机械化

（四）巩固提升种植业全程机械化水平。围绕国家粮食安全战略，推动玉米、小麦、水稻、马铃薯、油菜等大宗作物机械化装备更新换代和转型升级，加快高效能、精准化、复式作业等绿色机械化技术的推广应用，重点推广制种玉米去雄、玉米籽粒直收、粮食烘干、秸秆覆盖免耕播种、深松整地技术装备，不断提高作业质量与效益。进一步完善机采棉种植模式，加大数字化技术在棉花全程机械化中的应用，推广卫星导航精量播种、高效精准施药（脱落叶剂喷施）、残膜回收、籽棉高效清理加工等绿色机械化技术，扩大化学打顶技术试验示范区域，提高落叶、采收质量，优化提升全程机械化水平，全面提高棉花产业的质量效益。（兵团农业农村局、发展改革委、财政局等负责）

（五）加快提升畜牧业机械化水平。农区畜牧业重点推广农作物秸秆回收利用、病死畜禽无害化处理及粪污资源化利用等绿色机械化技术，大力推广苜蓿、青贮等饲草料种植、收获机械化技术，提高畜禽规模养殖小区的全日粮饲料混合、饲喂、清粪、畜禽舍空气净化与温度环境控制、剪毛、挤奶、畜禽疫病防治等机械化水平。草原畜牧业重点推广应用草原松土补播、牧草收获、草原生物灾害综合防治等机械化技术。提升规模化养殖场环境控制和畜产品采集机械化水平，全面推进人工饲草料和标准化规模养殖小区（场）生产机械化发展。（兵团农业农村局、发展改革委、财政局等负责）

（六）推进南疆林果业关键环节机械化。加快南疆主要果品生产全程机械化技术方案与机械配套系统、农机农艺融合栽培模式的研究与示范，促进林果业标准化规模化生产。开展南疆林果收获等薄弱环节先进适用机械的研发与引进试验。对老果园实施宜机化改造，满足中耕施肥、植保机械化作业要求，提升修剪、田间转运机械化水平，力争机械化采收作业环节实现突破。因地制宜，不断完善和重点推广移栽、修剪、开沟施肥、中耕松土、高效植保、葡萄埋藤与开墩、微灌等成熟机械化技术。（兵团农业农村局、发展改革委、财政局、林业和草原局等负责）

（七）稳步提升特色农作物机械化水平。巩固提高加工番茄、加工辣椒、打瓜、油葵、甜菜生产机械化水平。加大番茄、辣椒移栽机械化技术示范。继续试验示范甜菜开沟铺膜播种技术。探索食葵、枸杞、薰衣草、甜叶菊、中药材等作物的种子加工、播种、收获机械化，推动特色优势产业全面机械化取得新进展。（兵团农业农村局、发展改革委、财政局等负责）

（八）大力推进农产品初加工机械化。推广普及玉米烘干，牧草及农作物秸秆加工、贮运，优化机采棉轧花工艺设备；开展干坚果清洗、去皮、去核、破壳、分选分级等初加工机械化技术的示范推广；继续发展果蔬、特色作物以及水产品保鲜冷藏、烘干、储运、包装等适用机械化技术装备。农产品初加工主要作业环节机械化水平显著提高。（兵团农业农村局、发展改革委、财政局、林业和草原局等负责）

（九）探索提升高效设施农业机械化水平。在日光温室和拱棚建设中推广应用新型骨架、保温和透光覆盖材料、卷帘机、小型智能化环境控制设备、滴灌、热风炉等新材料、新设备、新机械，加快完善设施农业生产机械化技术体系，以多功能田园管理机、小型精量播种机、育苗移栽机械和植保机械为重点，不断扩展机械化作业环节。（兵团农业农村局、发展改革委、财政局等负责）

四、建立完善新型农业机械化生产服务体系

（十）大力发展农机社会化服务。培育壮大农机大户、农机专业户以及农机合作社、农机作业公司等新型农机服务组织，支持农机服务组织开展多种形式适度规模经营；鼓励家庭农场、农业企业等新型农业经营主体从事农机作业服务；引导农机服务主体通过跨区作业、订单作业、农业生产托管等多种形式，开展高效便捷的农机作业服务，促进小农户与现代农业发展有机衔接；鼓励农机服务主体与家庭农场、种植大户、普通职工及农业企业组建农业生产联合体，实现机具共享、互利共赢。推动农机服务业态创新，推进“全程机械化＋综合农事”服务中心建设，为周边农户提供全程机械作业、农机维修和农资统购、技术培训、信息咨询、农产品销售对接等“一站式”综合服务，实现农业生产服务规模化。

落实国家农机服务金融支持政策，引导金融机构为符合条件的农机企业和服务组织加大贷款投放。鼓励金融机构针对权属清晰的大型农机装备开展抵押贷款，完善农机专业户小额贷款、联户担保贷款制度，对符合产业政策和信贷原则的农机制造企业技术改造、新产品开发和农机流通设施建设给予信贷支持；按规定程序开展面向农机服务主体的农机融资租赁业务和信贷服务。农机融资租赁服务按规定适用增值税优惠政策，允许租赁农机等设备的实际使用人按规定享受农机购置补贴。将拖拉机、联合收割机等自走式农业机械财产保险、交通事故强制保险纳入农业政策性保险范围。农业机械耕作服务按规定适用增值税免征政策，落实关于企业研发投入税前扣除、对农机制造企业所得税的优惠政策。（兵团农业农村局、发展改革委、财政局、自然资源局、交通运输局、地方金融监管局等负责）

（十一）提升农机公共服务保障能力。加大财政对农业机械化的支持力度。强化农业机械化技术推广机构的能力建设，提高基本装备水平，保障必要的试验示范基地及经费。鼓励农机科研推广人员与农机生产企业、新型农业经营主体开展技术合作，支持农机生产企业、科研教学单位、农机服务组织等参与技术推广。加快构建“布局合理、服务规范、便捷高效”的农机维修服务网络。落实农机安全生产责任制，大力开展“平安农机”创建活动。稳定实施农机购置补贴政策，鼓励有条件的师市探索对购买大型农机装备贷款进行贴息，积极发展农用航空，规范和促进植保无人机应用。（兵团农业农村局、工信局、财政局、交通运输局等负责）

五、加快改善农机作业基础条件

（十二）大力提高农机作业便利程度。加强高标准农田建设，积极推动农田水利基础设施建设和土地整理，促进耕地经营权有序流转，发展农业适度规模经营，保持兵团农业机械化水平高的优势。林果业通过调整果树株行距配置，畜牧业规模养殖场通过改扩建，保证必要农机作业通道，切实改善农机通行和作业条件，提高农机适应性，进一步提升林果业、畜牧业机械化水平。（兵团农业农村局、财政局、自然资源局、市场监管局等负责）

（十三）改善农机作业配套设施条件。落实设施农用地、新型农业经营主体建设用地、农业生产用电等相关政策，支持农机合作社等农机服务组织生产条件建设。加强师市统筹规划，支持深度贫困团场和有条件地区的农机服务主体及农村集体经济组织合理布局并按规划建设农机具存放以及农产品产地储藏、烘干、分选等初加工设施和区域农机维修中心等农机作业服务配套设施。在年度新增建设用地计划指标中，优先安排农机合作社等新型农业经营主体用地，并按规定减免相关税费。试点将晒场、烘干、机具库棚等配套设施纳入高标准农田建设范围。鼓励有条件的师市建设区域农机安全应急救援中心，提高农机安全监理执法、快速救援、机具抢修和跨区作业实时监测调度等能力。（兵团农业农村局、发展改革委、财政局、自然资源局等负责）

六、切实加强农机人才培养

（十四）加强农机实用型人才培养。实施新型职业农民培育工程，加大对农机大户、农机合作社带头人的扶持力度。充分利用高等院校、职业院校、农机企业等各类培训资源，培育一批知识型、技能型、创新型的新型职业农机手、经营者和合作社带头人，让他们成为既懂生产又善管理的新型农机职业经理人。弘扬工匠精神，打造一批从事农业机械化生产的工匠型乡土职工，造就一支既精通农机驾驶、维修技术，又懂农业、农艺栽培技术的新型农机能手队伍。引导合作社采取技术入股、赠予股份等形式，吸引和留住人才。鼓励大中专毕业生、退伍军人、科技人员等返乡下乡创办领办新型农机服务组织。（兵团农业农村局、工信局等负责）

七、保障措施

（十五）健全组织实施机制。由兵团农业农村局、工信局牵头，统筹协调农业机械化和农机装备产业发展工作，认真梳理和解决突出问题，加强战略谋划和工作指导，破除发展中的障碍。推进“放管服”改革，调动各类市场主体的积极性，营造推进工作的良好氛围。（兵团农业农村局、工信局牵头负责）

（十六）强化各师市责任。各师市要认真研究实施乡村振兴战略对农机装备的需求，将其作为推进农业农村现代化的重要内容，纳入辖区经济社会发展规划和议事日程，建立协同推进机制，落实部门责任，加强经费保障，形成工作合力。（各师市负责）

新疆生产建设兵团办公厅
二〇一九年十月十八日

西藏自治区人民政府办公厅关于加快推进农业机械化发展的实施意见

藏政办发〔2019〕50号

各地（市）行署（人民政府），自治区各委、办、厅、局：

为贯彻落实《国务院关于加快推进农业机械化和农机装备产业转型升级的指导意见》（国发〔2018〕42号）精神，加快推进我区农业机械化发展，经自治区人民政府同意，结合我区实际，现提出以下意见。

一、总体要求

（一）指导思想。以习近平新时代中国特色社会主义思想为指导，全面贯彻党的十九大和十九届二中、三中全会以及中央第六次西藏工作座谈会精神，统筹推进“五位一体”总体布局和协调推进“四个全面”战略布局，牢固树立新发展理念，贯彻落实高质量发展要求，加快动能转化，大力实施以“神圣国土守护者、幸福家园建设者”为主题的乡村振兴战略，坚持农业农村优先发展，着力推进农业机械化发展，为实现农业农村现代化和确保乡村振兴提供有力支撑。

（二）发展目标。到2025年，农机总动力稳定在780万千瓦，农作物综合机械化率达到68%以上，其中青稞等主要粮食作物综合机械化率达到71%以上。农机装备配置结构基本合理，各类拖拉机保有量达到29万台，配套率达到1∶2以上。农机社会化服务体系基本建立。

二、主要任务

（三）促进农机农艺融合。积极推进农机农艺技术融合，以农机购置补贴政策为抓手，结合我区特点，有计划组织实施农机化试验、示范、推广项目，采取有效措施，大力开展农机化新技术、新机具的推广和引导工作，通过农机合作社等新型经营主体将一家一户分散的农民集中起来，整合农机装备资源，提高农业机械化的科学化、规范化服务程度，切实提升农业机械化技术推广服务能力和效果，实现节本增效。完善主要农作物品种审定标准，将机械化生产适应性作为重要指标，加快选育推广适宜机收的青稞品种。大力推进育种机械化，积极发展种子选育、繁育、精选加工等装备设施。在现代农业示范区建设中，落实农机农艺融合的基本要求，围绕种养加方式改进，制定相互适应的农艺标准、养殖工艺和机械化作业规范，构建区域化、标准化的种植养殖机械化生产模式并加快推广。（农业农村厅、财政厅、科技厅、农科院等负责。列第一位者为牵头单位，下同）

（四）推进主要农作物生产全程机械化。深入开展主要农作物生产全程机械化推进行动，重点推动青稞、小麦全程机械化，加快马铃薯、饲草料生产加工机械化步伐。分作物分区域举办系列全程机械化现场推进活动，示范推广一批新技术新装备，总结推出一批全程机械化解决方案，构建高效机械化生产体系。支持新型经营主体开展深耕深松、机播机收和生产性托管服务，引领推进主要农作物生产全程机械化。广泛组织开展全程机械化示范县创建活动，鼓励有条件的地（市）、县（区）整建制率先基本实现主要农作物生产全程机械化。每年推出一批基本实现全程机械化的示范县。日喀则市桑珠孜、江孜、白朗、拉孜，山南市乃东、扎囊，拉萨市林周、曲水等县（区）率先创建国家级农作物生产全程机械化示范县。深入开展“平安农机”创建活动，积极推进农机安全监理，完善农机安全管理措施，保障农机安全生产。（农业农村厅、财政厅、发展改革委、科技厅、农科院等负责）

（五）推广先进适用农机装备与机械化技术。示范推广青稞等主要农作物耕种收环节机械化集成配套技术、马铃薯高效种植和收获技术、人工饲草联合收获和加工贮藏技术等。示范推广精准施药、高效施肥、节水灌溉、畜禽粪污资源化利用等绿色高效机械装备和技术。围绕国家现代农业示范区、国家现代农业产业园等，打造一批农艺技术先进、机具配置完整、机械化水平高的示范园区，引领全区农业生产全程机械化。要因势利导，大力推广适宜山区、不受地块限制、体积小、成本低、使用简单方便、作业效率高、先进适用的农机新机具、新技术。积极促进物联网、人工智能、卫星定位等现代信息技术在农机装备和农机作业上的应用。加快引进设施农业、林果茶业、畜牧养殖业等领域先进机械化生产技术，提升机械化发展水平。（农业农村厅、财政厅、农科院、西藏农牧学院、林草局、经济和信息化厅、科技厅、发展改革委等负责）

（六）创新农机社会化服务机制。培育壮大农机合作社、农机大户，支持农机服务组织开展多种形式适度规模经营。坚持“典型带动、示范引路、以点带面、分类指导”原则，结合本地实际，完善农机化服务组织建设，着力培育影响力大、带动示范性强的农机专业合作组织和农机大户。创新作业服务模式，加快推进农机服务向农业生产全过程、全产业及农村生态、农民生活服务领域延伸。引导鼓励农机服务主体与家庭农场、种植大户、普通农户及农业企业组建农业生产联合体，探索实现农机互助、设备共享、利益共赢的有效形式，提高农机使用效率。积极指导发展“全程机械化＋综合农事服务”新业态，为农户提供全程机械化作业、农资统购、技术培训、信息咨询、农产品销售等“一站式”综合服务。积极通过政府购买服务等方式，支持在农田托管、统防统治等规模化生产性服务中开展农机作业服务。精心组织好重要农时农机化生产活动，引导服务主体通过跨区作业、订单作业、生产托管等多种形式，提高作业效率和质量。鼓励金融机构创新金融服务方式，灵活开发各类信贷产品和提供个性化融资方案，加大对农机企业和新型农机服务组织的信贷支持。（农业农村厅、财政厅、人行拉萨中心支行等负责）

（七）推动机械化生产与农田建设相适应。把适宜机械化作为农田基本建设的重要目标，为全程机械化作业、规模化生产创造条件，保障“农机能下田”。根据我区农田分布等实际，制定完善高标准农田、果菜茶地以及设施种养业基地建设的“宜机化”标准，推进标准化生产、机械化作业。促进农村土地流转，推广统种、统管、统收等规模集约化生产形式，为农业机械化发展不断创造环境。加大对农机安全监理、农技推广鉴定等公益性设施建设的支持力度，增强农业机械化公共服务能力。在规划、用地等方面积极支持农机合作社建设农机停放场（库、棚），改善农机保养条件。积极推进农机报废更新，促进农机装备更新换代。（农业农村厅、财政厅、商务厅等负责）

（八）完善农机购置补贴政策。加大农机购置补贴政策执行力度，盘活现有农机购置补贴资金，制定符合新阶段农业机械化发展的政策支持体系。合理确定补贴资金规模，按照科学、公开、公正、高效的原则，完善农机购置补贴管理办法，合理确定补贴产品种类，及时公布实施方案和补贴资金等，提高政策实施透明度和公平性。简化农机购置补贴审批程序，缩短审批和补贴资金结算时间。严格落实相关规定，充分发挥政策实施的导向作用。逐步加大农业机械化重大技术推广支持力度，支持适宜地区保护性耕作、精准施药、高效施肥、水肥一体化、节水灌溉、设施农业、茶果生产、秸秆还田、残膜回收利用、畜禽养殖、饲草料高效收获加工、畜禽粪污资源化利用等农机装备推广应用。实施现代农业机械化发展推进工程，对技术先进、功能适用、复合高效的中大型农牧机械重点倾斜，优先补贴。对全程机械化示范县创建给予重点支持。支持适宜山地农机具和技术的引进示范推广，重点解决“有机难用”“无机可用”的问题，着力提高农机化技术和装备应用水平。（农业农村厅、财政厅等负责）

（九）加强农业机械化人才队伍建设。为适应农业机械化发展的需要，扎实推进农业机械化人才队伍建设。加快建设农机技术人才队伍，大力开展农机化管理、技术推广、试验鉴定、安全监理等系统干部和技术人员培训和再教育。通过购买服务、项目支持等方式，支持农机企业、合作社培养农机生产、作业操作、维修等技能服务型人才。加大新型职业农民培育工程对农机合作社带头人、农机大户、机手和返乡农机从业人员的扶持力度，培育一批既懂生产又善管理的新型职业经理人和实用人才。组织开展农机技能竞赛，遴选和培养一批农机生产和实用“土专家”，提升农机从业者的管理能力和技能水平。支持区内高等院校设置农机专业，培养专业人才。（农业农村厅、教育厅、人力资源社会保障厅、西藏农牧学院等负责）

（十）规范农机流通市场体系。建立健全农机专业流通市场体系，发展连锁经营，培育一批辐射面广、服务质量好的农机流通企业、品牌农机店和区域性农机市场，健全农机零配件供应网络，方便农牧民购机。完善农机产品“三包”制度，健全和规范农机修理市场，明确产品售后维修责任，规范服务程序，提高维修能力和服务质量。畅通农机质量投诉渠道，加大对质量违法和假冒品牌行为的打击和惩处力度。完善经销商管理制度，严格经销商资格审查，将售后服务能力作为选择经销商的重要标准。（农业农村厅、市场监管局等负责）

三、加强组织领导

（十一）健全组织实施机制。建立由农业农村厅牵头的全区农业机械化发展协调推进机制，统筹协调农业机械化发展工作，落实部门责任，研究制定促进农业机械化发展的重大政策措施，加强督查指导，解决突出问题，推动落实重点工作。（农业农村厅、各相关部门等负责）

（十二）强化落实责任。各地（市）要强化属地责任，充分认识加快推进农业机械化发展的重要性、紧迫性，将加快推进农业机械化作为推进农业农村现代化和实施乡村振兴战略的重要内容，建立相应的组织协调推进机制，加强经费保障，形成工作合力，推进各项工作落实。〔各地（市）行署（人民政府）负责〕

西藏自治区人民政府办公厅
二〇一九年九月二十九日

青海省人民政府关于加快推进农业机械化和农机装备产业转型升级的实施意见

青政〔2019〕32号

各市、自治州人民政府，省政府各委、办、厅、局：

加快推进农业机械化和农机装备产业转型升级，是转变农业发展方式、提高农村生产力、实施乡村振兴战略的重要支撑，对深化农业供给侧结构性改革，加快补齐农业机械化发展短板，提高农业生产水平，助力农业农村现代化具有重要意义。为贯彻落实《国务院关于加快推进农业机械化和农机装备产业转型升级的指导意见》（国发〔2018〕42号）精神，大力推进全省农业机械化和农机装备产业转型升级。现结合实际，提出如下实施意见。

一、总体要求

（一）指导思想。以习近平新时代中国特色社会主义思想为指导，全面贯彻党的十九大、十九届二中、三中全会精神和省委十三届四次、五次全会精神，坚持新发展理念，深入实施“五四战略”，奋力推进“一优两高”，以供给侧结构性改革为主线，以服务乡村振兴战略、推进主要农作物生产全程机械化，提升牧业生产机械化和冷水鱼集约化生产水平为目标，以调整优化农机装备布局结构、主攻薄弱环节机械化、推广绿色高效农业机械化技术和装备为重点，以农机农艺相融合、机械化信息化相融合、农机服务模式与农业适度规模经营相适应、机械化生产与农田建设相适应为路径，以科技创新、机制创新、政策创新为动力，推动农业机械化向绿色全程高效升级，推动农机装备产业向高质量发展转型，走出一条具有高原特色绿色高效农业机械化高质量发展道路，为青海农业农村现代化提供有力支撑。

（二）发展目标。到2020年，农机装备产业科技创新能力进一步提升，农机具配置结构进一步优化，农机作业条件不断改善，农机社会化服务组织加快发展。农机总动力达到480万千瓦，农作物耕种收综合机械化率达到62%，小麦、青稞、牧草和白菜型油菜生产基本实现全程机械化，马铃薯、玉米、甘蓝型油菜全程机械化生产体系基本建立，设施农业、农产品初加工机械化和牛羊、生猪、家禽机械化养殖取得积极进展，牦牛、藏羊初加工机械化实现突破，沿黄流域冷水鱼机械化集约化养殖水平持续提升。

到2025年，农机装备产业科技创新能力持续提升，产品和技术供给能力进一步提高。农机具配置结构趋于合理，农机作业条件显著改善，覆盖农业产前产中产后的农机社会化服务体系进一步健全完善，农机使用效率显著提升，农业机械化进入全程全面高质高效发展时期，全省农机总动力达到500万千瓦以上。农作物耕种收综合机械化率达到70%，马铃薯、玉米、甘蓝型油菜生产基本实现全程机械化，枸杞、蚕豆、中药材等经济作物主要生产环节机械化实现突破，初步实现牦牛、藏羊、青稞、草产业全链条生产机械化，冷水鱼机械化养殖走在全国前列。

二、全力推动农机装备产业创新发展

（三）加快建立农机装备创新体系。坚持自主研发和引进、吸收、再创新相结合，探索建立以企业为主体，市场为导向，产学研相结合的农机械装备创新体系。加大招商引资力度，引进国内外新型智能、绿色环保、高质高效的农牧业机械研发机构和龙头企业开展合作，重点研发适用于高海拔、低气压环境和陡坡地的耕种、施肥、植保、收获、农产品初加工、农产品产地储藏保鲜等机械装备。（牵头单位：省工业和信息化厅。责任单位：省发展改革委、省科技厅、省农业农村厅）

（四）不断调整农机装备产业结构。结合农业规模化、精准化、设施化发展趋势，优化农机产品结构，开发新产品，采用新技术，鼓励积极发展适合小农生产、浅脑山区作业的中小型、轻简化农机，推动高中低端产品共同发展。坚持节能减排及生态环境保护原则，鼓励农机生产企业开发清洁能源驱动、高效节能环保的农牧机械。突出残膜回收、有机肥施入、设施农业、饲草收割加工、秸秆综合利用、畜禽粪污资源化利用等关键环节，采取产学研结合加大机械生产技术研发力度，加快关键技术产业转化。（牵头单位：省工业和信息化厅。责任单位：省发展改革委、省科技厅、省生态环境厅、省农业农村厅）

（五）支持农机装备技术创新及质量体系建设。加大财政支持力度，重点扶持农机生产企业重点技术改造项目和引进重大装备、承担技术引进和再创新的项目。支持农机装备产业技术创新和新产品研发，鼓励农机生产企业开发新工艺、研发新技术、提供新产品。加快建设农机装备质量体系，建立健全农机装备检验检测认证体系，提高对农机产品的试验测试和鉴定能力。对涉及人身安全的农机产品依法实施强制性认证，实行认证农机具购置补贴政策，强化农机产品质量监管，加大对质量违法和假冒品牌行为的打击和惩处力度。（牵头单位：省财政厅、省市场监管局。责任单位：省工业和信息化厅、省发展改革委、省科技厅、省农业农村厅）

三、加快推进主要农作物生产全程机械化

（六）着力补齐全程机械化发展短板。加快推进高效植保、有机肥施入、残膜回收、秸秆处理环节与耕种收环节机械化技术集成配套，大力推进小麦、青稞、油菜、马铃薯、牧草等作物生产全程机械化。积极探索不同区域主要农作物及牧草生产全程机械化解决方案。突破东部农业区玉米全膜种植技术工艺宜机化改造、机械化收获、秸秆收集离田和燃料化加工利用机械化技术瓶颈。攻克蚕豆、枸杞、中药材、设施农业等全程机械化薄弱环节，促进优势作物生产全程机械化。对新型农业经营主体开展深耕深松、有机肥施入、机播机收等生产服务给予补助，大力推进产前产中产后全程机械化。（牵头单位：省农业农村厅。责任单位：省发展改革委、省财政厅）

（七）加快完善高效机械化生产体系。建立完善农机农艺融合发展协调机制，强化农机、种植、种业、科教相互配合。加快选育推广适于机械化作业、轻简化栽培的蔬菜、杂交油菜、蚕豆、枸杞等类作物品种。把适应机械化作为农作物品种审定、耕作制度变革、农田基本建设等工作的重要目标，促进良种、良法、良地、良机全面配套，为全程机械化作业、规模化生产创造条件。（牵头单位：省农业农村厅。责任单位：省发展改革委、省科技厅、省工业和信息化厅）

四、加快推广先进适用农机装备与机械化技术

（八）大力推广高效新机具新技术示范。围绕部省共建绿色有机农畜产品示范省，加大保护性耕作、高效减量施药、有机肥施入、节水灌溉、残膜回收、秸秆综合利用、畜禽粪污资源化利用等绿色高效机械装备和技术的示范推广力度。全面落实农机购置补贴政策，加大绿色高效农机新产品补贴试点力度。加快淘汰老旧落后农机装备，促进新机具新技术推广应用。积极发展农用航空，规范和促进植保无人机推广应用。（牵头单位：省农业农村厅。责任单位：省科技厅、省工业和信息化厅、省财政厅、省商务厅、民航青海监管局）

（九）持续强化种养结合循环发展。进一步加快草产业规模化、机械化生产，以牦牛、藏羊为突破，集成养殖环节、饲草生产加工、牛羊肉加工机械化等技术及装备，支持探索建设一批循环发展示范区。以生态畜牧业合作社为依托，集中示范推广畜牧养殖机械化；以沿黄流域为主继续大力引进推广抗风浪网箱、集装箱和循环水机械化养殖技术等，提升生产经营水平。（牵头单位：省农业农村厅。责任单位：省发展改革委、省商务厅、省自然资源厅）

（十）积极推进农业机械化信息化融合。加快推进物联网、大数据、人工智能等现代信息技术在农机装备和农机作业上的应用。推进高分系统、北斗卫星定位系统、物联网、大数据等信息技术与农机装备结合。大力推进“互联网＋农机作业”，实现数据信息互联共享，提高农机作业质量与效率。建立农业机械技术推广机构主导，科研单位、高等院校、农机服务组织广泛参与的基层农业机械技术推广体系，鼓励农机科研人员与农机生产企业、新型农业经营主体开展技术合作。（牵头单位：省农业农村厅。责任单位：省发展改革委、省工业和信息化厅、省商务厅、省自然资源厅）

五、积极推动农机社会化服务高效发展

（十一）全面推动农机服务创新发展。培育壮大农机大户、农机专业户以及农机专业合作社等新型农机服务组织，鼓励通过跨区作业、订单作业、农业生产托管等多种形式，从事各类农机作业服务和适度规模经营，促进小农户与现代农业发展有机衔接。鼓励支持农机服务主体与家庭农场、农业企业等组建农业生产联合体，实现机具共享、互利共赢。探索建设以县或主要集镇为主的“全程机械化＋综合农事”服务中心，开展全程机械作业、农资统购、技术培训、信息咨询、农产品销售等“一站式”综合服务。继续免收跨区作业联合收割机、运输联合收割机车辆通行费。（牵头单位：省农业农村厅。责任单位：省发展改革委、省财政厅、省商务厅、省交通运输厅）

六、着力改善农机作业基础条件

（十二）加快推进农田宜机化改造。以高标准农田建设项目为载体，统筹中央和地方资金及社会资本积极开展高标准农田建设，不断提高土地产出率和资源利用率。重点支持浅脑山及小块破碎地块开展农田“宜机化”改造。在西宁、海东为主的东部农业区和环湖地区，按田块状况和机具类型，分别建设适宜大中型农机具通过的机耕道，切实改善农机通行和作业条件，扩展大中型农机运用空间。将“宜机化”与乡村振兴、脱贫攻坚统筹推进，加快补齐浅脑山区农业机械化基础短板。（牵头单位：省农业农村厅。责任单位：省发展改革委、省财政厅、省自然资源厅）

（十三）加强农机作业基础设施建设。全面落实农机服务组织生产用地等相关政策。加强县级统筹规划，合理布局农机具存放和维修、农产品初加工和农产品产地储藏保鲜等农机作业服务配套设施。优先安排农机合作专业社等新型农业经营主体用地。鼓励有条件的地区，依托农机专业合作社、农机大户参与建设区域农机安全应急救援中心和农机综合服务中心，提高农机安全监理执法、快速救援、机具抢修和跨区作业实时监测调度等能力。（牵头单位：省农业农村厅。责任单位：省发展改革委、省财政厅、省自然资源厅、省应急厅）

七、加快推进农机人才队伍建设

（十四）加快培养农业机械化人才。支持高等院校设置农业工程相关专业，培养农业机械化专业人才。鼓励青海大学等高等院校面向农业机械化、农机装备产业转型升级开展研究与实践，探索构建产学合作协同育人项目实施体系。推动实施产教融合、校企合作，支持农机生产企业、农业机械技术推广部门与高等院校共建共享工程创新基地、实践基地、实训基地。（牵头单位：省教育厅。责任单位：省工业和信息化厅、省农业农村厅）

（十五）大力培养新型实用人才。实施新型职业农牧民培育工程，加大对农机大户、农机专业合作社带头人的培训力度。积极开展农机先进实用技术培训、职业技能培训和农机技能竞赛，提升农机从业者的技能水平。通过购买服务、项目支持等方式，注重培养农机生产及使用一线新型实用技能型人才，充分发挥基层农机实用人才在推动农牧业技术进步和机械化生产中的重要作用。鼓励返乡农民工、大中专毕业生、退伍军人、科技人员等创办领办新型农机服务组织，打造一支懂农业、爱农村、爱农民的一线农机人才队伍。（牵头单位：省农业农村厅。责任单位：省教育厅、省人力资源社会保障厅、省工业和信息化厅）

八、切实加强组织领导

（十六）建立农机化发展推进机制。建立由省农业农村厅、省工业和信息化厅负责牵头，各相关部门协调联动的青海省农业机械化发展协调推进机制，统筹协调农业机械化和农机装备产业发展工作，审议有关政策、重大工程专项和重点工作安排，加强督查指导，解决突出问题。重大问题及时向省政府报告。（牵头单位：省农业农村厅。责任单位：省工业和信息化厅、上述各相关部门）

（十七）强化政府责任。各市（州）人民政府要认真研究本地区对农机装备的需求，充分认识加快推进农业机械化和农机装备产业转型升级的重要性、紧迫性，将其作为推进农业农村现代化的重要内容，纳入政府绩效评价考核体系，并结合实际制定具体实施办法或方案。建立协同推进机制，落实部门责任，加强经费保障，形成工作合力。（责任单位：各市州人民政府）

（十八）完善财政金融支持政策。财政部门要加大对农业机械化的专项投入，落实好农机购置补贴、政府购买农业绿色发展的农机服务等政策。金融机构要加大对农机企业和新型农机服务组织的信贷投放力度，探索开展面向新型农业经营主体的农机融资租赁业务和信贷担保服务，针对权属清晰的绿色高效农机装备开展抵押贷款，探索对购买绿色高效农机装备贷款进行贴息。保险机构要积极开展农机保险业务，探索对参加保险的农机给予保费补贴。税务部门对符合政策规定的纳税人提供的农机融资租赁服务按规定适用增值税优惠政策，允许租赁农机等设备的实际使用人按规定享受农机购置补贴。对符合条件的农业机械耕作服务按规定适用免征增值税政策。（牵头单位：省财政厅。责任单位：省农业农村厅、人行西宁中心支行、国家税务总局青海省税务局、青海银保监局）

（十九）深入推进“放管服”改革。充分发挥政府在推进农业机械化中的引导作用，积极调动各类市场主体的积极性、主动性和创造性，依靠市场力量因地制宜推进农业机械化发展。深入推进农机装备产业和农业机械化管理领域简政放权、放管结合、优化服务改革，推进政务信息公开，加强规划政策引导，保障农机安全生产。加强舆论引导，推广典型经验，宣传表彰先进，努力营造加快推进农业机械化和农机装备产业转型升级的良好氛围。（牵头单位：省农业农村厅。责任单位：省工业和信息化厅、省市场监管局）

本实施意见自 2019 年 6 月 19 日施行，青海省人民政府《关于促进农业机械化和农机工业又好又快发展的实施意见》（青政〔2011〕38 号）同时废止。

青海省人民政府

二〇一九年五月二十日

内蒙古自治区人民政府关于加快推进农牧业机械化和农机装备产业转型升级的实施意见

内政发〔2019〕12 号

各盟行政公署、市人民政府，自治区各委、办、厅、局，各大企业、事业单位：

为贯彻落实《国务院关于加快推进农业机械化和农机装备产业转型升级的指导意见》（国发〔2018〕42 号）精神，加快推进我区农牧业机械化和农机装备产业转型升级，结合自治区实际，现提出如下意见。

一、发展目标

到 2020 年，通过招商引资、消化吸收、技术改造、自主创新和产业集聚，企业自主创新能力明显提高。全区农机总动力超过 4 000 万千瓦。农作物耕种收综合机械化率达到 85%，主要农作物生产基本实现全程机械化。畜牧业机械化率达到 38%左右。设施农业、水产养殖和农产品初加工机械化取得明显进展。

到 2025 年，企业自主创新能力显著提高，形成一批具有自主知识产权的拳头产品。农牧业机械在自治区内和区外的市场占有份额逐年增大。全区农机总动力稳定在 5 000 万千瓦左右。农作物耕种收综合机械化率达到 88%以上，经济特色作物生产基本实现全程机械化。设施农业、畜牧养殖、水产养殖、农产品初加工机械化率总体达到 50%左右。

二、加快推动农机装备产业高质量发展

（一）促进农机产业转型升级。坚持自主开发与引进、消化、吸收相结合，建立健全以企业为主体、市场为导向、产学研相结合的农机产业技术创新体系，加快实现农机科技成果产业化。强化企业技术改造，提升研发和生产条件，提高制造工艺及工装水平，推进农机装备数字化、智能化发展。鼓励企业运用物联网、大数据等信息技术，开展远程故障诊断、在线咨询、培训、电子商务等，推动农机企业由生产型制造向服务型制造转变。（自治区工业和信息化厅、科技厅、发展改革委、农牧厅等负责。列第一位者为牵头单位，下同）

（二）优化农机装备产业结构布局。吸引区外农机制造企业向自治区积聚，做大我区农机装备产业规模。支持发展适合农村牧区家庭生产经营需要的中小型、轻简化农机，形成适应我区不同地区经济水平、高中低端产品共同发展的格局。形成集群优势突出、竞争力较强的农机产业集中区。（自治区工业和信息化厅、发展改革委、科技厅、农牧厅、商务厅等负责）

（三）加强农机装备质量可靠性建设。加快绿色高效农机化标准制定和农机装备产业计量测试技术研究，推进农机装备检验检测体系建设，提升试验测试和鉴定能力。加强农机产品质量监管，压实企业质量主体责任，强化重点产品行业规范管理。大力开展诚信自律和质量提升行动，加强知识产权保护，严厉打击质量违法和假冒品牌行为，开展增品种、提品质、创品牌"三品"专项行动。（自治区市场监管局、工业和信息化厅、发展改革委、农牧厅等负责）

三、大力推进农牧业生产全程机械化

（一）加快补齐农作物生产全程机械化短板。聚焦高效植保、玉米籽粒直收、产地烘干、水稻标准化育秧与高效插秧、马铃薯联合收获或分段收获等机械化生产薄弱环节，推进主要农作物生产全程机械化。加快补齐葵花、甜菜、药材等特色经济作物及杂粮杂豆机械化收获短板，推进经济作物生产全程机械化。推广微耕微灌、增施气肥、智能温控、果实采收、冷藏运输等机械化技术，推进设施农业机械化。大力支持新型农业经营主体开展深耕深松、机播机收等生产服务，推进农作物生产全程机械化。（自治区农牧厅、发展改革委、财政厅等负责）

（二）大力发展畜牧业机械化。主推优质饲草种植、收获打捆一体化、打捆裹包一体化、秸秆转化饲料等系列技术，推进草业高端生产全程机械化。聚焦畜牧养殖机械化短板，大力推广饲料制备、饲喂、饮水、剪毛、药浴、粪污处理及资源化利用等机械化技术。聚焦草原生态保护和修复机械化薄弱环节，大力推广牧草补播、切根改良、野生草种采集、牧草种子清选加工、草原生物灾害防治精准施药和绿色防控等机械化技术。搞好无电牧区风能太阳能等清洁能源装备和技术推广，走绿色畜牧业之路。推进柠条、梭梭等种植、收获及饲用机械化，实现资源利用与生态保护相融合。发展猪禽养殖机械化。（自治区农牧厅、发展改革委、财政厅、林草局等负责）

（三）协同构建高效机械化生产体系。支持推进现代农牧业产业技术体系、科技创新联盟、协同创新中心等平台建设，加强"产学研推用"联合攻关，推动品种栽培装备等多学科、产前产中产后各环节协同联动，促使良种、良法、良地、良机配套，加快全程机械化技术集成与示范。实施农牧业生产全程机械化推进行动，引导和支持符合条件的盟市、旗县（市、区）和垦区整建制率先基本实现农牧业生产全程机械化。（自治区农牧厅、发展改革委、科技厅、工业和信息化厅等负责）

四、着力推广先进适用农机装备与机械化技术

（一）加强绿色高效新机具新技术示范推广。大力推广保护性耕作、秸秆综合利用、畜禽粪污资源化利用，以及节种、节肥、节药、节水等节能环保和绿色高效机械化技术。支持优势企业对接重点用户，形成研发生产与推广应用相互促进机制。加快信息化、智能化建设，推进智能农机与智慧农牧业、云农牧场等融合发展。推进"互联网＋农机作业"，推广应用农机作业监测、远程调度等信息化服务平台。规范和促进植保无人飞机推广应用。鼓励金融机构对权属清晰的大型农机装备开展抵押贷款及对有条件的地区购买大型农机装备进行贷款贴息试验示范。批发、零售农机按规定适用增值税免征政策。积极推进农机报废更新，加快淘汰老旧农机装备，促进新机具新技术推广应用。（自治区农牧厅、科技厅、工业和信息化厅、财政厅、发展改革委、交通运输厅、商务厅，人民银行呼和浩特中心支行、内蒙古税务局、内蒙古银保监局、民航内蒙古安全监管局等负责）

（二）提高农牧业机械化技术推广能力。加强农牧业机械化技术推广能力建设，建立试验示范基地，强化新技术试验验证和示范推广功能。鼓励农机企业、科研教学单位及农机服务组织等广泛参与农牧业机械化技术推广。推行政府购买服务，鼓励农机科研推广人员与农机生产企业、新型农牧业经营主体开展技术合作。运用现代信息技术，创新农机展示演示、"田间日"活动等形式，切实提升农牧业机械化技术推广效果。（自治区农牧厅、工业和信息化厅等负责）

五、积极发展农机社会化服务

（一）发展农机社会化服务组织。培育壮大农机合作社等新型农机服务组织，支持开展适度规模经营服务。落实农机服务金融支持政策，引导金融机构加大对农机企业和新型农机服务组织的信贷投放，灵活开发各类信贷产品和提供个性化融资方案；按照市场化原则开展面向家庭农牧场、农机合作社、农牧业企业等新型农牧业经营主体的农机融资租赁业务和信贷担保服务，拓宽抵质押物范围。加强农机保险政策引导，推进农机保险试点。农机融资租赁服务按规定适用增值税优惠政策。农机耕作服务按规定适用增值税免征政策。（自治区农牧厅、财政厅，人民银行呼和浩特中心支行、内蒙古税务局、内蒙古银保监局等负责）

（二）推进农机服务机制创新。鼓励农机服务主体开展高效便捷的农机作业服务，促进小农牧户与现代农牧业发展有机衔接。鼓励农机服务主体与家庭农牧场、种养大户、普通农牧户及农牧业企业组建农牧业生产联合体，实现机具共享、优势互补、互利共赢。推动农机服务业态创新，建设一批"全程机械化＋综合农事"服务中心，为农牧户提供全程机械化作业、农资统购、技术培训、信息咨询、农畜产品销售对接等"一站式"综合服务。继续免收跨区作业的联合收割机、运输联合收割机和插秧机车辆通行费。（自治区农牧厅、发展改革委、财政厅、自然资源厅、交通运输厅等负责）

六、持续改善农机作业基础条件

改善农机作业便利程度和配套设施条件。结合高标准农田建设、农村土地综合整治，明确田间道路、田块大小与平整度等"宜机化"要求。加快农村牧区公路建设，进一步完善路网结构，提高农牧业机械通行保障能力。落实设施农用地、新型农牧业经营主体建设用地、农牧业生产用电等相关政策，支持农机合作社等农机服务组织生产条件建设。加强旗县级统筹规划，合理布局农机具存放和维修、农作物育秧育苗，以及农产品产地烘干和初加工等农机作业服务配套设施。在年度建设用地指标中，优先安排农机合作社等新型农牧业经营主体用地，并按规定减免相关税费。有条件的地区可以将晒场、烘干设备、机具库棚等配套设施纳入高标准农田建设范围。加强农机安全监理队伍建设，提高农机安全执法能力。（自治区农牧厅、发展改革委、财政厅、自然资源厅、交通运输厅、内蒙古税务局等负责）

七、切实加强农机人才培养

（一）健全新型农牧业工程人才培养体系。引导自治区高等院校积极设置相关专业，培养创新型、应用型、复合型农牧业机械化人才。支持高等院校招收农牧业工程类专业学生，扩大硕士、博士研究生培养规模，提升培养质量。加大卓越农林人才、卓越工程师教育培养计划对农机人才的支持力度，促进农科教一体化发展。推动实施产教融合、校企合作，支持优势农机企业与学校共建共享工程创新基地、实践基地、实训基地。鼓励农机人才国际交流合作。（自治区教育厅、工业和信息化厅、农牧厅等负责）

（二）注重农机实用型人才培养。实施新型职业农牧民培育工程，加大对农机大户、农机合作社带头人的扶持力度。加大农机职业技能开发力度，遴选和培养一批农机生产、维修及使用的一线技术能手。通过购买服务、项目支持等方式，支持农机生产企业、农机合作社培养农机实用技能型人才。加强基层农机推广人员岗位技能培养和知识更新，打造一支懂农牧业、爱农村牧区、爱农牧民的农机人才队伍。（自治区农牧厅、工业和信息化厅等负责）

八、强化组织领导

（一）健全组织实施机制。建立由自治区农牧厅、工业和信息化厅牵头，有关部门参与的自治区农牧业机械化发展协调推进机制，统筹协调农牧业机械化和农机装备产业发展工作，梳理和解决突出问题，加强战略谋划和工作指导，破除发展中的障碍。重大问题要及时向自治区人民政府报告。（自治区农牧厅、工业和信息化厅牵头负责）

（二）强化地方政府责任。各盟行政公署、市人民政府要充分认识加快推进农牧业机械化和农机装备产业转型升级的重要意义，将其作为实施乡村振兴战略、推进农牧业农村牧区现代化的重要内容，纳入本地区经济社会发展规划和议事日程，结合实际制定切实可行的工作措施。要建立协同推进机制，落实部门责任，加强经费保障，形成工作合力。（各盟行政公署、市人民政府负责）

（三）促进政府与市场良性互动。充分发挥各级人民政府在推进农牧业机械化中的引导作用，重点在公共服务等方面提供支持，为市场创造更多发展空间。深入推进农机装备产业和农牧业机械化管理领域“放管服”改革，调动各类市场主体的积极性、主动性和创造性。充分发挥行业协会在行业自律、信息交流等方面的作用，服务引导行业转型升级。加强舆论引导，努力营造加快推进农牧业机械化和农机装备产业转型升级的良好氛围。（自治区农牧厅、工业和信息化厅等负责）

内蒙古自治区人民政府
二〇一九年十月二十五日

索 引

说 明

一、本索引采用主题分析索引方法，依据汉语拼音字母顺序排列，同音字按声调排列。

二、类目用黑体字。数字表示内容所在页码或参见页码，数字后字母表示从左到右内容所在栏别。

三、除标题外，机构与负责人、大事记栏目内容不作索引。

A

B

C

K

L

M

N

W

X

Y

Z

极飞科技数字农业技术装备助力农业农村现代化发展

——广州极飞科技股份有限公司

极飞® P100 2022款农业无人机

极飞® V50 2022款农业无人机

广州极飞科技股份有限公司成立于2007年，2013年开始深耕农业领域，以“提升农业生产效率”为使命，研发制造机器人+AI，深度应用于农业生产，为数字化智慧农业提供技术装备。极飞科技员工超过1400人，其中研发人员占超过40%。公司拥有的农业无人机领域授权专利数量在国内排名第一，截至2021年7月底，公司拥有已授权专利1305项。极飞科技公司系“2020全球无人机五十强企业”，于2020年被联合国粮农组织和国际电信联盟评为“联合国数字农业十大优秀应用案例”，并成为首家获得路透社全球商业责任大奖“可持续发展创新奖”的中国企业。极飞科技为国家高新技术企业，获得农业农村部颁发的全国农牧渔业丰收奖一等奖及中国农业三大协会共同颁发的中国农机行业年度最具影响力品牌奖。

极飞科技基于对技术创新和提升用户体验的极致追求，推出了4款新产品，分别是极飞P100/V50 2022款农业植保无人机、极飞M500/M2000 2022款遥感无人机，这4款无人机从机身结构到各项任务系统都进行了技术革新，进一步提升作业效率和效果。

全新睿播系统，采用直列对置离心播盘和智能螺旋送料器设计，让P100/V50农业无人机的播肥（尿素）效率高达80公斤每分钟，最大飞播速度高达13.8米每秒，大幅提高播撒的精准度和效率，开启农田无人化播撒新时代。

全新睿图系统，单次最大测绘面积可达200亩；图像可通过机载处理器实现快速拼接，落地后立即出图；优化升级的智能算法，全面提升了智能识别速度，支持地块分享及一键作业规划，进一步提升农业无人机作业效率。

分体平台设计，让农业无人机飞行平台和作业系统完全分离，大大提高维护和运输效率，同时便于无人机快速地在喷洒、播撒、测绘间切换。另外，飞控系统和操作系统的进一步优化，让农业无人机在弱网和无网的环境下，也能稳定高效地作业。

要实现农田的无人化管理，除了有精准高效的执行工具外，还需要有高效率获取农田地图和作物生长状态的方式，以及辅助农户作出科学决策的工具。

为了完善农村高清数字地图建设，降低高清地图的获取成本，让数据成为未来农业生产决策以及乡村振兴的重要力量。极飞投入了更多研发力量，推出了M500/M2000两款全新机型。

M500 2022款遥感无人机通过搭载不同相机，快速实现农田测绘和农情巡查，量化农田和作物生长信息，进行产量预估，让农业生产者对自己的田地了如指掌，及时“对症下药”，提升农田管理效率，降低管理成本。

M2000 2022款遥感无人机，作为极飞首款垂起固定翼飞行器，具备高品质地理数据获取能力，非常适合大面积的农业测绘，甚至是林业、渔业和畜牧业的大规模航测需求。能轻松应对高频次、高要求、多场景的航测任务，稳定快速构建数字地图，高效助力农业生产。

全新的智慧农业设备，进一步丰富了极飞智慧农业产品矩阵，为行业带来更完善的无人化农业生产解决方案和可复制的技术路径。极飞希望以技术创新的一小步，再次推动行业向前发展，为未来农业描绘全新蓝图。

极飞® M500 2022款遥感无人机

极飞® M2000 2022款遥感无人机

紧跟社会发展需求 建设创新农业体系

——逊克县丰禾现代农机合作社

逊克县丰禾现代农机合作社位于逊克县奇克镇前进村，合作社成立于2010年，历经十年春华秋实，合作社先后被省农委批复为省级规范社、国家级示范社，荣获中国质量信用AAA级示范社、黑龙江省质量认证AAAAA级企业等称号，建设黑龙江省农民创业示范基地、省级现代农业科技园。

合作社不断创新经营管理模式，延伸产业链发展，先后注册成立了以中草药种植、秸秆综合利用为经营主体的逊克县合峰粮食种植农民专业合作社和以加工、乡村旅游等为经营主体的黑龙江省欣荣农业发展有限公司。利用大型农机设备优势，引领当地农业市场形成集大型农机代耕、粮食仓储、粮食烘干、粮食销售、中草药种植、秸秆综合利用、乡村旅游、大豆加工、物流车队于一体的系统化、规模化“产销一体”的新农业产业链，将产业体系逐步完善，极大提高了本地生产力发展水平，加速农业体系变革，有效促进当地农业现代化进程。

一、开拓创新农业产业链，让秸秆利用提升综合服务水平

结合当地农业市场情况，将传统农业产业链深度挖掘，开拓新农业项目，将秸秆综合利用作为传统种植农业延伸第二产业，根据秸秆综合利用产业产物进行产业链拓展。为此合作社购置价值5300多万秸秆打包农机设备百余台（其中包括凯斯2254、阿波斯1504、迪尔2204、雷沃704-B等多种大中型拖拉机，抓草机、搂草机、灭茬机等专业秸秆打包机具）、秸秆加工机器十余台（包括粉碎机、撕碎机、压块机等多种加工设备），组建秸秆综合利用专业团队百余人，带动农民就业80余人。

充分利用逊克县全国低碳城市试点建设机遇，积极推动秸秆原料化、燃料化、肥料化，合作社与秸秆综合利用企业达成长期合作共识。秸秆打包后的土地达到免耕作业条件，避免农户焚烧秸秆，造成空气的重度污染，进一步培肥了地力，实现了土壤改良，提升了耕地质量，提高了秸秆综合利用率。

二、依托机械装备优势，促进现代化农业进程

坚持以带动农民增收致富为目标，依靠合作社的机械力量，采取托管代耕、土地流转、带地入社、带资入社共同发展模式，逐步实现土地规模化、标准化经营。在具体生产经营中，合作社结合各区域耕地实际情况，因地制宜，通过沿江平原机械大型化、丘陵山地机械小型化、机械种类多样化的调度模式，合理调配农机装备，有效规避资源浪费。合作社通过春翻、秸秆打包、秋起垄等方式进行整合土地资源、换茬播种，提高土壤有机质含量，有效保证土壤活力，降本增效效果显著。

合作社通过规范经营管理和农业机械的合理布局以及云数据的运用，取得了可喜的成就，将农机管理形成有序、高效、合理规划的团队。将车长从“农机具驾驶员”培养成“农机车辆经营者”，由“被动工作”转为“主动作业”的思想方式转变。形成“比、学、赶、帮、超”的良性团队氛围。同时合作社对所有农机车辆安装云镜监控系统和GPS定位系统，实现农机车辆作业全程可视化，通过手机APP实现与驾驶员实时对讲功能，车辆作业位置、作业数据、作业速度能够实时掌控，数据采集更为准确，为合作社的经营决策提供可靠性数据支持，从而大大提高作业效率，降低人工成本，实现利润最大化。

三、扩大科技支撑作用，实现农业种植绿色化

以农业绿色发展理念贯穿始终，打绿色牌，走特色路，为实现产业链多元化，投资建设大豆加工厂，加强绿色品牌创建，加大“三品一标”认证，获得绿色认证大豆6225亩、有机认证大豆618亩，注册了“豆溢香”、“丰禾豆溢香”商标标识。同时与县农业技术推广中心和农村经济技术服务中心、云天化、倍丰等知名农资生产企业建立了长期合作关系，根据土壤、气候条件和种植作物品种合理调配配方，提升粮食品质，达到了培肥地力、增加产量目的；应用测土配方施肥、生物防治、密植防病以及绿色栽培等先进种植技术，通过农机播种设备数字化精量播种，有效节约了种植成本；大力发展智慧农业，建成“互联网+农业”大豆有机种植高标准示范基地，通过安装物联网监控系统，对农作物生长的光照、雨量、温度等11项指标监测，实现了生产有记录、来源可溯、去向可追踪。

四、创新经营、规范化管理，农业技术做到示范引领

合作社体系不断规范经营管理模式，设立理事会、监事会，成立农业发展部、农机部、综合部、财务部、仓储部等，制定了10余项管理制度，使用OA和钉钉办公管理系统；制定了土地种植定额管理标准、烘干仓储定额管理标准、农机作业定额管理等标准，建立先预算后审批、再使用的费用管控机制，采用PDCA的循环管理模式，严格按照制定的定额标准执行，阶段性生成数据报表，通过数据分析问题，解决问题使项目负责人通过算账的方式合理的控制项目成本。合作社定期组织技能培训、岗位比武、外出学习等活动。为了确保大农机发挥作用，加强了组织调度、技术培训。有针对性地在农机法律法规、安全知识、机械原理和驾驶技术等方面对操作人员进行了培训。带动农民致富始终是合作社的发展初衷，建立人才策略机制，健全的职位晋升和全面绩效考核制度激励员工，形成了人人争当有效奋斗者的企业氛围。

五、勇于承担社会责任，做一个有良知的企业

合作社积极响应政府号召，加大贫困户帮扶力度，在政府的牵引带动下与57户建档立卡贫困户结成帮扶对象，对有劳动能力的贫困户，通过岗位培训、派出学习等方式，提高劳动技能，在合作社内安置就业；对无劳动能力的贫困户，通过采取代耕代种、减免费用等方式，帮助其解决“种地难”的问题。每逢年过节为贫困户送米、面、粮油等慰问品。2019年逊克遭受几十年不遇的洪水，合作社在政府的带头指挥和大力支持下，耗资50多万元，在沿江低洼带修筑长达七公里防洪堤坝，出动10余台挖掘机日夜奋战，保住了沿江堤坝周边村民2000余垧土地免受经济损失。新冠肺炎疫情爆发初期，国内口罩紧缺的情况下，合作社创始人侯保柱通过对岸俄罗斯购买到的10000支口罩（价值3万元）捐赠给当地政府部门，并捐赠人民币16800元，疫情期间曾多次为执勤防疫工作部门捐赠活鱼、食品等物品，为疫情贡献物资。

从成立之初至今，合作社始终秉持着“民办、民管、民受益，勤奋、务实、为耕者谋利，为食者造福”的发展宗旨，主动承担社会责任，做一个有良知的企业。

六、让生态、科技、人才策略对话未来

自成立以来坚持把管理放在首位，坚持经营理念与时俱进，引用阿米巴经营管理模式，在结合自身发展进行有效调整，打造了一个能够适合自身发展的管理体系，为合作社持续盈利提供坚实保障。在未来发展过程中，合作社将围绕科技和绿色两大发展主体，全力提升农业产业化水平，经过三到五年的发展，以丰禾合作社为载体，打造成一个农业多元化经营的集团，一个颇具影响力的农业综合体，成为农民致富的新载体，助力美丽乡村建设，辐射带动农民富、农村美。

湘潭科达电工专用成套设备有限责任董事长 任新志

任新志，出生于1943年12月，1960年参加工作到湘潭电机厂，职称：工程师；在湘潭电机厂工作44年中，2003年办理了退休手续，，说起任新志，熟悉的人都亲切地称他“任工”，退休前在湘潭电机股份有限公司从事非标设备设计工作近30年，是一名优秀的科技工作者，曾获得自动化设备机电一体设计法——两表一图法的研究成果，并在大型组合机床、自动线、装配线设计中成功运用。退休后，任新志凭着对科技工作的满腔热爱，于2005年成立了湘潭科达电工专用成套设备有限责任公司，担任执行董事、法人代表。万事开头难。公司创建伊始，资金、市场、产品像几座大山压在任新志心头，他跑市场、搞研发，经常忙得夜不能寐，食不知味。他知道创新是企业唯一出路，开展了拖拉机、汽车、工程车辆、特殊车辆的在线加载磨合净化检测的研究，现已获得初步成功及运用，并提出消除和杜绝拖拉机汽车售后分散清洗磨合产生的废油废水对地下污染。值得一提的是，凭着过硬的技术和不撞南墙不回头的拼搏精神，任新志在2006年成功开发研制出我国第一台拖拉机底盘在线加载磨合净化检测工艺和工艺装备，革新了拖拉机的生产制造工艺，使拖拉机以前的售后用户磨合净化检测改革成为售前在线磨合净化，实现了在线加载测试磨合的同时深度清洁拖拉机传动系统，解决了拖拉机生产厂家出厂试验检测难的问题。随着第一台设备一拖成功上线，用户口口相传，订单如雪花般不断飞来，一拖、雷沃阿波斯、五征、道依茨法尔、常发、时风、泰山国泰等纷纷成为公司的金牌客户。当业务逐渐步入正轨，任新志并未掉意轻心，而是不断收集客户意见，对产品进行升级换代，并在其他领域不断创新。从单机群控，流水生产线发展到多工位自动生产线，任新志一步一个脚印，为公司发展描绘了浓墨重彩的一笔：2008年，为湘电股份有限公司设计生产电力机车综合试验台、风力发电机用大型六工位数控铣床、风力发电机数控绕线机等，解决了该公司困扰多年的生产难题。2009年，参与完成了由中国农业机械化科学研究院组织的“十一五”国家科技攻关计划“农业装备可靠性技术研究”子课题“负载换挡传动系统试验台关键技术研究”。2013年，为烟台东汽农业装备有限公司研发了六工位拖拉机底盘加载磨合净化自动线，是我国拖拉机在线磨合净化的第一条生产自动线。

2015年，为福田雷沃重工设计研发了P5000动力换挡试验台。公司的“拖拉机汽车在线加载磨合与检测”项目荣获2015年度中国科技创新发明成果奖；2016年，研发设计了柴油机加载磨合净化检测自动线。2018年，为东风农机研发300PS拖拉机综合试验台、为洛阳中收机械装备有限公司成功研发履带式水稻机整机磨合试验台；为英轩重工有限公司研发4T/5T装载机双变总成空载磨合试验台。2019年为丰疆智能科技有限公司研发80-250PS拖拉机变速箱耐久性试验台。目前公司已获得发明型专利4项，实用新型专用4项。

企业简介

COMPANY PROFILE

湘潭科达电工专用成套设备有限责任公司成立于2005年2月1日，是为工矿、电工、农业机械、电机制造等行业开发、研制试验设备、生产专用设备的专业生产厂家。

公司于2005年10月通过ISO9001质量体系认证；连续5年被评为湘潭市“重合同、守信用”单位；自2011年起连续10年被评为湖南省高新科技企业；2015年我司所研发的拖拉机汽车在线加载磨合与检测项目荣获“2015年度中国科技创新发明成果”荣誉证书，目前，公司获得4项国家发明型专利），实用新型专用6项，2020年申请发明专利3项，实用新型专利1项。

我公司在农业领域主要研发设计、生产制造拖拉机及收割机在线检测试验设备及装配输送线。产品涉及拖拉机底盘在线加载、动力换挡在线加载、PTO试验台；液压提升、液压输出试验台；甘蔗机/收割机/拖拉机整车空载对辊试验台底盘传动系统加载磨合净化在线检测自动线、拖拉机传动系底盘装配生产线、半轴套管装配线、动力输出双联齿装配线、差速器装配线、两端轴承座装配线等定制化设备。

自2006年，我公司研究开发的拖拉机节能型底盘在线磨合净化试验台在第一拖拉机有限公司上线线运行以来，该设备成为第一拖拉机厂、雷沃重工生产必备装备，获得了市场的一致认可。目前与我司合作的客户包括：一拖、常发集团、丰疆、福田雷沃、沃得集团、中联农机、山东五征等。

公司的经营理念为“专业、求实、创新”，坚持质量第一、信誉第一的宗旨，持续改进，为广大客户提供更优质的产品和服务。

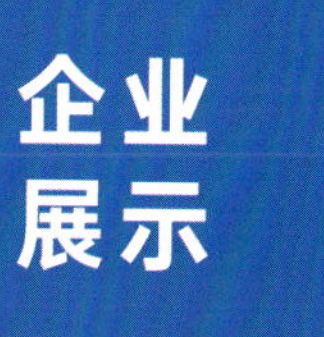

企业展示

石家庄布谷机械制造有限公司

SHIJIAZHUANG BUGU MACHINERY CO.,LTD.

石家庄市农业机械厂始建于1952年，1998年3月改制为石家庄农业机械股份有限公司。经过70年的建设与发展，现已成为国内较具规模的农机具专业制造厂家，生产规模在全国耕整种植行业位居前列。是我国农机具产品出口基地企业。

公司主要产品有播种机械，秸秆切碎还田机械，秸秆切碎收集机械，中耕追肥机械以及深松机械等5大系列，50多个品种。其中有20多个品种的产品被列入国家支持推广的农机具产品目录。公司通过ISO9001国际质量体系认证，产品畅销华北、东北、西北等全国26个省、市、自治区，公司具有独立进出口业务经营权，近年来大型播种机批量销往澳大利亚，非洲的津巴布韦、赞比亚、马里等国家，还远销美洲和东南亚等国家。

谷物（牧草）播种机

2BF系列谷物播种机与拖拉机连接有悬挂式和牵引式两种方式。适用于麦类、谷子、高粱等作物的条播，并可兼播大豆，播种的同时可以施下化肥。播种量、施肥量、播种深度、行距均可根据农业技术要求进行调整。

机器型号	2BFT-12	2BTF-14	2BFX-18	2BFX-20	2BFX-24	2BFY-24	2BFY-28	2BFY-36
配套动力HP	20-50	20-50	60-80	70-100	75-100	55-100	60-130	75-180
行数	12	14	18	20	24	24	28	36
工作宽度(mm)	1800	2100	2700	3000	3600	3600	4200	5400
重量(kg)	360	400	780	930	1080	1450	1680	2250
种子箱容积(L)	78	92	203	340	410	615	480	615
肥料箱容积(L)	90	104	226	376	430	570	500	645
基本行距(mm)	150	150	150	150	150	150	150	150
工作效率(ha/h)	0.86-1.2	1-1.4	1.08-1.62	1.2-1.8	1.44-2.16	2.16-3.6	2.52-4.2	3.24-5.4
开沟器形式	双圆盘	双圆盘	双圆盘	双圆盘	双圆盘	双圆盘	双圆盘	双圆盘

秸秆粉碎还田机

1JH系列秸秆粉碎还田机可用于粉碎水稻、玉米、小麦、高粱、棉花的作物秸秆。性能稳定可靠，粉碎效果良好。该机型工作部件为锤爪、弯刀或直刀。并具有以下优点：

1.全悬挂结构，结构优，强度大；

2.结构偏置，保证作业到地边；

3.刀具涂镀耐磨材料，使用寿命长。

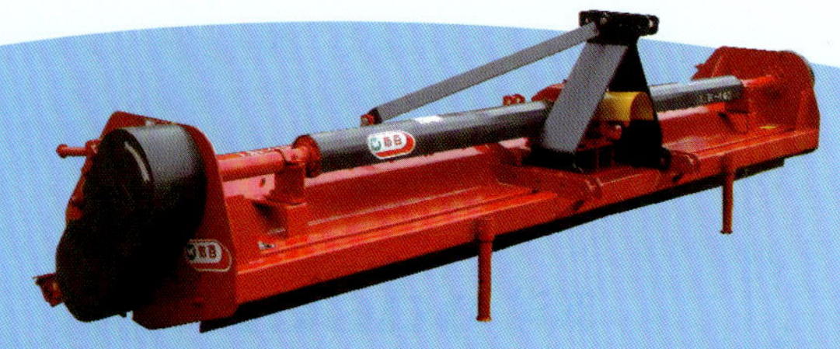

机器型号	配套拖拉机HP	重量(kg)	作业宽度(mm)	作业效率(ha/h)			
1JH-90	20-25	220	900	>0.27	14×3	12×2	
1JH-100	25-30	240	1000	>0.3	16×3	14×2	
1JH-110	25-30	260	1100	>0.33	18×3	16×2	
1JH-130	40-50	380	1300	>0.39	28×3	18×2	
1JH-150	50-70	490	1500	>0.47	90	40	14
1JH-165	55-80	500	1650	>0.51	96	44	14
1JH-172	60-90	520	1720	>0.53	108		
1JH-185	60-90	540	1850	>0.6	108	48	16
1JH-200	70-100	575	2000	>0.67	120	52	19
1JH-250	90-120	1030	2500	>0.8	150		22
1JH-300	120-160	1230	3000	>1	180		24
1JH-350	120-160	1310	3500	>1.15	210		28
1JH-380	120-160	1380	3800	>1.25	240		
1JH-440	180-210	1480	4400	>1.45			36

选择石农布谷 带来丰收富足

秸秆粉碎收集机

4JQ-180/200秸秆粉碎收集机，该机型可与48-88KW的拖拉机配套，三点全悬挂作业，一次作业即可完成对田间直立秸秆或牧草的切碎、收集、抛送等工序。该机具有结构简单，使用可靠，生产效率高等优点。

型号	4JQ-180	4JQ-200
配套动力(kw)	48～73.5	66.2～88.2
结构尺寸(mm)	1650×2640×2750	1650×2800×2750
结构重量(kg)	1281(含集料装置)	1381(含集料装置)
割草幅度(mm)	1800	2000
留茬高度(mm)	30～200	30～200
仓积容量(m3)	2.6	2.9
抛送距离(m)	3～5	3～5
刀片数量(pcs)	52	56
卸料高度(mm)	2400	2400

中耕追肥机

3ZF-6中耕追肥机与52~80KW轮式拖拉机配套的悬挂式农机具，可通过更换不同的工作部件完成中耕、追肥、培土、起垄等项田间作业。本机基本作业行数为6行，行距可在45~75cm范围内调节，在中耕作业同时可追施颗粒化肥，肥量及作业施肥深度可在一定范围内调节。

序号	项目	单位	参数
1	工作状态尺寸(长×宽×高)	mm	1650×4600×1570
2	配套拖拉机	kW	52-80
3	机具重量	Kg	790
4	作业行数	/	6
5	行距	mm	450-700
6	作业幅宽	mm	2700-4200
7	作物可通过空间的高度	mm	650
8	肥箱数量	个	3
9	肥箱容积	L	3×176

网　址:www.chinaam-bugu.com / samc@chinaam-bugu.cocm

总经理:13933004551

国内南大区:13933018178　　国内北大区:13582189870

国际部:13931100730

猪只性能测定站

- 为种猪的选择、育种提供指标参数,大猪小猪均可测定
- 智能管理系统,自动生成各种报表、自动绘制生长性能曲线
- 适用范围广，育种集团、科研院校、饲料企业、规模猪场等

智能饲喂设备族谱

怀孕母猪精准饲喂系列

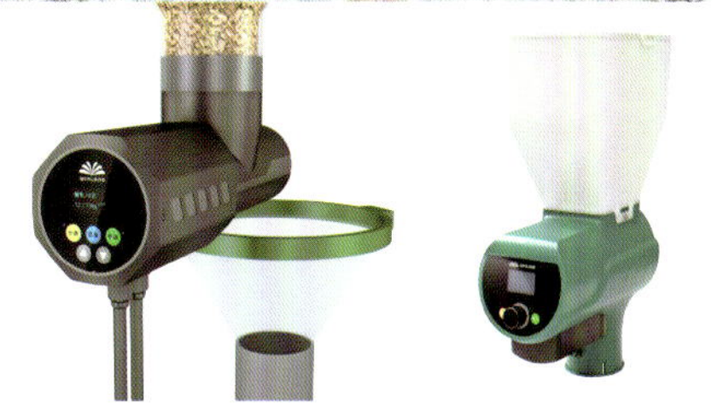
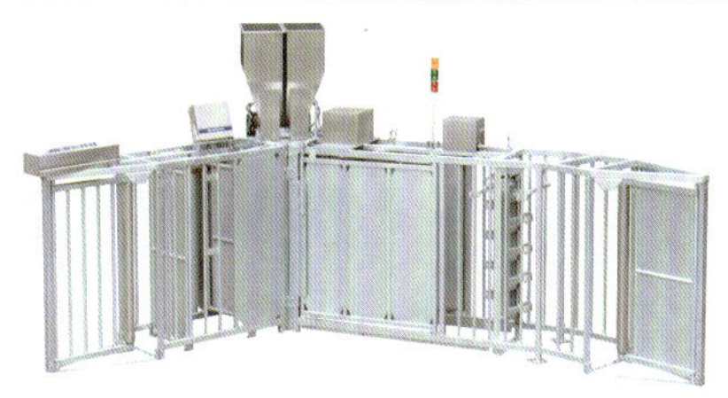

▲ 24小时定时同步饲喂，让养殖更轻松

▲ 母猪大群精确饲喂，母猪福利好，产仔效率高

哺乳母猪智能饲喂系列

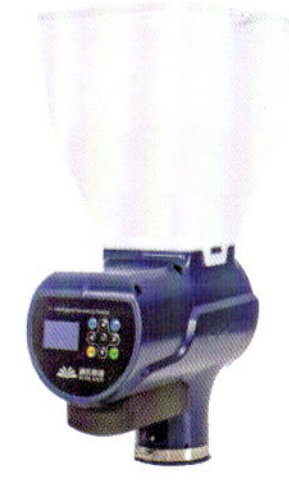
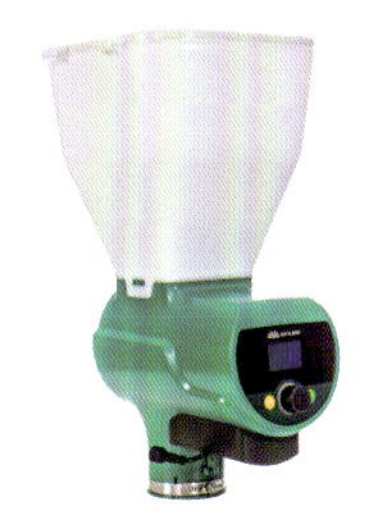

▲ 产后护理专家，24小时想吃就吃，智能湿拌，母猪采食好，仔猪更健康

保育育肥智能饲喂系列

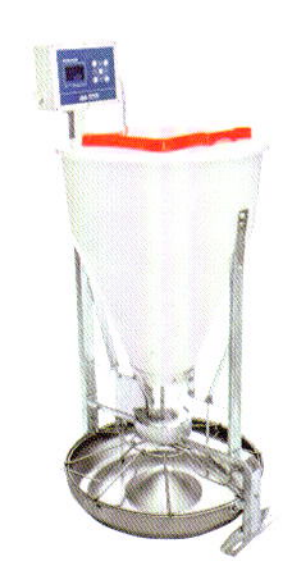

▲ 保育、育肥全程24小时智能粥料饲喂，饲喂更好，效益更高

东海制造

DONG HAI ZHI ZHAO

“路漫漫其修远兮，吾将上下而求索”，未来东海生物科技将继续在有机物无害化处理领域深耕，坚持科技创新，积极开拓进取，加大科技研发投入，不断提高产品性能，优化产品售后服务，打造高标准行业标杆，力争成为行业内的领军企业，为中国的“绿水青山”做出更大的贡献。

企业简介 >>>

COMPANY PROFILE

随着经济的快速发展，环境污染问题也日益突出。作为中国可持续发展战略的重要组成部分，绿色环保成为生产生活中重要一环。作为一家专注于有机废弃物无害化处理，解决畜禽粪污以及病死畜禽污染问题的高新技术企业，鹤壁东海生物科技有限公司以科技创新不断发展，持续为绿色环保事业贡献心力。

鹤壁东海生物科技有限公司是一家专业研发、生产、销售畜禽粪污无害化处理设备的公司，公司传承工匠精神，一丝不苟追求卓越；坚持“品质第一　用户至上　诚信为本”的经营理念，始终将科技创新作为公司发展的重要战略布局。先后与国内多所高校建立合作研发关系；并获得20余项国家专利，牵头制定了国内首部《罐式有机物好氧发酵机》河南省地方标准，；参与制定了《畜禽粪便发酵处理机》国家团体标准。获选“农业农村部先进适用畜牧养殖机械装备”“河南省畜禽粪污资源化利用装备工程技术研究中心”“河南省首台（套）重大技术装备”等荣誉。

随着我国畜牧业迅速发展，未经处理的畜禽粪污随意堆积在养殖场周边，浓重的臭味、氨味对环境造成严重破坏，如何对畜禽粪污进行科学利用，将这些畜禽粪便无害化处理后成为有机肥，不仅治理了环境污染，也为土壤改良提高农业绿色发展提供了良好的有机肥料；促进养殖业可持续发展。

现公司自主研发的罐式有机物好氧发酵机主要有118型、100型、86型；日处理有机废弃物10-16m³，在推向市场后，与国内多家大型养殖企业建立长期战略伙伴合作关系：新希望集团猪产业项目；山西省吕梁市肉牛养殖粪污处理项目；北京华都峪口、河北大午集团种禽项目；河南柳江、德青源、圣迪乐、正大集团等国内大型家禽养殖企业。并出口“一带一路”沿线国家，以及正在开发的药企、粮企、餐厨垃圾、市政淤泥、“美丽乡村”环境治理项目等领域。并受到国内外用户一致好评，市场潜力巨大。

鹤壁市科学技术进步奖

证　书

为表彰鹤壁市科学技术进步奖获得者，特颁发此证书。

产品说明 >>>

PRODUCT DESCRIPTION

1.本产品充分利用了微生物在自然界的分解作用，用好氧微生物的活性经密闭的发酵罐中连续有氧发酵，对畜禽粪污有机质进行物料分解腐熟，彻底脱臭杀灭病原体寄生虫、病菌等有害物质，使物料含水率下降，体积减小，最终生产出富含有机质的有机肥料。

2.本产品分为七大系统：发酵罐缸罐体系统、主轴搅拌翅系统、液压传动系统、曝气系统、除臭系统、电气控制系统和进出料系统。设备缸体结构设计为三层，缸体分为外层、中层和中间保温层，外层承载重量大，刚性好，内层是保温层，加入保温材料，确保缸体内粪污发酵温度，内层为不锈钢材质，确保耐腐蚀；主轴设计为空心轴，供应商为军工企业，连接搅拌叶片便于进行连续均匀进风，根据发酵状态可高速送风量，创造出好氧性微生物适宜繁殖的良好环境，使之繁殖旺盛；液压驱动棘轮间歇旋转装置，通过液压系统驱动液压缸，液压缸驱动棘轮，实现大扭矩间歇驱动，保证了畜禽粪便有机废弃物均匀发酵腐熟；四连杆慢速仓门进闭机构，能够自动控制仓门开启闭合；畜禽粪便处理废气脱臭净化系统，在物料发酵过程中物料产生残余气体，经喷淋、过滤二次吸收净化处理，达到除臭效果；罐式有机物好氧发酵机自动控制系统采用了工业可编程控制器，根据预存的程度自动控制上料、送风、运行、出料过程。

动物有机废弃物处理机

(畜禽尸体处理机)

JDX-100 　JDX-700 　JDX-1500

JDX-2500 　JDX-3500

公司简介 Classic case

2012年惠盈动保开始从事养殖废弃物资源化利用事业，推进病死畜禽无害化处理设备的应用。惠盈动保旗下品牌厦门钧鼎鑫机械设备有限公司是国内为数不多推行无害化处理设备的厂家之一，专业为养殖环节、屠宰环节、公共无害化处理站、食品加工厂、农贸市场、动物防疫站等会产生动物有机废弃物的场所提供无害化处理解决方案，保障畜牧业健康、绿色、持续发展。

作为推行畜禽养殖废弃物资源化处理方案的先行者，厦门钧鼎鑫机械设备有限公司是“国家畜禽养殖废弃物资源化处理科技创新联盟理事单位”、“中国肉类协会理事单位”“2016年度福建省农民最满意的农机品牌”，获得“2012年畜牧机械行业最具创新力产品”、“2014年中国生猪业产品榜最具影响力之猪场环保设备”“二十大猪场环保模式高效践行品牌”等多项荣誉。目前钧鼎鑫设备已销售到我国大部分省份，并积极开拓国际市场，成为了诸多大型养殖集团的战略合作伙伴，受到越来越多客户的认可。

惠盈动保秉持“聚焦现代农牧，服务健康生活”的企业宗旨，希望能为全球动物环保事业贡献一份力量！

资质荣誉 Qualification honor

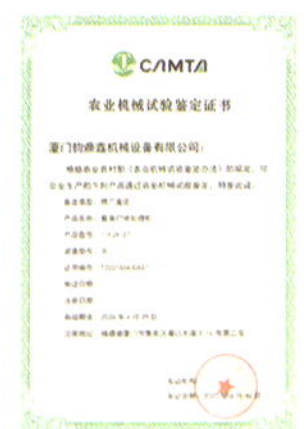

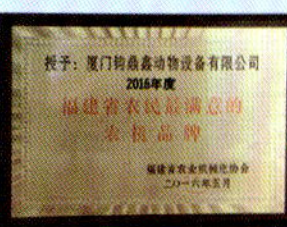
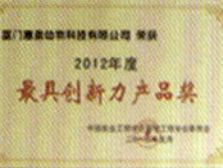

设备优势 Equipment advantages

分切 绞碎 发酵 杀菌 干燥 → **5大功能同步进行**

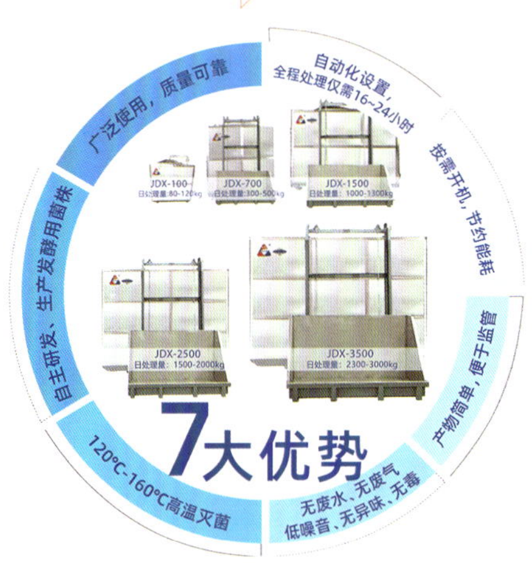

设备参数 Equipment parameters

型 号	11FJX-01 (JDX-100)	11FJX-06 (JDX-700)	11FJX-12 (JDX-1500)	11FJX-21 (JDX-2500)	11FJX-27 (JDX-3500)
有机废弃物投入量	80～120公斤	300～500公斤	1000～1300公斤	1500～2000公斤	2300~3000公斤
容积	≥0.1m³	≥0.8m³	≥1.6m³	≥2.7m³	≥3.6m³
外廓尺寸（含自动投料系统）	长1.30m×宽0.80m×高1.50m(无自动投料系统)	长1.87m×宽2.32m×高2.15m	长2.30m×宽2.59m×高2.32m	长2.50m×宽2.85m×高2.40m	长3.20m×宽2.87m×高2.60m
主机尺寸	长1.30m×宽0.80m×高1.50m	长1.87m×宽1.10m×高2.15m	长2.30m×宽1.35m×高2.32m	长2.50m×宽1.60m×高2.40m	长3.20m×宽1.60m×高2.60m
工作电压	380V				
设备场地面积	9平方米/台(长3m×宽3m)	35平方米/台（长7m*宽5m）			
平均处理电耗	4°/小时	6°/小时	15°/小时	20°/小时	28°/小时
外加热功率	无	无	9KW		
总功率	5.5KW	10～13KW	20～32KW	26～39KW	36～48KW
工作温度范围	80～160℃				
单批处理时间	16~20小时				16~24小时
整机重量	约0.7吨	约2.0吨	约3.1吨	约4.3吨	约5.3吨
控制模式	自动				

工艺流程 technological process

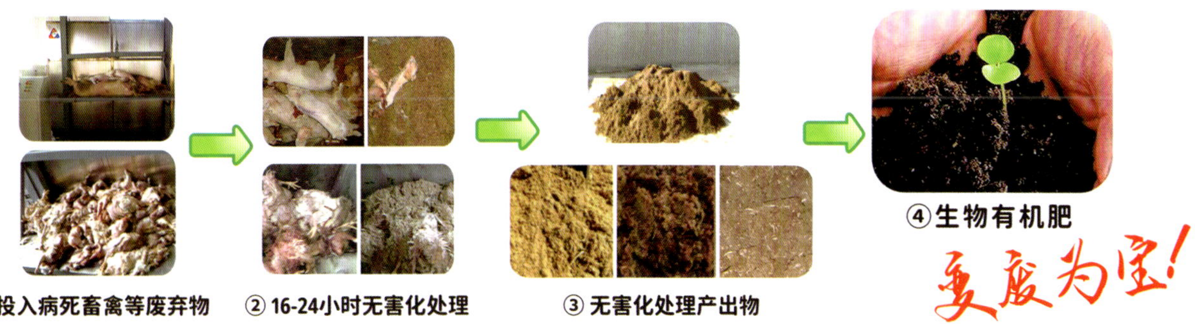

① 投入病死畜禽等废弃物　② 16-24小时无害化处理　③ 无害化处理产出物　④生物有机肥

1. 将动物有机废弃物投入无害化处理设备，加入一定数量的酵素密码和辅料（加入粉碎的稻壳、秸秆、锯末等任意一种或混合物）；
2. 设备开始运行，此过程中主要作用为物理分切、高温干燥、灭菌和生物发酵；
3. 16~24小时，动物有机废弃物分解、发酵为无害化处理产出物。

HUIYING 厦门钧鼎鑫机械设备有限公司

地址：厦门市集美区灌口大道3106-3110号　传真：0592-5526216
客服热线：400 102 6717　网址：www.huiying-china.com
电话：0592-5510777　5528207（代表号）　邮编：361023

官方网站

微信公众号

主营业务

洗消设备

1.全自动车辆洗消中心

2.全自动烘干中心

3.集中式高压清洗系统

全自动车辆洗消中心

全自动烘干中心

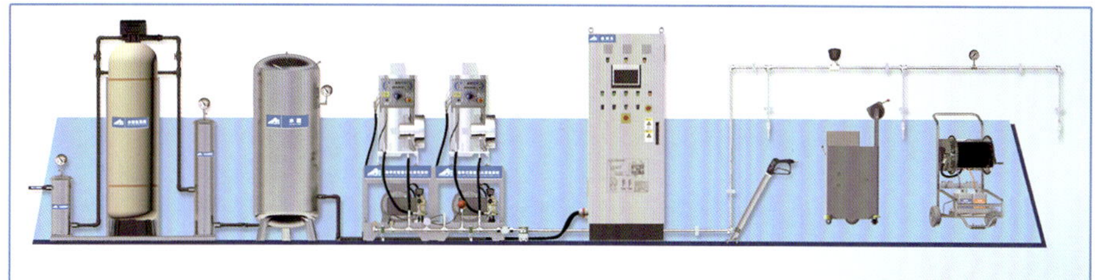
集中式高压清洗系统

粪污处理设备

1.聚酯施肥罐车

2.软管施肥器

3.固液分离机

4.潜水搅拌器

5.潜水切割泵

聚酯施肥罐车

软管施肥器

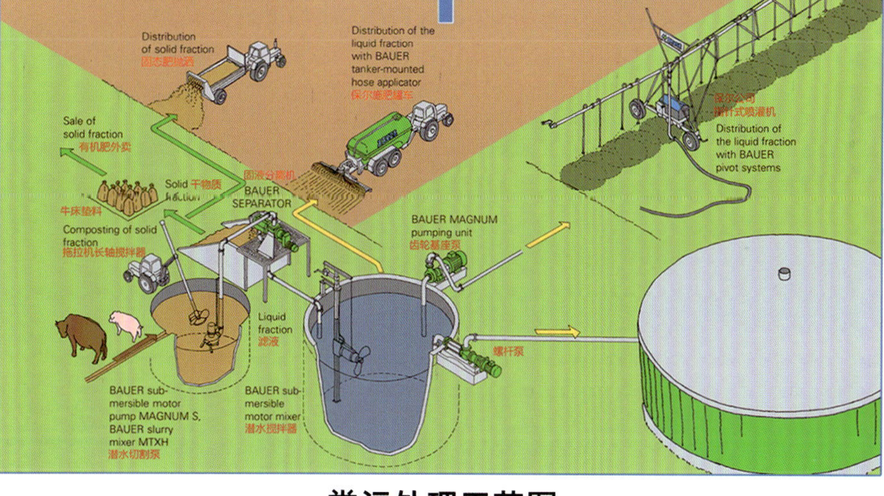

粪污处理工艺图

微信公众号

官方网站

抖音号

咨询热线：400-662-5599

电　　话：+86 0532-89061860

邮　　箱：info@main-link.com.cn

美联官网：www.main-link.com.cn

美联地址：山东省青岛市即墨区桃源河二路166号

企业简介

COMPANY PROFILE

河北诚铸机械集团有限公司坐落于沧州市海兴县，公司成立于2009年，一直致力于畜禽无害化处理设备、屠宰废弃物蛋白转化设备及动物油脂熔炼设备的研发制造，历经十多年的拼搏与发展，如今已发展成为拥有多家子公司，集技术研发、工艺设计、产品制造、安装培训为一体的现代化工业企业。公司占地200余亩，企业员工300余人，拥有一流的专业技术团队和先进的生产设备，具备自主研发能力及品牌构建能力，多年来凭借雄厚的科技队伍支撑和先进的工艺保证及精细的售后服务赢得了广大用户的认可和赞誉。产品远销全国各地及东南亚、东亚、南美洲、中东等国际市场。公司连续多年销售收入实现稳步增长，以其综合实力在全国同行业中名列前茅。

多年来，公司立足客户需求，不断开发新产品、研制新工艺、推广新技术，共获得授权专利30余项，并先后通过了ISO9001质量管理体系认证、ISO14001环境管理体系认证、ISO45001职业健康安全管理体系认证，同时获得《河北省著名商标》、《河北省科技型中小企业》、《高新技术企业》、《河北省科技小巨人企业》、《河北省企业技术中心》、《河北省高成长型领军企业》、《河北省创新引领性领军企业》、《河北省专精特新中小企业》《沧州市先进集体》、《沧州市文明单位》、《沧州市质量标杆企业》等荣誉称号。

展望未来，集团公司将一如既往的秉承“开拓创新　精益求精　以人为本　诚信至上”的经营理念，努力打造具有国际竞争力的环保企业，做中国无害化处理行业的领航者。

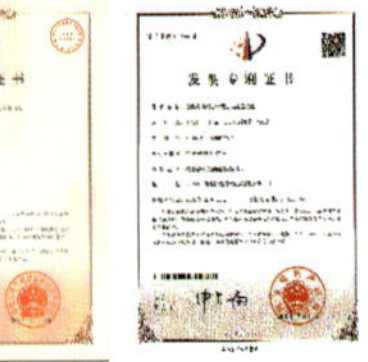

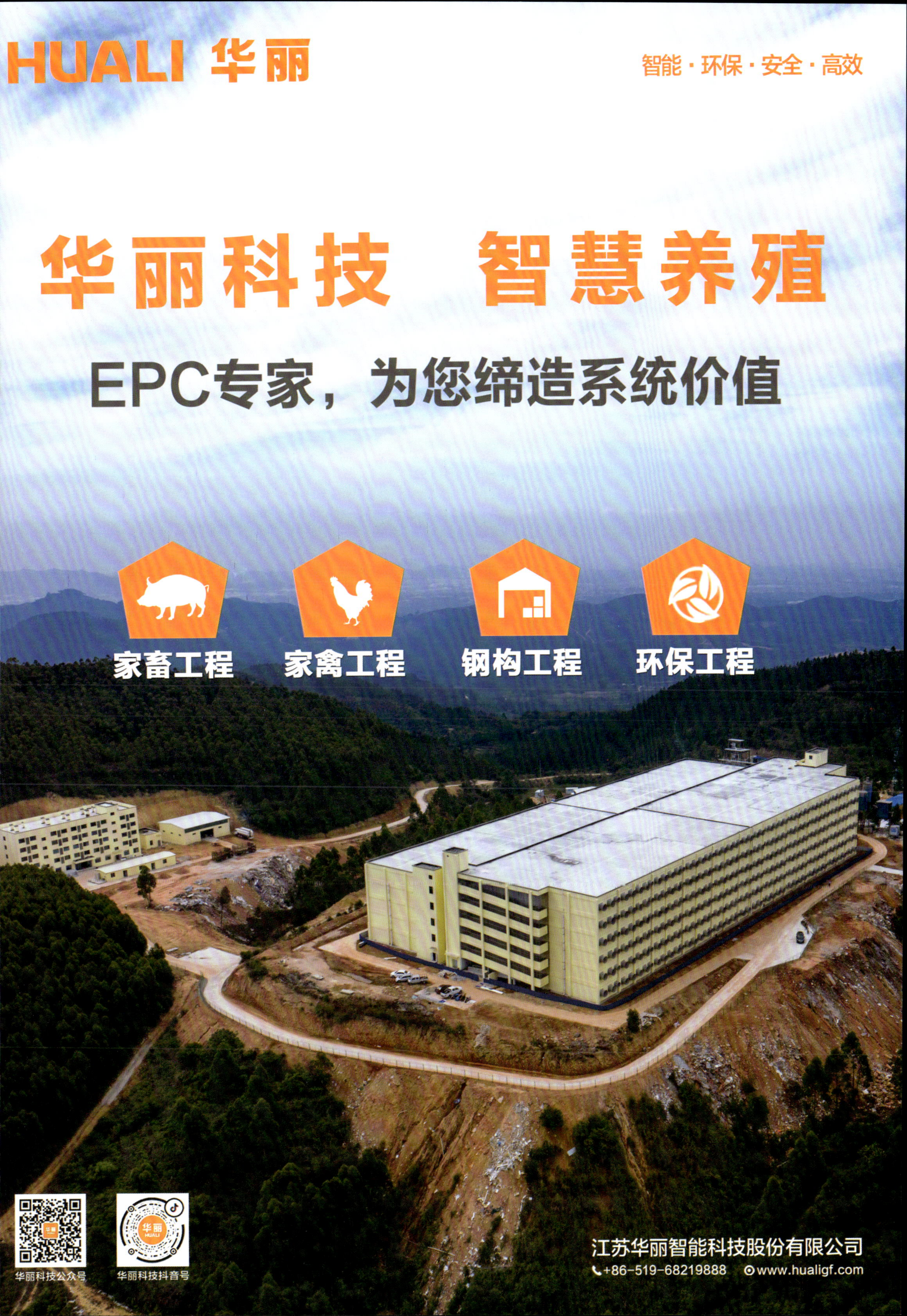
HUALI 华丽
智能·环保·安全·高效
华丽科技 智慧养殖
EPC专家，为您缔造系统价值
家畜工程
家禽工程
钢构工程
环保工程
华丽科技公众号
华丽科技抖音号
江苏华丽智能科技股份有限公司
+86-519-68219888
www.hualigf.com

青岛意联机械工业有限公司

青岛意联机械工业有限公司成立于2000年，坐落于环境优美的海滨城市青岛，公司注册资金3600万人民币，主厂区占地40余亩，有即墨分公司和莱西分公司两个分公司，现有在职职工600余人。

公司经营理念先进，组织架构完善，公司现有采购部、生产部、质检部、仓储运输部、国内业务部、国际业务部、EPC项目部、安装部、售后服务部、财务部、人力资源部和行政部，形成了在总经理领导下的扁平化组织架构和高效的管理体系。

意联机械是国内最早的运用先进的生产技术为欧美等发达国家生产现代化养殖设备的企业，二十年来，在国内外行业专家的指导下，吸纳畜牧行业先进的技术经验，运用现代生产管理方法，市场持续扩大，声誉不断提高。产品遍及欧洲、美洲、澳洲、亚洲和非洲等30多个国家和地区。2007年被中国海关评为AA企业。2010年后公司开始国内猪场的整体工程服务，先后与国内汉世伟、力源、广西农垦、新希望六和、温氏、牧原、环山和双胞胎等大型养殖集团形成了战略合作伙伴关系。2008年公司引进了6S企业管理体系、ERP企业管理软件等信息化系统，并先后通过了中国ISO9000质量认证、知识产权管理体系，并获得国家级高新技术企业称号。

目前意联机械已形成了集研发设计、加工生产、国内外销售以及售后安装服务为一体的运行机制，产品涵盖栏舍、地板、喂食器、自动饲喂、畜舍智能环控、智能清粪和环保处理，具备为现代化养猪场系统配套的能力。鉴于国内畜牧业的高速发展，2019年又组建了EPC部，专门承接现代化大型猪场总包交钥匙工程，成为国内畜牧工程综合服务商。

公司生产的圆钢、钢管焊接各式限位栏、分娩栏和保育-育肥饲养大栏，做工精良，质量可靠，深得客户信赖，畅销国内、国际市场。猪舍的自由采食双面不锈钢喂食器和干湿喂料器，针对不同猪群科学设计，既能提高猪群的日增重又能提高猪场的饲料报酬。猪场干料自动饲喂系统和猪场猪舍环境自动控制系统因其方案设计合理，设备运行稳定，控制系统设计先进，自动化和智能化集成度高，深受国内客户的欢迎。刮板式智能清粪系统和好氧型有机肥发酵系统，能有效的解决客户猪场的粪污处理，将猪场排泄的粪污经过好氧发酵为瓜果蔬菜和花卉种植所必需的有机肥，变粪为宝，既帮客户解决了猪场粪污处理的难题又能为客户创造客观的收入，实现经济效益和社会效益的双增收。购机还能享受农机补贴。

本着诚信、高效、创新、卓越的宗旨，意联机械立志以优质的产品，优秀的服务和高效的安装建设为国内外畜牧业的现代化发展再创佳绩。

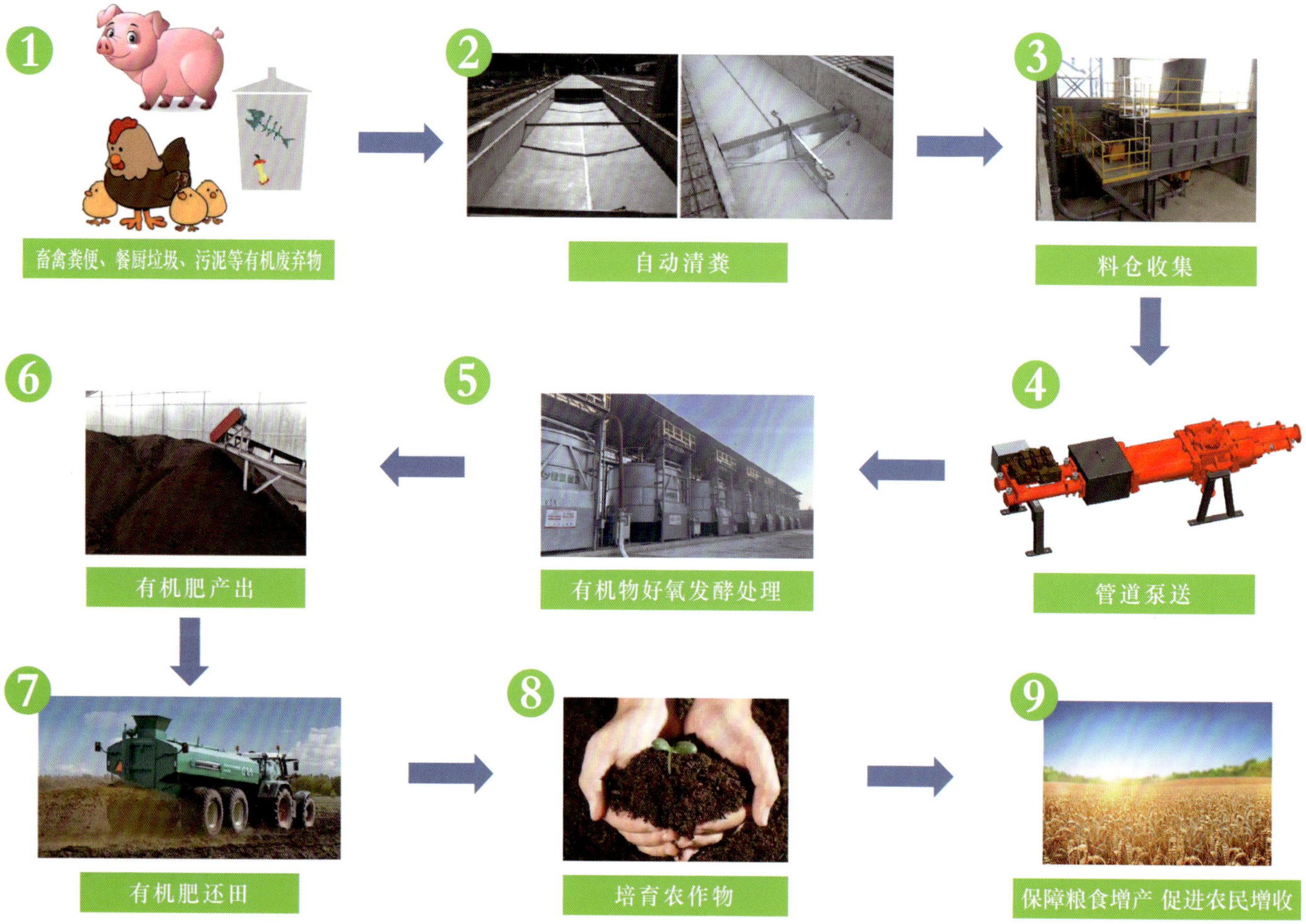

企业简介 ›››

武汉中畜智联科技有限公司成立于2016年，专注于规模猪场智能饲喂系统研发、生产，拥有大型试验猪场和专业服务团队，饲喂数据服务引领者。公司先后被评为国家高新技术企业、科技小巨人企业、通过ISO9001质量管理体系、创始人黄旭先生被评为3551创业人才等，获得发明专利8项/4项授权/11项实用新型/5项外观专利，知识产权数十项。

猪哥靓系列（保育育肥饲喂机）

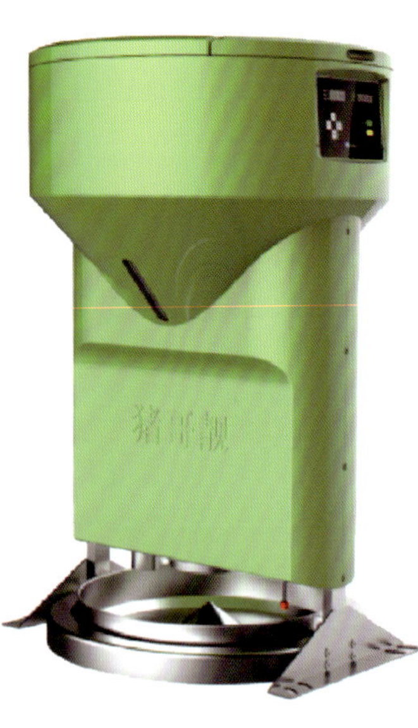

五大特点：

1. 快长：粥料均匀，免清盘，新鲜最重要；
2. 省料：智能控制浪费，料肉比下降超0.1；
3. 少病：大幅减少呼吸道及继发疾病；
4. 耐用：德国红点奖设计师工业顶级设计，实用、耐用、美观；
5. 投入产出比高，提前十天出栏。

猪哥靓使用场景

猪小妹使用场景

四大特点：

1. 每天智能饲喂≥5餐新鲜粥料，采食量提升≥15%，多产奶≥30kg，窝均断奶重增加≥6.3kg；
2. 智能控制浪费，杜绝饲料酸败变质，清槽次数减少≥90%；
3. 超高稳定性，三年故障率低于1%；
4. “傻瓜”式应用，1键设定，智能执行。

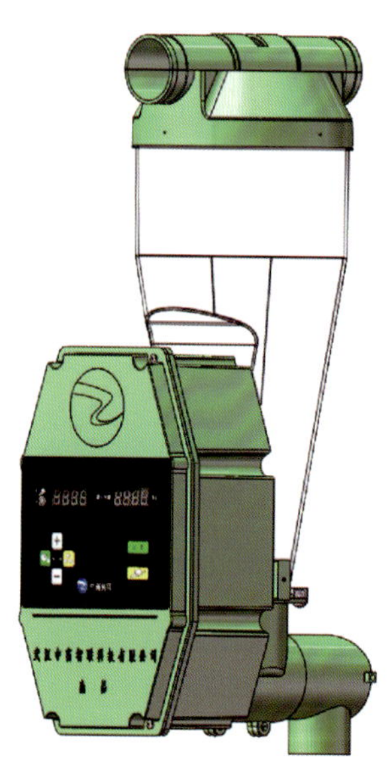

猪小妹母猪系列

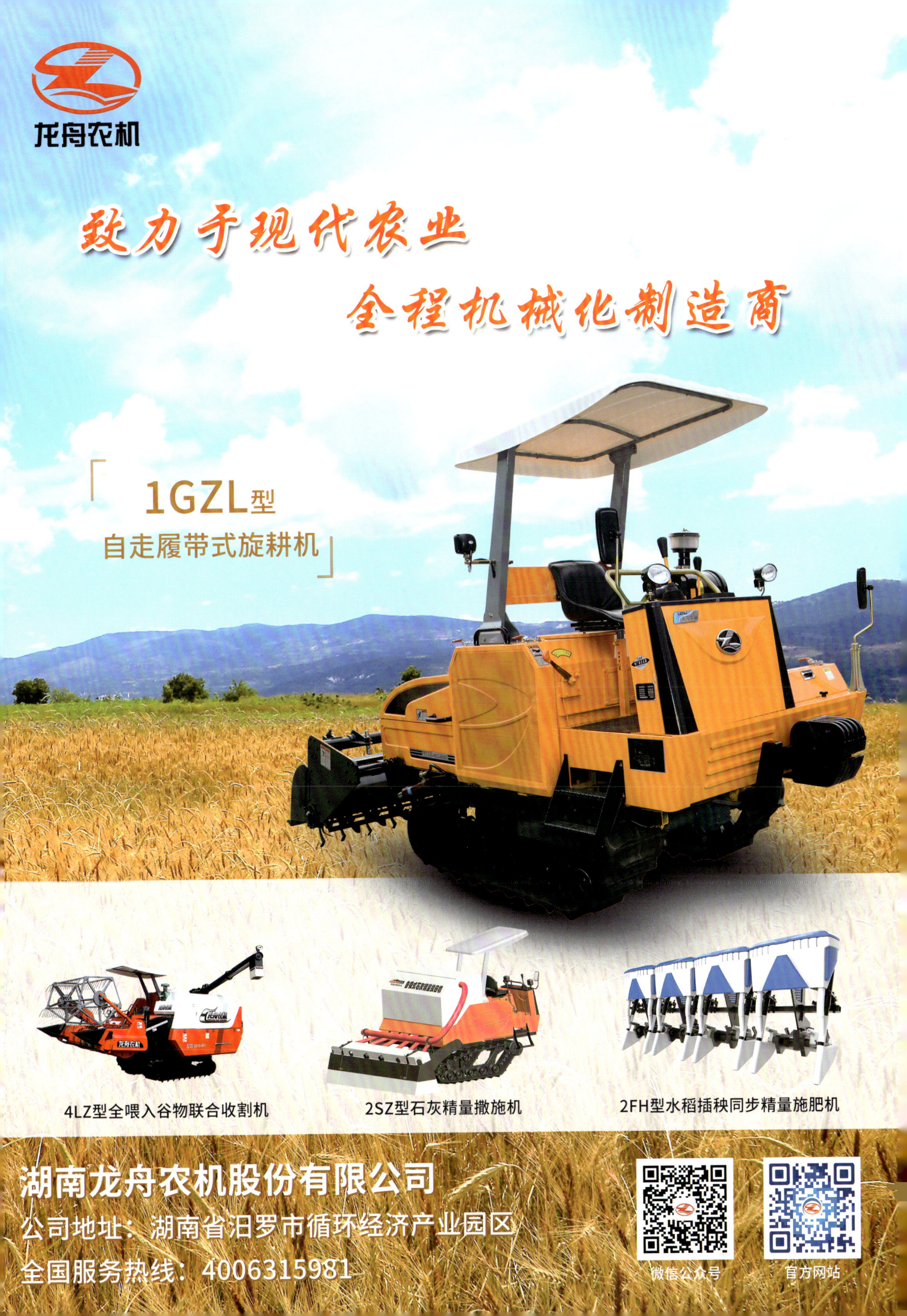
龙舟农机
致力于现代农业
全程机械化制造商
1GZL型
自走履带式旋耕机
4LZ型全喂入谷物联合收割机
2SZ型石灰精量撒施机
2FH型水稻插秧同步精量施肥机
湖南龙舟农机股份有限公司
公司地址：湖南省汨罗市循环经济产业园区
全国服务热线：4006315981
微信公众号
官方网站

《智能化农业装备学报（中英文）》

中华人民共和国农业农村部主管　　农业农村部南京农业机械化研究所主办

经国家新闻出版署“国新出审〔2019〕852 号”批复，农业农村部南京农业机械化研究所创办农业工程类学术期刊《智能化农业装备学报（中英文）》，CN32-1887/S2，中英文，季刊，大 16 开，国内外公开发行。

《智能化农业装备学报（中英文）》填补我国农业机械学科智能化方向学术刊物空白，交流智能化农业装备学术研究成果和智慧，是国内外智能化农业装备方向的专家与学者展现学术形象及研究实力的专业平台。刊载智能农业装备应用基础技术研究进展、关键共性技术与重大装备开发成果及典型应用示范等，包括信息系统、物联网、云计算、大数据、人工智能等方向重要理论及方法在农业装备上的应用，以信息化、智能化为技术特点的高端农业装备研发，数字化设计与先进制造等关键共性技术研发，高效生产、品质安全、生态环保为核心的机械化技术装备研发。栏目设置包括传感器与农业物联网、农业人工智能与大数据、智能农机装备、设施农业与智能化装备、智能农业装备理论创新与绿色生产等。

《智能化农业装备学报（中英文）》开辟专栏为国内外知名农业农机高等院校、科研院所、学术团体，以及农业装备行业优势企业提供形象展示平台，为其优秀学术研究成果、技术或产品提供交流与推广的渠道，推荐一批为农业装备产业做出贡献的先进单位和个人。

《智能化农业装备学报（中英文）》编辑部将与广大作者、读者一起，共同推进国内外农业机械化、信息化和智能化学术协作交流，服务农业装备现代化发展！

地址：南京玄武区中山门大街柳营 100 号；电话：025-84346270；投稿 E-mail:joiam@vip.163.com。